Thomas Arndt

Einkommensteuererklärung 2021 Kompakt

13. Auflage

2022
HDS-Verlag
Weil im Schönbuch

Bibliografische Information der Deutschen Nationalbibliothek
Die Deutsche Nationalbibliothek verzeichnet diese Publikation
in der Deutschen Nationalbibliografie; detaillierte bibliografische Daten
sind im Internet über http://dnb.de abrufbar.

Gedruckt auf säure- und chlorfreiem, alterungsbeständigem Papier

ISBN: 978-3-95554-760-8

Dieses Werk einschließlich aller seiner Teile ist urheberrechtlich geschützt. Jede Verwertung außerhalb der engen Grenzen des Urheberrechtsgesetzes ist ohne Zustimmung des Verlages unzulässig und strafbar. Das gilt insbesondere für Vervielfältigungen, Übersetzungen, Mikroverfilmungen und die Einspeicherung und Verarbeitung in elektronischen Systemen.

© 2022 HDS-Verlag
www.hds-verlag.de
info@hds-verlag.de

Layout und Einbandgestaltung: Peter Marwitz – etherial.de
Druck und Bindung: MCP-Druck

Printed in Poland
2022

HDS-Verlag Weil im Schönbuch

Vorwort zur 13. Auflage

Mit der jährlichen Einführung neuer Formulare, so für das Jahr 2021 nun die neue Anlage „Mobilitätsprämie", wird die Bearbeitung der Einkommensteuererklärung keineswegs überschaubarer.

Die Checkliste für die Bearbeitung der Einkommensteuererklärung hat an Umfang derart zugenommen, dass ab dieser Auflage die Checklisten zur besseren Übersicht und Nutzung jeweils dem einzelnen Formular vorangestellt werden.

Private Darlehensverluste und der Ansatz als negative Kapitaleinkünfte werden – auch im Hinblick auf die Vorlage des BFH an das BVerfG zur Beschränkung der Verluste aus der Veräußerung von Wertpapieren – größter Aufmerksamkeit bedürfen.

Die Verständigungsvereinbarungen zwischen den jeweiligen Ländern der EU/EWR zum Wohnsitz in Zeiten der Corona können die Bearbeitung der Anlage N-AUS durchaus erleichtern.

In welchem Umfang die Prüfung der ausgezahlten Coronahilfen erfolgen wird, ist derzeit noch nicht absehbar. Die Anlage Corona sollte jedenfalls sorgsam, insbesondere von Bilanzierungspflichtigen, ausgefüllt werden. Zugleich sollte ein Augenmerk auf die von den Mandanten direkt beantragten Corona-Soforthilfen gelegt werden.

Die elektronischen Abfragen vieler Daten erleichtern die Bearbeitung erheblich, sie bedürfen jedoch zumindest in der Plausibilitätsprüfung vertiefter Beachtung. Hierzu ist ein Hinweis im Hauptvordruck zum Freitextfeld und ein Beitrag von Spatscheck/Spilker in DStR 2021, 2161 zu den Sorgfaltspflichten und Haftungsrisiken hilfreich.

Die neu eingeführte und tatsächlich über das Einkommensteuerrecht anzurechnende Forschungszulage, die Verlängerung der Auflösung der Investitionsabzugsbeträge, die Umsetzung der vielen Meinungen zum Homeoffice und die „verminderte Nutzungsdauer" digitaler Wirtschaftsgüter und deren Betriebsausgabenabzug bilden weitere Freuden bei der Bearbeitung der Einkommen-Steuererklärung.

Berlin, im November 2021   Thomas Arndt

Der Autor

Thomas Arndt, Diplom-Finanzwirt, zertifizierter Datenschutzbeauftragter, Steuerberater und Fachberater für Internationales Steuerrecht ist als selbstständiger Steuerberater in einer mittelgroßen Kanzlei tätig. Zuvor war er als Beamter in der Berliner Finanzverwaltung beschäftigt und ist seit dieser Zeit selbstständiger Dozent für das Fach Einkommensteuer. Seit vielen Jahren unterrichtet er angehende Steuerberater in den Vorbereitungskursen auf die Steuerberaterprüfung, hält zahlreiche Vorträge in  den Berufsverbänden, bei der Steuerberaterkammer des Freistaats Sachsen, Banken und Versicherungen sowie in größeren und mittleren Wirtschaftsprüferkanzleien.

Inhaltsverzeichnis

Vorwort zur 13. Auflage		III
Der Autor		IV
Abkürzungsverzeichnis		XI

1.	**Der Hauptvordruck**		**1**
1.1	Wer muss bis wann die Steuererklärungen abgeben		4
1.2	Wahl der Veranlagungsart (Zeile 28)		7
1.3	Einkommensersatzleistungen und Progressionsvorbehalt (Zeilen 43 + 44)		11
1.4	Qualifiziertes Freitextfeld in Zeile 45		12
1.5	Abbildungen zu Kapitel 1		13
2.	**Anlage Sonderausgaben und Anlage U**		**23**
2.1	Anlage Sonderausgaben		23
	2.1.1	Kirchensteuer (Zeile 4)	25
	2.1.2	Zuwendungen (Spenden und Mitgliedsbeiträge)	27
	2.1.3	Berufsausbildungskosten	33
	2.1.4	Weitere Aufwendungen (Zeilen 15–50)	34
	2.1.5	Abbildungen zu Kapitel 2.1	38
2.2	Anlage U		46
	2.2.1	Allgemeines	47
	2.2.2	Abbildungen zu Kapitel 2.2	51
3.	**Anlage Außergewöhnliche Belastungen**		**54**
3.1	Außergewöhnliche Belastungen (Zeilen 4–9)		57
3.2	Abbildungen zu Kapitel 3		69
4.	**Haushaltsnahe Aufwendungen + Anlage Energetische Maßnahmen**		**71**
4.1	Haushaltsnahe Aufwendungen		71
	4.1.1	Steuerermäßigung für Aufwendungen	73
	4.1.2	Abbildungen zu Kapitel 4.1	81
4.2	Anlage energetische Maßnahmen		84
	4.2.1	Abbildungen zu Kapitel 4.2	90
5.	**Anlage Sonstiges**		**95**
5.1	Steuerermäßigung bei Belastung mit Erbschaftsteuer (Zeile 4)		97
5.2	Steuerbegünstigung für schutzwürdige Kulturgüter (Zeile 5)		97
5.3	Verlustabzüge nach § 10d EStG und Spendenvorträge nach § 10b EStG (Zeilen 7 + 8)		97
5.4	Negative Einkünfte mit Bezug zu Drittstaaten		100
5.5	Freibetrag für Alt-Anteile an Investmentfonds		100
5.6	Antrag zur Aufteilung der Abzugsbeträge bei Einzelveranlagung von Ehegatten/Lebenspartnern		100

5.7	Forschungszulage	100
5.8	Abbildungen zu Kapitel 5	101

6. Anlage WA-ESt ... 106
6.1	Abbildungen zu Kapitel 6	114

7. Anlage Unterhalt ... 117
7.1	Angaben zu den Aufwendungen (Zeilen 7–16)	126
7.2	Unterhaltsleistungen an im Ausland lebende Personen (Zeilen 17–26)	129
7.3	Wer ist unterhaltsberechtigt? (Zeilen 31–44)	131
7.4	Einkünfte und Bezüge der unterstützten Person (Zeilen 45–54)	132
7.5	Abbildungen zu Kapitel 7	136

8. Anlage Vorsorgeaufwand und Anlage AV ... 140
8.1	Anlage Vorsorgeaufwand		140
	8.1.1	Beiträge zum „Faltentopf", Altersvorsorgebeiträge ohne „Riester" aber mit „Rürup" (Zeilen 4–10)	143
	8.1.2	Basis-Kranken- und Pflegeversicherungsbeiträge	148
	8.1.3	Übrige Versicherungsbeiträge	153
	8.1.4	Abbildungen zu Kapitel 8.1	154
8.2	Anlage AV		160
	8.2.1	Allgemeines	162
	8.2.2	Abbildungen zu Kapitel 8.2	165

9. Anlage Kind ... 167
9.1	Allgemeines	171
9.2	Sorgfalt beim Eintragen der persönlichen Daten des Kindes (Zeilen 1–9)	171
9.3	Volljährige Kinder – Berücksichtigungsgründe (Zeilen 16–24)	174
9.4	Angaben zur Erwerbstätigkeit eines volljährigen Kindes (Zeilen 20–24)	176
9.5	Kranken- und Pflegeversicherung (Zeilen 31–40)	179
9.6	Übertragung der Freibeträge für Kinder (Zeilen 43–48)	180
9.7	Entlastungsbetrag für Alleinerziehende ist verfassungsgemäß (Zeilen 49–54)	182
9.8	Ausbildungsfreibetrag für volljährige, auswärtig untergebrachte Kinder (Zeilen 61–64)	183
9.9	Schulgeld (Zeilen 65–67)	184
9.10	Übertragung des Behinderten- oder Hinterbliebenen-Pauschbetrags (Zeilen 68–72)	185
9.11	Übertragung der behindertenbedingten Fahrtkostenpauschale (Zeilen 73–75)	185
9.12	Kinderbetreuungskosten als Sonderausgaben im § 10 Abs. 1 Nr. 5 EStG geregelt (Zeilen 76–82)	185
9.13	Abbildungen zu Kapitel 9	186

10. Anlage G, Anlage § 34a, Anlage Zinsschranke und Anlage S ... 193
10.1	Anlage G	193

	10.1.1	Betriebsaufspaltung	198
	10.1.2	Steuerstundung bei aufgedeckten stillen Reserven durch § 6b Abs. 2a EStG	202
	10.1.3	Kfz ist notwendiges Betriebsvermögen, wenn … BFH vom 13.05.2014, III B 152/13	204
	10.1.4	Private Nutzung betrieblicher Elektrofahrzeuge	208
	10.1.5	Kostendeckel und Fahrtenbuch	209
	10.1.6	Fahrten zwischen Wohnung und Betrieb mit dem betrieblichen oder dem privaten Kfz	212
	10.1.7	Investitionsabzugsbetrag	215
	10.1.8	Das bloße Aufgreifen einer Gestaltungsidee rechtfertigt nicht die Annahme eines Steuerstundungsmodells; BFH vom 17.01.2017, VIII R 7/13	216
	10.1.9	Eintragungen zur Berechnung der Steuerermäßigung nach § 35 EStG (Zeilen 16–22) – BMF vom 03.11.2016, BStBl I 2016, 1187	217
	10.1.10	Veräußerungsgewinne und Teileinkünfteverfahren (Zeilen 31–43)	218
	10.1.11	Veräußerung von Anteilen an Kapitalgesellschaften (Zeilen 44–45)	220
	10.1.12	Arbeitsverträge zwischen Angehörigen mit Arbeitszeitnachweis	223
	10.1.13	Besteuerung der Sanierungsgewinne durch §§ 3a und 3c Abs. 4 EStG nun geklärt	226
	10.1.14	Abbildungen zu Kapitel 10.1	227
10.2	Anlage § 34a		251
	10.2.1	Begünstigung der nicht entnommenen Gewinne und die Folgen	253
	10.2.2	Eintragungen zur Berechnung des begünstigten Gewinns nach § 34a EStG (Zeilen 7–14)	257
	10.2.3	Abbildungen zu Kapitel 10.2	258
10.3	Anlage Zinsschranke		261
	10.3.1	Begrenzung des Betriebsausgabenabzugs für Zinsaufwendungen	261
	10.3.2	Abbildungen zu Kapitel 10.3	262
10.4	Anlage S		263
	10.4.1	Abgrenzung und Zuordnung	266
	10.4.2	Der Gewinn (Zeilen 4–16)	278
	10.4.3	Veräußerungsgewinne (Zeilen 31–44)	279
	10.4.4	Einnahmen aus nebenberuflicher Tätigkeit (Zeilen 46 + 47 + EÜR Zeile 91)	282
	10.4.5	Abbildungen zu Kapitel 10.4	283
10a.	Anlage Corona-Hilfen		289
10a.1	Abbildungen zu Kapitel 10a		293
11.	**Anlage EÜR**		**295**
11.1	Pflicht zur elektronischen Datenübermittlung der Werte der EÜR		302
11.2	Betriebseinnahmen (Zeilen 11–22)		302
11.3	Betriebsausgaben (Zeilen 23–64)		303
11.4	Ermittlung des Gewinns (Zeilen 89–109)		309
11.5	Ergänzende Angaben (Zeilen 121–124)		309

11.6	Abbildungen zu Kapitel 11	315

12. Anlagen N und N-AUS 330

12.1	Anlage N	330
	12.1.1 Stimmen die Eintragungen in der Lohnbescheinigung? (Zeilen 5–10)	345
	12.1.2 Versorgungsbezüge (Zeilen 11–16)	355
	12.1.3 Entschädigungen/Arbeitslohn für mehrere Kalenderjahre, BMF-Schreiben vom 01.11.2013, IV C 4 – S 2290/13/10002 DOK 2013/0929313 (Zeilen 16–20)	357
	12.1.4 Steuerfreier Arbeitslohn für Tätigkeiten im Ausland (Zeilen 22–25)	359
	12.1.5 Lohnersatzleistungen und Progressionsvorbehalt (Zeile 28)	359
	12.1.6 Entfernungspauschale (Zeilen 31–39)	361
	12.1.7 Beiträge zu Berufsverbänden und Arbeitsmittel (Zeilen 41–43)	367
	12.1.8 Arbeitszimmer (Zeile 44)	370
	12.1.9 Fortbildungskosten (Zeile 46)	382
	12.1.10 Weitere Werbungskosten (Zeilen 46–48)	382
	12.1.11 Reisekosten bei beruflich veranlassten Auswärtstätigkeiten (Zeilen 61–72)	383
	12.1.12 Doppelte Haushaltsführung (Zeilen 91–117) Berufliche Veranlassung	387
	12.1.13 Abbildungen zu Kapitel 12.1	392
12.2	Anlage N-AUS	417
	12.2.1 Nachweis- und Mitwirkungspflichten	422
	12.2.2 Allgemeine Angaben	423
	12.2.3 Aufenthaltstage	423
	12.2.4 Angaben zum Arbeitslohn	423
	12.2.5 Abbildungen zu Kapitel 12.2	425

13. Anlagen KAP und KAP-INV 428

13.1	Anlage KAP	428
	13.1.1 Antrag auf Günstigerprüfung nach § 32d Abs. 6 EStG (Zeile 4)	436
	13.1.2 Antrag auf Überprüfung des Steuereinbehalts – keine tarifliche Besteuerung – nach § 32d Abs. 4 EStG (Zeile 5 und 7–11)	437
	13.1.3 Antrag auf erstmalige Besteuerung der Kapitalerträge mit Kirchensteuern nach § 51a Abs. 2d EStG (Zeile 6)	441
	13.1.4 Nachweise und Besonderheiten für Kapitalerträge, die in den Zeilen 7–15 einzutragen sind (Zeilen 7–15)	442
	13.1.5 Nicht ausgeglichene Verluste (Zeilen 12–15)	443
	13.1.6 Sparer-Pauschbetrag (Zeilen 16–17)	445
	13.1.7 Welche Kapitalerträge wurden bisher nicht besteuert und unterliegen der Abgeltungsbesteuerung? (Zeilen 18–26)	446
	13.1.8 Welche Kapitalerträge unterliegen der tariflichen Einkommensteuer? (Zeilen 27–34)	446

	13.1.9	Kapitalerträge, für die eine Steuerermäßigung nach § 34 Abs. 1 EStG gilt (Zeilen 35 + 36)	453
	13.1.10	Kapitalerträge aus Beteiligungen sind in die neue Anlage KAP-BET einzutragen	453
	13.1.11	Anzurechnende Steuern	454
	13.1.12	Abbildungen zu Kapitel 13.1	454
13.2	Anlage KAP-INV		467
	13.2.1	Allgemeines	467
	13.2.2	Abbildungen zu Kapitel 13.2	468

14. Anlage Vermietung und Verpachtung 474

14.1	Warum das Einheitswert-Aktenzeichen, die Nutzung als Ferienwohnung, kurzfristige Vermietung oder Vermietung an Angehörige angegeben werden soll (Zeilen 6 + 7)	483
14.2	Einzelheiten zu den Einnahmen (Zeilen 9–21)	484
	14.2.1 Ortsübliche Miete	485
	14.2.2 Vermietung an Angehörige	486
	14.2.3 BFH-Urteil vom 11.07.2017, IX R 42/15 zur steuerlichen Anerkennung eines Mietverhältnisses zwischen nahen Angehörigen	487
	14.2.4 Ferienwohnungen	489
	14.2.5 Mietkautionen	492
14.3	Anteile an Einkünften und andere Einkünfte aus Vermietung und Verpachtung (Zeilen 25–29)	493
14.4	Andere Einkünfte aus Vermietung und Verpachtung (Zeilen 31 + 32)	493
14.5	Abschreibungen; linear, degressiv, erhöhte und Sonderabschreibungen (Zeilen 33–36)	494
14.6	Schuldzinsen und Geldbeschaffungskosten (Zeilen 37 + 38)	500
14.7	Erhaltungsaufwendungen (Zeilen 40–46)	505
14.8	Sonstige Werbungskosten (Zeilen 47–51)	511
14.9	Abbildungen zu Kapitel 14	516

15. Anlagen R + R-AV/bAV + R-AUS + SO + FW + AUS + Mobilitätsprämie 523

15.1	Anlage R + R-AV/bAV + R-AUS	523
	15.1.1 Besteuerung der Alterseinkünfte	526
	15.1.2 Gesetzliche Leibrenten (§ 22 Nr. 1 S. 3 Buchstabe a Doppelbuchstabe aa EStG)	526
	15.1.3 Andere Leibrenten (§ 22 Nr. 1 S. 3 Buchstabe a Doppelbuchstabe bb EStG) (Zeilen 13–18)	533
	15.1.4 Leistungen aus sonstigen Verpflichtungsgründen, z.B. Veräußerungsleibrenten nach Verkauf des Betriebes gegen lebenslange Rentenzahlungen (Zeilen 31–36)	535
	15.1.5 Leistungen aus Altersvorsorgeverträgen und aus der betrieblichen Altersversorgung (§ 22 Nr. 5 EStG) Anlage R-AV/bAV	536
	15.1.6 Abbildungen zu Kapitel 15.1	548

15.2	Anlage SO		554
	15.2.1	Was fällt unter diese Einkunftsart (§ 22 Nr. 1–5 EStG)? (Zeile 4)	557
	15.2.2	Unterhaltsleistungen (Zeile 6)	559
	15.2.3	Leistungen (Zeilen 10–15)	560
	15.2.4	Private Veräußerungsgeschäfte (Zeilen 31–52)	562
	15.2.5	Abbildungen zu Kapitel 15.2	572
15.3	Anlage FW		578
	15.3.1	Steuerbegünstigung für bestimmte Baumaßnahmen	580
15.4	Anlage AUS		583
	15.4.1	Ausländische Einkünfte und Steuern (Zeilen 4–13)	615
	15.4.2	Pauschalierungen – Hinzurechnungen – Familienstiftungen (Zeilen 14–20)	617
	15.4.3	Anrechnung ausländischer Steuer nach § 50d Abs. 10 S. 5 EStG	618
	15.4.4	Negative und steuerfreie ausländische Einkünfte mit und ohne DBA (Zeilen 31–52)	618
	15.4.5	Abbildungen zu Kapitel 15.4	622
15.5	Anlage Mobilitätsprämie		626
	15.5.1	Abbildungen zu Kapitel 15.5	629

Stichwortverzeichnis 631

Abkürzungsverzeichnis

A	Abschnitt (Richtlinien)
Abb.	Abbildung
Abs.	Absatz
AfA	Absetzung für Abnutzung
ALG	Arbeitslosengeld
AO	Abgabenordnung
AStG	Außensteuergesetz
AV	Anlagevermögen
Az.	Aktenzeichen
BB	Betriebsberater
BewG	Bewertungsgesetz
BfA	Bundesversicherungsanstalt für Angestellte
BFH	Bundesfinanzhof
BGB	Bürgerliches Gesetzbuch
BGBl	Bundesgesetzblatt
BMF	Bundesministerium der Finanzen
BStBl	Bundessteuerblatt
BT-Drs.	Bundestags-Drucksache
Buchst.	Buchstabe
BVerfG	Bundesverfassungsgericht
BZSt	Bundeszentralamt für Steuern
DA-FamEStG	Dienstanweisung zur Durchführung des Familienleistungsausgleichs nach dem X. Abschnitt des Einkommensteuergesetzes
DBA	Abkommen zur Vermeidung der Doppelbesteuerung
DStR	Deutsches Steuerrecht
DStRE	Deutsches Steuerrecht Entscheidungsdienst
ErbStG	Erbschaft- und Schenkungsteuergesetz
ESt	Einkommensteuer
EStDV	Einkommensteuer-Durchführungsverordnung
EStG	Einkommensteuergesetz
EStH	Einkommensteuer-Hinweise
EStR	Einkommensteuer-Richtlinien
eTin	Electronic Taxpayer Identification Number bzw. elektronische Transfer-Identifikations-Nummer
EU	Europäische Union
EuGH	Europäischer Gerichtshof
EÜR	Einnahmenüberschussrechnung
ev	evangelisch
EWR	Europäischer Wirtschaftsraum
FG	Finanzgericht

FinMin	Finanzministerium
GG	Grundgesetz
GrS	Großer Senat des BFH
H	Hinweis
HGB	Handelsgesetzbuch
HS	Halbsatz
HwirtAusbV	Ausbildungsverordnung Hauswirtschafter/Hauswirtschafterin
i.d.F.	in der Fassung
i.d.R.	in der Regel
i.H.v.	in Höhe von
InsO	Insolvenzordnung
i.R.d.	im Rahmen der/des
i.V.m.	in Verbindung mit
KiSt	Kirchensteuer
KV	Krankenversicherung
KVBEVO	Krankenversicherungsbeitragsanteil-Ermittlungsverordnung
LfSt	Landesamt für Steuern (Bayern)
LPartG	Lebenspartnerschaftsgesetz
LStDV	Lohnsteuer-Durchführungsverordnung
LStH	Lohnsteuerhinweise
LStR	Lohnsteuer-Richtlinien
Mio.	Million
MoMiG	Gesetz zur Modernisierung des GmbH-Rechts und zur Bekämpfung von Missbräuchen
Nr.	Nummer
OFD	Oberfinanzdirektion
R	Richtlinie
rkr.	rechtskräftig
Rz.	Randziffer
S.	Satz
SGB	Sozialgesetzbuch
Tz.	Textziffer
UmwG	Umwandlungsgesetz
UmwStG	Umwandlungssteuergesetz
ZfA	Zentrale Zulagenstelle für Altersvermögen
ZIV	Zinsinformationsverordnung

1. Der Hauptvordruck

Was ist zu beachten – neu und wichtig – Checkliste

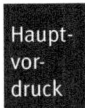

Allgemeine Daten abstimmen	Änderungen in den Familien-, Wohnverhältnissen, Bankverbindung oder neuen Einkaufsquellen erfragen
Für elektronische Steuerbescheide Vollmachten prüfen	Elektronische Bekanntgabe (E-Mail?) an den Mandanten abstimmen
Corona-Soforthilfen oder sonstige „Corona-Hilfen" abfragen (nach Anlage S)	Anlage Corona bestücken – auf Nachweispflichten hinweisen – Rückzahlungen?
Vorjahreserklärungen – Bescheide abstimmen	Offene Nachfragen, Einsprüche, Verlustvorträge, Besonderheiten
Neu: erstmaliger Antrag auf Festsetzung der **Mobilitätsprämie** bis 31.12.2025 – Kosten höher als der Nutzen? (nach Anlage AUS am Ende des Buches)	Hauptvordruck und Anlage Mobilitätsprämie gemeinsam abgeben, **nur**, wenn Pendler den Grundfreibetrag **nicht** überschreiten **und mindestens 21 km** von der ersten Tätigkeitsstätte entfernt
Bisher „alte" gesetzliche Abgabe-fristen; **keine pandemiebedingten Verlängerungen**	31.07.2022–28.02.2023 für Berater i.S.d. §§ 3 und 4 StBerG
Keine verlängerte Erklärungsfrist nach § 149 Abs. 3 AO für Angehörige der steuerberatenden Berufe in eigenen Angelegenheiten	BFH Beschluss vom 27.08.2021, VIII B 36/2
Keine Verspätungszuschläge für erstmals zur Abgabe aufgeforderte Rentner	Vorsicht bei verspäteter Abgabe ohne Aufforderung des Finanzamts!
Wahl der Veranlagungsart in Zeile 28 durch Angaben in der Zeile 18 sichern	Hochzeiten und Trennung werden vom Mandanten nicht immer rechtzeitig mitgeteilt
Antrag auf Arbeitnehmer-Sparzulage nach dem 5. VermBG in Zeile 42 beantragen	Zeile 1 ist nicht ausreichend. Einkommensgrenzen des § 13 VermBG beachten
Von der Finanzverwaltung abweichende Rechtsauffassungen und Daten erklären. Siehe auch Spatscheck/Spilker in DStR 2021, 2161	Freitextfeld in Zeile 45. Auch Korrekturen der elektronisch übermittelten Daten sind hier zu erklären

1. Der Hauptvordruck

Anleitung vorhanden

2021

Eingangsstempel

Hauptvordruck ESt 1 A

1 Einkommensteuererklärung — Festsetzung der Arbeitnehmer-Sparzulage
2 Erklärung zur Festsetzung der Kirchensteuer auf Kapitalerträge — Erklärung zur Feststellung des verbleibenden Verlustvortrags
3 Festsetzung der Mobilitätsprämie

4 Steuernummer

An das Finanzamt

5

Bei **Wohnsitzwechsel**: bisheriges Finanzamt

6

Allgemeine Angaben — Telefonische Rückfragen tagsüber unter Nr.

7 Steuerpflichtige Person (**stpfl. Person**)
Nur bei Zusammenveranlagung: **Ehemann** oder **Person A** *) (Ehepartner/-in A / Lebenspartner/-in A nach dem LPartG)   *) Bitte Anleitung beachten.
Identifikationsnummer (IdNr.)   Geburtsdatum
8

Name
9

Vorname   **Religionsschlüssel:**
10   Evangelisch = EV
                                                                                                    Römisch-Katholisch = RK
Titel, akademischer Grad   nicht kirchensteuerpflichtig = VD
11   Weitere siehe Anleitung
                                                                                                    Religion

Straße (derzeitige Adresse)
12

Hausnummer   Hausnummerzusatz   Adressergänzung
13

Postleitzahl (Inland)   Postleitzahl (Ausland)
14

Wohnort
15

Staat (falls Anschrift im Ausland)
16

Ausgeübter Beruf
17

Verheiratet / Lebenspartnerschaft begründet seit dem   Verwitwet seit dem   Geschieden / Lebenspartnerschaft aufgehoben seit dem   Dauernd getrennt lebend seit dem
18

Nur bei Zusammenveranlagung: **Ehefrau** oder **Person B** (Ehepartner/-in B / Lebenspartner/-in B nach dem LPartG)
IdNr.   Geburtsdatum
19

Name
20

Vorname   **Religionsschlüssel:**
21   Evangelisch = EV
                                                                                                    Römisch-Katholisch = RK
Titel, akademischer Grad   nicht kirchensteuerpflichtig = VD
22   Weitere siehe Anleitung
                                                                                                    Religion

Bitte füllen Sie die Zeilen 23 bis 27 nur aus, wenn die Adressangaben von den Zeilen 12 bis 16 abweichen.
Straße
23

Hausnummer   Hausnummerzusatz   Adressergänzung
24

Postleitzahl (Inland)   Postleitzahl (Ausland)
25

Wohnort
26

Staat (falls Anschrift im Ausland)
27

Ausgeübter Beruf
28

Nur von Ehegatten / Lebenspartnern auszufüllen

29 Zusammenveranlagung   Einzelveranlagung von Ehegatten / Lebenspartnern   Wir haben Gütergemeinschaft vereinbart

2021ESt1A011   – Juli 2021 –   2021ESt1A011

1. Der Hauptvordruck

Haupt-vor-druck

Bankverbindung – Bitte stets angeben –

31 IBAN (inländisches Geldinstitut): D E

32 IBAN (ausländisches Geldinstitut)

33 BIC zu Zeile 32

Kontoinhaber/-in

34 stpfl. Person / Ehemann / Person A — Ehefrau / Person B oder: — Name (im Fall der Abtretung bitte amtlichen Abtretungsvordruck einreichen)

Der Steuerbescheid soll nicht mir / uns zugesandt werden, sondern:

– Nur ausfüllen, wenn dem Finanzamt keine entsprechende Bekanntgabevollmacht vorliegt –

35 Name

36 Vorname

37 Straße

38 Hausnummer / Hausnummernzusatz / Postfach

39 Postleitzahl (Inland) / Postleitzahl (Ausland)

40 Wohnort

41 Staat (falls Anschrift im Ausland)

Antrag auf Festsetzung der Arbeitnehmer-Sparzulage | 15

	stpfl. Person / Ehemann / Person A	Ehefrau / Person B
42 Für alle vom Anbieter übermittelten elektronischen Vermögensbildungsbescheinigungen wird die Festsetzung der Arbeitnehmer-Sparzulage beantragt.	17 1 = Ja	18 1 = Ja

Einkommensersatzleistungen | 18

– ohne Beträge lt. Zeile 28 der Anlage N –

	stpfl. Person / Ehemann / Person A EUR	Ehefrau / Person B EUR
43 – die dem Progressionsvorbehalt unterliegen, z. B. Arbeitslosengeld, Elterngeld, Insolvenzgeld, Krankengeld, Mutterschaftsgeld, Verdienstausfallentschädigung (Infektionsschutzgesetz)	120 ,—	121 ,—
44 – vergleichbare Leistungen i. S. d. Zeile 43 aus einem EU- / EWR-Staat oder der Schweiz	136 ,—	137 ,—

Ergänzende Angaben zur Steuererklärung

45 Über die Angaben in der Steuererklärung hinaus sind weitere oder abweichende Angaben oder Sachverhalte zu berücksichtigen. Diese ergeben sich aus der beigefügten Anlage, welche mit der Überschrift „**Ergänzende Angaben zur Steuererklärung**" gekennzeichnet ist.   175 1 = Ja

Hinweis: Wenn über die Angaben in der Steuererklärung hinaus weitere oder abweichende Angaben oder Sachverhalte berücksichtigt werden sollen, tragen Sie bitte eine „1" ein. Gleiches gilt, wenn bei den in der Steuererklärung erfassten Angaben bewusst eine von der Verwaltungsauffassung abweichende Rechtsauffassung zugrunde gelegt wurde. Falls Sie mit Abgabe der Steuererklärung lediglich Belege und Aufstellungen einreichen, ist keine Eintragung vorzunehmen.

Unterschrift

Datenschutzhinweis:
Die mit der Steuererklärung / dem Antrag angeforderten Daten werden aufgrund der §§ 149, 150 und 181 Abs. 2 der Abgabenordnung, der §§ 25, 46 und 51a Abs. 2d des Einkommensteuergesetzes sowie des § 14 Abs. 4 des Fünften Vermögensbildungsgesetzes erhoben. Informationen über die Verarbeitung personenbezogener Daten in der Steuerverwaltung und über Ihre Rechte nach der Datenschutz-Grundverordnung sowie über Ihre Ansprechpartner in Datenschutzfragen entnehmen Sie bitte dem allgemeinen Informationsschreiben der Finanzverwaltung. Dieses Informationsschreiben finden Sie unter www.finanzamt.de (unter der Rubrik „Datenschutz") oder erhalten Sie bei Ihrem Finanzamt.

46 Die Steuererklärung wurde unter Mitwirkung eines Angehörigen der steuerberatenden Berufe i. S. d. §§ 3 und 4 des Steuerberatungsgesetzes erstellt: 1 = Ja

Bei der Anfertigung dieser Steuererklärung hat mitgewirkt:

47 Datum, Unterschrift(en)   Steuererklärungen sind eigenhändig – bei Ehegatten / Lebenspartnern von beiden – zu unterschreiben.

1.1 Wer muss bis wann die Steuererklärungen abgeben

Die allgemeine Frist zur Abgabe der Einkommensteuererklärung 2021 läuft gem. § 149 Abs. 2 AO bis Sonntag, den 31.07.2022, somit bis 01.08.2022. Auf Antrag kann diese Frist verlängert werden. Zu beachten ist, dass bestimmte Einkommensteuererklärungen gesondert – vorzeitig – angefordert werden können. Berater i.S.d. der §§ 3 und 4 StBerG haben eine verlängerte Abgabefrist bis Ende Februar 2023. Der 28.02.2023 ist ein Dienstag.

Pandemiebedingt gab es für die Einkommensteuererklärungen 2019 und 2020 großzügige Verlängerungen der Abgabefristen. Derzeit ist noch nicht abzusehen, ob diese Großzügigkeiten auch für den Veranlagungszeitraum 2021 angewendet werden.

Es ist nicht klärungsbedürftig, dass die verlängerte Erklärungsfrist des § 149 Abs. 3 AO i.d.F. des StModernG nicht für die eigene Steuererklärung eines Angehörigen der steuerberatenden Berufe und seines mit ihm nach §§ 26, 26b EStG zusammenveranlagten Ehegatten gilt. Es hindert aber natürlich keinen Steuerberater, sich durch einen Berufskollegen vertreten zu lassen, der dann von der Fristverlängerung profitiert.

Keine Pflicht zur elektronischen Übermittlung der Einkommensteuererklärung bei wirtschaftlicher Unzumutbarkeit. BFH-Urteil vom 16.06.2020, VIII R 29/19

Die Abgabe der Einkommensteuererklärung durch Datenfernübertragung ist wirtschaftlich unzumutbar, wenn der finanzielle Aufwand für die Einrichtung und Aufrechterhaltung einer Datenfernübertragungsmöglichkeit in keinem wirtschaftlich sinnvollen Verhältnis zu den Einkünften steht, die die Pflicht zur elektronischen Erklärungsabgabe auslösen.

Wirtschaftliche Unzumutbarkeit liegt insbesondere vor, wenn die Schaffung der technischen Möglichkeiten für eine Datenfernübertragung nur mit einem nicht unerheblichen finanziellen Aufwand möglich wäre.

Ob ein nicht unerheblicher finanzieller Aufwand anzunehmen ist, kann nur unter Berücksichtigung der betrieblichen Einkünfte des Steuerpflichtigen im Sinne des § 2 Abs. 1 Satz 1 Nr. 1 bis Nr. 3 EStG entschieden werden. Denn die Härtefallregelung soll Kleinstbetriebe privilegieren. Da der Kläger im Streitjahr nur 14.534 € aus seiner selbständigen Arbeit erzielt hatte, ging der BFH von einer einem Kleinstbetrieb vergleichbaren Situation aus. Die elektronische Erklärungsabgabe konnte daher nicht rechtmäßig angeordnet werden und so auch das Zwangsgeld zu ihrer Durchsetzung keinen Bestand haben.

Problemzone: Vollmachtsdatenbank und Zeilen 35–41

„VaSt" und die Vollmachtsdatenbank

Das Abrufen der für den Mandanten gespeicherten Daten im Rahmen der vorausgefüllten Steuererklärung wird immer notwendiger und funktioniert fast reibungslos. Wer die technischen Hürden für den Einstieg in den Abruf bezwungen hat, ist über die vom Finanzamt dann bereitgestellten Daten angenehm überrascht. Insbesondere die Daten zu den Versicherungs- und Rentenversicherungsunternehmen stellen eine erhebliche Arbeitserleichterung dar. Das Einrichten und das Pflegen der Vollmachtsdatenbank kann allerdings im Einzelfall schon anstrengend werden.

Leider werden die elektronisch von Dritten (z.B. dem Arbeitgeber) übermittelten Daten auch weiterhin **ohne weitere Kontrolle vom Finanzamt übernommen** und die vom

Steuerpflichtigen erklärten Daten ohne weiteren Hinweis überschrieben! Die Daten müssen also überprüft, ergänzt und ggf. gesondert erläutert werden.

Die Vorbereitung auf die Zusammenarbeit mit dem Mandanten (vor dem Mandantengespräch schon die Daten abrufen) wird erheblich erleichtert. Gezielt können nun bisher auch noch nicht erkannte Einkünfte, die dem Finanzamt aber per Datenmitteilung bereits vorliegen, abgestimmt werden.

Hierbei sind die Zeilen 35–41 zu beachten. Dort soll nur dann ein Empfangsbevollmächtigter eingetragen werden, wenn KEINE Bekanntgabevollmacht in der Vollmachtsdatenbank vorliegt. Anderenfalls werden die Daten der Vollmachtsdatenbank überschrieben. Der Hinweis auf Seite 2 im Hauptvordruck ist nur schwer lesbar über Zeile 35 angebracht. Zu beachten sind die weiteren Angaben in den jeweiligen Programmen, z.B. bei Datev, wenn auch der Bescheid elektronisch übersandt werden soll.

Beleglose elektronische Steuererklärung

Die Anforderung von Unterlagen bleibt weiterhin sehr einzelfallbezogen und vom jeweiligen Bearbeiter in den Finanzämtern abhängig. Insgesamt ist die Anforderung der Unterlagen jedoch weiter rückläufig.

Abgabepflichten

§ 43 Abs. 5 EStG betrifft die Steuerpflichtigen, die nur Einkünfte erzielen, die der **Abgeltungsteuer** unterlagen, also „nur Geld" und keine anderen Einkünfte hatten. Die danach abgegoltenen Kapitalerträge müssen nicht erklärt werden. Davon zu unterscheiden sind jedoch die Kapitalerträge, die noch nicht dem Steuerabzug unterlegen haben (z.B. Kredite im Privatbereich). Hierfür besteht die **Erklärungspflicht gem. § 32d Abs. 3 EStG**. In vielen Fällen wird es jedoch sinnvoll sein, auch die bereits versteuerten Kapitalerträge zu erklären, damit nach § 32d Abs. 4 EStG ein nicht ausgeschöpfter Sparer-Pauschbetrag oder Verluste berücksichtigt werden können.

§ 46 EStG betrifft die **Arbeitnehmer, die ihren Lohn versteuert haben** und keine zusätzlichen Freibeträge im Rahmen der elektronischen Lohnsteuerabzugsmerkmale erklärt haben, nicht die Steuerklasse unterjährig änderten, oder andere Einkünfte von mehr als **410 €** im Kalenderjahr 2021 erzielten. Auch für den Veranlagungszeitraum 2021 wird § 46 Abs. 2 Nr. 1 EStG, nämlich die Pflicht zur Abgabe einer Steuererklärung bei Anwendung des Progressionsvorbehalts, durch die Vielzahl von Kurzarbeiterfällen zu einer weiteren Zunahme von Pflichterklärungen führen.

§ 46 Abs. 3 EStG schließt eine mögliche Begünstigung durch die Günstigerprüfung des § 32d Abs. 6 EStG für diesen Bereich aus. War es bis 2013 möglich, Kapitalerträge der Abgeltungsbesteuerung im Rahmen dieser Günstigerrechnung bis 410 € vollständig steuerfrei zu stellen (und damit auch die 25 % Abgeltungsbesteuerung zu vermeiden), ist dies bereits seit 2014 ausgeschlossen.

> **Beispiel 1.1:** Die Arbeitnehmerin Gerda Geld erzielt unstrittig nur Einkünfte aus ihrer Angestelltentätigkeit in der Blau-Bank. Daneben liegen nur unstrittige Zinserträge von 1.211 € vor.
>
> **Lösung:** Bis einschließlich Veranlagungszeitraum 2013 wurden die Kapitalerträge im Rahmen der Günstigerprüfung mit 1.211 € abzüglich Sparer-Pauschbetrag nach § 20 Abs. 9 EStG von 801 € mit den verbliebenen 410 € als Einkünfte berücksichtigt und

> in die Berechnung des Einkommens mit einbezogen. Dann wurde aber gem. § 46 Abs. 3 S. 1 EStG ein Betrag von 410 € (bis zur Höhe dieser Einkünfte) vom Einkommen abgezogen. Im Ergebnis wurden damit auch die 410 € freigestellt.

Diese 410 € werden seit 2014 **nicht** für den Bereich der Günstigerprüfung des § 32d Abs. 6 EStG gewährt. Für andere Einkunftsarten verbleibt es bei der Begünstigung (z.B. Provisionen etc.).

Haben Ehegatten beide Arbeitslohn bezogen und die Steuerklassen V oder VI genutzt, besteht jedoch die Pflicht zur Abgabe der Einkommensteuererklärung, genau wie bei der (eher seltenen) Nutzung des Faktorverfahrens nach § 39f EStG.

Ob die Nichtabgabe der Steuererklärung wirklich sinnvoll ist, sollte in jedem Einzelfall geprüft werden, insbesondere bei weiten Wegen zur Arbeit und den deshalb zu gewährenden Werbungskosten im Rahmen der Entfernungspauschale.

Bei geringen Einkünften **entfällt die Pflicht zur Abgabe der Einkommensteuererklärung 2021** nach § 56 EStDV. Hier ist folgende Grenze zu beachten:
- Für **Einzelveranlagte**: Der Gesamtbetrag der Einkünfte darf **9.744 €** nicht überschritten haben.
- Für **Zusammenveranlagte**: Der Gesamtbetrag der Einkünfte darf **19.488 €** nicht überschritten haben.
- Für Arbeitnehmer gilt gem. § 46 Abs. 2 Nr. 3 EStG grundsätzlich eine Grenze von 12.250 €/23.350 € jährlicher Arbeitslohn, die nicht überschritten werden darf.

Insbesondere die zunehmende Erfassungsdichte der Renteneinkünfte führt in einigen Fällen zu Irritationen. Aus der Pflicht zur Abgabe der Steuererklärung wegen Renteneinkünften muss nicht zwingend eine Steuernachzahlung erwachsen. In vielen Fällen ist durch den Ansatz der Freibeträge für Körperbehinderungen und Sonderausgaben eine Minderung des Gesamtbetrags der Einkünfte unterhalb des Grundfreibetrages möglich.

Eine verspätete Abgabe von Steuererklärungen verursacht regelmäßig automatische Verspätungszuschläge.

Für Rentner ist jedoch eine besondere Verschonungsregelung vorgesehen. Fordert das Finanzamt von Rentnern, die bislang davon ausgehen konnten, nicht erklärungspflichtig zu sein, Steuererklärungen nach, fallen für die Vergangenheit **keine Verspätungszuschläge** an (§ 152 Abs. 5 Satz 3 AO – natürlich nicht nur für Rentner).

Lässt der Rentner jedoch die Steuerpflicht beispielsweise durch einen Steuerberater überprüfen und kommt selbstständig zu dem Ergebnis, Steuererklärungen (für weiter zurückliegende Veranlagungszeiträume) einreichen zu müssen, greift die gesetzliche Verschonungsregelung nicht.

Diese Steuerpflichtigen wären dann beim Nachreichen von Steuererklärungen nach den regulären Fristen in der Regel mit Verspätungszuschlägen belastet. Hier sollte dann ein Erlass aus Billigkeitsgründen beantragt, bzw. bei der Abgabe gleich der Antrag auf Nichtfestsetzung des Verspätungszuschlags gestellt werden.

Für im Ausland lebende Rentner ist dabei zu beachten, dass der Grundfreibetrag nicht gewährt wird. Hier gilt es, die Möglichkeiten der fiktiven unbeschränkten Steuerpflicht nach § 1 Abs. 3 EStG zu prüfen.

Beiträge zur Kranken- und Pflegeversicherung eines steuerlich zu berücksichtigenden Kindes können bei den Eltern als Vorsorgeaufwendungen berücksichtigt werden; § 10

Abs. 1 Nr. 3 S. 2 EStG. Hat das Kind z.B. Einkünfte aus nichtselbständiger Tätigkeit, wird **bei dem Kind** die Vorsorgepauschale nach § 39b Abs. 2 S. 5 Nr. 3 EStG gewährt. Hat das Kind keine weiteren Versicherungsbeiträge geleistet, werden dadurch zu wenig Lohnsteuern einbehalten. Beträgt der Arbeitslohn des Kindes mehr als 12.250 €, ist das Kind nach § 46 Abs. 2 Nr. 3 EStG zur Abgabe einer Steuererklärung verpflichtet. Die Finanzverwaltung will durch Kontrollmitteilungen die Veranlagungen der Kinder sicherstellen.

1.2 Wahl der Veranlagungsart (Zeile 28)

Unverheiratete oder dauernd getrenntlebende Ehegatten/eingetragene Lebenspartnerschaften haben eine Einzel-Einkommensteuererklärung abzugeben. Für diesen Personenkreis wird das zu versteuernde Einkommen ausschließlich aus den diesen Personen zuzurechnenden Daten ermittelt. Es wird dann der Grundtarif nach § 32a Abs. 1 EStG berücksichtigt.

Nur Ehegatten/eingetragene Lebenspartner, die **beide unbeschränkt einkommensteuerpflichtig** sind und **nicht dauernd getrennt leben**, haben eine Ehegattenveranlagung durchzuführen. Die Bedingungen müssen zumindest an einem Tag im Kalenderjahr 2021 vorgelegen haben. Nur dann haben diese Ehegatten/eingetragenen Lebenspartner das Wahlrecht. Zu beachten ist hierbei die „Ehe für Alle" ab dem 01.10.2017. Seit diesem Tag können auch eingetragene Lebenspartner als Ehegatten „umgemeldet" werden. Neue „Eingetragene Lebenspartner" gibt es ab diesem Tag nicht mehr.

Zusammenveranlagung oder Einzelveranlagung

Zur Umsetzung der Entscheidung des Bundesverfassungsgerichts vom 07.05.2013 zur steuerlichen Gleichbehandlung eingetragener Lebenspartnerschaften ist **§ 2 Abs. 8 EStG** in das Einkommensteuergesetz aufgenommen worden.

§ 2 Abs. 8 EStG sieht für eingetragene Lebenspartnerschaften die gleichen Rechte wie für Ehegatten vor. Eingetragene Lebenspartnerschaften können daher seit dem Veranlagungszeitraum 2013, genau wie Ehegatten, zwischen der Zusammenveranlagung nach § 26b EStG und der Einzelveranlagung nach § 26a EStG wählen. Vorausgesetzt ist, dass es sich um Lebenspartner nach dem LPartG handelt.

Eine Ehegatten-/Lebenspartnerveranlagung ist jedoch nur dann möglich, wenn beide Partner unbeschränkt einkommensteuerpflichtig sind, nicht dauernd getrennt leben und diese Voraussetzung zu Beginn oder im Laufe des Veranlagungszeitraums vorlagen. Sollte einer der Partner die Einzelveranlagung wählen, so ist diese durchzuführen. Zu beachten ist dabei, dass die Wahl mit der Abgabe der Steuererklärung getroffen wird.

Bei einer Zusammenveranlagung nach § 26b EStG werden die Einkünfte für die Partner getrennt ermittelt und dann zusammengerechnet. Erst anschließend werden die Partner als ein Steuerpflichtiger behandelt.

Bei der Einzelveranlagung i.S.d. § 26a EStG werden jedem Partner seine Einkünfte zugerechnet. Sonderausgaben, außergewöhnliche Belastungen und haushaltsnahe Dienstleistungen werden dem Partner zugerechnet, der diese Aufwendungen wirtschaftlich getragen hat. Auf übereinstimmenden Antrag ist eine Aufteilung je zur Hälfte möglich. Durch § 26a Abs. 2 EStG ist sichergestellt, dass sämtliche Aufwendungen je zur Hälfte zu berücksichtigen sind, die Ehegatten aber eine andere Aufteilung beantragen können. Für eine Aufteilung der Aufwendungen ist die Anlage Haushaltsnahe Aufwendungen Zeilen 12–14 zu beachten.

Die Vorteile der Zusammenveranlagung ergeben sich insbesondere durch den erhöhten Ansatz der Sonderausgaben, außergewöhnlichen Belastungen und insbesondere bei der tariflichen Besteuerung durch den Ansatz des Splittingtarifs.

Der Anleitung zur Einkommensteuererklärung 2021 ist auf Seite 4 unter allgemeine Angaben zu entnehmen, dass „die Person, die nach alphabetischer Reihenfolge des Nachnamens an erster Stelle steht, bei Namensgleichheit nach alphabetischer Reihenfolge des Vornamens, bei Gleichheit nach dem Alter der Personen (ältere Person = A) als Lebenspartner A einzutragen ist". Diese Einteilung ist unabdingbar, weil bei späteren Eintragungen der Einkünfte der eingetragenen Lebenspartner klar abgegrenzt werden muss, wer von den beiden die Einkünfte erzielt hat.

> **Beispiel 1.2:** Anett Müller und Anna Müller heiraten am 30.12.2021. Es handelt sich um eine eingetragene Lebenspartnerschaft. Beide wohnen und leben in Berlin.
>
> **Lösung:** Die eingetragenen Lebenspartner haben das Wahlrecht zur Einzel- oder Zusammenveranlagung, weil sie beide unbeschränkt steuerpflichtig und verheiratet/eingetragene Lebenspartner sind.
> Für die Wahl der Einzelveranlagung reicht die Wahl nur eines der Ehegatten/Lebenspartner aus.
> Die **Ehegatten/Lebenspartner-Zusammenveranlagung** können beide Ehegatten wählen, um dadurch in den Genuss der Verteilung der Freibeträge auf beide Personen zu kommen und den Splittingtarif zu erhalten.
> Wird keine Wahl getroffen, wird die Zusammenveranlagung unterstellt (§ 26 Abs. 3 EStG).
> **Lebenspartner A** ist Anett, weil ihr Vorname alphabetisch vor Anna liegt. Allerdings nur bei „dieser" Anett. Bei der „anderen" Annett wäre Anna Lebenspartner A.

Liegen im Jahr der Scheidung sowohl beim geschiedenen als auch beim neu verheirateten Paar die Ehegattenveranlagungsbedingungen vor, kann der **Splittingtarif zweimal** berücksichtigt werden.

> **Beispiel 1.3:** Alfred Artig und Berta Artig lassen sich am 30.06.2021 scheiden, nachdem sie noch bis zum 28.02.2021 nicht dauernd getrennt lebten (die in einem Scheidungsverfahren zum Getrenntleben getroffenen Feststellungen sind für die steuerliche Beurteilung nicht bindend – siehe hierzu BFH vom 13.12.1985, BStBl II 1986, 486). Beide wohnen und leben in Berlin. Berta Artig heiratet am 01.10.2021 Bernd Böse und lebt mit ihm gemeinsam in Bremen. Alfred bleibt unverheiratet.
>
> **Lösung:** Die Ex-Ehegatten Artig erfüllen grundsätzlich die Bedingungen der Ehegattenveranlagung: beide sind unbeschränkt steuerpflichtig und lebten im Jahr 2021 mindestens an einem Tag nicht dauernd getrennt.
> Aber auch die neuen Ehegatten Artig-Böse erfüllen diese Bedingungen; beide sind ebenfalls unbeschränkt einkommensteuerpflichtig und leben ebenfalls nicht dauernd getrennt.
> Für diese Fälle sieht § 26 Abs. 1 S. 2 EStG vor, dass **nur die neue Ehe** (Artig-Böse) die **Ehegattenveranlagung** mit **Splitting-Tarif** durchführen kann.

> Herr Artig muss eine Einzelveranlagung durchführen, erhält jedoch gem. § 32a Abs. 6 S. 1 Nr. 2c EStG ebenfalls den **Splitting-Tarif (wenn die Zeilen 18 und 29 im Hauptvordruck richtig und vollständig ausgefüllt wurden)**.
> Obwohl Bernd Böse alphabetisch nach Berta Artig einzuordnen ist, verbleibt es hier (noch) bei der Eintragung Ehemann und Ehefrau. Frau Artig wird hier also klar gegenüber eingetragenen Lebenspartnern diskriminiert, weil sie dort als Lebenspartner A geführt werden würde.

Ehegatte ohne Einkünfte stellt einen Antrag auf Einzelveranlagung H 26 „Allgemeines" EStH
Stellt ein Ehegatte, **der keine Einkünfte erzielt** hat, einen Antrag auf Einzelveranlagung, ist dieser selbst dann **unbeachtlich**, wenn dem anderen Ehegatten eine Steuerstraftat zur Last gelegt wird. Im Fall eines solchen Antrags sind die Ehegatten nach § 26 Abs. 3 EStG zusammen zu veranlagen, wenn der andere Ehegatte dies beantragt hat (BFH vom 10.01.1992, BStBl II 1992, 297).

OLG Celle Beschluss vom 09.04.2019, 21 UF 119/18
Das OLG Celle hat wie folgt entschieden: Verletzt ein Ehegatte seine Verpflichtung, gemäß § 1353 Abs. 1 S. 2 BGB der gemeinsamen steuerlichen Veranlagung der Ehegatten (§ 26 EStG) zuzustimmen, kann dem anderen Ehegatten ein Erstattungsanspruch aus § 816 Abs. 2 BGB bzw. ein Schadenersatzanspruch aus § 280 Abs. 1 BGB zustehen.

OLG Koblenz Beschluss vom 12.06.2019, 13 UF 617/18
Ein Ehepartner ist auch nach der Trennung dem anderen gegenüber verpflichtet, in eine von diesem für die Zeit des Zusammenlebens gewünschte Zusammenveranlagung zur Einkommensteuer einzuwilligen, wenn dadurch dessen Steuerschuld verringert wird und der auf Zustimmung in Anspruch genommene Ehepartner keiner zusätzlichen steuerlichen Belastung ausgesetzt ist. Denn Ehepartner sind einander grundsätzlich verpflichtet, die finanziellen Lasten des anderen nach Möglichkeit zu vermindern, soweit dies ohne eine Verletzung eigener Interessen möglich ist.

BGH, Urteil vom 18.11.2009, XII ZR 173/06. Vorinstanzen: LG Dortmund, Urteil vom 23.11.2005, 3 O 548/04. OLG Hamm, Urteil vom 28.09.2006, 21 U 5/06
Aus dem Wesen der Ehe ergibt sich die Verpflichtung, die finanziellen Lasten des anderen Teils zu vermindern, soweit dies ohne Verletzung eigener Interessen möglich ist. Daher ist ein Ehegatte verpflichtet, in eine von dem anderen gewünschte Zusammenveranlagung zur Einkommensteuer einzuwilligen, wenn dadurch die Steuerschuld des anderen verringert wird und der Zustimmende nicht zusätzlich steuerlich belastet wird. Die Zustimmungspflicht eines Ehegatten besteht auch dann, wenn er während des Zusammenlebens steuerliche Verluste erwirtschaftet hat, die er in einem späteren Veranlagungszeitraum zur Verminderung seiner eigenen Steuerlast einsetzen könnte. Haben die Ehegatten mit Rücksicht auf eine geringere Steuerbelastung Mittel für ihren Lebensunterhalt oder eine Vermögensbildung, an der beide teilhaben, verwendet, kann nicht einer die getrennte Veranlagung verlangen, ohne sich schadensersatzpflichtig zu machen.

Aufteilung der Sonderausgaben

Der BFH hat für die Einzelveranlagung von Ehegatten die Regeln bei der Aufteilung von Sonderausgaben näher bestimmt. Bei einem beantragten hälftigen Sonderausgabenabzug gilt: Vorsorgeaufwendungen, die beide Ehepartner tragen, müssen zunächst zusammengerechnet und hälftig verteilt werden – erst danach ist getrennt für jeden Ehepartner die Höchstbetragsberechnung und Günstigerprüfung durchzuführen.

Eine gemeinsame Höchstbetragsberechnung, wie sie die Ehegatten beantragt hatten, ist vom Gesetz nicht vorgesehen.

Sachlage im Streitfall

Die Steuerpflichtige optierte mit ihrem Ehemann im Streitjahr zur Einzelveranlagung. Dazu beantragten die Ehegatten einheitlich die hälftige Aufteilung der Sonderausgaben. Das Finanzamt führte die Höchstbetragsberechnung gem. § 10 Abs. 4a EStG für die Ehegatten gemeinsam vor der Aufteilung der Ausgaben durch.
Dagegen wendete sich die Steuerpflichtige mit ihrem Einspruch. Sie beantragte, die Ermittlung die Günstigerprüfung und die Höchstbetragsberechnung bei jedem Ehegatten nach der wirtschaftlichen Verteilung der Aufwendungen vorzunehmen.

Das FG gab der nach Ablehnung des Einspruchs eingelegten Klage statt, da nach dessen Ansicht der Wortlaut und die Systematik des Gesetzes für eine individuelle Höchstbetragsberechnung sprechen.

Der BFH stimmte der Auffassung des FG zu und wies die Revision als unbegründet zurück.

Höchstbetragsberechnung und Aufteilung der Sonderausgaben

Haben Ehegatten gem. § 26a Abs. 1 EStG zur Einzelveranlagung optiert, werden Aufwendungen wie Sonderausgaben, außergewöhnliche Belastungen und Steuerermäßigungen gem. § 35a EStG jeweils gem. § 26a Abs. 2 EStG dem Ehegatten zugerechnet, der diese auch wirtschaftlich getragen hat. Auf einen gemeinsamen Antrag hin können diese Aufwendungen jedoch den Ehegatten hälftig zugerechnet werden.

Für die den jeweiligen Ehegatten zugeteilten Sonderausgaben gem. § 10 EStG wird gem. § 10 Abs. 4 EStG die Höchstbetragsberechnung einzeln durchgeführt. Nach dieser Vorschrift ist der Abzug der Sonderausgaben auf 2.800 € bzw. 1.900 € begrenzt. Ausgenommen davon sind Beiträge gem. § 10 Abs. 1 Nr. 3 EStG, wie z.B. Kranken- und Pflegeversicherungen.

Durch die bisher vom Finanzamt vorgenommene gemeinsame Höchstbetragsberechnung und anschließende hälftige Zuordnung der Aufwendungen reduzierte sich der Sonderausgabenabzug für die Steuerpflichtige.

Nach der Auffassung des BFH ist jedoch aufgrund des Wortlauts der Vorschrift die vom FG angewandte Reihenfolge nicht zu beanstanden. Die Günstigerprüfung und Höchstbetragsberechnung des Sonderausgabenabzugs sind für jeden Ehegatten individuell nach der wirtschaftlichen Aufteilung vorzunehmen.

Darüber hinaus bestätigt der BFH auch die bisher regelmäßig vorgenommene Aufteilung für außergewöhnliche Belastungen (AgB) und Steuermäßigungen gem. § 35a EStG.

Antrag auf Festsetzung der Arbeitnehmer-Sparzulage Zeile 42

Hier – und nur hier – muss der Antrag auf Festsetzung der Arbeitnehmer-Sparzulage gestellt werden. Zwingende Voraussetzung ist jedoch, dass zuvor die jeweiligen Anbieter die Daten elektronisch übermittelt haben.

Voraussetzung für die Gewährung der Sparzulage ist, dass das zu versteuernde Einkommen des Arbeitnehmers im Sparjahr eine Einkommensgrenze nicht übersteigt:

Bei Einzelveranlagung von Ehe- oder eingetragenen Lebenspartnern zur Einkommensteuer wird jeder Ehe- oder eingetragene Lebenspartner wie ein Lediger behandelt (Einkommensgrenze 20.000 € bzw. 17.900 € für Bausparverträge).

Bei Arbeitnehmern mit Kindern erhöhen sich die Einkommensgrenzen 2021 um die Freibeträge für Kinder i.H.v. insgesamt 4.194 € je Kind (§ 2 Abs. 5 EStG). Die Freibeträge für Kinder sind stets für das gesamte Sparjahr zugrunde zu legen. Dies gilt auch dann, wenn die steuerliche Berücksichtigung des Kindes im Laufe des Jahres beginnt oder endet.

Bei der Ermittlung der Einkommensgrenze bleiben Einkünfte aus Kapitalvermögen, die dem Abgeltungssteuersatz von 25 % unterliegen, unberücksichtigt.

1.3 Einkommensersatzleistungen und Progressionsvorbehalt (Zeilen 43 + 44)

Hier gilt es, besondere Vorsicht walten zu lassen! Eintragungen in den **Zeilen 43 + 44** führen in den meisten Fällen zu **Steuernachzahlungen**. Zu beachten ist hier, dass es sich grundsätzlich um diese neu als „eDaten" bezeichneten Eintragungen handelt. Die hier vorgegebenen Daten sind unbedingt zu überprüfen.

Der Steuersatz für die anderen steuerpflichtigen Einkünfte wird erhöht. Es muss damit ausgeschlossen werden, dass an dieser Stelle Vorjahreswerte versehentlich übernommen werden, oder eine doppelte Erfassung zusätzlich in der Anlage N erfolgt.

Ob Einkommensersatzleistungen überhaupt dem Progressionsvorbehalt unterliegen, ist der jeweiligen Bescheinigung und dem § 32b EStG zu entnehmen.

So unterliegt beispielsweise das Arbeitslosengeld II nicht dem Progressionsvorbehalt, wohl aber das Elterngeld. Die typischen Eintragungen erfolgen hier für steuerfrei gewährtes Krankengeld oder Arbeitslosengeld I.

> Der Corona-Zuschuss des Arbeitgebers nach **§ 3 Nr. 11a EStG** (bis zu 1.500 €) unterliegt **nicht** dem Progressionsvorbehalt, weil dieser Zuschuss (bisher) noch nicht in § 32b EStG erfasst worden ist. Anders hingegen das Kurzarbeitergeld und die Zuschüsse des Arbeitgebers nach § 3 Nr. 28a EStG, die in § 32b Abs. 1 Nr. 1a + g EStG ausdrücklich aufgeführt worden sind.

Mit Beschluss vom 21.09.2009, VI B 31/09, DStR 2009, 2139 hat der **BFH** die Beschwerde gegen das Urteil des FG Nürnberg vom 19.02.2009, 6 K 1859/2008 zurückgewiesen. Das **Elterngeld** gehört danach auch mit dem Sockelbetrag zum **Progressionsvorbehalt** des § 32b Abs. 1 Nr. Buchst. j EStG. Die in einigen Bundesländern vertretene Rechtsauffassung, dass die Grundbegünstigung i.H.v. 300 € nicht zu berücksichtigen sei, hat keinen Halt gefunden.

Für die Berechnung gilt es zu beachten, dass für sämtliche im § 32b Abs. 1 Nr. 1 EStG aufgeführten Werte der Arbeitnehmer-Pauschbetrag von 1.000 € abzuziehen ist, wenn er nicht bereits bei den Einkünften aus nichtselbständiger Arbeit abgezogen worden ist. So ist beispielsweise das erhaltene Elterngeld eines selbständig Tätigen oder Gewerbetreibenden um 1.000 € zu kürzen, und nur der dann verbleibende Wert unterliegt dem Progressionsvorbehalt. Der BFH hat mit Urteil vom 25.09.2014, III R 61/12 zur Berechnung des Progressionsvorbehalts entschieden, dass steuerfreie Leistungen **nicht um den Arbeitnehmer-Pauschbetrag** zu vermindern sind, **wenn** bei der Ermittlung der Einkünfte aus nichtselbständiger Arbeit den Pauschbetrag übersteigende Werbungskosten bereits abgezogen wurden.

Der vom FG zwecks **Gleichbehandlung von Arbeitnehmern mit selbständig Tätigen** vorgenommenen verfassungskonformen Auslegung des § 32b Abs. 2 Satz 1 Nr. 2 EStG bedarf es danach nicht. Denn der Gesetzgeber habe diese – in der Praxis wohl eher seltene – Bevorzugung von Steuerpflichtigen, deren in den Progressionsvorbehalt einzubeziehende Leistungen bei unterstellter Steuerpflicht zu anderen Einkunftsarten als nichtselbständiger Arbeit gehören würden, **aus Vereinfachungsgründen bewusst in Kauf genommen** (BT-Drs. 11/2157, 150; Blümich/Wagner, § 32b EStG Rz. 54, a.E.). Steuerliche Pauschbeträge begünstigen zudem zwangsläufig Steuerpflichtige, die keine oder nur geringe Aufwendungen haben, die durch den Pauschbetrag abgegolten werden.

Auch an dieser Stelle ist die vorausgefüllte Steuererklärung des Finanzamts eine große Hilfe, weil so die vom Mandanten nicht „erkannten" oder „vergessenen" Werte leicht berücksichtigt werden können.

1.4 Qualifiziertes Freitextfeld in Zeile 45

Durch die umfangreichen Änderungen der §§ 149–155 AO sind die rechtlichen Grundlagen für die Bearbeitung der elektronischen Steuererklärungen geschaffen worden.

Nach § 150 Abs. 7 AO muss es dem Steuerpflichtigen möglich sein, auch im Rahmen der elektronischen Steuererklärung gesonderte Angaben für einen Amtsträger zu machen. Die vollelektronische Bearbeitung wird dann dadurch (Eintragung in Zeile 40) beendet und die Erklärung einem Amtsträger zur Bearbeitung zugeführt.

Hier müssen auf jeden Fall Eintragungen vorgenommen werden, wenn bewusst von der Meinung der Finanzverwaltung abgewichen wird.

Die Bundessteuerberaterkammer hat in der Mitteilung 017/2018 zum Freitextfeld in Steuererklärungen Stellung bezogen. Danach konnte der Steuerberater auch ohne Freitextfeld unbewusst in einzelnen Punkten von der Verwaltungsauffassung abweichen. Nur wenn bewusst von der Eintragung abgesehen wird und eine Steuerstraftat vorliegt, kann ein Haftungsrisiko bestehen. Das war aber auch schon vor dem Freitextfeld unstrittig.

Die Bundessteuerberaterkammer hält es daher nicht für sinnvoll, grundsätzlich immer einen Haken zu setzen. Für Erklärungen, denen man ohnehin ein Begleitschreiben beifügen muss, bietet sich die zusätzliche Eintragung im Freitextfeld jedoch an.

In DStR 37/2021 S. 2161 haben Dr. Spatscheck und Prof. Dr. Spilker ausführlich zu den Problemen der Haftung, Steuerhinterziehung und groben Verschulden Stellung genommen. Im Zweifel sollte das Freitextfeld daher genutzt werden.

1.5 Abbildungen zu Kapitel 1

Abb. 1.1: Unbeschränkte Einkommensteuerpflicht nach § 1 EStG

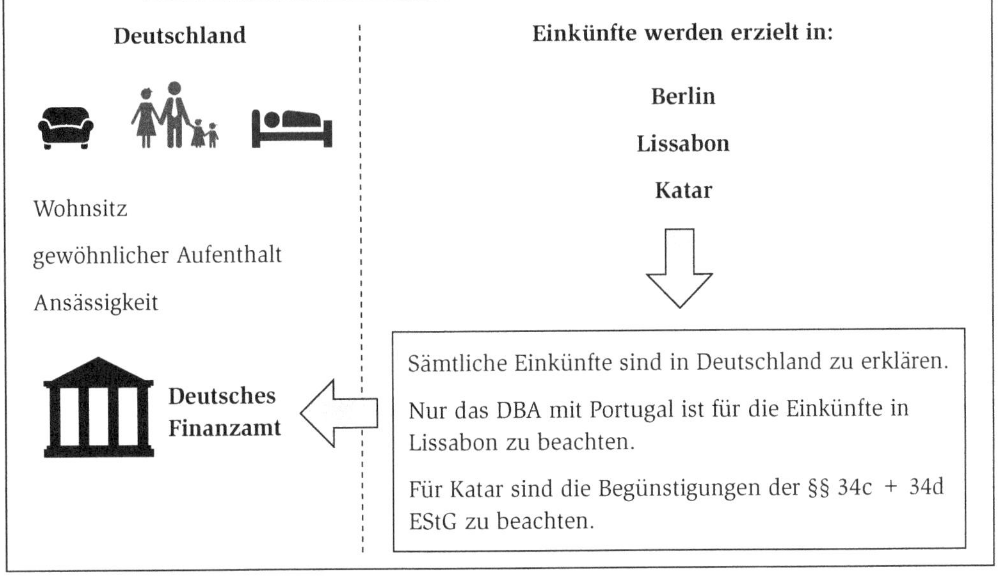

Deutschland

Wohnsitz
gewöhnlicher Aufenthalt
Ansässigkeit

Deutsches Finanzamt

Einkünfte werden erzielt in:

Berlin
Lissabon
Katar

Sämtliche Einkünfte sind in Deutschland zu erklären.

Nur das DBA mit Portugal ist für die Einkünfte in Lissabon zu beachten.

Für Katar sind die Begünstigungen der §§ 34c + 34d EStG zu beachten.

Abb. 1.2: Gründe für die Abgabe einer Einkommensteuererklärung

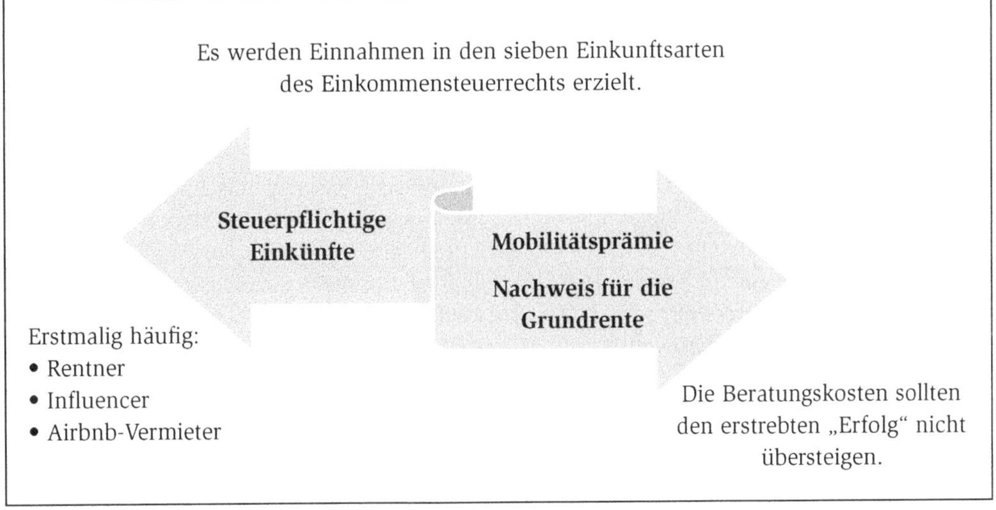

Es werden Einnahmen in den sieben Einkunftsarten des Einkommensteuerrechts erzielt.

Steuerpflichtige Einkünfte

Mobilitätsprämie

Nachweis für die Grundrente

Erstmalig häufig:
- Rentner
- Influencer
- Airbnb-Vermieter

Die Beratungskosten sollten den erstrebten „Erfolg" nicht übersteigen.

Abb. 1.3: Abgabefristen für die Steuererklärung 2021 – gilt für jeden Steuerpflichtigen

§ 149 Abs. 2 AO

Bisher keine Verlängerung der Abgabefristen für die Einkommensteuererklärung 2021.

… **spätestens sieben Monate** nach Ablauf des Kalenderjahres oder sieben Monate nach dem gesetzlich bestimmten Zeitpunkt.

Bei Steuerpflichtigen, die den Gewinn aus Land- und Forstwirtschaft nach einem vom Kalenderjahr abweichenden Wirtschaftsjahr ermitteln, endet die Frist nicht vor Ablauf des siebten Monats, der auf den Schluss des in dem Kalenderjahr begonnenen Wirtschaftsjahres folgt.

Abb. 1.4: Abgabefristen für die Steuererklärung 2021 (vorzeitig angeforderte Erklärungen)

§ 149 Abs. 4 AO

4 Monate

Das Finanzamt kann anordnen, dass Erklärungen im Sinne des Absatzes 3
- **vor dem letzten Tag des Monats Februar** des zweiten auf den Besteuerungszeitraum folgenden Kalenderjahres abzugeben sind, wenn …

Für das Befolgen der Anordnung ist **eine Frist von vier Monaten nach Bekanntgabe der Anordnung** zu setzen. Ferner dürfen die Finanzämter nach dem Ergebnis einer automationsgestützten Zufallsauswahl anordnen, dass Erklärungen im Sinne des Absatzes 3 vor dem letzten Tag des Monats Februar des zweiten auf den Besteuerungszeitraum folgenden Kalenderjahres mit einer Frist von vier Monaten nach Bekanntgabe der Anordnung abzugeben sind. In der Aufforderung nach Satz 3 ist darauf hinzuweisen, dass sie auf einer automationsgestützten Zufallsauswahl beruht; eine weitere Begründung ist nicht erforderlich.

1.5 Abbildungen zu Kapitel 1

Abb. 1.5: Abgabefristen für die Steuererklärungen 2021 bisher nicht verlängert

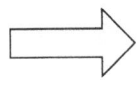
- für nicht beratene **Steuerpflichtige** bis zum **31.07.2022**

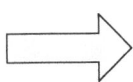
- für **Berater** im Sinne der §§ 3 + 4 StBerG bis zum **28.02.2023**

Hauptvordruck

Abb. 1.6: Verspätungszuschläge nach § 152 AO

...
(2) Abweichend von Absatz 1 **ist ein Verspätungszuschlag festzusetzen**, wenn eine Steuererklärung, die sich auf ein Kalenderjahr oder auf einen gesetzlich bestimmten Zeitpunkt bezieht (Einkommensteuererklärung):
- nicht binnen 14 Monaten nach Ablauf des Kalenderjahrs,
- oder nicht binnen 14 Monaten nach dem Besteuerungszeitpunkt,
- in den Fällen des § 149 Absatz 2 Satz 2 nicht binnen 19 Monaten nach Ablauf des Kalenderjahrs oder nicht binnen 19 Monaten nach dem Besteuerungszeitpunkt
- oder in den Fällen des § 149 Absatz 4 nicht **bis zu dem in der Anordnung bestimmten Zeitpunkt**

abgegeben wurde.

Abb. 1.7: Höhe der Verspätungszuschläge

Der Verspätungszuschlag beträgt vorbehaltlich ...

Für Steuererklärungen, die sich **auf ein Kalenderjahr** oder auf einen gesetzlich bestimmten Zeitpunkt beziehen:
- beträgt der Verspätungszuschlag für **jeden angefangenen Monat** der eingetretenen Verspätung,
- **0,25 %** der um die festgesetzten Vorauszahlungen und die anzurechnenden Steuerabzugsbeträge <u>verminderten</u> festgesetzten Steuer,
- **mindestens jedoch 25 € für jeden angefangenen Monat** der eingetretenen Verspätung.

§ 152 Abs. 5 S. 3 AO: Wurde ein Erklärungspflichtiger von der Finanzbehörde erstmals nach Ablauf der gesetzlichen Erklärungspflicht zur Abgabe einer Steuererklärung innerhalb einer dort bezeichneten Frist aufgefordert **und konnte er bis zum Zugang der Aufforderung davon ausgehen, keine Steuererklärung abgeben zu müssen**, so ist der Verspätungszuschlag nur für die Monate zu berechnen, die nach Ablauf der in der Aufforderung bezeichneten Erklärungsfrist begonnen haben.

Erstmalige Erklärungen für Rentner nicht vergessen

Abb. 1.8: Erstmalige Abgabe von Steuererklärungen für Rentner

Eine verspätete Abgabe von Steuererklärungen verursacht regelmäßig automatische Verspätungszuschläge.

Für Rentner ist eine besondere Verschonungsregelung vorgesehen. Fordert das Finanzamt von Rentnern, die bislang davon ausgehen konnten, nicht erklärungspflichtig zu sein, Steuererklärungen nach, fallen für die Vergangenheit keine Verspätungszuschläge an (§ 152 Abs. 5 Satz 3 AO – natürlich nicht nur für Rentner).

Lässt der Rentner jedoch die Steuerpflicht beispielsweise durch einen Steuerberater überprüfen und kommt selbstständig zu dem Ergebnis, Steuererklärungen (für weiter zurückliegende Veranlagungszeiträume) einreichen zu müssen, greift die gesetzliche Verschonungsregelung nicht.

Diese Steuerpflichtigen wären dann beim Nachreichen von Steuererklärungen nach den regulären Fristen in der Regel mit Verspätungszuschlägen belastet. Hier sollte dann ein Erlass aus Billigkeitsgründen beantragt, bzw. bei der Abgabe gleich der Antrag auf Nichtfestsetzung des Verspätungszuschlags gestellt werden.

1.5 Abbildungen zu Kapitel 1

Hauptvordruck

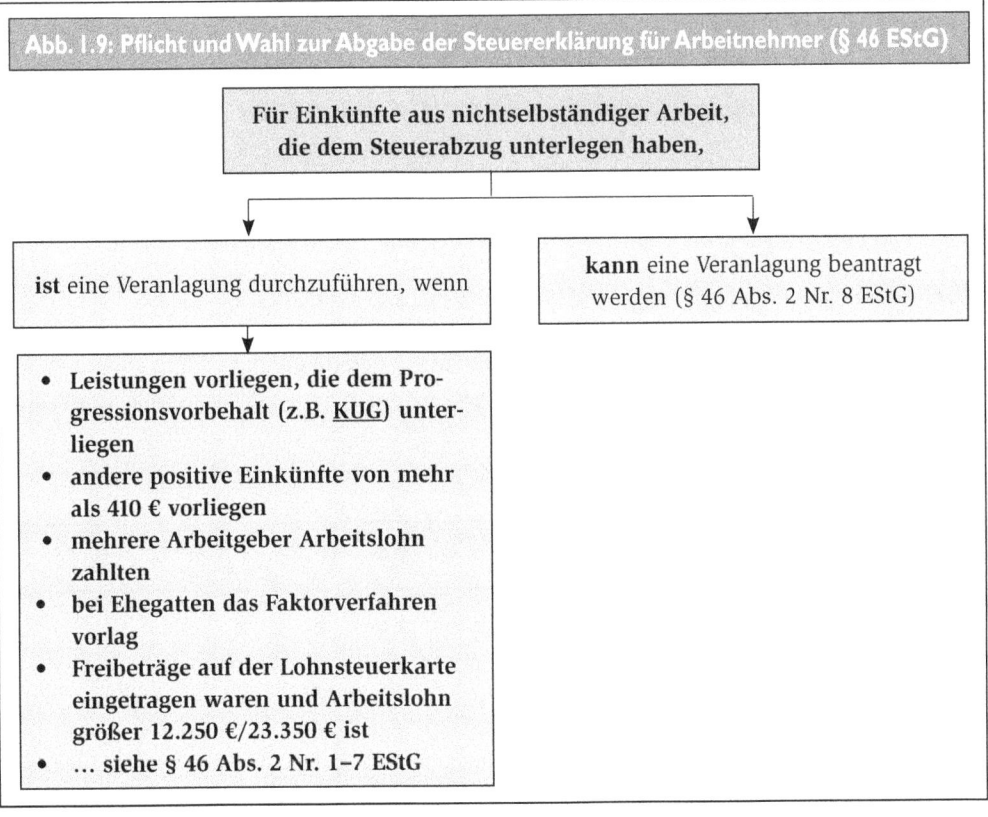

Abb. 1.9: Pflicht und Wahl zur Abgabe der Steuererklärung für Arbeitnehmer (§ 46 EStG)

Für Einkünfte aus nichtselbständiger Arbeit, die dem Steuerabzug unterlegen haben,

- **ist** eine Veranlagung durchzuführen, wenn
  - Leistungen vorliegen, die dem Progressionsvorbehalt (z.B. KUG) unterliegen
  - andere positive Einkünfte von mehr als 410 € vorliegen
  - mehrere Arbeitgeber Arbeitslohn zahlten
  - bei Ehegatten das Faktorverfahren vorlag
  - Freibeträge auf der Lohnsteuerkarte eingetragen waren und Arbeitslohn größer 12.250 €/23.350 € ist
  - ... siehe § 46 Abs. 2 Nr. 1–7 EStG

- **kann** eine Veranlagung beantragt werden (§ 46 Abs. 2 Nr. 8 EStG)

Abb. 1.10: Steuererklärungspflicht (§ 25 EStG + § 56 EStDV)

Unbeschränkt Steuerpflichtige haben dann eine Steuererklärung abzugeben:

- **Ohne Ehegattenveranlagung**, wenn der Gesamtbetrag der Einkünfte 9.744 € übersteigt oder Einkünfte aus nichtselbständiger Arbeit mit LSt-Abzug im GdE enthalten sind.

- **Bei Ehegattenveranlagung**, wenn der Gesamtbetrag der Einkünfte 19.488 € übersteigt oder Einkünfte aus nichtselbständiger Arbeit mit LSt-Abzug im GdE enthalten sind.

Unterlagen zur Steuererklärung § 60 EStDV

Abb. 1.11: Veranlagung von Ehegatten und eingetragenen Lebenspartnerschaften

Ehegatten/eingetragene Lebenspartnerschaften (§§ 2 Abs. 8, 26 EStG) können wählen, wenn sie:
1. beide unbeschränkt einkommensteuerpflichtig sind,
2. nicht dauernd getrennt leben,
3. und diese Voraussetzungen zu Beginn oder im Laufe des Veranlagungszeitraums vorlagen.
4. Wählt einer der Ehegatten/eingetragenen Lebenspartnerschaften die Einzelveranlagung, so ist diese durchzuführen (§ 26 Abs. 2 EStG).
5. Die Wahl wird mit der Abgabe der Steuererklärung getroffen.
6. Nach Unanfechtbarkeit des Steuerbescheides ist eine Änderung der Veranlagungsart nur noch eingeschränkt möglich.

Abb. 1.12: Veranlagung von Ehegatten und eingetragenen Lebenspartnerschaften

Vorteile der Zusammenveranlagung können sich durch:
- den verdoppelten Sparer-Pauschbetrag,
- die erhöhten Sonderausgaben, z.B. verdoppelte Höchstwerte bei den Vorsorgeaufwendungen, Spendenhöchstbeträge,
- bei den außergewöhnlichen Belastungen die zumutbare Belastung – Prozentsatz und Höhe des Gesamtbetrags der Einkünfte,
- bei der tariflichen Besteuerung durch den Ansatz des Splittingtarifs

ergeben.

Aber:
Bei einem gleichviel verdienenden Ehepaar, das bereits vor der Eheschließung alle Vergünstigungen jeweils allein ausschöpfte, ergibt sich durch die Zusammenveranlagung mitunter keine steuerliche Verbesserung.

Kein Splitting für nicht eingetragene Lebenspartner, die „nur gemeinschaftlich wirtschaften"; BFH vom 24.07.2014, III B 28/13.

1.5 Abbildungen zu Kapitel 1

Abb. 1.13: Ehefrau und Ehemann und Lebenspartner A und B

Frau   Mann

Der Anleitung zur Einkommensteuer-Erklärung 2021 ist auf Seite 4 zu entnehmen, dass „die Person, die nach **alphabetischer** Reihenfolge des Nachnamens an erster Stelle steht; bei Namensgleichheit nach alphabetischer Reihenfolge des Vornamens; bei Gleichheit nach dem Alter der Personen (ältere Person = A) als Lebenspartner A einzutragen ist".

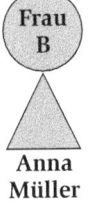
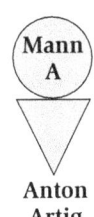
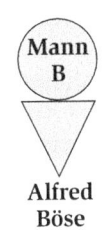

Frau A	Frau B	Mann A	Mann B
Annett Müller	Anna Müller	Anton Artig	Alfred Böse
Anna Müller	Annett Müller		

Abb. 1.14: Zusammenveranlagung trotz langjähriger räumlicher Trennung – „Living apart together" FG Münster vom 22.02.2017, 7 K 2441/15

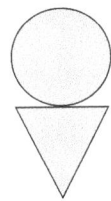
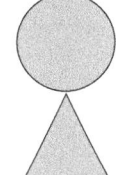

Die Ehegatten leben seit vielen Jahren **nicht** in einer gemeinsamen Wohnung.
- Sie leben allerdings lediglich räumlich, nicht aber persönlich und geistig getrennt.
- Beide Eheleute haben sich weiterhin regelmäßig abends und an Wochenenden getroffen und gemeinsame Ausflüge, Urlaube und sonntägliche Kirchenbesuche unternommen.
- Die Kosten hierfür sowie den Unterhalt des gemeinsamen Sohnes hätten beide stets gemeinsam getragen.
- Andere Partner habe es niemals gegeben.

Abb. 1.15: Zusammenveranlagung trotz langjähriger räumlicher Trennung – „Living apart together" FG Münster vom 22.02.2017, 7 K 2441/15

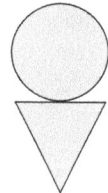
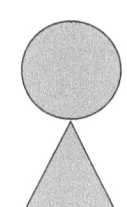

- In der heutigen Zeit seien auch Formen des räumlich getrennten Zusammenlebens („living apart together") üblich, was es als glaubhaft erscheinen lasse, dass die Kläger ihre persönliche und geistige Gemeinschaft trotz der räumlichen Trennung aufrechterhalten haben.
- Schließlich hätten die Kläger auch die bestehende Wirtschaftsgemeinschaft unverändert fortgeführt, da sie weiterhin beide die Kosten für den Sohn und gemeinsame Unternehmungen getragen hätten.
- Im Übrigen sah es der Senat als unschädlich an, dass die Kläger grundsätzlich getrennt wirtschaften und getrennte Konten führen. Dies sei heutzutage auch bei räumlich zusammen lebenden Eheleuten üblich.

Abb. 1.16: Veranlagung von Ehegatten und eingetragenen Lebenspartnerschaften

Begünstigte	Steuerpflichtige, die spätestens am 31.12. des Vorjahres ihr 64. Lebensjahr vollendet haben. Dieser Wert bleibt dann unverändert. Aber: Der Einstiegswert verringert sich jährlich – im Jahr 2040 auf 0,00 €.
Berechnung	Brutto-Arbeitslohn (ohne Versorgungsbezüge i.S.d. § 19 Abs. 2 EStG + positive Summe der anderen Einkünfte (ohne Leibrenten und Abgeordneten-, Versorgungsbezüge) = Bemessungsgrundlage × individueller Prozentsatz bzw. Höchstbetrag nach Tabelle des § 24a S. 5 EStG = Altersentlastungsbetrag → Abzug von der Summe der Einkünfte

Tabelle (Auszug) [§ 24a S. 5 EStG]	Das auf Vollendung des 64. Lj. folgende Kj.	Altersentlastungsbetrag	
		in % der Einkünfte	Höchstbetrag in €
	2005	40,0	1.900
	2021	15,2	722

1.5 Abbildungen zu Kapitel 1

Abb. 1.17: Beispiel zum Altersentlastungsbetrag nach § 24a EStG

31.12.2021

Geburtstag 01.01.1958   64. Geburtstag 01.01.2022

Vom 01.01.–31.12. = 1 Jahr Lebenszeit vollendet

§ 187 Abs. 2 S. 2 BGB

- Am 31.12.2021 wurde das 64. Lebensjahr vollendet und am 01.01.2022 feiert Opi den 64. Geburtstag <u>und beginnt damit das 65. Lebensjahr</u>.
- Er hat damit am 31.12.2021 das 64. Lebensjahr vollendet. Das Jahr <u>**2022**</u> ist damit das Jahr, das der Vollendung des 64. Lebensjahres folgt.
- § 24a EStG für das Jahr 2022 = 14,4 % (für 2020 waren es noch 16,0 %) der begünstigten Einkünfte höchstens 684 € (für 2020 waren es noch 760 €!).

Abb. 1.18: Einkommensteuertarif für 2021, § 32a EStG

Zone	Betrag	Satz
Proportionalzone	von 274.613 €	45 %
	für 2022 = 277.826	
Proportionalzone	von 57.919 €–274.612 €	42 %
	für 2022 = von 58.597–277.825	
Progressionszone	von 14.754 €–57.918 €	23,97 %–42,00 %
	für 2022 = von 14.927–58.596	
Untere Zone	von 9.745 €–14.753 €	14 %–23,97 %
	für 2022 = von 9.985–14.926	
Nullzone	von 0 €–9.744 €	keine Steuern
	für 2022 = 0,00–9.984	

Haupt-vor-druck

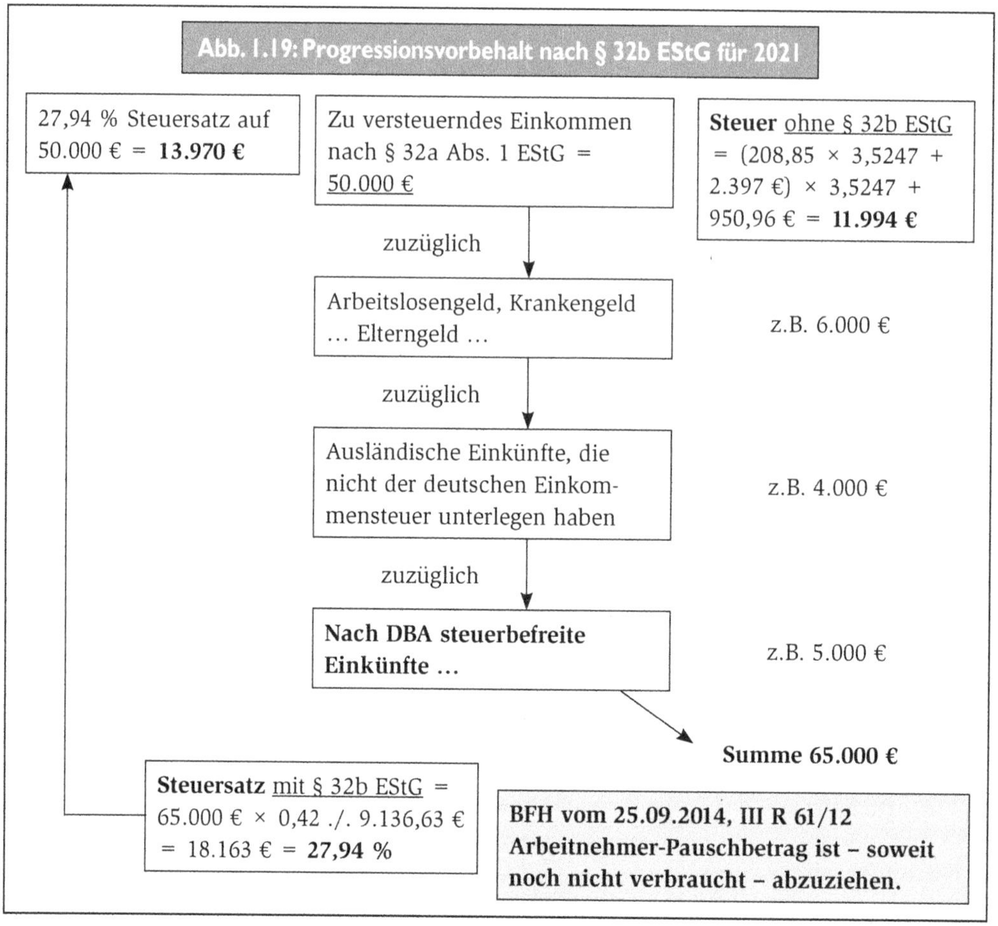

Abb. 1.19: Progressionsvorbehalt nach § 32b EStG für 2021

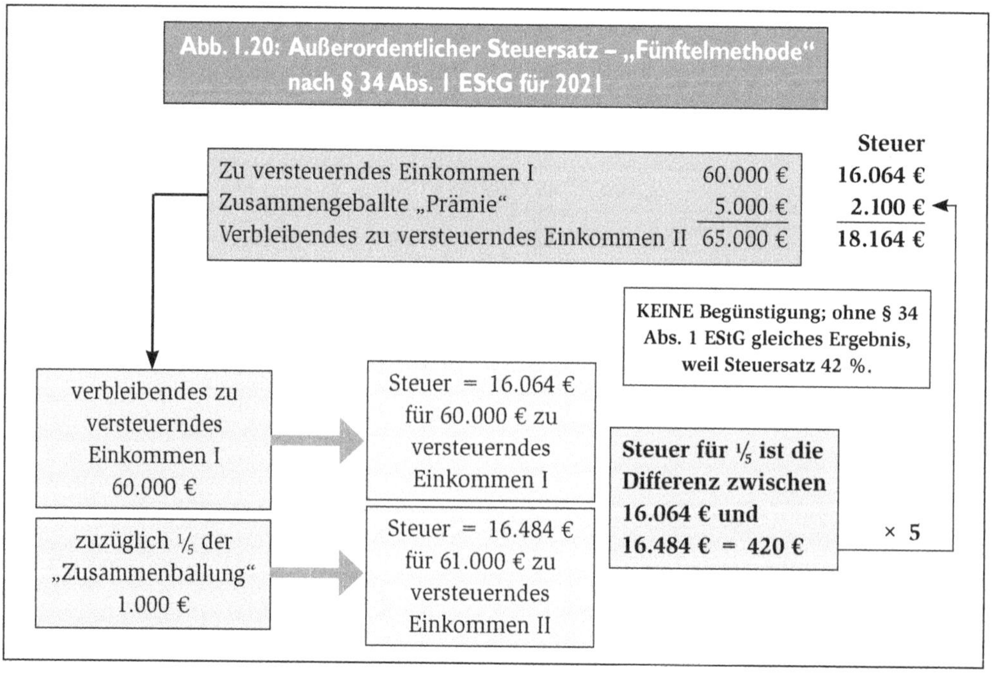

27,94 % Steuersatz auf 50.000 € = **13.970 €**	Zu versteuerndes Einkommen nach § 32a Abs. 1 EStG = 50.000 €	**Steuer** ohne § 32b EStG = (208,85 × 3,5247 + 2.397 €) × 3,5247 + 950,96 € = **11.994 €**

zuzüglich ↓

Arbeitslosengeld, Krankengeld … Elterngeld …   z.B. 6.000 €

zuzüglich ↓

Ausländische Einkünfte, die nicht der deutschen Einkommensteuer unterlegen haben   z.B. 4.000 €

zuzüglich ↓

Nach DBA steuerbefreite Einkünfte …   z.B. 5.000 €

Summe 65.000 €

Steuersatz mit § 32b EStG = 65.000 € × 0,42 ./. 9.136,63 € = 18.163 € = **27,94 %**

BFH vom 25.09.2014, III R 61/12
Arbeitnehmer-Pauschbetrag ist – soweit noch nicht verbraucht – abzuziehen.

Abb. 1.20: Außerordentlicher Steuersatz – „Fünftelmethode" nach § 34 Abs. 1 EStG für 2021

		Steuer
Zu versteuerndes Einkommen I	60.000 €	16.064 €
Zusammengeballte „Prämie"	5.000 €	2.100 €
Verbleibendes zu versteuerndes Einkommen II	65.000 €	18.164 €

KEINE Begünstigung; ohne § 34 Abs. 1 EStG gleiches Ergebnis, weil Steuersatz 42 %.

verbleibendes zu versteuerndes Einkommen I 60.000 € → Steuer = 16.064 € für 60.000 € zu versteuerndes Einkommen I

zuzüglich ⅕ der „Zusammenballung" 1.000 € → Steuer = 16.484 € für 61.000 € zu versteuerndes Einkommen II

Steuer für ⅕ ist die Differenz zwischen 16.064 € und 16.484 € = 420 € × 5

2. Anlage Sonderausgaben und Anlage U

2.1 Anlage Sonderausgaben

Was ist zu beachten – neu und wichtig – Checkliste

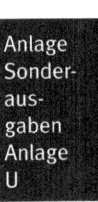

Betrifft ausschließlich Aufwendungen, die **keine Versicherungsbeiträge** (Anlage Vorsorgeaufwendungen) sind	Bei Zusammenveranlagung von beiden Ehegatten/Lebenspartnern gemeinsam auszufüllen
Gezahlte **Kirchensteuern** abstimmen; VaSt beachten; keine KiSt auf Abgeltungsteuer. Kirchenaustritte beachten/Nachweise	Auch andere Religionsgemeinschaften, die in mindestens einem Bundesland als K.d.ö.R. anerkannt sind, in Zeile 4
Erstattungsüberhang aus erstatteter Kirchensteuer. Gilt nicht im Rahmen der Abgeltungsteuer, weil keine tarifliche Steuer	Erhöht den Gesamtbetrag der Einkünfte und damit auch das zu versteuernde Einkommen (BMG Einkommensteuer)
Erstattungsüberhang kann nicht mit Verlustvorträgen verrechnet werden	BFH Urteil vom 12.03.2019 IX R 34/17, weil wie „negative Sonderausgabe" zu sehen
Spenden und Mitgliedsbeiträge. Unterscheiden nach mildtätigen und Parteispenden	Nicht ausgeglichene mildtätige Spenden (über den Höchstbeträgen), werden automatisch ins nächste Jahr vorgetragen
Eigene (nicht die der Kinder!) erstmalige **Berufsausbildungskosten** bis jährlich 6.000 € je Ehegatte	Abgrenzung zu den voll abzugsfähigen (und vortragsfähigen) Werbungskosten beachten
Gezahlte Versorgungsleistungen (Renten oder dauernde Lasten) im Rahmen der vorweggenommenen Erbfolge	Ab 2021 ist die ID.-Nr. der empfangsberechtigten Person anzugeben (Zeilen 17 + 20, sowie 33 + 36)
Neu: Unterschied zwischen **Renten** (Zeilen 15–21) und **dauernder Last** nachweisen	Verträge beifügen, mit denen die Abänderbarkeit der Zahlungen ausgeschlossen wird (Rente) oder kein Ausschluss = dauernde Last
Unterhaltsleistungen an den/die Exgatten – **Anlage U** – Widerruf nur vor Beginn des Veranlagungszeitraums möglich	Anlage Sonderausgaben Zeilen 38–50. ID.-Nr. der unterstützten Person erforderlich

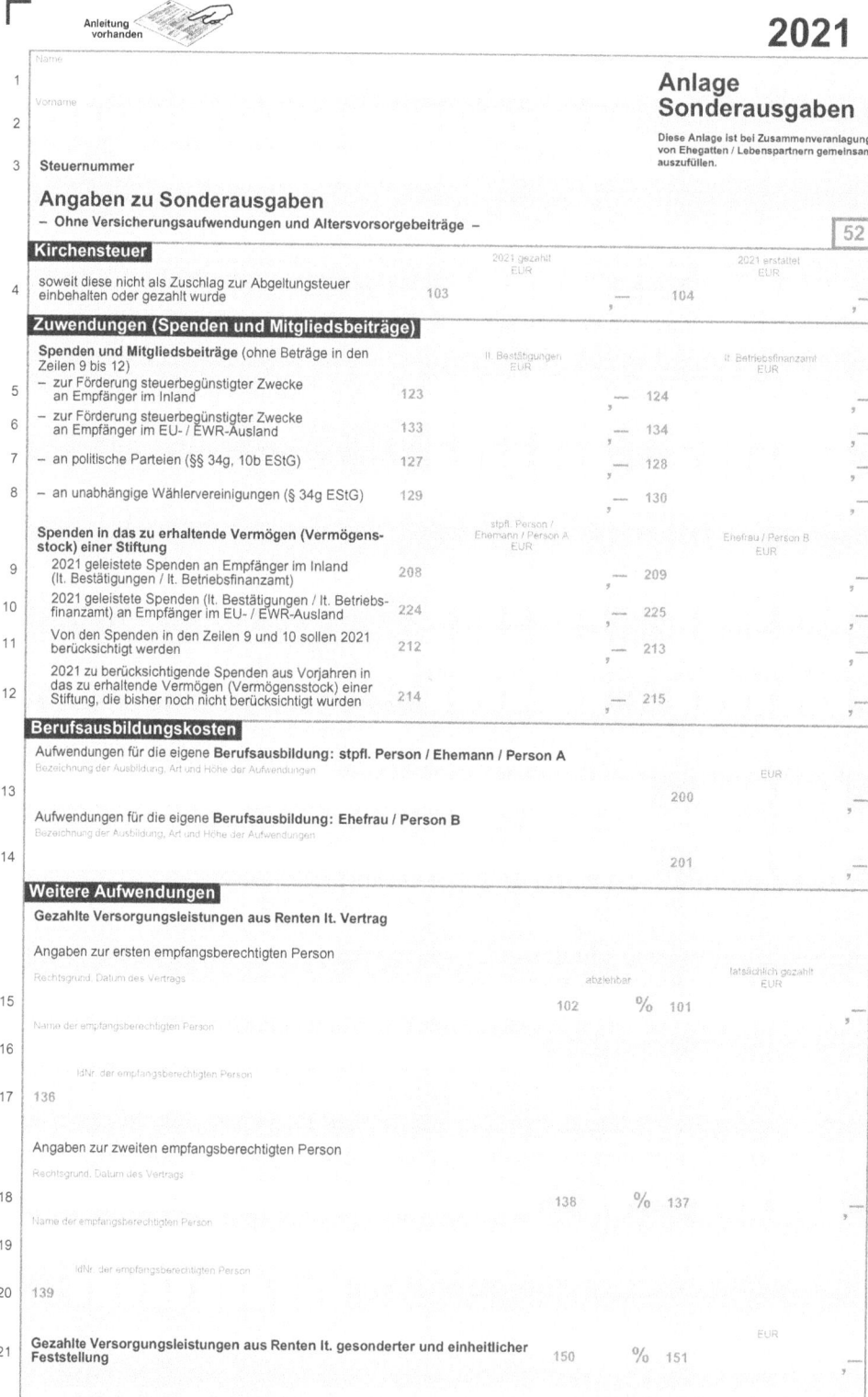

2.1.1 Kirchensteuer (Zeile 4)

Der Teil der Kirchensteuer, der auf die im Rahmen des § 32d Abs. 1 EStG besteuerten Kapitalerträge entfällt, ist durch diese Vorschrift bereits separat (im § 32d Abs. 1 EStG) mindernd berücksichtigt worden. Die Abgeltungsteuer wurde um diesen Kirchensteueranteil bereits vermindert. Eine weitere Berücksichtigung als Sonderausgabe muss daher versagt bleiben.

Nur der Teil der Kirchensteuer, der im Rahmen der Tarifbesteuerung nach § 32a EStG ermittelt und ausgeglichen wird, darf somit im Jahr der Bezahlung (2021) als Sonderausgabe berücksichtigt werden.

Die Steuerbescheide haben aber im Festsetzungs- und im Abrechnungsteil weiterhin – in den meisten Bundesländern – **keine Unterscheidung** dieser Kirchensteuern vorgenommen, sondern nur den Gesamtnachzahlungsbetrag ausgewiesen.

Der Steuerpflichtige selbst soll nun die Aufteilung aufgrund der Berechnungen in diesem Steuerbescheid vornehmen. Nachfragen in den Finanzämtern haben bisher ergeben, dass dieses Problem dort erkannt, aber (bis auf Bayern!) noch nicht gelöst worden ist. Die dort gespeicherten Daten zur gezahlten Kirchensteuer sind bisher nicht entsprechend aufgeteilt und können somit (bisher) auch nicht elektronisch abgefragt werden. Damit könnte es auch für den Veranlagungszeitraum 2021 zu einer doppelten Vergünstigung (Minderung der Abgeltungsteuer und zusätzlich Sonderausgabe) kommen.

Nach § 51a Abs. 2c S. 1 Nr. 3 EStG besteht für den Kirchensteuerabzugsverpflichteten die Pflicht, einmal jährlich im Zeitraum vom 01.09. bis 30.10. beim BZSt anzufragen, ob der Schuldner der Kapitalertragsteuer am 31.08. des betreffenden Jahres kirchensteuerpflichtig ist (Regelabfrage).

Beiträge an Religionsgemeinschaften, die in mindestens einem Bundesland als Körperschaft des öffentlichen Rechts anerkannt sind, aber keine Kirchensteuer erheben, können als Sonderausgabe abgezogen werden. Dies jedoch begrenzt auf die Höhe des in diesem Bundesland gültigen Steuersatz. Der übersteigende Betrag ist dann als Spende in Zeile 5 einzutragen.

Versteckt im § 10 Abs. 4b S. 3 EStG ist **der Erstattungsüberhang** auch für die Kirchensteuer geregelt. Wird danach im Kalenderjahr 2021 eine den Aufwendungen für die Kirchensteuer übersteigende Erstattung festgestellt, ist dieser Wert dem Gesamtbetrag der Einkünfte hinzuzurechnen. Das Ergebnis ist noch immer ungewöhnlich, weil im Bereich der Sonderausgaben, die ja eigentlich den Gesamtbetrag der Einkünfte mindern, eine Erhöhung erfolgt.

Kirchensteuererstattungen im Rahmen der <u>Abgeltungsteuer</u> führen zu keinem Erstattungsüberhang
FG Niedersachsen 21.11.2018, 2 K 25/17 rkr.
Ein sich aus einer Erstattung von nicht veranlagter Kirchensteuer zum Kapitalertrag ergebender Erstattungsüberhang ist nicht als Erstattungsüberhang i.S.d. § 10 Abs. 4b Satz 3 EStG im Rahmen einer Einkommensteuerveranlagung steuererhöhend zu berücksichtigen.

Die Klägerin war an einer GmbH beteiligt. Aus dieser Beteiligung erhielt die Klägerin regelmäßig Ausschüttungen, die bei ihr zu – der Abgeltungsteuer unterliegenden – Einkünften aus Kapitalvermögen führten. Die Klägerin war bereits im Jahr 2012 aus der Kirche ausgetreten. Dennoch behielt die GmbH bei der Gewinnausschüttung im

Vorjahr 2013 neben der Kapitalertragsteuer auch Kirchensteuer ein. Dieser Vorgang wiederholte sich im Streitjahr 2014, indem die GmbH von der Gewinnausschüttung neben der Kapitalertragsteuer wiederum Kirchensteuer einbehielt. Die zu Unrecht einbehaltene Kirchensteuer wurde der Klägerin für das Jahr 2013 im Jahr 2014 und für das Jahr 2014 im Jahr 2015 erstattet.

Das Finanzamt berücksichtigte die Erstattungen als Erstattungsüberhang. Dagegen richtete sich die Klage. Die Kläger sind weiterhin der Auffassung, der Ansatz von Erstattungsüberhängen nach § 10 Abs. 4b EStG sei nicht rechtmäßig. So sei ein Sonderausgabenabzug für Kirchensteuer, die als Zuschlag zur Kapitalertragsteuer gezahlt worden sei, nach § 10 Abs. 1 Nr. 4 2. Hs. EStG ausgeschlossen. Entsprechend sei die Erstattung einer solchen Kirchensteuer auch nicht als Erstattungsüberhang anzusetzen.

Das FG führte in der Entscheidung aus, dass seit dem Veranlagungszeitraum 2009 das Gesetz beim Sonderausgabenabzug für gezahlte Kirchensteuer nach § 10 Abs. 1 Nr. 4 EStG zwischen der als Zuschlag zur Lohn- oder Einkommensteuer gezahlten Kirchensteuer und der als Zuschlag zur Kapitalertragsteuer gezahlten Kirchensteuer unterscheidet. Während nach § 10 Abs. 1 Nr. 4 1. Hs EStG die als Zuschlag zur Lohn- und Einkommensteuer gezahlte Kirchensteuer unbeschränkt als Sonderausgaben abziehbar ist, scheidet ein Sonderausgabenabzug für als Zuschlag zur Kapitalertragsteuer gezahlte Kirchensteuer nach § 10 Abs. 1 Nr. 4 2. Hs EStG von vornherein aus. Grund für diese gesetzgeberischen Änderungen war die Einführung der sog. Abgeltungsteuer für die Einkünfte aus Kapitalvermögen zum 1. Januar 2009. So ergibt sich nach § 32d Abs. 1 Satz 1 EStG für die Einkünfte aus Kapitalvermögen ein gesonderter Steuertarif, nämlich eine Einkommensteuer in Höhe von 25 %. Nach § 32d Abs. 1 Satz 3 EStG ermäßigt sich diese Steuer um 25 % der auf die Kapitalerträge entfallenden Kirchensteuer. Erhoben wird diese nach dem gesonderten Steuertarif zu versteuernde Einkommensteuer in Fällen von Ausschüttungen von Gewinnanteilen aus einer GmbH, wie im Streitfall, nach § 20 Abs. 1 Nr. 1 i.V.m. § 43 Abs. 1 Satz 1 Nr. 1 i.V.m. § 43a Abs. 1 Satz 1 Nr. 1 EStG durch den Abzug von Kapitalertragsteuer. Hierbei ermäßigt sich nach § 43a Abs. 1 Satz 2 EStG im Falle einer Kirchensteuerpflicht die Kapitalertragsteuer um 25 % der auf die Kapitalerträge entfallenden Kirchensteuer. Zwar ergibt sich dadurch zunächst ein ungerechtfertigter Vorteil der Kläger dadurch, dass sich die als Zuschlag zur Kapitalertragsteuer gezahlte Kirchensteuer auf die Bemessungsgrundlage der Kapitalertragsteuer ermäßigend ausgewirkt hat. Dieser Vorteil ist aber nicht über den Ansatz eines Erstattungsüberhangs „abzuschöpfen". Hier muss es gegebenenfalls zu einer Änderung der Kapitalertragsteuerfestsetzung kommen. Im Streitfall kommt noch hinzu, dass der Kapitalertragsteuerabzug von vornherein unzutreffend (zu niedrig) war, da eine Kirchensteuerpflicht der Klägerin im Zeitpunkt des Steuerabzugs nicht (mehr) bestand.

Kein Verlustausgleich mit Kirchensteuer-Erstattungsüberhang

Ein Erstattungsüberhang aus zurückgezahlter Kirchensteuer kann nicht mit Verlustvorträgen ausgeglichen werden und ist daher als Einkommen zu versteuern, wie der BFH mit Urteil vom 12.03.2019 IX R 34/17 entschieden hat.

Im Streitfall wurde den Klägern für das Streitjahr 2012 in den Vorjahren gezahlte Kirchensteuer erstattet, da sich aufgrund einer für diese Jahre durchgeführten Außenprüfung das zu versteuernde Einkommen gemindert hatte. Die Kläger gingen davon aus, dass der sich hieraus ergebende **Erstattungsüberhang aus Kirchensteuer i.H.v.**

2.1 Anlage Sonderausgaben

166.744 € mit einem Verlustvortrag aus den Vorjahren zu verrechnen sei. Finanzamt, Finanzgericht und schließlich auch der BFH lehnten dies ab.

Einkommensteuerrechtlich ist die gezahlte Kirchensteuer als Sonderausgabe abzugsfähig (§ 10 Abs. 1 Nr. 4 EStG). Sonderausgaben mindern nicht bereits den Gesamtbetrag der Einkünfte, sondern erst das Einkommen (§ 2 Abs. 4 EStG).

Die Erstattung von in Vorjahren gezahlter Kirchensteuer wird vorrangig mit Kirchensteuerzahlungen desselben Jahres verrechnet. Entsteht dabei ein Kirchensteuer-Erstattungsüberhang, führt dies nach einer seit 2012 geltenden Neuregelung zu einem „Hinzurechnungsbetrag" (§ 10 Abs. 4b EStG).

Bislang ungeklärt war, ob der Hinzurechnungsbetrag – vergleichbar mit einer Einkunftsart – den Gesamtbetrag der Einkünfte erhöht und folglich dann durch einen Verlustvortrag, der nach der einschlägigen gesetzlichen Regelung (§ 10d Abs. 2 EStG) vom Gesamtbetrag der Einkünfte abzuziehen ist, ausgeglichen werden kann.

Der BFH begründet die Ablehnung einer dahin gehenden Verlustverrechnung damit, dass der Kirchensteuer-Erstattungsüberhang wie die ursprüngliche gezahlte Kirchensteuer als – negative – Sonderausgabe zu berücksichtigen ist. Durch die Hinzurechnung kann es daher – wie im Streitfall – dazu kommen, dass Einkommensteuer gezahlt werden muss, obwohl der Gesamtbetrag der Einkünfte nach Verlustausgleich 0 € beträgt.

Es kommt dann zu einer Besteuerung allein des Vorteils aus der Erstattung von (früheren) Abzugsbeträgen. Dies gilt auch dann, wenn sich die erstatteten Kirchensteuern im Zahlungsjahr letztlich nicht steuermindernd ausgewirkt haben.

> **Beispiel 2.1.1:** In der Zeile 4 der Anlage Sonderausgaben wird in der Kz. 103 die gezahlte Kirchensteuer für das Kalenderjahr 2021 mit 0,00 € angegeben (z.B. Kirchenaustritt im Jahr 2020) und in der Kz. 104 die im Jahr 2021 für das Jahr 2020 zu viel gezahlte (erstattete) Kirchensteuer mit 200 € eingetragen.
> Diese 200 € führen zu dem neuen „Erstattungsüberhang", der dann dem Gesamtbetrag der Einkünfte zugerechnet wird.

2.1.2 Zuwendungen (Spenden und Mitgliedsbeiträge)
2.1.2.1 Spenden und Mitgliedsbeiträge (Zeilen 5–12)

Aufgrund der sehr unterschiedlichen steuerlichen Förderung von Spenden und Mitgliedsbeiträgen sind die Eintragungen in den Zeilen 5–12 der Anlage Sonderausgaben **mit Bedacht** vorzunehmen.

Gem. **§ 50 Abs. 2 EStDV** kann seit dem Veranlagungsjahr 2009 der Zuwendungsempfänger dem Finanzamt die Zuwendungsbestätigung nach amtlich vorgeschriebenem Datensatz per Datenfernübertragung übermitteln. Zwingende Voraussetzung dafür ist, dass der Zuwendende eine Vollmacht erteilt und seine Identifikationsnummer mitteilt. Der Datensatz ist dann bis zum 28.02. des Folgejahres an die Finanzbehörde zu übermitteln. Die Vollmacht kann nur mit Wirkung für die Zukunft widerrufen werden. Weiter zu beachten ist, dass der Zuwendende eine elektronische oder ausgedruckte Bescheinigung darüber enthält.

Steuerliche Auswirkung der Eintragungen in den Zeilen 5 + 6

Hier erfolgt eine steuerliche Berücksichtigung der geleisteten Spenden und Mitgliedsbeiträge **bis zu 20 % des Gesamtbetrags der Einkünfte** oder 4 Promille der gesamten Umsätze und der im Kalenderjahr aufgewendeten Löhne und Gehälter. Es gibt damit eine Höhenbegrenzung. Bleiben die Spenden und Mitgliedsbeiträge unter den genannten Höchstwerten, sind keine weiteren Schritte notwendig.

> **Beispiel 2.1.2:** Nachweislich wurden 7.000 € an das Deutsche Rote Kreuz gespendet. Der Gesamtbetrag der Einkünfte beträgt bei dem alleinstehenden Spender 30.000 €.
>
> **Lösung:** Gemäß § 10b Abs. 1 EStG können bis zu 20 % des Gesamtbetrags der Einkünfte als Sonderausgabe angesetzt werden; hier somit nur 6.000 € (20 % von 30.000 €).
> Der übersteigende Betrag von 1.000 € ist gem. § 10b Abs. 1 S. 4 EStG festzustellen und in den nächsten Veranlagungszeiträumen als Sonderausgaben abzuziehen. Werden also auch in den folgenden Jahren Einkünfte erzielt, geht der Spendenbetrag nicht verloren, sondern wird nur in die Zukunft verlagert (es entsteht lediglich ein Zinsverlust). Der Spendenvortrag des jeweiligen Vorjahres (hier aus 2020) ist **in Zeile 6 der Anlage Sonstiges vorzunehmen**.

Für Spenden oder Mitgliedsbeiträge an politische Parteien gilt die Besonderheit, dass die steuerliche Begünstigung aufgeteilt wird.

Zunächst erfolgt **immer** eine Steuerermäßigung nach § 34g EStG. Diese Begünstigung bewirkt eine direkte Minderung der tariflichen Einkommensteuer und damit in dieser Höhe auch eine Erstattung in Geld (keine Sonderausgaben!). Im Rahmen der Einzelveranlagung werden maximal 825 € als Steuerermäßigung für geleistete 1.650 € gewährt. Handelt es sich also für einen Alleinstehenden „nur" um einen Beitrag oder eine Spende von bis zu 1.650 €, erfolgt die Begünstigung vollständig im Rahmen der Abrechnung (die ESt wird um 825 € gemindert) und es ist im Einkommensteuerbescheid bei den Sonderausgaben keine Eintragung zu finden.

Wurden darüber hinausgehende Beträge geleistet, erfolgt dann für die übersteigenden Beträge eine weitere Begünstigung von bis zu 1.650 €, nun aber als Sonderausgaben. Die Beträge verdoppeln sich im Rahmen der Ehegattenzusammenveranlagung.

> **Beispiel 2.1.3:** Nachweislich wurden von einem Alleinstehenden 3.500 € an eine Partei gespendet oder Mitgliedsbeiträge in dieser Höhe geleistet.
>
> **Lösung:** Gem. § 10b Abs. 2 EStG i.V.m. § 34g S. 2 EStG kann zunächst eine Steuerbegünstigung von 825 € erfolgen, für die 1.650 € der Spenden verbraucht werden. Die verbleibenden 1.850 € (von der Gesamtspende i.H.v. 3.500 €) sind bis zu einer Höhe von 1.650 € als Sonderausgabe abzugsfähig. Die restlichen 200 € bleiben verloren. **Hier ist kein Vortrag auf künftige Jahre möglich!**

Spenden an kommunale Wählervereinigungen sind nicht nach § 10b Abs. 2 des EStG begünstigt. Der BFH entschied mit Urteil vom 20.03.2017, X R 55/14, dass zwar Spenden an politische Parteien i.S.v. § 2 des Parteiengesetzes bis zur Höhe von insgesamt 1.650 € und im Fall der Zusammenveranlagung bis zur Höhe von 3.300 € im Kalenderjahr abziehbar sind.

Nehmen Wählervereinigungen aber nicht an den Bundestags- oder Landtagswahlen teil, sind sie keine Parteien i.S.d. PartG. Ein Spendenabzug nach § 10b EStG ist damit ausgeschlossen. Spendern steht lediglich die Steuerermäßigung nach § 34g Satz 1 Nr. 2 Buchst. a EStG zu.

Im Streitfall wandte der Kläger einer kommunalen Wählervereinigung Beträge zu, die die nach § 34g EStG begünstigten Ausgaben überstiegen. Der nicht begünstigte Teilbetrag sollte als Spende nach § 10b Abs. 2 Satz 1 EStG berücksichtigt werden.

Das Finanzamt lehnte den Spendenabzug ab, da die kommunale Wählervereinigung keine Partei i.S.d. § 2 PartG sei. Klage und Revision blieben erfolglos.

Nach Ansicht des BFH ist die fehlende Begünstigung von Spenden und Beiträgen an kommunale Wählervereinigungen verfassungsrechtlich unbedenklich und verletzt deren Chancengleichheit auf kommunaler Ebene nicht.

Dies entspreche der Rechtsprechung des Bundesverfassungsgerichts, welches wiederholt zu dieser Frage entschieden habe. Die geltenden Höchstbeträge stimmten inflationsbedingt im Wesentlichen mit den vom BVerfG überprüften Beträgen überein. Auch habe sich das rechtliche Umfeld auf kommunaler Ebene nicht wesentlich verändert. Schließlich sei zu berücksichtigen, dass der Gesetzgeber bei der sog. mittelbaren Parteienfinanzierung die besonderen Aufgaben der Parteien auf regionaler wie überregionaler Ebene zu beachten habe.

Steuerliche Auswirkung der Eintragungen in der Zeile 8
Spenden und Mitgliedsbeiträge an unabhängige Wählervereinigungen sind neben den Parteispenden zusätzlich begünstigt. Hier ist jedoch zu beachten, dass **keine** Begünstigung im Rahmen der Sonderausgaben erfolgt, sondern nur im Rahmen der Steuerermäßigung!

> **Beispiel 2.1.4:** Nachweislich wurden von einem Alleinstehenden 3.500 € an eine unabhängige Wählervereinigung gespendet.
>
> **Lösung:** Gem. § 34g S. 2 EStG kann eine Steuerbegünstigung von 825 € erfolgen, für die 1.650 € der Spenden verbraucht werden. Die verbleibenden 1.850 € sind verloren.
> Auch hier ist kein Vortrag auf künftige Jahre möglich!

Steuerliche Auswirkung der Eintragungen in den Zeilen 9 bis 12
Hier handelt es sich um Spenden in das zu erhaltende Vermögen (Vermögensstock) einer Stiftung. Bereits seit dem Jahr 2007 können gem. § 10b Abs. 1a EStG Spenden in den Vermögensstock bis zu einem Gesamtwert von 1.000.000 € – zusätzlich zu den nach § 10b Abs. 1 EStG zu gewährenden Spenden und Mitgliedsbeiträgen – als Sonderausgaben berücksichtigt werden. Diese Spenden sind innerhalb eines Zehnjahreszeitraums nur einmal und nur auf ausdrücklichen Antrag zu gewähren. Bei Ehegatten und eingetragenen Lebenspartnerschaften, die die Zusammenveranlagung gewählt haben, erhöht sich der Höchstwert auf 2.000.000 €.

Mit dem Anwendungsschreiben vom 15.09.2014 hat das BMF zur steuerlichen Berücksichtigung von Spenden in das zu erhaltende Vermögen von Stiftungen Stellung genommen.

Danach wird das zu erhaltende Vermögen (Vermögensstock) wie folgt definiert.

Zum **zu erhaltenden Vermögen** einer Stiftung zählen insbesondere:
- Vermögenswerte, die anlässlich der Errichtung der Stiftung zugewendet werden und die nicht zum Verbrauch bestimmt sind,
- Zuwendungen nach Errichtung der Stiftung mit der ausdrücklichen Bestimmung, dass die Zuwendung der Vermögensausstattung zugutekommen soll (Zustiftungen).

Entscheidend ist die Zweckbestimmung zur dauerhaften Ausstattung bzw. Erhöhung des Stiftungsvermögens.

Verbrauchsstiftungen verfügen hingegen nicht über zu erhaltendes Vermögen i.S.d. § 10b Abs. 1a EStG, da das Vermögen der Stiftung zum Verbrauch innerhalb eines vorgegebenen Zeitraums bestimmt ist. Spenden in das Vermögen einer Verbrauchsstiftung sind daher nach den allgemeinen Grundsätzen des § 10b Abs. 1 EStG zu behandeln.

Gliedert sich das Vermögen einer Stiftung in einen Teil, der zu erhalten ist und einen Teil, der verbraucht werden kann, dann gilt danach Folgendes:

Die Spenden in den Teil des Vermögens, der zu erhalten ist und nicht für den Verbrauch bestimmt ist, sind nach § 10b Abs. 1a EStG abziehbar. Die Spenden in den Teil des Vermögens, der verbraucht werden kann, sind dagegen nach § 10b Abs. 1 EStG abziehbar.

Der Spender muss daher gegenüber der Stiftung deutlich machen, für welchen Teil des Vermögens seine Zuwendung erfolgt.

Enthält die Satzung der Stiftung eine Klausel, nach der das zu erhaltende Vermögen in Ausnahmefällen vorübergehend zur Verwirklichung der steuerbegünstigten Zwecke verwendet werden kann, aber der Betrag dem zu erhaltenden Vermögen unverzüglich wieder zugeführt werden muss, liegt kein verbrauchbares Vermögen vor. Das gilt auch dann, wenn die Stiftungsaufsicht den Verbrauch des Vermögens unter der Bedingung des unverzüglichen Wiederaufholens genehmigt.

Sind in der Stiftungssatzung Gründe verankert, die eine Auflösung der Stiftung und den anschließenden Verbrauch des Vermögens für die steuerbegünstigten satzungsmäßigen Zwecke der Stiftung bestimmen, so liegt kein verbrauchbares Vermögen vor.

Zuwendungen von Ehegatten/Lebenspartnern

Werden Ehegatten/Lebenspartner nach §§ 26, 26b EStG zusammenveranlagt, gilt für diese ein Höchstbetrag von 2 Mio. €. Es muss dabei nicht nachgewiesen werden, dass die Spende von beiden wirtschaftlich getragen wurde.

Wird innerhalb des 10-Jahreszeitraums zur Einzelveranlagung gewechselt, dann ist der verbleibende Spendenvortrag aufzuteilen. Maßgeblich ist dabei, wer die Spende wirtschaftlich getragen hat. Die bisher abgezogenen Beträge werden dem Ehegatten/Lebenspartner zugerechnet, der die Spende wirtschaftlich getragen hat. Überstieg die Spende den Höchstbetrag für Einzelveranlagte, ist der davon noch verbleibende Anteil nach § 10b Abs. 1 EStG abzuziehen.

> **Beispiel 2.1.5:** Nachweislich wurden 1.000.000 € in einen Vermögensstock einer Stiftung gespendet. Der Gesamtbetrag der Einkünfte beträgt bei dem alleinstehenden Spender 5.000.000 €.

> **Lösung:** Gem. § 10b Abs. 1 EStG können bis zu 20 % des Gesamtbetrags der Einkünfte als Sonderausgabe angesetzt werden; hier somit 1.000.000 € (20 % von 5.000.000 €). Ein Antrag nach § 10b Abs. 1a EStG ist nicht erforderlich. Die Spende ist vollumfänglich als Sonderausgabe berücksichtigt.
>
> **Abwandlung:** Der Gesamtbetrag der Einkünfte beträgt nur 1.500.000 € (bei einer Spende von 1.000.000 €).
>
> **Lösung:** Gem. § 10b Abs. 1 EStG können bis zu 20 % des Gesamtbetrags der Einkünfte als Sonderausgabe angesetzt werden; hier somit 300.000 € (20 % von 1.500.000 €). Der übersteigende Betrag von 700.000 € kann gem. § 10b Abs. 1a EStG zusätzlich als Sonderausgabe berücksichtigt werden. Es ist jedoch auch ein Vortrag nach § 10b Abs. 1 EStG möglich.

> **Fazit!** Spenden in den Vermögensstock einer Stiftung kommen wohl nicht so häufig vor und wenn doch, erfolgt nur in Ausnahmefällen eine Begrenzung der Abzugsfähigkeit.

Im Unterschied zum § 10b Abs. 1 EStG können Spenden in den Vermögensstock einer Stiftung nach § 10b Abs. 1a EStG auf Antrag im Veranlagungszeitraum der Zuwendung (z.B. 2021) und in den folgenden neun Veranlagungszeiträumen verteilt/abgezogen werden.

Dies ist insbesondere dann interessant, wenn im Jahr der Zuwendung/Spende keine steuerliche Auswirkung dieser Spende zu erwarten ist.

> **Beispiel 2.1.6:** Nachweislich wurden im Veranlagungszeitraum 2.500 € in den Vermögensstock einer Stiftung gezahlt. Das zu versteuernde Einkommen ist aufgrund geringer Einkünfte in diesem Veranlagungszeitraum unter dem Grundfreibetrag. Die Zuwendung hat keine steuerliche Auswirkung.
>
> **Lösung:** Auf Antrag (Zeile 11 der Anlage Sonderausgaben) ist nun anzugeben, wieviel dieser Zuwendung (0,00 €) in 2021 berücksichtigt werden sollen.
> Nicht zu verwechseln mit Zeile 12, in der die aus Vorjahren, noch nicht berücksichtigten Spenden berücksichtigt werden.

Abschließend zu diesem Thema:
Zuwendungsnachweise sind nur noch auf Anforderung durch das Finanzamt vorzulegen. Es ist jedoch die Aufbewahrungsfrist für diese Unterlagen zu beachten.
- Vereinfachte Zuwendungsnachweise und sonstige Maßnahmen aufgrund der **Corona-Krise** sind in dem BMF-Schreiben vom 09.04.2020, IV C 4 – S 2223/19/10003:003 DOK 2020/0308754 aufgeführt. Darunter fallen auch Zuwendungen aus dem Betriebsvermögen, Arbeitslohnspenden und sonstige Hilfeleistungen zur Bewältigung der Corona-Krise.
- Der grundsätzlich – ohne Corona-Krise – **erleichterte Spendennachweis** ist auf einen Einzelwert von **300 €** angehoben worden (**§ 50 Abs. 4 Nr. 2 EStDV**).
- Seit dem Veranlagungszeitraum 2012 ist durch eine Ergänzung des § 50 EStDV der Abzug von Zuwendungen in Katastrophenfällen erleichtert worden.

- Die Möglichkeit des Rück- und Vortrags von Großspenden (vor 2007) hat nur der Spender, nicht der Erbe (s. BFH vom 21.10.2008, X R 44/05, DStRE 2009, 339). Einem Erben mangelt es an der Spendenmotivation und der Belastung des eigenen Vermögens. Beides liegt nur beim Spender (hier Erblasser) vor. Daraus folgend sind auch festgestellte Spenden nach § 10b Abs. 1 S. 5 EStG ab 2007 **nicht auf den Erben übertragbar**.

Durch das Gesetz zur Umsetzung der steuerlichen EU-Vorgaben vom 08.04.2010 wurde § 10b Abs. 1 S. 2 EStG neu gefasst. Danach sind nunmehr auch **Spenden in das EU-/EWR-Ausland** begünstigt. Ist der Zuwendungsempfänger nicht im Inland ansässig, ist weitere Voraussetzung, dass der entsprechende Staat Amtshilfe und Auskunftsaustausch leistet. Die Finanzverwaltung hat darüber hinaus in der Anleitung zur Anlage Sonderausgaben 2021 zur Zeile 5–12 darauf hingewiesen, dass **hierfür geeignete Unterlagen vorzulegen sind**, aus denen die erforderliche begünstigte Tätigkeit der ausländischen Organisation ersichtlich ist (z.B. die Satzung).

Mit dem BMF-Schreiben vom 24.08.2016, Steuerliche Anerkennung von Spenden durch den Verzicht auf einen zuvor vereinbarten Aufwendungsersatz (Aufwandsspende) bzw. einen sonstigen Anspruch (Rückspende), IV C 4 – S 2223/07/0010 :007 wird die Tz. 3 des BMF-Schreibens vom 25.11.2014, IV C 4 – S 2223/07/0010 :005 ergänzt:

„Ansprüche auf einen Aufwendungsersatz oder auf eine Vergütung müssen ernsthaft eingeräumt sein und dürfen nicht von vornherein unter der Bedingung des Verzichts stehen. Wesentliche Indizien für die Ernsthaftigkeit von Ansprüchen auf Aufwendungsersatz oder auf eine Vergütung sind auch die zeitliche Nähe der Verzichtserklärung zur Fälligkeit des Anspruchs und die wirtschaftliche Leistungsfähigkeit des Zuwendungsempfängers. Die Verzichtserklärung ist dann noch zeitnah, wenn bei einmaligen Ansprüchen innerhalb von drei Monaten und bei Ansprüchen aus einer regelmäßigen Tätigkeit innerhalb eines Jahres nach Fälligkeit des Anspruchs der Verzicht erklärt wird. Regelmäßig ist eine Tätigkeit, wenn sie gewöhnlich monatlich ausgeübt wird. Die wirtschaftliche Leistungsfähigkeit ist anzunehmen, wenn der Zuwendungsempfänger ungeachtet eines späteren Verzichts durch den Zuwendenden bei prognostischer Betrachtung zum Zeitpunkt der Einräumung des Anspruchs auf den Aufwendungsersatz oder die Vergütung wirtschaftlich in der Lage ist, die eingegangene Verpflichtung zu erfüllen. Wird auf einen Anspruch verzichtet, muss dieser auch im Zeitpunkt des Verzichts tatsächlich werthaltig sein. Nur dann kommt ein Abzug als steuerbegünstigte Zuwendung in Betracht. Sofern der Verein im Zeitpunkt der Einräumung des Anspruchs auf einen Aufwendungsersatz oder eine Vergütung wirtschaftlich in der Lage ist, die eingegangene Verpflichtung zu erfüllen, kann regelmäßig davon ausgegangen werden, dass der Anspruch im Zeitpunkt des Verzichts noch werthaltig ist. Etwas anderes gilt nur dann, wenn sich die finanziellen Verhältnisse des Vereins im Zeitraum zwischen der Einräumung des Anspruchs und dem Verzicht wesentlich verschlechtert haben. Von der wirtschaftlichen Leistungsfähigkeit ist immer dann auszugehen, wenn die Körperschaft offensichtlich über genügend liquide Mittel bzw. sonstiges Vermögen verfügt, das zur Begleichung der eingegangenen Verpflichtung herangezogen wird. Dabei ist keine Differenzierung nach steuerbegünstigtem Tätigkeitsbereich (ideelle Tätigkeit, Zweckbetrieb), steuerfreier Vermögensverwaltung oder steuerpflichtigem wirtschaftlichen Geschäftsbetrieb vorzunehmen."

Weitere Einzelheiten sind dem BMF-Schreiben zu entnehmen.

2.1.3 Berufsausbildungskosten

Aufwendungen für die eigene Berufsausbildung (Zeilen 13 + 14)

Aufwendungen für eine erstmalige Berufsausbildung oder für ein Erststudium werden zu nicht abzugsfähigen Betriebsausgaben bzw. nicht abzugsfähigen Werbungskosten! Mit dem **Beitreibungsrichtlinie-Umsetzungsgesetz** sind die §§ 4 Abs. 9, 9 Abs. 6 und 12 Nr. 5 EStG entsprechend geändert bzw. neu gefasst worden.

Diese Änderungen gelten gem. § 52 Abs. 12 + 23d EStG bereits rückwirkend ab 2004. Die Begründung, warum keine verfassungsrechtlichen Bedenken wegen der Rückwirkung bestehen, lautet, dass „eine gefestigte Rechtsprechung wiederhergestellt wird".

Der Höchstbetrag für Sonderausgaben ist dafür aber bereits ab 2012 von 4.000 € auf **6.000 €** angehoben worden; § 10 Abs. 1 Nr. 7 und 52 Abs. 24a EStG.

Die Regelungen zur steuerlichen Behandlung von Erstausbildungskosten sind verfassungsgemäß!
BVerfG, Pressemitteilung vom 10.01.2020 zum Beschluss 2 BvL 22/14, 2 BvL 27/14, 2 BvL 26/14, 2 BvL 25/14, 2 BvL 24/14, 2 BvL 23/14 vom 19.11.2019
Die Begründung des BVerfG führt u.a. aus: „Die Erstausbildung oder das Erststudium unmittelbar nach dem Schulabschluss vermittelt nicht nur Berufswissen, sondern prägt die Person in einem umfassenderen Sinne, indem sie die Möglichkeit bietet, sich seinen Begabungen und Fähigkeiten entsprechend zu entwickeln und allgemeine Kompetenzen zu erwerben, die nicht zwangsläufig für einen künftigen konkreten Beruf notwendig sind. Sie weist eine besondere Nähe zur Persönlichkeitsentwicklung auf."

Damit ist diese langjährige „Baustelle" für viele mit einem überraschenden Ergebnis nun beendet. Leidtragende sind die vielen Studenten, die mit einer steuerlichen Berücksichtigung ihrer Aufwendungen gerechnet haben.

> **Beispiel 2.1.7:** Der 22-jährige Maximilian studiert unmittelbar nach bestandenem Abitur Jura. Er erzielt keine Einkünfte und die Eltern tragen die Kosten. Unstrittige Kosten des Studiums sollen 7.000 € sein.
>
> **Lösung:** Es liegen nur Sonderausgaben vor, die mangels eigener Einkünfte nicht ausgeglichen werden können. Da diese Sonderausgaben nicht vor- oder zurückgetragen werden können, ist eine steuerliche Berücksichtigung dieser Ausgaben damit ausgeschlossen. **Auswirkungen haben diese Aufwendungen damit nur in den Fällen einer Ehegattenveranlagung, wenn der andere Ehegatte bereits Einkünfte erzielt, oder wenn der Student selbst anderen eigenen Einkünften diese Sonderausgaben gegenrechnen kann.**

Mit dem Gesetz zur Anpassung der AO an den Zollkodex der Union wurde § 9 Abs. 6 EStG neu gefasst. Darin wird erstmalig die Berufsausbildung i.S.d. Vorschrift gesetzlich beschrieben. Eine Berufsausbildung liegt danach nur dann vor:
- wenn eine geordnete Ausbildung mindestens 12 Monate dauert,
- bei vollzeitiger Ausbildung,
- und wenn sie mit einer Abschlussprüfung endet.

Eine „erste Berufsausbildung" durch den Erwerb einer Taxifahrerausbildung ist dann nicht mehr möglich. „Taxifahrende" Studenten müssen sich darauf einstellen, weil ab dann die Kosten des laufenden Studiums (weitere oder 2. Ausbildung) mangels abgeschlossener Erstausbildung nicht mehr im Rahmen der Einkünfte berücksichtigt werden, sondern Sonderausgaben darstellen.

2.1.4 Weitere Aufwendungen (Zeilen 15–50)
2.1.4.1 Renten – Dauernde Lasten (Zeilen 15–37)

Gem. § 10 Abs. 1a Nr. 2 EStG können auf besonderen Verpflichtungsgründen beruhende lebenslange Versorgungsleistungen, die keine Betriebsausgaben oder Werbungskosten sind, als Sonderausgaben berücksichtigt werden. Diese Versorgungsleistungen müssen allerdings im Zusammenhang mit der:
- Übertragung eines Mitunternehmeranteils an einer Personengesellschaft, die eine Tätigkeit i.S.d. §§ 13, 15 Abs. 1 S. 1 Nr. 1 oder § 18 Abs. 1 EStG ausübt (§ 10 Abs. 1a S. 2 Nr. 2a EStG), stehen;
- oder im Zusammenhang mit der Übertragung eines Betriebs oder eines Teilbetriebs (§ 10 Abs. 1a S. 2 Nr. 2b EStG) stehen;
- oder im Zusammenhang mit der Übertragung eines mindestens 50 % betragenden Anteils an einer GmbH, wenn der Übergeber als Geschäftsführer tätig war und der Übernehmer diese Aufgabe übernimmt (§ 10 Abs. 1 Nr. 1a S. 2 Buchstabe c EStG), stehen. Sie sind dann jedoch in derselben Höhe vom Leistungsberechtigten als sonstige Einkünfte gem. § 2 Abs. 1 Nr. 7 i.V.m. § 2 Abs. 2 Nr. 2 EStG und § 22 Nr. 1b EStG zu versteuern (**Korrespondenzprinzip**).

Der hierfür typische Lebenssachverhalt ist die Übertragung eines Betriebs vom Vater auf die Kinder im Rahmen der **vorweggenommenen Erbfolge**. Der Vater hatte diesen Betrieb als seine Altersvorsorge vorgesehen und lässt nun nach der Übertragung des Betriebs auf die Kinder seine Versorgung durch die Kinder (aus dem Betrieb) erbringen.

Die von den Kindern zu leistenden Versorgungsbeträge stellen dann **keine Anschaffungskosten** für den Betrieb dar. Die Betriebsübergabe ist hiervon völlig unabhängig (ggf. unentgeltlich oder teilentgeltlich) zu prüfen. Die Kinder können die wiederkehrend zu erbringenden Leistungen an den Vater in voller Höhe als Sonderausgaben berücksichtigen. Der Vater hat diese Beträge als sonstige Einkünfte in voller Höhe zu versteuern.

Die **Unterscheidung „Leibrente – dauernde Last"** wurde bereits 2008 aufgegeben. Die Neufassung des § 10 Abs. 1a Nr. 2 EStG spricht nur noch von „**Versorgungsleistungen**", die bei Vorliegen der übrigen Voraussetzungen stets in voller Höhe abziehbar sind. Diese Neuregelung findet jedoch nur für **Übergabeverträge** Anwendung, die ab dem 01.01.2008 geschlossen worden sind. Für Altverträge gilt die bisherige Gesetzesfassung gem. § 52 Abs. 18 EStG weiter.

Diese gilt lediglich nicht, wenn das übertragene Vermögen nur deshalb einen ausreichenden Ertrag bringt, weil ersparte Aufwendungen mit Ausnahme des Nutzungsvorteils eines zu eigenen Zwecken der das Vermögen übernehmenden Person genutzten Grundstücks zu den Erträgen des Vermögens zugerechnet werden. Für diese Fälle bleibt es bei der Anwendung der Neuregelung und damit des Ausschlusses des Sonderausgabenabzugs.

Der **Sonderausgabenabzug von Versorgungsleistungen** durch den Verpflichteten führt zur Besteuerung dieser Leistungen beim Empfänger gem. § 22 Nr. 1a EStG nach Maßgabe des Korrespondenzprinzips.

Aus Gründen der Klarstellung wird dies in § 22 Nr. 1a EStG ausdrücklich geregelt. Da es sich um Versorgungsleistungen handeln muss, muss entsprechend den bisherigen Grundsätzen das übertragene Vermögen **hinreichende Erträge abwerfen**, um daraus die geschuldeten Zahlungen erbringen zu können. Da die Besteuerung aufgrund des § 22 Nr. 1a EStG nur bei unbeschränkt Einkommensteuerpflichtigen erfolgen kann (siehe § 10 Abs. 1a EStG), wird der Sonderausgabenabzug davon abhängig gemacht, dass der Empfänger unbeschränkt einkommensteuerpflichtig ist. Diese Einschränkung wird durch die Einfügung von § 1a Abs. 1 Nr. 1a EStG europarechtskonform ausgestaltet. Danach ist der Sonderausgabenabzug auch zu gewähren, wenn die Versorgungsleistungen von einem unbeschränkt einkommensteuerpflichtigen Staatsangehörigen eines Mitgliedstaats der EU oder EWR gewährt werden und der Empfänger der Leistung seinen Wohnsitz oder gewöhnlichen Aufenthalt im Hoheitsgebiet eines dieser Staaten hat.

Steuerpflichtiger Zinsertrag bei verbilligter Veräußerung eines Hausgrundstücks im Wege der vorweggenommenen Erbfolge gegen Rentenzahlungen
Pressemitteilung des BFH vom 15.10.2020 – Nummer 041/20 zu Urteil vom 14.07.2020
Übertragen Eltern im Wege der vorweggenommenen Erbfolge ein Grundstück samt aufstehendem Gebäude gegen eine Veräußerungszeitrente an ihre Kinder, fließen den Eltern mit den Rentenzahlungen steuerpflichtige Zinseinkünfte gemäß § 20 Abs. 1 Nr. 7 EStG zu, soweit die Rentenzahlungen nicht auf den Unterschiedsbetrag zwischen dem Barwert des Rentenstammrechts zu Beginn und zum Ende des jeweiligen Kalenderjahres entfallen. Unerheblich ist, ob es sich um eine teilentgeltliche Übertragung handelt, bei der die Summe der Rentenzahlungen niedriger als der Verkehrswert der Immobilie im Übertragungszeitpunkt ist. Dies hat der BFH mit Urteil vom 14.07.2020, VIII R 3/17 entschieden.

Die Kläger, ein zusammen veranlagtes Ehepaar, hatten im Jahr 2012 einem ihrer Söhne und dessen Ehefrau ein Grundstück mit Gebäude gegen eine monatliche Rente in Höhe von 1.000 € übertragen. Die Rente hatte insgesamt eine Laufzeit von 30 Jahren und 2 Monaten, zu Beginn des Streitjahres 2013 betrug die Laufzeit noch 29 Jahre und 2 Monate. Die Rente war bis zum Tod des Längstlebenden der Kläger und danach bis zum Ende der Laufzeit an deren Erben zu zahlen. Die Kläger argumentierten, die Rentenzahlungen seien nicht in einen Tilgungs- und Zinsanteil aufzuteilen (§ 13 Abs. 1 BewG). Sie hätten die Immobilie mit Rücksicht auf die finanzielle Leistungsfähigkeit des Sohns und der Schwiegertochter bewusst gegen niedrige Rentenzahlungen mit langer Laufzeit zu einem Entgelt unterhalb des Verkehrswerts am Übertragungsstichtag übertragen, statt die Immobilie zu einem marktgerechten Preis zu veräußern und den Verkaufserlös anzulegen. Da sie bewusst auf Einnahmen verzichtet und den Übernehmern diese Vorteile wirtschaftlich betrachtet zugewendet hätten, könnten die Rentenzahlungen keinen einkommensteuerbaren Zinsertrag enthalten.

Der BFH folgte der Argumentation der Kläger nicht.
- Es handele sich nicht um eine unentgeltliche erbrechtliche Übertragung, sondern trotz der Übertragung zu einem Preis unterhalb des Verkehrswerts um ein einkommensteuerbares Veräußerungsgeschäft.
- Die Rentenzahlungen aus einer Veräußerungszeitrente seien beim Veräußerer und Erwerber gemäß § 13 Abs. 1 BewG in einen Tilgungs- und Zinsanteil aufzuteilen.

- Der Tilgungsanteil entspreche dem Barwert des Rentenstammrechts, der sich aus der Abzinsung aller noch ausstehenden Teilbeträge ergebe.
- In Höhe der Differenz des Barwerts der Rentenforderung zur jeweiligen Rentenzahlung erziele der Veräußerer einen steuerpflichtigen Zinsertrag.
- Dies gelte auch, wenn die dem Veräußerer zufließenden Tilgungsanteile nicht im Rahmen eines privaten Veräußerungsgeschäfts gemäß § 23 EStG einkommensteuerbar seien.

Der BFH erachtete den für die Aufteilung der Rentenforderung in einen Tilgungs- und Zinsanteil gemäß § 13 Abs. 1 BewG maßgeblichen Zinssatz von 5,5 % auch für verfassungsgemäß. Der in den Rentenzahlungen des Streitjahres 2013 (12.000 €) enthaltene Zinsanteil betrug danach 9.420 € und führte in dieser Höhe zu steuerpflichtigen Zinseinkünften der Kläger.

Zinseinkünfte unterliegen ab 2009 bei Zufluss grundsätzlich dem gesonderten Tarif gemäß § 32d Abs. 1 EStG von 25 % (zuzüglich Solidaritätszuschlag und gegebenenfalls Kirchensteuer), es sei denn, der Steuerpflichtige kann – wie die Kläger des vom BFH entschiedenen Streitfalls – erfolgreich einen Antrag auf Günstigerprüfung (§ 32d Abs. 6 EStG) stellen. Dann sind die Zinseinkünfte dem niedrigeren tariflichen Regelsteuersatz gemäß § 32a EStG zu unterwerfen.

BFH Beschluss vom 28.04.2020, IX R 11/19 Beitrittsaufforderung an das BMF: Unentgeltliche Vermögensübergabe gegen Versorgungsleistungen bei Übergabe von nicht nach § 10 Abs. 1 Nr. 1a Satz 2 EStG a.F. (wortgleich mit § 10 Abs. 1a Nr. 2 Satz 2 EStG n.F.) begünstigtem Vermögen?

Das BMF wird aufgefordert, dem Verfahren beizutreten, um zu der Frage Stellung zu nehmen, ob wiederkehrende Leistungen im Zusammenhang mit einer Übertragung von nicht nach § 10 Abs. 1a Nr. 2 Satz 2 Buchst. a bis c EStG n.F. begünstigtem Vermögen grundsätzlich als Entgelt (bzw. im Ausnahmefall als Unterhaltsleistung) anzusehen sind (so die Auffassung im BMF-Schreiben vom 11.03.2010, BStBl I 2010, 227 Tz. 57 und 65) oder gleichwohl als nicht begünstigte (d.h. nicht zum Sonderausgabenabzug berechtigende), aber dem Grunde nach unentgeltliche „Vermögensübergabe gegen Versorgungsleistungen" gelten können.

Der Senat nimmt das Revisionsverfahren zum Anlass, sich grundlegend mit der Rechtsfrage zu befassen, ob wiederkehrende Leistungen im Zusammenhang mit einer Übertragung von nicht nach § 10 Abs. 1a Nr. 2 Satz 2 Buchst. a bis c EStG n.F. begünstigtem Vermögen grundsätzlich als Entgelt (bzw. im Ausnahmefall als Unterhaltsleistung) anzusehen sind (so die Auffassung im Schreiben des BMF vom 11.03.2010, BStBl I 2010, 227 Tz. 57 und 65) oder gleichwohl als nicht begünstigte (d.h. nicht zum Sonderausgabenabzug berechtigende), aber dem Grunde nach unentgeltliche „Vermögensübergabe gegen Versorgungsleistungen" gelten können. Die Rechtsfrage ist – so auch im Streitfall – u.a. von Bedeutung, wenn die Entgeltlichkeit einer Vermögensübertragung, welche die Voraussetzungen eines Sonderausgabenabzugs nach § 10 Abs. 1a Nr. 2 Satz 2 EStG n.F. nicht erfüllt, Tatbestandsvoraussetzung für die Berücksichtigung steuerlichen Aufwands bildet. Vor diesem Hintergrund hält es der Senat für angezeigt, das BMF an diesem Revisionsverfahren zu beteiligen und zum Beitritt aufzufordern (§ 122 Abs. 2 Satz 3 FGO).

In diesem Zusammenhang wird der Senat zu prüfen haben, **ob der Auffassung im BMF-Schreiben in BStBl I 2010, 227 Tz 57 und 65,** wonach regelmäßig von einer (teil-)

entgeltlichen Vermögensübertragung gegen wiederkehrende Leistungen auszugehen sei, wenn kein begünstigtes Vermögen i.S.d. § 10 Abs. 1a Nr. 2 Satz 2 EStG n.F. übertragen wird und mithin der Sonderausgabenabzug für die wiederkehrenden Leistungen nicht eröffnet ist, vor dem Hintergrund des Wortlauts der Norm **gefolgt werden kann**.

Unterhaltsleistungen sind dagegen **freiwillige Zuwendungen** bzw. Zuwendungen aufgrund einer freiwillig begründeten Rechtspflicht oder Zuwendungen an gesetzlich unterhaltsberechtigte Personen. Sie dürfen beim Verpflichteten nach **§ 12 Nr. 2 EStG nicht abgezogen** werden und sind demgemäß beim Berechtigten auch **keine steuerbaren Einnahmen**; vgl. **§ 22 Nr. 1 S. 2 HS 1 EStG**.

Bei einer Unterhaltsleistung dominiert der **Zuwendungscharakter**, der Gedanke der Vermögensübertragung gegen vorbehaltene Vermögenserträge tritt in den Hintergrund. Dadurch richtet sich die Beurteilung nach § 12 Nr. 2 EStG, sodass der Rentenverpflichtete die Rente nicht als Sonderausgabe gem. § 10 Abs. 1a EStG abziehen kann, der Rentenempfänger sie aber auch nicht versteuern muss.

Zusammenfassend ist dringend anzuraten, **vor** einer Rentenzahlungsvereinbarung die daraus resultierenden steuerlichen Folgen zu bedenken:
- Liegt kein begünstigtes Betriebsvermögen vor, stellen die Rentenzahlungen Anschaffungskosten, Zinsanteil und Veräußerungspreis dar.
- Die „neuen" Anschaffungskosten haben Auswirkung auf durchzuführende Erhaltungsmaßnahmen – nur bis zu 15 % des Gebäudewertanteils in den ersten drei folgenden Jahren sind sofort abzugsfähig.
- Nur der Zinsanteil kann bei Mietobjekten als Werbungskosten abgezogen werden.
- Und es beginnt ein neuer 10-Jahreszeitraum nach § 23 Abs. 1 Nr. 1 EStG.

Unterhaltsleistungen – ohne Kindesunterhalt – siehe Ausführungen zur Anlage U – Zeilen 38–45 Anlage Sonderausgaben.

2.1.4.2 Ausgleichszahlungen im Rahmen des schuldrechtlichen Versorgungsausgleichs und zur Vermeidung des Versorgungsausgleichs (Zeilen 19–21)

Im Regelfall kommt es im Rahmen der Scheidung oder Aufhebung einer eingetragenen Lebenspartnerschaft zur **Durchführung eines Versorgungsausgleichs**. Die in der Ehezeit erworbenen Anrechte werden dabei geteilt. Diese **Form** des Versorgungsausgleichs wird vom § 10 Abs. 1a Nr. 4 EStG **nicht** erfasst!

Für diese hier ab 2008 eingeführte Möglichkeit des Sonderausgabenabzugs handelt es sich um privatrechtliche, **nach der Scheidung vereinbarte Ausgleichszahlungen**. Bei diesen schuldrechtlichen Vereinbarungen können Ausgleichszahlungen für Rentenleistungen, Versorgungsleistungen oder sonstige Kapitalrenten betroffen sein.

Der **Sonderausgabenabzug** ist auf den Wert beschränkt, den der Ausgleichsverpflichtete im Rahmen seiner Besteuerung versteuert hat. Erhält der Verpflichtete z.B. eine Rente von jährlich 24.000 € und unterliegen davon nur 12.000 € der Besteuerung (Rentenfreibetrag 50 %), ist auch nur der Teil als Sonderausgabe abzuziehen, der aus dem besteuerten Anteil an den Ausgleichsberechtigten übertragen wird.

Dieser muss dann den Wert als Einnahme nach § 22 Nr. 1a EStG der Besteuerung unterwerfen. Werden also von den 24.000 € aufgrund einer schuldrechtlichen Vereinbarung $1/3$ an den Ex-Ehegatten übertragen, damit 8.000 €, sind auch nur 50 % von 8.000 €, also 4.000 € als Sonderausgabe abzuziehen. Es wurden 12.000 € vom Verpflichteten versteuert und damit ⅓ davon = 4.000 € an den Ausgleichsberechtigten übertragen. Der Ausgleichsverpflichtete bleibt damit nur mit dem Teil steuerlich belastet, der auch bei ihm verbleibt.

Das **BMF-Schreiben vom 09.04.2010** zeigt diese komplizierte Berechnung mit insgesamt **sechs Beispielen** an den unterschiedlichen Formen der Rentenbesteuerung auf.

Die IDNr. der unterstützten Person ist in Zeile 48 einzutragen.

Um eben diese späteren Versorgungsleistungen auszuschließen, ist auch die Möglichkeit der – **einmaligen** – Ausgleichsleistung seit dem 01.01.2015 als Sonderausgabe abzugsfähig. Hier ist ebenfalls, wie bei regelmäßigen Unterhaltszahlungen, die Vorlage der **Anlage U** erforderlich.

2.1.5 Abbildungen zu Kapitel 2.1

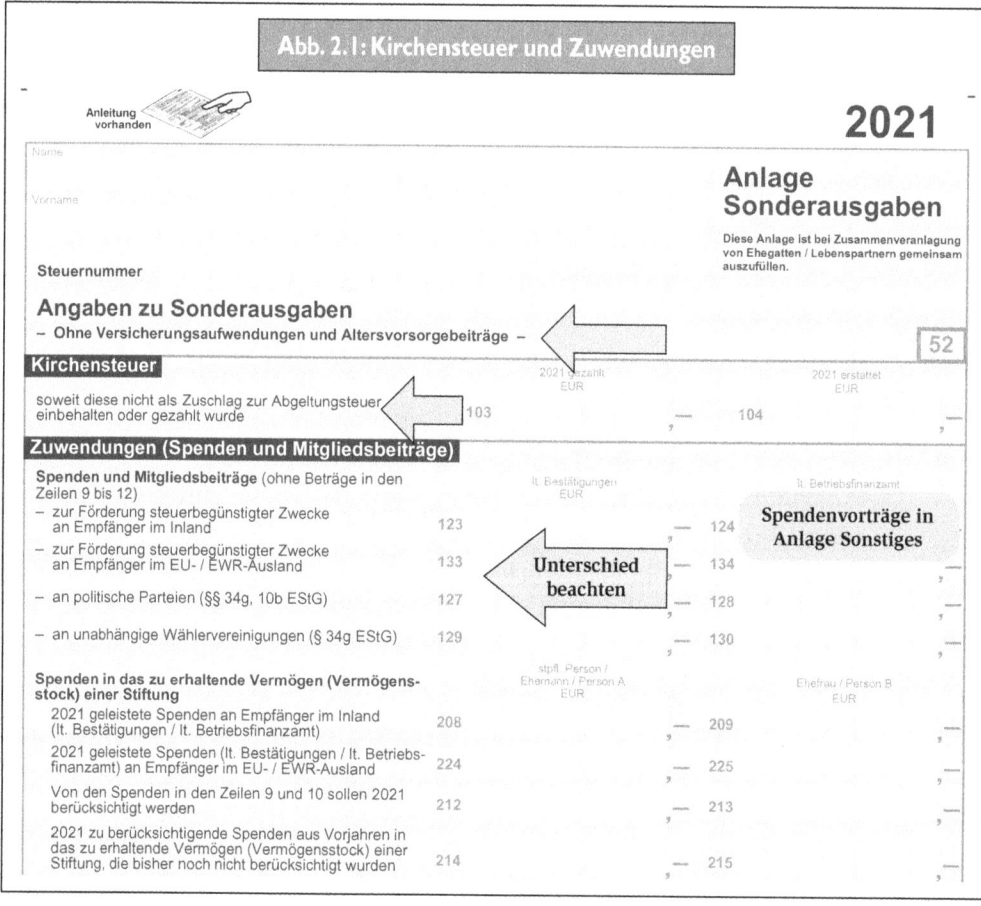

Abb. 2.1: Kirchensteuer und Zuwendungen

2.1 Anlage Sonderausgaben

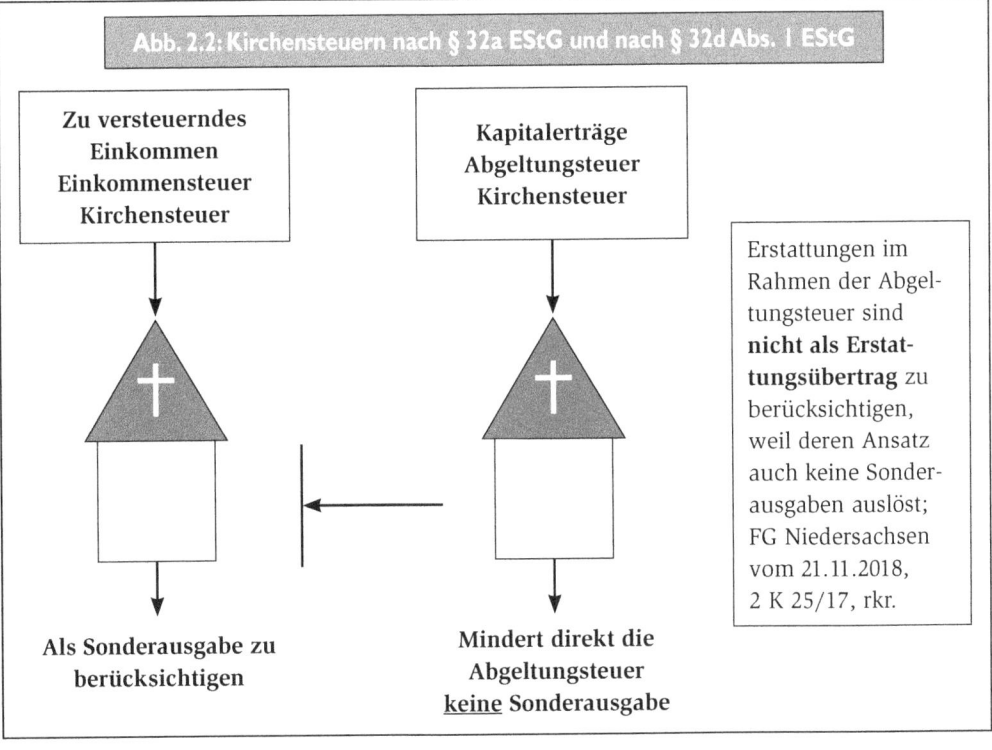

Abb. 2.2: Kirchensteuern nach § 32a EStG und nach § 32d Abs. 1 EStG

| Zu versteuerndes Einkommen Einkommensteuer Kirchensteuer | Kapitalerträge Abgeltungsteuer Kirchensteuer |

Erstattungen im Rahmen der Abgeltungsteuer sind **nicht als Erstattungsübertrag** zu berücksichtigen, weil deren Ansatz auch keine Sonderausgaben auslöst; FG Niedersachsen vom 21.11.2018, 2 K 25/17, rkr.

Als Sonderausgabe zu berücksichtigen — Mindert direkt die Abgeltungsteuer <u>keine</u> Sonderausgabe

---

Abb. 2.3: Sonderausgaben – gezahlte Kirchensteuern, § 10 Abs. 1 Nr. 4 EStG

Zu berücksichtigen sind Vorauszahlungen und Abschlusszahlungen der Kirchensteuer, die im jeweiligen Kalenderjahr gezahlt wurden.

Beispiel:
Im Veranlagungszeitraum 2021 sind die gezahlten Kirchensteuern für die Nachzahlung des Veranlagungszeitraums 2019 zu berücksichtigen, weil der Steuerbescheid für 2019 in 2021 geändert wurde und die Nachzahlung erst in 2021 erfolgt.

Hinweise:
1. Die im Rahmen der Abgeltungsteuer berücksichtigten Kirchensteuern dürfen nicht zusätzlich als Sonderausgaben angesetzt werden! Problem bleibt, wie diese anteiligen Kirchensteuern aus den Steuerbescheiden herausgerechnet werden sollen.
2. **Erstattungsüberhänge** erhöhen seit 2012 den Gesamtbetrag der Einkünfte (keine Änderung der Vorjahre mehr!); § 10 Abs. 4b S. 3 EStG.

Abb. 2.4: Erstattungsüberhang nach § 10 Abs. 4b EStG (s. auch BMF vom 19.08.2013, BStBl I 2013, 1087 Rz. 158/159)

Im Kalenderjahr 2021 werden für die Vorjahre Kirchensteuern erstattet z.B. **2.500 €** aus den Steuerbescheiden für die Jahre 2019 und 2020

In 2021 gezahlte Kirchensteuer z.B. 500 € Lohnkirchensteuer

500 € von den 2.500 € gleichen die im Jahr 2021 gezahlten Lohnkirchensteuern aus.
Keine Sonderausgaben zu berücksichtigen!
Die verbleibenden 2.000 € erhöhen als „Erstattungsüberhang" den Gesamtbetrag der Einkünfte

Ein Erstattungsüberhang aus zurückgezahlter Kirchensteuer kann **nicht** mit Verlustvorträgen ausgeglichen werden und ist daher **als Einkommen zu versteuern**, BFH vom 12.03.2019, IX R 34/17.

Abb. 2.5: Zuwendungen § 10b EStG

Zuwendung → Unterteilung in **Spende** und **Mitgliedsbeitrag**
1. Prüfungsschritt: Abzug dem Grunde nach.
2. Prüfungsschritt: Abzug der Höhe nach.

§ 10b Abs. 1 S. 2 EStG „Voraussetzung" – Abzug dem Grunde nach
→ nur an bestimmte Empfänger:
1. Juristische Person des öffentlichen Rechts,
2. steuerbefreite Körperschaft nach § 5 Abs. 1 Nr. 9 KStG,

Körperschaften müssen steuerbegünstigte Zwecke fördern und zwar selbstlos, ausschließlich und unmittelbar; steuerbegünstigte Zwecke sind in §§ 52–54 AO aufgeführt.

Gemeinnützig: Durch verfolgten Zweck wird Allgemeinheit auf materiellem, geistigem oder sittlichem Gebiet selbstlos gefördert.
Mildtätig: Tätigkeiten, die ausschließlich und unmittelbar auf die selbstlose Unterstützung bedürftiger Personen gerichtet sind.
Kirchlich: Religionsgemeinschaften, die Körperschaften des öffentlichen Rechts sind, selbstlos zu fördern.

2.1 Anlage Sonderausgaben

Abb. 2.6: Spenden und Mitgliedsbeiträge § 10b EStG – Zuwendungsnachweis § 50 EStDV – Aufwandsspenden BMF vom 25.11.2014, IV C 4 – S 2223/07/0010 :005

Nachweise in „Corona-Zeiten" BMF vom 09.04.2020, Beck StE I § 10/3 geändert 26.05.2020 vor 1.16

§ 10b Abs. 1 EStG	§ 10b Abs. 1a EStG	§ 10b Abs. 2 EStG
20 % des Gesamtbetrags der Einkünfte oder 4 ‰ der Umsätze/Löhne	1 Mio./2 Mio. € für den **Vermögensstock** einer Stiftung. Dieser Wert kann innerhalb eines 10-Jahreszeitraums nur einmal in Anspruch genommen werden. **Aufteilung auf 10 Jahre ist zulässig.** BMF vom 15.09.2014, BStBl I 2014, 1278 beachten!	Zuwendungen an Parteien sind nur Sonderausgaben, soweit sie nicht schon für § 34g EStG verbraucht wurden. Wählergemeinschaften sind nur nach § 34g EStG begünstigt (825 €/1.650 €).
Übersteigende Zuwendungen werden festgestellt und in die folgenden Veranlagungszeiträume vorgetragen, § 10b Abs. 1 S. 9 und 10 EStG.		**Kein** Vortrag der übersteigenden Werte in die Folgejahre!

Abb. 2.7: Zuwendungen in „Corona-Zeiten"

Nachweise in „Corona-Zeiten"
BMF vom 09.04.2020, Beck StE I § 10/3
Geändert 26.05.2020 vor 1.16

… auch nicht nach der Satzung zulässige Mittelverwendung für „Corona-Hilfe" ist zulässig.

… Zuwendungen an Geschäftspartner fallen für „Corona-Hilfen" nicht unter § 4 Abs. 5 Nr. 1 EStG (nicht abzugsfähige Geschenke) und sind als Betriebsausgaben abzugsfähig.

Beim Empfänger erfolgt der Ansatz mit dem gemeinen Wert als Betriebseinnahme.

Abb. 2.8: (Erfüllter) Wunsch des Bundesrates zum Jahressteuergesetz 2020

Anhebung des vereinfachten Zuwendungsnachweises auf 300 €

§ 50 Abs. 4 S. 1 Nr. 2 EStDV ab **2021**

Abb. 2.9: Aufwandsspenden BMF vom 25.11.2014, IV C 4 – S 2223/07/0010 :005 Ergänzt durch BMF vom 24.08.2016, IV C 4 – S 2223/07/0010 :007

Mutter fährt die Kinder als Betreuerin zur Veranstaltung: Können die Fahrtkosten dem Verein gespendet werden?

Nur, wenn sie auch einen:
- ernsthaft eingeräumten,
- nicht von vornherein unter Verzicht stehenden Anspruch auf Kostenerstattung hat
- und die wirtschaftliche Leistungsfähigkeit des Vereins gegeben ist.

Abb. 2.10: Definition Zuwendung, § 10b Abs. 3 EStG

Geld und Wirtschaftsgüter, nicht Nutzungen und Leistungen.

Beispiel:
Grundstücksübertragung begünstigt.
Unentgeltliche Nutzung des Grundstücks **nicht** begünstigt.

Besonderheiten bei Zuwendung von Wirtschaftsgütern <u>aus dem Betriebsvermögen:</u> Buchwertprivileg

Beispiel: Der Inhaber eines Ingenieurbüros spendet der örtlichen Schule 10 Laptops (Anschaffungskosten je 800 €, Buchwert je 1 €). Die Schule stellt eine Spendenbescheinigung über 3.000 € aus = unstreitiger gemeiner Wert der Laptops.

Lösung: Steuerpflichtige hat das Wahlrecht.
Er kann die Geräte aus dem BV entnehmen und es entsteht ein **Entnahmegewinn von 2.990 €** (gemeiner Wert von 3.000 € – 10 € Buchwert). Dann kann er die Spende i.H.v. 3.000 € als Sonderausgabe abziehen.

Alternativ kann er die Geräte auch **steuerneutral ausbuchen** und es entsteht kein Entnahmegewinn. Allerdings darf er dann die Spende auch nur in Höhe des Buchwerts nach § 10b EStG geltend machen, R 10b.1 Abs. 1 S. 4 EStR.

Abb. 2.11: § 34g EStG ist immer vor § 10b Abs. 2 EStG abzuarbeiten!

Beispiel: Ehegatten spenden 7.000 € an politische Parteien und 6.000 € an Wählergemeinschaften

Lösung:

1. **§ 34g EStG**
   Parteispenden/-mitgliedsbeiträge und Zuwendungen an **Wählergemeinschaften** sind **nebeneinander** begünstigt (je 1.650 €).

2. Diese Steuerermäßigung stellt **50 % der Zuwendungen** dar. Der Höchstwert von 1.650 € ist erreicht, wenn 3.300 € zugewendet und damit für § 34g EStG verbraucht werden.

   Berechnung:
   7.000 € Partei abzüglich
   3.300 € = **3.700 € Rest**
   Steuerermäßigung = 1.650 €
   6.000 € Wählergemeinschaft abzüglich 3.300 €
   = **2.700 € Rest**
   Steuerermäßigung = 1.650 €

Zuzüglich können die nicht nach § 34g EStG verbrauchten **Parteispenden** bis zu maximal **3.300 € als Sonderausgaben** berücksichtigt werden.
Die restlichen Zuwendungen an die Wählergemeinschaft bleiben unberücksichtigt.

Abb. 2.12: Sonderausgaben – Aufwendungen für die eigene Berufsausbildung (§ 10 Abs. 1 Nr. 7 EStG)

Zunächst sollte beachtet werden, dass der/die Auszubildende die entsprechenden Kosten verursacht und getragen hat und es sich nicht um Werbungskosten oder Betriebsausgaben handelt (**Subsidiaritätsprinzip**).

In dem **BMF-Schreiben vom 22.09.2010** „Berufsausbildungskosten" Beck StE 1 § 10/10 **Rz. 29** werden als abziehbare Aufwendungen aufgeführt:
- Studiengebühren,
- Fahrtkosten zur Uni,
- Arbeitsmittel,
- Fachliteratur,
- Mehraufwendungen für Verpflegung,
- Aufwendungen für eine auswärtige Unterbringung.

„Die Erstausbildung oder das Erststudium unmittelbar nach dem Schulabschluss vermittelt nicht nur Berufswissen, sondern prägt die Person in einem umfassenderen Sinne, indem sie die Möglichkeit bietet, sich seinen Begabungen und Fähigkeiten entsprechend zu entwickeln und allgemeine Kompetenzen zu erwerben, die nicht zwangsläufig für einen künftigen konkreten Beruf notwendig sind. Sie weist eine besondere Nähe zur Persönlichkeitsentwicklung auf."

Regelungen zur steuerlichen Behandlung von Erstausbildungskosten sind verfassungsgemäß! BVerfG, Beschluss 2 BvL 22/14, 2 BvL 27/14, 2 BvL 26/14, 2 BvL 25/14, 2 BvL 24/14, 2 BvL 23/14 vom 19.11.2019

Abb. 2.13: Sonderausgaben – Aufwendungen für die eigene Berufsausbildung (§ 10 Abs. 1 Nr. 7 EStG)

§ 9 Abs. 6 EStG Werbungskosten oder Betriebsausgaben (i.V.m. § 4 Abs. 9 EStG), wenn abgeschlossene Erstausbildung oder im Rahmen eines Ausbildungsdienstverhältnisses.

Erstausbildung im Rahmen eines Ausbildungsdienstverhältnisses:
alle normalen Lehrberufe mit Ausbildungsdienstvertrag, i.d.R. duales Studium.

Definition Erstausbildung:
- geordnete Ausbildung,
- Mindestdauer 12 Monate in Vollzeit (= mind. 20 Wochenstunden),
- Abschlussprüfung oder tatsächliche planmäßige Beendigung,
- auch: bestandene Prüfung ohne Durchlaufen der Ausbildung.

Für alle anderen: § 10 Abs. 1 Nr. 7 EStG (z.B. Studium, Ausbildung Physiotherapeuten, Piloten).

Achtung: Abgrenzung „Erstausbildung und Weiterbildung" bzw. „Fortbildung"!

z.B.: Bachelorstudium = Erststudium → Masterstudium (Ausnahme Kindergeld beachten) = Weiterbildung

Betriebsausgaben-/Werbungskostenabzug grundsätzlich in unbegrenzter Höhe.

Sonderausgabenabzug immer nur bis 6.000 € pro Jahr → kein Übertrag ins nächste Jahr möglich (kein „Verlustvortrag").

Abb. 2.14: Renten oder dauernde Lasten

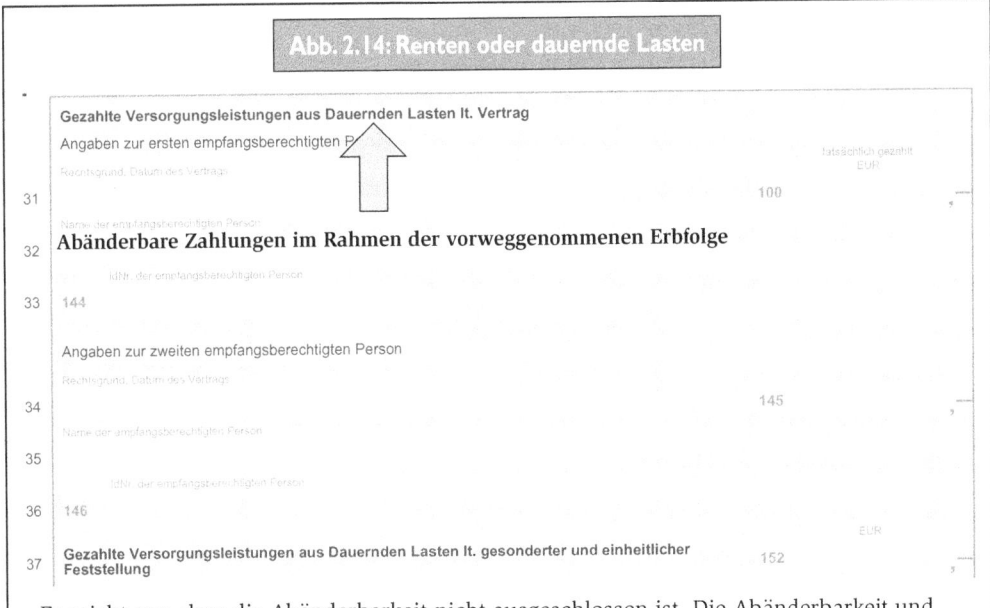

Es reicht aus, dass die Abänderbarkeit nicht ausgeschlossen ist. Die Abänderbarkeit und damit **dauernde Last** dürfte damit in den häufigsten Fällen – nämlich immer, wenn die Abänderbarkeit nicht ausdrücklich ausgeschlossen wird, vorliegen.

2.2 Anlage U

Finanzamt

Steuernummer

Identifikationsnummer

Bitte beachten Sie die Erläuterungen auf der letzten Seite.

Anlage U

für Unterhaltsleistungen und Ausgleichsleistungen zur Vermeidung des Versorgungsausgleichs an den geschiedenen Ehegatten / Lebenspartner einer aufgehobenen Lebenspartnerschaft oder dauernd getrennt lebenden Ehegatten / Lebenspartner

☐ zum Lohnsteuer-Ermäßigungsantrag
☐ zur Einkommensteuererklärung
☐ zum Antrag auf Anpassung der Einkommensteuer-Vorauszahlungen

20____

A. Antrag auf Abzug von Unterhaltsleistungen und Ausgleichsleistungen zur Vermeidung des Versorgungsausgleichs als Sonderausgaben

Antragsteller

Name, Vorname — Geburtsdatum

Anschrift

Ich beantrage, folgende Unterhaltsleistungen nach § 10 Abs. 1a Nr. 1 EStG und / oder Ausgleichsleistungen zur Vermeidung des Versorgungsausgleichs nach § 10 Abs. 1a Nr. 3 EStG an meinen in Abschnitt B genannten geschiedenen Ehegatten / Lebenspartner einer aufgehobenen Lebenspartnerschaft oder dauernd getrennt lebenden Ehegatten / Lebenspartner als Sonderausgaben abzuziehen.

	Geldleistungen	Sachleistungen
Im Kalenderjahr tatsächlich erbrachte Unterhaltsleistungen oder – bei Anträgen vor Ablauf des Kalenderjahres – voraussichtliche Unterhaltsleistungen:	€	€
Davon entfallen auf Unterhaltsleistungen für Kinder:	– €	– €
Unterhaltsleistungen, die zum Abzug als Sonderausgaben geltend gemacht werden:	= €	= €
In den o. g. Geldleistungen enthaltene Beiträge (abzgl. Erstattungen und Zuschüsse) für eine Basis-Kranken- und gesetzliche Pflegeversicherung meines geschiedenen Ehegatten / Lebenspartners einer aufgehobenen Lebenspartnerschaft oder dauernd getrennt lebenden Ehegatten / Lebenspartners:	€	
Davon entfallen auf Krankenversicherungsbeiträge mit Anspruch auf Krankengeld:	€	

	Ausgleichsleistungen
Im Kalenderjahr tatsächlich erbrachte Ausgleichsleistungen zur Vermeidung des Versorgungsausgleichs oder – bei Anträgen vor Ablauf des Kalenderjahres – voraussichtliche Ausgleichsleistungen	€

Mir ist bekannt, dass eine **Rücknahme** dieses Antrags **nicht** zulässig ist und dass ein im Lohnsteuer-Ermäßigungs- oder Einkommensteuer-Vorauszahlungsverfahren gestellter Antrag auch bei der Einkommensteuerveranlagung für dasselbe Kalenderjahr bindend ist.

Datum und Unterschrift

_____

B. Zustimmung zum Antrag A

Die Zustimmung ist erstmals für das oben eingetragene Kalenderjahr gültig. Sie gilt – solange sie nicht widerrufen wird – auch für alle darauf folgenden Kalenderjahre. Mir ist bekannt, dass ich die Zustimmung nur vor Beginn des Kalenderjahres, für das sie erstmals nicht gelten soll, gegenüber dem für mich oder dem für den Antragsteller zuständigen Finanzamt widerrufen kann.

Empfänger der Leistung(en)

Name, Vorname — Geburtsdatum

Anschrift

Zuständiges Finanzamt, Steuernummer und Identifikationsnummer

Ich stimme hiermit dem Antrag auf Abzug von **Unterhaltsleistungen** als Sonderausgaben

☐ dem Grunde nach zu.   ☐ begrenzt auf einen Teilbetrag in Höhe von _____ € zu.

Mir ist bekannt, dass ich **Unterhaltsleistungen** bis zum Höchstbetrag von 13.805 € (zuzüglich tatsächlich geleisteter Beiträge für eine Basis-Kranken- und gesetzliche Pflegeversicherung) abzüglich der Werbungskosten (mindestens Pauschbetrag von 102 €) als sonstige Einkünfte **versteuern** muss, soweit sie vom Geber als Sonderausgaben abgezogen werden können.

Ich stimme hiermit dem Antrag auf Abzug von **Ausgleichsleistungen** zur Vermeidung des Versorgungsausgleichs als Sonderausgaben

☐ dem Grunde nach zu.   ☐ begrenzt auf einen Teilbetrag in Höhe von _____ € zu.

Mir ist bekannt, dass ich die **Ausgleichsleistungen** zur Vermeidung des Versorgungsausgleichs abzüglich der Werbungskosten (mindestens Pauschbetrag von 102 €) als sonstige Einkünfte **versteuern** muss, soweit sie vom Geber als Sonderausgaben abgezogen werden können.

Nur bei in einem anderen Mitgliedstaat der Europäischen Union (EU) / des Europäischen Wirtschaftsraumes (EWR) oder in der Schweiz ansässigen Empfänger der Leistung(en):

☐ Ich bestätige, dass die empfangenen Unterhaltsleistungen / Ausgleichsleistungen in dem Staat, in dem ich ansässig bin, besteuert werden. Die entsprechende Bescheinigung der zuständigen ausländischen Steuerbehörde ist beigefügt.

Datum und Unterschrift

☐ Die Zustimmung des Empfängers der Leistung(en)

vom _____ liegt dem Finanzamt bereits vor.

Anlage U (2019) für Unterhaltsleistungen und Ausgleichsleistungen – Aug. 2019   – 1. Ausfertigung für das Finanzamt –

2.2.1 Allgemeines

Unterhaltsleistungen an den geschiedenen oder dauernd getrenntlebenden Ehegatten können als Sonderausgaben berücksichtigt die einkommensteuerliche Belastung senken. Hierfür gilt es jedoch zunächst den formalen Rahmen zu erfüllen.

Gem. § 10 Abs. 1a Nr. 1 EStG hat der **Geber** diese Sonderausgaben mit Zustimmung des Empfängers zu beantragen. Formal ist der dafür vorgesehene Vordruck **Anlage U** auszufüllen und vom Antragsteller sowie vom Unterhaltsempfänger zu unterschreiben.

Der jährliche Antrag auf Ansatz der Sonderausgaben erfolgt dann nun neu in der Anlage Sonderausgaben Zeilen 38 + 39.

Problemzone: Gültigkeitsdauer der Anlage U

Die einmal formal korrekt ausgefüllte und unterschriebene Anlage U wirkt auch für die folgenden Kalenderjahre weiter. Die einmal erteilte Zustimmung kann immer **nur mit Wirkung für folgende Kalenderjahre zurückgenommen** werden. Die Rücknahme muss dabei vor Beginn des Kalenderjahres erfolgen, für das diese Rücknahme gelten soll.

> **Beispiel 2.2.1:** Die dauernd getrenntlebenden Ehegatten haben vereinbart und beantragt, dass der Ehemann seine Unterhaltsleistungen von 12.000 € als Sonderausgaben in Abzug bringen kann und die Ehefrau diese 12.000 € als sonstige Einkünfte versteuert.
> Hintergrund hierfür war unter anderem, dass der Ehemann seine Einkünfte im Steuersatz zu 42 % versteuert und die Ehefrau nur zu 20 %. Der Ehemann trägt die sich daraus ergebenden Steuern der Ehefrau.
> Nun ändern sich die tatsächlichen Verhältnisse. Der Ehemann wird nur noch mit einem Steuersatz von 20 % belastet und die Ehefrau (z.B. wegen höherer Einkünfte durch eine neue Arbeitsstätte) mit 42 %.
>
> **Lösung:** Vor Beginn des Kalenderjahres der Änderung der Verhältnisse muss eine entsprechende Aufhebung der Anlage U beantragt werden. Anderenfalls wirken sich die Unterhaltsleistungen von 12.000 € zu 20 % mit 2.400 € steuermindernd und zu 42 % Steuer erhöhend (bei der Ehefrau) mit 5.040 € aus.
> Es entsteht eine Mehrbelastung von 2.640 €!
> Derartige Gestaltungen bedürfen daher der ständigen und zeitnahen Überprüfung!

Begrenzungen und Erweiterungen des Höchstbetrages von 13.805 €/ Übersteigende Beträge sind auch keine außergewöhnlichen Belastungen

Anzusetzenden Betrag begrenzen. Dies macht immer dann Sinn, wenn durch einen geringeren Wertansatz die steuerliche Belastung gemindert werden kann. Der Abzug als Sonderausgabe muss im Ergebnis immer eine höhere steuerliche Entlastung erbringen, als die Besteuerung beim Ehegatten an zusätzlichen Steuern auslöst.

Leistet der Antragsteller an mehrere Exehegatten Unterhaltsleistungen, gilt diese zuvor dargestellte Begrenzungsmöglichkeit für jeden Exehegatten gesondert.

> **Beispiel 2.2.2:** Gerhard S. ist bereits viermal geschieden und nun wieder neu verheiratet. Seine derzeitige Ehefrau staunt über die hohen Sonderausgaben ihres Gerhards.
>
> **Lösung:** Für jeden Ex-Ehegatten können maximal 13.805 € zuzüglich Beiträge zur Basis-Kranken- und Pflegeversicherung im Kalenderjahr als Sonderausgaben berücksichtigt werden. Für vier Ex-Ehegatten bedeutet dies 55.220 € Sonderausgaben zuzüglich der jeweiligen Basis-Kranken- und Pflegeversicherungsbeiträge. Vorausgesetzt, diese Zahlungen werden auch geleistet und die Ex-Ehefrauen haben auch die Anlage U (jeweils) unterschrieben.

Problemzone: Übersteigende Beträge

Übersteigende Beträge können nicht als außergewöhnliche Belastung nach § 33a Abs. 1 EStG berücksichtigt werden (s. BFH-Urteil vom 07.11.2000, BStBl II 2001, 338). Siehe hierzu auch H 10.2 „Allgemeines" EStH.

Problemzone: Fehlgeschlagene Vereinbarungen geschiedener Ehegatten

Urteil des FG Baden-Württemberg vom 26.04.2017, 4 K 202/16
Fehlgeschlagene Vereinbarungen geschiedener Eheleute rechtfertigen keinen Erlass von Steuern

Vereinbaren geschiedene Eheleute, dass der Unterhaltsleistende seine Zahlungen als Sonderausgaben abziehen kann, die Empfängerin diese versteuert und ihr die hierauf entfallende Steuer vom Leistenden erstattet wird, ist die Steuer nicht zu erlassen, wenn der Unterhaltsleistende Steuern nicht erstattet.

Die Klägerin stimmte dem Antrag ihres geschiedenen Ehemanns auf Abzug von Unterhaltsleistungen als Sonderausgaben zu. Mit ihrer Unterschrift auf der Anlage U bestätigte sie ihre Kenntnis darüber, die Zustimmung gelte auch für alle folgenden Kalenderjahre, sofern diese nicht vor Beginn eines Kalenderjahres widerrufen werde.

Das Finanzamt besteuerte die der Klägerin zugeflossenen Unterhaltsleistungen als sonstige Einkünfte. Deren geschiedener Ehemann verpflichtete sich in einem vor dem Amtsgericht – Familiengericht – geschlossenen Vergleich, die auf die Unterhaltsleistungen entfallende Steuer zu bezahlen. Hierzu kam es nicht. Über das Vermögen des Ehemanns wurde das Insolvenzverfahren eröffnet.

Die Klägerin stellte dann beim Finanzamt einen Antrag auf Erlass der Steuer. Sie habe dem Ehemann vertraut, die erteilte Zustimmung gelte nur für ein Jahr und er werde die Steuer erstatten. Zivilrechtlich habe sie ihre Zustimmung davon abhängig gemacht, dass steuerliche Nachteile ersetzt werden. Geschehe dies nicht, liege eine sachliche Unbilligkeit vor. Persönliche Billigkeitsgründe lägen auch vor: Ihr Arbeitseinkommen sei gering. Sie unterhalte ein minderjähriges Kind und erhalte keinen Unterhalt mehr. Das Finanzamt lehnte einen Erlass ab.

Das FG Baden-Württemberg entschied, die Versteuerung der Unterhaltsleistungen sei nicht sachlich unbillig.
- Diese beruhe auf der Zustimmung der Klägerin.
- Diese habe einen zivilrechtlichen Anspruch auf Ausgleich der durch eine Besteuerung bedingten Nachteile und trage das Risiko einer Erstattung.

- Diese Risikoverlagerung sei dem Gesetzgeber unter Berücksichtigung der Gesetzesbegründung bewusst gewesen.
- Die Besteuerung sei trotz eines nicht durchsetzbaren Ausgleichsanspruchs nicht unbillig, da die Unterhaltsleistungen die wirtschaftliche Leistungsfähigkeit der Klägerin erhöht hätten.
- Dem stehe nicht entgegen, dass diese aus zivilrechtlichen Gründen zugestimmt habe. Sie habe die Wertentscheidungen des Zivil- und Insolvenzrechts hinzunehmen. Diese rechtfertigten keinen Billigkeitserlass zum Nachteil der Allgemeinheit.

Im Übrigen wäre die Klägerin ggf. nicht mit ihrer Forderung ausgefallen, wenn sie zeitnah eine Erstattung verlangt hätte. **Vertrauen enttäuscht habe ihr Ehemann und nicht der Fiskus.** Ein Erlass aus persönlichen Gründen scheide aus, da dieser nicht der Klägerin zugutekäme. Die wirtschaftliche Notlage sei vor allem durch Ansprüche Dritter verursacht.

EU-Besonderheiten
Der Ansatz von Sonderausgaben setzt neben den zuvor geschilderten formalen Bedingungen zusätzlich voraus, dass der Unterhaltsempfänger unbeschränkt einkommensteuerpflichtig ist. Diese Voraussetzung wird immer dann erfüllt sein, wenn der Ex-Ehegatte in Deutschland wohnt.

Wohnt der Unterhaltsempfänger nun aber nicht in Deutschland, ist eine Berücksichtigung der geleisteten Unterhaltszahlungen als Sonderausgaben möglich, wenn der Empfänger der Leistungen in einem Land der EU oder des EWR wohnt und nachweist, dass die Unterhaltsleistungen dort auch versteuert werden.

Diese Begünstigung ist nur möglich, wenn der **Antragsteller** Staatsangehöriger der EU ist. Die hierfür nötigen Eintragungen sind in den **Zeile 14 der Anlage WA 2021** vorzunehmen.

> **Beispiel 2.2.3:** Der polnische Staatsangehörige lebt in Berlin und zahlt an seine in Frankreich lebende Ex-Ehefrau Unterhalt. Die formalen Bedingungen sind erfüllt.
>
> **Lösung:** Es können maximal 13.805 € zuzüglich der jeweiligen Basis-Kranken- und Pflegeversicherungsbeiträge im Kalenderjahr als Sonderausgaben berücksichtigt werden, weil ein Staatsangehöriger der EU mit Wohnsitz in Deutschland an seine in einem Land der EU wohnenden Ex-Ehegattin Unterhalt zahlt und die Ex-Ehegattin den Nachweis erbringt, dass sie die Unterhaltsleistungen dort versteuert.

> **Beispiel 2.2.4:** Der polnische Staatsangehörige lebt in Berlin und zahlt an seine in Österreich lebende Ex-Ehefrau Unterhalt.
>
> **Lösung:** Es können keine Unterhaltsleistungen als Sonderausgaben berücksichtigt werden, weil ein Staatsangehöriger der EU mit Wohnsitz in Deutschland an seinen in einem Land der EU wohnenden Ex-Ehegatten Unterhalt zahlt und der Ex-Ehegatte den Nachweis nicht erbringen kann, dass die Unterhaltsleistungen dort versteuert werden. Österreich sieht dafür keine Steuerpflicht vor.

> **Beispiel 2.2.5:** Der polnische Staatsangehörige lebt in Berlin und zahlt an seine in der Türkei lebende Ex-Ehefrau Unterhalt.
>
> **Lösung:** Es können keine Unterhaltsleistungen als Sonderausgaben berücksichtigt werden, weil ein Staatsangehöriger der EU mit Wohnsitz in Deutschland an seinen nicht in einem Land der EU wohnenden Ex-Ehegatten Unterhalt zahlt. (Selbst wenn der Ex-Ehegatte den Nachweis erbringen kann, dass er die Unterhaltsleistungen dort versteuert.)

Seit dem 01.01.2015 sind die nach § 10 Abs. 1a Nr. 3 EStG geleisteten Ausgleichszahlungen zur Vermeidung eines Versorgungsausgleichs als Sonderausgaben abzugsfähig. Formal sind die Bedingungen wie nach § 10 Abs. 1a Nr. 1 EStG für Unterhaltsleistungen zu beachten, also die Vorlage der Anlage U.

Der Empfänger der Leistungen versteuert den Wert nach § 22 S. 3 Nr. 1a EStG.

2.2.2 Abbildungen zu Kapitel 2.2

Abb. 2.15: Rücknahme der Anlage U für Folgejahre

Anlage U
für Unterhaltsleistungen und Ausgleichsleistungen zur Vermeidung des Versorgungsausgleichs an den geschiedenen Ehegatten / Lebenspartner einer aufgehobenen Lebenspartnerschaft oder dauernd getrennt lebenden Ehegatten / Lebenspartner

Finanzamt

Steuernummer

Identifikationsnummer

☐ zum Lohnsteuer-Ermäßigungsantrag
☐ zur Einkommensteuererklärung
☐ zum Antrag auf Anpassung der Einkommensteuer-Vorauszahlungen

20____

Bitte beachten Sie die Erläuterungen auf der letzten Seite.

A. Antrag auf Abzug von Unterhaltsleistungen und Ausgleichsleistungen zur Vermeidung des Versorgungsausgleichs als Sonderausgaben

Antragsteller

Name, Vorname | Geburtsdatum

Anschrift

Ich beantrage, folgende Unterhaltsleistungen nach § 10 Abs. 1a Nr. 1 EStG und / oder Ausgleichsleistungen zur Vermeidung des Versorgungsausgleichs nach § 10 Abs. 1a Nr. 3 EStG an meinen in Abschnitt B genannten geschiedenen Ehegatten / Lebenspartner einer aufgehobenen Lebenspartnerschaft oder dauernd getrennt lebenden Ehegatten / Lebenspartner als Sonderausgaben abzuziehen.

	Geldleistungen	Sachleistungen
Im Kalenderjahr tatsächlich erbrachte Unterhaltsleistungen oder – bei Anträgen vor Ablauf des Kalenderjahres – voraussichtliche Unterhaltsleistungen:	€	€
Davon entfallen auf Unterhaltsleistungen für Kinder: **Nicht abzugsfähig, daher abzuziehen** –	–	€
Unterhaltsleistungen, die zum Abzug als Sonderausgaben geltend gemacht werden:	= €	= €
In den o. g. Geldleistungen enthaltene Beiträge (abzgl. Erstattungen und Zuschüsse) für eine Basis-Kranken- und gesetzliche Pflegeversicherung meines geschiedenen Ehegatten / Lebenspartners einer aufgehobenen Lebenspartnerschaft oder dauernd getrennt lebenden Ehegatten / Lebenspartners:	€	
Davon entfallen auf Krankenversicherungsbeiträge mit Anspruch auf Krankengeld:	€	

	Ausgleichsleistungen
Im Kalenderjahr tatsächlich erbrachte Ausgleichsleistungen zur Vermeidung des Versorgungsausgleichs oder – bei Anträgen vor Ablauf des Kalenderjahres – voraussichtliche Ausgleichsleistungen	€

Mir ist bekannt, dass eine **Rücknahme** dieses Antrags **nicht** zulässig ist und dass ein im Lohnsteuer-Ermäßigungs- oder Einkommensteuer-Vorauszahlungsverfahren gestellter Antrag auch bei der Einkommensteuerveranlagung für dasselbe Kalenderjahr bindend ist.

Datum und Unterschrift

B. Zustimmung zum Antrag A

Die Zustimmung ist erstmals für das oben eingetragene Kalenderjahr gültig. Sie gilt – solange sie nicht widerrufen wird – auch für alle darauf folgenden Kalenderjahre. Mir ist bekannt, dass ich die Zustimmung nur vor Beginn des Kalenderjahres, für das sie erstmals nicht gelten soll, gegenüber dem für mich oder dem für den Antragsteller zuständigen Finanzamt widerrufen kann.

Empfänger der Leistung(en)

Abb. 2.16: Sonderausgaben – Unterhaltsleistungen (§ 10 Abs. 1a Nr. 1 und 3 EStG)

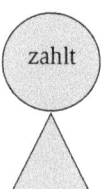 zahlt 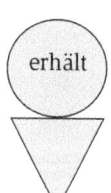 erhält

Anlage U ist von beiden (Ex-)Ehegatten zu unterschreiben. Der Leistende hat Sonderausgaben, der Empfänger der Zahlung muss diese versteuern.

Maximal 13.805 € + **Basis**-Krankenversicherung
Bestattungskosten nicht, BFH vom 20.08.2014, X R 26/12

Gilt für Ehegatten und eingetragene Lebenspartner.
Beide müssen unbeschränkt einkommensteuerpflichtig sein; § 1a EStG ist für EU-/EWR-Angehörige zu prüfen.
Auch für Ausgleichszahlungen zur Vermeidung des Versorgungsausgleichs!

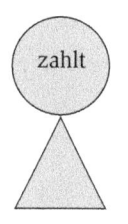 zahlt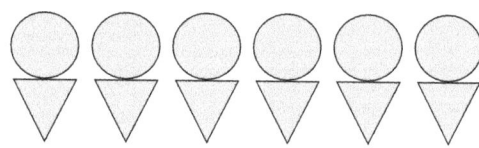

Die Zahl der Unterhaltsberechtigten ist nicht begrenzt. Wenn jeder die Anlage U ausfüllt, ist auch für jeden Empfänger ein Sonderausgabenabzug in der maximalen Höhe möglich.

2.2 Anlage U

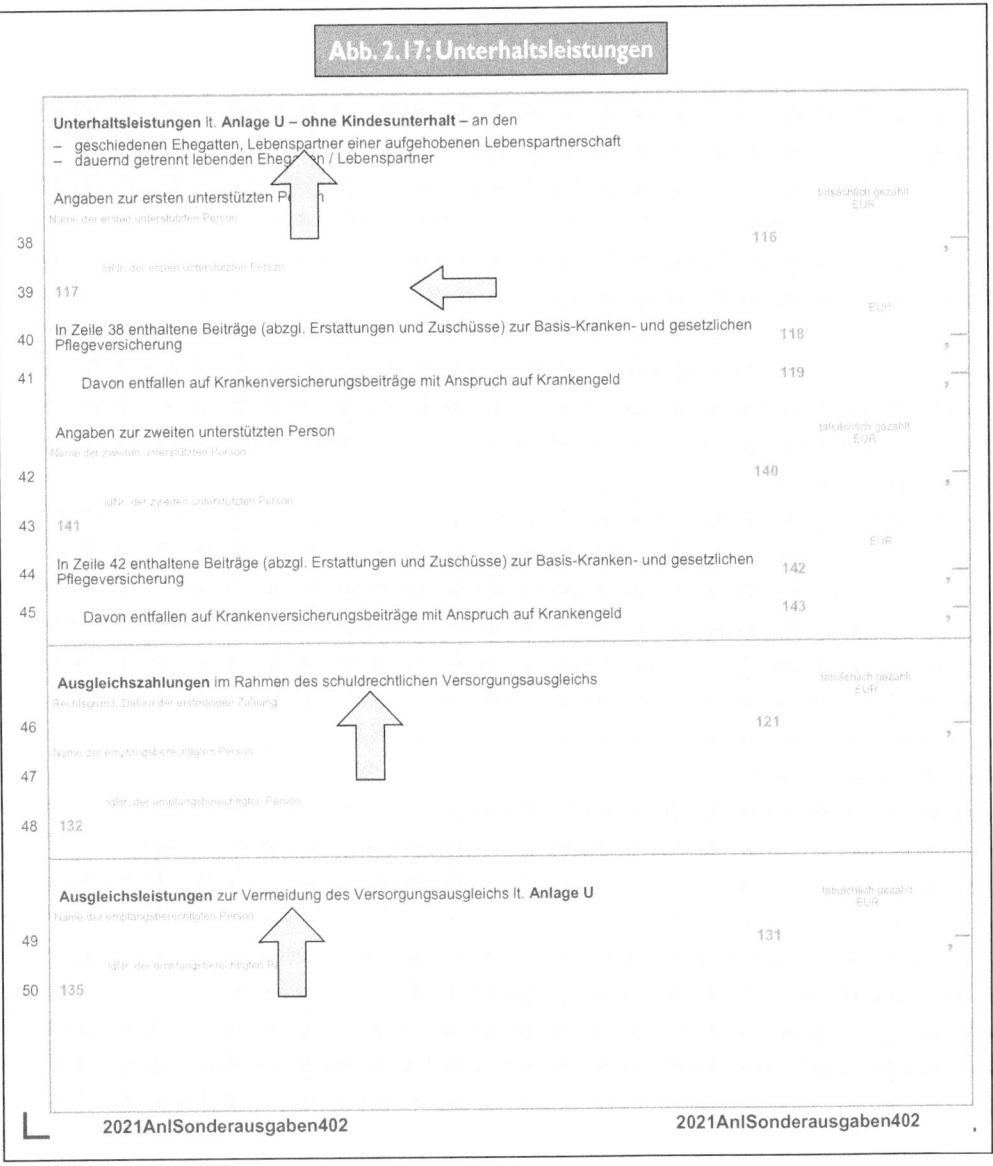

Abb. 2.17: Unterhaltsleistungen

3. Anlage Außergewöhnliche Belastungen

Was ist zu beachten – neu und wichtig – Checkliste

Behinderten-Pauschbeträge ab 2021 verdoppelt	Berücksichtigung schon ab 20 %, ohne weitere Bedingungen
Hilflose, Blinde und Taubblinde erhalten den Höchstbetrag von **7.400 € jährlich**	Gesonderter Nachweis erforderlich; siehe § 65 EStDV
Hinterbliebenen-Pauschbetrag bleibt unverändert bei 370 €	Nur bei Hinterbliebenenbezüge i.S.d. § 33b Abs. 4 EStG
Pflegepauschbeträge neu ab 2021. Ab Pflegegrad 2 = 600 €, Pflegegrad 3 = 1.100 € und ab Pflegegrad 4 = 1.800 €	Hilflose Personen erhalten den Pauschbetrag von 1.800 €
Neue Abfrage nach behinderungsbedingten Fahrtkostenpauschale in Zeilen 17 + 18	Ab einem Behinderungsgrad von 70 % + Merkzeichen „G" oder ab 80 %
Andere Aufwendungen unter Beachtung der Zwangsläufigkeit und der stufenweisen Ermittlung der zumutbaren Belastung	Kosten für Atemschutzmasken und Schnelltests sind keine außergewöhnliche Belastung
Anspruch auf zu erwartende oder erhaltene Erstattungen sind jeweils anzugeben	Abweichend von § 11 EStG sind schon im Jahr der Aufwendungen Erstattungen abzuziehen
In den Zeilen 36–38 sind Lohnkostenanteile für § 35a EStG aufzuführen, die unter der zumutbaren Belastung bleiben	Keine weiteren Angaben in der Anlage Haushaltsnahe Aufwendungen erforderlich
Prozesskosten wegen Scheidung, Schmerzensgeld, Baumängel, Umgangsrecht	Prozesskosten sind grundsätzlich nicht zu berücksichtigen
Kosten für künstliche Befruchtung	Als außergewöhnliche Belastung zu berücksichtigen
Jede Form von Aufwendungen für Diäten, Marderbefall, Tomatis-Therapie	Keine außergewöhnliche Belastung

3. Anlage Außergewöhnliche Belastungen

Anleitung vorhanden

2021

Anlage Außergewöhnliche Belastungen

Diese Anlage ist bei Zusammenveranlagung von Ehegatten / Lebenspartnern gemeinsam auszufüllen.

1 Name
2 Vorname
3 Steuernummer

Außergewöhnliche Belastungen / Pauschbeträge

53

Behinderten-Pauschbetrag

– bei erstmaliger Beantragung / Änderung bitte Nachweis einreichen –

		Ausweis / (Renten-) Bescheid / Bescheinigung gültig von	bis	unbefristet gültig	Grad der Behinderung
4	stpfl. Person / Ehemann / Person A	100	101	102 1 = Ja	105
5	Ich bin – erheblich gehbehindert (Merkzeichen „G") / außergewöhnlich gehbehindert (Merkzeichen „aG")		104 1 = Ja		
6	– blind / taubblind / ständig hilflos (Merkzeichen „Bl" / „TBl" und / oder „H"), schwerstpflegebedürftig (Pflegegrad 4 oder 5)		103 1 = Ja		

		Ausweis / (Renten-) Bescheid / Bescheinigung gültig von	bis	unbefristet gültig	Grad der Behinderung
7	Ehefrau / Person B	150	151	152 1 = Ja	155
8	Ich bin – erheblich gehbehindert (Merkzeichen „G") / außergewöhnlich gehbehindert (Merkzeichen „aG")		154 1 = Ja		
9	– blind / taubblind / ständig hilflos (Merkzeichen „Bl" / „TBl" und / oder „H"), schwerstpflegebedürftig (Pflegegrad 4 oder 5)		153 1 = Ja		

Hinterbliebenen-Pauschbetrag

		stpfl. Person / Ehemann / Person A	Ehefrau / Person B
10	Ich beantrage den Hinterbliebenen-Pauschbetrag	380 1 = Ja	381 1 = Ja

Pflege-Pauschbetrag

– bei erstmaliger Beantragung / Änderung bitte Nachweis einreichen –

11	Die **unentgeltliche** persönliche Pflege einer pflegebedürftigen Person in ihrer oder in meiner Wohnung erfolgte durch	200	1 = stpfl. Person / Ehemann / Person A 2 = Ehefrau / Person B 3 = beide Ehegatten / Lebenspartner
12	Anzahl der weiteren an der Pflege beteiligten Personen	201	
13	Name, Anschrift und Verwandtschaftsverhältnis der pflegebedürftigen Person		
14			
15	Identifikationsnummer der pflegebedürftigen Person	202	
16	Für die pflegebedürftige Person wurde folgender Pflegegrad / folgendes Merkzeichen festgestellt:	203	2 = Pflegegrad 2 3 = Pflegegrad 3 4 = Pflegegrad 4 oder 5 und / oder Merkzeichen „H"

Behinderungsbedingte Fahrtkostenpauschale

– bei erstmaliger Beantragung / Änderung bitte Nachweis einreichen –

Ich beantrage die Berücksichtigung der behinderungsbedingten Fahrtkostenpauschale, da ich die nachfolgenden Voraussetzungen erfülle:

		stpfl. Person / Ehemann / Person A	Ehefrau / Person B
17	Ich habe einen Grad der Behinderung von mindestens 80 oder einen Grad der Behinderung von mindestens 70 und Merkzeichen „G"	250 1 = Ja	251 1 = Ja
18	Ich bin außergewöhnlich gehbehindert / blind / taubblind / ständig hilflos (Merkzeichen „aG" / „Bl" / „TBl" und / oder „H"), schwerstpflegebedürftig (Pflegegrad 4 oder 5)	252 1 = Ja	253 1 = Ja

2021Anl-agB391 — Juli 2021 — 2021Anl-agB391

3. Anlage Außergewöhnliche Belastungen

Andere Aufwendungen

		Summe der Aufwendungen EUR	Anspruch auf zu erwartende / Erhaltene Versicherungsleistungen, Beihilfen, Unterstützungen; Wert des Nachlasses usw. EUR
31	Krankheitskosten (z. B. Arznei-, Heil- und Hilfsmittel, Kurkosten) Art der Aufwendungen	302	303
32	Pflegekosten (z. B. häusliche Pflege und Heimunterbringung) Art der Aufwendungen	304	305
33	Behinderungsbedingte Aufwendungen (z. B. Umbaukosten) Art der Aufwendungen	306	307
34	Bestattungskosten (z. B. Grabstätte, Sarg, Todesanzeige) Art der Aufwendungen	310	311
35	Sonstige außergewöhnliche Belastungen Art der Aufwendungen	312	313

Für folgende Aufwendungen wird die Steuerermäßigung für haushaltsnahe Beschäftigungsverhältnisse / Dienstleistungen / Handwerkerleistungen beantragt, soweit sie wegen Abzugs der zumutbaren Belastung nicht als außergewöhnliche Belastungen berücksichtigt werden (die Beträge sind nicht zusätzlich in den Zeilen 4 bis 9 der Anlage Haushaltsnahe Aufwendungen einzutragen):

		Aufwendungen (abzüglich Erstattungen) EUR
36	Die in Zeile 32 enthaltenen Pflegeleistungen im Rahmen eines geringfügigen Beschäftigungsverhältnisses im Privathaushalt – sog. Minijob – betragen	370
37	Die in Zeile 32 enthaltenen übrigen haushaltsnahen Pflegeleistungen (ohne Minijob) und in Heimunterbringungskosten enthaltenen Aufwendungen für Dienstleistungen, die denen einer Haushaltshilfe vergleichbar sind, betragen	371
38	Die in Zeile 31 bis 35 enthaltenen Arbeitskosten für Handwerkerleistungen betragen	372

3.1 Außergewöhnliche Belastungen (Zeilen 4–9)

Behinderten-Pauschbetrag

Ab dem Veranlagungsjahr **2021** sind die Behinderten-Pauschbeträge verdoppelt worden.

In den **Zeilen 4 bis 9** sind zunächst die **Pauschbeträge für Behinderte** zu beantragen. Hierfür ist es erforderlich, dem Finanzamt den Nachweis durch die Vorlage des Behindertenausweises (IX. Buch Sozialgesetzbuch) oder mit einem Bescheid der für die Durchführung des Bundesversorgungsgesetzes zuständigen Behörde zu erbringen.

Dabei ist die Laufzeit der Ausweise zu beachten, damit notwendige Änderungen oder Verlängerungen rechtzeitig beantragt werden. § 65 EStDV geht ausführlich auf die erforderlichen Nachweise für die Beantragung der Behindertenpauschbeträge ein. Nach § 65 Abs. 3a EStDV wird künftig (**sowie die elektronischen Voraussetzungen geschaffen sind**, und das kann dauern) der Pauschbetrag nur noch gewährt, wenn die mitteilungspflichtige Stelle die Daten an die Finanzbehörde übermittelt.

Für **blinde und oder ständig hilflose Personen** ist in den Ausweisen „BL" oder „H" ausgewiesen. Diese Personen müssen darauf in den Zeilen 6 + 9 gesondert hinweisen (1 = ja). Dies ist deshalb unbedingt erforderlich, weil sich für diesen Personenkreis der Pauschbetrag auf jährlich **7.400 €** erhöht. Die Pauschbeträge sind Jahresbeträge und nicht nur anteilig zu gewähren. Auch wenn die Behinderung erst zum Ende eines Kalenderjahres festgestellt wird, ist der volle Jahresbetrag zu gewähren (R 33b Abs. 8 EStR). Ändert sich die Höhe des Grades der Behinderung im laufenden Kalenderjahr, wird immer der höhere Pauschbetrag berücksichtigt.

> **Beispiel 3.1:** Herr A erhält am 01.03.2021 einen Behindertenausweis mit dem Kennzeichen „BL"; Frau B erhält einen gleichen Ausweis am 01.12.2021.
>
> **Lösung:** Beide Personen erhalten für den Veranlagungszeitraum 2021 jeweils einen Pauschbetrag nach § 33b Abs. 3 S. 3 EStG von jeweils 7.400 €.
>
> **Abwandlung:** Frau B hatte zuvor eine festgestellte Behinderung von 70 %. Das Kennzeichen „BL" wurde erst zum 01.12.2021 eingetragen.
>
> **Lösung:** Zunächst wurde ein Pauschbetrag von 1.780 € berücksichtigt. Durch die Vorlage des Ausweises mit dem Vermerk „BL" erhöht sich der Pauschbetrag **für das gesamte Kalenderjahr 2021 auf insgesamt 7.400 €.**

Hinterbliebenen-Pauschbetrag

Den **Hinterbliebenen-Pauschbetrag** nach § 33b Abs. 4 EStG i.H.v. **370 €** jährlich erhalten nur Personen, die auch Hinterbliebenenbezüge nach dem Soldatenversorgungsgesetz, dem Zivildienstgesetz, dem Häftlingshilfegesetz, dem Gesetz über die Bundespolizei und dem Soldatenversorgungsgesetz erhalten.

Diese Aufzählung ist nicht abschließend. Sollten die Personen diese oder ähnliche Bezüge erhalten, ist H 33b „Hinterbliebenen-Pauschbetrag" EStH zu beachten und das dort genannte Urteil des BVG. Diesem Urteil ist zu entnehmen, welche Gesetze für entsprechend anwendbar erklärt wurden.

Pflege-Pauschbetrag

Wird eine andere, ständig hilflose Person in deren Wohnung oder in der Wohnung des Steuerpflichtigen gepflegt, kann ein Pauschbetrag (**Pflege-Pauschbetrag**) durch Eintragung in den **Zeilen 11–16** beantragt werden (§ 33b Abs. 6 EStG).

Neu ab 2021 ist die Unterscheidung nach Pflegegraden.

Bei einem Pflegegrad 2 wird ein Pauschbetrag von 600 €, bei einem Pflegegrad 3 ein Pauschbetrag von 1.100 € und ab Pflegegrad 4 (+5) 1.800 € gewährt.

Der Pflegepauschbetrag von 1.800 € wird auch gewährt, wenn die Person hilflos ist.

Bedingung hierfür ist, neben dem Nachweis der Behinderung (und der dauernden Hilflosigkeit) der persönlich gepflegten Person, dass dafür kein Entgelt geleistet wird. Hier stellt sich in den meisten Fällen das größte Problem, weil nämlich Pflegegeld geleistet wird. Wenn aber dieses Pflegegeld nur treuhänderisch für die pflegebedürftige Person verwaltet wird und damit ausschließlich Aufwendungen des Pflegebedürftigen bestritten werden, wird der Freibetrag dennoch gewährt (H 33b „Pflege-Pauschbetrag" EStH).

Neu ab 2021 ist die gesonderte Abfrage der behinderungsbedingten Fahrtkosten in den Zeilen 17 + 18.

Abzug von erhöhten Kfz-Aufwendungen eines Schwerbehinderten nur in „krassen" Ausnahmefällen als außergewöhnliche Belastung abzugsfähig; BFH vom 21.11.2018, VI R 28/16.

Kfz-Aufwendungen eines außergewöhnlich gehbehinderten Steuerpflichtigen sind danach nicht über den Pauschbetrag in Höhe von 0,30 €/km hinaus als außergewöhnliche Belastungen i.S.d. § 33 Abs. 1 EStG abziehbar, wenn sie die für ein Fahrzeug der Mittelklasse durchschnittlich entstehenden Aufwendungen nicht wesentlich überschreiten.

Der BFH führt aus, dass nach ständiger Rechtsprechung außergewöhnlich gehbehinderte (Merkzeichen aG) Steuerpflichtige neben den Pauschbeträgen für Behinderte auch die Kfz-Aufwendungen für Privatfahrten in angemessenem Rahmen als außergewöhnliche Belastungen geltend machen können. Angemessen i.S.d. § 33 Abs. 2 Satz 1 EStG sind Aufwendungen für Fahrten bis zu 15.000 km im Jahr bis zur Höhe der Kilometerpauschbeträge, die in den Einkommensteuer-Richtlinien und Lohnsteuer-Richtlinien für den Abzug von Kfz-Kosten als Werbungskosten oder Betriebsausgaben festgelegt sind. Damit sind sämtliche Aufwendungen eines Behinderten für Fahrten, die der allgemeinen Lebensführung einschließlich Freizeit- und Erholungszwecken dienen, abgegolten.

Die Rechtsprechung des BFH hat es allerdings nicht grundsätzlich ausgeschlossen, dass ein Steuerpflichtiger, statt sich auf diese Pauschsätze und die ihnen zugrunde liegende Schätzung zu berufen, die außergewöhnliche Belastung durch Einzelnachweis konkret belegen kann. So wird in sog. „krassen Ausnahmefällen" (vgl. BFH-Urteil vom 13.12.2001, III R 6/99, BFHE 197, 455, BStBl II 2002, 198; Senatsbeschluss in BFH/NV 2017, 571) ein höherer Abzug erwogen, beispielsweise wenn der Behinderte wegen der Art seiner Behinderung auf ein besonderes Fahrzeug angewiesen ist, für das überdurchschnittlich hohe Aufwendungen anfallen, oder er sein Fahrzeug in außergewöhnlich geringem Umfang nutzt, sodass er pro gefahrenem Kilometer relativ hohe Aufwendungen zu tragen hat (BFH-Urteile in BStBl II 1997, 384; vom 14.10.1997, III R 95/96, BFH/NV 1998, 1072; BStBl II 2004, 453, und in BStBl II 2002, 224; Senatsbeschluss in BFH/NV 2017, 571).

Zutreffend wurden im entschiedenen Fall der Berechnung der Aufwendungen pro gefahrenen Kilometer die Anschaffungskosten des Fahrzeugs ohne Berücksichtigung der Aufwendungen für den behindertengerechten Umbau zugrunde gelegt. Denn diese sind nach dem Senatsurteil vom 22.10.2009, VI R 7/09 (BStBl II 2010, 280) nicht auf die Nutzungsdauer des Kfz zu verteilen, sondern im Veranlagungszeitraum der Zahlung als außergewöhnliche Belastung gemäß § 33 EStG abziehbar. Die so ermittelten Kosten in Höhe von 0,7764 € pro gefahrenem Kilometer begründen indes keinen „krassen Ausnahmefall", der ein Abweichen von den Pauschsätzen rechtfertigen würde. Sie liegen nicht wesentlich über den durchschnittlichen Fahrzeugkosten von Fahrzeugen der Mittelklasse, die nicht die besonderen Eigenschaften des vom Kläger wegen seiner Behinderung verwendeten Modells aufweisen. So entstanden z.B. nach Berechnungen von Schwacke für ein Fahrzeug der Mittelklasse im Streitjahr bei einer vierjährigen Haltedauer und einer jährlichen Fahrleistung von 15.000 km Kosten von etwa 0,60 €/km (z.B. Mercedes Benz C 220 CDI DPF BlueEFFICIENCY, 170 PS, Diesel, Neupreis ca. 38.990 €: 0,6028 €/km; Citroen C 5 Tourer THP 155, 156 PS, Benzin, Neupreis ca. 32.000 €: 0,6350 €/km).

Andere Aufwendungen
Nun zum eigentlichen Schwerpunkt der außergewöhnlichen Belastungen, den **„anderen außergewöhnlichen Belastungen"** der Zeilen 31–38. Hierunter fallen insbesondere die Krankheitskosten, die nicht von den Krankenkassen erstattet werden.

Aber auch eine Fülle weiterer Aufwendungen kann grundsätzlich als außergewöhnliche Belastung berücksichtigt werden. In den EStH sind diverse Urteile des BFH von Adoptionskosten bis Zwischenheimfahrten, von künstlicher Befruchtung in allen Varianten bis zu Zinsen für entsprechende Darlehen aufgeführt.

Bedingungen
Damit außergewöhnliche Belastungen nach § 33 EStG berücksichtigt werden können, sind einige Bedingungen zu erfüllen:
1. Die Belastung **für sich selbst oder für Angehörige** nach § 15 AO muss zwangsläufig sein. Es müssen rechtliche, tatsächliche oder sittliche Gründe vorliegen, denen man sich nicht entziehen kann.
2. Die Aufwendungen sind den Umständen nach **notwendig und angemessen**. Es dürfen keine Luxusbehandlungen erfolgen. Die Veranlassung für die Kosten der ärztlichen Behandlung sind durch ärztliche Bescheinigungen, amtsärztliche Nachweise oder Bescheinigungen der Versicherungsanstalt zu belegen. § 64 EStDV beachten!
3. Aufwendungen für **Diät**verpflegung sind grundsätzlich keine außergewöhnlichen Belastungen (§ 33 Abs. 2 S. 3 EStG).
4. Zumutbare Schutzmaßnahmen und **übliche Versicherungen** müssen vorrangig eingehalten/abgeschlossen worden sein (z.B. Hausratversicherung, Haftpflichtversicherung, Reisegepäckversicherung).
5. Eine **zumutbare Belastung**, die sich nach dem Gesamtbetrag der Einkünfte und dem Familienstand ermittelt, wird von den eigenen Kosten **abgezogen**. Nur der übersteigende Betrag kann steuermindernd berücksichtigt werden.
6. Seit dem 01.01.2013 sind gem. § 33 Abs. 4 S. 2 EStG Aufwendungen für die Führung eines Rechtsstreits (Prozesskosten) vom Abzug ausgeschlossen, es sei denn, es handelt sich um Aufwendungen, ohne die der Steuerpflichtige Gefahr liefe, seine

Existenzgrundlage zu verlieren und seine lebensnotwendigen Bedürfnisse in dem üblichen Rahmen nicht mehr befriedigen zu können.

Grundsätzlich gilt im Rahmen der Einkommensteuererklärung das sogenannte „Zufluss-/Abflussprinzip" des § 11 EStG. Danach sind Einnahmen und Ausgaben immer in den Kalenderjahren zu berücksichtigen, in denen sie geleistet oder empfangen werden. Davon ausgenommen sind natürlich die bilanzierenden Gewinnermittler (periodengerechte Abgrenzung).

Für einige Bereiche – und so auch bei den außergewöhnlichen Belastungen – gibt es aber natürlich die Ausnahme von der Regel. Wenn beispielsweise die Zahnarztrechnung am 10.12.2021 bezahlt wurde (Aufwand – außergewöhnliche Belastung in 2021) wird die Erstattung durch die Krankenkasse erst im Folgejahr 2022 erfolgen.

Hier hat die Rechtsprechung eingegriffen und den Erstattungsanspruch schon dem Kalenderjahr zugeordnet, in dem die Aufwendungen erklärt werden. Daher sind in den Zeilen 31–35 auch die erhaltenen oder die erwarteten Erstattungsbeträge einzutragen.

> **Beispiel 3.2:** Der Arbeitnehmer Bert Beißer hat sich, nach erfolgloser Kariesbehandlung, einen neuen Schneidezahn implantieren lassen. Die Versicherung deckt diesen Sachverhalt nicht vollständig ab und hält eine Brücke auch für ausreichend. Herr Beißer bezahlt am 20.12.2021 die Zahnarztrechnung von 6.300 € und erhält, nach längerem Schriftverkehr mit der Krankenkasse, am 01.05.2022 nur 1.300 € erstattet.
>
> **Lösung:** Es liegen **grundsätzlich** außergewöhnliche Belastungen nach § 33 Abs. 1 EStG vor. Das FG Berlin-Brandenburg hat bereits mit rechtskräftigem Urteil vom 28.11.2007, 2 K 3307/04 entschieden, dass „ein festsitzender Zahnersatz eine funktionell höherwertige Form von Zahnersatz darstellt. Dementsprechend sind auch die Aufwendungen für Zahnimplantate steuerlich als außergewöhnliche Belastung zu berücksichtigen".
>
> Die Aufwendungen sind aber **um die**, wenn auch in einem späteren Kalenderjahr, überwiesene **Erstattung** zu kürzen. Es verbleiben damit für das Kalenderjahr 2021 außergewöhnliche Belastungen von 6.300 € abzüglich Erstattungsanspruch 1.300 € = 5.000 €.
>
> Dieser Wert – 5.000 € – wird dann um die zumutbare Belastung gekürzt, was – wie oben ausgeführt – vorläufig festgesetzt wird.

Stufenweise Ermittlung der zumutbaren Belastung
BFH-Urteil vom 19.01.2017, VI R 75/14

Der Abzug außergewöhnlicher Belastungen ist nach § 33 Abs. 1 und 3 EStG nur möglich, wenn der Steuerpflichtige mit überdurchschnittlich hohen Aufwendungen belastet ist. Eine Zumutbarkeitsgrenze („zumutbare Belastung") wird in drei Stufen (Stufe 1 bis 15.340 €, Stufe 2 bis 51.130 €, Stufe 3 über 51.130 €) nach einem bestimmten Prozentsatz des Gesamtbetrags der Einkünfte (abhängig von Familienstand und Kinderzahl) bemessen (1 bis 7 %). Der Prozentsatz beträgt z.B. bei zusammenveranlagten Ehegatten mit einem oder zwei Kindern 2 % (Stufe 1), 3 % (Stufe 2) und 4 % (Stufe 3).

Nach dem Urteil des BFH wird jetzt nur noch der Teil des Gesamtbetrags der Einkünfte, der den im Gesetz genannten Stufengrenzbetrag übersteigt, mit dem jeweils höheren Prozentsatz belastet. Danach erfasst z.B. der Prozentsatz für Stufe 3 nur den 51.130 €

übersteigenden Teilbetrag der Einkünfte. Bislang gingen demgegenüber Finanzverwaltung und Rechtsprechung davon aus, dass sich die Höhe der zumutbaren Belastung einheitlich nach dem höheren Prozentsatz richtet, sobald der Gesamtbetrag der Einkünfte eine der in § 33 Abs. 3 Satz 1 EStG genannten Grenzen überschreitet. Danach war der höhere Prozentsatz auf den Gesamtbetrag aller Einkünfte anzuwenden.

Die Ertragsteuerliche Behandlung von Aufwendungen zum Erwerb von (Atem-) Schutzmasken und Antigen-Schnelltests
Die OFD Frankfurt Main hat mit Verfügung vom 23.06.2021, DB 2021, 1574 zur o.a. Frage Stellung bezogen. Demnach stellen die Aufwendungen, soweit sie durch Arbeitnehmer getragen werden, Lebenshaltungskosten dar, die weder als Sonderausgaben, noch als außergewöhnliche Belastungen berücksichtigt werden können. Soweit der Arbeitgeber seinen Arbeitnehmern Schutzmasken bzw. Antigen-Schnelltests zur Verfügung stellt, stellen sie bei ihm Betriebsausgaben dar und führen bei seinen Arbeitnehmern nicht zu Arbeitslohn.

Scheidungskosten
Scheidungskosten sind anders als nach der bisherigen Rechtsprechung aufgrund einer seit dem Jahr 2013 geltenden Neuregelung nicht mehr als außergewöhnliche Belastung abziehbar. Mit Urteil vom 18.05.2017, VI R 9/16 hat der BFH entschieden, dass die Kosten eines Scheidungsverfahrens unter das neu eingeführte Abzugsverbot für Prozesskosten fallen.

Seit der Änderung des § 33 EStG im Jahr 2013 sind Aufwendungen für die Führung eines Rechtsstreits (Prozesskosten) grundsätzlich vom Abzug als außergewöhnliche Belastung ausgeschlossen. Nach § 33 Abs. 2 Satz 4 EStG greift das Abzugsverbot nur dann nicht ein, wenn der Steuerpflichtige ohne die Aufwendungen Gefahr liefe, seine Existenzgrundlage zu verlieren und seine lebensnotwendigen Bedürfnisse in dem üblichen Rahmen nicht mehr befriedigen zu können.

Auf diese Ausnahmeregelung berief sich die Klägerin. Sie machte in ihrer Einkommensteuererklärung Aufwendungen für ein Scheidungsverfahren als außergewöhnliche Belastung geltend.

Anders als das Finanzgericht sah der BFH die Voraussetzungen des § 33 Abs. 2 Satz 4 EStG in einem solchen Fall nicht als gegeben an. Der Ehegatte wende die Kosten für ein Scheidungsverfahren regelmäßig nicht zur Sicherung seiner Existenzgrundlage und seiner lebensnotwendigen Bedürfnisse auf. Hiervon könne nur ausgegangen werden, wenn die wirtschaftliche Lebensgrundlage des Steuerpflichtigen bedroht sei. Eine derartige existenzielle Betroffenheit liege bei Scheidungskosten nicht vor, selbst wenn das Festhalten an der Ehe für den Steuerpflichtigen eine starke Beeinträchtigung seines Lebens darstelle.

Zwar habe der BFH die Kosten einer Ehescheidung bis zur Änderung des § 33 EStG im Jahr 2013 als außergewöhnliche Belastung berücksichtigt. Dies sei nach der Neuregelung jedoch nicht länger möglich. Denn dadurch habe der Gesetzgeber die Steuererheblichkeit von Prozesskosten auf einen engen Rahmen zurückführen und Scheidungskosten vom Abzug als außergewöhnliche Belastung bewusst ausschließen wollen.

Künstliche Befruchtung nach ICSI-Methode als außergewöhnliche Belastung, wenn nicht gegen Embryonenschutzgesetz (ESchG) verstoßen wird
BFH vom 17.05.2017, VI R 34/15 (DStR 33/34/2017)
Nach dem Urteil des BFH liegt kein Verstoß gegen das ESchG vor, wenn zwar mehr als drei Eizellen befruchtet werden, aber lediglich ein oder zwei entwicklungsfähige Embryonen zum Zwecke der Übertragung entstehen sollen und der Behandlung eine vorherige sorgfältige individuelle Prognose zugrunde liegt (sogenannter deutscher Mittelweg).

Der BFH hat sich sehr ausführlich mit dem Sachverhalt auseinandergesetzt und die Verfahrensabläufe einer künstlichen Befruchtung beschrieben. Wenn der „deutsche Mittelweg" dabei nicht verletzt/verlassen wird, sind die Aufwendungen von rund 18.000 € grundsätzlich als außergewöhnliche Belastungen zu berücksichtigen.

Abzug von Beerdigungskosten als außergewöhnliche Belastung
Derartige Aufwendungen können als außergewöhnliche Belastung berücksichtigt werden, soweit sie nicht aus dem Nachlass bestritten werden können und auch nicht durch Ersatzleistungen gedeckt sind. Siehe hierzu den Beschluss des BFH vom 21.02.2018, VI R 11/16. Die zumutbare Belastung ist danach auch bei Krankheitskosten verfassungsgemäß und Beerdigungskosten können nur abgezogen werden, soweit sie nicht aus dem Nachlass oder durch sonstige im Zusammenhang mit dem Tod zugeflossene Geldleistungen gedeckt sind.

Dem Schreiben des Bayerischen Landesamts für Steuern vom 16.12.2016, S-2284 1.1 – 21/1 St 32 Dok Nr. 5236228 sind sehr ausführlich – mit Beispielsfall – mögliche Aufwendungen zu entnehmen.

Kosten für krankheitsbedingte Heimunterbringung als außergewöhnliche Belastung
In den Urteilen des FG Köln vom 26.01.2017, 14 K 2643/16 und FG Düsseldorf vom 05.04.2016, 10 K 1080/14 E, beide rkr. wurde zum Thema der krankheitsbedingten Heimunterbringung entschieden. Dabei wurde auch auf eine Begrenzung der Kosten für die Wohnfläche eingegangen. Keine außergewöhnlichen Belastungen liegen danach vor, wenn die notwendige Raumgröße überschritten wird. In beiden Urteilen wird außerdem auf die Abgrenzung zu den Unterhaltsaufwendungen und den haushaltsnahen Dienstleistungen eingegangen. Im Einzelfall sollten die Ausführungen dieser Urteile berücksichtigt werden.

Mit dem Urteil vom 20.09.2017, 9 K 257/16, rkr. (DStRE 20/2018, 1238) hat das FG Niedersachsen entschieden, dass eine Unterscheidung zwischen „normaler" und altersbedingter Erkrankung nicht vorzunehmen ist. Auch Krankheiten wie Demenz, die im Alter häufig auftreten, können eine krankheitsbedingte Unterbringung rechtfertigen.

Im entschiedenen Fall litt der Ehemann an Hypertonie, Glaukom, Zn Prostata-CA, KHK, rezidiv. Ekzeme, zunehmende Vergesslichkeit, Zn Hirninfarkt, Carotisstenose, bds. und entwickelte nach dem Tod der Ehefrau eine reaktive Depression mit zunehmender Vergesslichkeit. Zur Vermeidung von Eigengefährdung wurde ein Umzug in eine betreute Seniorenwohnanlage erforderlich; alles mit einem Attest der Hausärztin belegt. Das Finanzamt hielt das betreute Wohnen für alters- und nicht krankheitsbedingt.

Schmerzensgeld
Prozesskosten für die Geltendmachung von Schmerzensgeld sind **keine** außergewöhnliche Belastung.

BFH vom 17.12.2015, VI R 7/14
Kosten eines Zivilprozesses, mit dem der Steuerpflichtige Schmerzensgeld wegen eines ärztlichen Behandlungsfehlers geltend macht, sind keine außergewöhnlichen Belastungen.

Zivilprozesskosten im Zusammenhang mit einem **früheren Mietverhältnis sind keine** außergewöhnlichen Belastungen; BFH vom 14.04.2016, VI R 38/15.

Der Umstand, dass ein Steuerpflichtiger seine Wohnung räumen und herausgeben muss, führt regelmäßig nicht dazu, dass der Prozess existenziell wichtige Bereiche oder den Kernbereich menschlichen Lebens berührt.

Baumängel
BFH vom 10.03.2016, VI R 80/14
Prozesskosten, die im Zusammenhang mit Baumängeln entstehen, können nicht als außergewöhnliche Belastungen berücksichtigt werden. Begründung hierfür ist, dass „Baumängel nicht unüblich sind und daher grundsätzlich nicht unter § 33 EStG fallen".

> Mit rechtskräftigem Urteil vom **07.05.2020 (3 K 2036/19)** hat das **FG Rheinland-Pfalz** entschieden, dass Kosten, die durch Rechtsstreitigkeiten im Zusammenhang mit der Errichtung eines Eigenheims entstanden sind, nicht als außergewöhnliche Belastungen steuerlich abzugsfähig sind. Die Pressemeldung trägt dem Umstand Rechnung, dass sich beim Finanzgericht Rheinland-Pfalz die **Klagen häufen**, in denen Steuerpflichtige Baumängel bzw. Schäden an ihrem selbst genutzten Wohnhaus bzw. Wohneigentum als außergewöhnliche Belastungen geltend machen. Zum Teil geht es dabei um sehr hohe Beträge (= hohe Streitwerte) und dementsprechend um ein **hohes Kostenrisiko**.

Heimunterbringung aus Altersgründen
FG Niedersachsen vom 15.12.2015; Rev. BFH Az.: VI R 3/16
Die mit einer Heimunterbringung in Zusammenhang stehenden Aufwendungen stellen keine außergewöhnlichen Belastungen dar, wenn die Unterbringung ausschließlich aus Altersgründen erfolgt! Ist keine vollständige Pflege erforderlich (z.B. nur Pflegestufe 1) und liegt keine Krankheit vor, soll der Ansatz nach § 33 EStG versagt werden.

Abwehr von Wasserschäden
BFH vom 20.01.2016, VI R 40/13
Wenn die Nutzung des Wohnhauses zu eigenen Wohnzwecken ernsthaft in Frage gestellt ist (hier durch das Aufstauen eines Flusses), können Zivilprozesskosten zur Abwehr außergewöhnliche Belastungen sein.

Abgrenzung der Arzneimittel von Diätverpflegung
Mit Urteil vom 14.04.2015 hat der VI. Senat des BFH entschieden, dass Aufwendungen für **ärztlich verordnete Arzneimittel** i.S.v. § 2 des Arzneimittelgesetzes (AMG) **nicht dem Abzugsverbot für Diätverpflegung** nach § 33 Abs. 2 Satz 3 des EStG unterfallen.

Im entschiedenen Streitfall litt die Klägerin an einer chronischen Stoffwechselstörung. Sie nahm aus diesem Grund – **ärztlich verordnet** – Vitamine und andere Mikronährstoffe ein. Die hierfür entstandenen Aufwendungen machte sie in ihrer Einkommensteuererklärung vergeblich als Krankheitskosten und damit als sog. außergewöhnliche Belastung gemäß § 33 EStG geltend.

Die nach erfolglosem Einspruch erhobene Klage hat das Finanzgericht abgewiesen. **Aufwendungen für Vitamine und andere Mikronährstoffe seien Diätverpflegung** und könnten deshalb nach § 33 Abs. 2 Satz 3 EStG nicht als außergewöhnliche Belastung berücksichtigt werden.

Auf die Revision der Klägerin hat der BFH die Vorentscheidung aufgehoben und die Sache an das Finanzgericht zurückverwiesen. Das Finanzgericht habe danach nicht festgestellt, ob es sich bei den von der Klägerin eingenommenen Präparaten um Nahrungsergänzungsmittel i.S.d. § 1 der Nahrungsergänzungsmittelverordnung und damit um Lebensmittel **oder, ob es sich um Arzneimittel i.S.d. § 2 AMG handele**.

Die erforderlichen Feststellungen sind im zweiten Rechtsgang nachzuholen. Denn vom Abzugsverbot nach § 33 Abs. 2 Satz 3 EStG würden nur Aufwendungen für Diätlebensmittel, nicht aber Arzneimittel i.S.d. § 2 AMG erfasst. Dies gelte auch dann, wenn die Arzneimittel im Rahmen einer Diät eingenommen würden. Aufwendungen hierfür seien vielmehr als Krankheitskosten nach § 33 Abs. 1 EStG zu berücksichtigen, wenn die Einnahme der Medikamente einer Krankheit geschuldet und die Medikation durch ärztliche Verordnung nachgewiesen sei.

Keine Verteilung hoher außergewöhnlicher Belastungen auf mehrere Veranlagungszeiträume aus Billigkeitsgründen! – Kosten für behindertengerechten Wohnungsumbau

Mit Beschluss vom 12.07.2017, VI R 36/15 hat der BFH die Frage verneint, ob hohe außergewöhnliche Belastungen im Billigkeitswege auf mehrere Jahre verteilt werden können, wenn sie sich im Kalenderjahr, in dem sie verausgabt worden sind, steuerlich nur sehr eingeschränkt auswirken können.

Geklagt hatten Eltern, die im Jahre 2011 ihr Wohnhaus mit umfangreichen Baumaßnahmen behindertengerecht umgestaltet hatten, um ihre schwerbehinderte Tochter in ihren eigenen Räumlichkeiten weiter betreuen und pflegen zu können. Dazu hatten die Kläger unter anderem einen Lastenaufzug und einen mobilen Lifter angebaut und für ihre Tochter ein Pflegezimmer mit Spezialbett und Spezialbadewanne eingerichtet. Die 2011 angefallenen Kosten beliefen sich auf knapp 166.000 €, von denen die Pflegekasse nur gut 2.500 € übernahm. Den Restbetrag wollten die Kläger – gleichmäßig auf die Jahre 2011 bis 2013 verteilt – als außergewöhnliche Belastung von ihren steuerpflichtigen Einkünften in Abzug bringen. Das Finanzamt hatte dagegen den Standpunkt vertreten, dass der Gesamtbetrag steuerlich nur im Kalenderjahr 2011 Berücksichtigung finden könne, und die Einkommensteuer nur für das Jahr 2011 auf 0 € festgesetzt.

Wirken sich außergewöhnliche Belastungen in dem Veranlagungszeitraum, in dem sie geleistet werden, mangels eines hinreichenden Gesamtbetrags der Einkünfte nicht aus, sieht das Gesetz keine Möglichkeit vor, den restlichen Betrag in einen anderen Veranlagungszeitraum zu übertragen oder zu verteilen. Auch für eine abweichende Festsetzung aus Billigkeitsgründen bleibt grundsätzlich kein Raum (Ermessensentscheidung).

Gestaltungsmissbrauch bei Vorauszahlung auf Zahnbehandlungskosten
Mit dem rechtskräftigen Urteil des FG München vom 05.05.2014, 7 K 3486/11 wurde entschieden, dass die Vorauszahlung einer sich über mehrere Veranlagungszeiträume erstreckenden Zahnbehandlung Gestaltungsmissbrauch darstellen kann. Es muss ein wirtschaftlich vernünftiger Grund für diese Vorauszahlungen vorliegen. Im Streitfall lag zum Zeitpunkt der Zahlung noch keine Festkostenvereinbarung vor, die als wirtschaftlicher Grund einer Vorauszahlung ausgereicht hätte.

Adoptionskosten sind keine außergewöhnlichen Belastungen
Der VI. Senat des Bundesfinanzhofs hat mit Urteil vom 10.03.2015, VI R 60/11 entschieden, dass Aufwendungen für die Adoption eines Kindes keine außergewöhnlichen Belastungen i.S.v. § 33 EStG sind.

Im Streitfall hatten die Kläger in ihrer Einkommensteuererklärung Aufwendungen in Höhe von 8.560,68 € für **eine Auslandsadoption** als außergewöhnliche Belastungen geltend gemacht. Die infolge organisch bedingter Sterilität entstandenen Aufwendungen sah der BFH nicht als zwangsläufige Krankheitskosten an, weil es an einer medizinischen Leistung fehle. Die Kosten seien aber auch nicht aus anderen Gründen zwangsläufig. Denn der Entschluss zur **Adoption beruhe nicht auf einer Zwangslage, sondern auf der freiwilligen Entscheidung der Kläger**, ein Kind anzunehmen.

Auch wenn die ungewollte Kinderlosigkeit als schwere Belastung empfunden werden dürfte, führe dies nicht dazu, dass der Entschluss zur Adoption als Mittel zur Verwirklichung eines individuellen Lebensplans nicht mehr dem Bereich der individuell gestaltbaren Lebensführung zuzurechnen wäre.

Nachdem der VI. Senat des BFH in einer sog. Divergenzanfrage an den Großen Senat des BFH (Beschluss vom 18.04.2013, VI R 60/11, BStBl II 2013, 868; vgl. zur Entscheidung des Großen Senats Pressemitteilung Nr. 8/15) die Absicht erklärt hatte, von der bisherigen Rechtsprechung des III. Senats des BFH zur Anerkennung von Aufwendungen für eine Adoption als außergewöhnliche Belastungen abweichen zu wollen, hat er nun mit der vorliegenden Entscheidung die bisherige Rechtsprechung des III. Senats des BFH **bestätigt, nach der Adoptionskosten nicht als außergewöhnlichen Belastungen abziehbar sind** (Urteile vom 13.03.1987, III R 301/84, BStBl II 1987, 495; vom 20.03.1987, III R 150/86, BStBl II 1987, 596; Beschluss vom 05.01.1990, III B 53/89, BFH/NV 1990, 430).

Marderbefall als außergewöhnliche Belastung?
FG Hamburg, Mitteilung vom 30.06.2020 zum Urteil 3 K 28/19 vom 21.02.2020 (**nrkr. – BFH-Az.: IV B 41/20**)

Die Kläger hatten in einem 2002 erworbenen Eigenheim seit 2004 Marderbefall im Dachgeschoss, den sie mit punktuellen Maßnahmen in den Folgejahren bekämpften, die die Marder aber nicht nachhaltig vertrieben. Im Streitjahr 2015 nahmen die Kläger schließlich eine umfangreiche Dachsanierung vor, deren Kosten sie in Höhe von 45.000 € als außergewöhnliche Belastung geltend machten. Die Kläger beriefen sich darauf, dass eine konkrete Gesundheitsgefährdung bestanden habe und der Geruch unzumutbar gewesen sei, im Dach habe sich eine regelrechte Marderkloake (sieben sog. Mardertoiletten) befunden.

Die Klage hatte keinen Erfolg. Die Kläger hätten nicht nachgewiesen, dass im Streitjahr eine hinreichend konkrete Gesundheitsgefährdung bestanden habe. Einer Beweisaufnahme bedürfe es im Übrigen nicht, weil es selbst bei unterstellter Gesundheitsgefährdung und unzumutbarer Geruchsbelästigung an der erforderlichen Zwangsläufigkeit der Aufwendungen fehle. Die Dachdeckung habe schon ab 2004 so geändert werden können, dass Marder sicher hätten ausgeschlossen werden können, wobei allerdings eine derartige Präventivmaßnahme zu diesem Zeitpunkt ebenfalls nicht als außergewöhnliche Belastung abzugsfähig gewesen wäre. Ferner hätte der Marderbefall durch vorbeugende Maßnahmen wie eng getaktete Kontroll- und Vergrämungsmaßnahmen verhindert werden können.

Der Fall zeigt, dass **recht hohe Hürden für die erfolgreiche Geltendmachung einer außergewöhnlichen Belastung** bestehen. Die zunächst eher zuwartende Vorgehensweise der Kläger bei der Marderbekämpfung hat angesichts von zumutbaren Handlungsalternativen der späteren grundlegenden Dachsanierung die Zwangsläufigkeit genommen.

Aufwendungen für eine Tomatis-Therapie keine außergewöhnlichen Belastungen
FG Niedersachsen, Mitteilung vom 21.08.2020 zum Urteil 9 K 182/19 vom 11.06.2020 (rkr.)

Der 9. Senat des Niedersächsischen FG hat mit Urteil vom 11.06.2020 – soweit ersichtlich als erstes FG – entschieden, dass Aufwendungen für eine sog. Tomatis-Therapie nicht als außergewöhnliche Belastungen im Sinne des § 33 EStG abzugsfähig sind.

Die Tomatis-Therapie ist eine „Horch-" und Hörtherapie, die von dem französischen Arzt Alfred A. Tomatis entwickelt wurde. Sie beschäftigt sich mit der Interaktion von auditiven, phonatorischen und psychischen Prozessen und dient der Behandlung eines weiten Spektrums des Funktions- und Gleichgewichtssystems. Rechtlich zählt die Tomatis-Therapie zu den komplementärmedizinischen Behandlungsmethoden.

Im zugrundeliegenden Streitfall litt der Sohn der Kläger an einer Hyperakusis (krankhaften Überempfindlichkeit gegen Schall). Auf Vorschlag des behandelnden HNO-Arztes ließen die Kläger zur Behandlung der Hyperakusis eine Hörtherapie nach Tomatis bei einem entsprechenden Institut durchführen. Nach der Behandlung bescheinigte der HNO-Arzt den Erfolg der Therapie.

Da weder Krankenkasse noch Beihilfestelle zur Kostenübernahme bereit waren, machten die Kläger die Kosten i.H.v. 4.027,60 € mit der Einkommensteuererklärung 2017 als außergewöhnliche Belastungen geltend. Da die Kläger jedoch weder ein vor Beginn der Therapie ausgestelltes amtsärztliches Gutachten noch eine vorherige ärztliche Bescheinigung eines medizinischen Dienstes der Krankenversicherung vorlegen konnten, lehnte das Finanzamt die steuerliche Berücksichtigung ab. Auch der dagegen erhobene Einspruch hatte keinen Erfolg.

Mit der Klage machten die Kläger geltend, dass die Tomatis-Therapie eine wissenschaftlich anerkannte Methode zur Behandlung des Krankheitsbildes ihres Sohnes sei. Sie verwiesen auf eine Vielzahl von Fachstudien, die insbesondere auf der Internetseite www.tomatis.com veröffentlicht seien, eine veröffentlichte Studie mit insgesamt 12 hörbeeinträchtigten Kindern sowie die Befundberichte des behandelnden HNO-Arztes.

Gleichwohl hatte auch die Klage beim Niedersächsischen FG keinen Erfolg. Der konsentierte Einzelrichter des 9. Senats ging davon aus, dass es sich bei Tomatis-Therapie um eine wissenschaftlich nicht anerkannte Behandlungsmethode handelt, bei der zum Nachweis der Zwangsläufigkeit der Heilbehandlungskosten ein qualifizierter Nachweis in Form eines vor Beginn der Therapie ausgestellten amtsärztlichen Gutachtens oder eine vorherige ärztliche Bescheinigung eines medizinischen Dienstes der Krankenversicherung erforderlich ist (§ 64 Abs. 1 Nr. 2 Satz 1 Buchst. f EStDV). Er stützte sich dabei im Wesentlichen auf eine im Klageverfahren eingeholte Stellungnahme der Deutschen Gesellschaft für Phoniatrie und Pädaudiologie. Die Gesellschaft hatte an frühere Stellungnahmen – teilweise in sozialgerichtlichen Verfahren – angeknüpft und war zu dem Ergebnis gekommen, dass es bis zum Streitjahr 2017 und darüber hinaus bis heute keine relevanten wissenschaftlichen Arbeiten dazu gibt, ob die Tomatis-Therapie zur Behandlung speziell einer Hyperakusis geeignet ist. Daraus schloss das FG, dass die große Mehrheit der einschlägigen Fachleute diese Behandlungsmethode nicht befürwortet und über die Zweckmäßigkeit der Therapie kein Konsens besteht. Zudem gebe es über Qualität und Wirksamkeit der Methode keine zuverlässigen, wissenschaftlich nachprüfbaren Aussagen. Der Erfolg der Therapie lasse sich im Ergebnis nicht aus wissenschaftlich einwandfrei durchgeführten Studien über die Zahl der behandelten Fälle und die Wirksamkeit der Methode ablesen. Es sei auch nicht ersichtlich, dass die Tomatis-Therapie in einer für die sichere Beurteilung ausreichenden Zahl von Behandlungsfällen erfolgreich gewesen sei.

Das Urteil des FG dürfte über den Streitfall hinaus eine gewisse Breitenwirkung haben. Die Tomatis® Methode ist weltweit in 75 Ländern vertreten. Mehr als 2.000 Lehrer und Therapeuten sind als Tomatis® Trainer/Consultants durch die einzige offizielle Organisation TOMATIS DEVELOPPEMENT S.A. zertifiziert. Auch in Deutschland gibt es eine Vielzahl von Instituten und Trainer, die sich auf die Tomatis-Therapie spezialisiert haben. Die Entscheidung ist rechtskräftig.

Künstliche Befruchtung einer alleinstehenden Frau führt zu außergewöhnlichen Belastungen

Kosten für die künstliche Befruchtung einer Frau können zu steuerlich abzugsfähigen außergewöhnlichen Belastungen führen, wobei es nicht darauf ankommt, ob die Frau verheiratet ist oder in einer festen Beziehung lebt. Dies hat der 1. Senat des Finanzgerichts Münster mit Urteil vom 24.06.2020 (1 K 3722/18 E) entschieden.

Bei der im Streitjahr **40 Jahre alten Klägerin**, die zu ihrem Beziehungsstatus keine Angaben macht, wurde eine krankheitsbedingte Fertilitätsstörung (Unfruchtbarkeit) festgestellt. In ihrer Einkommensteuererklärung machte sie **Kosten** für eine Kinderwunschbehandlung in Höhe von **ca. 12.000 €**, worin auch Aufwendungen für eine Samenspende enthalten sind, als außergewöhnliche Belastungen geltend. Dies lehnte das Finanzamt mit der Begründung ab, dass solche Kosten nur bei verheirateten oder in einer festen Beziehung lebenden Frauen abzugsfähig seien.

Die Klage hatte in vollem Umfang Erfolg. **Das Gericht hat die gesamten Aufwendungen für die Kinderwunschbehandlung als außergewöhnliche Belastungen anerkannt.** Die Unfruchtbarkeit der Klägerin stelle – so der 1. Senat des Finanzgerichts Münster – einen Krankheitszustand dar und sei nicht auf ihr Alter zurückzuführen. In der heutigen Zeit seien Schwangerschaften von Frauen über 40 nicht ungewöhnlich. Aus den anzuerkennenden Kosten seien die Aufwendungen für die Samenspende nicht herauszurechnen, da diese mit der Behandlung eine untrennbare Einheit bildeten.

Der Familienstand der Klägerin sei unerheblich, da die Behandlung in Übereinstimmung mit den Richtlinien der Berufsordnungen für Ärzte vorgenommen worden sei.

Jedenfalls in dem Bundesland, in dem die Klägerin behandelt wurde, seien künstliche Befruchtungen alleinstehender Frauen nicht durch diese Richtlinien ausgeschlossen. Zudem werde die Zwangslage unfruchtbarer Frauen durch die Krankheit hervorgerufen, nicht durch eine Ehe oder eine Partnerschaft. Schließlich sei erwiesen, dass Kinder alleinerziehender Eltern in ihrer Entwicklung nicht beeinträchtigt seien.

Der Senat hat wegen grundsätzlicher Bedeutung der Rechtssache die Revision zum Bundesfinanzhof zugelassen.

Prozesskosten im Zusammenhang mit einem Umgangsrechtsstreit können nicht als außergewöhnliche Belastungen abgezogen werden
BFH-Urteil vom 13.08.2020, VI R 15/18
Zivilprozesskosten sind auch dann vom Abzug als außergewöhnliche Belastungen ausgeschlossen, wenn sie für einen Umgangsrechtsstreit zwecks Rückführung eines entführten Kindes aus dem Ausland zurück nach Deutschland entstanden sind.

Für Prozesskosten gelte ab dem Veranlagungszeitraum 2013 ein grundsätzliches Abzugsverbot (§ 33 Abs. 2 Satz 4 EStG). Nur wenn der Steuerpflichtige ohne die Aufwendungen Gefahr liefe, seine Existenzgrundlage zu verlieren und seine notwendigen Bedürfnisse in dem üblichen Rahmen nicht mehr befriedigen zu können, sei ein Abzug der Prozesskosten (ausnahmsweise) zulässig.

Existenzgrundlage im Sinne des Gesetzes sei aber nach dem eindeutigen Willen des Gesetzgebers allein die materielle Lebensgrundlage des Steuerpflichtigen. Durch die Kindesentführung sei ungeachtet der besonderen emotionalen und auch finanziellen Belastung für den Kläger allein dessen immaterielle Existenzgrundlage betroffen.

Es sei auch verfassungsrechtlich nicht geboten, die Begriffe der Existenzgrundlage und der lebensnotwendigen Bedürfnisse in § 33 Abs. 2 Satz 4 EStG (auch) in einem immateriellen Sinne zu deuten.

Zeilen 36–38

Werden im Rahmen des § 33 EStG Aufwendungen geltend gemacht, die dem Grunde nach sowohl bei § 33 EStG als auch bei § 35a EStG berücksichtigt werden können, ist davon auszugehen, dass die zumutbare Eigenbelastung vorrangig auf die nach § 35a EStG begünstigten Aufwendungen entfällt. Daher kann für diese Beträge eine entsprechende Steuerermäßigung beantragt werden, BMF-Schreiben vom 03.11.2016 (BStBl I 2016, 1187) „Anwendungsschreiben zu § 35a EStG" Rz. 32 + 33.

Zu beachten ist hierbei, dass diese Beträge **nicht zusätzlich** in die Anlage Haushaltsnahe Aufwendungen einzutragen sind.

3.2 Abbildungen zu Kapitel 3

Abb. 3.1: Gesetz zur Erhöhung der Behinderten-Pauschbeträge und zur Anpassung weiterer steuerlicher Regelungen § 33b EStG

Das sind die wichtigsten Änderungen **ab 2021**:

- **Verdopplung der bisher gültigen Pauschbeträge** für Menschen mit Behinderung,
- die Einführung eines behinderungsbedingten **Fahrtkosten-Pauschbetrags** (unter Berücksichtigung der zumutbaren Belastung)
- Gewährung der Pauschbeträge bereits **ab** einem Grad der Behinderung von mindestens **20**,
- **Wegfall der zusätzlichen Voraussetzungen** für die Gewährung der Pauschbeträge bei einem Grad der Behinderung von unter 50,
- deutliche Anhebung des Pflege-Pauschbetrags und Gewährung eines Pflege-Pauschbetrags auch schon bei den Pflegegraden 2 und 3.

Nachweis § 65 Abs. 1 Nr. 2 EStDV. Alternativ durch Rentenbescheid. BMF Schreiben vom 01.03.2021 DStR 9/2021 S. 542

Abb. 3.2: Behinderten-Pauschbetrag nach § 33b Abs. 2 EStG

... bei einem Grad der Behinderung von	ist ein Pauschbetrag von ... zu gewähren
20	384 €
30	620 €
40	860 €
50	1.140 €
60	1.440 €
70	1.780 €
80	2.120 €
90	2.460 €
100	2.840 €

Hilflose, blinde und taubblinde Personen erhalten einen Pauschbetrag von 7.400 €.

Der Hinterbliebenen-Pauschbetrag verbleibt bei 370 €.

> **Abb. 3.3: § 33 Abs. 3 EStG – Stufenweise Ermittlung der zumutbaren Belastung, BFH vom 19.01.2017, VI R 75/14, VI R 33/13**
>
> **Stufenweise** Berechnung der zumutbaren Belastung in allen offenen Fällen:
>
> | Krankheitskosten nur dann, wenn ärztlich verordnet; § 64 Abs. 1 Nr. 1 EStDV | KUG in Corona-Zeiten kann zu geringen G.d.E. führen! Krankheitskosten Nachweise sammeln. „Silber-Helm + Schnuten-Pulli"? |
> |---|---|
>
> **Beispiel:** Gesamtbetrag der Einkünfte = 55.000 €
> verheiratet, 2 Kinder, Krankheitskosten = 6.000 € *Kann in Zeiten von KUG auch deutlich kleiner sein!*
>
> | | | | |
> |---|---|---|---|
> | Bis 15.340 € | = 2 % | = | 306,80 € |
> | Bis 51.130 € (15.341–51.130 = 35.790 €) | = 3 % | = | 1.073,70 € |
> | Rest bis 55.000 € (51.131–55.000 = 3.870 €) | = 4 % | = | 154,80 € |
> | **Zumutbare Belastung** | | = | 1.535,30 € |
> | Krankheitskosten | | = | 6.000,00 € |
>
> **Verbleibende außergewöhnliche Belastung** = 4.465,00 €

4. Haushaltsnahe Aufwendungen + Anlage Energetische Maßnahmen

4.1 Haushaltsnahe Aufwendungen

Was ist zu beachten – neu und wichtig – Checkliste

Nur der Dienstleistungsanteil = Arbeitslohn ist begünstigt. Keine Betriebsausgaben, Sonderausgaben, außergewöhnliche Belastung oder energetisch gefördert	Rechnung und auf Zahlung des Kontos bei Minijobber und Sozialversicherungspflichtigen nicht erforderlich
Bei geringfügigen Beschäftigungsverhältnissen den jeweiligen Mindestlohn beachten	Haushaltsscheckverfahren beachten
Abgrenzung von Handwerkerleistungen und Haushaltsnahen Dienstleistungen beachten.	Unterschiedliche Förderung; nebeneinander
Bei Ausschöpfung des Maximalbetrages, Verteilung der Zahlung auf nächste Kalenderjahr prüfen	Es gilt § 11 EStG und die Begünstigung erfolgt erst nach der Bezahlung
Haushaltsnah bedeutet räumlich dem Haushalt nah.	Werkstattkosten („Hoftorurteil") sind nicht begünstigt. Ggfs. aufteilen
Kosten für Hausnotrufsystem auch dann absetzbar, wenn sich die Notrufzentrale nicht im räumlichen Bereich des Haushalts befindet?	FG Sachsen 2 K 323/20 – Nichtzulassungsbeschwerde BFH VI B 94/20. Abwarten, was der BFH dazu entscheidet
Steuerberatungskosten sind **keine haushaltsnahen Dienstleistungen**, wenn nicht im Haushalt erbracht	FG Berlin-Brandenburg vom 27.10.2021, 3 K 3295/19
Via Internet erbrachte Dienstleistungen könnten haushaltsnahe Leistungen sein	Hier bleibt die Entscheidung der Verwaltung abzuwarten (oder selber beantragen)
Öffentliche Maßnahmen sind nicht begünstigt	Nur Hausanschlusskosten, keine Aufwendungen für öffentliches Straßennetz
Abgeltungssteuer ist keine tarifliche Steuer und damit nicht mit § 35a EStG auszugleichen	Auf die nach §§ 32d Abs. 3 + 4 EStG zu versteuernde Kapitalerträge kein § 35a EStG
Für Architekten-, Ingenieur- und Statiker-Leistungen § 35a Abs. 3 EStG beantragen	BFH Rev. Az. VI R 29/19

4. Haushaltsnahe Aufwendungen + Anlage Energetische Maßnahmen

Anleitung vorhanden

2021

Anlage Haushaltsnahe Aufwendungen

Diese Anlage ist bei Zusammenveranlagung von Ehegatten / Lebenspartnern gemeinsam auszufüllen.

1 Name
2 Vorname
3 Steuernummer

Haushaltsnahe Beschäftigungsverhältnisse, Dienstleistungen und Handwerkerleistungen

Steuerermäßigung für Aufwendungen | 18

Geringfügige Beschäftigungen im Privathaushalt – sog. Minijobs –

Art der Tätigkeit

Aufwendungen (abzüglich Erstattungen) EUR

4 | 202 | ,

Haushaltsnahe Beschäftigungsverhältnisse / Dienstleistungen
– sozialversicherungspflichtige Beschäftigungen im Privathaushalt
– haushaltsnahe Dienstleistungen, Hilfe im eigenen Haushalt
– Pflege- und Betreuungsleistungen im Haushalt, bei eigener Heimunterbringung in den Heimkosten enthaltene Aufwendungen für Dienstleistungen, die mit denen einer Haushaltshilfe vergleichbar sind; das in Zeile 32 der Anlage Außergewöhnliche Belastungen als Erstattung für häusliche Pflege- und Betreuungskosten berücksichtigte Pflegegeld (§ 37 SGB XI) / Pflegetagegeld

Art der Tätigkeit / Aufwendungen

5 | 212 | ,

Handwerkerleistungen
für Renovierungs-, Erhaltungs- und Modernisierungsmaßnahmen im eigenen Haushalt
(**ohne** Handwerkerleistungen, für die eine öffentliche Förderung durch zinsverbilligte Darlehen oder steuerfreie Zuschüsse [z. B. KfW-Bank, BAFA, landeseigener Förderbanken oder Gemeinden] oder für die eine Steuerermäßigung für energetische Maßnahmen nach § 35c EStG in Anspruch genommen wird)

	Rechnungsbeträge (bei Eintragungen in Zeile 10 nur anteilig) EUR	darin enthaltene Lohnanteile, Maschinen- und Fahrtkosten inkl. Umsatzsteuer EUR
6 Art der Aufwendungen	,	,
7 Art der Aufwendungen	, +	,
8 Art der Aufwendungen	, +	,
9 Summe steuerlich berücksichtigungsfähiger Lohnanteile, Maschinen- und Fahrtkosten inkl. Umsatzsteuer	214	,

Nur bei Alleinstehenden und Eintragungen in den Zeilen 36 bis 38 der Anlage Außergewöhnliche Belastungen und / oder in den Zeilen 4 bis 9 der Anlage Haushaltsnahe Aufwendungen:

Anzahl der weiteren Personen

10 Es bestand ganzjährig ein gemeinsamer Haushalt mit einer oder mehreren anderen alleinstehenden Person(en) | 223

11 Name, Vorname, Geburtsdatum

Nur bei Alleinstehenden oder Einzelveranlagung von Ehegatten / Lebenspartnern und Eintragungen in den Zeilen 36 bis 38 der Anlage Außergewöhnliche Belastungen und / oder in den Zeilen 4 bis 9 der Anlage Haushaltsnahe Aufwendungen:

Laut einzureichendem gemeinsamen Antrag ist der Höchstbetrag für die Aufwendungen

12 – lt. Zeile 36 der Anlage Außergewöhnliche Belastungen und / oder Zeile 4 der Anlage Haushaltsnahe Aufwendungen in einem anderen Verhältnis als je zur Hälfte aufzuteilen. Der bei mir zu berücksichtigende Anteil beträgt | 224 | %

13 – lt. Zeile 37 der Anlage Außergewöhnliche Belastungen und / oder Zeile 5 der Anlage Haushaltsnahe Aufwendungen in einem anderen Verhältnis als je zur Hälfte aufzuteilen. Der bei mir zu berücksichtigende Anteil beträgt | 225 | %

14 – lt. Zeile 38 der Anlage Außergewöhnliche Belastungen und / oder Zeile 9 der Anlage Haushaltsnahe Aufwendungen in einem anderen Verhältnis als je zur Hälfte aufzuteilen. Der bei mir zu berücksichtigende Anteil beträgt | 226 | %

Nur in Fällen der Zusammenveranlagung oder Einzelveranlagungen von Ehegatten / Lebenspartnern und Eintragungen in den Zeilen 36 bis 38 der Anlage Außergewöhnliche Belastungen und / oder in den Zeilen 4 bis 9 der Anlage Haushaltsnahe Aufwendungen:

	stpfl. Person / Ehemann / Person A	Ehefrau / Person B
15 Es wurde 2021 ein gemeinsamer Haushalt begründet oder aufgelöst und für einen Teil des Kalenderjahrs ein Einzelhaushalt geführt	219 1 = Ja	220 1 = Ja

2021Anl35a381 – Juli 2021 – 2021Anl35a381

4.1 Haushaltsnahe Aufwendungen

4.1.1 Steuerermäßigung für Aufwendungen

Kaum eine Einkommensteuererklärung kommt **ohne** Eintragungen in der neuen Anlage Haushaltsnahe Aufwendungen aus. Dort sind nämlich schon seit Jahren Aufwendungen für haushaltsnahe Beschäftigungsverhältnisse, Dienstleistungen und Handwerkerleistungen einzutragen. Derartige Aufwendungen entstehen in allen Haushalten, sodass folgerichtig auch **für jeden Steuerbürger grundsätzlich eine Steuerermäßigung zu berücksichtigen** ist.

Für **haushaltsnahe Beschäftigungsverhältnisse**, die in einem in der Europäischen Union oder dem Europäischen Wirtschaftsraum liegenden Haushalt des Steuerpflichtigen ausgeübt werden, ermäßigt sich die tarifliche Einkommensteuer gem. § 35a Abs. 1 EStG vermindert um die sonstigen Steuerermäßigungen auf Antrag:

- um 20 %, höchstens 510 € (bei geringfügiger Beschäftigung) der Aufwendungen des Steuerpflichtigen, die nicht Betriebsausgaben oder Werbungskosten darstellen und soweit sie nicht als außergewöhnliche Belastung berücksichtigt worden sind (§ 35a Abs. 5 S. 1 EStG).
  Eine weitergehende Steuerermäßigung ist gem. § 35a Abs. 2 EStG möglich. Betroffen sind haushaltsnahe Dienstleistungen (Reinigung, Gärtner etc.) und haushaltsnahe Beschäftigungsverhältnisse, die nicht unter § 35a Abs. 1 EStG fallen, die in einem EU- oder EWR-Haushalt des Steuerpflichtigen erbracht werden. Hier ermäßigt sich die tarifliche Einkommensteuer, vermindert um die sonstigen Steuerermäßigungen, auf Antrag.
- um 20 %, höchstens 4.000 € der Aufwendungen des Steuerpflichtigen, die nicht Betriebsausgaben, Werbungskosten oder Aufwendungen für eine geringfügige Beschäftigung darstellen und soweit sie nicht als außergewöhnliche Belastung berücksichtigt worden sind (§ 35a Abs. 2 S. 1 EStG i.V.m. § 35a Abs. 4 EStG).
- Ferner sind haushaltsnahe Dienstleistungen durch die Inanspruchnahme von Handwerkerleistungen für Renovierungs-, Erhaltungs- und Modernisierungsmaßnahmen in einem EU- oder EWR-Haushalt des Steuerpflichtigen i.H.v. 20 %, höchstens 1.200 € der Aufwendungen (nur die reine Dienstleistung, kein Material), begünstigt (§ 35a Abs. 3 EStG).

Voraussetzung für die **Steuerermäßigung nach § 35a** Abs. 2 + 3 EStG ist, dass die Aufwendungen durch Vorlage einer Rechnung und die Zahlung auf das Konto des Erbringers der haushaltsnahen Dienstleistung durch Beleg des Kreditinstituts nachgewiesen werden (§ 35a Abs. 5 S. 3 EStG).

Zu beachten ist außerdem, dass zwei Alleinstehende, die in einem Haushalt zusammenleben, die Höchstbeträge nach § 35a Abs. 1–3 EStG insgesamt jeweils nur einmal in Anspruch nehmen können (§ 35a Abs. 5 S. 4 EStG). Eine Steuerermäßigung nach § 35a EStG kommt nur in Betracht, soweit die Aufwendungen nicht vorrangig als außergewöhnliche Belastungen berücksichtigt werden.

Weitere Einzelheiten sind dem BMF-Schreiben vom 09.11.2016 zu entnehmen. Der Anlage 1 ist dabei eine alphabetische Auflistung der begünstigten Tätigkeiten zu entnehmen.

Der Maximalförderbetrag wird daher bereits bei einer monatlichen Zahlung von ca. 212,50 € erreicht. Bei 2.550 € Aufwendungen für den Minijob im Kalenderjahr ergeben 20 % bereits 510 € Steuerermäßigung.

Zu beachten ist hier weiterhin, dass **keine zeitanteilige Zwölftelung** des Höchstbetrags für Beschäftigungsverhältnisse, die nicht das ganze Jahr über bestanden haben, **vorzunehmen** ist. Insofern ist die Begünstigung auch zu gewähren, wenn beispielsweise nur sieben Monate lang ein Minijob vorlag.

> **Beispiel 4.1:** Per Haushaltscheckverfahren werden einer Putzhilfe monatlich 400 € unter Berücksichtigung des **Mindestlohns** überwiesen und weitere 30 % an die Knappschaft.
>
> **Lösung:** Die Bedingungen des § 35a Abs. 1 EStG sind erfüllt. Es wird eine Steuerermäßigung von **20 %** der Gesamtaufwendungen (12 Monate × [450 € + 135 €] =) von **7.020 €** = 1.404 €, aber **maximal 510 € gewährt.**
>
> Würden **monatlich nur 165 €** gezahlt werden, käme die maximale steuerliche Entlastung (12 Monate × [165 € + 49,50 €] = 2.574 €; davon 20 % = 514,80 €, höchstens 510 €) zum Tragen.
>
> Die an die Knappschaft entrichteten monatlichen 135 € kommen nicht der Putzhilfe als Renten- oder Krankenkassenbeitrag zugute. Diese Gelder werden dem Haushalt des Bundes insgesamt zugeführt.

Die **Zeile 5** betrifft die in § 35a Abs. 2 EStG erfassten haushaltsnahen Beschäftigungsverhältnisse, die **keine Minijobs** sind, die Inanspruchnahme von **haushaltsnahen Dienstleistungen**, die jedoch **keine Handwerkerleistungen** im Sinne des § 35a Abs. 3 EStG sein dürfen.

Weiterhin fallen auch Aufwendungen für **Pflege- und Betreuungsleistungen**, sowie Kosten für eine Heimunterbringung bzw. zur dauernden Pflege unter diese Vorschrift. Von den hier nachzuweisenden Aufwendungen sind **20 %,** aber maximal **4.000 €** im Kalenderjahr als Steuerermäßigung zu berücksichtigen.

Der Höchstbetrag der Förderung für diesen Bereich wird bei einer Bemessungsgrundlage von 20.000 € erreicht. Auch für diesen Bereich ist keine auf den Monat bezogene Kürzung vorzunehmen.

§ 35a Abs. 3 EStG begünstigt die in Zeilen 6–9 einzutragenden **Aufwendungen für Handwerkerleistungen** im Haushalt. Hierbei ist zu beachten, dass es sich bei diesen Leistungen um Renovierungs-, Erhaltungs- oder Modernisierungsmaßnahmen handeln muss. **20 %** dieser Aufwendungen oder **maximal 1.200 €** sind als Steuerermäßigung zu gewähren.

Der BFH hat mit Urteil vom 06.05.2010, VI R 4/09 entschieden, dass für **Maler- und Tapezierarbeiten** die **Steuerbegünstigung für** Handwerkerleistungen und nicht die für hauswirtschaftliche Dienstleistungen zu gewähren ist. Seit 2009 ist § 35a EStG insoweit geändert, dass Handwerkerleistungen nur nach § 35a Abs. 3 EStG zu begünstigen sind.

Problem bleibt, was Handwerkerleistungen sind!

Bei höheren Aufwendungen als 6.000 € jährlich sollte die Bezahlung auf zwei Kalenderjahre verteilt werden, weil durch das Zufluss-Abflusssystem die Begünstigung immer im Jahr der Bezahlung gewährt wird.

4.1 Haushaltsnahe Aufwendungen

> **Beispiel 4.2:** Der Dienstleistungsanteil für den Einbau der neuen Küche im Hause der Familie Maier beträgt 4.500 €. Weitere 4.500 € mussten als Dienstleistungsanteil für den Maurer, der den Wanddurchbruch bearbeitete, beglichen werden. Der Statiker kostete weitere 3.000 €.
>
> **Lösung:** Die Bedingungen des § 35a Abs. 3 EStG sind grundsätzlich erfüllt. Es wird aber nur eine Steuerermäßigung von **20 %** der Gesamtaufwendungen von **12.000 €** = 2.400 €, aber höchstens 1.200 € kalenderjährlich begünstigt.
> Würden 6.000 € der im Kalenderjahr 2021 durchgeführten Handwerkerleistungen erst im Kalenderjahr 2022 bezahlt werden, könnten im Kalenderjahr 2022 diese 6.000 € ebenfalls nach § 35a Abs. 3 EStG mit 20 % begünstigt werden (20 % = 1.200 €).

Der Bundesfinanzhof hat in einem Urteil vom 20.11.2008, VI R 14/08, BStBl II 2009, 307 die **Verpflichtung zur unbaren Zahlung bestätigt**. Auch für das Kalenderjahr 2021 gilt, dass diese Nachweise (Rechnung und Kontoauszug) nur auf Anforderung des Finanzamtes vorzulegen sind. Grundsätzlich sind Zahlungsnachweis und Rechnung der Steuererklärung **nicht** beizufügen.

Vorsicht ist bei Eintragungen in den **Zeilen 10 und 11** geboten. Nachgefragt wird hier eigentlich nur wegen der Aufteilung der Steuerermäßigung auf mehrere Steuerpflichtige eines Haushalts. Wenn also Herr A mit seiner Freundin Frau B in einem Haushalt lebt, ist die Steuerermäßigung insgesamt nur einmal für diesen Haushalt zu gewähren und somit auf die beiden Personen aufzuteilen.

Gleichzeitig werden damit aber auch Angaben zum Freibetrag für echte Alleinstehende mit Kind erreicht. Hätten also in diesem Fall Herr A und Frau B ein gemeinsames Kind in ihrem Haushalt, könnte **kein Freibetrag nach § 24b EStG** gewährt werden, weil keine alleinstehenden Personen vorliegen.

BFH vom 25.09.2017, VI B 25/17 zum „Gassi gehen" außerhalb des Grundstücks

Die Versorgung und Betreuung eines im Haushalt des Steuerpflichtigen aufgenommenen Haustieres kann als haushaltsnahe Dienstleistung nach § 35a Abs. 2 Satz 1 EStG begünstigt sein.

Der BFH führt in der Entscheidung aus, „dass der Begriff ‚haushaltsnahe Dienstleistung' gesetzlich nicht näher bestimmt ist". Nach der Rechtsprechung des Senats müssen die Leistungen eine hinreichende Nähe zur Haushaltsführung aufweisen oder damit im Zusammenhang stehen. Dazu gehören hauswirtschaftliche Verrichtungen, die gewöhnlich durch Mitglieder des privaten Haushalts oder entsprechend Beschäftigte erledigt werden und in regelmäßigen Abständen anfallen. Auch Dienste, die jenseits der Grundstücksgrenze geleistet werden, sind nach § 35a Abs. 2 S. 1 EStG begünstigt.

Tätigkeiten wie das Füttern, die Fellpflege, das Ausführen und die sonstige Beschäftigung des Tieres oder im Zusammenhang mit dem Tier erforderliche Reinigungsarbeiten fallen regelmäßig an und werden typischerweise durch den Steuerpflichtigen selbst oder andere Haushaltsangehörige erledigt.

Die Finanzverwaltung hat mit dem BMF-Schreiben vom 09.11.2016, IV C 8 – S 2296-b/07/10003:8 die aktuelle BFH Rechtsprechung zum § 35a EStG umgesetzt. Insbesondere folgende Sachverhalte wurden berücksichtigt:

- Der Begriff „im Haushalt" kann künftig auch das angrenzende Grundstück umfassen, sofern die haushaltsnahe Dienstleistung oder die Handwerkerleistung dem eigenen Grundstück dienen. Somit können beispielsweise Lohnkosten für den Winterdienst auf öffentlichen Gehwegen vor dem eigenen Grundstück als haushaltsnahe Dienstleistungen berücksichtigt werden.
- Auch Hausanschlusskosten an die Ver- und Entsorgungsnetze können im Rahmen der Steuerermäßigung begünstigt sein. Die Voraussetzungen für eine Begünstigung bzw. für den Ausschluss von einer Berücksichtigung nach § 35a EStG für öffentliche Abgaben sind insbesondere in der Rn. 22 des Anwendungsschreibens aufgeführt. Beispiele können der anhängenden Tabelle (Anlage 1) entnommen werden.
- Die Prüfung der ordnungsgemäßen Funktion einer Anlage ist ebenso eine Handwerkerleistung, wie die Beseitigung eines bereits eingetretenen Schadens oder Maßnahmen zur vorbeugenden Schadensabwehr. Somit können künftig, in allen offenen Fällen, beispielsweise die Dichtheitsprüfungen von Abwasserleitungen, Kontrollmaßnahmen des TÜVs bei Fahrstühlen oder auch die Kontrolle von Blitzschutzanlagen begünstigt sein.
- Für ein mit der Betreuungspauschale abgegoltenes Notrufsystem, das innerhalb einer Wohnung im Rahmen des „Betreuten Wohnens" Hilfeleistung rund um die Uhr sicherstellt, kann laut dem überarbeiteten Anwendungsschreiben ebenfalls die Steuerermäßigung nach § 35a EStG in Anspruch genommen werden.
- Wer seine Haustiere zu Hause versorgen und betreuen lässt, wird in Zukunft auch von dem Steuervorteil des § 35a EStG profitieren, da Tätigkeiten wie das Füttern, die Fellpflege, das Ausführen und die sonstige Beschäftigung des Tieres als haushaltsnahe Dienstleistungen anerkannt werden können.

Das FG Köln hat mit Urteil vom 26.01.2011, 4 K 1483/10 rkr. entschieden, dass Aufwendungen für die **Müllabfuhr keine haushaltsnahen Dienstleistungen** sind, weil die maßgebliche Hauptleistung in der Verarbeitung und der Lagerung des Mülls außerhalb der Grundstücksgrenzen liegt.

Pressemitteilung des BFH vom 13.06.2018
Keine begünstigte Handwerkerleistung bei Baukostenzuschuss für öffentliche Mischwasserleitung
Urteil vom 21.02.2018, VI R 18/16

Steuerpflichtige sind nicht berechtigt, bei der Neuverlegung einer öffentlichen Mischwasserleitung als Teil des öffentlichen Sammelnetzes die Steuerermäßigung für Handwerkerleistungen in Anspruch zu nehmen. Dies hat der BFH mit Urteil vom 21.02.2018, VI R 18/16 zu § 35a Abs. 3 EStG entschieden.

Im Streitfall wurden die Kläger im Jahr 2011 an die öffentliche Abwasserentsorgungsanlage (zentrale Kläranlage) angeschlossen. Zuvor wurde das Abwasser über eine Sickergrube auf ihrem Grundstück entsorgt. Für die Herstellung der hierfür erforderlichen Mischwasserleitung als Teil des öffentlichen Sammelnetzes erhob der Abwasserzweckverband im Streitjahr (2012) einen als Baukostenzuschuss bezeichneten Betrag in Höhe von 3.896,60 €, von dem die Kläger einen geschätzten Lohnanteil in Höhe von 2.338 € als Handwerkerleistung geltend machten. Das Finanzgericht gab diesem Begehren statt.

Dem ist der BFH entgegengetreten und hat die Klage abgewiesen. Die tarifliche Einkommensteuer ermäßigt sich nach § 35a Abs. 3 EStG um 20 % (maximal 1.200 €) der

Arbeitskosten für bestimmte in Anspruch genommene Handwerkerleistungen. Dies gilt nach einer früheren Entscheidung des BFH auch für Handwerkerleistungen, die jenseits der Grundstücksgrenze auf öffentlichem Grund erbracht werden (Urteil vom 20.03.2014, VI R 56/12, BFHE 245, 49, BStBl II 2014, 882, für die Verbindung des Wasser-Verteilungsnetzes mit der Anlage des Grundstückseigentümers). Die Handwerkerleistung muss dabei aber in unmittelbarem räumlichen Zusammenhang zum Haushalt durchgeführt werden und dem Haushalt des Steuerpflichtigen dienen.

In Abgrenzung zu seinem Urteil VI R 56/12 hat der VI. Senat des BFH nun klargestellt, dass der von § 35a Abs. 3 Satz 1 i.V.m. Abs. 4 Satz 1 EStG vorausgesetzte räumlich-funktionale Zusammenhang zum Haushalt des Steuerpflichtigen nicht gegeben ist, wenn für die Neuverlegung einer öffentlichen Mischwasserleitung als Teil des öffentlichen Sammelnetzes ein Baukostenzuschuss erhoben wird. Denn im Unterschied zum Hausanschluss kommt der Ausbau des allgemeinen Versorgungsnetzes nicht nur einzelnen Grundstückseigentümern, sondern vielmehr allen Nutzern des Versorgungsnetzes zugute. Er wird damit nicht „im Haushalt" erbracht. Unerheblich ist, wenn der Baukostenzuschuss – wie im Streitfall – beim erstmaligen Grundstücksanschluss an die öffentliche Abwasserentsorgungsanlage erhoben wird.

Entscheidend ist somit allein, ob es sich um eine das öffentliche Sammelnetz betreffende Maßnahme handelt oder es um den eigentlichen Haus- oder Grundstücksanschluss und damit die Verbindung des öffentlichen Verteilungs- oder Sammelnetzes mit der Grundstücksanlage geht.

Der BFH hat mit Urteil vom 20.03.2014, VI R 56/12, entschieden, dass der Begriff „im Haushalt" räumlich-funktional auszulegen ist, sodass die Grenze des Haushalts nicht ausnahmslos durch die Grundstücksgrenze abgesteckt ist. Vielmehr kann auch die Inanspruchnahme von Handwerkerleistungen, die jenseits der Grundstücksgrenze auf fremdem, beispielsweise öffentlichem Grund erbracht werden, begünstigt sein.

Die Leistungen müssen aber in unmittelbarem räumlichen Zusammenhang zum Haushalt durchgeführt werden und dem Haushalt dienen (also für den Haushalt erbracht werden). **So bejaht die Rechtsprechung das Vorliegen der Voraussetzung des § 35a Abs. 4 EStG insbesondere dann, wenn der Haushalt des Steuerpflichtigen an das öffentliche Versorgungsnetz angeschlossen wird.**

BFH-Rechtsprechung zum Ausbau des allgemeinen Versorgungsnetzes

Nach Auffassung des BFH (Urteil vom 21.02.2018, VI R 18/16) wird dagegen die Neuverlegung einer Mischwasserleitung als Teil des öffentlichen Sammelnetzes nicht für den eigentlichen Haus- bzw. Grundstücksanschluss erhoben. Der BFH sieht den Unterschied zu einem Hausanschluss darin, dass der Ausbau des allgemeinen Versorgungsnetzes nicht nur einzelnen Grundstückseigentümern, sondern allen Nutzern des Versorgungsnetzes zugutekommt.

Entscheidend ist also, ob es sich um eine das öffentliche Straßennetz betreffende Maßnahme handelt oder ob es um den eigentlichen Haus- oder Grundstücksanschluss und damit die Verbindung des öffentlichen Verteilungs- oder Sammelnetz mit der Grundstücksanlage geht. **Geht es um eine Maßnahme des öffentlichen Straßennetzes, ist eine Steuerermäßigung ausgeschlossen, weil sie allen Nutzern zugutekommt.**

Der BFH (Urteil vom 28.04.2020, VI R 50/17) hat nun klargestellt, dass für die Erschließung einer öffentlichen Straße nichts anderes gilt. Die Arbeiten an der Straße sind – im

Gegensatz zu solchen einer individuellen Grundstückszufahrt ab der Abzweigung von der eigentlichen Straße – nicht grundstücks- und **damit nicht haushaltsbezogen**.

Insoweit fehlt es an einem räumlich-funktionellen Zusammenhang der Leistung mit dem Haushalt des einzelnen Grundstückeigentümers, da die Zahlung für den Ausbau des allgemeinen Versorgungsnetzes erfolgt, das – im Unterschied zum Hausanschluss – nicht nur einzelnen Grundstückseigentümern, sondern vielmehr allen Nutzern des Versorgungsnetzes zugutekommt. A kann daher keine Steuerermäßigung geltend machen.

Kosten für Hausnotrufsystem steuerlich auch dann absetzbar, wenn sich die Notrufzentrale nicht im räumlichen Bereich des Haushalts befindet
FG Sachsen 2 K 323/20 – Nichtzulassungsbeschwerde BFH VI B 94/20
Die im Jahr 1933 geborene Klägerin lebte allein im eigenen Haushalt und nahm ein sogenanntes Hausnotrufsystem in Anspruch. Sie erhielt vom Anbieter ein Gerät, mit dem sie sich im Notfall per Knopfdruck an eine 24-Stunden-Service-Zentrale wenden konnte. Das Finanzamt erkannte die Kosten hierfür nicht an, weil die Dienstleistung nicht im Haushalt der Rentnerin erfolge. Das Sächsischen Finanzgerichts gab jedoch der Seniorin recht und erkannte 20 % der Kosten des Hausnotrufsystems als haushaltsnahe Dienstleistung steuermindernd an. Haushaltsnahe Dienstleistungen seien solche Tätigkeiten, die gewöhnlich durch Mitglieder des Haushalts oder dort Beschäftigte erbracht werden.

Im Regelfall stellten in einer Haushaltsgemeinschaft lebende Familienangehörige im räumlichen Bereich des Haushalts sicher, dass kranke und alte Haushaltsangehörige im Bedarfsfall Hilfe erhalten. Diese Bereitschaft ersetze das von der Seniorin in Anspruch genommene Notrufsystem. Unerheblich sei, dass sich die Notrufzentrale nicht im räumlichen Bereich des Haushalts befindet.

BFH Beschluss vom 28.04.2020, VI R 54/17
Keine Steuerermäßigungen nach § 35a EStG bei Anwendung des gesonderten Steuertarifs für Einkünfte aus Kapitalvermögen
Die gemäß § 32d Abs. 3 und 4 EStG veranlagte und dem gesonderten Tarif für Einkünfte aus Kapitalvermögen unterliegende Einkommensteuer kann nicht nach § 35a EStG ermäßigt werden.

Nach § 35a Abs. 1 EStG ermäßigt sich die tarifliche Einkommensteuer für haushaltsnahe Beschäftigungsverhältnisse, bei denen es sich um eine geringfügige Beschäftigung i.S.d. § 8a des Vierten Buches Sozialgesetzbuch handelt, vermindert um die sonstigen Steuerermäßigungen, auf Antrag um 20 %, höchstens 510 €, der Aufwendungen des Steuerpflichtigen. Für andere als in Abs. 1 dieser Vorschrift aufgeführte haushaltsnahe Beschäftigungsverhältnisse oder für die Inanspruchnahme von haushaltsnahen Dienstleistungen, die nicht Dienstleistungen nach Abs. 3 dieser Vorschrift sind, ermäßigt sich die tarifliche Einkommensteuer, vermindert um die sonstigen Steuerermäßigungen, auf Antrag um 20 %, höchstens 4.000 €, der Aufwendungen des Steuerpflichtigen (§ 35a Abs. 2 Satz 1 EStG). Für die Inanspruchnahme von Handwerkerleistungen für Renovierungs-, Erhaltungs- und Modernisierungsmaßnahmen ermäßigt sich die tarifliche Einkommensteuer, vermindert um die sonstigen Steuerermäßigungen, auf Antrag um 20 % der Aufwendungen des Steuerpflichtigen, höchstens jedoch um 1.200 € (§ 35a Abs. 3 Satz 1 EStG).

Demgemäß kann die Klägerin die Steuerermäßigung nach § 35a EStG nicht beanspruchen. Zwar hat sie nach den unangefochtenen und damit den Senat bindenden

Feststellungen des FG (§ 118 Abs. 2 FGO) Aufwendungen für haushaltsnahe Beschäftigungsverhältnisse, haushaltsnahe Dienstleistungen und Handwerkerleistungen getätigt. Gleichwohl kommt eine Ermäßigung der tariflichen Einkommensteuer vorliegend nicht in Betracht.

Tarifliche Einkommensteuer ist der Steuerbetrag, der sich aus der Anwendung des Einkommensteuertarifs gemäß § 32a EStG auf das zu versteuernde Einkommen nach § 2 Abs. 5 EStG, in das Kapitalerträge nach § 32d Abs. 1 EStG und § 43 Abs. 5 EStG nicht einzubeziehen sind (§ 2 Abs. 5b EStG), ergibt. Dieser Betrag lautet vorliegend auf 0 €. Denn die Klägerin hat kein positives zu versteuerndes Einkommen erzielt.

Das FG Baden-Württemberg hat mit Urteil vom 04.07.2019, 1 K 1384/19 **Aufwendungen für statische Berechnungen**, die für einen Umbau notwendig waren, als haushaltsnahe Aufwendungen bestätigt. Diese Aufwendungen seien mit den im Haushalt erbrachten Leistungen eng verzahnt und damit Handwerkerleistungen. Auch Handwerkerleistungen, die jenseits der Grundstücksgrenze (im Büro des Statikers) erbracht werden sind begünstigt, wenn sie im räumlichen Zusammenhang zum Haushalt stehen. Es bleibt abzuwarten, wie der BFH auf diese Entscheidung reagiert.

Der BFH kassiert die Rechtsprechung der Finanzgerichte zur Dienstleistung „im Haushalt" im Sinne des § 35a EStG
Pressemitteilung des BFH vom 19.11.2020 – Nr. 054/20
Der BFH hat mit Urteil vom 13.05.2020, VI R 4/18 entschieden, dass die Reinigung der Fahrbahn einer öffentlichen Straße nicht als haushaltsnahe Dienstleistung und Handwerkerleistungen, die in einer Werkstatt erbracht werden, nicht nach § 35a EStG begünstigt sind.

Die Klägerin hatte die Ermäßigung der tariflichen Einkommensteuer nach § 35a EStG bei Aufwendungen für die Straßenreinigung als haushaltsnahe Dienstleistungen sowie für Tischlerarbeiten als Handwerkerleistungen beantragt. Die Straßenreinigung wurde von der Kommune als öffentliche Aufgabe für die Anlieger durchgeführt. Die Kosten hierfür hatten die Anlieger anteilig zu tragen. Gegenstand der Tischlerarbeiten war die **Reparatur eines Hoftores**, welches ausgebaut, in der Tischlerwerkstatt in Stand gesetzt und anschließend wieder auf dem Grundstück der Klägerin eingebaut worden war.

Anders als zuvor das Finanzgericht, bestätigte der BFH die ablehnende Rechtsauffassung des Finanzamts. Die Tarifermäßigung für haushaltsnahe Dienstleistungen und ebenso für Handwerkerleistungen setze voraus, dass diese im **Haushalt des Steuerpflichtigen ausgeübt** oder erbracht werden. Eine haushaltsnahe Dienstleistung erfordere eine Tätigkeit, die üblicherweise von Familienmitgliedern erbracht, in unmittelbarem räumlichem Zusammenhang zum Haushalt durchgeführt werde und dem Haushalt diene. Dies sei, entsprechend der bisherigen Rechtsprechung, für **die Reinigung eines Gehweges noch zu bejahen**. Die Reinigung der Fahrbahn einer Straße könne aber nicht mehr als hauswirtschaftliche Verrichtung angesehen werden, die den geforderten engen Haushaltsbezug aufweise.

Handwerkerleistungen für Renovierungs-, Erhaltungs- und Modernisierungsmaßnahmen seien ebenfalls nur begünstigt, wenn sie in unmittelbarem räumlichem Zusammenhang zum Haushalt durchgeführt würden. **In der Werkstatt** des Handwerkers **erbrachte Leistung** würden zwar für den Haushalt aber **nicht im Haushalt** des Steuerpflichtigen erbracht. Die Arbeitskosten des Handwerkers seien daher ggf. im Wege der Schätzung in einen nicht begünstigten „Werkstattlohn" und in einen begünstigten „vor Ort Lohn" aufzuteilen.

> Im Ergebnis wird durch diese Entscheidung wieder Klarheit zur Anwendung des § 35a EStG geschaffen. Die Dienstleistungen, z.B. die eines Steuerberaters, müssen **im** Haushalt des Steuerpflichtigen erbracht werden, damit eine haushaltsnahe Tätigkeit vorliegt.

Steuerberatungskosten sind keine haushaltsnahen Dienstleistungen, wenn diese nicht tatsächlich, körperlich im Haushalt des Steuerpflichtigen erbracht werden.

FG Berlin-Brandenburg vom 27.10.2021, 3 K 3295/19
Das Finanzgericht Berlin-Brandenburg hat mit Urteil vom 27.10.2021, 3 K 3295/19 entschieden, dass die Steuerberatungsleistungen zwar eine Leistung für den Haushalt sein können. Solange aber der Ort der Leistungshandlung nicht im Haushalt des Steuerpflichtigen erfolgt, ist der für den Abzug des § 35a Abs. 2 S.1 EStG erforderliche unmittelbare räumliche Zusammenhang nicht gegeben.

In den Zeiten der Pandemie sind viele **Dienstleistungen per „Zoom"** in die Haushalte erbracht worden. Ob es sich dabei um haushaltsnahe Dienstleistungen handelt, bleibt abzuwarten.

Steuerermäßigung für Ingenieurleistungen
Nach dem Urteil des FG Baden-Württemberg vom 04.07.2019, 1 K 1384/19, sind auch Aufwendungen für statische Berechnungen, die zur Durchführung der Handwerkerleistung erforderlich sind, nach § 35a Abs. 3 EStG begünstigt.

Die Steuerermäßigung des § 35a Abs. 3 EStG umfasst nach Wortlaut, Zweck und Entstehungsgeschichte grundsätzlich „alle handwerklichen Tätigkeiten", nicht jedoch gutachterliche Tätigkeiten, wie z.B. die Wertermittlung eines Grundstücks und das Erstellen eines Energieausweises.

Im Streitfall bestand eine enge Verzahnung zwischen den statischen Berechnungen und den erbrachten Handwerkerleistungen. Vielmehr dienten die statischen Berechnungen zur ordnungsgemäßen und sicheren Durchführung des Austausches von tragenden Dachstützelementen im Wohnhaus und wurde im Haushalt erbracht. Der unmittelbare räumliche Zusammenhang zum Haushalt ergibt sich aus der Besprechung vor Ort und Inaugenscheinnahme des Hauses.

Eine Aufspaltung nach dem Leistungsort der Berechnung erscheint gekünstelt und widerspricht dem Gesetzeszweck der Bekämpfung der Schwarzarbeit. Entscheidend ist, dass die Leistung der Wohnung des Steuerpflichtigen zugutekommt, so das FG abschließend. Revision ist anhängig unter Az. VI R 29/19.

Der Autor klagt vor dem Finanzgericht Berlin-Brandenburg für den Ansatz der Architektenleistung des Dachausbaus und die Kosten des Statikers. Aber auch hier wird die BFH Entscheidung zum obigen Revisionsverfahren den Ausschlag geben.

Insgesamt kann unter Hinweis auf das Revisionsverfahren für Architekten-, Ingenieur- und Statiker Leistungen die Steuerermäßigung des § 35a Abs. 3 EStG beantragt werden.

4.1 Haushaltsnahe Aufwendungen

4.1.2 Abbildungen zu Kapitel 4.1

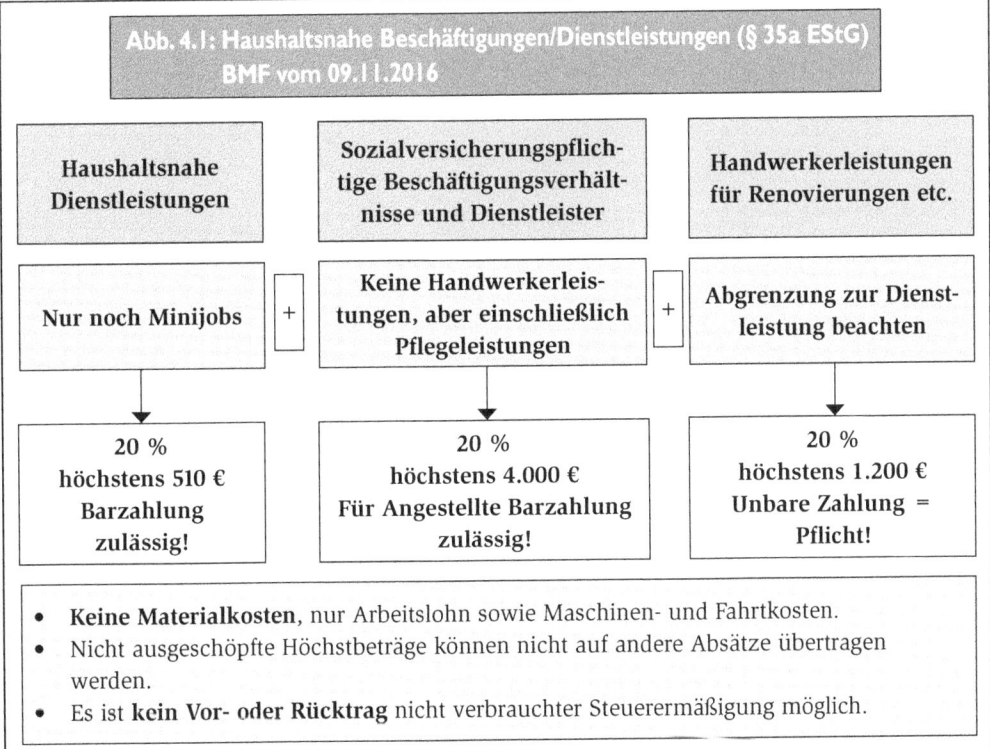

Abb. 4.1: Haushaltsnahe Beschäftigungen/Dienstleistungen (§ 35a EStG) BMF vom 09.11.2016

Haushaltsnahe Dienstleistungen	Sozialversicherungspflichtige Beschäftigungsverhältnisse und Dienstleister	Handwerkerleistungen für Renovierungen etc.
Nur noch Minijobs	Keine Handwerkerleistungen, aber einschließlich Pflegeleistungen	Abgrenzung zur Dienstleistung beachten
20 % höchstens 510 € Barzahlung zulässig!	20 % höchstens 4.000 € Für Angestellte Barzahlung zulässig!	20 % höchstens 1.200 € Unbare Zahlung = Pflicht!

- **Keine Materialkosten**, nur Arbeitslohn sowie Maschinen- und Fahrtkosten.
- Nicht ausgeschöpfte Höchstbeträge können nicht auf andere Absätze übertragen werden.
- Es ist **kein Vor- oder Rücktrag** nicht verbrauchter Steuerermäßigung möglich.

Abb. 4.2: Haushaltsnahe Beschäftigungen/Dienstleistungen § 35a EStG

Lohnkosten für (im Haushalt ohne Materialkosten)	Maximaler Gesamtansatz	Maximale Steuerermäßigung
Minijobs mit Haushaltsscheckverfahren)	20 % von maximal 2.550 €	510 €
Sozialversicherungspflichtige Beschäftigungen, Pflege- und Betreuungsleistungen	20 % von maximal 20.000 €	4.000 €
Handwerkerleistungen für Erhaltung, Renovierung, Modernisierung	20 % von maximal 6.000 €	1.200 €
Insgesamt somit	20 % von maximal 28.550 €	5.710 €

Abb. 4.3: Haushaltsnahe Beschäftigungen/Dienstleistungen/Handwerkerleistungen Hund durch Tierbetreuer „Gassi/ausführen lassen"
BFH vom 25.09.2017, VI 25/17

Wer seinen Hund von einem Tierbetreuer ausführen lässt, kann die Kosten als haushaltsnahe Dienstleistung absetzen.
Urteil des BFH vom 25.09.2017, VI 25/17.

Entscheidend sei, ob die Leistungen im Zusammenhang mit der Haushaltsführung stehen. Darunter fielen auch regelmäßig anfallende hauswirtschaftliche Tätigkeiten, die üblicherweise vom Steuerzahler selbst oder anderen Haushaltsmitgliedern übernommen werden.

Auch die Inanspruchnahme von Diensten, die jenseits der Grundstücksgrenze geleistet werden, sind danach begünstigt.

Abb. 4.4: Kosten für Hausnotrufsystem steuerlich auch dann absetzbar, wenn sich die Notrufzentrale nicht im räumlichen Bereich des Haushalts befindet
FG Sachsen 2 K 323/20 – Nichtzulassungsbeschwerde BFH VI B 94/20

Die im Jahr 1933 geborene Klägerin lebte allein im eigenen Haushalt und nahm ein sogenanntes Hausnotrufsystem in Anspruch. Sie erhielt vom Anbieter ein Gerät, mit dem sie sich im Notfall per Knopfdruck an eine 24-Stunden-Service-Zentrale wenden konnte. Das Finanzamt erkannte die Kosten hierfür nicht an, weil die Dienstleistung nicht im Haushalt der Rentnerin erfolge.

... und Zoom-Beratung etc.?

Das Sächsischen Finanzgerichts gab jedoch der Seniorin recht und erkannte 20 % der Kosten des Hausnotrufsystems als haushaltsnahe Dienstleistung steuermindernd an.

Haushaltsnahe Dienstleistungen seien solche Tätigkeiten,

- die gewöhnlich durch Mitglieder des Haushalts oder dort Beschäftigte erbracht werden.
- Im Regelfall stellten in einer Haushaltsgemeinschaft lebende Familienangehörige im räumlichen Bereich des Haushalts sicher, dass kranke und alte Haushaltsangehörige im Bedarfsfall Hilfe erhalten. Diese Bereitschaft ersetze das von der Seniorin in Anspruch genommene Notrufsystem. Unerheblich sei, dass sich die Notrufzentrale **nicht im räumlichen Bereich des Haushalts befindet**.

4.1 Haushaltsnahe Aufwendungen

> **Abb. 4.5: Steuerberatungskosten sind keine haushaltsnahen Dienstleistungen, wenn diese nicht tatsächlich, körperlich im Haushalt des Steuerpflichtigen erbracht werden. FG Berlin-Brandenburg vom 27.10.2021, 3 K 3295/19**

Das Finanzgericht Berlin-Brandenburg hat mit Urteil vom 27.10.2021, 3 K 3295/19 entschieden:

- dass die Steuerberatungsleistungen zwar eine Leistung für den Haushalt sein können.
- Solange aber der Ort der Leistungshandlung nicht im Haushalt des Steuerpflichtigen erfolgt,
- ist der für den Abzug des § 35a Abs. 2 S.1 EStG erforderliche unmittelbare räumliche Zusammenhang nicht gegeben.

> **Abb. 4.6: Keine begünstigte Handwerkerleistung für die Erschließung einer öffentlichen Straße, BFH vom 28.04.2020, VI R 50/17**

- Die Erschließung einer öffentlichen Straße steht **nicht** im räumlich-funktionalen Zusammenhang zum Haushalt des Steuerpflichtigen, der aufgrund öffentlich-rechtlicher Verpflichtung zum Erschließungsbeitrag herangezogen wird.

Der BFH bestätigt, dass das FG zu Recht davon ausgegangen ist, dass der für die Herstellung des vormals als Sandstraße vorhandenen C-wegs erhobene beitragsfähige Erschließungsaufwand **nicht** nach § 35a Abs. 3 Satz 1 i.V.m. Abs. 4 Satz 1 EStG begünstigt ist.

Die rechtliche Würdigung des FG, die Arbeiten an der Straße seien – im Gegensatz zu solchen an einer individuellen Grundstückszufahrt ab der Abzweigung von der eigentlichen Straße – nicht grundstücks- und damit nicht haushaltsbezogen, ist danach nicht nur rechtlich möglich, sondern zutreffend.

4.2 Anlage energetische Maßnahmen

Was ist zu beachten – neu und wichtig – Checkliste

Steuerermäßigung **für energetische Maßnahmen** bei zu eigenen Wohnzwecken genutzten Gebäuden	**BMF vom 14.01.2021** GZ IV C 1 – S 2296-c/20/10004 :006 DOK 2021/0031094. ETW/Haus muss älter als 10 Jahre sein
Konkurrenz zum § 35a EStG, jedoch werden auch die Materialkosten begünstigt	Die nicht geförderten Lohnanteile können nach § 35a EStG angesetzt werden
Öffentlich geförderte Maßnahme, zinsverbilligte Darlehen oder steuerfreie Zuschüsse schließen § 35c EStG aus	Vor Bearbeitung und Anforderung der Bescheinigungen klären
Objektbezogene Förderung. Eintragung in Zeile 8	Beim Ankauf von älteren Gebäuden klären, ob ab 2020 schon § 35c EStG gewährt/beantragt wurde
Förderung ist auf drei Jahre Steuerermäßigung ab Abschluss der Maßnahme verteilt. **Eigene Wohnzwecke** zu Beginn der Maßnahmen erforderlich. Auszug, Vermietung oder Veräußerung sind schädlich	Die Nutzung zu eigenen Wohnzwecken muss in jedem Jahr des Förderzeitraums vorliegen
Neue Bescheinigungsmuster für den Nachweis der begünstigten Unternehmen und Maßnahmen	BMF 15.10.2021, GZ IV C 1 – S 2296-c/20/10003 :004 DOK 2021/1087189

4.2 Anlage energetische Maßnahmen

Anleitung vorhanden

2021

Anlage Energetische Maßnahmen

Diese Anlage ist bei Zusammenveranlagung von Ehegatten / Lebenspartnern gemeinsam auszufüllen.

1	Name
2	Vorname
3	Steuernummer — lfd. Nr. der Anlage

Aufwendungen für energetische Maßnahmen bei zu eigenen Wohnzwecken genutzten Gebäuden 18

Begünstigtes Objekt

Standort des Wohngebäudes / der Eigentumswohnung

4 Straße, Hausnummer — Herstellungsbeginn des Gebäudes 301

5 Postleitzahl, Ort (ggf. ausländischer Staat)

6 Einheitswert-Aktenzeichen (ohne Sonderzeichen) 300

7 Gesamtfläche 303 m²   davon ausschließliche Nutzung zu eigenen Wohnzwecken oder in Teilen unentgeltliche Überlassung zu Wohnzwecken an andere Personen 304 m²

8 Für das begünstigte Objekt wurde ab dem Jahr 2020 bereits eine Steuerermäßigung für energetische Maßnahmen in Anspruch genommen. 308 1 = Ja 2 = Nein

Energetische Maßnahmen 2021

9 Ich / Wir habe(n) für die energetischen Maßnahmen beantragt / in Anspruch genommen:
– öffentliche Förderung durch zinsverbilligte Darlehen (z. B. KfW-Bank, landeseigene Förderbank) oder
– steuerfreie Zuschüsse (z. B. KfW-Bank, BAFA, Gemeinde) oder
– Steuerbegünstigung für Gebäude in Sanierungsgebieten und städtebaulichen Entwicklungsbereichen oder
– Steuerermäßigung für Handwerkerleistungen nach § 35a EStG
309 1 = Ja 2 = Nein

Für die nachstehend geltend gemachten energetischen Maßnahmen wurden die in Zeile 9 genannten Förderungsmöglichkeiten **nicht** beantragt oder in Anspruch genommen.

– Bitte die Bescheinigung(en) des ausführenden Fachunternehmens / der Person mit Ausstellungsberechtigung nach § 88 Gebäudeenergiegesetz (GEG) einreichen –

Eigene Aufwendungen für energetische Maßnahmen
(ohne Aufwendungen die als Betriebsausgaben / Werbungskosten [z. B. Aufwendungen für ein häusliches Arbeitszimmer] oder Sonderausgaben berücksichtigt werden)

10 Baubeginn der energetischen Maßnahme 305

EUR

11 Aufwendungen für die Wärmedämmung von Wänden + ,
12 Aufwendungen für die Wärmedämmung von Dachflächen + ,
13 Aufwendungen für die Wärmedämmung von Geschossdecken + ,
14 Aufwendungen für die Erneuerung der Fenster und / oder der Außentür(en) + ,
15 Aufwendungen für den Ersatz und / oder den erstmaligen Einbau von sommerlichem Wärmeschutz + ,
16 Aufwendungen für die Erneuerung und / oder den Einbau einer Lüftungsanlage + ,
17 Aufwendungen für die Erneuerung der Heizungsanlage (bitte Zeile 23 und 24 beachten) + ,
18 Aufwendungen für den Einbau von digitalen Systemen zur energetischen Betriebs- und Verbrauchsoptimierung + ,
19 Aufwendungen für die Optimierung bestehender Heizungsanlagen (älter als 2 Jahre) + ,
20 Aufwendungen für die Erteilung der Bescheinigung(en) + ,
21 Summe 310 ,
22 Aufwendungen für die planerische Begleitung oder Beaufsichtigung durch den Energieberater 311 ,

Bei Installation eines Gas-Brennwertkessels ist innerhalb von 2 Jahren ab Datum der Inbetriebnahme des Gas-Brennwertkessels der Nachweis der Umsetzung der Hybridisierung gemäß den Anforderungen aus Anlage 6.4 der Energetische Sanierungsmaßnahmen-Verordnung zu erbringen. Die Steuerermäßigung ist erstmalig in dem Kalenderjahr zu gewähren, in dem die energetische Maßnahme abgeschlossen wurde. Dies ist der Fall, wenn die Schlussrechnung des Fachunternehmens erteilt wurde und der Nachweis der Hybridisierung vorliegt.

23 In Zeile 17 enthaltene Aufwendungen für die Installation eines effizienten Gas-Brennwertgerätes, das für die künftige Einbindung erneuerbarer Energien vorbereitet ist (Hybridisierung) 312

24 Der Nachweis zur Umsetzung der Hybridisierung liegt vor und wird eingereicht: 313 1 = Ja 2 = Nein

4. Haushaltsnahe Aufwendungen + Anlage Energetische Maßnahmen

Steuerliche Förderung von Forschung und Entwicklung (FuE) – Stundenaufzeichnung für FuE-Tätigkeiten in einem begünstigten FuE-Vorhaben[1]

Kurzbezeichnung des FuE-Vorhabens[2]: _____

Vorhabens-ID des FuE-Vorhabens[3]: _____

Wirtschaftsjahr: _____

Angaben zum im FuE-Vorhaben unmittelbar mit FuE-Aktivitäten beschäftigten Arbeitnehmer:

Name: _____ Vorname: _____

Kurzbezeichnung der FuE-Tätigkeit[4]: _____

Dokumentation der Arbeitsstunden für FuE-Tätigkeiten im FuE-Vorhaben

Monat	je Arbeitstag																															Insg.	Bestätigung[5]
	1	2	3	4	5	6	7	8	9	10	11	12	13	14	15	16	17	18	19	20	21	22	23	24	25	26	27	28	29	30	31		
1																																	Unterschrift
2																																	Unterschrift
3																																	Unterschrift
4																																	Unterschrift
5																																	Unterschrift
6																																	Unterschrift
7																																	Unterschrift
8																																	Unterschrift
9																																	Unterschrift
10																																	Unterschrift
11																																	Unterschrift
12																																	Unterschrift

Summe der Arbeitsstunden für FuE-Tätigkeiten im FuE-Vorhaben

4.2 Anlage energetische Maßnahmen

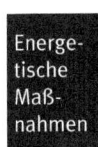
Energetische Maßnahmen

1. Ermittlung der maßgeblichen vereinbarten Jahresarbeitszeit[6]

Jahresarbeitsstunden (wöchentliche Arbeitszeit x 52 Wochen)				Stunden
Abzgl.[7]	Arbeitsvertraglich vereinbarter Urlaubsanspruch	Tage x	Stunden =	Stunden
	Krankheitstage	Tage x	Stunden =	Stunden
	Sonderurlaub	Tage x	Stunden =	Stunden
	Gesetzliche Feiertage	Tage x	Stunden =	Stunden
	Kurzarbeit, Erziehungsurlaub u. ä.	Tage x	Stunden =	Stunden
=	**Maßgebliche vereinbarte Jahresarbeitszeit**			**Stunden**

Ggf. Kürzung auf Grund unterjährigem Beginn/Ende der FuE-Tätigkeit[8] (x/12 x maßgebliche vereinbarte Jahresarbeitszeit)

2. Ermittlung des Anteils der Arbeitszeit für FuE-Tätigkeiten im FuE-Vorhaben

Summe der Arbeitsstunden für FuE-Tätigkeiten[9]	Stunden
/ Maßgebliche vereinbarte Jahresarbeitszeit *(ggf. gekürzt)*	Stunden
= **Anteil der Arbeitszeit für FuE-Tätigkeiten im FuE-Vorhaben**[10]	

Zusätzlich bei Eigenforschung

förderfähige Arbeitsstunden im begünstigten FuE-Vorhaben insgesamt[11]	Stunden
Höchstgrenze[12]: **x/12 x 2.080 Stunden**	**Stunden**

Gesehen und bestätigt:

Datum, Unterschrift (Arbeitnehmer)   Datum, Unterschrift (Projektverantwortlicher)

---

1 Die zu führende Stundenaufzeichnung über FuE-Tätigkeiten in einem begünstigten FuE-Vorhaben verbleibt beim Anspruchsberechtigten der Forschungszulage. Die Aufzeichnung kann zu Nachweiszwecken vorgelegt werden. Ist ein Arbeitnehmer oder im Fall von Eigenleistungen der selbst forschende Einzel- oder Mitunternehmer in mehreren begünstigten FuE-Vorhaben tätig, ist für jedes FuE-Vorhaben eine Stundenaufzeichnung zu führen.
2 Diese Bezeichnung entspricht idealerweise der Bezeichnung der Kurzbeschreibung nach § 6 FZulG der Bescheinigungsstelle Forschungszulage (BSFZ).
3 Aus der Bescheinigung nach § 6 FZulG der BSFZ (soweit vorhanden).
4 Tätigkeitsbereich des Arbeitnehmers (z. B. Laborant). Hierzu gehören keine Tätigkeiten, die nur mittelbar oder unterstützend dem FuE-Vorhaben dienen (z. B. Management, Verwaltung, Transport oder sonstige Dienstleistungen).
5 Die Bestätigung soll durch einen Projektverantwortlichen oder eine sonstige vom Anspruchsberechtigten beauftragte Person erfolgen.
6 Auf Basis der vertraglich, tariflich oder betrieblich vereinbarten Jahresarbeitszeit.
7 Zur Ermittlung der maßgeblichen Jahresarbeitszeit sind die Jahresarbeitsstunden um den arbeitsvertraglich vereinbarten Anspruch auf Urlaub und um die Arbeitszeit zu kürzen, in der der Arbeitnehmer dem Arbeitgeber wegen Krankheit, Sonderurlaub oder aufgrund von gesetzlichen Feiertagen, die auf Arbeitstage/Werktage entfallen, nicht zur Verfügung stand. Zur Ermittlung der Arbeitszeit in Stunden, die auf diese Tage entfällt, ist die vereinbarte wöchentliche Arbeitszeit durch die vereinbarte Arbeitstage pro Woche zu teilen. Das gilt auch für Kurzarbeit, Elternzeit u. ä.
8 Wird eine FuE-Tätigkeit im Laufe eines Jahres begonnen oder beendet, ist dies entsprechend zu berücksichtigen.
9 Übernahme der Summe aus der Dokumentation der Arbeitsstunden im FuE-Vorhaben.
10 Max. 1. Dies gilt auch, wenn ein Arbeitnehmer in mehreren FuE-Vorhaben tätig ist und sich aus allen FuE-Vorhaben insgesamt aufgrund Überstunden ein Wert größer als 1 ergeben würde. Die Aufteilung der förderfähigen Aufwendung erfolgt in diesen Fällen nach dem Verhältnis der Arbeitszeiten in den jeweiligen FuE-Vorhaben.
11 Übernahme der Summe aus der Dokumentation der Arbeitsstunden im FuE-Vorhaben.
12 Für jede Arbeitswoche sind maximal 40 Stunden förderfähig, d. h. 52 Wochen x 40 Stunden. Aus Vereinfachungsgründen erfolgt die Ermittlung der Höchstgrenze auf Monatsbasis, soweit die FuE-Tätigkeit im gesamten Monat erbracht wurde. Wird eine FuE-Tätigkeit im Laufe eines Monats begonnen oder beendet, ist dies entsprechend zu berücksichtigen. Die Höchstgrenze gilt auch insgesamt für alle FuE-Vorhaben, wenn der selbst forschende Einzelunternehmer oder Mitunternehmer in mehreren begünstigten FuE-Vorhaben tätig ist.

Seit dem 01.01.2020 werden für energetische Sanierungsmaßnahmen an **zu eigenen Wohnzwecken** genutzten Gebäuden **Steuerermäßigungen** nach § 35c EStG gewährt:
- mit deren Durchführung **nach dem 31.12.2019** begonnen wurde und
- die vor dem 01.01.2030 abgeschlossen sind.
- **Voraussetzung** ist, dass **das begünstigte Objekt bei der Durchführung** der energetischen Maßnahme **älter als zehn Jahre ist**. Maßgebend hierfür ist der Beginn der Herstellung.

Begünstigt sind dabei sowohl **Arbeits- als auch Materialaufwendungen**.

> Die Steuerermäßigung beträgt insgesamt **20 %** der angefallenen, begünstigten Aufwendungen (**maximal 40.000 €**). Abzugsfähig sind dabei:
> - **7 % der Aufwendungen** (maximal jeweils **14.000 €**) im Jahr des Abschlusses der Maßnahme
> - und **7 %** im ersten darauffolgenden Kalenderjahr sowie
> - **6 %** der Aufwendungen (maximal 12.000 €) im zweiten darauffolgenden Kalenderjahr.

Nach § 35c Abs. 1 Satz 3 EStG sind **ausschließlich** die:
- dort abschließend aufgezählten energetischen Maßnahmen begünstigt,
- die durch ein Fachunternehmen i.S.d. § 2 der Energetische Sanierungsmaßnahmen-Verordnung (ESanMV) ausgeführt werden.
- Die Mindestanforderungen an die Sanierungsmaßnahmen ergeben sich aus § 1 ESanMV.
- Daneben sind die Kosten für die Erteilung der Bescheinigung des Fachunternehmens
- sowie 50 % der Kosten für den Energieberater begünstigungsfähig, wenn dieser durch den Steuerpflichtigen mit der planerischen Begleitung oder Beaufsichtigung der energetischen Maßnahmen beauftragt wurde.

Erforderlich ist eine nach amtlich vorgeschriebenem Muster erstellte Bescheinigung des Fachunternehmens (oder eines Energieberaters). Damit ist das Vorliegen der Voraussetzungen des § 35c EStG nachzuweisen.

Das BMF hat mit Schreiben vom 31.03.2020 **Musterbescheinigungen** für Fachunternehmen (bzw. Energieberater) gem. § 35c Abs. 1 Satz 7 EStG gemeinsam mit ergänzenden Hinweisen veröffentlicht.

Einzelfragen zum § 35c EStG wurden in dem BMF Schreiben vom 14.01.2021, IV C 1 – S 2296-c/20/10004 :006 DOK 2021/0031094 behandelt.

Eine **weitere Voraussetzung** ist das Vorliegen **einer Rechnung**:
- die die förderungsfähigen energetischen Maßnahmen,
- die Arbeitsleistung des Fachunternehmens
- und die Adresse des begünstigten Objekts ausweist
- und die in deutscher Sprache ausgefertigt ist.

Darüber hinaus muss die Zahlung auf das Konto des Erbringers der Leistung erfolgt sein.

Eine Steuerermäßigung nach § 35c EStG kommt nur in Betracht, soweit es sich bei den Aufwendungen nicht um Betriebsausgaben, Werbungskosten, Sonderausgaben oder außergewöhnliche Belastungen handelt.

Eine Berücksichtigung scheidet aus:
- wenn eine Steuerbegünstigung nach § 10f EStG,
- oder eine Steuerermäßigung nach § 35a EStG in Anspruch genommen wurde,
- oder es sich um eine öffentlich geförderte Maßnahme handelt, für die zinsverbilligte Darlehen oder steuerfreie Zuschüsse in Anspruch genommen werden.

Das BMF-Schreiben vom 31.03.2020 regelt auf 6 Seiten weitere Einzelheiten zur Bescheinigung und hat auf den Seiten 7–20 Musterbescheinigungen für:
- die ausführenden Fachfirmen und für die
- Personen mit Ausstellungsberechtigung nach § 21 der Energieeinsparverordnung (EnEV) erstellt.

Gewährt wird die Steuermäßigung nur:
- nach Abgabe der Anlage Energetische Maßnahmen im Rahmen der Einkommensteuererklärung 2021,
- mit beigefügter amtlicher Bescheinigung. Die Rechnung sollte dann auch gleich beigefügt werden.

Probleme:
1. Will und wird das durchführende Unternehmen wirklich die Bescheinigung erteilen, oder ist es aus der Erfahrung nicht eher so, dass Handwerker andere Probleme – und in diesen Zeiten auch andere lukrative Aufträge – haben und lieber diese ausführen, als seitenweise Formulare auszufüllen.
2. Es kann nur dann eine Steuerermäßigung, verteilt auf drei Jahre, gewährt werden, wenn auch Steuern gezahlt wurden. Keine Steuer = keine Ermäßigung.
3. Gas-Brennwertkesseleinbauten erfordern eine weitere Bescheinigung der Umsetzung der Hybridisierung innerhalb der folgenden zwei Jahre. Erst dann beginnt die Förderung.

Die Förderung kann für **mehrere Einzelmaßnahmen an einem begünstigten Objekt** in Anspruch genommen werden; je begünstigtes Objekt beträgt der Höchstbetrag der Steuerermäßigung 40.000 €.

Es sind Maßnahmen auch an **mehreren Objekten** begünstigt, wenn der Steuerpflichtige das Gebäude **im jeweiligen Kalenderjahr ausschließlich zu eigenen Wohnzwecken nutzt**.

Eine Nutzung zu eigenen Wohnzwecken liegt auch vor, wenn Teile einer zu eigenen Wohnzwecken genutzten Wohnung anderen Personen unentgeltlich zu Wohnzwecken überlassen werden.

Die Anspruchsvoraussetzungen nach dem BMF Schreiben vom 14.01.2021:
- Nutzung zu eigenen Wohnzwecken (vgl. Rz. 9 und 10) und
- Eigentum (vgl. Rz. 3 ff.) der steuerpflichtigen Person am begünstigten Objekt (vgl. Rz. 1) gemäß § 35c Abs. 1 Satz 1 EStG

müssen in jedem VZ des Förderzeitraumes vorliegen. Gibt die steuerpflichtige Person die Nutzung des begünstigten Objekts zu eigenen Wohnzwecken auf, z.B. durch Auszug, Vermietung oder Veräußerung, kann sie letztmalig im VZ der Aufgabe der Nutzung zu eigenen Wohnzwecken die Steuerermäßigung nach § 35c EStG geltend machen. Dies gilt auch, wenn das Objekt nach Beendigung der Nutzung zu eigenen Wohnzwecken leer steht.

4.2.1 Abbildungen zu Kapitel 4.2

Abb. 4.7: Aufwendungen für energetische Maßnahmen bei zu eigenen Wohnzwecken genutzten eigenen Gebäuden § 35c EStG und BMF vom 14.01.2021

Voraussetzungen:

BMF 14.01.2021 Rz. 19: In **jedem** Jahr der Förderung zu eigenen Wohnzwecken nutzen.

1. Innerhalb der EU/EWR zu eigenen Wohnzwecken genutzte eigene Gebäude.
2. Das Gebäude muss älter als 10 Jahre sein.
3. Erwerb nach 01.01.2020 – Maßnahmen des Vorgängers übernehmen.
4. Beginn der energetischen Maßnahmen – Datum der ersten Maßnahme.
5. Förderfähige Aufwendungen laut Bescheinigung.
6. Gasbrennwertkessel erst nach Vorlage des Hybridisierungsnachweises.

Abb. 4.8: Höhe der Steuerermäßigung nach § 35c EStG und BMF vom 14.01.2021

Die Steuerermäßigung beträgt insgesamt:
- **20 %** der angefallenen, begünstigten Aufwendungen (max. 40.000 €).

Abzugsfähig sind dabei:
- 7 % der Aufwendungen (maximal 14.000 €) im Jahr des Abschlusses der Maßnahme und
- 7 % (maximal 14.000 €) im ersten **darauffolgenden** Kalenderjahr sowie
- 6 % der Aufwendungen (maximal 12.000 €) im **zweiten darauffolgenden** Kalenderjahr.

Die Förderung kann **für mehrere Einzelmaßnahmen** an einem begünstigten Objekt in Anspruch genommen werden; **je begünstigtes Objekt** beträgt der Höchstbetrag der Steuerermäßigung **40.000 €**.

4.2 Anlage energetische Maßnahmen

Abb. 4.9: Ausschließlich folgende Aufwendungen sind begünstigt § 35c EStG und BMF vom 14.01.2021

Nach **§ 35c Abs. 1 Satz 3 EStG** sind **ausschließlich** die dort **abschließend aufgezählten** energetischen Maßnahmen begünstigt:

Neues BMF-Schreiben vom 15.10.2021 für die Bescheinigungsvoraussetzungen; neue Mustervorlagen ab 2021

- die durch ein **Fachunternehmen** i.S.d. § 2 der Energetische Sanierungsmaßnahmen-Verordnung (ESanMV) ausgeführt werden.
- Die Mindestanforderungen an die Sanierungsmaßnahmen ergeben sich aus § 1 ESanMV.
- Daneben sind die Kosten für die Erteilung der Bescheinigung des Fachunternehmens
- sowie **50 % der Kosten für den Energieberater** begünstigungsfähig, wenn dieser durch den Steuerpflichtigen mit der planerischen Begleitung oder Beaufsichtigung der energetischen Maßnahmen beauftragt wurde.

Sehr viel Formularkram, deswegen fast immer erforderlich.

Abb. 4.10: Erforderliche Nachweise § 35c EStG und BMF vom 15.10.2021

Erforderlich ist eine nach amtlich vorgeschriebenem Muster erstellte Bescheinigung des Fachunternehmens (oder eines Energieberaters). Damit ist das Vorliegen der Voraussetzungen des § 35c EStG nachzuweisen.

Neues BMF-Schreiben vom 15.10.2021 für die Bescheinigungsvoraussetzungen; neue Mustervorlagen ab 2021

Eine weitere Voraussetzung ist das Vorliegen einer **Rechnung**,
- die die förderungsfähigen energetischen Maßnahmen,
- die Arbeitsleistung des Fachunternehmens
- und die Adresse des begünstigten Objekts ausweist
- und die in deutscher Sprache ausgefertigt ist.

Darüber hinaus muss die Zahlung auf das Konto des Erbringers der Leistung erfolgt sein.

> **Abb. 4.11: Steuerermäßigung für energetische Maßnahmen bei zu eigenen Wohnzwecken genutzten Gebäuden (§ 35c EStG);**
> - Bescheinigung des ausführenden Fachunternehmens;
> - Bescheinigung für Personen mit Ausstellungsberechtigung nach § 88 Gebäudeenergiegesetz
>
> BMF vom 15.10.2021, GZ IV C 1 – S 2296-c/20/10003 :004 DOK 2021/1087189
>
> Mit der Verordnung zur Änderung der Energetische Sanierungsmaßnahmen-Verordnung vom 14.07.2021 (BGBl. I S. 1780) **wurde die ESanMV** an die neue Bundesförderung für effiziente Gebäude **angepasst**.
>
> Zudem wurde der **Begriff des Fachunternehmens** auf **weitere Gewerke** und Unternehmen der **Fenstermontage** ausgedehnt.
>
> Für nach dem 31.12.2020 begonnene energetische Maßnahmen sind die neuen Bescheinigungsmuster zu verwenden.

> **Abb. 4.12: Abgrenzung zu Betriebsausgaben, Werbungskosten etc.**
>
> **Eine Steuerermäßigung nach § 35c EStG kommt nur in Betracht, soweit es sich bei den Aufwendungen nicht um Betriebsausgaben, Werbungskosten, Sonderausgaben oder außergewöhnliche Belastungen handelt.**
>
> Eine Berücksichtigung scheidet auch aus:
> - wenn eine Steuerbegünstigung nach § 10f EStG,
> - oder eine Steuerermäßigung nach § 35a EStG in Anspruch genommen wurde,
> - oder es sich um eine öffentlich geförderte Maßnahme handelt, für die zinsverbilligte Darlehen oder steuerfreie Zuschüsse in Anspruch genommen werden.
>
> Es sind Maßnahmen **auch an mehreren Objekten** begünstigt:
> - wenn der Steuerpflichtige das Gebäude im jeweiligen Kalenderjahr **ausschließlich zu eigenen Wohnzwecken** nutzt.
> - Eine Nutzung zu eigenen Wohnzwecken liegt auch vor, wenn Teile einer zu eigenen Wohnzwecken genutzten Wohnung anderen Personen unentgeltlich zu Wohnzwecken überlassen werden.

4.2 Anlage energetische Maßnahmen

Abb. 4.13: Probleme zum § 35c EStG und BMF vom 31.03.2020

- Will und wird das durchführende Unternehmen wirklich die Bescheinigung erteilen, oder ist es aus der Erfahrung nicht eher so, dass Handwerker andere Probleme – und in diesen Zeiten auch andere lukrative Aufträge – haben und lieber diese ausführen, als seitenweise Formulare auszufüllen.
- Es kann nur dann eine Steuerermäßigung, verteilt auf drei Jahre, gewährt werden, wenn auch Steuern gezahlt wurden.
Keine Steuer = keine Ermäßigung.
- Gas-Brennwertkesseleinbauten erfordern eine weitere Bescheinigung der Umsetzung der Hybridisierung innerhalb der folgenden zwei Jahre. Erst dann beginnt die Förderung.

Abb. 4.14: Voraussetzungen

Objekt muss	Förderfähige Maßnahmen	Bescheinigungen
Eigengenutzt und älter als 10 Jahre Beginn der Maßnahmen nach 2019 und vor 2030	• Wärmedämmung von Wänden, Dachflächen und Geschossdecken • Erneuerung von Fenstern und Außentüren • Erneuerung oder Einbau von Lüftungsanlagen, von Heizungsanlagen • Einbau von digitalen Systemen zur energetischen Betriebs- und Verbrauchsoptimierung • und bestehender Heizungsanlagen, sofern diese älter als zwei Jahre sind	• Bescheinigung eines Fachunternehmens nach amtlichem Muster • „ordnungsgemäße" Rechnung • Bezahlung auf ein Konto des Handwerkers (keine Barzahlung)

Kein Ansatz als Betriebsausgaben, Werbungskosten, Sonderausgaben oder außergewöhnliche Belastungen.
Keine Begünstigung/Ermäßigung nach § 10f oder § 35a EStG.
Keine öffentliche Förderung durch zinsverbilligte Darlehen oder steuerfreie Zuschüsse.

**Abb. 4.15: Umfang der steuerlichen Förderung
(Förderhöchstbetrag je Objekt von 40.000 €)**

	Vorsicht bei Ankauf schon geförderter Objekte. Klausel in den Kaufvertrag?
Steuerabzug im **ersten** Kalenderjahr (Abschluss der Baumaßnahme)	7 % der Aufwendungen; maximal 14.000 €
Steuerabzug im **zweiten** Kalenderjahr	7 % der Aufwendungen; maximal 14.000 €
Steuerabzug im **dritten** Kalenderjahr	6 % der Aufwendungen; maximal 12.000 €

Davon abweichend vermindert sich die tarifliche Einkommensteuer um 50 % der Aufwendungen für den Energieberater.

5. Anlage Sonstiges

Was ist zu beachten – neu und wichtig – Checkliste

Ab 2017 eingetretene Erbfälle, bei denen Einkünfte auch mit **Erbschaftsteuer** belastet wurden	Steuerermäßigung mit gesonderter Aufstellung beantragen
Kulturgüter, die nicht eigengenutzt werden und nicht der Erzielung von Einkünften dienen. Auch Mobiliar, Kunstgegenstände …	Förderung 10 Jahre × 9 % der Aufwendungen werden wie Sonderausgaben berücksichtigt
In den Vorjahren festgestellte **Spendenvorträge** werden hier zur Erinnerung angestoßen	Die festgestellten Spendenvorträge sind von Amtswegen zu berücksichtigen
Verlustrücktrag für 2021 bis maximal 10 bzw. 20 Mio. € möglich	Der Verlustvortrag bleibt bei 1 bzw. 2 Mio. € + 60 % des verbleibenden GdE
Eigene Verlustverrechnungskreise sind in den Anlagen G, S oder SO einzutragen	§§ 15 Abs. 4, 15b, 20 Abs. 6, 22 Nr. 3 und 23 EStG haben in den Einkünften zu berücksichtigende Verlustverrechnungen
Der Verlustabzug ist weiterhin vorrangig vor Sonderausgaben und außergewöhnlichen Belastungen	BFH-Beschluss vom 03.09.2021, IX B 14/21
Bis zum 31.12.2020 festgestellte **Drittstaatenverluste** werden von Amtswegen berücksichtigt	§ 2a EStG lässt nur einen beschränkten Ausgleich zu (gleiches Land und gleiche Einkünfte)
Der verbleibende **Freibetrag für bestandsgeschützte Altanteile** an Investmentfonds wird vorgetragen	In den Vorjahren wurde ein Teil des Freibetrages von 100.000 € bereits verbraucht. Nur der Rest ist dann noch berücksichtigungsfähig
Bei Einzelveranlagung von Ehegatten/Lebenspartnern sollen bestimmte Aufwendungen **jeweils zur Hälfte** gewährt werden	Davon abweichende Aufteilung ist in der Anlage Kind Zeilen 64, 72 und 75 zu beantragen
Forschungszulage wird auf die Einkommensteuer angerechnet § 36 Abs. 2 Nr. 3 EStG. Ein möglicher Überhang ist auszuzahlen	Bis zur Festsetzung der Forschungszulage soll die Einkommensteuer nicht festgesetzt werden, siehe auch BMF vom 11.11.2021, IV C 3 – S 2020/20/10029 :007 DOK 2021/1158079

5. Anlage Sonstiges

Anleitung vorhanden

2021

1 Name

2 Vorname

Anlage Sonstiges

Diese Anlage ist bei Zusammenveranlagung von Ehegatten / Lebenspartnern gemeinsam auszufüllen.

3 Steuernummer

Sonstige Angaben und Anträge

Steuerermäßigung bei Belastung mit Erbschaftsteuer | 18

4 Ich beantrage eine Steuerermäßigung, weil in dieser Steuererklärung Einkünfte erklärt worden sind, die als Erwerb von Todes wegen ab 2017 der Erbschaftsteuer unterlegen haben (lt. gesonderter Aufstellung). | 185 | 1 = Ja

Steuerbegünstigung für schutzwürdige Kulturgüter

5 Steuerbegünstigung nach § 10g EStG für schutzwürdige Kulturgüter, die weder zur Einkunftserzielung noch zu eigenen Wohnzwecken genutzt werden | 151 | Abzugsbetrag EUR ,

Spendenvortrag

	stpfl. Person / Ehemann / Person A	Ehefrau / Person B
6 Es wurde ein verbleibender Spendenvortrag nach § 10b EStG zum 31.12.2020 festgestellt.	1 = Ja	1 = Ja

Verlustabzug

	stpfl. Person / Ehemann / Person A	Ehefrau / Person B
7 Es wurde ein verbleibender Verlustvortrag nach § 10d EStG zum 31.12.2020 festgestellt.	1 = Ja	1 = Ja

Antrag auf Beschränkung des Verlustrücktrags nach 2020

8 Von den nicht ausgeglichenen negativen Einkünften 2021 soll folgender Gesamtbetrag nach 2020 zurückgetragen werden | EUR 800 , | EUR 801 ,

Negative Einkünfte mit Bezug zu Drittstaaten

	stpfl. Person / Ehemann / Person A	Ehefrau / Person B
9 Es wurden verbleibende negative Einkünfte nach § 2a Abs. 1 Satz 5 EStG zum 31.12.2020 festgestellt.	1 = Ja	1 = Ja

Freibetrag für bestandsgeschützte Alt-Anteile an Investmentfonds

	stpfl. Person / Ehemann / Person A	Ehefrau / Person B
10 Es wurde ein verbleibender Freibetrag für bestandsgeschützte Alt-Anteile an Investmentfonds nach § 56 Abs. 6 Satz 2 InvStG zum 31.12.2020 festgestellt.	1 = Ja	1 = Ja

Antrag zur Aufteilung der Abzugsbeträge bei Einzelveranlagung von Ehegatten / Lebenspartnern

11 Laut übereinstimmendem Antrag sind die Sonderausgaben, außergewöhnlichen Belastungen, die Steuerermäßigung für haushaltsnahe Beschäftigungsverhältnisse, Dienstleistungen und Handwerkerleistungen sowie die Steuerermäßigung für energetische Maßnahmen bei zu eigenen Wohnzwecken genutzten Gebäuden je zur Hälfte aufzuteilen. | 222 | 1 = Ja

(Der Antrag auf Aufteilung in einem anderen Verhältnis als je zur Hälfte
– des Freibetrages zur Abgeltung eines Sonderbedarfs bei Berufsausbildung eines gemeinsamen volljährigen Kindes ist in Zeile 64 der Anlage Kind,
– bei Übertragung des Behinderten- oder Hinterbliebenen-Pauschbetrags eines gemeinsamen Kindes ist in Zeile 72 der Anlage Kind,
– bei Übertragung der behinderungsbedingten Fahrtkostenpauschale eines gemeinsamen Kindes ist in Zeile 75 der Anlage Kind
zu stellen.)

Forschungszulage

12 Es wird beantragt, die Festsetzung der Einkommensteuer bis zur Festsetzung der Forschungszulage oder bis zur gesonderten und einheitlichen Feststellung von Anteilen an der festgesetzten Forschungszulage zurückzustellen.
 – Bei einer anspruchsberechtigten Personengesellschaft: Erläuterungen lt. gesonderter Aufstellung – | 860 | 1 = Ja

2021AnlSonstiges411 — Juli 2021 — 2021AnlSonstiges411

5.1 Steuerermäßigung bei Belastung mit Erbschaftsteuer (Zeile 4)

Die Steuerermäßigung nach § 35b EStG ist in Zeile 4 zu beantragen.

Gem. § 35b EStG ist eine **Steuerermäßigung für Einkünfte** zu gewähren, **die bereits mit Erbschaftsteuern belastet sind**. Es kann sich dabei beispielsweise um Forderungen des Verstorbenen handeln, die im Rahmen der Erbschaftsteuerberechnung erfasst wurden und nun erstmalig beim Erben eingehen und dort auch (erstmalig) der Einkommensbesteuerung unterliegen. Diese Einkünfte würden dann sowohl der Erbschaft-, wie der Einkommensteuer unterliegen. Für diese Fälle ist der Antrag nach § 35b EStG vorgesehen.

Dabei berechnet sich die (Einkommen-)Steuerermäßigung nach dem Prozentsatz der Erbschaftsteuer, der auf diese Einkünfte vor Abzug der (Erbschaftsteuer-)Freibeträge entfallen ist. Programmgestützt bereitet diese Berechnung wenige Probleme. Neben der Gesamterbschaft und der Erbschaftsteuer sind die begünstigten (mit Erbschaftsteuer belasteten) Einkünfte einzutragen.

5.2 Steuerbegünstigung für schutzwürdige Kulturgüter (Zeile 5)

Aufwendungen für die Herstellung und Erhaltung an eigenen schutzwürdigen Kulturgütern sind im Jahr der Beendigung der Maßnahme und den folgenden neun Jahren jeweils bis zu 9 % wie Sonderausgaben abzuziehen. Dabei kommt es erst nach den anderen Sonderausgaben und außergewöhnlichen Belastungen, als letzter Posten vor dem Einkommen, zum Abzug. Andere Sonderausgaben gehen dadurch also nicht verloren. Allerdings ist die Berechnung und Aufteilung nicht programmgesteuert. Es bedarf also in diesen Fällen der erhöhten Aufmerksamkeit, damit über 10 Jahre der entsprechende Wert berücksichtigt wird.

Bei diesen Kulturgütern handelt es sich nicht nur um Gebäude oder Gebäudeteile, sondern auch um Mobiliar, Kunstgegenstände, Bibliotheken usw., die wegen ihrer Bedeutung für Kunst, Geschichte oder Wissenschaft im öffentlichen Interesse liegen.

Diese Kulturgüter dürfen weder zur Erzielung von Einkünften, noch zu eigenen Wohnzwecken genutzt werden. Die Voraussetzungen müssen durch eine Bescheinigung der nach dem jeweiligen Landesrecht zuständigen Behörde belegt werden. Die weiteren Prüfmerkmale sind der R 10g EStR zu entnehmen.

5.3 Verlustabzüge nach § 10d EStG und Spendenvorträge nach § 10b EStG (Zeilen 7 + 8)

In Zeile 7 ist nur mitzuteilen, **ob** ein verbleibender **Verlustvortrag** nach § 10d EStG oder ein **Spendenvortrag** nach § 10b EStG auf den 31.12.2020 festgestellt worden ist. Hierfür ist zu prüfen, ob derartige Bescheide vorliegen oder noch beantragt werden müssen (für 2020).

Es handelt sich dabei um **Werte aus den Vorjahren**, also nicht die negativen Einkünfte des laufenden Jahres 2021 oder gar Spendenüberhänge aus 2021. Hier ist nur anzugeben, **dass** Verlustvorträge zu berücksichtigen sind. Verlustvorträge oder Spendenvorträge können im Umfang der steuerlichen Berücksichtigung **nicht** begrenzt werden.

Zu unterscheiden ist dabei außerdem, dass hier **keine** festgestellten negativen Einkünfte aus den sogenannten Verrechnungskreisen einzutragen sind. Wurden in den

Vorjahren negative Einkünfte aus den **§§ 15 Abs. 4, 15b, 22 Nr. 2, 3 und 23 EStG** festgestellt, sind diese Werte jeweils in den Anlagen G, S oder SO einzutragen.

In **Zeile 8** müssen die Werte eingetragen werden, die (nach der Ermittlung des insgesamt negativen Gesamtbetrags der Einkünfte des laufenden Jahres 2021) in das Vorjahr zurückgetragen werden sollen. Der **Verlustrücktrag** in das Jahr 2020 kann auch auf 0,00 € begrenzt werden. Der Verlust wird dann in die Folgejahre vorgetragen.

Rücktragsfähig ist für das Jahr **2021** maximal 10.000.000 €/20.000.000 € (Alleinstehende/Verheiratete), der übersteigende Betrag ist dann ohnehin nur vorzutragen. Aber auch für den **Verlustvortrag** gilt eine Grenze. Es können nur 1.000.000 €/2.000.000 € unbegrenzt und darüber hinaus nur weitere 60 % des verbleibenden Gesamtbetrags der Einkünfte ausgeglichen werden.

Dabei ist beim Verlustrücktrag **darauf zu achten**, ob für den Veranlagungszeitraum 2020 ein **Begünstigungsbetrag nach § 34a Abs. 3 EStG** festgestellt worden ist. Der Gesamtbetrag der Einkünfte des Vorjahres ist um diesen Wert zu kürzen; besser gesagt: Auf die nach § 34a Abs. 3 EStG festgestellten Begünstigungsbeträge erfolgt kein Verlustrücktrag.

Beispiel 5.1: Der Gesamtbetrag der Einkünfte der Ehegatten ermittelte sich für das Kalenderjahr 2021 wie folgt:

Veranlagungszeitraum 2021	Ehemann (€)	Ehefrau (€)
Gewerbebetrieb (§ 15 EStG)	./. 3.400.000	./. 90.000
Selbständige Arbeit (§ 18 EStG)	./. 50.000	./. 75.000
Vermietung und Verpachtung (§ 21 EStG)	./. 300.000	./. 85.000
Summe je Ehegatten getrennt	./. 3.750.000	./. 250.000
Gesamtsumme		./. **4.000.000**

Ein Verlustrücktrag in den **Veranlagungszeitraum 2020** soll im Beispielsfall ausscheiden. Im **Veranlagungszeitraum 2022** erzielt das Ehepaar Einkünfte, die zu einem Gesamtbetrag der Einkünfte in Höhe von + **5.000.000 €** führen.

Lösung: Da ein Verlustrücktrag nach 2020 laut Aufgabenstellung ausscheidet, führt das Finanzamt von Amts wegen den Verlustvortrag **nach 2022** durch. Der Verlustabzug aufgrund des Verlustvortrags aus dem Veranlagungszeitraum 2021 ist wie folgt zu berechnen:

	Einkünfte (€)	Einkünfte (€)
Verlustvortrag aus 2021	4.000.000	
Gesamtbetrag der Einkünfte 2022	+ 5.000.000	
Verlustabzug nach § 10d Abs. 2 EStG		
– unbeschränkter Verlustabzug –	./. 2.000.000	./. 2.000.000
Für den beschränkten Verlustabzug verbleiben	3.000.000	2.000.000
beschränkter Verlustabzug:		
60 % von 3.000.000 € =	1.800.000	
noch abziehbarer Verlust aus dem Veranlagungszeitraum 2021, höchstens 1.800.000 €	./. 1.800.000	./. 1.800.000
Die Berechnungsgrundlage zur weiteren Ermittlung des Einkommens im **Veranlagungszeitraum 2022** beträgt damit **1.200.000 €**.		

5.3 Verlustabzüge nach § 10d EStG und Spendenvorträge nach § 10b EStG

> **Es verbleibt ein Verlustvortrag per 31.12.2022 in Höhe von:** 200.000 €
> Dieser ist vom Finanzamt nach Maßgabe des § 10d Abs. 4 EStG für jeden Ehegatten festzustellen.

Für den Fall der **getrennten Veranlagung** ergeben sich folgende Berechnungen:

Beispiel 5.2: Ein Ehepaar wird in den Veranlagungszeiträumen 2019 und 2020 zusammen veranlagt. Für den Veranlagungszeitraum **2021** entscheiden sie sich für **Einzel-Veranlagungen**. Im Veranlagungszeitraum 2020 hat das Ehepaar folgende Einkünfte bzw. Verluste erzielt:

Veranlagungszeitraum 2020	Ehemann (€)	Ehefrau (€)
Gewerbebetrieb (§ 15 EStG)	./. 2.400.000	–
Selbständige Arbeit (§ 18 EStG)	–	200.000
Kapitaleinkünfte (§ 20 EStG)	–	20.000
Vermietung und Verpachtung (§ 21 EStG)	./. 100.000	./. 520.000
Summe je Ehegatten getrennt	./. 2.500.000	./. 300.000
Gesamtsumme		./. **2.800.000**

Die Ehegatten stellen keinen Antrag, den Verlustrücktrag nach 2020 zu begrenzen. Im Veranlagungszeitraum 2020 waren nicht mit negativen Einkünften verrechnete positive Einkünfte in Höhe von 1.500.000 € verblieben.

Lösung: Die Verluste können bis zu dem **Höchstbetrag in Höhe von** (2 × 1.000.000 €) **2.000.000 €** ins Vorjahr 2020 zurückgetragen werden, unabhängig davon, welcher Ehegatte in welcher Höhe die Einkünfte bzw. Verluste erzielt hatte. Allerdings beschränkt auf den GdE des Jahres 2020; hier also 1.500.000 €. Das Finanzamt führt daher den **Verlustrücktrag** nach 2020 durch. Damit verbleibt für den **Veranlagungszeitraum 2021**

ein Verlustvortrag in Höhe von insgesamt	./. 2.800.000 €
davon in den Veranlagungszeitraum 2020 zurückgetragen	1.500.000 €
verbleibender Verlustvortrag per 31.12.2021	./. **1.300.000 €**

Dieser Betrag ist nach Maßgabe des **§ 62d Abs. 1, 2 S. 2 EStDV** wie folgt aufzuteilen:

Ehemann: 2.500.000 €/2.800.000 € × 1.300.000 €	1.160.715 €
Ehefrau: 300.000 €/2.800.000 € × 1.300.000 €	139.285 €
=	**1.300.000 €**

Mit Schreiben vom 29.11.2004, BStBl I 2004, 1097 hat das BMF zur **Reihenfolge der Bearbeitung von Verlustvorträgen nach besonderen Verrechnungskreisen** und denen nach § 10d EStG Stellung genommen. Das dort aufgeführte Berechnungsbeispiel verdeutlicht den Sachverhalt.

Für **Erbfälle** ist zu beachten, dass es bereits ab dem 18.08.2008 nicht mehr möglich ist, nicht ausgeschöpfte Verlustvorträge des Erblassers auf die Erben zu übertragen (BFH vom 17.12.2007, BStBl II 2008, 608 und BMF vom 24.07.2008, BStBl I 2008, 809).

Das FinMin Schleswig-Holstein hat mit Schreiben vom 23.03.2011, VI 303 – S 2225 – 033 diese Rechtsprechung zusammengefasst. Danach sind Verluste nur in den Fällen der

§ 2a Abs. 3 EStG a.F., §§ 15a und 15b EStG übertragbar. In allen anderen Fällen muss der Verlust beim Erblasser ausgeglichen werden; eine Übertragung auf die Erben ist nicht möglich.

Der BFH hat mit Beschluss vom 03.09.2021, IX B 14/21 die vorrangige Berücksichtigung des Verlustvortrags vor Abzug von Sonderausgaben und außergewöhnlichen Belastungen bestätigt. Es ist danach geklärt, dass der gegenüber Sonderausgaben und außergewöhnlichen Belastungen vorrangige Verlustabzug gemäß § 10d Abs. 2 EStG **keinen verfassungsrechtlichen Bedenken** begegnet (Anschluss an BFH-Beschlüsse vom 14.03.2008, IX B 247/07, BFH/NV 2008, 1147, und vom 09.04.2010, IX B 191/09, BFH/NV 2010, 1270).

5.4 Negative Einkünfte mit Bezug zu Drittstaaten

Bisher wurde die Berücksichtigung dieser festgestellten Verluste nur personell überwacht. Nunmehr soll durch die Eintragung in Zeile 9 der Ansatz der vorgetragenen Verluste sichergestellt werden.

5.5 Freibetrag für Alt-Anteile an Investmentfonds

In Zeile 10 ist der zum 31.12.2020 festgestellte **Freibetrag für Alt-Anteile an Investmentfonds** einzutragen. An dieser Stelle sollte erneut die Ermittlung dieses verbleibenden Freibetrages überprüft werden. 100.000 € je Person sind für diese – eigentlich nicht steuerbar – verkauften Alt-Investmentfondsanteile als Freibetrag zu gewähren. Die Teilfreistellung muss dabei aber berücksichtigt werden. Siehe hierzu weitere Ausführungen im Kapitel 13.2 KAP-INV.

5.6 Antrag zur Aufteilung der Abzugsbeträge bei Einzelveranlagung von Ehegatten/Lebenspartnern

Bei **Einzelveranlagungen von Ehegatten** (früher getrennte Veranlagung) ist die **Aufteilung gemeinsamer Kosten** zu je 50 % in Zeile 11 der Anlage Sonstiges zu beantragen.

5.7 Forschungszulage

Mit dem Forschungszulagengesetz wurde eine Forschungszulage für Unternehmen eingeführt. Diese Forschungszulage soll bei den Anspruchsberechtigten steuerfrei verbleiben. Damit kein unionsrechtlicher Beihilfeverstoß vorliegt, wurde eine Anrechnung auf die Einkommensteuer gewählt. Kommt es bei dieser Anrechnung zu einem Überschuss, ist dieser auszuzahlen. Ob dieses Verfahren haltbar bleibt, ist abzuwarten. Die Forschungszulage soll im Ergebnis steuerfrei ausgezahlt werden.

Mit dem BMF Schreiben vom 11.11.2021, IV C 3 - S 2020/20/10029 :007 DOK 2021/1158079 werden mit 316 Rz. die Grundsätze für die Anwendung des FZulG dargestellt. Hier wird erst die nahe Zukunft zeigen, wie praktikabel und rechtlich durchsetzbar dieses Verfahren ist.

Für die Erfassung und Dokumentation der Arbeitsstunden hat das BMF einen eigenen Stundenzettel als Muster vorgegeben. Das Muster ist nach der Anlage Sonstiges im Buch abgedruckt.

5.8 Abbildungen zu Kapitel 5

Abb. 5.1: Steuerermäßigung bei Belastung mit Erbschaftsteuer § 35b EStG

Mit Wirkung vom Veranlagungszeitraum 2009 ist ein § 35b EStG eingeführt worden, der eine Doppelbelastung mit Erbschaft- und Einkommensteuer vermeiden soll. Der dafür immer wieder als typischer Fall genannte Sachverhalt betrifft die Erträge des Erblassers, die aber erst dem Erben zufließen und bei dem Erben nach § 11 EStG der Einkommensteuer und für den Erblasser der Erbschaftsteuer unterworfen werden.

Der § 35b EStG ermäßigt auf Antrag die tarifliche Einkommensteuer (für die betroffenen Einkünfte) um den Wert, der dem prozentualen Anteil der Erbschaftsteuer am Gesamterwerb entspricht. Dabei sind für die Ermittlung des Prozentsatzes die Freibeträge dem Gesamterwerb hinzuzurechnen.

Weil aber nur die **tarifliche** Steuer ermäßigt werden soll, gilt **§ 35b EStG** nicht im Zusammenhang mit Kapitalerträgen, die nach **§ 32d Abs. 1 EStG** besteuert werden (Abgeltungsteuer); Rz. 132 BMF vom 09.10.2012, Beck StE 1 § 43/1.

Siehe BFH vom 17.02.2010, II R 23/09 und BFH vom 13.03.2018, IX R 23/17

Abb. 5.2: Beispiel zum Verlustabzug, § 35b EStG

Der Ehemann verstirbt am 30.12.2020 und hinterlässt der Ehefrau eine Erbschaft von 5.000.000 €. Darin enthalten sind 300.000 € aus dem steuerpflichtigen Verkauf einer privaten Immobilie. Diese 300.000 € fließen der Ehefrau, zusammen mit ihren eigenen Einkünften von weiteren 500.000 €, erst am 10.01.2021 zu.

Nach § 11 EStG erfolgt die einkommensteuerliche Berücksichtigung bei der Ehefrau in 2021.

Erbschaftsteuer

Steuerpflichtiger Erwerb soll unstrittig sein:	5.000.000 €	
Freibetrag nach § 16 Abs. 1 Nr. 1 ErbStG	500.000 €	
Summe	4.500.000 €	
Erbschaftsteuer § 19 ErbStG = 19 %	855.000 €	entspricht **17,10 %**

Einkommensteuer

Zu versteuerndes Einkommen soll unstrittig sein:	800.000 €	
Einkommensteuer (0,45 × 400.000 ./. 17.078,74) × 2		325.842 €
Splittingtarif = die Hälfte des gemeinsamen zvE × 2; § 32a Abs. 5 EStG		
Davon ⅜ (300.000 : 800.000) für's Erbe =	121.968 €	
davon 17,10 % =		./. 20.856 €
mindern die tarifliche Einkommensteuer auf		**304.394 €**

Abb. 5.3: Verlustabzug nach § 10d EStG

Negativer Gesamtbetrag der Einkünfte
(die Einkünfte des jeweiligen Jahres müssen somit zuerst miteinander ausgeglichen werden. Einzelne negative Einkünfte können durch positive andere Einkünfte ausgeglichen werden. Die §§ 2a, 15 Abs. 4, 15b, 22 Nr. 3, 23 Abs. 3 EStG sind zu beachten.

nur für die Jahre 2020 und 2021; ab 2022 wieder 1 bzw. 2 Mio. €

(Bei Ehegattenzusammenveranlagung verdoppelt)

 10 Mio. €

Maximal **5 Mio./10 Mio. €** bei Ehegatten.
Der Rücktrag kann der Höhe nach begrenzt werden.
Der verbleibende Vortrag nicht.

Vorjahr (hier 2020)
vor Sonderausgaben und außergewöhnlichen Belastungen abzuziehen. Der Rest ist festzustellen und vorzutragen. Auch der Vortrag muss immer vor den Sonderausgaben und außergewöhnlichen Belastungen erfolgen.

 1 Mio. €

(Bei Ehegattenzusammenveranlagung verdoppelt)

Ins Folgejahr bis zu 1 Mio./2 Mio. €;
Rest bis zu 60 % des Werts des übersteigenden Gesamtbetrags der Einkünfte.

Der Begünstigungsbetrag nach § 34a Abs. 3 S. 1 EStG darf nicht einbezogen werden!

Abb. 5.4: Beispiel zur Beschränkung des Ausgleichs des Verlustvortrags, § 10d EStG

Im Veranlagungszeitraum **2021** werden folgende Einkünfte erzielt:
Einkünfte aus Gewerbebetrieb: Gewinn 14 Mio. €
Einkünfte aus Vermietung und Verpachtung Verlust 3 Mio. €

Es besteht ein **Verlustvortrag per 31.12.2020** von 12 Mio. €

Berechnung:
1. Verlustausgleich im laufenden Jahr 2021 (14–3 = 11)   11 Mio. €
2. Verlustvortrag aus dem Vorjahr: Sockelbetrag   − 1 Mio. €
   verbleiben   10 Mio. €
   restlicher Verlustabzug begrenzt auf 60 % des GdE   − 6 Mio. €
   verbleiben als Gesamtbetrag der Einkünfte (GdE)   **4 Mio. €**

Der verbleibende Verlustvortrag von **5 Mio. €** ist **per 31.12.2021 festzustellen**
(12 Mio. € aus 2020 abzüglich 1 + 6 Mio. € in 2021 verbraucht = Rest 5 Mio. €).

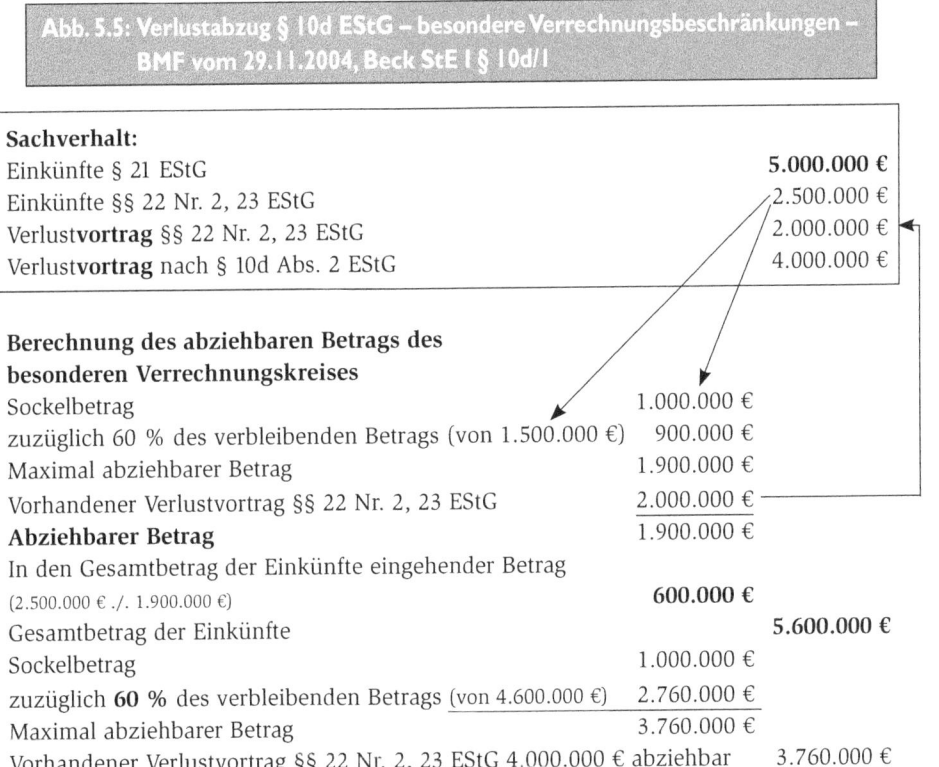

Abb. 5.5: Verlustabzug § 10d EStG – besondere Verrechnungsbeschränkungen – BMF vom 29.11.2004, Beck StE I § 10d/1

Sachverhalt:	
Einkünfte § 21 EStG	**5.000.000 €**
Einkünfte §§ 22 Nr. 2, 23 EStG	2.500.000 €
Verlust**vortrag** §§ 22 Nr. 2, 23 EStG	2.000.000 €
Verlust**vortrag** nach § 10d Abs. 2 EStG	4.000.000 €

Berechnung des abziehbaren Betrags des besonderen Verrechnungskreises

Sockelbetrag	1.000.000 €
zuzüglich 60 % des verbleibenden Betrags (von 1.500.000 €)	900.000 €
Maximal abziehbarer Betrag	1.900.000 €
Vorhandener Verlustvortrag §§ 22 Nr. 2, 23 EStG	2.000.000 €
Abziehbarer Betrag	1.900.000 €
In den Gesamtbetrag der Einkünfte eingehender Betrag (2.500.000 € ./. 1.900.000 €)	**600.000 €**
Gesamtbetrag der Einkünfte	**5.600.000 €**
Sockelbetrag	1.000.000 €
zuzüglich **60 %** des verbleibenden Betrags (von 4.600.000 €)	2.760.000 €
Maximal abziehbarer Betrag	3.760.000 €
Vorhandener Verlustvortrag §§ 22 Nr. 2, 23 EStG 4.000.000 € abziehbar	3.760.000 €
Gesamtbetrag der Einkünfte nach Verlustabzug	**1.840.000 €**

Abb. 5.6: Problemzone „negative Einkünfte in Drittstaaten" § 2a EStG

Negative Einkünfte der im § 2a Abs. 1 S. 1 Nr. 1 bis 7c EStG genannten Art

↓

dürfen nur mit positiven Einkünften der jeweils selben Art aus demselben Staat

↓

ausgeglichen werden. Ein Abzug nach § 10d EStG ist ausgeschlossen.

§ 2a Abs. 2a EStG

Davon abweichend ist nach § 2a Abs. 2 EStG ein Ausgleich **doch zulässig**, wenn es sich um gewerbliche Einkünfte handelt, die nach diesem Absatz nicht ausdrücklich ausgeschlossen werden (Waffenhandel, Fremdenverkehr).

Abb. 5.7: Problemzone „negative Einkünfte in Drittstaaten" § 2a EStG

Ohne DBA sofort § 2a EStG prüfen:
Keine Liebhaberei oder Verlustzuweisungsgesellschaft
1. Drittstaat ? = § 2a Abs. 2a EStG
2. Einkunftsart in § 2a Abs. 1 EStG erfasst?
3. Ausnahme nach § 2a Abs. 2 EStG? Aktive Tätigkeit? (**gewerbliche + § 17**)
4. Nicht ausgeglichene Verluste sind festzustellen.

Mit DBA
Keine Liebhaberei oder Verlustzuweisungsgesellschaft
1. **Welchem Land wird das Besteuerungsrecht zugewiesen?**
2. Bei Freistellung Progressionsvorbehalt beachten
3. Drittstaat ? = § 2a Abs. 2a EStG
4. Einkunftsart in § 2a Abs. 1 EStG erfasst?
5. Ausnahme nach § 2a Abs. 2 EStG? Aktive Tätigkeit? (**gewerbliche + § 17**)
6. Ausnahme des § 32b Abs. 1 S. 2 EStG beachten (**nicht** für Drittstaaten!).
7. Nicht ausgeglichene Verluste sind festzustellen.

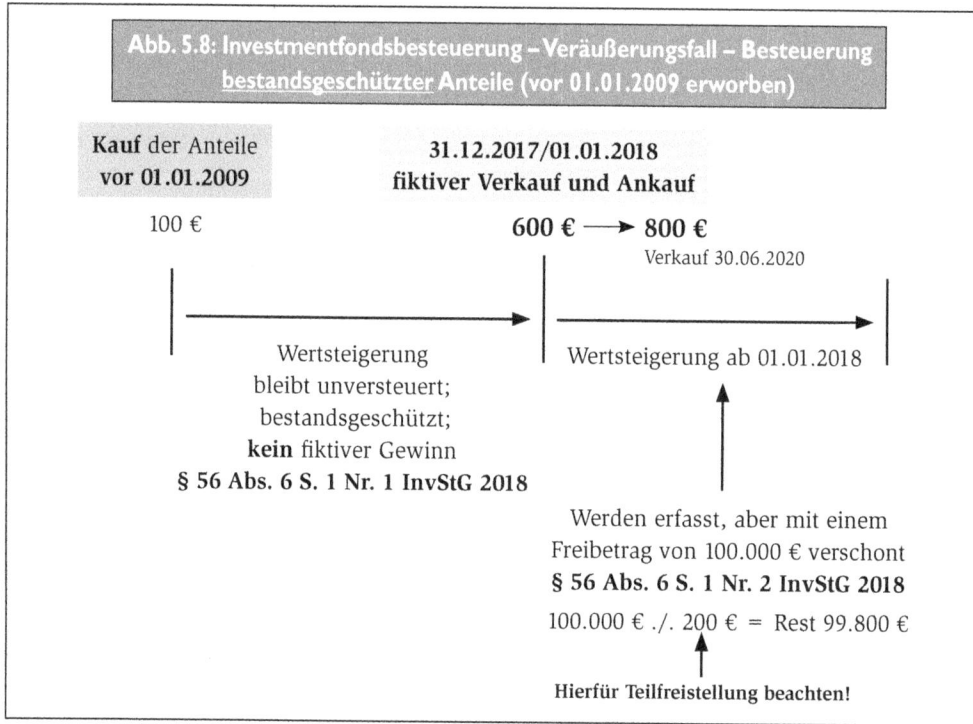

Abb. 5.8: Investmentfondsbesteuerung – Veräußerungsfall – Besteuerung bestandsgeschützter Anteile (vor 01.01.2009 erworben)

5.8 Abbildungen zu Kapitel 5

Abb. 5.9: Aufteilung von Abzugsbeträgen

Antrag zur Aufteilung der Abzugsbeträge bei Einzelveranlagung von Ehegatten / Lebenspartnern

Laut übereinstimmendem Antrag sind die Sonderausgaben, außergewöhnlichen Belastungen, die Steuerermäßigung für haushaltsnahe Beschäftigungsverhältnisse, Dienstleistungen und Handwerkerleistungen sowie die Steuerermäßigung für energetische Maßnahmen bei zu eigenen Wohnzwecken genutzten Gebäuden je zur Hälfte aufzuteilen.   222   1 = Ja

(Der Antrag auf Aufteilung in einem anderen Verhältnis als je zur Hälfte
- des Freibetrages zur Abgeltung eines Sonderbedarfs bei Berufsausbildung eines gemeinsamen volljährigen Kindes ist in Zeile 64 der Anlage Kind,
- bei Übertragung des Behinderten- oder Hinterbliebenen-Pauschbetrags eines gemeinsamen Kindes ist in Zeile 72 der Anlage Kind,
- bei Übertragung der behinderungsbedingten Fahrtkostenpauschale eines gemeinsamen Kindes ist in Zeile 75 der Anlage Kind

zu stellen.)

Kind bedingte Aufteilung in der Anlage Kind vornehmen.

Forschungszulage

Es wird beantragt, die Festsetzung der Einkommensteuer bis zur Festsetzung der Forschungszulage oder bis zur gesonderten und einheitlichen Feststellung von Anteilen an der festgesetzten Forschungszulage zurückzustellen.   860   1 = Ja
– Bei einer anspruchsberechtigten Personengesellschaft: Erläuterungen lt. gesonderter Aufstellung –

2021AnlSonstiges411   – Juli 2021 –   2021AnlSonstiges411

Anlage Sonstiges

6. Anlage WA-ESt

Was ist zu beachten – neu und wichtig – Checkliste

Durch „Homeoffice" in Zeiten der Pandemie können und werden Aufenthalte verändert	**Bilaterale Sonderregelungen** mit diversen Ländern lassen die gewohnte Zuordnung weiter gelten
Bei **Wegzug ins Ausland** oder **Zuzug aus dem Ausland** sind die Werte des gesamten Kalenderjahres zu berücksichtigen	Die dabei ausländischen Einkünfte werden in Zeile 6 eingetragen und nur mit dem Progressionsvorbehalt berücksichtigt
Änderungen des AStG ab 2021 beachten. Übergang in 2021 ist § 21 Abs. 3 AStG zu entnehmen. Beteiligungen i.S.d. § 17 EStG „stehen weiterhin im Feuer"	Innerhalb der letzten **12** Jahre mindestens **7** Jahre unbeschränkt steuerpflichtig löst § 6 AStG aus
Im Ausland lebende Steuerpflichtige mit inländischen Einkünften können unbeschränkte Steuerpflicht beantragen	Der Steuerpflichte beantragt nach § 1 Abs. 3 EStG und die Angehörigen nach § 1a EStG
Grenzüberschreitende Steuergestaltungen mit Registrier- und Offenlegungsnummer in Zeilen 32–34 eintragen	Die Trefferquote der Finanzverwaltung nimmt durch die „whistleblower" ständig zu. Grenzüberschreitende Vorgänge im Zweifel erklären

6. Anlage WA-ESt

2021

 Anleitung vorhanden

Anlage WA-ESt

Diese Anlage ist bei Zusammenveranlagung von Ehegatten / Lebenspartnern gemeinsam auszufüllen.

Zeile			
1	Name		
2	Vorname		
3	Steuernummer		

Weitere Angaben und Anträge in Fällen mit Auslandsbezug — 18

Nur bei zeitweiser unbeschränkter Steuerpflicht im Kalenderjahr 2021:

Zeile			vom	bis
4	Wohnsitz oder gewöhnlicher Aufenthalt im Inland	stpfl. Person / Ehemann / Person A	140	142
5		Ehefrau / Person B	141	143

Zeile		stpfl. Person / Ehegatten / Lebenspartner EUR
6	Ausländische Einkünfte, die außerhalb der in den Zeilen 4 und / oder 5 genannten Zeiträume bezogen wurden und nicht der deutschen Einkommensteuer unterlegen haben	122 ,—
7	In Zeile 6 enthaltene außerordentliche Einkünfte i. S. d. §§ 34, 34b EStG	177 ,—

Bei Beendigung der unbeschränkten Steuerpflicht:

Zeile		stpfl. Person / Ehemann / Person A		Ehefrau / Person B	
8	Mir gehörte im Zeitpunkt der Beendigung der unbeschränkten Steuerpflicht (Wegzug) eine Beteiligung i. S. d. § 17 EStG an einer in- oder ausländischen Kapitalgesellschaft / Genossenschaft (bitte den ermittelten fiktiven Veräußerungsgewinn in Zeile 44 der Anlage G eintragen).	171	1 = Ja 2 = Nein	172	1 = Ja 2 = Nein
9	Im Zeitraum zwischen Beendigung der unbeschränkten Steuerpflicht bis zur Abgabe der Einkommensteuererklärung 2021 lag mein Wohnsitz zumindest zeitweise in einem niedrig besteuernden Gebiet i. S. d. § 2 Abs. 2 AStG.	169	1 = Ja 2 = Nein	170	1 = Ja 2 = Nein

Nur bei Personen ohne Wohnsitz oder gewöhnlichen Aufenthalt im Inland, die beantragen, als unbeschränkt steuerpflichtig behandelt zu werden:

Zeile			
10	Ich beantrage für die Anwendung personen- und familienbezogener Steuervergünstigungen als unbeschränkt steuerpflichtig behandelt zu werden („Bescheinigung EU / EWR" oder „Bescheinigung außerhalb EU / EWR" bitte einreichen).		

Zeile		stpfl. Person / Ehemann / Person A EUR	Ehefrau / Person B EUR
11	Summe der nicht der deutschen Einkommensteuer unterliegenden Einkünfte (ggf. „0")	124 ,—	129 ,—
12	In Zeile 11 enthaltene Kapitalerträge, die der Abgeltungsteuer unterliegen oder – im Fall von ausländischen Kapitalerträgen – unterliegen würden	131 ,—	133 ,—

Zeile		stpfl. Person / Ehegatten / Lebenspartner EUR
13	In Zeile 11 enthaltene außerordentliche Einkünfte i. S. d. §§ 34, 34b EStG	177 ,—

Nur bei im EU- / EWR-Ausland oder in der Schweiz lebenden Ehegatten / Lebenspartnern:

Zeile	
14	Ich beantrage als Staatsangehöriger eines EU- / EWR-Staates die Anwendung familienbezogener Steuervergünstigungen. Nachweis ist einzureichen (z. B. „Bescheinigung EU / EWR"). Die nicht der deutschen Besteuerung unterliegenden Einkünfte beider Ehegatten / Lebenspartner sind in Zeile 11 enthalten.

Nur bei Angehörigen des deutschen öffentlichen Dienstes ohne Wohnsitz oder gewöhnlichen Aufenthalt im Inland, die im dienstlichen Auftrag außerhalb der EU oder des EWR tätig sind:

Zeile	
15	Ich beantrage die Anwendung familienbezogener Steuervergünstigungen („Bescheinigung EU / EWR" bitte einreichen).

Anzurechnende Steuern:

Zeile		stpfl. Person / Ehemann / Person A EUR	Ct	Ehefrau / Person B EUR	Ct
16	Steuerabzugsbeträge nach § 50a EStG (ohne Betrag in Zeile 18)	149	,	146	,
17	Solidaritätszuschlag zu Zeile 16	148	,	145	,
18	Steuerabzugsbeträge nach § 50a Abs. 7 EStG lt. Rentenbezugsmitteilung	105	,	107	,
19	Solidaritätszuschlag zu Zeile 18	106	,	108	,

Wohnsitz im Ausland im Kalenderjahr 2021 (wenn abweichend von den Zeilen 12 bis 27 des Hauptvordrucks ESt 1 A):

Zeile		Anschrift	Staat	vom	bis
20	stpfl. Person / Ehemann / Person A			191	192
21	Ehefrau / Person B			193	194

Anlage WA-ESt

Länderbezogener Bericht multinationaler Unternehmensgruppen:

		stpfl. Person / Ehemann / Person A	Ehefrau / Person B
31	Ich habe ein inländisches Unternehmen i. S. d. § 138a AO	166 1 = Ja	167 1 = Ja

Mitteilung von grenzüberschreitenden Steuergestaltungen

Ich bin / Wir sind Nutzer einer grenzüberschreitenden Steuergestaltung nach §§ 138d ff. AO, deren steuerlicher Vorteil sich erstmals im Jahr 2021 auswirken soll. Für diese wurden mir / uns folgende Registriernummer und Offenlegungsnummer zugeteilt:

32 Registriernummer 195

33 Offenlegungsnummer 196

34 Ich habe / Wir haben im Jahr 2021 eine grenzüberschreitende Steuergestaltung verwirklicht, für die mir / uns noch keine Registriernummer und Offenlegungsnummer vorliegt. 197 1 = Ja

– Erläuterungen zur Steuergestaltung nehmen Sie in einer gesonderten Anlage mit der Überschrift „Ergänzende Angaben zur Steuererklärung" vor und tragen in Zeile 45 des Hauptvordrucks ESt 1 A eine „1" ein. –

6. Anlage WA-ESt

Mitteilung des BMF vom 03.04.2020
Der Ausbruch der Covid-19-Pandemie fordert derzeit alle heraus. Aufgabe der Bundesregierung ist es, mit Umsicht und Bedacht entschieden Maßnahmen zu ergreifen, um das Ausmaß der persönlichen Belastungen für alle Bürger*innen und Unternehmen möglichst gering zu halten und nicht zusätzliche Unsicherheit zu schüren.

Der Empfehlung, möglichst zuhause zu bleiben, kommen viele Bürger*innen nach. Vor Herausforderungen stellt dies auch Grenzpendler*innen, die normalerweise täglich von ihrem Wohnsitz aus in einen anderen Staat zur Arbeit pendeln. Wenn sie nun, wie von den Gesundheitsbehörden empfohlen, vermehrt ihrer Tätigkeit im Homeoffice nachgehen, kann dies auch steuerliche Folgen auslösen, etwa dann, wenn nach den zugrunde liegenden Regelungen des Doppelbesteuerungsabkommens der beiden betroffenen Staaten das Überschreiten einer bestimmten Anzahl an Tagen, an denen der eigentliche Tätigkeitsstaat nicht aufgesucht wird, zu einem teilweisen Wechsel des Besteuerungsrechts führt.

Doppelbesteuerungsabkommen sind zwischenstaatliche Verträge, in denen zwei Staaten regeln, welcher Staat bei grenzüberschreitenden Aktivitäten das Besteuerungsrecht hat. Die Frage, welcher Staat bei Beschäftigten, die in einem Staat wohnen und in einem anderen Staat ihrer beruflichen Tätigkeit nachgehen, besteuern darf und wie in diesem Zusammenhang **eine Homeoffice-Tätigkeit zu bewerten ist, ist nicht immer einheitlich geregelt**.

Nach den Doppelbesteuerungsabkommen etwa mit Frankreich ändern die zusätzlichen Homeoffice-Tage nichts an der vorgesehenen Aufteilung der Besteuerungsrechte.

Im Hinblick auf Doppelbesteuerungsabkommen mit anderen Staaten, etwa mit Luxemburg, den Niederlanden und Österreich, kann ein erhöhtes Maß an Homeoffice-Tagen hingegen zu einer Änderung der Aufteilung der Besteuerungsrechte und damit zu einer Änderung der steuerlichen Situation der betroffenen Beschäftigten führen. Das Bundesministerium der Finanzen strebt daher an, bilaterale Sonderregelungen zu vereinbaren, um den Effekt, der mit einem ungewollten Wechsel des Besteuerungsrechts einhergeht, zu verhindern.

In diesen Fällen wird das Bundesministerium der Finanzen angrenzenden Staaten eine zeitlich befristete Konsultationsvereinbarung vorschlagen. Ziel ist, eine Sonderregelung für die Zeit zu schaffen, in denen aufgrund der hohen Ansteckungsgefahr die Gesundheitsbehörden weiterhin zu Homeoffice raten, mit dem Ziel, es den betroffenen Beschäftigten zu ermöglichen, dass sie in diesem Zeitraum so behandelt werden, **als hätten sie ihrer Arbeit wie gewohnt an ihrem eigentlichen Tätigkeitsort nachgehen können**. Die Covid-19-bedingte Homeoffice-Tätigkeit hätte damit keine steuerlich nachteiligen Folgen für die betroffenen Grenzpendler*innen. Dies erlaubt, flexibel auf die derzeitige Ausnahmesituation zu reagieren, ohne die zugrundeliegenden Regelungen tatsächlich ändern zu müssen.

Konkret wird eine zeitlich befristete Sonderregelung angestrebt, nach der Arbeitstage, für die Arbeitslohn bezogen wird und an denen grenzüberschreitend tätige Beschäftigte nur aufgrund der Maßnahmen zur Bekämpfung der Covid-19-Pandemie ihre Tätigkeit im Homeoffice ausüben, als in dem Vertragsstaat verbrachte Arbeitstage gelten können, in dem die Beschäftigten ihre Tätigkeit ohne die Maßnahmen zur Bekämpfung der Covid-19 Pandemie ausgeübt hätten (Tatsachenfiktion). Für Arbeitstage, die unabhängig von diesen Maßnahmen im Homeoffice oder in einem Drittstaat verbracht worden wären, soll diese Möglichkeit nicht gelten, insbesondere dann nicht, wenn die Beschäftigten lt. arbeitsvertraglicher Regelungen grundsätzlich ohnehin im Homeoffice tätig wären.

Hintergrund ist, dass zwar mangels Gefahr einer Doppelbesteuerung grundsätzlich keine sachliche Unbilligkeit vorliegt, wenn das Besteuerungsrecht aufgrund veränderter Tatsachen von einem Vertragsstaat zu einem anderen Vertragsstaat übergeht. Insbesondere nachdem die WHO aber die Ausbreitung des Corona-Virus als Pandemie eingestuft hat und daraufhin viele Staaten wie auch Deutschland ihre Maßnahmen zur Bekämpfung der Ausbreitung verschärft (Einschränkungen des Grenzverkehrs und z.T. Ausgangssperren) und ihre Appelle an die Bevölkerung, möglichst zuhause zu bleiben, intensiviert haben, ist eine pragmatische und zeitlich beschränkte Regelung angemessen, um in der bestehenden Krise die Menschen dazu zu motivieren, soweit wie möglich tatsächlich zuhause zu bleiben und sie in der herausfordernden Situation nicht zusätzlich mit steuerlichen Auswirkungen zu verunsichern.

Sobald die aufgrund der Covid-19-Pandemie ausgerufenen Maßnahmen wieder zurückgefahren werden, wird auch diese Sonderregelung wieder aufgehoben.

Die im Einkommensteuergesetz vorgesehenen Vergünstigungen, z.B. Splittingtarif, Freibeträge, Sonderausgaben, außergewöhnliche Belastungen, also Sachverhalte, die die Einkommensteuerbelastung senken, werden häufig (fast immer!) nur dann gewährt, wenn **unbeschränkte Steuerpflicht** vorliegt.

Unbeschränkte Einkommensteuerpflicht liegt immer dann vor, wenn der Wohnsitz oder gewöhnliche Aufenthalt im Inland belegen ist. Dann sind allerdings auch sämtliche Einkünfte (das Welteinkommen) steuerlich in Deutschland zu erfassen. Doppelbesteuerungsabkommen und Begünstigungen nach §§ 34c und 34d EStG entschärfen diesen Bereich.

Wird der Wohnsitz im **Laufe des Jahres 2021 ins Ausland oder vom Ausland ins Inland** verlegt, sind gem. § 2 Abs. 7 EStG sämtliche Einkünfte des Kalenderjahres, also auch die während einer möglichen beschränkten Steuerpflicht erzielten, in eine gemeinsame Erklärung einzubeziehen. Hierfür sind die Eintragungen in **Zeilen 4–7** vorgesehen.

> **Beispiel 6.1:** Die bis dahin in Berlin lebende Conchita ist am 01.09.2021 in ihr Heimatland zurückgezogen. Bis zum 31.08.2021 erzielte sie in Deutschland Arbeitslohn i.H.v. 25.000 €. Ab September 2021 ist sie ausschließlich in Spanien nichtselbstständig tätig und erzielte dort steuerpflichtigen Arbeitslohn i.H.v. 8.000 €. Die mit dem Umzug im Zusammenhang stehenden Ausgaben betragen 2.500 €.
>
> **Lösung:** Conchita ist als natürliche Person bis zu ihrem Wegzug aus Deutschland in Deutschland unbeschränkt einkommensteuerpflichtig, § 1 Abs. 1 EStG. Mit dem Wegzug unter Aufgabe des inländischen Wohnsitzes endet die unbeschränkte Steuerpflicht gem. § 1 Abs. 1 EStG. Nach ihrem Wegzug ist Conchita aus deutscher Sicht nicht mehr nach § 1 Abs. 1 EStG persönlich steuerpflichtig. Die in der Zeit ab 01.09.2021 erzielten ausländischen Einkünfte können daher grundsätzlich nicht in Deutschland besteuert werden.
>
> Gem. § 32b Abs. 1 S. 1 Nr. 2 EStG beeinflussen sie aber den Steuersatz im Wegzugsjahr (Progressionsvorbehalt). Die Kosten für den Rückumzug zur Aufnahme einer nichtselbständigen Arbeit sind bei der Ermittlung der inländischen steuerpflichtigen

> Einkünfte nicht abziehbar, wenn der ausländische Arbeitslohn nicht der deutschen Besteuerung unterliegt und die Steuerpflichtige nicht von vornherein von ihrem Arbeitgeber zeitlich befristet nach Deutschland entsendet wurde.
> Diese Werbungskosten beeinflussen aber die dem Progressionsvorbehalt unterliegenden Einkünfte.
> Der mit § 50d Abs. 8 EStG geforderte Nachweis der Besteuerung dieser Einkünfte im Ausland trifft den vorliegenden Sachverhalt nicht. § 50d EStG greift für den Fall von Besonderheiten im Zusammenhang mit Doppelbesteuerungsabkommen.
> Hier liegt jedoch gar kein Fall eines DBA vor. Ab 01.09.2021 ist Conchita weder unbeschränkt noch beschränkt steuerpflichtig nach § 1 Abs. 4 EStG, da sie keine Einkünfte i.S.d. § 49 EStG erzielt. Deutschland hat damit kein Besteuerungsrecht. Die Finanzverwaltung fordert dennoch regelmäßig den Nachweis der Besteuerung dieser im Ausland erzielten Einkünfte an.

Zeilen 8 und 9

Sollte der Mandat seinen Wohnsitz in Deutschland aufgeben wollen, sind die Bedingungen der Wegzugsbesteuerung (§ 6 AStG, § 17 EStG) zu beachten:

War der Mandant innerhalb der letzten 12 Jahre mindestens 7 Jahre unbeschränkt einkommensteuerpflichtig nach § 1 Abs. 1 EStG und die unbeschränkte Steuerpflicht endet durch Aufgabe des Wohnsitzes oder des gewöhnlichen Aufenthalts?

Dieser Beendigung steht gleich:
- die unentgeltliche Übertragung der Anteile an Kapitalgesellschaften,
- die Begründung eines Wohnsitzes im Ausland, wenn nach dem DBA die Ansässigkeit im ausländischen Staat erfüllt wird,
- bei Einlage der Anteile in einen ausländischen Betrieb/Betriebsstätte, wenn das Besteuerungsrecht Deutschlands durch DBA ausgeschlossen wird.

Die Besteuerung erfolgt im Jahr des Wegzugs und damit noch in der Zeit der unbeschränkten Steuerpflicht. Damit eine mögliche Stundung des durch diese fiktive Veräußerung entstehenden Steuerbetrags möglich ist, müssen die dafür vorliegenden Voraussetzungen geprüft werden:

- Bei nur vorübergehender Abwesenheit – der Steuerpflichtige wird innerhalb von 7 Jahren nach Beendigung der unbeschränkten Steuerpflicht wieder unbeschränkt steuerpflichtig – entfällt der Steueranspruch nach § 6 Abs. 1 AStG, wenn die Anteile in der Zwischenzeit nicht veräußert worden sind. Die Frist kann um höchstens 5 Jahre verlängert werden (§ 6 Abs. 3 AStG).
- Die nach § 6 Abs. 1 AStG geschuldete Einkommensteuer ist auf Antrag in sieben gleichen Jahresraten zu stunden, wenn erhebliche Härten vorliegen (§ 6 Abs. 4 AStG). Die erforderlichen Formalien – jährliche Meldungen bis 31. Januar § 6 Abs. 5 AStG – sind dabei zu beachten!
- Die Abfrage nach der erweitert beschränkten Steuerpflicht des § 2 AStG in Zeile 9 ist zu beachten.

Zeilen 10–15

Wichtig! Von den Angaben in Zeilen 4–9 zu unterscheiden sind die Eintragungen in den Zeilen 10–15.

Hier handelt sich immer um Personen, die ihren Wohnsitz oder gewöhnlichen Aufenthalt **nicht im Inland** haben, aber inländische Einkünfte erzielen. Diesen Personen würden die steuerlichen Vergünstigungen als beschränkt Steuerpflichtige verloren gehen.

Werden die nachstehenden Bedingungen erfüllt, kann **der Steuerpflichtige die unbeschränkte Einkommensteuerpflicht für sich beantragen**. Es müssen dafür:
- mindestens 90 % seiner Einkünfte der deutschen Einkommensteuer unterliegen,
- oder die nicht der deutschen Einkommensteuer unterliegenden Einkünfte übersteigen den Grundfreibetrag von 9.744 € nicht,
- die Höhe der nicht der deutschen Einkommensteuer unterliegenden Einkünfte ist durch eine Bescheinigung der ausländischen Steuerbehörde nachzuweisen.

Das Finanzamt Neubrandenburg hat mit einer hohen Treffergenauigkeit die im Ausland lebenden Rentner, die über inländische Rentenbezüge verfügen, erfasst und angeschrieben. Der Aufforderung, eine Steuererklärung über die inländischen Renteneinkünfte abzugeben, folgt zeitnah eine Schätzung unter Ansatz der Renteneinnahmen als beschränkt Steuerpflichtige. Dies hat zur Folge, dass jede noch so kleine Rentenzahlung zu einer Steuer führt, weil für beschränkt Steuerpflichtige kein Grundfreibetrag zu gewähren ist.

Hier muss also unbedingt ein möglicher Antrag nach § 1 Abs. 3 EStG geprüft werden. Die Bescheinigung EU/EWR der ausländischen Steuerbehörde ist unverzüglich anzufordern. Damit kann dann der Nachweis erbracht werden, ob die Grenzen der ausländischen Einkünfte i.S.d. § 1 Abs. 3 EStG überschritten sind. Kann eine unbeschränkte (fiktive) Einkommensteuerpflicht beantragt werden, wird in vielen Fällen keine oder eine sehr viel geringere Besteuerung der Renteneinkünfte erfolgen.

Im Ausland lebende **Ehegatten** eines unbeschränkt Einkommensteuerpflichtigen sind nicht unbeschränkt einkommensteuerpflichtig. Für die Zusammenveranlagung oder für die Berücksichtigung von Unterhaltsleistungen bzw. Versorgungsleistungen und damit der sogenannten fiktiven unbeschränkten Steuerpflicht sieht § 1a EStG vor, dass:
- der Steuerpflichtige selbst ein Staatsangehöriger der EU/EWR ist,
- der Ehegatte in einem Land der EU/EWR lebt
- und die Besteuerung der empfangenen Leistungen durch eine Bescheinigung der zuständigen ausländischen Steuerbehörde nachweist.

Diese Angaben sind in der **Zeile 14** vorzunehmen.

> **Beispiel 6.2:** Die deutschen Staatsangehörigen Rita und Rudi Rentner verlegen ihren Wohnsitz nach Mallorca/Spanien. Sie erhalten nach wie vor ihre Renteneinkünfte, Einkünfte aus einem Haus in Berlin und Kapitalerträge.
>
> **Lösung:** Würden die Ehegatten keinen Antrag nach § 1 Abs. 3 EStG stellen und damit die unbeschränkte Einkommensteuerpflicht beantragen, wären sie mit den inländischen Einkünften beschränkt steuerpflichtig. Splittingtarif, Sonderausgaben, Pauschbeträge für Behinderungen und sonstige außergewöhnliche Belastungen könnten nicht berücksichtigt werden.
>
> Viele Rentner begeben sich damit unnötig in Grauzonen des Steuerrechts (auf beiden Seiten! Auch in Spanien!), in dem sie hier in Deutschland einen sogenannten Scheinwohnsitz (melderechtliche Anmeldung) beibehalten und damit hier weiter als unbeschränkt einkommensteuerpflichtig gelten.

6. Anlage WA-ESt

Zeilen 20 + 21

Haben die Steuerpflichtigen noch weitere Wohnsitze, sind für beide Ehegatten der jeweilige Staat, die Anschrift und die Zeiten des Beginns oder der Beendigung des Wohnsitzes im Ausland anzugeben.

Maßnahmen zur Verbesserung der Transparenz internationaler Konzerne haben zur Einführung einer „CbCR" (Country-by-Country Reporting) geführt. Konzerne müssen nach § 138a AO länderbezogene Berichte zur Überprüfung steuerrelevanter Gestaltungen, insbesondere bei den Verrechnungspreisen, erstellen.

Für Einzelunternehmer ist jedoch nur die Möglichkeit der Konzernobergesellschaft möglich. Sollte dieser Fall gegeben sein, ist in Zeile 31 eine 1 einzutragen.

Zeilen 32–34

Wer eine grenzüberschreitende Steuergestaltung im Sinne des § 138d Abs. 2 AO vermarktet, für Dritte konzipiert, organisiert oder zur Nutzung bereitstellt oder ihre Umsetzung durch Dritte verwaltet (Intermediär), hat die grenzüberschreitende Steuergestaltung dem Bundeszentralamt für Steuern nach Maßgabe der §§ 138f und 138h mitzuteilen.

Eine Steuergestaltung ist jedoch nur dann meldepflichtig, wenn eines der Kennzeichen erfüllt ist, die in § 138e AO enthalten sind (§ 138d Abs. 3 AO). Mithilfe solcher Kennzeichen (nach DAC 6 englisch „hallmarks" genannt) versucht der Gesetzgeber, typischerweise aggressive Steuergestaltungen zu charakterisieren. Die Kennzeichen stellen damit den Kernbereich der Meldepflichtregelungen dar.

Der danach bezeichnete **„Main-Benefit-Test"** knüpft an formale Kriterien einer Gestaltung an, die sich aus dem Verhältnis Intermediär – Nutzer ergeben:

Der Hauptvorteilstest stellt die folgenden Fragen:

1. Liegt ein Steuervorteil vor?
2. Ist der Steuervorteil der oder einer der Hauptvorteil(e)?
3. Der Steuervorteil kann aus der Vermeidung/Verminderung der Besteuerung, einem Steuerfreibetrag oder der Erhöhung der Steuerverluste bestehen. Diese können entweder vorübergehend oder auch definitiv sein (z.B. Steuerstundung oder zeitversetzte Steuerrückzahlungen).

- Nach der EU-Richtlinie werden sämtliche Steuerarten umfasst,
- der Begriff der Steuergestaltung ist **sehr weit ausgestaltet** und mit einem umfangreichen Kennzeichenkatalog nach **§ 138e AO** beschrieben,
- eine relativ kurze Meldefrist von 30 Tagen und eine recht lang rückwirkende Meldepflicht bis zum 25.06.2020 erschweren die rechtzeitige und häufig sehr aufwendige Bearbeitung derartiger Sachverhalte.

Grenzüberschreitende Vorgänge sollten daher bereits in der Vorbereitung auf § 138e AO überprüft werden.

6.1 Abbildungen zu Kapitel 6

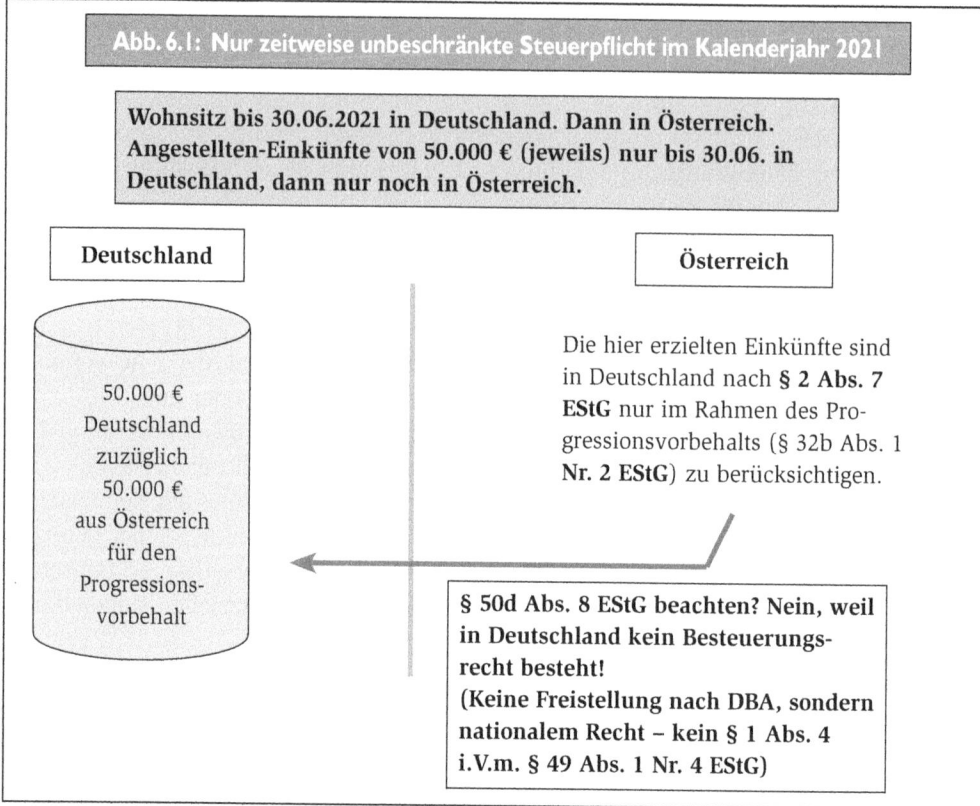

Abb. 6.1: Nur zeitweise unbeschränkte Steuerpflicht im Kalenderjahr 2021

Wohnsitz bis 30.06.2021 in Deutschland. Dann in Österreich. Angestellten-Einkünfte von 50.000 € (jeweils) nur bis 30.06. in Deutschland, dann nur noch in Österreich.

Deutschland

Österreich

50.000 € Deutschland zuzüglich 50.000 € aus Österreich für den Progressionsvorbehalt

Die hier erzielten Einkünfte sind in Deutschland nach **§ 2 Abs. 7 EStG** nur im Rahmen des Progressionsvorbehalts (§ 32b Abs. 1 Nr. 2 EStG) zu berücksichtigen.

§ 50d Abs. 8 EStG beachten? Nein, weil in Deutschland kein Besteuerungsrecht besteht!
(Keine Freistellung nach DBA, sondern nationalem Recht – kein § 1 Abs. 4 i.V.m. § 49 Abs. 1 Nr. 4 EStG)

Abb. 6.2: Problemzone „Wegzugsbesteuerung" § 6 AStG

Änderungen des § 6 AStG beachten

Sollte der Mandant **seinen Wohnsitz in Deutschland aufgeben** wollen, sind die Bedingungen der Wegzugsbesteuerung (§§ 6 AStG, 17 EStG) zu beachten:
1. War der Mandant innerhalb der letzten **12** Jahre mindestens **7** Jahre unbeschränkt einkommensteuerpflichtig nach § 1 Abs. 1 EStG und
2. die unbeschränkte Steuerpflicht endet durch Aufgabe des Wohnsitzes oder des gewöhnlichen Aufenthalts?

Dieser Beendigung steht gleich:
- die unentgeltliche Übertragung der Anteile an Kapitalgesellschaften.
- die Begründung eines Wohnsitzes im Ausland, wenn nach dem DBA die Ansässigkeit im ausländischen Staat erfüllt wird.
- bei Einlage der Anteile in einen ausländischen Betrieb/Betriebsstätte, wenn das Besteuerungsrecht Deutschlands durch DBA ausgeschlossen wird.

Nachweise: Abmeldung im Inland und Anmeldung im Ausland!

Abb. 6.3: § 6 AStG – Folgen der Wegzugsbesteuerung

Änderungen des § 6 AStG beachten

§ 17 EStG ist – wenn die sonstigen Voraussetzungen des § 17 EStG vorliegen – auch <u>ohne Veräußerung</u> anzuwenden.
An Stelle des Veräußerungspreises tritt der gemeine Wert der Anteile im Zeitpunkt der Beendigung der unbeschränkten Steuerpflicht.
<u>Zwingender Nachweis</u>, damit spätere Wertsteigerungen nicht besteuert werden!

Bei **vorübergehender Abwesenheit** – der Steuerpflichtige wird innerhalb von 5 Jahren nach Beendigung der unbeschränkten Steuerpflicht wieder unbeschränkt steuerpflichtig – ...
entfällt der Steueranspruch nach § 6 Abs. 1 AStG, wenn die Anteile in der Zwischenzeit nicht veräußert worden sind. Die Frist kann um höchstens 5 Jahre verlängert werden, § 6 Abs. 3 AStG.
Die nach § 6 Abs. 1 AStG geschuldete ESt ist auf Antrag für einen Zeitraum von höchstens 5 Jahren <u>zu stunden</u>, wenn erhebliche Härten vorliegen, § 6 Abs. 4 und 5 AStG.
Formalien – jährliche Meldungen bis 31. Januar – § 6 Abs. 7 AStG beachten!

Abb. 6.4: Unbeschränkte Steuerpflicht natürlicher Personen auf Antrag nach § 1 Abs. 3 EStG

Deutschland

Einkünfte im Sinne des § 49 EStG werden in Deutschland erzielt.

Diese unterliegen grundsätzlich der beschränkten Besteuerung und schließen bestimmte Vergünstigungen aus (Grundfreibetrag, Sonderausgaben ...).

Unbeschränkte Besteuerung kann beantragt werden; EU/EWR Staatsangehörigkeit ist nicht erforderlich.

Wohnort im Ausland und keinen Wohnsitz oder gewöhnlichen Aufenthalt in Deutschland.

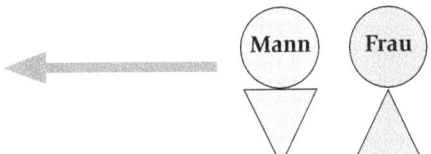

Voraussetzungen:
1. Sämtliche Einkünfte unterliegen zu 90 % der deutschen Einkommensteuer,
2. oder die nicht der deutschen Einkommensteuer unterliegenden Einkünfte übersteigen nicht den Grundfreibetrag nach § 32a EStG.
3. Bescheinigung der ausländischen Einkünfte – ggf. auch Nullbescheinigung – muss vorgelegt werden.

Abb. 6.5: „Auslandsrentner" mit „Inlandsrente" und der Antrag nach § 1 Abs. 3 EStG

Zuständig für die Bearbeitung der Rentner, die keinen Wohnsitz oder gewöhnlichen Aufenthalt im Inland haben, aber Renten aus einer inländischen Rentenversicherung erhalten, ist das Finanzamt Neubrandenburg.

Besteht mit dem Ansässigkeitsstaat ein Doppelbesteuerungsabkommen, hat regelmäßig Deutschland ein Besteuerungsrecht. Die Daten der Renteneinkünfte werden dem Finanzamt Neubrandenburg automatisch übermittelt.

Beschränkt Steuerpflichtige erhalten jedoch nach § 50 Abs. 1 S. 2 EStG keinen Grundfreibetrag, sodass jede noch so kleine Rente zu einer tariflichen Einkommensteuer führt!

Gerade für derartige Fälle bietet sich der Antrag nach § 1 Abs. 3 EStG an, weil dann neben dem Grundfreibetrag auch weitere begünstigende Aufwendungen und Freibeträge zu berücksichtigen sind. Für die ausländischen Einkünfte ist der Progressionsvorbehalt des § 32b Abs. 1 S. 2 Nr. 5 EStG zu beachten.

Abb. 6.6: Fiktive unbeschränkte Steuerpflicht für Familienangehörige (§ 1a EStG)

Wohnort im **Inland/Deutschland** und europäischer Staatsangehöriger

Wohnort in einem **EU-/EWR-Ausland** und Nachweis der Besteuerung der Unterhaltszahlungen

Mann → zahlt Unterhalt und will diesen als Sonderausgaben abziehen → Frau

leben nicht dauernd getrennt und wollen die Zusammenveranlagung

Wohnort in einem EU-/EWR-Ausland (und bei Anwendung des § 1 Abs. 3 EStG ausländische Einkünfte nicht größer 10 % oder doppelter Grundfreibetrag)

7. Anlage Unterhalt

Was ist zu beachten – neu und wichtig – Checkliste

Häufigster Fall sind die eigenen Kinder, für die es keinen Kinderfreibetrag mehr gibt (älter 25 Jahre)	Auch für die Zeit zwischen Abitur und Beginn des Studiums. Häufig günstiger als Kindergeld
Nur für gesetzlich zum Unterhalt berechtigten oder dieser gleichgestellten Person	Bis maximal 9.744 € + Basis-Krankenversicherungsbeiträge
Keine Berücksichtigung von Unterhaltsaufwendungen an die BAföG-beziehende Lebensgefährtin als außergewöhnliche Belastung	BFH Urteil vom 31.03.2021, VI R 2/19
Einkünfte und Bezüge von mehr als 624 € im Jahr werden angerechnet. Kostenpauschale von 180 € beachten	Vermögen der unterhaltenen Person von mehr als 15.500 € muss zunächst verbraucht werden
Nachweis der geleisteten Aufwendungen durch Banküberweisung. Barzahlungen erfordern zusätzliche Indizien (woher stammt das Geld, wie übergeben …)	Im Haushalt lebende Unterhaltsempfänger erhalten ohne weiteren Nachweis den Höchstbetrag; R 33a Abs. 1 S. 5 EStR
Für jeden vollen Kalendermonat, in dem die Voraussetzungen nicht vorliegen, vermindern sich die Beträge um je ein Zwölftel	Es ist daher immer von Bedeutung, wann (in welchem Monat!) die Unterhaltsleistungen erbracht werden
Auslandssachverhalte erfordern weitergehende Nachweise, weil keine ID-Nr. zur Überprüfung der Angaben vorliegt	**Zweisprachige Unterhaltserklärung** der ausländischen Behörde anfordern
Ländergruppeneinteilung ab 01.01.2021 beachten. BMF vom 11.11.2020 (BStBl I 2020, 1212)	Ungarn, Polen, Kroatien sind in Gruppe 2 „aufgestiegen"

7. Anlage Unterhalt

2021

Anlage Unterhalt

Diese Anlage ist bei Zusammenveranlagung von Ehegatten / Lebenspartnern gemeinsam auszufüllen.

Für jeden unterstützten Haushalt bitte eine eigene Anlage Unterhalt abgeben.

Anleitung vorhanden

Zeile		
1	Name	
2	Vorname	
3	Steuernummer	lfd. Nr. der Anlage

Angaben zu Unterhaltsleistungen an bedürftige Personen

Haushalt, in dem die unterstützte(n) Person(en) lebte(n) — 53

| 4 | Anschrift dieses Haushaltes |
| 5 | Wohnsitzstaat, wenn Ausland |

Die Eintragungen in den Zeilen 6 bis 10 und 17 bis 26 sind nur in der ersten Anlage Unterhalt je Haushalt erforderlich.

| 6 | Anzahl der Personen, die in dem Haushalt lt. Zeile 4 lebten | Anzahl |

Aufwendungen für den Unterhalt

7	Erster Unterstützungszeitraum, für den Unterhalt geleistet wurde, und Höhe der Aufwendungen (einschließlich von mir getragener Beträge lt. den Zeilen 11 bis 25)	vom	bis	Gesamtaufwendungen EUR
8	Zeitpunkt der ersten Unterhaltsleistung für den ersten Unterstützungszeitraum im Kalenderjahr			
9	Zweiter Unterstützungszeitraum, für den Unterhalt geleistet wurde, und Höhe der Aufwendungen (einschließlich von mir getragener Beträge lt. den Zeilen 11 bis 25)	vom	bis	Gesamtaufwendungen EUR
10	Zeitpunkt der ersten Unterhaltsleistung für den zweiten Unterstützungszeitraum im Kalenderjahr			

Beiträge zu Basis-Kranken- und gesetzlichen Pflegeversicherungen, die von der / den unterstützten Person(en) als Versicherungsnehmer geschuldet wurden.

		Auf den ersten Unterstützungszeitraum entfallen EUR	Auf den zweiten Unterstützungszeitraum entfallen EUR
11	Basis-Kranken- und gesetzliche Pflegeversicherungsbeiträge (abzüglich steuerfreier Zuschüsse und erstatteter Beiträge) für die unterstützte Person lt. Zeile 32		
12	in Zeile 11 enthaltene Beiträge, aus denen sich ein Anspruch auf Krankengeld ergibt		
13	Basis-Kranken- und gesetzliche Pflegeversicherungsbeiträge (abzüglich steuerfreier Zuschüsse und erstatteter Beiträge) für die unterstützte Person lt. Zeile 62		
14	In Zeile 13 enthaltene Beiträge, aus denen sich ein Anspruch auf Krankengeld ergibt		
15	Basis-Kranken- und gesetzliche Pflegeversicherungsbeiträge (abzüglich steuerfreier Zuschüsse und erstatteter Beiträge) für die unterstützte Person lt. Zeile 92		
16	In Zeile 15 enthaltene Beiträge, aus denen sich ein Anspruch auf Krankengeld ergibt		

Unterhaltsleistungen an im Ausland lebende Personen

EUR

17	Unterhaltszahlungen durch Bank- oder Postüberweisung	
18	Unterhaltszahlungen durch Übergabe von Bargeld	
		Einreisedatum	Übergabedatum
19	Mitgenommene Beträge		
20			
21	Unterhaltszahlungen im Rahmen von Familienheimfahrten zum Ehegatten / Lebenspartner	
22		
23		
24		
25		
26	Nettomonatslohn der unterstützenden stpfl. Person	

2021AnlUnterhalt191 – Juli 2021 – 2021AnlUnterhalt191

7. Anlage Unterhalt

Allgemeine Angaben zur unterstützten Person

31 Identifikationsnummer — lfd. Nr.

32 Name, Vorname — Geburtsdatum — Sterbedatum — wenn 2021 verstorben

33 Beruf, Familienstand — Verwandtschaftsverhältnis zur unterstützenden Person

34 **Bei Unterhaltsempfängern im Ausland:** Die von der Heimatbehörde und der unterstützten Person bestätigte Unterhaltserklärung über die Bedürftigkeit liegt mir vor. — 1 = Ja / 2 = Nein

35 Name, Vorname des im selben Haushalt lebenden Ehegatten / Lebenspartners — vom — bis

36 Die unterstützte Person lebte in meinem inländischen Haushalt. — 1 = Ja / 2 = Nein — Falls ja (wenn nicht ganzjährig)

37 Hatte jemand für diese Person Anspruch auf Kindergeld oder Freibeträge für Kinder? — 1 = Ja / 2 = Nein — Falls ja (wenn nicht ganzjährig)

38 Die unterstützte Person ist mein
– geschiedener Ehegatte
– Lebenspartner einer aufgehobenen Lebenspartnerschaft
– dauernd getrennt lebender Ehegatte / Lebenspartner
(kein Abzug von Sonderausgaben nach § 10 Abs. 1a Nr. 1 EStG, keine Zusammenveranlagung). — 1 = Ja / 2 = Nein

39 Die unterstützte Person ist mein nicht dauernd getrennt lebender und nicht unbeschränkt einkommensteuerpflichtiger Ehegatte / Lebenspartner — 1 = Ja / 2 = Nein

40 Die unterstützte Person ist als Kindesmutter / Kindesvater gesetzlich unterhaltsberechtigt (bis zur Vollendung des dritten Lebensjahres des Kindes). — 1 = Ja / 2 = Nein — Falls ja (wenn nicht ganzjährig)

41 Die unterstützte Person ist nicht unterhaltsberechtigt, jedoch wurden oder würden bei ihr wegen der Unterhaltszahlungen öffentliche Mittel gekürzt oder nicht gewährt. — 1 = Ja / 2 = Nein — Falls ja (wenn nicht ganzjährig)

42 Gesamtwert des Vermögens der unterstützten Person — EUR

43 Zum Unterhalt der bedürftigen Person haben auch beigetragen (Name, Anschrift)

44 vom — bis — Betrag EUR

Einkünfte und Bezüge der unterstützten Person

Diese Person hatte

vom	bis	Bruttoarbeitslohn EUR	darauf entfallende Werbungskosten (ohne Werbungskosten zu Versorgungsbezügen) EUR	Versorgungsbezüge – im Arbeitslohn enthalten – EUR	Bemessungsgrundlage für den Versorgungsfreibetrag EUR	Werbungskosten zu Versorgungsbezügen EUR
45						
46						

maßgebendes Kalenderjahr des Versorgungsbeginns Jahr	vom	bis		Renten EUR	steuerpflichtiger Teil der Rente EUR	Werbungskosten zu Renten EUR
47						
48						

vom	bis	Einkünfte aus Kapitalvermögen (tarifliche Einkommensteuer) EUR		vom	bis	Übrige Einkünfte EUR
49						
50						

vom	bis	Erträge aus Kapitalvermögen (Abgeltungsteuer) EUR		vom	bis	Sozialleistungen / übrige Bezüge (z. B. aus Minijobs) EUR
51						
52						

vom	bis	Kosten zu allen Bezügen EUR		vom	bis	Öffentliche Ausbildungshilfen EUR
53						
54						

7. Anlage Unterhalt

Allgemeine Angaben zur unterstützten Person

61 Identifikationsnummer — lfd. Nr.

62 Name, Vorname — Geburtsdatum — wenn 2021 verstorben — Sterbedatum

63 Beruf, Familienstand — Verwandtschaftsverhältnis zur unterstützenden Person

64 Bei Unterhaltsempfängern im Ausland:
Die von der Heimatbehörde und der unterstützten Person bestätigte Unterhaltserklärung über die Bedürftigkeit liegt mir vor. — 1 = Ja / 2 = Nein

65 Name, Vorname des im selben Haushalt lebenden Ehegatten / Lebenspartners — vom — bis

66 Die unterstützte Person lebte in meinem inländischen Haushalt. — 1 = Ja / 2 = Nein — Falls ja (wenn nicht ganzjährig)

67 Hatte jemand für diese Person Anspruch auf Kindergeld oder Freibeträge für Kinder? — 1 = Ja / 2 = Nein — Falls ja (wenn nicht ganzjährig)

68 Die unterstützte Person ist mein
– geschiedener Ehegatte
– Lebenspartner einer aufgehobenen Lebenspartnerschaft
– dauernd getrennt lebender Ehegatte / Lebenspartner
(kein Abzug von Sonderausgaben nach § 10 Abs. 1a Nr. 1 EStG, keine Zusammenveranlagung). — 1 = Ja / 2 = Nein

69 Die unterstützte Person ist mein nicht dauernd getrennt lebender und nicht unbeschränkt einkommensteuerpflichtiger Ehegatte / Lebenspartner — 1 = Ja / 2 = Nein

70 Die unterstützte Person ist als Kindesmutter / Kindesvater gesetzlich unterhaltsberechtigt (bis zur Vollendung des dritten Lebensjahres des Kindes). — 1 = Ja / 2 = Nein — Falls ja (wenn nicht ganzjährig)

71 Die unterstützte Person ist nicht unterhaltsberechtigt, jedoch wurden oder würden bei ihr wegen der Unterhaltszahlungen öffentliche Mittel gekürzt oder nicht gewährt. — 1 = Ja / 2 = Nein — Falls ja (wenn nicht ganzjährig)

72 Gesamtwert des Vermögens der unterstützten Person — EUR

73 Zum Unterhalt der bedürftigen Person haben auch beigetragen (Name, Anschrift)

74 vom — bis — Betrag — EUR

Einkünfte und Bezüge der unterstützten Person

Diese Person hatte — Bruttoarbeitslohn — darauf entfallende Werbungskosten (ohne Werbungskosten zu Versorgungsbezügen) — Versorgungsbezüge – im Arbeitslohn enthalten – — Bemessungsgrundlage für den Versorgungsfreibetrag — Werbungskosten zu Versorgungsbezügen

75 vom — bis — EUR — EUR — EUR — EUR

76

maßgebendes Kalenderjahr des Versorgungsbeginns — Jahr — Renten — steuerpflichtiger Teil der Rente — Werbungskosten zu Renten

77 vom — bis — EUR — EUR

78

Einkünfte aus Kapitalvermögen (tarifliche Einkommensteuer) — Übrige Einkünfte

79 vom — bis — EUR — vom — bis — EUR

80

Erträge aus Kapitalvermögen (Abgeltungsteuer) — Sozialleistungen / übrige Bezüge (z. B. aus Minijobs)

81 vom — bis — EUR — vom — bis — EUR

82

Kosten zu allen Bezügen — Öffentliche Ausbildungshilfen

83 vom — bis — EUR — vom — bis — EUR

84

2021AnlUnterhalt193

7. Anlage Unterhalt

Allgemeine Angaben zur unterstützten Person

- 91 Identifikationsnummer / lfd. Nr.
- 92 Name, Vorname / Geburtsdatum / wenn 2021 verstorben Sterbedatum / Verwandtschaftsverhältnis zur unterstützenden Person
- 93 Beruf, Familienstand
- 94 Bei Unterhaltsempfängern im Ausland: Die von der Heimatbehörde und der unterstützten Person bestätigte Unterhaltserklärung über die Bedürftigkeit liegt mir vor. (1 = Ja, 2 = Nein)
- 95 Name, Vorname des im selben Haushalt lebenden Ehegatten / Lebenspartners (vom – bis)
- 96 Die unterstützte Person lebte in meinem inländischen Haushalt. (1 = Ja, 2 = Nein) Falls ja (wenn nicht ganzjährig)
- 97 Hatte jemand für diese Person Anspruch auf Kindergeld oder Freibeträge für Kinder? (1 = Ja, 2 = Nein) Falls ja (wenn nicht ganzjährig)
- 98 Die unterstützte Person ist mein
  - geschiedener Ehegatte
  - Lebenspartner einer aufgehobenen Lebenspartnerschaft
  - dauernd getrennt lebender Ehegatte / Lebenspartner
  (kein Abzug von Sonderausgaben nach § 10 Abs. 1a Nr. 1 EStG, keine Zusammenveranlagung). (1 = Ja, 2 = Nein)
- 99 Die unterstützte Person ist mein nicht dauernd getrennt lebender und nicht unbeschränkt einkommensteuerpflichtiger Ehegatte / Lebenspartner (1 = Ja, 2 = Nein)
- 100 Die unterstützte Person ist als Kindesmutter / Kindesvater gesetzlich unterhaltsberechtigt (bis zur Vollendung des dritten Lebensjahres des Kindes). (1 = Ja, 2 = Nein) Falls ja (wenn nicht ganzjährig)
- 101 Die unterstützte Person ist nicht unterhaltsberechtigt, jedoch wurden oder würden bei ihr wegen der Unterhaltszahlungen öffentliche Mittel gekürzt oder nicht gewährt. (1 = Ja, 2 = Nein) Falls ja (wenn nicht ganzjährig)
- 102 Gesamtwert des Vermögens der unterstützten Person — EUR
- 103 Zum Unterhalt der bedürftigen Person haben auch beigetragen (Name, Anschrift)
- 104 vom – bis / Betrag EUR

Einkünfte und Bezüge der unterstützten Person

Diese Person hatte: Bruttoarbeitslohn / darauf entfallende Werbungskosten (ohne Werbungskosten zu Versorgungsbezügen) / Versorgungsbezüge – im Arbeitslohn enthalten – / Bemessungsgrundlage für den Versorgungsfreibetrag / Werbungskosten zu Versorgungsbezügen

- 105 vom – bis / EUR / EUR / EUR / EUR / EUR
- 106
- 107 maßgebendes Kalenderjahr des Versorgungsbeginns (Jahr) / vom – bis / Renten / steuerpflichtiger Teil der Rente / Werbungskosten zu Renten EUR
- 108
- 109 Einkünfte aus Kapitalvermögen (tarifliche Einkommensteuer) EUR / vom – bis / Übrige Einkünfte EUR
- 110
- 111 Erträge aus Kapitalvermögen (Abgeltungsteuer) EUR / vom – bis / Sozialleistungen / übrige Bezüge (z. B. aus Minijobs) EUR
- 112
- 113 vom – bis / Kosten zu allen Bezügen EUR / vom – bis / Öffentliche Ausbildungshilfen EUR
- 114

2021AnlUnterhalt194

<u>usbekisch</u>

20__учун молиявий ёрдам олиш учун АРИЗА
Unterhaltserklärung für das Kalenderjahr 20__

Фукаро Herr/Frau	Исми Vorname		Фамилияси Familienname	
Германияда яшовчи wohnhaft in Deutschland	Куча Straße		индекс Postleitzahl	жой (шахар, шахарча) Wohnort

ушбу ариза билан куйидаги шахсларнинг молиявий тулов вактида солик имтиёзи олиши мумкин деб хисоблашни сурайман:
hat beantragt, Unterstützungsleistungen an folgende Person steuermindernd anzuerkennen:

молиявий ёрдам олувчи шахс Unterstützte Person A. шахсий маълумотлар A. Persönliche Angaben				
исми, фамилияси Vor- und Familienname				
тугилган санаси Geburtsdatum				
тугилган жойи Geburtsort				
яшаш жойи Wohnort				
ариза берувчи билан кариндошлик даражаси /эр-хотинлар Verwandtschaftsverhältnis zum Antragsteller/Ehegatten				
оилавий ахволи (зарурий банд белгилансин) Familienstand (Zutreffendes bitte ankreuzen)	оиласиз ledig	оилалик verheiratet	бева verwitwet	ажралишган geschieden
касбий фаолияти (тулик ёзилсин, зарурий банд белгилансин) Berufliche Tätigkeit (Zutreffendes bitte eintragen bzw. ankreuzen)	фаолият тури Art der Tätigkeit	тулик банд regelmäßige	номунтазам банд gelegentliche	ишсиз keine
уй хужалигининг колган аъзолари Weitere im Haushalt lebende Personen				

Хорижий фукароларни кайд килиш органи тасдиги:
Bestätigung der ausländischen Gemeinde-/Meldebehörde:

Молиявий ёрдам олувчи шахслар тугрисидаги маълумотлар, биздаги маълумотлар билан тугри келади.
Die vorstehenden Angaben zu der unterstützten Person entsprechen nach unseren Unterlagen der Wahrheit.

Мухр ва имзо
Dienstsiegel und Unterschrift

_____
(сана, жой)
(Ort, Datum)

7. Anlage Unterhalt

	B. Молиявий ёрдам олувчи шахснинг иктисодий ахволи B. Wirtschaftliche Verhältnisse der unterstützten Person	
	I. Киримлар/чикимлар I. Einnahmen/Ausgaben	

Менда, молиявий ёрдам олувчи шахс сифатида 20__ йилда куйидаги киримлар ва чикимлар булди:
Als unterstützte Person hatte ich im Jahr 20__ folgende Einnahmen und Ausgaben:

банд: aus:	киримлар (миллий валютада) Einnahmen (in Landeswährung)	чикимлар (миллий валютада) Ausgaben (in Landeswährung)
иш хаки Arbeitslohn		
пенсия/нафака Rente/Pension		
кишлок хужалиги Landwirtschaft		
оддий ишлаб чикариш/хусусий тадбиркорлик Gewerbebetrieb/selbständiger Tätigkeit		
ижарага олиш ва бериш Vermietung und Verpachtung		
бошка киримлар (мас., дивидендлар ва бошкалар) Andere Einnahmen (z.B. Zinsen etc.)		
ижтимоий туловлар Sozialleistungen		

Курсатма:
Такдим килинган маълумотларни тасдиклаш зарур, масалан куйидаги хужжатлар билан:
Солик туловномаси, нафака микдори курсатилган ёзма маълумот, ижтимоий туловлар туланганлиги ёки туланмаганлиги тугрисидаги давлат органининг маълумотномаси

Hinweis:
Die vorstehenden Angaben sind z.B. durch folgende Unterlagen nachzuweisen:
Steuerbescheid, Rentenbescheid, Bescheid der zuständigen Arbeits- oder Sozialbehörde über erhaltene Sozialleistungen des Staates (bzw. bei Nichterhalt: Negativbescheinigung der Behörde)

	II. Мол-мулк II. Vermögen	

Менда, молиявий ёрдам олувчи шахс сифатида 20__ йилда куйидаги мол-мулк бор эди:
Als unterstützte Person hatte ich im Jahr 20__ folgendes Vermögen:

мол-мулк тури Art des Vermögens	Тушунтириш Erläuterungen	миллий валютадаги нархи Wert in Landeswährung
мол-мулкнинг умумий нархи Gesamtwert des Vermögens		
шу жумладан: Davon entfallen auf:		
ер участкаси: Grundbesitz: уй-жой Eigenes Haus кишлок хужалиги Landwirtschaft колган ер участкалари Weiteren Grundbesitz		
бошка мол-мулклар (масалан, банкдаги омонат, карз мажбуриятлари) Sonstiges Vermögen (z.B. Bankguthaben, Versicherungen)		
Менинг мол-мулким кун кечириш учун зарур маблагларга етади: (зарурий банд белгилансин) Mein Vermögen reicht zur Bestreitung des Unterhalts aus: (Zutreffendes bitte ankreuzen)	Ха Ja	Йук Nein

	C. Бошка маълумотлар C. Sonstige Angaben		
1. Молиявий ёрдамни биринчи марта качон олгансиз? 1. Wann wurden Sie erstmals unterstützt?		ой Monat	йил Jahr
2. Молиявий ёрдам олиш кайси йул билан амалга оширилади ва ким томонидан? (курсатиб беринг) 2. Wie und durch wen sind die Zahlungen erfolgt? (Bitte erläutern)			
3. Молиявий ёрдам олишдан бурун хаётингизни кандай таъминлагансиз? (курсатиб беринг) 3. Wie haben Sie Ihren Lebensunterhalt vor Beginn der Unterstützungsleistungen bestritten? (Bitte erläutern)			
4. a) Бошка молиявий ёрдам олувчи шахслар билан бирга яшайсизми? (зарурий банд белгилансин) 4. a) Leben Sie in einem Haushalt gemeinsam mit anderen unterstützten Personen? (Zutreffendes bitte ankreuzen)		ха Ja	йук Nein
4. b) Агар яшасангиз улар хакида маълумот ва кариндошлик даражасини курсатинг 4. b) Falls ja, bitte Namen und Verwandtschaftsverhältnis angeben.			
5. a) Бошка шахслар Сизга молиявий ёрдам курсатами? (зарурий банд белгилансин) 5. a) Tragen noch andere Personen zu Ihrem Unterhalt bei? (Zutreffendes bitte ankreuzen)		ха Ja	йук Nein
5. b) Агар олсангиз улар тугрисида маълумот ва олинган ёрлам микдорини курсатинг 5. b) Falls ja, bitte Namen und Anschrift der Person/en und Höhe der Unterstützung angeben.			
6. Ишсиз ёки ноъмунтазам бандлигингиз сабабини курсатинг. (тулик ёзилсин, иш фаолиятини ошириши мумкин булган шахслар томонидан тулдирилади) 6. Aus welchem Grund waren Sie nicht/nur gelegentlich berufstätig? (Bitte ggf. erläutern; jedoch nur auszufüllen, wenn Sie im arbeitsfähigen Alter sind)			

7. Anlage Unterhalt

D. Тасдиклаш
D. Versicherung

Мен томондан такдим килган маълумотларни уз виждоним ва шаним билан тасдиклайман.

Ich versichere, dass die vorstehenden Angaben wahrheitsgemäß sind und nach bestem Wissen und Gewissen gemacht wurden.

_____   _____
(Сана, жой)   (Молиявий ёрдам олувчи шахснинг имзоси)
(Ort, Datum)   (Unterschrift der unterstützten Person)

Курсатма:
Моливий ёрдам олувчи тугрисидаги маълумотлар, солик туловчи шахс тугрисидаги маълумотлар билан тенглаштирилади. Ёлгон маълумотлар такдим килиш жарима ва конун олдида жавобгарликга олиб келади.

Hinweis:
Die Angaben der unterhaltenen Person gelten als Angaben des Steuerpflichtigen. Unrichtige Angaben können zu straf- und bußgeldrechtlichen Konsequenzen führen.

E. Тушинтириш
E. Erläuterungen

1. Моливий ёрдам олувчи хар бир шахсга алохида хужжат тулдирилади ва даромад солигининг солик декларациясига бириктирилади.

1. Für jede unterstützte Person ist jeweils eine Bescheinigung auszustellen und als Anlage zur Einkommensteuererklärung einzureichen.

2. Ушбу хужжатни такдим килиш билан автоматик тарзда солик компенсацияси берилишини англатмайди. Солик органи бошка хужжатларни талаб килишга хакли.

2. Die Vorlage der Bescheinigung begründet keinen Rechtsanspruch auf die beantragte Steuerermäßigung. Die Finanzämter können im Einzelfall weitere Nachweise verlangen.

7.1 Angaben zu den Aufwendungen (Zeilen 7–16)

Außergewöhnliche Belastungen in besonderen Fällen liegen nach § 33a Abs. 1 EStG grundsätzlich **nur dann vor, wenn:**
1. diese Aufwendungen nachgewiesen werden und
2. gegenüber einer gesetzlich zum Unterhalt berechtigten oder dieser gleichgestellten Person erbracht werden, Besonderheiten siehe BMF vom 07.06.2010, BStBl I 2010, 582, Rz. 3–8
3. **die ID-Nr. der (unbeschränkt steuerpflichtigen) unterstützten Person angegeben ist**
4. bis maximal 9.744 € im Kalenderjahr je Person aufgebracht werden; erhöht um Beiträge zur Basis-Kranken- und Pflegeversicherung
5. für die unterstützte Person kein Kindergeldanspruch besteht
6. kein eigenes Vermögen der unterhaltenen Person vorliegt. Dieses schließt die Begünstigung aus.

Eigene Einkünfte und Bezüge der unterhaltenen Person werden auf den Höchstbetrag angerechnet, ein angemessenes Hausgrundstück im Sinne von § 90 Abs. 2 Nr. 8 des Zwölften Buches Sozialgesetzbuch bleibt unberücksichtigt.

Auslandssachverhalte können den Höchstbetrag mindern. Erwerbsobliegenheit wird intensiv überprüft. Zweisprachige Unterhaltserklärung erforderlich.

Für jeden vollen Kalendermonat, in dem die Voraussetzungen nicht vorliegen, vermindern sich die Beträge um je ein Zwölftel.

Der BFH hat mit Urteil vom 25.04.2018, VI R 35/16, DStR 2018, 1606 entschieden, dass Unterhaltsleistungen nur insoweit nach § 33a Abs. 1 EStG zum Abzug zugelassen werden können, als die Aufwendungen dazu bestimmt und geeignet sind, dem laufenden Lebensbedarf im Veranlagungszeitraum der Zahlung zu dienen.

Im entschiedenen Fall hatten Ehegatten an den in Brasilien lebenden Vater der Ehefrau im Dezember 2010 eine Zahlung von 3.000 € geleistet. Im Mai des folgenden Jahres wurden weitere 3.000 € überwiesen.

Das Finanzamt erkannte für den Veranlagungszeitraum 2010 (Dezemberzahlung) nur $\frac{1}{12}$ der maximal möglichen Aufwendungen für 2010 an.

Dem widersprach zunächst das Finanzgericht. Danach könnten Unterhaltsaufwendungen auch berücksichtigt werden, soweit sie für einen Zeitraum über den Jahreswechsel hinaus geleistet würden. Der von den Eheleuten im Dezember 2010 gezahlte Betrag beziehe sich wirtschaftlich auf den Zeitraum bis zur nächsten Zahlung im Mai 2011, also auf die Monate Dezember 2010 bis April 2011. Daher seien weitere Aufwendungen in 2010 als außergewöhnliche Belastung anzuerkennen.

Dem widersprach nun aber wiederum der BFH.

Er hält an seiner ständigen Rechtsprechung fest. Danach erfasst § 33a EStG nur die typischen Unterhaltsaufwendungen, die die „laufenden" Bedürfnisse befriedigen.

Daraus folgt zunächst, dass eine **Rückbeziehung der Zahlung auf einen Monat vor der Zahlung grundsätzlich ausgeschlossen** ist. Eine Ausnahme kann bei einer erstmaligen Unterhaltszahlung gelten, wenn sie der Abtragung von Schulden dient, die durch die Bestreitung der laufenden Bedürfnisse entstanden sind (BFH, Urteil vom 09.08.1991, III R 93/09, BFH/NV 1992, 101).

Weiter wird ausgeführt, dass das Gesetz auch nicht den Abzug von Unterhaltsaufwendungen gestattet, soweit sie für die Zeit nach Ablauf des Veranlagungszeitraums geleistet werden (BFH, Urteil vom 22.05.1981, VI R 140/80, BStBl II 1981, 713; BFH, Urteil vom 11.11.2010, VI R 16/09, BStBl II 2011, 966):

- § 33a Abs. 1 EStG knüpft an den Jahresbetrag des sächlichen Existenzminimums in Höhe des Grundfreibetrags an (§ 32a Abs. 1 EStG). Unterhaltsleistungen sollen nur insoweit berücksichtigt werden, als es die Abdeckung des sächlichen Existenzminimums erfordert. Ein darüber hinausgehender Abzug soll nicht eröffnet werden. Ein solcher Abzug würde sich aber ergeben, wenn man es zuließe, einen nach Ablauf des Veranlagungszeitraums erst entstehenden Unterhaltsbedarf schon im Veranlagungszeitraum vor seiner Entstehung zu berücksichtigen. Denn ein künftiger Unterhaltsbedarf (im Folgejahr) kann nicht zum steuerlichen Existenzminimum im Zahlungsjahr gehören.
- Dass sich die Unterhaltsaufwendungen auf die Verhältnisse des Veranlagungszeitraums der Zahlung und nicht auf die des Folgejahrs beziehen, ergibt sich auch aus der Erhöhung des Höchstbetrags um die „im jeweiligen Veranlagungszeitraum" aufgewandten Versicherungsbeiträge nach § 33a Abs. 1 Satz 2 EStG.
- Gegen eine periodenübergreifende Betrachtung spricht auch, dass die anzurechnenden Einkünfte (§ 33a Abs. 1 Satz 5 EStG) ebenfalls auf den jeweiligen Veranlagungszeitraum bezogen sind. Der veranlagungszeitraumbezogenen Betrachtung würde es widersprechen, Unterhaltszahlungen des laufenden Jahres für das Folgejahr zu berücksichtigen, obwohl die „anderen Einkünfte" der unterhaltenen Person sich von denen des laufenden Jahrs unterscheiden können.
- Der BFH geht somit davon aus, dass der Grundsatz der Abschnittsbesteuerung im Gesetzeswortlaut hinreichend fundiert ist. Der BFH hält deshalb – nicht nur aus Gründen der Rechtssicherheit und der Stetigkeit der Rechtsprechung – an der veranlagungszeitraumbezogenen Betrachtung fest.

Nur für Unterhaltszahlungen an Ehegatten lässt die Verwaltung eine veranlagungszeitraumüberzogene Zahlung für den gesamten Veranlagungszeitraum zu; siehe hierzu BMF vom 07.06.2010, BStBl I 2010, 588 Rz. 26 Beispiel 7.

Problemzone: Nachweis der geleisteten Aufwendungen (Zeilen 7–16)

Grundsätzlich hat der Steuerpflichtige den Nachweis für die steuermindernden Aufwendungen zu erbringen. Hierbei besteht kein Problem, wenn die Beträge per Banküberweisung geleistet wurden. Lebt die unterhaltsberechtigte Person aber im Haushalt des Steuerpflichtigen und wird durch Naturalleistungen unterstützt, wird regelmäßig der maßgebliche Höchstbetrag ohne weitere Nachweise gewährt (R 33a.1 Abs. 1 S. 5 EStR).

Keine Kürzung des Unterhaltshöchstbetrags, weil das von den Eltern unterstützte Kind mit dem Lebensgefährten in einem Haushalt zusammenlebt

Leistungen von Eltern für den Unterhalt ihres in Ausbildung befindlichen Kindes, für das kein Anspruch auf Kindergeld (mehr) besteht, sind im Rahmen der gesetzlichen Höchstbeträge als außergewöhnliche Belastungen steuermindernd zu berücksichtigen. Lebt das Kind mit einem Lebensgefährten, der über ausreichendes Einkommen verfügt, in einem gemeinsamen Haushalt, wird der Höchstbetrag nicht gekürzt. Dies hat der BFH mit Urteil vom 28.04.2020, VI R 43/17 entschieden.

Die Kläger machten Unterhaltsaufwendungen für ihre studierende Tochter, die mit ihrem Lebensgefährten in einer gemeinsamen Wohnung lebte, als außergewöhnliche

Belastungen geltend. Das Finanzamt erkannte diese nur zur Hälfte an, da auch der Lebensgefährte aufgrund der bestehenden Haushaltsgemeinschaft zum Unterhalt der Tochter beigetragen habe. Dies beruhe auf dem Erfahrungssatz, dass Lebensgefährten bei unterschiedlich hohem Einkommen stets aus „einem Topf" wirtschafteten und daher die Gesamteinnahmen der Haushaltsgemeinschaft jedem gleichermaßen zur Verfügung stünden.

Dieser Argumentation vermochten sich weder das Finanzgericht noch der BFH anzuschließen. Ein entsprechender Erfahrungssatz sei weder von der Lebenswirklichkeit getragen, noch lasse er sich der Rechtsprechung des BFH entnehmen, die ein „Wirtschaften aus einem Topf" nur bei Partnern einer sozialrechtlichen Bedarfsgemeinschaft annehme. Für diese gelte die Vermutung, dass hilfsbedürftige (mittellose) Personen wegen der Kürzung/Versagung von Sozialleistungen am Einkommen und Vermögen des Lebensgefährten teilhaben.

Im Streitfall habe keine Bedarfsgemeinschaft vorgelegen, da die Tochter schon wegen der Unterhaltsleistungen der Kläger nicht mittellos gewesen sei. **Es entspreche** – so der BFH – vielmehr **der Lebenswirklichkeit, dass Lebensgefährten**, die jeweils über auskömmliche finanzielle Mittel zur Deckung des eigenen Lebensbedarfs verfügten, **auch wenn sie zusammenlebten, einander keine Leistungen zum Lebensunterhalt gewährten**, sondern jeder – durch die Übernahme der hälftigen Haushaltskosten – für den eigenen Lebensunterhalt aufkomme. Dabei sei unerheblich, ob es sich bei den „eigenen" finanziellen Mitteln um (steuerbare) Einkünfte, Bezüge oder Unterhaltsleistungen Dritter handele.

Das klingt für den Autor allerdings schon nach sehr frustrierter Lebenserfahrung, die er so nicht als seine Lebenswirklichkeit kennt. Für die Steuerpflichtigen und den Abzug der Aufwendungen ist diese Entscheidung jedoch sehr vorteilhaft.

> **Beispiel 7.1:** Der Sohn lebt im Haushalt der Eltern und erfüllt nicht die Bedingungen für die Gewährung eines Kinderfreibetrages und erzielt keine eigenen Einkünfte oder Bezüge.
>
> **Lösung:** Hier unterstellt die Verwaltung die erbrachten Unterhaltsleistungen bis zum maximalen Höchstwert des § 33a Abs. 1 EStG. Für das Kalenderjahr 2021 beträgt der Höchstwert nach § 33a Abs. 1 EStG 9.744 € zuzüglich möglicher Beiträge zur Basis-Kranken- und Pflegeversicherung.
> Gleiches gilt für andere Unterhaltsberechtigte, z.B. die Eltern. Hier ist jedoch immer das Problem, dass eigene Einkünfte und Bezüge der unterstützten Personen den Höchstbetrag mindern.

Problemzone: Zeitanteilige Kürzungen der geleisteten Aufwendungen (Zeilen 7–16)

Keine Berücksichtigung von Unterhaltsaufwendungen an die BAföG-beziehende Lebensgefährtin als außergewöhnliche Belastung, BFH-Urteil vom 31.03.2021, VI R 2/19

Unterhaltsleistungen an die Lebensgefährtin sind nicht nach § 33a Abs. 1 EStG als außergewöhnliche Belastung zu berücksichtigen, wenn diese nicht wegen der Unterhaltsleistungen, sondern wegen des Bezugs von BAföG keinen Anspruch auf Sozialleistungen hat.

Für jeden vollen Kalendermonat, in dem die Voraussetzungen nicht vorliegen, vermindern sich die Beträge um je ein Zwölftel. Es ist daher von Bedeutung, wann (in welchem Monat!) die Unterhaltsleistungen erbracht werden.

> **Beispiel 7.2:** Der Sohn lebt im Haushalt der Eltern und erfüllt erst ab dem **01.04.2021** nicht mehr die Bedingungen für die Gewährung eines Kinderfreibetrages und erzielt keine eigenen Einkünfte oder Bezüge.
>
> **Lösung:** Auch hier unterstellt die Verwaltung die erbrachten Unterhaltsleistungen bis zum maximalen Höchstwert des § 33a Abs. 1 EStG. Für das Kalenderjahr 2021 beträgt der Höchstwert nach § 33a Abs. 1 EStG **jedoch nur** $9/12$ des Höchstbetrages von 9.744 €, somit **nur 7.308 €** zuzüglich möglicher Beiträge zur Basis-Kranken- und Pflegeversicherung für die Zeit ab 01.04.2021.

7.2 Unterhaltsleistungen an im Ausland lebende Personen (Zeilen 17–26)

Problemzone: Nachweis der Unterhaltsleistungen im Ausland (Zeilen 17–26)

Bei Sachverhalten im Ausland müssen sich die Steuerpflichtigen in besonderem Maße um die Aufklärung und Beschaffung geeigneter Unterlagen und Beweismittel bemühen. Bei Bank- oder Postüberweisungen wird dieser Nachweis nicht schwer fallen.

Problematisch wird es immer dann, wenn der Empfänger eine andere Person ist als die unterstützte Person, beispielsweise weil diese kein eigenes Bankkonto hat. Für derartige Fälle trägt immer der Steuerpflichtige die Beweislast und muss den Sachverhalt aufklären. Es sind in diesen Fällen Bescheinigungen der Bank über die Kontovollmacht, über den Zeitpunkt, die Höhe und den Empfänger der Auszahlung vorzulegen. Gem. § 33a Abs. 1 S. 8 EStG sind nicht auf Euro lautende Beträge entsprechend dem für Ende September des Jahres vor dem Veranlagungszeitraum von der Europäischen Zentralbank bekannt gegebenen Referenzkurs umzurechnen.

Das BMF-Schreiben vom 07.06.2010, BStBl I 2010, 588 regelt in den Rz. 10–18 die erforderlichen Bedingungen.

> **Beispiel 7.3:** Der Vater lebt in der Türkei. Er erzielt keine eigenen Einkünfte oder Bezüge. Bei Besuchsreisen in die Türkei am 01.04. + 01.10.2021 werden nachweislich jeweils 4.000 € Bargeld übergeben. Reisenachweise, Bankabhebungen etc. liegen vor.
>
> **Lösung:** Es erfolgen mehrere **Kürzungen des Höchstbetrages**.
> Zunächst liegt die Türkei in der **Ländergruppe 3**, womit die Werte des § 33a Abs. 1 EStG jeweils halbiert (von 9.408 € auf **4.704 €**) werden.
> Da die erste Besuchsreise erst am **01.04.2021** erfolgte, bleiben – **zeitanteilige Kürzung** – die ersten drei Monate unberücksichtigt.
> Als außergewöhnliche Belastung sind daher nur noch ($9/12$ von 4.704 €) **3.528 €** verblieben.

Wie kann der **Nachweis der Übergabe von Barbeträgen im Ausland** erbracht werden?

Das FG Baden-Württemberg sah im entschiedenen Fall die ausführliche Schilderung des Steuerpflichtigen zu den näheren Umständen der Geldübergabe in Italien als glaubhaft und widerspruchsfrei an.

Gegen das Urteil des FG Baden-Württemberg vom 21.07.2015, 8 K 3609/13 hat das Finanzamt Nichtzulassungsbeschwerde mit dem Az.: BFH VI R 136/15 eingelegt.

Problemzone: Opfergrenze (Zeile 26)

Die Opfergrenze ist unabhängig davon zu beachten, ob die unterstützte Person im In- oder im Ausland lebt. Mit dieser Opfergrenze soll eine außergewöhnliche Belastung nur insoweit berücksichtigt werden, als sie in einem angemessenen Verhältnis zum Nettoeinkommen des Leistenden steht.

Dem Leistenden müssen nach Abzug der Unterhaltsleistungen noch angemessene Mittel zur Bestreitung des eigenen Lebensbedarfs für sich und seine Angehörigen verbleiben.

Die Einzelheiten zur Berechnung der Opfergrenze sind dem BMF-Schreiben vom 07.06.2010, BStBl I 2010, 582 Rz. 34–35 zu entnehmen (mit Beispielsrechnung).

Der Nettolohn der unterstützten Person kann erheblich von den sonst eingetragenen Werten der Steuererklärung abweichen!

Insbesondere BAFÖG, Wohngeld, Steuererstattungen (außer Kirchensteuer) und andere steuerfreie Einnahmen können den Wert der Opfergrenze deutlich erhöhen.

> **Beispiel 7.4:** Das nachgewiesene Nettoeinkommen des alleinstehenden Steuerpflichtigen beträgt im Kalenderjahr 2021 nur 15.000 €. Bis zu welcher Grenze können außergewöhnliche Belastungen nach § 33a Abs. 1 EStG (Opfergrenze) berücksichtigt werden?
>
> **Lösung:** Die Finanzverwaltung hat hierzu in dem BMF-Schreiben vom 07.06.2010 (BStBl I 2010, 582 allgemeine Hinweise zur Berücksichtigung nach § 33a Abs. 1 EStG als außergewöhnliche Belastung) in der Rz. 11 die Opfergrenze mit **1 % je volle 500 € des Nettoeinkommens** und höchstens 50 % festgelegt. Für Ehegatten und Kinder wird dieser Wert erhöht.
>
> Im vorliegenden Fall könnten somit höchstens 30 % (15.000 € : 500 € = 30 %) des Nettoeinkommens, somit **4.500 €** als außergewöhnliche Belastung angesetzt werden.

Unterhaltsleistungen auch bei mehrjähriger Steuernachzahlung abziehbar – BFH-Urteil vom 28.04.2016, VI R 21/15

Im Streitfall erzielte der Kläger Einkünfte aus freiberuflicher Tätigkeit und gewährte seinen beiden volljährigen Söhnen, die auswärts studierten, Unterhalt in Höhe von jeweils 8.004 €. Diese Aufwendungen machte er in seiner Einkommensteuererklärung als außergewöhnliche Belastungen gemäß § 33a Abs. 1 EStG geltend.

Danach ermäßigt sich die Einkommensteuer dadurch, dass Aufwendungen, die dem Steuerpflichtigen für den Unterhalt einer ihm oder seinem Ehegatten gegenüber gesetzlich unterhaltsberechtigten Person erwachsen, bis zu einer Höchstgrenze vom Gesamtbetrag der Einkünfte abgezogen werden. Voraussetzung ist hierfür insbesondere, dass dem Leistenden nach Abzug der Unterhaltsleistungen noch angemessene Mittel zur Bestreitung des eigenen Lebensbedarfs verbleiben (sog. **Opfergrenze**).

Das Finanzamt berücksichtigte die Unterhaltsleistungen im Hinblick auf diese Opfergrenze nicht. Der Kläger habe zwar im Streitjahr – nach einem Dreijahresmittel berechnet – ein Jahreseinkommen in Höhe von etwa 480.000 € erzielt. Dem stünden im Streitjahr jedoch Einkommensteuernachzahlungen für die Jahre 2010 bis 2012 in Höhe von ca. 564.000 € gegenüber.

Demgegenüber hatte das Finanzgericht die Unterhaltsleistungen zum Abzug nach § 33a EStG zugelassen.

Der BFH hat das Urteil des FG im Ergebnis bestätigt. Zwar sind auch nach der Rechtsprechung des BFH Steuerzahlungen bei der Berechnung des maßgeblichen Nettoeinkommens grundsätzlich in dem Jahr zu berücksichtigen, in dem sie gezahlt wurden.

Steuerzahlungen für mehrere Jahre dürfen jedoch nicht zu erheblichen Verzerrungen des unterhaltsrechtlich maßgeblichen Einkommens im Jahr der Unterhaltsleistung führen, wie der BFH in seinem neuen Urteil betont.

Daher sind die im maßgeblichen Dreijahreszeitraum geleisteten durchschnittlichen Steuerzahlungen zu ermitteln und vom „Durchschnittseinkommen" des Streitjahres abzuziehen.

7.3 Wer ist unterhaltsberechtigt? (Zeilen 31–44)

Problemzone: Wer ist unterhaltsberechtigt? (Zeilen 31–44)

Nach § 33a Abs. 1 EStG **gesetzlich zum Unterhalt berechtigte Personen** ergeben sich aus den Vorschriften des BGB und des LPartG. So sind die Verwandten in gerader Linie und die nach § 5 LPartG eingetragenen Lebenspartner grundsätzlich begünstigt.

In Zeile 31 wird die **Identifikationsnummer der unterstützten Person** abgefragt und ist für inländische Unterhaltsempfänger gesetzlich vorgeschrieben. Sollte der Unterhaltsempfänger im Ausland leben, ist eine Unterhaltserklärung über die Bedürftigkeit der unterstützten Person beizufügen. Zeile 34 ist entsprechend auszufüllen. Der Rz. 6 des BMF-Schreibens vom 07.06.2010, BStBl I 2010, 588 ist der Hinweis zu entnehmen, dass die entsprechenden zweisprachigen Unterhaltserklärungen im Internet unter http://www.formulare-bfinv.de abgerufen werden können. Wegen eines Musters der italienischen Unterhaltserklärung siehe Seite 101 (nach der Anlage Unterhalt).

Darüber hinaus sind aber auch die **diesen Personen gleichgestellten** Personen als unterhaltsberechtigte Personen zu berücksichtigen. Dem BMF-Schreiben vom 07.06.2010, BStBl I 2010, 582 – Allgemeine Hinweise zur Berücksichtigung nach § 33a Abs. 1 EStG als außergewöhnliche Belastung – ist zu entnehmen, was die Finanzverwaltung unter den „gleichgestellten Personen" versteht.

Unterhaltsleistungen an Personen mit einer Aufenthalts- oder Niederlassungserlaubnis nach § 23 AufenthG können nach dem ergänzenden BMF-Schreiben vom 27.05.2015, BStBl I 2015, 474 berücksichtigt werden, wenn eine Verpflichtungserklärung nach § 68 AufenthG abgegeben wurde und sämtliche Kosten zur Bestreitung des Unterhalts vom Steuerpflichtigen übernommen werden.

Werden inländische öffentliche Mittel dieser unterstützten Personen gekürzt, weil die Unterhaltsleistungen des Steuerpflichtigen angerechnet werden, gelten diese Personen als Berechtigte nach § 33a Abs. 1 EStG. Dazu gehören insbesondere Empfänger von Arbeitslosen- oder Sozialhilfe.

7.4 Einkünfte und Bezüge der unterstützten Person (Zeilen 45–54)

Problemzone: Was sind Einkünfte und Bezüge? (Zeilen 45–54)

Der Höchstbetrag des § 33a Abs. 1 EStG von 9.744 € ist um den Wert zu vermindern, um den die eigenen Einkünfte und Bezüge der unterstützten Person 624 € im Kalenderjahr überschreiten.

Während für die Ermittlung der Einkünfte der unterstützten Person die Vorschriften des EStG anzuwenden sind und sich die Ermittlung damit nachvollziehbar darstellt, sind Bezüge nur auszugsweise im § 32 Abs. 4 S. 4 EStG genannt.

Der R 33a Abs. 3 EStR ist zu entnehmen, dass Bezüge alle Einnahmen sind, die nicht schon in der Ermittlung der steuerrechtlichen Einkünfte erfasst sind. Dazu gehören insbesondere:
- die steuerfrei verbleibenden Teile der Renten,
- die sonstigen steuerfreien Einnahmen,
- die nach dem Teileinkünfteverfahren steuerfreien Teile,
- pauschal besteuerte Einkünfte nach § 40a EStG,
- Unterhaltsleistungen, soweit sie nicht nach § 22 Nr. 1a EStG versteuert werden.

Für diese Bezüge ist eine kalenderjährliche **Kostenpauschale** (s. R 33a.1 Abs. 3 S. 5 EStR) von **180 €** in Abzug zu bringen, wenn nicht höhere Aufwendungen nachgewiesen werden.

Beispiel 7.5: Der unterstützte Vater hat eine eigene Altersrente von monatlich 600 €.

Lösung: Unterstellt, dass der Vater die Altersrente bereits seit dem Kalenderjahr 2005 bezieht, beträgt der Besteuerungsanteil an den jährlichen 7.200 € = 50 % und somit nur **3.600 €**. Hiervon ist der Werbungskosten-Pauschbetrag nach § 9a S. 1 Nr. 3 EStG i.H.v. 102 € abzuziehen.
Die eigenen **Einkünfte** betragen damit **3.498 €**.
Der steuerfrei bleibende Teil der Rente, ebenfalls 3.600 €, stellt **Bezüge** dar und ist nach Abzug der Kostenpauschale von 180 € mit **3.420 €** zu berücksichtigen.
Die eigenen Einkünfte und Bezüge des Vaters betragen damit insgesamt **6.918 €**.
Die unschädliche Grenze von 624 € wird um 6.294 € überschritten und mindert in dieser Höhe den Maximalwert von 9.408 € auf nur noch **3.114 €**.
Außergewöhnliche Belastungen nach § 33a Abs. 1 EStG können damit nur bis maximal 3.114 € steuerlich berücksichtigt werden.

Geringes Vermögen

R 33a.1 Abs. 2 EStR lässt Vermögen im Verkehrswert bis 15.500 € als geringfügig unberücksichtigt. Aber auch ein angemessenes Hausgrundstück bleibt danach weiterhin bei der Prüfung des eigenen Vermögens außer Betracht. Nach § 33a Abs. 1 S. 4 EStG bleibt ein angemessenes Hausgrundstück im Sinne von § 90 Abs. 2 Nr. 8 des Zwölften Buches Sozialgesetzbuch unberücksichtigt.

Erwerbsobliegenheit
Erwerbsobliegenheit bei **im Ausland** ansässigen Angehörigen i.S.d. § 33a Abs. 1 Satz 1 EStG – **BFH, Urteil vom 15.04.2015, VI R 5/14**
Leitsatz:
1. Das jederzeitige Bereitstehen für einen eventuellen Pflegeeinsatz bei behinderten Angehörigen („Pflege auf Abruf") ist kein besonderer Umstand, der die generelle Erwerbsobliegenheit volljähriger Personen entfallen lässt.
2. Der Steuerpflichtige hat grundsätzlich nachzuweisen, dass sich die unterhaltene Person um eine Beschäftigung bemüht hat. Fehlt es hieran, kommt eine Schätzung der (fiktiven) Einkünfte in Betracht.

Mit Urteil vom **17.09.2015 (4 K 2254/14)** hat das Finanzgericht Rheinland-Pfalz entschieden, dass ein Kellner Unterhaltszahlungen an seine im Kosovo lebenden volljährigen erwerbsfähigen Kinder nicht als sog. „außergewöhnliche Belastungen" i.S.d. § 33a EStG steuermindernd geltend machen kann, wenn er nicht nachweist, dass sich seine Kinder bemüht haben, eine angemessene Erwerbstätigkeit zu finden. Ein Rechtsmittel gegen das Urteil wurde nicht zugelassen.

Der aus dem Kosovo stammende Kläger wohnt im Rhein-Lahn-Kreis und war im Streitjahr 2013 als Kellner beschäftigt. Außerdem bezog er eine Witwerrente. In seiner Einkommensteuererklärung machte er Unterstützungszahlungen an seine **vier im Kosovo lebenden volljährigen Kinder** in Höhe von 4.200 € als sog. „außergewöhnliche Belastungen" geltend. Das beklagte Finanzamt berücksichtigte die Zahlungen im Einkommensteuerbescheid allerdings **nicht** mit der Begründung, **die Kinder seien im erwerbsfähigen Alter**.

Die dagegen erhobene Klage des Klägers blieb erfolglos. Das FG verwies auf die Rechtsprechung des BFH und vertrat die Auffassung, dass die im Ausland lebenden Kinder des Klägers zwar grundsätzlich zum Kreis der unterhaltsberechtigten Personen zählten. Da sie alle im arbeitsfähigen Alter gewesen seien, habe ein Unterhaltsanspruch allerdings nur dann bestanden, wenn sie auch tatsächlich unterhaltsbedürftig, d.h. nicht in der Lage gewesen seien, ihren Lebensunterhalt selbst zu bestreiten. Im Kosovo habe zwar seinerzeit (2013) nachweislich Arbeitslosigkeit und Unterbeschäftigung geherrscht. Dies rechtfertige es jedoch nicht, ohne Weiteres darauf zu schließen, dass man dort keine Arbeit bzw. zumindest „Gelegenheitsarbeit" finden könne. Der Kläger sei daher verpflichtet gewesen, **nachzuweisen, dass seine Kinder unter Einsatz aller zumutbaren und möglichen Mittel tatsächlich nachhaltig eine angemessene Tätigkeit gesucht hätten. Entsprechende Nachweise habe der Kläger jedoch nicht bzw. nicht in ausreichender Form erbracht.**

Das FG ließ die Revision gegen das Urteil nicht zu, weil die Frage der Erwerbsobliegenheit bei Unterhaltszahlungen an im Ausland lebende Unterhaltsempfänger höchstrichterlich bereits geklärt sei.

> **Bei der Berechnung des Unterhaltshöchstbetrags nach § 33a Abs. 1 EStG für im Inland lebende Angehörige oder gleichgestellte Personen sind hingegen keine fiktiven Einkünfte einer nach § 33a Abs. 1 Satz 3 EStG gesetzlich Unterhaltsberechtigten gleichgestellten Person anzusetzen. BFH-Urteil vom 09.03.2017, VI R 16/16.**

Streitig war, ob bei der Berechnung des Unterhaltshöchstbetrags nach § 33a Abs. 1 des EStG fiktive Einkünfte einer gesetzlich Unterhaltsberechtigten gleichgestellten Person anzusetzen sind.

Der Kläger erzielte in den Streitjahren gewerbliche Einkünfte. Er lebt mit seiner Lebensgefährtin Frau X in einem Haushalt. Frau X erhielt zunächst Leistungen nach dem Zweiten Buch Sozialgesetzbuch (SGB II). In der Zeit des Leistungsbezugs war Frau X zeitweilig als Haushaltshilfe, u.a. bei dem Kläger, beschäftigt und erzielte so beispielsweise ein monatliches Arbeitseinkommen von 200 € bzw. von 400 €. Die Stellen hatte ihr das JobCenter vermittelt.

Anschließend erhielt Frau X keine Leistungen mehr nach dem SGB II. Ihr Antrag auf Fortzahlung der Leistungen wurde abgelehnt, weil sie mit dem Kläger in einer Bedarfsgemeinschaft lebe und dieser seiner Einkommensnachweispflicht nicht nachgekommen sei. In den Streitjahren erzielte Frau X keine eigenen Einkünfte.

Im Anschluss an eine Außenprüfung beim Kläger berücksichtigte das Finanzamt die Unterhaltsaufwendungen nicht mehr als außergewöhnliche Belastung und erließ entsprechend geänderte Einkommensteuerbescheide für die Streitjahre.

Die Unterhaltsaufwendungen seien nicht zu berücksichtigen, da Frau X nicht hilfsbedürftig sei. Denn sie hätte ihren Unterhalt durch eine zumutbare Erwerbstätigkeit decken können. Der daraufhin erhobenen Klage gab das Finanzgericht mit den in Entscheidungen der Finanzgerichte (EFG) 2016, 1262 veröffentlichten Gründen teilweise statt.

> Zwar bestehe im Anwendungsbereich des § 33a Abs. 1 Satz 3 EStG entsprechend der neueren Rechtsprechung zu § 33a Abs. 1 Satz 1 EStG **eine generelle Erwerbsobliegenheit des Unterhaltsempfängers**. Eine Verletzung der Erwerbsobliegenheit schließe den Abzug von Unterhaltsaufwendungen nach § 33a EStG jedoch nicht vollständig aus.

Vielmehr seien bei der Berechnung des Unterhaltshöchstbetrags gemäß § 33a Abs. 1 Satz 5 EStG die objektiv erzielbaren fiktiven Einkünfte des Unterhaltsempfängers – hier in Höhe von geschätzt monatlich 400 € – gegenzurechnen.

> Der BFH hat nun dagegen entschieden, dass die Unterhaltsleistungen des Klägers an seine Lebensgefährtin bei der Berechnung des Unterhaltshöchstbetrags nach § 33a Abs. 1 EStG **zu Unrecht um fiktive Einkünfte der Unterhaltsempfängerin gekürzt wurden**.

Erwachsen dem Steuerpflichtigen Aufwendungen für den Unterhalt einer dem Steuerpflichtigen oder seinem Ehegatten gegenüber gesetzlich unterhaltsberechtigten Person, so wird auf Antrag die Einkommensteuer dadurch ermäßigt, dass die Aufwendungen bis zu dem im § 33a Abs. 1 EStG für das jeweilige Jahr maßgebenden Höchstbetrag im Kalenderjahr vom Gesamtbetrag der Einkünfte abgezogen werden.

Der gesetzlich unterhaltsberechtigten Person gleichgestellt ist eine Person, wenn bei ihr zum Unterhalt bestimmte inländische öffentliche Mittel mit Rücksicht auf die Unterhaltsleistungen des Steuerpflichtigen gekürzt werden. Davon ist auszugehen, wenn der Steuerpflichtige mit einer erwerbsfähigen leistungsberechtigten, d.h. hilfsbedürftigen (§§ 7 Abs. 1 Satz 1 Nr. 3, 9 Abs. 1 SGB II) Person in einem gemeinsamen Haushalt so zusammenlebt, dass nach verständiger Würdigung der wechselseitige Wille anzunehmen ist, Verantwortung füreinander zu tragen und füreinander einzustehen (§ 7 Abs. 3 Nr. 3 Buchst. c SGB II).

Denn bei Personen, die in einer solchen Bedarfsgemeinschaft leben, bestimmt sich die Hilfsbedürftigkeit des Leistungsberechtigten gemäß § 9 Abs. 2 Satz 1 SGB II auch nach dem Einkommen und Vermögen des Partners. Dem liegt der Gedanke zugrunde, dass innerhalb einer Bedarfsgemeinschaft aus „einem Topf" gewirtschaftet wird.

Hat ein Mitglied der Bedarfsgemeinschaft ein Einkommen, das den zur Deckung des eigenen (sozialrechtlichen) Lebensunterhaltsbedarfs benötigten Umfang übersteigt, wird der Überschuss folglich auf den Bedarf des Leistungsberechtigten angerechnet und mindert dessen Ansprüche nach dem SGB II.

Seit der Änderung der Vorschrift durch das Steueränderungsgesetz 2001 vom 20.12.2001 (BStBl I 2002, 4) – Ersetzung des Wortes „soweit" durch „wenn" – ist nicht erforderlich, dass beantragte Sozialleistungen tatsächlich gekürzt oder abgelehnt wurden; es reicht aus, dass die unterhaltene Person wegen der Unterhaltsleistungen keinen Anspruch auf Sozialleistungen hat (BT-Drs. 14/6877, 26; BFH-Urteil vom 29.05.2008, III R 23/07, BFHE 222, 250, BStBl II 2009, 363, m.w.N.; Blümich/Heger K., § 33a EStG Rz. 148; Mellinghoff in Kirchhof, EStG, 16. Aufl., § 33a Rz. 13; Schmidt/Loschelder, EStG, 36. Aufl., § 33a Rz. 20).

Aufgrund dessen kann beim Vorliegen einer Bedarfsgemeinschaft regelmäßig davon ausgegangen werden, dass dem gleichgestellten Unterhaltsempfänger i.S.d. § 33a Abs. 1 Satz 3 EStG zum Unterhalt bestimmte inländische öffentliche Mittel mit Rücksicht auf die Unterhaltsleistungen des Steuerpflichtigen gekürzt werden.

Auf die Höhe der Kürzung kommt es nicht an.

Weitere Abzugsvoraussetzungen benennt § 33a Abs. 1 EStG nicht. Der Wortlaut der Vorschrift ist insoweit eindeutig. Aus Systematik, Normzweck und Entstehungsgeschichte ergibt sich nichts Abweichendes.

Vielmehr nimmt das Gesetz die im Sozialrecht angelegte – im Tatbestand der Bedarfsgemeinschaft geregelte – Vermutung, dass Lebenspartner einander bei Bedürftigkeit unterhalten, auf und stellt Unterhaltsleistungen an Personen, die wegen der Kürzung/Versagung von Sozialleistungen an Einkommen und Vermögen des Lebenspartners teilhaben, in der steuerlichen Rechtsfolge Zuwendungen an gesetzlich Unterhaltsberechtigte gleich.

> Die Frage, ob sich der gleichgestellte erwerbsfähige Unterhaltsempfänger **einer zumutbaren Erwerbstätigkeit verweigert** und deshalb eine Kürzung von Sozialleistungen zu vergegenwärtigen hat, **stellt sich folglich im Rahmen von § 33a Abs. 1 Satz 3 EStG nicht**.

Denn auch in einem solchen Fall verweist ihn der Tatbestand der Bedarfsgemeinschaft auf Einkommen und Vermögen seines Lebenspartners. Eine Anrechnung fiktiver Einkünfte kommt im Rahmen der sozialrechtlich angelegten Zwangsläufigkeit ebenfalls nicht in Betracht (a.A. HHR/Pfirrmann, § 33a EStG Rz. 75, 77). Eine solche ist dem Sozialrecht ohnehin fremd (Thie, in Münder, SGB II, 5. Aufl. 2013, § 9 Rz. 11).

7.5 Abbildungen zu Kapitel 7

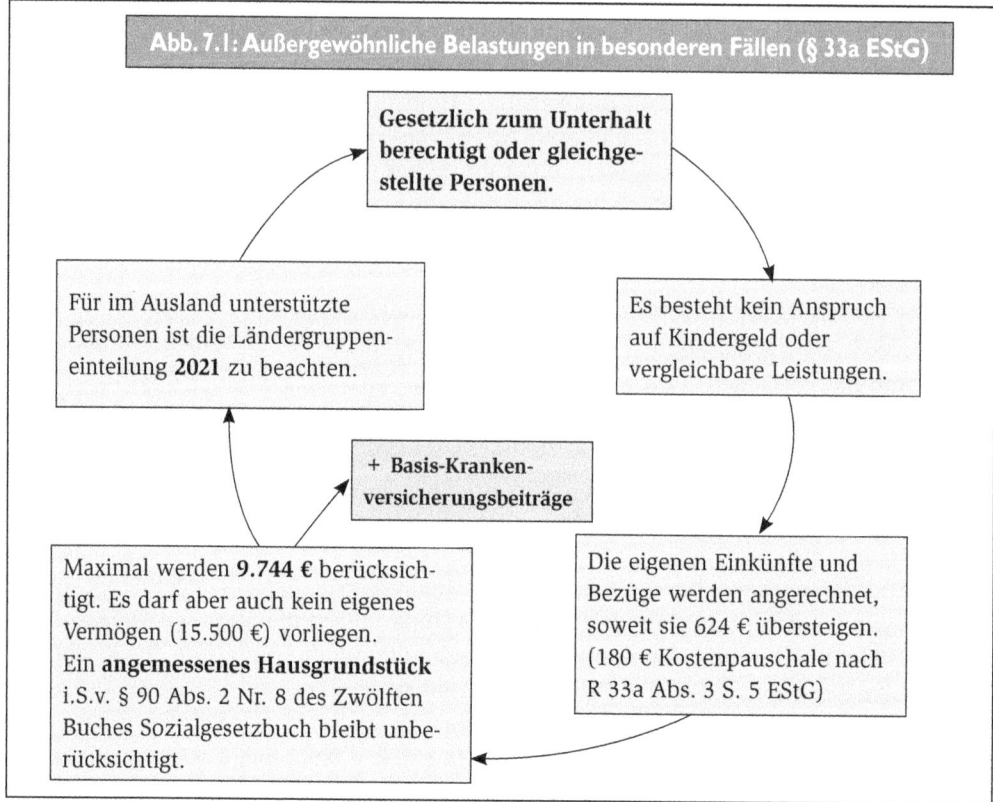

7.5 Abbildungen zu Kapitel 7

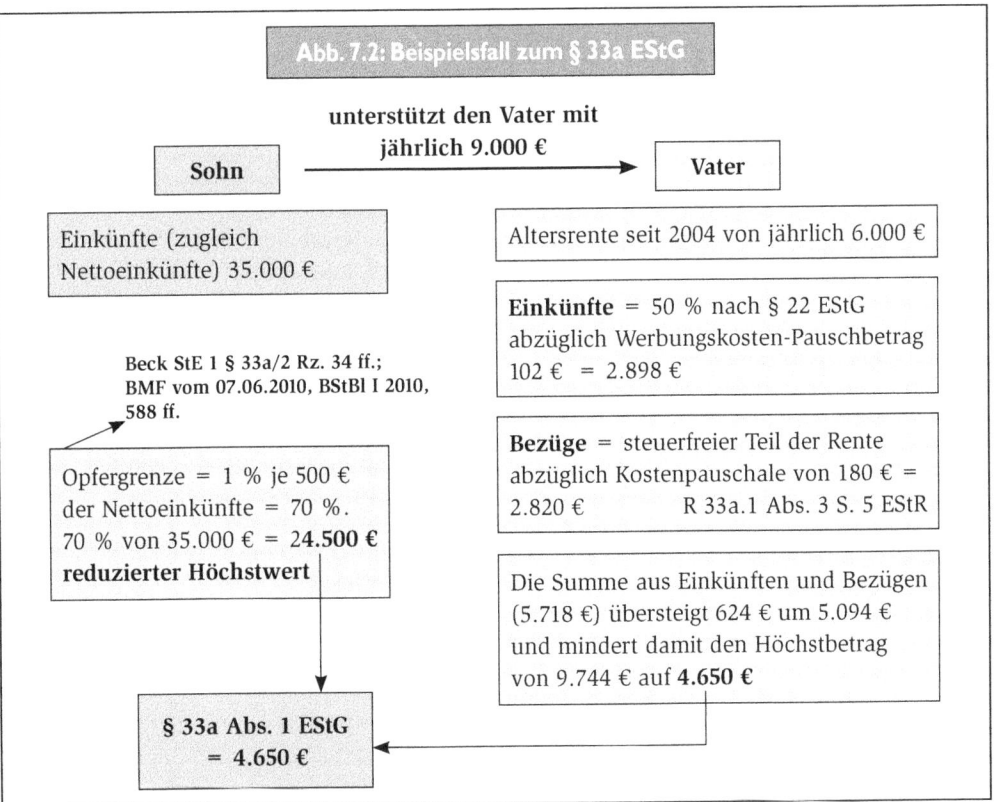

Abb. 7.3: Aufteilung von Unterhaltszahlungen nach § 33a EStG
BFH vom 25.04.2018, VI R 35/16

Ausnahme nur für Ehegatten!
BMF vom 07.06.2010, BStBl I 2010, 588 Rz. 26 Beispiel 7

- Unterhaltsaufwendungen **für den folgenden** Veranlagungszeitraum sind nicht abzugsfähig.
- Außerdem können Zahlungen grundsätzlich **nicht** auf einen vor dem Monat der Zahlung liegenden Zeitraum **rückbezogen** werden.

§ 33a Abs. 1 EStG
max. 9.744 €

Gezahlt im Januar 2021 = 5.000 €   Gezahlt im Juli 2021 = 5.000 €

Abzugsfähig sind – bei Vorlage der sonstigen Voraussetzungen – 9.744 €

31.12.2021

§ 33a Abs. 1 EStG   § 33a Abs. 1 EStG
max. 9.408 €   max. 9.744 €

Gezahlt im Juli 2020 = 10.000 €   Gezahlt im Juli 2021 = 10.000 €

Abzugsfähig sind – bei Vorlage der sonstigen Voraussetzungen –
die Höchstbeträge für jeweils nur sechs Monate.

Für 2020 somit nur 6/12 des   Für 2021 somit nur 6/12 des
Höchstbetrages somit 4.704 €   Höchstbetrages somit 4.872 €

Abb. 7.4: Gleichgestellte Personen im Sinne des § 33a Abs. 1 S. 3 EStG

Unterhaltsleistungen an Personen:
- mit einer **Aufenthalts- oder Niederlassungserlaubnis** nach § 23 AufenthG
- können nach dem ergänzenden **BMF-Schreiben vom 27.05.2015, BStBl I 2015, 474** (Beck StE I § 33a/3) berücksichtigt werden,
- wenn eine **Verpflichtungserklärung** nach § 68 AufenthG abgegeben wurde,
- und sämtliche **Kosten zur Bestreitung des Unterhalts vom Steuerpflichtigen übernommen werden.**

7.5 Abbildungen zu Kapitel 7

> **Abb. 7.5: Keine Kürzung des Unterhaltshöchstbetrags, weil das von den Eltern unterstützte Kind mit dem Lebensgefährten in einem Haushalt zusammenlebt**
> **BFH Urteil vom 28.04.2020, VI R 43/17**

Leistungen von Eltern für den Unterhalt
- ihres in Ausbildung befindlichen Kindes,
- für das kein Anspruch auf Kindergeld (mehr) besteht,
- sind im Rahmen der gesetzlichen Höchstbeträge als außergewöhnliche Belastungen steuermindernd zu berücksichtigen.

Lebt das Kind mit einem Lebensgefährten, der über ausreichendes Einkommen verfügt, in einem gemeinsamen Haushalt, wird der Höchstbetrag nicht gekürzt.
Es entspreche – so der BFH – vielmehr der Lebenswirklichkeit, dass Lebensgefährten, die jeweils über auskömmliche finanzielle Mittel zur Deckung des eigenen Lebensbedarfs verfügten, auch wenn sie zusammenlebten, **einander keine Leistungen zum Lebensunterhalt gewährten**, sondern jeder – durch die Übernahme der hälftigen Haushaltskosten – für den eigenen Lebensunterhalt aufkomme. Dabei sei unerheblich, ob es sich bei den „eigenen" finanziellen Mitteln um (steuerbare) Einkünfte, Bezüge oder Unterhaltsleistungen Dritter handele.

Anlage Unterhalt

> **Abb. 7.6: Keine Berücksichtigung von Unterhaltsaufwendungen an die BAföG-beziehende Lebensgefährtin als außergewöhnliche Belastung**
> **BFH Urteil vom 31.03.2021, VI R 2/19**

Unterhaltsleistungen an die Lebensgefährtin sind **nicht** nach § 33a Abs. 1 EStG als außergewöhnliche Belastung zu berücksichtigen,
- wenn diese nicht wegen der Unterhaltsleistungen,
- sondern wegen des Bezugs von BAföG keinen Anspruch auf Sozialleistungen hat.

8. Anlage Vorsorgeaufwand und Anlage AV

8.1 Anlage Vorsorgeaufwand

Was ist zu beachten – neu und wichtig – Checkliste

In 2021 sind 92 % der Altersvorsorgeaufwendungen abzugsfähig	Der Höchstbetrag für Beiträge nach § 10 Abs. 1 Nr. 2 EStG ist für 2021 auf 25.787 €/51.574 € angehoben worden
Liste der berufsständischen Versorgungswerke BMF vom 19.06.2020, IV C 3 – S 2221/19/10058:001 DOK: 2020/0460035	Noch immer keine gesicherte elektronische Übermittlung (Zeilen 5 + 6 sind „hellgrün")
Antrag auf Berücksichtigung der (15 %) RV-Beiträge für Mini-Jobber, wenn auch Arbeitnehmerbeiträge (3,6 %) geleistet wurden	Kommt sehr häufig vor; leider keine elektronische Übermittlung; muss abgefragt werden
Aufteilung eines einheitlichen Sozialversicherungsbeitrags (Globalbeitrag); Anpassung der Aufteilungsmaßstäbe für den Veranlagungszeitraum 2021	BMF vom 13.11.2020, IV C 3 – S 2221/20/10002 :002 DOK 2020/1094084
Neues BMF-Schreiben zur steuerlichen Förderung der betrieblichen Altersversorgung	BMF vom 12.8.2021, IV C 5 – S 333/19/10008 :017
Basiskranken- und Pflegeversicherungen können bis zum dreifachen des Jahresbeitrags vorausgezahlt werden; § 10 Abs. 1 Nr. 3 S. 5 EStG	10-Tagesfrist nach § 11 EStG am Jahresende beachten
Bei Anspruch auf Krankengeld oder ein Anspruch auf eine Leistung, die anstelle von Krankengeld gewährt wird, ist der jeweilige Versicherungsbeitrag um 4 % zu vermindern	§ 10 Abs. 1 Nr. 3a S. 4 EStG. Pensionäre erhalten kein Krankengeld; damit dann **keine** Kürzung
Bonuszahlungen und erstattete Beitragszahlungen mindern grundsätzlich die Sonderausgaben	Nur „echte" Bonuszahlungen dürfen nicht mindernd berücksichtigt werden
Erstattungsüberhänge mindern die jeweiligen Versicherungsbeiträge	Verbleibende Beträge sind dem GdE zuzurechnen; § 10 Abs. 4b S. 3 EStG

8.1 Anlage Vorsorgeaufwand

Anlage Vorsorgeaufwand 2021

Diese Anlage ist bei Zusammenveranlagung von Ehegatten / Lebenspartnern gemeinsam auszufüllen.

1 Name
2 Vorname
3 Steuernummer

Angaben zu Vorsorgeaufwendungen

Beiträge zur Altersvorsorge

Zeile	Beschreibung	stpfl. Person / Ehemann / Person A (EUR)	Ehefrau / Person B (EUR)
4	Arbeitnehmeranteil lt. Nr. 23 a/b der Lohnsteuerbescheinigung	300	400
5	Beiträge zur landwirtschaftlichen Alterskasse, zu berufsständischen Versorgungseinrichtungen, die den gesetzlichen Rentenversicherungen vergleichbare Leistungen erbringen (abzüglich steuerfreier Zuschüsse lt. Nr. 22 b der Lohnsteuerbescheinigung) – ohne Beiträge, die in Zeile 4 geltend gemacht werden –	301	401
6	Beiträge zu gesetzlichen Rentenversicherungen – ohne Beiträge, die in Zeile 4 geltend gemacht werden –	302	402
7	Erstattete Beiträge und / oder steuerfreie Zuschüsse zu den Zeilen 4 bis 6 (ohne Zuschüsse, die von den Beiträgen lt. Zeile 8 abzuziehen sind und ohne Zuschüsse lt. Zeile 9 und 10)	309	409
8	Beiträge zu zertifizierten Basisrentenverträgen (sog. Rürup-Verträgen) mit Laufzeitbeginn nach dem 31.12.2004 (abzüglich steuerfreier Zuschüsse) – ohne Altersvorsorgebeiträge, die in der Anlage AV geltend gemacht werden –	303	403
9	Arbeitgeberanteil / -zuschuss lt. Nr. 22 a/b der Lohnsteuerbescheinigung	304	404
10	Arbeitgeberanteil zu gesetzlichen Rentenversicherungen im Rahmen einer pauschal besteuerten geringfügigen Beschäftigung (bitte Anleitung beachten)	306	406

Beiträge zur inländischen gesetzlichen Kranken- und Pflegeversicherung

Zeile	Beschreibung	Person A	Person B
11	Arbeitnehmerbeiträge zu Krankenversicherungen lt. Nr. 25 der Lohnsteuerbescheinigung	320	420
12	In Zeile 11 enthaltene Beiträge, aus denen sich kein Anspruch auf Krankengeld ergibt	322	422
13	Arbeitnehmerbeiträge zu sozialen Pflegeversicherungen lt. Nr. 26 der Lohnsteuerbescheinigung	323	423
14	Zu den Zeilen 11 bis 13: Von der Kranken- und / oder sozialen Pflegeversicherung erstattete Beiträge	324	424
15	In Zeile 14 enthaltene Beiträge zur Krankenversicherung, aus denen sich kein Anspruch auf Krankengeld ergibt, und zur sozialen Pflegeversicherung	325	425
16	Beiträge zu Krankenversicherungen – ohne Beiträge, die in Zeile 11 geltend gemacht werden – (z. B. bei Rentnern, bei freiwillig gesetzlich versicherten Selbstzahlern)	326	426
17	In Zeile 16 enthaltene Beiträge zur Krankenversicherung, aus denen sich ein Anspruch auf Krankengeld ergibt	328	428
18	Beiträge zu sozialen Pflegeversicherungen – ohne Beiträge, die in Zeile 13 geltend gemacht werden – (z. B. bei Rentnern, bei freiwillig gesetzlich versicherten Selbstzahlern)	329	429
19	Zu den Zeilen 16 bis 18: Von der Kranken- und / oder sozialen Pflegeversicherung erstattete Beiträge	330	430
20	In Zeile 19 enthaltene Beiträge zur Krankenversicherung, aus denen sich ein Anspruch auf Krankengeld ergibt	331	431
21	Zuschuss zu den Beiträgen lt. Zeile 16 und / oder 18 – ohne Beträge lt. Zeile 37 und 39 – (z. B. von der Deutschen Rentenversicherung)	332	432
22	Über die Basisabsicherung hinausgehende Beiträge zu Krankenversicherungen (z. B. für Wahlleistungen, Zusatzversicherungen) abzüglich erstatteter Beiträge	338	438

Beiträge zur inländischen privaten Kranken- und Pflegeversicherung

Zeile	Beschreibung	Person A	Person B
23	Beiträge zu Krankenversicherungen (nur Basisabsicherung, keine Wahlleistungen)	350	450
24	Beiträge zu Pflege-Pflichtversicherungen	351	451
25	Zu den Zeilen 23 und 24: Von der privaten Kranken- und / oder Pflege-Pflichtversicherung erstattete Beiträge	352	452
26	Zuschuss von dritter Seite zu den Beiträgen lt. Zeile 23 und / oder 24 (z. B. von der Deutschen Rentenversicherung)	353	453
27	Über die Basisabsicherung hinausgehende Beiträge zu Krankenversicherungen (z. B. für Wahlleistungen, Zusatzversicherungen) und / oder zu zusätzlichen Pflegeversicherungen abzüglich erstatteter Beiträge	354	454

2021AnlVor241 – Juli 2021 – 2021AnlVor241

8. Anlage Vorsorgeaufwand und Anlage AV

Beiträge zur ausländischen gesetzlichen oder privaten Kranken- und Pflegeversicherung

Zeile	Beschreibung	stpfl. Person / Ehemann / Person A EUR	Ehefrau / Person B EUR
31	Beiträge (abzüglich steuerfreier Zuschüsse – ohne Beträge lt. Zeile 37 –) zur Krankenversicherung, die mit einer inländischen Krankenversicherung vergleichbar ist (nur Basisabsicherung, keine Wahlleistungen)	333	433
32	In Zeile 31 enthaltene Beiträge zur Krankenversicherung, aus denen sich kein Anspruch auf Krankengeld ergibt	334	434
33	Beiträge (abzüglich steuerfreier Zuschüsse – ohne Beträge lt. Zeile 39 –) zur sozialen Pflegeversicherung / Pflege-Pflichtversicherung, die mit einer inländischen Pflegeversicherung vergleichbar ist	335	435
34	Zu den Zeilen 31 bis 33: Von der Kranken- und / oder sozialen Pflegeversicherung / Pflege-Pflichtversicherung erstattete Beiträge	336	436
35	In Zeile 34 enthaltene Beiträge zur Krankenversicherung, aus denen sich kein Anspruch auf Krankengeld ergibt, und zur sozialen Pflegeversicherung	337	437
36	Über die Basisabsicherung hinausgehende Beiträge (abzüglich erstatteter Beiträge) zu Krankenversicherungen und zusätzlichen Pflegeversicherungen (z. B. für Wahlleistungen, Zusatzversicherungen)	339	439

Steuerfreie Arbeitgeberzuschüsse

Zeile	Beschreibung	stpfl. Person / Ehemann / Person A	Ehefrau / Person B
37	Gesetzliche Krankenversicherung lt. Nr. 24 a der Lohnsteuerbescheinigung	360	460
38	Private Krankenversicherung lt. Nr. 24 b der Lohnsteuerbescheinigung	361	461
39	Gesetzliche Pflegeversicherung lt. Nr. 24 c der Lohnsteuerbescheinigung	362	462

Als Versicherungsnehmer für andere Personen übernommene Kranken- und Pflegeversicherungsbeiträge

– „Andere Personen" sind z. B. Kinder, für die **kein** Anspruch auf Kindergeld / Kinderfreibetrag besteht (bei Anspruch auf Kindergeld / Kinderfreibetrag sind die Eintragungen in den Zeilen 31 bis 42 der Anlage Kind vorzunehmen). –

Zeile	IdNr. der mitversicherten Person	Name, Vorname, Geburtsdatum der mitversicherten Person	stpfl. Person / Ehegatten / Lebenspartner EUR
40	600		
41	Beiträge (abzüglich steuerfreier Zuschüsse) zu privaten Krankenversicherungen (nur Basisabsicherung, keine Wahlleistungen)		601
42	Beiträge (abzüglich steuerfreier Zuschüsse) zu Pflege-Pflichtversicherungen		602
43	Zu den Zeilen 41 und 42: Von der privaten Kranken- und / oder Pflege-Pflichtversicherung erstattete Beiträge		603
44	Beiträge (abzüglich erstatteter Beiträge) zu privaten Kranken- und / oder Pflegeversicherungen (ohne Basisabsicherung, z. B. für Wahlleistungen, Zusatzversicherungen)		604

Weitere sonstige Vorsorgeaufwendungen

Zeile	Beschreibung	stpfl. Person / Ehemann / Person A EUR	Ehefrau / Person B EUR
45	Arbeitnehmerbeiträge zur Arbeitslosenversicherung lt. Nr. 27 der Lohnsteuerbescheinigung	370	470

Beiträge (abzüglich steuerfreier Zuschüsse und erstatteter Beiträge) zu

Zeile	Beschreibung	stpfl. Person / Ehegatten / Lebenspartner EUR
46	– Versicherungen gegen Arbeitslosigkeit – ohne Beiträge, die in Zeile 45 geltend gemacht werden –	500
47	– freiwilligen eigenständigen Erwerbs- und Berufsunfähigkeitsversicherungen	501
48	– Unfall- und Haftpflichtversicherungen sowie Risikoversicherungen, die nur für den Todesfall eine Leistung vorsehen	502
49	– Rentenversicherungen mit Kapitalwahlrecht und / oder Kapitallebensversicherungen mit einer Laufzeit von mindestens 12 Jahren sowie einem Laufzeitbeginn und der ersten Beitragszahlung vor dem 1.1.2005	503
50	– Rentenversicherungen ohne Kapitalwahlrecht mit Laufzeitbeginn und erster Beitragszahlung vor dem 1.1.2005 (auch steuerpflichtige Beiträge zu Versorgungs- und Pensionskassen) – ohne Altersvorsorgebeiträge, die in der Anlage AV geltend gemacht werden –	504

Ergänzende Angaben zu Vorsorgeaufwendungen

Zeile	Beschreibung	stpfl. Person / Ehemann / Person A		Ehefrau / Person B	
51	Haben Sie zu Ihrer Krankenversicherung oder Ihren Krankheitskosten Anspruch auf steuerfreie Zuschüsse, steuerfreie Arbeitgeberbeiträge oder steuerfreie Beihilfen?	307	2 = Nein	407	2 = Nein
	Es bestand 2021 keine gesetzliche Rentenversicherungspflicht aus dem **aktiven** Dienstverhältnis / aus der Tätigkeit				
52	– als Beamter / Beamtin	380	1 = Ja	480	1 = Ja
53	– als Vorstandsmitglied / GmbH-Gesellschafter-Geschäftsführer/in	381	1 = Ja	481	1 = Ja
54	– als (z. B. Praktikant/in, Student/in im Praktikum) Bezeichnung	382	1 = Ja	482	1 = Ja
55	Aufgrund des genannten Dienstverhältnisses / der Tätigkeit bestand hingegen eine Anwartschaft auf Altersversorgung	383	1 = Ja 2 = Nein	483	1 = Ja 2 = Nein
56	Es wurde Arbeitslohn aus einem **nicht aktiven** Dienstverhältnis – insbesondere Betriebsrente / Werkspension – bezogen, bei dem es sich nicht um steuerbegünstigte Versorgungsbezüge (Zeilen 11 bis 16 der Anlage N) handelt. Bei Altersteilzeit ist hier keine Eintragung vorzunehmen.	385	1 = Ja	485	1 = Ja

8.1 Anlage Vorsorgeaufwand

Die durch das Bürgerentlastungsgesetz Krankenversicherung ab dem Kalenderjahr 2010 in **vier voneinander getrennte Berechnungskreise** vorgenommene Aufteilung der Versicherungsbeiträge ist beibehalten worden. Hierfür bleibt es daher von entscheidender Bedeutung, dass die geleisteten Versicherungsbeiträge auch dem richtigen Berechnungskreis zugeordnet werden.

Für diese **wichtige Trennung** der Eintragungen ist Folgendes zu beachten:
1. „Echte" Altersvorsorgeaufwendungen (Beiträge zur gesetzlichen Rentenversicherung etc.),
2. Gesetzliche und private Kranken- und Pflegeversicherungsbeiträge zur Basisversorgung,
3. „Weitere" Versicherungsbeiträge (Arbeitslosen-, Haftpflicht-, Unfallversicherungsbeiträge etc.),
4. „Riesterrentenversicherungsbeiträge".

8.1.1 Beiträge zum „Faltentopf", Altersvorsorgebeiträge ohne „Riester" aber mit „Rürup" (Zeilen 4–10)

Problemzone: Welche Versicherungsbeiträge sind hier einzutragen und welche Folgen ergeben sich daraus?

Zeilen 4–10 Anlage Vorsorgeaufwand
§ 10 Abs. 1 Nr. 2 EStG unterscheidet noch in den Buchstaben a + b die danach begünstigten Altersvorsorgebeiträge. Zum § 10 Abs. 1 Nr. 2 **Buchstabe a** EStG gehören Beiträge zu den:

- gesetzlichen Rentenversicherungen   **Zeile 4 + 6 Anlage Vorsorgeaufwand**
- landwirtschaftlichen Alterskassen und berufsständischen Versorgungswerken   **Zeile 5 Anlage Vorsorgeaufwand**
  neu: erstattete Beiträge in Zeile 7 eintragen
- „Rürup-Verträge"   **Zeile 8 Anlage Vorsorgeaufwand**
- „Aufstockerbeiträge" der Minijobber   **Zeile 9 Anlage Vorsorgeaufwand**

Diese Beiträge sind grundsätzlich den Lohn- und sonstigen Bescheinigungen zu entnehmen.

Hinzu kommen für die Zeilen 6 + 10 die Rentenversicherungsbeiträge eines geringfügigen Beschäftigungsverhältnisses, wenn der Steuerpflichtige die Hinzurechnung dieser Beiträge zu den Vorsorgeaufwendungen nach § 10 Abs. 1 Nr. 2 Satz 7 EStG beantragt hat. Dieser Antrag ist für Fälle vorgesehen, in denen der Arbeitnehmer keinen Antrag auf Befreiung von der Versicherungspflicht (§ 6 Abs. 1b SGB VI) gestellt hat. Nur für diese Fälle ergibt sich ein höherer Sonderausgabenabzug. Hat der Arbeitnehmer auf die Versicherungspflicht verzichtet, würde der Arbeitgeberanteil in Zeile 10 das Gesamtergebnis verschlechtern (nur AG-Anteil).

Beiträge zur gesetzlichen Rentenversicherung oder vergleichbarer Einrichtungen („Falten-Topf" – weil Auszahlungen daraus erst im Renten-/Faltenalter)
§ 10 Abs. 1 Nr. 2a EStG begünstigt Beiträge zur gesetzlichen Rentenversicherung, den landwirtschaftlichen Alterskassen, den berufsständigen Versorgungseinrichtungen, die den gesetzlichen Rentenversicherungen vergleichbare Leistungen erbringen.

Der BFH hat mit Urteil vom 15.05.2013, X R 18/10 entschieden, dass Beiträge zur Versorgungsanstalt der Bezirksschornsteinfeger **nicht** § 10 Abs. 1 Nr. 2 EStG zuzuordnen sind. Die Leistungen dienten nur der Ergänzung der Leistungen der gesetzlichen Rentenversicherung. Es sei auch keine kapitalgedeckte Altersversorgung, sondern eine umlagefinanzierte Versorgungseinrichtung.

Die **Liste der berufsständischen Versorgungswerke** ist unter BMF 19.06.2020, IV C 3 – S 2221/19/10058:001 DOK: 2020/0460035 zu finden. Auf 7 Seiten werden die begünstigten Versorgungswerke aufgeführt.

§ 10 Abs. 1 Nr. 2b EStG begünstigt hingegen Beiträge des Steuerpflichtigen zum Aufbau einer eigenen kapitalgedeckten Altersversorgung („Rürup"). Beiträge zu derartigen Versicherungen werden seit dem 01.01.2010 steuerrechtlich nur noch dann berücksichtigt, wenn die Beiträge zugunsten eines zertifizierten Vertrags geleistet wurden und der Steuerpflichtige gegenüber dem Anbieter in die Datenvermittlung nach § 10 Abs. 2a EStG eingewilligt hat (§ 10 Abs. 2 S. 2 Nr. 1 und 2 EStG). Die genauen Versicherungsbedingungen, die zu einer steuerlichen Begünstigung nach § 10 Abs. 1 Nr. 2 Buchstabe b EStG führen, sind dem BMF-Schreiben vom 24.05.2017, IV C 3 – S 2221/16/10001 :004 DOK 2017/0392623, in den Rz. 10–55 zu entnehmen.

In Rz. 37–44 des BMF-Schreibens wird auf die Voraussetzungen zur Abzugsfähigkeit der erstmals ab 2014 zu berücksichtigenden Beiträge zur sogenannten **Basis-Erwerbsminderungsrente** eingegangen. Neben den vertraglichen Bedingungen ist auch hier die elektronische Übermittlung der Daten an das Finanzamt zwingend erforderlich. Einzutragen ist die Gesamtsumme der Rürup-Basis-Alters- und Basis-Erwerbsminderungsrenten in **Zeile 8**.

Nur die **vier** zuvor genannten Versicherungsarten sind einer **gesonderten Höchstbetragsberechnung** des § 10 Abs. 3 EStG unterworfen und unbedingt von anderen Versicherungsbeiträgen zu trennen. Grundsätzlich sind danach Vorsorgeaufwendungen nach § 10 Abs. 1 Nr. 2 S. 2 EStG (also einschließlich Arbeitgeberanteil zur Rentenversicherung) bis zu 25.787 € kalenderjährig zu berücksichtigen. Bei zusammenveranlagten Ehegatten verdoppelt sich der Höchstbetrag auf 51.574 €.

Dieser Höchstbetrag mindert sich jedoch für Arbeitnehmer, die in der gesetzlichen Rentenversicherung versicherungsfrei sind oder aufgrund vergleichbarer Regelungen keine Beiträge leisten müssen. Eine genaue Aufzählung dieses Personenkreises des **§ 10 Abs. 3 S. 3 Nr. 1 Buchst. a EStG** ist den Rz. 65–72 des BMF-Schreibens vom 24.05.2017, IV C 3 – S 2221/16/10001 :004 DOK 2017/0392623 zu entnehmen.

Zu dem **Personenkreis des § 10 Abs. 3 Nr. 1 Buchst. b EStG**, denen der vorgenannte Höchstbetrag zu kürzen ist, gehören insbesondere beherrschende Gesellschafter-Geschäftsführer einer GmbH oder Vorstandsmitglieder einer Aktiengesellschaft.

Dem Personenkreis des § 10 Abs. 3 Satz 3 Nr. 2 EStG gehören Bundestagsabgeordnete, Landtagsabgeordnete und Abgeordnete des Europaparlaments an, die ohne eigene Beitragsleistung einen Anspruch auf Altersversorgung nach dem Abgeordnetengesetz, dem Europaabgeordnetengesetz oder entsprechenden Gesetzen der Länder erworben haben.

Der Höchstbetrag ist um den Wert zu kürzen, der, bezogen auf die Einnahmen aus der Tätigkeit, die die Zugehörigkeit zum genannten Personenkreis begründen, dem Gesamtbetrag (Arbeitgeber- und Arbeitnehmeranteil) zur allgemeinen Rentenversicherung entspricht.

Zwischenergebnis: Für Beiträge in die gesetzliche Rentenversicherung oder vergleichbarer Einrichtungen des § 10 Abs. 1 Nr. 2 Buchst. a und b EStG ist der Höchstbetrag von 25.787 €/51.574 € für bestimmte Personenkreise zu kürzen (Beamte, Gesellschafter-Geschäftsführer, Abgeordnete). Angaben dazu in den Zeilen 52–56 der Anlage Vorsorgeaufwand.

Höchstbetragsberechnung
Nur die für diesen Bereich („**Faltentopf**") geleisteten Versicherungsbeiträge sind für den Veranlagungszeitraum 2021 mit 92 % zu berücksichtigen. Dieser Wert ergibt sich aus § 10 Abs. 3 S. 4 EStG, wonach beginnend ab dem Kalenderjahr 2013 76 % zu gewähren waren, die kalenderjährig um 2 % ansteigen. Der sich danach ergebene Betrag – 92 % der gesamten Aufwendungen – ist dann **um den gesamten Arbeitgeberanteil (100 %) zu kürzen**.

Aufteilung eines einheitlichen Sozialversicherungsbeitrags (Globalbeitrag); Anpassung der Aufteilungsmaßstäbe für den Veranlagungszeitraum 2021
Mit dem BMF-Schreiben vom 13.11.2020, IV C 3 – S 2221/20/10002 :002 DOK 2020/1094084 sind die zur Ermittlung der steuerlich berücksichtigungsfähigen Vorsorgeaufwendungen die vom Steuerpflichtigen geleisteten einheitlichen Sozialversicherungsbeiträge (Globalbeiträge) für 2021 staatenbezogen wie folgt aufzuteilen:

Vorsorgeaufwendungen nach	Belgien	Irland	Lettland	Malta
§ 10 Abs. 1 Nr. 2 Buchst. a EStG	52,25 %	75,61 %	76,18 %	52,25 %
§ 10 Abs. 1 Nr. 3 Satz 1 Buchst. a und b EStG (ohne Krankengeldanteil)	39,33 %	12,20 %	2,85 %	39,33 %
§ 10 Abs. 1 Nr. 3a EStG (Anteil vom Globalbeitrag für Krankengeld)	8,43 % (1,69 %)	12,20 % (2,44 %)	17,15 % (10,40 %)	8,43 % (1,69 %)
Gesamtaufwand	100,00 %	100,00 %	96,18 % (3,82 % sonstige nicht abziehbare)	100,00 %
Für Höchstbetragsberechnung gemäß § 10 Abs. 3 EStG anzusetzender Arbeitgeberanteil	99,62 %	166,34 %	166,83 %	52,25 %

Nach gleichem Muster sind dem BMF-Schreiben auch die Daten für Norwegen, Portugal, Spanien und Zypern zu entnehmen.

> **Anwendungsbeispiel 8.1.1 nach BMF:**
> Der ledige Arbeitnehmer A leistet für das Jahr 2021 in Belgien einen Globalbeitrag i.H.v. 1.000 €.
>
> **Lösung:** A kann an Vorsorgeaufwendungen geltend machen:
> - Altersvorsorgeaufwendungen i.S.d. § 10 Abs. 1 Nr. 2 Buchstabe a EStG i.H.v. **522,50 €** (= 52,25 % von 1.000 €),
> - Beiträge zur Basiskranken- und gesetzlichen Pflegeversicherung i.S.d. § 10 Abs. 1 Nr. 3 Satz 1 Buchstabe a und Buchstabe b EStG i.H.v. **339,30 €** (= 39,33 % von 1.000 €),
> - Beiträge für sonstige Vorsorgeaufwendungen i.S.d. § 10 Abs. 1 Nr. 3a EStG i.H.v. **84,30 €** (= 8,43 % von 1.000 €, darin enthalten 16,60 € = 1,66 % von 1.000 € für Krankengeld und 67,40 € = 6,74 % von 1.000 € für die weiteren sonstigen Vorsorgeaufwendungen),
> - Im Rahmen der Höchstbetragsberechnung gemäß § 10 Abs. 3 EStG ist ein **Arbeitgeber**anteil i.H.v. 996,20 € (= 99,62 % von 1.000 €) anzusetzen.

Eine entsprechende Aufteilung ist hinsichtlich der Altersvorsorgeaufwendungen auch bei der Ausstellung von Lohnsteuerbescheinigungen und besonderen Lohnsteuerbescheinigungen durch den Arbeitgeber für das Kalenderjahr 2021 vorzunehmen.

Folgende fehlerhafte Eintragungen führen immer wieder zu Irritationen:

Seit Einführung des Alterseinkünftegesetzes wurden vielfach Fehleintragungen bei den Aufwendungen zur Basisversorgung (§ 10 Abs. 1 Nr. 2 Buchst. a EStG) in den Steuererklärungsformularen festgestellt. Betroffen sind die Altersvorsorgeaufwendungen von Arbeitnehmern, die Beiträge an berufsständische Versorgungswerke entrichten, wie z.B. auch Rechtsanwälte, Steuerberater und Wirtschaftsprüfer.

Durch falsche Eintragungen in den Zeilen **4 bis 10** der Anlage Vorsorgeaufwand werden Altersvorsorgeaufwendungen in unzutreffender Höhe, **teilweise doppelt berücksichtigt**. Eintragungen der Beiträge zu berufsständischen Versorgungswerken sind wie folgt vorzunehmen:

a) Der Arbeitgeber behält den Arbeitnehmeranteil ein und führt den Gesamtbetrag (Arbeitnehmer- und Arbeitgeberanteil) an die Versorgungseinrichtung ab (sog. Firmenzahler).

Die jeweiligen Beitragsanteile werden in den Nrn. 22 b) und 23 b) der Lohnsteuerbescheinigung ausgewiesen und sind in die Zeilen 4 (Arbeitnehmeranteil) und 9 (Arbeitgeberanteil) der Anlage Vorsorgeaufwand zu übernehmen. **Keinesfalls darf der Gesamtbetrag zusätzlich in die Zeile 5 eingetragen werden.**

b) Der Arbeitgeber überweist den Arbeitgeberanteil monatlich als zweckgebundenen Zuschuss an den Arbeitnehmer, der selbst den Gesamtbetrag (Arbeitnehmer- und Arbeitgeberanteil) an die Versorgungseinrichtung entrichtet (sog. Selbstzahler).

Seit VZ 2016 ist bei Selbstzahlern der Arbeitgeberzuschuss unter Nr. 22 b) der Lohnsteuerbescheinigung und in Zeile 7 der Anlage Vorsorgeaufwand einzutragen. Der Arbeitnehmeranteil ist weiterhin nicht unter Nr. 23 b) der Lohnsteuerbescheinigung einzutragen. In der Anlage Vorsorgeaufwand ist er wie bisher in Zeile 5 einzutragen.

Beispiele: Der Rz. 76 des BMF-Schreibens vom 24.05.2017, IV C 3 – S 2221/16/10001 :004 DOK 2017/0392623 ist das Grundbeispiel eines ledigen Arbeitnehmers für das Kalenderjahr 2016 zu entnehmen. In den Rz. 77 und 78 werden Beispiele für den ledigen Beamten und für Eheleute, die ebenfalls im Jahr 2016 Versicherungsbeiträge für diesen Bereich geleistet haben, aufgeführt. **Für das Jahr 2021 sind nun 92 % abzugsfähig.**

Beispiel 8.1.2: Ein **lediger Arbeitnehmer** zahlt im Jahr 2021 einen Arbeitnehmeranteil zur allgemeinen Rentenversicherung i.H.v. 4.000 €. Zusätzlich wird ein steuerfreier Arbeitgeberanteil in gleicher Höhe gezahlt. Daneben hat der Arbeitnehmer noch einen Basisrentenvertrag i.S.d. § 10 Abs. 1 Nr. 2 Satz 1 Buchstabe b EStG abgeschlossen und dort Beiträge i.H.v. 3.000 € eingezahlt.
Im Jahr 2021 können Altersvorsorgeaufwendungen i.H.v. 6.120 € als Sonderausgaben nach § 10 Abs. 1 Nr. 2 i.V.m. Abs. 3 EStG abgezogen werden:

Arbeitnehmerbeitrag	4.000 €
Arbeitgeberbeitrag	4.000 €
Leibrentenversicherung	3.000 €
insgesamt	**11.000 €**
92 % davon	10.120 €
abzüglich steuerfreier Arbeitgeberanteil	./. 4.000 €
verbleibender Betrag	**6.120 €**

Zusammen mit dem steuerfreien Arbeitgeberbeitrag werden damit Altersvorsorgeaufwendungen i.H.v. 10.120 € von der Besteuerung freigestellt. Dies entspricht 92 % der insgesamt geleisteten Beiträge.

Beispiel 8.1.3: Ein **lediger Beamter** zahlt 3.000 € in eine begünstigte Leibrentenversicherung i.S.d. § 10 Abs. 1 Nr. 2 Satz 1 Buchstabe b EStG, um zusätzlich zu seinem Pensionsanspruch eine Altersversorgung zu erwerben. Seine Einnahmen aus dem Beamtenverhältnis betragen 42.782 €.
Im Jahr 2021 können Altersvorsorgeaufwendungen i.H.v. 2.760 € als Sonderausgaben abgezogen werden:

Leibrentenversicherung	3.000 €
Höchstbetrag	25.787 €
abzüglich fiktiver Gesamtbeitrag Rentenversicherung	
(42.782 € × 18,6 % =)	./. 7.957 €
gekürzter Höchstbetrag	**17.830 €**
92 % des geringeren Betrages	2.760 €

Auch bei diesem Steuerpflichtigen werden **92 %** der Beiträge von der Besteuerung freigestellt.

> **Beispiel 8.1.4:** Die **Eheleute A und B** zahlen im Jahr 2021 jeweils 8.000 € für eine Leibrentenversicherung i.S.d. § 10 Abs. 1 Nr. 2 Satz 1 Buchstabe b EStG. A ist im Jahr 2021 als **selbständiger Steuerberater** tätig und zahlt darüber hinaus 15.000 € in die berufsständische Versorgungseinrichtung der Steuerberater, die der gesetzlichen Rentenversicherung vergleichbare Leistungen erbringt. B ist **Beamtin** ohne eigene Aufwendungen für ihre künftige Pension. Ihre Einnahmen aus dem Beamtenverhältnis betragen 42.781 €.
>
> Im Jahr 2021 können Altersvorsorgeaufwendungen i.H.v. 28.520 € als Sonderausgaben abgezogen werden:
>
> | | | |
> |---|---:|---:|
> | Berufsständische Versorgungseinrichtung | 15.000 € | |
> | Leibrentenversicherung | 16.000 € | |
> | **insgesamt** | | 31.000 € |
> | Höchstbetrag | 51.574 € | |
> | abzüglich fiktiver Gesamtbeitrag | | |
> | Rentenversicherung (42.782 € × 18,6 % =) | ./. 7.957 € | |
> | **gekürzter Höchstbetrag** | | 43.617 € |
> | **92 % des geringeren Betrages** | | 28.520 € |

8.1.2 Basis-Kranken- und Pflegeversicherungsbeiträge

Problemzone: Welche Beiträge sind um 4 % auf die Basisversicherung zu mindern? (Zeilen 11–22)

Seit dem Veranlagungszeitraum 2010 ist innerhalb dieser sonstigen Vorsorgeaufwendungen zwischen den Basiskrankenversicherungsbeiträgen und den Beiträgen zur gesetzlichen Pflegeversicherung sowie den weiteren sonstigen Vorsorgeaufwendungen zu unterscheiden.

Begünstigt sind nach **§ 10 Abs. 1 Nr. 3 S. 1 Buchst. a EStG** Beiträge zur **Basiskrankenversicherung und zur Pflegeversicherung**. Dabei handelt es sich grundsätzlich um die Versicherungsbeiträge für eine Krankenversicherung, die ein bestimmtes gesetzliches Versorgungsniveau nicht übersteigen. Besteht ein Anspruch auf Krankengeld oder ein Anspruch auf eine Leistung, die anstelle von Krankengeld gewährt wird, ist der jeweilige Versicherungsbeitrag **um 4 % zu vermindern** (§ 10 Abs. 1 Nr. 3a S. 4 EStG).

Die so ermittelten Beiträge zur Basiskrankenversicherung und zur Pflegeversicherung **sind in der Abzugsfähigkeit nicht begrenzt**.

Zu beachten ist, dass bereits ab dem 01.01.2010 Beiträge für Kinder, für die **ein Anspruch auf Kinderfreibetrag besteht**, ebenfalls als **unbegrenzt abzugfähige Versicherungsbeiträge** angesetzt werden können. **Diese Angaben sind jedoch in der Anlage Kind vorzunehmen!**

Die **Zeilen 23–27** sind den Eintragungen für Versicherungsbeiträge der **privaten** Kranken- und Pflegeversicherung vorbehalten. Hier wird ausdrücklich auf die Zustimmung zur elektronischen Datenübermittlung (§ 10 Abs. 2a EStG) hingewiesen.

Beiträge an ausländische Kranken- und Pflegeversicherungen sind in die Zeilen 31–36 einzutragen und nachzuweisen.

Bonuszahlungen der Krankenkassen mindern die Versicherungsbeiträge nicht!

Erstattet eine gesetzliche Krankenkasse im Rahmen eines Bonusprogramms dem Krankenversicherten die von ihm getragenen Kosten für Gesundheitsmaßnahmen, mindern diese Zahlungen nach einer Entscheidung des BFH vom 01.06.2016, X R 17/15 nicht die als Sonderausgaben abziehbaren Krankenversicherungsbeiträge.

Da diese Verrechnungen von den Krankenkassen elektronisch übermittelt werden, sind die Eintragungen zu prüfen und ggf. im Einspruchsverfahren zu korrigieren. Die OFD Nordrhein-Westfalen wies in der Kurzmitteilung vom 06.07.2015, DStR 44/2015, 2448 darauf hin, dass in den elektronisch übermittelten Daten der Krankenversicherungen **keine Differenzierungen** zwischen Beitragsrückerstattungen und Bonuszahlungen vorgenommen werden. Die anteiligen Bonuszahlungen sind vom Steuerpflichtigen nachzuweisen.

Mit dem BMF-Schreiben vom 06.12.2016, IV C 3 – S 2221/12/10008 :008 begrenzt die Verwaltung die Minderung der Bonuszahlungen. Danach sollen „nur Leistungen der Krankenkasse, bei denen nach den konkreten Bonusmodellbestimmungen **durch den Versicherten vorab** Kosten für zusätzliche Gesundheitsmaßnahmen aufgewendet werden müssen, **die anschließend aufgrund eines Kostennachweises erstattet werden**, berücksichtigt werden. Nicht davon umfasst sind dagegen Programme, die lediglich die Durchführung bestimmter Gesundheitsmaßnahmen oder ein bestimmtes Handeln der Versicherten als Voraussetzung für eine Bonusleistung vorsehen, selbst wenn diese Maßnahmen mit Aufwand beim Versicherten verbunden sind."

Zum Umgang mit den zu dieser Frage vorläufig ergangenen Einkommensteuerbescheiden teilt das BMF in der Pressemitteilung vom 13.03.2017 mit:

Auswirkungen der Teilnahme an Bonusprogrammen der gesetzlichen Krankenversicherung auf die Einkommensbesteuerung – geänderte Rechtslage nach BFH-Urteil vom 01.06.2016, BStBl II 2016, 989

Was gilt es zu beachten?

Betroffene Personen müssen zunächst nichts veranlassen.

Wurden einem gesetzlich Krankenversicherten Kosten für zusätzliche gesundheitsfördernde Maßnahmen im Rahmen eines vom o.g. Urteil umfassten Bonusprogrammes erstattet, werden die betroffenen Personen im Laufe des Jahres eine entsprechende Papierbescheinigung von Ihrer Krankenversicherung erhalten. Diese Bescheinigung ist beim zuständigen Finanzamt einzureichen. Sie ist Voraussetzung und Grundlage für eine Prüfung der Einkommensteuerfestsetzungen durch das Finanzamt. Eines Einspruchs der betroffenen Personen bedarf es hierfür nicht.

Personen, die keine solche Papierbescheinigung von ihrer Krankenversicherung erhalten, können davon ausgehen, dass die Bonusleistungen aus dem Bonusprogramm, an dem sie teilgenommen haben, von der Neuregelung nicht erfasst sind. Eine Änderung der Einkommensteuerfestsetzung kommt dann nicht in Betracht.

Rechtlicher Hintergrund

Die vom Steuerpflichtigen geleisteten Kranken- und Pflegeversicherungsbeiträge mindern (sofern die Voraussetzungen des § 10 EStG vorliegen) als Sonderausgaben im Rahmen der Einkommensteuerveranlagung das steuerpflichtige Einkommen. Erstattet eine Krankenversicherung ihrem Versicherten einen Teil seiner Krankenversicherungsbeiträge, mindert diese Erstattung die als Sonderausgaben abziehbaren Beiträge in dem

Jahr, in dem sie zufließt. Zu diesen Beitragsrückerstattungen gehörten bisher auch alle Geld- oder Sachleistungen, die dem Versicherten im Rahmen seiner Teilnahme an einem Bonusprogramm zufließen.

Der BFH hat am 01.06.2016 (BStBl II 2016, 989) entschieden, dass nicht alle Zahlungen einer gesetzlichen Krankenversicherung, die im Rahmen eines Bonusprogramms (nach § 65a SGB V) geleistet werden, die als Sonderausgaben abziehbaren Krankenversicherungsbeiträge des Steuerpflichtigen mindern dürfen. Hat der Versicherte:
- bestimmte Gesundheitsmaßnahmen selbst finanziert,
- die vom Leistungsumfang der Krankenversicherung nicht umfasst sind, und
- kann er diese Kosten nach den konkreten Bonusmodellbestimmungen für im Rahmen eines Bonusprogrammes erworbene „Ansprüche" von der Krankenversicherung erstattet bekommen,

dann handelt es sich hierbei um eine Kostenerstattung und nicht um eine Beitragsrückerstattung. Die Krankenversicherungen dürfen solche Kostenerstattungen nicht mehr als Beitragsrückerstattung an die Finanzverwaltung melden.

Eine Kostenerstattung liegt nicht vor, wenn im Rahmen des Bonusprogrammes nur die Teilnahme an bestimmten Vorsorgemaßnahmen oder anderen gesundheitsfördernden Maßnahmen – auch wenn diese mit finanziellem Aufwand für den Steuerpflichtigen verbunden sind – vorausgesetzt wird.

Dem steht die BFH Entscheidung vom 06.05.2020 entgegen.
Pauschale Bonuszahlungen der Krankenkasse stellen keine Beitragserstattungen dar.
BFH vom 06.05.2020, X R 16/18, DStR 2020, 1905

Werden die Bonuszahlungen einer gesetzlichen Krankenversicherung für:
- die Inanspruchnahme gesundheitlicher Vorsorge und Schutzmaßnahmen geleistet,
- die nicht vom Basis-Krankenversicherungsschutz umfasst werden,
- sodass der Versicherte dementsprechend eigenen finanziellen Aufwand zu tragen habe,
- dient der gezahlte Bonus ausschließlich der eigenen gesundheitsbestimmten Aufwendungen des Versicherten.

Das BMF-Schreiben vom 24.05.2017 setzt in Rz. 88, 89 voraus, dass zuvor geleistete Aufwendungen erstattet werden müssen, um keine Kürzung der Versicherungsbeiträge zu erreichen.

Dem hat der BFH nun widersprochen. Es reicht danach aus, dass die Handlung des Versicherten mit finanziellem Aufwand verbunden ist.

Prämienzahlungen der gesetzlichen Krankenkassen aufgrund von § 53 Abs. 1 SGB V mindern Sonderausgabenabzug, BFH vom 06.06.2018, X R 41/17
Prämienzahlungen, die eine gesetzliche Krankenkasse ihren Mitgliedern gemäß § 53 Abs. 1 SGB V gewährt, stellen Beitragsrückerstattungen dar, die die wirtschaftliche Belastung der Mitglieder und damit auch ihre Sonderausgaben gemäß § 10 Abs. 1 Nr. 3 Satz 1 Buchst. a EStG reduzieren.

Für „andere Personen" übernommene Kranken- und Pflegeversicherungsbeiträge
Die „anderen" Personen sind die eigenen Kinder, für die **kein** Anspruch auf Kindergeld besteht und die **eingetragenen Lebenspartner**. Die für diese „anderen" Personen

übernommenen Versicherungsbeiträge lösen **aber keinen** Sonderausgabenabzug beim leistenden Versicherungsnehmer aus. Es könnten jedoch außergewöhnliche Belastungen nach § 33a Abs. 1 EStG sein, wenn die in dieser Vorschrift vorgesehenen Bedingungen erfüllt werden (siehe Kapitel 4).

Werden hingegen derartige Versicherungsbeiträge im **Rahmen der Unterhaltsleistungen (§ 10 Abs. 1a Nr. 1 EStG)** an den geschiedenen oder dauernd getrenntlebenden Ehegatten entrichtet, kann nur dieser (getrennt lebende oder Ex-Ehegatte) die entsprechenden Beiträge als Sonderausgabe berücksichtigen (§ 10 Abs. 1 Nr. 2 S. 3 EStG). In diesen Fällen ist allerdings zu beachten, dass der Höchstbetrag nach § 10 Abs. 1a Nr. 1 EStG von 13.805 € im Kalenderjahr um diese Versicherungsbeiträge erhöht wird.

Beitragsrückerstattungen im Jahr der Erstattung zu berücksichtigen
Erstattete Krankenversicherungsbeiträge mindern den Sonderausgabenabzug,
BFH-Urteil vom 06.07.2016, X R 6/14
Erstattete Beiträge zur Basiskranken- und Pflegeversicherung sind mit den in demselben Veranlagungsjahr gezahlten Beiträgen zu verrechnen. Es kommt dabei nicht darauf an, ob und in welcher Höhe der Steuerpflichtige die erstatteten Beiträge im Jahr ihrer Zahlung steuerlich abziehen konnte.

Im Urteilsfall hatte die private Krankenversicherung dem Kläger im Jahr 2010 einen Teil seiner im Jahr 2009 für sich und seine Familienmitglieder gezahlten Beiträge für die Basiskranken- und Pflegeversicherung erstattet. Diese Beiträge hatte der Kläger im Jahr 2009 lediglich in einem nur begrenzten Umfang steuerlich geltend machen können. Erst seit dem Bürgerentlastungsgesetz Krankenversicherung sind seit 2010 die Beiträge zur Basiskranken- und Pflegeversicherung gemäß § 10 Abs. 1 Nr. 3 EStG in voller Höhe als Sonderausgaben abziehbar.

Der BFH wies im Streitfall auf Revision des Finanzamts die Klage ab. Nach dem Urteil ist die Beitragsverrechnung auch dann vorzunehmen, wenn die erstatteten Beiträge im Jahr ihrer Zahlung nur beschränkt abziehbar waren. An der Verrechnung von erstatteten mit gezahlten Sonderausgaben habe sich durch das Bürgerentlastungsgesetz Krankenversicherung nichts geändert. Für die Gleichartigkeit der Sonderausgaben als Verrechnungsvoraussetzung seien die steuerlichen Auswirkungen nicht zu berücksichtigen. Die Änderung der gesetzlichen Rahmenbedingungen führe auch dann zu keinem anderen Ergebnis, wenn aufgrund der Neuregelung die Sonderausgaben nicht mehr beschränkt, sondern unbeschränkt abziehbar sind.

Die im Jahr 2010 vorgenommene Verrechnung steht nicht im Widerspruch zur Rechtsprechung des Bundesverfassungsgerichts, nach der ab dem Jahr 2010 die Kranken- und Pflegeversicherungskosten steuerlich zu berücksichtigen sind, soweit sie den verfassungsrechtlich gebotenen Basisschutz gewährleisten. Denn dies gilt nur für die Aufwendungen, durch die der Steuerpflichtige tatsächlich wirtschaftlich endgültig belastet wird. Zwar führen die Beitragszahlungen zu einer wirtschaftlichen Belastung. Diese entfällt aber im Umfang der gleichartigen Beitragsrückerstattungen.

Selbst getragene Krankheitskosten können nicht im Rahmen des Sonderausgabenabzugs für Krankenversicherungsbeiträge berücksichtigt werden
BFH vom 29.11.2017, X R 3/16, BStBl II 2018, 384
Verzichtet ein Steuerpflichtiger auf die Erstattung seiner Krankheitskosten, um von seiner privaten Krankenversicherung eine Beitragserstattung zu erhalten, können diese

Kosten nicht von den erstatteten Beiträgen abgezogen werden, die ihrerseits die Höhe der abziehbaren Krankenversicherungsbeiträge gemäß § 10 Abs. 1 Nr. 3 Satz 1 Buchst. a Satz 3 EStG reduzieren (Anschluss an die Senatsrechtsprechung zum Selbstbehalt, vgl. Urteile vom 18.07.2012, X R 41/11, BFHE 238, 103, BStBl II 2012, 821, und vom 01.06.2016, X R 43/14, BFHE 254, 536, BStBl II 2017, 55).

BFH-Urteil vom 01.06.2016, X R 43/14 – Selbst getragene Krankheitskosten können nicht als Sonderausgaben abgezogen werden
Vereinbart ein Steuerpflichtiger mit einem privaten Krankenversicherungsunternehmen einen Selbstbehalt, können die deswegen von ihm zu tragenden Krankheitskosten nicht als Sonderausgaben gemäß § 10 Abs. 1 Nr. 3 Satz 1 Buchst. a EStG abgezogen werden, wie der BFH mit Urteil vom 01.06.2016 (Az. X R 43/14) entschieden hat.

Im Urteilsfall hatte der Kläger für sich und seine Töchter einen Krankenversicherungsschutz vereinbart, für den er aufgrund entsprechender Selbstbehalte geringere Versicherungsbeiträge zu zahlen hatte. Die von ihm getragenen tatsächlichen krankheitsbedingten Aufwendungen machte der Kläger bei seiner Einkommensteuererklärung geltend. Weder das Finanzamt noch das Finanzgericht ließen im Streitfall indes einen Abzug der Kosten zu.

Der BFH sah das ebenso und versagte die steuerliche Berücksichtigung der Krankheitskosten des Klägers. Weil die Selbstbeteiligung keine Gegenleistung für die Erlangung des Versicherungsschutzes darstelle, sei sie kein Beitrag „zu" einer Krankenversicherung gemäß § 10 Abs. 1 Nr. 3 Satz 1 Buchst. a EStG und könne daher nicht als Sonderausgabe abgezogen werden. Die selbst getragenen Krankheitskosten seien zwar außergewöhnliche Belastungen gemäß § 33 EStG. Da im Streitfall die Aufwendungen die zumutbare Eigenbelastung des § 33 Abs. 3 EStG wegen der Höhe der Einkünfte des Klägers nicht überschritten hätten, komme ein Abzug nicht in Betracht.

Eine darüberhinausgehende steuerliche Berücksichtigung des Selbstbehalts lehnt der BFH ab. Diese sei auch nicht durch das Prinzip der Steuerfreiheit des Existenzminimums geboten. Denn dieser Grundsatz gewährleiste – wie bereits das Bundesverfassungsgericht entschieden habe – dem Steuerpflichtigen keinen Schutz des Lebensstandards auf Sozialversicherungs-, sondern lediglich auf Sozialhilfeniveau. Die Aufwendungen für Krankheitskosten im Rahmen von Selbstbehalten seien aber nicht Teil des sozialhilferechtlich gewährleisteten Leistungsniveaus.

Begrenzung vorausgezahlter Beiträge
Mit Wirkung ab dem 01.01.2011 wurde in § 10 Abs. 1 Nr. 3 EStG ein neuer Satz 4 eingefügt worden. Damit soll das sogenannte „Vorauszahlungsmodell" eingeschränkt werden.

Hintergrund ist das Zufluss-/Abflusssystem des § 11 EStG. Danach sind die Ausgaben in dem Kalenderjahr zu berücksichtigen, in dem sie geleistet werden. Wurden nun beispielsweise im Kalenderjahr 2010 die Basis-Kranken- und Pflegeversicherungsbeiträge für die Jahre 2011–2020 (10 Jahre) vorausgezahlt, konnte ein günstiger Versicherungstarif erreicht werden (geringere Beiträge) und der gesamte Betrag war in 2010 voll als Sonderausgabe abzugsfähig. In den Folgejahren wirkten sich dann die restlichen Versicherungsbeiträge bis zur Höhe von 1.900 €/2.800 € steuerlich aus, die sonst unberücksichtigt geblieben wären (weil die Basis-Versicherungsbeiträge höher sind).

Ab dem Veranlagungszeitraum 2011 waren vorausgezahlte Beiträge nur mit dem 2,5-fachen Wert des auf den Veranlagungszeitraum entfallenden Beitrags sofort abzugsfähig, ab dem Veranlagungszeitraum 2020 erhöht sich der Wert auf das **3-fache**. Der Restbetrag ist auf die Veranlagungszeiträume zu verteilen, für die sie geleistet werden.

Dem BMF-Schreiben vom 24.05.2017, IV C 3 – S 2221/16/10001 :004 DOK 2017/0392623 Rz. 149–158 ist in diversen Beispielen die genaue Verteilung zu entnehmen.

8.1.3 Übrige Versicherungsbeiträge

Problemzone: Steuerliche Auswirkung der restlichen Versicherungsbeiträge ist sehr begrenzt (Zeilen 45–50)

Von den zuvor dargestellten Versicherungsbeiträgen sind die übrigen Versicherungsbeiträge des § 10 Abs. 1 Nr. 3 Buchst. b EStG zu unterscheiden. Hierbei handelt es sich um weitere freiwillige Beiträge zur Krankenpflegeversicherung, Arbeitslosenversicherungsbeiträge, Haftpflichtversicherungsbeiträge, Unfallversicherungsbeiträge und bestimmte Beiträge für Lebensversicherungen. Für die im § 10 Abs. 1 Nr. 3a EStG aufgezählten Versicherungsbeiträge ist ein eigener Höchstbetrag nach § 10 Abs. 4 EStG vorgesehen.

Dieser Höchstbetrag beträgt nun **1.900 €** für Steuerpflichtige, die ganz oder teilweise ohne eigene Aufwendungen Anspruch auf vollständige oder teilweise Erstattung oder Übernahme von Krankheitskosten haben. Hierunter fallen insbesondere Arbeitnehmer, Beamte und Rentner. Besteht bei dem Steuerpflichtigen kein derartiger Anspruch, erhöht sich der Höchstbetrag auf nunmehr **2.800 €**. Im Rahmen der Ehegattenveranlagung ist diese Prüfung für jeden Ehegatten getrennt vorzunehmen.

Übersteigen jedoch die Beiträge zur Basiskrankenversicherung und die Beiträge zur Pflegeversicherung diese Höchstbeträge, sind ausschließlich diese Versicherungsbeiträge zu berücksichtigen. Die weiteren Versicherungsbeiträge nach § 10 Abs. 1 Nr. 3 Buchst. b EStG bleiben dann unberücksichtigt. Im BMF-Schreiben vom 24.05.2017, IV C 3 – S 2221/16/10001 :004 DOK 2017/0392623 sind in der Rz. 121–124 diese weiteren Vorsorgeaufwendungen aufgezählt.

In den **Zeilen 49 und 50** sind nur Beiträge an Kapitallebensversicherungen und Rentenversicherungen mit Kapitalwahlrecht einzutragen, deren Laufzeitbeginn und erste Beitragszahlung **vor** dem 01.01.2005 erfolgte. Später abgeschlossene Versicherungen sind **nicht** nach § 10 Abs. 1 Nr. 3a EStG begünstigt und damit auch nicht einzutragen.

8.1.4 Abbildungen zu Kapitel 8.1

Abb. 8.1: Sonderausgaben – Versicherungsbeiträge, § 10 Abs. 1 Nr. 2a + b EStG

Altersvorsorge

Nur die folgenden Versicherungsbeiträge (ausschließlich):
- Beiträge zur gesetzlichen Rentenversicherung,
- Beiträge zu landwirtschaftlichen Alterskassen,
- Beiträge an berufsständische Versorgungseinrichtungen,
- Beiträge zu zertifizierten Basisrentenversicherungsverträgen („Rürup").

Maximale Berücksichtigung nach § 10 Abs. 3 S. 1–3 EStG
Bis zum Höchstbetrag des Beitrags zur knappschaftlichen Rentenversicherung (West) zu berücksichtigen. Der Höchstbetrag in der knappschaftlichen Rentenversicherung ergibt sich anhand des Beitragssatzes (2021: 24,7 %) und der Beitragsbemessungsgrenze (2021: 8.700 €).
Das sind in 2021: 8.700 € × 12 = **104.400 €** × **24,7 %** = 25.786,80 €, aufgerundet **25.787 €**. Dieser Wert gilt in West und Ost. Beck StE I § 10/11 Rz. 59. Für Ehegatten verdoppelt sich dieser Wert auf **51.574 €**.

8.1 Anlage Vorsorgeaufwand

Abb. 8.2: Sonderausgaben – Versicherungsbeiträge § 10 Abs. 1 Nr. 2 EStG Abzug der Höhe nach § 10 Abs. 3 EStG – BMF neu vom 24.05.2017, Beck StE I § 10/11

AN 3,6 % vom 450 € × 12 Monate =	194,40 €
AG 15 % von 450 € × 12 Monate =	810,00 €
Summe =	1.004,40 €
Davon 90 % =	903,96 €
Abzüglich AG-Anteil	810,00 €
Auswirkung	93,96 €

Altersvorsorge

Bis zu maximal **Höchstbetrag** zur knappschaftlichen Rentenversicherung zu berücksichtigen. **VZ 2021 = 25.787 €** (für Beamte etc. Kürzungen beachten!)

§ 10 Abs. 1 Nr. 2 Buchst. a und b EStG

Gesetzliche Rentenversicherung
+
landwirtschaftliche Alterskasse
+
berufsständisches Versorgungswerk
+
Basisrente („Rürup")

92 %

z.B. Summe der Versicherungsbeiträge (inklusive Arbeitgeberanteil 50.000 €!) → z.B. 50.000 € | 1.004,40 €

(zzgl. AN-Anteil Mini-Job = 3,6 %) Zeile 6

davon 76 %, ab 2013 um jährlich 2 % steigend, somit für **2021** nun **92 %** der **Beiträge** maximal von 25.787 € (knappschaftliche Rentenversicherungsbeiträge) → 23.724 € 92 % von 25.787 € | 903,96 €

abzüglich Arbeitgeberanteil in voller Höhe (100 %) → 10.000 € | 810,00 €

(zzgl. AG-Anteil Mini-Job = 15 %) Zeile 10

zu berücksichtigender Höchstbetrag 2021 → 13.724 € | 93,96 €

Abb. 8.3: Sonderausgaben – Versicherungsbeiträge, § 10 Abs. 1 Nr. 3a + b EStG
BMF vom 24.05.2017, IV C 3 – S 2221/16/10001 : 004, Rz. 83 ff.

Basis Kranken- und Pflegevorsorge

- Nur in Höhe des sozialhilfegleichen Versorgungsniveaus („Basis").
- Gilt für gesetzliche und private Krankenversicherungsbeiträge gleichermaßen.
- Bei Anspruch auf Krankengeld ist der Beitrag um 4 % zu mindern. Dies wird in Zeile 11 Anlage Vorsorgeaufwand unterstellt. Korrekturen (kein Anspruch auf Krankengeld) erfolgen mit Zeile 12.

- **Beiträge** für die eigene Person, für den Ehegatten und für Kinder, für die ein Anspruch auf den Kinderfreibetrag besteht.
- **Vorauszahlungen** sind auf das **dreifache** der Jahresbeiträge begrenzt § 10 Abs. 1 Nr. 3 S. 4 EStG.

Abb. 8.4: Steuerliche Förderung der betrieblichen Altersversorgung
BMF vom 12.08.2021, IV C 5 – S 333/19/10008 :017

Vor dem Hintergrund insbesondere der Änderungen:
- durch das Gesetz zur Vermeidung von Umsatzsteuerausfällen beim Handel mit Waren im Internet
- und zur Änderung weiterer steuerlicher Vorschriften vom 11.12.2018 (BGBl I S. 2338, BStBl I S. 1377)
- sowie das Grundrentengesetz vom 12.08.2020 (BGBl I S. 1879, BStBl I 2021 S. 4) wurde das BMF-Schreiben zur steuerlichen Förderung der betrieblichen Altersversorgung **neu gefasst** (BMF, Schreiben vom 12.08.2021, IV C 5 – S 2333/19/10008 :017); neue **177 Randziffern**.

➢ Lohnsteuerliche Behandlung – Steuerbefreiungen nach § 3 Nr. 63–66 EStG
➢ Sonderausgabenabzug nach § 10a EStG
➢ Steuerliche Behandlung der (späteren) Versorgungsleistungen
➢ Steuerschädliche Auszahlung von Altersvorsorgevermögen werden schwerpunktmäßig erörtert.

8.1 Anlage Vorsorgeaufwand

> **Abb. 8.5: Pauschale Bonuszahlungen der Krankenkasse stellen keine Beitragserstattungen dar – BFH vom 06.05.2020, X R 16/18, DStR 2020, 1905**
>
> Werden die Bonuszahlungen einer gesetzlichen Krankenversicherung für:
> - die Inanspruchnahme gesundheitlicher Vorsorge und Schutzmaßnahmen geleistet,
> - die nicht vom Basis Krankenversicherungsschutz umfasst werden,
> - sodass der Versicherte dementsprechend eigenen finanziellen Aufwand zu tragen habe,
> - dient der gezahlte Bonus ausschließlich der eigenen gesundheitsbestimmten Aufwendungen des Versicherten.
>
> Das BMF-Schreiben vom 24.05.2017 setzt in Rz. 88, 89 voraus, dass zuvor geleistete Aufwendungen erstattet werden müssen, um keine Kürzung der Versicherungsbeiträge zu erreichen.
>
> Dem hat der BFH nun widersprochen. Es reicht danach aus, dass die Handlung des Versicherten mit finanziellem Aufwand verbunden ist.

> **Abb. 8.6: 3-fache Vorauszahlungen von Versicherungsbeiträgen nach § 10 Abs. 1 Nr. 3 S. 4 EStG**
>
> **Basis-Kranken- und Pflegeversicherung**
> **Formular Rz. 11–44**
>
> **Beispiel:**
> Basis-Kranken- und Pflegeversicherungsbeiträge für 2021 =   4.000 €
> Vorauszahlungen für die nächsten Versicherungsjahre   20.000 €
>
> **Lösung:**
> Ansatz für das laufende Jahr 2021   4.000 €
> Vorauszahlungen für 2022 + 2023 + 2024   12.000 €
> **Summe**   **16.000 €**
>
> Der Rest – 4.000 € – ist den Folgejahren 2025, 2026, 2027 zuzuordnen.
>
> Vier Rechenbeispiele in dem BMF-Schreiben vom 24.05.2017, Rz. 149–158.
>
> In den Beispielen Rz. 149–158 + 195 wird darauf hingewiesen, dass bei wiederkehrenden Zahlungen § 11 EStG dennoch zu berücksichtigen ist. Ab 22.12.2021 werden somit Vorauszahlungen zum Risiko.

Abb. 8.7: Neuigkeiten zu gezahlten Krankenversicherungsbeiträgen

Eigene KV- und Pflege-Versicherungsbeiträge **des Kindes.**

 Anlage Kind Zeilen 35-40

Eltern können diese Versicherungsbeiträge **bei sich** als Sonderausgaben nach § 10 Abs. 1 Nr. 3 Satz 2 EStG erklären:

- wenn sie einen Anspruch auf Kindergeld/Freibetrag haben
- und die Aufwendungen dem Kind entweder erstatten
  oder
- Barunterhalt/Sachzuwendungen/wohnt bei den Eltern erbringen.

Dies gilt **auch, wenn** die Beiträge vom Arbeitslohn des Kindes einbehalten und abgeführt worden sind.

Abb. 8.8: Sonderausgaben – Versicherungsbeiträge, § 10 Abs. 1 Nr. 3a EStG

Übrige Versicherungsbeiträge
Formular Rz. 45–50

§ 10 Abs. 1 Nr. 3a EStG

Kranken-, Pflege-, Arbeitslosen-, Erwerbs-, Berufsunfähigkeits-, Unfall-, Haftpflicht-, Risiko- und Kapitallebensversicherungsbeiträge.
1.900 €/2.800 €

- Kranken- und Pflegeversicherungsbeiträge, soweit nicht schon unter Nr. 3 angesetzt.
- Kapitallebensversicherungsbeiträge nur mit 88 % der Beiträge. Bedingung ist ein Abschluss vor 2005.

- **Bei Anspruch auf Zuschüsse oder Zuzahlungen zur Krankenversicherung oder Übernahme der Leistungen ist ein Höchstwert von 1.900 €,**
- **für die anderen Fälle ein Wert von maximal 2.800 € zu berücksichtigen.**

Sind aber die Beiträge nach Nr. 3 EStG höher, sind keine weiteren Versicherungsbeiträge **nach Nr. 3a EStG anzusetzen.**

8.1 Anlage Vorsorgeaufwand

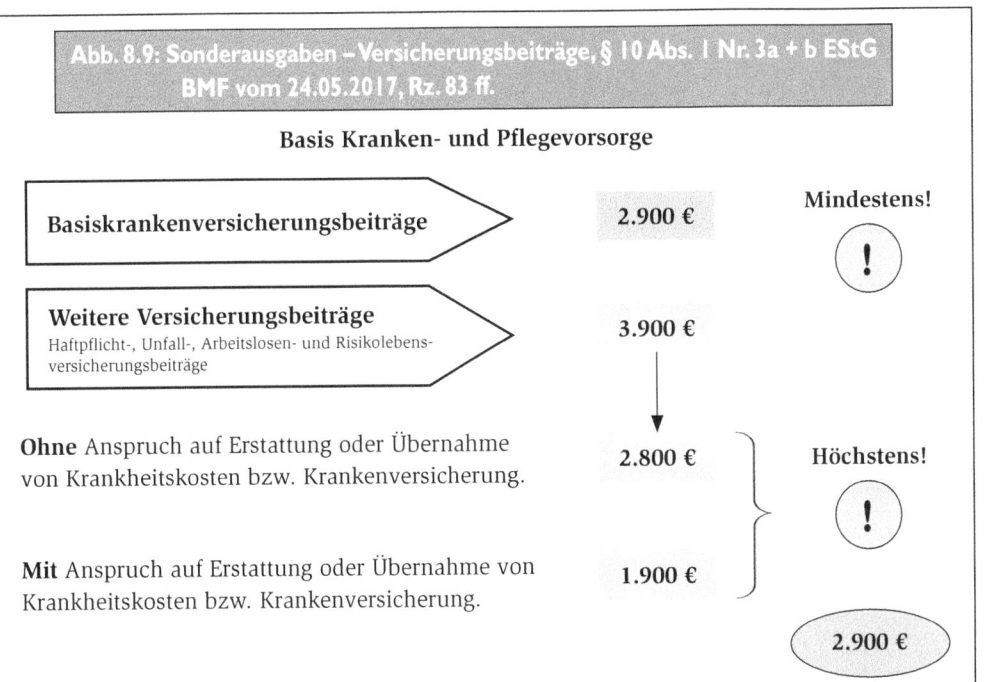

Abb. 8.9: Sonderausgaben – Versicherungsbeiträge, § 10 Abs. 1 Nr. 3a + b EStG BMF vom 24.05.2017, Rz. 83 ff.

Abb. 8.10: Ergänzende Angaben zu Vorsorgeaufwendungen Zeilen 51–56 Anlage Vorsorgeaufwand

Bestand **keine gesetzliche Rentenversicherungspflicht** wegen der Tätigkeit als Beamter, Vorstand, Gesellschafter-Geschäftsführer oder Praktikant?

Der Höchstbetrag für die Altersvorsorge wird entsprechend gekürzt, wenn aufgrund des zuvor angegebenen Dienstverhältnisses eine Anwartschaft auf Altersversorgung besteht.

8.2 Anlage AV

Anleitung vorhanden

2021

Anlage AV

Diese Anlage ist bei Zusammenveranlagung von Ehegatten / Lebenspartnern gemeinsam auszufüllen.

1 Name
2 Vorname
3 Steuernummer

Angaben zur steuerlichen Förderung von Altersvorsorgebeiträgen (sog. Riester-Verträge)

Allgemeine Angaben — 39

		stpfl. Person / Ehemann / Person A	Ehefrau / Person B
4	Mitgliedsnummer der landwirtschaftlichen Alterskasse	112	312

– Für alle vom Anbieter übermittelten Altersvorsorgebeiträge wird ein zusätzlicher Sonderausgabenabzug geltend gemacht. Erforderlich hierfür sind die nachfolgenden Angaben ab Zeile 5.
– Sollten Sie den Sonderausgabenabzug für bestimmte Verträge nicht wünschen, nehmen Sie bitte die entsprechenden Eintragungen in den Zeilen 31 bis 40 vor. –

Berechnungsgrundlagen

– Bei Zusammenveranlagung: Bitte die Art der Begünstigung (unmittelbar / mittelbar) beider Ehegatten / Lebenspartner angeben. –

		stpfl. Person / Ehemann / Person A		Ehefrau / Person B	
5	Ich bin für das Jahr 2021 unmittelbar begünstigt. (Bitte die Zeilen 6 bis 14 ausfüllen.)	106	1 = Ja	306	1 = Ja
			EUR		EUR
6	Beitragspflichtige Einnahmen i. S. d. inländischen gesetzlichen Rentenversicherung **2020**	100	,—	300	,—
7	Inländische Besoldung, Amtsbezüge und Einnahmen beurlaubter Beamter **2020** (Ein Eintrag ist nur erforderlich, wenn Sie eine Einwilligung gegenüber der zuständigen Stelle abgegeben haben.)	101	,—	301	,—
8	Entgeltersatzleistungen **2020**	104	,—	304	,—
9	Tatsächliches Entgelt **2020**	102	,—	302	,—
10	Jahres(brutto)betrag der Rente wegen voller Erwerbsminderung oder Erwerbsunfähigkeit in der inländischen gesetzlichen Rentenversicherung **2020**	109	,—	309	,—
11	Inländische Versorgungsbezüge wegen Dienstunfähigkeit **2020** (Ein Eintrag ist nur erforderlich, wenn Sie eine Einwilligung gegenüber der zuständigen Stelle abgegeben haben.)	113	,—	313	,—
12	Einkünfte aus Land- und Forstwirtschaft **2019**	103	,—	303	,—
13	Jahres(brutto)betrag der Rente wegen voller Erwerbsminderung oder Erwerbsunfähigkeit nach dem Gesetz über die Alterssicherung der Landwirte **2020**	111	,—	311	,—
14	Einnahmen aus einer Beschäftigung, die einer ausländischen gesetzlichen Rentenversicherungspflicht unterlag und / oder Jahres(brutto)betrag der Rente wegen voller Erwerbsminderung oder Erwerbsunfähigkeit aus einer ausländischen gesetzlichen Rentenversicherung **2020**	114	,—	314	,—
15	Ich bin für das Jahr 2021 mittelbar begünstigt. (Bei Einzelveranlagung von Ehegatten / Lebenspartnern: Die Angaben zu den Altersvorsorgebeiträgen werden bei der Einkommensteuerveranlagung des anderen Ehegatten / Lebenspartners berücksichtigt.)	106	2 = Ja	306	2 = Ja

Angaben zu Kindern, für die ein Anspruch auf Kinderzulage besteht

Bei Eltern, die miteinander verheiratet sind oder miteinander eine Lebenspartnerschaft führen und 2021 nicht dauernd getrennt gelebt haben:

		Geboren vor dem 1.1.2008	Geboren nach dem 31.12.2007
	Anzahl der Kinder, für die für **2021** Kindergeld festgesetzt worden ist und	Anzahl der Kinder	Anzahl der Kinder
16	– die bei Zusammenveranlagung der Mutter / Person B zugeordnet werden oder – die bei Zusammenveranlagung von Person A auf Person B übertragen wurden	305	315
17	– für die bei Zusammenveranlagung oder Einzelveranlagung von Ehegatten / Lebenspartnern die Kinderzulage von der Mutter auf den Vater / von Person B auf Person A übertragen wurde, – die bei Einzelveranlagung von Ehegatten / Lebenspartnern der Mutter / Person A zugeordnet werden oder – die bei Zusammenveranlagung Person A zugeordnet werden	105	115
18	Anzahl der bei Einzelveranlagung von Ehegatten / Lebenspartnern von der Mutter auf den Vater übertragenen Kinderzulagen – Eintragung nur in der Steuererklärung der übertragenden Person –	225	235

Bei allen anderen Kindergeldberechtigten:

Anzahl der Kinder, für die für den ersten Anspruchszeitraum **2021** Kindergeld gegenüber

19	– stpfl. Person / Ehemann / Person A	205	215
20	– Ehefrau / Person B	405	415

festgesetzt worden ist (diese Kinder dürfen nicht in den Zeilen 16 bis 18 enthalten sein).

8.2 Anlage AV

Altersvorsorgeverträge, für die kein zusätzlicher Sonderausgabenabzug geltend gemacht wird

– Die Zeilen 31 bis 40 sind nur auszufüllen, wenn Sie keinen zusätzlichen Sonderausgabenabzug wünschen und gegenüber dem Anbieter Ihres Altersvorsorgevertrages nicht bereits auf den zusätzlichen Sonderausgabenabzug verzichtet haben. –

stpfl. Person / Ehemann / Person A

31 Für nachfolgende Altersvorsorgeverträge möchte ich keinen zusätzlichen Sonderausgabenabzug geltend machen.   200   1 = Ja

1. Vertrag
Anbieternummer   Zertifizierungsnummer
32   0   0
Vertragsnummer
33

2. Vertrag
Anbieternummer   Zertifizierungsnummer
34   0   0
Vertragsnummer
35

Ehefrau / Person B

36 Für nachfolgende Altersvorsorgeverträge möchte ich keinen zusätzlichen Sonderausgabenabzug geltend machen.   400   1 = Ja

1. Vertrag
Anbieternummer   Zertifizierungsnummer
37   0   0
Vertragsnummer
38

2. Vertrag
Anbieternummer   Zertifizierungsnummer
39   0   0
Vertragsnummer
40

Widerruf des Verzichts auf den zusätzlichen Sonderausgabenabzug

stpfl. Person / Ehemann / Person A

41 Ich habe bisher gegenüber dem Anbieter meines Altersvorsorgevertrages auf den zusätzlichen Sonderausgabenabzug verzichtet. Hiermit widerrufe ich den gegenüber meinem Anbieter erklärten Verzicht auf den zusätzlichen Sonderausgabenabzug.   204   1 = Ja

1. Vertrag
Anbieternummer   Zertifizierungsnummer
42   0   0
Vertragsnummer
43

2. Vertrag
Anbieternummer   Zertifizierungsnummer
44   0   0
Vertragsnummer
45

Ehefrau / Person B

46 Ich habe bisher gegenüber dem Anbieter meines Altersvorsorgevertrages auf den zusätzlichen Sonderausgabenabzug verzichtet. Hiermit widerrufe ich den gegenüber meinem Anbieter erklärten Verzicht auf den zusätzlichen Sonderausgabenabzug.   404   1 = Ja

1. Vertrag
Anbieternummer   Zertifizierungsnummer
47   0   0
Vertragsnummer
48

2. Vertrag
Anbieternummer   Zertifizierungsnummer
49   0   0
Vertragsnummer
50

Anlage AV

8.2.1 Allgemeines

Seit dem Veranlagungszeitraum 2002 fördert der Staat die zusätzliche Altersvorsorge durch Zulagen nach § 84 und § 85 EStG (Grundzulage und Kinderzulage) oder durch den Sonderausgabenabzug nach § 10a EStG.

Die Steuerpflichtigen haben allerdings kein Wahlrecht, ob Zulage oder Sonderausgabenabzug gewährt wird, sondern im Veranlagungsverfahren wird von Amts wegen in einer „Günstigerprüfung" festgestellt (wie beim Kindergeld, alternativ Freibeträge für Kinder), welche Alternative für die Steuerpflichtigen günstiger ist; § 2 Abs. 6 S. 2 EStG und § 10a Abs. 2 S. 1–3 EStG.

Für den Sonderausgabenabzug des Veranlagungszeitraums 2021 gelten **folgende Anforderungen**:

Die Identifikationsnummer (§ 139b AO) muss – nach Zustimmung durch den Steuerpflichtigen – an die zentrale Stelle (Deutsche Rentenversicherung Bund; § 81 EStG), übermittelt werden. Auch die Vertragsnummer muss mitgeteilt werden (§ 10a Abs. 2a, § 10a Abs. 4 S. 5 EStG).

Wird der Datenübermittlung nach § 10a Abs. 5 EStG nicht zugestimmt, ist ein Sonderausgabenabzug nicht möglich. Über die erfolgte Datenübermittlung ist der Steuerpflichtige vom Anbieter zu informieren. Liegt eine derartige Information nicht vor, ist der Anbieter entsprechend aufzufordern, den Sachverhalt zu klären.

Zum begünstigten Personenkreis gehören alle Steuerpflichtigen, die Pflichtbeiträge zur gesetzlichen Rentenversicherung zahlen und ihnen gleichgestellte Personen, wie z.B. Bezieher von Lohnersatzleistungen (ALG I und ALG II, Krankengeld), Beamte und Wehr- bzw. Zivildienstleistende oder geringfügig Beschäftigte, die auf die Versicherungsfreiheit verzichtet haben (§ 10a Abs. 1 S. 1 Nr. 1–5 EStG). Auch die Ehegatten der berechtigten Personen gehören zu den Begünstigten (§ 10a Abs. 3 EStG).

Nicht zum Kreis der unmittelbar Begünstigten gehören z.B.:
- Mitglieder der berufsständischen Versorgungseinrichtungen,
- Freiwillig in der inländischen gesetzlichen Rentenversicherung Versicherte,
- Selbständige,
- geringfügig Beschäftigte.

Kein zusätzlicher Sonderausgabenabzug für nicht aktiv in der gesetzlichen Rentenversicherung Pflichtversicherte und für Mitglieder berufsständischer Versorgungswerke, BFH, Urteil vom 29.07.2015, X R 11/13

Ein Steuerpflichtiger ist nicht berechtigt, seine Altersvorsorgebeiträge als Sonderausgaben gemäß § 10a EStG abzuziehen, wenn er nicht mehr „aktiv", sondern lediglich in früheren Jahren in der gesetzlichen Rentenversicherung pflichtversichert gewesen ist.

Eine Berechtigung zum zusätzlichen Sonderausgabenabzug ergibt sich ebenfalls nicht aus einer bestehenden Pflichtmitgliedschaft in einem berufsständischen Versorgungswerk.

Die Abzugsberechtigung gemäß § 10a EStG ist auch nicht daraus abzuleiten, dass der Steuerpflichtige über seinen Ehegatten gemäß § 79 Satz 2 EStG mittelbar einen Anspruch auf die Altersvorsorgezulage hat.

Die Nichtgewährung des zusätzlichen Sonderausgabenabzugs verstößt nicht gegen den Gleichheitssatz.

Mittelbar begünstigte Ehegatten/Lebenspartner haben nur dann einen Anspruch auf eine Altersvorsorgezulage, wenn der Ehegatte/Lebenspartner eigene Altersvorsorgebeiträge geleistet hat.

Die staatliche Zulage oder der mögliche Sonderausgabenabzug hängen wechselseitig voneinander ab, denn die Zulage ist abhängig von den Höchstbeträgen des § 10a EStG. Andererseits kann der Sonderausgabenabzug nur gewährt werden, wenn der Steuerpflichtige einen Altersvorsorgevertrag bei einem entsprechenden Anbieter abgeschlossen (§ 82 EStG) und einen Antrag auf Zulagenzahlung gestellt hat.

Bei der **Berechnung der berücksichtigungsfähigen Sonderausgaben** sind folgende Beträge von Bedeutung:
- Höchstbeiträge nach § 10a EStG = 2.100 €,
- Grundzulage nach § 84 EStG = 175 € und
- Kinderzulage nach § 85 EStG = 300 € (bis einschließlich 2007 nur 185 €).

Für das erste Beitragsjahr, das nach dem 31.12.2007 beginnt, erhält ein Zulageberechtigter (§ 79 S. 1 EStG), der das 25. Lebensjahr noch nicht vollendet hat („Berufseinsteigerfalle"), **einmalig 200 €** zusätzlich zur Grundzulage (§ 84 EStG).

Um die vollen Zulagen zu erhalten oder ggf. den höchstmöglichen Sonderausgabenabzug, müssen die Steuerpflichtigen in den betreffenden Veranlagungszeiträumen mit ihren Vorsorgebeiträgen auf einen **Mindesteigenbeitrag** (§ 86 Abs. 1 S. 1, 2 EStG) kommen. Dieser Mindesteigenbeitrag knüpft prozentual an die rentenversicherungspflichtigen Einnahmen bzw. an die Besoldung des Vorjahres an, wird allerdings in der Höhe durch die Höchstbeträge des § 10a EStG begrenzt.

Da der Mindesteigenbeitrag sich aus der eigenen Sparleistung und den Zulagen zusammensetzt, ist der Mindesteigenbeitrag im jeweiligen Veranlagungszeitraum begrenzt. Leisten Steuerpflichtige weniger als den Mindesteigenbeitrag, so wird die Zulage anteilig gekürzt. Es muss jedoch mindestens der Sockelbetrag von 60 € jährlich geleistet werden (§ 86 Abs. 1 S. 4, 5 EStG).

Bedingt durch die Progression des Steuertarifs (14–45 %) fällt die Steuerermäßigung bei größerem Einkommen höher aus. Zusätzliches Sparen wird belohnt, da damit der Sonderausgabenabzug erhöht werden kann.

Weitere Details finden Sie im **BMF-Schreiben vom 24.07.2013, zuletzt geändert 13.03.2014, IV C 3 – S 2015/11/10002/IV C 5 – S 2333/09/10005, BStBl I 2013, 1022 Steuerliche Förderung der privaten Altersvorsorge und betrieblichen Altersversorgung**.

Dort ist auch die ab 2008 mögliche Verwendung der Riester-Beiträge für eine selbst genutzte Wohnung näher erläutert. §§ 92a–95 EStG „Eigenheimrentengesetz" lässt eine Verwendung zu, sichert jedoch auch die Rückzahlung.

Drei unterschiedliche Verwendungsarten (unschädliche Entnahmemöglichkeiten) für angespartes Altersvorsorgevermögen sind danach möglich:
1. Für die Anschaffung oder Herstellung einer eigengenutzten Wohnung.
2. Für die Entschuldung einer eigengenutzten Wohnung.
3. Für den Erwerb von Genossenschaftsanteilen.

Begünstigt sind nur Darlehenstilgungen, nicht der Einsatz für Zinsleistungen.

Dafür wird dann ein Wohnförderkonto gebildet. Dieses spiegelt das in der Immobilie gebundene steuerlich geförderte Kapital wieder. Dieser Betrag wird jährlich mit 2 % fiktiv verzinst und erhöht das Förderkonto.

Bei Renteneintritt findet entweder eine Einmalbesteuerung bei 30 % Abschlag statt oder es wird jährlich ein gleichmäßiger Anteil bis zum 85. Lebensjahr nachversteuert. Rz. 161–189 stellen die Bedingungen und die Auswirkungen dar. Beispielsfälle „erhellen" den Sachverhalt.

In den neuen Zeilen 31–48 (Rückseite des Formulars) können die Verträge aufgeführt werden, für die keine Sonderausgaben beantragt werden. Hier bedarf es der ausführlichen Beratung, welche Verträge in der Auszahlungsphase geringer (nicht mit Sonderausgaben begünstigte) besteuert werden sollen. Ausführungen hierzu in BMF vom 21.12.2017 (BStBl I 2018, 93) Beck StE I § 79/1 Rz. 119.

Rückforderung von Altersvorsorgezulagen vom Zulageempfänger
BFH, Pressemitteilung Nr. 55/9 zum Urteil X R 35/17 vom 09.07.2019
Ist ein Altersvorsorgevertrag über eine sog. Riesterrente vom Anbieter abgewickelt worden, kann die Zentrale Zulagenstelle für Altersvermögen (ZfA) rechtsgrundlos geleistete Zulagebeträge vom Zulageempfänger zurückfordern. Nach dem zu § 37 Abs. 2 der Abgabenordnung (AO) ergangenen Urteil des BFH vom 09.07.2019, X R 35/17 kommt es auf ein Verschulden des Zulageempfängers nicht an.

Im Streitfall hatte die Klägerin bei einem Anbieter einen zertifizierten Altersvorsorgevertrag abgeschlossen. Aufgrund der Angabe des Anbieters, die Klägerin sei unmittelbar zulageberechtigt, zahlte die ZfA jährlich Zulagebeträge, die der Anbieter dem Konto der Klägerin gutschrieb. Nach Beendigung des Altersvorsorgevertrages stellte die ZfA im Rahmen einer Überprüfung die fehlende Zulageberechtigung der Klägerin für drei Beitragsjahre fest und forderte die insoweit gewährten Altersvorsorgezulagen von ihr zurück. Den Einwand der Klägerin, sie treffe kein Verschulden, da die unzutreffenden Zulageanträge von ihrem Anbieter herrührten und die ZfA die Auszahlungen ohne inhaltliche Prüfung vorgenommen habe, ließ das FG nicht gelten. Es war vielmehr der Ansicht, die Voraussetzungen für die Inanspruchnahme der Klägerin auf Rückzahlung lägen vor.

Der BFH hat die Vorentscheidung bestätigt. § 37 Abs. 2 AO über die Erstattung rechtsgrundlos gezahlter Leistungen sei auch bei Altersvorsorgezulagen anzuwenden, da speziellere Regelungen – jedenfalls nach der bis zum 31.12.2017 geltenden Rechtslage – nicht eingriffen. Insbesondere komme eine Rückforderung über den Anbieter (vgl. § 90 Abs. 3 EStG) nicht in Betracht, da das Konto der Klägerin beim Anbieter infolge der Beendigung des Altersvorsorgevertrages nicht mehr existiert habe und damit auch nicht mehr belastet werden konnte. Ob die Klägerin oder – wie sie behaupte – ihr Anbieter die fehlerhafte Mitteilung über die Zulageberechtigung zu vertreten habe, sei für § 37 Abs. 2 AO unerheblich, da die Vorschrift kein Verschulden voraussetze. Der Umstand, dass die ZfA über mehrere Jahre hinweg eine Auszahlung von Zulagen allein aufgrund der ihr vom Anbieter übermittelten Daten veranlasst und erst nachträglich eine Prüfung der Zulageberechtigung der Klägerin vorgenommen habe, führe auch nicht zur Verwirkung des Rückforderungsanspruchs. Denn dieser Geschehensablauf entspreche in typischer Weise der gesetzlichen Ausgestaltung des Zulageverfahrens. Die Klägerin sei daher in ihrem Vertrauen auf das Behaltendürfen der unberechtigt erhaltenen Zulagen nicht schutzwürdig.

8.2.2 Abbildungen zu Kapitel 8.2

Abb. 8.11: Sonderausgaben – Versicherungsbeiträge/Riesterzulagen §§ 79 ff./10a EStG (das umfangreiche BMF-Schreiben vom 21.12.2017, IV C 3 – S 2015/17/10001 :005 ist zu beachten)

Was wird in 2021 gewährt		
Grundzulage (§ 84 EStG)	Kinderzulage (§ 85 EStG)	Besserrechnung Sonderausgaben
jährlich: **175 €** Berechtigte, die das 25. Lebensjahr noch nicht vollendet haben, erhalten einmalig **200 €** zusätzlich (Berufseinsteigerbonus § 84 S. 2 EStG).	jährlich: **300 €** Für vor dem 01.01.2008 geborene Kinder erhält der Begünstigte nur **185 €**.	Nach § 10a Abs. 1 EStG sind **2.100 €** als Sonderausgaben zu berücksichtigen (wenn die Steuererstattung dadurch die gewährten Zulagen übersteigt). Die Einkommensteuer wird dann um den Zulagenanspruch erhöht. Seit 2010 ist die elektronische Datenübermittlung erforderlich (§ 10a Abs. 2a EStG).

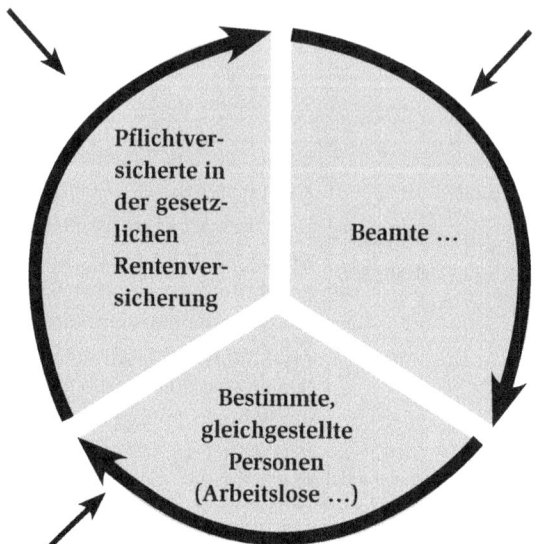

Abb. 8.12: Der berechtigte Personenkreis des § 10a EStG

Anlage 1 + 2 zum BMF-Schreiben vom 21.12.2017, Beck StE I § 79/1

Siehe auch BFH vom 09.07.2019, X R 35/17 „Rückforderung vom Zulageempfänger"

Elektronische Datenübermittlung nach § 10 Abs. 2a EStG erforderlich!

4 % des **Vorjahres-Bruttolohns** (Vorjahreswert in AV Zeilen 11–15 eintragen) sind als Einzahlung für die volle Förderung erforderlich! Mindesteigenbetrag von 60 € jährlich beachten; § 86 Abs. 1 EStG.

Ab dem Veranlagungszeitraum 2011 werden diese Bedingungen genau überprüft. Daher kommt es nun vermehrt zu Änderungsbescheiden und Rückforderung der Zulagen bzw. der gewährten Sonderausgaben.
Folge: Steuernachzahlungen und Verzinsung!

Neu: Fehlerhafte elektronische Meldungen der Zulagen für Vorjahre werden derzeit korrigiert. Nachzahlung wegen höheren Anrechnung der Zulagen.

9. Anlage Kind

Was ist zu beachten – neu und wichtig – Checkliste

Kindergeld 1. und 2. Kind je **219 €** monatlich 3. Kind **225 €** monatlich ab 4. Kind **250 €** monatlich	**150 € einmalig** in 2021, wenn in 2021 mindestens für einen Monat Anspruch auf Kindergeld bestand, § 66 Abs. 1 EStG
Kinderfreibeträge je Elternteil 2.730 € + 1.464 € = 4.194 € Zusammenveranlagte = **8.388 €** je Kind	Kinder im Ausland nur nach den Verhältnissen im Wohnsitzstaat begünstigt; § 32 Abs. 6 S. 4 EStG
Dienstanweisung zum Kindergeld nach dem EStG	**DA KG 2021** elektronisch vom BZSt abrufen
Für **volljährige Kinder** ist die Abgrenzung Erst- und Zeitausbildung sowie mehraktige Ausbildung zu beachten. Beginn – Ende – Übergangszeit der Ausbildung	BFH vom 04.02.2016, III R 14/15 BFH vom 20.02.2019, III R 42/18 BFH vom 07.07.2021, III R 40/19
Übertragungen auf den anderen Elternteil nur eingeschränkt möglich; § 32 Abs. 6 S. 6 EStG. BFH vom 14.04.2021, III R 34/19	**Ab 2021** bei Kinderfreibetragsübertragung ist zwingend auch der Betreuungsfreibetrag zu übertragen
Ausbildungsfreibetrag von **924 €** jährlich für volljährige Kinder	In der Ausbildung und auswärtig untergebracht
Schulgeld, wenn es sich um eine gleichwertige zu einem Abschluss führende Schule innerhalb der EU/EWR handelt, die vom inländischen Ministerium anerkannt worden ist	**30 %** des Schulgelds ohne Beherbergung, Betreuung und Verpflegung, und **höchstens 5.000 €** als Sonderausgaben
Behinderten- oder **Hinterbliebenen-Pauschbetrag** und **behinderungsbedingte Fahrtkostenpauschale** auf die Eltern **übertragen**	Neu ab 2021. Die Pauschale für 3.000 km × 0,30 € = 900 € kann auf die Eltern, ebenso, wie die Behindertenfreibeträge, übertragen werden
Kinderbetreuungskosten für Kinder bis zum 14. Lebensjahr nach Abzug von Erstattungen	$2/3$ der Kosten, höchstens 4.000 € je Kind. Nachhilfe und Verpflegung sind nicht begünstigt

9. Anlage Kind

2021

Anlage Kind
Für jedes Kind bitte eine eigene Anlage Kind abgeben.

1 Name
2 Vorname
3 Steuernummer — lfd. Nr. der Anlage

Angaben zum Kind
4 Identifikationsnummer 01
5 Vorname — ggf. abweichender Familienname
6 Geburtsdatum 16 — Anspruch auf Kindergeld (einschließlich Kinderbonus) oder vergleichbare Leistungen für 2021 15 EUR
7 Für die Kindergeldfestsetzung zuständige Familienkasse
8 Wohnsitz im Inland 00 — vom — bis — ggf. abweichende Adresse
9 Wohnsitz im Ausland 07 — vom — bis — ggf. abweichende Adresse (bei Wohnsitz im Ausland bitte auch den Staat angeben) (Kz 14)

Kindschaftsverhältnis zur stpfl. Person / Ehemann / Person A | Kindschaftsverhältnis zur Ehefrau / Person B
10 02 1 = leibliches Kind / Adoptivkind   2 = Pflegekind   3 = Enkelkind / Stiefkind | 03 1 = leibliches Kind / Adoptivkind   2 = Pflegekind   3 = Enkelkind / Stiefkind

Kindschaftsverhältnis zu einer anderen Person
11 Name, Vorname — Geburtsdatum dieser Person 04 — Dauer des Kindschaftsverhältnisses vom — bis
12 Letzte bekannte Adresse — Art des Kindschaftsverhältnisses: 1 = leibliches Kind / Adoptivkind, 2 = Pflegekind
13 Der andere Elternteil lebte im Ausland 37
14 Das Kindschaftsverhältnis zum anderen Elternteil ist durch dessen Tod erloschen am 06
15 Der Wohnsitz oder gewöhnliche Aufenthalt des anderen Elternteiles ist nicht zu ermitteln oder der Vater des Kindes ist amtlich nicht feststellbar 05 1 = Ja

Angaben für ein volljähriges Kind
Das Kind
– befand sich in einer Schul-, Hochschul- oder Berufsausbildung,
– befand sich in einer Übergangszeit von höchstens vier Monaten (z. B. zwischen zwei Ausbildungsabschnitten),
– konnte eine Berufsausbildung mangels Ausbildungsplatzes nicht beginnen oder fortsetzen und / oder
– hat ein freiwilliges soziales oder ökologisches Jahr (Jugendfreiwilligendienstegesetz), eine europäische Freiwilligenaktivität, einen entwicklungspolitischen Freiwilligendienst, einen Freiwilligendienst aller Generationen (§ 2 Abs. 1a SGB VII), einen Internationalen Jugendfreiwilligendienst, Bundesfreiwilligendienst oder einen Anderen Dienst im Ausland (§ 5 Bundesfreiwilligendienstgesetz) geleistet.
(Folgen diese Abschnitte unmittelbar aufeinander, sind sie zu einem Zeitraum zusammenzufassen.)

1. Zeitraum vom — bis | 2. Zeitraum vom — bis
16 80 — 81

17 Erläuterungen zu den Berücksichtigungszeiträumen
18 Das Kind war ohne Beschäftigung und bei einer Agentur für Arbeit als arbeitsuchend gemeldet 82
19 Das Kind war wegen einer vor Vollendung des 25. Lebensjahres eingetretenen Behinderung außerstande, sich selbst finanziell zu unterhalten (Bitte Anleitung beachten) 83

Angaben zur Erwerbstätigkeit eines volljährigen Kindes (nur bei Eintragungen in Zeile 16)
20 Das Kind hat bereits eine erstmalige Berufsausbildung oder ein Erststudium abgeschlossen 84 1 = Ja 2 = Nein
21 Falls Zeile 20 mit „Ja" beantwortet wurde: Das Kind war erwerbstätig (kein Ausbildungsdienstverhältnis) 1 = Ja 2 = Nein
22 Falls Zeile 21 mit „Ja" beantwortet wurde: Das Kind übte eine / mehrere geringfügige Beschäftigung(en) im Sinne der §§ 8, 8a SGB IV (sog. Minijob) aus 1 = Ja 2 = Nein Beschäftigungszeitraum vom — bis
23 Das Kind übte andere Erwerbstätigkeiten aus (bei mehreren Erwerbstätigkeiten bitte Angaben lt. gesonderter Aufstellung) 1 = Ja 2 = Nein Erwerbszeitraum
24 (Vereinbarte) regelmäßige wöchentliche Arbeitszeit der Tätigkeit(en) lt. Zeile 22 Stunden lt. Zeile 23 Stunden

9. Anlage Kind

Beiträge zur inländischen Kranken- und Pflegeversicherung (Nicht in der Anlage Vorsorgeaufwand enthalten)

Aufwendungen von mir / uns als Versicherungsnehmer geschuldet und von mir / uns getragen — EUR

Zeile	Beschreibung	Kennziffer
31	Beiträge zu Krankenversicherungen des Kindes (nur Basisabsicherung, keine Wahlleistungen)	66
32	Beiträge zur sozialen Pflegeversicherung und / oder zur privaten Pflege-Pflichtversicherung	67
33	Von den Versicherungen lt. den Zeilen 31 und / oder 32 erstattete Beträge	68
34	Über die Basisabsicherung hinausgehende Beiträge zu Kranken- und Pflegeversicherungen des Kindes (z. B. für Wahlleistungen, Zusatzversicherungen) abzüglich erstatteter Beträge	69

Aufwendungen vom Kind als Versicherungsnehmer geschuldet und von mir / uns getragen

Zeile	Beschreibung	Kennziffer
35	Beiträge zu Krankenversicherungen des Kindes (nur Basisabsicherung, keine Wahlleistungen)	70
36	In Zeile 35 enthaltene Beiträge, aus denen sich ein Anspruch auf Krankengeld ergibt	71
37	Beiträge zur sozialen Pflegeversicherung und / oder zur privaten Pflege-Pflichtversicherung	72
38	Von den Versicherungen lt. den Zeilen 35 und / oder 37 erstattete Beträge	73
39	In Zeile 38 enthaltene Beiträge, aus denen sich ein Anspruch auf Krankengeld ergibt	74
40	Zuschuss von dritter Seite zu den Beiträgen lt. den Zeilen 35 und / oder 37 (z. B. nach § 13a BAföG)	75

Beiträge zur ausländischen Kranken- und Pflegeversicherung (Nicht in der Anlage Vorsorgeaufwand enthalten)

Aufwendungen von mir / uns / dem Kind als Versicherungsnehmer geschuldet und von mir / uns getragen — EUR

Zeile	Beschreibung	Kennziffer
41	Beiträge (abzüglich steuerfreier Zuschüsse und / oder Erstattungen) zu ausländischen Kranken- und Pflegeversicherungen des Kindes, die mit inländischen gesetzlichen Kranken- und Pflegeversicherungen vergleichbar sind (nur Basisabsicherung) – Über die Basisabsicherung hinausgehende Beiträge, die von mir / uns als Versicherungsnehmer geschuldet und getragen wurden, in Zeile 34 eintragen –	89
42	In Zeile 41 enthaltene Beiträge, aus denen sich ein Anspruch auf Krankengeld ergibt	90

Übertragung des Kinderfreibetrags / des Freibetrags für den Betreuungs- und Erziehungs- oder Ausbildungsbedarf

Zeile	Beschreibung		
43	Ich beantrage den vollen Kinderfreibetrag und den vollen Freibetrag für den Betreuungs- und Erziehungs- oder Ausbildungsbedarf, weil der andere Elternteil – seiner Unterhaltsverpflichtung nicht zu mindestens 75% nachkommt oder – mangels Leistungsfähigkeit nicht unterhaltspflichtig ist	36	1 = Ja
44	Falls die Frage in Zeile 43 mit Ja beantwortet wurde: Es wurden Unterhaltsleistungen nach dem Unterhaltsvorschussgesetz gezahlt für den Zeitraum	38	vom – bis
45	Ich beantrage den vollen Freibetrag für den Betreuungs- und Erziehungs- oder Ausbildungsbedarf, weil das minderjährige Kind bei dem anderen Elternteil nicht gemeldet war.	39	1 = Ja 43
46	Nur beim Stief- / Großelternteil: Ich / wir beantrage(n) die Übertragung des Kinderfreibetrags und des Freibetrags für den Betreuungs- und Erziehungs- oder Ausbildungsbedarf, weil ich / wir das Kind in meinem / unserem Haushalt aufgenommen habe(n) oder ich / wir als Großelternteil gegenüber dem Kind unterhaltspflichtig bin / sind.	76	1 = Ja 77 Zeitraum der Haushaltszugehörigkeit / Unterhaltsverpflichtung vom – bis
47	Nur beim Stief- / Großelternteil: Der Kinderfreibetrag und der Freibetrag für den Betreuungs- und Erziehungs- oder Ausbildungsbedarf sind lt. **Anlage K** zu übertragen.	41	1 = Zustimmung eines Elternteils liegt vor 2 = Zustimmungen beider Elternteile liegen vor
48	Nur bei den berechtigten Elternteilen: Der Übertragung des Kinderfreibetrags und des Freibetrags für den Betreuungs- und Erziehungs- oder Ausbildungsbedarf auf den Stief- / Großelternteil wurde lt. **Anlage K** zugestimmt.	40	1 = Ja

Entlastungsbetrag für Alleinerziehende

Zeile	Beschreibung				
49	Das Kind war mit mir in der gemeinsamen Wohnung gemeldet	42		vom	bis
50	Für das Kind wurde mir Kindergeld ausgezahlt	44			
51	Außer mir war(en) in der gemeinsamen Wohnung eine / mehrere volljährige Person(en) gemeldet, für die (zeitweise) kein Anspruch auf Kindergeld oder Freibeträge für Kinder bestand.	46	1 = Ja 2 = Nein	Falls ja	47
52	Es bestand eine Haushaltsgemeinschaft mit mindestens einer weiteren volljährigen Person, für die (zeitweise) kein Anspruch auf Kindergeld oder Freibeträge für Kinder bestand.	49	1 = Ja 2 = Nein	Falls ja	50

Name, Vorname (weitere Personen bitte in einer gesonderten Aufstellung angeben)

Zeile	Verwandtschaftsverhältnis	Beschäftigung / Tätigkeit
53		
54		

Freibetrag zur Abgeltung eines Sonderbedarfs bei Berufsausbildung eines volljährigen Kindes

	1. Zeitraum		2. Zeitraum	
	vom	bis	vom	bis

61 Das Kind war auswärtig untergebracht 85 86

62 Es handelte sich zumindest zeitweise um eine auswärtige Unterbringung im Ausland 87 1 = Ja

63 Anschrift(en), Staat(en) - falls im Ausland

Nur bei nicht zusammen veranlagten Eltern:

64 Laut gesondertem gemeinsamen Antrag ist der Freibetrag zur Abgeltung eines Sonderbedarfs bei Berufsausbildung in einem anderen Verhältnis als je zur Hälfte aufzuteilen. Der bei mir zu berücksichtigende Anteil beträgt 88 %

Schulgeld (Privatschule oder Schule in freier Trägerschaft)
– ohne Aufwendungen für die Beherbergung, Betreuung und Verpflegung des Kindes –

berücksichtigungsfähige Gesamtaufwendungen der Eltern EUR

65 Bezeichnung der Schule oder deren Träger 24 ,

Nur bei nicht zusammen veranlagten Eltern:

66 Das von mir übernommene Schulgeld beträgt 56 ,

67 Laut gesondertem gemeinsamen Antrag ist für das Kind der Höchstbetrag für das Schulgeld in einem anderen Verhältnis als je zur Hälfte aufzuteilen. Der bei mir zu berücksichtigende Anteil beträgt 57 %

Übertragung des Behinderten- und / oder Hinterbliebenen-Pauschbetrags
– bei erstmaliger Beantragung / Änderung bitte Nachweis einreichen –

Die Übertragung des **Behinderten-Pauschbetrags** wird beantragt:

Ausweis / (Renten-) Bescheid / Bescheinigung gültig von	bis	unbefristet gültig	Grad der Behinderung

68 25

69 Das Kind ist – erheblich gehbehindert (Merkzeichen „G") / außergewöhnlich gehbehindert (Merkzeichen „aG") 1 = Ja

70 – blind / taubblind / ständig hilflos (Merkzeichen „Bl" / „TBl" und / oder „H"), schwerstpflegebedürftig (Pflegegrad 4 oder 5) 55 1 = Ja

71 Die Übertragung des **Hinterbliebenen-Pauschbetrags** wird beantragt: 26 1 = Ja

Nur bei nicht zusammen veranlagten Eltern:

72 Laut gesondertem gemeinsamen Antrag sind die für das Kind zu gewährenden Pauschbeträge für Behinderte / Hinterbliebene in einem anderen Verhältnis als je zur Hälfte aufzuteilen. Der bei mir zu berücksichtigende Anteil beträgt 28 %

Übertragung der behinderungsbedingten Fahrtkostenpauschale
– bei erstmaliger Beantragung / Änderung bitte Nachweis einreichen –

Die Übertragung der behinderungsbedingten Fahrtkostenpauschale wird beantragt. Das Kind erfüllt die nachfolgenden Voraussetzungen:

73 Das Kind hat einen Grad der Behinderung von mindestens 80 oder einen Grad der Behinderung von mindestens 70 und Merkzeichen „G" 91 1 = Ja

74 Das Kind ist außergewöhnlich gehbehindert / blind / taubblind / ständig hilflos (Merkzeichen „aG" / „Bl" / „TBl" und / oder „H"), schwerstpflegebedürftig (Pflegegrad 4 oder 5) 92 1 = Ja

Nur bei nicht zusammen veranlagten Eltern:

75 Laut gesondertem gemeinsamen Antrag ist die für das Kind zu gewährende behinderungsbedingte Fahrtkostenpauschale in einem anderen Verhältnis als je zur Hälfte aufzuteilen. Der bei mir zu berücksichtigende Anteil beträgt 45 %

Kinderbetreuungskosten
– ohne Aufwendungen für die Verpflegung, den (Nachhilfe-) Unterricht, die Vermittlung besonderer Fähigkeiten, die sportlichen und anderen Freizeitbetätigungen des Kindes –

berücksichtigungsfähige Gesamtaufwendungen der Eltern EUR

76 Art der Dienstleistung, Name und Anschrift des Dienstleisters vom bis 51 ,

77 Steuerfreier Ersatz (z. B. vom Arbeitgeber), Erstattungen vom bis 79 ,

78 Es bestand ein **gemeinsamer** Haushalt der Elternteile Das Kind gehörte zu unserem Haushalt

79 Es bestand **kein gemeinsamer** Haushalt der Elternteile Das Kind gehörte zu meinem Haushalt

80 Das Kind gehörte zum Haushalt des anderen Elternteils

berücksichtigungsfähige Aufwendungen EUR

Nur bei nicht zusammen veranlagten Eltern:

81 Ich habe Kinderbetreuungskosten in folgender Höhe getragen vom bis ,

82 Laut übereinstimmendem Antrag ist für das Kind der Höchstbetrag für die Kinderbetreuung in einem anderen Verhältnis als je zur Hälfte aufzuteilen. Der bei mir zu berücksichtigende Anteil beträgt %

9.1 Allgemeines

Für jedes Kind ist eine eigene Anlage Kind mit der jeweiligen Identifikationsnummer des Kindes und der für die Kindergeldfestsetzung zuständigen Familienkasse auszufüllen. Diese Angaben sind auch dann jährlich erforderlich, wenn bereits entsprechende Angaben gegenüber der Familienkasse abgegeben wurden. Diese Anlage ist nur dann nicht auszufüllen, wenn das Kind wegen Überschreitens der Altersgrenze oder während der Dauer des gesetzlichen Grundwehrdienstes bei den Eltern nicht zu berücksichtigen ist.

Der im § 31 EStG geregelte Familienleistungsausgleich führt im laufenden Kalenderjahr 2021 zunächst zur Auszahlung des Kindergeldes. Erst im Rahmen der Einkommensteuer-Veranlagung wird durch die Freibeträge für Kinder berechnet, ob durch den Ansatz dieser Freibeträge ein besseres Ergebnis erreicht werden kann. Sollte dies der Fall sein, erhöht das Kindergeld die tarifliche Einkommensteuer.

Für den Veranlagungszeitraum 2021 ist aufgrund der Corona-Krise ein **einmaliger Bonus von 150 € je Kind** gewährt worden. Sollten Kinder im Dezember 2021 geboren und das Kindergeld einschließlich Bonus erst in 2022 gezahlt werden, ist abweichend von der Regelung in § 11 EStG das Kindergeld einschließlich Bonus noch in 2021 zu berücksichtigen.

Für Kinder, die das 18. Lebensjahr noch nicht vollendet haben, sind die Zeilen 16–25 nicht auszufüllen. Für volljährige Kinder ist die Berücksichtigung dieser Zeilen unbedingt erforderlich.

Die Dienstanweisung zum Kindergeld nach dem Einkommensteuergesetz Stand 2021 (DA-KG 2021) regelt die Anwendung der seit dem 01.01.2021 geltenden und für die Durchführung des Familienleistungsausgleichs nach dem X. Abschnitt des Einkommensteuergesetzes relevanten Vorschriften.

9.2 Sorgfalt beim Eintragen der persönlichen Daten des Kindes (Zeilen 1–9)

Problemzone: Persönliche Angaben zum Kind (Zeilen 1–9)

Die Anlage Kind ist der Einkommensteuererklärung der Eltern beizufügen. Daher muss in der **Zeile 3** die **Steuernummer der Eltern** vermerkt werden. Entschieden ist die Zuordnung der Kinder in eingetragenen Lebenspartnerschaften. Der BFH hat mit Urteil vom 08.08.2013, VI R 76/12 entschieden, dass einer Lebenspartnerin ein Kindergeldanspruch auch für die in den gemeinsamen Haushalt aufgenommenen Kinder ihrer eingetragenen Lebenspartnerin zusteht. Er hat damit die für Ehegatten geltende Regelung auf Partner einer eingetragenen Lebenspartnerschaft angewandt, nach der im Haushalt lebende gemeinsame Kinder der Ehegatten zusammengezählt werden.

Sobald beide Lebenspartner oder Ehegatten zusammen mehr als zwei Kinder haben, ist diese Regelung günstiger, als wenn jeder einzelne Ehegatte oder Lebenspartner für seine Kinder Kindergeld beantragt. Denn das Kindergeld steigt ab dem dritten Kind von 219 € auf 225 € an und beträgt für das vierte und jedes weitere Kind 250 €. Der Gesetzgeber hat mit dem Gesetz vom 15.07.2013 eine Gleichbehandlung von Ehegatten und Lebenspartnern für das gesamte EStG und mithin auch für das in dem X. Abschnitt des EStG geregelten Kindergeldrecht bezweckt.

In die **Zeile 4** ist dann die **Identifikationsnummer des jeweiligen Kindes** einzutragen.

> Seit 2013 ist die **Angabe der Familienkasse** in **Zeile 7** gefragt. Die Familienkasse ist dem Bescheid über die Kindergeldfestsetzung oder bei Beschäftigten im öffentlichen Dienst dem Besoldungsnachweis zu entnehmen und sollte zugleich genutzt werden, die tatsächliche Zahlung des Kindergeldes zu überprüfen.
> Auf der Internetseite der arbeitsagentur.de – Dienststellen vor Ort Familienkasse ist eine Zusammenstellung/Übersicht der jeweiligen Familienkassen zu finden.

Nach **§ 31 EStG** wird die steuerliche Freistellung des Existenzminimums des Kindes grundsätzlich durch das monatlich auszuzahlende Kindergeld bewirkt. Erst im Rahmen der Einkommensteuererklärung (also durch Angaben in **Zeile 6**) wird geprüft, ob durch die Freibeträge für Kinder des § 32 Abs. 6 EStG ein besseres Ergebnis erreicht werden kann.

Ist die steuerliche Vergünstigung durch die Freibeträge für Kinder höher, wird diese gewährt (Freibeträge für Kinder) und das Kindergeld der dann geringeren tariflichen Einkommensteuer hinzugerechnet.

Das Problem liegt im Begriff „**Anspruch**". Das Finanzamt prüft nämlich nicht, ob das Kindergeld auch tatsächlich geleistet wurde. Besteht ein Anspruch, wird so gerechnet, als wäre es auch gewährt worden.

Durch die Neufassung des § 70 Abs. 1 S. 2 EStG verbleibt es bei der Begrenzung auf rückwirkend 6 Monate ab Antragstellung auf Kindergeld. Es empfiehlt sich damit, der „Entbindungsnotfalltasche" gleich auch einen Antrag auf Kindergeld beizufügen.

> **Beispiel 9.1:** Die Eltern Max und Martha Oberschlau haben für ihre 19-jährige Tochter, die an der Universität studiert und die Bedingungen des § 32 Abs. 4 Nr. 2 EStG (Berufsausbildung) erfüllt, kein Kindergeld beantragt. Ursache hierfür war, dass die Antragstellung als überflüssig angesehen wurde. Das Kindergeld war jährlich im Rahmen der Einkommensteuererklärung zurückzuführen, weil der Sonderausgabenabzug (wegen der hohen Einkünfte der Eltern) ein besseres Ergebnis erwirkte.
>
> **Lösung:** Obwohl die Eltern überhaupt kein Kindergeld erhalten haben, wird die tarifliche Einkommensteuer um diese 2.778 € (12 × 219 € + 150 €) erhöht. Ein **Anspruch** auf Kindergeld reicht für diese Erhöhung der Einkommensteuer aus!

Ist das Kind noch nicht volljährig, steht die steuerliche Berücksichtigung des Kindes nicht infrage.

Problemzone: Das Kind wohnt im Ausland (Zeile 9)

Auch Kinder, die nicht unbeschränkt einkommensteuerpflichtig sind, also **keinen Wohnsitz** oder gewöhnlichen Aufenthalt **im Inland** haben, lösen bei den Eltern einen Anspruch auf Freibeträge für Kinder aus (wenn die weiteren Bedingungen wie Schulausbildung etc. erfüllt sind).

Diese **Freibeträge für Kinder** werden dann nach den Verhältnissen des Wohnsitzstaates des Kindes vermindert. Die Ländergruppeneinteilung ist dem BMF-Schreiben vom 11.11.2020, BStBl I 2020, 1212 zu entnehmen.

> **Beispiel 9.2:** Der Sohn Maximilian lebt mit seinen Eltern in Berlin. Für das 11. Schuljahr ist ein Aufenthalt in Peru (dort im Internat) vorgesehen.
>
> **Lösung:** Der Wohnort des Kindes Maximilian verbleibt in **Berlin**. Dorthin kehrt er zurück und während seiner Abwesenheit wurde das Zimmer zwar von seiner Schwester benutzt, ist aber nach Rückkehr des Bruders wieder freizugeben.
> Es verbleibt beim **vollen** Kindergeld und den **Freibeträgen für Kinder**.

Fazit: In der Zeile 8 ist die **inländische Anschrift** für Maximilian anzugeben!

> **Beispiel 9.3:** Sohn Maximilian lebte mit seinen Eltern in Berlin. Nach der Schulzeit beginnt er ein vierjähriges Studium in Peru. Er verzieht dorthin.
>
> **Lösung:** Der Wohnort des Kindes Maximilian ist nunmehr nicht mehr im Inland, sondern in Peru. Die weiteren Bedingungen für die Gewährung der Kinderfreibeträge sind erfüllt (unter 25 Jahre alt und in der Berufsausbildung).
> Freibeträge für Kinder sind zu gewähren, aber Peru ist in Ländergruppe 3 eingeteilt, sodass die Freibeträge **nur zu** $1/2$ berücksichtigt werden.

Fazit: In der Zeile 9 ist die **ausländische Anschrift** für Maximilian anzugeben! Die Freibeträge für Kinder werden vermindert. Allerdings ist das nachstehende Urteil des BFH vom 23.06.2014 zu beachten.

Der III. Senat des Bundesfinanzhofs hat mit Urteil vom 23.06.2014, III R 38/14 entschieden, dass Eltern für ein Kind, das sich während eines mehrjährigen Studiums außerhalb der Europäischen Union und des Europäischen Wirtschaftsraums aufhält, weiterhin Kindergeld beziehen können, wenn das Kind einen Wohnsitz im Haushalt der Eltern beibehält.

Der Kläger ist deutscher Staatsangehöriger mit chinesischer Herkunft. Sein 1994 geborener Sohn absolvierte nach dem Ende seiner schulischen Ausbildung zunächst einen einjährigen Sprachkurs in China und entschied sich nach dessen Ende für ein im September 2013 beginnendes vierjähriges Bachelorstudium in China. Während des Studiums wohnte der Sohn in einem Studentenwohnheim. Verwandtschaftliche Beziehungen bestanden am Studienort nicht. In den Sommersemesterferien 2013 und 2014 kehrte der Sohn für jeweils ca. sechs Wochen nach Deutschland zurück und war während dieser Zeiten in der elterlichen Wohnung in seinem Kinderzimmer untergebracht. Die Familienkasse hob die Kindergeldfestsetzung ab September 2013 auf, da sie davon ausging, dass der Sohn seinen Wohnsitz vom Inland nach China verlegt habe.

Wie bereits zuvor das Finanzgericht folgte der BFH der Auffassung der Familienkasse nicht. Voraussetzung eines Kindergeldanspruchs ist u.a., dass das Kind einen Wohnsitz oder seinen gewöhnlichen Aufenthalt im Inland, in einem Mitgliedstaat der Europäischen Union oder in einem Staat hat, auf den das Abkommen über den Europäischen Wirtschaftsraum Anwendung findet. Der BFH ging insoweit davon aus, dass der Sohn zumindest während des Streitzeitraums (September 2013 bis März 2014) trotz seines Studiums in China einen inländischen Wohnsitz beibehalten hat. Da vorübergehende, weniger als einjährige Auslandsaufenthalte grundsätzlich nicht zum Wegfall des Inlandswohnsitzes führen, sah der BFH den vor dem Studium durchgeführten Sprachkurs als unproblematisch an. Aber auch im Hinblick auf das Studium selbst billigte der BFH im Ergebnis die Würdigung des FG, dass noch keine Wohnsitzverlagerung nach China stattgefunden hat. Maßgeblich war insofern, dass der Sohn mindestens die Hälfte seiner ausbildungsfreien Zeit in Deutschland verbrachte und seine Wohnverhältnisse sowie persönlichen Bindungen einen stärkeren Bezug zum Inland als zum Studienort aufwiesen. Für unerheblich hielt der BFH dagegen, ob der Kläger oder sein Sohn über ausländische Wurzeln verfügten.

Problemzone: Kindschaftsverhältnisse (Zeilen 10–15)

Leibliche Kinder, Adoptivkinder, Pflegekinder, im Haushalt aufgenommene Stiefkinder und Enkelkinder werden gleichermaßen für die Berücksichtigung der Freibeträge für Kinder behandelt.

Wichtig ist die Angabe, ob der **andere Elternteil im Ausland** lebt (**Zeile 13**). Unter diesen Bedingungen stehen dem anderen, im Inland lebenden Elternteil, die vollen Freibeträge für Kinder nach § 32 Abs. 6 EStG zu. Gleiches gilt, wenn der **andere Elternteil verstorben** (Zeile 14) oder der Wohnsitz des anderen Elternteiles nicht zu ermitteln, oder der Vater des Kindes amtlich nicht feststellbar ist.

> **Beispiel 9.4:** Die alleinerziehende Mutter lebt mit ihrer minderjährigen Tochter in Berlin. Der Vater lebt in Peru oder ist – alternativ – bereits verstorben.
>
> **Lösung:** Es verbleibt beim vollen Kindergeld und den gesamten Freibeträgen für Kinder. Nach § 32 Abs. 6 S. 1 Nr. 1 EStG sind auch dann die vollen Freibeträge für Kinder anzusetzen, wenn der andere Elternteil verstorben oder nicht unbeschränkt einkommensteuerpflichtig ist.

9.3 Volljährige Kinder – Berücksichtigungsgründe (Zeilen 16–24)

Aus der Angabe in der Zeile 6 der Anlage Kind ist zu entnehmen, ob, und wenn ja, wann, das Kind das 18. Lebensjahr vollendet hat. Bis dahin sind für die Berücksichtigung der Freibeträge keine weiteren Bedingungen erforderlich. Das alles ändert sich mit dem Monat, der der Volljährigkeit folgt. Nunmehr kann ein Kind bei den Eltern nur noch unter den drei folgenden Bedingungen berücksichtigt werden:

Problemzone: Das 21. Lebensjahr des Kindes ist noch nicht vollendet (Zeile 18)

1. Das Kind hat das **21. Lebensjahr noch nicht vollendet**,
2. steht in keinem Beschäftigungsverhältnis und
3. ist bei einer Agentur für Arbeit im Inland als Arbeitssuchender gemeldet.

Findet das Kind nach Abschluss der Schulausbildung keinen Ausbildungsplatz, ist es wichtig, dass eine Meldung bei der Agentur für Arbeit erfolgte. Ein entsprechender Nachweis kann ggf. vom Finanzamt angefordert werden.

> **Beispiel 9.5:** Der 19-jährige Sohn Maximilian Oberschlau hat in 2021 sein Abitur absolviert und will studieren. Leider hat er „vergessen", sich um einen Studienplatz zu bewerben.
>
> **Lösung:** Im Kalenderjahr 2021 besteht keine Möglichkeit der Berücksichtigung des Maximilian für einen Kinderfreibetrag. Er hat zwar das 21. Lebensjahr noch nicht vollendet, hat sich aber nicht bei einer Agentur für Arbeit registrieren lassen. Die anderen Möglichkeiten wie Berufsausbildung, Übergangszeit zwischen den Ausbildungsabschnitten etc. liegen ebenfalls nicht vor.
> Aber die Bedingungen des § 33a Abs. 1 EStG sind dadurch erfüllt. Anlage Unterhalt ausfüllen (es besteht kein Anspruch auf Kindergeld!) und den maximalen Wert von 9.744 € als außergewöhnliche Belastung beantragen. Dabei ist jedoch zu beachten, dass der Nachweis, dass sich das Kind bemüht hat, eine angemessene Erwerbstätigkeit zu finden, beizubringen ist. Das möglicherweise gewährte Kindergeld ist zurückzuzahlen. Verspätete Meldungen stellen eine Steuerstraftat dar!

Problemzone: Das 25. Lebensjahr des Kindes ist noch nicht vollendet (Zeilen 16–24)

Das Kind hat das **25. Lebensjahr noch nicht vollendet**, und:
- Befindet sich in der Berufsausbildung (**Zeilen 16 + 17**). § 9 Abs. 6 EStG: Berufsausbildung setzt eine vollzeitige und mit Abschlussprüfung durchgeführte Ausbildung von mindestens 12 Monaten voraus.
Jeder, der sich auf sein Berufsziel ernsthaft vorbereitet, dieses aber noch nicht erreicht hat, befindet sich in Ausbildung (s. H 32.5 „Allgemeines" EStH).
- konnte eine Berufsausbildung mangels Ausbildungsplatz nicht beginnen oder fortsetzen (**Zeilen 16 + 18**).
Als Nachweis für die ernsthaften Bemühungen, einen Ausbildungsplatz zu finden, kommen Bescheinigungen über Meldungen bei den Agenturen für Arbeit, der Zentralen Vergabestelle für Studienplätze und Bewerbungsschreiben in Betracht.
- leistet bestimmte freiwillige Dienste (**Zeilen 16 + 17**).
Hier sind die Nachweise der geleisteten Dienste vorzulegen. Es handelt sich dabei um Bescheinigungen nach dem Jugendfreiwilligendienstegesetz vom 16.05.2008 oder dem Zivildienstgesetz vom 17.05.2005. Ab 2012 ist § 32 Abs. 4 S. 1 Nr. 2 EStG um den Internationalen Jugendfreiwilligendienst und um den Bundesfreiwilligendienst („BUFDIS") ergänzt worden.
- befindet sich in der Übergangszeit zwischen zwei Ausbildungsabschnitten von höchstens vier Monaten (**Zeilen 16 + 17**).
Wenn der erste Ausbildungsabschnitt beispielsweise im Juli 2021 (z.B. Schulabschluss) endet, muss der zweite Ausbildungsabschnitt spätestens im Dezember 2021 beginnen. Die beiden Monate, in denen die Ausbildung endet bzw. anfängt, zählen nicht mit (H 32.6 „Übergangszeit" EStH).

Kindergeld wird so lange gezahlt, bis die Prüfungsergebnisse vorliegen.
Denn die universitäre Ausbildung endet erst dann, wenn dem Studenten die Ergebnisse mitgeteilt werden und nicht schon mit der letzten Prüfung. Dies hat das Finanz-

gericht Sachsen aktuell in einem Kindergeldfall entschieden (Urteil vom 17.06.2015, 4 K 357/11).

Eine Studentin hatte ihre Diplomarbeit abgegeben, aber die Prüfungsergebnisse erst sechs Monate später erhalten. Während dieser Wartezeit war sie weiterhin an der Universität immatrikuliert und jobbte nebenbei im Schnitt knapp 15 Stunden in der Woche. Die Familienkasse strich das Kindergeld, weil sich das „Kind" nach Ablegen der Prüfung nicht mehr in einer Berufsausbildung befände und damit die Voraussetzungen für die Gewährung des Kindergelds nicht mehr vorlägen, so das Argument der Familienkasse.

Das Sächsische Finanzgericht entschied mit Urteil vom 17.06.2015, 4 K 357/11 anders. Die Berufsausbildung endet grundsätzlich erst mit Bekanntgabe der Prüfungsergebnisse. Etwas anderes gilt nur, wenn das „Kind" vor Bekanntgabe der Prüfungsergebnisse bereits eine Vollzeiterwerbstätigkeit aufnimmt oder das 25. Lebensjahr vollendet hat.

Problemzone: Das Kind ist behindert und außerstande, sich selbst zu unterhalten (Zeile 19)

Ist die Schwerbehinderung des Kindes nach § 2 Abs. 2 SGB IX oder nach § 2 Abs. 2 und 3 SGB IX festgestellt worden, kann das Kind auch über das 25. Lebensjahr hinaus **ohne jede altersmäßige Begrenzung** bei den Eltern als Kind berücksichtigt werden.

Weitere Bedingung ist, dass die Behinderung **vor** der Vollendung des 25. Lebensjahres oder **vor** dem 01.01.2007 **vor** der Vollendung des 27. Lebensjahres (§ 52 Abs. 40 S. 8 EStG) eingetreten ist.

Außerstande sich selbst zu unterhalten ist ein Kind dann, wenn es mit seinen eigenen Mitteln den Grundbedarf und den individuellen behinderungsbedingten Mehrbedarf nicht decken kann (H 32.9 „Außerstande sein, sich selbst zu unterhalten" EStH).

A 19 DA-KG 2021 stellt auf den Seiten 54–63 die Voraussetzungen, teilweise mit Beispielsfällen, dar.

9.4 Angaben zur Erwerbstätigkeit eines volljährigen Kindes (Zeilen 20–24)

Für die steuerliche Berücksichtigung eines volljährigen Kindes ist es unbeachtlich, ob das Kind über eigene Einkünfte oder Bezüge verfügt. Jedes volljährige Kind wird nun bis zum Abschluss der **ersten** Berufsausbildung oder des Erststudiums berücksichtigt.

Anschließend werden Kinder nur dann noch steuerlich berücksichtigt:
- wenn sie das 25. Lebensjahr noch nicht vollendet haben,
- sich in der Berufsausbildung befinden oder die anderen Grundtatbestände des § 32 Abs. 4 Nr. 2 EStG erfüllen
- und keiner der Ausbildung hinderlichen Erwerbstätigkeit nachgehen.

Davon abzugrenzen sind Kinder, die die Voraussetzungen des § 32 Abs. 4 Nr. 1 EStG erfüllen (noch nicht das 21. Lebensjahr vollendet), sowie für behinderte Kinder i.S.d. § 32 Abs. 4 Nr. 3 EStG. Hier greifen die Regelungen der hinderlichen Erwerbstätigkeit nicht.

Hierfür sind die Eintragungen in den Zeilen 21–25 zu beachten. Die Anzahl der wöchentlichen Arbeitsstunden ist getrennt für die Zeiten als geringfügig Beschäftigter (Zeile 23) und als Erwerbstätiger (Zeile 24) in Zeile 25 einzutragen.

Beide Eintragungen zusammen dürfen 20 Stunden wöchentlich nicht übersteigen.

Mit dem BMF-Schreiben vom 08.02.2016, IV C 4 – S 2282/07/0001-01 werden mit 32 Randziffern Teile der BFH-Rechtsprechung, insbesondere zur Abgrenzung von Bachelor- und Masterstudiengängen, umgesetzt. Diesem Schreiben sind weitere Einzelheiten und Ausführungen zu entnehmen. Insbesondere die Ausführungen zur Berechnung der durchschnittlichen wöchentlichen Arbeitszeit und der unschädlichen vorübergehenden (höchstens 2 Monate andauernden) Überschreitung der 20 Stunden ist zu beachten.

Die durchschnittliche wöchentliche Arbeitszeit ergibt sich aus der Summe der Arbeitsstunden des Kalenderjahres geteilt durch 52 Jahreswochen. Ist das Ergebnis nicht größer als 20, bleibt die Erwerbstätigkeit unschädlich. Die Höhe des Arbeitslohns ist für diese Ermittlung unbeachtlich.

Geringfügige Beschäftigungsverhältnisse (bis 450 € monatlich) und Ausbildungsdienstverhältnisse bleiben bei der Prüfung einer Erwerbstätigkeit unberücksichtigt. Die Ausführungen in A 20 Seiten 65 + 66 DA-KG 2021 sind zu beachten.

Kindergeld; Zeitpunkt des Beginns und der Beendigung des Hochschulstudiums; Übergangszeit, BFH Urteil vom 07.07.2021, III R 40/19
Leitsätze
1. Eine Berufsausbildung i.S.d. § 32 Abs. 4 Satz 1 Nr. 2 Buchst. a EStG in Form eines Hochschulstudiums beginnt nicht schon mit der Bewerbung für dieses Studium, wenn zu diesem Zeitpunkt noch keine Ausbildungsmaßnahmen durchgeführt werden.
2. Die Beendigung eines Hochschulstudiums setzt grundsätzlich voraus, dass das Kind die letzte nach der einschlägigen Prüfungsordnung erforderliche Prüfungsleistung erfolgreich erbracht hat und dass dem Kind sämtliche Prüfungsergebnisse bekannt gegeben worden sind.
3. Die Bekanntgabe erfordert regelmäßig, dass das Kind entweder eine schriftliche Bestätigung über den erfolgreichen Abschluss und die erzielten Abschlussnoten erhalten hat oder jedenfalls objektiv in der Lage war, eine solche schriftliche Bestätigung über ein Online-Portal der Hochschule erstellen zu können. Entscheidend ist, welches Ereignis früher eingetreten ist.
4. Eine Übergangszeit i.S.d. § 32 Abs. 4 Satz 1 Nr. 2 Buchst. b EStG kann nicht dadurch begründet werden, dass sich ein Kind um eine Ausbildung bemüht und später diese beginnt.

Wann ist das Studium kein Bestandteil einer einheitlichen Erstausbildung – BFH vom 04.02.2016, III R 14/15

Nimmt ein Kind nach Abschluss einer kaufmännischen Ausbildung ein Studium auf, das eine Berufstätigkeit voraussetzt, ist das Studium nicht integrativer Bestandteil einer einheitlichen Erstausbildung. Das hat der BFH mit Urteil vom 04.02.2016, III R 14/15 entschieden und damit dem Kläger Kindergeld versagt.

Im Streitfall hatte die Tochter des Klägers nach ihrer Ausbildung zur Kauffrau im Gesundheitswesen als Angestellte in einer Klinik gearbeitet und sich dann für ein berufsbegleitendes Studium an einer Verwaltungsakademie beworben, das eine kaufmännische Berufsausbildung und eine einjährige Berufstätigkeit voraussetzte.

Die Tochter strebte eine Tätigkeit im mittleren Management im Gesundheitswesen an. Da sie nach Ansicht der Familienkasse eine Ausbildung abgeschlossen hatte und weiterhin **30 Wochenstunden** arbeitete, wurde die Kindergeldfestsetzung aufgehoben.

Da die Tochter die zulässige Wochenarbeitsgrenze überschritten hatte, kam der Frage, ob es sich bei dem berufsbegleitenden Studium um eine **Erst- oder Zweitausbildung** handelte, entscheidungserhebliche Bedeutung zu.

Der BFH bestätigte das **kindergeldschädliche** Vorliegen einer Zweitausbildung.

Zwar gilt nach der Rechtsprechung des BFH ein erster berufsqualifizierender Abschluss nicht als Erstausbildung, wenn sich dieser Abschluss als integrativer Bestandteil eines einheitlichen Ausbildungsgangs darstellt. Das hatte der BFH z.B. zur Prüfung als Steuerfachangestellter im Rahmen eines dualen Bachelorstudiums im Steuerrecht, zur Prüfung als Fachinformatikerin im Rahmen einer dualen Ausbildung zum Bachelor in Wirtschaftsinformatik sowie zum Bachelor-Abschluss im Rahmen eines Masterstudiums entschieden.

Eine solche einheitliche Erstausbildung liegt – so auch im hier vom BFH entschiedenen Streitfall – mangels notwendigen engen Zusammenhangs regelmäßig aber **nicht mehr vor**, wenn der zweite Ausbildungsabschnitt eine Berufstätigkeit voraussetzt.

Ist Bedingung für ein berufsbegleitendes Studium an einer Verwaltungsakademie eine berufspraktische Erfahrung von regelmäßig einem Jahr, handelt es sich um einen die berufliche Erfahrung berücksichtigenden Weiterbildungsstudiengang und damit um eine **Zweitausbildung**.

Abgrenzung zwischen Erst- und Zweitausbildung
Pressemitteilung Nr. 42 des BFH 18.07.2019
Haben volljährige Kinder bereits einen ersten Abschluss in einem öffentlich-rechtlich geordneten Ausbildungsgang erlangt, setzt der Kindergeldanspruch aufgrund eines weiteren Ausbildungsgangs voraus, dass dieser noch Teil einer einheitlichen Erstausbildung ist und die Ausbildung die hauptsächliche Tätigkeit des Kindes bildet. Wie der BFH mit Urteil vom 20.02.2019, III R 42/18 entschieden hat, reicht es nicht aus, wenn lediglich eine berufsbegleitende Weiterbildung vorliegt, da dann bereits die Berufstätigkeit im Vordergrund steht und der weitere Ausbildungsgang nur neben dieser durchgeführt wird.

Die Klägerin ist die Mutter einer im März 1991 geborenen Tochter. Die Tochter befand sich bis Juli 2013 in einer Ausbildung zur Verwaltungsangestellten. Von November 2013 bis Juli 2016 absolvierte sie einen berufsbegleitenden Angestelltenlehrgang II zur Verwaltungsfachwirtin. Daneben stand sie in einem Vollzeitarbeitsverhältnis bei einer Stadtverwaltung. Die Familienkasse lehnte eine Weiterzahlung des Kindergelds ab August 2013 mit der Begründung ab, dass die Tochter bereits eine erste Berufsausbildung abgeschlossen habe und während der Zweitausbildung einer zu umfangreichen Erwerbstätigkeit nachgegangen sei. Das Finanzgericht gab der dagegen gerichteten Klage statt. Es sah den Angestelltenlehrgang II noch als Teil einer einheitlichen Erstausbildung an und verpflichtete die Familienkasse, das Kindergeld bis März 2016 weiterzuzahlen.

Dagegen war die Revision der Familienkasse begründet. Für in Ausbildung befindliche volljährige Kinder, die das 25. Lebensjahr noch nicht vollendet haben, besteht nach Abschluss einer erstmaligen Berufsausbildung oder eines Erststudiums nur dann ein Kindergeldanspruch, wenn sie keiner Erwerbstätigkeit nachgehen, die regelmäßig mehr als 20 Wochenstunden umfasst. Zwar können auch mehrere Ausbildungsabschnitte zu einer einheitlichen Erstausbildung zusammen zu fassen sein, wenn sie in einem engen sachlichen Zusammenhang (z.B. dieselbe Berufssparte) zueinanderstehen und in engem zeitlichen Zusammenhang durchgeführt werden. Eine solche einheitliche Erstausbildung liegt nach dem Urteil des BFH jedoch dann nicht mehr vor, wenn die nach Erlangung des ersten Berufsabschlusses aufgenommene Erwerbstätigkeit bereits die hauptsächliche Tätigkeit des Kindes darstellt und die weiteren Ausbildungsmaßnahmen nur der Weiterbildung oder dem Aufstieg in dem bereits aufgenommenen Beruf dienen. Damit präzisiert der BFH den Erstausbildungsbegriff.

Dagegen lehnte der BFH eine Dienstanweisung der Familienkassen ab, nach der eine einheitliche Erstausbildung nur dann angenommen werden könne, wenn die Absichtserklärung zur Fortführung der Erstausbildung spätestens im Folgemonat nach Abschluss des vorangegangenen Ausbildungsabschnitts vorgelegt wird. Ebenso wenig sah es der BFH als schädlich an, dass der zweite Ausbildungsabschnitt eine Erwerbstätigkeit zur Abschlussvoraussetzung macht.

In einem ähnlich gelagerten Fall, in dem die Tochter nach der Ausbildung zur Bankkauffrau ein berufsbegleitendes Studium zur Bankfachwirtin aufnahm, widersprach der BFH mit einem weiteren Urteil vom 21.03.2019, III R 17/18 zudem der Verwaltungsauffassung, dass eine einheitliche Erstausbildung nur dann in Betracht komme, wenn sämtliche Ausbildungsmaßnahmen öffentlich-rechtlich geordnet sind.

Abschluss einer erstmaligen Berufsausbildung bei mehraktiger Ausbildung BFH-Urteil vom 20.02.2019, III R 42/18

Die Voraussetzung „Abschluss einer erstmaligen Berufsausbildung" i.S.d. Vorschrift liegt erst dann vor, wenn das Kind befähigt ist, einen von ihm angestrebten Beruf auszuüben. Dies hat zur Folge, dass auch erst dann der Verbrauch der Erstausbildung i.S.d. § 32 Abs. 4 Satz 2 EStG eintreten kann.

Mehraktige Ausbildungsmaßnahmen sind dann als Teil einer einheitlichen Erstausbildung zu qualifizieren, wenn sie zeitlich und inhaltlich so aufeinander abgestimmt sind, dass die Ausbildung nach Erreichen des ersten Abschlusses fortgesetzt werden soll und das bestimmte Berufsziel erst über den weiterführenden Abschluss erreicht werden kann.

Ist aufgrund objektiver Beweisanzeichen erkennbar, dass das Kind die für sein angestrebtes Berufsziel erforderliche Ausbildung nicht bereits mit dem ersten erlangten Abschluss beendet hat, kann auch eine weiterführende Ausbildung noch als Teil der Erstausbildung zu qualifizieren sein. Abzustellen ist dabei darauf, ob die Ausbildungsabschnitte in einem engen sachlichen Zusammenhang zueinanderstehen (z.B. dieselbe Berufssparte, derselbe fachliche Bereich) und im engen zeitlichen Zusammenhang durchgeführt werden.

9.5 Kranken- und Pflegeversicherung (Zeilen 31–40)

Hier sind die elektronisch übermittelten Daten zu beachten. Wenn die Eltern die Beiträge zur Kranken- und Pflegeversicherung des Kindes getragen haben, sind diese **bei den Eltern als Sonderausgaben** abzugsfähig. Dies gilt jedoch nur für die Beiträge, die als Basisabsicherung geleistet wurden. Der Ansatz dieser Ausgaben scheidet dann beim Kind aus. Hier wird für Kinder, die als Arbeitnehmer Bruttolohn beziehen, unter Umständen eine Nachzahlung im Rahmen der Einkommensteuerveranlagung entstehen, weil unterjährig für diese Kinder die Vorsorgepauschale berücksichtigt wurde.

9.6 Übertragung der Freibeträge für Kinder (Zeilen 43–48)

Das BMF hat mit Schreiben vom 28.06.2013, BStBl I 2013, 845 zur Übertragung der Freibeträge für Kinder nach § 32 Abs. 6 S. 6–11 EStG Stellung bezogen. Danach ist die Übertragung des Kinderfreibetrages immer nur dann möglich, wenn bei nicht verheirateten, geschiedenen oder dauernd getrennt lebenden unbeschränkt einkommensteuerpflichtigen Eltern ein Elternteil seiner Unterhaltsverpflichtung gegenüber dem Kind für das entsprechende Kalenderjahr im Wesentlichen nicht nachkommt oder mangels Leistungsfähigkeit nicht unterhaltspflichtig ist.

Das BMF führt in dem o.g. Schreiben unter der Rz. 2 ausdrücklich aus, dass ein Elternteil seiner Barunterhaltsverpflichtung gegenüber dem Kind dann im Wesentlichen nachkommt, wenn er diese Unterhaltsverpflichtung zu mindestens 75 % erfüllt. Der Elternteil, in dessen Obhut sich ein minderjähriges Kind befindet, erfüllt seine Unterhaltsverpflichtung i.d.R. schon durch die Pflege und Erziehung des Kindes. Unter Rz. 5 des BMF-Schreibens wird ausgeführt, dass die Übertragung des Kinderfreibetrages stets auch zur Übertragung des Freibetrags für den Betreuungs- und Erziehungs- oder Ausbildungsbedarf führt.

Für nicht verheiratete Eltern, bei denen ein Elternteil die Einkünfte zur Versorgung der Eltern und des Kindes erwirtschaftet, während der andere Elternteil seine Unterhaltsverpflichtung durch die Pflege und Erziehung des Kindes erbringt, ist damit eine Übertragung des Kinderfreibetrages nicht möglich. Der auf den nicht arbeitenden Elternteil entfallende Kinderfreibetrag geht damit auch weiterhin verloren.

In dem Schreiben sind auch Einzelheiten für die Übertragung der Freibeträge auf einen Stief- oder Großelternteil geregelt. Steht der Behinderten-Pauschbetrag oder der Hinterbliebenen-Pauschbetrag einem Kind zu, für das der Steuerpflichtige einen Anspruch auf einen Freibetrag nach § 32 Abs. 6 EStG oder Kindergeld hat, wird auch der Pauschbetrag auf Antrag auf den Steuerpflichtigen übertragen, wenn ihn das Kind nicht in Anspruch nimmt.

Dabei ist zu beachten, dass der Pauschbetrag auf die Elternteile je zur Hälfte aufgeteilt wird, es sei denn, der Kinderfreibetrag wurde auf den anderen Elternteil übertragen. Auch insoweit können also steuerliche Nachteile für unverheiratete Elternteile entstehen. Wird der Kinderfreibetrag übertragen, ist nach Rz. 16 des entsprechenden BMF-Schreibens auch stets der volle Behinderten-Pauschbetrag zu übertragen.

> **Beispiel 9.6:** Mann und Frau haben ein gemeinsames minderjähriges Kind, leben in Deutschland. Der Mann in Berlin, die Frau in Bremen. Beide sind nicht verheiratet.
>
> **Lösung:** Grundsätzlich stehen beiden Elternteilen die Freibeträge für Kinder von jährlich jeweils 2.730 € und die Freibeträge für Betreuung, Erziehung, Ausbildung von jeweils 1.464 € zu.
> Der Mann (Vater) erhält ebenso wie die Frau (Mutter) insgesamt einen jährlichen Betrag von 4.194 €.
> Lebt das noch nicht volljährige Kind beispielsweise bei der Frau (Mutter), kann gemeinsam beantragt werden, dass der Mann (Vater) den Freibetrag für Betreuung, Erziehung, Ausbildung von 1.320 € auf die Frau (Mutter) überträgt.

9.6 Übertragung der Freibeträge für Kinder

> Nur wenn der Nachweis erbracht würde, dass einer der Elternteile seiner Unterhaltsverpflichtung nicht zu mindestens 75 % nachkommt oder mangels Leistungsfähigkeit nicht unterhaltspflichtig ist, könnte auch der Kinderfreibetrag von 2.730 € und der Freibetrag für Betreuung, Erziehung, Ausbildung von 1.464 € übertragen werden.

Keine Übertragung des dem anderen Elternteil zustehenden BEA-Freibetrages nach Volljährigkeit des Kindes
BFH-Urteil vom 22.04.2020, III R 25/19

Für ein über 18 Jahre altes Kind ist eine Übertragung des dem anderen Elternteil zustehenden einfachen BEA-Freibetrages nach dem eindeutigen Wortlaut des Gesetzes nicht vorgesehen.

Gemäß § 32 Abs. 6 Satz 6 des Einkommensteuergesetzes in der für das Streitjahr geltenden Fassung (EStG) wird bei einem unbeschränkt einkommensteuerpflichtigen Elternpaar, bei dem die Voraussetzungen des § 26 Abs. 1 Satz 1 EStG nicht vorliegen, auf Antrag eines Elternteils der dem anderen Elternteil zustehende Kinderfreibetrag auf ihn übertragen, wenn er, nicht jedoch der andere Elternteil seiner Unterhaltspflicht gegenüber dem Kind für das Kalenderjahr im Wesentlichen nachkommt. Eine Übertragung des BEA-Freibetrages kommt nach dem Wortlaut des § 32 Abs. 6 Satz 8 EStG nur bei minderjährigen Kindern auf Antrag desjenigen Elternteils in Betracht, bei dem das Kind gemeldet ist.

Für ein über 18 Jahre altes Kind ist eine Übertragung des dem anderen Elternteil zustehenden einfachen BEA-Freibetrages nach dem eindeutigen Wortlaut des Gesetzes nicht vorgesehen. Eine Auslegung dahin, dass – entgegen dem Wortlaut des § 32 Abs. 6 Satz 6 EStG – der BEA-Freibetrag auch bei volljährigen Kindern übertragen werden kann, ist nicht möglich.

Übertragung kindbedingter Freibeträge; Familienleistungsausgleich beim Eingreifen von Steuerermäßigungsvorschriften; Günstigerprüfung
BFH Urteil vom 14.04.2021, III R 34/19
Leitsätze:
1. Bei verheirateten aber dauernd getrennt lebenden Elternteilen kann die Übertragung des Kinderfreibetrags und des Freibetrags für den Betreuungs- und Erziehungs- oder Ausbildungsbedarf von einem auf den anderen Elternteil nicht allein auf den Antrag eines Elternteils gestützt werden.
2. Die Übertragung des Kinderfreibetrags scheidet aus, wenn der Elternteil, dessen Freibetrag auf den anderen Elternteil übertragen werden soll, seiner Unterhaltspflicht im Wesentlichen nachgekommen ist.
3. Die Übertragung des Freibetrags für den Betreuungs- und Erziehungs- oder Ausbildungsbedarf scheidet aus, wenn das Kind bereits volljährig ist oder bei dem Elternteil, dessen Freibetrag auf den anderen Elternteil übertragen werden soll, gemeldet ist.
4. Bei nicht zusammenveranlagten Elternteilen ist für die Günstigerprüfung nach § 31 Satz 4 EStG dem Anspruch auf Kindergeld die Differenz zwischen der Steuer nach dem Grundtarif auf das Einkommen ohne Abzug der Freibeträge nach § 32 Abs. 6

EStG und der Steuer nach dem Grundtarif auf das Einkommen nach Abzug der Freibeträge nach § 32 Abs. 6 EStG gegenüberzustellen.
5. Führt die Vergleichsrechnung zu dem Ergebnis, dass die Freibetragsgewährung für den Steuerpflichtigen günstiger ist, ist die Hinzurechnung des Kindergeldanspruchs erst nach Anwendung der Steuerermäßigungsvorschriften durchzuführen, mit der Folge, dass sich aus dem hinzugerechneten Kindergeldanspruch bei Anwendung der Steuerermäßigungsvorschriften kein zusätzliches Verrechnungspotenzial ergibt.

9.7 Entlastungsbetrag für Alleinerziehende ist verfassungsgemäß (Zeilen 49–54)

Die steuerliche Entlastung wird ausschließlich „echten" Alleinerziehenden vorbehalten, die den Haushalt ohne Unterstützung eines anderen Erwachsenen zu betreuen haben. Anknüpfungspunkt für die gesetzliche Regelung soll dabei die besondere Belastung sein, die bei Erziehungsgemeinschaften mit nur einem Erwachsenen vorliegen.

Alleinstehend ist aber grundsätzlich auch **nicht**, wer eine Haushaltsgemeinschaft mit einer anderen volljährigen Person bildet. Ausgeschlossen sind daher nicht nur Verheiratete, sondern alle Erziehungsgemeinschaften mit zwei Erwachsenen in einem gemeinsamen Haushalt. Insbesondere scheidet § 24b Abs. 2 Satz 3 EStG bei Beachtung der melderechtlichen Vorschriften für nicht eheliche Lebensgemeinschaften und eingetragene Lebenspartnerschaften im Ergebnis ebenso von der Steuerentlastung aus wie für Verheiratete.

Das BMF-Schreiben vom 29.10.2004, BStBl I 2004, 1042 hat bereits frühzeitig die Unwiderlegbarkeit der Vermutung einer Haushaltsgemeinschaft bei eheähnlichen Gemeinschaften festgelegt. Danach sollen aus dem Sozialhilferecht abgeleitete Indizien geprüft werden, die eine Haushaltsgemeinschaft bestätigen. Hierzu gehören insbesondere:
- die Versorgung gemeinsamer Kinder im selben Haushalt,
- die Versorgung anderer Angehöriger im selben Haushalt,
- der von beiden Partnern unterschriebene Mietvertrag,
- die gemeinsame Kontoführung der Partner,
- gemeinsame Verträge.

> **Beispiel 9.7:** Die unverheiratete Mutter lebt mit ihrem Kind und dem Vater des Kindes in einer Wohnung.
>
> **Lösung:** Es wird eine gemeinsame Erziehungsgemeinschaft der Eltern unterstellt und das Merkmal des Alleinerziehenden dadurch ausgeschlossen. Der Freibetrag nach § 24b EStG ist nicht zu gewähren.
> Das gleiche Ergebnis läge vor, wenn die Mutter mit dem Kind im Haushalt der Großeltern oder bei Freunden leben würde.

Verwitwete Steuerpflichtige können den Entlastungsbetrag für Alleinerziehende erstmalig zeitanteilig für den Monat des Todes des Ehegatten beanspruchen (neben dem Splittingtarif!). Gleiches gilt dann für das Folgejahr zum sogenannten „Gnadensplitting" bei Einzelveranlagung. Auch hier wird dann neben dem Splittingtarif der Freibetrag für Alleinerziehende gewährt.

Im Jahr der Eheschließung oder der beantragten Einzelveranlagung von Ehegatten/Lebenspartnern ist der Freibetrag für Alleinerziehende (auch) **nicht** (zeitanteilig) zu gewähren.

Siehe hierzu das BMF-Schreiben vom 29.10.2004, BStBl I 2004, 1042.

Der BFH hat mit Urteil vom 28.06.2012, III R 26/10 zur Haushaltsgemeinschaft von Vater und volljährigem Sohn, der nicht zu den Kosten der Haushaltsführung beiträgt, entschieden, dass ein gemeinsames Wirtschaften i.S.v. § 24b Abs. 2 Satz 2 EStG sowohl darin bestehen kann, dass die andere volljährige Person zu den Kosten des gemeinsamen Haushalts beiträgt, als auch in einer Entlastung durch tatsächliche Hilfe und Zusammenarbeit. Dem Urteil sind aktuelle Ausführungen zur Anwendung des § 24b EStG zu entnehmen.

Der III. Senat des Bundesfinanzhofs hat mit Urteil vom 05.02.2015, III R 9/13 entschieden, dass die **Meldung eines Kindes in der Wohnung eines Alleinerziehenden** eine unwiderlegbare Vermutung für die Haushaltszugehörigkeit des Kindes begründet und bei Vorliegen der weiteren Voraussetzungen ein Entlastungsbetrag für Alleinerziehende zu gewähren ist. Die Tochter wohnte im entschiedenen Fall in einer eigenen Wohnung.

Der **Entlastungsbetrag** beträgt für 2021 **4.008 €**. Für **jedes weitere (ab dem 2.) Kind** wird der Entlastungsbetrag um **zusätzliche 240 €** erhöht.

> **Beispiel 9.8:**
> Alleinstehende Person mit drei Kindern = 4.488 €
> Entlastungsbetrag 2021 = 4.008 €
> Zwei weitere Kinder = Erhöhung um = 480 €

9.8 Ausbildungsfreibetrag für volljährige, auswärtig untergebrachte Kinder (Zeilen 61–64)

Als außergewöhnliche Belastung in besonderen Fällen soll durch den Freibetrag nach § 33a Abs. 2 EStG der Sonderbedarf:
- eines sich in der Berufsausbildung befindlichen
- volljährigen
- auswärtig untergebrachten Kindes

mit einem Jahresbetrag von 924 € abgegolten werden.

Die zuvor genannten Beträge sind nach den Verhältnissen des Wohnsitzstaates des Kindes entsprechend anzupassen.

> **Beispiel 9.9:** Der volljährige Sohn Maximilian (22 Jahre alt) lebte mit seinen Eltern in Berlin. Nach der Schulzeit begann er ein vierjähriges Studium in Peru.
>
> **Lösung:** Der Wohnort des Kindes Maximilian ist nicht mehr im Inland, sondern in Peru. Die weiteren Bedingungen für die Gewährung der Freibeträge für Kinder sind erfüllt (unter 25 Jahre alt und in der Berufsausbildung). Die Unterbringung erfolgt auch außerhalb der elterlichen Wohnung. Eine auswärtige Unterbringung ist damit erfüllt.

> **Freibeträge für Kinder** sind zu gewähren, aber Peru ist in Ländergruppe 3 eingeteilt, sodass die Freibeträge **nur zu ½** berücksichtigt werden.
> Der **Ausbildungsfreibetrag** nach § 33a Abs. 2 EStG ist ebenfalls nur zu ½ zu gewähren, somit nur **462 €** (924 × ½).

9.9 Schulgeld (Zeilen 65–67)

Schulen in freier Trägerschaft und Privatschulen erheben überwiegend ein Entgelt für die Unterrichtung, Betreuung und teilweise auch für die Verpflegung des Kindes. Derartige Kosten sind als Sonderausgaben nach § 10 Abs. 1 Nr. 9 EStG zu berücksichtigen, wenn:
- für das Kind ein Anspruch auf Kinderfreibetrag oder Kindergeld besteht und
- es sich um eine gleichwertige zu einem Abschluss führende Schule innerhalb der EU/EWR handelt, die vom inländischen Ministerium anerkannt worden ist.

Nur für diese begrenzten Fälle sind **30 %** des Schulgelds **ohne** Beherbergung, Betreuung und Verpflegung, und **höchstens 5.000 €** als Sonderausgaben zu berücksichtigen.

Hochschulen einschließlich der Fachhochschulen und die ihnen im EU-/EWR-Ausland gleichstehenden Einrichtungen fallen nicht unter den Begriff der Schule. Studiengebühren und ihnen entsprechende Entgelte sind somit nicht nach § 10 Abs. 1 Nr. 9 EStG als Sonderausgaben abziehbar (BT-Drs. 16/11108, 16 sowie BFH-Urteil vom 09.11.2011, X R 24/09, BStBl II 2012, 321 Rz. 24).

> **Beispiel 9.10:** Die 15-jährige Pauline lebt mit ihren Eltern in Berlin. Sie besucht eine staatlich anerkannte Privatschule **in Berlin** und die Eltern bezahlen dafür monatlich 600 €. 200 € entfallen davon auf die Unterbringung und die Betreuung des Kindes.
>
> **Lösung:** Von den geleisteten 7.200 € Schulgeld für die Tochter sind zunächst nur die Aufwendungen, die nicht der Beherbergung, Verpflegung und Betreuung dienen, begünstigt.
> Von den so verbliebenen 12 × 400 € = 4.800 € sind dann 30 % = **1.440 €** als Sonderausgaben zu berücksichtigen.

> **Beispiel 9.11:** Wie Beispiel 9.10, nur besucht die 15-jährige Pauline eine staatlich anerkannte Privatschule **in Paris** und die Eltern bezahlen dafür monatlich 2.500 €. 700 € entfallen davon auf die Unterbringung und die Betreuung des Kindes.
>
> **Lösung:** Von den geleisteten 30.000 € Schulgeld für die Tochter sind zunächst nur die Aufwendungen, die nicht der Beherbergung, Verpflegung und Betreuung dienen, begünstigt.
> Von den so verbliebenen 12 × 1.800 € = 21.600 € sind dann 30 % = 6.480 €, **aber höchstens 5.000 €** als Sonderausgaben zu berücksichtigen.

> **Beispiel 9.12:** Wie Beispiel 9.12, nur besucht die 15-jährige Pauline eine staatlich anerkannte Privatschule in Peru und die Eltern bezahlen dafür monatlich 2.500 €. 700 € entfallen davon auf die Unterbringung und die Betreuung des Kindes.
>
> **Lösung:** Von den geleisteten 30.000 € Schulgeld für die Tochter sind **keine Aufwendungen als Schulgeld** begünstigt, weil Peru nicht der Europäischen Union oder dem EWR zuzurechnen ist.

9.10 Übertragung des Behinderten- oder Hinterbliebenen-Pauschbetrags (Zeilen 68–72)

Steht einem Kind ein **Behinderten-Pauschbetrag oder ein Hinterbliebenen-Pauschbetrag** zu, kommt es häufig dazu, dass diese Freibeträge mangels Einkünfte des Kindes keine steuerliche Auswirkung haben.

Hier besteht gem. § 33b Abs. 5 EStG die Möglichkeit, die **Pauschbeträge auf die Eltern** (die den Anspruch auf die Freibeträge für Kinder für dieses Kind haben) **zu übertragen**.

9.11 Übertragung der behindertenbedingten Fahrtkostenpauschale (Zeilen 73–75)

Neu ab 2021 ist die Übertragungsmöglichkeit der behindertenbedingten Fahrtkostenpauschale. Hierfür ist der Grad der Behinderung des Kindes und die Aufteilung auf die Eltern mitzuteilen.

9.12 Kinderbetreuungskosten als Sonderausgaben im § 10 Abs. 1 Nr. 5 EStG geregelt (Zeilen 76–82)

Kinderbetreuungskosten sind einheitlich als Sonderausgaben zu berücksichtigen. Kinder, für die ein Anspruch auf einen Kinderfreibetrag besteht und die das 14. Lebensjahr noch nicht vollendet haben, sind nach dieser Vorschrift begünstigt. Eine darüberhinausgehende Berücksichtigung ist nur möglich, wenn das Kind vor Vollendung des 25. Lebensjahres eine so schwere Behinderung hat, dass es nicht in der Lage ist, sich selbst zu unterhalten.

Von den nach § 10 Abs. 1 Nr. 5 EStG **nachzuweisenden Aufwendungen** (Rechnung und Zahlung auf das Konto des Erbringers der Leistung) sind jedoch auch weiterhin nur $2/3$, höchstens **4.000 €** je Kind zu berücksichtigen. Für außersteuerliche Rechtsnormen (z.B. dem Wohngeldgesetz) sind gem. § 2 Abs. 5a S. 2 EStG die als Sonderausgaben abziehbaren Kinderbetreuungskosten bereits bei den Einkünften, Summe der Einkünfte oder Gesamtbetrag der Einkünfte abzuziehen. Dadurch werden dort Auswirkungen durch den unterschiedlichen Ansatz als Sonderausgaben zu vormals Werbungskosten (geringere Einkünfte etc.) vermieden.

Die Abzugsvoraussetzungen werden in dem BMF-Schreiben vom 14.03.2012, BStBl I 2012, 307 näher ausgeführt.

9.13 Abbildungen zu Kapitel 9

Abb. 9.1: Steuerliche Berücksichtigung für/durch Kinder im EStG

1. § 31 = Familienleistungsausgleich
2. § 32 = Freibeträge für Kinder – Übertragungen mit Einschränkungen § 32 Abs. 6 S. 6–11 EStG.
3. §§ 62–78 = Kindergeld – Bonusbetrag für 2021 beachten
4. § 3 Nr. 33 = Arbeitgeberleistungen für nicht schulpflichtige Kinder
5. § 3 Nr. 34a = Arbeitgeberleistungen für kurzfristige Betreuung für Kinder bis 14. Lj.
6. § 3 Nr. 67 = Elterngeld
7. § 10 Abs. 1 Nr. 5 = Kinderbetreuungskosten als Sonderausgaben
8. § 10 Abs. 1 Nr. 9 = 30 % des Schulgeldes; höchstens 5.000 € als Sonderausgaben
9. § 24b = Entlastungsbetrag für Alleinerziehende
10. § 32b Abs. 1 Nr. 1j = Elterngeld unterliegt Progressionsvorbehalt
11. § 33a Abs. 2 = Ausbildungsfreibetrag für auswärtig untergebrachte volljährige Kinder
12. § 33b Abs. 3, 4, 5, 6 + § 33 = Übertragungsmöglichkeit nicht ausgeschöpfter Freibeträge und Fahrtkosten (3.000 km × 0,30 € = 900 €) der Kinder auf die Eltern

9.13 Abbildungen zu Kapitel 9

Abb. 9.2 Kindergeld – Kinderfreibetrag §§ 31, 66, 32 EStG für das Kalenderjahr 2021

!	Auszahlung nur bei vorliegender ID-Nr. des Kindes	Kindergeld	Kinderbonus Einmalzahlung 2021	Jährlicher Betrag je Kind	!
	für das 1. und das 2. Kind	monatlich 219 €	150 € § 66 Abs. 1 EStG, wenn in 2021 mindestens für einen Monat Anspruch auf Kindergeld bestand	jährlich 2.778 €	
	für das 3. Kind	monatlich 225 €	150 €	jährlich 2.850 €	
	für das 4. und jedes weitere Kind	monatlich 250 €	150 €	jährlich 3.150 €	

Kinderfreibeträge

Freibetrag für das Existenzminimum des Kindes	Freibetrag für die Betreuung, Erziehung und Ausbildung
je Kind je Elternteil 2.730 €	je Kind je Elternteil 1.464 €

Summe je Kind 8.388 €   Grundfreibetrag 9.744 €

Ab 2022 = 9.984 €

Anlage Kind

Abb. 9.3: Berücksichtigung der Kinder im Einkommensteuerrecht

Bis zur Volljährigkeit: Berücksichtigung ohne weitere Bedingungen

Bis zum 21. Lebensjahr:
- steht in keinem Beschäftigungsverhältnis und
- ist bei einer Agentur für Arbeit im Inland als Arbeitssuchender gemeldet

Bis zum 25. Lebensjahr: „mehraktige"
- befindet sich in der Berufsausbildung, oder
- konnte eine Berufsausbildung mangels Ausbildungsplatz nicht beginnen oder fortsetzen, oder
- leistet bestimmte freiwillige Dienste, einschließlich Probezeit bei freiwilligem Wehrdienst, oder
- befindet sich in der Übergangszeit zwischen zwei Ausbildungsabschnitten von höchstens vier Monaten

Unbegrenzt: behinderte Kinder
- die außerstande sind, sich selbst zu unterhalten und
- deren Behinderung vor der Vollendung des 25. Lebensjahres, oder vor dem 01.01.2007 vor dem 27. Lebensjahres eingetreten ist.

… **und** geht
- **nach** Abschluss der Berufsausbildung oder des Erststudiums keiner der Ausbildung hinderlichen (mehr als 20 Wochenstunden) Erwerbstätigkeit nach!

Abb. 9.4: Berücksichtigung der Kinder bei „mehraktiger" Berufsausbildung

BFH-Urteil vom 20.02.2019, III R 42/18
Kindergeld: Abschluss einer erstmaligen Berufsausbildung bei mehraktiger Ausbildung.

- Die Voraussetzung „**Abschluss** einer erstmaligen Berufsausbildung" i.S.d. Vorschrift liegt erst dann vor, wenn das Kind befähigt ist, einen von ihm angestrebten Beruf auszuüben. Dies hat zur Folge, dass auch erst dann der Verbrauch der Erstausbildung i.S.d. § 32 Abs. 4 Satz 2 EStG eintreten kann.
- **Mehraktige** Ausbildungsmaßnahmen sind dann als Teil einer einheitlichen Erstausbildung zu qualifizieren, wenn sie **zeitlich und inhaltlich so aufeinander abgestimmt** sind, dass die Ausbildung nach Erreichen des ersten Abschlusses **fortgesetzt werden soll** und das bestimmte Berufsziel erst über den weiterführenden Abschluss erreicht werden kann.
- Ist aufgrund **objektiver Beweisanzeichen** erkennbar, dass das Kind die für sein angestrebtes Berufsziel erforderliche Ausbildung nicht bereits mit dem ersten erlangten Abschluss beendet hat, kann auch eine weiterführende Ausbildung noch als Teil der Erstausbildung zu qualifizieren sein. Abzustellen ist dabei darauf, ob die Ausbildungsabschnitte in einem engen sachlichen Zusammenhang zueinander stehen (z.B. dieselbe Berufssparte, derselbe fachliche Bereich) und im engen zeitlichen Zusammenhang durchgeführt werden.

Abb. 9.5: Kindergeld und Beginn/Ende des Studiums – Übergangszeit BFH vom 07.07.2021, III R 40/19

Kinder, die das 18. aber noch nicht das 25. Lebensjahr vollendet haben, können während eines Hochschulstudiums kindergeldrechtlich berücksichtigt werden.

- Eine Ausbildung **beginnt** danach mit der erstmaligen **Durchführung von Ausbildungsmaßnahmen** und nicht bereits mit der Bewerbung.
- **Beendet** ist die Ausbildung grundsätzlich dann, wenn das Kind die letzte nach der einschlägigen Prüfungsordnung erforderliche Prüfungsleistung erfolgreich erbracht hat **und** dem Kind sämtliche Prüfungsergebnisse in schriftlicher Form zugänglich gemacht wurden.
- **Übergangszeiten** zwischen zwei Ausbildungsabschnitten werden kindergeldrechtlich nur berücksichtigt, wenn sie maximal vier Kalendermonate umfassen. Hier ist insbesondere auf den Beginn abzustellen, mit dem tatsächlich Ausbildungsmaßnahmen stattfinden.

Abb. 9.6: Keine Übertragung des dem anderen Elternteil zustehenden BEA-Freibetrages nach Volljährigkeit des Kindes – BFH vom 22.04.2020, III R 61/18 und vom 14.04.2021, III R 34/19

Für ein über 18 Jahre altes Kind ist eine Übertragung des dem anderen Elternteil zustehenden einfachen BEA-Freibetrages nach dem eindeutigen Wortlaut des Gesetzes **nicht** vorgesehen.

Hätte der Gesetzgeber die Regelung der Übertragung des BEA-Freibetrages mit der zur Übertragung des Kinderfreibetrages bei volljährigen Kindern koppeln wollen, hätte es hierfür einer klaren gesetzlichen Regelung bedurft.

Auch wenn es rechtspolitisch wünschenswert erscheinen könnte, die Übertragung des BEA-Freibetrages bei volljährigen Kindern, bei denen der Ausbildungsbedarf und damit regelmäßig tatsächliche Aufwendungen im Vordergrund stehen, nach denselben Grundsätzen wie die Übertragung des Kinderfreibetrages zu regeln, darf der Anwendungsbereich einer Vorschrift von der Verwaltung und den Gerichten nicht über die bewusst vom Gesetzgeber gesetzten Grenzen ausgedehnt werden.

Die Entscheidung, auch bei volljährigen Kindern eine Übertragung des BEA-Freibetrages von einem Elternteil auf den anderen zu ermöglichen, obliegt daher allein dem Gesetzgeber.

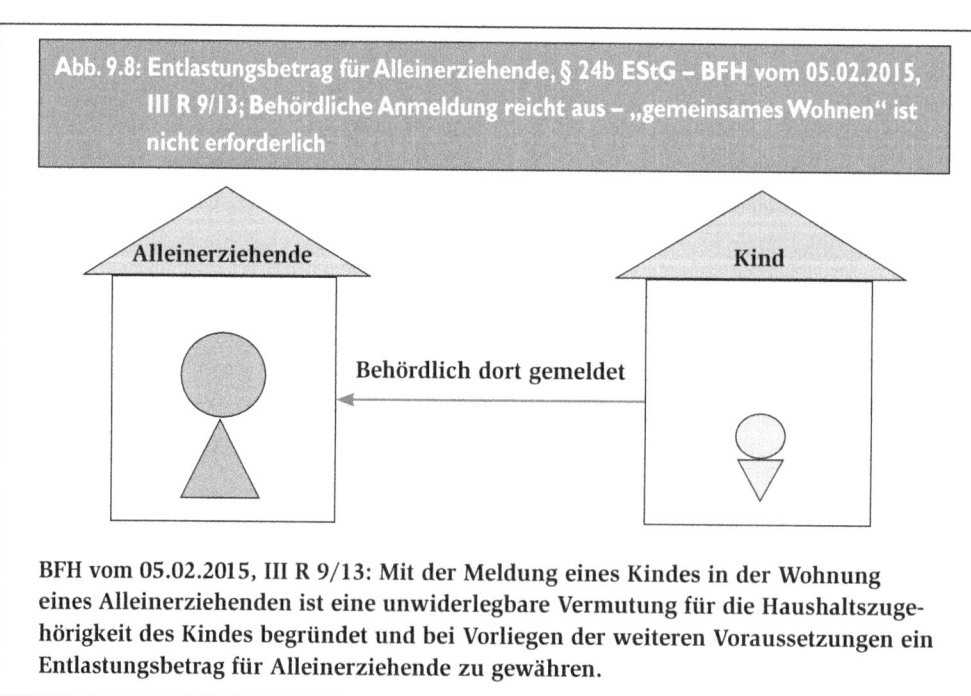

Abb. 9.7: Entlastungsbetrag für Alleinerziehende nach § 24b EStG

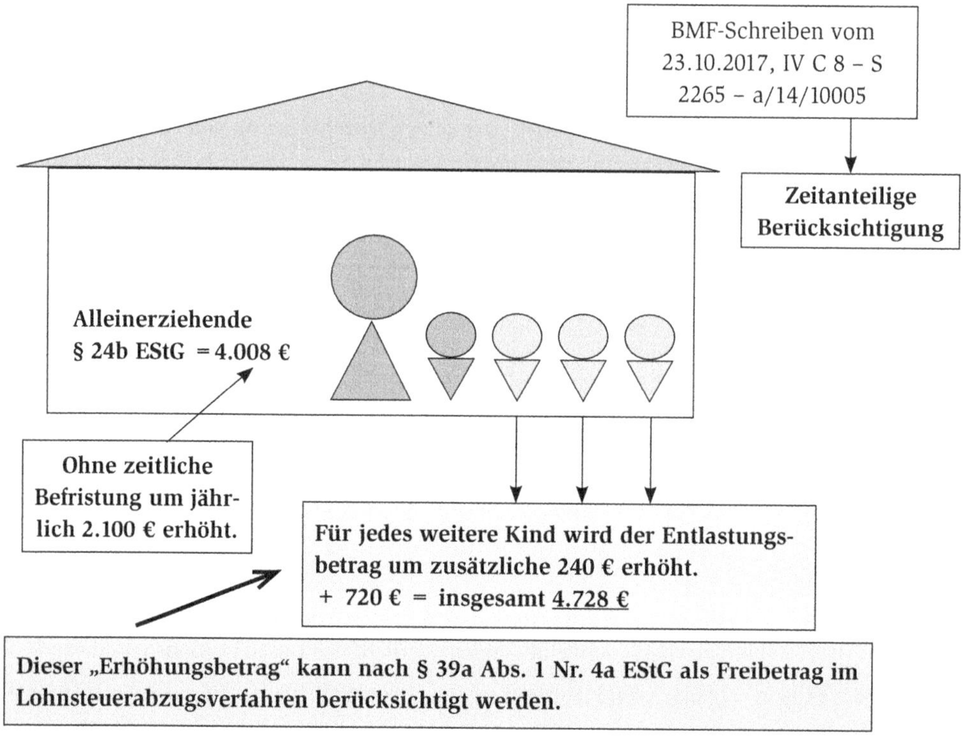

BMF-Schreiben vom 23.10.2017, IV C 8 – S 2265 – a/14/10005

Zeitanteilige Berücksichtigung

Alleinerziehende § 24b EStG = 4.008 €

Ohne zeitliche Befristung um jährlich 2.100 € erhöht.

Für jedes weitere Kind wird der Entlastungsbetrag um zusätzliche 240 € erhöht.
+ 720 € = insgesamt 4.728 €

Dieser „Erhöhungsbetrag" kann nach § 39a Abs. 1 Nr. 4a EStG als Freibetrag im Lohnsteuerabzugsverfahren berücksichtigt werden.

Abb. 9.8: Entlastungsbetrag für Alleinerziehende, § 24b EStG – BFH vom 05.02.2015, III R 9/13; Behördliche Anmeldung reicht aus – „gemeinsames Wohnen" ist nicht erforderlich

Alleinerziehende

Kind

Behördlich dort gemeldet

BFH vom 05.02.2015, III R 9/13: Mit der Meldung eines Kindes in der Wohnung eines Alleinerziehenden ist eine unwiderlegbare Vermutung für die Haushaltszugehörigkeit des Kindes begründet und bei Vorliegen der weiteren Voraussetzungen ein Entlastungsbetrag für Alleinerziehende zu gewähren.

Abb. 9.9: Ausbildungsfreibetrag (§ 33a Abs. 2 EStG)

Voraus-setzungen	☑ das betreffende Kind befindet sich in der **Berufsausbildung**, ☑ für das Kind besteht ein **Freibetrag nach § 32 Abs. 6 EStG oder ein Anspruch auf Kindergeld**, ☑ es handelt sich um ein **volljähriges Kind** und ☑ das Kind ist **auswärtig untergebracht**. Für die anderen Fälle der Ausbildung ist der allgemeine Ausbildungsbedarf bereits durch den Betreuungs-, Erziehungs- und Ausbildungsfreibetrag von 1.320 € gemäß § 32 Abs. 6 EStG abgegolten.
Freibetrag	• der **Freibetrag** beträgt 924 € je Kalenderjahr und Kind, • ab 2012 nur **Kürzung** bei nicht unbeschränkt steuerpflichtigen Kindern; § 33a Abs. 1 S. 6 EStG, • jedem Elternteil stehen diese Freibeträge zur Hälfte zu. Auf gemeinsamen Antrag können die Eltern eine andere Aufteilung verlangen.

Abb. 9.10: Sonderausgaben – Schulgeld für Kinder in der EU (§ 10 Abs. 1 Nr. 9 EStG)
Nachweis durch Schulbehörde oder Kultusministerium

30 % des Schulgelds **ohne** Beherbergung, Betreuung und Verpflegung, höchstens jedoch 5.000 €, wenn:
- für das Kind ein Anspruch auf Kinderfreibetrag oder Kindergeld besteht,
- es sich um eine gleichwertige zu einem Abschluss führende Schule innerhalb der EU/EWR handelt, die vom inländischen Ministerium anerkannt worden ist.

Der Höchstbetrag wird für jedes Kind je Elternpaar nur einmal gewährt.

Studiengebühren und ihnen entsprechende Entgelte sind nicht nach § 10 Abs. 1 Nr. 9 EStG als Sonderausgaben abziehbar
(BT-Drs. 16/11108, 16 sowie BFH-Urteil vom 09.11.2011, X R 24/09, BStBl II 2012, 321 Rz. 24 und BMF vom 09.03.2009).

Schulgeld = Pflicht der Eltern
Studiengebühren = Pflicht der Kinder/Studierenden

Abb. 9.11: Behinderten- oder Hinterbliebenen Pauschbetrag und behinderungsbedingte Fahrtkostenpauschale auf die Eltern übertragen

Neu ab 2021
Die Pauschale für 3.000 km × 0,30 € = 900 € kann auf die Eltern, ebenso, wie die Behindertenfreibeträge, übertragen werden.

Die **Nachweise der Behinderung** für das Kind sind beizubringen.
Durch die ID.-Nr. des Kindes wird sichergestellt (das Finanzamt kann prüfen), dass die Freibeträge nicht doppelt (also auch noch zusätzlich beim Kind) berücksichtigt werden.

Abb. 9.12: Sonderausgaben – Kinderbetreuungskosten (§ 10 Abs. 1 Nr. 5 EStG)

1. Die Aufwendungen zur Betreuung erfolgen für ein Kind im Sinne des § 32 Abs. 1 EStG.
2. Das Kind gehört zum Haushalt des Steuerpflichtigen; vorübergehende auswärtige Unterbringung zu Ausbildungszwecken ist unschädlich Rz. 12 BMF vom 14.03.2012, IV C 4 – S 2221/07/0012 :012.
3. Das Kind hat das 14. Lebensjahr noch nicht vollendet oder ist wegen vor Vollendung des 25. Lebensjahres eingetretener schwerer Behinderung außerstande, sich selbst zu unterhalten.
4. Die Aufwendungen wurden gegen Rechnung auf das Konto des Erbringers geleistet.
5. Es handelt sich um keine Aufwendungen für den Unterricht, der Vermittlung besonderer Fähigkeiten, für sportliche oder andere Freizeitbetätigungen.
6. Abzugsfähig sind davon ⅔, höchstens 4.000 € je Kind je Kalenderjahr. Es findet keine zeitanteilige Aufteilung statt. Die Verhältnisse des Wohnsitzstaates des Kindes sind zu beachten (Ländergruppeneinteilung).
7. Die Bezahlung der Kinderbetreuungskosten vom Konto eines Dritten ist nicht schädlich (abgekürzter Zahlungsweg, auch wenn die Aufwendungen dem Dritten nicht erstattet werden (BFH vom 25.11.2010, III R 79/09).
8. Bei nicht verheirateten, dauernd getrennt lebenden oder geschiedenen Eltern ist nur der Elternteil zum Abzug von Kinderbetreuungskosten berechtigt, der die Aufwendungen getragen hat und zu dessen Haushalt das Kind gehört. Eine Übertragung auf den anderen Elternteil ist nicht möglich; Rz. 29 BMF vom 14.03.2012.
9. Ein weiterer Abzug des nicht abziehbaren Drittels der Kinderbetreuungskosten oder der den Höchstbetrag von 4.000 € übersteigenden Aufwendungen ist ausgeschlossen. § 35a Abs. 5 EStG schließt einen Ansatz aus!
10. Für außersteuerliche Zwecke ist der Gesamtbetrag der Einkünfte um die Kinderbetreuungskosten zu mindern; § 2 Abs. 5a S. 2 EStG.
11. Beschränkt Steuerpflichtige können keine Kinderbetreuungskosten geltend machen, weil im § 50 Abs. 1 EStG der § 10 Abs. 1 Nr. 5 EStG nicht aufgenommen worden ist.

10. Anlage G, Anlage § 34a, Anlage Zinsschranke und Anlage S
10.1 Anlage G

Was ist zu beachten – neu und wichtig – Checkliste

Anlage Corona-Hilfe ist zu übermitteln	Einzelheiten zur Anlage Corona-Hilfen nach Anlage S
Veräußerungsgewinne sind gesondert in den Zeilen 31, 36, 42, 44, 45 und 48 erfasst.	**Keine Eintragungen der Veräußerungsgewinne** in den Zeilen 4–14
Neu: Zeile 12 für Mitunternehmer in Fällen geringer Bedeutung (insbesondere bei Photovoltaikanlagen)	Keine gesonderte und einheitliche Feststellung, wenn nur Ehegatten/Lebenspartner beteiligt; BFH vom 06.02.2020, IV R 6/17
Neu: Verzicht auf die Abgabe einer Gewinnermittlung bei kleinen Photovoltaikanlagen und vergleichbaren Blockheizkraftwerken	BMF vom 29.10.2021, IV C 6 – S 2240/19/10006 :006 DOK 2021/1117804 Gewinnerzielungsabsicht bei kleinen Photovoltaikanlagen und vergleichbaren Blockheizkraftwerken
Betriebsaufspaltung und minderjährige Kinder	BFH vom 14.06.2021, X R 5/19 Eine Beteiligung von exakt 50 % der Stimmen reicht **nicht** aus
§ 6b Abs. 2a EStG Stundung – **Pandemiebedingte Verlängerung der Reinvestitionsfristen** des § 6b EStG, § 52 Abs. 14 Satz 4 ff. EStG	Auf Antrag in fünf gleichen Jahresraten zu entrichten. Zinsfrei, siehe § 6b Abs. 2a S. 3 + § 36 Abs. 5 S. 3 EStG
Kfz Zuordnung zum Betriebsvermögen Privatfahrten und Fahrten zum Betrieb Besteuerung des Entnahmegewinns	R 4.2 Abs. 1 S. 6 EStR (Wohnmobil?) § 6 Abs. 1 Nr. 4 + § 4 Abs. 5 Nr. 6 EStG BFH-Urteil vom 16.06.2020, VIII R 9/18
Nutzung von Elektro- und Hybridelektrofahrzeugen	Entwurf eines neuen BMF Schreibens mit 23 Rz. verschafft Überblick über den Ansatz der Begünstigungen
Betriebliche Fahrräder, § 6 Abs. 1 Nr. 4 S. 6 EStG	Die private Nutzung des betrieblichen Fahrrads, das kein Kraftfahrzeug im Sinne des § 6 Abs. 1 Nr. 4 S. 2 EStG ist, bleibt bis zum 31.12.2030 steuerlich außer Ansatz
Kostendeckel und Fahrtenbuch	BMF-Schreiben vom 18.11.2009, BStBl I 2009, 1326 Rz. 18–20 mindestens Wert der Entfernungspauschale als abzugsfähige Betriebsausgaben

Degressive AfA § 7 Abs. 2 EStG bis 31.12.2021	Anschaffung oder Herstellung beweglicher Wirtschaftsgüter des Anlagevermögens
Sonderabschreibung nach § 7c EStG	Für Elektronutzfahrzeuge (N1, N2, N3) und elektrisch betriebene Lastenfahrräder
Investitionsabzugsbeträge und Sonderabschreibungen nach § 7g EStG	200.000 € Gewinngrenze, 50 IAB möglich, auch für gebrauchte und vermietete WG.
Steuerstundungsmodell setzt immer Werbung mit steuerlichen Vorteilen voraus	FG Münster vom 21.02.2020, 4 K 794/19 F
Steuerermäßigung nach § 35 EStG	Der 4-fache Wert des Gewerbesteuer-Messbetrags, begrenzt auf die tatsächlich gezahlte Gewerbesteuer
Betriebsveräußerung nach § 16 EStG Teileinkünfteverfahren beachten.	Einmalige Begünstigung mit Freibetrag und ermäßigtem Steuersatz
Veräußerung von **Anteilen an Kapitalgesellschaften**, die **im Privatvermögen** gehalten werden	§ 17 EStG ordnet die Veräußerung privater Anteile an KapG (mindestens 1 %) den gewerblichen Einkünften zu.
Verluste nach § 17 EStG	**Nachträgliche Anschaffungskosten** des § 17 Abs. 2a S. 3 EStG beachten
Arbeitsverträge mit Angehörigen	BFH-Urteil vom 18.11.2020, VI R 28/18 Formale Anforderungen an Ehegattenarbeitsverhältnisse
Aktuellen Entscheidung des BFH, **wann entgeltliche Verträge** zwischen fremden Dritten vorliegen	BFH Urteil vom 22.02.2021, IX R 6/20
Sanierungsgewinne	**Sanierungsplan** erforderlich um die Sanierungsbedürftigkeit, die -fähigkeit, die -eignung und die -absicht nachzuweisen

10.1 Anlage G

2021

Anlage G

Jeder Ehegatte / Lebenspartner mit Einkünften aus Gewerbebetrieb hat eine eigene Anlage G abzugeben.

stpfl. Person / Ehemann / Person A

Ehefrau / Person B

1 Name
2 Vorname
3 Steuernummer — Bitte Anlage Corona-Hilfen übermitteln.

Einkünfte aus Gewerbebetrieb
Für jeden Betrieb ist zusätzlich eine Bilanz oder – soweit keine Bilanz erstellt wird – eine Anlage EÜR elektronisch zu übermitteln.

Gewinn (ohne die Beträge in den Zeilen 31, 36, 42, 44, 45 und 48; bei ausländischen Einkünften: Anlage AUS beachten) | 44

als Einzelunternehmer
(Art des Gewerbes, bei Verpachtung: Art des vom Pächter betriebenen Gewerbes) — EUR

4 1. Betrieb — 10/11
5 2. Betrieb — 62/63

Weitere Betriebe

6 — 12/13

lt. gesonderter Feststellung (Betriebsfinanzamt und Steuernummer) – ggf. Gesamtsumme –

7 — 58/59

als Mitunternehmer (Gesellschaft, Finanzamt und Steuernummer)

8 1. — 14/15
9 2. — 16/17
10 3. — 18/19
11 4. — 20/21

als Mitunternehmer in Fällen von geringer Bedeutung (Gesellschaft, Steuernummer)
– § 180 Abs. 3 Satz 1 Nr. 2 AO z. B. Ehegattengemeinschaften –

12 — 38/39

Gesellschaften / Gemeinschaften / ähnliche Modelle i. S. d. § 15b EStG

13 —

14 In den Zeilen 4 bis 12 und 48 nicht enthaltener steuerfreier Teil der Einkünfte, für die das **Teileinkünfteverfahren** gilt — 24/25

15 In den Zeilen 4 bis 12 und 48 enthaltene positive Einkünfte i. S. d. § 2 Abs. 4 UmwStG —

16 Ich beantrage für den in den Zeilen 4 bis 12 und 36 enthaltenen Gewinn die Begünstigung nach § 34a EStG und / oder es wurde zum 31.12.2020 ein nachversteuerungspflichtiger Betrag festgestellt. Einzureichende **Anlage(n) 34a** — Anzahl

Zusätzliche Angaben bei Steuerermäßigung nach § 35 EStG

17 Für 2021 festzusetzender (anteiliger) Gewerbesteuer-Messbetrag i. S. d. § 35 EStG des Betriebs / des Mitunternehmeranteils lt. Zeile (ohne Gewerbesteuer-Messbetrag, der auf nach § 5a Abs. 1 EStG ermittelten Gewinn oder Gewinn i. S. d. § 18 Abs. 3 UmwStG entfällt) – Berechnung lt. gesonderter Aufstellung – — 64/65 — EUR

18 Für 2021 tatsächlich zu zahlende Gewerbesteuer, die auf den Gewerbesteuer-Messbetrag lt. Zeile 17 entfällt – Berechnung lt. gesonderter Aufstellung – — 66/67

19 Für 2021 festzusetzender (anteiliger) Gewerbesteuer-Messbetrag i. S. d. § 35 EStG des Betriebs / des Mitunternehmeranteils lt. Zeile (ohne Gewerbesteuer-Messbetrag, der auf nach § 5a Abs. 1 EStG ermittelten Gewinn oder Gewinn i. S. d. § 18 Abs. 3 UmwStG entfällt) – Berechnung lt. gesonderter Aufstellung – — 68/69

20 Für 2021 tatsächlich zu zahlende Gewerbesteuer, die auf den Gewerbesteuer-Messbetrag lt. Zeile 19 entfällt – Berechnung lt. gesonderter Aufstellung – — 70/71

21 Summe aller weiteren für 2021 festzusetzenden (anteiligen) Gewerbesteuer-Messbeträge i. S. d. § 35 EStG der Betriebe / der Mitunternehmeranteile lt. den Zeilen 4 bis 12 und 48 (ohne Gewerbesteuer-Messbeträge, die auf nach § 5a Abs. 1 EStG ermittelte Gewinne oder Gewinne i. S. d. § 18 Abs. 3 UmwStG entfallen) – Berechnung lt. gesonderter Aufstellung – — 85/86

22 Summe aller weiteren für 2021 tatsächlich zu zahlenden Gewerbesteuern, die auf die Gewerbesteuer-Messbeträge lt. Zeile 21 entfallen – Berechnung lt. gesonderter Aufstellung – — 81/82

23 Summe der betriebsbezogen ermittelten Höchstbeträge nach § 35 Abs. 1 Satz 5 EStG aus mittelbaren Beteiligungen (nicht in den Zeilen 17 bis 22 enthalten) – Berechnung lt. gesonderter Aufstellung — 74/75

	Veräußerungsgewinn vor Abzug etwaiger Freibeträge		45
	bei Veräußerung / Aufgabe — eines **ganzen Betriebs**, eines **Teilbetriebs**, eines ganzen **Mitunternehmeranteils** (§ 16 EStG), — eines **einbringungsgeborenen Anteils** an einer Kapitalgesellschaft (§ 21 UmwStG i. d. am 21.5.2003 geltenden Fassung) oder — in gesetzlich gleichgestellten Fällen, z. B. Wegzug in das Ausland		
31	Veräußerungsgewinn, für den der **Freibetrag nach § 16 Abs. 4 EStG** wegen dauernder Berufsunfähigkeit oder Vollendung des 55. Lebensjahres **beantragt** wird. Für nach dem 31.12.1995 erfolgte Veräußerungen / Aufgaben wurde der Freibetrag nach § 16 Abs. 4 EStG bei keiner Einkunftsart in Anspruch genommen.	24/25	EUR
32	In Zeile 31 enthaltener steuerpflichtiger Teil, für das **Teileinkünfteverfahren** gilt	32/33	,
	Auf den Veräußerungsgewinn lt. Zeile 31 wurde zumindest teilweise § 6b oder § 6b i. V. m. § 6c EStG angewendet. Die Übertragungen von aufgedeckten stillen Reserven und / oder die in Anspruch genommenen Rücklagen nach		
33	– § 6b Abs. 1 bis 9 ggf. i. V. m. § 6c EStG betragen	57/58	,
34	– § 6b Abs. 10 ggf. i. V. m. § 6c EStG betragen	59/60	,
35	Veräußerungsgewinn lt. Zeile 31, für den der **ermäßigte Steuersatz** des § 34 Abs. 3 EStG wegen dauernder Berufsunfähigkeit oder Vollendung des 55. Lebensjahres **beantragt** wird. Für nach dem 31.12.2000 erfolgte Veräußerungen / Aufgaben wurde der ermäßigte Steuersatz des § 34 Abs. 3 EStG bei keiner Einkunftsart in Anspruch genommen.	34/35	,
36	Veräußerungsgewinn(e), für den / die der **Freibetrag nach § 16 Abs. 4 EStG nicht beantragt** wird oder **nicht zu gewähren ist**	30/31	,
37	In Zeile 36 enthaltener steuerpflichtiger Teil, für das **Teileinkünfteverfahren** gilt	36/37	,
38	Auf den / die Veräußerungsgewinn(e) lt. Zeile 36 wurde zumindest teilweise – § 6b Abs. 1 bis 9 ggf. i. V. m. § 6c EStG angewendet	46/47	1 = Ja, für die / alle Veräußerung(en) 2 = Ja, aber nicht für alle Veräußerungen
39	– § 6b Abs. 10 ggf. i. V. m. § 6c EStG angewendet	70/71	1 = Ja
40	In Zeile 36 enthaltener Veräußerungsgewinn, für den der **ermäßigte Steuersatz** des § 34 Abs. 3 EStG wegen dauernder Berufsunfähigkeit oder Vollendung des 55. Lebensjahres beantragt wird. Für nach dem 31.12.2000 erfolgte Veräußerungen / Aufgaben wurde der ermäßigte Steuersatz des § 34 Abs. 3 EStG bei keiner Einkunftsart in Anspruch genommen.	38/39	EUR ,
41	In Zeile 40 enthaltener steuerpflichtiger Teil, für das **Teileinkünfteverfahren** gilt	40/41	,
42	Veräußerungsverlust nach § 16 EStG	22/23	,
43	In Zeile 42 enthaltener steuerpflichtiger Teil, für das **Teileinkünfteverfahren** gilt	44/45	,
44	Steuerpflichtiger Teil des Veräußerungsgewinns bei Veräußerung von Anteilen an Kapitalgesellschaften / Genossenschaften nach § 17 EStG, § 6 AStG, § 13 UmwStG und in gesetzlich gleichgestellten Fällen	28/29	,
45	Zu berücksichtigender Teil des Veräußerungsverlusts bei Veräußerung von Anteilen an Kapitalgesellschaften / Genossenschaften nach § 17 EStG, § 13 UmwStG und in gesetzlich gleichgestellten Fällen	26/27	,
46	Zu den Zeilen 31 bis 41 sowie 44 und 45: Erwerber ist eine Gesellschaft, an der die veräußernde Person oder ein Angehöriger beteiligt ist (lt. gesonderter Aufstellung).		

Sonstiges

47	In den Zeilen 4 bis 13 enthaltene begünstigte sonstige Gewinne i. S. d. § 34 Abs. 2 Nr. 2 bis 4 EStG	55/56	,
48	Zuzurechnendes Einkommen der Organgesellschaft (Gesellschaft, Finanzamt und Steuernummer)	66/67	
49	Anteile an Kapitalgesellschaften, Bezugsrechte sind 2021 übertragen worden (Einzelangaben lt. gesonderter Aufstellung)		

		außer Ansatz gelassene Verluste	enthaltene ungekürzte Gewinne	verrechnete Verluste aus anderen Jahren
50	**Gewerbliche Tierzucht / -haltung:** In den Zeilen 4 bis 13, 31, 36 und 42	€	€	€
51	Die 2020 nach Maßgabe des § 10d Abs. 1 EStG vorzunehmende Verrechnung nicht ausgeglichener negativer Einkünfte 2021 aus Zeile 50 soll wie folgt begrenzt werden:			€
52	**Gewerbliche Termingeschäfte:** In den Zeilen 4 bis 13, 31, 36 und 42	€	€	€
53	Die 2020 nach Maßgabe des § 10d Abs. 1 EStG vorzunehmende Verrechnung nicht ausgeglichener negativer Einkünfte 2021 aus Zeile 52 soll wie folgt begrenzt werden:			€
54	**Verluste aus Beteiligungen** an einer REIT-AG, anderen REIT-Körperschaften, -Personenvereinigungen oder -Vermögensmassen: In den Zeilen 4 bis 13, 31, 36 und 42	€	€	€
55	Die 2020 nach Maßgabe des § 10d Abs. 1 EStG vorzunehmende Verrechnung nicht ausgeglichener negativer Einkünfte 2021 aus Zeile 54 soll wie folgt begrenzt werden:			€
56	Für die in den Zeilen 4 bis 6 genannten Betriebe ist die Anlage Zinsschranke beigefügt. Beigefügte **Anlage(n) Zinsschranke**			Anzahl

10.1 Anlage G

1	Name / Gesellschaft / Gemeinschaft	
2	Vorname	
3	Steuernummer	

Keine Gewinnerzielungsabsicht bei kleinen Photovoltaikanlagen oder Blockheizkraftwerken

1. Antrag

4 ☐ Ich/Wir beantrage/n die Anwendung der Vereinfachungsregelung
(BMF-Schreiben vom 02.06.2021, BStBl I S. xxx.)

2. Erklärungen

5 Ich erkläre/Wir erklären, dass

1. die Photovoltaikanlage eine installierte Leistung von höchstens 10 Kilowatt hat/das Blockheizkraftwerk eine installierte Leistung von höchstens 2,5 Kilowatt hat,

2. die Photovoltaikanlage/das Blockheizkraftwerk auf meinem/unseren selbst genutzten oder unentgeltlich überlassenen Ein- oder Zweifamilienhaus installiert ist,

3. nach dem 31.12.2003 in Betrieb genommen wurde.

6 Waren die Einkünfte aus der Photovoltaikanlage/dem Blockheizkraftwerk bisher Gegenstand einer einheitlichen und gesonderten Feststellung, ist der Antrag einheitlich von allen Beteiligten zu stellen.

3. Folgen bei Anwendung der Vereinfachungsregelung

7 Bei den oben genannten kleinen Photovoltaikanlagen oder vergleichbaren Blockheizkraftwerken wird mit Abgabe dieses Antrags ohne weitere Prüfung in allen offenen Veranlagungszeiträumen unterstellt, dass diese nicht mit Gewinnerzielungsabsicht betrieben werden und deshalb einkommensteuerrechtlich nicht relevant sind. Der Antrag wirkt auch für die Folgejahre.

In diesen Fällen ist dann eine Anlage EÜR für den Betrieb der Photovoltaikanlage/des Blockheizkraftwerks für alle offenen Verranlagungszeiträume nicht mehr abzugeben.

Veranlagte Gewinne und Verluste aus zurückliegenden Veranlagungszeiträumen, die verfahrensrechtlich einer Änderung noch zugänglich sind (zum Beispiel bei unter dem Vorbehalt der Nachprüfung oder vorläufig wegen der Gewinnerzielungsabsicht der Einkünfte aus der Photovoltaikanlage oder dem Blockheizkraftwerk durchgeführten Veranlagungen), sind nicht mehr zu berücksichtigen.

Hinweis: Für Veranlagungszeiträume, in denen die Voraussetzungen der Zeile 5 nicht vorliegen (zum Beispiel bei Nutzungsänderung, Vergrößerung der Anlage über die genannte Leistung), ist die Vereinfachungsregelung nicht anzuwenden. Sie sind verpflichtet den Wegfall der Voraussetzungen der Zeile 5 Ihrem zuständigen Finanzamt schriftlich mitzuteilen.

8 Datum, Unterschrift(en) — Antrag ist eigenhändig – bei Ehegatten / Lebenspartnern von beiden – zu unterschreiben.

Erklärung zur Gewinnerzielungsabsicht bei kleinen Photovoltaikanlagen - Oberfinanzdirektion Karlsruhe - Juni 2021

Die Summe der gewährten Corona-Hilfen abzüglich möglicher Rückzahlungen sind in der gesonderten Anlage Corona-Hilfen einzutragen. Ausführlich nach Anlage S behandelt.

Keine gesonderte und einheitliche Feststellung erforderlich, wenn nur Ehegatten/ Lebenspartner an BGB Gesellschaften beteiligt sind; BFH vom 06.02.2020, IV R 6/17
Betreiben zusammen veranlagte Ehegatten in GbR eine Photovoltaikanlage auf ihrem eigengenutzten Wohnhaus, so hat eine gesonderte und einheitliche Feststellung der Besteuerungsgrundlagen regelmäßig zu unterbleiben, wenn kein Streit über Höhe und Aufteilung der daraus resultierenden Einkünfte besteht. Dem steht nicht entgegen, dass die GbR keinen Gebrauch von der Nichterhebung der Umsatzsteuer als Kleinunternehmer macht.

Gewinnerzielungsabsicht bei kleinen Photovoltaikanlagen und vergleichbaren Blockheizkraftwerken
BMF vom 02.06.2021, IV C 6 – S 2240/19/10006 :006 DOK 2021/0627224
Bei den in dem BMF Schreiben unter Rn. 11 + 2 aufgeführten Photovoltaikanlagen und vergleichbaren BHKW ist auf schriftlichen Antrag der steuerpflichtigen Person aus Vereinfachungsgründen ohne weitere Prüfung in allen offenen Veranlagungszeiträumen zu unterstellen, dass diese nicht mit Gewinnerzielungsabsicht betrieben werden. Bei ihnen liegt grundsätzlich eine steuerlich unbeachtliche Liebhaberei vor. Der Antrag wirkt auch für die Folgejahre.

Für diese Anträge haben die einzelnen Bundesländer unterschiedliche Antragsformulare. Das der OFD Karlsruhe ist vorstehend als Anlage beigefügt.

10.1.1 Betriebsaufspaltung

Probleme bei der Bestimmung der Einkunftsart können sich auch bei Sachverhaltsgestaltungen ergeben, die sich äußerlich zunächst als reine Vermögensverwaltung, in ihrem wirtschaftlichen Gehalt aber als Gewerbebetrieb darstellen. Dies gilt vor allem für die sog. **Betriebsaufspaltung.**

Eine solche liegt vor, wenn ein Unternehmen (Besitzunternehmen) Wirtschaftsgüter, die zu den wesentlichen Grundlagen des Betriebs gehören, miet- oder pachtweise einer von ihm beherrschten i.d.R. Kapitalgesellschaft (Betriebsgesellschaft) zum Zwecke der Weiterführung des Betriebs überlässt. **Voraussetzung für die Annahme einer Betriebsaufspaltung** ist die sachliche und personelle Verflechtung zwischen Besitz- und Betriebsgesellschaft; s. H 15.7 Abs. 4–6 EStH.

Die **sachliche Verflechtung** ist gegeben, wenn das Besitzunternehmen dem Betriebsunternehmen mindestens eine wesentliche Betriebsgrundlage miet- oder pachtweise überlässt. Unter dem **Begriff der wesentlichen Betriebsgrundlage eines Betriebs** sind solche Wirtschaftsgüter zu verstehen, die zur Erreichung des Betriebszwecks erforderlich sind und ein besonderes wirtschaftliches Gewicht für die Betriebsführung besitzen (funktionale Betrachtungsweise); siehe hierzu auch H 15.7 Abs. 5 „Wesentliche Betriebsgrundlage" EStH. Beim Begriff der wesentlichen Betriebsgrundlage handelt es sich um einen unbestimmten Rechtsbegriff, der durch Schrifttum und Rechtsprechung ausgefüllt wird.

Beispiele für das Vorliegen einer wesentlichen Betriebsgrundlage finden sich in H 15.7 Abs. 5 EStH. Grundsätzlich lässt sich sagen, dass ein Grundstück eine wesentliche Betriebsgrundlage darstellt und die sachliche Verflechtung i.d.R. gegeben ist. So kann auch ein Büro, das sich in dem Einfamilienhaus des Gesellschafter-Geschäftsführers befindet, eine wesentliche Betriebsgrundlage sein; vgl. H 15.7 Abs. 5 „Wesentliche Betriebsgrundlage – Einfamilienhaus" EStH.

Dem Urteil des FG München vom 10.06.2010, 8 K 460/10 rkr. ist zu entnehmen, dass die Nutzungsüberlassung des Mandantenstammes im Wege der Pacht eine wesentliche Betriebsgrundlage der Steuerberaterkanzlei darstellt und die Bedingungen der sachlichen Verflechtung damit erfüllt sind. Ist dann auch die personelle Verflechtung gegeben, liegen bezüglich der Verpachtung des Mandantenstammes gewerbliche Einkünfte vor.

Zu beachten ist dabei, dass die weiteren freiberuflichen Einkünfte des verpachtenden Freiberuflers nicht durch diese gewerblichen Einkünfte infiziert werden. Das FG München weist in der Entscheidung ausdrücklich darauf hin, dass für Einzelunternehmer eine dem § 15 Abs. 3 Nr. 1 EStG entsprechende Vorschrift fehlt (gilt nur für Personengesellschaften). Neben den gewerblichen Einkünften aus der Betriebsaufspaltung können also auch freiberufliche Einkünfte des Einzelunternehmers bestehen.

Das **Merkmal der personellen Verflechtung** ist vorhanden, wenn die hinter beiden Unternehmen stehenden Personen einen einheitlichen geschäftlichen Betätigungswillen haben. Zwischen Besitz- und Betriebsgesellschaft muss keine Beteiligungsidentität bestehen, vielmehr reicht es für die Annahme einer personellen Verflechtung aus, wenn die Personen, die das Besitzunternehmen tatsächlich beherrschen, in der Lage sind, ihren Willen auch im Betriebsunternehmen durchzusetzen; vgl. H 15.7 Abs. 6 „Beherrschungsidentität" EStH. Das ist i.d.R. dann anzunehmen, wenn einer Person oder Personengruppe in beiden Unternehmen die Mehrheit der Anteile gehört (vorbehaltlich abweichender Stimmrechtsvereinbarungen). Sonderprobleme können sich bei Beteiligung von Ehegatten und Kindern ergeben; R 15.7 Abs. 8 EStR.

Unstrittig ist das sog. „**Wiesbadener Modell**", bei dem ein Ehegatte am Besitzunternehmen und der andere am Betriebsunternehmen beteiligt ist. Nach der ständigen Rechtsprechung des BFH liegt bei dieser Konstellation eine Betriebsaufspaltung mangels personeller Verflechtung i.d.R. nicht vor; vgl. H 15.7 Abs. 7 „Wiesbadener Modell" EStH.

Zur Bedeutung von Einstimmigkeitsabreden i.R.d. Prüfung, ob eine personelle Verflechtung vorliegt, vgl. H 15.7 Abs. 6 „Einstimmigkeitsabrede" EStH und das dort zitierte BMF-Schreiben vom 07.10.2002 „Einstimmigkeitsabreden, personelle Verflechtung", BStBl I 2002, 1028.

BFH vom 14.04.2021, X R 5/19 – Betriebsaufspaltung und minderjährige Kinder

1. Die personelle Verflechtung verlangt – abgesehen vom Sonderfall der faktischen Beherrschung –, dass der das Besitzunternehmen beherrschende Gesellschafter auch in der Betriebskapitalgesellschaft die Stimmenmehrheit innehat und dort in der Lage ist, seinen Willen durchzusetzen; eine Beteiligung von exakt 50 % der Stimmen reicht nicht aus (Bestätigung des BFH-Urteils vom 30.11.2005, X R 56/04, BFHE 212, 100, BStBl II 2006, 415).

2. Sind sowohl ein Elternteil als auch dessen minderjähriges Kind an der Betriebskapitalgesellschaft beteiligt, sind die Stimmen des Kindes jedenfalls dann nicht dem

Elternteil zuzurechnen, wenn in Bezug auf die Gesellschafterstellung des Kindes eine Ergänzungspflegschaft angeordnet ist.

Zur sog. **mitunternehmerischen Betriebsaufspaltung**, bei der nur Personengesellschaften Beteiligte der Betriebsaufspaltung sind, vgl. H 15.7 Abs. 4 „Mitunternehmerische Betriebsaufspaltung" EStH und das dort zitierte BMF-Schreiben vom 28.04.1998 „Sonderbetriebsvermögen", BStBl I 1998, 583.

Liegen die tatbestandlichen Voraussetzungen der Betriebsaufspaltung vor, lassen sich die **Rechtsfolgen** wie folgt darstellen:

Das Besitzunternehmen ist trotz seiner rein vermögensverwaltenden Tätigkeit über die Betriebsgesellschaft am allgemeinen wirtschaftlichen Verkehr beteiligt. Sämtliche Gesellschafter des Besitzunternehmens (also auch diejenigen, die nicht an der Betriebsgesellschaft beteiligt sind) erzielen Einkünfte aus Gewerbebetrieb gem. § 15 EStG.

Als Gewerbebetrieb i.S.v. § 15 EStG ist auch das Besitzunternehmen Gegenstand der Gewerbesteuer (§ 2 Abs. 1 GewStG). Es liegen also **zwei getrennt zu behandelnde Gewerbebetriebe** vor.

Die **Anteile am Betriebsunternehmen** gehören zum notwendigen (Sonder-)Betriebsvermögen des Besitzunternehmens, und zwar zum Sonderbetriebsvermögen II (R 4.2 Abs. 2 S. 2 EStR). **Folge:** Die Veräußerung von Anteilen an dieser Kapitalgesellschaft ist in jedem Fall einkommensteuerpflichtig, die Veräußerung einer Beteiligung ist nicht nach § 17 Abs. 3 EStG begünstigt. Die Gewinnausschüttungen gehören zu den gewerblichen Einkünften des Anteilseigners, somit sind der Sparer-Pauschbetrag und die Abgeltungsteuer auf diese Gewinnanteile nicht zu gewähren.

Aber: Ist ein Gesellschafter des Besitzunternehmens gleichzeitig angestellter Geschäftsführer der Betriebsgesellschaft, so erzielt er mit seinem Gehalt Einkünfte aus nichtselbständiger Arbeit gem. § 19 Abs. 1 Nr. 1 EStG, wenn die Betriebsgesellschaft eine Kapitalgesellschaft ist.

Verpachtung des Mandantenstamms eines Steuerberaters

Bei den Einkünften aus der Verpachtung des Mandantenstamms an eine Steuerberatungs-GmbH handelt es sich um Einkünfte nach § 15 Abs. 1 Nr. 1 EStG. Der BFH bestätigte mit Beschluss vom 08.04.2011, VIII B 116/10, das Urteil des FG München vom 10.06.2010, 8 K 460/10, welches eben zu diesem Ergebnis kam. Danach ist es rechtlich geklärt, dass der Mandantenstamm eines Steuerberaters als eigenständiges Wirtschaftsgut Gegenstand eines Pachtvertrages sein kann und dass es sich dabei regelmäßig um den wesentlichsten und werthaltigsten Teil des Betriebsvermögens handelt.

Eine sachliche Verflechtung ist damit gegeben.

Im vorliegenden Sachverhalt war der (alleinige) Gesellschafter-Geschäftsführer auch in der Lage, sowohl in der GmbH wie auch in seinem Einzelunternehmen einen einheitlichen Geschäfts- und Betätigungswillen durchzusetzen. Damit ist auch jeder Zweifel an der personellen Verflechtung ausgeräumt. Die vermietende oder verpachtende Tätigkeit einer freiberuflichen Besitzgesellschaft führt damit unstrittig zu einer freiberuflichen Betriebsaufspaltung und daraus folgend zu gewerblichen Einkünften.

Die zugeflossenen Pachteinnahmen stellen damit auch Einkünfte aus Gewerbebetrieb dar, weil aus dem Sachverhalt keine Betriebsausgaben für diesen Bereich ersichtlich sind. Die Erklärung der Einkünfte als solche nach § 22 Nr. 3 EStG wäre nicht korrekt.

Die Nutzungsüberlassung im Rahmen einer Betriebsaufspaltung färbt auf die Gewinnausschüttung der GmbH ab, nicht jedoch auf die freiberuflichen Einkünfte des Einzelunternehmens als Steuerberater. Da für Einzelunternehmen eine dem § 15 Abs. 3 Nr. 1 EStG entsprechende Vorschrift fehlt, erfolgt nach den vorgenannten Urteilen eine getrennte Betrachtung dieser Einkünfte.

Dividendenausschüttung der GmbH
Gemäß § 20 Abs. 8 EStG gehen die gewerblichen Einkünfte denen des § 20 EStG vor. Damit wäre im vorliegenden Sachverhalt eine Dividende nach § 2 Abs. 5b EStG in die Ermittlung der gewerblichen Einkünfte einzubeziehen, weil keine Kapitalerträge i.S.d. § 32d Abs. 1 EStG vorliegen. Gleichzeitig ist dadurch auch der Werbungskostenabzugsausschluss nach § 20 Abs. 9 EStG und die Versagung des Teileinkünfteverfahrens nach § 3 Nr. 40 S. 1 Buchst. d EStG **nicht** anzuwenden; vgl. § 3 Nr. 40 S. 2 EStG und § 2 Abs. 2 S. 2 EStG.

Die Gewinnausschüttung wäre danach zu 40 % steuerfrei und nur der verbleibende Teil ist steuerpflichtig. Die einbehaltene Kapitalertragsteuer ist nach § 36 Abs. 2 Nr. 2 EStG auf die Einkommensteuer anzurechnen. Für den Solidaritätszuschlag gilt Gleiches nach dem SolzG.

Somit ergeben sich im vorliegenden Sachverhalt gewerbliche Einkünfte aus den Pachteinnahmen und aus dem steuerpflichtigen Teil der Gewinnausschüttung.

Der Gewerbesteuer-Messbetrag für diese Einkünfte ist gem. § 35 Abs. 1 Nr. 1 EStG mit dem 3,8fachen Wert als Steuerermäßigung von der tariflichen Einkommensteuer abzuziehen. Dabei ist nach § 35 Abs. 1 S. 5 EStG zu beachten, dass der Abzug auf die tatsächlich zu zahlende Gewerbesteuer beschränkt bleibt.

Einkünfte als Steuerberater
Die Einkünfte aus der freiberuflichen Tätigkeit als Steuerberater in dem Einzelunternehmen sind nach § 18 Abs. 1 Nr. 1 EStG zu berücksichtigen.

Einkünfte als angestellter Geschäftsführer
Für die Tätigkeit als angestellter Geschäftsführer sind die Einnahmen nach § 19 Abs. 1 Nr. 1 i.V.m. § 8 Abs. 1 EStG zu berücksichtigen. Auf die Vorlage eines unstrittigen Arbeitsvertrages sollte geachtet werden.

Anwendung des Teileinkünfteverfahrens in der steuerlichen Gewinnermittlung (§ 3 Nr. 40, § 3c Abs. 2 EStG)
Die Anwendung des Teilabzugsverbots auf Aufwendungen im Zusammenhang mit der Überlassung von Wirtschaftsgütern an Kapitalgesellschaften in der steuerlichen Gewinnermittlung und auf Substanzverluste und Substanzgewinne sowie auf sonstige Aufwendungen bezüglich im Betriebsvermögen gehaltener Darlehensforderungen (§ 3c Abs. 2 EStG) wird mit dem BMF-Schreiben vom 23.10.2013 erläutert.

Ursache dieses Schreibens sind die BFH-Urteile vom 18.04.2012, X R 5/10 und X R 7/10. Darin hatte der BFH entschieden, dass § 3c Abs. 2 EStG auf Substanzverluste von im Betriebsvermögen gehaltenen Darlehensforderungen wie bei Teilwertabschreibungen oder Forderungsverzichten unabhängig davon keine Anwendung findet, ob die Darlehensgewährung selbst gesellschaftsrechtlich veranlasst ist oder war, denn Darlehensforderungen sind selbständige Wirtschaftsgüter, die von der Kapitalbeteiligung als solcher zu unterscheiden sind.

Darüber hinaus hatte der BFH mit Urteil vom 28.02.2013, IV R 49/11 entschieden, dass das Teilabzugsverbot des § 3c Abs. 2 EStG in Betriebsaufspaltungsfällen grundsätzlich für laufende Aufwendungen bei Wirtschaftsgütern (z.B. Maschinen, Einrichtungsgegenständen oder Gebäuden) anzuwenden ist, soweit das betreffende Wirtschaftsgut verbilligt an die Betriebskapitalgesellschaft überlassen wird.

Trotz dieser grundsätzlichen Anwendbarkeit des Teilabzugsverbots gilt dieses nach Ansicht des BFH gleichwohl nicht für solche laufenden Aufwendungen, die sich auf die Substanz der dem Betriebsvermögen zugehörigen und zur Nutzung an die Betriebskapitalgesellschaft überlassenen Wirtschaftsgüter beziehen; das Teilabzugsverbot gilt hier insbesondere nicht für Absetzungen für Abnutzung (AfA) und für Erhaltungsaufwendungen in Bezug auf die überlassenen Wirtschaftsgüter.

Auf sechs Seiten werden die Folgen der Anwendung dieser BFH-Urteile dargestellt.

Durch die ab dem 01.01.2015 geltende Gesetzesänderung des § 3c Abs. 2 S. 2–6 EStG werden nunmehr:
- Darlehen an eine Körperschaft,
- an der der Darlehensgeber maßgeblich – zu mehr als 25 % unmittelbar oder mittelbar – beteiligt ist und
- wenn die Anteile im Betriebsvermögen gehalten werden,

dann nach § 3c EStG mit nur 60 % berücksichtigt, wenn das Darlehen zu nicht fremdüblichen Konditionen gewährt wird.

Betriebsaufspaltung: BFH-Urteil vom 28.05.2020, IV R 4/17 zur personellen Verflechtung

Die personelle Verflechtung als Voraussetzung einer Betriebsaufspaltung liegt vor, wenn die personenidentischen Gesellschafter-Geschäftsführer der Besitz-GbR und der Betriebs-GmbH die laufenden Geschäfte der Besitz-GbR bestimmen können und der Nutzungsüberlassungsvertrag der Besitz-GbR mit der Betriebs-GmbH nicht gegen den Willen dieser Personengruppe geändert oder beendet werden kann.

Das Doppelvertretungsverbot des § 181 BGB steht der Annahme einer Beherrschungsidentität von Gesellschafter-Geschäftsführern aus Besitz-GbR und Betriebs-GmbH nicht entgegen, wenn die gesellschaftsrechtlichen Grundlagen die Umgehung dieses Verbots durch Übertragung der Vertretung auf eine andere Person ermöglichen.

Für das Vorliegen einer personellen Verflechtung kommt es nur auf die strukturelle Durchsetzbarkeit der gesellschaftsrechtlichen Regelungen an und nicht darauf, ob von diesen Regelungen tatsächlich Gebrauch gemacht wird.

Die gesellschaftsvertragliche Möglichkeit, das Selbstkontrahierungsverbot durch Bestellung eines Prokuristen umgehen zu können, genügte dem BFH um eine personelle Verflechtung nicht auszuschließen.

10.1.2 Steuerstundung bei aufgedeckten stillen Reserven durch § 6b Abs. 2a EStG

Die Aufdeckung von stillen Reserven bei der Veräußerung der im § 6b Abs. 1 EStG genannten bestimmten Anlagegüter kann vermieden werden, indem die stillen Reserven auf bestimmte neu angeschaffte oder hergestellte Anlagegüter übertragen werden. So kann eine Steuerstundung erreicht werden.

Gem. § 6b Abs. 2a EStG kann die festgesetzte Steuer, die auf einen Gewinn i.S.d. § 6b Abs. 2 EStG **entfällt, auf Antrag in fünf gleichen Jahresraten entrichtet werden. Voraussetzung hierfür ist, dass im Jahr der Veräußerung eines nach § 6b Abs. 1 EStG** begünstigten Wirtschaftsguts oder in den folgenden vier Jahren ein in § 6b Abs. 1 EStG bezeichnetes Wirtschaftsgut angeschafft oder hergestellt wird, das einem Betriebsvermögen des Steuerpflichtigen in einem anderen Mitgliedsstaat der EU/EWR zuzuordnen ist.

Durch den Hinweis in § 6b Abs. 2a S. 3 EStG, wonach § 36 Abs. 5 S. 2–5 EStG sinngemäß anzuwenden ist, erfolgt diese fünfjährige Stundung **zinslos**.

Nach § 6b Abs. 2a S. 2 EStG muss dieser Antrag im Jahr der Veräußerung des begünstigten Wirtschaftsguts gestellt werden. Nach der BT-Drucksache 18/6094, 81 f. soll es aber ausreichend sein, wenn der Antrag mit der Steuererklärung für das Veräußerungsjahr gestellt wird.

Der BFH hat nun aber in einem Urteil vom 22.06.2017, VI R 84/14 Zweifel an dieser Auslegung geäußert. Denn der Wortlaut des Gesetzgebers ist eindeutig und lässt den Antrag danach nur im Veräußerungsjahr zu („... auch wenn man dem (Antrag im Folgejahr) trotz des eindeutigen Wortlauts des Gesetzes folgen wollte, ..."). Im entschiedenen Fall wurde zu einem Sachverhalt vor der Einfügung des § 6b Abs. 2a EStG entschieden.

Der BFH ließ in dem Urteil keinen Zweifel daran, dass die fünfjährige zinslose Stundung des Veräußerungsgewinns mit dem EU-Recht vereinbar ist.

Ausdrücklich wurde darauf hingewiesen, dass die Bedingungen für die Stundung an eine tatsächliche Investition in einer EU/EWR Betriebsstätte geknüpft ist. Sollte die fehlende Investition jedoch sanktionslos bleiben, wäre die Vorschrift aber dennoch EU rechtskonform.

Mit dem BMF mit Schreiben vom 07.03.2018, BStBl I 2018, 309 wird die Anwendung der Vorschrift erläutert. Erfolgt keine Reinvestition, sind die Ratenzahlungen zu verzinsen; § 6b Abs. 2a S. 4 EStG.

> **Beispiel 10.1.1:** Unternehmer A erzielt durch den Verkauf eines Betriebsgrundstücks einen Gewinn von 2.000.000 €.
> Er beantragt noch im Jahr der Veräußerung die Begünstigung des § 6b Abs. 2a EStG. Eine Betriebsstätte im EU Ausland soll (vielleicht?) gegründet werden. Dann sollen die stillen Reserven (Steuer, die darauf entfällt = 1 Mio. €) darauf übertragen werden.
> **Lösung:** Die Steuer i.H.v. 1 Mio. € wird in fünf gleichgroßen Raten zinslos gestundet.

Pandemiebedingte Verlängerung der Reinvestitionsfristen des § 6b EStG
Deutscher Bundestag Drucksache 19/29702 19. Wahlperiode 17.05.2021

§ 6b EStG erlaubt die bei der Veräußerung von Grund und Boden und Gebäuden aufgedeckten stillen Reserven auf neu angeschaffte Wirtschaftsgüter der gleichen Art zu übertragen. Die Übertragungsfrist beträgt im Regelfall vier Jahre bis zum Ende des Wirtschaftsjahres. Schon im Jahr 2020 gab es bei vielen Betrieben Schwierigkeiten bei der Übertragung, da Investitionen nicht zeitgerecht wegen der Corona-Pandemie umgesetzt werden konnten. Der Gesetzgeber hat daher gehandelt und die Frist um ein Jahr verlängert. Im Zweiten Corona-Steuerhilfegesetz gab es eine vorübergehende Verlängerung der Reinvestitionsfristen des § 6b EStG um ein Jahr, § 52 Absatz 14 Satz 4 ff. EStG. Gleichzeitig hat man eingerichtet, dass eine erneute Verlängerung im Verordnungswege durch das Bundesministerium der Finanzen bei Bedarf ermöglicht wurde. Im Gesetz heißt es: „Das Bundesministerium der Finanzen wird ermächtigt, durch Rechtsverordnung mit Zustimmung des Bundesrates die in Satz 5 genannten **Fristen für das nach dem 31.12.2020 und längstens vor dem 01.01.2022 endende Wirtschaftsjahr um ein Jahr zu verlängern, wenn die Rücklage wegen § 6b Abs. 3 Satz 5, Abs. 8 Satz 1 Nr. 1 i.V.m. Abs. 3 Satz 5 oder Abs. 10 Satz 8 am Schluss dieses Wirtschaftsjahres aufzulösen wäre**, wenn dies aufgrund fortbestehender Auswirkungen der COVID-19-Pandemie in der Bundesrepublik Deutschland geboten erscheint." (§ 52 Abs. 14 Satz 6 EStG).

10.1.3 Kfz ist notwendiges Betriebsvermögen, wenn …
BFH vom 13.05.2014, III B 152/13

Das größte Problem deutscher Steuerzahler wird auch in diesem Veranlagungszeitraum wieder sein, einen möglichst hohen Anteil der Kosten für die Nutzung eines Kraftfahrzeuges steuermindernd zu berücksichtigen. Als Praktiker kennen wir die unzähligen Versuche, unsere Mandanten hier zu „beruhigen"; dennoch scheint hier nun der nächste große Bereich aufzutauchen, den die Finanzverwaltung energisch angeht. Sowohl im Rahmen der Betriebsprüfungen, als auch im Rahmen der „einfachen" Arbeitnehmerveranlagungen werden diese Bereiche zum Prüfungsschwerpunkt.

Völlig übersehen oder gar missachtet wird jedoch der zuvor erforderliche Schritt der Zuordnung des Kraftfahrzeuges zum Betriebsvermögen oder zum Privatvermögen. Das Kraftfahrzeug ist notwendiges Betriebsvermögen, wenn es zu mehr als 50 % betrieblich genutzt wird (R 4.2 Abs. 1 S. 4 EStR). Die Folgen daraus sind gesetzlich eindeutig fixiert:

> Privatfahrten sind nach § 6 Abs. 1 Nr. 4 EStG und Fahrten zur Betriebsstätte nach § 4 Abs. 5 Nr. 6 EStG steuerlich zu berücksichtigen. Ein entscheidender Punkt ist jedoch, dass hier bei späterem Verkauf oder Entnahme der Unterschied zwischen dem verbuchten Restwert und dem Entnahmewert/Verkaufserlös versteuert werden muss!

Das Kraftfahrzeug ist gewillkürtes Betriebsvermögen, wenn es zu mehr als 10 %, aber nicht mehr als 50 % betrieblich genutzt wird (R 4.2 Abs. 1 S. 6 EStR). Die Folgen daraus sind wie zuvor beim notwendigen Betriebsvermögen zu beachten.

Zwischenergebnis: Ein Kraftfahrzeug, das zu mehr als 50 % betrieblich genutzt wird, wird immer als Betriebsvermögen mit den daraus erwachsenden Folgen behandelt. Somit ist Vorsicht mit allen Aufzeichnungen über die betriebliche Nutzung dieser Kraftfahrzeuge geboten.

Der BFH hat mit Beschluss vom 13.05.2014, III B 152/13 zur Zugehörigkeit von Kraftfahrzeugen zum notwendigen Betriebsvermögen entschieden und die von der Verwaltung angewandte 1 %-Regel für diese Sachverhalte bestätigt.

> **Beispiel 10.1.2:** Nach den Aufzeichnungen des Mandanten (z.B. Einzelaufzeichnungen (kein Fahrtenbuch!) oder Terminkalender; Rz. 4 BMF vom 18.11.2009) wurden im Kalenderjahr 2021 insgesamt 30.000 km mit dem Kraftfahrzeug gefahren und 10.000 km davon betrieblich.
>
> **Lösung:** Es liegt kein notwendiges Betriebsvermögen vor, da die betriebliche Nutzung nicht mehr als 50 % beträgt.
> Nach dem BMF-Schreiben vom 24.10.2014, Rz. 36 („Reisekostenerlass") könnte, (wie bisher) ohne Einzelnachweis der Kilometersatz von 0,30 € je gefahrenen Kilometer für ein dem Privatvermögen zugeordneten Kfz angesetzt werden. 10.000 km × 0,30 € = 3.000 € Betriebsausgaben.
>
> **Abwandlung:** „Übertreibt" unser lieber Mandant jedoch seine betrieblich veranlassten Fahrten, z.B. 16.000 km von 30.000 Jahreskilometer, liegt zwingend Betriebsvermögen mit der zwingenden Anwendung der 1 %-Regel bzw. Fahrtenbuchregelung vor. Die spätere Entnahme- oder Verkaufsbesteuerung ist dann ebenfalls zu beachten.

Wohnmobil im Betriebsvermögen
FG Münster vom 18.02.2020, 6 K 46/17 rkr. DStR 40/2020 Kompakt VI
Die Vermietung von Wohnmobilen führt grundsätzlich zu sonstigen Einkünften i.S.d. § 22 Nr.3 EStG; siehe R 15.7 Abs. 3 EStR und H 15.7 „Abgrenzung" EStH.

Durch die Zuordnung zum Privatvermögen scheidet jedoch ein Investitionsabzugsbetrag nach § 7g EStG aus.

Nur wenn die Vermietung und die Veräußerung des Wohnmobils als einheitlicher Vorgang angesehen werden kann, liegen auch hier schon gewerbliche Einkünfte vor.

Wird nun – insbesondere in Zeiten Covid 19 – ein Wohnmobil angeschafft, kann auch die direkte Zuordnung zum Betriebsvermögen gegeben sein. Hierfür ist eine betriebliche Nutzung (längere Fahrten über Land, Vermeidung von Hotelaufenthalt ...) erforderlich. Eine ausschließlich betriebliche Nutzung ist ohne Fahrtenbuch jedoch nicht glaubhaft.

Zur Abgrenzung der privaten von den betrieblichen Fahrten stellt das FG Münster fest, dass die 1 %-Regelung des § 6 Abs. 1 Nr. 4 S. 2 EStG auch Anwendung für ein im Betriebsvermögen befindliches Wohnmobil findet. Dem kann nur durch ein ordnungsgemäßes Fahrtenbuch entgangen werden.

Die Anforderungen an ein ordnungsgemäßes Fahrtenbuch sind dem BMF-Schreiben vom 18.11.2009 Rd. 23 + 24 zu entnehmen.

Danach muss ein Fahrtenbuch mindestens folgende Angaben enthalten:
- Datum und Kilometerstand zu Beginn und Ende jeder einzelnen betrieblich oder beruflich veranlassten Fahrt,
- das Reiseziel,
- den Reisezweck
- und die aufgesuchten Geschäftspartner.

Zuordnung des Pkws zum Betriebsvermögen und Ausschluss der privaten Nutzung – kein Ansatz der 1 %-Regel

VW-Transporter mit 2 Sitzen und die 1 %-Regel ohne private Zweckbestimmung, BFH-Urteil vom 17.02.2016, X R 32/11

In seinem Betriebsvermögen hielt der Kläger einen VW-Transporter T4 mit zwei Sitzen. Dessen Fahrgastzelle war durch eine Metallwand von der fensterlosen Ladefläche abgetrennt, auf der die Werkzeuge des Klägers untergebracht waren.

Zur Frage einer möglichen **Privatnutzung** und der damit verbundenen Entnahmebesteuerung wurde vom Steuerpflichtigen vorgetragen, dass die Anwendung der 1 %-Regel auf das Fahrzeug im Betriebsvermögen nicht möglich sei, da es für eine private Nutzung schon mangels ausreichender Sitzplätze für Privatfahrten mit der Familie nicht brauchbar gewesen sei.

Darüber hinaus sei es nicht plausibel, dass regelmäßig die Ladefläche des Transporters für private Besorgungen leergeräumt wird. Es sei glaubhaft, dass private (Familien-)Fahrten ausschließlich mit dem weiteren, auf den Steuerpflichtigen privat zugelassenen Pkw durchgeführt worden seien.

Das Finanzamt macht hingegen geltend, die Würdigung des Finanzgerichts, das Fahrzeug sei für die private Nutzung ungeeignet gewesen, sei nicht nachvollziehbar und verstoße gegen Denkgesetze. Die Feststellungen trügen die Schlussfolgerungen nicht. Auch mit einem Zweisitzer seien alltägliche Erledigungen (Einkäufe, Personentransporte) möglich, auch bei fensterloser Ladefläche, zumal den Feststellungen nicht zu entnehmen sei, was für Werkzeuge welchen Umfangs auf der Ladefläche transportiert würden und welchen Umfang dies einnehme.

Die Argumente beider Seiten sind sicherlich tragfähig und nachvollziehbar. Beobachtet man jedoch die alltäglichen Einkaufsfahrten in überdimensionierten SUVs und die Fahrten der Eltern zum Kindergarten im Truck, erscheint die Argumentation der Finanzverwaltung etwas stichhaltiger.

Der BFH entschied, dass für diesen Sachverhalt kein Vorteil aus einer privaten Nutzung des betrieblichen Fahrzeugs nach der 1 %-Regelung anzusetzen ist.

Die Begründung erscheint überzeugend und nachvollziehbar.

Nach § 6 Abs. 1 Nr. 4 Satz 2 EStG ist die private Nutzung eines Kfz, das zu mehr als 50 % betrieblich genutzt wird, für jeden Kalendermonat mit 1 % des inländischen Listenpreises im Zeitpunkt der Erstzulassung zuzüglich der Kosten für Sonderausstattung einschließlich Umsatzsteuer anzusetzen, wenn nicht ein ordnungsgemäßes Fahrtenbuch vorliegt.

Ausgenommen sind Kfz, für die der Erfahrungssatz, sie würden typischerweise nicht nur vereinzelt und gelegentlich für private Zwecke genutzt werden, nicht gilt. Das betrifft namentlich LKW und Zugmaschinen, wobei allerdings nicht die Klassifizierung des Kfz-Steuerrechts und des Straßenverkehrsrechts maßgebend ist (BFH vom 13.02.2003, X R 23/01, BStBl II 2003, 472, unter II.1.d und II.2.b bb).

Maßgebend ist, ob das betreffende Fahrzeug aufgrund seiner objektiven Beschaffenheit und Einrichtung typischerweise so gut wie ausschließlich zur Beförderung von Gütern bestimmt ist, da derartige Fahrzeuge allenfalls gelegentlich und ausnahmsweise auch für private Zwecke eingesetzt werden (BFH-Urteil vom 18.12.2008, VI R 34/07, BStBl II 2009, 381, unter II.b).

Daraus ergibt sich, dass die gelegentliche und ausnahmsweise Nutzung dieser Fahrzeuge für Privatfahrten nicht die Folgen des § 6 Abs. 1 Nr. 4 Satz 2 EStG auslöst!

Das Finanzgericht sei zutreffend davon ausgegangen, dass das Fahrzeug des Klägers tatsächlich zur privaten Nutzung nicht bestimmt war. Der Schluss von der Existenz lediglich zweier Sitze auf eine typischerweise fehlende Zweckbestimmung des Fahrzeugs zur privaten Nutzung ist kein Verstoß gegen Denkgesetze. Er beruht vielmehr auf einem zutreffenden Verständnis des ungeschriebenen Tatbestandsmerkmals der fehlenden privaten Zweckbestimmung.

Der BFH hat nicht etwa gefordert, dass nach Beschaffenheit und Einrichtung des Fahrzeugs die private Nutzung denklogisch ausgeschlossen wäre, sondern nur verlangt, dass das Fahrzeug typischerweise dieser nicht dient. Diese Schlussfolgerung ist bei einem Zweisitzer, der nicht deshalb als Zweisitzer gestaltet ist, weil er Sportwagencharakter hätte, sondern deshalb, weil er für den Lastentransport hergerichtet ist, denklogisch fehlerfrei.

Mit der Überlegung, dass sich auch ein zweisitziges Fahrzeug grundsätzlich für private Besorgungen einsetzen lässt, wäre jeder beliebig große LKW, im Prinzip jedes Fahrzeug auch privat einsetzbar, die o.g. einschränkende Rechtsprechung obsolet.

Vielmehr entspricht die Entscheidung des FG nach Begründung und Ergebnis der Entscheidung des BFH in BStBl II 2009, 381. Danach galt ein Opel Combo, der ähnlich wie das klägerische Fahrzeug durch lediglich zwei Sitzplätze und eine Abtrennung der fensterlosen Ladefläche charakterisiert war, dabei sogar deutlich kleiner ist, als typischerweise nicht zum privaten Gebrauch geeignet.

Hervorzuheben für diese Entscheidung ist aber auch, dass noch ein weiteres Fahrzeug für Privatfahrten zur Verfügung stand.

Davon abzugrenzen ist die Entscheidung des FG Sachsen vom 04.12.2014, 1 K 116/13 Ablehnung der NZB durch den BFH mit Beschluss vom 01.12.2015, X B 29/15.

Nach dem Urteil des FG Sachsen und der vom BFH abgelehnten Nichtzulassungsbeschwerde sind als:

- Achtsitzer ausgelieferter, nicht speziell umgebauter Mercedes Benz Vito,
- bzw. anschließend ein als Neunsitzer ausgelieferter VW T5,
- die jeweils von einem Montagebetrieb für Duschanlagen u.a. zum Transport der mindestens 2,20 Meter langen Duschanlagen verwendet werden, auch dann, wenn die hinteren Sitzreihen ausgebaut sind, keine sog. **Werkstattwagen**, die typischerweise zum privaten Gebrauch nicht geeignet sind und die deswegen auch bei Führung eines nicht ordnungsgemäßen Fahrtenbuchs nicht der 1 %-Regelung des § 6 Abs. 1 Nr. 4 S. 2 EStG unterliegen würden.

Für den Sachverhalt ist jedoch hinzuzufügen, dass nur ein Pkw der 1 %-Regel unterworfen wurde und der mitarbeitende Lebensgefährte keinen privaten Pkw zur Verfügung hatte.

Entscheidend bleibt damit die fehlende private Zweckbestimmung. Es muss schon beim Erwerbsvorgang eine private Zweckbestimmung ausgeschlossen werden. Daran mangelt es beispielsweise, wenn kein anderes Fahrzeug zur privaten Nutzung vorhanden ist.

Zusammenfassend kann aus beiden Entscheidungen festgehalten werden, dass typische Werkstattwagen dann nicht der 1 %-Regel zu unterwerfen sind, wenn noch ein weiteres Fahrzeug zur privaten Nutzung bereit steht.

Weitere Voraussetzung für die Anwendung der 1 %-Regel ist jedoch, dass es sich um notwendiges (nicht gewillkürtes) Betriebsvermögen handelt. Eine betriebliche Nutzung des Kfz zwischen 10 % und 50 % berechtigt nicht zur Anwendung der 1 %-Regel. Dieser Nachweis muss vom Steuerpflichtigen erbracht werden; ggf. durch die Aufzeichnungen im Terminkalender. Weite Fahrten zur Betriebsstätte, Aufzeichnungen über einen Zeitraum von drei Monaten sind weitere Möglichkeiten, notwendiges Betriebsvermögen nachzuweisen. Siehe hierzu auch BMF vom 18.11.2009, Rz. 4–7.

Die Besteuerung der privaten Nutzung eines betrieblichen Kfz rechtfertigt keine Minderung des Gewinns aus der Veräußerung des Fahrzeugs, BFH-Urteil vom 16.06.2020, VIII R 9/18

Wird ein zum Betriebsvermögen gehörendes, teilweise privat genutztes Kfz veräußert, erhöht der gesamte Unterschiedsbetrag zwischen Buchwert und Veräußerungserlös den Gewinn. Der Umstand, dass die tatsächlich für das Fahrzeug in Anspruch genommene AfA infolge der Besteuerung der Nutzungsentnahme für die Privatnutzung bei wirtschaftlicher Betrachtung teilweise neutralisiert wird, rechtfertigt keine Gewinnkorrektur.

Dies beruhe darauf, dass die Besteuerung der Privatnutzung eines Wirtschaftsgutes des Betriebsvermögens in Form der Nutzungsentnahme und dessen spätere Veräußerung zwei unterschiedliche Vorgänge darstellten, die getrennt zu betrachten seien.

Aus dem Gesetz, insbesondere aus § 23 Abs. 3 Satz 4 EStG, lasse sich kein anderes Ergebnis herleiten. In der Besteuerung des vollständigen Veräußerungserlöses sei auch kein Verstoß gegen das Gebot der Besteuerung nach der wirtschaftlichen Leistungsfähigkeit und das objektive Nettoprinzip zu sehen.

Das Kfz wurde nur zu 25 % betrieblich genutzt und mit 75 % wurde ein privater Nutzungsanteil angesetzt. Weil der Pkw zu 100 % dem Betriebsvermögen zugeordnet wurde, blieb er steuerverhaftet. Unbeachtlich sei, dass der Pkw zu 75 % privat genutzt und der Abzug von 75 % aller Aufwendungen – einschließlich der AfA – im Rahmen der Besteuerung der Nutzungsentnahme rückgängig gemacht worden sei.

Der BFH führt in der Begründung u.a. aus, dass der Veräußerungserlös trotz der jährlichen Nutzungsentnahme in Höhe von 75 % weder anteilig zu kürzen ist, noch finde eine gewinnmindernde Korrektur in Höhe der auf die private Nutzung entfallenden AfA statt. Darin liegt auch kein Verstoß gegen den Grundsatz der Besteuerung nach der wirtschaftlichen Leistungsfähigkeit vor.

10.1.4 Private Nutzung betrieblicher Elektrofahrzeuge

Die „Förderung" der Elektrofahrzeuge besteht in der Minderung des dem Privatbereich zuzuordnenden Teils des Listenneupreises bei Erstzulassung. Damit dies auch alles schön unübersichtlich bleibt, wird der Minderungsbetrag auf die Kilowattleistung der Batteriekapazität beschränkt und nimmt jährlich, beginnend ab 2013 bis 2022, ab.

Elektrofahrzeuge sind in der Anschaffung deutlich teurer und der „Vorteil" durch die verminderte Nutzungswertbesteuerung fängt diesen Nachteil keineswegs auf. Andererseits sind die laufenden Kosten derzeit überhaupt nicht einzuordnen, weil zwar die Benzinpreise entfallen, für die Stromkosten und die Haltbarkeit bzw. Wartung der Batterien in den Elektrofahrzeugen jedoch noch keine Erfahrungswerte vorliegen.

Die Höchstförderung je Fahrzeug belief sich gem. § 6 Abs. 1 Nr. 4 S. 2 EStG für 2018 angeschaffte Pkws auf 10.000 € (20 kWh × 500 €), die jährlich ab 2014 um 500 € abnahmen; also für 2021 als Höchstbetrag für in 2018 angeschaffte Pkws nur noch 6.500 €.

Wird das Batteriesystem nicht zusammen mit dem Kraftfahrzeug angeschafft und wird ein gesondertes Entgelt für diese Überlassung entrichtet, bildet das Entgelt Betriebsausgaben und der Listenneupreis ohne Kosten für das Batteriesystem bildet die Bemessungsgrundlage für die Entnahmewerte und die nichtabzugsfähigen Betriebsausgaben.

Wenn beachtet wurde, das Kraftfahrzeug **nicht dem (gewillkürten) Betriebsvermögen** zuzuordnen, verbleibt ein späterer Verkaufsgewinn nicht steuerbar (keine Einkunftsart).

Da diese steuerliche Förderung nicht den gewünschten Erfolg erreichte, wurde schon ab 2019 eine neue Förderung dieser Elektrofahrzeuge gewährt. Die **Anschaffungskosten** für den Pkw werden bei der Berechnung der 1 %-Regel bzw. des Fahrtenbuchs **nur mit 50 % berücksichtigt**.

Gem. § 6 Abs. 1 Nr. 4 S. 2 Nr. 3 EStG sind Elektro- und Brennstoffzellenfahrzeuge mit einem Listenpreis von bis zu 60.000 € ab 2020 regelmäßig **nur noch mit einem Viertel** des Listenpreises als Bemessungsgrundlage für die Entfernungspauschale und Privatfahrten anzusetzen.

Die Förderung dieser Hybridfahrzeuge erfolgt jedoch nur, wenn bestimmte Voraussetzungen erfüllt sind. Danach muss:
- das Fahrzeug eine Kohlenstoffdioxidemission von höchstens 50 Gramm je gefahrenen Kilometer haben,
- oder die Reichweite unter ausschließlicher Nutzung der elektrischen Antriebsmaschine mindestens 40 Kilometer betragen (bei Anschaffung nach dem 31.12.2021: 60 Kilometer).

Mit einem neuen BMF-Schreiben soll ein Überblick über die entsprechenden Wertansätze gegeben werden.
- Was sind Elektrofahrzeuge i.S.d. § 6 Abs. 1 Nr. 4 S. 2, 2. HS und 3 EStG?
- Zulassung Codierung Teil I, Feld 10: 0004 und 0015. Was sind Extern aufladbare Hybridelektrofahrzeuge i.S.d. § 6 Abs. 1 Nr. 4 S. 2, 2. HS und 3 EStG?
  Zulassung Codierung Teil I, Feld 10: 0016 bis 0019 und 0025 bis 0031.
- Was sind Elektrofahrräder und Elektrokleinstfahrzeuge i.S.d. § 6 Abs. 1 Nr. 4 S. 2 und 3 EStG?
  Motor unterstützt auch Geschwindigkeiten über 25km/h.
  Wird als Kraftfahrzeug i.S.d. § 6 Abs. 1 Nr. 4 S. 2, 2. HS und 3 EStG eingeordnet.

Betriebliche Fahrräder, § 6 Abs. 1 Nr. 4 S. 6 EStG

Die private Nutzung des betrieblichen Fahrrads, das kein Kraftfahrzeug im Sinne des § 6 Abs. 1 Nr. 4 S. 2 EStG ist, bleibt bis zum 31.12.2030 steuerlich außer Ansatz. Die Anschaffungskosten sind in vollen Umfang Betriebsausgaben (Abschreibung beachten).

Vergleichbar mit der Anwendung für die Nutzung derartiger Fahrräder durch Arbeitnehmer und § 3 Nr. 37 EStG, erfolgt keine Kürzung der Entfernungspauschale.

10.1.5 Kostendeckel und Fahrtenbuch

Die ermittelten pauschalen Wertansätze können im Einzelfall die tatsächlichen Kosten übersteigen. Dies ist häufig der Fall, wenn für das Kraftfahrzeug keine Abschreibungen mehr vorgenommen werden können und die laufenden Kosten dank geringer Reparaturkosten und Benzinverbrauch überschaubar bleiben.

Für diese Fälle ist in dem BMF-Schreiben vom 18.11.2009, BStBl I S. 1326, Rz. 18–20 ausgeführt, dass mindestens der Wert der Entfernungspauschale als abzugsfähige Betriebsausgaben verbleiben muss.

Wird das betriebliche Kfz überwiegend für betriebliche Zwecke genutzt, sind die tatsächlichen Betriebsausgaben durch ein **ordnungsgemäßes Fahrtenbuch** nachzuweisen. Der Begriff des ordnungsgemäßen Fahrtenbuchs ist gesetzlich nicht bestimmt. Dennoch hat ein Fahrtenbuch nach der gefestigten Rechtsprechung des BFH sicherzustellen, dass der Nachweis des zu versteuernden Privatanteils an der Gesamtfahrleistung eine hinreichende Gewähr für dessen Vollständigkeit und Richtigkeit bietet und mit vertretbarem Aufwand überprüfbar ist (zuletzt BFH vom 20.03.2014, VI R 35/12).

Das FG Baden-Württemberg hat mit rechtskräftigem Urteil vom 14.10.2014, 11 K 736/11 nochmals bestätigt, dass ein mittels Computerprogramm erstelltes elektronisches Fahrtenbuch **kein ordnungsgemäßes Fahrtenbuch** ist, wenn zu einem späteren Zeitpunkt Änderungen vorgenommen werden können, ohne dass dies dokumentiert und bei gewöhnlicher Einsichtnahme offengelegt wird.

Zeitnahe Führung von elektronischen Fahrtenbüchern

Das Finanzgericht Niedersachsen hat mit Urteil vom 23.01.2019, 3 K 107/18 zur zeitnahen Erfassung bei elektronischen Fahrtenbüchern entschieden.

Danach reicht die unmittelbare elektronische Erfassung der Fahrtwege eines betrieblichen Fahrzeugs durch ein technisches System zur Führung eines Fahrtenbuches nicht aus. Neben dem Bewegungsprofil müssen die **Fahrtanlässe ebenfalls zeitnah erfasst** werden. Eine technische Lösung, die auch nach Jahren noch Änderungen zulässt, kann nicht als elektronisches Fahrtenbuch anerkannt werden.

Der gesetzlich nicht weiter bestimmte Begriff des ordnungsgemäßen Fahrtenbuchs im Sinne des § 8 Abs. 2 Satz 4 EStG ist durch die BFH-Rechtsprechung dahingehend präzisiert, dass nach Wortlaut sowie Sinn und Zweck der Regelung die dem Nachweis des zu versteuernden Privatanteils an der Gesamtfahrleistung dienenden Aufzeichnungen eine hinreichende Gewähr für ihre Vollständigkeit und Richtigkeit bieten und mit vertretbarem Aufwand auf ihre materielle Richtigkeit hin überprüfbar sein müssen (vgl. BFH-Urteil vom 15.02.2017, VI R 50/15, BFH/NV 2017, 1155 m.w.N.). Es reicht nicht aus, dass nur die Fahrten mit den per GPS ermittelten Geo-Daten selbst zeitnah aufgezeichnet worden sind. Vielmehr müssen alle Angaben, die für ein ordnungsgemäßes Fahrtenbuch erforderlich sind, zeitnah in das Fahrtenbuch eingetragen werden. Daher sind derartige Fahrtenbücher zu verwerfen.

Vimcar ist die Software für Ihre Firmenfahrzeuge. Vimcar macht das Führen eines Fahrtenbuchs, das den hohen Ansprüchen der Finanzbehörden gerecht wird, deutlich einfacher. Mehr Informationen unter https://vimcar.de/

Wer nun durch die zuvor dargestellten Umstände der begrenzten Abzugsfähigkeit von Kfz-Kosten zu dem Entschluss gelangt, dennoch lieber ein Fahrtenbuch zu führen, muss folgenden Umstand beachten.

Der BFH bestätigt mit dem Urteil vom 20.03.2014, VI R 35/12 die im BMF-Schreiben vom 18.11.2009 dort unter Rz. 8 vertretene Auffassung, dass ein Wechsel in der Methodenwahl zwischen der 1 %-Regel und dem Fahrtenbuch immer nur für das Wirtschaftsjahr einheitlich getroffen werden muss. Ein unterjähriger Wechsel von der 1 %-Regel zur Fahrtenbuchmethode für dasselbe Fahrzeug ist danach unzulässig.

Nur beim Wechsel des Kfz ist auch während des Wirtschaftsjahres ein Wechsel der Methode zulässig.

Es ist somit erforderlich, sich vor der Anschaffung eines Kfz und zu jedem Ende eines Wirtschaftsjahres den Einsatz eines Fahrtenbuches genau zu überlegen.

Gehören mehrere Kraftfahrzeuge zum Betriebsvermögen, so muss für jedes Kraftfahrzeug die 1 %-Regel angewandt werden, wenn sie vom Steuerpflichtigen oder einer zu seiner Privatsphäre gehörenden Person genutzt werden können.

Ein Ausschluss dieser pauschalen Besteuerung kann damit nur erfolgen, wenn die private Nutzung durch ein Fahrtenbuch oder sonstige Nachweise belegt werden kann. Das BMF-Schreiben vom 18.11.2009 ist am 15.11.2012 in Rz. 12 diesbezüglich angepasst worden.

Für Arbeitnehmer hat der VI. Senat des BFH bereits in 2013 in mehreren Entscheidungen die Grundsätze dargelegt.

Danach hat der Arbeitnehmer (z.B. der Gesellschafter-Geschäftsführer) die 1 %-Regel für jedes Kfz, das ihm zur Nutzung überlassen wird, anzuwenden. In der Folge daraus kann also auch die Besteuerung von mehreren Kfz durch die 1 %-Regel den Arbeitslohn empfindlich erhöhen.

Einzige Möglichkeit – außer dem Führen ordnungsgemäßer Fahrtenbücher – ist die arbeitsvertragliche Begrenzung der Privatnutzung des Kfz. Wird im Arbeitsvertrag die private Nutzung ausdrücklich ausgeschlossen, ist auch ein Ansatz der 1 %-Regel nicht möglich. Ausgenommen hiervon sind natürlich die sogenannten Scheinverbote, die dann jedoch schon den Einstieg in die strafbare Steuerhinterziehung bilden.

Davon strikt zu unterscheiden ist jedoch die Nutzung des Kfz durch den Unternehmer im betrieblichen Bereich. Hier verbleibt es nach wie vor bei der Möglichkeit des Unternehmers, die private Nutzung des Kfz „durch den Beweis des ersten Anscheins" zu erschüttern. Die Finanzbehörde muss den Nachweis der Privatfahrt und damit der Entnahmehandlung erbringen.

Insbesondere wenn gleichwertige Fahrzeuge im Privatvermögen genutzt werden, kann ein derartiger Nachweis Erfolg versprechen. Aber wie immer im Leben und im Steuerrecht: Der Vortrag muss auch zutreffen, oder besser gesagt, auch stimmen.

Der BFH hat mit Urteil vom 15.05.2018, X R 28/15 entschieden, dass die 1 %-Regel für Kfz, die zu mehr als 50 % betrieblich genutzt werden, auch dann anzuwenden ist, wenn damit mehr als 50 % der Kfz-Kosten unberücksichtigt bleiben.

Der BFH führt darin aus: „Es war gerade Ziel und Zweck der 1 %-Regelung, anders als sonst bei der Besteuerung der privaten Nutzungsentnahmen, nicht an den Aufwand des Steuerpflichtigen, sondern an seinen Vorteil anzuknüpfen. Verfassungsrechtliche Bedenken gegen diesen von der Regelbewertung des § 6 Abs. 1 Nr. 4 Satz 1 EStG abweichenden Maßstab bestehen nicht. Privat genutzte PKW im Betriebsvermögen spielen im Wirtschaftsleben eine Sonderrolle. Knüpft aber die gesetzliche Regelung ausdrücklich und verfassungsrechtlich zulässig an Werte an, die gerade nicht dem Aufwand entsprechen, so ist es auch folgerichtig, keine aufwandsbezogene Begrenzung vorzunehmen."

Im Ergebnis kann die Kostendeckelung dazu führen, dass keine Kfz-Kosten als Betriebsausgaben zu berücksichtigen sind. Dem Steuerpflichtigen steht es aber frei, ein Fahrtenbuch zu führen und damit eine Begrenzung vorzunehmen.

Ob die hiergegen anhängige Verfassungsbeschwerde 2 BvR 2129/18 Erfolg haben wird, bleibt abzuwarten.

BFH Beschluss vom 23.07.2020, VIII B 130/19
Ordnungsmäßigkeit des Fahrtenbuchs ist abschließend geklärt; keine grundsätzliche Bedeutung mehr

Bei Fahrten zu wiederholt angefahrenen Zielen hatte der Kläger in den Fahrtenbüchern Abweichungen von der regulären Fahrtstrecke (Umwegfahrten als Abweichungen nach oben und kürzere Strecken als Abweichungen nach unten) nicht hinreichend erklärt. Beispielhaft legte das FG dies für 528 Fahrten des Klägers von seiner Wohnung (A-Straße 1 in B) zu einem Hauptkunden (C-Platz in D) dar. Für diese Strecke seien weit überwiegend (bei 478 Fahrten) Entfernungen von 61 bis 63 Kilometern, bei 40 Fahrten eine um 20 Kilometer verlängerte gefahrene Strecke (vom FG als Abweichungen nach oben bezeichnet), bei 9 Fahrten eine gefahrene Strecke von 60 Kilometern und bei einer Fahrt eine gefahrene Strecke von 59 Kilometern (vom FG als Abweichungen nach unten bezeichnet) ohne Erläuterung der Abweichungen eingetragen worden. Die Eintragung gefahrener Kilometer von 60 Kilometern für die Strecke sei unglaubwürdig – so das FG –, weil eine Internetrecherche ergeben habe, dass es keine Route mit dieser Entfernung vom Wohnhaus des Klägers zum Einsatzort beim Kunden gegeben habe; die Eintragungen zu den gefahrenen Strecken mit genau 60 Kilometern in den Fahrtenbüchern könnten daher nicht zutreffend sein und seien nicht glaubhaft.

10.1.6 Fahrten zwischen Wohnung und Betrieb mit dem betrieblichen oder dem privaten Kfz

Mit dem BMF-Schreiben vom 24.10.2014 zur Reform des steuerlichen Reisekostenrechts ab dem 01.01.2014 hatte das BMF mit 130 Rz. die Anwendungen bei den Einkünften aus nichtselbständiger Arbeit erläutert.

Das BMF-Schreiben vom 23.12.2014 betrifft die Anwendung dieser Regelungen im Betriebsvermögen. Hierfür bedarf es der Angleichung der Begriffe „Erste Tätigkeitsstätte" und „Betriebsstätte". Folgende Ausführungen enthält der Entwurf:

Aufwendungen für die Wege zwischen Wohnung und Betriebsstätte sind keine Reisekosten.

Ihr Abzug richtet sich nach § 4 Abs. 5 Satz 1 Nr. 6 EStG nach den Regelungen in § 9 Abs. 1 Nr. 4 Satz 2 bis 6 EStG zur abziehbaren Entfernungspauschale. Im Hinblick auf den besonderen Zweck des § 4 Abs. 5 Satz 1 Nr. 6 EStG, den Zusammenhang mit § 9 Abs. 1 Satz 3 Nr. 4 EStG und wegen der gebotenen Gleichbehandlung von Arbeitnehmern und Steuerpflichtigen mit Gewinneinkünften im Regelungsbereich beider Vorschriften weicht der Begriff der Betriebsstätte vom Betriebsstättenbegriff des § 12 AO ab.

Unter Betriebsstätte ist die von der Wohnung getrennte dauerhafte Tätigkeitsstätte des Steuerpflichtigen zu verstehen, d.h. eine ortsfeste betriebliche Einrichtung i.S.d. Rn. 3 des BMF-Schreibens vom 30.09.2013 (a.a.O.) des Steuerpflichtigen, des Auftraggebers oder eines vom Auftraggeber bestimmten Dritten, an der oder von der aus die steuerrechtlich relevante Tätigkeit dauerhaft ausgeübt wird. Eine hierauf bezogene eigene Verfügungsmacht des Steuerpflichtigen ist – im Unterschied zur Geschäftseinrichtung i.S.d. § 12 Satz 1 AO – nicht erforderlich. Ein häusliches Arbeitszimmer ist keine Betriebsstätte i.S.d. § 4 Abs. 5 Satz 1 Nr. 6 EStG.

Der Steuerpflichtige kann an mehreren Betriebsstätten tätig sein; für jeden Betrieb kann jedoch höchstens eine ortsfeste betriebliche Einrichtung Betriebsstätte i.S.d. § 4 Abs. 5 Satz 1 Nr. 6 EStG (erste Betriebsstätte) sein.

Erste Betriebsstätte

Übt der Steuerpflichtige seine betriebliche Tätigkeit an mehreren Betriebsstätten aus, ist die erste Betriebsstätte anhand quantitativer Merkmale zu bestimmen. Nach § 9 Abs. 4 Satz 4 EStG ist danach erste Betriebsstätte die Tätigkeitsstätte, an der der Steuerpflichtige typischerweise (im Sinne eines Vergleichs mit einem Arbeitnehmer) arbeitstäglich oder je Woche an zwei vollen Arbeitstagen oder mindestens zu einem Drittel seiner regelmäßigen Arbeitszeit tätig werden will.

Treffen diese Kriterien auf mehrere Tätigkeitsstätten zu, ist die der Wohnung des Steuerpflichtigen näher gelegene Tätigkeitsstätte erste Betriebsstätte (entsprechend § 9 Abs. 4 Satz 7 EStG). Die Fahrten zu weiter entfernt liegenden Tätigkeitsstätten sind als Auswärtstätigkeiten zu beurteilen. An sieben Beispielsfällen werden die Gestaltungen zur „ersten Betriebsstätte" aufgezeigt.

Keine erste Betriebsstätte

Eine Tätigkeitsstätte muss nicht Betriebsstätte sein. Wird der Steuerpflichtige typischerweise nur an ständig wechselnden Tätigkeitsstätten, die keine Betriebsstätten sind, oder an einer nicht ortsfesten betrieblichen Einrichtung (z.B. Fahrzeug, Flugzeug, Schiff) betrieblich tätig, sind die Aufwendungen für die Fahrten zwischen Wohnung und Tätigkeitsstätte grundsätzlich unbeschränkt als Betriebsausgaben abziehbar. Hat der Steuerpflichtige keine erste Betriebsstätte und sucht er nach den Auftragsbedingungen dauerhaft denselben Ort oder dasselbe weiträumige Tätigkeitsgebiet typischerweise täglich auf, sind die Aufwendungen für die Fahrten zwischen der Wohnung und diesem Ort oder die Fahrten zwischen der Wohnung und dem nächst gelegenen Zugang zum Tätigkeitsgebiet nach Maßgabe des § 4 Abs. 5 Satz 1 Nr. 6 EStG (Entfernungspauschale) als Betriebsausgaben abziehbar. Auch für diese Fälle sind dem BMF-Schreiben zwei Beispielsfälle zu entnehmen.

Reisekosten

Die lohnsteuerlichen Regelungen zu den Reisekosten sind auch bei der Gewinnermittlung sinngemäß, unter Beachtung von § 4 Abs. 5 Satz 1 Nr. 7 EStG, anzuwenden. Reisekosten sind Fahrtkosten, Mehraufwendungen für Verpflegung, Übernachtungskosten und Reisenebenkosten.

Mit Urteil vom 12.06.2018, VIII R 14/15 hat der BFH entschieden, dass der positive Unterschiedsbetrag gemäß § 4 Abs. 5 Satz 1 Nr. 6 Satz 3 Halbsatz 1 EStG bei Anwendung der 1 %-Regelung auch dann unter Ansatz von 0,03 % des inländischen Listenpreises des Fahrzeugs je Kalendermonat zu berechnen ist, wenn der Steuerpflichtige im Monat durchschnittlich weniger als 15 Fahrten zur Betriebsstätte unternommen hat. Wird der Dienstwagen von einem Arbeitnehmer in erheblich geringerem Umfang für Fahrten zwischen Wohnung und Arbeitsstätte genutzt, hängt die Höhe des Zuschlags gemäß § 8 Abs. 2 Satz 3 EStG von der Anzahl der tatsächlich durchgeführten Fahrten ab. Zur Ermittlung des Korrekturbetrags ist in diesen Fällen eine Einzelbewertung der Fahrten mit 0,002 % des Listenpreises i.S.d. § 6 Abs. 1 Nr. 4 Satz 2 EStG je Entfernungskilometer vorzunehmen. Das BMF-Schreiben vom 04.04.2018, BStBl I 2018, 592 Beck StE 20 § 8/2 lässt weitere Anwendungsmöglichkeiten zu.

Im Ergebnis wird der Arbeitnehmer bei einer taggenauen Berechnung begünstigt; der Gewerbetreibende/Selbständige hat aber (nur) die Möglichkeit, mit einem Fahrtenbuch die gewünschte Berücksichtigung zu erlangen.

§ 7 Abs. 2 EStG endet am 31.12.2021!

Die Wiedereinführung der degressiven AfA umfasst:
- bewegliche (neue oder gebrauchte) Wirtschaftsgüter
- des Anlagevermögens,
- die nach dem 31.12.2019 und vor dem 01.01.2022 angeschafft oder hergestellt worden sind.

Für diese Wirtschaftsgüter kann statt der AfA in gleichen Jahresbeträgen (lineare AfA) die degressive AfA beansprucht werden.

Die degressive AfA wird nach § 7 Abs. 2 Satz 2 EStG mit einem **gleichbleibenden Prozentsatz** von den Anschaffungs- bzw. Herstellungskosten und **vom jeweiligen Restbuchwert** eines Wirtschaftsguts vorgenommen, höchstens das 2,5fache des linearen Wertes.

Für die degressive AfA im Jahr der Anschaffung bzw. Herstellung verweist § 7 Abs. 2 Satz 3 EStG auf § 7 Abs. 1 Satz 4 EStG, d.h. in diesem Jahr kann nur der **anteilige Jahres-AfA-Betrag** geltend gemacht werden.

Der **Übergang** von der degressiven AfA **zur linearen AfA** ist nach § 7 Abs. 3 Satz 1 EStG zulässig. In diesem Fall bemisst sich die AfA vom Zeitpunkt des Übergangs an nach dem dann noch vorhandenen Restwert und der Restnutzungsdauer des einzelnen Wirtschaftsguts (§ 7 Abs. 3 Satz 2 EStG). Da es bei Fortführung der degressiven AfA nie zu einer Abschreibung auf 0 € kommen kann, wird in der Praxis regelmäßig in dem Jahr zur linearen AfA übergegangen, von dem ab die lineare Restwertabschreibung größer ist als die degressive Abschreibung.

§ 7 Abs. 2 EStG gilt nur für die Gewinneinkünfte. Das bedeutet, dass die degressive AfA **nicht** für solche Wirtschaftsgüter in Betracht kommt, die zur Erzielung von Überschusseinkünften i.S.d. § 2 Abs. 2 Nr. 2 EStG, **z.B. den Einkünften aus Vermietung und Verpachtung**, verwendet werden.

> **Beispiel 10.1.3:** Bei einer Nutzungsdauer von 8 Jahren und unterstellten Anschaffungskosten von 80.000 € könnten somit statt jährlich 10.000 € nun das 2,5-fache = 25.000 €, höchstens jedoch 20.000 € (25 %) berücksichtigt werden.

§ 7c Sonderabschreibung für Elektronutzfahrzeuge (N1, N2, N3) und elektrisch betriebene Lastenfahrräder

Das E-Nutzfahrzeug bzw. E-Lastenfahrrad muss im Jahr 2021 erworben worden und „neu" sein. „Neu" bedeutet die Erstzulassung dieses Fahrzeugs auf den abschreibenden Unternehmer. Die Sonderabschreibung scheidet also aus, wenn ein Unternehmer ein solches Fahrzeug mit Tageszulassung kauft.

Begünstigt sind **E-Nutzfahrzeuge** der Fahrzeugklassen N1, N2 und N3, die ganz überwiegend aus mechanischen oder elektronischen Energiespeichern oder aus emissionsfrei betriebenen Energiewandlern gespeist werden.

Elektrisch betriebene Lastenfahrräder (Schwerlastfahrräder mit einem Mindest-Transportvolumen von einem Kubikmeter und einer Nutzlast von mindestens 150 Kilogramm, die mit einem elektromotorischen Hilfsantrieb angetrieben werden) sind ebenfalls danach begünstigt.

Die **Sonderabschreibung beträgt 50 %** der Anschaffungskosten, **neben** der Abschreibung nach **§ 7 Abs. 1 EStG** (§ 7c Abs. 1 EStG), also nicht neben § 7 Abs. 2 EStG.

10.1.7 Investitionsabzugsbetrag

Für alle Einkunftsarten gilt eine **einheitliche Gewinngrenze i.H.v. 200.000 €** als Voraussetzung für die Inanspruchnahme von Investitionsabzugsbeträgen.

Bis einschließlich 2019 waren nur Wirtschaftsgüter begünstigt, die im Jahr der Investition und im Folgejahr ausschließlich oder fast ausschließlich, d.h. **zu mindestens 90 %, im Betrieb genutzt** wurden.

Auch vermietete Wirtschaftsgüter fallen in den Anwendungsbereich des § 7g EStG. Das gilt unabhängig von der Dauer der jeweiligen Vermietung. Somit sind künftig – im Gegensatz zur bisherigen Regelung – auch längerfristige Vermietungen für mehr als drei Monate unschädlich.

Außerdem sind die **begünstigten Investitionskosten** von 40 auf **50 %** angehoben werden.

Der BFH hat mit Beschluss vom 15.11.2017 (BStBl II 2019, 466) unter Bezugnahme auf § 7g Abs. 7 EStG entschieden, dass eine begünstigte Investition auch dann vorliegt, wenn bei einer **Personengesellschaft** der Investitionsabzugsbetrag vom Gesamthandsgewinn und nicht vom Sonderbetriebsgewinn des später investierenden Gesellschafters abgezogen wurde und die geplante Investition innerhalb des dreijährigen Investitionszeitraums von einem ihrer Gesellschafter vorgenommen und in dessen **Sonderbetriebsvermögen** aktiviert wird. In diesen Fällen sei im Wirtschaftsjahr der Anschaffung der in Anspruch genommene Investitionsabzugsbetrag dem Sonderbetriebsgewinn des investierenden Gesellschafters außerbilanziell hinzuzurechnen. Infolge dieser Rechtsprechung können auch Steuerpflichtige von der Vergünstigung des § 7g EStG profitieren, die gar nicht investieren.

BFH vom 15.07.2020, III R 62/19: Der Nachweis der ausschließlich betrieblichen Nutzung eines Pkws muss nicht durch ein ordnungsgemäßes Fahrtenbuch nachgewiesen werden. Andere Nachweise reichen auch (welche? Z.B. ein nicht ordnungsgemäßes Fahrtenbuch).

Die Ergänzung in **§ 7g Abs. 7 EStG stellt nun klar**, dass **abweichend von der BFH-Rechtsprechung** die Hinzurechnung von Investitionsabzugsbeträgen nur in dem Vermögensbereich zulässig ist, in dem der Abzug erfolgt ist. Dadurch wird sichergestellt, dass die Steuererleichterung nur demjenigen gewährt wird, der auch tatsächlich Investitionen tätigt. Wurde beispielsweise ein Investitionsabzugsbetrag im Sonderbetriebsvermögen eines Mitunternehmers einer Personengesellschaft geltend gemacht, kann der Abzugsbetrag auch nur für Investitionen dieses Mitunternehmers in seinem Sonderbetriebsvermögen verwendet werden.

Die Änderungen gelten erstmals für Investitionsabzugsbeträge und Sonderabschreibungen, die in nach dem 31.12.2019 endenden Wirtschaftsjahren in Anspruch genommen werden.

> **Beispiel 10.1.4:** Der Gewerbetreibende Karl Käufer will im Folgejahr bewegliche Wirtschaftsgüter des Anlagevermögens (z.B. eine Pumpe/Maschine) anschaffen. Er kann dann für 2021 bis zu 50 % der voraussichtlichen Anschaffungskosten einen Investitionsabzug bilden.
>
> Einzige Bedingung ist die Einhaltung der Betriebsgrößenmerkmale – jetzt einheitliche Gewinngrenze von 200.000 € – und die elektronische Übermittlung dieser Daten. Eine Funktionsbenennung ist nicht erforderlich.
>
> In 2022 kauft er einen LKW und überträgt den in 2021 gebildeten Investitionsabzugsbetrag (der eigentlich für die Pumpe/Maschine gebildet wurde). Soweit diese Übertragung dem Finanzamt elektronisch mitgeteilt wird, ist diese Investition auch begünstigt.

Die Fristen für § 7g EStG wurden durch das KöMoG erneut geändert.

§ 52 Abs. 16 EStG wird wie folgt geändert: In Satz 3 werden die Wörter „zum Ende des vierten" durch die Wörter „zum Ende des fünften" ersetzt.

Neu: Folgender Satz wird angefügt: „Bei in nach dem 31. Dezember 2017 und vor dem 1. Januar 2019 (nur für die in 2018 gebildeten) endenden Wirtschaftsjahren beanspruchten Investitionsabzugsbeträgen endet die Investitionsfrist abweichend von § 7g Absatz 3 Satz 1 erst zum Ende des vierten auf das Wirtschaftsjahr des Abzugs folgenden Wirtschaftsjahres." Ausführlich in DStR 37/2021, 2202.

10.1.8 Das bloße Aufgreifen einer Gestaltungsidee rechtfertigt nicht die Annahme eines Steuerstundungsmodells; BFH vom 17.01.2017, VIII R 7/13

Verluste aus sog. Steuerstundungsmodellen können nur sehr beschränkt verrechnet werden. Gemäß § 15b EStG mindern Verluste im Zusammenhang mit einem Steuerstundungsmodell nur Einkünfte, die der Steuerpflichtige in Folgejahren aus derselben Einkunftsquelle erzielt. Eine Verrechnung mit anderen Einkünften ist ausgeschlossen.

Im Urteilsfall hatte die Steuerpflichtige über die Beteiligung an einer vermögensverwaltenden Personengesellschaft eine zu 100 % fremdfinanzierte Inhaberschuldverschreibung mit indexbezogener Bonuszinsabrede erworben. Sie hatte hierzu einen Rechtsanwalt beauftragt, der Kontakt zu verschiedenen Kreditinstituten aufnahm, Berechnungen zur Vorteilhaftigkeit einer entsprechenden Investition erstellte, konkrete Verhandlungen über die Konditionen der Schuldverschreibung und des der Finanzierung dienenden Darlehens führte und deren Ausgestaltung unter Berücksichtigung der individuellen wirtschaftlichen und steuerlichen Belange der Steuerpflichtigen abstimmte und auch die Gründung der vermögensverwaltenden Gesellschaft in der Rechtsform einer GmbH & Co (der Klägerin) übernahm. Die Zahlung der Darlehenszinsen und des Disagios führte im Streitjahr **zu einem erheblichen Verlust** und bei der von der Klägerin angestrebten uneingeschränkten Verlustverrechnung zu einem entsprechenden Steuerstundungseffekt.

Finanzamt und Finanzgericht unterwarfen den von der Klägerin geltend gemachten Verlust der Verrechnungsbeschränkung des § 15b EStG.

Der BFH sah dies anders und gab der Revision der Klägerin statt. Für die Annahme eines Steuerstundungsmodells genüge es nicht, dass eine rechtliche Gestaltung vorliege, die auf steuerliche Vorteile durch Verlustabzug/-verrechnung ausgelegt sei und ohne die Möglichkeit einer (sofortigen) Verlustverrechnung nicht gewählt worden wäre.

Voraussetzung sei stets **die Nutzung eines vorgefertigten Konzeptes**, was bedeute, dass eine von einem Anbieter abstrakt entwickelte Investitionskonzeption am Markt zur Verfügung stehe, auf der der Anleger „nur" noch zugreifen müsse. Hieran fehle es, wenn der Anleger – wie im Streitfall – eine von ihm selbst bzw. seinem Berater entwickelte und individuell angepasste Investition tätige.

Steuerstundungsmodell setzt Werbung mit steuerlichen Vorteilen voraus
Der 4. Senat des FG Münster hat mit Urteil vom 21.02.2020 (4 K 794/19 F) entschieden, dass **kein** Steuerstundungsmodell im Sinne von § 15b EStG vorliegt, wenn das Konzept keine steuerlichen Vorteile in Aussicht stellt, sondern vielmehr mit von Beginn an erzielbaren Renditen wirbt, auch wenn dies in betrügerischer Absicht erfolgt.

Der Kläger schloss Kaufverträge über zwei Blockheizkraftwerke und mit einem mit dem Verkäufer verbundenen Unternehmen Verträge über die Anmietung einer Standortfläche, Verwaltungsverträge und Premium-Service-Verträge ab. Diesen Verträgen lagen Prospekte und andere Kundeninformationen zugrunde, wonach die Stromerzeugung über Blockheizkraftwerke bei einer über 20 Jahre gesetzlich fixierten Einspeisevergütung einen jährlichen Überschuss von ca. 20.000 € bis ca. 30.000 € (je nach Anlageleistung, ohne Abschreibungen) ausweisen. Ferner wurde darauf hingewiesen, dass keine steuerlichen Aspekte berücksichtigt würden. Tatsächlich wurden die Blockheizkraftwerke – wie von den Initiatoren von vornherein beabsichtigt – nicht geliefert, was beim Kläger zu einem Verlust führte.

Das Finanzamt behandelte das Konzept als Steuerstundungsmodell und stellte die Verluste gemäß § 15b EStG als nicht ausgleichsfähig, sondern nur verrechenbar gesondert fest. Hiergegen wandte der Kläger ein, dass das Konzept auf die Erzielung von Renditen ausgerichtet gewesen sei.

Der 4. Senat des FG Münster hat der Klage vollumfänglich stattgegeben. Ein Steuerstundungsmodell liege nicht vor. Das Konzept stelle zwar eine modellhafte Gestaltung dar. Es könne aber nicht festgestellt werden, dass hierdurch steuerliche Vorteile in Form negativer Einkünfte erzielt werden sollten. Dies folge bereits daraus, dass steuerliche Aspekte nicht nur nicht angesprochen, sondern ausdrücklich aus der Betrachtung ausgeschlossen worden seien. Die Attraktivität des vorgestellten Modells beruhe vielmehr – anders als bei einem Steuerstundungsmodell – nicht auf Verlusten, sondern ausdrücklich aus laufenden und von Beginn an zu erzielenden Renditen. Die prognostizierten Überschüsse berücksichtigten bereits die Fixkosten und deckten auch die in der Prognose nicht enthaltenen Abschreibungen sowie etwaige Schuldzinsen ab. Im Übrigen baue das Modell auch nicht auf einer Fremdfinanzierung auf, sondern eröffne vielmehr eine Wahlmöglichkeit zur Eigenkapitalfinanzierung. Die Frage, ob die Anwendung des § 15b EStG auch deswegen rechtswidrig ist, weil die tatsächliche Umsetzung des Modells von den Initiatoren nie beabsichtigt war, sei nicht entscheidungserheblich.

10.1.9 Eintragungen zur Berechnung der Steuerermäßigung nach § 35 EStG (Zeilen 16–22) – BMF vom 03.11.2016, BStBl I 2016, 1187

Die gezahlte Gewerbesteuer ist im § 4 Abs. 5b EStG als Aufwand bezeichnet, der „keine Betriebsausgabe" ist. Während sich also diese (betrieblichen) Ausgaben nicht auf den

Gewinn auswirken dürfen, erfolgt eine Steuerermäßigung bei den Einkünften aus Gewerbebetrieb nach § 35 EStG.

In den dort dafür vorgegebenen Berechnungsschritten sind folgende Begrenzungen zu beachten:
- der 4-fache Wert des Gewerbesteuer-Messbetrags (einzutragen in **Zeile 16**),
- begrenzt auf die tatsächlich gezahlte Gewerbesteuer (einzutragen in **Zeile 17**),
- höchstens in der Summe der positiven gewerblichen Einkünfte zur Summe aller positiven Einkünfte
- soweit sie anteilig auf im zu versteuernden Einkommen enthaltene gewerbliche Einkünfte entfällt

kürzt die tarifliche Einkommensteuer.

Nach der BFH Entscheidung vom 23.06.2015, III R 7/14 ist bei der Ermittlung des Ermäßigungshöchstbetrags nach § 35 EStG **keine quellenbezogene Betrachtung** anzustellen. Innerhalb einer Einkunftsart sind somit positive und negative Ergebnisse aus verschiedenen Quellen zu saldieren.

Bei Ehegatten sind positive Einkünfte des einen Ehegatten nicht mit negativen Einkünften des anderen aus der gleichen Einkunftsart zu verrechnen.

Der – nicht eindeutige – Begriff der „Einkünfte" in der Berechnungsformel des § 35 Abs. 1 Satz 2 EStG ist danach nicht im Sinne von „Einkunftsquelle" zu verstehen, was zur Folge hat, dass negative Ergebnisse aus einzelnen „Quellen" von vornherein nicht zu berücksichtigen wären.

Die Ermittlung des Anrechnungsvolumens wird in den Rz. 5–13 des BMF-Schreibens vom 03.11.2016, BStBl I 2016, 1187 ausführlich beschrieben. Ein Beispiel zur Rz. 10 verdeutlicht die Berechnung dieses Anrechnungsvolumens bei Ehegatten.

Der Ermäßigungshöchstbetrag nach § 35 Abs. 1 S. 2 EStG wird an zwei Beispielen in dem Erlass zur Rz. 17 (lediger Steuerpflichtiger) und 18 (zusammenveranlagtes Ehepaar) erläutert.

Die Besonderheiten bei Mitunternehmerschaften werden in den Rz. 19–27 (Beispiel in Rz. 26), die Aufteilung des Gewerbesteuermessbetrages bei unterjährigem Gesellschafterwechsel (ausgeschiedene erhalten nichts) in den Rz. 28–30 und die Behandlung von Veräußerungs- und Aufgabegewinnen in Rz. 33 (mit zwei weiteren Beispielen) beschrieben.

Mit dem BMF-Schreiben vom 17.04.2019, IV C 6 – S 2296-a/17/10004 wurde das zuvor genannte BMF-Schreiben in den Rz. 9, 25, 25a, 26 ergänzt.

Eine betriebsbezogene Aufteilung der Höchstbeträge aus mittelbaren Beteiligungen ist nicht in den Zeilen 16–21, sondern in einer Summe in Zeile 22 einzutragen und zu erläutern. Hierfür ist das Freitextfeld 45 des Hauptvordrucks zu nutzen.

10.1.10 Veräußerungsgewinne und Teileinkünfteverfahren (Zeilen 31–43)

Veräußerungsgewinn ist nach § 16 Abs. 2 EStG der Betrag, um den der Veräußerungspreis – nach Abzug der Veräußerungskosten – den Wert des Betriebsvermögens (das Kapitalkonto) übersteigt. Dieser Veräußerungsgewinn kann um einen Veräußerungsfreibetrag gemindert werden, wenn folgende Bedingungen erfüllt sind:
- Der Veräußerer muss das **55. Lebensjahr vollendet** haben oder im sozialversicherungsrechtlichen Sinne dauernd berufsunfähig sein.

- Der Freibetrag wird dem Steuerpflichtigen **nur einmal** gewährt. Vor dem 01.01.1996 beanspruchte Freibeträge bleiben dabei nach § 52 Abs. 34 S. 5 EStG unberücksichtigt.
- Der Freibetrag von 45.000 € mindert sich um den Wert, um den der Veräußerungsgewinn 136.000 € übersteigt. Bei einem Gewinn von 181.000 € ist danach der Freibetrag auf 0 € gekürzt.
- Wird der Freibetrag nicht vollständig aufgebraucht, weil der Veräußerungsgewinn entsprechend gering ist, kann der verbleibende Rest nicht für andere Betriebsveräußerungen verwendet werden. Der gesamte Freibetrag ist dann verbraucht.

Dieser ermittelte Gewinn darf nicht in den Zeilen 4–11 enthalten sein!
Mittels Eintragung in der **Zeile 31** erfolgt der Antrag des Freibetrages.

Bei dem so zu ermittelnden Gewinn handelt es sich um Einkünfte aus Gewerbebetrieb, die zugleich außerordentliche Einkünfte im Sinne des § 34 Abs. 2 Nr. 1 EStG darstellen. Hier gilt es ab Anwendung des Teileinkünfteverfahrens zu beachten, dass der steuerpflichtige Teil der Veräußerungsgewinne, die teilweise nach § 3 Nr. 40 Buchstabe b EStG steuerbefreit sind, nicht nach § 34 Abs. 2 Nr. 1 EStG zu berücksichtigen ist. Der Veräußerungsgewinn ist somit immer in einen Teil aufzuteilen, der nicht nach § 3 Nr. 40 Buchstabe b EStG begünstigt ist und in den Rest.

In Zeile 32 ist dann der Teil einzutragen, für den das Teileinkünfteverfahren gilt.

> **Beispiel 10.1.5:** Ein Betrieb wird für 1.000.000 € (Veräußerungspreis) veräußert. Das Kapitalkonto beträgt 750.000 €, die Veräußerungskosten 20.000 €.
> 30 % des Veräußerungspreises entfallen auf die im Betriebsvermögen gehaltene GmbH-Beteiligung (Buchwert 150.000 €).
>
> **Lösung:** 30 % des Veräußerungspreises von 1.000.000 € = 300.000 € entfallen auf die GmbH-Beteiligung im Betriebsvermögen, die mit verkauft wurde. Nach § 3 Nr. 40 Buchst. b EStG sind davon nur 60 % zu versteuern (180.000 €).
>
> a) Nach § 3c Abs. 2 EStG sind vom Buchwert der Beteiligung (150.000 €) und den anteiligen Veräußerungskosten (6.000 €) aber auch nur 60 % zu berücksichtigen (156.000 € × 60 % = 93.600 €). Es verbleibt als Ergebnis ein Wert von **86.400 € in Zeile 32 einzutragen**.
>
> b) Vom restlichen Veräußerungspreis von 700.000 € sind die restlichen Kosten (14.000 €) und das Restkapital (600.000 €) abzuziehen. Es verbleibt ein Wert von **86.000 €**.
>
> Der **Veräußerungsgewinn** beträgt insgesamt damit **172.400 €** und übersteigt die unschädliche Grenze des § 16 Abs. 4 EStG von 136.000 € um 36.400 €. Der Freibetrag i.H.v. 45.000 € ist deshalb um 36.400 € zu kürzen.
> Es verbleibt ein **Veräußerungsfreibetrag** (der mit **Zeile 31** beantragt wurde) von **8.600 €**.
> **Der steuerpflichtige Veräußerungsgewinn beträgt damit 163.800 €.**
> Der ermäßigte Steuersatz darf jedoch nur für den Teil gewährt werden, der nicht nach § 3 Nr. 40 Buchst. b EStG bereits begünstigt worden ist.

> Der Freibetrag ist nach H 16 Abs. 13 „Teileinkünfteverfahren" EStH vorrangig mit dem Veräußerungsgewinn zu verrechnen, auf den das Teileinkünfteverfahren anzuwenden ist.
>
> Der Freibetrag mindert damit in voller Höhe den Teil **a)** der Aufgabe. **Begünstigt** wären danach dann **86.000 €**, weil hier kein Freibetrag abgezogen werden kann.

Betriebsveräußerung gegen wiederkehrende Bezüge – R 16 Abs. 11 EStR
Wird der Betrieb gegen eine Leibrente veräußert, hat der Veräußerer das Recht, auf die Begünstigungen der Betriebsveräußerung (§§ 16 + 34 EStG) zu verzichten und stattdessen die Rentenzahlungen als nachträgliche Betriebseinnahmen nach §§ 24 Nr. 2 i.V.m. 15 EStG zu versteuern.

Dies wird immer dann erforderlich sein, wenn die Ratenzahlungen so gering sind, dass die Steuern des sofort fälligen Veräußerungsgewinns damit nicht ausgeglichen werden können. Werden jährliche Rentenzahlungen von 100.000 € vereinbart, aber die Steuer auf den sofort zu versteuernden Veräußerungsgewinn beträgt 300.000 €, reicht der Mittelzufluss nicht für die zu leistenden Steuern aus. Für diesen Fall bietet sich die „Zuflussbesteuerung" an.

Auch für Ratenzahlungen ist eine derartige Besteuerung möglich. Hier fordert die Verwaltung jedoch Ratenzahlungen von mehr als 10 Jahren und eine Vereinbarung zur Versorgung des Veräußerers; H 16 Abs. 11 EStH „Ratenzahlungen".

Im **§ 16 Abs. 3b EStG** sind die zuvor nur in den EStR aufgeführten Regeln im Falle einer **Betriebsaufgabe** geregelt.

Danach gilt eine Gewerbebetrieb solange als nicht aufgegeben, bis:
- der Steuerpflichtige die Aufgabe des Gewerbebetriebes dem Finanzamt gegenüber ausdrücklich erklärt, oder
- dem Finanzamt Tatsachen für eine Betriebsaufgabe bekannt werden.

Der Steuerpflichtige kann die Aufgabeerklärung rückwirkend bis zu drei Monaten erklären. Wird diese Erklärung aber nicht spätestens drei Monate nach diesem gewählten Aufgabetermin abgegeben, gilt das Eingangsdatum beim Finanzamt als Aufgabetermin.

Diese gesetzliche Klarstellung regelt den Zeitpunkt der Aufdeckung der stillen Reserven bei Betriebsaufgabe. Das Ruhen des Betriebes muss daher nicht gleich zur Besteuerung der stillen Reserven führen, sondern kann wohl überdacht in dem für den Steuerpflichtigen günstigsten Zeitraum erklärt werden.

Mit dem BMF-Schreiben (koordinierter Ländererlass) IV C 6 – S-2242/12/10001 vom 22.11.2016 nimmt die Verwaltung zu den Begriffen „Betriebsunterbrechung (ruhender Gewerbebetrieb) – Betriebsverpachtung im Ganzen – Betriebsaufgabeerklärung durch den Betriebsinhaber – Betriebsaufgabeerklärung durch den/die Rechtsnachfolger und zum Bekanntwerden von Tatsachen, dass eine Betriebsaufgabe stattgefunden hat" Stellung.

10.1.11 Veräußerung von Anteilen an Kapitalgesellschaften (Zeilen 44–45)

Die im Privatvermögen gehaltenen Beteiligungen an Kapitalgesellschaften sind dann einer Besteuerung nach § 17 EStG zu unterwerfen, wenn die Beteiligung an dieser Kapitalgesellschaft in den letzten fünf Jahren vor der Veräußerung dieser Anteile mindestens 1 % betragen hat.

§ 17 EStG ist – wenn die sonstigen Voraussetzungen des § 17 EStG vorliegen – aber auch ohne Veräußerung anzuwenden. An Stelle des Veräußerungspreises tritt dann der gemeine Wert der Anteile im Zeitpunkt der Beendigung der unbeschränkten Steuerpflicht. Sollte der Mandant seinen Wohnsitz in Deutschland aufgeben wollen, sind die Bedingungen der Wegzugsbesteuerung (§ 6 AStG, § 17 EStG) zu beachten:

War der Mandant mindestens 10 Jahre unbeschränkt einkommensteuerpflichtig nach § 1 Abs. 1 EStG und die unbeschränkte Steuerpflicht endet durch Aufgabe des Wohnsitzes oder des gewöhnlichen Aufenthalts, erfolgt eine Besteuerung des Wertzuwachses für Beteiligungen i.S.d. § 17 EStG.

Dieser Beendigung steht gleich:
- Die unentgeltliche Übertragung der Anteile an Kapitalgesellschaften.
- Die Begründung eines Wohnsitzes im Ausland, wenn nach dem DBA die Ansässigkeit im ausländischen Staat erfüllt wird.
- Bei Einlage der Anteile in einen ausländischen Betrieb/Betriebsstätte, wenn das Besteuerungsrecht Deutschlands durch DBA ausgeschlossen wird.

Werden derartige Wertpapiere veräußert (oder es gelten die Bedingungen des § 6 AStG), greift **nicht die Abgeltungsteuer**, weil es sich um gewerbliche Einkünfte handelt (obwohl der Besitz im Privatvermögen ist!). § 20 Abs. 8 EStG schließt derartige Einkünfte von den Kapitaleinkünften i.S.d. § 20 EStG aus.

In **Zeile 44** soll der ermittelte steuerpflichtige **Gewinn**anteil und in die **Zeile 45** der ermittelte **Verlust**anteil eingetragen werden. Hier wird es in vielen Fällen Probleme geben, die Gewinne/Verluste überhaupt als solche nach § 17 EStG zu erkennen.

Es hilft dabei nur die Überprüfung der Beteiligungsgröße innerhalb der letzten fünf Jahre. Auch wenn zwischenzeitlich keine Beteiligung, vor vier Jahren aber einmal eine Beteiligung von mindestens 1 % vorlag, ist nun jeder Verkauf derartiger Wertpapiere steuerpflichtig.

Das Teileinkünfteverfahren greift auch in Fällen der negativen Einkünfte nach § 17 EStG. Hier ist zu beachten, dass die typischen Missbrauchsfälle von einem Verlustausgleich ausgeschlossen sind.

Problemzone: Kein Halbabzugsverbot bei Aufgabeverlust aus einer ertragslosen Kapitalgesellschaftsbeteiligung

Mit BFH-Urteil vom 25.06.2009, IX R 42/08, DStR 2009, 1843 wurde entschieden, dass die Begrenzung durch § 3c Abs. 2 S. 1 EStG nicht vorzunehmen ist, wenn der beteiligte Steuerpflichtige keinerlei durch seine Beteiligung vermittelte Einnahmen erzielt.

Nur bei tatsächlichem Zufluss steuerfreier Einnahmen soll ein doppelter steuerlicher Vorteil, der in dem zusätzlichen Abzug von unmittelbar damit zusammenhängenden Aufwendungen zu sehen wäre, durch das Halbabzugsverbot verhindert werden.

Allein die abstrakte Möglichkeit, steuerfreie Einnahmen zu erzielen, reiche danach nicht aus, um die Anwendung des Halbabzugsverbots auszulösen.

Beispiel 10.1.6: A ist mit 25.000 € an einer Kapitalgesellschaft zu 50 % beteiligt. Die Kapitalgesellschaft erwirtschaftet ausschließlich Verluste. Es erfolgten keine Ausschüttungen und die Kapitaleinlage ist verloren.

> **Lösung:** Es sind negative Einkünfte nach § 17 Abs. 2 S. 6 Buchst. b EStG i.H.v. 25.000 € zu berücksichtigen. Eine Begrenzung nach § 3c Abs. 2 S. 1 EStG auf nur 60 % war bis einschließlich 31.12.2010 nicht vorzunehmen. Seit dem 01.01.2011 ist aufgrund der Gesetzesänderung die entsprechende Kürzung vorzunehmen.

Rechtsprechungsänderung zu eigenkapitalersetzenden Finanzierungshilfen BFH-Urteil vom 11.07.2017, IX R 36/15

Wird ein Gesellschafter im Insolvenzverfahren als Bürge für Verbindlichkeiten der Gesellschaft in Anspruch genommen, führt dies entgegen einer langjährigen Rechtsprechung nach Aufhebung des Eigenkapitalersatzrechts durch das Gesetz zur Modernisierung des GmbH-Rechts und zur Bekämpfung von Missbräuchen vom 23.10.2008 nicht mehr zu nachträglichen Anschaffungskosten auf seine Beteiligung, wie der Bundesfinanzhof mit Urteil vom 11.07.2017, IX R 36/15 entschieden hat.

Bisher nahm der BFH nachträgliche Anschaffungskosten auf die Beteiligung an, wenn das Darlehen oder die Bürgschaft eigenkapitalersetzend waren. Nachträgliche Anschaffungskosten minderten den Veräußerungs- oder Auflösungsgewinn oder erhöhten einen entsprechenden Verlust. Bei der Frage, ob die Finanzierungshilfe des Gesellschafters eigenkapitalersetzend war, orientierte sich der BFH an den gesellschaftsrechtlichen Vorgaben zum sog. Eigenkapitalersatzrecht.

Mit dem Gesetz zur Modernisierung des GmbH-Rechts und zur Bekämpfung von Missbräuchen vom 23.10.2008 hat der Gesetzgeber allerdings das Eigenkapitalersatzrecht aufgehoben und durch eine insolvenzrechtliche Regelung ersetzt.

Darlehen, die ein Gesellschafter seiner Gesellschaft gegeben hat, sind danach im Insolvenzverfahren der Gesellschaft nachrangig zu erfüllen. Eine Kapitalbindung tritt nicht mehr ein.

Damit ist auch die gesetzliche Grundlage für die bisherige Annahme von nachträglichen Anschaffungskosten entfallen.

> Nachträgliche Anschaffungskosten der Beteiligung sind deshalb – wie auch ansonsten im Einkommensteuerrecht – nur noch nach Maßgabe der handelsrechtlichen Begriffsdefinition in § 255 des HGB anzuerkennen.

Der BFH gewährt jedoch Vertrauensschutz in die bisherige Rechtsprechung für alle Fälle, in denen der Gesellschafter eine eigenkapitalersetzende Finanzierungshilfe bis zum Tag der Veröffentlichung des Urteils am 27.09.2017 geleistet hat oder wenn eine Finanzierungshilfe des Gesellschafters bis zu diesem Tag eigenkapitalersetzend geworden ist.

Diese Fälle sind daher, wenn es für die Steuerpflichtigen günstiger ist, weiterhin nach den bisher geltenden Grundsätzen zu beurteilen.

Das BMF hat mit Schreiben vom 05.04.2019 (BStBl I 2019, 257) diese Regelung bestätigt.

Mit dem Jahressteuergesetz 2019 ist mit § 17 Abs. 2a EStG die alte Rechtslage wieder hergestellt worden.

Danach gelten u.a. Darlehensverluste sowie Ausfälle von Bürgschaftsregress- und vergleichbaren Forderungen explizit als nachträgliche Anschaffungskosten, soweit die Gewährung des Darlehens oder dessen Stehenlassen in der Krise der Gesellschaft gesellschaftsrechtlich veranlasst war. Der neue § 17 Abs. 2a EStG gilt grundsätzlich bereits ab dem 31.07.2019.

Darlehensverluste sind damit künftig wieder gewinnmindernd im Rahmen des § 17 EStG zu berücksichtigen.

Die neue Definition der nachträglichen Anschaffungskosten gilt auch für Kleinanleger mit einer Beteiligung von weniger als 10 % (ab 1 %).

10.1.12 Arbeitsverträge zwischen Angehörigen mit Arbeitszeitnachweis
BFH-Urteil vom 18.11.2020, VI R 28/18: Formale Anforderungen an Ehegattenarbeitsverhältnisse

1. Lohnzahlungen an einen im Beruf des Steuerpflichtigen mitarbeitenden Angehörigen sind als Werbungskosten abziehbar, wenn der Angehörige aufgrund eines wirksamen, inhaltlich dem zwischen Fremden Üblichen entsprechenden Arbeitsvertrags beschäftigt wird, die vertraglich geschuldete Arbeitsleistung erbringt und der Steuerpflichtige seinerseits die Arbeitgeberpflichten, insbesondere die der Lohnzahlung, erfüllt (Bestätigung der ständigen Rechtsprechung).
2. Bei der nicht vollzeitigen Beschäftigung Angehöriger sind Unklarheiten bei der Wochenarbeitszeit für die steuerliche Anerkennung des Arbeitsverhältnisses unschädlich, wenn die konkrete Arbeitszeit des Angehörigen von den beruflichen Erfordernissen des Steuerpflichtigen abhängt und Unklarheiten deshalb auf die Eigenart des Arbeitsverhältnisses und nicht auf eine unübliche Gestaltung zurückzuführen sind.
3. Aufzeichnungen betreffend Arbeitszeit, z.B. Stundenzettel, dienen lediglich Beweiszwecken. Sie sind für die steuerliche Anerkennung eines Arbeitsverhältnisses zwischen nahen Angehörigen daher nicht zwingend erforderlich.

Mit Urteil vom 17.07.2013, X R 31/12 hatte der BFH die Maßstäbe festgelegt, die für den steuermindernden Abzug von Betriebsausgaben für die Vergütung von Arbeitsleistungen naher Angehöriger gelten.

Der Kläger betrieb als Einzelunternehmer eine in den Streitjahren stetig wachsende Werbeagentur. Er schloss zunächst mit seinem in Frührente befindlichen Vater, später auch mit seiner Mutter einen Arbeitsvertrag ab. Die Eltern sollten für den Kläger Bürohilfstätigkeiten im Umfang von 10 bzw. 20 Wochenstunden erbringen.

Das Finanzamt versagte den Betriebsausgabenabzug mit der Begründung, es seien **keine Aufzeichnungen über die tatsächlich geleisteten Arbeitsstunden geführt** worden.

Das Finanzgericht bestätigte diese Auffassung und führte aus, die Arbeitsverträge seien nicht entsprechend der Vereinbarung durchgeführt worden, weil beide Elternteile **tatsächlich mehr** als die vertraglich festgelegten 10 bzw. 20 Wochenstunden **gearbeitet hätten**. Darauf hätten sich fremde Arbeitnehmer nicht eingelassen.

Dem ist der BFH nicht gefolgt. Ob ein Vertrag zwischen nahen Angehörigen steuerlich anzuerkennen ist, wird anhand eines Fremdvergleichs beurteilt. Dabei hängt die Intensität der Prüfung auch vom Anlass des Vertragsschlusses ab. Hätte der Steuerpflichtige im Falle der Nichtbeschäftigung seines Angehörigen einen fremden Dritten einstellen müssen, ist der Fremdvergleich weniger strikt durchzuführen.

Vor allem aber ist der Umstand, dass beide Elternteile „unbezahlte Mehrarbeit" geleistet haben sollen, für die steuerrechtliche Beurteilung nicht von wesentlicher Bedeutung.

Entscheidend für den Betriebsausgabenabzug ist, dass der Angehörige für die an ihn gezahlte Vergütung die vereinbarte Gegenleistung (Arbeitsleistung) tatsächlich erbringt. Dies ist auch dann der Fall, wenn er seine arbeitsvertraglichen Pflichten durch Leistung von Mehrarbeit übererfüllt.

Ob Arbeitszeitnachweise geführt worden sind, betrifft hier nicht die Frage der Fremdüblichkeit des Arbeitsverhältnisses, sondern hat allein Bedeutung für den – dem Steuerpflichtigen obliegenden – **Nachweis, dass der Angehörige die vereinbarten Arbeitsleistungen tatsächlich erbracht hat.**

Bedingungslose Firmenwagennutzung bei „Minijob" im Ehegattenbetrieb
BFH-Urteil vom 10.10.2018, X R 44/17
Die Überlassung eines Firmen-PKW zur uneingeschränkten Privatnutzung ohne Selbstbeteiligung ist bei einem „Minijob"-Beschäftigungsverhältnis unter Ehegatten fremdunüblich. Der Arbeitsvertrag ist daher steuerlich nicht anzuerkennen, wie der BFH mit Urteil vom 10.10.2018, X R 44 45/17 entschieden hat.

Im Streitfall beschäftigte der gewerblich tätige Kläger seine Ehefrau als Büro- und Kurierkraft mit einer wöchentlichen Arbeitszeit von neun Stunden mit einem Monatslohn von 400 €. Im Rahmen des Arbeitsvertrages überließ er ihr einen Pkw zur uneingeschränkten Privatnutzung. Den darin liegenden geldwerten Vorteil, der nach der sog. 1 %-Regel ermittelt wurde, rechnete der Kläger auf den monatlichen Lohnanspruch von 400 € an und zog seinerseits den vereinbarten Arbeitslohn als Betriebsausgabe bei seinen Einkünften aus Gewerbebetrieb ab. Das Finanzamt (FA) erkannte das Arbeitsverhältnis steuerlich jedoch nicht an, da die Entlohnung in Gestalt einer Pkw-Überlassung im Rahmen eines „Minijobs" einem Fremdvergleich nicht standhalte. Das Finanzgericht gab der Klage dagegen statt.

Auf die Revision des FA hob der BFH die FG-Entscheidung auf und ging von einer **fremdunüblichen** Ausgestaltung des Arbeitsverhältnisses aus. Arbeitsverträge zwischen nahen Angehörigen müssen für die steuerrechtliche Beurteilung sowohl hinsichtlich der wesentlichen Vereinbarungen als auch der Durchführung denjenigen Maßstäben entsprechen, die fremde Dritte vereinbaren würden. Nach diesen Grundsätzen hielt der BFH jedenfalls eine uneingeschränkte und zudem selbstbeteiligungsfreie Nutzungsüberlassung eines Firmenwagens für Privatfahrten an einen familienfremden „Minijobber" für ausgeschlossen. Denn ein Arbeitgeber werde im Regelfall nur dann bereit sein, einem Arbeitnehmer die private Nutzung eines Dienstfahrzeugs zu gestatten, wenn die hierfür kalkulierten Kosten (u.a. Kraftstoff für Privatfahrten) zuzüglich des Barlohns in einem angemessenen Verhältnis zum Wert der erwarteten Arbeitsleistung stünden. Bei einer lediglich geringfügig entlohnten Arbeitsleistung steige das Risiko des Arbeitgebers, dass sich die Überlassung eines Firmenfahrzeugs für ihn wegen einer nicht abschätzbaren Intensivnutzung durch den Arbeitnehmer nicht mehr wirtschaftlich lohne. Unerheblich war insoweit für den BFH, dass die Ehefrau für ihre dienstlichen Aufgaben im Betrieb auf die Nutzung eines Pkw angewiesen war.

Der **BFH hat mit Urteil vom 22.02.2021 (IX R 6/20) entschieden**, dass im kaufmännischen Geschäftsverkehr zwischen fremden Personen die widerlegbare Vermutung greift, **dass ein entgeltliches Geschäft vorliegt.** Im Streitfall ging es um Verluste aus der Übertragung von GmbH-Anteilen.

K hielt rund 52 % der Anteile an einer GmbH. K, die weiteren Gesellschafter der GmbH und die GmbH schlossen die Gesellschaftervereinbarung, in deren Präambel die Vertragsparteien vermerkten, die GmbH befinde sich in einer Sanierungs- und Umstrukturierungsphase, die nach einem Restrukturierungsplan umgesetzt werden solle.

In Umsetzung des Restrukturierungsplans übertrugen mehrere Gesellschafter (u.a. K) Geschäftsanteile auf die X bzw. auf die Y insofern unentgeltlich, als dass X und Y keinen Kaufpreis schulden. Dieser Verzicht sollte einen Beitrag der übertragenden Gesellschafter zur Restrukturierung der Gesellschaft darstellen.

In der Einkommensteuererklärung erklärte K einen Veräußerungsverlust gem. § 17 EStG aus der Übertragung des Anteils an der GmbH an die X in Höhe der Anschaffungskosten und den Verzicht auf die Forderungen.

Das Finanzamt folgte dem nur teilweise und berücksichtigte einen Veräußerungsverlust unter Ansatz eines Veräußerungspreises von 0 €. Einspruch und Klage vor dem Finanzgericht waren teilweise erfolgreich, der BFH folgte dem nur zu Teilen.

Voraussetzungen einer Veräußerung i.S.d. § 17 EStG

Eine Veräußerung setzt die Übertragung von Anteilen gegen Entgelt voraus. Entgeltlich ist die Übertragung von Gesellschaftsanteilen, wenn ihr eine gleichwertige Gegenleistung gegenübersteht. Unerheblich ist, ob diese Übertragung freiwillig oder unfreiwillig erfolgt und ob ihr ein Rechtsgeschäft oder beispielsweise ein hoheitlicher Eingriff zugrunde liegt. Das Gegenstück zur entgeltlichen Veräußerung ist die unentgeltliche Übertragung von Anteilen, welche dadurch gekennzeichnet ist, dass der Übertragende dem Empfänger eine freigebige Zuwendung machen will. Letzteres ist bei Verträgen unter fremden Dritten im Allgemeinen nicht anzunehmen, sofern nicht Anhaltspunkte für eine Schenkungsabsicht des übertragenden Vertragspartners bestehen.

Deshalb spricht insoweit eine (widerlegbare) Vermutung für das Vorliegen eines entgeltlichen Geschäfts. Die Vermutung fällt umso stärker aus, je wirtschaftlich werthaltiger der übertragene Gesellschaftsanteil für den Übertragenden und den Empfänger ist. Ob im Einzelfall unter Anwendung dieser Grundsätze eine entgeltliche oder unentgeltliche Übertragung vorliegt, ist grundsätzlich in jedem Einzelfall zu beurteilen.

Im entschiedenen Fall sind K und der X fremde Dritte im kaufmännischen Geschäftsverkehr. Daher ist für den BFH die Vermutung für das Vorliegen eines entgeltlichen Geschäfts anzuwenden. Da die Vermutung nicht widerlegt worden ist und auch keine Anhaltspunkte für eine Schenkungsabsicht des K gegenüber der X nach den Gesamtumständen ersichtlich ist – zumal nach der Gesellschaftervereinbarung die Anteilsübertragung ausdrücklich nicht schenkweise erfolgte –, ist von einem entgeltlichen Geschäft auszugehen.

Es fehlen zudem Hinweise darauf, dass die Beteiligten die Gesellschaftervereinbarung nur zum Schein geschlossen hätten. Damit fehlen jegliche Anzeichen für eine freigebige Zuwendung. Allerdings ist für den BFH die Sache nicht spruchreif. Denn das FG hat bislang keine Feststellungen getroffen, ob bei der Ermittlung des Veräußerungsverlusts weitere Anschaffungskosten anzusetzen sind, so dass diese Feststellungen im zweiten Rechtsgang nachzuholen sind.

10.1.13 Besteuerung der Sanierungsgewinne durch §§ 3a und 3c Abs. 4 EStG nun geklärt

Betriebsvermögensmehrungen, die aus einem Schuldenerlass zum Zwecke der Sanierung hervorgehen, sind steuerfrei nach § 3a EStG. Solch eine Sanierung liegt vor, wenn das Unternehmens zum Zeitpunkt des Schuldenerlasses folgende Voraussetzungen erfüllen und nachweisen kann:

- **Sanierungsbedürftigkeit:** Diese liegt vor, wenn das Unternehmen ohne Sanierung nicht gerettet bzw. fortgeführt werden kann. Zu beachten sind hierbei die Ertragslage, das Betriebsvermögen, die Liquidität und die Leistungsfähigkeit der Firma. Eine Überschuldung allein reicht hierbei noch nicht aus, wenn nicht zugleich eine Zahlungsunfähigkeit vorliegt oder droht.
- **Sanierungsfähigkeit:** Ein Unternehmen gilt dann als sanierungsfähig, wenn der Schuldenerlass zu einer Sanierung führen kann. Entscheidend sind hierbei die Höhe der Schulden, ob diese in vollem Umfang oder nur zu einem Teil erlassen werden, welche Gründe zur Verschuldung geführt haben und die allgemeinen Ertragsaussichten.
- **Sanierungseignung:** Ein Schuldenerlass muss als Maßnahme geeignet erscheinen, um das Unternehmen wieder rentabel zu machen. Dieser muss nicht unbedingt zur vollständigen Entschuldung führen. Die Restschulden dürfen aber keine zusätzliche Belastung darstellen.
- **Sanierungsabsicht:** Die Gläubiger müssen dem Schuldenerlass mit der Absicht zustimmen, dem Unternehmen dadurch zur Sanierung zu verhelfen. Davon ist grundsätzlich auszugehen, wenn alle Gläubiger sich auf einen Erlass einlassen. Allerdings kann eine Sanierungsabsicht auch bereits dann vorliegen, wenn nur ein einziger Gläubiger die Schulden erlässt.

Die Voraussetzungen gelten automatisch als **erfüllt, wenn ein Sanierungsplan vorliegt**. Gemäß § 3a EStG ist in folgenden Fällen der Sanierungsgewinn von der Steuer befreit:
- Sanierungsgewinn nach einer Restschuldbefreiung,
- Sanierungsgewinn nach einem Schuldenerlass im Rahmen einer außergerichtlichen Schuldenbereinigung zur Vermeidung eines Insolvenzverfahrens,
- Sanierungsgewinn nach einem Schuldenerlass im Rahmen der Durchführung eines im Insolvenzverfahren zugestimmten Insolvenzplans.

§ 3c Abs. 4 EStG enthält dagegen ein besonderes Abzugsverbot für Sanierungsaufwendungen, die in einem unmittelbaren wirtschaftlichen Zusammenhang mit diesen Sanierungserträgen stehen, die nach § 3a Abs. 1 S. 1 oder § 3a Abs. 5 EStG steuerfrei gestellt werden. Das Abzugsverbot gilt unabhängig davon, in welchem VZ die Sanierungsaufwendungen anfallen.

Insoweit hat die Vorschrift im Wesentlichen klarstellende Bedeutung, da die Sanierungsaufwendungen ansonsten gem. § 3c Abs. 1 EStG VZ-übergreifend nicht abzugsfähig wären.

Enthalten sind zudem verfahrensrechtliche Sonderregelungen zur Korrektur und Festsetzungsverjährung von Steuer- oder Feststellungsbescheiden, in denen Sanierungsaufwendungen gewinnmindernd berücksichtigt worden sind.

10.1.14 Abbildungen zu Kapitel 10.1

Abb. 10.1: Mitunternehmer von geringer Bedeutung, BFH vom 06.02.2020, IV R 6/17

Die einheitliche und gesonderte Feststellung der Besteuerungsgrundlagen
- kann in Fällen bestimmter BGB-Gesellschaften,
- an denen nur Ehegatten/Lebenspartner beteiligt sind, entfallen.

Insbesondere Fälle mit gewerblichen Einkünften aus Photovoltaikanlagen und Vermietungseinkünfte werden darunter fallen.

Die Einkünfte sind daher künftig **ohne Grundlagenbescheid**
- direkt in Zeile 12 der Anlage G
- (für jeden Ehegatten/Lebenspartner ist eine gesonderte Anlage G anzugeben) einzutragen.

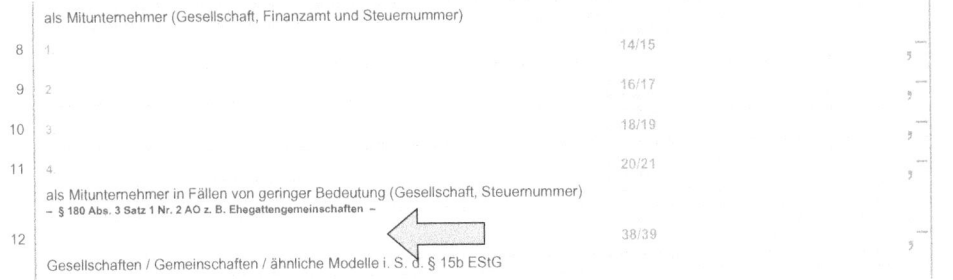

Abb. 10.2: (Keine) Gewinnerzielungsabsicht bei kleinen Photovoltaikanlagen und vergleichbaren Blockheizkraftwerken – BMF vom 29.10.2021, IV C 6 – S 2240/19/10006 :006

Die Regelungen gelten für **Photovoltaikanlagen** mit einer installierten Leistung von bis zu **10 kW**, die auf **zu eigenen Wohnzwecken** genutzten oder unentgeltlich überlassenen Ein- und Zweifamilienhausgrundstücken einschließlich Außenanlagen (z.B. Garagen) installiert sind und nach dem 31.12.2003 in Betrieb genommen wurden. Vergleichbare **BHKW** sind solche mit einer installierten Leistung von bis zu **2,5 kW**.

Auf schriftlichen Antrag der steuerpflichtigen Person ist aus Vereinfachungsgründen ohne weitere Prüfung in allen offenen Veranlagungszeiträumen zu unterstellen, dass diese nicht mit Gewinnerzielungsabsicht betrieben werden. Bei ihnen liegt grundsätzlich eine steuerlich unbeachtliche Liebhaberei vor. Der Antrag wirkt auch für die Folgejahre.

Veranlagte Gewinne und Verluste (z.B. bei unter dem Vorbehalt der Nachprüfung oder vorläufig durchgeführten Veranlagungen) aus zurückliegenden Veranlagungszeiträumen, die verfahrensrechtlich einer Änderung noch zugänglich sind (z.B. bei unter dem Vorbehalt der Nachprüfung oder vorläufig durchgeführten Veranlagungen), sind nicht mehr zu berücksichtigen. In diesen Fällen ist dann eine Anlage EÜR für den Betrieb der Photovoltaikanlage/des BHKW für alle offenen Veranlagungszeiträume nicht mehr abzugeben.

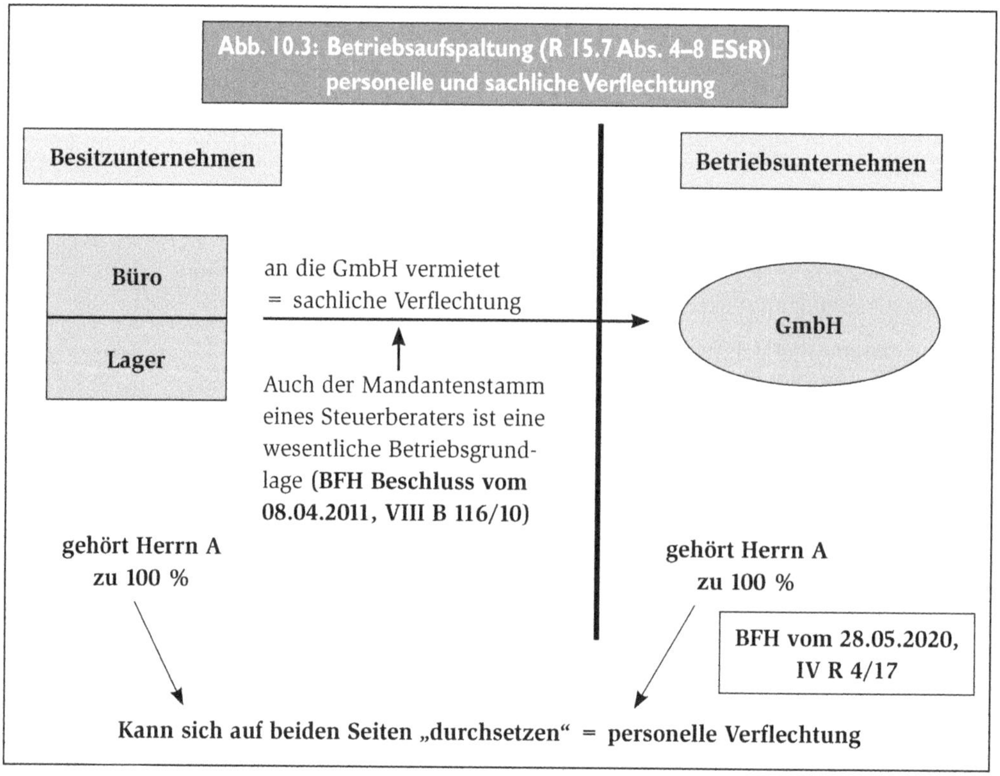

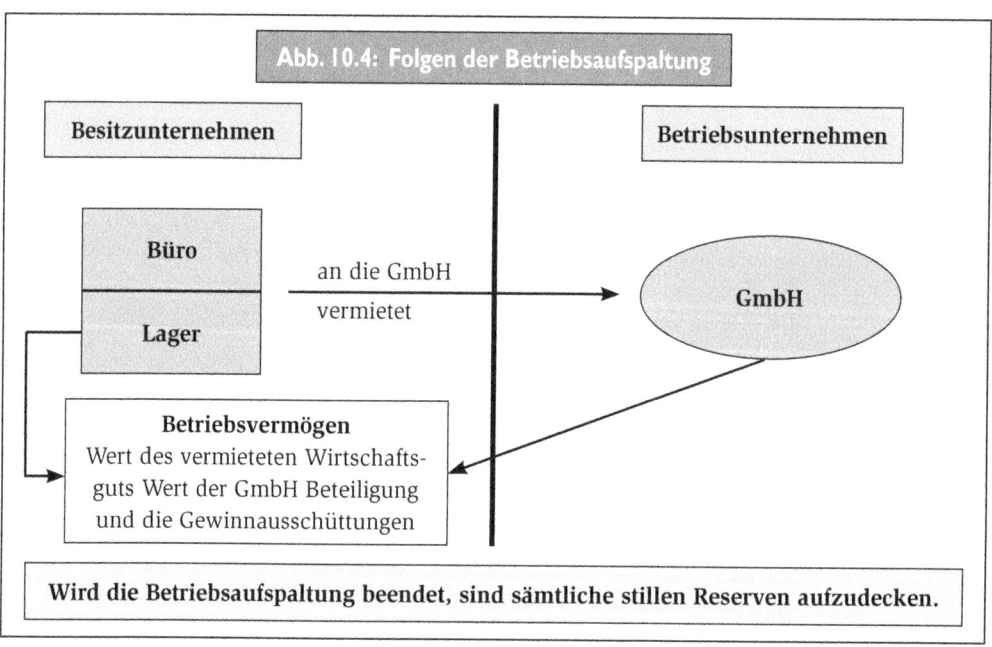

10.1 Anlage G

Abb. 10.5: Betriebsaufspaltung R 15.7 Abs. 4–8 EStR personelle und sachliche Verflechtung BFH Urteil vom 14.04.2021, X R 5/2019

Besitzunternehmen — Betriebsunternehmen

Büro / Lager — an die GmbH vermietet = sachliche Verflechtung → GmbH

gehört der Klägerin zu 100 %

gehört der Klägerin zu 50 % und minderjährigem Sohn zu 50 %
vertreten durch Ergänzungspflegerin

Sie kann sich **nicht** auf beiden Seiten „durchsetzen" = **keine** personelle Verflechtung

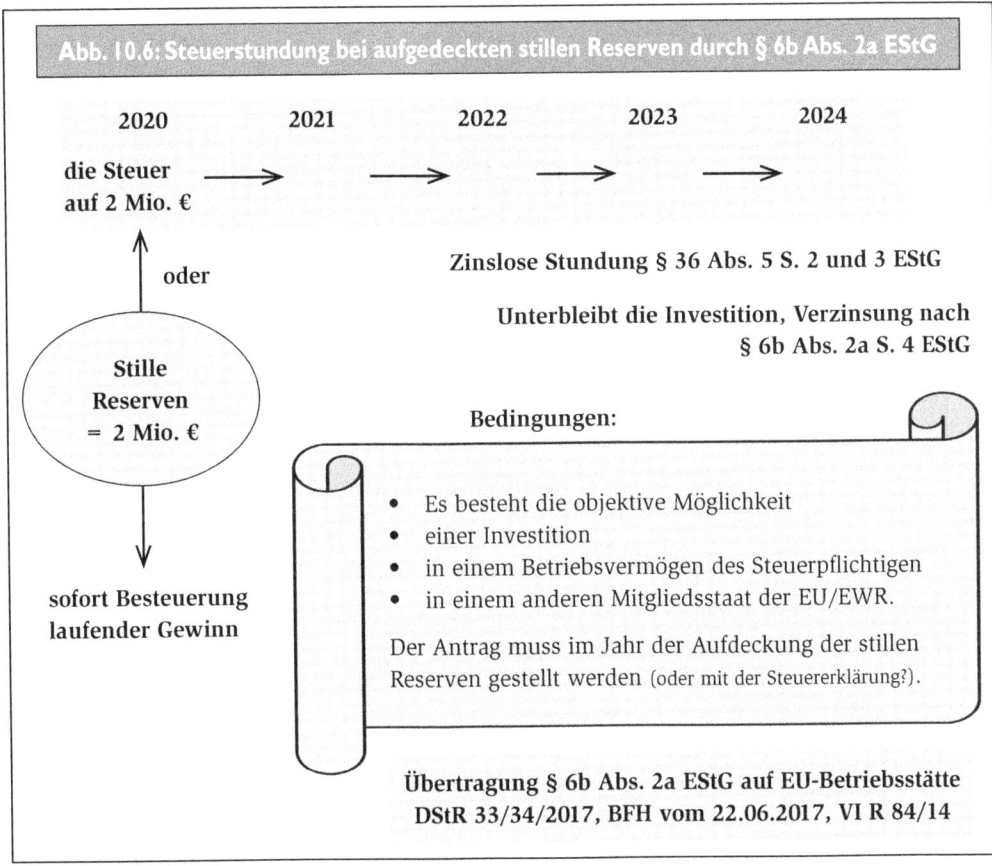

Abb. 10.6: Steuerstundung bei aufgedeckten stillen Reserven durch § 6b Abs. 2a EStG

2020   2021   2022   2023   2024

die Steuer auf 2 Mio. € → → → →

oder

Stille Reserven = 2 Mio. €

sofort Besteuerung laufender Gewinn

Zinslose Stundung § 36 Abs. 5 S. 2 und 3 EStG

Unterbleibt die Investition, Verzinsung nach § 6b Abs. 2a S. 4 EStG

Bedingungen:
- Es besteht die objektive Möglichkeit
- einer Investition
- in einem Betriebsvermögen des Steuerpflichtigen
- in einem anderen Mitgliedsstaat der EU/EWR.

Der Antrag muss im Jahr der Aufdeckung der stillen Reserven gestellt werden (oder mit der Steuererklärung?).

Übertragung § 6b Abs. 2a EStG auf EU-Betriebsstätte
DStR 33/34/2017, BFH vom 22.06.2017, VI R 84/14

Abb. 10.7: Steuerstundung bei aufgedeckten stillen Reserven durch § 6b Abs. 2a EStG

BMF vom 07.03.2018, Zweifelsfragen im Zusammenhang mit § 6b Abs. 2a EStG

Im Jahr der Veräußerung des begünstigten Wirtschaftsguts oder in den folgenden vier Jahren soll ein WG in einem Betrieb in der EU/EWR angeschafft/hergestellt werden.

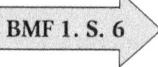

BMF 1. S. 6 ➤	Der Antrag nach § 6b Abs. 2a EStG ist nicht formgebunden.
BMF 4. S. 10 ➤	Kein Nachweis einer Reinvestitionsabsicht erforderlich!
BMF 4. S. 10 ➤	Investition muss nur denkbar und möglich sein!
BMF 5. S. 11 ➤	Wird nicht investiert, erfolgt keine Aufhebung der gewährten Ratenzahlung!

Abb. 10.8: Steuerstundung bei aufgedeckten stillen Reserven durch § 6b Abs. 2a S. 4–6 EStG bei unterlassener Reinvestition

Pandemiebedingte Verlängerung der Reinvestitionsfristen des § 6b EStG für das nach dem 31.12.2020 und längstens vor dem 01.01.2022 endende Wirtschaftsjahr
- um ein Jahr verlängert,
- wenn die Rücklage wegen § 6b Abs. 3 Satz 5, Abs. 8 Satz 1 Nr. 1 i.V.m. Abs. 3 Satz 5 oder Abs. 10 Satz 8
- am Schluss dieses Wirtschaftsjahres aufzulösen wäre.

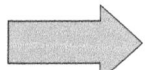

Erfüllt der Steuerpflichtige wegen:
- ganz ausbleibender oder
- nicht in voller Höhe vorgenommener Reinvestition

die Tatbestandsvoraussetzung im Nachhinein nicht, wird die Ratenzahlung insoweit nicht mehr zinslos gewährt.

Es erfolgt eine Verzinsung nach § 234 AO.

Diese Regelung soll bereits auf Gewinne i.S.d. § 6b Abs. 2 EStG angewendet werden, die nach dem 31.12.2017 entstanden sind (betrifft also Veranlagungszeiträume ab 2018!).

Abb. 10.9: Kraftfahrzeugkosten im Privatvermögen

Gesamtfahrleistung im
Kalenderjahr 30.000 km

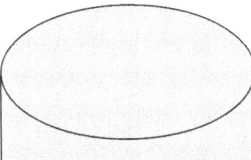

Private Nutzung
20.000 km

Betriebliche
Nutzung
10.000 km

Privatvermögen

Nach dem BMF-Schreiben vom 24.10.2014, IV C 5 – S 2353/14/10002 Rz. 36 kann <u>ohne Einzelnachweis</u> der Kilometersatz von 0,30 € je gefahrenen Kilometer für ein dem Privatvermögen zugeordnetes Kfz angesetzt werden.

<u>10.000 km × 0,30 € = 3.000 € Betriebsausgaben</u>

Abb. 10.10: Kraftfahrzeugkosten im Betriebsvermögen

Gesamtfahrleistung im
Kalenderjahr 30.000 km

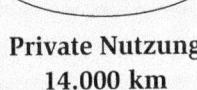

Private Nutzung
14.000 km

Betriebliche
Nutzung
16.000 km

Betriebsvermögen

Nunmehr sind <u>mehr als 50 %</u> der Fahrtkilometer dem betrieblichen Bereich zuzuordnen und damit ist <u>zwingend</u> die 1 %-Regel anzuwenden (oder Fahrtenbuch).
Ein späterer Verkaufserlös wäre dann steuerpflichtig.
<u>BFH vom 13.05.2014, III B 152/13</u>

Abb. 10.11: Mehrere Pkw und Privatanteil – BFH vom 24.05.2019, VI B 101/18

6 × 1 % des Listenneupreises bei Erstzulassung

Werden mehr als ein Kfz auch zur privaten Nutzung überlassen, so ist der geldwerte Vorteil für jedes Fahrzeug mit 1 % zu berechnen.

Der Wortlaut des § 8 Abs. 2 S. 2 i.V.m. § 6 Abs. 1 Nr. 4 S. 2 EStG bietet keinen Anhaltspunkt, dass in diesen Fällen die 1 %-Regel nur für ein Fahrzeug gelten solle. Es bestehe auch kein Grund, diese Vorschrift einschränkend auszulegen.

Siehe aber auch BMF vom 04.04.2018, Beck StE 20 § 8/2 Rz. 16 „**Nutzungsverbot**".

Abb. 10.12: Erschütterung des Anscheinsbeweises für die Privatnutzung eines Betriebs-Pkws – FG Niedersachsen vom 20.03.2019, 9 K 125/18 NZB, BFH VIII B 61/19, FG Niedersachsen vom 19.02.2020, 9 K 104/19 rkr.

Gleichwertige Pkw. Einer im Betriebs- und einer im Privatvermögen.

Nur betrieblich genutzt! Kein Privatanteil?
Klappt fast nur ohne Familie und ohne Freunde.

Hiermit werden sämtliche privaten Fahrten erledigt?

Ein in Status und Gebrauchswert vergleichbares Fahrzeug muss zur alleinigen Verfügung des Steuerpflichtigen bereitstehen.

Durch die regelmäßige Nutzung des privaten Pkws durch Familienangehörige oder sonstige Personen wird der Steuerpflichtige natürlich von der Nutzung ausgeschlossen. Ihm steht das Fahrzeug für private Fahrten nicht **uneingeschränkt** zur Verfügung.

> **Abb. 10.13: Anwendung der 1 %-Regelung auch in Fällen, in denen dadurch 50 % der Gesamtaufwendungen für das Kfz überschritten werden; BFH vom 15.05.2018, X R 28/15**

Verfassungsbeschwerde 2 BvR 2129/18

Die nach der 1 %-Regelung ermittelte Nutzungsentnahme ist nicht auf 50 % der Gesamtaufwendungen für das Kfz zu begrenzen.
Im Ergebnis kann dies zu einer vollständigen Eliminierung der Kfz Kosten führen.

Beispiel:

1 % des Listenneupreises bei Erstzulassung (80.000 €) × 12 Monate	= 9.600 €
Monatliche Kfz-Kosten 800 € × 12 Monate ebenfalls	= 9.600 €
Steuerliche Auswirkung der Kfz Kosten	= 0 €

> **Abb. 10.14: Entwurf des BMF Schreibens zur Nutzung von Elektro- und Hybridelektrofahrzeugen, § 9 Abs. 1 S. 3 Nr. 4a S. 3 EStG**

Was sind
Elektrofahrzeuge i.S.d. § 6 Abs. 1 Nr. 4 S. 2, 2. HS und 3 EStG?
Zulassung **Codierung** Teil I, Feld 10: **0004 und 0015**.

Was sind
Extern aufladbare Hybridelektrofahrzeuge i.S.d. § 6 Abs. 1 Nr. 4 S. 2, 2. HS und 3 EStG?
Zulassung **Codierung** Teil I, Feld 10: **0016 bis 0019 und 0025 bis 0031**.

Was sind
Elektrofahrräder und Elektrokleinstfahrzeuge i.S.d. § 6 Abs. 1 Nr. 4 S. 2 und 3 EStG?
Motor unterstützt auch Geschwindigkeiten über 25km/h.
Wird als **Kraftfahrzeug** i.S.d. § 6 Abs. 1 Nr. 4 S. 2, 2. HS und 3 EStG eingeordnet.

Abb. 10.15: Entwurf des BMF Schreibens zur Nutzung von Elektro- und Hybridelektrofahrzeugen, § 9 Abs. 1 S. 3 Nr. 4a S. 3 EStG

Was sind **Elektrofahrzeuge** i.S.d. § 6 Abs. 1 Nr. 4 S. 2, 2. HS und 3 EStG?
Zulassung **Codierung** Teil I, Feld 10: **0004 und 0015**.

Anschaffungszeitraum	Voraussetzungen	Anzusetzender Anteil des Bruttolistenpreises
01.01.2019–31.12.2021	Keine	½ (50 %)
01.01.2019–31.12.2030	Listenpreis nicht mehr als 60.000 €	¼ (25 %)
01.01.2019–31.12.2030	Listenpreis mehr als 60.000 €	½ (50 %)

Abb. 10.16: Entwurf des BMF Schreibens zur Nutzung von Elektro- und Hybridelektrofahrzeugen, § 9 Abs. 1 S. 3 Nr. 4a S. 3 EStG

Was sind **Extern aufladbare Hybridelektrofahrzeuge** i.S.d. § 6 Abs. 1 Nr. 4 S. 2, 2. HS und 3 EStG?
Zulassung **Codierung** Teil I, Feld 10: **0016 bis 0019 und 0025 bis 0031**.

Anschaffungszeitraum	Voraussetzungen	Anzusetzender Anteil des Bruttolistenpreises
01.01.2019–31.12.2021	Kohlendioxidemission höchstens 50 g/km oder Mindestreichweite von **40 km**	½ (50 %)
01.01.**2022**–31.12.2030	Kohlendioxidemission höchstens 50 g/km oder Mindestreichweite von **60 km**	½ (50 %)
01.01.**2025**–31.12.2030	Kohlendioxidemission höchstens 50 g/km oder Mindestreichweite von **80 km**	½ (50 %)

Das gilt auch für die Anschaffung gebrauchter Kraftfahrzeuge

10.1 Anlage G

> **Abb. 10.17: Ordnungsgemäßes Fahrtenbuch nach § 8 Abs. 2 S. 4 EStG**
> **BMF vom 04.04.2018, BStBl I 2018, 592 – Beck StE 20 § 8/2 Rz. 25–27**
> **FG Niedersachsen 23.01.2019, 3 K 107/18**

Unabhängig davon, ob ein manuelles oder elektronisches Fahrtenbuch gegeben ist, muss dieses im Hinblick auf die dienstlichen bzw. beruflichen Fahrten mindestens die folgenden Angaben enthalten:
- Datum der Fahrt,
- Kilometerstand zu Beginn und am Ende der Fahrt,
- Reiseziel und bei Umwegen gegebenenfalls die Reiseroute,
- Reisezweck bzw. aufgesuchter Geschäftspartner.

Bei übrigen Fahrten genügen die Angabe der privat gefahrenen Kilometer und ein Vermerk zu den zwischen Wohnung und erster Tätigkeitsstätte gefahrenen Kilometer.

> **Abb. 10.18: Fahrten Wohnung: erste Betriebsstätte/Tätigkeitsstätte; Unterschied zwischen Arbeitnehmer und Unternehmer bei taggenauer Berechnung und weniger als 15 Fahrten monatlich; BFH vom 12.06.2018, VIII R 14/15**

Nachweislich nur monatlich **10** Fahrten von der Wohnung zur 20 km entfernten ersten Tätigkeitsstätte bzw. Betrieb mit dem Pkw Listenneupreis 100.000 €.

  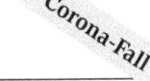

Unternehmer § 4 Abs. 5 S. 1 Nr. 6 S. 3 Hs. 1 EStG	**Arbeitnehmer** BMF vom 04.04.2018, BStBl I 2018, 592
0,03 % × 20 km × 12 Monate = 7.200 €	0,002 % × 20 km × 120 Fahrten = 4.800 €
abzugsfähige Betriebsausgaben 120 Tage × 20 km × 0,30 € = ./. 720 €	Entfernungspauschale 120 Tage × 20 km × 0,30 € = ./. 720 €
Gewinn hinzuzurechnen = **6.480 €**	Arbeitslohn hinzuzurechnen = **4.080 €**

Abb. 10.19: Degressive Abschreibung für bewegliche Wirtschaftsgüter des Anlagevermögens nach § 7 Abs. 2 EStG

Beispiel:
Anschaffungskosten einer Maschine im Januar 2021   100.000 €
Betriebsgewöhnliche Nutzungsdauer   Acht Jahre

Lineare AfA: 12,5 % von 100.000 € =   12.500 €

Degressive AfA: 2,5-Fache von 12,5 % = 31,25 %
Höchstmöglicher AfA-Satz (Obergrenze =) 25 % =   25.000 €

Folgejahr:
Lineare AfA: 12,5 % von 100.000 € =   12.500 €
Degressive AfA: AfA: 25 % vom Restwert 75.000 € =   18.750 €

Weiteres Folgejahr:
Lineare AfA: 12,5 % von 100.000 € =   12.500 €
Degressive AfA: AfA: 25 % vom Restwert 56.250 € =   14.062 €

Abb. 10.20: Sonderabschreibung für Elektronutzfahrzeuge und elektrisch betriebene Lastenfahrräder nach § 7c EStG

- Für Anschaffungskosten **neuer** Elektro**nutz**fahrzeuge
- kann im Jahr der Anschaffung
- eine **Sonderabschreibung von 50 %**
- **neben der Normalabschreibung** beansprucht werden.
- Ausschließlich nach amtlich vorgeschriebenem Datensatz durch Datenfernübertragung.

Kein § 7 Abs. 2 EStG zusätzlich neben § 7 Abs. 1 EStG

Elektro**nutz**fahrzeuge sind gem. § 7c Abs. **2** EStG
Fahrzeuge der EG-Fahrzeugklassen N1, N2 und N3, die ausschließlich durch Elektromotoren angetrieben werden, die aus … gespeist werden.

Elektro**nutz**fahrzeuge sind gem. § 7c Abs. **3** EStG
Elektrisch betriebene Lastenfahrräder mit einem Mindest-Transportvolumen von 1m³ und einer Nutzlast von mindestens 150 kg, die mit einem elektrischen Hilfsantrieb angetrieben werden.

10.1 Anlage G

Abb. 10.21: Investitionsabzugsbetrag nach § 7g EStG

- Der **Gewinn** (HB/StB?) im Abzugsjahr darf **200.000 €** nicht übersteigen.
- Bis zu **50 %** der voraussichtlichen Anschaffungs-/Herstellungskosten können gewinnmindernd abgezogen werden. § 52 Abs. 16 S. 1 EStG ... 50 % Auflösung erst mit den in 2020 gebildeten IABs. mit Datev auch noch für 2019?
- Auch später **vermietete** Wirtschaftsgüter sind begünstigt.
- Maximal je Betrieb des Steuerpflichtigen 200.000 € (Ahk 400.000 €).
- BFH vom 15.07.2020, III R 62/19: der **Nachweis der ausschließlich betrieblichen Nutzung eines Pkws** muss nicht durch ein ordnungsgemäßes Fahrtenbuch nachgewiesen werden. Andere Nachweise reichen auch (welche? Z.B. ein nicht ordnungsgemäßes Fahrtenbuch).

Abb. 10.22: Späteste Auflösung eines Investitionsabzugsbetrag nach § 7g EStG

Bildung des Investitionsabzugsbetrags	Späteste Auflösung des Investitionsabzugsbetrags
2016	2019
2017	2022 (5 Jahre)
2018	2022 (4 Jahre)
2019	2022
2020	2023
2021	2024

Die Fristen für § 7g EStG wurden durch das KöMoG (Bundesrat Ende Juni 2021) erneut geändert. § 52 Abs. 16 EStG wird wie folgt geändert: In Satz 3 werden die Wörter „zum Ende des vierten" durch die Wörter „**zum Ende des fünften**" ersetzt.
Neu: Folgender Satz wird angefügt: „Bei in nach dem 31. Dezember 2017 und vor dem 1. Januar 2019 (**nur für die in 2018 gebildeten**) endenden Wirtschaftsjahren beanspruchten Investitionsabzugsbeträgen endet die Investitionsfrist abweichend von § 7g Absatz 3 Satz 1 **erst zum Ende des vierten auf das Wirtschaftsjahr des Abzugs folgenden Wirtschaftsjahres.**"
Ausführlich in DStR 37/2021, 2202

Abb. 10.23: Steuerstundungsmodell

Der 4. Senat des FG Münster hat mit Urteil vom 21.02.2020 (4 K 794/19 F) entschieden, dass **kein Steuerstundungsmodell** im Sinne von § 15b EStG vorliegt:
- wenn das Konzept keine steuerlichen Vorteile in Aussicht stellt,
- sondern vielmehr mit von Beginn an erzielbaren Renditen wirbt,
- auch wenn dies in betrügerischer Absicht erfolgt.

§ 15b EStG Verluste im Zusammenhang mit Steuerstundungsmodellen

(1) [1]Verluste im Zusammenhang mit einem Steuerstundungsmodell dürfen weder mit Einkünften aus Gewerbebetrieb noch mit Einkünften aus anderen Einkunftsarten ausgeglichen werden; sie dürfen auch nicht nach § 10d abgezogen werden. [2]Die Verluste mindern jedoch die Einkünfte, die der Steuerpflichtige in den folgenden Wirtschaftsjahren aus derselben Einkunftsquelle erzielt. [3]§ 15a ist insoweit nicht anzuwenden.

(2) [1]Ein Steuerstundungsmodell im Sinne des Absatzes 1 **liegt vor, wenn** auf Grund einer modellhaften Gestaltung steuerliche Vorteile in Form negativer Einkünfte erzielt werden sollen. [2]Dies ist der Fall, wenn dem Steuerpflichtigen auf Grund eines vorgefertigten Konzepts die Möglichkeit geboten werden soll, zumindest in der Anfangsphase der Investition Verluste mit übrigen Einkünften zu verrechnen. [3]Dabei ist es ohne Belang, auf welchen Vorschriften die negativen Einkünfte beruhen.

(3) Absatz 1 ist nur anzuwenden, wenn innerhalb der Anfangsphase das Verhältnis der Summe der prognostizierten Verluste zur Höhe des gezeichneten und nach dem Konzept auch aufzubringenden Kapitals oder bei Einzelinvestoren des eingesetzten Eigenkapitals 10 Prozent übersteigt.

(3a) Unabhängig von den Voraussetzungen nach den Absätzen 2 und 3 liegt ein Steuerstundungsmodell im Sinne des Absatzes 1 insbesondere vor, wenn ein Verlust aus Gewerbebetrieb entsteht oder sich erhöht, indem ein Steuerpflichtiger, der nicht auf Grund gesetzlicher Vorschriften verpflichtet ist, Bücher zu führen und regelmäßig Abschlüsse zu machen, auf Grund des Erwerbs von Wirtschaftsgütern des Umlaufvermögens sofort abziehbare Betriebsausgaben tätigt, wenn deren Übereignung ohne körperliche Übergabe durch Besitzkonstitut nach § 930 des Bürgerlichen Gesetzbuchs oder durch Abtretung des Herausgabeanspruchs nach § 931 des Bürgerlichen Gesetzbuchs erfolgt.

Abb. 10.24: Steuerermäßigung bei gewerblichen Einkünften nach § 35 EStG

Die tarifliche Einkommensteuer ermäßigt sich:

- soweit sie anteilig auf im zu versteuernden Einkommen enthaltene gewerbliche Einkünfte entfällt
- um das **4fache** des Gewerbesteuer-Messbetrags
- höchstens in der Summe der positiven gewerblichen Einkünfte zur Summe aller positiven Einkünfte
- begrenzt auf die tatsächlich zu zahlende Gewerbesteuer.

Die Gewerbesteuer und die darauf entfallenden Nebenleistungen sind selbst keine Betriebsausgaben – § 4 Abs. 5b EStG.

10.1 Anlage G

> **Abb. 10.25: Beispiel 1 zum § 35 EStG**
>
> Der Gewerbetreibende A erzielt positive Einkünfte aus Gewerbebetrieb von 300.000 € und zugleich noch negative Einkünfte aus Vermietung und Verpachtung in gleicher Höhe. Er zahlte Gewerbesteuern von 30.000 €.

Lösung:

- Bei einem Gesamtbetrag der Einkünfte von 0,00 € entsteht auch keine tarifliche Einkommensteuer nach § 32a EStG.
- Damit ist auch keine Anrechnung des Gewerbesteuermessbetrages möglich.
- A bleibt mit der Gewerbesteuer, die nach § 4 Abs. 5b EStG keine Betriebsausgabe ist, belastet.

> **Abb. 10.26: Beispiel 2 zum § 35 EStG**
>
> A und B sind zu jeweils 50 % an einer Personengesellschaft beteiligt. Der allgemeine Gewinnverteilungsschlüssel entspricht dem Beteiligungsverhältnis.
>
> Der Gewinn des Jahres 2021 betrug unstrittig 500.000 €. A erhält davon als Vorab- und Sondervergütung 400.000 €.
>
> Die dann verbleibenden 100.000 € wurden dann zu je 50 % auf A und B verteilt. Der Gewinnanteil des A beträgt damit insgesamt 450.000 € und der des B nur 50.000 €.

Lösung: § 35 Abs. 2 S. 2 EStG – BMF vom 03.11.2016 Rz. 19–24

Die gezahlten Gewerbesteuern und der Gewerbesteuermessbetrag der Personengesellschaft sind im Verhältnis 50 : 50, nach dem Gewinnverteilungsschlüssel aufzuteilen.

Sollten also beispielsweise 100.000 € Gewerbesteuern festgesetzt worden sein, entfallen darauf auf den A 50.000 € und auf den B ebenfalls 50.000 €.

Gleiches gilt für den festgestellten Gewerbesteuermessbetrag.

Abb. 10.27: Beispiel BMF vom 03.11.2016, BStBl I 2016, 1187

BMF vom 03.11.2016
Steuerermäßigung nach § 35 EStG

Beispiel 1:
Der ledige Steuerpflichtige A erzielt folgende Einkünfte:

§ 15 EStG, Betrieb 1	– 50.000 €
§ 15 EStG, Betrieb 2	120.000 €
§ 17 EStG (keine Einkünfte i.S.d. § 35 EStG)	– 30.000 €
§ 18 EStG	– 100.000 €
§ 21 EStG, Grundstück 1	– 100.000 €
§ 21 EStG, Grundstück 2	200.000 €

70.000 { Betrieb 1 + Betrieb 2 }
40.000 { §§ 15, 17 EStG }
100.000 { § 21 EStG }

Summe der Einkünfte: 40.000 €

Lösung:
Der Ermäßigungshöchstbetrag ermittelt sich wie folgt:

$$\frac{70.000 \text{ (Summe der positiven gewerblichen Einkünfte (Betrieb 1 + Betrieb 2))}}{140.000 \text{ (gewerbliche Einkünfte (§§ 15, 17 EStG) + Einkünfte § 21 EStG)}} \times \text{geminderte tarifliche Steuer}$$

Abb. 10.28: Beispiel BMF vom 03.11.2016, BStBl I 2016, 1187

BMF vom 03.11.2016
Steuerermäßigung nach § 35 EStG

Beispiel 2: Ein zusammenveranlagtes Ehepaar erzielt folgende Einkünfte:

Einkünfte	Ehemann	Ehefrau
§ 15 EStG	50.000 €	– 25.000 €
§ 19 EStG		10.000 €
§ 21 EStG, Grundstück 1	– 30.000 €	
§ 21 EStG, Grundstück 2		25.000 €
§ 21 EStG, Grundstück 3		– 10.000 €

Summe der Einkünfte: 20.000 €

Lösung: Der Ermäßigungshöchstbetrag ermittelt sich wie folgt:

$$\frac{50.000 \text{ (gewerbliche Einkünfte EM)}}{750.000 \text{ (gewerbliche Einkünfte EM + Einkünfte § 19 EStG EF + Einkünfte § 21 EStG EF)}} \times \text{geminderte tarifliche Steuer}$$

10.1 Anlage G

Abb. 10.29: Betriebsveräußerungen/Betriebsaufgabe (§ 16 EStG)

Wichtig für Freibetrag nach § 16 Abs. 4 EStG und Steuerbegünstigung nach § 34 Abs. 1 und Abs. 3 EStG

Betriebsveräußerung im Ganzen (R 16 Abs. 1 EStR)
- Aufgabe der bisherigen Tätigkeit
- Übertragung des Betriebsorganismus
- Rückbehalt nur von nicht wesentlichen Betriebsgrundlagen ist unschädlich.

Teil-Betriebsveräußerung (R 16 Abs. 3 EStR)
Ein Teilbetrieb liegt vor, wenn:
- es sich um den organisch geschlossenen Teil des Gesamtbetriebes handelt
- eine gewisse Selbstständigkeit vorliegt (insbesondere Filialen)
- eine eigene Buchführung ist nicht erforderlich.

Betriebsaufgabe im Ganzen (R 16 Abs. 2 EStR)
- Willensentscheidung, den bisherigen betrieblichen Organismus in dieser Form zu beenden
- alle wesentlichen Betriebsgrundlagen werden in einem einheitlichen Vorgang an verschiedene Erwerber veräußert oder entnommen.

§ 16 Abs. 3b EStG ab 04.11.2011

Freiberufler:
BFH vom 11.02.2020, VIII B 131/19 Tätigkeit für eine „gewisse Zeit" einzustellen, aber keine Wartezeit von drei Jahren erforderlich.

§ 16 Abs. 3a EStG bei Ausschluss/Einschränkung des Besteuerungsrechts

Keine Betriebsaufgabe liegt vor bei:
- Betriebsunterbrechungen oder
- Betriebssitzverlegungen oder
- Eröffnung des Insolvenzverfahrens.

Abb. 10.30: Veräußerungsgewinn nach § 16 Abs. 2 EStG

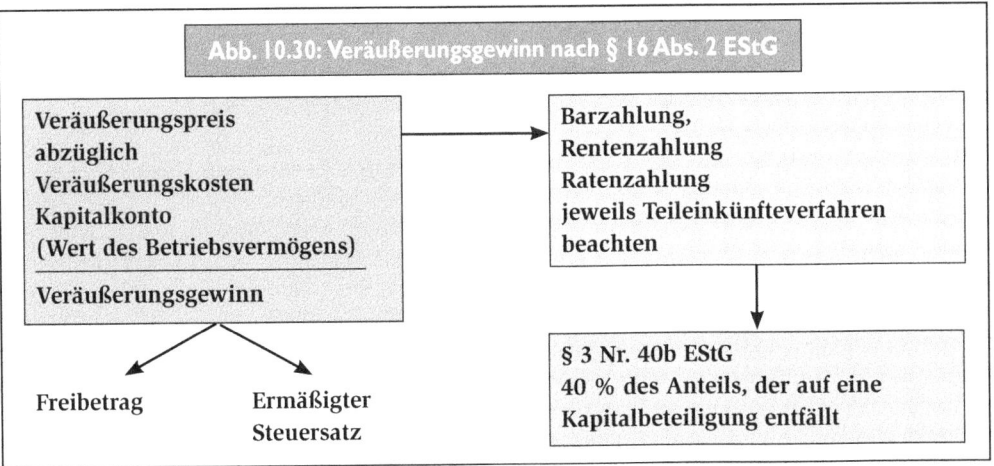

Veräußerungspreis
abzüglich
Veräußerungskosten
Kapitalkonto
(Wert des Betriebsvermögens)
―――――――――――
Veräußerungsgewinn

→ Freibetrag
→ Ermäßigter Steuersatz

Barzahlung,
Rentenzahlung
Ratenzahlung
jeweils Teileinkünfteverfahren beachten

§ 3 Nr. 40b EStG
40 % des Anteils, der auf eine Kapitalbeteiligung entfällt

Abb. 10.31: Veräußerungsgewinn: Beispiel mit Zahlen

Veräußerungspreis	1.000.000 € bar – Rente – Raten
abzüglich Veräußerungskosten	100.000 € Vermittlungsgebühren
Kapitalkonto (Wert des Betriebsvermögens)	200.000 €
Veräußerungsgewinn	700.000 € bar – Rente – Raten

Veräußerungsgewinn → Freibetrag / Ermäßigter Steuersatz

+ Zinsen   + Zinsen
Ertragsanteil § 22 EStG

Abb. 10.32: Veräußerungsfreibetrag nach § 16 Abs. 4 EStG

Bedingungen	Höhe/Begrenzungen
nur auf Antrag • der Steuerpflichtige muss das 55. Lebensjahr vollendet haben oder dauernd berufsunfähig sein • nur einmal zu gewähren ! • nicht aufzuteilen auf mehrere Betriebe • unverbrauchter Restbetrag entfällt • ist auch für begünstigte Teile des Gewinns nach § 3 Nr. 40 EStG zu gewähren (R 16 Abs. 13 S. 9 EStR)	45.000 € Freibetrag, • vermindert um den Wert, • um den der Veräußerungsgewinn 136.000 € übersteigt • ab einem Veräußerungsgewinn von 181.000 € ist damit kein Freibetrag mehr zu gewähren (181.000 € ./. 136.000 € = 45.000 €)

Beweis für den Beratungshinweis beachten!

10.1 Anlage G

Abb. 10.33: Ermäßigter Steuersatz nach § 34 Abs. 3 EStG

Unabhängig von der Gewährung eines Freibetrags nach § 16 Abs. 4 EStG kann ein ermäßigter Steuersatz nach § 34 Abs. 3 EStG beantragt werden.

Voraussetzungen:

!
- Auf Antrag,
- nur einmal je Steuerpflichtiger,
- mindestens Eingangssteuersatz,
- 56 % des Durchschnittsteuersatzes,
- gilt nicht für den nach § 3 Nr. 40b EStG begünstigten Teil des Veräußerungsgewinns.

Beweis für den Beratungshinweis beachten!

Abb. 10.34: Betriebsveräußerung gegen wiederkehrende Leistungen nach R 16 Abs. 11 EStR

Wahlrecht

Sofortversteuerung	Nachträgliche Betriebseinnahmen

• § 16 EStG ist anzuwenden.
• **Veräußerungsgewinn** ist:
  a) der Rentenbarwert abzüglich
  b) der Veräußerungskosten abzüglich
  c) Buchwert Kapitalkonto.
• Die in den Rentenzahlungen enthaltenen Ertragsanteile sind **sonstige Einkünfte** i.S.d. § 22 Nr. 1 S. 3 Buchstabe a Doppelbuchstabe **bb** EStG.
	§§ 15 + 24 EStG sind anzuwenden.
	Ein **Gewinn** entsteht **erst**, wenn der Kapitalanteil der wiederkehrenden Leistungen zuzüglich etwaiger Kosten **das steuerliche Kapitalkonto übersteigt**. Die in den Rentenzahlungen enthaltenen **Zinsanteile** sind jedoch ab 01.01.2004 **sofort** als **nachträgliche Betriebseinnahmen** nach §§ 15 + 24 EStG bei Zufluss zu versteuern.
	Anteilige Barzahlungen fallen nicht unter dieses Wahlrecht!

Abb. 10.35: § 16 Abs. 4 EStG und Teileinkünfteverfahren

Erbfall   **H 16 Abs. 13 EStH**

Wird ein Veräußerungsgeschäft vor dem Erbfall abgeschlossen, aber erst nach dem Erbfall wirksam, steht der Freibetrag nur dem Erben nach dessen persönlichen Verhältnissen zu (>**BFH vom 9.6.2015** – BStBl 2016 II S. 216).

Freibetrag

- Aufteilung des Freibetrages und Gewährung der Tarifermäßigung bei Betriebsaufgaben über zwei Kj.,
  Freibetrag bei teilentgeltlicher Veräußerung im Wege der vorweggenommenen Erbfolge,
  Vollendung der Altersgrenze in § 16 Abs. 4 und § 34 Abs. 3 EStG nach Beendigung der Betriebsaufgabe oder -veräußerung, aber vor Ablauf des VZ der Betriebsaufgabe oder -veräußerung,
  >**BMF vom 20.12.2005** (BStBl 2006 I S. 7)
- Der Freibetrag für Betriebsveräußerungs- oder -aufgabegewinne kann auch bei Veräußerung oder Aufgabe mehrerer Betriebe, Teilbetriebe oder Mitunternehmeranteile innerhalb desselben VZ nur für einen einzigen Veräußerungs- oder Aufgabegewinn in Anspruch genommen werden (>**BFH vom 27.10.2015** – BStBl 2016 II S. 278).

Personenbezogenheit

Der Freibetrag nach § 16 Abs. 4 EStG wird personenbezogen gewährt; er steht dem Stpfl. für alle Gewinneinkunftsarten insgesamt nur einmal zu. Dabei kommt es nicht darauf an, ob der Freibetrag zu Recht gewährt worden ist oder nicht (>**BFH vom 21.7.2009** – BStBl II S. 963).

Teileinkünfteverfahren

Beispiel:

A veräußert sein Einzelunternehmen. Der Veräußerungserlös beträgt 200.000 €, der Buchwert des Kapitalkontos 70.000 €. Im Betriebsvermögen befindet sich eine Beteiligung an einer GmbH, deren Buchwert 20.000 € beträgt. Der auf die GmbH-Beteiligung entfallende Anteil am Veräußerungserlös beträgt 50.000 €.

Der aus der Veräußerung des GmbH-Anteils erzielte Gewinn ist nach § 3 Nr. 40 Satz 1 Buchstabe b, § 3c Abs. 2 EStG in Höhe von (30.000 € ./. 12.000 € =) 18.000 € steuerpflichtig. Der übrige Veräußerungsgewinn beträgt (150.000 € ./. 50.000 € =) 100.000 €. Der Freibetrag ist vorrangig mit dem Veräußerungsgewinn zu verrechnen, auf den das Teileinkünfteverfahren anzuwenden ist (>**BFH vom 14.7.2010** – BStBl II S. 1011).

	Insgesamt	Ermäßigt zu besteuern	Teileinkünfteverfahren
Veräußerungsgewinn nach § 16 EStG	118.000 €	100.000 €	18.000 €
Freibetrag nach § 16 Abs. 4 EStG	45.000 €	27.000 €	18.000 €
Steuerpflichtig	73.000 €	73.000 €	0 €

Abb. 10.36: Betriebsveräußerung gegen wiederkehrende Leistungen BMF vom 03.08.2004, Beck StE I § 16/1 Seite 4

Jahr	Zuge-flossene Rate	Kapital-wert am Anfang	Kapital-wert am Ende	Til-gungs-anteil	Zins-anteil § 15 i.V.m. § 24 Nr. 2 EStG	Voll steuer-pflichtiger Tilgungs-anteil	Teilbetrag § 15 i.V.m. § 3 Nr. 40b EStG	Steuer-pflich-tiger Gesamt-tilgungs-anteil
2020	100.000	831.500	774.500	57.000	43.000	0	0	0
2021	100.000	774.500	714.300	60.200	39.800	15.480	1.032	16.512
2022	100.000	714.300	650.900	63.400	36.600	57.060	3.804	60.864
2023	100.000	650.900	583.900	67.000	33.000	60.300	4.020	64.320
2024	100.000	583.900	513.300	70.600	29.400	63.540	4.236	67.776
2025	100.000	513.300	438.800	74.500	25.500	67.050	4.470	71.520
2026	100.000	438.800	360.200	78.600	21.400	70.740	4.716	75.456
2027	100.000	360.200	277.200	83.000	17.000	74.700	4.980	79.680
2028	100.000	277.200	189.700	87.500	12.500	78.750	5.250	84.000
2029	100.000	189.700	97.400	92.300	7.700	83.070	5.538	88.608
2030	100.000	97.400	0	97.400	2.600	87.660	5.844	93.504
Summe	1.100.000			831.500	268.500	658.350	43.890	702.240

Keine Kapital-, sondern gewerbliche Einkünfte BFH vom 05.11.2019, X R 12/17

Abb. 10.37: Veräußerung von Anteilen an Kapitalgesellschaften

- Anteile im Privatvermögen
- gewerbliche Einkünfte – Abgrenzung R 17 Abs. 1 EStR beachten
- Vorrang vor § 20 Abs. 2 Nr. 1 EStG wegen § 20 Abs. 8 EStG

Konsequenzen:
Gewinneinkunftsart → kein Zu- und Abflussprinzip;
H 17 Abs. 7 „Stichtagsbewertung" EStH

Wann liegen Einkünfte nach § 17 vor?
§ 17 Abs. 1 S. 1 EStG:
- Verkauf von Anteilen an Kapitalgesellschaften
- Unmittelbar oder mittelbar zu 1 % beteiligt
- Innerhalb der letzten 5 Jahre
- Achtung: § 17 Abs. 1 S. 4 EStG = Fußstapfentheorie: bei unentgeltlichem Erwerb, wenn nur der Rechtsvorgänger die Voraussetzungen erfüllte.
- **Der nach dem Teileinkünfteverfahren ermittelte Gewinn ist vor Freibeträgen in Zeile 44 Anlage G einzutragen.**

Abb. 10.38: Gewinnermittlungsvorschrift – § 17 Abs. 2 EStG

Kein Zufluss-/Abflussprinzip, sondern **Stichtagsbewertung**; siehe H 17 Abs. 7 EStH

Veräußerungsgewinn ist der Unterschied zwischen:
- den Einnahmen aus der Veräußerung
- nach Abzug der Veräußerungskosten
- und den Anschaffungskosten.

§ 17 Abs. 2a EStG:
Anschaffungskosten sind die Aufwendungen, die geleistet werden, um die Anteile im Sinne des Absatzes 1 zu erwerben.
Zu den Anschaffungskosten gehören auch die Nebenkosten sowie die **nachträglichen** Anschaffungskosten.

§ 52 Abs. 25a EStG
§ 17 Abs. 2a in der Fassung ... ist erstmals für Veräußerungen im Sinne von § 17 Abs. 1, 4 oder 5 nach dem 31. Juli 2019 anzuwenden.

Auf Antrag des Steuerpflichtigen ist § 17 Abs. 2a S. 1 bis 4 auch für Veräußerungen ... **vor** dem 31. Juli 2019 anzuwenden.

Abb. 10.39: Nachträgliche Anschaffungskosten – § 17 Abs. 2a S. 3 EStG

§ 17 Abs. 2a S. 3 **Nr. 1** EStG
offene und **verdeckte Einlagen**

- Nachschüsse i.S.d. §§ 26 ff. GmbHG

  § 26 GmbHG Nachschusspflicht
  (1) Im Gesellschaftsvertrag kann bestimmt werden, dass die Gesellschafter über die Nennbeträge der Geschäftsanteile hinaus die Einforderung von weiteren Einzahlungen (Nachschüssen) beschließen können.
  (2) Die Einzahlung der Nachschüsse hat nach Verhältnis der Geschäftsanteile zu erfolgen.
  (3) Die Nachschusspflicht kann im Gesellschaftsvertrag auf einen bestimmten, nach Verhältnis der Geschäftsanteile festzusetzenden Betrag beschränkt werden.

- Sonstige Zuzahlungen in die Kapitalrücklage
- Verzicht auf werthaltige Forderungen
- Tilgung von Verbindlichkeiten der Gesellschaft durch den Gesellschafter

Abb. 10.40: Nachträgliche Anschaffungskosten – § 17 Abs. 2a S. 3 EStG

§ 17 Abs. 2a S. 3 Nr. 2 EStG
Darlehensverluste

In Höhe des <u>Nennwertes</u>, da keine Einschränkungen im § 17 Abs. 2a EStG aufgeführt worden sind.

Soweit:
- die Gewährung des Darlehens,
- oder das Stehenlassen des Darlehens,
- in der Krise der Gesellschaft,
- gesellschaftsrechtlich veranlasst war!

Rangrücktrittserklärungen haben daher nur noch für den Unterschied zwischen § 17 Abs. 2a S. 3 Nr. 1 und Nr. 2 EStG Bedeutung. Siehe hierzu auch Prof. Dr. Ott in DStR 7/2020

Vor der Krise
gewährte Darlehen/Finanzierungshilfen sind mit dem Eintritt der Krise gesellschaftsrechtlich veranlasst (weil ein fremder Dritter diese zurückgefordert hätte).

In der Krise
würden fremde Dritte keine Darlehen/Finanzierungshilfen gewähren. Damit liegt auch dann eine gesellschaftsrechtliche Veranlassung vor.

Der Teil, der vom Finanzamt ggf. nicht berücksichtigt wird, weil nur der gemeine Wert anzusetzen sei, wäre dann ein Fall des § 20 Abs. 2 EStG.

Abb. 10.41: § 17 Abs. 2a EStG geht § 20 EStG vor (§ 20 Abs. 8 EStG)

Ausfall eines gesellschaftsrechtlich veranlassten Darlehens führt in Höhe des Nennbetrages zu nachträglichen Anschaffungskosten.

§ 20 EStG scheidet somit aus!

Verzicht eines gesellschaftsrechtlich veranlassten Darlehens <u>vor</u> der Veräußerung der Anteile führt in Höhe des Nennbetrages zu nachträglichen Anschaffungskosten.

§ 20 EStG scheidet somit aus!

Führen immer zu einer Berücksichtigung von 60 % als nachträgliche Anschaffungskosten.

Wären auch auf jährlich nur 20.000 € begrenzt.

Wann wirken diese sich steuerlich aus?
Erst beim Verkauf oder Untergang der Anteile!

Abb. 10.42: Beispiel: Waltraud verzichtet teilweise auf ihre Forderung

Waltraud gab der X-GmbH, an der sie zu 20 % beteiligt ist, im Kalenderjahr 2020 ein Darlehen in Höhe von 100.000 €.
Am 01.12.2021 verzichtet sie auf 50.000 €, um der Gesellschaft in der Corona-Krise vor der Insolvenz zu retten.

Lösung:
- Waltraud ist zu mehr als 1 % an der Gesellschaft beteiligt.
- Es liegt damit ein Fall des § 17 Abs. 1 EStG vor,
- der einer Berücksichtigung nach § 20 EStG vorgeht (§ 20 Abs. 8 EStG).

Die 50.000 € stellen nachträgliche Anschaffungskosten i.S.d. § 17 Abs. 2a EStG dar. Bei einem Verkauf oder Untergang der Anteile sind diese 50.000 € gem. § 3 Nr. 40 Buchst. C EStG zu 60 % zu berücksichtigen.

Abb. 10.43: Ermittlung des Veräußerungsfreibetrags (!)

Veräußerungsgewinn			= 30.000 €		30.000 €
Möglicher Freibetrag (§ 17 Abs. 3 EStG)	9.060 €	veräußerte Beteiligung 30 %		= 2.718 €	
Unschädlicher Freibetrag	36.100 €	30 %	= 10.830 €		
Schädlich			= 19.170 €	./. 19.170 €	
Verbleibender Freibetrag				0 €	./. 0 €
Verbleibender Veräußerungsgewinn					30.000 €

Abb. 10.44: Ermittlung des Veräußerungsfreibetrags (2)

Veräußerungsgewinn			= 10.000 €	10.000 €
Möglicher Freibetrag (§ 17 Abs. 3 EStG)	9.060 €	veräußerte Beteiligung 30 %		= 2.718 €
Unschädlicher Freibetrag	36.100 €	30 %	= 10.830 €	
Schädlich			= 0 €	./. 0 €
Verbleibender Freibetrag			2.718 €	./. 2.718 €
Verbleibender Veräußerungsgewinn				7.282 €

Abb. 10.45: Verluste durch den Verkauf der Anteile

Grundsatz: § 17 Abs. 2 S. 6 Buchstabe b S. 1 EStG
Die veräußerten Anteile müssen **ununterbrochen** mindestens fünf Jahre Teil einer Beteiligung von mindestens 1 % gewesen sein.

Ausnahmen:

S. 2, 1. Ausnahme
Der Erwerb der Anteile begründete innerhalb der letzten fünf Jahre eine Beteiligung von mindestens 1 %.

S. 2, 2. Ausnahme
Der Erwerb der Anteile erfolgte innerhalb der letzten fünf Jahre, nachdem eine Beteiligung von mindestens 1 % begründet wurde.

Im Ergebnis sollen nur Missbrauchsfälle ausgeschlossen werden.

Abb. 10.46: Veräußerung unentgeltlich übertragener Anteile

Grundsatz: § 17 Abs. 2 S. 6 Buchstabe a S. 1 EStG
Die unentgeltlich übertragenen Anteile sind innerhalb der letzten 5 Jahre übertragen worden.

Folge:

Für die übertragenen Anteile ist **keine** Verlustberücksichtigung möglich!

Aber S. 2: Ausnahme
Der Rechtsvorgänger (Schenker/Erblasser) hätte den Veräußerungsverlust geltend machen können.
Aber nur insoweit kann der Verlust berücksichtigt werden.

Abb. 10.47: Arbeitsverträge mit Angehörigen – BFH vom 10.10.2018, X R 44 45/17

+ 15 €   = 400 €

- **Zivilrechtlich wirksam geschlossen**
- **Tatsächlich so wie vereinbart auch durchgeführt**
- **Muss dem zwischen Fremden Dritten entsprechen**

Geldwerter Vorteil der privaten Nutzung des überlassenen Pkws (1 %-Regel) wurde mit 385 € vom Minijobgehalt von 400 € abgezogen und die restlichen 15 € ausgezahlt.
FG Köln sah noch keinen Gestaltungsmissbrauch.

BFH vom 10.10.2018, X R 44 45/17 hält diese Gestaltung für fremdunüblich, weil die geringfügig entlohnte Arbeitsleistung durch mögliche intensive Privatnutzung des PKW nicht kalkulierbar sei.

10.2 Anlage § 34a

Was ist zu beachten – neu und wichtig – Checkliste

§ 34a EStG Anwendungsschreiben	BMF-Schreiben vom 11.08.2008, BStBl I 2008, 838
Wurde im Vorjahr zum 31.12.2020 ein nachzuversteuernder Betrag nach § 34a EStG festgestellt?	**Einzutragen in Zeile 6**
Es muss geprüft werden, ob eine Nachversteuerung im laufenden Veranlagungszeitraum 2021 erfolgen soll (auf Antrag)	**Einzutragen in Zeilen 15–26**
Keine Thesaurierungsbegünstigung bei negativem Einkommen	BFH vom 20.03.2017, X R 65/14

Anlage 34a 2021

Für jeden Betrieb / für jeden Mitunternehmeranteil ist eine eigene Anlage 34a abzugeben.

Name
Vorname
Steuernummer — lfd. Nr. der Anlage

stpfl. Person / Ehemann / Person A
Ehefrau / Person B

Begünstigung des nicht entnommenen Gewinns (§ 34a EStG)

4 Einkunftsart — 11 — 1 = Land- und Forstwirtschaft, 2 = Gewerbebetrieb, 3 = Selbständige Arbeit

5 Bezeichnung des Betriebs — 10

6 Zum 31.12.2020 festgestellter nachversteuerungspflichtiger Betrag — 12 — EUR

Begünstigungsbetrag

Bei Mitunternehmern ist in den nachfolgenden Zeilen jeweils der auf den Mitunternehmer entfallende Betrag anzugeben.

7 Gewinn nach § 4 Abs. 1 Satz 1 oder § 5 EStG (bei Land- und Forstwirten: Gewinn des Veranlagungszeitraums) — 20

8 Gewinn aus der Veräußerung / Aufgabe eines Teilbetriebs, für den der Freibetrag nach § 16 Abs. 4 EStG nicht beantragt wird oder nicht zu gewähren ist (in Zeile 36 der Anlage G, in Zeile 36 der Anlage L oder in Zeile 36 der Anlage S enthalten) und übrige außerordentliche Einkünfte i. S. d. § 34 Abs. 1 EStG (in Zeile 7 enthalten) — 21

9 Gewinn aus der Veräußerung / Aufgabe eines Teilbetriebs, für den § 16 Abs. 4 oder § 34 Abs. 3 EStG in Anspruch genommen wird (in Zeile 7 enthalten) — 22

10 Steuerpflichtiger Teil der Leistungsvergütungen i. S. d. § 18 Abs. 1 Nr. 4 EStG (in Zeile 7 enthalten) — 23

11 Entnahmen des Wirtschaftsjahrs (bei Land- und Forstwirten: auf den Veranlagungszeitraum zeitanteilig aufgeteilt) — 24

12 Einlagen des Wirtschaftsjahrs (bei Land- und Forstwirten: auf den Veranlagungszeitraum zeitanteilig aufgeteilt) — 25

13 Von dem nicht entnommenen Gewinn soll folgender Betrag ermäßigt besteuert werden — 26

14 Steuerpflichtiger Gewinn (einschl. Veräußerungsgewinn vor Abzug des Freibetrags nach § 16 Abs. 4 EStG) — 27

Nachversteuerung

Die Angaben in den Zeilen 15 bis 26 sowie 6, 7, 11 und 12 sind stets erforderlich, wenn zum 31.12.2020 ein nachversteuerungspflichtiger Betrag festgestellt wurde.

15 Entnahmen für Erbschaft- / Schenkungsteuer i. S. d. § 34a Abs. 4 Satz 3 EStG – ggf. anteilig für diesen Betrieb – (in Zeile 11 enthalten) — 30

Bei Antrag nach § 34a Abs. 5 Satz 2 EStG:
16 Buchwerte von übertragenen oder überführten Wirtschaftsgütern nach § 6 Abs. 5 EStG — 31

17 Bezeichnung der It. Zeile 16 übertragenen oder überführten Wirtschaftsgüter, des übernehmenden Betriebs, Finanzamt und Steuernummer (Erläuterungen ggf. lt. gesonderter Aufstellung)

18 Der gesamte Betrieb / Mitunternehmeranteil wurde übertragen / zum Buchwert eingebracht nach: — 35 — 1 = § 6 Abs. 3 EStG, 2 = § 24 UmwStG — Datum der Übertragung / Einbringung — 14

In den Fällen des § 6 Abs. 3 EStG:
19 Name der übernehmenden Person des Betriebs / Mitunternehmeranteils lt. Zeile 18 (Angaben zu weiteren übernehmenden Personen lt. gesonderter Aufstellung) — 40

20 Identifikationsnummer der übernehmenden Person

21 Der Betrieb / der Mitunternehmeranteil wurde veräußert oder aufgegeben. — 34 — 1 = Ja

22 Einbringung des Betriebs oder Mitunternehmeranteils in eine Kapitalgesellschaft / Genossenschaft, Formwechsel einer Personengesellschaft in eine Kapitalgesellschaft / Genossenschaft oder Option zur Körperschaftsbesteuerung — 34 — 1 = Ja

23 Unentgeltliche Übertragung des Betriebs oder Mitunternehmeranteils nach § 6 Abs. 3 EStG auf eine Körperschaft, Personenvereinigung oder Vermögensmasse i. S. d. § 1 Abs. 1 KStG — 34 — 1 = Ja

24 Der Gewinn wird nicht mehr nach § 4 Abs. 1 oder § 5 EStG ermittelt. — 34 — 1 = Ja

25 Unentgeltliche Übertragung des Betriebs oder Mitunternehmeranteils nach § 6 Abs. 3 EStG auf eine Mitunternehmerschaft. Höhe des nachversteuerungspflichtigen Betrages — 38 — EUR

26 Antrag auf Nachversteuerung nach § 34a Abs. 6 Satz 1 Nr. 5 EStG in Höhe von — 33

Übernahme eines nachversteuerungspflichtigen Betrags

27 Auf den Betrieb / Mitunternehmeranteil lt. Zeile 5 übertragener nachversteuerungspflichtiger Betrag nach § 34a Abs. 5 Satz 2 EStG — 36 — EUR

28 Nachversteuerungspflichtiger Betrag aufgrund einer Übertragung / Einbringung eines Betriebs oder Mitunternehmeranteils nach § 34a Abs. 7 EStG — 37

– Juli 2021 –

10.2.1 Begünstigung der nicht entnommenen Gewinne und die Folgen

Die Versteuerung der im Einzelunternehmen bzw. in der Personengesellschaft erzielten Gewinne erfolgt durch den Einzelunternehmer bzw. die Mitunternehmer im Entstehungsjahr selbst und im Grundsatz unabhängig davon, ob die Gewinne entnommen oder in der Unternehmung belassen werden. Nach § 34a EStG ist es nunmehr Einzelunternehmern und auch natürlichen Personen, die mitunternehmerisch an einer Gewinneinkünfte erzielenden Personengesellschaft beteiligt sind, möglich, den nicht entnommenen Gewinn des Betriebs bzw. des Mitunternehmeranteils auf Antrag mit einem von ihrer jeweiligen Einkommenshöhe unabhängigen, **ermäßigten Tarifsteuersatz von 28,25 %** zu versteuern. Über eine weitere Absenkung dieses besonderen Steuersatzes wird in den derzeitigen Verhandlungen über eine längst fällige Unternehmensteuerreform diskutiert.

Zielsetzung von § 34a EStG ist es, Gewinneinkünfte von Einzel- und Mitunternehmern in vergleichbarer Weise wie das Einkommen einer Kapitalgesellschaft zu belasten. Um dies zu erreichen, werden auf Antrag die thesaurierten Gewinne eines Personenunternehmens ganz oder teilweise dem ermäßigten Thesaurierungssatz von 28,25 % unterworfen. Unter Berücksichtigung des Solidaritätszuschlags, der Gewerbesteuer sowie der Anrechnung der Gewerbesteuer auf die Einkommensteuer gemäß § 35 EStG ergibt sich bei einem Gewerbesteuerhebesatz von 400 % insgesamt eine Steuerbelastung von 29,77 %; vergegenwärtigt man sich jedoch, dass die Gewerbesteuer als nicht abziehbare Betriebsausgabe (§ 4 Abs. 5b EStG) nicht mit dem Thesaurierungssatz, sondern mit dem sich nach § 32a EStG ergebenden Steuersatz zu versteuern ist, so ergibt sich eine tatsächliche Thesaurierungsbelastung von 32,25 %.

Bei einer **späteren Entnahme der begünstigt besteuerten Gewinne** erfolgt eine Nachversteuerung des sogenannten Nachversteuerungsbetrags mit einem von der Höhe des Einkommens des entnehmenden (Mit-)Unternehmers unabhängigen Tarifsteuersatz i.H.v. 25 % zuzüglich Solidaritätszuschlag (§ 34a Abs. 4 EStG). Bei der Ermittlung des nachversteuerungspflichtigen Betrags ist zu beachten, dass der nicht entnommene Gewinn zunächst um die Thesaurierungsbelastung (28,25 % zuzüglich Solidaritätszuschlag) zu vermindern ist, folglich nur der danach verbleibende Betrag einer zukünftigen Nachversteuerung unterliegt.

Voraussetzungen für die Inanspruchnahme des § 34a EStG
Die **Begünstigung nicht entnommener Gewinne** mit einem Steuersatz von 28,25 % (zuzüglich Solidaritätszuschlag) ist vom Vorliegen folgender Voraussetzungen abhängig:
1. Das zu versteuernde Einkommen enthält Gewinne aus **Land- und Forstwirtschaft, Gewerbebetrieb** oder aus **selbständiger Arbeit** i.S.v. § 2 Abs. 1 S. 1 Nr. 1–3 EStG (§ 4 Abs. 1 S. 1 EStG).
2. Gewinnermittlung nach **§ 4 Abs. 1 S. 1 oder § 5 EStG** (§ 34a Abs. 2 EStG).
3. Gewinne sind keine Veräußerungs- oder Aufgabengewinne, für die der Freibetrag nach **§ 16 Abs. 4 EStG** oder die Steuerermäßigung nach § 34 Abs. 3 EStG in Anspruch genommen wird.
4. **Keine** Gewinne i.S.v. **§ 18 Abs. 1 Nr. 4 EStG** (sog. Carried Interest = erfolgsabhängige Tätigkeitsvergütung bei Managern von Wagniskapitalgesellschaften, die nach § 3 Nr. 40a EStG zu 40 % steuerfrei sind).
5. Die begünstigten Gewinne dürfen **nicht entnommen** worden sein.
6. **Antrag** des Steuerpflichtigen; dieser kann **auf einen Teil** des nicht entnommenen Gewinns begrenzt werden.

Antragsberechtigung

Der Antrag auf die Begünstigung nach § 34a EStG ist für jeden Betrieb, jeden Mitunternehmeranteil und für jeden Veranlagungszeitraum gesondert an das für die Einkommensbesteuerung zuständige Finanzamt zu stellen (§ 34a Abs. 1 S. 2 EStG).

Der Antrag kann für jedes Jahr wieder neu gestellt werden, es gibt keine Bindungswirkung für folgende Jahre. Auch die Höhe kann jährlich wieder neu festgelegt werden.

Die **Gesellschafter einer Personengesellschaft** können – **jeder für sich** – und somit auch **unterschiedlich** – über die Inanspruchnahme des § 34a EStG entscheiden. Auf die Besteuerung der Personengesellschaft selbst (insbesondere auf die Höhe ihrer Gewerbesteuer) hat die Inanspruchnahme des § 34a EStG keine Auswirkung.

Dabei ist zu beachten, dass ein **Mitunternehmer** einen Antrag nach § 34a Abs. 1 EStG nur stellen kann, wenn sein Anteil am Gewinn entweder (nach dem allgemeinen Gewinnverteilungsschlüssel):
- mehr als 10 % beträgt oder
- 10.000 € übersteigt (§ 34a Abs. 1 S. 3 EStG).

Beim Betrag von 10.000 € handelt es sich um den Gesamtgewinn des Mitunternehmers einschließlich der Ergebnisse aus seiner Ergänzungsbilanz und seiner Sonderbilanz. Diese Regelung dient der Verwaltungsvereinfachung und soll darüber hinaus verhindern, dass der Steuerpflichtige auch für Gewinnanteile aus Mitunternehmerschaften, an denen er nur mit einem geringen Anteil beteiligt ist und seine diesbezügliche Mitunternehmerinitiative daher minimal ausgeprägt ist (z.B. Beteiligungen an Fondsgesellschaften), die Begünstigung gem. § 34a EStG in Anspruch nehmen kann.

Ermittlung des nicht entnommenen Gewinns

Gemäß § 34a Abs. 1 S. 1 EStG ist die Thesaurierungsbegünstigung maximal auf den Betrag des nicht entnommenen Gewinns begrenzt. Nach § 34a Abs. 2 EStG ist nicht entnommener Gewinn der nach § 4 Abs. 1 S. 1 EStG oder § 5 EStG ermittelte Gewinn, vermindert um den positiven Saldo der Einlagen und Entnahmen des Wirtschaftsjahres. Der nicht entnommene Gewinn ist dabei einzelbetrieblich bzw. mitunternehmerbezogen zu ermitteln.

Dies bedeutet, dass der Gewinn i.S.v. § 4 Abs. 1 S. 1 EStG oder § 5 EStG als Ausgangspunkt zur Ermittlung des nicht entnommenen Gewinns sowohl das anteilige Ergebnis aus dem Einzelunternehmen bzw. der Gesellschaftsbilanz als auch das Ergebnis aus der Ergänzungs- und Sonderbilanz des jeweiligen Mitunternehmers umfasst; vgl. BMF vom 11.08.2008, nicht entnommene Gewinne, § 34a EStG Rz. 12. Daraus folgt, dass Einlagen und Entnahmen des Einzelunternehmers bzw. Gesellschafters in das Einzelunternehmen bzw. Gesellschaftsvermögen einerseits und das Sonderbetriebsvermögen andererseits nicht separat zu betrachten sind, sondern vielmehr der Gesamtsaldo **aller** Einlagen und Entnahmen des Gesellschafters für den Kürzungsbetrag des nicht entnommenen Gewinns ausschlaggebend ist (vgl. BMF vom 11.08.2008 „Nicht entnommene Gewinne, § 34a EStG" Rz. 13). Der nicht entnommene Gewinn des Einzelunternehmers bzw. einzelnen Mitunternehmers ergibt sich mithin wie folgt:

	Anteiliger Gewinn laut Bilanz bzw. Gesellschaftsbilanz
+ /./.	Ergebnis laut Ergänzungsbilanz
+ /./.	Ergebnis laut Sonderbilanz
=	Gewinn i.S.v. § 4 Abs. 1 S. 1 EStG oder § 5 EStG
./.	maximal [0; Entnahmen ./. Einlagen]
=	**Nicht entnommener Gewinn i.S.v. § 34a Abs. 2 EStG**

Ermittlung des Nachversteuerungsbetrags

Gemäß § 34a Abs. 4 S. 1 EStG ist eine **Nachversteuerung** vorzunehmen, soweit der positive Saldo der Entnahmen und Einlagen des Wirtschaftsjahres bei einem Betrieb oder Mitunternehmeranteil den laufenden Gewinn übersteigt, d.h. die Entnahmen nicht durch Einlagen oder laufenden Gewinn gedeckt sind, wobei die Nachversteuerung auf den nachversteuerungspflichtigen Betrag, mithin den Betrag, welcher infolge der Inanspruchnahme der Thesaurierungsbegünstigung ermäßigt besteuert worden ist und noch auf seine Nachversteuerung „wartet", beschränkt ist.

Unabhängig davon ist gemäß § 34a Abs. 6 S. 1 Nr. 1 EStG eine Nachversteuerung des nachversteuerungspflichtigen Betrags durchzuführen, wenn der Einzelunternehmer bzw. Mitunternehmer seinen Betriebs-/Mitunternehmeranteil veräußert oder aufgibt (§ 16 Abs. 1 und 3 EStG). Veräußert der Mitunternehmer indes nur einen Teil seines Mitunternehmeranteils, so löst dies keine Nachversteuerung der zuvor nach § 34a EStG begünstigt besteuerten Gewinne aus, da eine Nachversteuerung im Rahmen des bei dem Mitunternehmer verbleibenden Teils des Betriebs-/Mitunternehmeranteils möglich ist.

Ist die Einziehung der Steuer mit erheblichen Härten für den Steuerpflichtigen verbunden, so kann gemäß § 34a Abs. 6 S. 2 EStG die aus der Nachversteuerung resultierende Steuer auf entsprechenden Antrag über einen Zeitraum von höchstens zehn Jahren zinslos gestundet und ratierlich entrichtet werden (BMF vom 11.08.2008 „Nicht entnommene Gewinne, § 34a EStG" Rz. 46).

Übertragung des nachversteuerungspflichtigen Betrags

Gemäß § 34a Abs. 5 S. 2 EStG kann auf Antrag des Steuerpflichtigen der nachversteuerungspflichtige Betrag in dem Ausmaß, in dem durch die Übertragung bzw. Überführung eines Wirtschaftsguts nach § 6 Abs. 5 S. 1–3 EStG eine Nachversteuerung ausgelöst würde, auf den aufnehmenden Betrieb bzw. Mitunternehmeranteil übertragen werden. Dies hat zur Folge, dass auf Ebene des abgebenden Betriebs bzw. Mitunternehmeranteils die durch den Transfer eigentlich bewirkte Nachversteuerung unterbleibt und sich im Gegenzug insoweit der nachversteuerungspflichtige Betrag des aufnehmenden Betriebs bzw. Mitunternehmeranteils erhöht (§ 34a Abs. 3 S. 2 EStG).

Zwingende Nachversteuerung in den Fällen des § 34a Abs. 6 EStG

Neben den Nachversteuerungsfällen, die sich durch Entnahmen ergeben, enthält § 34a Abs. 6 EStG die folgenden Nachversteuerungsfälle:
- Bei einer **Betriebsveräußerung** oder **Betriebsaufgabe** i.S.d. §§ 14, 16 Abs. 1 + 3 sowie des § 18 Abs. 3 EStG (§ 34a Abs. 6 Nr. 1 EStG),
- bei einer **Einbringung** eines Betriebs oder Mitunternehmeranteils in eine Kapital-

gesellschaft nach § 20 UmwStG (§ 34a Abs. 6 Nr. 2 EStG),
- wenn die Gewinnermittlung nicht mehr nach § 4 Abs. 1 S. 1 oder § 5 EStG erfolgt (§ 34a Abs. 6 Nr. 3 EStG),
- wenn der Steuerpflichtige dies **beantragt** (§ 34a Abs. 6 Nr. 4 EStG).

Durch die Veräußerung oder Aufgabe eines Betriebs oder Mitunternehmeranteils sowie durch Einbringung in eine Kapitalgesellschaft unterhält der Steuerpflichtige den Betrieb oder Mitunternehmeranteil nicht mehr und hat auch keinen weiteren Anspruch auf die Gewährung des Steuervorteils. Es ist **unerheblich**, ob die Einbringung in eine Kapitalgesellschaft nach § 20 UmwStG zum **Buchwert, gemeinen Wert** oder **Zwischenwert** erfolgt.

In den Fällen des § 34a Abs. 6 Nr. 1, 2 EStG kann die entstehende Steuer auf Antrag des Steuerpflichtigen über einen Zeitraum von höchstens **zehn Jahren zinslos gestundet** werden, wenn ihre Einziehung mit erheblichen Härten für den Steuerpflichtigen verbunden wäre. Die Steuer ist dann in regelmäßigen Teilbeträgen zu entrichten.

Rechtsnachfolge (§ 34a Abs. 7 EStG)

Wird ein Betrieb oder Mitunternehmeranteil der Erbfolge oder vorweggenommenen Erbfolge nach § 6 Abs. 3 EStG (zwingend) zum Buchwert übertragen, geht auch der nachversteuerungspflichtige Betrag dieses Betriebs oder Mitunternehmeranteils auf den Rechtsnachfolger über.

Wenn ein Betrieb oder Mitunternehmeranteil nach § 24 UmwStG zu **Buchwerten** in eine Personengesellschaft eingebracht wird, geht auch der für den eingebrachten Betrieb oder Mitunternehmeranteil festgestellte nachversteuerungspflichtige Betrag auf den neuen **Mitunternehmeranteil** über.

Verlustausgleich und Verlustabzug (§ 34a Abs. 8 EStG)

Für **negative Einkünfte** ergibt sich aus § 34a Abs. 8 EStG sowohl ein Verlustausgleichsverbot als auch ein Verlustabzugsverbot (weder Vortrag noch Rücktrag) mit nach § 34a Abs. 1 EStG ermäßigt besteuerten Gewinnen.

Aus diesem Grund kann auch nach § 34a Abs. 1 S. 4 EStG der **Antrag auf die Begünstigung der nicht entnommenen Gewinne** bis zur Unanfechtbarkeit des Einkommensteuerbescheids für den nächsten Veranlagungszeitraum vom Steuerpflichtigen ganz oder teilweise zurückgenommen werden. Mit dieser Rücknahme des Antrags wird es möglich, bei einem (überraschenden) Verlust im Folgejahr einen Verlustrücktrag vorzunehmen, denn der Verlustabzug ist weiterhin möglich, wenn und soweit die Einkünfte nicht begünstigt versteuert wurden.

> **Beispiel 10.2.1:** Einzelunternehmer A erzielt im Veranlagungszeitraum 2021 einen Gewinn von 250.000 €, von dem er 100.000 € entnimmt. Für den thesaurierten Gewinn von 150.000 € beantragt er die Begünstigung nach § 34a EStG. Im Jahr 2022 erzielt er unerwartet einen Verlust von 250.000 €. Weitere Einkünfte hat er nicht.
>
> **Lösung:** Widerruft A den Antrag auf die Begünstigung des nicht entnommen Gewinns des Jahres 2021 bis zur Bestandskraft des Einkommensteuerbescheids 2019, kann A den Verlustrücktrag in voller Höhe von 250.000 € vornehmen. Widerruft er den Antrag dagegen nicht, ist ein Verlustrücktrag für das Jahr 2021 nur i.H.v. 100.000 € möglich.

10.2 Anlage § 34a

Verfahrensfragen (§ 34a Abs. 9 EStG)
§ 34a Abs. 9 EStG regelt die Verfahrensfragen, der nachversteuerungspflichtige Betrag wird gesondert festgestellt. Zuständig ist das für die Einkommensbesteuerung zuständige Finanzamt (also nicht das für die Personengesellschaft zuständige Feststellungsfinanzamt).

10.2.2 Eintragungen zur Berechnung des begünstigten Gewinns nach § 34a EStG (Zeilen 7–14)

In den Zeilen 7–14 sind die folgenden Werte einzugeben, damit die Berechnung überhaupt erfolgen kann:
- Zeile 7: der nach Bilanzierungsvorschriften ermittelte Gewinn;
- Zeile 8: der **nicht** nach § 16 Abs. 4 EStG begünstigte Veräußerungsgewinn (kein Freibetrag) des Jahres 2021 (Folge: § 34a EStG ist möglich);
- Zeile 9: der nach § 16 Abs. 4 EStG begünstigte Veräußerungsgewinn (Freibetrag nach § 16 Abs. 4 EStG erhalten) des Jahres 2021 (Folge: kein § 34a EStG möglich);
- Zeile 11: die Entnahmen;
- Zeile 12: die Einlagen;
- Zeile 13: **ganz wichtig**: welcher Betrag soll ermäßigt besteuert werden.

Beispiel 10.2.2: Es liegen folgende unstrittige Daten vor:
- Gewinn nach § 5 EStG   100.000 €
- Nicht abzugsfähige Betriebsausgaben   5.000 €
- Entnahmen   12.000 €
- Einlagen   6.000 €

Lösung:
Der steuerpflichtige Gewinn beträgt: 105.000 € (100.000 € + 5.000 €).
Der nicht entnommene Gewinn beträgt: 94.000 € (100.000 € ./. 12.000 € + 6.000 €).
Nur für 94.000 € kann ein Antrag nach § 34a EStG gestellt werden.

Beispiel 10.2.3: Von den möglichen 94.000 € des Beispiels 9.2.2 wurden auf Antrag im Jahr 2021 nur 50.000 € nicht entnommen und begünstigt besteuert.

Lösung: In 2021 wurden 50.000 € ermäßigt mit 28,25 % und Solidaritätszuschlag ermäßigt besteuert.
50.000 € × 28,25 % = 14.125 €, darauf 5,5 % Solidaritätszuschlag = 776,88 €.
Festgestellt wurde dann der um die Steuern und Solidaritätszuschlag verminderte Wert des nicht entnommenen Gewinns **von 35.098,12 €. Das ist der nachversteuerungspflichtige Betrag.**

Kommt es in den folgenden Jahren zu einem Entnahmenüberhang, so kommt es nach § 34a Abs. 4 EStG für diesen Wert zu einer **Nachversteuerung** i.H.v. 25 %.

Beispiel 10.2.4: Im Folgejahr besteht ein Gewinn von 75.000 €, es wurden aber 90.000 € entnommen.

Lösung: Der **Entnahmeüberhang** von **15.000 €** ist mit 25 % zu versteuern und der Nachversteuerungsbetrag ist entsprechend zu vermindern.

Bisheriger nachversteuerungspflichtiger Betrag:	35.098,12 €
Entnahmeüberhang	15.000,00 €
darauf 25 % + Solidaritätszuschlag =	3.956,25 €
Neu festzustellender nachversteuerungspflichtiger Betrag	**31.141,87 €**

Weitere Einzelheiten und **zehn Beispielsfälle** sind dem **BMF-Schreiben vom 11.08.2008, BStBl I 2008, 838** zu entnehmen.

Nach dem BFH-Urteil vom 20.03.2017, X R 65/14 kann eine Thesaurierungsbesteuerung i.S.d. § 34a EStG nicht in Anspruch genommen werden, wenn zwar begünstigungsfähige Einkünfte vorhanden sind, das zu versteuernde Einkommen aber durch andere (negative) Einkünfte negativ ist.

Nach der Systematik des EStG wird § 34a EStG als Tarifvorschrift erst **nach** der Ermittlung des zu versteuernden Einkommens angewendet. Ist dieses 0 oder negativ, kann auch keine Tarifbegünstigung erfolgen.

10.2.3 Abbildungen zu Kapitel 10.2

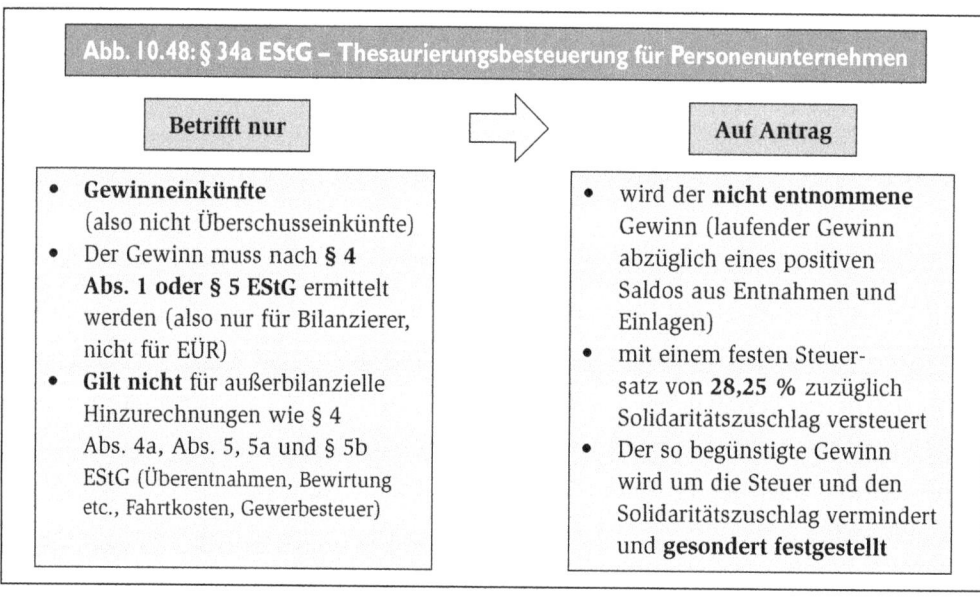

Abb. 10.48: § 34a EStG – Thesaurierungsbesteuerung für Personenunternehmen

10.2 Anlage § 34a

Abb. 10.49: Beispiel zur Thesaurierungsbesteuerung nach § 34a Abs. 1 EStG

Nicht entnommener Gewinn	100.000 €	
Sondersteuer darauf 28,25 % =	28.250 €	→ sofort an das Finanzamt!
darauf 5,5 % Solidaritätszuschlag (aufgerundet)	1.554 €	→ sofort an das Finanzamt!
Nachversteuerungsbetrag =	70.196 €	
dieser Wert wird festgestellt		

Nachversteuerung erfolgt, soweit der Nachversteuerungsbetrag in Folgejahren entnommen wird: Entnahmen übersteigen den Gewinn zuzüglich der Einlagen

Gewinn Folgejahr	80.000 €
Entnahmen	100.000 €
Nachversteuerungsbetrag	20.000 €
Abzugssteuer 25 %	5.000 €
Solidaritätszuschlag 5,5 % der Abzugssteuer	275 €

- Steuersatz für die Nachversteuerung 25 % (+ Solidaritätszuschlag)
- keine Berücksichtigung eines niedrigeren persönlichen Steuersatzes

Feststellung des neuen Nachversteuerungsbetrags 70.196 € ./. 20.000 € = 50.196 €

Abb. 10.50: Beispiel zur Thesaurierungsbesteuerung nach § 34a Abs. 1 EStG

1. Unstrittiger nicht entnommener Gewinn (§ 15 EStG) 2021 = 300.000 €
2. Negative Einkünfte aus § 21 EStG in 2021 unstrittig = 300.000 €
3. Zu versteuerndes Einkommen 2020 (Vorjahr) = 500.000 €

Frage:
Kann für die Einkünfte aus § 15 EStG in 2021 § 34a EStG beansprucht werden und können die negativen Einkünfte gem. § 21 EStG nach 2020 zurückgetragen werden (§ 10d EStG)?

Lösung:
Nach dem BFH-Urteil vom 20.03.2017, X R 65/14 kann eine Thesaurierungsbesteuerung i.S.d. § 34a EStG **nicht** in Anspruch genommen werden, wenn zwar begünstigungsfähige Einkünfte vorhanden sind, das zu versteuernde Einkommen aber durch andere (negative) Einkünfte negativ ist.
Nach der Systematik des EStG wird § 34a EStG als Tarifvorschrift erst nach der Ermittlung des zu versteuernden Einkommens angewendet. Ist dieses 0,00 € oder negativ, kann auch **keine Tarifbegünstigung** erfolgen.

Abb. 10.51: Wann kommt es immer zur Nachversteuerung nach § 34a Abs. 6 EStG

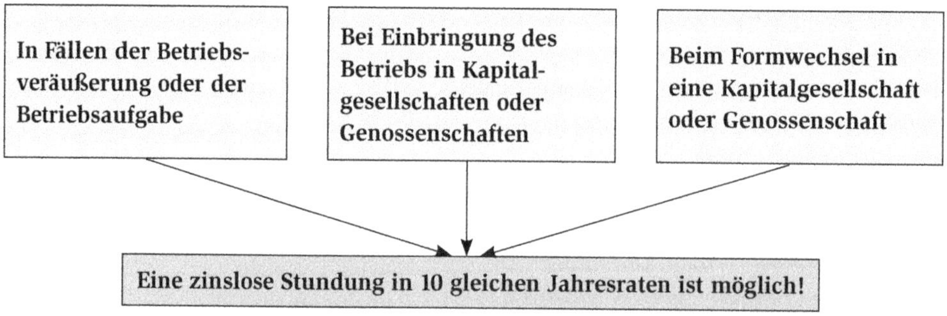

- In Fällen der Betriebsveräußerung oder der Betriebsaufgabe
- Bei Einbringung des Betriebs in Kapitalgesellschaften oder Genossenschaften
- Beim Formwechsel in eine Kapitalgesellschaft oder Genossenschaft

Eine zinslose Stundung in 10 gleichen Jahresraten ist möglich!

Außerdem:
- auf Antrag,
- beim Übergang zur Einnahmenüberschussrechnung,
- oder zum § 13a EStG.

10.3 Anlage Zinsschranke

10.3.1 Begrenzung des Betriebsausgabenabzugs für Zinsaufwendungen

2021

1	Name / Gesellschaft / Gemeinschaft
2	Vorname
3	Steuernummer — lfd. Nr. der Anlage

Anlage Zinsschranke
zur Einkommensteuererklärung
zur Feststellungserklärung
Für jeden Betrieb ist eine eigene Anlage Zinsschranke abzugeben.

stpfl. Person / Ehemann / Person A
Ehefrau / Person B

Betriebsausgabenabzug für Zinsaufwendungen (§ 4h EStG)

Die Anlage ist nur auszufüllen, wenn die Zinsaufwendungen die Zinserträge um mindestens 3 Millionen Euro übersteigen, ein Zinsvortrag festgestellt wurde und / oder zur Feststellung eines EBITDA-Vortrags.

4 | Bezeichnung des Betriebs

Zinsvortrag nach § 4h Abs. 1 Satz 5 EStG — EUR

5 | **Zinsvortrag** zum Schluss des vorangegangenen Wirtschaftsjahres

6 | Verringerung des Zinsvortrags, z. B. durch Aufgabe oder Übertragung eines Betriebs oder Teilbetriebs oder Ausscheiden eines Mitunternehmers aus einer Gesellschaft (§ 4h Abs. 5 EStG), Ausscheiden einer Organgesellschaft aus dem Organkreis (§§ 15 Satz 1 Nr. 3, 8a Abs. 1 KStG i. V. m. § 4h Abs. 5 EStG), Sanierungsertrag (§ 3a Abs. 3 Satz 2 Nr. 13 Buchst. a EStG)

7 | **Zinsaufwendungen des laufenden Wirtschaftsjahres** i. S. d. § 4h Abs. 3 Satz 2 und 4 EStG
(Bei Organträgern: einschließlich der entsprechenden Beträge der Organgesellschaften)

8 | Nach Anwendung des § 4h EStG **abziehbare Beträge** (bei der Ermittlung des Gewinns berücksichtigt)
(Bei Organträgern: einschließlich der entsprechenden Beträge der Organgesellschaften)
– Berechnung lt. gesonderter Aufstellung –

Die Voraussetzungen des § 8a KStG i. V. m. § 4h Abs. 2 Satz 1 EStG zum uneingeschränkten Abzug der Zinsaufwendungen liegen vor:

9 | § 4h Abs. 2 Satz 1 Buchst. a EStG (Zinssaldo weniger als 3 Millionen Euro)

10 | § 4h Abs. 2 Satz 1 Buchst. b EStG (Konzernklausel)

11 | § 4h Abs. 2 Satz 1 Buchst. c EStG (Escape-Klausel)

12 | Nichtabziehbare Zinsaufwendungen = **Zinsvortrag zum Schluss des Wirtschaftsjahres**
(ggf. nach Minderung um den Sanierungsertrag nach § 3a Abs. 3 Satz 2 Nr. 13 Buchst. a EStG)

13 | Zinserträge des laufenden Wirtschaftsjahres nach § 4h Abs. 3 Satz 3 und 4 EStG
(Bei Organträgern: einschließlich der entsprechenden Beträge der Organgesellschaften)

14 | Nach §§ 6 Abs. 2 Satz 1, 6 Abs. 2a Satz 2 und 7 EStG abgesetzte Beträge
(Bei Organträgern: einschließlich der entsprechenden Beträge der Organgesellschaften)

15 | Vergütungen für Fremdkapital an wesentlich beteiligte Anteilseigner, diesen nahestehende Personen und rückgriffsberechtigte Dritte
– § 4h Abs. 2 Satz 2 EStG, § 8a Abs. 2 und 3 KStG –
(Bei Organträgern: einschließlich der entsprechenden Beträge der Organgesellschaften)

EBITDA-Vortrag nach § 4h Abs. 1 Satz 3 EStG — EUR

16 | EBITDA-Vortrag zum Schluss des vorangegangenen Wirtschaftsjahres

17 | Verringerung des EBITDA-Vortrags, z. B. durch Aufgabe oder Übertragung eines Betriebs oder Teilbetriebs oder Ausscheiden eines Mitunternehmers aus einer Gesellschaft (§ 4h Abs. 5 EStG), Ausscheiden einer Organgesellschaft aus dem Organkreis (§§ 15 Satz 1 Nr. 3, 8a Abs. 1 KStG i. V. m. § 4h Abs. 5 EStG), Sanierungsertrag (§ 3a Abs. 3 Satz 2 Nr. 13 Buchst. b EStG)

18 | Verrechenbares EBITDA des laufenden Wirtschaftsjahres (wenn negativ, „0" eintragen)
– nur, wenn im Wirtschaftsjahr kein Anwendungsfall des § 4h Abs. 2 EStG vorliegt
(Bei Organträgern: einschließlich der entsprechenden Beträge der Organgesellschaften)

19 | **Berücksichtigungsfähiges verrechenbares EBITDA**
– Eintragung nur, wenn Wert positiv –

20 | Verbrauch von verrechenbarem EBITDA des laufenden Wirtschaftsjahres

21 | Verbrauch von zum Schluss des vorangegangenen Wirtschaftsjahres gesondert festgestelltem verrechenbaren EBITDA im laufenden Wirtschaftsjahr

22 | Verbleibendes verrechenbares EBITDA = **EBITDA-Vortrag zum Schluss des Wirtschaftsjahres**
(ggf. nach Minderung um den Sanierungsertrag nach § 3a Abs. 3 Satz 2 Nr. 13 Buchst. b EStG)

2021AnlZins251 — Juli 2021 — 2021AnlZins251

Die **Anlage Zinsschranke** ist nur dann auszufüllen, wenn die Zinsaufwendungen die Zinserträge um mindestens 3.000.000 € übersteigen oder bereits ein Zinsvortrag festgestellt worden ist.

In Zeile 5 ist der festgestellte Zinsvortrag zum Schluss des vorangegangenen Wirtschaftsjahres einzutragen. Im laufenden Veranlagungsjahr wird dann überprüft, ob nunmehr ein Abzug dieser Schuldzinsen erfolgen kann.

Nähere Einzelheiten sind auch hier dem BMF-Schreiben vom 04.07.2008, BStBl I 2008, 718 Rz. 94 zu entnehmen.

Ab dem Wirtschaftsjahr 2010 ist:
- eine dauerhafte Erhöhung der Freigrenze über das Wirtschaftsjahr 2009 hinaus auf 3 Mio. €,
- ein gesondert festzustellender EBITDA-Vortrag und
- eine Überarbeitung des Eigenkapitalvergleichs

eingeführt worden.

Praxisfragen bei der Anwendung der Zinsschranke nach § 4h EStG werden in der Vfg. der OFD Nordrhein-Westfalen vom 11.07.2013, S 2742a – 2003 – St 137, DStR 2013, 1947 dargestellt. Zinsaufwendungen i.S.d. Zinsschrankenregelung des § 4h Abs. 3 S. 2 EStG werden im Revisionsverfahren, BFH: I R 33/19 näher bestimmt. Das FG Münster hat in dem Urteil vom 12.04.2019, 10 K 2859/15 K Aufwendungen für Arrangement Fee nicht dem Zinsaufwand zugerechnet. Hiergegen wendet sich die Revison DStRE 21/2019, 1309.

10.3.2 Abbildungen zu Kapitel 10.3

Abb. 10.52: Zinsschranke des § 4h EStG und § 8a KStG

Die Abzugsfähigkeit von Zinsaufwendungen ist beschränkt (§ 4h EStG und § 8a KStG)

Nicht davon betroffen sind:
- Einzelunternehmen ohne weitere Beteiligungen (nicht Teil eines Konzerns),
- oder mit Beteiligung, aber geringer Eigenkapitalquote,
- Konzerne erst mit Zinsaufwendungen über **3.000.000 € (Schuldzinsenüberhang)**.

Bei einem Zinssatz von 5 % muss ein Darlehen von mehr als 60.000.000 € vorliegen, um die Bedingungen der § 4h EStG/§ 8a KStG zu erfüllen.

Die ermittelten nicht abzugsfähigen Zinsen sind festzustellen und vorzutragen (Zinsvortrag).

10.4 Anlage S

Was ist zu beachten – neu und wichtig – Checkliste

Zuordnung zum § 18 EStG Abgrenzung beachten	Spätere Zuordnung zum Gewerbebetrieb löst GewSt aus … Bilanzierung …
Abgrenzungen zur „Scheinselbständigkeit" siehe Anlage N	Beitrag der Bundesrechtsanwaltskammer mit Stand März 2021
DJ als Künstler und nicht Gewerbetreibender	FG Düsseldorf vom 12.08.2021, 11 K 2430/18 (rkr.)
Nachhaltiger Internethandel – Influencer Ertragsteuerrechtliche Beurteilung der Veräußerung von im Privatvermögen gehaltenen Wirtschaftsgütern über eine Internetplattform. BFH Urteil vom 17.06.2020, X R 18/19.	Nur in Ausnahmefällen werden selbständige Tätigkeiten vorliegen; überwiegend gewerbliche Einkünfte
Influencer und deren steuerliche Zuordnung	Aufsatz in DStR 13-14/2021
Abfärbewirkung bei Personengesellschaften beachten H 15.8 Abs. 5 EStH „Bagatellgrenze"	Die gewerblichen Einkünfte dürfen maximal 3 % der Gesamtumsätze (netto) betragen. (insgesamt nicht größer als 24.500 €)
Mehrjährige Tätigkeiten und dennoch kein § 34; BFH vom 30.01.2013, III R 84/11	Vereinnahmung eines berufsüblichen Honorars für die mehrere Jahre andauernde Betreuung eines Mandats bei einem Rechtsanwalt führt nicht zu außerordentlichen Einkünften
Veräußerungsgewinne Praxiswert Keine starre zeitliche Grenze der Einstellung der Tätigkeit	BFH mit zwei Urteilen vom 21.02.2017, VIII R 7/14 und VIII R 56/14 BFH Beschluss vom 11.02.2020, VIII B 131/19, DStR 2020, 486
Sponsoringaufwendungen	BFH vom 14.07.2020, VIII R 28/17
Aufgabegewinn und Arbeitszimmer BFH vom 16.06.2020, VIII R 15/17, DStR 2020, 2413	Der sich nach Abzug der AfA ergebende Buchwert des häuslichen Arbeitszimmers ist ungeachtet der Abzugsbeschränkung gem. § 4 Abs. 5 Satz 1 Nr. 6b Satz 3 EStG für die Berechnung des Aufgabegewinns maßgebend
Nebenberufliche Tätigkeiten Ab 2021 endlich auf 3.000 €/840 € erhöht	Auch für Tätigkeiten in Impfzentren OFD Frankfurt/M. vom 15.03.2021, S 2331 A – 49 – St 210

Anlage S

Anlage S 2021

Jeder Ehegatte / Lebenspartner mit Einkünften aus selbständiger Arbeit hat eine eigene Anlage S abzugeben.

1 Name
2 Vorname
3 Steuernummer

Bitte Anlage Corona-Hilfen übermitteln.

stpfl. Person / Ehemann / Person A
Ehefrau / Person B

Einkünfte aus selbständiger Arbeit

Für jeden Betrieb ist zusätzlich eine Bilanz oder – soweit keine Bilanz erstellt wird – eine Anlage EÜR elektronisch zu übermitteln.

Gewinn (ohne die Beträge in den Zeilen 31, 36 und 42; bei ausländischen Einkünften: Anlage AUS beachten)

Zeile	Beschreibung	Kennziffer	EUR
4	aus freiberuflicher Tätigkeit (genaue Berufsbezeichnung oder Tätigkeit)	100/300	,—
5	aus einer weiteren freiberuflichen Tätigkeit (genaue Berufsbezeichnung oder Tätigkeit)	101/301	,—
6	lt. gesonderter Feststellung (Finanzamt und Steuernummer)	110/310	,—
7	aus Beteiligung (Gesellschaft, Finanzamt und Steuernummer) 1. Beteiligung	120/320	,—
8	aus allen weiteren Beteiligungen	130/330	,—
9	aus Gesellschaften / Gemeinschaften / ähnlichen Modellen i. S. d. § 15b EStG		,—
10	aus sonstiger selbständiger Arbeit (z. B. als Aufsichtsratsmitglied)	140/340	,—
11	aus allen weiteren Tätigkeiten (genau bezeichnen)	150/350	,—
12	In den Zeilen 4 bis 8, 10 und 11 nicht enthaltener steuerfreier Teil der Einkünfte, für die das **Teileinkünfteverfahren** gilt	160/360	,—
13	In den Zeilen 4 bis 8, 10 und 11 enthaltene positive Einkünfte i. S. d. § 2 Abs. 4 UmwStG		,—
14	Steuerpflichtiger Teil der Leistungsvergütungen als Beteiligter einer Wagniskapitalgesellschaft, die **vor** dem 1.1.2009 gegründet wurde (§ 18 Abs. 1 Nr. 4 EStG) Gesellschaft, Finanzamt und Steuernummer	170/370	,—
15	Steuerpflichtiger Teil der Leistungsvergütungen als Beteiligter einer Wagniskapitalgesellschaft, die **nach** dem 31.12.2008 gegründet wurde (§ 18 Abs. 1 Nr. 4 EStG) Gesellschaft, Finanzamt und Steuernummer	180/380	,—
16	Ich beantrage für den in den Zeilen 4 bis 8 und 36 enthaltenen Gewinn die Begünstigung nach § 34a EStG und / oder es wurde zum 31.12.2020 ein nachversteuerungspflichtiger Betrag festgestellt. Einzureichende **Anlage(n) 34a**		Anzahl

10.4 Anlage S

Veräußerungsgewinn

vor Abzug etwaiger Freibeträge bei Veräußerung / Aufgabe eines **ganzen Betriebs**, eines **Teilbetriebs**, eines ganzen **Mitunternehmeranteils** (§ 16 EStG)

Zeile	Beschreibung	Kennzahl	EUR
31	Veräußerungsgewinn, für den der **Freibetrag nach § 16 Abs. 4 EStG** wegen dauernder Berufsunfähigkeit oder Vollendung des 55. Lebensjahres **beantragt** wird. Für nach dem 31.12.1995 erfolgte Veräußerungen / Aufgaben wurde der Freibetrag nach § 16 Abs. 4 EStG bei keiner Einkunftsart in Anspruch genommen.	200/400	,
32	In Zeile 31 enthaltener steuerpflichtiger Teil, für das **Teileinkünfteverfahren** gilt	210/410	,
	Auf den Veräußerungsgewinn lt. Zeile 31 wurde zumindest teilweise § 6b oder § 6b i. V. m. § 6c EStG angewendet. Die Übertragungen von aufgedeckten stillen Reserven und / oder die in Anspruch genommenen Rücklagen nach		
33	– § 6b Abs. 1 bis 9 ggf. i. V. m. § 6c EStG betragen	202/402	,
34	– § 6b Abs. 10 ggf. i. V. m. § 6c EStG betragen	203/403	,
35	Veräußerungsgewinn lt. Zeile 31, für den der **ermäßigte Steuersatz** des § 34 Abs. 3 EStG wegen dauernder Berufsunfähigkeit oder Vollendung des 55. Lebensjahres beantragt wird. Für nach dem 31.12.2000 erfolgte Veräußerungen / Aufgaben wurde der ermäßigte Steuersatz des § 34 Abs. 3 EStG bei keiner Einkunftsart in Anspruch genommen.	220/420	,
36	Veräußerungsgewinn(e), für den / die der **Freibetrag nach § 16 Abs. 4 EStG nicht beantragt** wird oder **nicht zu gewähren** ist	230/430	,
37	In Zeile 36 enthaltener steuerpflichtiger Teil, für das **Teileinkünfteverfahren** gilt	240/440	,
	Auf den / die Veräußerungsgewinn(e) lt. Zeile 36 wurde zumindest teilweise		1 = Ja, für die / alle Veräußerung(en) 2 = Ja, aber nicht für alle Veräußerungen
38	– § 6b Abs. 1 bis 9 ggf. i. V. m. § 6c EStG angewendet	231/431	
39	– § 6b Abs. 10 ggf. i. V. m. § 6c EStG angewendet	204/404	1 = Ja
40	In Zeile 36 enthaltener Veräußerungsgewinn, für den **der ermäßigte Steuersatz** des § 34 Abs. 3 EStG wegen dauernder Berufsunfähigkeit oder Vollendung des 55. Lebensjahres beantragt wird. Für nach dem 31.12.2000 erfolgte Veräußerungen / Aufgaben wurde der ermäßigte Steuersatz des § 34 Abs. 3 EStG bei keiner Einkunftsart in Anspruch genommen.	250/450	EUR ,
41	In Zeile 40 enthaltener steuerpflichtiger Teil, für das **Teileinkünfteverfahren** gilt	260/460	,
42	Veräußerungsverlust nach § 16 EStG	270/470	,
43	In Zeile 42 enthaltener steuerpflichtiger Teil, für das **Teileinkünfteverfahren** gilt	280/480	,
44	Zu den Zeilen 31 bis 41: Erwerber ist eine Gesellschaft, an der die veräußernde Person oder ein Angehöriger beteiligt ist (lt. gesonderter Aufstellung).		

Sonstiges

Zeile	Beschreibung	Kennzahl	EUR
45	In den Zeilen 4 bis 11 enthaltene begünstigte sonstige Gewinne i. S. d. § 34 Abs. 2 Nr. 2 bis 4 EStG	190/390	,

Einnahmen aus der nebenberuflichen Tätigkeit als

Zeile		Gesamtbetrag		davon als steuerfrei behandelt		Rest enthalten in Zeile(n)
46		191/391	€	192/392	€	
47		193/393	€	194/394	€	

2021AnlS222

10.4.1 Abgrenzung und Zuordnung

Für die Abgrenzung der gewerblichen Einkünfte von anderen Einkünften – hier insbesondere freiberuflicher Tätigkeiten – ist die Vielzahl der bereits dazu ergangenen BFH-Urteile zu beachten. Es empfiehlt sich daher, zumindest die in den EStH aufgeführten Einzelfälle zu beachten, hier insbesondere s. H 15.6 „Abgrenzung selbständige Arbeit/Gewerbebetrieb" EStH.

Häufig sind jedoch dort die „neuen Berufe", insbesondere im Zeitalter des Internets und die damit zusammenhängenden Tätigkeiten, noch nicht erfasst. Hier bietet es sich an, vor der ersten gewerblichen Anmeldung, die Bedingungen für eine gewerbliche Tätigkeit zu prüfen.

Die Vorschrift des § 15 EStG enthält in Abs. 2 eine allgemeine Definition für den Begriff „Gewerbebetrieb". Danach sind für die Annahme von Einkünften aus Gewerbebetrieb folgende Merkmale unerlässlich:

- Selbständigkeit (R 15.1 EStR und H 15.1 EStH) = Handeln auf eigene Rechnung und Gefahr.
- Nachhaltigkeit (H 15.2 EStH) = auf längere Dauer gerichtetes Handeln, mindestens aber Tätigkeit mit Wiederholungsabsicht. Bei nach außen erkennbarer Wiederholungsabsicht kann bereits eine einmalige Handlung den Beginn einer fortgesetzten Tätigkeit begründen. H 15.2 „Zurechnung der Tätigkeit eines Anderen" EStH ist zu beachten.
- Gewinnerzielungsabsicht (H 15.3 EStH) = die – wenn auch nur als Nebenzweck verfolgte – Absicht, Gewinn als Differenz zwischen Erträgen und Aufwendungen zu erzielen, wobei hier auf den Totalgewinn und nicht auf den Periodengewinn abzustellen ist. Siehe auch H 15.3 „Anlaufverluste" EStH.
- Beteiligung am allgemeinen wirtschaftlichen Verkehr (H 15.4 EStH) = Hervortreten nach außen; nicht erforderlich ist ein unbegrenzter Kundenkreis; Teilnahme an einem Leistungsaustausch.
- Keine Land- und Forstwirtschaft oder selbständige Arbeit (R 15.5 EStR, H 15.5 und 15.6 EStH) = die Einkünfte dürfen nicht bereits diesen Einkunftsarten zurechenbar sein.
- Keine reine vermögensverwaltende Tätigkeit gem. § 14 S. 3 AO (R 15.7 EStR) = Nutzung von Vermögen im Sinne einer Fruchtziehung aus zu erhaltenden Substanzwerten.

Hieraus klar abzuleiten ist, dass zunächst die §§ 13 und 18 EStG überprüft werden müssen, ob die jeweilige Tätigkeit dort zugeordnet werden kann. Insbesondere § 18 Abs. 1 S. 2 EStG ist mit den drei letzten Worten „... und ähnlicher Berufe" hilfreich.

Die Vorteile, die sich aus jeder anderen Tätigkeit im Vergleich zur gewerblichen Tätigkeit ergeben, liegen klar auf der Hand:
- keine Gewerbesteuer,
- keine Bilanzierungspflichten.

> **Beispiel 10.4.1:** A ist Inhaber einer Fahrschule und hat keine Fahrlehrererlaubnis. Die angestellten Fahrlehrer des A hingegen verfügen über diese Erlaubnis.

> **Lösung:** Es handelt sich um gewerbliche Einkünfte, da keine Voraussetzung des § 18 EStG vorliegt (unterrichtende Tätigkeit wäre nahe liegend). Die Mithilfe fachlicher Mitarbeiter ist für die freiberufliche Tätigkeit nicht schädlich. Hier mangelt es aber an der Lehrerlaubnis des Unternehmers.
> Hätte auch der Unternehmer die Lehrerlaubnis, lägen Einkünfte aus selbständiger Arbeit nach § 18 Abs. 1 Nr. 1 S. 2 EStG vor.

Kompliziert wird die Einstufung zur „künstlerischen Tätigkeit". Kennzeichnend für eine künstlerische Tätigkeit ist immer das Vorliegen einer eigenschöpferischen Leistung des Künstlers, in der die individuelle Anschauungsweise und Gestaltungskraft zum Ausdruck kommt.

Es muss außerdem neben einer hinreichenden Beherrschung der Technik eine grundsätzliche künstlerische Gestaltungshöhe erreicht werden; siehe H 15.5 „Künstlerische Tätigkeit" EStH mit diversen Verweisen auf die BFH-Rechtsprechung.

Ertragsteuerliche Behandlung von Heil- und Heilhilfsberufen
BMF-Schreiben vom 20.11.2019, IV C 6 – S-2246/19/10001 Schreiben (koordinierter Ländererlass)

Einen Heil- oder Heilhilfsberuf übt derjenige aus, dessen Tätigkeit der Feststellung, Heilung oder Linderung von Krankheiten, Leiden oder Körperschäden beim Menschen dient. Dazu gehören auch Leistungen der vorbeugenden Gesundheitspflege.

Soweit Heil- oder Heilhilfsberufe nicht zu den Katalogberufen zählen, ist ein solcher Beruf einem der in § 18 Abs. 1 Nr. 1 Satz 2 EStG genannten Katalogberufe **ähnlich**, wenn das typische Bild des Katalogberufs mit seinen wesentlichen Merkmalen dem Gesamtbild des zu beurteilenden Berufs vergleichbar ist. Dazu gehören die Vergleichbarkeit der jeweils ausgeübten Tätigkeit nach den sie charakterisierenden Merkmalen, die Vergleichbarkeit der Ausbildung und die Vergleichbarkeit der Bedingungen, an die das Gesetz die Ausübung des zu vergleichenden Berufs knüpft.

Die **ausgeübte Tätigkeit** ist den o.g. Katalogberufen ähnlich, wenn sie der Ausübung der Heilkunde dient. Die **Ausbildung** ist den o.g. Katalogberufen ähnlich, wenn sie als mehrjährige theoretische und praktische Ausbildung auf Grund eines bundeseinheitlichen Berufsgesetzes absolviert wird.

Es müssen grundsätzlich vergleichbare berufsrechtliche Regelungen über Ausbildung, Prüfung, staatliche Anerkennung sowie staatliche Erlaubnis und Überwachung der Berufsausübung vorliegen.

In dem BMF-Schreiben werden vergleichbare Berufsgruppen aufgeführt.

Abgrenzung der Einkunftsarten. Ausbildung und Verkauf von Blindenführhunden sind keine freiberuflichen Tätigkeiten. BFH vom 09.05.2017, VIII R 11/15

Der BFH hat mit Urteil vom 09.05.2017, VIII R 11/15 entschieden, dass die Ausbildung und der Verkauf von Blindenführhunden einkommensteuerrechtlich zu gewerblichen Einkünften führen. Es handelt sich danach nicht um eine freiberufliche Tätigkeit. Es fehlt an der hierfür erforderlichen „unterrichtenden" oder „erzieherischen Tätigkeit" i.S.d. § 18 Abs. 1 Nr. 1 des EStG, die ein Tätigwerden gegenüber Menschen erfordert.

Im Streitfall betrieb die Klägerin eine Hundeschule und bildete jährlich drei bis fünf Hunde zu Blindenführhunden aus. Sie suchte gemeinsam mit dem sehbehinderten

Menschen einen Hund aus und erwarb den Welpen auf eigene Rechnung. Nach der Ausbildung wurde der Hund von der Klägerin an den Sehbehinderten übergeben. Sie begleitete die Übergabephase, die mit einer Gespannprüfung abschloss. Diese wurde von einem von der Krankenkasse bestellten Gespannprüfer abgenommen.

Nach der Prüfung veräußerte die Klägerin den Blindenführhund an die Krankenkasse des Sehbehinderten, die den Hund als medizinisches Hilfsmittel im Sinne des Sozialhilfegesetzes anerkannte.

Der BFH bestätigte die Vorentscheidung des Finanzgerichts. Die Klägerin war nicht gemäß § 18 Abs. 1 Nr. 1 EStG freiberuflich, sondern gewerblich tätig. Der Begriff „unterrichtende" oder „erzieherische Tätigkeit" im Sinne dieser Vorschrift erfordert ein Tätigwerden gegenüber dem Menschen.

Steuerrechtlich wird der Begriff des Unterrichts und der Erziehung von Menschen von der Dressur von Tieren unterschieden. Dies gilt auch dann, wenn die Ausbildung der Tiere in einer „Hundeschule" erfolgt. Bei der Betreuung des sehbehinderten Menschen während der Übergabe des Hundes handelt es sich um eine der Ausbildung des Tieres untergeordnete Tätigkeit, sodass der gesamte Betrieb der Klägerin als gewerblich anzusehen ist.

Der Zukauf von Fremdübersetzungen führt zur Gewerblichkeit der Übersetzungstätigkeit, BFH vom 21.02.2017, VIII R 45/13

Im entschiedenen Streitfall fertigte die Klägerin – eine Gesellschaft bürgerlichen Rechts, die auf technische Übersetzungen spezialisiert ist – technische Handbücher, Bedienungsanleitungen und ähnliche Dokumentationen für ihre Kunden.

Die auftragsgemäß geschuldeten Übersetzungen erfolgten regelmäßig und in nicht unerheblichem Umfang auch in solchen Sprachen, die die Gesellschafter der Klägerin nicht beherrschten.

Hierfür schaltete die Klägerin Fremdübersetzer ein und nutzte – weil sie Textteile wiederverwenden konnte – ein sog. Translation Memory System, d.h. ein System zur rechnergestützten Übersetzung und Speicherung von Texten.

Der BFH hat in der vorgenannten Entscheidung betont, dass eine freiberufliche Übersetzertätigkeit einer Personengesellschaft nur dann anzunehmen sei, wenn deren Gesellschafter aufgrund eigener Sprachkenntnisse in der Lage seien, die beauftragte Übersetzungsleistung entweder selbst zu erbringen oder aber im Rahmen einer gemäß § 18 Abs. 1 Nr. 1 Satz 3 EStG zulässigen Mitarbeit fachlich vorgebildeter Personen leitend und eigenverantwortlich tätig zu werden.

Beherrschen die Gesellschafter hingegen die beauftragten Sprachen nicht selbst, könne die Gesellschaft nicht freiberuflich tätig sein. Ein Defizit im Bereich eigener Sprachkompetenz könne grundsätzlich weder durch den Einsatz eines Translation Memory Systems noch durch die Unterstützung und sorgfältige Auswahl eingesetzter Fremdübersetzer ausgeglichen werden, da die Richtigkeit der Übersetzungen nicht überprüft werden könne.

> **Anmerkung:** Diese Entscheidung war nun eigentlich nicht mehr überraschend. Schon in der Vergangenheit hatten die Gerichte diese Meinung vertreten.

> Im Zeitalter der absoluten technischen und elektronischen Nutzung aller Ressourcen sollte jedoch jeder Freiberufler überprüfen, ob er/sie „die Sprache", die da übersetzt wird, auch tatsächlich noch selbst „übersetzen" kann.

Auch im steuerberatenden Beruf halten zunehmend elektronische Programme Einzug (VaSt), die den Menschen/Steuerberater weitgehend ersetzen. Der Bearbeiter sollte aber zumindest die Ergebnisse prüfen können. Ob das beispielsweise bei der Rentenberechnung noch möglich ist, lässt zumindest Zweifel zu. Spannend, was hier künftige Abgrenzungen ergeben werden.

Grundsätzlich erfolgt eine Zuordnung zu den freiberuflichen Einkünften des § 18 EStG, wenn der Steuerpflichtige leitend und eigenverantwortlich eine der im § 18 EStG aufgeführten Tätigkeiten nachgeht. Hier ist die Mithilfe fachlich vorgebildeter Mitarbeiter für die Zuordnung zum § 18 EStG unschädlich.

Mit Urteil vom 12.05.2010, VIII R 50/09 hat der BFH die Rechtsprechung zur sogenannten Vervielfältigkeitstheorie aufgegeben und die Nr. 1 und 3 des § 18 Abs. 1 EStG gleichermaßen behandelt. Danach ist der Einsatz vorgebildeter Mitarbeiter zulässig, solange eine eigene, leitende und eigenverantwortliche Tätigkeit erhalten bleibt. Auch für die sonstige selbständige Tätigkeit bleibt damit die Stempeltheorie als Maßstab erhalten.

Danach muss die Arbeitsleistung „den Stempel der Persönlichkeit" des Steuerpflichtigen tragen. Es ist nicht ausreichend, wenn durch den Berufsträger nur die Grundzüge der Organisation festgelegt werden und die dienstliche Aufsicht geführt wird. Die zentralen Aufgaben muss der Berufsträger im Wesentlichen durch Planung, Überwachung und Kompetenz zur Entscheidung in Einzelfällen selbst vornehmen.

Die Abfärberegelung des § 15 Abs. 3 Nr. 1 EStG für Personengesellschaften sieht leider **keine** feste **Bagatellregelung** vor.

BFH vom 27.08.2014, VIII R 6/12, 16/11 und 41/11 zur Abfärbetheorie für Freiberufler GbR: Die gewerblichen Einkünfte dürfen maximal 3 % der Gesamtumsätze (netto) betragen.

Die Finanzverwaltung hat jedoch im H 15.8 Abs. 5 EStH „Bagatellgrenze" den Wert von 3 % übernommen. Die gewerblichen Einkünfte dürfen jedoch insgesamt nicht größer als 24.500 € sein.

Der BFH Entscheidung vom 27.08.2014, VIII R 6/12 ist zu entnehmen, dass die Einkünfte einer GbR, die hauptsächlich Einkünfte aus selbständiger Arbeit erzielt und daneben in geringem Umfang eine gewerbliche Tätigkeit ausübt, dann nicht insgesamt zu gewerblichen Einkünften umqualifiziert werden (sog. Abfärbewirkung), wenn die gewerblichen Umsätze eine Bagatellgrenze in Höhe von 3 % der Gesamtnettoumsätze und zusätzlich den Betrag von 24.500 € im Veranlagungszeitraum nicht übersteigen.

Im Streitfall waren die Gesellschafter der GbR als Rechtsanwälte und Insolvenzverwalter tätig. In einigen Fällen wurde in den Streitjahren jedoch keiner der Gesellschafter, sondern ein angestellter Rechtsanwalt zum (vorläufigen) Insolvenzverwalter oder Treuhänder bestellt. Der BFH ist wie die Vorinstanz der Rechtsauffassung des Finanzamtes, wonach die Tätigkeit der GbR in vollem Umfang als gewerblich zu beurteilen ist, nicht gefolgt. Zwar beurteilte er im Streitfall die von dem angestellten Rechtsanwalt aus seiner Tätigkeit als Insolvenzverwalter und Treuhänder erzielten Umsätze als gewerbliche Einkünfte der GbR, da die Gesellschafter insoweit nicht mehr – wie es § 18 Abs. 1 Nr. 1

Satz 3 EStG verlangt – aufgrund eigener Fachkenntnisse selbst leitend und eigenverantwortlich tätig gewesen sind. Die „Abfärbung" dieser gewerblichen Einkünfte auf die übrigen Einkünfte der GbR nach § 15 Abs. 3 Nr. 1 EStG lehnte er jedoch als unverhältnismäßig ab.

Eine gewerbliche Tätigkeit führt dann nicht zu einer Umqualifizierung der freiberuflichen Einkünfte, wenn es sich um eine gewerbliche Tätigkeit von äußerst geringem Umfang handelt. Wie der BFH nunmehr entschieden hat, haben gewerbliche Umsätze einen äußerst geringen Umfang in diesem Sinne, wenn sie 3 % der Gesamtnettoumsätze der GbR und den Betrag von 24.500 € nicht übersteigen.

Mit zwei weiteren Urteilen vom gleichen Tag hat der VIII. Senat ebenfalls die Anwendbarkeit der Abfärbewirkung anhand dieser Bagatellgrenze geprüft.

Im Verfahren VIII R 16/11 hat der BFH die Umqualifizierung der künstlerischen Tätigkeit einer GbR in gewerbliche Einkünfte verneint, weil die gewerblichen Umsätze weniger als 3 % der Gesamtnettoumsätze betrugen und unterhalb von 24.500 € lagen. Im Verfahren VIII R 41/11 hat der BFH hingegen die Umqualifizierung der freiberuflichen Einkünfte einer GbR in gewerbliche Einkünfte bejaht, weil die erzielten gewerblichen Umsätze die Grenze von 3 % der Gesamtnettoumsätze in den Streitjahren überschritten hatten.

Der BFH hat mit Urteil vom 03.11.2015, VIII R 63/13 entschieden, dass eine als GbR geführte **Freiberuflerpraxis gewerbliche Einkünfte i.S.d. § 15 Abs. 1 S. 1 Nr. 2 EStG** erzielt, wenn ein Gesellschafter die Bedingungen der Mitunternehmerschaft nicht erfüllt.

„Erhält ein (Schein-)Gesellschafter eine von der Gewinnsituation abhängige, nur nach dem eigenen Umsatz bemessene Vergütung und ist er zudem von einer Teilhabe an den stillen Reserven der Gesellschaft ausgeschlossen, kann wegen des danach nur eingeschränkt bestehenden Mitunternehmerrisikos eine Mitunternehmerstellung nur bejaht werden, wenn eine besonders ausgeprägte Mitunternehmerinitiative vorliegt. Hieran fehlt es jedoch, wenn zwar eine gemeinsame Geschäftsführungsbefugnis besteht, von dieser aber tatsächlich wesentliche Bereiche ausgenommen sind."

Die Einkünfte des „Schein-Mitunternehmers" sind im Rahmen der Einkommensteuerveranlagung zu berücksichtigen, während die Einkünfte der verbleibenden („ursprünglichen") Gesellschafter nun als Einkünfte einer zweigliedrigen **gewerblichen** GbR gesondert und einheitlich festzustellen sind.

Der „Schein-Mitunternehmer" war an den „materiellen Werten" der GbR nicht beteiligt. Praxiseinrichtung, Bankguthaben und Darlehensverbindlichkeiten wurden allein den „ursprünglichen" Gesellschaftern zugerechnet, die auch die Betriebs- und Finanzierungskosten der Praxis trugen. Dementsprechend war der „Schein-Mitunternehmer" tatsächlich an den „materiellen Werten" der GbR bzw. den darin enthaltenen stillen Reserven nicht beteiligt.

Gemäß diesem Gesellschaftsvertrag sollte die Geschäftsführung gemeinschaftlich ausgeübt werden; Entscheidungen waren mehrheitlich zu treffen. Für alle künftig aus der Gemeinschaftspraxis entstehenden Verbindlichkeiten gegenüber der Kassenärztlichen Vereinigung, den Kassen und den Patienten sollten – so der Gesellschaftsvertrag – die Vertragspartner als Gesamtschuldner haften. Die Partner waren jedoch im Verhältnis zueinander nach dem Grad des jeweiligen Verschuldens zum Ausgleich verpflichtet. Des Weiteren war für jeden Vertragspartner eine angemessene Berufshaftpflichtversicherung abzuschließen.

Dem Gesellschaftsvertrag war zu entnehmen, dass der „Schein-Mitunternehmer" bis zum 31.03.2001 jährlich „37 % vom eigenen Honorarumsatz für die ersten 200.000 DM" und „42 % vom eigenen Honorarumsatz für die darüber liegende Summe" erhalte, „sofern ein entsprechender Gewinn erzielt wird". Die aus der gemeinsamen privaten und kassenärztlichen Tätigkeit entstehenden Honorare wurden auf die Konten der Gemeinschaftspraxis gezahlt.

Die beiden „ursprünglichen" Gesellschafter erzielten damit auch nicht unerhebliche Einnahmen aus einer Tätigkeit, die sie nicht eigenverantwortlich geleitet und überwacht haben. Die Bedingungen der freiberuflichen Tätigkeit sind – für die ursprünglichen Mitunternehmer – damit nicht erfüllt.

Verpachtet ein Freiberufler seinen Mandantenstamm an eine von ihm beherrschte GmbH, sind die Pachteinnahmen aufgrund der eingetretenen Betriebsaufspaltung als gewerblich einzustufen. Auf andere freiberufliche Einkünfte hat dies jedoch keine Abfärbewirkung, weil es an einer entsprechenden Gesetzesregelung mangelt (§ 15 Abs. 3 Nr. 1 EStG); FG München vom 10.06.2010, 8 K 460/10 rkr.

In dem BMF-Schreiben vom 12.02.2009, BStBl I 2009, 398 wird die Zuordnung der **ärztlichen Laborleistungen** zu den gewerblichen oder freiberuflichen Einkünften behandelt. Danach ist zunächst die **Gewinnerzielungsabsicht** zu prüfen. Werden lediglich die auf gemeinsame Rechnung getätigten Betriebsausgaben auf die einzelnen Ärzte umgelegt, liegt keine Gewinnerzielungsabsicht vor und eine Gewerblichkeit scheidet schon allein dadurch aus.

Erzielt die Laborgemeinschaft hingegen Gewinne, ist nach diesem BMF-Schreiben wieder streng nach den Kriterien der eigenverantwortlichen Tätigkeit jedes Arztes die Zuordnung zu den gewerblichen oder zu den freiberuflichen Einkünften vorzunehmen.

Gerade im Bereich der Heil- und Heilhilfsberufe ist in der Vergangenheit eine Abgrenzung von den gewerblichen Einkünften schwierig gewesen. Durch das BMF-Schreiben vom 22.10.2004, BStBl I 2004, 1030 sind aber klare Zuordnungen vorgenommen worden, die eine zielgerichtete freiberufliche Tätigkeit in vielen Fällen ermöglicht.

Der BFH führt in dem Beschluss zur **Einkünftequalifikation bei Tätigkeiten als Disability Manager** aus, dass die Rechtsfrage, ob die Tätigkeit eines Disability Managers (nach Wikipedia „Handhabung von Unzulänglichkeiten" auch „Behinderungsmanagement") zu Einkünften gemäß § 18 EStG führt, insbesondere ein ähnlicher Beruf i.S.d. § 18 Abs. 1 Nr. 1 Satz 2 EStG vorliegt, keine grundsätzliche Bedeutung hat.

Der BFH führt weiter aus, dass er in einer Vielzahl von Entscheidungen rechtsgrundsätzlich geklärt habe, **wie das Merkmal des „ähnlichen Berufs" auszulegen und anzuwenden ist**. Danach ist ein Beruf einem der Katalogberufe ähnlich, wenn er ihm in wesentlichen Punkten hinsichtlich der Ausbildung und der beruflichen Tätigkeit entspricht (z.B. BFH-Urteile vom 05.10.1989, IV R 154/86, BStBl II 1990, 73; vom 14.03.1991, IV R 135/90, BStBl II 1991, 769; vom 18.05.2000, IV R 89/99, BStBl II 2000, 625; vom 28.08.2003, IV R 21/02, BStBl II 2003, 919; vom 14.06.2007, XI R 11/06, BFH/NV 2007, 2091).

Für den **Ähnlichkeitsvergleich** im Hinblick auf die Ausbildung und den Ähnlichkeitsvergleich im Hinblick auf die Tätigkeit hat der BFH seine Rechtsgrundsätze weiter konkretisiert. So hat er hinsichtlich der ähnlichen Ausbildung als Ähnlichkeitsmerkmal danach differenziert, **ob in dem zum Vergleich herangezogenen Katalogberuf eine** qualifizierte – z.B. wissenschaftliche – Ausbildung vorgeschrieben ist oder nicht (BFH-Urteil vom 02.02.2000, XI R 38/98, BFH/NV 2000, 839 und in BFH/NV 2007, 2091).

Der BFH hat des Weiteren – gegen Stimmen in der Literatur (vgl. z.B. Erdweg, FR 1978, 417; Grube, StuW 1981, 34; Blümich/Hutter, § 18 EStG Rz. 160) – daran festgehalten, dass **eine Gruppenähnlichkeit**, also die Ähnlichkeit zum „Freiberufler an sich" oder zu einer bestimmten Gruppe freiberuflicher Tätigkeiten (z.B. heilberufliche Tätigkeiten wie die Tätigkeit der in § 18 Abs. 1 Nr. 1 Satz 2 EStG aufgeführten Ärzte, Zahnärzte, Tierärzte, Heilpraktiker, Dentisten, Krankengymnasten), **nicht genügt**, weil die detaillierte Nennung der freien Berufe im Gesetz sonst überflüssig wäre. Der Gesetzgeber hat die Katalogberufe detailliert aufgezählt, deshalb müssen die ähnlichen Berufe speziell einem dieser Berufe ähnlich sein (BFH-Urteile vom 26.11.1992, IV R 109/90, BStBl II 1993, 235, m.w.N.; vom 19.09.2002, IV R 74/00, BStBl II 2003, 27; BFH-Beschluss vom 09.03.2005, IV B 74/03, BFH/NV 2005, 1289).

Nachlässigkeiten im Umgang mit dieser sensiblen Vorschrift können jedoch schnell zur Gewerblichkeit führen, etwa dann, wenn ein **Altenpfleger** aus reiner Freundlichkeit seinen Patienten auch hauswirtschaftliche Tätigkeiten zuwendet.

Ein nicht als Rechtsanwalt zugelassener Rechtsanwalt ist gewerblich tätig. **Rentenberater** dürfen lediglich in einem kleinen Ausschnitt der den Rechtsanwälten möglichen Rechtsberatung tätig werden. Damit ist die Tätigkeit als Rentenberater nicht mit den Katalogberufen des Rechtsanwalts oder Steuerberaters vergleichbar.

Gegen das bestätigende Urteil des FG Berlin-Brandenburg vom 26.11.2015, 15 K 1183/13 ist eine Revision beim BFH unter dem Az. VIII R 2/16 anhängig. Siehe hierzu FinMin Schleswig-Holstein, Kurzinformation vom 19.08.2016, VI 302-S 2245 – 034, DStR 2016, 2045.

Nach dem BFH-Urteil vom 03.05.2016, VIII R 4/13 kann ein Steuerpflichtiger, der System- und Anwendungssoftware entwickelt, grundsätzlich auch dann einen dem Ingenieur ähnlichen Beruf i.S.d. § 18 Abs. 1 Nr. 1 EStG ausüben, wenn er über keinen entsprechenden Abschluss verfügt.

Die Kenntnisse des Steuerpflichtigen müssen jedoch in Tiefe und Breite denen eines an der Fachhochschule diplomierten Informatikers entsprechen. Den Nachweis kann der Steuerpflichtige durch erfolgreich abgeschlossene Fortbildungsmaßnahmen, Selbststudium oder eine Wissensprüfung erbringen. Hieran (Nachweis der Fortbildung) scheiterte es im entschiedenen Fall.

Pflegegelder nach § 39 SGB VIII, die im Rahmen der **Vollzeitpflege für Kinder** ausgezahlt werden, sind grundsätzlich **steuerfrei nach § 3 Nr. 11 EStG**, sofern eine Erwerbstätigkeit der pflegenden Personen nicht vorliegt.

Davon wird ausgegangen, wenn die Betreuung von bis zu sechs Kindern nicht überschritten wird. In dem BMF-Schreiben vom 20.11.2007, BStBl I 2007, 824 führt das BMF weiter aus, dass auch die Erstattungen von Unfallversicherungen und Altersvorsorge steuerbefreit nach **§ 3 Nr. 9 EStG** bleiben.

Das BFH-Urteil vom 19.05.2009, VIII R 6/07, DStR 2009, 1847 zur steuerlichen Behandlung von Einnahmen aus einer **Praxisausfallversicherung** aufgrund Krankheit oder Unfall ist zu beachten.

Diese Einnahmen sind **nicht steuerbar**, weil sie nicht dem Betrieb, sondern der Lebensführung zuzuordnen sind. Gleiches gilt dann natürlich auch für die dafür zuvor geleisteten Versicherungsbeiträge. Auch diese sind keine Betriebsausgaben, weil der private Lebensführungsbereich betroffen ist.

Rentenberater sind gewerblich tätig; BFH vom 07.05.2019, VIII R 2/16

Rentenberater sind nicht freiberuflich i.S.d. § 18 des EStG tätig, sondern erzielen gewerbliche Einkünfte, wie der BFH mit Urteilen vom 07.05.2019, VIII R 2/16 und VIII R 26/16 entschieden hat. Danach üben Rentenberater weder einen dem Beruf des Rechtsanwaltes oder Steuerberaters ähnlichen Beruf aus (§ 18 Abs. 1 Nr. 1 Satz 2 EStG) noch erzielen sie Einkünfte aus selbständiger Arbeit gem. § 18 Abs. 1 Nr. 3 EStG.

In den Streitfällen waren die Klägerinnen als Rentenberaterinnen tätig. Sie waren als solche im Rechtsdienstleistungsregister registriert, verfügten aber nicht über eine Zulassung als Rechtsanwältin oder Steuerberaterin. Die zuständigen Finanzämter sahen die Tätigkeit der Klägerinnen als gewerblich an und setzten Gewerbesteuer fest. Die hiergegen gerichteten Klagen blieben ohne Erfolg.

Der BFH hat die Vorentscheidungen jetzt bestätigt. Es fehle – so der BFH – an den Voraussetzungen für die Annahme einer selbständigen Tätigkeit gem. § 18 EStG, sodass gewerbliche Einkünfte (§ 15 EStG) vorliegen.

Nach dem Urteil des BFH ist die Tätigkeit der Klägerinnen keinem der in § 18 Abs. 1 Nr. 1 Satz 2 EStG genannten Katalogberufe – insbesondere nicht dem des Rechtsanwalts oder Steuerberaters – ähnlich. Bei der Prüfung, ob eine Berufstätigkeit der eines Katalogberufs ähnlich ist, sei auf die Ähnlichkeit mit einem der genannten Katalogberufe, z.B. dem des Rechtsanwalts oder Steuerberaters, abzustellen. In den Streitfällen fehlte es an der für die Annahme einer solchen Ähnlichkeit notwendigen Vergleichbarkeit von Ausbildung und ausgeübter Tätigkeit. Der Umstand, dass die Klägerinnen eine Tätigkeit ausübten, die auch von Rechtsanwälten wahrgenommen werde, begründe keine Ähnlichkeit zu diesem Beruf.

Darüber hinaus erzielten die Klägerinnen auch keine Einkünfte aus sonstiger selbständiger Arbeit gem. § 18 Abs. 1 Nr. 3 EStG. Ihre Tätigkeiten waren im Schwerpunkt beratender Natur. Sie übten keine selbständige fremdnützige Tätigkeit in einem fremden Geschäftskreis aus, wie es für die gesetzlichen Regelbeispiele der Testamentsvollstrecker, Vermögensverwalter oder Aufsichtsratsmitglied erprägend ist.

Prüfingenieure sind freiberuflich tätig, wenn sie eigenverantwortlich handeln BFH vom 14.05.2019, VIII R 35/16

Prüfingenieure, die Hauptuntersuchungen und Sicherheitsprüfungen durchführen, erzielen Einkünfte aus selbständiger Arbeit. Voraussetzung ist allerdings, dass sie insoweit leitend und eigenverantwortlich tätig werden. Hieran fehlt es bei einer Personengesellschaft, deren Gesellschafter zwar Prüfingenieure sind, die jedoch den überwiegenden Teil der Prüftätigkeiten durch angestellte Prüfingenieure durchführen lässt und sie dabei nur stichprobenartig überwacht. Dies hat der BFH mit Urteil vom 14.05.2019, VIII R 35/16 zu § 18 Abs. 1 Nr. 1 des EStG entschieden.

Im Streitfall führte die Klägerin, eine Gesellschaft bürgerlichen Rechts, unter anderem Haupt- und Abgasuntersuchungen durch. Ihre Gesellschafter waren selbst Prüfingenieure. Den überwiegenden Teil der im Streitjahr 2009 durchgeführten Haupt- und Abgasuntersuchungen hatten allerdings die drei bei der Klägerin angestellten Prüfingenieure übernommen. Das Finanzamt war der Meinung, die Klägerin erziele gewerbliche

Einkünfte und setzte dementsprechend auch Gewerbesteuer fest. Dies hat der BFH in seiner aktuellen Entscheidung als zutreffend bestätigt.

Der BFH hat zwar die Tätigkeit der Gesellschafter der Klägerin als freiberuflich beurteilt, soweit sie selbst Hauptuntersuchungen durchgeführt hatten. Soweit die Klägerin den überwiegenden Teil der Prüftätigkeiten durch angestellte Prüfingenieure habe durchführen lassen, fehle es jedoch an einer eigenverantwortlichen Tätigkeit der Gesellschafter. Die angestellten Prüfingenieure hätten die Hauptuntersuchungen eigenständig durchgeführt und seien dabei lediglich stichprobenartig von den Gesellschaftern der Klägerin überwacht worden. Die Klägerin erziele daher insgesamt gewerbliche Einkünfte (§ 15 Abs. 3 Nr. 1 EStG).

Der BFH betont, dass eine gem. § 18 Abs. 1 Nr. 1 Satz 3 EStG unschädliche Mithilfe fachlich vorgebildeter Arbeitskräfte auch für technische Berufe wie den des Ingenieurs voraussetzt, dass die Leistung als solche des Berufsträgers erkennbar und ihm damit persönlich zurechenbar ist. § 18 Abs. 1 Nr. 1 Satz 3 EStG ermächtige weder dazu, Routineaufgaben vollständig auf einen angestellten Berufsträger zu delegieren, noch dem Berufsträger eine Tätigkeit als eigene zuzurechnen, die tatsächlich ein anderer, angestellter Berufsträger eigenständig ausführe und zu verantworten habe. Dies gelte auch für Prüfingenieure, obwohl deren Tätigkeit weitgehend gesetzlich geregelt sei und daher umfassende Kontrollmaßnahmen ebenso ausgeschlossen seien wie die Festlegung von Untersuchungsmethoden oder -inhalten.

DJ als Künstler und nicht Gewerbetreibender – FG Düsseldorf vom 12.08.2021, 11 K 2430/18 (rkr.)
Die Richter entschieden, dass der Kläger als Künstler auftrete und deshalb Einkünfte aus selbstständiger Tätigkeit erziele. Zur Begründung führte der Senat aus, dass der Kläger:
- nicht nur Lieder anderer Interpreten abspiele.
- Vielmehr biete er neue Musik dar.
- Er gebe den Musikstücken anderer Künstler durch Vermischung und Bearbeitung einen neuen Charakter.
- Er führe sie damit in dem ihm eigenen Stil auf und vollbringe eine eigenschöpferische Leistung. Plattenteller, Mischpult, CD-Player und Computer würden von ihm als „Instrumente" genutzt.
- Er mische und bearbeite die Musikstücke und füge Töne sowie Geräusche hinzu. Als moderner DJ erzeuge er durch die Kombination von Songs, Samples, z.T. selbst hergestellten Beats und Effekten ein neues Klangerlebnis. Für die Einordnung als Künstler spiele es keine Rolle, auf welcher Art von Veranstaltung der Kläger auftrete. Entscheidend sei, dass er – ähnlich einer Live-Band – mit Hilfe von „Instrumenten" Tanzmusik unterschiedlicher Genres aufführe.

Ertragsteuerrechtliche Beurteilung der Veräußerung von im Privatvermögen gehaltenen Wirtschaftsgütern über eine Internetplattform, BFH Urteil vom 17.06.2020, X R 18/19
Werden privat und ohne Veräußerungsabsicht angeschaffte bewegliche Wirtschaftsgüter veräußert, kann dies auch dann der letzte Akt der privaten Vermögensverwaltung sein, wenn die Veräußerung über einen langen Zeitraum und in zahlreichen Einzelakten ausgeführt wird. Allein die Verwendung einer auch von gewerblichen Händlern genutzten Internetplattform führt zu keinem anderen Ergebnis.

Sollten die über eBay verkauften Modelleisenbahnen für den gewerblichen Internet-Shop des Klägers angeschafft worden sein, wären die hieraus erzielten Einnahmen den Einkünften aus Gewerbebetrieb.

Wären die Modelleisenbahnen zu keiner Zeit dem Betriebsvermögen des Gewerbebetriebs „Internet-Shop" zuzuordnen gewesen, schlösse sich hieran die Frage an, ob die eBay-Verkaufstätigkeit des Klägers für sich isoliert betrachtet als gewerblich – mit Einlage der WG – anzusehen wäre.

Sollte die isolierte eBay-Verkaufstätigkeit des Klägers schließlich nicht als gewerblich qualifiziert werden, wäre sie ertragsteuerlich irrelevant.

Müssen Influencer Steuern zahlen?
Das BMF bietet auf seiner Internetseite für Influencer eine kleine Einstiegsinformation an.

Unterschieden wird zunächst, ob eine Regelmäßigkeit vorliegt. Für die tägliche Bestückung von Instagram und vergleichbarer Programme ist dies wohl zu unterstellen (siehe z.B. „schlappi_thegoldenretriever"). Die Einnahmen aus Werbung oder Affiliate-Marketing sind den Ausgaben gegenüberzustellen. Zu beachten sind hierbei die unterschiedlichsten Einnahmen durch die Überlassung der beworbenen Gegenstände und sonstige Vergünstigungen, wie Sachzuwendungen, Übernachtung und Reisekostenerstattungen. Da in den seltensten Fällen eine künstlerische Gestaltungsgröße erreicht wird, handelt es sich nahezu ausschließlich um gewerbliche Einkünfte, die auch der Gewerbesteuer unterliegen. Ein Aufsatz in DStR 13–14/2021 veranschaulicht die Problematik der Zuordnung.

Strukturwandel von der Einnahmen-Überschuss-Rechnung zur Liebhaberei und das BFH-Urteil vom 11.05.2016, X R 61/14
Der Steuerpflichtige war zum einen als Arbeitnehmer tätig; ferner betrieb er einen Einzelhandel mit Spielwaren. Seinen Gewinn ermittelte er durch Einnahmen-Überschuss-Rechnung. Von der Gründung des Betriebs im Jahr 1994 bis zum Streitjahr 2001 erwirtschaftete er – mit Ausnahme eines kleinen Gewinns im Jahr 1999 – **ausschließlich Verluste**, die sich abzüglich des Gewinns bis 2001 auf insgesamt 362.611 DM beliefen.

Das Gesamtergebnis der betrieblichen Tätigkeit von 1994 bis 2006 betrug ./. 205.566 €.

Soweit so gut, so üblich. Diesen Vorgang werden die meisten kennen. Trotz mahnender Hinweise auf die Wirtschaftlichkeit und damit der Überschusserzielungsabsicht betreiben viele Mandanten das verlustbringende Gewerbe weiter. Zwischen den Beteiligten besteht nach Durchführung einer Außenprüfung Einvernehmen, dass die in den Veranlagungszeiträumen bis einschließlich 2000 erwirtschafteten Verluste der Besteuerung zugrunde zu legen sind, danach aber die Einkunftserzielungsabsicht entfallen ist. Die Veranlagungen wurden entsprechend durchgeführt.

Ein durchaus anzuerkennendes Ergebnis; es hätte auch eine rückwirkende Verlustversagung beschlossen werden können. Ursache für die Berücksichtigung der „Anfangsverluste" war hier sicherlich die nicht unmittelbare Nähe zur Privatsphäre.

Streitig war allein noch, ob der Steuerpflichtige verpflichtet war, im Zeitpunkt des Strukturwandels (welch eine tolle Beschreibung!) zur Liebhaberei von der Gewinnermittlung durch Einnahmen-Überschuss-Rechnung zum Betriebsvermögensvergleich überzugehen und damit sofort einen entsprechenden Übergangsgewinn zu versteuern.

Dem ist der BFH entgegengetreten.

Der Strukturwandel zur Liebhaberei stellt nach dem Urteil des BFH vom 11.05.2016 keine gewinnrealisierende Betriebsaufgabe dar. Die weiterhin in dem – nun nicht mehr einkommensteuerrelevanten – Betrieb genutzten Wirtschaftsgüter bleiben Betriebsvermögen. Wertänderungen dieses Betriebsvermögens, die während der Zeit der Liebhaberei eintreten, sind einkommensteuerrechtlich allerdings irrelevant.

Ermittelt der Steuerpflichtige seinen Gewinn durch Einnahmen-Überschuss-Rechnung, ist er nicht verpflichtet, im Zeitpunkt des Strukturwandels zur Liebhaberei zum Betriebsvermögensvergleich überzugehen und einen daraus resultierenden Übergangsgewinn zu ermitteln und zu versteuern.

Hat ein solcher Steuerpflichtiger in dem Zeitraum, in dem er noch mit Einkunftserzielungsabsicht handelte, die Anschaffungskosten für ein Wirtschaftsgut des Umlaufvermögens als Betriebsausgaben abgesetzt, so stellt auch nach Wegfall der Einkunftserzielungsabsicht die Verwirklichung eines Realisationsakts in Bezug auf dieses Wirtschaftsgut (Veräußerung oder Entnahme des Wirtschaftsguts, Veräußerung oder Aufgabe des Liebhabereibetriebs) dem Grunde nach einen Steuertatbestand dar.

Kurz gesagt: wenn nach „Strukturwandel" noch etwas aus dem Betrieb verkauft wird, erfolgt dann (erst) die Besteuerung.

Der Höhe nach ist derjenige Betrag als nachträgliche Betriebseinnahme anzusetzen und zu versteuern, der für das einzelne Wirtschaftsgut des Umlaufvermögens im Zeitpunkt des Strukturwandels zur Liebhaberei in eine Übergangsbilanz einzustellen gewesen wäre.

Die Verwirklichung eines Realisationsakts in Bezug auf diejenigen Wirtschaftsgüter des Umlaufvermögens, die im Zeitpunkt des Strukturwandels bereits vorhanden waren und deren Anschaffungskosten der Steuerpflichtige in Fällen der Gewinnermittlung durch Einnahmen-Überschuss-Rechnung steuerwirksam als Betriebsausgaben abgezogen hatte, stellt dem Grunde nach einen Steuertatbestand gemäß § 24 Nr. 2 i.V.m. § 15 Abs. 1 EStG dar.

Diese Beurteilung führt zu einer Festschreibung des im Zeitpunkt des Strukturwandels vorhandenen Betriebsvermögens.

Die in diesem Zeitpunkt (Übergang zur Liebhaberei) existenten stillen Reserven, die noch der Auflösung harren, sind – erst und genau dann – als nachträgliche betriebliche Einkünfte zu versteuern, wenn sie durch Veräußerung oder Entnahme des betreffenden Wirtschaftsguts oder durch Veräußerung oder Aufgabe des Liebhabereibetriebs realisiert werden (BFH-Entscheidungen vom 06.07.1978, BStBl II 1978, 626, unter 2.b bb; vom 29.10.1981, BStBl II 1982, 381, unter 3.a; vom 15.02.2002, BStBl II 2002, 809, unter II.4.b, und vom 05.05.2011, BStBl II 2011, 792, unter II.5.c).

Der BFH hat mit 55 Textziffern diesen Vorgang des Übergangs zur Liebhaberei intensiv ausgeleuchtet und somit klare Vorgaben für künftige Übergänge geschaffen.

Wanderbuch Liebhaberei? Nein, FG Baden-Württemberg vom 16.02.2016, 6 K 3472/14
Zur Abgrenzung der privaten Lebensführung von den steuerlich relevanten Tätigkeiten ist folgendes Urteil des FG Baden-Württemberg zu beachten.

FG Baden-Württemberg, Pressemitteilung vom 15.06.2016 zum Urteil 6 K 3472/14 vom 16.02.2016
Berichtet ein Steuerpflichtiger in einem Buch über die von ihm durchgeführten Wanderungen, können die Aufwendungen für das Buch sowie die Werbemaßnahmen hierfür

Betriebsausgaben einer schriftstellerischen Tätigkeit sein, so das FG Baden-Württemberg mit Urteil 6 K 3472/14 vom 16.02.2016.

Der Kläger erklärte im Streitjahr 2012 neben Einkünften aus nichtselbständiger Arbeit und Renten Kosten für die Veröffentlichung eines Buches als Betriebsausgaben einer selbständigen, schriftstellerischen Tätigkeit. Der Kläger berichtete in seinem Buch über von ihm durchgeführte Wanderungen und fügte den Berichten Karten und Höhenprofile hinzu. Er erstellte außerdem eine CD mit den Inhalten des Buches sowie weiteren Informationen, u.a. über Wetterverhältnisse.

Bis hier hin werden schlimme Erinnerungen an die Urlaubsbeschreibungen der lieben Verwandtschaft wach!

Aber dieser Steuerpflichtige ging noch einen Schritt weiter.

Er schloss mit einem Verlag einen Vertrag zum Vertrieb des Buches. Einen Gewinnerzielungsplan legte er vor. Der Verkauf von ca. 800 Büchern innerhalb von drei Jahren reichte allerdings für einen Gewinn nicht aus. Das Finanzamt berücksichtigte den geltend gemachten Verlust nicht, da der Kläger seine schriftstellerische Tätigkeit nicht mit Gewinnerzielungsabsicht ausgeübt habe.

Das Finanzgericht entschied, dass die Aufwendungen für die Veröffentlichung, insbesondere der Autorenzuschuss, als Betriebsausgaben bei den Einkünften aus selbständiger, schriftstellerischer Tätigkeit zu berücksichtigen sind. Der Senat war davon überzeugt, dass der Kläger mit Gewinnerzielungsabsicht gehandelt habe.

Jedenfalls während der Anlaufzeit der schriftstellerischen Tätigkeit sei ein Verlust steuerlich anzuerkennen. Dies gelte auch bei negativer Totalgewinnprognose unter Berücksichtigung der verkauften Exemplare.

Bei der Totalgewinnprognose seien die Kosten des Klägers für die hobbymäßig durchgeführten Wanderungen nicht einzubeziehen. Diese Kosten seien nicht steuerlich abzugsfähig und zu Recht nicht vom Kläger erklärt worden.

Er habe infolgedessen keine Kosten der privaten Lebensführung in den steuerlich relevanten Bereich verlagert.

Entscheidend für die Annahme einer Gewinnerzielungsabsicht sei das Verhalten des Klägers. Dieser habe sein Buch erst veröffentlicht, nachdem die Lektorenkonferenz des Verlags sein Manuskript positiv beurteilt, eine Veröffentlichung angeboten und einen Gewinnerzielungsplan vorgelegt habe.

Für das Buch sei geworben und es sei auf Buchmessen präsentiert worden. Der Kläger habe auch Exemplare an Hotels und Wanderheime zu Werbezwecken übersandt. Er habe sich ferner mit dem bestehenden Markt der angebotenen Wanderliteratur auseinandergesetzt und sein Buch z.B. um Höhenprofile erweitert und mittels der CD ermöglicht, dass Informationen zu den jeweiligen Touren praktisch handhabbar ausgedruckt werden können.

Dies geschah, um die Attraktivität des Buches zu steigern. Etwas anderes ergebe sich nicht dadurch, dass der Kläger die Möglichkeit gehabt habe, seine Verluste mit steuersparender Wirkung mit anderen positiven Einkünften zu verrechnen.

Das Urteil zeigt, dass bei ausgesprochener Hartnäckigkeit der wirtschaftliche Hintergrund zumindest sehr positiv „berechnet" werden kann. Dennoch sollte nun nicht der Gedanke entstehen, dass jede Urlaubsbeschreibung oder jedes gemalte Bild mit den daraus resultierenden Verlusten steuerlich zum Abzug zugelassen wird.

Im Urteilsfall war sicherlich der vom Verlag bestätigte Gewinnerzielungsplan maßgebend für die Entscheidung verantwortlich.

10.4.2 Der Gewinn (Zeilen 4–16)

Die Nichtbeanstandungsgrenze der Finanzverwaltung, wonach keine Anlage EÜR abzugeben ist, wenn die Bruttoeinnahmen 17.500 € je Tätigkeit nicht übersteigen, gilt **seit 2017 nicht mehr**. Hier ist es **nicht mehr** zulässig, eine formlose Gewinnermittlung einzureichen. Auf Antrag kann das Finanzamt entsprechend § 150 Abs. 8 AO in Härtefällen auf die elektronische Übermittlung verzichten. In diesen Fällen ist dann jedoch zwingend der Vordruck Anlage EÜR und die Anlage AVEÜR zu verwenden.

Mehrjährige Tätigkeit führt nicht immer zu außerordentlichen Einkünften nach § 34 Abs. 2 EStG

Der BFH hat mit Urteil vom 30.01.2013, III R 84/11 seine langjährige Rechtsprechung bestätigt, wonach die Vereinnahmung eines berufsüblichen Honorars für die mehrere Jahre andauernde Betreuung eines Mandats bei einem Rechtsanwalt nicht zu außerordentlichen Einkünften führt.

Der Kläger, ein Rechtsanwalt, bearbeitete über mehrere Jahre hinweg ein größeres Erbrechtsmandat. Nach – erfolgreichem – Abschluss des Auftrags erhielt er von seinen Mandanten eine hohe Honorarzahlung. Er sah in dieser Zahlung eine Vergütung für eine mehrjährige Tätigkeit und beantragte daher die Anwendung der Tarifermäßigung gemäß § 34 Abs. 2 Nr. 4 EStG. Der BFH folgte dem nicht. Er bekräftigte vielmehr seine jahrzehntealte Rechtsprechung, wonach die Anwendung der Tarifermäßigung auf besondere, außergewöhnliche Tätigkeiten beschränkt ist, die von der üblichen Tätigkeit eines Freiberuflers abgrenzbar sein müssen. Zum Zweck der Abgrenzung hat der BFH verschiedene Fallgruppen entwickelt, die im Streitfall jedoch nicht einschlägig waren. Er wies außerdem darauf hin, **dass mehrjährige Tätigkeiten bei Rechtsanwälten, Ingenieuren und anderen Freiberuflern nicht unüblich sind** und eine Tarifglättung schon durch die Häufigkeit und Regelmäßigkeit, mit der mehrjährige Aufträge angenommen, abgewickelt und abgerechnet werden, bewirkt wird.

Neben den in den Zeilen 4–10 einzutragenden Einkünften ist die Abgrenzung von den nach dem Teileinkünfteverfahren begünstigten Einkünften in Zeile 12 zu unterscheiden.

Danach ist in den **Zeilen 14 und 15** Leistungsvergütung als Beteiligter aus einer Wagniskapitalgesellschaft i.S.d. § 18 Abs. 1 Nr. 4 EStG danach zu unterscheiden, ob diese Gesellschaften noch vor dem 01.01.2009 oder erst danach gegründet wurden.

Für den Fall, dass die Gründung der Gesellschaft noch vor dem 01.01.2009 erfolgte, sieht § 52 Abs. 4e EStG vor, dass auch weiterhin das **Halbeinkünfte-** und nicht das **Teileinkünfteverfahren** anzuwenden ist.

Auch Einkünfte aus selbständiger Arbeit können, soweit die Bedingungen des **§ 34a EStG** erfüllt sind, der Thesaurierungsbesteuerung zugeführt werden. Hier ist aber insbesondere an die vorgeschriebene Bilanzierungspflicht zu erinnern, die viele Freiberufler nicht wahrnehmen. Ein Wechsel zur Bilanzierung ist möglich, hierbei sollten aber auch die weiteren Folgen (periodengerechte Abgrenzung der Einnahmen und Ausgaben!) beachtet werden.

10.4.3 Veräußerungsgewinne (Zeilen 31–44)

Nach **§ 18 Abs. 3 S. 2 EStG** gelten auch hier die Vorschriften der Betriebsveräußerung des § 16 Abs. 4 EStG entsprechend. Auch hier kann also einmal im Leben ein **Freibetrag** beantragt werden, wenn die Bedingungen des § 16 Abs. 4 EStG erfüllt sind.

§ 34 Abs. 2 EStG gewährt auch für die Veräußerungsgewinne des § 18 EStG **einen ermäßigten Steuersatz** nach § 34 Abs. 3 EStG.

Dabei ist dann ebenfalls, **wie schon zur Anlage G** ausgeführt, die Abgrenzung der Einkünfte für die Anteile an Kapitalgesellschaften zu beachten. Für diese ist das Teileinkünfteverfahren anzuwenden.

Die Zeilen 36–44 sind daher mit gleicher Sorgfalt zu unterscheiden.

Die Übertragung von Vertragsarztpraxen berechtigt den Erwerber nur dann zu Absetzungen für Abnutzung auf einen Praxiswert und das miterworbene Inventar, wenn Erwerbsgegenstand die gesamte Praxis und nicht nur eine Vertragsarztzulassung ist, wie der BFH mit zwei Urteilen vom 21.02.2017, VIII R 7/14 und VIII R 56/14 entschieden hat.

In beiden Streitfällen hatten die Beteiligten Praxisübernahmeverträge geschlossen, in denen es auch um die Überleitung der sog. Vertragsarztzulassungen vom Praxisveräußerer und Zulassungsinhaber auf die Praxiserwerber ging. Die Zulassung vermittelt ein höchstpersönliches, öffentlich-rechtliches Statusrecht, das dazu berechtigt, gesetzlich krankenversicherte Patienten zu behandeln und die Leistungen gegenüber den gesetzlichen Krankenkassen abzurechnen.

Sie wird in zulassungsbeschränkten Gebieten in einem sog. Nachbesetzungsverfahren (§ 103 SGB V) erteilt und kann vom Zulassungsinhaber nicht direkt an einen Erwerber veräußert werden. Gleichwohl enthalten Praxisübertragungsverträge häufig Regelungen zur Überleitung der Zulassung auf den Praxiserwerber und eine Verpflichtung zur Mitwirkung des Zulassungsinhabers im Nachbesetzungsverfahren.

Im ersten Fall (Az. VIII R 7/14) erwarb eine fachärztliche Gemeinschaftspraxis die Vertragsarztpraxis eines Kassenarztes. Der Kaufpreis für die Praxis orientierte sich an den durchschnittlichen Einnahmen aus der Untersuchung und Behandlung der gesetzlich und privat versicherten Patienten samt einem Zuschlag.

Eine Besonderheit der fachärztlichen Einzelpraxis war, dass die Patienten diese im Wesentlichen aufgrund von Überweisungen anderer Ärzte aufsuchten und diese sog. Zuweiserbindungen ein entscheidender wertbildender Faktor war.

Die Gemeinschaftspraxis übernahm einige Mitarbeiter der Einzelpraxis und das Patientenarchiv, da sie davon ausging, dass frühere Patienten der Einzelpraxis die Gemeinschaftspraxis aufsuchen würden.

Sie wollte ihre Tätigkeit jedoch nicht in den Räumen des bisherigen Praxisinhabers ausüben. Der bisherige Einzelpraxisinhaber übernahm im Kaufvertrag die Verpflichtung, im Nachbesetzungsverfahren an der Erteilung der Zulassung an eine Gesellschafterin der Gemeinschaftspraxis mitzuwirken.

Wird eine Vertragsarztpraxis samt den zugehörigen materiellen und immateriellen Wirtschaftsgütern der Praxis, insbesondere des Praxiswerts, als Chancenpaket erworben, ist der Vorteil aus der Zulassung als Vertragsarzt untrennbar im Praxiswert als abschreibbares immaterielles Wirtschaftsgut enthalten.

Wie der BFH jetzt ausdrücklich entschieden hat, gilt dies auch, wenn eine Gemeinschaftspraxis eine Einzelpraxis unter der Bedingung erwirbt, die Vertragsarztzulassung des Einzelpraxisinhabers werde im Nachbesetzungsverfahren einem Gesellschafter der Gemeinschaftspraxis erteilt.

Maßgebliches Indiz für einen beabsichtigten Erwerb der Praxis als Chancenpaket sei, dass Veräußerer und Erwerber einen Kaufpreis in Höhe des Verkehrswerts der Praxis oder sogar einen darüber liegenden Wert vereinbaren. Der Umstand, dass die Gemeinschaftspraxis nicht beabsichtige, die ärztliche Tätigkeit in den bisherigen Räumen des Einzelpraxisinhabers fortzusetzen, stehe dem nicht entgegen. Auf dieser Grundlage bejahte der BFH im Streitfall die AfA-Berechtigung auf den Praxiswert und die übrigen erworbenen Wirtschaftsgüter der Praxis.

Im zweiten Fall (Az. VIII R 56/14) schloss der Inhaber einer Einzelpraxis mit dem Neugesellschafter einer Gemeinschaftspraxis einen sog. Praxisübernahmevertrag. Dieser stand unter der Bedingung der erfolgreichen Überleitung der Vertragsarztzulassung auf den Erwerber. Der Verkäufer verpflichtete sich auch hier, im Nachbesetzungsverfahren an der Überleitung der Zulassung auf den Erwerber mitzuwirken.

Zudem verlegte er seine Vertragsarztpraxis für eine kurze Zeit an den Ort der Gemeinschaftspraxis. Allerdings wurde er tatsächlich nicht für die Gemeinschaftspraxis tätig.

Der BFH verneinte hier die AfA-Berechtigung des Erwerbers in vollem Umfang.

Der Neugesellschafter habe nur den wirtschaftlichen Vorteil aus der auf ihn überzuleitenden Vertragsarztzulassung gekauft, da er weder am Patientenstamm der früheren Einzelpraxis noch an anderen wertbildenden Faktoren ein Interesse gehabt habe. Dieses Wirtschaftsgut sei nicht abschreibbar, da es keinem Wertverzehr unterliege.

Der Inhaber könne eine ihm unbefristet erteilte Vertragsarztzulassung, solange er sie innehabe, gleichbleibend in Anspruch nehmen. Er könne zudem den aus ihr resultierenden wirtschaftlichen Vorteil im Rahmen eines Nachbesetzungsverfahrens gemäß § 103 SGB V durch eine Überleitung der Zulassung auf einen Nachfolger verwerten. Daher erschöpfe sich der Wert des immateriellen Wirtschaftsgutes des wirtschaftlichen Vorteils aus der Vertragsarztzulassung nicht in einer bestimmten bzw. bestimmbaren Zeit.

Voraussetzungen einer tarifbegünstigten Veräußerung einer freiberuflichen Praxis – keine starre zeitliche Grenze der Einstellung der Tätigkeit.
Mit Beschluss vom 11.02.2020, VIII B 131/19, DStR 2020, 486 hat der BFH zur weiteren unschädlichen Tätigkeit des veräußernden Freiberuflers Stellung genommen.

Danach setzt die tarifbegünstigte Veräußerung einer freiberuflichen Praxis (§ 18 Abs. 3 i.V.m. § 34 EStG) nur voraus, dass der Steuerpflichtige die wesentlichen vermögensmäßigen Grundlagen seiner bisherigen Tätigkeit entgeltlich und definitiv auf einen anderen überträgt.

Hierzu muss der Veräußerer seine freiberufliche Tätigkeit in dem bisherigen örtlichen Wirkungskreis wenigstens **für eine gewisse Zeit** einstellen.

Wann eine „definitive" Übertragung der wesentlichen Betriebsgrundlagen vorliegt, hängt jeweils von den Umständen des Einzelfalls ab. Eine starre zeitliche Grenze, nach der die Tätigkeit steuerunschädlich wieder aufgenommen werden kann, besteht nicht. Dementsprechend ist auch keine „Wartezeit" von mindestens drei Jahren einzuhalten.

Grundsätzlich unschädlich ist es, wenn der Veräußerer als Arbeitnehmer oder als freier Mitarbeiter im Auftrag und für Rechnung des Erwerbers tätig wird. Auch eine geringfügige Fortführung der bisherigen freiberuflichen Tätigkeit steht der Annahme einer begünstigten Praxisveräußerung nicht entgegen und zwar auch dann nicht, wenn sie die Betreuung neuer Mandate umfasst.

BFH-Urteil vom 16.06.2020, VIII R 15/17 zur Berücksichtigung von beschränkt abziehbaren Aufwendungen für ein häusliches Arbeitszimmer bei der Ermittlung des Aufgabegewinns

1. Für die Berechnung des Gewinns aus der Aufgabe einer freiberuflichen Tätigkeit gemäß § 18 Abs. 3 Satz 2 i.V.m. § 16 Abs. 2 EStG ist der sich nach Abzug der AfA gemäß § 6 Abs. 1 Nr. 1 Satz 1 EStG ergebende Buchwert des häuslichen Arbeitszimmers auch dann maßgeblich, wenn die Abziehbarkeit der Aufwendungen für das häusliche Arbeitszimmer während der Ausübung der freiberuflichen Tätigkeit gemäß § 4 Abs. 5 Satz 1 Nr. 6b EStG der Höhe nach beschränkt war. Eine Gewinnkorrektur im Hinblick auf den nicht abzugsfähigen Teil der AfA kommt nicht in Betracht.
2. Die Besteuerung des Aufgabegewinns unter Berücksichtigung des um die nicht abziehbare AfA geminderten Buchwerts des häuslichen Arbeitszimmers verstößt nicht gegen Art. 3 Abs. 1 GG, insbesondere nicht gegen den Grundsatz der Besteuerung nach der wirtschaftlichen Leistungsfähigkeit, denn die bei der Berechnung des laufenden Gewinns verfassungsrechtlich zulässige Beschränkung des Betriebsausgabenabzugs gemäß § 4 Abs. 5 Satz 1 Nr. 6b EStG wird im Rahmen der Besteuerung der Betriebsaufgabe nicht vertieft, sondern lediglich nicht wieder rückgängig gemacht.

Sponsoringaufwendungen eines Freiberuflers als Betriebsausgaben
BFH-Urteil vom 14.07.2020, VIII R 28/17 – was sind Betriebsausgaben? –

1. Zu den Betriebsausgaben gehören auch Sponsoringaufwendungen eines Freiberuflers zur Förderung von Personen oder Organisationen in sportlichen, kulturellen oder ähnlichen gesellschaftlichen Bereichen, wenn der Sponsor als Gegenleistung wirtschaftliche Vorteile, die insbesondere auch in der Sicherung oder Erhöhung des unternehmerischen Ansehens liegen können, für sein Unternehmen erstrebt oder für Produkte bzw. Dienstleistungen seines Unternehmens werben will.
2. Ein Abzug von Sponsoringaufwendungen als Betriebsausgaben setzt voraus, dass der Sponsoringempfänger öffentlichkeitswirksam auf das Sponsoring oder die Produkte bzw. Dienstleistungen des Sponsors hinweist und hierdurch für Außenstehende eine konkrete Verbindung zu dem Sponsor und seinen Leistungen erkennbar wird. Erfolgt das Sponsoring durch eine Freiberufler-Personengesellschaft, liegt der erforderliche hinreichende Zusammenhang zum Sponsor auch dann vor, wenn auf die freiberufliche Tätigkeit und Qualifikation der einzelnen Berufsträger hingewiesen wird.

Der BFH führt in der Entscheidung aus, dass bei der Ermittlung der Einkünfte Aufwendungen, die durch den Betrieb veranlasst sind, als Betriebsausgaben (§ 4 Abs. 4 EStG) abzuziehen sind.

Eine betriebliche Veranlassung liegt vor, wenn objektiv ein Zusammenhang mit dem Betrieb besteht und die Aufwendungen dem Betrieb subjektiv zu dienen bestimmt sind.

Ob und inwieweit Aufwendungen durch den Betrieb veranlasst sind, hängt von den Gründen ab, aus denen der Steuerpflichtige die Aufwendungen tätigt. Die Gründe bilden das „auslösende Moment", das den Steuerpflichtigen bewogen hat, die Kosten zu tragen.

Der Steuerpflichtige kann grundsätzlich frei entscheiden, welche Aufwendungen er für seinen Betrieb tätigen will.

Die Höhe der Aufwendungen, ihre Notwendigkeit, ihre Üblichkeit und ihre Zweckmäßigkeit sind für die Anerkennung als Betriebsausgaben grundsätzlich ohne Bedeutung.

Auch überhöhte, unübliche und unzweckmäßige oder erfolglose Aufwendungen können daher Betriebsausgaben sein.

Das Fehlen der Üblichkeit, der Erforderlichkeit und der Zweckmäßigkeit einer Aufwendung kann allerdings ein Anzeichen dafür sein, dass die Aufwendungen aus außerbetrieblichen Erwägungen gemacht wurden.

Für die betriebliche Veranlassung genügt der allgemeine Zusammenhang mit dem Betrieb durch Schaffen günstiger Rahmenbedingungen.

Aufgabegewinn eines Selbständigen und das häusliche Arbeitszimmer
BFH vom 16.06.2020, VIII R 15/17, DStR 2020, 2413
Der sich nach Abzug der AfA ergebende Buchwert des häuslichen Arbeitszimmers ist ungeachtet der Abzugsbeschränkung gem. § 4 Abs. 5 Satz 1 Nr. 6b Satz 3 EStG für die Berechnung des Aufgabegewinns maßgebend (§ 18 Abs. 3 Satz 2 i.V.m. § 16 Abs. 2 Satz 2 EStG).

Die infolge der Abzugsbeschränkung (teilweise) nicht abziehbare AfA kann auch nicht auf andere Weise gewinnmindernd bei der Ermittlung des Aufgabegewinns berücksichtigt werden.

Die Besteuerung des Aufgabegewinns unter Berücksichtigung des um die nicht abziehbare AfA geminderten Buchwerts des häuslichen Arbeitszimmers verstößt nicht gegen Art. 3 Abs. 1 GG, insbesondere nicht gegen den Grundsatz der Besteuerung nach der wirtschaftlichen Leistungsfähigkeit.

10.4.4 Einnahmen aus nebenberuflicher Tätigkeit (Zeilen 46 + 47 + EÜR Zeile 91)

Einnahmen aus der nebenberuflichen Tätigkeit als Übungsleiter, Ausbilder, Erzieher, Betreuer oder aus vergleichbaren Tätigkeiten bleiben nach **§ 3 Nr. 26 EStG** bis zu **3.000 €** jährlich (250 € monatlich) steuerfrei. Die Steuerbefreiung ist damit auf diese ganz bestimmten Tätigkeiten beschränkt.

Grundsätzlich davon zu unterscheiden sind die nach **§ 3 Nr. 26a EStG** steuerbefreiten Einnahmen aus einer Tätigkeit im gemeinnützigen Bereich. Das BMF hat hier mit Schreiben vom 21.11.2014, BStBl I 2014, 1581 die hierfür vorliegenden Bedingungen dargelegt.

Im Gegensatz zu § 3 Nr. 26 EStG ist hier auf **keine bestimmte Tätigkeit** im gemeinnützigen Bereich abgestellt. Es können daher auch die Mitglieder des Vorstands, der Kassierer, die Bürokräfte, das Reinigungspersonal, der Platzwart, die Betreuer und die Assistenzbetreuer eine steuerfreie nebenberufliche Tätigkeitsvergütung bis zu **jährlich 840 €** erhalten.

§ 3 Nr. 26b EStG betrifft den steuerfreien Anspruch auf Aufwendungsersatz als Vormund i.S.d. § 1835a BGB. Zusammen mit den steuerfreien Entschädigungen nach § 3 Nr. 26 EStG dürfen 3.000 € jährlich nicht überschritten werden.

Mit dem BFH-Urteil vom 20.11.2018, VIII R 17/16, DStR 2019, 972 wurden Verluste aus einer Übungsleitertätigkeit entgegen den Ausführungen in 3.26 Abs. 9 LStR als negative Einkünfte berücksichtigt, weil insgesamt eine Überschusserzielungsabsicht vorlag.

Die Vfg. der OFD FFM vom 04.10.2018, S 2245 A – 002 – St 213 nimmt, neben den LStR 3.26, ausführlich zur Anwendung des § 3 Nr. 26 EStG Stellung. Die Beantragung der Betriebsausgabenpauschale erfolgt durch Eintragung in Zeile 91 der Anlage EÜR.

OFD FFM vom 10.02.2021, DB 2021, 488 + FinMin Baden-Württemberg, Pressemitteilung vom 15.02.2021; Einkünfte nach § 19 EStG

Die Finanzministerien von Bund und Ländern haben sich auf eine steuerliche Entlastung der freiwilligen Helferinnen und Helfer in Impfzentren festgelegt.

Diese können nun von der sog. Übungsleiter- oder von der Ehrenamtspauschale profitieren, wonach Vergütungen für bestimmte Tätigkeiten bis zu einem festgelegten Betrag steuerfrei sind.

Die Einnahmen von Beschäftigten, die nebenberuflich im Dienst einer Körperschaft des öffentlichen Rechts oder einer unter § 5 Abs. 1 Nr. 9 KStG fallenden Einrichtung in einem Impfzentrum/Testzentrum oder mobilen Impfteam/Testteam im Impf- oder Testbereich (Aufklärung, Impfung, Test) bei der Durchführung von Impfungen gegen SARS-CoV-2 oder Tests mitwirken, sind für die Veranlagungszeiträume 2020 und 2021 nach § 3 Nummer 26 EStG begünstigt. Nebenberuflichkeit ist gegeben, wenn die Tätigkeit – bezogen auf das Kalenderjahr – nicht mehr als ein Drittel der Arbeitszeit eines vergleichbaren Vollzeiterwerbs in Anspruch nimmt und nicht als Teil der Haupttätigkeit anzusehen ist (R 3.26 Abs. 2 LStR).

Die Einnahmen von Beschäftigten, die keine qualifizierte Tätigkeit mit und gegenüber Menschen verrichten (z.B. Impfzentren-Leitung, Infrastruktur), sind für die Veranlagungszeiträume 2020 und 2021 nach § 3 Nr. 26 a EStG begünstigt, wenn die weiteren Voraussetzungen der Vorschrift im Einzelfall erfüllt sind.

10.4.5 Abbildungen zu Kapitel 10.4

Abb. 10.53: Voraussetzungen für eine selbstständige Tätigkeit i.S.d. § 18 EStG

Der Steuerpflichtige muss:
- einen der **Katalogberufe des § 18 Abs. 1 EStG** oder einen **ähnlichen Beruf** ausüben.
- Die **Mithilfe fachlich vorgebildeter Arbeitskräfte** ist nicht schädlich. Die Arbeitsleistung muss den „**Stempel der Persönlichkeit**" des selbständig Tätigen tragen.
- aufgrund **eigener Fachkenntnisse** immer leitend und eigenverantwortlich tätig sein. Die zentralen Aufgaben der Planung, Überwachung und Kompetenz müssen durch den Selbständigen selbst durchgeführt werden.

BFH vom 14.05.2019, VIII R 35/16 zum Prüfingenieur, der grundsätzlich freiberuflich tätig ist.

> **Abb. 10.54: DJ als Künstler und nicht Gewerbetreibender**
> **FG Düsseldorf vom 12.08.2021, 11 K 2430/18 (rkr.)**

Die Richter entschieden, dass der Kläger **als Künstler auftrete** und deshalb Einkünfte aus selbstständiger Tätigkeit erziele.

Zur **Begründung** führte der Senat aus, dass der Kläger:
- nicht nur Lieder anderer Interpreten abspiele.
- Vielmehr biete er neue Musik dar.
- Er gebe den Musikstücken anderer Künstler durch Vermischung und Bearbeitung einen neuen Charakter.
- Er führe sie damit in dem ihm eigenen Stil auf und vollbringe eine eigenschöpferische Leistung. Plattenteller, Mischpult, CD-Player und Computer würden von ihm als „Instrumente" genutzt.
- Er mische und bearbeite die Musikstücke und füge Töne sowie Geräusche hinzu. Als moderner DJ erzeuge er durch die Kombination von Songs, Samples, z.T. selbst hergestellten Beats und Effekten ein neues Klangerlebnis. Für die Einordnung als Künstler spiele es keine Rolle, auf welcher Art von Veranstaltung der Kläger auftrete. Entscheidend sei, dass er – ähnlich einer Live-Band – mit Hilfe von „Instrumenten" Tanzmusik unterschiedlicher Genres aufführe.

> **Abb. 10.55: Ertragsteuerrechtliche Beurteilung der Veräußerung von im Privatvermögen gehaltenen Wirtschaftsgütern über eine Internetplattform**
> **BFH Urteil vom 17.06.2020, X R 18/19**

Werden privat und ohne Veräußerungsabsicht angeschaffte bewegliche Wirtschaftsgüter veräußert, kann dies auch dann **der letzte Akt der privaten Vermögensverwaltung sein, wenn** die Veräußerung über einen langen Zeitraum und in zahlreichen Einzelakten ausgeführt wird. Allein die Verwendung einer auch von gewerblichen Händlern genutzten Internetplattform führt zu keinem anderen Ergebnis.

ABER!

- Sollten die über eBay verkauften Modelleisenbahnen für den gewerblichen Internet-Shop des Klägers angeschafft worden sein, wären die hieraus erzielten Einnahmen den Einkünften **aus Gewerbebetrieb**.
- Wären die Modelleisenbahnen zu keiner Zeit dem Betriebsvermögen des Gewerbebetriebs „Internet-Shop" zuzuordnen gewesen, schlösse sich hieran die Frage an, ob die eBay-Verkaufstätigkeit des Klägers für sich isoliert betrachtet als **gewerblich** – mit Einlage der WG – anzusehen wäre.
- Sollte die isolierte eBay-Verkaufstätigkeit des Klägers schließlich nicht als gewerblich qualifiziert werden, wäre sie **ertragsteuerlich irrelevant**.

10.4 Anlage S

Abb. 10.56: Influencer – Instagrammer und Co.

„schlappi_thegoldenretriever"

Aufgrund der nachhaltigen (wiederholten) Tätigkeit ohne künstlerischer Gestaltungsgröße liegen nahezu ausschließlich **gewerbliche** Einkünfte vor.

Die Einnahmen aus Werbung oder Affiliate-Marketing sind den Ausgaben gegenüberzustellen.
Zu beachten sind hierbei die unterschiedlichsten Einnahmen durch die Überlassung der beworbenen Gegenstände und sonstige Vergünstigungen, wie Sachzuwendungen, Übernachtung und Reisekostenerstattungen.

Aufwändige Ermittlung des Gewinns bei „überschaubaren" Überschüssen.

Abb. 10.57: Aufgabegewinn eines Selbständigen und das häusliche Arbeitszimmer
BFH vom 16.06.2020, VIII R 15/17, DStR 2020, 2413

Der sich nach Abzug der AfA ergebende Buchwert des häuslichen Arbeitszimmers ist **ungeachtet der Abzugsbeschränkung** gem. § 4 Abs. 5 Satz 1 Nr. 6b Satz 3 EStG für die Berechnung des Aufgabegewinns maßgebend
(§ 18 Abs. 3 Satz 2 i.V.m. § 16 Abs. 2 Satz 2 EStG).

Die infolge der Abzugsbeschränkung (teilweise) nicht abziehbare AfA kann auch nicht auf andere Weise gewinnmindernd bei der Ermittlung des Aufgabegewinns berücksichtigt werden.

Die Besteuerung des Aufgabegewinns **unter Berücksichtigung des um die nicht abziehbare AfA geminderten Buchwerts des häuslichen Arbeitszimmers**
- verstößt nicht gegen Art. 3 Abs. 1 GG,
- insbesondere nicht gegen den Grundsatz der Besteuerung nach der wirtschaftlichen Leistungsfähigkeit.

Abb. 10.58: Steuerfreie Aufwendungsentschädigung nach § 3 Nr. 26, 26a und 26b EStG

§ 3 Nr. 26 EStG	§ 3 Nr. 26a EStG	§ 3 Nr. 26b EStG
Bei Gewinnerzielungsabsicht werden auch Verluste entgegen R 3.26 Abs. 9 LStR berücksichtigt, BFH vom 20.11.2018, VIII R 17/16, DStR 2019, 972.		
für nebenberufliche Tätigkeiten als Übungsleiter etc.	für nebenberufliche Tätigkeiten im gemeinnützigen Bereich	zur Abgeltung eines Anspruchs auf Aufwendungsersatz als Vormund i.S.d. § 1835a BGB
bis jährlich **3.000 €**	bis jährlich **840 €**	zusammen mit Entschädigungen nach § 3 Nr. 26 EStG dürfen 3.000 € jährlich nicht überschritten werden

OFD Frankfurt am Main vom 04.10.2018, S 2245 A – 002 – St213 nimmt, neben der LStR 3.26 ausführlich zur Anwendung des § 3 Nr. 26 EStG Stellung.

Zeile 27 Anlage N oder 91 Anlage EÜR 2021

Abb. 10.59: Steuerfreie Aufwendungsentschädigung nach § 3 Nr. 26, 26a und 26b EStG

OFD Frankfurt/M. vom 10.02.2021, DB 2021, 488 + FinMin Baden-Württemberg, Pressemitteilung vom 15.02.2021; Einkünfte nach § 19 EStG

Die Finanzministerien von Bund und Ländern haben sich auf eine steuerliche Entlastung der freiwilligen Helferinnen und Helfer **in Impfzentren** festgelegt.

Diese können nun von der sog. Übungsleiter- oder von der Ehrenamtspauschale profitieren, wonach Vergütungen für bestimmte Tätigkeiten bis zu einem festgelegten Betrag steuerfrei sind.

„Die Corona-Impfung ist eine Mammutaufgabe. Jede Unterstützung ist herzlich willkommen – und verdient unseren größten Respekt. Die steuerliche Entlastung ist ein Zeichen der Wertschätzung für alle, die freiwillig in Impfzentren oder mobilen Impfteams aushelfen", sagte Finanzministerin Edith Sitzmann. „Die engagierten Helferinnen und Helfer leisten einen wichtigen Beitrag für den Gesundheitsschutz und zur Bekämpfung der Pandemie."

10.4 Anlage S

> **Abb. 10.60: Nichtselbständige Tätigkeit in Impfzentren – I.**
> **OFD Frankfurt/M. vom 15.03.2021, S 2331 A – 49 – St 210**
>
> Personen, die in regionalen Impfzentren oder mobilen Impfteams beschäftigt sind (ärztliches und anderes Personal), üben insoweit regelmäßig eine nichtselbständige Tätigkeit aus. Gleiches gilt für Personen, die in einem Testzentrum im Sinne der Coronavirus-Testverordnung oder einem dort angegliederten mobilen Testteam tätig werden.
>
> Hierfür spricht insbesondere, dass
>
> - die Mitarbeiter weisungsgebunden hinsichtlich Ort, Zeit und Inhalt der Tätigkeit sind,
> - die Mitarbeiter notwendigerweise eng mit anderen Mitarbeitern zusammenarbeiten,
> - die Mitarbeiter in die Organisation des Impfzentrums/Impfteams bzw. Testzentrums/Testteams eingegliedert sind,
> - die Organisation und Durchführung der Tätigkeit vorgegeben wird,
> - die Mitarbeiter kein eigenes Kapital einsetzen,
> - Arbeitsmittel zur Verfügung gestellt werden,
> - die Mitarbeiter ihre Arbeitskraft schulden, nicht aber einen Arbeitserfolg.

> **Abb. 10.61: Nichtselbständige Tätigkeit in Impfzentren – II.**
> **OFD Frankfurt/M. vom 15.03.2021, S 2331 A – 49 – St 210**
>
> Der Einordnung als nichtselbständige Tätigkeit steht es nicht entgegen, wenn nach den getroffenen vertraglichen Vereinbarungen eine nichtselbständige Tätigkeit ausdrücklich ausgeschlossen werden oder ausdrücklich eine selbständige Tätigkeit vorliegen soll. Auf die arbeitsrechtliche oder sozialversicherungsrechtliche Behandlung kommt es ebenfalls nicht an. Die an diese Beschäftigten gezahlten Vergütungen **unterliegen folglich dem Lohnsteuerabzug.**
>
> **In der Praxis werden häufig Honorarverträge geschlossen.**
> **Unterbleibt der Lohnsteuerabzug aufgrund solcher getroffenen vertraglichen Vereinbarungen und ist für die Tätigkeit nach §§ 130, 131 SGB IV <u>keine Beitragspflicht zur Sozialversicherung gegeben</u>, erfolgt die Besteuerung im Rahmen des Veranlagungsverfahrens; eine nachträgliche Erhebung der Lohnsteuer kommt insoweit aus Vereinfachungsgründen nicht in Betracht.**

> **Abb. 10.62: Nichtselbständige Tätigkeit in Impfzentren – III.**
> **OFD Frankfurt/M. vom 15.03.2021, S 2331 A – 49 – St 210**
>
> Die nichtselbständig in den regionalen Impfzentren und den Testzentren sowie in den jeweils angegliederten mobilen Teams beschäftigten Personen sind keine Unternehmer im Sinne des § 2 Abs. 1 UStG. Insoweit fällt **keine Umsatzsteuer** an.
>
> Die Einnahmen von Beschäftigten, die **nebenberuflich** im Dienst einer Körperschaft des öffentlichen Rechts oder einer unter § 5 Abs. 1 Nr. 9 KStG fallenden Einrichtung in einem Impfzentrum/Testzentrum oder mobilen Impfteam/Testteam im Impf- oder Testbereich (Aufklärung, Impfung, Test) bei der Durchführung von Impfungen gegen SARS-CoV-2 oder Tests mitwirken, sind für die Veranlagungszeiträume 2020 und 2021 nach **§ 3 Nr. 26 EStG** begünstigt. Nebenberuflichkeit ist gegeben, wenn die Tätigkeit – bezogen auf das Kalenderjahr – nicht mehr als ein Drittel der Arbeitszeit eines vergleichbaren Vollzeiterwerbs in Anspruch nimmt und nicht als Teil der Haupttätigkeit anzusehen ist (R 3.26 Abs. 2 LStR).
>
> Die Einnahmen von Beschäftigten, die **keine qualifizierte Tätigkeit** mit und gegenüber Menschen verrichten (z.B. Impfzentren-Leitung, Infrastruktur), sind für die Veranlagungszeiträume 2020 und 2021 nach **§ 3 Nr. 26a EStG** begünstigt, wenn die weiteren Voraussetzungen der Vorschrift im Einzelfall erfüllt sind.

10a. Anlage Corona-Hilfen

Was ist zu beachten – neu und wichtig – Checkliste

Anlage Corona ist zu übermitteln	Nachfragen, ob **eigenständig Soforthilfen** beantragt worden sind.
Bei Bilanzierenden ist eine Abgrenzung der Beträge erforderlich, wenn die Corona-Hilfen 2020 (z.B. November und Dezember-Hilfen) bereits in der Bilanz für 2020 ausgewiesen wurden	**Zeilen 12 + 16** in der Bilanz des vorangegangenen Wirtschaftsjahres (als Forderung/sonstiger Vermögensgegenstand) und der Anlage Corona-Hilfen 2020 erklärt
	Zeilen 13 + 17 in der Bilanz des vorangegangenen Wirtschaftsjahres (als Rückstellung/Verbindlichkeit) und der Anlage Corona-Hilfen 2020 erklärt

2021

Anlage Corona-Hilfen

zur Einkommensteuererklärung

zur Feststellungserklärung

Bitte Infoblatt beachten.

Diese Anlage ist bei Zusammenveranlagung von Ehegatten / Lebenspartnern gemeinsam auszufüllen.

1 Name / Gesellschaft / Gemeinschaft
2 Vorname
3 Steuernummer

Corona-Soforthilfen, Überbrückungshilfen und vergleichbare Zuschüsse

– in den Anlagen G, L und / oder S der Einkommensteuererklärung oder in den Anlagen FG, FE 1 der Feststellungserklärung sowie in den jeweiligen Gewinnermittlungen als steuerpflichtige Betriebseinnahmen (bei Rückzahlungen als Betriebsausgaben) enthalten –

Angaben zur Einkommensteuererklärung 18

4 Wurden im Jahr 2021 für einen / mehrere Betrieb(e) und / oder für eine / mehrere selbständige Tätigkeit(en) Corona-Soforthilfen, Überbrückungshilfen und / oder vergleichbare Zuschüsse bezogen oder zurückgezahlt?
– Bilanzierende bitte die Zeilen 12 und 13 beachten! –

stpfl. Person / Ehemann / Person A: 850 1 = Ja 2 = Nein
Ehefrau / Person B: 851 1 = Ja 2 = Nein

Falls Zeile 4 mit „Ja" beantwortet wurde:

Für folgende Betriebe und / oder selbständige Tätigkeiten wurden Soforthilfen, Überbrückungshilfen und / oder vergleichbare Zuschüsse bezogen (Einzutragen ist für jeden Betrieb der Saldo zwischen den erhaltenen und den im gleichen Kalenderjahr zurückgezahlten Hilfen):
– ergibt sich ein negativer Saldo, bitte mit vorangestelltem Minuszeichen eintragen –

Zeile	Bezeichnung des Betriebs / Betriebssteuernummer	stpfl. Person / Ehemann / Person A EUR	Ehefrau / Person B EUR
5		,	,
6		+ ,	+ ,
7		+ ,	+ ,
8		+ ,	+ ,
9		+ ,	+ ,
10		+ ,	+ ,
11	Gesamtbetrag der Soforthilfen, Überbrückungshilfen und / oder vergleichbaren Zuschüsse	852 ,	853 ,

Nur bei bilanzierenden Betrieben / bilanzierenden selbständig Tätigen:

12 Es wurden im Jahr 2021 Corona-Soforthilfen, Überbrückungshilfen und / oder vergleichbare Zuschüsse ausgezahlt, die bereits in der Bilanz des vorangegangenen Wirtschaftsjahres (als Forderung / sonstiger Vermögensgegenstand) und der Anlage Corona-Hilfen 2020 erklärt wurden.
stpfl. Person / Ehemann / Person A: 854 1 = Ja
Ehefrau / Person B: 855 1 = Ja

13 Es wurden im Jahr 2021 Corona-Soforthilfen, Überbrückungshilfen und / oder vergleichbare Zuschüsse zurückgezahlt, die bereits in der Bilanz des vorangegangenen Wirtschaftsjahres (als Rückstellung / Verbindlichkeit) und der Anlage Corona-Hilfen 2020 erklärt wurden.
856 1 = Ja
857 1 = Ja

Angaben zur Feststellungserklärung 19

14 Wurden im Jahr 2021 für die Gesellschaft / die Gemeinschaft / den Betrieb Corona-Soforthilfen, Überbrückungshilfen und / oder vergleichbare Zuschüsse bezogen oder zurückgezahlt?
– Bilanzierende bitte die Zeilen 16 und 17 beachten! –
1 = Ja
2 = Nein

Falls Zeile 14 mit „Ja" beantwortet wurde:

15 Gesamtbetrag der Soforthilfen, Überbrückungshilfen und / oder vergleichbaren Zuschüsse (Einzutragen ist der Saldo zwischen den erhaltenen und den im gleichen Kalenderjahr zurückgezahlten Hilfen)
– ergibt sich ein negativer Saldo, bitte mit vorangestelltem Minuszeichen eintragen –
EUR Ct
619 ,

Nur bei bilanzierenden Gesellschaften / Gemeinschaften / Betrieben:

16 Es wurden im Jahr 2021 Corona-Soforthilfen, Überbrückungshilfen und / oder vergleichbare Zuschüsse ausgezahlt, die bereits in der Bilanz des vorangegangenen Wirtschaftsjahres (als Forderung / sonstiger Vermögensgegenstand) und der Anlage Corona-Hilfen 2020 erklärt wurden.
1 = Ja

17 Es wurden im Jahr 2021 Corona-Soforthilfen, Überbrückungshilfen und / oder vergleichbare Zuschüsse zurückgezahlt, die bereits in der Bilanz des vorangegangenen Wirtschaftsjahres (als Rückstellung / Verbindlichkeit) und der Anlage Corona-Hilfen 2020 erklärt wurden.
1 = Ja

– Juli 2021 –

Als finanzieller Ausgleich der durch die Corona-Pandemie 2020 verursachten Liquiditätsengpässe wurden seit April 2020 über die Landesbanken Soforthilfen für Selbstständige und kleine Unternehmen bewilligt.

Damit die Besteuerung dieser Sofort-Hilfen, Überbrückungs-/Liquiditätshilfen und vergleichbarer Zuschüsse sichergestellt wird, ist diese neue Anlage Corona-Hilfen abzugeben.

Diese Zuschüsse der Länder in Form der Corona-Soforthilfe wurden auf Antrag für 3 Monate an die Unternehmer ausgezahlt und diente länderabhängig zumeist ausschließlich der Deckung des Betriebsbedarfs der Unternehmer.

Die Hilfe von bis zu 9.000 € bzw. 15.000 € (länderabhängig) sollte hierbei aber eben **nicht den Lebensunterhalt** des Unternehmens decken oder die im Rahmen des Kurzarbeitergeldes erstattungsfähigen Personalkosten.

Auch **Umsatzeinbußen** sollen durch die Förderung nicht ausgeglichen werden und eine Überkompensation, z.B. durch die Inanspruchnahme verschiedener Förderungen, nicht erfolgen. Die einzelnen Zugangsvoraussetzungen können länderabhängig voneinander abweichen.

Die schnelle Antragsbewilligung und Zuschusszahlung in den ersten Monaten ließ kaum Raum für eine detaillierte Antragsprüfung, sodass oftmals direkt der Förderhöchstbetrag ausgezahlt wurde. Dies ist ein möglicher Grund, der eine **Rückzahlung der Soforthilfe** erforderlich machen kann.

Erfolgte die Bewilligung grundlos oder unter falschen Voraussetzungen, ist der Antragsteller zur Rückzahlung, auch zur Teilrückzahlung, verpflichtet.

Auf diese Rückzahlungsverpflichtung zu viel erhaltener Soforthilfen verweisen auch die Länder und deren Landesbanken ausdrücklich.

Begünstigte müssen daher zwingend den tatsächlichen Liquiditätsbedarf und die Erfüllung der Voraussetzungen prüfen und ggf. zu viel erhaltene Zuschüsse an die Landesbanken zurückzahlen.

Weitere Gründe für Rückzahlungen sind z.B. schnellerer Umsatzanstieg als ursprünglich geschätzt, geringerer Liquiditätsbedarf als zuvor angenommen, Doppelerhalt der Förderung bei nur einem Antrag aufgrund technischer Probleme, Überkompensation, unberechtigte Beantragung aufgrund fehlerhafter Einschätzung der Antragsvoraussetzungen.

Liegen einer oder mehrere derartige Gründe vor, sollten Begünstigte zeitnah aktiv werden und eine Rückzahlung der zu viel erhaltenen Gelder veranlassen.

Wird der Antragsteller selbst nicht aktiv und zahlt ggf. zu viel erhaltene Corona-Soforthilfe nicht zurück, kann neben der Rückforderung der zu Unrecht bezogenen Förderbeträge eine Verzinsung dieser Rückzahlungen erfolgen.

Aber auch die möglichen strafrechtlichen Konsequenzen (Subventionsbetrug) sollten nicht unterschätzt werden.

> In der Anlage Corona-Hilfen wird in der Überschrift darauf hingewiesen, dass in den Anlagen G, L und/oder S der Einkommensteuererklärung diese Zuschüsse in den jeweiligen Gewinnermittlungen als steuerpflichtige Einnahme enthalten sein müssen.

Bei einer Gewinnermittlung **nach § 4 Abs. 3 EStG** steht für die Erfassung dieser Zuschüsse die **Zeile 15 der Anlage EÜR** zur Verfügung. Bei umsatzsteuerlichen Kleinunternehmern sind die Zahlungen in der Zeile 11 (oder 12) zu erfassen.

Bei **bilanzierenden** Steuerpflichtigen sollen die Erträge in der **E-Bilanz** unter **sonstige betriebliche Erträge** erfasst werden.

In **Zeile 4** der Anlage Corona-Hilfen ist nur anzugeben, **ob** in 2021 eine Corona-Hilfe bezogen wurde. Dies lässt den Schluss zu, dass Daten nur dann fehlerfrei an die Verwaltung übermittelt werden können, wenn diese Anlage Corona-Hilfen – bei gleichzeitiger Übermittlung von Daten zu den Anlagen G – L – S – ausgefüllt wird.

In den Zeilen 5–10 sind dann die – ggf. um zurückgezahlte Hilfen verminderten – Hilfezahlungen anzugeben. Dabei ist neben der Bezeichnung des Betriebes auch die Betriebssteuernummer einzutragen.

Die in Zeile 11 erfasste Gesamtsumme dient der Überprüfung der mittels Kontrollmitteilungsverfahren bereits elektronisch erfassten Datensätze.

Neu

Bei Bilanzierenden ist eine Abgrenzung der Beträge erforderlich, wenn die Corona-Hilfen 2020 (z.B. November und Dezember-Hilfen) bereits in der Bilanz für 2020 ausgewiesen werden, weil der Antrag auf Gewährung der Hilfen gestellt wurde oder zumindest die Absicht dazu besteht; in diesen Fällen wäre bereits in der Anlage Corona-Hilfen für 2020 eine Erklärung notwendig. Sollte neben den eingebuchten Forderungen/sonstigen Vermögensgegenständen für ausgezahlte Corona-Hilfen auch Rückstellungen sowie Verbindlichkeiten für gegebenenfalls zurückzuzahlende Corona-Hilfen ertragswirksam gebildet wurden, ist eine entsprechende Eintragung in der Anlage Corona vorzunehmen.

Hierdurch wird ein besserer Abgleich mit den bereits erklärten Beträgen im Vorjahr in der Anlage Corona-Hilfen ermöglicht.

Zeilen 12 + 16

Es wurden im Jahr 2021 Corona-Soforthilfen, Überbrückungshilfen und/oder vergleichbare Zuschüsse ausgezahlt, die bereits in der Bilanz des vorangegangenen Wirtschaftsjahres (als Forderung/sonstiger Vermögensgegenstand) und der Anlage Corona-Hilfen 2020 erklärt wurden.

Zeilen 13 + 17

Es wurden im Jahr 2021 Corona-Soforthilfen, Überbrückungshilfen und/oder vergleichbare Zuschüsse zurückgezahlt, die bereits in der Bilanz des vorangegangenen Wirtschaftsjahres (als Rückstellung/Verbindlichkeit) und der Anlage Corona-Hilfen 2020 erklärt wurden.

Nicht davon erfasst ist die nach **§ 3 Nr. 11a EStG** steuerfreie Corona-Hilfe der Arbeitgeber **an** deren **Arbeitnehmer**.

§ 3 Nr. 11a. EStG

„Zusätzlich zum ohnehin geschuldeten Arbeitslohn vom Arbeitgeber in der Zeit vom 1. März bis zum 31. März 2022 aufgrund der Corona-Krise an seine Arbeitnehmer in Form von Zuschüssen und Sachbezügen gewährte Beihilfen und Unterstützungen bis zu einem Betrag von 1.500 € bleiben steuerfrei."

10a.1 Abbildungen zu Kapitel 10a

Abb. 10a.1: Corona-Hilfen 2021

https://www.ibb.de/de/wirtschaftsfoerderung/themen/coronahilfen/coronahilfen.html

Gewährte Soforthilfen für Selbstständige und kleine Unternehmen
Nicht davon erfasst ist die nach § 3 Nr. 11a EStG steuerfreie Corona-Hilfe der Arbeitgeber an deren Arbeitnehmer.

- In Summe zusammentragen – mehrfache Zahlungen waren möglich.
- Entsprechende **Aufwendungen**, die nach den jeweiligen Programmen begünstigt waren, zusammenstellen.
- Lebensunterhalt, Personalkosten (mit Ausnahmen) und Umsatzeinbußen sind **nicht** begünstigt!
- **Rückzahlung** der Soforthilfen erfassen.

Gewinn- und Umsatzrückgang durch Corona plausibel?

Bei einer Gewinnermittlung **nach § 4 Abs. 3 EStG** steht für die Erfassung dieser Zuschüsse die **Zeile 15 der Anlage EÜR** zur Verfügung. Bei umsatzsteuerlichen Kleinunternehmern sind die Zahlungen in der Zeile 11 (oder 12) zu erfassen.
Bei **bilanzierenden** Steuerpflichtigen sollen die Erträge in der E-Bilanz unter **sonstige betriebliche Erträge** erfasst werden.

Abb. 10a.2: Corona-Hilfen 2021

Bilanzierende bitte in der Anlage Corona die Zeilen 12/16 + 13/17 beachten!

Bei Bilanzierenden ist eine Abgrenzung der Beträge erforderlich, wenn die Corona-Hilfen 2020 (z.B. November und Dezember-Hilfen) bereits in der Bilanz für 2020 ausgewiesen werden, weil der Antrag auf Gewährung der Hilfen gestellt wurde oder zumindest die Absicht dazu besteht; in diesen Fällen wäre bereits in der Anlage Corona-Hilfen für 2020 eine Erklärung notwendig.

Sollte
- neben **den eingebuchten Forderungen/sonstigen Vermögensgegenständen** für ausgezahlte Corona-Hilfen
- auch **Rückstellungen sowie Verbindlichkeiten** für gegebenenfalls zurückzuzahlende Corona-Hilfen ertragswirksam gebildet wurden,
- ist eine entsprechende Eintragung in der Anlage Corona vorzunehmen.

Hierdurch wird ein besserer Abgleich mit den bereits erklärten Beträgen im Vorjahr in der Anlage Corona-Hilfen ermöglicht.

Abb. 10a.3: Corona-Hilfen 2021

Zeilen 12 + 16
Es wurden im Jahr 2021 Corona-Soforthilfen, Überbrückungshilfen und/oder vergleichbare Zuschüsse ausgezahlt, **die bereits in der Bilanz des vorangegangenen Wirtschaftsjahres** (als <u>Forderung/sonstiger Vermögensgegenstand</u>) und der Anlage Corona-Hilfen 2020 erklärt wurden.

Zeilen 13 + 17
Es wurden im Jahr 2021 Corona-Soforthilfen, Überbrückungshilfen und/oder vergleichbare Zuschüsse zurückgezahlt, **die bereits in der Bilanz des vorangegangenen Wirtschaftsjahres** (als <u>Rückstellung/Verbindlichkeit</u>) und der Anlage Corona-Hilfen 2020 erklärt wurden.

11. Anlage EÜR

Was ist zu beachten – neu und wichtig – Checkliste

Wer darf – wer muss – in welcher Form eine EÜR abgeben. § 4 Abs. 3 EStG – § 141 Abs. 1 AO Mehr als 60.000 € gewerblichen Gewinn oder mehr als 600.000 € Gesamtumsatz = Keine EÜR mehr möglich	Für L + F, gewerbliche oder selbständige Einkünfte kann eine EÜR abgegeben werden. Elektronischer Datensatz § 60 Abs. 4 EStDV erforderlich
Kleinunternehmereinnahmen, nicht steuerbare Umsätze, L + F-Umsätze wenn § 24 UStG und umsatzsteuerpflichtige Einnahmen getrennt erfassen	Corona-Hilfen jeglicher Art in Zeile 15 erfassen. Unterschiedliche USt-Sätze beachten
Betrieblich zugeflossene Dividenden zu 100 % in Zeile 14	Korrektur des Teileinkünfteverfahrens erst in Zeile 106
10-Tagesregel des § 11 EStG am Jahresende beachten. USt-VA Dez. 2021 noch in 2021 als Betriebsausgabe, wenn bis 10.01.2022 bezahlt	Neues anhängiges Verfahren BFH X R 2/21; vorhergehend FG München Urteil vom 15.10.2020, 15 K 2604/19 zur Fälligkeit der USt-VA
Betriebsausgabenpauschalen für bestimmte Berufsgruppen	H 18.2 EStH Betriebsausgabenpauschale für Freiberufler etc.
Geringwertige Wirtschaftsgüter (GWG)	Das BMF-Schreiben vom 30.09.2010, BStBl I 2010, 755
Nutzungsdauer von Computerhardware und Software zur Dateneingabe und -verarbeitung nur noch 1 Jahr (?)	BMF vom 26.02.2021, IV C 3 – S 2190/21/10002 :013 DOK 2021/0231247
Bewirtung	BMF vom 30.06.2021, IV C 6 – S 2145/19/10003 :003 DOK 2021/0748446
Kfz-Kosten	Siehe Anlage G
Rücklage **für Ersatzbeschaffung** Verlängerung um jeweils 1 Jahr, wenn Fristablauf sonst vor 2021 gewesen wäre	BMF 13.01.2021, GZ IV C 6 – S 2138/19/10002 :003 DOK 2021/0014231
Übertragung stiller Reserven **beim Verkauf** bestimmter Anlagegüter, § 6c EStG	§ 52 Abs. 14 S. 4 + 5 EStG Verlängerung der Reinvestitionsfrist um 1 Jahr
Überentnahmen Gewinnbegriff und Berücksichtigung außerbilanzieller Korrekturen	BMF vom 18.01.2021, IV C 6 – S 2144/19/10003 :004 DOK 2021/0040649
Übergang zur Bilanzierung/Wechsel der Gewinnermittlungsart – R 4.6 EStR	Übergangsgewinn/Verlust gesondert ermitteln und in Zeile 102 eintragen

Anlage EÜR

2021

Anlage EÜR

Bitte für jeden Betrieb eine gesonderte Anlage EÜR übermitteln!

Zeile			
1	Name des Steuerpflichtigen bzw. der Gesellschaft/Gemeinschaft/Körperschaft		
2	Vorname		
3	(Betriebs-)Steuernummer		77 21 1

99 15

Einnahmenüberschussrechnung
nach § 4 Abs. 3 EStG für das Kalenderjahr 2021   Beginn   Ende

4	davon abweichend 131	2 0 2 1	132
5	Art des Betriebs	100	
6	Rechtsform des Betriebs		
7	Einkunftsart	103	Land- und Forstwirtschaft = 1, Gewerbebetrieb = 2, Selbständige Arbeit = 3
8	Betriebsinhaber	104	Stpfl./Ehemann/Person A (Ehegatte A/Lebenspartner[in] A)/Gesellschaft/Körperschaft = 1, Ehefrau/Person B (Ehegatte B/Lebenspartner[in] B) = 2, Beide Ehegatten/Lebenspartner[innen] = 3
9	Wurde im Kalenderjahr/Wirtschaftsjahr der Betrieb beendet? 111		Veräußert oder Aufgabe = 1 (Bitte Zeile 102 beachten) Unentgeltliche Übertragung = 2
10	Wurden im Kalenderjahr/Wirtschaftsjahr Grundstücke/grundstücksgleiche Rechte entnommen oder veräußert? 120		Ja = 1, Nein = 2

1. Betriebseinnahmen (einschl. steuerfreier Betriebseinnahmen)

99 20

Zeile			EUR	Ct
11	Betriebseinnahmen als umsatzsteuerlicher **Kleinunternehmer** (nach § 19 Abs. 1 UStG) 111			
12	davon nicht steuerbare Umsätze sowie Umsätze nach § 19 Abs. 3 Satz 1 Nr. 1 und 2 UStG 119	(weiter ab Zeile 17)		
13	Betriebseinnahmen als **Land- und Forstwirt**, soweit die Durchschnittssatzbesteuerung nach § 24 UStG angewandt wird	104		
14	Umsatzsteuerpflichtige Betriebseinnahmen	112		
15	Umsatzsteuerfreie, nicht umsatzsteuerbare Betriebseinnahmen (auch Hilfen/Zuschüsse aufgrund der Corona-Pandemie) sowie Betriebseinnahmen, für die der Leistungsempfänger die Umsatzsteuer nach § 13b UStG schuldet	103		
16	Vereinnahmte Umsatzsteuer sowie Umsatzsteuer auf unentgeltliche Wertabgaben	140		
17	Vom Finanzamt erstattete und ggf. verrechnete Umsatzsteuer (Die Regelung zum 10-Tageszeitraum nach § 11 Abs. 1 Satz 2 EStG ist zu beachten.)	141		
18	Veräußerung oder Entnahme von Anlagevermögen	102		
19	Private Kfz-Nutzung	106		
20	Sonstige Sach-, Nutzungs- und Leistungsentnahmen	108		
21	Auflösung von Rücklagen und Ausgleichsposten (Übertrag aus Zeile 124)			
22	**Summe Betriebseinnahmen** (Übertrag in Zeile 89)	159		

2. Betriebsausgaben (einschl. auf steuerfreie Betriebseinnahmen entfallende Betriebsausgaben)

99 25

Zeile			EUR	Ct
23	Betriebsausgabenpauschale für bestimmte Berufsgruppen	195		
24	Sachlicher Bebauungskostenrichtbetrag und Ausbaukostenrichtbeträge für **Weinbaubetriebe** (Übertrag aus Zeile 12 der Anlage LuF)			
25	Betriebsausgabenpauschale für **Forstwirte** (Übertrag der Summe der Zeilen 16 und 20 der Anlage LuF)			
26	Waren, Rohstoffe und Hilfsstoffe einschl. der Nebenkosten	100		
27	Bezogene Fremdleistungen	110		
28	Ausgaben für eigenes Personal (z. B. Gehälter, Löhne und Versicherungsbeiträge)	120		
	Absetzung für Abnutzung (AfA)			
29	AfA auf unbewegliche Wirtschaftsgüter (Übertrag aus Zeile 6 der Anlage AVEÜR)	136		
30	AfA auf immaterielle Wirtschaftsgüter (Übertrag aus Zeile 9 der Anlage AVEÜR)	131		
31	AfA auf bewegliche Wirtschaftsgüter (Übertrag aus Zeile 13 der Anlage AVEÜR)	130		
	Übertrag (Summe Zeilen 23 bis 31)			

2021AnlEÜR801 — Aug. 2021 — 2021AnlEÜR801

11. Anlage EÜR

(Betriebs-)Steuernummer

			EUR	Ct
	Übertrag (Summe Zeilen 23 bis 31)			
41	Sonderabschreibungen nach § 7b EStG und § 7g Abs. 5 und 6 EStG (Übertrag der Summe der Zeilen 4 und 13 der Anlage AVEÜR)	134		
42	Herabsetzungsbeträge nach § 7g Abs. 2 Satz 3 EStG (Erläuterungen auf gesondertem Blatt)	138		
43	Aufwendungen für geringwertige Wirtschaftsgüter nach § 6 Abs. 2 EStG	132		
44	Auflösung Sammelposten nach § 6 Abs. 2a EStG (Übertrag aus Zeile 19 der Anlage AVEÜR)	137		
45	Restbuchwert der ausgeschiedenen Anlagegüter (Übertrag der Summe der Einzelbeträge aus Spalte „Abgänge" der Anlage AVEÜR ohne Zeile 22)	135		

Raumkosten und sonstige Grundstücksaufwendungen
(ohne häusliches Arbeitszimmer)

46	Miete/Pacht für Geschäftsräume und betrieblich genutzte Grundstücke	150		
47	Aufwendungen für doppelte Haushaltsführung (z. B. Miete)	152		
48	Sonstige Aufwendungen für betrieblich genutzte Grundstücke (ohne Schuldzinsen und AfA)	151		

Sonstige unbeschränkt abziehbare Betriebsausgaben

49	Aufwendungen für Telekommunikation (z. B. Telefon, Internet)	280		
50	Übernachtungs- und Reisenebenkosten bei Geschäftsreisen des Steuerpflichtigen	221		
51	Fortbildungskosten (ohne Reisekosten)	281		
52	Kosten für Rechts- und Steuerberatung, Buchführung	194		
53	Miete/Leasing für bewegliche Wirtschaftsgüter (ohne Kraftfahrzeuge)	222		
54	Erhaltungsaufwendungen (z. B. Instandhaltung, Wartung, Reparatur; ohne solche für Gebäude und Kraftfahrzeuge)	225		
55	Beiträge, Gebühren, Abgaben und Versicherungen (ohne solche für Gebäude und Kraftfahrzeuge)	223		
56	Laufende EDV-Kosten (z. B. Beratung, Wartung, Reparatur)	228		
57	Arbeitsmittel (z. B. Bürobedarf, Porto, Fachliteratur)	229		
58	Kosten für Abfallbeseitigung und Entsorgung	226		
59	Kosten für Verpackung und Transport	227		
60	Werbekosten (z. B. Inserate, Werbespots, Plakate)	224		
61	Schuldzinsen zur Finanzierung von Anschaffungs- und Herstellungskosten von Wirtschaftsgütern des Anlagevermögens (ohne häusliches Arbeitszimmer)	232		
62	Übrige Schuldzinsen	234		
63	Gezahlte Vorsteuerbeträge	185		
64	An das Finanzamt gezahlte und ggf. verrechnete Umsatzsteuer (Die Regelung zum 10-Tageszeitraum nach § 11 Abs. 2 Satz 2 EStG ist zu beachten.)	186		
65	Rücklagen, stille Reserven und/oder Ausgleichsposten (Übertrag aus Zeile 124)			
66	Übrige unbeschränkt abziehbare Betriebsausgaben (auch zurückgezahlte Hilfen/Zuschüsse aufgrund der Corona-Pandemie)	183		

Beschränkt abziehbare Betriebsausgaben		nicht abziehbar EUR	Ct		abziehbar EUR	Ct
67	Geschenke	164		174		
68	Bewirtungsaufwendungen	165		175		
69	Verpflegungsmehraufwendungen			171		
70	Aufwendungen für ein häusliches Arbeitszimmer (einschl. AfA und Schuldzinsen)	162		172		
71	Sonstige beschränkt abziehbare Betriebsausgaben	168		177		

Übertrag (Summe Zeilen 23 bis 71)

Anlage EÜR

(Betriebs-)Steuernummer

Übertrag (Summe Zeilen 23 bis 71)

Kraftfahrzeugkosten und andere Fahrtkosten

Zeile	Beschreibung	Kennzahl	
81	Leasingkosten	144	
82	Steuern, Versicherungen und Maut	145	
83	Sonstige tatsächliche Fahrtkosten ohne AfA und Zinsen (z. B. Reparaturen, Wartungen, Treibstoff, Kosten für Flugstrecken, Kosten für öffentliche Verkehrsmittel)	146	
84	Fahrtkosten für nicht zum Betriebsvermögen gehörende Fahrzeuge (Nutzungseinlage)	147	
85	Fahrtkosten für Wege zwischen Wohnung und erster Betriebsstätte; Familienheimfahrten (pauschaliert oder tatsächlich)	142	−
86	Mindestens abziehbare Fahrtkosten für Wege zwischen Wohnung und erster Betriebsstätte (Entfernungspauschale); Familienheimfahrten	176	+
87	Nicht abziehbare Beträge (Beispiele siehe Anleitung)	139	−
88	**Summe Betriebsausgaben** (Übertrag in Zeile 90)	199	

3. Ermittlung des Gewinns

EUR | Ct

Zeile	Beschreibung	Kennzahl	
89	Summe der Betriebseinnahmen (Übertrag aus Zeile 22)		
90	abzüglich Summe der Betriebsausgaben (Übertrag aus Zeile 88)		−
	abzüglich steuerfreier Einnahmen nach		
91	– § 3 Nr. 26, 26a, 26b EStG	240	−
92	– § 3 EStG (ohne Nr. 26, 26a, 26b und Teileinkünfteverfahren)	241	−
93	– § 3a EStG	242	−
	zuzüglich nicht abziehbarer Betriebsausgaben nach		
94	– § 3 Nr. 26, 26a, 26b EStG	243	+
95	– § 3c Abs. 1 EStG	244	+
96	– § 3c Abs. 4 EStG	245	+
	zuzüglich		
96a	– Hinzurechnung der Investitionsabzugsbeträge nach § 7g Abs. 2 Satz 1 EStG aus 2016 (aufgrund Corona-Pandemie bei abweichendem Wj.; Erläuterungen auf gesondertem Blatt)	278	+
96b	– Hinzurechnung der Investitionsabzugsbeträge nach § 7g Abs. 2 Satz 1 EStG aus 2017 (aufgrund Corona-Pandemie; Erläuterungen auf gesondertem Blatt)	279	+
97	– Hinzurechnung der Investitionsabzugsbeträge nach § 7g Abs. 2 Satz 1 EStG aus 2018 (Erläuterungen auf gesondertem Blatt)	180	+
98	– Hinzurechnung der Investitionsabzugsbeträge nach § 7g Abs. 2 Satz 1 EStG aus 2019 (Erläuterungen auf gesondertem Blatt)	181	+
99	– Hinzurechnung der Investitionsabzugsbeträge nach § 7g Abs. 2 Satz 1 EStG aus 2020 (Erläuterungen auf gesondertem Blatt)	182	+
100	– Gewinnzuschlag nach § 6c i. V. m. § 6b Abs. 7 und 10 EStG	123	+
	abzüglich		
101	– Investitionsabzugsbeträge nach § 7g Abs. 1 EStG	187	−
102	Hinzurechnungen und Abrechnungen bei Wechsel der Gewinnermittlungsart (Erläuterungen auf gesondertem Blatt)	250	
103	Ergebnisanteile aus Beteiligungen an Personengesellschaften (auch Kostenträgergemeinschaften)	255	
104	Korrigierter Gewinn/Verlust	290	

Zeile	Beschreibung	Gesamtbetrag	Korrekturbetrag
105	Bereits berücksichtigte Beträge, für die Steuerbefreiungen nach InvStG gelten (ohne Beträge lt. Zeile 106; Erläuterungen auf gesondertem Blatt)	263	264
106	Bereits berücksichtigte Beträge, für die das Teileinkünfteverfahren bzw. § 8b KStG gilt	261	262

Zeile	Beschreibung	Kennzahl	
107	Steuerpflichtiger Gewinn/Verlust vor Anwendung des § 4 Abs. 4a EStG	293	
108	Hinzurechnungsbetrag nach § 4 Abs. 4a EStG	271	+
109	**Steuerpflichtiger Gewinn/Verlust**	219	

Nur bei Personengesellschaften/gesonderten Feststellungen:

110 | Anzusetzender steuerpflichtiger Gewinn/Verlust nach Anwendung des § 4 Abs. 4a EStG ohne Berücksichtigung des InvStG, des Teileinkünfteverfahrens bzw. § 8b KStG (Betrag lt. Zeile 104 zuzüglich Betrag lt. Zeile 108)

(zu erfassen auf der Anlage FE 1 bzw. der Anlage FG, siehe Anleitung)

2021AnlEÜR803

11. Anlage EÜR

(Betriebs-)Steuernummer

4. Ergänzende Angaben | 99 | 27

Rücklagen und stille Reserven
(Erläuterungen auf gesondertem Blatt)

Zeile	Bezeichnung	Nr.	Bildung/Übertragung EUR – Ct	Auflösung EUR – Ct
121	Rücklagen nach § 6c i. V. m. § 6b EStG, R 6.6 EStR	187		120
122	Übertragung von stillen Reserven nach § 6c i. V. m. § 6b EStG, R 6.6 EStR	170		
123	Ausgleichsposten nach § 4g EStG	191		125
124	Gesamtsumme	190	(Übertrag in Zeile 65)	124 (Übertrag in Zeile 21)

5. Zusätzliche Angaben bei Einzelunternehmen | 99 | 29

Entnahmen und Einlagen i. S. d. § 4 Abs. 4a EStG — EUR – Ct

| 125 | Entnahmen einschl. Sach-, Leistungs- und Nutzungsentnahmen | 122 |
| 126 | Einlagen einschl. Sach-, Leistungs- und Nutzungseinlagen | 123 |

2021AnlEÜR804

Anlage SZ zur Einnahmenüberschussrechnung 2021

Ermittlung der nicht abziehbaren Schuldzinsen für Einzelunternehmen

Zeile		Betrag
1	Name des Steuerpflichtigen	
2	Vorname	
3	(Betriebs-)Steuernummer	77 21 1 / 99 43

I. Ermittlung des maßgeblichen Gewinns/Verlusts für Zwecke des § 4 Abs. 4a EStG

Zeile	Text	Kennziffer
4	Betriebseinnahmen (Übertrag aus Zeile 22 der Anlage EÜR)	
5	abzüglich Betriebsausgaben (Übertrag aus Zeile 88 der Anlage EÜR)	—
6	zuzüglich steuerfreie Gewinne, die nicht in der Anlage EÜR enthalten sind	151 +
7	abzüglich nicht abziehbare Betriebsausgaben [1]	152 —
8	zuzüglich Gewinne bzw. abzüglich Verluste aus Beteiligungen an vermögensverwaltenden Personengesellschaften und abzüglich Ergebnisanteile aus Kostenträgergemeinschaften (in Zeile 103 der Anlage EÜR enthalten)	153
9	zuzüglich Veräußerungs-/Aufgabegewinn bzw. abzüglich Veräußerungs-/Aufgabeverlust und zuzüglich Hinzu- bzw. abzüglich Abrechnungen beim Wechsel der Gewinnermittlungsart [2]	154
10	Maßgeblicher Gewinn/Verlust für Zwecke des § 4 Abs. 4a EStG (in Zeile 12 eintragen)	

II. Ermittlung der Über-/Unterentnahmen

Zeile	Text	Kennziffer
11	Entnahmen (Übertrag aus Zeile 125 der Anlage EÜR)	100
12	abzüglich Gewinn/zuzüglich Verlust (Betrag aus Zeile 10)	
13	Einlagen (Übertrag aus Zeile 126 der Anlage EÜR)	210 —
14	Über-/Unterentnahme des laufenden Wj.	
15	zuzüglich Über-/abzüglich Unterentnahmen der vorangegangenen Wj. (Betrag aus Zeile 15 der Anlage SZ des Vorjahres)	315
16	Kumulierte Über-/Unterentnahmen	

III. Ermittlung des Entnahmenüberschusses

Entnahmen

Zeile	Text	Kennziffer
17	– des laufenden Wj. (Betrag aus Zeile 11)	
18	– der vorangegangenen Wj. (Betrag aus Zeile 18 der Anlage SZ des Vorjahres)	325 +
19	Kumulierte Entnahmen	

Einlagen

Zeile	Text	Kennziffer
20	– des laufenden Wj. (Betrag aus Zeile 13)	
21	– der vorangegangenen Wj. (Betrag aus Zeile 21 der Anlage SZ des Vorjahres)	335 +
22	Kumulierte Einlagen	—
23	Kumulierter Entnahmenüberschuss	

IV. Nicht abziehbare Schuldzinsen

Zeile	Text	Betrag
24	6 Prozent des niedrigeren Betrags aus Zeile 16 oder 23 (Ergibt sich in Zeile 16 oder 23 ein negativer Betrag, ist hier der Wert „0" einzutragen.)	
25	Übrige Schuldzinsen (Übertrag aus Zeile 62 der Anlage EÜR)	
26	Korrekturbetrag zu den übrigen Schuldzinsen (siehe Anleitung zur Anlage EÜR)	405 —
27	Kürzungsbetrag gem. § 4 Abs. 4a Satz 4 EStG	— 2.050,00
28	Höchstbetrag der nicht abziehbaren Schuldzinsen (Ergibt sich ein negativer Betrag, ist hier der Wert „0" einzutragen.)	

V. Hinzurechnungsbetrag nach § 4 Abs. 4a EStG

Zeile	Text	Betrag
29	Niedrigerer Betrag aus Zeile 24 oder 28 (Übertrag in Zeile 108 der Anlage EÜR)	

[1] Nicht abziehbare Betriebsausgaben sind den Zeilen 67 bis 71, 85 (abzüglich Zeile 86) und ggf. Zeile 87 der Anlage EÜR zu entnehmen.
[2] Hinzu- und Abrechnungen beim Wechsel der Gewinnermittlungsart sind der Zeile 102 der Anlage EÜR zu entnehmen.

11. Anlage EÜR

Anlage AVEÜR 2021
Anlageverzeichnis/Ausweis des Umlaufvermögens
zur Anlage EÜR

	Gruppe/Bezeichnung des Wirtschaftsguts	Anschaffungs-/Herstellungskosten/Einlagewert EUR	Buchwert zu Beginn des Gewinnermittlungszeitraums EUR	Zugänge EUR	Sonderabschreibung nach § 7b EStG und § 7g Abs. 5 und 6 EStG EUR	AfA/Auflösungsbetrag EUR	Abgänge (insgesamt Übertrag in Zeile 45 der Anlage EÜR) EUR	Buchwert am Ende des Gewinnermittlungszeitraums EUR
1	(Betriebs-)Steuernummer							
2	**Grundstücke und grundstücksgleiche Rechte**							
3	Grund und Boden	100	101	102			105	106
4	Gebäude	110	111	112	113	114	115	116
5	Andere (z. B. grundstücksgleiche Rechte)	120	121	122		124	125	126
6	Summe					190		
7	**Häusliches Arbeitszimmer**							
	Anteil Grund und Boden	200	201	202			205	206
8	Gebäudeteil	210	211	212		214	215	216
9	**Immaterielle Wirtschaftsgüter** (z. B. erworbene Firmen-, Geschäfts- oder Praxiswerte)	320	321	322		324	325	326
	Bewegliche Wirtschaftsgüter (ohne GWG)							
10	Kraftfahrzeuge	400	401	402	403	404	405	406
11	Büroausstattung	410	411	412	413	414	415	416
12	Andere	420	421	422	423	424	425	426
13	Summe				480	490		
14	Sammelposten 2021			432		434		436
15	Sammelposten 2020	440	441			444		446
16	Sammelposten 2019	450	451			454		456
17	Sammelposten 2018	460	461			464		466
18	Sammelposten 2017	470	471			474		
19	Summe					499		
20	**Finanzanlagen** Anteile an Unternehmen etc.	500	501	502			505	506
21	Andere	510	511	512			515	516
22	**Umlaufvermögen**	600		602			605	606

1) nur Umlaufvermögen i. S. d. § 4 Abs. 3 Satz 4 EStG (z. B. Wertpapiere, Grund und Boden sowie Gebäude) bzw. § 32b Abs. 2 Satz 1 Nr. 2 Satz 2 Buchstabe c EStG
2) für deren Erträge das Teileinkünfteverfahren bzw. § 8b KStG gilt
3) Summe der Einzelbeträge ohne Betrag aus Zeile 22
4) Sonderabschreibung nach § 7b EStG ausschließlich in Zeile 4
5) Sonderabschreibung nach § 7g Abs. 5 und 6 EStG ausschließlich in den Zeilen 10 bis 12

– Aug. 2021 –

2021AnlAVEÜR811

11.1 Pflicht zur elektronischen Datenübermittlung der Werte der EÜR

Die Verpflichtung zur Abgabe der Anlage EÜR ist durch das BFH-Urteil vom 16.11.2011, X R 18/09, BStBl II 2012, 129 bestätigt worden. Ab dem Veranlagungszeitraum 2011 hat dies in Form der elektronischen Übertragung zu erfolgen; § 60 Abs. 4 EStDV.

Die **Nichtbeanstandungsgrenze** für Betriebe, deren Betriebseinnahmen unter 17.500 € jährlich liegen, ist grundsätzlich entfallen. Es muss daher entweder elektronisch übermittelt oder das amtliche Formular verwendet werden. Jede formlose EÜR ist nicht mehr zulässig. Auf Antrag kann das Finanzamt in Härtefällen entsprechend § 150 Abs. 8 AO die Nutzung von Papiervordrucken zulassen. Es muss in diesen Ausnahmefällen wirtschaftlich oder persönlich unzumutbar sein, die elektronischen Datensätze zu übermitteln. Dies ist insbesondere der Fall, wenn die Schaffung der technischen Möglichkeiten für eine Datenfernübertragung des amtlich vorgeschriebenen Datensatzes nur mit einem nicht unerheblichen finanziellen Aufwand möglich wäre oder wenn der Steuerpflichtige nach seinen individuellen Kenntnissen und Fähigkeiten nicht oder nur eingeschränkt in der Lage ist, die Möglichkeiten der Datenfernübertragung zu nutzen.

Der BFH hat mit Urteil vom 19.03.2009, IV R 57/07 entschieden, dass die Wahl der Gewinnermittlungsmethode „EÜR" auch noch nach Ablauf des Gewinnermittlungszeitraums zulässig ist.

Selbst im Rahmen des Einspruchsverfahrens ist es danach noch zulässig, zwischen der Bilanzierung und der EÜR zu wählen. Zu beachten ist dabei jedoch, dass grundsätzlich die EÜR zulässig sein muss, d.h. dass keine Verpflichtung zur Bilanzierung vorliegt (nach dem HGB oder anderem Gesetz).

Im Wesentlichen können hier Fälle betroffen sein, die bisher keine Wahl zur Gewinnermittlung getroffen haben, weil sie beispielsweise von einer anderen Einkunftsart ausgingen (z.B. Vermietung statt Gewerbebetrieb).

Während in Zeile 5 die Art des Betriebes, also die Tätigkeit bzw. der Tätigkeitsschwerpunkt einzutragen ist, muss in Zeile 6 noch die Rechtsform (Einzelunternehmen, GbR, ...) und in Zeile 7 die Einkunftsart eingetragen werden.

Da diese EÜR auch für den Ehegatten/eingetragenen Lebenspartner gelten kann, muss noch zusätzlich eine Zuordnung im Kästchen Zeile 8 erfolgen.

Die unbedingt auszufüllenden Kennziffern zur Betriebsveräußerung oder Grundstücksentnahme sind in den Zeilen 9 + 10 zu beachten.

11.2 Betriebseinnahmen (Zeilen 11–22)

Aufgrund der zunehmenden elektronischen Verprobung der erklärten Angaben sollten die erforderlichen Kennziffern ausgefüllt und nicht nur zusammengefasst in einer Summe erklärt werden. Dazu gehört die Eintragung der **Netto**beträge in die Zeile 14 und die darauf entfallende Umsatzsteuer erst in Zeile 16. Gleiches gilt zu den in den Zeilen 19 + 20 einzutragenden Nutzungswerten für die private Nutzung des Pkws und der Sachentnahmen.

In Zeile 15 sind die nicht umsatzsteuerbaren Einnahmen aus den **Corona-Hilfsprogrammen** einzutragen; für Kleinunternehmer in Zeile 11.

Zeile 16 führt die vereinnahmten Umsatzsteuern für die Umsätze der Zeilen 14 + 18 im Zeitpunkt der Vereinnahmung auf.

In Zeile 21 ist für die Einnahmen zu beachten, dass dort die Beträge der aufgelösten Rücklagen und stillen Reserven einzutragen sind. Diese Werte werden in den Zeilen 121–124 der Anlage EÜR zusammengestellt.

11.3 Betriebsausgaben (Zeilen 23–64)

Problemzone: Zufluss und Abfluss nach § 11 EStG

Grundsätzlich sind Zahlungen und Erstattungen im Rahmen des Einkommensteuerrechts immer dann zu berücksichtigen, wenn sie zufließen bzw. abfließen. Nur regelmäßig wiederkehrende Zahlungen, die innerhalb kurzer Zeit (10-Tage-Zeitraum) vor Beginn oder kurze Zeit nach Beginn des Kalenderjahres, zu dem sie wirtschaftlich gehören, geleistet werden, sind dem Wirtschaftsjahr zuzurechnen, zu dem sie wirtschaftlich gehören.

Das LfSt Bayern hat schon mit Vfg. vom 20.02.2013, S 2226.2.1-5/4 St 32 (DStR 2013, 653) zu dieser Ausnahmeregel des § 11 EStG Stellung genommen. Für Überweisungen gelten dabei der Abflusstag und damit der Aufwand schon bei Lastschrift bzw. Eingang des Auftrags bei der Bank. Der Zuflusstag ist hingegen erst im Zeitpunkt des Zahlungseingangs auf dem Konto zu berücksichtigen.

Bei Schecks hingegen ist der Abfluss mit Hingabe des Schecks und der Zufluss mit Entgegennahme des Schecks zeitlich zu berücksichtigen. Hierbei darf es sich jedoch nicht um sogenannte „Schüttelschecks" handeln, die keine Deckung aufweisen.

Im Lastschrifteinzugsverfahren gilt der Abfluss bei pünktlicher Abgabe der Umsatzsteuer-Voranmeldung am jeweiligen Fälligkeitstag. Für Erstattungsfälle gilt der Zufluss aber erst bei Eingang auf dem Konto als erfüllt. Dies führt mitunter zu völlig absurden Ergebnissen. Wird die USt-Voranmeldung für Dezember 2020 am 10.01.2021 mit Lastschriftverfahren elektronisch übermittelt, sind für die EÜR 2020 mehrere Ergebnisse möglich.

Haben Sie eine Zahllast angemeldet, gilt der Wert noch in 2020 als abgeflossen und ist somit noch in 2020 als Betriebsausgabe zu berücksichtigen. Das gilt auch, wenn das Finanzamt z.B. erst am 10.07.2021 diesen Wert dem Konto des Mandanten belastet (weil bis dahin geprüft wurde oder sonstige Gründe beim Finanzamt vorliegen). Kommt es aber zu einer Erstattung und das Finanzamt überweist diese Erstattung (natürlich) auch erst **nach** dem 10.01.2021, ist die Einnahme im neuen Jahr, also 2021 zu berücksichtigen.

Da der 10.01. (wie in 2015 und 2016; in 2020 ist der 10.01. ein Freitag) ein Samstag, Sonntag oder Feiertag sein kann, verlängert sich die „kurze Zeit" entgegen einiger Verwaltungsmeinungen **nicht auf den nächsten Werktag**. Abfluss wie Zufluss bleiben somit von der Verschiebung der Fälligkeit nach § 108 Abs. 3 AO unberührt.

Der **BFH** hat mit dem Urteil vom **11.11.2014, VIII R 34/12** zu den **zwei wesentlichen Punkten** dieser Vorschrift entschieden:

1. Zunächst wurde klargestellt, dass der BFH unter kurze Zeit 10 Tage versteht. Das ist im Zeitalter der elektronischen Überweisungen natürlich völlig absurd und nahe der Lächerlichkeit (kurz ist für diesen Bereich in Stunden und nicht in Tagen – schon gar nicht zehn Tage – zu bemessen!), aber entschieden. Völlig „übersehen" wurde bei dieser Entscheidung, dass dann damit auf Jahre hinaus weiter Streitigkeiten bestehen werden. Denn USt-Voranmeldungen und Lohnsteueranmeldungen sind zum 10. des Folgemonats fällig.

2. An der Fälligkeit der Zahlung wurde festgehalten, obwohl auch davon kein Wort im Gesetz steht. Hier ist es nun aber zu einer strittigen Auslegung des Urteils gekommen. Denn obwohl der BFH diesen Teil eindeutig herausgearbeitet hat, wendet die Finanzverwaltung diesen Teil – mit haftungsrechtlichen Folgen für die Berater – falsch an. „Nach § 18 Abs. 1 Satz 4 UStG ist eine Umsatzsteuervorauszahlung am zehnten Tag nach Ablauf des Voranmeldungszeitraums fällig. Nach § 108 Abs. 3 AO verlängert sich die Zahlungsfrist bis zum folgenden Werktag, sofern deren Ende auf einen Sonntag, einen gesetzlichen Feiertag oder einen Sonnabend fällt. **Für den Zeitraum des § 11 EStG – darauf weist auch das Finanzamt zutreffend hin – hat diese Verlängerung indes keine Bedeutung, denn § 11 Abs. 1 Satz 2 und Abs. 2 Satz 2 EStG regeln keine Frist, sondern schaffen lediglich eine gesetzlich normierte Zufluss- bzw. Abflussfiktion.**"

Mit Urteil vom 27.06.2018, X R 44/16 hat der BFH die Zweifel der Finanzverwaltung an dieser Rechtsauffassung zurückgewiesen. Die kurze Zeit von 10 Tagen bleibt auch bestehen, wenn der 10. ein Samstag, Sonn- oder Feiertag ist.

> **Fazit!** Wurde die Umsatzsteuer bis zum 10.01. des Folgejahres angemeldet **und überwiesen/durch Lastschriftverfahren freigegeben**, sind die Aufwendungen **immer im alten Jahr** zu berücksichtigen. Für den vorliegenden Veranlagungszeitraum 2021 betrifft dies die Umsatzsteuer für Dezember (oder bei Dauerfristverlängerungen November 2021), die dann nicht in 2022, sondern noch in 2021 als Betriebsausgabe anzusetzen ist.

Fälligkeit in der „10-Tages-Regelung" Anhängiges Verfahren BFH X R 2/21; vorhergehend FG München Urteil vom 15.10.2020 (15 K 2604/19)

Sind die Umsatzsteuervorauszahlungen für die Monate:
- Mai, Juni und Juli 2017,
- die am 09.01.2018 und somit
- innerhalb des 10-Tages-Zeitraums des § 11 Abs. 2 Satz 2 i.V.m. § 11 Abs. 1 Satz 2 EStG bezahlt wurden,
- im Veranlagungsjahr 2017 (nicht dem Jahr der Zahlung, sondern der Fälligkeit) bei der Gewinnermittlung durch Einnahme-Überschussrechnung als Betriebsausgabe anzuerkennen,
- auch wenn die Fälligkeit nicht innerhalb kurzer Zeit vor Beginn oder kurze Zeit nach Beendigung des Kalenderjahres, zu dem sie wirtschaftlich gehören, liegt?

Das FG München ordnete diese Betriebsausgaben (NATÜRLICH!) dem Jahr der Zahlung zu, somit 2018.

Betriebsausgabenpauschale H 18.2 EStH

Anstelle der tatsächlichen Aufwendungen können bestimmte Freiberufler Betriebsausgaben pauschal geltend machen. Ein weiterer Abzug von Kosten ist dann jedoch ausgeschlossen, sodass sich die Inanspruchnahme der Pauschale nur lohnt, wenn die tatsächlichen Aufwendungen geringer sind.

Hierunter fallen insbesondere schriftstellerische oder journalistische Tätigkeiten als Hauptberuf. Hier sind 30 % der Einnahmen pauschale begünstigt, höchstens 2.455 € jährlich.

Wissenschaftliche, künstlerische oder schriftstellerische Tätigkeit sowie Vortragstätigkeit (auch Lehr- und Prüfungstätigkeit) als Nebenberuf sind mit 25 % der Betriebseinnahmen höchstens 624 € jährlich pauschal begünstigt.

Für Hebammen sollen 25 % der Betriebseinnahmen höchstens 1.535 € jährlich pauschal berücksichtigt werden.

Problemzone: Geringwertige Wirtschaftsgüter und Sammelposten (Zeilen 43 + 44)

Das BMF-Schreiben vom 30.09.2010 (BStBl I 2010, 755) nimmt zur steuerlichen Behandlung der geringwertigen Wirtschaftsgüter nach § 6 Abs. 2 und Abs. 2a EStG Stellung.

Gem. § 6 Abs. 2 EStG **können**:
- Die Anschaffungs-/Herstellungskosten von
- abnutzbaren und beweglichen Wirtschaftsgütern
- des Anlagevermögens
- die einer selbständigen Nutzung fähig sind
- deren Wert für das einzelne Wirtschaftsgut 800 € netto (ohne Umsatzsteuer) nicht übersteigt
- in voller Höhe als Betriebsausgaben abgezogen werden.

Wahlrecht – AfA oder GWG

Grundsätzlich sind aber auch derartige Anschaffungen nach den Vorschriften der **Absetzung für Abnutzung** unter Berücksichtigung der betriebsgewöhnlichen Nutzungsdauer abzuschreiben. Damit hat der Steuerpflichtige das Wahlrecht, die Aufwendungen, deren Wert für das einzelne Wirtschaftsgut **800 € netto** (ohne Umsatzsteuer) nicht übersteigt, nach Maßgabe des § 7 EStG abzuschreiben, oder den Aufwand in voller Höhe sofort als Betriebsausgabe anzusetzen. Siehe hierzu auch **Rz. 1** des BMF-Schreibens vom 30.09.2010.

Der Ansatz von 800 € ist erstmals auf Wirtschaftsgüter anzuwenden, die nach dem 31.12.2017 angeschafft, hergestellt oder in das Betriebsvermögen eingelegt werden.

Wahlrecht – GWG oder Sammelposten

Übersteigt der Wert des Wirtschaftsguts **250 €**, aber nicht **1.000 €**, besteht gem. § 6 Abs. 2a EStG ein weiteres Wahlrecht, diese Aufwendungen in einen Sammelposten einzustellen. Hier ist zu beachten, dass dieses Wahlrecht nur einheitlich für alle in diesem Wirtschaftsjahr angeschafften Wirtschaftsgüter im Wert zwischen 250 € und 1.000 € ausgeübt werden kann (§ 6 Abs. 2a S. 5 EStG). Siehe hierzu auch Rz. 6 des BMF-Schreibens vom 30.09.2010.

Der Sammelposten ist nach § 6 Abs. 2a S. 2 EStG im Jahr der Bildung und in den folgenden vier Jahren jeweils mit einem Fünftel gewinnmindernd aufzulösen.

Wahlrecht – mehr als 410 € und nicht mehr als 1.000 €

Übersteigt der Wert des Wirtschaftsguts **800 €**, aber nicht **1.000 €**, besteht gem. § 6 Abs. 2a EStG ebenfalls ein Wahlrecht. Diese Aufwendungen können nach den Vorschriften der **Absetzung für Abnutzung** unter Berücksichtigung der betriebsgewöhnlichen Nutzungsdauer abgeschrieben oder in einen Sammelposten eingestellt werden. Hier ist zu beachten, dass auch dieses Wahlrecht nur einheitlich für alle in diesem Wirtschaftsjahr angeschafften Wirtschaftsgüter im Wert zwischen 250 € und 1.000 € ausgeübt werden kann (§ 6 Abs. 2a S. 5 EStG). Siehe hierzu auch **Rz. 7** des BMF-Schreibens vom 30.09.2010.

Beispiel 11.1: Der Arbeitstisch kostet netto 500 €.

Lösungsmöglichkeiten:
1. Abschreibung über die betriebsgewöhnliche Nutzungsdauer nach § 7 Abs. 1 EStG.
2. Behandlung als GWG nach § 6 Abs. 2 EStG und in voller Höhe als Betriebsausgabe ansetzen.
3. Einstellung in den Sammelposten nach § 6 Abs. 2a EStG. Damit sind dann sämtliche Wirtschaftsgüter des Jahres, deren Wert 250 €, aber nicht 1.000 € übersteigt, in den Sammelposten einzustellen.

Beispiel 11.2: Der Arbeitstisch kostet netto 900 €.

Lösungsmöglichkeiten:
1. Abschreibung über die betriebsgewöhnliche Nutzungsdauer nach § 7 Abs. 1 EStG.
2. Einstellung in den Sammelposten nach § 6 Abs. 2a EStG. Damit sind dann sämtliche Wirtschaftsgüter des Jahres, deren Wert 250 €, aber nicht 1.000 € übersteigt, in den Sammelposten einzustellen.

Anschaffungs- oder Herstellungskosten von **nicht selbständig nutzbaren Wirtschaftsgütern** sind, sofern sie keine **nachträglichen Anschaffungs- oder Herstellungskosten** darstellen, nicht im Sammelposten zu erfassen.

Beispiel 11.3 (BMF vom 30.09.2010, Rz. 11): Einzelunternehmer A schafft am Ende des Wirtschaftsjahres 01 für sein Anlagevermögen einen **PC** an. Die Anschaffungskosten betragen 500 €. Im Wirtschaftsjahr 02 erfolgt die Anschaffung eines **Druckers** – welcher neben dem Drucken keine weiteren Funktionen ausführen kann – sowie einer **PC-Maus**, die bisher nicht im Lieferumfang des PC enthalten war. Die Anschaffungskosten für den Drucker betragen 180 € und für die PC-Maus 25 €. A wendet in 01 und 02 die Regelungen zum Sammelposten gemäß § 6 Abs. 2a EStG an.

Lösung: Der PC ist als selbständig nutzungsfähiges Wirtschaftsgut des Anlagevermögens im Sammelposten des Wirtschaftsjahres 01 zu erfassen. Eine Abschreibung über die betriebsgewöhnliche Nutzungsdauer kommt nicht in Betracht, da A sich für die Anwendung der Regelungen zum Sammelposten entschieden hat (einheitliche Wahlrechtsausübung).
Dagegen ist der Drucker ein nicht selbständig nutzungsfähiges Wirtschaftsgut (vgl. BFH-Urteil vom 19.02.2004, BStBl II 2004, 958). Die Aufwendungen stellen aber keine nachträglichen Anschaffungskosten des PC dar. Der Drucker ist einzeln nach den Vorschriften des § 6 Abs. 1 Nr. 1 EStG zu bewerten und die Anschaffungskosten

> sind über die betriebsgewöhnliche Nutzungsdauer abzuschreiben. Demgegenüber bildet die ebenfalls nicht selbständig nutzungsfähige PC-Maus eine Nutzungseinheit mit dem PC. Daher sind die Aufwendung für die PC-Maus nachträgliche Anschaffungskosten des PC und im Sammelposten des Wirtschaftsjahres 02 zu erfassen (vgl. R 6.13 Abs. 5 Satz 2 EStR).

Nutzungsdauer von Computerhardware und Software zur Dateneingabe und -verarbeitung
BMF vom 26.02.2021, IV C 3 – S 2190/21/10002 :013 DOK 2021/0231247
Für die Nutzungsdauer von Computerhardware (einschließlich der dazu gehörenden Peripheriegeräte) und von Betriebs- und Anwendersoftware zur Dateneingabe und -verarbeitung gelten danach ab dem Veranlagungszeitraum 2021 steuerlich die folgenden Grundsätze:

Für die nach § 7 Abs. 1 EStG anzusetzende Nutzungsdauer **kann** für die in Rz. 2 ff. aufgeführten materiellen Wirtschaftsgüter „Computerhardware" sowie die in Rz. 5 näher bezeichneten immateriellen Wirtschaftsgüter „Betriebs- und Anwendersoftware" eine betriebsgewöhnliche Nutzungsdauer **von einem Jahr** zugrunde gelegt werden.

Auch wenn das Smartphone in der Begriffsbestimmung der Rz. 2 nicht explizit genannt wird, sind die Beschreibungen der Rz. 3 + 4 für die begünstigte Hardware eindeutig; das Smartphone sollte daher auch mit der Nutzungsdauer von einem Jahr begünstigt sein.

Problem bleibt die **tatsächliche Nutzungsdauer**, die deutlich länger (na hoffentlich!) als ein Jahr beträgt. Für Handelsbilanzen ist daher diese Vergünstigung nicht anzuwenden.

Weiteres Problem ist die Aufzeichnung dieser Aufwendungen. In den Abschreibungsanlagen wird selbst bei eingetragener Nutzungsdauer von einem Jahr, dann nur der zeitanteilige Wert berücksichtigt.

Wer also z.B. die 1.300 € für sein Smartphone sofort und in voller Höhe als Betriebsausgaben berücksichtigt haben will, darf zunächst nicht zur Bilanzierung verpflichtet sein. Dann besteht die Möglichkeit, den Aufwand in Kz. 56 laufende EDV-Kosten zu verbuchen. Ob diese, von der Finanzverwaltung ohne gesetzlichen Hintergrund zugelassene Vergünstigung dauerhaft haltbar bleibt, ist abzuwarten.

Steuerliche Anerkennung von Aufwendungen für die Bewirtung von Personen aus geschäftlichem Anlass in einem Bewirtungsbetrieb als Betriebsausgaben; BMF 30.06.2021, IV C 6 – S 2145/19/10003 :003 DOK 2021/0748446
Zur steuerlichen Anerkennung des Betriebsausgabenabzugs von Aufwendungen für die Bewirtung im Sinne des § 4 Absatz 5 Satz 1 Nr. 2 EStG i.V.m. R 4.10 Abs. 5 bis 9 EStR gilt nach diesem BMF Schreiben Folgendes:

Rz. 1
Der Abzug von angemessenen Bewirtungsaufwendungen als Betriebsausgaben erfordert nach § 4 Abs. 5 Satz 1 Nr. 2 Satz 2 EStG vom Steuerpflichtigen einen schriftlichen Nachweis über **Ort, Tag, Teilnehmer und Anlass** der Bewirtung sowie die **Höhe der Aufwendungen**. Die zum Nachweis von Bewirtungsaufwendungen erforderlichen schriftlichen Angaben müssen **zeitnah gemacht** werden (vgl. BFH vom 25.03.1988, III R 96/85, BStBl II 1988, 655). Hierfür wird regelmäßig ein formloses Dokument (sog. Bewirtungsbeleg

als Eigenbeleg) erstellt. Dieser Eigenbeleg ist **vom Steuerpflichtigen zu unterschreiben** (vgl. BFH vom 15.01.1998, IV R 81/96, BStBl II 1998, 263). Bei Bewirtung in einem Bewirtungsbetrieb ist zum Nachweis **die Rechnung über die Bewirtung beizufügen**; dabei genügen auf dem Eigenbeleg Angaben zum Anlass und zu den Teilnehmern der Bewirtung (§ 4 Abs. 5 Satz 1 Nr. 2 Satz 3 EStG, R 4.10 Abs. 8 Satz 2 EStR). Die Rechnung muss, soweit im Folgenden nichts Anderes geregelt ist, nach R 4.10 Abs. 8 Satz 8 EStR den Anforderungen des § 14 UStG genügen. Sie muss maschinell erstellt und elektronisch aufgezeichnet sein. Bei Rechnungen mit einem Gesamtbetrag **bis zu 250 Euro** (Kleinbetragsrechnungen) müssen mindestens die Anforderungen des § 33 UStDV erfüllt sein.

Zum Inhalt der Bewirtungsrechnungen sind insgesamt Ausführungen in 8 weiteren Rz. zu beachten.

1.1 Name und Anschrift des leistenden Unternehmers (Bewirtungsbetrieb)

Die Rechnung muss den vollständigen Namen und die vollständige Anschrift des leistenden Unternehmers (Bewirtungsbetrieb) enthalten. Dies gilt auch bei Kleinbetragsrechnungen (§ 33 UStDV). Den Anforderungen ist genügt, wenn sich auf Grund der in der Rechnung aufgenommenen Bezeichnungen der Name und die Anschrift eindeutig feststellen lassen (§ 31 Abs. 2 UStDV).

1.2 Steuernummer oder Umsatzsteuer-Identifikationsnummer

Die Rechnung muss die dem leistenden Unternehmer (Bewirtungsbetrieb) vom Finanzamt erteilte Steuernummer oder die ihm vom Bundeszentralamt für Steuern erteilte Umsatzsteuer-Identifikationsnummer enthalten. Dies gilt nicht bei Kleinbetragsrechnungen.

1.3 Ausstellungsdatum

Die Rechnung muss das Ausstellungsdatum enthalten. Dies gilt auch bei Kleinbetragsrechnungen.

1.4 Rechnungsnummer

Die Rechnung muss eine fortlaufende Nummer enthalten, die zur Identifizierung der Rechnung vom Rechnungsaussteller einmalig vergeben worden ist. Dies gilt nicht bei Kleinbetragsrechnungen. Verpflichtende Angaben nach § 6 Kassensicherungsverordnung (Kassen-SichV), wie z.B. die Angabe einer Transaktionsnummer, bleiben unberührt.

1.5 Leistungsbeschreibung

Die Rechnung muss zu der Bewirtungsleistung die Menge und die Art (handelsübliche Bezeichnung) der gelieferten Gegenstände oder den Umfang und die Art der sonstigen Leistung enthalten. Dies gilt auch für Kleinbetragsrechnungen. Buchstaben, Zahlen oder Symbole, wie sie für umsatzsteuerliche Zwecke ausreichen (§ 31 Abs. 3 UStDV), genügen für den Betriebsausgabenabzug nicht. Bewirtungsleistungen sind im Einzelnen zu bezeichnen; die Angabe „Speisen und Getränke" und die Angabe der für die Bewirtung in Rechnung gestellten Gesamtsumme reichen nicht. Bezeichnungen wie z.B. „Menü 1", „Tagesgericht 2" oder „Lunch-Buffet" und aus sich selbst heraus verständliche Abkürzungen sind jedoch nicht zu beanstanden.

1.6 Leistungszeitpunkt (Tag der Bewirtung)

Für den Betriebsausgabenabzug von Bewirtungsaufwendungen muss der Leistungszeitpunkt (Tag der Bewirtung) angegeben werden. Dies gilt auch bei Kleinbetragsrechnungen. Ein Verweis auf das Ausstellungsdatum (siehe Rn. 4) z.B. in der Form „Leistungsdatum entspricht Rechnungsdatum" ist ausreichend. Handschriftliche Ergänzungen oder Datumsstempel reichen nicht aus.

1.7 Rechnungsbetrag

Die Rechnung muss den Preis für die Bewirtungsleistungen enthalten. Ein ggf. vom bewirtenden Steuerpflichtigen zusätzlich gewährtes Trinkgeld kann durch die maschinell erstellte und elektronisch aufgezeichnete Rechnung zusätzlich ausgewiesen werden. Wird das Trinkgeld in der Rechnung nicht ausgewiesen, gelten für den Nachweis von Trinkgeldzahlungen die allgemeinen Regelungen über die Feststellungslast, die beim bewirtenden Steuerpflichtigen liegt. Der Nachweis kann z.B. dadurch geführt werden, dass das Trinkgeld vom Empfänger des Trinkgeldes auf der Rechnung quittiert wird.

1.8 Name des Bewirtenden

Nach R 4.10 Abs. 8 Satz 4 EStR muss die Rechnung auch den Namen des bewirtenden Steuerpflichtigen enthalten; dies gilt nicht, wenn der Gesamtbetrag der Rechnung 250 € nicht übersteigt. Es bestehen jedoch bei einem Rechnungsbetrag über 250 € keine Bedenken, wenn der leistende Unternehmer (Bewirtungsbetrieb) den Namen des bewirtenden Steuerpflichtigen handschriftlich auf der Rechnung vermerkt.

Die Erstellung der Bewirtungsrechnung (Rz. 10–14), die digitalen oder digitalisierten Bewirtungsrechnungen und -belege (Rz. 15–18) und die Bewirtung im Ausland (Rz. 19) wird umfänglich beschrieben.

11.4 Ermittlung des Gewinns (Zeilen 89–109)

Die Summe der Betriebseinnahmen aus Zeile 22
- abzüglich der Summe der Betriebsausgaben aus Zeile 88
- abzüglich der steuerfreien Einnahmen nach § 3 Nr. 26 EStG
- zuzüglich der Hinzurechnungen der Investitionsabzugsbeträge nach § 7g Abs. 2 EStG
- zuzüglich Gewinnzuschlag nach § 6b Abs. 7 + 10 EStG
- abzüglich Investitionsabzugsbeträge nach § 7g Abs. 1 EStG
- zuzüglich der Hinzurechnungen und Abrechnungen bei Wechsel der Gewinnermittlungsart
- zuzüglich Ergebnisanteile aus Beteiligungen an Personengesellschaften

ergibt den **korrigierten Gewinn**.

Anlage EÜR

11.5 Ergänzende Angaben (Zeilen 121–124)

In diesem Bereich sind die folgenden Angaben einzutragen:
- Die gebildeten Rücklagen nach § 6c EStG,
- die Übertragung der stillen Reserven nach § 6c EStG,
- die Rücklage für Ersatzbeschaffung nach R 6.6 EStR,
- der Ausgleichsposten nach § 4g EStG (nach Entnahmen von Wirtschaftsgütern ins europäische Ausland),
- die Entnahmen und die Einlagen.

Beispiel 11.4: Rücklage für Ersatzbeschaffung § 6 EStG und R 6.6 EStR
Bei einem Einbruch in der Zahnarztpraxis des Stefan Zahn ist am 01.06.2021 der betriebliche PC entwendet worden. Der Buchwert des PCs war zum Zeitpunkt des Einbruchs bereits auf 200 € abgeschrieben. Die Versicherung erstattete den Zeitwert des Computers i.H.v. 2.000 €. Am 01.09.2021 erwarb Stefan Zahn, der seinen Gewinn zutreffend nach § 4 Abs. 3 EStG ermittelt, einen neuen vergleichbaren PC für 1.500 €.

Aufgabe: Welche steuerlichen Möglichkeiten ergeben sich aus dem Sachverhalt für Stefan Zahn? Worin besteht der Unterschied zur steuerlichen Anwendung des § 6b EStG?

Lösung: Im Rahmen der Gewinnermittlung des § 4 Abs. 3 EStG ergibt sich durch den Zufluss der Versicherungsentschädigung von 2.000 € bei einem Buchwert von nur noch 200 € für den gestohlenen PC eine Gewinnerhöhung von 1.800 €. Diese Gewinnverwirklichung kann in bestimmten Fällen der Ersatzbeschaffung vermieden werden.

Voraussetzung ist nach R 6.6 Abs. 1 Nr. 1 EStR, dass ein Wirtschaftsgut des Anlagevermögens in Folge höherer Gewalt ausscheidet und innerhalb einer bestimmten Frist ein funktionsgleiches Wirtschaftsgut angeschafft wird. Auf dessen Anschaffungskosten können dann die stillen Reserven übertragen werden.

Höhere Gewalt liegt nach R 6.6 Abs. 2 EStR vor, wenn das Wirtschaftsgut infolge von Elementarereignissen wie z.B. Brand, Sturm oder Überschwemmung sowie durch andere unabwendbare Ereignisse wie z.B. Diebstahl ausscheidet. Da dieser Sachverhalt hier gegeben ist, kann nach R 6.6 Abs. 5 EStR auch bei Gewinnermittlern nach § 4 Abs. 3 EStG eine Übertragung der stillen Reserven (Versicherungsentschädigung abzüglich Restbuchwert = 1.800 €) auf das Ersatzwirtschaftsgut erfolgen. Im hier vorliegenden Fall ist das Ersatzwirtschaftsgut im gleichen Kalenderjahr angeschafft worden.

Die stillen Reserven von 1.800 € können daher auf dieses Ersatzwirtschaftsgut übertragen werden. Da jedoch vom Versicherungserlös nur 1.500 € (¾ der Entschädigung) eingesetzt werden, um das Ersatzwirtschaftsgut zu erwerben, darf die stille Reserve auch nur anteilig auf das Ersatzwirtschaftsgut übertragen werden. Siehe hierzu R 6.6 Abs. 3 EStR sowie H 6.6 Abs. 3 „Mehrentschädigung" EStH.

Im vorliegenden Fall können daher auch nur ¾ von 1.800 € = 1.350 € auf das Ersatzwirtschaftsgut übertragen werden. Im Ergebnis sind damit 450 € Gewinn erhöhend steuerlich zu berücksichtigen (Erfassung bei EÜR: Betriebseinnahmen: 2.000 €, Betriebsausgaben: 1.350 € + 200 €).

Der neue Computer erfüllt aufgrund der verbleibenden Anschaffungskosten von 150 € (1.500 € ./. 1.350 €) die Voraussetzungen des § 6 Abs. 2 bzw. Abs. 2a EStG und kann deshalb in voller Höhe als Betriebsausgabe im Jahr der Anschaffung berücksichtigt werden.

11.5 Ergänzende Angaben

> Der **Unterschied zwischen der in R 6.6 EStR** geregelten Rücklage für Ersatzbeschaffung zur Regelung des **§ 6b EStG** zur steuerlichen Übertragung von stillen Reserven besteht zum einen in dem unterschiedlichen Abgang des Wirtschaftsguts, für das stille Reserven aufgedeckt werden. Während es sich bei der Regel des § 6b EStG um die Veräußerung bestimmter Anlagegüter handelt, regelt die R 6.6 EStR den **Abgang des Wirtschaftsguts durch höhere Gewalt**.
>
> Zweiter wesentlicher Unterschied ist die für R 6.6 EStR **zwingend erforderliche Reinvestitionsabsicht**, die sich aus § 6b EStG nicht ergibt. Fällt diese Reinvestitionsabsicht weg, ist die Rücklage für Ersatzbeschaffung zwingend aufzulösen, während die Rücklage nach § 6b EStG in den vorgesehenen Fristen weiter bestehen bleiben kann.
>
> Für die Rücklage für Ersatzbeschaffung ist in R 6.6 Abs. 4 EStR eine Frist von einem oder bei Grundstücken und Gebäuden von zwei Jahren vorgesehen. Nach R 6.6 Abs. 4 S. 5 EStR kann diese Frist jedoch angemessen verlängert werden, wenn die Ersatzbeschaffung noch ernsthaft geplant und zu erwarten ist. Der BFH hat daher mit Urteil vom 12.01.2012, IV R 4/09 die Frist für die Bildung einer Rücklage für Ersatzbeschaffung an die Regelung des § 6b EStG angelehnt, weil dort eine gesetzlich definierte Frist vorgegeben ist.
>
> **Dritter wesentlicher Unterschied** zum § 6b EStG ist in der Beschaffung des **Ersatzwirtschaftsguts** bei der Rücklage für Ersatzbeschaffung zu sehen. Dieses setzt nicht nur ein der Art nach **funktionsgleiches Wirtschaftsgut** voraus, es muss auch funktionsgleich genutzt werden. Diese Voraussetzung sieht § 6b EStG nicht vor.

Neben den ergänzenden Angaben sind folgende Anlagen zu beachten:
1. Anlage AV EÜR 2021 (Anlageverzeichnis und Ausweis des Umlaufvermögens),
2. Anlage SZ 2021 (nicht abziehbare Schuldzinsen nach § 4 Abs. 4a EStG).

Verlängerung der Reinvestitionsfristen des § 6b EStG um zunächst 1 Jahr

Das BMF ist ermächtigt, die Reinvestitionsfristen durch Rechtsverordnung ggf. um ein weiteres Jahr zu verlängern, wenn dies aufgrund fortbestehender Auswirkungen der COVID-19-Pandemie geboten erscheint.

Nach § 6b Abs. 3 Satz 2 EStG kann bis zur Höhe einer § 6b-Rücklage ein Abzug von den Anschaffungs- oder Herstellungskosten begünstigter Reinvestitionsgüter vorgenommen werden, die in den folgenden 4 Wirtschaftsjahren angeschafft oder hergestellt werden.

Die folgenden 4 Wirtschaftsjahre sind die 4 Wirtschaftsjahre, die auf das Wirtschaftsjahr der Veräußerung folgen. Entstand somit der Veräußerungsgewinn im Wirtschaftsjahr 2017 (Bilanzstichtag 31.12.2017), dann muss die Reinvestition spätestens am 31.12.2021 abgeschlossen sein. Entstand der Veräußerungsgewinn im vom Kalenderjahr abweichenden Wirtschaftsjahr 2016/2017 (Bilanzstichtag 30.09.), muss die Reinvestition spätestens am 30.09.2021 abgeschlossen sein.

Ist eine Rücklage am Schluss des 4. auf ihre Bildung folgenden Wirtschaftsjahrs noch nicht aufgelöst, so muss dies dann gewinnerhöhend erfolgen (§ 6b Abs. 3 Satz 5 1. Halbsatz EStG). In diesem Falle führt die Rücklagenauflösung zu einer Erhöhung des Gewinns. Der gewinnerhöhenden Auflösung der Rücklage steht kein gewinnmindernder Abzug von den Anschaffungs- oder Herstellungskosten eines Reinvestitionsguts gegenüber.

Für die Fälle, in denen begünstigte Reinvestitionen innerhalb des Reinvestitionszeitraums nicht vorgenommen werden, aber durch Bildung einer Rücklage eine Stundungswirkung erzielt worden ist, enthält § 6b Abs. 7 EStG eine Verzinsungsregelung. Diese sieht vor, dass der Gewinn des Auflösungsjahrs für jedes volle Jahr des Bestehens der Rücklage fiktiv um 6 % des Auflösungsbetrags erhöht wird.

Die Frist des § 6b Abs. 3 Satz 2 EStG (4-Jahrefrist) verlängert sich aufgrund der Neuregelung im § 52 Abs. 14 S. 5 EStG um 1 Jahr, wenn die Rücklage wegen § 6b Abs. 3 Satz 5 EStG am Schluss des nach dem 31.12.2020 und vor dem 01.01.2022 endenden Wirtschaftsjahrs aufzulösen wäre.

Überentnahmen
Hier wird um die Eintragung des Saldos aus Entnahmen und Einlagen und die Angabe der Schuldzinsen für Anschaffungskosten von Wirtschaftsgütern des Anlagevermögens gebeten.

Aufgrund der komplexen Berechnung dieser Überentnahmen und der damit verbundenen Begrenzung der abzugsfähigen Schuldzinsen empfiehlt es sich, diese Berechnung auf einem gesonderten Blatt beizufügen.

Überentnahmen (§ 4 Abs. 4a EStG)
Gem. § 4 Abs. 4a EStG ist die Abziehbarkeit der Schuldzinsen als Betriebsausgaben gesetzlich begrenzt. Dieser Begrenzung unterliegen nur Schuldzinsen, die betrieblich veranlasst sind. Dies erfordert im Hinblick auf die steuerliche Abziehbarkeit immer eine zweistufige Prüfung:

1. **Erster Prüfungsschritt:** Sind die jeweiligen Schuldzinsen gem. § 4 Abs. 4 EStG überhaupt betrieblich veranlasst? Nur diese werden bei der Anwendung des § 4 Abs. 4a EStG berücksichtigt, sicherlich die größte Fehlerquelle im Bereich des § 4 Abs. 4a EStG. Eine saubere Abgrenzung dauerhaft gleichzeitig privat und betrieblich genutzter Kontokorrentkonten ist kaum möglich. Daher sollten zumindest die klaren Abgrenzungen beachtet werden und die entsprechenden privat veranlassten Zinsen herausgerechnet werden.
2. **Zweiter Prüfungsschritt:** Welche Darlehen sind zur Finanzierung außerbetrieblicher Zwecke verwendet worden (insbesondere durch Entnahmen)?

Dabei sind folgende Punkte zu beachten:
- Schuldzinsen sind insoweit nicht abziehbar, als sie durch eine Überentnahme entstehen.
- Über- und Unterentnahmen vorangegangener Jahre sind in die Ermittlung der Bemessungsgrundlage einzubeziehen. Der BFH hat mit Urteil vom 09.05.2012, X R 30/06 die Verwaltungsmeinung des BMF-Schreibens vom 17.11.2005 dort Rz. 36 bestätigt. Danach sind die Über- und Unternahmen des Betriebs vor dem 01.01.1999 nicht zu berücksichtigen. Somit Start in 1999 mit 0,00 €.
- Die maximal nicht abziehbaren Schuldzinsen werden typisiert mit 6 % der Überentnahmen ermittelt.
- Die kurzfristige Einlage von Geld stellt einen Missbrauch von Gestaltungsmöglichkeiten dar (BFH vom 21.08.2012, VIII R 32/09).
- Der Abzug von Schuldzinsen zur Finanzierung von Wirtschaftsgütern des Anlagevermögens wird nicht eingeschränkt. Werden die Darlehensmittel allerdings über ein Kontokorrentkonto ausgezahlt, wird ein Finanzierungszusammenhang nur dann

unterstellt, wenn die Anschaffung/Herstellung des Wirtschaftsguts innerhalb eines 30-Tage-Zeitraums vor oder nach der Auszahlung erfolgt. Außerhalb dieses Zeitraums muss der Nachweis des Finanzierungszusammenhangs nachgewiesen werden. Entgegen der Rz. 27 des vorgenannten BMF-Schreibens reicht eine Belastung des Kontokorrentkontos (in den beschriebenen zeitlichen Grenzen) zur Finanzierung von Wirtschaftsgütern des Anlagevermögens aus, um die dadurch veranlassten Schuldzinsen von der Überentnahmeregelung auszunehmen, siehe hierzu BFH vom 23.02.2012, IV R 19/08. Ist Anlagevermögen über ein gemischtes Kontokorrentkonto finanziert worden, ist nach den Ausführungen im zuvor genannten BFH-Urteil für die Berechnung der darauf entfallenden Schuldzinsen das Kontokorrentkonto daher entsprechend den privat (1) veranlassten, den durch die Finanzierung von Anlagevermögen (2) veranlassten und den durch die Finanzierung sonstiger betrieblicher Aufwendungen (3) veranlassten Sollbuchungen rechnerisch in drei Unterkonten aufzuteilen; diesen sind die entsprechenden Sollbuchungen dann zuzuordnen.

- Ein **Mindestbetrag von 2.050 €** pro Wirtschaftsjahr bleibt unabhängig von der Überentnahmeberechnung als Betriebsausgabe abziehbar.
- Der Begriff der Überentnahme sowie die ihn bestimmenden Merkmale sind gesellschafterbezogen zu berücksichtigen; BMF vom 07.05.2008, BStBl I 2008, 588.
- Nach dem BFH-Urteil vom 09.05.2012, X R 30/05 sind Über- und Unterentnahmen erst ab dem Kalenderjahr 1999 zu berücksichtigen.
- Übergangserleichterung siehe BMF vom 07.05.2008, BStBl I 2008, 588 Rz. 30–32d + 40.
- Zinsen für Darlehen im Sonderbetriebsvermögen sind grundsätzlich voll abzugsfähig. Nur soweit sie nicht auf anteilig erworbene Wirtschaftsgüter des Anlagevermögens entfallen, sind sie in die Berechnung des § 4 Abs. 4a EStG einzubeziehen (s. auch hierzu BMF vom 07.05.2008, BStBl I 2008, 588 Rz. 32–32d).

Zinseszinsen von Investitionsdarlehen, BFH-Urteil vom 07.07.2016, III R 26/15

Schuldzinsen, die infolge der Finanzierung der Zinsen eines Darlehens zur Anschaffung oder Herstellung von Anlagevermögen (§ 4 Abs. 4a Satz 5 EStG) entstanden sind, unterliegen nicht der Abzugsbeschränkung des § 4 Abs. 4a Satz 1 EStG. Dies gilt auch dann, wenn sie auf einem separaten Darlehenskonto erfasst werden.

Der BFH bestätigt die hierzu bereits umfangreiche Rechtsprechung. Von der Abzugsbeschränkung sind Schuldzinsen für Darlehen zur Finanzierung von Anschaffungs- oder Herstellungskosten für Wirtschaftsgüter des Anlagevermögens ausgenommen (§ 4 Abs. 4a Satz 5 EStG). § 4 Abs. 4a EStG enthält eine Ausnahme von § 4 Abs. 4 EStG; § 4 Abs. 4a Satz 5 EStG bildet eine Rückausnahme. Mit dieser Privilegierung bezweckt der Gesetzgeber, solche Investitionen durch die Abzugsbeschränkung des § 4 Abs. 4a EStG nicht zu behindern.

Ob Schuldzinsen für Darlehen zur Finanzierung von Anschaffungs- oder Herstellungskosten von Wirtschaftsgütern des Anlagevermögens i.S.d. § 4 Abs. 4a Satz 5 EStG vorliegen, bestimmt sich nicht nach dem vereinbarten Darlehenszweck oder der Mittelverwendungsabsicht des Darlehensnehmers, sondern – entsprechend der Zuordnung von Wirtschaftsgütern zur Erwerbs- oder zur Privatsphäre – allein nach der tatsächlichen Verwendung der Darlehensmittel für eine begünstigte Investition.

Die Finanzierung der Zinsen eines Darlehens zur Finanzierung von Anschaffungs- oder Herstellungskosten von Wirtschaftsgütern des Anlagevermögens wird daher ebenfalls durch § 4 Abs. 4a Satz 5 EStG begünstigt.

Werden Zinsen für ein Investitionsdarlehen nicht laufend gezahlt, sondern dem Darlehen zugeschlagen, so entstehen Zinseszinsen, die ebenfalls durch § 4 Abs. 4a Satz 5 EStG begünstigt sind.

Nicht begünstigt sind jedoch insbesondere Darlehen für die Anschaffung oder Herstellung von Umlaufvermögen und für die Erhaltung von Anlagevermögen sowie Kredite, die nach einer bereits abgeschlossenen Finanzierung von Anlagevermögen aufgenommen werden.

Die Anlagen ER – SE – AVSE und EÜR 2021 sind für Beteiligte auszufüllen, die den Gewinn im Rahmen von Personengesellschaften nach § 4 Abs. 3 EStG ermitteln. Die Anlage ER dient der Wertekorrektur, die Anlage SE erfasst Sonderbetriebseinnahmen und -ausgaben und die Anlage AVSE erfasst das Anlageverzeichnis des Sonderbetriebsvermögens.

BFH vom 14.03.2018, X R 17/16 = Nicht abziehbare Schuldzinsen – Berücksichtigung von Verlusten
Leitsätze:
1. Für die Berechnung der Überentnahme nach § 4 Abs. 4a Satz 2 EStG ist zunächst vom einkommensteuerrechtlichen Gewinn auszugehen. Dieser Begriff umfasst auch Verluste.
2. Verluste führen für sich genommen nicht zu Überentnahmen. Die Bemessungsgrundlage für die nicht abziehbaren Schuldzinsen ist im Wege teleologischer Reduktion zu begrenzen.
3. Die Bemessungsgrundlage für die nicht abziehbaren Schuldzinsen ist begrenzt auf den Entnahmenüberschuss des Zeitraums von 1999 bis zum aktuellen Wirtschaftsjahr (entgegen Rz. 11 f. des BMF-Schreibens vom 17.11.2005, IV B 2-S 2144 – 50/05, BStBl I 2005, 1019).

Mit dem BMF-Schreiben vom 02.11.2018 hat die Verwaltung auf die Rechtsprechung reagiert. Dieses Schreiben gilt für alle offenen Fälle.

Übergang zur Bilanzierung/Wechsel der Gewinnermittlungsart

Beim Wechsel der Gewinnermittlungsart von der Einnahmenüberschussrechnung (Zufluss-Abflusssystem) zur Bilanzierung (periodengerechte Zuordnung) müssen die dadurch zeitlich abweichend berücksichtigten Einnahmen und Ausgaben korrigiert werden.

In R 4.6 EStR und Anlage 1 zu den EStR ist eine Erläuterung/Übersicht für die vorzunehmenden Korrekturen eingefügt.

11.6 Abbildungen zu Kapitel 11

Abb. 11.1: Gewinnermittlung nach § 4 Abs. 3 EStG – EÜR

1. Nur für Steuerpflichtige, die keine Bücher führen! Wer führt keine Bücher? Noch ist damit wohl Bilanzierung gemeint!
2. Elektronische Übermittlung ist nach **§ 60 Abs. 4 S. 1 EStDV** vorgeschrieben. In Ausnahmefällen auf Antrag auch noch auf amtlichen Formularen.
3. Grundsätzlich § 11 EStG – keine periodengerechte Abgrenzung.
4. Die Vorschriften des § 6 Abs. 2 und 2a EStG sind zu befolgen.
5. Die Vorschriften der Abschreibungen sind zu befolgen.
6. Begrenzungen der Abzugsfähigkeit von Betriebsausgaben; § 4 Abs. 4a und 5 EStG.
7. Die Bewertungsvorschriften des § 6 Abs. 1 Nr. 1a und Nr. 4–7 EStG sind auch für EÜR anzuwenden; § 6 Abs. 7 Nr. 2 EStG.

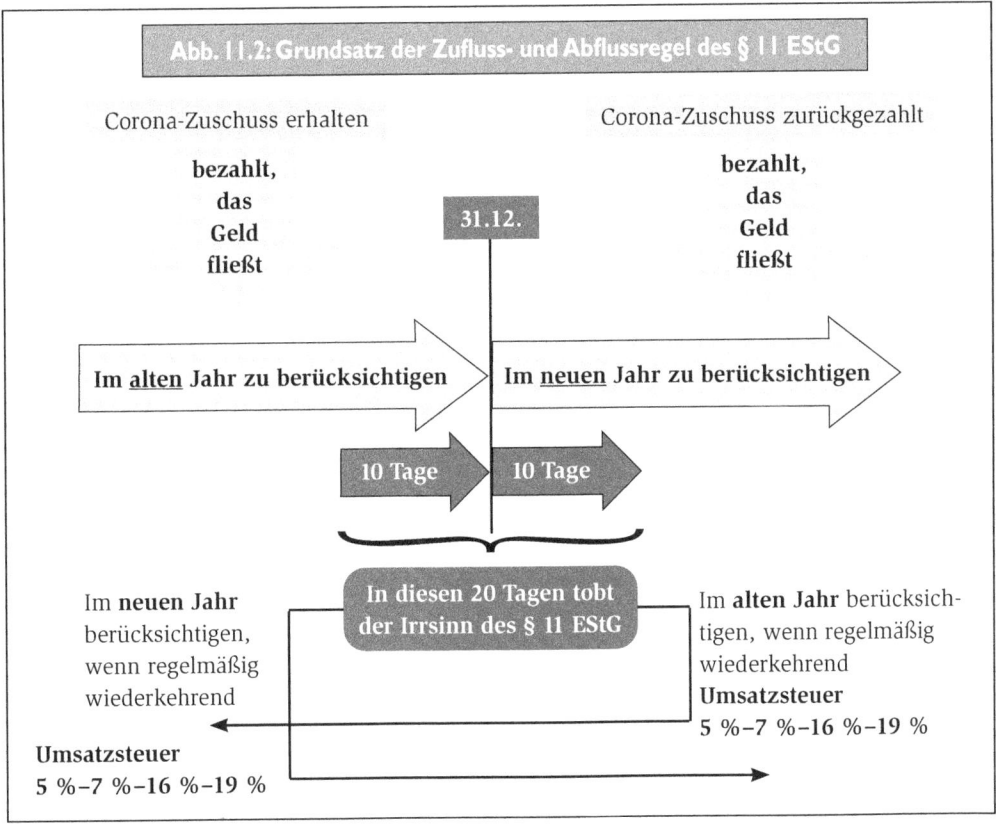

Abb. 11.2: Grundsatz der Zufluss- und Abflussregel des § 11 EStG

Abb. 11.3: Probleme mit der Zufluss- und Abflussregel des § 11 EStG

Bei Überweisungen:
Abfluss bei Lastschrift bzw. Eingang des Auftrags bei der Bank
Zufluss erst im Zeitpunkt des Zahlungseingangs auf dem Konto

Bei Scheck:
Abfluss mit Hingabe des Schecks (keine „Schüttelschecks")
Zufluss mit Entgegennahme des Schecks

Bei Lastschriftverfahren:
Abfluss am Fälligkeitstag (bei Abgabe fristgerechter Abgabe der USt-VA.
Zufluss bei Gutschrift auf dem Konto.

Der 10. ist ein Samstag, Sonntag, Feiertag:
Abfluss und **Zufluss** bleiben bei Verschiebung der Fälligkeit von § 108 Abs. 3 AO unberührt. Berücksichtigung erst **außerhalb** des 10-Tages-Zeitraums. BFH vom 11.11.2014, VIII R 34/12.

Abb. 11.4: Fälligkeit in der „10-Tages-Regelung" Anhängiges Verfahren BFH X R 2/21; vorhergehend FG München Urteil vom 15.10.2020, 15 K 2604/19

Sind die Umsatzsteuervorauszahlungen für die Monate

- **Mai, Juni und Juli** 2017,
- die am **09.01**.2018 und somit
- innerhalb des 10-Tages-Zeitraums des § 11 Abs. 2 Satz 2 i.V.m. § 11 Abs. 1 Satz 2 EStG bezahlt wurden,
- im Veranlagungsjahr 2017 (nicht dem Jahr der Zahlung, sondern der Fälligkeit)
- bei der Gewinnermittlung durch Einnahme-Überschussrechnung als Betriebsausgabe anzuerkennen,
- **auch wenn die Fälligkeit nicht** innerhalb kurzer Zeit vor Beginn oder kurze Zeit nach Beendigung des Kalenderjahres, zu dem sie wirtschaftlich gehören, liegt?

**Das FG München ordnete diese Betriebsausgaben
dem Jahr der Zahlung zu, somit 2018.**

11.6 Abbildungen zu Kapitel 11

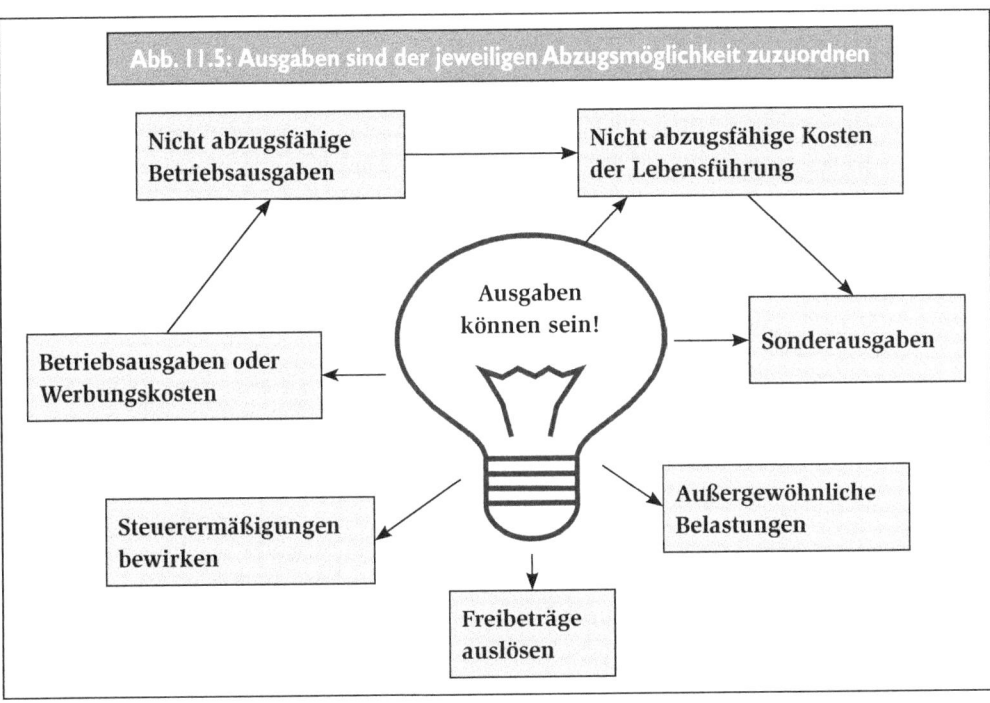

Abb. 11.5: Ausgaben sind der jeweiligen Abzugsmöglichkeit zuzuordnen

- Nicht abzugsfähige Betriebsausgaben
- Nicht abzugsfähige Kosten der Lebensführung
- Betriebsausgaben oder Werbungskosten
- Ausgaben können sein!
- Sonderausgaben
- Steuerermäßigungen bewirken
- Außergewöhnliche Belastungen
- Freibeträge auslösen

Abb. 11.6: Kein Aufteilungsverbot im § 12 Nr. 1 S. 2 EStG
BFH vom 21.09.2009, GrS 1/06; BMF vom 06.07.2010, Beck StE 1 § 12/2

I. Gemischte (trennbare) beruflich und privat veranlasste Aufwendungen
Der Umfang ist notfalls zu schätzen.

z.B. Bestellung zum Steuerberater/Geburtstagsfeier
BFH vom 08.07.2015, VI R 46/15, Pkw, Arbeitsmittel, Telefon, Reisen ...

↑ ↑ ↑ ↑ ↑
Nachweispflicht liegt beim Steuerpflichtigen!

II. Gemischte (untrennbare) beruflich und privat veranlasste Aufwendungen
Es fehlt an objektivierbaren Kriterien für eine Trennung

Pauschalreise Lehrer, Bewirtung von Geschäftspartnern im eigenen Haus ...

III. Stets nicht abziehbare Aufwendungen für die Lebensführung
Pauschal durch Freistellung des Existenzminimums freigestellt

Bürgerliche Kleidung, Armbanduhr, Brille, Nahrung, ...

Anlage EÜR

Abb. 11.7: Nicht abzugsfähige Betriebsausgaben

Nicht abzugsfähige Betriebsausgaben oder Werbungskosten § 4 Abs. 5 EStG

- Geschenke im Wert über 35 € – § 9b EStG/R 9b EStR/H 9b EStH **Aufzeichnungspflichten beachten**
- 30 % der Bewirtungskosten
- Gästehäuser
- 14 €–28 € § 9 Abs. 4a EStG Verpflegungsmehraufwand
- Fahrten Wohnung zur ersten Tätigkeitsstätte –
- Doppelte Haushaltsführung
- Arbeitszimmer Beck StE 1 § 4/9
- andere unangemessene Aufwendungen
- Geldbußen, Ordnungsgelder
- Hinterziehungszinsen
- Ausgleichszahlungen
- Vorteilszuwendungen Beck StE 1 § 4/18
- Zuschläge nach § 162 Abs. 4 AO

Keine Betriebsausgaben oder Werbungskosten § 4 Abs. 5b + § 9 EStG

- Gewerbesteuer einschließlich Nebenleistungen
- Parteizuwendungen
- Aufwendungen für Erstausbildung

Abb. 11.8: Geschenke werden erst durch die Anwendung des § 37b EStG nichtabzugsfähig?

Aber: BMF vom 28.06.2018, IV C 6 – S-2297-b/14/10001 beachten!

BFH-Urteil vom 30.03.2017, IV R 13/14: Steuerpflichtiger **nicht** zum Betriebsausgabenabzug berechtigt, wenn Aufwendungen für Geschenke an Geschäftsfreunde **zusammen mit der Steuer** nach § 37b EStG **35 €** übersteigen.

Zusätzliche übernommene Steuer → kann zu nicht abzugsfähigen Betriebsausgaben führen.

11.6 Abbildungen zu Kapitel 11

Abb. 11.9: Geschenke werden erst durch die Anwendung des § 37b EStG nichtabzugsfähig?

Aber: BMF vom 28.06.2018, IV C 6 – S-2297-b/14/10001 beachten!

BEISPIEL:

Geschenk (als Betriebsausgabe abzugsfähig)	26,59 €
übernommene Pauschalsteuer nach § 37b EStG 30 %	7,98 €
darauf Solidaritätszuschlag	0,44 €
Summe (schädlich, weil > 35 €)	35,01 €

BFH: schädlich
BMF: unschädlich

BdSt, Pressemitteilung vom 29.08.2017

... Auf unsere Nachfrage gibt das Bundesfinanzministerium jetzt Entwarnung:
Es bleibt bei der bisherigen Rechtslage!
Zwar wird das Urteil im Bundessteuerblatt veröffentlicht und ist damit für alle Finanzbeamten bindend, aber es soll eine Fußnote gesetzt werden. In dieser soll auf das Verwaltungsschreiben vom 19.05.2015 (dort Rz. 25) verwiesen werden. Das heißt, für den Betriebsausgabenabzug (35 €-Grenze) ist weiterhin **allein der Geschenkewert maßgeblich**.

Abb. 11.10: Geringwertige Wirtschaftsgüter
(§§ 6 Abs. 2 + 2a, 7 Abs. 1 EStG, R 6.13 EStR und Beck StE I § 6/28)

Grundsatz → Abschreibungen nach § 7 Abs. 1 oder 2 EStG oder

1. Wahlrecht — § 6 Abs. 2 EStG

Änderung ab 01.01.2018

Bis 800 € Netto-Anschaffungskosten
R 6.13 Abs. 2 Ermittlung der Anschaffungskosten bei § 6b – R 6.6 etc.

↓

in voller Höhe sofortige Betriebsausgaben

↓

übersteigt der Wert 250 €, gesonderte Aufzeichnung/aus der Buchführung ersichtlich

2. Wahlrecht — § 6 Abs. 2a EStG

Anschaffungskosten mehr als netto 250 €–1.000 €

↓

Sammelposten wie bisher

↓

je Wirtschaftsjahr nur einheitliche Anwendung;
entweder
§ 6 Abs. 2 EStG
oder
§ 6 Abs. 2a EStG

Anlage EÜR

Abb. 11.11: Nutzungsdauer für digitale Wirtschaftsgüter nur ein Jahr

Wie wird das umgesetzt?

Da die betriebsgewöhnliche Nutzungsdauer für solche Wirtschaftsgüter dann nur noch ein Jahr betragen soll, sind die Abschreibungsregelungen mit der Verteilung der AK/HK über die betriebsgewöhnliche Nutzungsdauer nicht anzuwenden.

BMF vom 26.02.2021, IV C 3 – S 2190/21/10002 :013

Die Verteilung der AK/HK kommt nämlich nur für Wirtschaftsgüter in Betracht, deren betriebsgewöhnliche Nutzungsdauer länger als ein Jahr beträgt, § 7 Abs. 1 S. 1 EStG.

Die Regelung soll sowohl **für Unternehmen** als **auch für Arbeitnehmer**, die im Homeoffice arbeiten, gelten.

Da kein § 7 Abs. 1 EStG erfüllt, sofortige Betriebsausgabe. „Wie" GWGs? In ein Verzeichnis aufnehmen (§ 5 Abs. 1 S. 2 EStG)?
HANDELSBILANZ PASSIVE LATENTE Steuern abgrenzen!

1. **Beispiel:** Anschaffung einer PC-Anlage im Februar 2021 für **3.000 €** netto durch ein vorsteuerabzugsberechtigtes **Unternehmen**. Die gesamten AK von 3.000 € stellen in 2021 Betriebsausgaben dar.

2. **Beispiel:** Anschaffung einer PC-Anlage im Februar 2021 für 3.000 € durch einen **Arbeitnehmer für die Arbeit im Homeoffice**. Die gesamten **AK von 3.000 €** stellen in 2021 Werbungskosten dar.

Bisher ohne zeitliche Begrenzung, also ab 01.01.2021 bis …"

Abb. 11.12: Zur steuerlichen Anerkennung des Betriebsausgabenabzugs von Aufwendungen für die Bewirtung im Sinne des § 4 Abs. 5 S. 1 Nr. 2 EStG i.V.m. R 4.10 Abs. 5 bis 9 EStR
BMF vom 30.06.2021, IV C 6 – S 2145/19/10003 :003

Der Abzug von **angemessenen** Bewirtungsaufwendungen als Betriebsausgaben erfordert nach § 4 Abs. 5 Satz 1 Nr. 2 Satz 2 EStG vom Steuerpflichtigen einen **schriftlichen Nachweis** über Ort, Tag, Teilnehmer und Anlass der Bewirtung sowie die Höhe der Aufwendungen.

Die zum Nachweis von Bewirtungsaufwendungen erforderlichen schriftlichen Angaben müssen **zeitnah** gemacht werden (vgl. BFH vom 25.03.1988, III R 96/85, BStBl II 1988, 655).

Hierfür wird regelmäßig ein formloses Dokument (sog. Bewirtungsbeleg als Eigenbeleg) erstellt. Dieser Eigenbeleg **ist vom Steuerpflichtigen zu unterschreiben** (vgl. BFH vom 15.01.1998, IV R 81/96, BStBl II 1998, 263).

Abb. 11.13: Rücklage für Ersatzbeschaffung (R 6.6 EStR)

Zweck:
Verhinderung der sofortigen Versteuerung **stiller Reserven** bei Ausscheiden von Wirtschaftsgütern durch **höhere Gewalt**

BMF vom 13.01.2021, IV C 6 – S 2138/19/10002 :003 DOK 2021/0014231 um jeweils 1 Jahr verlängert, wenn Fristablauf sonst vor 2021 gewesen wäre.

Voraussetzungen:
1. Wirtschaftsgut des Anlage- oder Umlaufvermögens (§ 6b EStG nur für Anlagevermögen).
2. Ausscheiden durch höhere Gewalt oder zur Vermeidung eines behördlichen Eingriffs: Elementarereignisse (Brand, Sturm, Überschwemmung, aber keine Materialfehler o.ä.), Diebstahl, unverschuldeter Unfall, Maßnahmen zur Enteignung, behördliche Bauverbote, nicht wirtschaftliche Zwangslage.
3. Entschädigung für ausgeschiedenes Wirtschaftsgut.
4. Anschaffung oder Herstellung eines Ersatzwirtschaftsguts (funktionsgleich) innerhalb einer bestimmten Frist (s. R 6.6 Abs. 4 EStR).
5. Übertragung der stillen Reserven auf Anschaffungskosten/Herstellungskosten des Ersatzwirtschaftsguts.

Abb. 11.14: Beispiel und Fazit zur Rücklage für Ersatzbeschaffung (R 6.6 EStR)

Grundfall ohne R 6.6 EStR
PC gestohlen
Restwert 200 €
Versicherung zahlt 2.000 €
Kauf eines neuen PC für 2.500 €

Die Versicherungsentschädigung i.H.v. 2.000 € stellt Betriebseinnahmen und der Restwert des alten PCs (200 €) und die AfA vom neuen PC (834 €) stellen Betriebsausgaben dar.
Gewinn = 966 €.

Mit R 6.6 EStR

PC gestohlen
Restwert 200 €
Versicherung zahlt 2.000 €
Kauf eines neuen PC für 2.500 €

Die stillen Reserven von 1.800 € (Versicherungsentschädigung abzüglich Restwert) können auf das Ersatzwirtschaftsgut übertragen werden (2.500 € ./. 1.800 € =) 700 € Buchwert für das Ersatzwirtschaftsgut.

PC gestohlen
Restwert 200 €
Versicherung zahlt 2.000 €
Kauf eines neuen PC für 1.500 €

Die stillen Reserven von 1.800 € können nur anteilig mit 1.350 € auf das Ersatzwirtschaftsgut übertragen werden (1.800 €/2.000 € × 1.500 €) = 150 € Buchwert für das Ersatzwirtschaftsgut.

Abb. 11.15: Übertragung stiller Reserven beim Verkauf bestimmter Anlagegüter § 6c EStG – R/H 6c EStR/H

Verkaufspreis	15.000 €	Kürzung der Anschaffungs-/Herstellungskosten einer Neuinvestition
abzüglich AfA	./. 3.000 €	
Veräußerungskosten	./. 1.000 €	im Veräußerungsjahr **4.000 €** (Betriebs**ausgabe**)
Veräußerungs**gewinn**	11.000 €	und weitere **7.000 €** (bis 11.000 €) „**fiktive** Betriebs**ausgabe**" § 6c EStG.

Ergebnis: 0,00 € Gewinn zu versteuern

Kürzung der Anschaffungs-/Herstellungskosten einer Neuinvestition
im Folgejahr **1.000 €** (Betriebs**ausgabe**) + **1.000 €** fiktive Betriebs**einnahme**
und
im nächsten Jahr **2.000 €** (Betriebs**ausgabe**) + **2.000 €** fiktive Betriebs**einnahme**

Von den im Veräußerungsjahr angesetzten „fiktiven" Ausgaben von 7.000 € sind so nur noch **4.000 €** verblieben, die spätestens zum Schluss des vierten auf die Veräußerung folgenden Wirtschaftsjahrs als „fiktive" Betriebseinnahmen anzusetzen sind.

BMF vom 13.01.2021, IV C 6 – S 2138/19/10002 :003 DOK 2021/0014231 um jeweils 1 Jahr verlängert, wenn Fristablauf sonst vor 2021 gewesen wäre.

Abb. 11.16: Schuldzinsenabzug bei Entnahmenüberschuss i.S.d. § 4 Abs. 4a EStG BMF vom 02.11.2018, Beck StE I §4/10

Frage:
Warum ist ein betrieblich veranlasster Schuldzinsenabzug überhaupt (in bestimmten Fällen) zu begrenzen?

Antwort:
Gestaltungen mit dem „**2-Kontenmodell**" ermöglichen den Abzug von Schuldzinsen, die für Darlehen gezahlt werden, die durch Entnahmen entstehen und eigentlich nicht betrieblich veranlasst sind.

Bankkonto 1
Hier werden alle **Einnahmen** (keine betrieblichen Ausgaben) verbucht.
Da das Konto dadurch immer positiv ist, werden Gelder **ins Privatvermögen entnommen** (z.B. um sich ein privates Haus zu bauen).
Das Konto bleibt aber insgesamt noch positiv.

Bankkonto 2
Hier werden **ausschließlich betriebliche Ausgaben** verbucht.
Das Konto ist dadurch immer negativ, aber ausschließlich betrieblich veranlasst.
Schuldzinsen sind ausschließlich betrieblich veranlasst und als Betriebsausgaben abzugsfähig.

11.6 Abbildungen zu Kapitel 11

Abb. 11.17: Schuldzinsenabzug bei Überentnahmen (§ 4 Abs. 4a EStG)

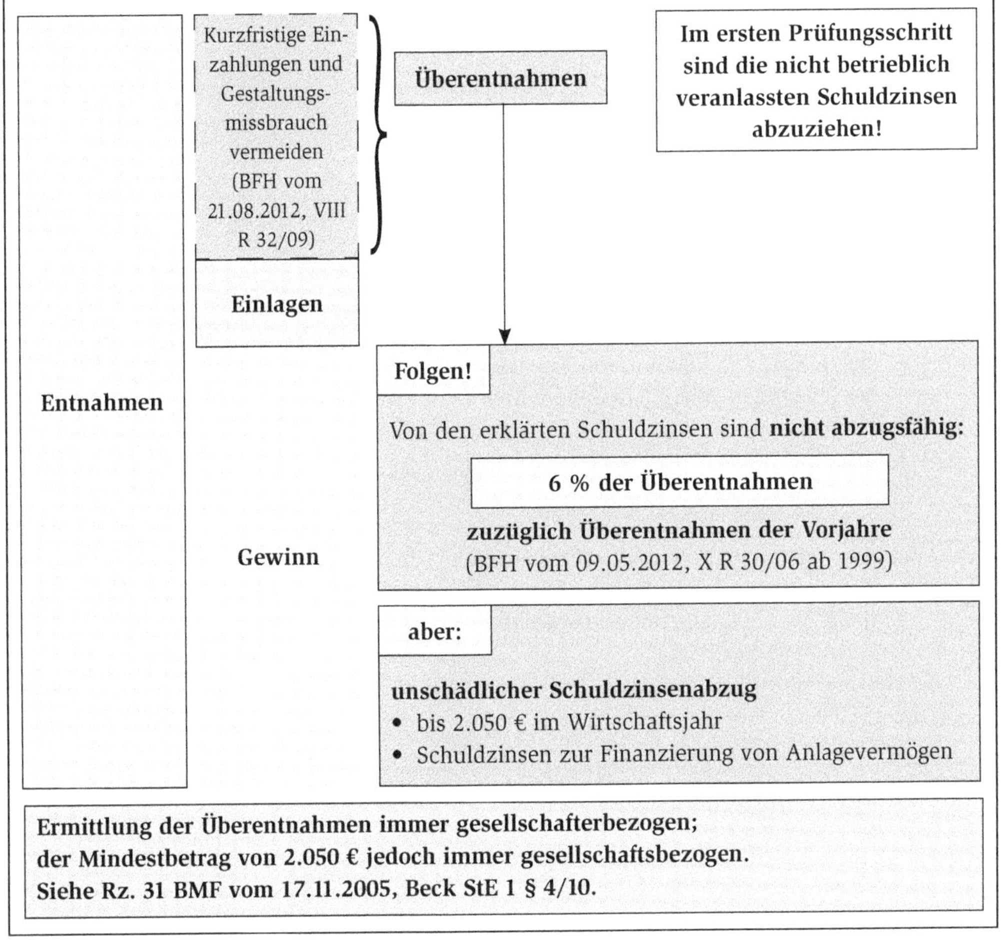

Entnahmen

Kurzfristige Einzahlungen und Gestaltungsmissbrauch vermeiden (BFH vom 21.08.2012, VIII R 32/09)

Einlagen

Gewinn

Überentnahmen

Im ersten Prüfungsschritt sind die nicht betrieblich veranlassten Schuldzinsen abzuziehen!

Folgen!

Von den erklärten Schuldzinsen sind **nicht abzugsfähig**:

6 % der Überentnahmen

zuzüglich Überentnahmen der Vorjahre
(BFH vom 09.05.2012, X R 30/06 ab 1999)

aber:

unschädlicher Schuldzinsenabzug
- bis 2.050 € im Wirtschaftsjahr
- Schuldzinsen zur Finanzierung von Anlagevermögen

Ermittlung der Überentnahmen immer gesellschafterbezogen; der Mindestbetrag von 2.050 € jedoch immer gesellschaftsbezogen.
Siehe Rz. 31 BMF vom 17.11.2005, Beck StE 1 § 4/10.

Anlage EÜR

Abb. 11.18: Schuldzinsenabzug bei Entnahmenüberschuss i.S.d. § 4 Abs. 4a EStG BMF vom 02.11.2018, Beck StE 1 § 4/10

Nicht abzugsfähige Schuldzinsen sind:
1. ausschließlich **betrieblich** veranlasste Schuldzinsen (private ohnehin nicht abzugsfähig),
2. soweit sie **nicht für Investitionsdarlehen** (für Anlagevermögen) geleistet werden,
3. und **2.050 €** je Betrieb jährlich übersteigen,
4. soweit ein **Entnahmenüberschuss** vorliegt.

BMF vom 02.11.2018 Rz. 8:
Überentnahmen liegen (nur dann!) vor:
- wenn die Entnahmen
- die Summe aus Gewinn und Einlagen des jeweiligen Wirtschaftsjahres übersteigen.
- Aber nur der Entnahmenüberschuss ist schädlich!

Problem:
Gewinn ist die Summe aus Gewinn und Verlust ab dem Kalenderjahr 1999!

Die **Vorjahreswerte** (ab 1999) sind ab dem **Kalenderjahr 2000** mit einzubeziehen.
Die **kumulierten Überentnahmen** errechnen sich damit aus:
- den Entnahmen der Totalperiode abzüglich,
- der Einlagen der Totalperiode,
- und Gewinn/Verlust.

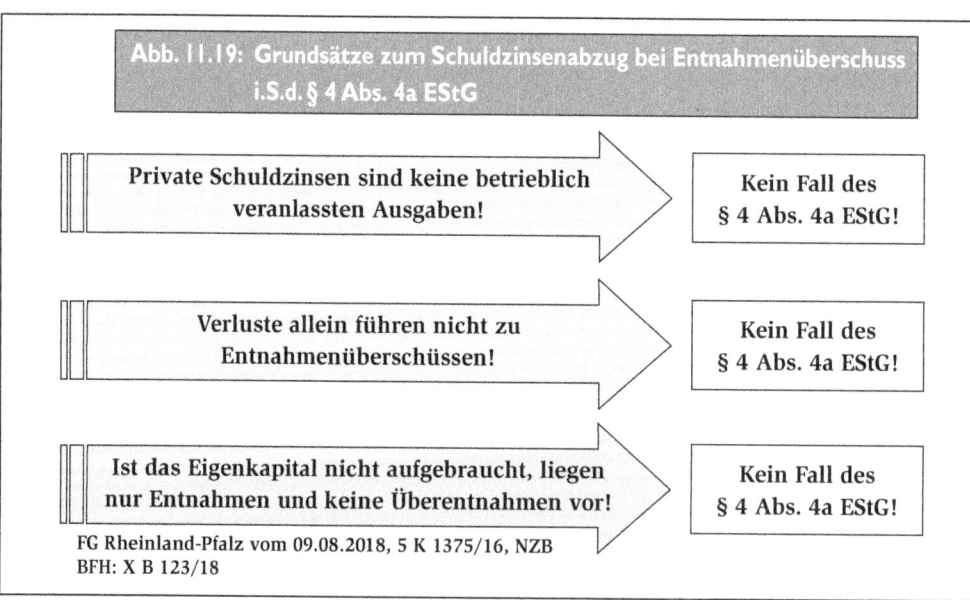

Abb. 11.19: Grundsätze zum Schuldzinsenabzug bei Entnahmenüberschuss i.S.d. § 4 Abs. 4a EStG

Private Schuldzinsen sind keine betrieblich veranlassten Ausgaben! → Kein Fall des § 4 Abs. 4a EStG!

Verluste allein führen nicht zu Entnahmenüberschüssen! → Kein Fall des § 4 Abs. 4a EStG!

Ist das Eigenkapital nicht aufgebraucht, liegen nur Entnahmen und keine Überentnahmen vor! → Kein Fall des § 4 Abs. 4a EStG!

FG Rheinland-Pfalz vom 09.08.2018, 5 K 1375/16, NZB
BFH: X B 123/18

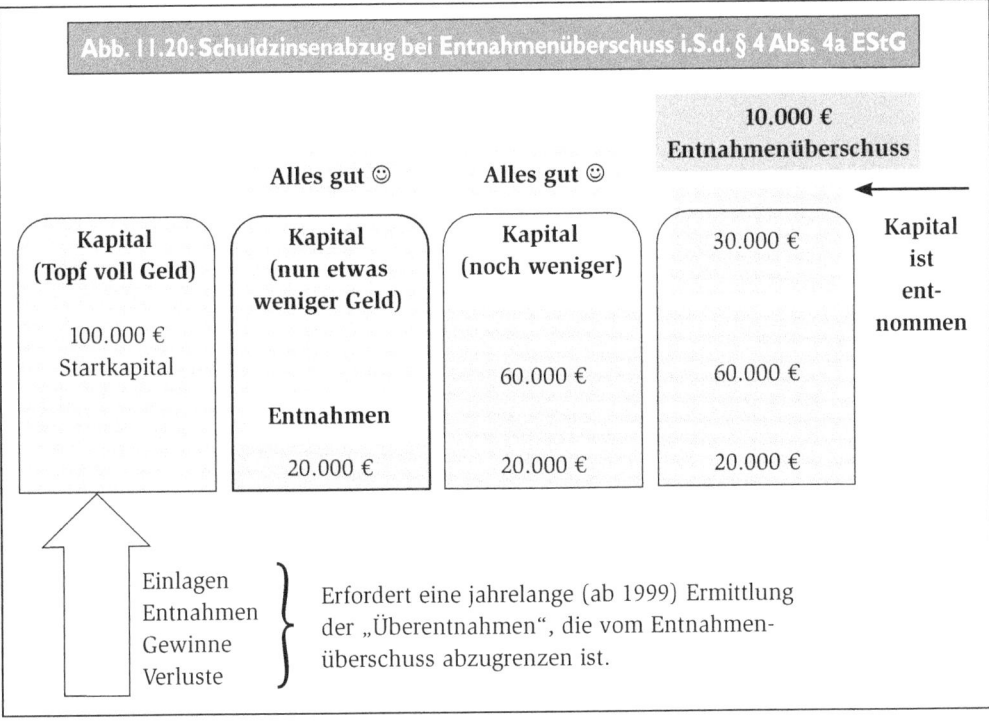

Abb. 11.20: Schuldzinsenabzug bei Entnahmenüberschuss i.S.d. § 4 Abs. 4a EStG

Abb. 11.21: Aufgabe 1 – Entnahmenüberschuss = kleiner als Überentnahmen, § 4 Abs. 4a EStG

Kalenderjahr	Kumulierte Vorjahreswerte	2021
Gewinn		
Verlust		20.000 €
Entnahmen	1.000 €	2.000 €
Einlagen		1.000 €
Überentnahmen	2.000 €	
Betriebliche Zinsen		5.000 €

Lösung
Überentnahmen 2021 = 21.000 € + 2.000 €   = 23.000 €
Entnahmenüberschuss 2021 = 1.000 € + 1.000 €   = **2.000 €**
6 % von 23.000 € = 1.380 €, aber höchstens
6 % von 2.000 € = **120 €**, aber höchstens
tatsächliche Schuldzinsen = 5.000 €
abzüglich Kürzungsbetrag = 2.050 € = höchstens   = 2.950 €

Anlage EÜR

Abb. 11.22: Aufgabe 2 – Überentnahmen = kleiner als Entnahmenüberschuss, § 4 Abs. 4a EStG

Kalenderjahr	Kumulierte Vorjahreswerte	2021
Gewinn		1.000 €
Verlust		
Entnahmen	1.000 €	2.000 €
Einlagen		
Überentnahmen	1.000 €	
Betriebliche Zinsen		5.000 €

Lösung
Überentnahmen 2021 1.000 € + 1.000 € = **2.000 €**
Entnahmenüberschuss 2021 = 2.000 € + 1.000 € = 3.000 €
6 % von 2.000 € = **120 €**, aber höchstens
6 % von 3.000 € = 180 €.
tatsächliche Schuldzinsen = 5.000 €
Abzüglich Kürzungsbetrag = 2.050 € = höchstens = 2.950 €

Abb. 11.23: Aufgabe 3 – Maximale Kürzung schlägt Überentnahmen und Entnahmenüberschuss

Kalenderjahr	Kumulierte Vorjahreswerte	2021
Gewinn		
Verlust		50.000 €
Entnahmen	10.000 €	40.000 €
Einlagen		
Überentnahmen	10.000 €	
Betriebliche Zinsen		5.000 €

Lösung
Überentnahmen 2021 = 90.000 € + 10.000 € = 100.000 €
Entnahmenüberschuss 2021 = 40.000 € + 10.000 € = 50.000 €
6 % von 100.000 € = 6.000 €, aber höchstens
6 % von 50.000 € = 3.000 €
tatsächliche Schuldzinsen = 5.000 €
Abzüglich Kürzungsbetrag = 2.050 € = **höchstens** = **2.950 €**

11.6 Abbildungen zu Kapitel 11

Abb. 11.24: Kumulierte Überentnahmen führen nur bei kumuliertem Entnahmenüberschuss zu nicht abzugsfähigen Schuldzinsen

Jahr	2017	2018	2019	2020	2021
Entnahmen	0 €	80.000 €	20.000 €	60.000 €	0 €
Einlagen	100.000 €	0 €	0 €	0 €	100.000 €
Verlust	20.000 €	15.000 €	0 €	35.000 €	–
Gewinn	–	–	5.000 €	–	10.000 €
Überentnahmen	./. 80.000 €	95.000 €	15.000 €	95.000 €	./. 110.000 €
Überentnahmen der Vorjahre	0 €	./. 80.000 €	./. 15.000 €	30.000 €	./. 125.000 €
Kumulierte Überentnahmen	./. 80.000 €	15.000 €	30.000 €	125.000 €	**15.000 €**

I. Berechnung der Überentnahmen
Die Summe (aller Jahre) aus Entnahmen, Einlagen und Gewinn/Verlust besagt, dass **15.000 €** mehr entnommen wurden („Überentnahmen").

II. Berechnung des (schädlichen!) Entnahmenüberschusses
Nun ist zu prüfen, ob auch die Einlagen kleiner als die Entnahmen sind. Nur dann liegt ein schädlicher Entnahmenüberschuss vor.

Anlage EÜR

Abb. 11.25: Kumulierte Überentnahmen führen nur bei kumuliertem Entnahmenüberschuss zu nicht abzugsfähigen Schuldzinsen

I.	Jahr	2017	2018	2019	2020	2021
	Kumulierte Überentnahmen	./. 80.000 €	15.000 €	30.000 €	125.000 €	15.000 €
II.	Siehe auch Rz. 14 und Beispiel Rz. 15 BMF vom 02.11.2018			6 % von 30.000 €, aber höchstens	6 % von 125.000 €, aber höchstens	
	Entnahmen	0 €	80.000 €	20.000 €	60.000 €	0 €
	Einlagen	100.000 €	0 €	0 €	0 €	100.000 €
	Entnahmenüberschuss kumuliert Vorjahre	./. 0 €	./. 100.000 €	./. 20.000 €	0 €	60.000 €
	Kumulierte Überentnahmen	./. 100.000 €	./. 20.000 €	0 €	60.000 €	./. 40.000 €
				6 % von 0,00 €	6 % von 60.000 €	200.000 € eingelegt und nur 160.000 € entnommen = kein Entnahmenüberschuss

1. Prüfung = höchstens tatsächliche Zinsen **ohne Investitionszinsen**
2. Prüfung = **Mindestabzug 2.050 €** je Unternehmen
3. Prüfung 6 % der kumulierten **Überentnahmen**, aber höchstens
4. Prüfung 6 % der kumulierten **Entnahmenüberschüsse** = 0 (liegen nicht vor) = **keine Kürzung**

Abb. 11.26: Zusammenfassung

1. Unterscheide zwischen **Überentnahmen** und **Entnahmenüberschuss**!
2. Überentnahmen ermitteln (Gewinne, Verluste, Entnahmen, Einlagen ab 1999).
3. Entnahmenüberschuss (nur die Summe Einlagen abzüglich Entnahmen).
4. 6 % der Überentnahmen (höchstens vom Entnahmenüberschuss – immer der kleinere Wert).
5. Ist der **Entnahmenüberschuss** größer als die Überentnahmen, sind die **6 % der Überentnahmen** nicht abzugsfähige Betriebsausgaben.
6. Ist der **Entnahmenüberschuss** kleiner als die Überentnahmen, sind 6 % dieser kleineren Summe (Entnahmenüberschuss) als nicht abzugsfähige Betriebsausgaben zu berücksichtigen; ggf. 0 €.
7. Es sind nur die betrieblichen Schuldzinsen zu kürzen, die nach Abzug der Investitionszinsen und des Mindestabzugs von 2.050 € noch verbleiben.

11.6 Abbildungen zu Kapitel 11

Abb. 11.27: Übergang zur Bilanzierung/Wechsel der Gewinnermittlungsart

Der EÜRler hat seine **Forderungen** noch nicht versteuert. Es gilt das Zuflussprinzip des § 11 EStG.	Der EÜRler hat seine **Verbindlichkeiten** noch nicht als Ausgabe berücksichtigt. Es gilt das Abflussprinzip des § 11 EStG.
Wird die Forderung in die Eröffnungsbilanz eingestellt, wird diese Forderung nie besteuert, denn die Buchung erfolgte per Geld an Forderung.	Einstellung der Verbindlichkeit in die Eröffnungsbilanz, dann erfolgt keine Berücksichtigung als Ausgabe, denn die Buchung erfolgte per Verbindlichkeit an Geld.
R/H 4.6 EStR/EStH	R/H 4.6 EStR/EStH
Die Forderung muss daher, außerhalb der Bilanz, im Jahr des Übergangs dem Gewinn **zugerechnet** werden.	Die Verbindlichkeit muss daher, außerhalb der Bilanz, im Jahr des Übergangs vom Gewinn **abgerechnet** werden.

Verluste können nicht auf drei Jahre verteilt werden; BFH vom 23.07.2013, BStBl II 2013, 820.

Anlage EÜR

12. Anlagen N und N-AUS
12.1 Anlage N
Was ist zu beachten – neu und wichtig – Checkliste

Tabellarische Übersicht **Übersicht über Zahlen zur Lohnsteuer 2021**	BMF Amtliches Lohnsteuer-Handbuch Ausgabe 2021
Formale Anforderungen an **Ehegattenarbeitsverhältnisse**	BFH-Urteil vom 18. November 2020, VI R 28/18
Steuerfreie und nicht dem Progressionsvorbehalt unterliegende **Coronahilfen für Arbeitnehmer bis 1.500 €**	Die steuerfreien Leistungen sind **im Lohnkonto aufzuzeichnen (§ 4 Abs. 2 Nr. 4 LStDV)**, sodass sie bei der Lohnsteuer-Außenprüfung als solche erkennbar sind und die Rechtsgrundlage für die Zahlung bei Bedarf geprüft werden kann
Tätigkeiten in Impfzentren Die an diese Beschäftigten gezahlten Vergütungen unterliegen dem Lohnsteuerabzug	OFD Frankfurt/M. vom 15.03.2021, S 2331 A – 49 – St 210
„Selbständigkeit versus **Scheinselbständigkeit**"; Abgrenzung anhand der Rechtsprechung des Bundessozialgerichts	Die Bundesrechtsanwaltskammer hat mit Stand März 2021 mit einem 14 seitigen Beitrag die Entscheidungen der obersten Gerichte ausgewertet
Prüfung und Korrektur der elektronisch übermittelten Daten	Insbesondere Pkw-Sachbezüge sind in „Homeoffice" Zeiten falsch besteuert
§ 3 Nr. 34 EStG Steuerbefreiung für arbeitgebergeförderte Präventions- und betriebliche **Gesundheitsförderung**	BMF Schreiben vom 20.04.2021, IV C 5 – S 2342/20/10003 :003 DOK 2021/0400744
Bewertungsabschlag (1/3) für **Mitarbeiterwohnungen**, § 8 Abs. 2 S. 12 EStG	Bemessungsgrundlage = Mietspiegel zuzüglich der umlagefähigen Kosten
Neuer § 8 Abs. 4 EStG gilt klarstellend für das gesamte Einkommensteuergesetz. **Spendit-, Edenred-Geldkarten** stehen im Feuer	Nichtbeanstandungsregelung für die Jahre 2020 und 2021 beschlossen, FinMin Sachsen-Anhalt vom 26.02.2021, 45-S 2334-331/4/13848/2021, NWB HAAAH-73135
Steuerfreie Nutzung der Arbeitgeber Fahrräder, EDV-Anlagen, Zuschüsse zu den Kosten für öffentliche Verkehrsmittel	§ 3 EStG bietet eine Vielzahl von Steuerbefreiungen, die im Einzelnen zu prüfen sind
Arbeitslohn bei **Betriebsveranstaltungen** BFH Urteil vom 29.04.2021, VI R 31/18	Arbeitslohn anlässlich von Betriebsveranstaltungen bei Absagen einzelner Arbeitnehmer

12.1 Anlage N

Kurzarbeitergeld ist steuerfrei, unterliegt aber dem Progressionsvorbehalt	§ 3 Nr. 28a EStG **bis 31.12.2021** auch für Zuschüsse des Arbeitgebers
Aufwendungen für Öffentliche Verkehrsmittel können auch ohne Fahrten zur Tätigkeitsstätte angesetzt werden	Gilt insbesondere in Zeiten mit Homeoffice. Siehe Ausführungen in der Anleitung zur Anlage N
Erhöhung der **Entfernungspauschale** ab dem 21 km. Neues BMF Schreiben vom 18.11.2021, IV C 5 – S 2351/20/10001 :002 zu den Entfernungspauschalen beachten	0,35 € für jeden vollen Kilometer der Entfernung
Entfernungspauschale bei **Hin- und Rückweg an unterschiedlichen Arbeitstagen** BFH vom 12.02.2020, VI R 42/17	in Zeile 35 nur die Hälfte der Arbeitstage eintragen. Die Entfernungspauschale für Wege zwischen Wohnung und erster Tätigkeitsstätte gilt arbeitstäglich einen Hin- und einen Rückweg ab
Erste Tätigkeitsstätte ist durch den Reisekostenerlass und der BFH Rechtsprechung näher erläutert	BMF vom 25.11.2020, IV C 5 – S 2353/19/10011 :006 DOK 2020/1229128
Umwidmung von Wirtschaftsgütern – H 9.12 „Absetzung für Abnutzung" LStH	Zuvor privat genutzte WG und nun in der Corona Krise beruflich genutzt, bei Einlage mit Buchwert berücksichtigen
Nutzungsdauer für **digitale Wirtschaftsgüter** nur ein Jahr (sofortige Betriebsausgaben)	Auch im Arbeitnehmerbereich anzuwenden; sofort und in voller Höhe als Werbungskosten ansetzen
Pauschale für das „**Homeoffice**" nach § 4 Abs. 5 S. 1 Nr. 6b S. 4 EStG 5 € täglich, höchstens 600 € im Jahr	Ausschließlich in der häuslichen Wohnung ausgeübte Tätigkeit ohne Arbeitszimmer
Zweifelsfragen zum **Homeoffice/Arbeitszimmer** in Zeiten der Corona-Pandemie	BMF vom 09.07.2021, IV C 6 – S 2145/19/10006 :013 DOK 2021/0744585
Kein privates Veräußerungsgeschäft für häusliche Arbeitszimmer bei Verkauf des Einfamilienhauses im **Privatvermögen** BFH vom 01.03.2021, IX R 27/19	Dagegen im Betriebsvermögen voll steuerpflichtig; BFH vom 16.06.2020, VIII R 15/17, DStR 2020, 2413
Umzugskosten neu ab 01.04.2021 und 01.04.2022	BMF vom 21.07.2021, IV C 5 – S 2353/20/10004 :002 DOK 2021/0281734
„**Übernachtungs**"mehraufwand für Berufskraftfahrer	§ 9 Abs. 1 S. 3 Nr. 5b EStG ab 01.01.2020 BMF vom 25.11.2020 Rz. 131
Reisekosten: tatsächliche Fahrtkosten, Verpflegungsmehraufwand und Unterkunft	BMF 25.11.2020, IV C 5 – S 2353/19/10011 :006 DOK 2020/1229128
Doppelte Haushaltsführung	Heimfahrtenpauschale ab 21. km auf 0,35 € erhöht

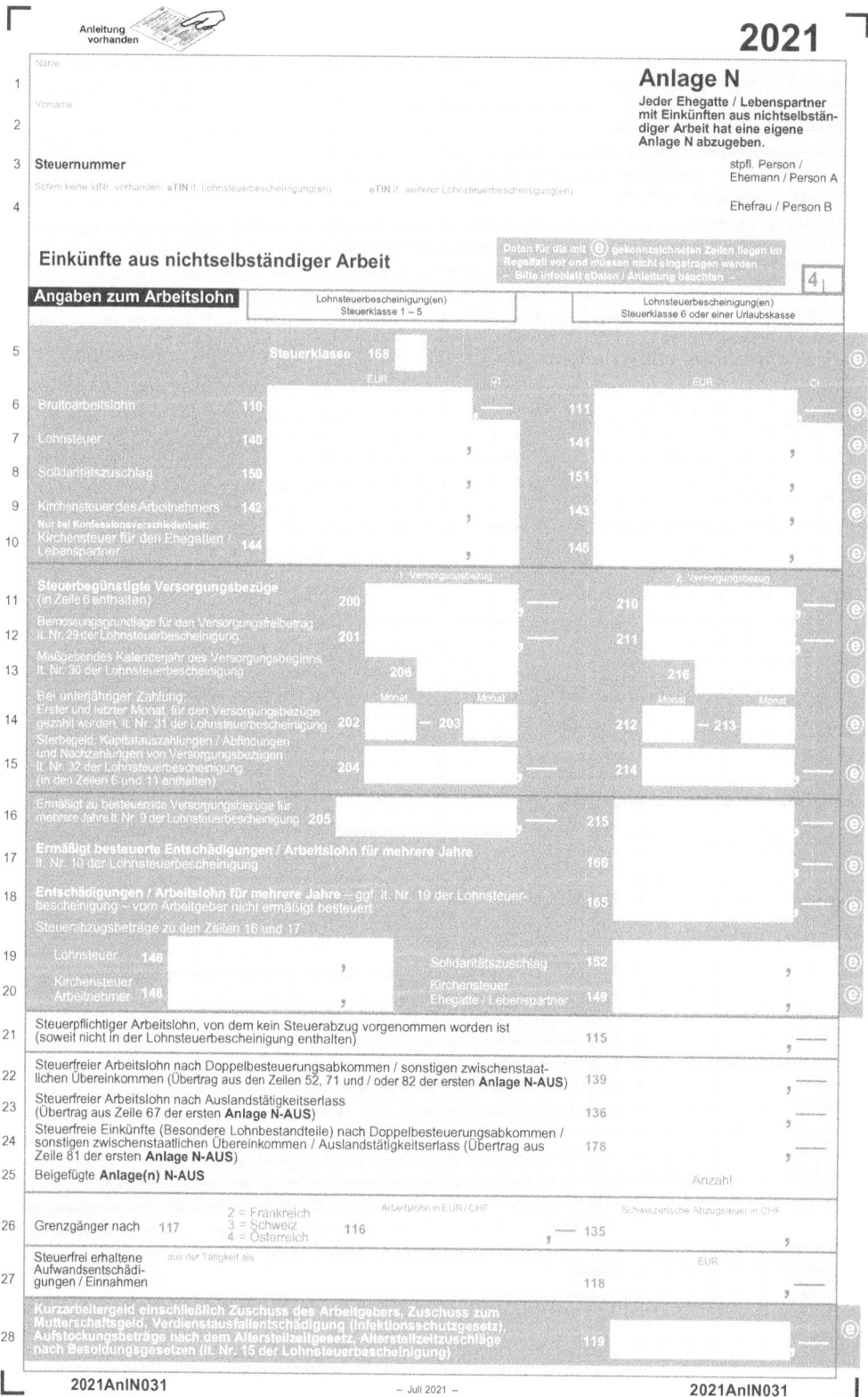

12.1 Anlage N

Werbungskosten – ohne Beträge lt. Zeile 73 bis 76 –

Wege zwischen Wohnung und erster Tätigkeitsstätte / Sammelpunkt / weiträumigem Tätigkeitsgebiet (Entfernungspauschale)

Erste Tätigkeitsstätte in (PLZ, Ort und Straße) — vom — bis — Arbeitstage je Woche — Urlaubs-, Krankheits-, Heimarbeits- und Dienstreisetage

31

32

Sammelpunkt / nächstgelegener Zugang zum weiträumigen Tätigkeitsgebiet (PLZ, Ort und Straße)

33

34

Zeile	Ort lt. Zeile	aufgesucht an Tagen	einfache Entfernung (auf volle Kilometer abgerundet)	davon mit eigenem oder zur Nutzung überlassenen Pkw zurückgelegt	davon mit Sammelbeförderung des Arbeitgebers zurückgelegt	davon mit öffentl. Verkehrsmitteln, Motorrad, Fahrrad o. Ä., als Fußgänger, als Mitfahrer einer Fahrgemeinschaft zurückgelegt	Aufwendungen für Fahrten mit öffentlichen Verkehrsmitteln (ohne Fähr- und Flugkosten) EUR	Behinderungsgrad mind. 70 oder mind. 50 und Merkzeichen „G"
35	110	111	km 112	km 113	km	km 114	— 115	1 = Ja
36	130	131	km 132	km 133	km	km 134	— 135	1 = Ja
37	150	151	km 152	km 153	km	km 154	— 155	1 = Ja
38	170	171	km 172	km 173	km	km 174	— 175	1 = Ja

39 Arbeitgeberleistungen lt. Nr. 17 und 18 der Lohnsteuerbescheinigung — steuerfrei ersetzt 290 — pauschal besteuert 295

40 Von der Agentur für Arbeit oder dem Jobcenter gezahlte Fahrtkostenzuschüsse — 291

Beiträge zu Berufsverbänden (Bezeichnung der Verbände)

41 — 310

Aufwendungen für Arbeitsmittel – soweit nicht steuerfrei ersetzt – (Art der Arbeitsmittel bitte einzeln angeben.) EUR

42

43 + ▶ 320

Aufwendungen für ein häusliches Arbeitszimmer

44 325

Homeoffice-Pauschale

45 Kalendertage, an denen die berufliche Tätigkeit ausschließlich in der häuslichen Wohnung ausgeübt wurde — 335 Anzahl der Tage

Fortbildungskosten – soweit nicht steuerfrei ersetzt –

46 330

Weitere Werbungskosten – soweit nicht steuerfrei ersetzt –

47 Fahrt- und Flugkosten bei Wegen zwischen Wohnung und erster Tätigkeitsstätte / Sammelpunkt / weiträumigem Tätigkeitsgebiet

48 Sonstiges (z. B. Bewerbungskosten, Kontoführungsgebühren) +

49 + ▶ 380

	Reisekosten bei beruflich veranlassten Auswärtstätigkeiten		
61	Die Fahrten wurden ganz oder teilweise mit einem Firmenwagen oder im Rahmen einer unentgeltlichen Sammelbeförderung des Arbeitgebers durchgeführt 401		1 = Ja 2 = Nein
	– Falls „Ja": Für die Fahrten mit Firmenwagen oder Sammelbeförderung dürfen mangels Aufwands keine Eintragungen zu Fahrtkosten in Zeile 62 vorgenommen werden. –		
62	Fahrtkosten	,	
63	Übernachtungskosten	+ ,	
64	Reisenebenkosten	+ , ▶ 410	,
65	**Pauschbeträge für Berufskraftfahrer bei Übernachtung im Kfz** 411		Anzahl der Tage
66	**Vom Arbeitgeber steuerfrei ersetzt** 420		,
	Pauschbeträge für Mehraufwendungen für Verpflegung		
	Bei einer Auswärtstätigkeit im Inland:		
67	Abwesenheit von mehr als 8 Stunden (bei Auswärtstätigkeit ohne Übernachtung) 470		Anzahl der Tage
68	An- und Abreisetage (bei einer mehrtägigen Auswärtstätigkeit mit Übernachtung) 471		Anzahl der Tage
69	Abwesenheit von 24 Stunden 472		Anzahl der Tage
70	Kürzungsbeträge wegen Mahlzeitengestellung (eigene Zuzahlungen sind ggf. gegenzurechnen) 473		,
71	Bei einer Auswärtstätigkeit im Ausland (Berechnung bitte in einer gesonderten Aufstellung): 474		,
72	**Vom Arbeitgeber steuerfrei ersetzt** 490		,

Werbungskosten in Sonderfällen

– Die in den Zeilen 73 bis 76 erklärten Werbungskosten dürfen nicht in den Zeilen 31 bis 72 und 91 bis 117 enthalten sein –

Werbungskosten zu steuerbegünstigten Versorgungsbezügen lt. Zeile 11

	Art der Aufwendungen		EUR
73		682	,

Werbungskosten zu steuerbegünstigten Versorgungsbezügen für mehrere Jahre lt. Zeile 16

	Art der Aufwendungen		
74		659	,

Werbungskosten zu Entschädigungen / Arbeitslohn für mehrere Jahre lt. Zeile 17 und / oder 18

	Art der Aufwendungen		
75		660	,

| 76 | Werbungskosten zu steuerfreiem Arbeitslohn lt. Zeile 22 und 23
(Übertrag aus den Zeilen 76 und 83 der ersten Anlage N-AUS) | 657 | , |

Werbungskosten zu steuerpflichtigem Arbeitslohn, von dem kein Steuerabzug vorgenommen worden ist lt. Zeile 21 – in den Zeilen 31 bis 72 und 91 bis 117 enthalten –

	Art der Aufwendungen		
77		656	,
78	Werbungskosten zu Arbeitslohn für eine Tätigkeit im Inland, wenn ein weiterer Wohnsitz in Belgien vorhanden ist – in den Zeilen 31 bis 72 und 91 bis 117 enthalten –	675	,

12.1 Anlage N

Mehraufwendungen für doppelte Haushaltsführung
Allgemeine Angaben

Zeile	Text	Feld	Wert
91	Der doppelte Haushalt wurde aus beruflichem Anlass begründet — Grund	501	am
92			bis
93	Der doppelte Haushalt hat seitdem ununterbrochen bestanden — Beschäftigungsort (PLZ, Ort, sowie zusätzlich der Staat - falls im Ausland und abweichend vom Staat, in dem der doppelte Haushalt liegt -)	502	2021
94	Staat		
95	Der doppelte Haushalt liegt im Ausland 507 1 = Ja		
96	Es liegt ein **eigener Hausstand** am Lebensmittelpunkt vor	503	1 = Ja / 2 = Nein
	– Wird die Zeile 96 mit „Nein" beantwortet, sind Eintragungen in den Zeilen 97 bis 115 nicht vorzunehmen. – PLZ, Ort des eigenen Hausstandes		
97		504	
98	Der Begründung des doppelten Haushalts ist eine Auswärtstätigkeit am selben Beschäftigungsort unmittelbar vorausgegangen	505	1 = Ja
99	Anstelle der Mehraufwendungen für doppelte Haushaltsführung werden in den Zeilen 31 bis 39 Fahrtkosten für **mehr** als eine Heimfahrt wöchentlich geltend gemacht	506	1 = Ja
	– Wird die Zeile 99 mit „Ja" beantwortet, sind Eintragungen in den Zeilen 100 bis 115 nicht vorzunehmen. –		

Fahrtkosten

Zeile	Text	Feld	Wert
100	Die Fahrten wurden mit einem **Firmenwagen** oder im Rahmen einer unentgeltlichen **Sammelbeförderung** des Arbeitgebers durchgeführt	510	1 = Ja, insgesamt / 2 = Nein / 3 = Ja, teilweise
	– Soweit die Zeile 100 mit „Ja, insgesamt" beantwortet wird, sind Eintragungen in den Zeilen 101, 102, 104 und 106 nicht vorzunehmen. Bei „Ja, teilweise" sind Eintragungen in diesen Zeilen nur für die mit dem eigenen oder zur Nutzung überlassenen privaten Fahrzeug durchgeführten Fahrten vorzunehmen. –		

Erste Fahrt zum Ort der ersten Tätigkeitsstätte und letzte Fahrt zum eigenen Hausstand

Zeile	Text	gefahrene km		Kilometersatz bei Einzelnachweis (Berechnung bitte in einer gesonderten Aufstellung)		EUR	Ct
101	mit privatem Kfz	511		512			
102	mit privatem Motorrad / Motorroller	522		523			
103	mit öffentlichen Verkehrsmitteln oder entgeltlicher Sammelbeförderung			513		EUR	

Wöchentliche Familienheimfahrten

Zeile	Text	km	Anzahl		EUR
104	einfache Entfernung (ohne Flugstrecken)	514	515		
105	Kosten für öffentliche Verkehrsmittel (ohne Fähr- und Flugkosten)			516	

Nur bei Behinderungsgrad von mindestens 70 oder mindestens 50 und Merkzeichen „G"

Zeile	Text	km	davon mit privatem Kfz zurückgelegt	Anzahl	Kilometersatz bei Einzelnachweis (Berechnung bitte in einer gesonderten Aufstellung)	EUR	Ct
106	einfache Entfernung (ohne Flugstrecken)	524	517	518	519		
107	Kosten für öffentliche Verkehrsmittel (ohne Fähr- und Flugkosten)				520	EUR	
108	Fähr- und Flugkosten (zu den Zeilen 104 bis 107) oder Kosten für entgeltliche Sammelbeförderung für Heimfahrten				521		

Kosten der Unterkunft am Ort der ersten Tätigkeitsstätte

Zeile	Text	Feld	Wert
109	Aufwendungen (z. B. Miete einschließlich Stellplatz- / Garagenkosten, Nebenkosten)	530	
110	Größe der Zweitwohnung des doppelten Haushalts im Ausland	531	m²

Pauschbeträge für Mehraufwendungen für Verpflegung
Die Verpflegungsmehraufwendungen lt. Zeilen 111 bis 114 können nur für einen Zeitraum von 3 Monaten nach Bezug der Unterkunft am Ort der ersten Tätigkeitsstätte geltend gemacht werden; geht der doppelten Haushaltsführung eine Auswärtstätigkeit voraus, ist dieser Zeitraum auf den Dreimonatszeitraum anzurechnen.
Bei einer doppelten Haushaltsführung im Inland:

Zeile	Text	Feld	Wert
111	An- und Abreisetage	541	Anzahl der Tage
112	Abwesenheit von 24 Stunden	542	Anzahl der Tage
113	Kürzungsbetrag wegen Mahlzeitengestellung (eigene Zuzahlungen sind ggf. gegenzurechnen)	544	EUR
114	Bei einer doppelten Haushaltsführung im Ausland (Berechnung bitte in einer gesonderten Aufstellung)	543	

Zeile	Text	Feld	Wert
115	**Sonstige Aufwendungen** (z. B. Kosten für den Umzug, die Einrichtung und den Hausrat, jedoch ohne Kosten der Unterkunft lt. Zeile 109)	550	
116	Summe der Mehraufwendungen für **weitere** doppelte Haushaltsführungen (Berechnung bitte in einer gesonderten Aufstellung)	551	
117	**Vom Arbeitgeber / von der Agentur für Arbeit insgesamt steuerfrei ersetzt**	590	

Übersicht über die Zahlen zur Lohnsteuer 2021

Fundstelle – Inhalt	2021
§ 3 Nr. 11 EStG, R 3.11 LStR Beihilfen und Unterstützungen in Notfällen steuerfrei bis	600 €
§ 3 Nr. 26 EStG Einnahmen aus nebenberuflichen Tätigkeiten steuerfrei bis	3.000 €
§ 3 Nr. 26a EStG Einnahmen aus ehrenamtlichen Tätigkeiten steuerfrei bis	840 €
§ 3 Nr. 30 und 50 EStG, R 9.13 LStR Heimarbeitszuschläge (steuerfrei in % des Grundlohns)	10 %
§ 3 Nr. 34 EStG Freibetrag für Gesundheitsförderung	600 €
§ 3 Nr. 34a Buchstabe b EStG Freibetrag für die kurzfristige Betreuung von Kindern und pflegebedürftigen Angehörigen aus zwingenden, beruflich veranlassten Gründen	600 €
§ 3 Nr. 38 EStG Sachprämien aus Kundenbindungsprogrammen steuerfrei bis	1.080 €
§ 3 Nr. 39 EStG Freibetrag für Vermögensbeteiligungen	360 €
§ 3 Nr. 56 EStG Höchstbetrag für Beiträge aus dem ersten Dienstverhältnis an eine nicht kapitalgedeckte Pensionskasse steuerfrei bis jährlich 3 % der Beitragsbemessungsgrenze (West) von 85.200 €	2.556 €
§ 3 Nr. 63 EStG	
• Höchstbetrag für Beiträge aus dem ersten Dienstverhältnis an Pensionsfonds, Pensionskassen oder für Direktversicherungen steuerfrei bis jährlich 8 % der Beitragsbemessungsgrenze (West) von 85.200 €	6.816 €
• Höchstbetrag bei Beendigung des Dienstverhältnisses: 4 % der Beitragsbemessungsgrenze (West) von 85.200 €) × Dienstjahre, maximal 10 Jahre	34.080 €
• Höchstbetrag für Nachzahlungen: 8 % der Beitragsbemessungsgrenze (West) von 85.200 € × Dienstjahre, maximal 10 Jahre	68.160 €
§ 3b EStG Sonntags-, Feiertags- oder Nachtzuschläge (steuerfrei in % des Grundlohns, höchstens von 50 €)	
• Nachtarbeit	25 %
• Nachtarbeit von 0 Uhr bis 4 Uhr (wenn Arbeit vor 0 Uhr aufgenommen)	40 %
• Sonntagsarbeit	50 %

Fundstelle – Inhalt	2021
• Feiertage + Silvester ab 14 Uhr	125 %
• Weihnachten, Heiligabend ab 14 Uhr und 1. Mai	150 %
§ 8 Abs. 2 Satz 11 EStG Freigrenze für Sachbezüge monatlich	44 €
§ 8 Abs. 2 Satz 12 EStG Freibetrag Wohnungsvermietung durch Arbeitgeber	
• Bewertungsabschlag vom ortsüblichen Mietwert	⅓
• Mietobergrenze (Kaltmiete je qm)	25 €
§ 8 Abs. 2 EStG, SvEV Sachbezüge	
• Unterkunft (monatlich)	237 €
• Mahlzeiten (täglich)	
– Frühstück	1,83 €
– Mittagessen/Abendessen	3,47 €
Reisekosten bei Auswärtstätigkeiten	
• Fahrtkosten (§ 9 Abs. 1 Satz 3 Nr. 4a EStG) je Kilometer (pauschal) bei Benutzung eines:	
– Kraftwagens	0,30 €
– anderen motorbetriebenen Fahrzeugs	0,20 €
• Verpflegungsmehraufwendungen (§ 9 Abs. 4a EStG) Inland:	
– Abwesenheit 24 Stunden	28 €
– An- und Abreisetag mit Übernachtung	14 €
– Abwesenheit eintägig und mehr als 8 Stunden	14 €
– Abwesenheit bis zu 8 Stunden	–
• Übernachtungskosten (§ 9 Abs. 1 S. 3 Nr. 5a EStG)	
– Pauschale Inland (R 9.7 LStR, nur Arbeitgeberersatz)	20 €
• Auswärtstätigkeiten im Ausland laut gesondertem BMF-Schreiben	
§ 9 Abs. 1 Satz 3 Nr. 4 EStG Verkehrsmittelunabhängige Entfernungspauschale für Wege zwischen Wohnung und erster Tätigkeitsstätte	
• je Entfernungs-km bis 20 km	0,30 €
• je Entfernungs-km ab 21 km	0,35 €
• **Höchstbetrag** (dieser gilt nicht bei Nutzung eines PKW, bei tatsächlichen ÖPV-Kosten über 4.500 € p.a. sowie für behinderte Menschen i.S.v. § 9 Abs. 2 EStG)	4.500 €

Fundstelle – Inhalt	2021
§ 9 Abs. 1 Satz 3 Nr. 5 EStG Doppelte Haushaltsführung	
• Fahrtkosten (Pkw)	
– erste und letzte Fahrt je Kilometer	0,30 €
– eine Heimfahrt wöchentlich je Entfernungs-km (Entfernungspauschale)	
–– bis 20 km	0,30 €
–– ab 21. km	0,35 €
• Verpflegungsmehraufwendungen	
– 1. bis 3. Monat	14 €/28 €
– ab 4. Monat	–
• Übernachtungskosten Inland tatsächliche Aufwendungen maximal	
– Pauschale Inland (nur Arbeitgeberersatz)	1.000 € mtl.
–– 1. bis 3. Monat	20 €
–– ab 4. Monat	5 €
• Pauschale bei Berufskraftfahrern	8 €
§ 9a Satz 1 Nr. 1 EStG	
• Arbeitnehmer-Pauschbetrag	1.000 €
• für Versorgungsempfänger	102 €
§ 10 Abs. 1 Nr. 5 EStG Kinderbetreuungskosten	
• ⅔ der Aufwendungen, höchstens	4.000 €
• Kind noch keine .... Jahre alt (Ausnahme: behinderte Kinder)	14 €
§ 19 EStG, R 19.3 Abs. 1 Satz 2 Nr. 4 LStR Fehlgeldentschädigungen steuerfrei bis	16 €
§ 19 EStG, R 19.3 Abs. 2 Nr. 3 LStR Diensteinführung, Verabschiedung usw.; Freigrenze für Sachleistungen je teilnehmender Person einschl. USt	110 €
§ 19 Abs. 1 Satz 1 Nr. 1a EStG Betriebsveranstaltungen Freibetrag je Arbeitnehmer einschl. USt	110 €
§ 19 EStG, R 19.6 Abs. 1 und 2 LStR Freigrenze für	
• Aufmerksamkeiten (Sachzuwendungen)	60 €
• Arbeitsessen	60 €
§ 19 Abs. 2 EStG (Tabelle in § 19 EStG) Versorgungsbeginn in 2021	

12.1 Anlage N

Fundstelle – Inhalt	2021
• Prozentsatz	15,2 %
• Versorgungsfreibetrag (anteilig ¹⁄₁₂ für jeden Monat)	1.140 €
• Zuschlag zum Versorgungsfreibetrag (anteilig ¹⁄₁₂ für jeden Monat)	342 €
§ 24a EStG (Tabelle in § 24a EStG) 2021 ist Kalenderjahr nach Vollendung des 64. Lebensjahres	
• Prozentsatz	15,2 %
• Höchstbetrag	722 €
§ 24b EStG	
• Entlastungsbetrag für Alleinerziehende (anteilig ¹⁄₁₂ für jeden Monat)	4.008 €
• Erhöhung für jedes weitere Kind (anteilig ¹⁄₁₂ für jeden Monat)	240 €
§§ 37a, 37b EStG, § 39c Abs. 3 EStG, § 40 Abs. 2 EStG, § 40a EStG, § 40b EStG, § 40b EStG a.F. Lohnsteuer-Pauschalierungssatz für	
• Kundenbindungsprogramme	2,25 %
• Sachzuwendungen bis 10.000 €	30 %
• Auszahlung tarifvertraglicher Ansprüche durch Dritte (keine Abgeltungswirkung) bei sonstigen Bezügen bis 10.000 €	20 %
• Kantinenmahlzeiten	25 %
• Mahlzeiten bei Auswärtstätigkeit	25 %
• Betriebsveranstaltungen	25 %
• Erholungsbeihilfen	25 %
• Verpflegungszuschüsse	25 %
• Schenkung Datenverarbeitungsgeräte und Internet-Zuschüsse	25 %
• Schenkung Ladevorrichtung/-station und Zuschüsse für den Betrieb der Station	25 %
• Übereignung betrieblicher Fahrräder	25 %
• Fahrtkostenzuschüsse bei Anrechnung auf die Entfernungspauschale	15 %
• Fahrtkostenzuschüsse ohne Anrechnung auf die Entfernungspauschale	25 %
• Kurzfristig Beschäftigte	25 %
• Mini-Job	
– mit pauschaler Rentenversicherung	2 %
– ohne pauschale Rentenversicherung	20 %
• Aushilfskräfte Land- und Forstwirtschaft	5 %
• Beschränkt steuerpflichtige Arbeitnehmer	30 %
• nicht kapitalgedeckte Pensionskassen	20 %

Fundstelle – Inhalt	2021
• kapitalgedeckte Pensionskassen und Direktversicherungen bei Versorgungszusage vor dem 01.01.2005	20 %
• Unfallversicherungen	20 %
• Sonderzahlungen in der betrieblichen Altersversorgung	15 %
§ 40 Abs. 1 EStG Pauschalierung von sonstigen Bezügen je Arbeitnehmer höchstens	1.000 €
§ 40 Abs. 2 Satz 1 Nr. 3 EStG Höchstbetrag für die Pauschalierung von Erholungsbeihilfen	
• für den Arbeitnehmer	156 €
• für den Ehegatten/Lebenspartner	104 €
• je Kind	52 €
§ 40 Abs. 2 Satz 2 EStG Pauschalierung von Fahrtkostenzuschüssen bei Fahrten zwischen Wohnung und erster Tätigkeitsstätte je Entfernungs-km	
• bis 20 km	0,30 €
• ab 21. km	0,35 €
§ 40a Abs. 1 EStG Pauschalierung bei kurzfristig Beschäftigten	
• Dauer der Beschäftigung	18 Tage
• Arbeitslohn je Kalendertag (Ausnahme: unvorhergesehener Zeitpunkt)	120 €
• Stundenlohngrenze	15 €
§ 40a Abs. 3 EStG Pauschalierung bei Aushilfskräften in der Land- und Forstwirtschaft	
• Dauer der Beschäftigung (im Kalenderjahr)	180 Tage
• Unschädlichkeitsgrenze (in % der Gesamtbeschäftigungsdauer)	25 %
• Stundenlohngrenze	15 €
§ 40a Abs. 7 EStG	
• Dauer der Beschäftigung	18 Tage
§ 40b Abs. 2 EStG, § 40b Abs. 2 a.F. Pauschalierung bei nicht kapitalgedeckten Pensionskassen sowie bei kapitalgedeckten Pensionskassen und Direktversicherungen nach Übergangsregelung	
• Höchstbetrag im Kalenderjahr je Arbeitnehmer	1.752 €
• Durchschnittsberechnung möglich bis zu (je Arbeitnehmer)	2.148 €

Fundstelle – Inhalt	2021
§ 40b Abs. 3 EStG Pauschalierung bei Unfallversicherungen Durchschnittsbetrag im Kalenderjahr je Arbeitnehmer (ohne Versicherungssteuer) höchstens	100 €
§ 41a Abs. 2 EStG Anmeldungszeitraum	
• Kalenderjahr, wenn Lohnsteuer des Vorjahres bis zu	1.080 €
• Vierteljahr, wenn Lohnsteuer des Vorjahres bis zu	5.000 €
• Monat, wenn Lohnsteuer des Vorjahres über	5.000 €
§ 100 EStG Förderbetrag bei betrieblicher Altersversorgung	
• Fördersatz	30 %
• Förder-Höchstbetrag	288 €
• Mindestanlagebetrag	240 €
• Arbeitslohn des Arbeitnehmers maximal	
– Jahr	30.900 €
– Monat	2.575 €
– Woche	600,84 €
– Tag	85,84 €
• Arbeitgeberbeitrag steuerfrei bis	960 €

Quelle: https://lsth.bundesfinanzministerium.de/lsth/2021/tabellarische-Uebersicht/inhalt.html

Der Arbeitnehmerbegriff wird nach ständiger Rechtsprechung des BFH im § 1 Abs. 2 S. 1 und 2 LStDV zutreffend ausgelegt. Danach liegt ein Dienstverhältnis mit einem Arbeitnehmer vor, wenn der Angestellte dem Arbeitgeber seine Arbeitskraft schuldet.

Bereits in seinem Urteil vom 17.06.2006, VI R 69/09, BStBl II 2010, 69 grenzt der BFH die Arbeitnehmertätigkeit und den daraus resultierenden Arbeitslohn ab. Danach sind sämtliche Vorteile, die dem Arbeitnehmer für das Zurverfügungstellen der individuellen Arbeitskraft zufließen, dem Arbeitslohn zuzuordnen. Ob ein derartiger Leistungsaustausch stattfindet, ist immer nach den Umständen des Einzelfalls zu klären.

Das soll immer dann der Fall sein, wenn die tätige Person in der Betätigung ihres geschäftlichen Willens unter Leitung des Arbeitgebers steht oder im geschäftlichen Organismus des Arbeitgebers dessen Weisungen zu folgen verpflichtet ist; so auch der BFH vom 08.05.2008, VI R 50/05, BFH NV/2008, 1589.

Dabei bleibt die arbeitsrechtliche und die sozialversicherungsrechtliche Behandlung unmaßgeblich (H 19.0 „Allgemeines" LStH).

Für Gesellschafter-Geschäftsführer einer GmbH ist das BFH-Urteil vom 20.10.2010, VIII R 34/08 beachtenswert. Darin grenzt der BFH erneut die Einkünfte aus nichtselbständiger Arbeit von denen aus Gewerbebetrieb und selbständiger Arbeit ab. Maßgebend ist danach die vertragliche Gestaltung zwischen der GmbH und der leistenden Person. Liegt kein Arbeitsvertrag vor, können auch nicht zwangsläufig Einkünfte aus nichtselbständiger Tätigkeit unterstellt werden.

Wenn aber ein derartiges Dienstverhältnis vorlag, ist auch die Anlage N auszufüllen.

Formale Anforderungen an Ehegattenarbeitsverhältnisse
BFH-Urteil vom 18.11.2020, VI R 28/18

1. Lohnzahlungen an einen **im Beruf des Steuerpflichtigen mitarbeitenden** Angehörigen **sind** als Werbungskosten **abziehbar**,
   - wenn der Angehörige aufgrund eines wirksamen,
   - inhaltlich dem zwischen Fremden Üblichen entsprechenden Arbeitsvertrags beschäftigt wird,
   - die vertraglich geschuldete Arbeitsleistung erbringt
   - und der Steuerpflichtige seinerseits die Arbeitgeberpflichten, insbesondere die der Lohnzahlung, erfüllt (Bestätigung der ständigen Rechtsprechung).
2. Bei der nicht vollzeitigen Beschäftigung Angehöriger sind Unklarheiten bei der Wochenarbeitszeit für die steuerliche Anerkennung des Arbeitsverhältnisses **unschädlich**, wenn die konkrete Arbeitszeit des Angehörigen von den beruflichen Erfordernissen des Steuerpflichtigen abhängt und Unklarheiten deshalb auf die Eigenart des Arbeitsverhältnisses und nicht auf eine unübliche Gestaltung zurückzuführen sind.
3. **Aufzeichnungen betreffend Arbeitszeit**, z.B. Stundenzettel, dienen lediglich Beweiszwecken. Sie sind für die steuerliche Anerkennung eines Arbeitsverhältnisses zwischen nahen Angehörigen daher **nicht zwingend erforderlich**.

Nichtselbständige Tätigkeit in Impfzentren
OFD Frankfurt/M. vom 15.03.2021, S 2331 A – 49 – St 210

Personen, die in regionalen Impfzentren oder mobilen Impfteams beschäftigt sind (ärztliches und anderes Personal), üben insoweit regelmäßig eine nichtselbständige Tätigkeit aus. Gleiches gilt für Personen, die in einem Testzentrum im Sinne der Coronavirus-Testverordnung oder einem dort angegliederten mobilen Testteam tätig werden.

Hierfür spricht insbesondere, dass:
- die Mitarbeiter weisungsgebunden hinsichtlich Ort, Zeit und Inhalt der Tätigkeit sind,
- die Mitarbeiter notwendigerweise eng mit anderen Mitarbeitern zusammenarbeiten,
- die Mitarbeiter in die Organisation des Impfzentrums/Impfteams bzw. Testzentrums/Testteams eingegliedert sind,
- die Organisation und Durchführung der Tätigkeit vorgegeben wird,
- die Mitarbeiter kein eigenes Kapital einsetzen,
- Arbeitsmittel zur Verfügung gestellt werden,
- die Mitarbeiter ihre Arbeitskraft schulden, nicht aber einen Arbeitserfolg.

Der Einordnung als nichtselbständige Tätigkeit **steht es nicht entgegen**, wenn nach den getroffenen vertraglichen Vereinbarungen eine nichtselbständige Tätigkeit **ausdrücklich ausgeschlossen** werden oder ausdrücklich eine selbständige Tätigkeit vorliegen soll. Auf die arbeitsrechtliche oder sozialversicherungsrechtliche Behandlung kommt es ebenfalls nicht an. **Die an diese Beschäftigten gezahlten Vergütungen unterliegen folglich dem Lohnsteuerabzug.**

Die nichtselbständig in den regionalen Impfzentren und den Testzentren sowie in den jeweils angegliederten mobilen Teams beschäftigten Personen sind **keine Unternehmer** im Sinne des § 2 Abs. 1 UStG. Insoweit fällt **keine Umsatzsteuer** an.

Die Einnahmen von Beschäftigten, die nebenberuflich im Dienst einer Körperschaft des öffentlichen Rechts oder einer unter § 5 Abs. 1 Nr. 9 KStG fallenden Einrichtung in einem Impfzentrum/Testzentrum oder mobilen Impfteam/Testteam im Impf- oder Testbereich (Aufklärung, Impfung, Test) bei der Durchführung von Impfungen gegen SARS-CoV-2 oder Tests mitwirken, sind für die Veranlagungszeiträume 2020 und 2021 nach § 3 Nummer 26 EStG begünstigt. Nebenberuflichkeit ist gegeben, wenn die Tätigkeit – bezogen auf das Kalenderjahr – nicht mehr als ein Drittel der Arbeitszeit eines vergleichbaren Vollzeiterwerbs in Anspruch nimmt und nicht als Teil der Haupttätigkeit anzusehen ist (R 3.26 Abs. 2 LStR).

Die Einnahmen von Beschäftigten, die keine qualifizierte Tätigkeit mit und gegenüber Menschen verrichten (z.B. Impfzentren-Leitung, Infrastruktur), sind für die Veranlagungszeiträume 2020 und 2021 nach § 3 Nr. 26a EStG begünstigt, wenn die weiteren Voraussetzungen der Vorschrift im Einzelfall erfüllt sind.

Die Bundesrechtsanwaltskammer hat mit Stand März 2021 mit einem 14 seitigen Beitrag die Entscheidungen der obersten Gerichte ausgewertet.

Unter 5.1 des Beitrags werden auch die Kriterien des BSG für die Einordnung als selbständige Tätigkeit aufgeführt.

Unter 5.2 werden dann die Kriterien für abhängige Beschäftigungsverhältnisse ausführlich dargestellt.

Unter 5.3 erfolgt dann eine Auflistung, anhand welcher Kriterien die Abgrenzung erfolgen sollte.

Das Verfahren der zweijährigen Gültigkeit von Freibeträgen im Lohnsteuer-Ermäßigungsverfahren ist auch weiterhin möglich. Arbeitnehmer können den Antrag auf Bildung eines Freibetrags nach § 39a Abs. 1 S. 3 EStG für einen Zeitraum von längstens zwei Kalenderjahren mit Wirkung ab dem 1. Januar 2020 bei ihrem Wohnsitzfinanzamt stellen.

Bei Eheschließung werden für jeden Ehegatten automatisiert die Steuerklassen IV gebildet (nicht mehr III : V), wenn die Bedingungen der Ehegattenveranlagung vorliegen. Dies gilt gem. § 39e Abs. 3 S. 3 EStG i.V.m. § 38b Abs. 1 S. 2 Nr. 4 EStG auch dann, wenn nur einer der Ehegatten Arbeitslohn bezieht. **Es muss nach § 38b Abs. 1 S. 2 Nr. 3a EStG ein Antrag auf Ausstellung der Steuerklasse III gestellt werden, wenn dies gewünscht wird.**

Jeder Arbeitnehmer hat seine elektronisch gespeicherten persönlichen „**E**lektronischen**L**ohn**St**euer**A**bzugs**M**erkmale" zu überprüfen und ggf. zu korrigieren. Diese Daten werden den Lohn- und Gehaltsabrechnungen zugrunde gelegt.

Der Arbeitgeber hat unter Angabe seiner Wirtschaftsidentifikationsnummer und den Daten des Arbeitnehmers die Daten dann direkt von der ELSTAM-Datenbank abzurufen. Übergangsweise kann auch die Steuernummer der Betriebsstätte eingegeben werden.

Änderungen der persönlichen Daten des Arbeitnehmers werden automatisch in die ELSTAM-Datenbank eingespielt. Der Arbeitgeber kann einen monatlichen Datenabruf veranlassen.

Die Lohndaten des Arbeitnehmers sind elektronisch an das Finanzamt zu übermitteln

Gem. § 41b Abs. 1 EStG muss jeder Arbeitgeber bei Beendigung eines Dienstverhältnisses oder am Ende des Kalenderjahres das Lohnkonto des Arbeitnehmers abschließen.

Aufgrund dieser Aufzeichnungen im Lohnkonto hat der Arbeitgeber dann für jeden Arbeitnehmer der für dessen Besteuerung nach dem Einkommen zuständigen Finanzbehörde nach Maßgabe des § 93c AO neben den in § 93c Abs. 1 der AO genannten Daten insbesondere folgende Angaben zu übermitteln (elektronische Lohnsteuerbescheinigung):

1. die abgerufenen elektronischen Lohnsteuerabzugsmerkmale oder die auf der entsprechenden Bescheinigung für den Lohnsteuerabzug eingetragenen Lohnsteuerabzugsmerkmale sowie die Bezeichnung und die Nummer des Finanzamts, an das die Lohnsteuer abgeführt worden ist,
2. die Dauer des Dienstverhältnisses während des Kalenderjahres sowie die Anzahl der nach § 41 Abs. 1 Satz 5 vermerkten Großbuchstaben U,
3. die Art und Höhe des gezahlten Arbeitslohns sowie den nach § 41 Abs. 1 Satz 6 vermerkten Großbuchstaben S,
4. die einbehaltene Lohnsteuer, den Solidaritätszuschlag und die Kirchensteuer,
5. das Kurzarbeitergeld, den Zuschuss zum Mutterschaftsgeld nach dem Mutterschutzgesetz, die Entschädigungen für Verdienstausfall nach dem Infektionsschutzgesetz vom 20.07.2000 (BGBl I S. 1045), zuletzt geändert durch Artikel 11 § 3 des Gesetzes vom 06.08.2002 (BGBl I S. 3082), in der jeweils geltenden Fassung, die nach § 3 Nr. 28 steuerfreien Aufstockungsbeträge oder Zuschläge sowie die nach § 3 Nr. 28a steuerfreien Zuschüsse,
6. die auf die Entfernungspauschale nach § 3 Nr. 15 Satz 3 und § 9 Absatz 1 Satz 3 Nummer 4 Satz 5 anzurechnenden steuerfreien Arbeitgeberleistungen,
7. die auf die Entfernungspauschale nach § 40 Abs. 2 Satz 2 Nr. 1 2. Halbsatz anzurechnenden pauschal besteuerten Arbeitgeberleistungen,
8. für die dem Arbeitnehmer zur Verfügung gestellten Mahlzeiten nach § 8 Abs. 2 Satz 8 den Großbuchstaben M,
9. für die steuerfreie Sammelbeförderung nach § 3 Nr. 32 den Großbuchstaben F,
10. die nach § 3 Nr. 13 und 16 steuerfrei gezahlten Verpflegungszuschüsse und Vergütungen bei doppelter Haushaltsführung,
11. Beiträge zu den gesetzlichen Rentenversicherungen und an berufsständische Versorgungseinrichtungen, getrennt nach Arbeitgeber- und Arbeitnehmeranteil,
12. die nach § 3 Nr. 62 gezahlten Zuschüsse zur Kranken- und Pflegeversicherung,
13. die Beiträge des Arbeitnehmers zur gesetzlichen Krankenversicherung und zur sozialen Pflegeversicherung,
14. die Beiträge des Arbeitnehmers zur Arbeitslosenversicherung,
15. den nach § 39b Abs. 2 Satz 5 Nr. 3 Buchstabe d berücksichtigten Teilbetrag der Vorsorgepauschale.

Die Datenübermittlung muss gem. § 93c AO nach Ablauf des Besteuerungszeitraums bis zum letzten Tag des Monats Februar des folgenden Jahres nach amtlich vorgeschriebenem Datensatz durch Datenfernübertragung über die amtlich bestimmte Schnittstelle erfolgen.

Sind die **übermittelten Daten fehlerhaft**, unvollständig oder wurden diese Daten überhaupt nicht übermittelt, ist der Steuerpflichtige verpflichtet, die Korrekturen bzw. Anmeldungen vorzunehmen. Hierfür bietet sich – neben den Zeilen 6–20 der Anlage N – das Freitextfeld im Hauptvordruck an.

12.1.1 Stimmen die Eintragungen in der Lohnbescheinigung? (Zeilen 5–10)

Der Arbeitgeber hat die Lohndaten, wie zuvor beschrieben, bereits mit der eTin – einzutragen in der Zeile 4 – dem Finanzamt mitgeteilt. Die Eintragungen bilden somit nur noch einen Abgleich mit den Daten, die das Finanzamt ohnehin schon kennt.

Diese Werte können nur vom Arbeitnehmer auf Richtigkeit überprüft werden, in dem die Arbeitsverträge und die entsprechenden Zusätze zum Arbeitsvertrag mit den ausgewiesenen Werten abgeglichen werden. Das Finanzamt und auch die Berater werden diese Daten der Lohnbescheinigung ungeprüft in die Berechnungsprogramme eingeben. Fehler werden eher zufällig bemerkt.

Dabei spielt die Steuerklasse für das abgelaufene Kalenderjahr ebenso keine Rolle mehr wie die eingetragenen Freibeträge. Es sind aber die Werte des Bruttolohns, der gezahlten Lohn- und Kirchensteuer, sowie der gezahlte Solidaritätszuschlag zu überprüfen.

Pkw-Nutzung, Sondervergütungen, Gehaltserhöhungen und sonstige geldwerte Vorteile finden ihren Ausschlag in der Höhe des Bruttolohns in Zeile 6.

Gestaltungsmöglichkeiten bei Kurzarbeit, langer Krankheit, Urlaub oder Auslandseinsatz

Der Arbeitnehmer kann dem Arbeitgeber kalendermonatlich schriftlich erklären, an welchen Tagen er den Pkw genutzt hat – mit Datumsangabe! Dies ist insbesondere dann sinnvoll, wenn längere Pausen vorliegen (Urlaub, Krankheit, Auslandseinsatz).

> **Beispiel 12.1.1:** Der Arbeitnehmer Fleißig hatte in den Vorjahren einen betrieblichen Pkw auch privat nutzen dürfen. Die hierfür zutreffende „1 %-Regel" führte zu einer Erhöhung des Bruttolohns von jährlich 6.000 €.
> Ab 01.01.2021 nutzt Fleißig diesen Pkw nicht mehr, weil er keinen Führerschein mehr hat (oder aus sonstigen Gründen).
>
> **Lösung:** Der Bruttoarbeitslohn für das Kalenderjahr 2021 ist um diese 6.000 € geringer. Hat die Lohnbuchhaltung aber von diesem Vorgang keine Kenntnis erhalten, bleibt alles „beim Alten" und die 6.000 € werden weiter (zu Unrecht) versteuert.

Für die Einkünfte aus nichtselbständiger Arbeit gelten bezüglich der zeitlichen Zuordnung die Vorschriften des § 11 EStG. Danach ist der Arbeitslohn grundsätzlich in dem Kalenderjahr zu versteuern, in dem er dem Steuerpflichtigen zufließt. Hiervon gibt es (natürlich) die Ausnahme, dass laufender Arbeitslohn noch dem Kalenderjahr zuzurechnen ist, in das der Lohnabrechnungszeitraum fällt.

> **Beispiel 12.1.2:** Der Arbeitnehmer Fleißig erhält seinen Arbeitslohn für den Monat Dezember 2021 erst am 08.01.2022 auf sein Bankkonto überwiesen. Gleichzeitig erhält er die einmalige „Jahresprämie 2021" für überdurchschnittliche Leistungen.
>
> **Lösung:** Der Bruttoarbeitslohn für den Monat Dezember 2021 ist noch dem Kalenderjahr 2021 zuzurechnen, obwohl er dem Arbeitnehmer Fleißig erst in 2022 zugeflossen ist (§ 11 Abs. 1 S. 4 und § 38a Abs. 1 S. 2 EStG).
> Nach § 39b Abs. 5 S. 2 EStG kann der Zufluss längstens bis zu drei Wochen nach Ablauf des Lohnabrechnungszeitraums erfolgen, um noch dem Abrechnungszeitraum (hier 2021) zugerechnet zu werden (also spätestens am 21.01.2022 muss das

> Geld bei Arbeitnehmer ankommen). Dies gilt allerdings nur für laufenden Arbeitslohn und damit nicht für die Einmalzahlung. Diese Einmalzahlung ist erst im Zuflussjahr 2022 zu versteuern.

Zahlt der Arbeitgeber nach einem Arbeitsgerichtsprozess Arbeitslohn später nach, führt diese Nachzahlung – trotz der Zahlung an die Arbeitsverwaltung zum Ausgleich des Arbeitslosengeldes – in voller Höhe zu Einnahmen aus nichtselbständiger Arbeit. Es handelt sich dann dabei nicht um laufenden Arbeitslohn und die Zahlung ist damit im Kalenderjahr des Zuflusses bei der Arbeitsverwaltung als steuerpflichtige Einnahme des Arbeitnehmers zu behandeln.

Es ergibt sich für diesen Sachverhalt aber die Vergünstigung der **„Fünftel-Methode"** nach § 34 Abs. 1 EStG und des **negativen Progressionsvorbehalts**. Als Zielrichtung ist zu beachten, dass durch die Anwendung der §§ 34 Abs. 1 und 32b Abs. 1 EStG ein steuerlich günstigeres Ergebnis erreicht werden muss, als bei einer Besteuerung ohne diese Vorschriften.

Nur wenn die Lohnbuchhaltung des Arbeitgebers diese Feinheiten des Steuerrechts beachtet hat, können auch die Eintragungen auf der Lohnbescheinigung richtig sein. Eine Nachfrage beim Arbeitgeber ist damit nicht zu umgehen, wenn die eingetragenen Werte nicht plausibel erscheinen.

Das BMF-Schreiben vom 17.06.2009, IV C 5 – S 2332/07/0004 zur lohnsteuerlichen Behandlung der **Zeitwertkonten-Modelle** ist weiterhin aktuell. Bei Zeitwertkonten vereinbaren Arbeitgeber und Arbeitnehmer, dass der Arbeitnehmer künftig fällig werdenden Arbeitslohn nicht sofort ausbezahlt erhält, sondern dieser Arbeitslohn beim Arbeitgeber nur betragsmäßig erfasst wird, um ihn im Zusammenhang mit einer vollen oder teilweisen Freistellung von der Arbeitsleistung während des noch fortbestehenden Dienstverhältnisses auszuzahlen (derartige Freistellungen werden gerne für die sogenannten Sabaticals oder Qualifizierungsmaßnahmen genutzt).

Neben den im BMF-Schreiben ausführlich beschriebenen formalen Bedingungen ist insbesondere darauf zu achten, dass eine Besteuerung **erst im Zeitpunkt der Auszahlung** erfolgt. Die Gutschrift – z.B. im Kalenderjahr 2021 – auf dem Zeitwertkonto stellt keinen Zufluss von Arbeitslohn dar und ist daher – hier in 2021 – **nicht** zu besteuern.

Corona-Beihilfen und Unterstützungen für Arbeitnehmer, § 3 Nr. 11a EStG
BMF-Schreiben vom 09.04.2020, Beck StE 20 § 3/6

Im FAQ „Corona" Steuern (Stand vom 06.07.2021) wird zum Nachweis der Voraussetzungen u.a. wie folgt formuliert:

„Für die Steuerfreiheit der Leistungen ist es erforderlich, dass aus den vertraglichen Vereinbarungen zwischen Arbeitgeber und Arbeitnehmer oder anderen Vereinbarungen bzw. Erklärungen erkennbar ist, dass es sich um steuerfreie Beihilfen und Unterstützungen zur Abmilderung der zusätzlichen Belastung durch die Corona-Krise handelt und die übrigen Voraussetzungen des § 3 Nummer 11a EStG eingehalten werden." Neu ist die Formulierung „oder anderen Vereinbarungen bzw. Erklärungen".

Die steuerfreien Leistungen sind im Lohnkonto aufzuzeichnen (§ 4 Abs. 2 Nr. 4 LStDV), sodass sie bei der Lohnsteuer-Außenprüfung als solche erkennbar sind und die Rechtsgrundlage für die Zahlung bei Bedarf geprüft werden kann.

Der Zusammenhang der Beihilfen und Unterstützungen mit der Corona-Krise, kann sich aus einzelvertraglichen Vereinbarungen zwischen Arbeitgeber und Arbeitnehmer, aus ähnlichen Vereinbarungen oder aus Erklärungen des Arbeitgebers ergeben. Ähnliche Vereinbarungen zwischen Arbeitgeber und Arbeitnehmer können zum Beispiel Tarifverträge oder gesonderte Betriebsvereinbarungen sein.

Als Erklärungen des Arbeitgebers werden zum Beispiel individuelle Lohnabrechnungen oder Überweisungsbelege anerkannt, in denen die Corona-Sonderzahlungen als solche ausgewiesen sind.

Umsetzungshilfe zur steuerlichen Anerkennung von Arbeitgeberleistungen nach § 3 Nr. 34 EStG
BMF vom 20.04.2021, IV C 5 – S 2342/20/10003 :003 DOK 2021/0400744
Auf 10 Seiten mit 43 Rz. erläutert das BMF den Einsatz und die Anerkennung der steuerfreien Leistungen für Arbeitgeberleistungen.

„Steuerfrei sind danach zusätzlich zum ohnehin geschuldeten Arbeitslohn erbrachte Leistungen des Arbeitgebers zur Verhinderung und Verminderung von Krankheitsrisiken und zur Förderung der Gesundheit in Betrieben, die hinsichtlich Qualität, Zweckbindung, Zielgerichtetheit und Zertifizierung den Anforderungen der §§ 20 und 20b des Fünften Buches Sozialgesetzbuch (SGB V) genügen, soweit sie 600 € je Kalenderjahr und Arbeitnehmer nicht übersteigen".

Nach der Gesetzesbegründung fallen unter die Steuerbefreiung des § 3 Nr. 34 EStG: Maßnahmen zur individuellen verhaltensbezogenen Prävention, die nach § 20 Abs. 2 Satz 2 SGB V zertifiziert sind sowie gesundheitsförderliche Maßnahmen in Betrieben (betriebliche Gesundheitsförderung), die den vom Spitzenverband Bund der Krankenkassen (GKV- Spitzenverband) nach § 20 Abs. 2 Satz 1 und § 20b Abs. 1 SGB V festgelegten Kriterien entsprechen.

Die folgenden Sachbereiche werden in dem BMF Schreiben erläutert:
1. Verweis in § 3 Nr. 34 EStG auf die Vorschriften der §§ 20, 20b SGB V,
2. Nach § 3 Nr. 34 EStG steuerfreie Leistungen des Arbeitgebers,
3. Individuelle verhaltensbezogene Prävention (zertifizierte Präventionskurse),
4. Zertifizierte Präventionskurse der Krankenkassen,
5. Zertifizierte Präventionskurse auf Veranlassung des Arbeitgebers,
6. Nicht zertifizierte Präventionskurse des Arbeitgebers,
7. Leistungen betrieblicher Gesundheitsförderung im Handlungsfeld „gesundheitsförderlicher Arbeits- und Lebensstil",
8. Bewertung der Leistungen und Zufluss,
9. Leistungen, die nicht nach § 3 Nr. 34 EStG steuerfrei sind,
10. Im ganz überwiegend eigenbetrieblichen Interesse liegende Arbeitgeber-Leistungen zur betrieblichen Gesundheitsförderung,
11. Unterstützungsmöglichkeiten durch Krankenkassen.

Bewertungsabschlag für Mitarbeiterwohnungen, § 8 Abs. 2 S. 12 EStG
Der **Ansatz eines Sachbezugs** für eine dem Arbeitnehmer vom Arbeitgeber zu eigenen Wohnzwecken überlassene Wohnung **unterbleibt**:
- soweit das vom Arbeitnehmer gezahlte Entgelt mindestens zwei Drittel des ortsüblichen Mietwerts
- und dieser nicht mehr als 25 € je Quadratmeter

- ohne umlagefähige Kosten im Sinne der Verordnung über die Aufstellung von Betriebskosten beträgt.

Ein Drittel der ortsüblichen Miete (Mietspiegel zuzüglich der umlagefähigen Kosten) kann danach bei der Bewertung des Sachwertes abgerechnet werden. Beträgt die ortsübliche Miete mehr als 25 €/m², ist kein Bewertungsabschlag möglich.

Unter den Voraussetzungen des neuen § 8 Abs. 4 EStG ist von einer zusätzlich zum ohnehin geschuldeten Arbeitslohn erbrachten Leistung auch dann auszugehen, wenn der Arbeitnehmer arbeitsvertraglich oder auf Grund einer anderen arbeits- oder dienstrechtlichen Rechtsgrundlage einen Anspruch auf diese hat. Gehaltsverzicht oder -umwandlungen sind auch im Hinblick auf die soziale Absicherung des Arbeitnehmers nicht unproblematisch, denn der sozialversicherungspflichtige Grundarbeitslohn wird dadurch regelmäßig dauerhaft zugunsten von Zusatzleistungen abgesenkt. Bei prozentualen Lohnerhöhungen werden Zusatzleistungen oft nicht in die Bemessungsgrundlage einbezogen, sodass dieser Teil des Arbeitslohns dauerhaft von Erhöhungen ausgeschlossen ist. Außerdem werden die Rentenansprüche des Arbeitnehmers durch eine Beitragsfreiheit im Rahmen der Sozialversicherung gemindert. Nach § 52 Abs. 1 EStG in der geltenden Fassung ist der neue § 8 Abs. 4 EStG erstmals anzuwenden auf Leistungen des Arbeitgebers oder auf seine Veranlassung eines Dritten (Sachbezüge oder Zuschüsse), die in einem nach dem 31.12.2019 endenden Lohnzahlungszeitraum oder als sonstige Bezüge nach dem 31.12.2019 zugewendet werden.

> **Neuer § 8 Abs. 4 EStG**
> Im Sinne des Einkommensteuergesetzes werden Leistungen des Arbeitgebers oder auf seine Veranlassung eines Dritten (Sachbezüge oder Zuschüsse) für eine Beschäftigung nur dann „zusätzlich zum ohnehin geschuldeten Arbeitslohn" erbracht, wenn:
> 1. die Leistung nicht auf den Anspruch auf Arbeitslohn angerechnet,
> 2. der Anspruch auf Arbeitslohn nicht zugunsten der Leistung herabgesetzt,
> 3. die verwendungs- oder zweckgebundene Leistung nicht anstelle einer bereits vereinbarten künftigen Erhöhung des Arbeitslohns gewährt und
> 4. bei Wegfall der Leistung der Arbeitslohn nicht erhöht wird.
>
> Dies gilt im Hinblick auf den Grundsatz der Gleichmäßigkeit der Besteuerung unabhängig davon, ob der Arbeitslohn tarifgebunden ist.
> Es sind somit im gesamten Lohn- und Einkommensteuerrecht **nur echte Zusatzleistungen** des Arbeitgebers **steuerbegünstigt**.

An Arbeitnehmer überlassene Fahrräder

Mit gleichlautenden Erlassen der obersten Finanzbehörden der Länder vom 23.11.2012, 3 S 2334/187 wurde die steuerliche Behandlung der **Überlassung von Fahrrädern** geregelt. Danach ist gem. § 8 Abs. 2 S. 8 EStG als monatlicher Durchschnittswert der privaten Nutzung eines betrieblichen Fahrrades 1 % des auf volle 100 € abgerundeten Werts des Fahrrads im Zeitpunkt der Inbetriebnahme des Fahrrads einschließlich Umsatzsteuer als Sachbezug anzusetzen. Fahrten zwischen Wohnung und Arbeitsstätte und solche im Rahmen der doppelten Haushaltsführung sind damit abgegolten. Die Freigrenze des § 8 Abs. 2 S. 9 EStG ist nicht anzuwenden.

Die OFD Nordrhein-Westfalen hat in den Kurzinformationen Lohnsteuer Nr. 01/2016 vom 03.05.2016 zur lohnsteuerlichen Behandlung der Überlassung von (Elektro-)Fahrrädern an Arbeitnehmer Stellung genommen („Leasingerlass").

Ab dem 01.01.2019 sind zusätzlich zum ohnehin geschuldeten Arbeitslohn vom Arbeitgeber gewährte Vorteile für die Überlassung eines betrieblichen Fahrrads, das kein Kraftfahrzeug i.S.d. § 6 Abs. 1 Nr. 4 S. 2 EStG ist, vollumfänglich steuerfrei. Es erfolgt auch dadurch keine Anrechnung auf die Entfernungspauschale.

Steuerbefreites „Auftanken" der Arbeitnehmer-Elektrofahrzeuge

Vom Arbeitgeber gewährte Vorteile für das elektrische **Aufladen** eines Elektrofahrzeugs oder Hybridelektrofahrzeugs im Betrieb des Arbeitgebers oder eines verbundenen Unternehmens und für die zeitweise zur privaten Nutzung überlassene betriebliche Ladevorrichtung werden von der Einkommensteuer befreit (§ 3 Nr. 46 EStG). Der Arbeitgeber hat auch die Möglichkeit, die Lohnsteuer für geldwerte Vorteile aus der Übereignung einer Ladevorrichtung sowie für Zuschüsse zu den Aufwendungen des Arbeitnehmers für den Erwerb und für die Nutzung einer Ladevorrichtung pauschal mit 25 % zu erheben (§ 40 Abs. 2 Satz 1 Nr. 6 EStG).

Das hierzu ergangene BMF-Schreiben vom 14.12.2016 (BStBl I 2016, 1446) ist durch das BMF-Schreiben vom 26.10.2017, IV C 5 – S 2334/14/10002-06 2017/0799695 ergänzt worden. Aus Billigkeitsgründen rechnen danach vom Arbeitgeber gewährte Vorteile für das elektrische Aufladen von Elektrofahrrädern, die verkehrsrechtlich nicht als Kraftfahrzeug einzuordnen sind (u.a. keine Kennzeichen- und Versicherungspflicht), im Betrieb des Arbeitgebers oder eines verbundenen Unternehmens (§ 15 AktG) nicht zum Arbeitslohn; Rn. 32 ist hier nicht anzuwenden.

Mit der ebenfalls neu eigefügten Rz. 19a wurde der Auslagenersatz geregelt:

19a Es bestehen keine Bedenken, für den Zeitraum vom 1. Januar 2017 bis 31. Dezember 2020 zur Vereinfachung des Auslagenersatzes für das elektrische Aufladen eines Dienstwagens (nur Pkw) nach § 3 Nr. 50 EStG und zur Anrechnung von selbst getragenen individuellen Kosten des Arbeitnehmers für Ladestrom auf den Nutzungswert folgende monatlichen Pauschalen typisierend zugrunde zu legen:

a) **mit zusätzlicher Lademöglichkeit beim Arbeitgeber** 20 € für Elektrofahrzeuge i.S.d. Rn. 6 und 10 € für Hybridelektrofahrzeuge i.S.d. Rn. 8,
b) **ohne Lademöglichkeit beim Arbeitgeber** 50 € für Elektrofahrzeuge i.S.d. Rn. 6 und 25 € für Hybridelektrofahrzeuge i.S.d. Rn. 8.

§ 3 Nr. 15 EStG ab 2019 und BMF, Schreiben (koordinierter Ländererlass) IV C 5 – S-2342/19/10007 :001 vom 15.08.2019

Zuschüsse des Arbeitgebers, die zusätzlich zum ohnehin geschuldeten Arbeitslohn zu den Aufwendungen des Arbeitnehmers
- für Fahrten mit öffentlichen Verkehrsmitteln im Linienverkehr (ohne Luftverkehr) zwischen Wohnung und erster Tätigkeitsstätte und nach § 9 Abs. 1 Satz 3 Nr. 4a Satz 3
- sowie für Fahrten im öffentlichen Personennahverkehr gezahlt werden.

Das Gleiche gilt für die unentgeltliche oder verbilligte Nutzung öffentlicher Verkehrsmittel im Linienverkehr (ohne Luftverkehr) für Fahrten zwischen Wohnung und erster Tätigkeitsstätte und nach § 9 Abs. 1 Satz 3 Nr. 4a Satz 3 sowie für Fahrten im öffentlichen Personennahverkehr, die der Arbeitnehmer aufgrund seines Dienstverhältnisses zusätzlich zum ohnehin geschuldeten Arbeitslohn in Anspruch nehmen kann.

Die nach den Sätzen 1 und 2 steuerfreien Leistungen **mindern** den nach § 9 Abs. 1 Satz 3 Nr. 4 Satz 2 abziehbaren Betrag.

Einzelheiten hierzu, insbesondere zur Abgrenzung:
- Personenfernverkehr im Linienverkehr
- Personennahverkehr
- Gemischte Nutzung von Fahrtberechtigungen
- Minderung der Entfernungspauschale
- Aufzeichnungs- und Nachweispflichten

sind dem zuvor genannten BMF-Schreiben zu entnehmen.

An den Arbeitnehmer überlassene betriebliche Kraftfahrzeuge und pauschale Nutzungswertmethode

Bei Überlassung eines betrieblichen Kraftfahrzeugs an Arbeitnehmer gelten die Regelungen zu Fahrten zwischen Wohnung und erster Tätigkeitsstätte, für Fahrten von der Wohnung zu einem Sammelpunkt oder zu einem weiträumigen Tätigkeitsgebiet im Sinne des § 9 Abs. 1 Satz 3 Nr. 4a Satz 3 EStG entsprechend (§ 8 Abs. 2 Satz 3 und 4 EStG). Die Anwendung der pauschalen Nutzungswertmethode (1 %-Regelung, 0,03 %-Regelung, 0,002 %-Regelung) ist in § 8 Abs. 2 Satz 2, 3 und 5 EStG sowie R 8.1 Abs. 9 Nr. 1 LStR geregelt.

Dem pauschalen Nutzungswert ist die einfache Entfernung zwischen Wohnung und erster Tätigkeitsstätte zugrunde zu legen; diese ist auf den nächsten vollen Kilometer abzurunden. Maßgebend ist die kürzeste benutzbare Straßenverbindung.

Fährt der Arbeitnehmer abwechselnd von der ersten Tätigkeitsstätte zu verschiedenen Wohnungen, ist bei Anwendung der 0,03 %-Regelung der pauschale Monatswert unter Zugrundelegung der Entfernung zur näher gelegenen Wohnung anzusetzen. Für jede Fahrt von und zu der weiter entfernt liegenden Wohnung ist zusätzlich ein pauschaler Nutzungswert von 0,002 % des inländischen Listenpreises des Kraftfahrzeugs für jeden Kilometer der Entfernung zwischen Wohnung und erster Tätigkeitsstätte dem Arbeitslohn zuzurechnen, soweit sie die Entfernung zur näher gelegenen Wohnung übersteigt.

Grundsätzlich ist die Ermittlung des Zuschlags kalendermonatlich mit 0,03 % des Listenpreises für jeden Kilometer der Entfernung zwischen Wohnung und erster Tätigkeitsstätte vorzunehmen (§ 8 Absatz 2 Satz 3 EStG). Ein durch Urlaub oder Krankheit bedingter Nutzungsausfall ist im Nutzungswert pauschal berücksichtigt.

Im Rahmen seiner Einkommensteuerveranlagung ist der Arbeitnehmer nicht an die im Lohnsteuerabzugsverfahren angewandte 0,03 %-Regelung gebunden und kann einheitlich für alle ihm überlassenen betrieblichen Kraftfahrzeuge für das gesamte Kalenderjahr zur Einzelbewertung wechseln.

Hierzu muss der Arbeitnehmer fahrzeugbezogen darlegen,
- an welchen Tagen (mit Datumsangabe) er das betriebliche Kraftfahrzeug tatsächlich für Fahrten zwischen Wohnung und erster Tätigkeitsstätte genutzt hat.
- Zudem hat er durch geeignete Belege glaubhaft zu machen, dass und in welcher Höhe der Arbeitgeber den Zuschlag mit 0,03 % des Listenpreises für jeden Kilometer der Entfernung zwischen Wohnung und erster Tätigkeitsstätte ermittelt und versteuert hat (z.B. Gehaltsabrechnung, die die Besteuerung des Zuschlags erkennen lässt; Bescheinigung des Arbeitgebers).

In Zeiten des Homeoffice entfallen diese Fahrten zur ersten Tätigkeitsstätte und damit ist die Berechnung des Bruttolohns zu korrigieren.

> **Beispiel 12.1.3:** Nachweislich (Bestätigung des Arbeitgebers) wurden im Kalenderjahr 2021 (z.B. durch verordnetes Homeoffice) nur insgesamt 60 Fahrten von der Wohnung zur 20 km entfernten ersten Tätigkeitsstätte mit dem Pkw Listenneupreis 60.000 € durchgeführt.
> Dem Lohnsteuerabzug unterlagen aber:
> 12 Monate × 20 km × 0,03 % von 60.000 € = **4.320 €**
> **zu korrigieren auf:**
> 60 Fahrten × 20km × 0,002 % von 60.000 € = **1.440 €**
>
> **Der Bruttolohn vermindert sich damit um 2.880 €, was eine Steuerersparnis (bei 42 % in der Spitze) von ca. 1.200 € ergibt!**
> Die Lohnsteuerbescheinigung Dezember 2021 und eine Bescheinigung des Arbeitgebers über die Anzahl der Arbeitstage im Büro sollten bereitgehalten werden.

Berücksichtigung von zeitraumbezogenen Zuzahlungen des Arbeitnehmers für ein ihm auch zur Privatnutzung überlassenes betriebliches Kfz; BFH Beschluss vom 16.12.2020, VI R 19/18

1. Zeitraumbezogene (Einmal-)Zahlungen des Arbeitnehmers für die außerdienstliche Nutzung eines betrieblichen Kfz sind bei der Bemessung des geldwerten Vorteils (§ 8 Abs. 2 Satz 2 EStG i.V.m. § 6 Abs. 1 Nr. 4 Satz 2 EStG) auf den Zeitraum, für den sie geleistet werden, gleichmäßig zu verteilen und vorteilsmindernd zu berücksichtigen.
2. Dies gilt auch bei zeitraumbezogenen Zuzahlungen des Arbeitnehmers zu den Anschaffungskosten eines ihm auch zur Privatnutzung überlassenen betrieblichen Kfz (entgegen R 8.1 Abs. 9 Nr. 4 Sätze 2 und 3 LStR und BMF-Schreiben vom 04.04.2018, IV C 5-S 2334/18/10001, BStBl I 2018, 592).

Arbeitslohn bei Teilnahme an Betriebsveranstaltungen – § 19 Abs. 1 S. 1 Nr. 1a EStG – BMF-Schreiben vom 14.10.2015, IV C 5 – S 2332/15/10001

Mit dem Gesetz zur Anpassung der AO an den Zollkodex der Union ist **ab 2015** der § 19 Abs. 1 S. 1 EStG um eine neue Nr. 1a erweitert worden.

Danach gehören Zuwendungen anlässlich von zwei Betriebsveranstaltungen jährlich dann nicht zum Arbeitslohn, wenn:
- die Veranstaltung allen Betriebsangehörigen offensteht und
- die Aufwendungen je Teilnehmer 110 € – nun als Freibetrag ausgestaltet – nicht übersteigen, einschließlich Begleitperson.

Das BMF-Schreiben vom 14.10.2015, IV C 5 – S 2332/15/10001 DOK 2015/0581477 beschreibt zunächst die Begriffe Betriebsveranstaltung und Zuwendung.

Betriebsveranstaltungen sind danach Veranstaltungen auf betrieblicher Ebene mit gesellschaftlichem Charakter, z.B. Betriebsausflüge, Weihnachtsfeiern, Jubiläumsfeiern. Ob diese Veranstaltungen vom Arbeitgeber, Betriebsrat oder Personalrat durchgeführt werden, ist unerheblich. Eine Betriebsveranstaltung liegt aber nur vor, wenn der Teilnehmerkreis sich überwiegend aus Betriebsangehörigen, deren Begleitpersonen und gegebenenfalls Leiharbeitnehmern oder Arbeitnehmern anderer Unternehmen im Konzernverbund zusammensetzt.

Zuwendungen anlässlich einer Betriebsveranstaltung sind insbesondere:
a) Speisen, Getränke, Tabakwaren und Süßigkeiten,
b) die Übernahme von Übernachtungs- und Fahrtkosten (siehe auch Tz. 6 des BMF-Schreibens),
c) Musik, künstlerische Darbietungen sowie Eintrittskarten für kulturelle und sportliche Veranstaltungen, wenn sich die Veranstaltung nicht im Besuch der kulturellen oder sportlichen Veranstaltung erschöpft,
d) Geschenke. Dies gilt auch für die nachträgliche Überreichung der Geschenke an solche Arbeitnehmer, die aus betrieblichen oder persönlichen Gründen nicht an der Betriebsveranstaltung teilnehmen konnten, nicht aber für eine deswegen gewährte Barzuwendung,
e) Zuwendungen an Begleitpersonen des Arbeitnehmers,
f) Barzuwendungen, die statt der in a) bis c) genannten Sachzuwendungen gewährt werden, wenn ihre zweckentsprechende Verwendung sichergestellt ist,
g) Aufwendungen für den äußeren Rahmen, z.B. für Räume, Beleuchtung oder Eventmanager.

Für die Berechnung des Freibetrags ist das Beispiel des BMF unter Rz. 4a zu beachten.

> **Beispiel 12.1.4:** Die Aufwendungen für eine Betriebsveranstaltung betragen 10.000 €. Der Teilnehmerkreis setzt sich aus 75 Arbeitnehmern zusammen, von denen 25 von je einer Person begleitet werden.
>
> **Lösung:** Die Aufwendungen sind auf 100 Personen zu verteilen, sodass auf jede Person ein geldwerter Vorteil von 100 € entfällt. Sodann ist der auf die Begleitperson entfallende geldwerte Vorteil dem jeweiligen Arbeitnehmer zuzurechnen. 50 Arbeitnehmer haben somit einen geldwerten Vorteil von 100 €, der den Freibetrag von 110 € nicht übersteigt und daher nicht steuerpflichtig ist. Bei 25 Arbeitnehmern beträgt der geldwerte Vorteil 200 €; nach Abzug des Freibetrags von 110 € ergibt sich für diese Arbeitnehmer ein steuerpflichtiger geldwerter Vorteil von jeweils 90 €.

Absagen zur Weihnachtsfeier gehen steuerlich zu Lasten der feiernden Kollegen BFH Urteil vom 29.04.2021, VI R 31/18
1. Bei der Bewertung von Arbeitslohn anlässlich einer Betriebsveranstaltung sind alle mit dieser in unmittelbarem Zusammenhang stehenden Aufwendungen des Arbeitgebers anzusetzen, ungeachtet dessen, ob sie beim Arbeitnehmer einen Vorteil begründen können.
2. Die danach zu berücksichtigenden Aufwendungen (Gesamtkosten) des Arbeitgebers sind zu gleichen Teilen auf die bei der Betriebsveranstaltung anwesenden Teilnehmer aufzuteilen.

Die 44-€-Freigrenze des § 8 Abs. 2 Satz 11 EStG ist für Zuwendungen anlässlich von **Betriebsveranstaltungen nicht** anwendbar.

Der Freibetrag gilt für **bis zu zwei Betriebsveranstaltungen** jährlich. Nimmt der Arbeitnehmer aber an mehr als zwei Betriebsveranstaltungen teil, können die beiden Veranstaltungen, für die der Freibetrag gelten soll, vom Arbeitnehmer ausgewählt werden.

Dient die Teilnahme eines Arbeitnehmers an einer Betriebsveranstaltung dagegen der Erfüllung beruflicher Aufgaben, z.B. wenn der Personalchef oder Betriebsrats-/Personalratsmitglieder die Veranstaltungen mehrerer Abteilungen besuchen, ist der auf diesen Arbeitnehmer entfallende Anteil an den Gesamtaufwendungen kein Arbeitslohn.

Für die durch eine Betriebsveranstaltung entstehenden Reisekosten sind die folgenden drei Beispiele des BMF-Schreibens zu beachten:

> **Beispiel 12.1.5:** Arbeitgeber A veranstaltet einen Betriebsausflug. Mitarbeiter, die an einem anderen Standort tätig sind, reisen für den Betriebsausflug zunächst zur Unternehmenszentrale an.
>
> **Lösung:** Diese Fahrtkosten – sowie ggf. im Zusammenhang mit der An- und Abreise entstehende Verpflegungspauschalen und Übernachtungskosten – gehören nicht zu den Zuwendungen anlässlich der Betriebsveranstaltung, sondern können als Reisekosten vom Arbeitgeber steuerfrei erstattet werden.

> **Beispiel 12.1.6:** Arbeitgeber A veranstaltet einen Betriebsausflug. Für die Fahrt vom Unternehmen zum Ausflugsziel organisiert er eine gemeinsame Busfahrt.
>
> **Lösung:** Die Kosten hierfür zählen zu den Zuwendungen anlässlich der Betriebsveranstaltung.

> **Beispiel 12.1.7:** Der Betriebsausflug beginnt mit einer ganztägigen Fahrt auf einem Fahrgastschiff. Am nächsten Tag wird die Betriebsveranstaltung am Zielort fortgesetzt.
>
> **Lösung:** Sowohl die übernommenen Fahrtkosten als auch die Übernachtungskosten gehören zu den Zuwendungen anlässlich der Betriebsveranstaltung.

BFH vom 15.10.2020, VI R 13/18
Aufwendungen für die Inanspruchnahme einer Eventagentur.
Bei der Bewertung von Sachzuwendungen nach § 8 Abs. 2 Satz 1 und nach § 37b Abs. 1 Satz 2 EStG gelten unterschiedliche Bewertungsmaßstäbe
Wird die Höhe des dem Arbeitnehmer zugeflossenen Sachbezugs (hier: die Teilnahme an einer (betrieblichen) Veranstaltung) im Wege einer Schätzung anhand der Kosten des Arbeitgebers bestimmt, sind in die Schätzungsgrundlage nur solche Kosten des Arbeitgebers einzubeziehen, die geeignet sind, beim Arbeitnehmer einen geldwerten Vorteil auszulösen. **Die Aufwendungen für einen Eventmanager sind nicht zu berücksichtigen.**

In die Bemessungsgrundlage nach **§ 37b Abs. 1 Satz 2 EStG** sind demgegenüber **alle** der Zuwendung direkt zuzuordnenden Aufwendungen (Einzelkosten) einzubeziehen, ungeachtet, ob sie beim Zuwendungsempfänger einen Vorteil begründen können.

Sachverhalt
Auf der Grundlage eines Rahmenvertrags zwischen der Klägerin und der T-GmbH organisierte diese während der Wochenenden für ausgewählte Kunden und Arbeitnehmer der Klägerin sog. „Business Veranstaltungen". Dabei hatten die Teilnehmer u.a. Zugang zu einer besonderen Lounge, aus der sie das Ereignis verfolgen konnten. Nach den

vertraglichen Vereinbarungen zwischen der Klägerin und der T-GmbH übernahm diese als sog. „Lead-Agentur" im Rahmen einer Gesamtbetreuung verschiedene organisatorische Tätigkeiten für die Klägerin.

Die Klägerin zahlte an die T-GmbH im Streitzeitraum für deren Leistungen 71.400 € einschließlich Umsatzsteuer. Sie berücksichtigte diese Zahlung aber nicht im Rahmen ihrer Lohnsteuer-Anmeldungen als Arbeitslohn oder als Zuwendung gem. § 37b EStG. Das Finanzamt vertrat hingegen die Auffassung, die Agenturleistungen der T-GmbH seien in Bezug auf die Kunden der Klägerin nach § 37b Abs. 1 EStG und hinsichtlich der Arbeitnehmer gem. § 40 Abs. 1 Satz 1 EStG zu versteuern.

Die Klägerin unterhielt zudem als eine Motivationsplattform für ihre Arbeitnehmer den „Fanclub M". Der Fanclub bot den Arbeitnehmern die Möglichkeit, gemeinsam an organisierten Sportaktivitäten, insbesondere in den Sportarten Fußball, Laufen und Radfahren, teilzunehmen. Es wurden u.a. Fußballturniere zwischen Mitarbeitermannschaften der Klägerin organisiert, Startplätze für Breitensportveranstaltungen zur Verfügung gestellt und die Arbeitnehmer bei der Organisation von lokalen Sportaktivitäten und Sporttreffs unterstützt. Das Finanzamt war der Auffassung, die Klägerin habe die Agenturleistungen gem. § 40 Abs. 1 Satz 1 EStG zu versteuern.

Das FG wies die hiergegen gerichtete Klage ab. Auf die Revision der Klägerin hob der **BFH** das Urteil auf und **gab der Klage teilweise statt**.

Die Gründe:

Bei der kostenlosen Teilnahme an den sog. „Business Veranstaltungen" im Rahmen der Wochenenden und an den Veranstaltungen des Fanclubs handelt es sich um sonstige, **nicht in Geld bestehende (Sach-)Bezüge (§§ 8 Abs. 2 Satz 1, 38a Abs. 1 Satz 3 EStG)**.

Die teilnehmenden Arbeitnehmer der Klägerin erhielten hierdurch in Geldeswert bestehende Vorteile, die ihnen nicht laufend gewährt wurden. Diese Vorteile waren auch durch das Dienstverhältnis veranlasst. Die kostenlose Teilnahme an den jeweiligen Veranstaltungen stand im wirtschaftlichen Zusammenhang mit dem Dienstverhältnis zur Klägerin und stellte für die Arbeitnehmer eine Frucht ihrer Arbeitsleistung dar. Es bestand auch kein ganz überwiegend eigenbetriebliches Interesse der Klägerin. Das Interesse der Arbeitnehmer an der kostenlosen Teilnahme an den Wochenenden und an den Veranstaltungen des Fanclubs trat gegenüber den von der Klägerin mit den jeweiligen Zuwendungen verfolgten eigenbetrieblichen Interessen nicht nahezu vollständig in den Hintergrund.

Die Bewertung der geldwerten Vorteile, die die Klägerin ihren Arbeitnehmern durch die kostenlose Teilnahme an den „Business Veranstaltungen" im Rahmen der Wochenenden und an den Veranstaltungen des Fanclubs zuwandte, richtet sich nach § 8 Abs. 2 Satz 1 EStG. Bei der Ableitung des üblichen Endpreises anhand der Kosten des Arbeitgebers handelt es sich um eine Schätzung des nach § 8 Abs. 2 Satz 1 EStG zu bewertenden Vorteils. Es ist deshalb konsequent, bei der Schätzung des Werts dieses Vorteils nur solche Kosten einzubeziehen, die geeignet sind, eine objektive Bereicherung der Arbeitnehmer zu bewirken. Die Aufwendungen des Arbeitgebers für eine Veranstaltung können unter diesem Gesichtspunkt nicht als Einheit angesehen werden. Die Zusammenfassung der vom Arbeitgeber anlässlich einer Veranstaltung gewährten Leistungen zu einer Gesamtzuwendung kann zwar den Umständen des Einzelfalls entsprechen. Sie wird aber den tatsächlichen Verhältnissen nicht immer gerecht; es ist nicht einmal richtig, sie als Regelfall anzusehen.

Im Streitfall hat das FG in Bezug auf die Aufwendungen der Klägerin für die Eventmanager eine Bereicherung der Arbeitnehmer zu Unrecht bejaht. **Denn die Arbeitnehmer hatten durch die Einschaltung der Eventmanager keinen Vorteil erlangt.** Zwar mögen die Eventmanager für eine professionelle Ausrichtung der jeweiligen Veranstaltungen gesorgt haben. Dies führt als solches aber noch nicht zu einem geldwerten Vorteil, der über die kostenlose Teilnahme an den jeweiligen Veranstaltungen hinausgeht.

Vorliegend bestand zwischen den Beteiligten Einigkeit, dass die Voraussetzungen für die Pauschalierung der Einkommensteuer nach § 37b Abs. 1 Satz 1 Nr. 1 EStG in Bezug auf die Zuwendungen an die Kunden der Klägerin aus der kostenlosen Teilnahme an den „Business Veranstaltungen" während der Wochenenden vorlagen.

§ 37b Abs. 1 Satz 2 EStG enthält für die Bewertung der Zuwendungen nach § 37b Abs. 1 Satz 1 EStG eine eigenständige Bemessungsgrundlage. Diese verdrängt in ihrem Anwendungsbereich die Bewertung nach § 8 Abs. 2 Satz 1 EStG.

Sich hierdurch ergebende **unterschiedliche Bewertungsmaßstäbe** und daraus folgende unterschiedliche Ergebnisse bei der Bewertung einer Sachzuwendung sind im Gesetz angelegt und vom Rechtsanwender daher hinzunehmen. Ein Verstoß gegen den Gleichbehandlungsgrundsatz in Art. 3 Abs. 1 GG ist insoweit nicht zu besorgen. Denn die Pauschalierung der Einkommensteuer nach § 37b EStG und die damit einhergehende, von § 8 Abs. 2 Satz 1 EStG abweichende Bewertung der Zuwendungen steht zur Wahl des Steuerpflichtigen. Der Steuerpflichtige hat es damit selbst in der Hand zu bestimmen, auf welcher Grundlage die Bewertung vorzunehmen ist. In die Bemessungsgrundlage nach § 37b Abs. 1 Satz 2 EStG sind alle der Zuwendung direkt zuzuordnenden Aufwendungen (Einzelkosten) einzubeziehen. Soweit die Aufwendungen Teil einer Gesamtleistung sind, ist der auf die jeweilige Zuwendung entfallende Anteil an diesen Aufwendungen anzusetzen, der gegebenenfalls im Wege der Schätzung zu ermitteln ist.

Darüber hinaus besteht gem. § 37b Abs. 1 Satz 2 EStG keine Rechtsgrundlage dafür, bestimmte einzelne Aufwendungen des Steuerpflichtigen aus der Bemessungsgrundlage auszuscheiden. Nach dem insoweit eindeutigen Wortlaut des Gesetzes bemisst sich die pauschale Einkommensteuer nach den „Aufwendungen des Steuerpflichtigen einschließlich Umsatzsteuer". Einschränkungen oder Ausnahmen hiervon sieht das Gesetz nicht vor. Es kommt hiernach für die Einbeziehung einer Aufwendung des Steuerpflichtigen in die Bemessungsgrundlage nach § 37b Abs. 1 Satz 2 EStG insbesondere nicht darauf an, ob die betreffende Aufwendung, sofern sie der zu bewertenden Zuwendung direkt zurechenbar ist, ihrerseits (isoliert betrachtet) zu einem Vorteil des Zuwendungsempfängers führen würde.

12.1.2 Versorgungsbezüge (Zeilen 11–16)

Versorgungsbezüge sind nach § 19 Abs. 2 S. 2 EStG Ruhegehälter, Witwen- oder Waisengelder, Unterhaltsbeiträge oder ein gleichartiger Bezug:
- aufgrund **beamtenrechtlicher Vorschriften** oder Grundsätze von Körperschaften des öffentlichen Rechts, Anstalten, Stiftungen, Verbände,
- in anderen Fällen Bezüge und Vorteile **aus früheren Dienstleistungen** wegen Erreichens einer **Altersgrenze**, verminderter Erwerbstätigkeit oder Hinterbliebenenbezüge. Die Altersgrenze von grundsätzlich 63 Lebensjahren, bzw. für Schwerbehinderte das 60. Lebensjahr, ist Bedingung für die Gewährung des Versorgungsfreibetrages.

Wichtig ist die Eintragung in der **Zeile 13**. Dort wird die Grundlage für den zu ermittelnden Versorgungsfreibetrag gelegt. Der Versorgungsfreibetrag wird im Jahr des Versorgungsbeginns ermittelt und bleibt dann unverändert.

Eine Neuberechnung des Versorgungsfreibetrages erfolgt nur dann, wenn durch zusätzliche, andere Einkünfte der Versorgungsbezug verändert wird (erhöht oder vermindert). Regelmäßige Anpassungen des Versorgungsbezugs bleiben dagegen für den Versorgungsfreibetrag unerheblich.

Der Versorgungsfreibetrag und der Zuschlag zum Versorgungsfreibetrag werden bis zum Kalenderjahr 2040 abgeschmolzen. Dabei ist zu beachten, dass nur die später beginnenden Versorgungsbezüge den jeweils geringeren Versorgungsfreibetrag erhalten. Der einmal ermittelte Versorgungsfreibetrag bleibt für diesen Versorgungsempfänger unverändert.

In Zeile 13 muss also nicht das aktuelle Kalenderjahr 2021, sondern das Jahr des erstmaligen Versorgungsbezugs eingetragen werden. Es handelt sich hierbei um die sogenannten E-Daten, die elektronisch vorgegeben sind. Dennoch ist Sorgfalt angebracht, weil auch hier in der Vergangenheit falsche Übertragungen erfolgt sind.

> **Beispiel 12.1.8:** Der Beamte Rudi Ruhig erhält ab dem 01.01.2005 seine verdiente Pension. In Zeile 13 trägt er daher das Kalenderjahr 2005 ein.
> (Alternativ das **falsche** Kalenderjahr 2021)
>
> **Lösung:** Der Versorgungsfreibetrag für Rudi Ruhig beträgt 40 % der Versorgungsbezüge, höchstens 3.000 € + 900 € Zuschlag, also insgesamt maximal **3.900 €**.
> In der **falschen** Alternative beträgt der Versorgungsfreibetrag nur 15,2 % der Versorgungsbezüge, höchstens 1.140 € + 342 € Zuschlag, also insgesamt nur maximal **1.482 €**.

Mit dem BMF-Schreiben vom 10.04.2015, IV C 5 – 2345/08/10001:006 DOK 2015/ 0294544 wird zum Zeitpunkt des Beginns des Versorgungsbezugs Stellung genommen.

Das BMF-Schreiben vom 19.08.2013 (BStBl I 2013, 1087), geändert durch das BMF-Schreiben vom 10.01.2014 (BStBl I 2014, 70), wird wie folgt geändert:

Nach Randziffer 171 wird folgende neue Randziffer 171a eingefügt:

„**171a Das Jahr des Versorgungsbeginns (§ 19 Absatz 2 Satz 3 EStG) ist grundsätzlich das Jahr, in dem der Anspruch auf die Versorgungsbezüge (§ 19 Absatz 2 Satz 2 EStG) entstanden ist.**

Bei Bezügen wegen Erreichens einer Altersgrenze im Sinne des § 19 Abs. 2 Satz 2 Nr. 2 EStG ist das Jahr des Versorgungsbeginns das Jahr, in dem erstmals zum einen der Anspruch auf die Bezüge besteht und zum anderen das 60. bzw. 63. Lebensjahr vollendet ist. Der Versorgungsbeginn tritt dagegen nicht ein, solange der Arbeitnehmer von einer bloßen Option, Versorgungsleistungen für einen Zeitraum ab dem Erreichen der maßgeblichen Altersgrenze zu beanspruchen, tatsächlich keinen Gebrauch macht, z.B. weil er die Leistungen erst ab einem späteren Zeitpunkt in Anspruch nehmen will."

In **Zeile 15** sind Sterbegelder und Abfindungen zusätzlich unbedingt einzutragen, weil dafür ein gesonderter Versorgungsfreibetrag **zusätzlich** gewährt werden wird, wenn nicht schon der Maximalwert von 3.900 € aus 2005 bzw. 1.482 € für 2021 erreicht ist.

Besteuerung der Bezüge während der Freistellungsphase (Blockmodell, BFH vom 21.03.2013, VI R 5/12) – kein Versorgungsfreibetrag

Der BFH hat mit Urteil vom 21.03.2013, VI R 5/12 entschieden, dass Einkünfte, die in der Freistellungsphase im Rahmen der Altersteilzeit nach dem sog. Blockmodell erzielt werden, regelmäßig keine Versorgungsbezüge sind. Es können daher weder Versorgungsfreibetrag noch der Zuschlag zum Versorgungsfreibetrag beansprucht werden.

In dem entschiedenen Sachverhalt war der 1948 geborene Kläger im Streitjahr 2009 als Beamter nichtselbständig tätig. Die zuständige Behörde hatte ihm schon 2002 für den Zeitraum vom 1. August 2004 bis zum 30.11.2013 Altersteilzeit nach dem Blockmodell bewilligt. Der Kläger verrichtete danach bis zum 31.03.2009 den Dienst mit der regelmäßigen Arbeitszeit; seine Freistellungsphase begann am 01.04.2009. Ab diesem Zeitpunkt war der Kläger bis zum Eintritt in den Ruhestand mit Ablauf des 30.11.2013 von der Dienstleistung vollständig freigestellt. Der Kläger erklärte den auf den Zeitraum vom 1. April bis 31. Dezember 2009 entfallenden Teil der Bezüge als Versorgungsbezüge. Das Finanzamt und das Finanzgericht qualifizierten die Einnahmen dagegen als laufenden Lohn.

Der BFH hat diese Rechtsauffassung bestätigt. Die in der Freistellungsphase geleisteten Zahlungen sind danach kein dem Ruhegehalt gleichartiger Bezug i.S.d. § 19 Abs. 2 Satz 2 Nr. 1 Buchst. a EStG. Ein gleichartiger Bezug liegt nur vor, wenn er nach seinem Zuwendungsgrund mit einem Ruhegehalt, Witwen- und Waisengeld vergleichbar ist.

Der Bezug muss also, wie das Ruhegehalt auch, einem Versorgungszweck dienen, also letztlich ein vorgezogenes Ruhegehalt sein. Daran fehlte es bei den in der Freistellungsphase gezahlten Bezügen. Denn die in der Altersteilzeit erbrachten Bezüge sind Entlohnung für die aktive Tätigkeit des Teilzeitbeschäftigten, also laufende Dienstbezüge. Das zeigt sich insbesondere bei dem anderen Altersteilzeitmodell, wenn nämlich der Beamte in der gesamten Altersteilzeitphase durchgängig die Hälfte der regelmäßigen Arbeitszeit bei entsprechend geminderten Bezügen erbringt.

12.1.3 Entschädigungen/Arbeitslohn für mehrere Kalenderjahre, BMF-Schreiben vom 01.11.2013, IV C 4 – S 2290/13/10002 DOK 2013/0929313 (Zeilen 16–20)

Außerordentliche Einkünfte i.S.d. § 34 Abs. 2 Nr. 4 EStG führen zu einem begünstigten Steuersatz nach § 34 Abs. 1 EStG, der sogenannten **„Fünftel-Methode"**. Dabei muss es sich jedoch um Vergütungen handeln, die für **mehrjährige Tätigkeiten** geleistet werden und einen Zeitraum von mehr als zwölf Monaten umfassen.

Das können beispielsweise Lohnnachzahlungen, Prämien, Tantiemen oder dergleichen sein. Soweit sich diese Werte nicht schon aus der Lohnbescheinigung ergeben, sind diese Werte mit Einzelnachweis dem Finanzamt zu erklären.

Bedingung für die Anwendung des § 34 Abs. 1 EStG ist, dass die Entschädigungsleistungen zusammengeballt in einem Veranlagungszeitraum zufließen. Siehe hierzu Rz. 8–14 mit 5 Beispielen in dem BMF-Schreiben vom 01.11.2013, BStBl I 2013, 1326.

Das System der „Fünftel-Methode" führt aber dazu, dass im Spitzensteuersatz keine steuerliche Vergünstigung zu erreichen ist. Lediglich bis zur Progressionszone (ansteigend bis 42 %–45 %) kann aus dieser Berechnung ein Vorteil entstehen.

> **Beispiel 12.1.9:** Der Arbeitnehmer Fleißig erhält in 2021 eine einmalige Prämie für geleistete Tätigkeiten in den letzten zehn Jahren von insgesamt 5.000 €. Das zu versteuernde Einkommen einschließlich der 5.000 € soll 65.000 € betragen.
>
> **Lösung:** Tarifliche Einkommensteuer auf 60.000 €
> = 0,42 × 60.000 € ./. 9.136,63 €   = **16.064 €**
> Ein Fünftel der Prämie = 1.000 € = 0,42 × 61.000 € ./. 9.136,63 € = 16.484 €
> Differenz   =   420 €
> Diese Differenz × 5   = **2.100 €**
> Einkommensteuer insgesamt 16.064 € + 2.100 €   = **18.164 €**
>
> Ohne „Fünftel-Methode" beträgt die Einkommensteuer für 65.000 €:
> Tarifliche Einkommensteuer = 0,42 × 65.000 € ./. 9.136,63 €   = **18.164 €**
>
> Daran ist zu erkennen, dass die „Fünftel-Methode" **ohne Auswirkung bleibt**, wenn sich das um diese einmalige Prämie verminderte zu versteuernde Einkommen bereits im Steuersatz von 42 % befindet (2021 ab einem zu versteuernden Einkommen von 57.919 €!).

Ein steuerlicher Vorteil aus der Anwendung des § 34 Abs. 1 EStG kann also nur dadurch erreicht werden, dass die begünstigte außerordentliche Zahlung in einen Veranlagungszeitraum fällt, in der der persönliche Steuersatz für die übrigen Einkünfte gering ist.

> **Beispiel 12.1.10:** Wie zuvor wird eine Prämie oder Abfindung im Kalenderjahr 2021 gezahlt.
>
> **Lösung:** Durch vorgezogene (sinnvolle) Werbungskosten, vorausgezahlte Krankenkassenbeiträge, andere negative Einkünfte, Spendenleistungen etc. sollte der persönliche Steuersatz gesenkt werden. Nur dann hat die Regelung des § 34 Abs. 1 EStG einen steuermindernden Effekt für die außerordentliche Zahlung.
> Eine Verlagerung der Abfindungszahlung in das folgende Jahr (hier 2022) kann dann sinnvoll sein, wenn in diesem folgenden Jahr (2022) keine oder nur geringe Einkünfte erzielt werden.

In Zeile 27 der Anlage N sind z.B. die die nebenberuflichen Aufwandsentschädigungen des § 3 Nr. 26 EStG übersteigenden, damit steuerpflichtigen, Einnahmen als Übungsleiter, Ausbilder etc. einzutragen.

BMF vom 04.03.2016, BStBl I 2016, 277; Zweifelsfragen im Zusammenhang mit der ertragsteuerlichen Behandlung von Entlassungsentschädigungen
Im Einvernehmen mit den obersten Finanzbehörden der Länder wird Rz. 8 des o.g. BMF-Schreibens wie folgt gefasst:
„Nach ständiger Rechtsprechung (BFH vom 14.08.2001, BStBl II 2002, 180 setzt die Anwendung der begünstigten Besteuerung nach § 34 Abs. 1 und 2 EStG u.a. voraus, dass die Entschädigungsleistungen **zusammengeballt in einem VZ zufließen**. Der Zufluss mehrerer Teilbeträge in unterschiedlichen VZ ist deshalb grundsätzlich schädlich (BFH vom 03.07.2002, BStBl II 2004, 447). Dies gilt nicht, soweit es sich um eine im Verhält-

nis zur Hauptleistung stehende geringfügige Zahlung handelt, die in einem anderen VZ zufließt (BFH vom 25.08.2009, BStBl II 2011, 27).

Aus Vereinfachungsgründen wird es nicht beanstandet, eine geringfügige Zahlung anzunehmen, wenn diese nicht mehr als 10 % der Hauptleistung beträgt.

Darüber hinaus kann eine Zahlung unter Berücksichtigung der konkreten individuellen Steuerbelastung als geringfügig anzusehen sein, **wenn sie niedriger ist als die tarifliche Steuerbegünstigung der Hauptleistung**. Ferner können jedoch auch ergänzende Zusatzleistungen, die Teil der einheitlichen Entschädigung sind und in späteren VZ aus Gründen der sozialen Fürsorge für eine gewisse Übergangszeit gewährt werden, für die Beurteilung der Hauptleistung als einer zusammengeballten Entschädigung unschädlich sein (Rz. 13).

Pauschalbesteuerte Arbeitgeberleistungen sind bei der Beurteilung des Zuflusses in einem VZ nicht zu berücksichtigen. **Bestimmen Arbeitgeber und Arbeitnehmer, dass die fällige Entschädigung erst im Folgejahr zufließen soll, ist dies für die Anwendung von § 34 Abs. 1 und 2 EStG unschädlich.**

Dabei gelten die Grundsätze von Rz. 8 bis 15 entsprechend (BFH vom 11.11.2009, BStBl II 2010, 46).

Ein **auf zwei Jahre verteilter Zufluss** der Entschädigung ist ausnahmsweise unschädlich, wenn die Zahlung der Entschädigung von vornherein in einer Summe vorgesehen war und nur wegen ihrer ungewöhnlichen Höhe und der besonderen Verhältnisse des Zahlungspflichtigen auf zwei Jahre verteilt wurde oder wenn der Entschädigungsempfänger – bar aller Existenzmittel – dringend auf den baldigen Bezug einer Vorauszahlung angewiesen war (BFH vom 02.09.1992, BStBl II 1993, 831).

Die Grundsätze dieses Schreibens sind in allen noch offenen Fällen anzuwenden.

In einem Urteil vom 02.08.2016, VIII R 37/14, DStR 2016/2797 hat der BFH zur Verteilung von Zahlungen auf mehrere Jahre und möglicher Begünstigung nach § 34 Abs. 1 EStG entschieden.

Danach liegen **keine** außerordentlichen Einkünfte vor, wenn die Vergütung in zwei Veranlagungszeiträumen gezahlt wird. Eine nur geringfügige Teilleistung in einem Veranlagungszeitraum und der ganz überwiegende Leistungsbetrag in einem Betrag im anderen Veranlagungszeitraum wird jedoch toleriert, wobei „geringfügig" nicht als starrer Wert vorgegeben wird (ist im Einzelfall zu ermitteln).

12.1.4 Steuerfreier Arbeitslohn für Tätigkeiten im Ausland (Zeilen 22–25)

War der Arbeitnehmer für seinen Arbeitgeber im Kalenderjahr 2021 im Ausland tätig, sind zwingend die Werte der entsprechenden Anlagen N-AUS hier zu übernehmen.

12.1.5 Lohnersatzleistungen und Progressionsvorbehalt (Zeile 28)

Für die Eintragungen in diese Zeilen gilt die Regel:
- Ohne ausdrücklichen Hinweis in der Bescheinigung der jeweiligen Zuwendung auf den Progressionsvorbehalt nach § 32b EStG darf **hier nichts eingetragen** werden. Im Zweifel ist die Zuwendung dem Finanzamt mitzuteilen. Ob dann doch ein Progressionsvorbehalt greift, wäre durch die Finanzverwaltung zu begründen.
- Das sogenannte „Arbeitslosengeld II" unterliegt beispielsweise **nicht** dem Progressionsvorbehalt.

Es ist darauf zu achten, dass keine Vorjahreswerte übernommen werden (stehen bleiben). Dies gilt insbesondere im Zeitalter der elektronischen Datenverarbeitung. Hier werden oft (fast immer!) die Vorjahreswerte übertragen.

Vom Steuerpflichtigen zurückgezahltes Arbeitslosengeld ist als **negativer Progressionsvorbehalt** mit einem Minuszeichen zu versehen. Dass dann die Bearbeitung aber auch tatsächlich so durchgeführt wird, ist zumindest mit einem Risiko (das positiver Progressionsvorbehalt angesetzt wird!) behaftet.

Es empfiehlt sich, wie natürlich auch für die anderen Eintragungen, den Steuerbescheid auf den entsprechenden Wertansatz zu überprüfen.

In Zeiten der Corona-Krise muss diese Zeile mit besonderer Aufmerksamkeit beachtet werden. Sowohl das gezahlte Kurzarbeitergeld, als auch mögliche Zuschüsse des Arbeitgebers zum Kurzarbeitergeld sind steuerfrei, unterliegen aber dem Progressionsvorbehalt.

Nicht einzutragen sind die nach § 3 Nr. 11a EStG gewährten Corona-Zuschüsse der Arbeitgeber bis zum Maximalbetrag von 1.500 € im Kalenderjahr 2021. Diese unterliegen nicht dem Progressionsvorbehalt.

Kurzarbeitergeld im Rahmen der Corona-Krise

Damit Unternehmen in Zeiten der Corona-Krise schneller geholfen werden kann, wurden die Voraussetzungen für Kurzarbeitergeld erleichtert. Die neuen Regelungen gelten **rückwirkend zum 01.03.2020** und sind zunächst bis 31.12.2021 befristet.

Folgende Erleichterungen gelten für den Bezug von Kurzarbeitergeld:

- Anspruch auf Kurzarbeitergeld, wenn mindestens 10 % der Beschäftigten einen Arbeitsentgeltausfall von mehr als 10 % haben.
- Anfallende Sozialversicherungsbeiträge werden für ausgefallene Arbeitsstunden zu 100 % erstattet.
- Leiharbeitnehmer/innen haben nun die Möglichkeit, Kurzarbeitergeld zu erhalten.
- Auf den Aufbau negativer Arbeitszeitsalden vor Auszahlung des Kurzarbeitergeldes wird verzichtet.
- Betriebe können Kurzarbeit rückwirkend ab 01.03.2020 anmelden.

Dauer und Höhe des Kurzarbeitergeldes

Kurzarbeiter erhalten **60 % (67 % Beschäftigte mit Kind)** des **ausgefallenen Netto-Lohns** von der Agentur für Arbeit ersetzt.

Bei der Berechnung legt die Agentur für Arbeit pauschale Werte zugrunde, die in der „Tabelle zur Berechnung des Kurzarbeitergeldes" enthalten sind. Maßgeblich ist also nicht der Netto-Lohn aus der Lohnabrechnung.

Wer Kurzarbeitergeld für eine um **mindestens 50 % reduzierte Arbeitszeit bezieht**, erhält bis längstens Ende 2021:
- ab dem 4. Monat des Bezugs **70 %** (77 % für Beschäftigte mit Kind),
- ab dem 7. Monat des Bezuges **80 %** (87 % für Beschäftigte mit Kind)

des ausgefallenen Netto-Lohns.

Arbeitnehmer/innen in Kurzarbeit können in der Zeit von 01.01.2021–31.12.2021 in allen Berufen bis zur vollen Höhe ihres bisherigen Monatseinkommens ohne Anrechnung auf das KUG **hinzuverdienen**. Die Beschränkung auf systemrelevante Berufe ist aufgehoben.

Kurzarbeitergeld wird für eine maximale Dauer von 12 Monaten gezahlt. Eine Verlängerung auf bis zu 24 Monate ist per Rechtsverordnung durch das Bundesamt für Arbeit und Soziales grundsätzlich möglich. Die Bezugsdauer für das Kurzarbeitergeld ist für Betriebe, die mit der Kurzarbeit bis zum 31.12.2020 begonnen haben, auf bis zu 24 Monate, längstens bis zum 31.12.2021, verlängert worden.

Lohnsteuer
- Das gezahlte Kurzarbeitergeld ist gemäß § 3 Nr. 2 Buchst. a) EStG steuerfrei, unterliegt jedoch dem sog. Progressionsvorbehalt.
- **Vom Arbeitgeber gezahlte Zuschüsse** zum Kurzarbeitergeld sind dagegen grundsätzlich steuerpflichtig.
- Eine Ausnahme gilt nach **§ 3 Nr. 28a EStG** jedoch für Lohnzahlungszeiträume **nach dem 29.02.2020 und vor dem 01.01.2022**. Geleistete Zuschüsse des Arbeitgebers zum Kurzarbeitergeld und Saison-Kurzarbeitergeld sind in diesem Zeitraum **steuerfrei, soweit sie zusammen mit dem Kurzarbeitergeld 80 % des ausgefallenen Arbeitsentgelts nicht übersteigen**. Zuschüsse zum Kurzarbeitergeld sind grundsätzlich nach § 1 Abs. 1 Satz 1 Nr. 8 SvEV beitragsfrei, soweit sie zusammen mit dem Kurzarbeitergeld 80 % des ausgefallenen Arbeitsentgelts nicht übersteigen.

12.1.6 Entfernungspauschale (Zeilen 31–39)

Der Ansatz der Werbungskosten durch die Entfernungspauschale, soweit er den Arbeitnehmerpauschbetrag (§ 9a S. 1 Nr. 1a EStG) von 1.000 € übersteigt, führt in den häufigsten Fällen zu einer Erstattung. Damit nun der Wert von 1.000 € überschritten wird, ist eine Entfernung zur ersten Tätigkeitsstätte von **15 km an 210 Arbeitstagen** schon ausreichend (210 Tage × 16 km × 0,30 € = 1.008 €). In Zeiten der Corona-Krise sollte hier jedoch genau durchgerechnet werden, an wieviel Tagen tatsächlich die erste Tätigkeitsstätte aufgesucht wurde.

Weiter gilt es zu beachten, dass zwar immer die kürzeste Straßenverbindung anzusetzen ist, die **Wahl des Verkehrsmittels** (oder zu Fuß) jedoch **unerheblich ist**. Nur wenn der im § 9 Abs. 1 S. 3 Nr. 4 S. 2 EStG vorgesehene Höchstbetrag von jährlich 4.500 € überschritten wird, ist der Einsatz des Pkw für die Wege zur Arbeit erforderlich.

> **Beispiel 12.1.11:** Der Arbeitnehmer Rudi Reifen fährt an 210 Arbeitstagen mit seinem Pkw zur 80 km entfernten ersten Tätigkeitsstätte.
> Seine Ehefrau Trude Tapsig, die zur gleichen Arbeitsstätte muss, nutzt wegen anderer Dienstzeiten die öffentlichen Verkehrsmittel. Sie hat einen Fußweg von 2 × 8 km und eine Fahrtstrecke mit den öffentlichen Verkehrsmitteln von 90 km. Die Monatskarte kostet 120 €.
>
> **Lösung:** Der Ehemann erhält Werbungskosten für die Wege zwischen Wohnung und erster Tätigkeitsstätte für 210 Tage × 0,30 € × 80 km = **5.040 €**. Eine Begrenzung auf 4.500 € erfolgt nicht, da der Ehemann einen Pkw nutzt.
> Die Ehefrau erhält Werbungskosten für die Wege zwischen Wohnung und erster Tätigkeitsstätte für 210 Tage × 0,30 € × 80 km = 5.040 €, begrenzt auf **4.500 €**.

> Es war nur die kürzeste Straßenverbindung – 80 km – anzusetzen und die Aufwendungen für die öffentlichen Verkehrsmittel übersteigen den Maximalwert von 4.500 € nicht (§ 9 Abs. 2 S. 1 EStG).

Zu weiteren Einzelfragen hat das BMF mit Schreiben vom 31.10.2013, BStBl I 2013, 1376 mit dreizehn Beispielfällen Stellung bezogen. Im Zeitalter der unentgeltlichen Routenplaner sollte beachtet werden, dass die **Entfernung zur ersten Tätigkeitsstätte der Realität** entspricht. Auch der **Ansatz** von 230 **Arbeitstagen** wird wohl nicht jeder Überprüfung standhalten (365 Jahrestage abzüglich 9–13 Feiertage, 52 Samstage, 52 Sonntage, 30 Urlaubstage = 220 Resttage. Krankheitstage sind dabei noch nicht berücksichtigt).

Nicht vergessen werden sollte jedoch der Eintrag in der Zeile 35, dort Kennziffer 115. Liegt ein amtlicher Behinderungsgrad von mindestens 70 %, oder 50 % und das Kennzeichen „G" vor, werden nach § 9 Abs. 2 S. 3 EStG die tatsächlichen Aufwendungen für die Wege zwischen Wohnung und erster Tätigkeitsstätte angesetzt.

Sollten keine Einzelnachweise hierfür vorliegen, werden die Anzahl der Tage für die tatsächliche Entfernung (also hin und zurück) mal 0,30 € als Werbungskosten berücksichtigt.

Nach dem Urteil des BFH vom 19.04.2012, VI R 53/11 ist im Rahmen der Bestimmung der kürzesten Straßenverbindung nach § 9 Abs. 1 S. 3 Nr. 4 S. 4 EStG auch eine Fährverbindung mit einzubeziehen. Es kann jedoch die „offensichtlich verkehrsgünstigere Straßenverbindung (ohne Fähre, aber weiter) angesetzt werden, wenn die Besonderheiten der Fährverbindung hierfür ausschlaggebend sind. Hierzu zählen u.a. die Wartezeiten, technische Schwierigkeiten oder witterungsbedingte Ausfälle der Fährverbindung. Es ist dabei für die „Umwegfahrt" auch keine Zeitersparnis von mindestens 20 Minuten erforderlich.

Allerdings sind die Verkehrsverhältnisse beider Strecken zu berücksichtigen, insbesondere eine mögliche „Staugeneigtheit". Ist für die weitere Strecke eine geringere Staugeneigtheit zu erwarten, können diese entsprechenden Strecken als Werbungskosten berücksichtigt werden.

Die tatsächlichen **Aufwendungen für öffentliche Verkehrsmittel** können anstelle der Entfernungspauschale auch dann angesetzt werden, wenn entgegen der ursprünglichen Planung keine Fahrten zur ersten Tätigkeitsstätte erfolgten, sondern die Tätigkeit in der häuslichen Wohnung (z.B. Homeoffice) ausgeübt wurde. Das gilt auch dann, wenn eine Zeitfahrkarte in Erwartung der regelmäßigen Benutzung für den Weg zur ersten Tätigkeitsstätte erworben wurde, diese dann aber nicht im geplanten Umfang verwenden werden konnte (z.B. durch die Tätigkeit im Homeoffice)."

Entfernungspauschale bei Hin- und Rückweg an unterschiedlichen Arbeitstagen BFH vom 12.02.2020, VI R 42/17 – in Zeile 35 nur die Hälfte der Arbeitstage eintragen

Die Entfernungspauschale für Wege zwischen Wohnung und erster Tätigkeitsstätte gilt arbeitstäglich **einen Hin- und einen Rückweg** ab.

Legt ein Arbeitnehmer an einem Arbeitstag nur einen dieser Wege zurück, ist für den betreffenden Arbeitstag nur die Hälfte der Entfernungspauschale als Werbungskosten zu berücksichtigen, wie der BFH mit Urteil vom 12.02.2020, VI R 42/17 entschieden hat.

Der Kläger suchte regelmäßig arbeitstäglich seinen Arbeitsplatz auf und kehrte noch am selben Tag von dort nach Hause zurück. Vereinzelt erfolgte die Rückkehr nach Hause jedoch erst an einem der nachfolgenden Arbeitstage. Der Kläger machte auch in diesen Fällen sowohl für die Hin- als auch die Rückfahrt die vollständige Entfernungspauschale als Werbungskosten geltend.

Zur Abgeltung der Aufwendungen des Arbeitnehmers für die Wege zwischen Wohnung und erster Tätigkeitsstätte ist für jeden Arbeitstag, an dem der Arbeitnehmer die erste Tätigkeitsstätte aufsucht, eine Entfernungspauschale von 0,30 € für jeden Entfernungskilometer anzusetzen.

Mit der Entfernungspauschale ist sowohl der Hinweg von der Wohnung zur ersten Tätigkeitsstätte als auch der Rückweg abgegolten. Legt ein Arbeitnehmer die Wege zwischen Wohnung und erster Tätigkeitsstätte an unterschiedlichen Arbeitstagen zurück, kann er die Entfernungspauschale für den jeweiligen Arbeitstag folglich nur zur Hälfte, also in Höhe von 0,15 € pro Entfernungskilometer, geltend machen.

BMF vom 25.11.2020, IV C 5 – S 2353/19/10011 :006 DOK 2020/1229128
Steuerliche Behandlung der Reisekosten von Arbeitnehmern (ersetzt das Schreiben vom 24.10.2014, BStBl I 2014, 1412)

Der Arbeitnehmer kann je Dienstverhältnis höchstens eine erste Tätigkeitsstätte, ggf. aber auch keine erste, sondern nur auswärtige Tätigkeitsstätten haben (§ 9 Abs. 4 Satz 5 EStG). Die Bestimmung der ersten Tätigkeitsstätte erfolgt vorrangig anhand der dienst- oder arbeitsrechtlichen Festlegungen durch den Arbeitgeber (Rz. 6 ff.). Sind solche nicht vorhanden oder sind die getroffenen Festlegungen nicht eindeutig, werden hilfsweise quantitative Kriterien (Rz. 26 ff.) herangezogen. Voraussetzung ist zudem, dass der Arbeitnehmer in einer der in § 9 Absatz 4 Satz 1 EStG genannten ortsfesten Einrichtungen (Rz. 3 ff.) dauerhaft (Rz. 14 ff.) tätig werden soll. Ein Arbeitnehmer ohne erste Tätigkeitsstätte ist außerhalb seiner Wohnung immer auswärts tätig. Mit insgesamt 136 Rz. werden die Bereiche Erste Tätigkeitsstätte, Verpflegungsmehraufwendungen, Doppelte Haushaltsführung und Dienstreisen abgearbeitet.

Erste Tätigkeitsstätte bei einer vollzeitigen Bildungsmaßnahme
BFH vom 14.05.2020, VI R 24/18

Nach der Neuregelung des steuerlichen Reisekostenrechts gilt auch eine Bildungseinrichtung, die außerhalb eines Dienstverhältnisses zum Zwecke eines Vollzeitstudiums oder einer **vollzeitigen** Bildungsmaßnahme aufgesucht wird, als erste Tätigkeitsstätte. Dies gilt auch dann, wenn die Bildungseinrichtung lediglich im Rahmen einer kurzzeitigen Bildungsmaßnahme besucht wird.

Damit werden Auszubildende und Studierende, die eine Bildungseinrichtung dauerhaft aufsuchen, im Gegensatz zur früheren Rechtslage einem Arbeitnehmer steuerlich gleichgestellt, der eine erste Tätigkeitsstätte dauerhaft aufsucht. In diesen Fällen kann der Auszubildende/Studierende Aufwendungen für die Fahrten zur Bildungseinrichtung nur noch mit der Entfernungspauschale (0,30 €/Entfernungskilometer) und nicht mehr in tatsächlicher Höhe als Werbungskosten ansetzen. Auch der Abzug von Übernachtungskosten und Verpflegungsmehraufwendungen kommt nicht mehr nach Dienstreisegrundsätzen, sondern nur noch in Betracht, wenn der Steuerpflichtige am Lehrgangsort einen durch die Bildungsmaßnahme veranlassten doppelten Haushalt führt.

Die Dauer einer vollzeitigen Bildungsmaßnahme sei für die Einordnung einer Bildungseinrichtung als erste Tätigkeitsstätte i.S.d. neugefassten § 9 Abs. 4 Satz 8 EStG unerheblich. Das Gesetz verlange keine zeitliche Mindestdauer der Bildungsmaßnahme. Erforderlich, aber auch ausreichend sei, dass der Steuerpflichtige die Bildungseinrichtung anlässlich der regelmäßig ohnehin zeitlich befristeten Bildungsmaßnahme nicht nur gelegentlich, sondern mit einer gewissen Nachhaltigkeit, d.h. fortdauernd und immer wieder (dauerhaft) aufsuche. Der Auszubildende/Studierende werde mithin einem befristet beschäftigten Arbeitnehmer gleichgestellt.

Pressemitteilung Nr. 43 des BFH vom 18.07.2019
BFH bestätigt neues Reisekostenrecht
Urteil vom 04.04.2019, VI R 27/17

Das steuerliche Reisekostenrecht, das seit dem Jahr 2014 den Werbungskostenabzug für nicht ortsfest eingesetzte Arbeitnehmer und Beamte – wie z.B. Streifenpolizisten – einschränkt, ist verfassungsgemäß, wie der BFH mit Urteil vom 04.04.2019, VI R 27/17 entschieden hat. Zeitgleich hat der BFH vier weitere Urteile veröffentlicht, die die Folgen der geänderten Rechtslage für andere Berufsgruppen – wie etwa Piloten, Luftsicherheitskontrollkräfte oder befristet Beschäftigte – verdeutlichen (Urteile vom 10.04.2019, VI R 6/17, vom 11.04.2019, VI R 36/16, vom 11.04.2019, VI R 40/16 und vom 11.04.2019, VI R 12/17).

Steuerrechtlich sind beruflich veranlasste Fahrtkosten von nichtselbständig Beschäftigten grundsätzlich in Höhe des tatsächlichen Aufwands als Werbungskosten abziehbar. Abzugsbeschränkungen bestehen allerdings für den Weg zwischen der Wohnung und dem Arbeits- oder Dienstort. Werbungskosten liegen hier nur im Rahmen der sog. Pkw-Entfernungspauschale i.H.v. 0,30 € je Entfernungskilometer vor. Dabei definiert das neue Recht den Arbeits- oder Dienstort als "erste Tätigkeitsstätte" (bisher: "regelmäßige Arbeitsstätte"). Nach dem neuen Recht bestimmt sich die erste Tätigkeitsstelle anhand der arbeitsvertraglichen oder dienstrechtlichen Zuordnung durch den Arbeitgeber (§ 9 Abs. 4 EStG). Demgegenüber kam es zuvor auf den qualitativen Schwerpunkt der Tätigkeit des Arbeitnehmers an. Diese Änderung ist für die Bestimmung des Anwendungsbereichs der Entfernungspauschale (§ 9 Abs. 1 Satz 3 Nr. 4 Sätze 1 und 2 EStG) sowie der Verpflegungspauschalen (§ 9 Abs. 4a Satz 1 EStG) von Bedeutung.

Der Streitfall VI R 27/17 betraf einen **Polizisten**, der arbeitstäglich zunächst seine Dienststelle aufsuchte und von dort seinen Einsatz- und Streifendienst antrat. Die Tätigkeiten in der Dienststelle beschränkten sich im Wesentlichen auf die Vor- und Nachbereitung des Einsatz- und Streifendienstes. In seiner Einkommensteuererklärung für 2015 machte er Fahrtkosten von seiner Wohnung zu der Polizeidienststelle sowie Verpflegungsmehraufwendungen entsprechend der bisherigen höchstrichterlichen Rechtsprechung nach Dienstreisegrundsätzen geltend. Er ging davon aus, dass keine erste Tätigkeitsstätte vorliege, da er schwerpunktmäßig außerhalb der Polizeidienststelle im Außendienst tätig sei. Das Finanzamt (FA) berücksichtigte Fahrtkosten lediglich in Höhe der Entfernungspauschale. Mehraufwendungen für Verpflegung setzte es nicht an. Das Finanzgericht wies die Klage ab.

Der BFH hat die Vorinstanz bestätigt. Nach neuem Recht ist entscheidend, ob der Arbeitnehmer oder Beamte einer ersten Tätigkeitsstätte durch arbeits- oder dienstrechtliche Festlegungen sowie diese ausfüllenden Absprachen und Weisungen des Arbeitgebers

(Dienstherrn) dauerhaft zugeordnet ist. Ist dies der Fall, kommt es auf den qualitativen Schwerpunkt der Tätigkeit des Arbeitnehmers entgegen der bis 2013 geltenden Rechtslage nicht an. Ausreichend ist, dass der Arbeitnehmer (Beamte) am Ort der ersten Tätigkeitsstätte zumindest in geringem Umfang Tätigkeiten zu erbringen hat. Dies war nach den Feststellungen des FG bei dem Streifenpolizisten im Hinblick auf Schreibarbeiten und Dienstantrittsbesprechungen der Fall.

Verfassungsrechtliche Bedenken gegen die Neuregelung verneint der BFH. Der Gesetzgeber habe sein Regelungsermessen nicht überschritten, da sich Arbeitnehmer in unterschiedlicher Weise auf die immer gleichen Wege einstellen und so auf eine Minderung der Wegekosten hinwirken könnten.

Der Streitfall VI R 40/16 betraf eine **Pilotin**. Auch sie machte die Fahrtkosten zwischen Wohnung und Flughafen sowie Verpflegungsmehraufwendungen entsprechend der bisherigen höchstrichterlichen Rechtsprechung nach Dienstreisegrundsätzen erfolglos gegenüber FA und FG geltend. Der BFH hat auch in diesem Fall das FG-Urteil bestätigt. Fliegendes Personal – wie Piloten oder Flugbegleiter –, das von seinem Arbeitgeber arbeitsrechtlich einem Flughafen dauerhaft zugeordnet ist und auf dem Flughafengelände zumindest in geringem Umfang Tätigkeiten erbringt, die arbeitsvertraglich geschuldet sind, hat nach dem Urteil des BFH dort seine erste Tätigkeitsstätte. Da die Pilotin in den auf dem Flughafengelände gelegenen Räumen der Airline in gewissem Umfang auch Tätigkeiten im Zusammenhang mit der Flugvor- und Flugnachbereitung zu erbringen hatte, verfügte sie dort über eine erste Tätigkeitsstätte. Unerheblich war somit, dass sie überwiegend im internationalem Flugverkehr tätig war. Der BFH weist zudem darauf hin, dass auch ein großflächiges und entsprechend infrastrukturell erschlossenes Gebiet (z.B. Werksanlage, Betriebsgelände, Bahnhof oder Flughafen) als (großräumige) erste Tätigkeitsstätte in Betracht kommt.

Ebenso hat der BFH in der Sache VI R 12/17 den Ansatz der Fahrtkosten nach Dienstreisegrundsätzen bei einer **Luftsicherheitskontrollkraft** verneint, die auf dem gesamten Flughafengelände eingesetzt wurde.

Mit zwei weiteren Urteilen (VI R 36/16 und VI R 6/17) hat der BFH bei **befristeten Arbeitsverhältnissen** entschieden, dass eine erste Tätigkeitsstätte vorliegt, wenn der Arbeitnehmer für die Dauer des befristeten Dienst- oder Arbeitsverhältnisses an einer ortsfesten betrieblichen Einrichtung tätig werden soll. Erfolgt während der Befristung eine Zuordnung zu einer anderen Tätigkeitsstätte, **stellt letztere keine erste Tätigkeitsstätte mehr dar**, weshalb ab diesem Zeitpunkt wieder die Dienstreisegrundsätze Anwendung finden. Damit war der Kläger in der Sache VI R 6/17 erfolgreich. Der BFH bestätigte hier die Klagestattgabe durch das Finanzamt, sodass dem Kläger Reisekosten im Rahmen einer Auswärtstätigkeit mit 0,30 € je gefahrenen Kilometer zustehen. Im Fall VI R 36/16 kam es zu einer Zurückverweisung an das FG, damit geprüft wird, ob überhaupt ortsfeste Einrichtungen vorliegen.

Das Thema **Fahrtenbuch** wird beim Nachweis der tatsächlichen Fahrtkosten eine immer häufiger auftretende Problemzone.

Der BFH hat mit dem Urteil vom 01.03.2012, VI R 33/10 die Mindestanforderungen an ein Fahrtenbuch präzisiert.

Danach handelt es sich keineswegs nur um einen kleinen Mangel, wenn nicht mindestens folgende Daten direkt aus dem Fahrtenbuch zu ersehen sind:
- Datum und Kilometerangabe bei Fahrtbeginn,

- der Ausgangspunkt muss nachvollziehbar bezeichnet werden,
- der/die Fahrtweg/-route muss den Weg zum Zielpunkt ausweisen,
- Kilometerangabe und den genauen Zielpunkt; keine allgemeine Ortsangabe,
- den Namen des aufgesuchten Geschäftspartners und
- den Grund für den geschäftlichen Anlass.

Fehlt auch nur ein Punkt in dem in gebundener Form vorliegenden Fahrtenbuch, ist dieses Fahrtenbuch steuerrechtlich nicht anzuerkennen. Nachträgliche Auflistungen sind unzulässig.

Elektronisches Fahrtenbuch
Die Anforderungen für die Ordnungsmäßigkeit eines elektronischen Fahrtenbuchs sind der Kurzinformation LSt-Außendienst Nr. 02/2013 der OFD Rheinland und Münster vom 18.02.2013, zu entnehmen. Unter Bezugnahme auf das BFH-Urteil vom 16.11.2005, BStBl II 2006, 410 und dem Urteil des BFH vom 01.03.2012, BStBl II 2012, 505 wird auf den Umfang und den Ausschluss der nachträglichen Veränderung hingewiesen.

Danach genügen beispielsweise für Privatfahrten jeweils Kilometerangaben; das Datum ist nicht erforderlich. Es gilt aber zu beachten, dass ein Fahrtenbuch nur dann ordnungsgemäß ist, wenn die privat zurückgelegten Fahrten im Zusammenhang mit den durchgeführten Fahrten im Fahrtenbuch nachgewiesen werden.

Abweichungen bei den Fahrtstrecken durch die GPS-Ermittlung vom Tachostand des Fahrzeugs sind unbeachtlich. Allerdings sollte der tatsächliche Tachostand im Halbjahresabstand dokumentiert werden.

In dem Beitrag von Bingel/Göttsching in DStR 2013, 690 werden die Anforderungen an Fahrtenbücher kritisch hinterfragt und mit Hinweisen auf aktuelle Rechtsprechung die verschärfenden Anforderungen dargestellt.

Abgeltungswirkung der Entfernungspauschale Urteil des BFH vom 20.03.2014, VI R 29/13 bei Falschbetankung
Der BFH führt mit diesem Urteil aus, dass die Abgeltungswirkung der Entfernungspauschale auch die Kosten einer Falschbetankung beinhaltet. Grundlage war der Arbeitstag eines Angestellten, der beim Betanken seines Kfz auf dem Weg zur Arbeit Benzin statt Diesel tankte. Die daraufhin erforderlichen Reparaturkosten von 4.200 € wollte er nun als Werbungskosten geltend machen.

Doch der BFH versagte den Abzug mit der Begründung, dass auch außergewöhnliche Aufwendungen durch die Entfernungspauschale abgegolten sind.
- Dies soll aus dem Wortlaut des § 9 Abs. 2 S. 1 EStG („sämtliche Aufwendungen") ersichtlich sein.
- Die Entfernungspauschale diene neben den umwelt- und verkehrspolitischen Erwägungen auch und vor allem der Steuervereinfachung.

Wäre die Falschbetankung auf einer Dienstfahrt erfolgt, wären die Kosten der Reparatur hingegen abzugsfähig, weil hier die vereinfachende Pauschalierung nicht greift.

Krankheitskosten aufgrund eines Wegeunfalls sind als Werbungskosten abziehbar BFH-Urteil vom 19.12.2019, VI R 8/18
Erleidet ein Steuerpflichtiger auf dem Weg zwischen Wohnung und erster Tätigkeitsstätte einen Unfall, kann er die durch den Unfall verursachten Krankheitskosten als

Werbungskosten abziehen. Solche Krankheitskosten werden nicht von der Abgeltungswirkung der Entfernungspauschale erfasst.

Im Streitfall erlitt die Klägerin durch einen Verkehrsunfall auf dem Weg von ihrer ersten Tätigkeitsstätte nach Hause erhebliche Verletzungen. Sie machte die hierdurch verursachten Krankheitskosten, soweit sie nicht von der Berufsgenossenschaft übernommen wurden, als Werbungskosten bei ihren Einkünften aus nichtselbständiger Arbeit geltend. Finanzamt und Finanzgericht ließen den Werbungskostenabzug **nicht** zu.

Der **BFH erkannte** die unfallbedingten Krankheitskosten hingegen **als Werbungskosten an**.

Zwar sind durch die Entfernungspauschale grundsätzlich sämtliche fahrzeug- und wegstreckenbezogene Aufwendungen abgegolten, die durch die Wege zwischen Wohnung und erster Tätigkeitsstätte veranlasst sind. Dies gilt auch für Unfallkosten, soweit es sich um echte Wegekosten handelt (z.B. Reparaturaufwendungen). Andere Aufwendungen, insbesondere Aufwendungen in Zusammenhang mit der Beseitigung oder Linderung von Körperschäden, die durch einen Wegeunfall zwischen Wohnung und erster Tätigkeitsstätte eingetreten sind, werden von der Abgeltungswirkung dagegen nicht erfasst. **Solche beruflich veranlassten Krankheitskosten können daher neben der Entfernungspauschale** als Werbungskosten abgezogen werden.

In Zeile 39 werden die steuerfrei nach § 3 Nr. 15 EStG gewährten Arbeitgeberleistungen und die pauschal besteuerten Leistungen erfasst.

12.1.7 Beiträge zu Berufsverbänden und Arbeitsmittel (Zeilen 41–43)

Neben den typischen Beiträgen zu den **Gewerkschaften** sind hier auch Beiträge für Berufs- und Fachverbände einzutragen, die der beruflichen Fortbildung dienen. Problematisch wird hier die Abgrenzung zu den nicht abzugsfähigen Kosten der Lebensführung bei gesellschaftlichen Veranstaltungen dieser Gewerkschaften, Verbände und Vereine („Weihnachtsfeier", „Sommerfest" …).

Auch die Reiseaufwendungen zu beruflich veranlassten Veranstaltungen sind abzugsfähige Werbungskosten, wenn es sich eben nicht um „touristische Veranstaltungen" handelt. Hier ist rechtzeitig die überwiegende berufliche Veranlassung zu dokumentieren.

Sämtliche Gegenstände, die aus beruflicher Veranlassung erworben werden und auch entsprechend beruflich genutzt werden, sind im nachgewiesenen Umfang (Rechnung aufbewahren und nach Aufforderung dem Finanzamt vorlegen) als Werbungskosten abzugsfähig. Hierbei müssen die Vorschriften der Absetzung für Abnutzung (AfA) und für geringwertige Wirtschaftsgüter beachtet werden.

Umwidmung von Wirtschaftsgütern – H 9.12 „Absetzung für Abnutzung" LStH

Wurden diese zuvor privat genutzt und nun in der Corona-Krise umgewidmet (beruflich genutzt), ist der Buchwert bei Einlage als Werbungskosten zu berücksichtigen. Die ursprünglichen Anschaffungskosten sind auf die gesamte Nutzungsdauer zu verteilen. Der Wert bei Umwidmung ist dann als Werbungskosten (bis 800 € sofort) zu berücksichtigen.

**Nutzungsdauer für digitale Wirtschaftsgüter nur ein Jahr
(sofortige Betriebsausgaben)**
BMF vom 26.02.2021, IV C 3 – S 2190/21/10002 :013 DOK 2021/0231247

Auch für den Arbeitnehmerbereich kann diese besondere Förderung durch das BMF berücksichtigt werden.

Für die nach § 7 Abs. 1 EStG anzusetzende Nutzungsdauer kann für die in Rz. 2 ff. aufgeführten materiellen Wirtschaftsgüter „Computerhardware" sowie die in Rz. 5 näher bezeichneten immateriellen Wirtschaftsgüter „Betriebs- und Anwendersoftware" eine betriebsgewöhnliche **Nutzungsdauer von einem Jahr** zugrunde gelegt werden.

Im Ergebnis können die Anschaffungskosten sofort und in voller Höhe als Werbungskosten angesetzt werden.

Für den Bereich der Überschusseinkünfte gilt der Bereich des § 6 Abs. 2a EStG nicht. Auch die Begrenzung auf 250 € fand hier keine Anwendung. Wirtschaftsgüter, deren Wert also netto **800 €** nicht übersteigen, können sofort und in voller Höhe als Werbungskosten berücksichtigt werden; § 9 Abs. 1 S. 3 Nr. 7 EStG.

Für teurere Wirtschaftsgüter muss der Anschaffungswert auf die Nutzungsdauer verteilt und nur anteilig im Jahr 2021 angesetzt werden. Hierbei gilt es zu beachten, dass der Ansatz der restlichen Werte in den Folgejahren, bzw. der Ansatz der restlichen Werte aus den Vorjahren nicht übersehen wird.

Die typischen Arbeitnehmeraufwendungen für einen **Computer** sind auf drei Jahre (Nutzungsdauer) zu verteilen (wenn der Computer mehr als netto 800 € kostet). Sollte die neue **Aktentasche** den Wert von netto 800 € übersteigen, müsste auch dieser Aufwand auf die Nutzungsdauer verteilt werden.

Es stellt sich aber schnell die Frage, ob der Erwerb dieser „Tasche" wirklich für ausschließlich berufliche Nutzung erfolgte. Auch hier sollte rechtzeitig die berufliche Veranlassung begründet werden. Die Kosten für einen Kleidersack der Modemarke XYZ für 750 € können nur in Ausnahmefällen auch als Werbungskosten berücksichtigt werden.

In jedem Fall muss die berufliche Veranlassung und die nahezu ausschließliche berufliche Nutzung glaubhaft gemacht werden. Eine Arbeitgeberbescheinigung, die die ausschließliche Nutzung dieses Gegenstands bescheinigt, ist in jedem Fall hilfreich, aber nicht zwingend notwendig.

Ein schwarzer Anzug ist keine typische Berufskleidung eines Orchestermusikers (anders bei Leichenbestatter und Oberkellner).

Der 8. Senat des FG Münster hat mit Urteil vom 13.07.2016 (8 K 3646/15 E) entschieden, dass ein Orchestermusiker Aufwendungen für ein schwarzes Sakko und für schwarze Hosen nicht als Werbungskosten abziehen darf.

Der als angestellter Musiker bei einem Philharmonischen Orchester tätige Steuerpflichtige ist dienstvertraglich verpflichtet, bei Konzerten bestimmte Kleidung zu tragen, wozu eine schwarze Hose und ein schwarzes Sakko gehört. Hierfür erhält er vom Arbeitgeber monatlich ein lohnsteuerpflichtiges Kleidergeld. Die von ihm in seiner Einkommensteuererklärung erklärten Kosten für die Anschaffung eines schwarzen Sakkos und zweier schwarzer Hosen (insgesamt ca. 550 €) wurden nicht als Werbungskosten anerkannt, weil es sich bei den Kleidungsstücken nicht um typische Berufskleidung handele.

Das Gericht führte aus, dass es sich bei einem schwarzen Sakko und schwarzen Hosen nicht um typische Berufskleidung des Klägers, sondern um bürgerliche Kleidung und damit um Kosten der privaten Lebensführung handele.

Im Gegensatz zu einem Leichenbestatter oder einem Oberkellner, deren schwarze Anzüge typische Berufskleidung darstellten, diene die Kleidung des Klägers allein dem festlichen Erscheinungsbild des gesamten Orchesters. Sie solle nicht seine herausgehobene Position unterstreichen und könne auch zu privaten festlichen Anlässen getragen werden.

Eine solche private Nutzung der Kleidungsstücke habe der Arbeitgeber dem Kläger nicht untersagt, sodass auch die monatliche Zahlung eines Kleidergeldes nicht zur Annahme typischer Berufskleidung führe. Eine Aufteilung der gemischt veranlassten Aufwendungen komme nicht in Betracht, weil die Anschaffung bürgerlicher Kleidung grundsätzlich vom Werbungskostenabzug ausgeschlossen sei.

„Burnout" ist keine Berufskrankheit; BFH Beschluss vom 09.11.2015, VI R 36/13

Der BFH führt in dem Beschluss aus, dass ein eindeutiger berufsbedingter Zusammenhang zwischen der Erkrankung und dem Beruf nachgewiesen werden müsste. Allein die stationäre Behandlung in einer psychosomatischen Abteilung einer Klinik erbringt nicht den Nachweis der beruflichen Veranlassung.

Bücher als Arbeitsmittel eines Lehrers

Zu den Arbeitsmitteln zählen auch Bücher und Zeitschriften, wenn die Literatur ausschließlich oder zumindest weitaus überwiegend beruflich genutzt wird; BFH vom 20.05.2010, BFH/NV 2010, 2316.

Kosten für Geburtstags- und Jubiläumsfeiern

Aufwendungen für eine betriebsinterne Feier anlässlich eines Dienstjubiläums können (nahezu) ausschließlich beruflich veranlasst und damit Werbungskosten sein, wenn der Arbeitnehmer die Gäste nach abstrakten berufsbezogenen Kriterien einlädt. BFH vom 20.01.2016, VI R 24/15, DStRE 17/2016, 1025.

BFH vom 10.11.2016, VI R 7/16 Geburtstagsfeier im Betrieb

(wenn betrieblicher Bezug: kollegiales Miteinander, Pflege des Betriebsklimas, betriebliche Gepflogenheit, rustikale Feierlichkeit, während der Arbeitszeit mit Billigung des Arbeitgebers ...)

Der Nachweis ist jedoch in engen Grenzen zu führen und klar von privat veranlassten Feierlichkeiten abzugrenzen. Schnell ist hier der Tatbestand einer strafbaren Steuerhinterziehung erfüllt!

Es müssen daher die Nachweise klar den beruflichen Charakter der Feier belegen. Hierfür sind folgende Aufzeichnungen zu führen:
- Was ist das auslösende Moment für die Feierlichkeit?
- Was ist der Anlass der Feierlichkeit?
- Wer ist als Gastgeber aufgetreten?
- Wer hat die Gästeliste bestimmt?
- An welchem Ort findet die Feierlichkeit statt?
- Haben die Kosten den Charakter einer privaten Veranstaltung?

12.1.8 Arbeitszimmer (Zeile 44)

Zeile 44 der Anlage N behandelt das **häusliche Arbeitszimmer**. Damit sollte zuerst geklärt werden, ob es sich überhaupt um ein häusliches, oder aber um ein **außerhäusliches Arbeitszimmer** handelt.

Die **Abzugsbegrenzungen** sind ausschließlich für häusliche Arbeitszimmer geregelt. Der BFH hatte mit Urteil vom 26.03.2009, VI R 15/07, BStBl II 2009, 599 die derzeitige Rechtsprechung des BFH zusammengefasst.

Danach ist ein **häusliches Arbeitszimmer**:
1. ein Arbeitsraum,
2. der nach seiner Lage, Ausstattung und Funktion,
3. in die häusliche Sphäre des Steuerpflichtigen eingebunden ist,
4. typischerweise mit Büromöbeln eingerichtet ist und
5. der Schreibtisch bildet regelmäßig das zentrale Möbelstück des Zimmers.

Davon abzugrenzen sind Räume, die nicht einem Büro entsprechen, z.B. Lager, Werkstatt, Übungsraum eines Musikers, Arztpraxis. Diese Räume sind keine häuslichen Arbeitszimmer und die entsprechenden Raumkosten somit **in voller Höhe Betriebsausgaben** oder Werbungskosten.

Auch sämtliche Aufwendungen für Räume, die nicht in die häusliche Sphäre eingegliedert sind, können vollumfänglich als Betriebsausgaben/Werbungskosten berücksichtigt werden. Hierzu gehören insbesondere Zimmer, Wohnungen und Räume, die neben der häuslichen Wohnung angemietet werden.

Da diese Kosten keinerlei Beschränkung unterliegen (soweit betriebliche oder berufliche Nutzung vorliegt), empfiehlt es sich, derartige Kosten **nicht in die Zeile 44**, sondern mit der Bezeichnung der Aufwendungen in die Zeilen 48–49 einzutragen. Die Bezeichnung „Arbeitszimmer" sollte dabei durch „Büro", „Werkstatt", „Lager" oder dergleichen ersetzt werden.

Kein Abzug bei gemischt genutzten Räumen – Beschluss vom 27.07.2015, GrS 1/14
Ein häusliches Arbeitszimmer setzt neben einem büromäßig eingerichteten Raum voraus, dass es ausschließlich oder nahezu ausschließlich für betriebliche oder berufliche Zwecke genutzt wird. Fehlt es hieran, sind die Aufwendungen hierfür insgesamt nicht abziehbar. Damit scheidet eine Aufteilung und anteilige Berücksichtigung im Umfang der betrieblichen oder beruflichen Verwendung aus.

Die Grundsatzentscheidung betrifft die durch das Jahressteuergesetz 1996 eingeführte Abzugsbeschränkung für häusliche Arbeitszimmer. In seiner heute geltenden Fassung sind Aufwendungen hierfür nur unter der Voraussetzung abziehbar, dass für die betriebliche oder berufliche Tätigkeit kein anderer Arbeitsplatz zur Verfügung steht.

Die Höhe der abziehbaren Aufwendungen ist dabei grundsätzlich auf 1.250 € begrenzt; ein weitergehender Abzug ist nur möglich, wenn das Arbeitszimmer den Mittelpunkt der gesamten betrieblichen oder beruflichen Betätigung bildet (§ 4 Abs. 5 Satz 1 Nr. 6b Satz 1 des EStG).

In dem der Entscheidung des Großen Senats zugrundeliegenden Verfahren war streitig, ob Kosten für einen Wohnraum, der zu 60 % zur Erzielung von Einnahmen aus Vermietung und Verpachtung und zu 40 % privat genutzt wird, anteilig als Werbungskosten bei den Einkünften aus Vermietung und Verpachtung abziehbar sind.

Der Große Senat begründet seine Entscheidung neben dem allgemeinen Wortverständnis damit, dass der Gesetzgeber ausweislich der Gesetzgebungsmotive ausdrücklich an den herkömmlichen Begriff des „häuslichen Arbeitszimmers" angeknüpft hat. Der Begriff des häuslichen Arbeitszimmers setzt aber seit jeher voraus, dass der Raum wie ein Büro eingerichtet ist und ausschließlich oder nahezu ausschließlich zur Erzielung von Einnahmen genutzt wird.

Diese Auslegung dient nach Auffassung des Großen Senats dazu, den betrieblich/beruflichen und den privaten Bereich sachgerecht voneinander abzugrenzen, Gestaltungsmöglichkeiten zu unterbinden und den Verwaltungsvollzug zu erleichtern. Im Fall einer Aufteilung sind diese Ziele nicht zu erreichen, da sich der Umfang der jeweiligen Nutzung innerhalb der Wohnung des Steuerpflichtigen nicht objektiv überprüfen lässt. Der BFH sieht insbesondere ein Nutzungszeitenbuch nicht als geeignete Grundlage für eine Aufteilung an, da die darin enthaltenen Angaben keinen über eine bloße Behauptung des Steuerpflichtigen hinausgehenden Beweiswert hätten. Ebenso mangelt es an Maßstäben für eine schätzungsweise Aufteilung der jeweiligen Nutzungszeiten. Eine sachgerechte Abgrenzung des betrieblichen/beruflichen Bereichs von der privaten Lebensführung wäre daher im Fall einer Aufteilung nicht gewährleistet.

Die vom BFH abgelehnte Aufteilung steht in Übereinstimmung mit dem Beschluss des Großen Senats des BFH vom 21.09.2009, BStBl II 2010, 672. Danach sind Reiseaufwendungen bei gemischt beruflich/betrieblichen und privat veranlassten Reisen nach Maßgabe der Zeitanteile der Reise aufteilbar. Dem kam keine Bedeutung zu, da § 4 Abs. 5 Satz 1 Nr. 6b EStG eine allgemeinen Grundsätzen vorgehende Spezialregelung ist.

HInweis! Ob es tatsächlich zu der „Homeoffice-Pauschale" von maximal 600 €/5 € je Tag kommt, war bei Redaktionsschluss noch nicht sicher. Für diesen Fall müssten die räumlichen Bedingen des Arbeitszimmers nicht vorliegen.

Arbeitszimmer und Nutzung der Nebenräume – BFH vom 17.02.2016, X R 26/13

Bei einem steuerrechtlich anzuerkennenden Arbeitszimmer sind Aufwendungen für Nebenräume (Küche, Bad und Flur), die in die häusliche Sphäre eingebunden sind und zu einem nicht unerheblichen Teil privat genutzt werden, nicht als Betriebsausgaben oder Werbungskosten abziehbar. Das hat der BFH mit Urteil vom 17.02.2016, X R 26/13 entschieden.

Die Klägerin unterhielt in ihrer Wohnung ein häusliches Arbeitszimmer, das sie so gut wie ausschließlich für ihre nur von diesem Arbeitszimmer aus betriebene gewerbliche Tätigkeit nutzte.

Während das Finanzamt die Aufwendungen dafür als Betriebsausgaben anerkannte, versagte es die Berücksichtigung der hälftigen Kosten für die jedenfalls auch privat genutzten Nebenräume (**Küche, Bad und Flur**).

Der BFH gab dem Finanzamt Recht. Der Große Senat des BFH hatte in seinem Beschluss vom 27.07.2015, GrS 1/14 bereits entschieden, dass die Aufwendungen für ein häusliches Arbeitszimmer, das nicht nahezu ausschließlich betrieblich oder beruflich genutzt wird („gemischt genutztes Arbeitszimmer") steuerlich nicht zu berücksichtigen sind.

Mit der vorliegenden Entscheidung knüpft der BFH hieran auch für Nebenräume der häuslichen Sphäre an. Die Nutzungsvoraussetzungen sind individuell für jeden Raum und damit auch für Nebenräume zu prüfen. Eine zumindest nicht unerhebliche private Mitnutzung derartiger Räume (Küche, Bad, Flur) ist daher abzugsschädlich.

BMF-Schreiben (koordinierter Ländererlass) IV C 6 – S-2145/07/10002 :019 vom 06.10.2017 zur einkommensteuerlichen Behandlung der Aufwendungen für ein häusliches Arbeitszimmer

Mit 26 Rz. hat das BMF die neue BFH-Rechtsprechung umgesetzt und damit auch die **personenbezogene** Ermittlung der Aufwendungen für ein Arbeitszimmer bestätigt (Rz. 21). Neben der ausführlichen Begriffsbestimmung sind die Darstellungen zu den betroffenen Aufwendungen, dem Mittelpunkt der Tätigkeit und der Nutzung zur Erzielung von unterschiedlichen Einkünften hilfreich.

Der Höchstbetrag ist auch bei nicht ganzjähriger Nutzung zu gewähren, also **nicht zeitanteilig** begrenzt (Rz. 22).

Nach Rz. 24a sind Aufwendungen für ein häusliches Arbeitszimmer auch in Zeiten der Nichtbeschäftigung (z.B. Erwerbslosigkeit, Mutterschutz, Elternzeit) nach den Regeln vorweggenommener Betriebsausgaben oder Werbungskosten zu berücksichtigen, wenn und soweit dem Steuerpflichtigen der Abzug der Aufwendungen auch unter den zu erwartenden Umständen der späteren betrieblichen oder beruflichen Tätigkeit zustehen würde (BFH-Urteil vom 02.12.2005, VI R 63/03, BStBl II 2006, 329).

BFH, Urteil VIII R 52/13 vom 25.04.2017 Arbeitszimmers im Rahmen mehrerer Einkunftsarten

Der gemäß § 4 Abs. 5 Satz 1 Nr. 6b Satz 3 EStG geltende Höchstbetrag abziehbarer Aufwendungen in Höhe von 1.250 € ist bei der Nutzung eines häuslichen Arbeitszimmers im Rahmen mehrerer Einkunftsarten **nicht nach den zeitlichen Nutzungsanteilen** in Teilhöchstbeträge aufzuteilen.

Er kann durch die dem Grunde nach abzugsfähigen Aufwendungen in voller Höhe ausgeschöpft werden (Anschluss an BFH-Urteil vom 16.07.2014, X R 49/11, BFH/NV 2015, 177).

Labor ist kein Arbeitszimmer, Häusliches Arbeitszimmer eines Hochschuldozenten ist steuerlich anzuerkennen

Mit Urteil vom 07.09.2016 (1 K 2571/14) hat das FG Rheinland-Pfalz entschieden, dass ein Hochschuldozent (Fachbereich Chemie) Aufwendungen für ein häusliches Arbeitszimmer (1.250 €) steuerlich geltend machen kann.

Der Kläger ist Hochschuldozent (Fachbereich Chemie) an einer Universität in Rheinland-Pfalz. In dem Gebäude des Instituts für Chemie **steht ihm ein Laborraum zur Verfügung**, der mit einem Schreibtisch, einem für das Stadtgebiet freigeschalteten Telefonanschluss und einem PC ausgestattet ist. Daneben nutzt der Kläger ein häusliches Arbeitszimmer mit einer Größe von rund 15 qm.

Die mit seiner Einkommensteuererklärung für 2012 geltend gemachten Aufwendungen für dieses häusliche Arbeitszimmer wurden vom beklagten Finanzamt nicht anerkannt mit der Begründung, der Kläger sei auf das Arbeitszimmer nicht angewiesen, **weil ihm der Laborraum als Arbeitsplatz zugewiesen sei. Der Raum sei nach Auffassung seines Vorgesetzten auch ausreichend ausgestattet und werde geheizt und geputzt.**

Die Klage des Klägers hatte Erfolg. Das FG vertrat jedoch die Auffassung, dass der Kläger den ihm zugewiesenen Laborraum nicht in dem konkret erforderlichen Umfang und in der konkret erforderlichen Weise nutzen könne und daher auf das häusliche Arbeitszimmer angewiesen sei.

In dem Raum befänden sich weder ein Drucker noch ein Scanner noch die erforderliche Fachliteratur. Für die Tätigkeit des Klägers als Lehrbeauftragter sei der Raum daher nicht ausreichend ausgestattet. Die Einschätzung seines Vorgesetzten habe sich nur auf die Labormöglichkeiten bzw. Forschung bezogen. Ob sich der Kläger um einen geeigneten Arbeitsplatz bemüht habe, sei steuerlich unbeachtlich.

Wird für die „**Telearbeit**" ein „häusliches Büro" in der Nähe der Wohnräume vorgehalten und ist es dem Steuerpflichtigen weder untersagt, seinen Arbeitsplatz auch an diesen „Tele-Tagen" zu nutzen, noch ist der in der Dienststelle zur Verfügung gestellte Arbeitsplatz an diesen Tagen nicht vorhanden, bleibt es beim Abzugsverbot des § 9 Abs. 5 i.V.m. § 4 Abs. 5 S. 1 Nr. 6b S. 1 EStG.

Der BFH hat in seiner Entscheidung nicht ausgeführt, wie ein Teleheimarbeitsplatz beschaffen und ausgestattet sein muss. Klar ist jedenfalls, dass allein die Einrichtung dieses Telearbeitsplatzes durch den Arbeitgeber und die Verpflichtung, dem Arbeitgeber nach Ankündigung den Zutritt zu gewähren, nicht ausreichend ist. Auch allein ein Ausschluss der Kostenübernahme der Aufwendungen durch den Arbeitgeber führt nicht zu abzugsfähigen Aufwendungen.

Entscheidend ist, ob die Arbeiten auch am Arbeitsplatz beim Arbeitgeber ausgeführt werden könnten. Kann dies bejaht werden, es steht also ein Arbeitsplatz zur Verfügung, bleiben die Aufwendungen für das „häusliche Arbeitszimmer" nicht als Ausgaben abzugsfähig. Im Regelfall (der Arbeitnehmer hat einen Arbeitsplatz beim Arbeitgeber) könnten daher abzugsfähige Aufwendungen für einen büromäßig eingerichteten Telearbeitsplatz nur über die beiden Ausnahmen des § 9 Abs. 5 i.V.m. § 4 Abs. 5 S. 1 Nr. 6b S. 2 + 3 EStG erreicht werden.

Die Ausnahme des § 9 Abs. 5 i.V.m. § 4 Abs. 5 S. 1 Nr. 6b S. 2 EStG, wonach eben kein anderer Arbeitsplatz zur Verfügung steht und deshalb das häusliche Arbeitszimmer genutzt wird, scheidet dabei aus.

Bleibt die Ausnahme des § 9 Abs. 5 i.V.m. § 4 Abs. 5 S. 1 Nr. 6b S. 3 EStG, dass das Arbeitszimmer den Mittelpunkt der gesamten beruflichen und betrieblichen Betätigung bildet. Für diesen Fall, der aber bei einem bereitgestellten Arbeitsplatz beim Arbeitgeber ausscheidet, würde auch die Abzugsbegrenzung auf 1.250 € nicht greifen.

Für einen Abzug von Aufwendungen für ein häusliches Arbeitszimmer bleibt es damit bei der alles entscheidende Frage, ob ein anderer Arbeitsplatz zur Verfügung steht.

Dies soll nach der Rechtsprechung des BFH der Fall sein, wenn der Steuerpflichtige den Arbeitsplatz in der konkret erforderlichen Art und Weise nutzen kann und somit keine Einschränkungen in seiner beruflichen Tätigkeit erlangt.

Entsprechendes gilt auch für einen Poolarbeitsplatz. Auch dieser ist als anderer Arbeitsplatz zu qualifizieren, wenn er büromäßig ausgestattet ist und die berufliche Betätigung nicht einschränkt.

Unter welchen Bedingungen nun das häusliche Arbeitszimmer den Mittelpunkt der gesamten betrieblichen und beruflichen Betätigung bildet und damit zum vollen Ansatz der Kosten als Betriebsausgaben oder Werbungskosten gelangt, ist den Ausführungen des BMF-Schreibens vom 02.03.2011, dort in den Rz. 9–13 zu entnehmen. Gleiches gilt zur Beantwortung der Frage, ob kein anderer Arbeitsplatz zur Verfügung steht (BMF vom 02.03.2011, BStBl I 2011, 195 Rz. 14-18).

Fazit: Auch für die Entscheidungen zum Telearbeitsplatz oder zum Poolarbeitsplatz gilt der bereits entschiedene Grundsatz:

- Steht dem Arbeitnehmer ein anderer Arbeitsplatz zur Verfügung, ist der Abzug von Aufwendungen für ein häusliches Arbeitszimmer ausgeschlossen.
- Hat der Arbeitgeber die Nutzung des Arbeitsplatzes im Betrieb für die Tage der Nutzung des Telearbeitsplatzes vertraglich und tatsächlich ausgeschlossen, sind die Aufwendungen für den Telearbeitsplatz abzugsfähig.

Dem BFH-Urteil vom 26.02.2014, VI R 11/12 ist zu entnehmen, dass ein Arbeitnehmer auch dann die auf 1.250 € begrenzten Werbungskosten für ein häusliches Arbeitszimmer in Abzug bringen kann, wenn ihm kein „nutzbares Amtszimmer" zugewiesen wurde.

Im entschiedenen Fall hatte der Arbeitnehmer den vom Arbeitgeber zugewiesenen Raum wegen – aus Sicht des Arbeitnehmers – vorhandener Baumängel nicht nutzen können und deswegen sein häusliches Arbeitszimmer nutzen müssen. Noch nicht abschließend entschieden (Zurückverweisung an das FG) ist, wann ein „Amtszimmer" tatsächlich nicht mehr nutzbar ist.

Mit dem Urteil des BFH vom 09.06.2015, VIII R 8/13 wurde erneut der Abzug von Raumkosten abgegrenzt.

Im entschiedenen Fall befand sich das sog. Klavierstudio im Erdgeschoss des von der Klägerin zu Wohnzwecken genutzten Objektes. Ihm vorgelagert ist eine als Wartebereich genutzte Diele sowie ein Sanitärbereich. Das Haus der Klägerin ist über eine Haustür zugänglich, die in den Eingangsbereich führt. Dieser eröffnet zum einen den Zugang zu dem durch eine Tür abgetrennten Vorraum sowie im Weiteren zu der als Warteraum genutzten Diele. Der Eingangsbereich eröffnet zum anderen über eine Treppe den Zugang zu den im Obergeschoss des Hauses liegenden Wohnräumen der Klägerin. Das Zimmer ist mit einem Klavier, einem Konzertflügel, Stühlen sowie Schränken und Kommoden, in denen Bücher und Noten verwahrt werden, ausgestattet.

Der BFH entschied mit dem vorgenannten Urteil, dass die Klägerin keinen Anspruch auf Abzug der Aufwendungen für das sog. Klavierstudio über den bereits berücksichtigten Betrag in Höhe von 1.250 € hinaus hat.

Anhand der Beurteilung im Einzelfall wurde festgestellt, dass die Räumlichkeit in den privaten Bereich der Klägerin einbezogen ist. Ein Ausnahmefall – eigener Zugang etc. lag nicht vor.

In gleich gelagerten Fällen empfiehlt es sich, die Begründung dieses neuen BFH-Urteils genau zu studieren.

BFH vom 06.12.2017, VI R 41/15 BStBl II 2018, 355
Nutzt ein Miteigentümer allein eine Wohnung zu beruflichen Zwecken, kann er AfA und Schuldzinsen nur **entsprechend seinem Miteigentumsanteil** als Werbungskosten geltend machen, wenn die Darlehen zum Erwerb der Wohnung gemeinsam aufgenommen wurden und Zins und Tilgung von einem gemeinsamen Konto beglichen werden.

12.1 Anlage N

Berücksichtigung von Kosten für ein Arbeitszimmer bei Eigentum/Anmietung von Räumlichkeiten durch Ehegatten; Drittaufwand
Einkommensteuer-Kurzinformation Nr. 2020/1 FinMin des Landes Schleswig-Holstein, VI308 – S-2145 – 116 Dok.-Nr: 7012246
Erlass vom 08.01.2020

Die nachstehenden Ausführungen gelten auch für eingetragene Lebenspartnerschaften und nicht eheliche Lebensgemeinschaften.

Soweit nachstehend von abziehbaren Aufwendungen die Rede ist, bezieht sich diese Aussage auf Aufwendungen vor Begrenzung auf den Höchstbetrag von § 9 Abs. 5 i.V.m. § 4 Abs. 5 Satz 1 Nr. 6b Satz 3 EStG.

I.

Die steuerrechtliche Beurteilung, inwieweit Aufwendungen für ein häusliches Arbeitszimmer als Betriebsausgaben/Werbungskosten abzugsfähig sind, ist grundsätzlich nicht davon abhängig, ob sich das häusliche Arbeitszimmer in eigenen oder angemieteten Räumlichkeiten befindet (BFH-Urteil vom 15.12.2016, VI R 86/13, BStBl II 2017, 941).
Ausgehend von der BFH-Rechtsprechung (u.a. BFH vom 15.12.2016 (a.a.O.), BFH vom 06.12.2017, VI R 41/15, BStBl II 2018, 355) zur Zuordnung von Anschaffungs- oder Herstellungskosten, Darlehenszinsen, Grundsteuern, Versicherungsprämien und ähnlichen Kosten zu den grundstücksorientierten Aufwendungen gehören die auf ein Arbeitszimmer innerhalb von selbstgenutzten Räumlichkeiten entfallenden Mietzahlungen, Versicherungsprämien und ähnlichen Kosten zu den grundstücksorientierten Aufwendungen.
Bei Nutzung eines Arbeitszimmers, das sich im Eigentum eines bzw. beider Ehegatten befindet, bitte ich hinsichtlich der grundstücksorientierten Aufwendungen folgende Auffassung zu vertreten:

1. Das Arbeitszimmer gehört zu Räumlichkeiten, die im Alleineigentum des das Arbeitszimmer Nutzenden stehen

Die grundstücksorientierten Aufwendungen werden gezahlt vom		
Konto des Ehegatten, der das Arbeitszimmer nutzt	Gemeinschaftskonto der Ehegatten	Konto des anderen Ehegatten
→ 100 % der grundstücksorientierten Aufwendungen sind abziehbar	→ 100 % der grundstücksorientierten Aufwendungen sind abziehbar	→ die grundstücksorientierten Aufwendungen sind nicht abziehbarer Drittaufwand

2. Das Arbeitszimmer gehört zu Räumlichkeiten, die im Miteigentum des das Arbeitszimmer Nutzenden und seines Ehegatten stehen

Die grundstücksorientierten Aufwendungen werden gezahlt vom		
Konto des Ehegatten, der das Arbeitszimmer nutzt	Gemeinschaftskonto der Ehegatten	Konto des anderen Ehegatten

→ 100 % der grundstücksorientierten Aufwendungen sind abziehbar	→ 100 % der grundstücksorientierten Aufwendungen sind abziehbar*)	→ die grundstücksorientierten Aufwendungen sind nicht abziehbarer Drittaufwand
	*) begrenzt auf den Miteigentumsanteil an den Räumlichkeiten Beispiel: Wohnfläche der gesamten Wohnung: 100 m² Arbeitszimmer: 60 m² Miteigentumsanteil an der Wohnung 50 % grundstücksorientierte Aufwendungen: 3.000 € → Von den grundstücksorientierten Aufwendungen entfallen 1.800 € auf das Arbeitszimmer. Abziehbar entsprechend dem Miteigentumsanteil: 1.500 € (ggf. Begrenzung auf 1.250 € gem. § 9 Abs. 5 EStG i.V.m. § 4 Abs. 5 Satz 1 Nr. 6b Satz 3 EStG)	

3. Das Arbeitszimmer gehört zu Räumlichkeiten, die im Alleineigentum des anderen Ehegatten stehen

Die grundstücksorientierten Aufwendungen werden gezahlt vom		
Konto des Ehegatten, der das Arbeitszimmer nutzt	Gemeinschaftskonto der Ehegatten	Konto des anderen Ehegatten
→ 100 % der grundstücksorientierten Aufwendungen sind abziehbar (vgl. BFH vom 23.08.1999, GrS 5/97, BStBl II 1999, 774)	→ die grundstücksorientierten Aufwendungen sind nicht abziehbarer Drittaufwand*)	→ die grundstücksorientierten Aufwendungen sind nicht abziehbarer Drittaufwand
	*) BFH vom 23.08.1999, GrS 2/97 (BStBl II 1999, 782); Orientierungssatz 2: „Soweit die gemeinsam getragenen laufenden Aufwendungen für die Wohnung des Eigentümer-Ehemannes grundstücksorientiert sind (z.B. Schuldzinsen auf den Anschaffungskredit, Grundsteuern, allgemeine Reparaturkosten, Versicherungsprämien u.ä. Kosten), sind sie beim Steuerpflichtigen [Anm. des FM: = der das Arbeitszimmer Nutzende] nicht als Werbungskosten abziehbar."	

12.1 Anlage N

Bei Nutzung eines Arbeitszimmers, das sich in angemieteten Räumlichkeiten befindet, bitte ich hinsichtlich der **grundstücksorientierten Aufwendungen** folgende Auffassung zu vertreten:

1. Der das Arbeitszimmer Nutzende ist alleiniger Mieter der Räumlichkeiten

Die grundstücksorientierten Aufwendungen werden gezahlt vom		
Konto des Ehegatten	Gemeinschaftskonto der Ehegatten	Konto des anderen Ehegatten
→ 100 % der grundstücksorientierten Aufwendungen sind abziehbar	→ 100 % der grundstücksorientierten Aufwendungen sind abziehbar	→ die grundstücksorientierten Aufwendungen sind nicht abziehbarer Drittaufwand

2. Beide Ehegatten sind Mieter der Räumlichkeiten

Die grundstücksorientierten Aufwendungen werden gezahlt vom		
Konto des Ehegatten, der das Arbeitszimmer nutzt	Gemeinschaftskonto der Ehegatten	Konto des anderen Ehegatten
→ 100 % der grundstücksorientierten Aufwendungen sind abziehbar	→ 100 % der grundstücksorientierten Aufwendungen sind abziehbar*⁾	→ die grundstücksorientierten Aufwendungen sind nicht abziehbarer Drittaufwand
	*⁾ Beträgt der Nutzungsumfang des häusliches Arbeitszimmer mehr als 50 % der gesamten Wohnfläche, sind maximal 50 % der gemeinsam getragenen Aufwendungen abziehbar	

3. Der andere Ehegatte ist alleiniger Mieter der Räumlichkeiten

Die grundstücksorientierten Aufwendungen werden gezahlt vom		
Konto des Ehegatten, der das Arbeitszimmer nutzt	Gemeinschaftskonto der Ehegatten	Konto des anderen Ehegatten
→ 100 % der grundstücksorientierten Aufwendungen sind abziehbar (vgl. BFH vom 23.08.1999, GrS 5/97, BStBl II 1999, 774)	→ die grundstücksorientierten Aufwendungen sind nicht abziehbarer Drittaufwand*⁾	→ die grundstücksorientierten Aufwendungen sind nicht abziehbarer Drittaufwand

	*) BFH vom 23.08.1999, GrS 2/97 (BStBl II 1999, 782); Orientierungssatz 2: „Soweit die gemeinsam getragenen laufenden Aufwendungen für die Wohnung des Eigentümer-Ehemannes grundstücksorientiert sind (z.B. Schuldzinsen auf den Anschaffungskredit, Grundsteuern, allgemeine Reparaturkosten, Versicherungsprämien u.ä. Kosten), sind sie beim Steuerpflichtigen [Anm. des FM: = der das Arbeitszimmer Nutzende] nicht als Werbungskosten abziehbar."	

II.
Die nutzungsorientierten Kosten (z.B. Energie-, Wasser- und Reinigungskosten), die auf das häusliche Arbeitszimmer entfallen, sind in voller Höhe zu berücksichtigen. Der Höchstbetrag ist zu beachten.

BFH vom 03.04.2019, VI R 46/17 Erforderlichkeit ist kein Kriterium
Der Begriff des häuslichen Arbeitszimmers setzt voraus, dass der jeweilige Raum ausschließlich oder nahezu ausschließlich für betriebliche/berufliche Zwecke genutzt wird. Unerheblich ist, ob ein häusliches Arbeitszimmer für die Tätigkeit erforderlich ist. Für die Abzugsfähigkeit von Aufwendungen genügt die Veranlassung durch die Einkünfteerzielung.

Kein Abzug für Umbau des privat genutzten Badezimmers
Pressemitteilung Nr. 47 vom 01.08.2019 zum BFH-Urteil vom 14.5.2019 VIII R 16/15
Kosten für den Umbau eines privat genutzten Badezimmers gehören nicht zu den abziehbaren Aufwendungen für ein häusliches Arbeitszimmer. Dies hat der BFH mit Urteil vom 14.05.2019, VIII R 16/15 entschieden.

Im Streitfall hatten die zusammen veranlagten Kläger im Jahr 2011 das Badezimmer und den vorgelagerten Flur in ihrem Eigenheim umfassend umgebaut. In dem Eigenheim nutzte der Kläger ein häusliches Arbeitszimmer für seine selbständige Tätigkeit als Steuerberater, das 8,43 % der Gesamtfläche ausmachte. Der Kläger machte für das Streitjahr 8,43 % der entstandenen Umbaukosten gemäß § 4 Abs. 5 Satz 1 Nr. 6b Sätze 2 und 3 des Einkommensteuergesetzes als Betriebsausgaben im Zusammenhang mit seinem häuslichen Arbeitszimmer geltend. Diese Aufwendungen in Höhe von rund 4.000 € berücksichtigte das Finanzamt – mit Ausnahme der Kosten für den Austausch der Tür zum Arbeitszimmer – nicht. Das hat der BFH nunmehr als dem Grunde nach zutreffend angesehen.

Nach dem Urteil des BFH sind Renovierungs- oder Reparaturaufwendungen, die wie z.B. Schuldzinsen, Gebäude-AfA oder Müllabfuhrgebühren für das gesamte Gebäude anfallen, zwar nach dem Flächenverhältnis aufzuteilen und damit anteilig zu berücksichtigen. Nicht anteilig abzugsfähig sind jedoch Kosten für einen Raum, der wie im Streitfall das Badezimmer und der Flur der Kläger ausschließlich – oder mehr als in nur untergeordnetem Umfang – privaten Wohnzwecken dient. Erfolgen Baumaßnahmen in Bezug auf einen privat genutzten Raum, fehlt es an Gebäudekosten, die nach dem Flächenverhältnis aufzuteilen und anteilig abzugsfähig sind.

Da das Finanzgericht keine hinreichenden Feststellungen zu ebenfalls streitigen Aufwendungen für Arbeiten an Rollläden des Hauses der Kläger getroffen hatte, konnte der BFH allerdings in der Sache nicht abschließend entscheiden und verwies die Sache an das FG zurück. Sollte es dabei um die Rollladenanlage des Wohnzimmers gegangen sein, lägen auch insoweit keine abziehbaren Aufwendungen vor.

Lohnsteuerliche Behandlung der Überlassung von Pfarrdienstwohnungen

Die OFD-Vfg. vom 13.07.2017 ist in den DStR 42/2017, 2282 abgedruckt. Dieser Vfg. ist zu entnehmen, wie der geldwerte Vorteil für die Überlassung der Dienstwohnung zu ermitteln ist. Interessant ist dabei insbesondere die Ermittlung möglicher Abschläge bei der Ermittlung des ortsüblichen Mietwertes.

Es werden dabei drei Fallgruppen unterschieden:
1. Bauliche Verbindungen der Diensträume mit dem privaten Bereich lassen einen Abschlag von 10 % zu.
2. Haben Wohn- und Diensträume nur einen gemeinsamen Flur, oder müssen private Flächen durch Besucher oder Mitarbeiter durchquert werden, ist ein Abschlag von 15 % gerechtfertigt.
3. Ist keine Trennung von Amts- und Wohnbereich möglich, ist ein Abschlag bis zu 20 % gerechtfertigt.

Ein Beispielsfall erläutert die Abschlagsregeln.

Pauschale für das „Homeoffice" nach § 4 Abs. 5 S. 1 Nr. 6b S. 4 EStG Zeile 45

Kalendertage, an denen die berufliche Tätigkeit ausschließlich in der häuslichen Wohnung ausgeübt wurde, ohne dass ein häusliches Arbeitszimmer vorliegt.

§ 4 Abs. 5 S. 1 Nr. 6b S. 4 EStG

Liegt kein häusliches Arbeitszimmer vor oder wird auf einen Abzug der Aufwendungen für ein häusliches Arbeitszimmer nach den Sätzen 2 und 3 verzichtet, kann der Steuerpflichtige für jeden Kalendertag, an dem er seine betriebliche oder berufliche Tätigkeit ausschließlich in der häuslichen Wohnung ausübt und keine außerhalb der häuslichen Wohnung belegenen Betätigungsstätte aufsucht, für seine gesamte betriebliche und berufliche Betätigung einen Betrag von 5 € abziehen, höchstens 600 € im Wirtschafts- oder Kalenderjahr;

BMF vom 09.07.2021, IV C 6 – S 2145/19/10006 :013 DOK 2021/0744585

Abzug von Aufwendungen nach § 4 Abs. 5 Satz 1 Nr. 6b EStG für ein häusliches Arbeitszimmer/Homeoffice-Pauschale; Zweifelsfragen

1. Aufgrund der besonderen Situation (insbes. nicht absehbare Entwicklung) ist davon auszugehen, dass zeitliche Abläufe nicht lückenlos dokumentiert worden sind. In diesen Fällen sollten für die Glaubhaftmachung schlüssige Angaben des Arbeitnehmers in der Regel ausreichen.
Die Prüfung des Einzelfalls wird durch das zuständige Finanzamt vorgenommen. Für die Glaubhaftmachung der Tätigkeit im häuslichen Arbeitszimmer/Homeoffice reichen schlüssige Angaben des Arbeitnehmers grundsätzlich aus. Inwieweit Nachweise für die Berücksichtigung eines häuslichen Arbeitszimmers vorgelegt werden müssen

oder ob eine Schlüssigkeitsprüfung, z.B. anhand bereits vorhandener Angaben aus dem Vorjahr, ausreicht, ist im Einzelfall im Rahmen der Bearbeitung der Einkommensteuererklärung zu entscheiden.

2. Für die Geldendmachung der Homeoffice-Pauschale (§ 4 Absatz 5 Nummer 6b Satz 4 2. EStG) ist die beim Arbeitszimmer geltende Voraussetzung „kein anderer Arbeitsplatz" nicht erforderlich.
Die Voraussetzungen nach § 4 Abs. 5 Satz 1 Nr. 6b Satz 2 (kein anderer Arbeitsplatz) und Satz 3 (Mittelpunkt) EStG müssen für den Abzug der Homeoffice-Pauschale nach § 4 Abs. 5 Satz 1 Nr. 6b Satz 4 EStG nicht vorliegen.

3. Aufwendungen für Arbeitsmittel und Telefon-/Internetkosten sind durch die Homeoffice-Pauschale nicht abgegolten.
Zum Umfang der Aufwendungen, die mit der Homeoffice-Pauschale abgegolten sind, verweise ich auf Rdnr. 6 des BMF-Schreibens vom 06.10.2017 (BStBl I S. 1320). Aufwendungen für Arbeitsmittel und Telefon-/Internetkosten sind insoweit nach den bisherigen Regelungen neben der Homeoffice-Pauschale abziehbar.

4. Wenn Monats-/Jahrestickets für zunächst beabsichtigte Fahrten zur ersten Tätigkeitsstätte erworben wurden und die Fahrten aufgrund tatsächlicher Tätigkeit in der häuslichen Wohnung nicht durchgeführt wurden, sind die Aufwendungen für öffentliche Verkehrsmittel als tatsächliche Kosten (Günstigerprüfung gegenüber der Entfernungspauschale, § 9 Abs. 2 Satz 2 EStG) neben der Homeoffice-Pauschale abziehbar.
Die tatsächlich geleisteten Aufwendungen für eine Zeitfahrkarte zur Benutzung öffentlicher Verkehrsmittel für die Wege zwischen Wohnung und erster Tätigkeitsstätte können als Werbungskosten geltend gemacht werden, soweit sie die insgesamt im Kalenderjahr ermittelte Entfernungspauschale übersteigen. Das gilt auch dann, wenn der Arbeitnehmer eine Zeitfahrkarte in Erwartung der regelmäßigen Benutzung für den Weg zur ersten Tätigkeitsstätte erworben hat, er die Zeitfahrkarte dann aber aufgrund der Tätigkeit im Homeoffice nicht im geplanten Umfang verwenden kann. Die Aufwendungen sind nicht auf einzelne Arbeitstage aufzuteilen. Zeitfahrkarten in diesem Sinne sind zum Beispiel Jahres- und Monatsfahrkarten.
Die Berücksichtigung der Homeoffice-Pauschale bleibt davon unberührt. Hierfür gilt, dass die Pauschale nur für diejenigen Tage angesetzt werden kann, an denen der Steuerpflichtige ausschließlich im Homeoffice tätig geworden ist.

5. Die Voraussetzung **„kein anderer Arbeitsplatz"** (§ 4 Abs. 5 Nr. 6b Satz 2 EStG) liegt auch dann vor, wenn der Arbeitnehmer aus Gründen des Gesundheitsschutzes (Vermeidung von Kontakten mit Kollegen) zu Hause gearbeitet hat. Bildet das häusliche Arbeitszimmer den Mittelpunkt der gesamten betrieblichen und beruflichen Betätigung, kommt es auf das Tatbestandsmerkmal des Nicht-Vorliegens eines anderen Arbeitsplatzes nicht an.
Ein anderer Arbeitsplatz steht dem Steuerpflichtigen nach gefestigter Rechtsprechung dann zur Verfügung, wenn er ihn in dem konkret erforderlichen Umfang und in der konkret erforderlichen Art und Weise tatsächlich nutzen kann (z.B. BFH-Urteil vom 07.08.2003, BStBl II 2004, 78).
Kann der Steuerpflichtige seinen betrieblichen oder beruflichen Arbeitsplatz **tatsächlich nicht nutzen, z.B. aus Gründen des Gesundheitsschutzes, steht ihm für seine betriebliche oder berufliche Betätigung kein anderer Arbeitsplatz zur Verfügung.**

Dies gilt für die Zeit der Corona-Pandemie **auch dann**, wenn die Entscheidung über das Tätigwerden im Homeoffice der Steuerpflichtige auch ohne eine ausdrückliche (schriftliche) Anweisung des Auftraggebers/Arbeitgebers getroffen hat und er der Empfehlung der Bundesregierung/der Länder gefolgt ist. Als Zeit der Corona-Pandemie wird dabei der Zeitraum vom 01.03.2020 bis zum 31.12.2021 angenommen.

6. Für die Zeit der pandemiebedingten Ausübung bestimmter Tätigkeiten in der Wohnung (seit März 2020) ist davon auszugehen, dass zu Hause grundsätzlich qualitativ gleichwertige Arbeiten wie beim bisherigen Arbeitsplatz ausgeübt werden, **sodass bei quantitativ überwiegender Tätigkeit der Mittelpunkt der beruflichen Tätigkeit in der Wohnung angenommen werden kann.**
Verfügt der Steuerpflichtige über ein dem Typusbegriff entsprechendes häusliches Arbeitszimmer und erbringt er seine berufliche/betriebliche Betätigung während der Corona-Pandemie ausschließlich oder überwiegend in seinem häuslichen Arbeitszimmer, wird für die qualitative Beurteilung der Betätigung eine mindestens gleichwertige Arbeit angenommen. Bei zeitlich überwiegender Tätigkeit im häuslichen Arbeitszimmer liegt dann der Mittelpunkt der betrieblichen oder beruflichen Betätigung im häuslichen Arbeitszimmer. Bei der Prüfung sind unverändert alle betrieblichen und beruflichen Betätigungen (Gesamttätigkeit) zusammen zu beurteilen.

7. Die zeitliche Prüfung ist für einen zusammenhängenden Zeitraum als Durchschnittsregelung vorzunehmen, bspw. für die Zeit im ersten Lockdown oder insgesamt seit Beginn der Pandemie. Bei Änderung im Betriebsablauf/der Arbeitsorganisation (bspw. bei zeitweiliger Kurzarbeit o.ä.) kann der Arbeitnehmer einen anderen Zeitraum heranziehen. Die vorstehenden Annahmen (5. und 6.) sind für den Zeitraum der Corona-Pandemie grundsätzlich einheitlich zu beurteilen. Dieser beginnt ab dem Zeitpunkt, zu dem der Steuerpflichtige seine betriebliche/berufliche Betätigung ausschließlich oder überwiegend im häuslichen Arbeitszimmer erbringt. Einzelne Unterbrechungen sind dabei unbeachtlich. Für die Prüfung des zeitanteiligen Überwiegens der Tätigkeit im häuslichen Arbeitszimmer kann dabei auf die wöchentliche Regelarbeitszeit abgestellt werden (vgl. BFH-Urteil vom 23.05.2006, BStBl II 2006, 600). Wird der Zeitraum der ausschließlichen oder überwiegenden Betätigung im häuslichen Arbeitszimmer beendet, z.B. nach dem ersten Lockdown, ist der Sachverhalt entsprechend zu würdigen.

Kein privates Veräußerungsgeschäft für häusliche Arbeitszimmer bei Verkauf des Einfamilienhauses im Privatvermögen BFH vom 01.03.2021, IX R 27/19
Wird eine zu eigenen Wohnzwecken genutzte Eigentumswohnung innerhalb der zehnjährigen Haltefrist veräußert, ist der Veräußerungsgewinn auch insoweit gemäß § 23 Abs. 1 Satz 1 Nr. 1 Satz 3 EStG von der Besteuerung ausgenommen, als er auf ein zur Erzielung von Überschusseinkünften genutztes häusliches Arbeitszimmer entfällt.

Der BFH hat sich hiermit gegen die anderslautende Regelung im BMF-Schreiben vom 05.10.2000, BStBl I 2000, 1383, Rz. 21 gestellt.

Dies gilt jedoch nicht im Betriebsvermögen! BFH vom 16.06.2020, VIII R 15/17, DStR 2020, 2413
Der sich nach Abzug der AfA ergebende Buchwert des häuslichen Arbeitszimmers ist ungeachtet der Abzugsbeschränkung gem. § 4 Abs. 5 Satz 1 Nr. 6b Satz 3 EStG für die

Berechnung des Aufgabegewinns maßgebend (§ 18 Abs. 3 Satz 2 i.V.m. § 16 Abs. 2 Satz 2 EStG).

Die infolge der Abzugsbeschränkung (teilweise) nicht abziehbare AfA kann auch nicht auf andere Weise gewinnmindernd bei der Ermittlung des Aufgabegewinns berücksichtigt werden.

Die Besteuerung des Aufgabegewinns unter Berücksichtigung des um die nicht abziehbare AfA geminderten Buchwerts des häuslichen Arbeitszimmers verstößt nicht gegen Art. 3 Abs. 1 GG, insbesondere nicht gegen den Grundsatz der Besteuerung nach der wirtschaftlichen Leistungsfähigkeit.

12.1.9 Fortbildungskosten (Zeile 46)

Werbungskosten können grundsätzlich nur noch nach abgeschlossener erster Berufsausbildung oder abgeschlossenem Erststudium vorliegen. Dann sind jedoch die tatsächlichen Aufwendungen für Fahrtkosten, Verpflegungsmehraufwand etc. zu berücksichtigen. Damit sind insbesondere die Kosten für den Masterstudiengang als Fortbildungskosten begünstigt.

Aufwendungen für einen Sprachkurs im Ausland können nach dem Urteil des BFH vom 24.02.2011, VI R 12/10 als Werbungskosten berücksichtigt werden. Der Aufteilungsmaßstab kann dann aber wegen der regelmäßigen privaten Mitveranlassung der Auslandsreise ein anderer als der zeitliche sein. Sollte dabei keiner der Beteiligten einen anderen Aufteilungsmaßstab nachweisen können, bestehen nach Auffassung des BFH keine Bedenken, von einer hälftigen Aufteilung sämtlicher Reisekosten auszugehen.

12.1.10 Weitere Werbungskosten (Zeilen 46–48)

BMF vom 21.07.2021, IV C 5 – S 2353/20/10004 :002 DOK 2021/0281734
Steuerliche Anerkennung von Umzugskosten nach R 9.9 Abs. 2 LStR;
Änderung der maßgebenden Beträge für umzugsbedingte Unterrichtskosten und sonstige Umzugsauslagen ab 01.04.2021 sowie 01.04.2022
Maßgeblich für die Ermittlung der Pauschalen ist der Tag vor dem Einladen des Umzugsguts.

1. Der Höchstbetrag nach § 9 Abs. 2 BUKG, der für die Anerkennung von Auslagen für den durch den Umzug bedingten zusätzlichen Unterricht für ein Kind des Berechtigten (nach § 6 Abs. 3 Satz 2 BUKG) maßgebend ist, beträgt ab:
   - 01.04.2021 1.160 €,
   - 01.04.2022 1.181 €.
2. Der Pauschbetrag für sonstige Umzugsauslagen beträgt:
   a) Für Berechtigte (§ 10 Abs. 1 Satz 2 Nr. 1 BUKG):
      - ab 01.04.2021 870 €,
      - ab 01.04.2022 886 €.
   b) Für jede andere Person (Ehegatte, der Lebenspartner sowie die ledigen Kinder, Stief- und Pflegekinder, die auch nach dem Umzug mit dem Berechtigten in häuslicher Gemeinschaft leben (§ 10 Abs. 1 Satz 2 Nr. 2 BUKG):
      - ab 01.04.2021 580 €,
      - ab 01.04.2022 590 €.

3. Für Berechtigte, die am Tage vor dem Einladen des Umzugsgutes keine Wohnung hatten oder nach dem Umzug keine eigene Wohnung eingerichtet haben, beträgt die Pauschvergütung nach § 10 Abs. 2 BUKG:
   - ab 01.04.2021 174 €,
   - ab 01.04.2022 177 €.

Das BMF-Schreiben vom 20.05.2020, IV C 5 – S 2353/20/10004 :001; DOK: 2020/0504692 (BStBl I 2020, 544) ist auf Umzüge nicht mehr anzuwenden, bei denen der Tag vor dem Einladen des Umzugsguts nach dem 31.03.2021 liegt.

Das in der Rechtsprechung entwickelte Kriterium der wesentlichen Wegezeitverkürzung für eine steuerliche Berücksichtigung von beruflich veranlassten Umzugskosten ist grundsätzlich ein geeignetes Indiz, aufgrund dessen auf berufliche Gründe für einen Umzug geschlossen werden kann (vgl. Bergkemper in Herrmann/Heuer/Raupach, § 9 EStG Rz. 313; von Bornhaupt, in: Kirchhof/Söhn/Mellinghoff, EStG, § 9 Rz. B 599, B 599a).

Dies wurde durch das **BFH-Urteil vom 07.05.2015, VI R 73/13** noch einmal bestätigt. Als wesentliche Verkürzung der Wegezeit gilt dabei eine **Zeitersparnis von mindestens einer Stunde täglich**.

Die Pauschalen wurden ab 2020 erhöht und sind im Einzelfall neu zu ermitteln.

Übernachtungspauschbetrag für Berufskraftfahrer gem. § 9 Abs. 1 Satz 3 Nr. 5b EStG
Berufskraftfahrer, die in ihrem Lkw übernachten, konnten bislang keine Übernachtungspauschale geltend machen. Die ihnen entstehenden Aufwendungen für die Benutzung der sanitären Einrichtungen auf Raststätten (Dusche, Toilette) sowie für die Reinigung der Schlafkabine im Lkw (Bettwäsche) konnten sie als Reisenebenkosten in geschätzter Höhe steuerlich absetzen oder vom Arbeitgeber steuerfrei erstattet bekommen (BMF-Schreiben vom 04.12.2012, BStBl I 2012, 1249; BFH-Urteil vom 28.03.2012, VI R 48/11).

Ab dem 01.01.2020 können Berufskraftfahrer nun eine Übernachtungspauschale in Höhe von **8 € pro Kalendertag** als Werbungskosten absetzen. Die Übernachtungspauschale von 8 € wird für jeden Kalendertag berücksichtigt, an dem der Arbeitnehmer einen Verpflegungspauschbetrag für Auswärtstätigkeit beanspruchen könnte. Der Ansatz dieser Pauschale erfolgt anstelle der tatsächlichen Mehraufwendungen.

Es können auch höhere Aufwendungen als die 8 € nachgewiesen und geltend gemacht werden. Die Entscheidung, die tatsächlichen Mehraufwendungen oder den gesetzlichen Pauschbetrag geltend zu machen, kann nur einheitlich im Kalenderjahr erfolgen.

Der Arbeitgeber kann Erstattungen einheitlich im Kalenderjahr entweder bis zur Höhe der nachgewiesenen tatsächlichen Mehraufwendungen oder bis zur Höhe des neuen Pauschbetrages steuerfrei leisten.

Die neue Übernachtungspauschale gilt gem. § 4 Abs. 10 EStG nicht nur für Arbeitnehmer, sondern auch für selbstständige Berufskraftfahrer.

12.1.11 Reisekosten bei beruflich veranlassten Auswärtstätigkeiten (Zeilen 61–72)

Durch **beruflich bedingte Auswärtstätigkeiten** können diverse Kosten entstehen, die als Werbungskosten abzugsfähig sind. Es handelt sich dabei insbesondere um:

- die Fahrtkosten,
- Mehraufwendungen für Verpflegung,
- die Übernachtungskosten,
- sonstige Reisenebenkosten.

Beruflich veranlasste Auswärtstätigkeiten sind auch Vorstellungsgespräche eines Stellenbewerbers. Wenn der Arbeitnehmer sich also alle drei Monate aus Berlin um einen neuen Arbeitsplatz in Stuttgart bewirbt, sind viermal die Fahrten Berlin – Stuttgart – Berlin, die Übernachtungs- und die Verpflegungsmehraufwendungen als Werbungskosten abzugsfähig.

Fahrtkosten

Hier besteht natürlich die Möglichkeit des Einzelnachweises durch Belegsammlung und Führung eines Fahrtenbuches. Alternativ kann für jeden gefahrenen Kilometer 0,30 € als Werbungskosten in Abzug gebracht werden (siehe hier auch H 9.5 „Pauschale Kilometersätze" LStH und Rz. 36 des BMF-Schreibens vom 24.10.2014, IV C 5 – S 2353/14/10002).

Mehraufwendungen für Verpflegung

§ 9 Abs. 4a EStG regelt die Abzugsfähigkeit der Verpflegungsmehraufwendungen. Für eintägige auswärtige Tätigkeiten ohne Übernachtung kann ab einer Abwesenheit von mehr als acht Stunden von der Wohnung und der ersten Tätigkeitsstätte eine Pauschale von **14 €** berücksichtigt werden. Dies gilt auch, wenn der Arbeitnehmer seine auswärtige berufliche Tätigkeit über Nacht (also an zwei Kalendertagen) ausübt – somit nicht übernachtet – und dadurch ebenfalls insgesamt mehr als acht Stunden von der Wohnung und der ersten Tätigkeitsstätte abwesend ist. Ist der Arbeitnehmer an einem Kalendertag mehrfach oder über Nacht (an zwei Kalendertagen ohne Übernachtung) auswärts tätig, sind die Abwesenheitszeiten dieser Tätigkeiten zusammenzurechnen.

Für die Kalendertage, an denen der Arbeitnehmer außerhalb seiner Wohnung und ersten Tätigkeitsstätte beruflich tätig ist (auswärtige berufliche Tätigkeit) und aus diesem Grund 24 Stunden von seiner Wohnung abwesend ist, kann weiterhin eine Pauschale von **28 €** als Werbungskosten geltend gemacht bzw. vom Arbeitgeber steuerfrei ersetzt werden (**Zwischentag**). Für den An- und Abreisetag einer mehrtägigen auswärtigen Tätigkeit mit Übernachtung außerhalb der Wohnung kann ohne Prüfung einer Mindestabwesenheitszeit eine Pauschale von jeweils 14 € als Werbungskosten berücksichtigt bzw. vom Arbeitgeber steuerfrei ersetzt werden. Insoweit ist es unerheblich, ob der Arbeitnehmer die Reise von der Wohnung, der ersten oder einer anderen Tätigkeitsstätte aus antritt.

Für **Tätigkeiten im Ausland** gibt es nur noch **zwei Pauschalen in Höhe von 120 % und 80 %** der Auslandstagegelder nach dem Bundesreisekostengesetz unter den gleichen Voraussetzungen wie bei den inländischen Pauschalen. Die entsprechenden Beträge für 2015 wurden im BMF-Schreiben vom 19.12.2014, BStBl I 2015, 34 bekannt gegeben. Im Hinblick auf die bei auswärtigen beruflichen Tätigkeiten im Ausland oftmals über Nacht oder mehrere Tage andauernden An- und Abreisen genügt es für die Qualifizierung als An- und Abreisetag, wenn der Arbeitnehmer unmittelbar nach der Anreise oder vor der Abreise auswärtig übernachtet.

Der Abzug der Verpflegungsmehraufwendungen ist gem. § 9 Abs. 4a Satz 6 EStG **auf die ersten drei Monate** einer längerfristigen beruflichen Tätigkeit an derselben Tätigkeitsstätte **beschränkt**. Um die Berechnung der Dreimonatsfrist zu vereinfachen, wurde eine rein zeitliche Bemessung der Unterbrechungsregelung eingeführt. Danach führt eine **Unterbrechung** der beruflichen Tätigkeit an derselben Tätigkeitsstätte zu einem Neubeginn der Dreimonatsfrist, wenn sie **mindestens vier Wochen** dauert (§ 9 Abs. 4a Satz 7 EStG). Der Grund der Unterbrechung ist unerheblich; es zählt nur noch die Unterbrechungsdauer.

Eine **Kürzung der Verpflegungspauschalen** ist nach § 9 Abs. 4a Satz 8 EStG immer dann vorzunehmen, wenn dem Arbeitnehmer eine Mahlzeit von seinem Arbeitgeber oder auf dessen Veranlassung von einem Dritten zur Verfügung gestellt wird. Die Kürzung gilt daher auch für die Teilnahme des Arbeitnehmers an einer geschäftlich veranlassten Bewirtung i.S.d. § 4 Abs. 5 Satz 1 Nr. 2 EStG oder an einem außerhalb der ersten Tätigkeitsstätte gewährten Arbeitsessen (R 19.6 Abs. 2 Satz 2 LStR 2013), wenn der Arbeitgeber oder auf dessen Veranlassung ein Dritter die Mahlzeit zur Verfügung stellt. Es kommt nicht darauf an, ob Vorteile aus der Gestellung derartiger Mahlzeiten zum Arbeitslohn zählen.

Die Kürzung des Werbungskostenabzugs erfolgt dann tageweise, und zwar:
- um 20 % für ein Frühstück und
- um jeweils 40 % für ein Mittag- und Abendessen

der für die 24-stündige Abwesenheit geltenden höchsten Verpflegungspauschale. Das entspricht für Auswärtstätigkeiten im Inland einer Kürzung der jeweils zustehenden Verpflegungspauschale um **5,60 €** für ein **Frühstück** und jeweils **11,20 €** für ein **Mittag- und Abendessen.**

Weitere Ausführungen und Beispiele sind dem BMF-Schreiben vom 24.10.2014, IV C 5 – S 2353/14/10002 zu entnehmen.

Mit Schreiben vom 19.05.2015, IV C 5 – S 2353/15/10002 DOK 2015/0364577, dem sogenannten „Knabbererlass", wurden Einzelfragen der Wirtschaft durch das BMF beantwortet.

Chipstüten, Salzgebäck, Schokowaffeln, Müsliriegel oder vergleichbare Knabbereien im Flugzeug, Zug oder Schiff erfüllen danach nicht die Kriterien für eine Mahlzeit und führen nicht zu einer Kürzung der Verpflegungspauschale.

Kürzung der Verpflegungspauschalen auch bei Nichteinnahme zur Verfügung gestellter Mahlzeiten
BFH-Urteil vom 07.08.2020, VI R 16/18
Die Verpflegungspauschalen sind auch dann zu kürzen, wenn der Arbeitgeber dem Arbeitnehmer Mahlzeiten zur Verfügung stellt, diese vom Arbeitnehmer aber nicht eingenommen werden.

Das Zurverfügungstellen einer Mahlzeit durch den Arbeitgeber (oder auf dessen Veranlassung durch einen Dritten) i.S.v. § 9 Abs. 4a Satz 8 EStG erfordert nicht, dass der Arbeitnehmer die Mahlzeit auch tatsächlich einnimmt. Aus welchen Gründen der Arbeitnehmer eine ihm von seinem Arbeitgeber zur Verfügung gestellte Mahlzeit nicht einnimmt, ist insoweit ebenfalls unerheblich.

Schon nach dem Wortsinn beinhaltet das „Zur-Verfügung-Sstellen" einer Mahlzeit lediglich ihre Bereitstellung. Der Arbeitgeber muss den Arbeitnehmer in die Lage versetzen, die angebotene bzw. bereitgestellte Mahlzeit anzunehmen. Ob der Arbeitnehmer die Mahlzeit tatsächlich auch annimmt (in Besitz nimmt), ist für die Frage, ob die Mahlzeit zur Verfügung gestellt wurde, ohne Bedeutung. Das Annehmen einer Mahlzeit durch den Arbeitnehmer ist nach der Wortbedeutung etwas Anderes als das Zurverfügungstellen, Bereitstellen oder Abgeben derselben durch den Arbeitgeber.

Unbelegte Brötchen mit einem Heißgetränk sind kein Frühstück
19.09.2019, Urteil vom 03.07.2019, VI R 36/17
Unbelegte Backwaren mit einem Heißgetränk sind kein Frühstück im lohnsteuerrechtlichen Sinne, BFH-Urteil vom 03.07.2019, VI R 36/17
Im Streitfall hatte der Arbeitgeber seinen Arbeitnehmern unbelegte Backwaren wie Brötchen und Rosinenbrot nebst Heißgetränken zum sofortigen Verzehr im Betrieb kostenlos bereitgestellt. Das Finanzamt sah dies als ein Frühstück an, das mit den amtlichen Sachbezugswerten zu versteuern sei.

Dem folgte der BFH nicht. Die unentgeltliche oder verbilligte Abgabe von Speisen und Getränken durch den Arbeitgeber an seine Arbeitnehmer könne zu Arbeitslohn führen. Arbeitslohn liege grundsätzlich vor, wenn der Arbeitgeber dem Arbeitnehmer eine Mahlzeit, wie ein Frühstück, Mittagessen oder Abendessen, unentgeltlich oder verbilligt reiche. Davon abzugrenzen seien nicht steuerbare Aufmerksamkeiten, die lediglich der Ausgestaltung des Arbeitsplatzes und der Schaffung günstiger betrieblicher Arbeitsbedingungen dienten und denen daher keine Entlohnungsfunktion zukomme.

Im vorliegenden Fall handele es sich bei den unentgeltlich zugewandten Lebensmitteln nicht um Arbeitslohn in Form kostenloser Mahlzeiten, **sondern um nicht steuerbare Aufmerksamkeiten**.

Unbelegte Brötchen seien auch in Kombination mit einem Heißgetränk kein Frühstück i.S.v. § 2 Abs. 1 Satz 2 Nr. 1 der Sozialversicherungsentgeltverordnung. Selbst für ein einfaches Frühstück müsse jedenfalls noch ein Aufstrich oder ein Belag hinzutreten. Die Überlassung der Backwaren nebst Heißgetränken habe daher lediglich der Ausgestaltung des Arbeitsplatzes und der Schaffung günstiger betrieblicher Arbeitsbedingungen gedient.

Unterkunftskosten im Rahmen einer Auswärtstätigkeit, § 9 Abs. 1 Satz 3 Nr. 5a EStG
Unterkunfts- bzw. Übernachtungskosten sind die tatsächlichen Aufwendungen für die persönliche Inanspruchnahme einer Unterkunft zur Übernachtung. Hierzu zählen zum Beispiel Kosten für die Nutzung eines Hotelzimmers, Mietaufwendungen für die Nutzung eines (ggf. möblierten) Zimmers oder einer Wohnung sowie Nebenleistungen (z.B. Kultur- und Tourismusförderabgabe, Kurtaxe/Fremdenverkehrsabgabe, bei Auslandsübernachtungen die besondere Kreditkartengebühr bei Zahlungen in Fremdwährungen). Im Rahmen des Werbungskostenabzugs können lediglich die tatsächlich entstandenen Übernachtungskosten und **keine Pauschalen** berücksichtigt werden. Für den Abzug der Unterkunftskosten ist lediglich die berufliche Veranlassung zu prüfen, nicht aber die Angemessenheit der Unterkunft (bestimmte Hotelkategorie oder Größe der Unterkunft). Die Anerkennung von Unterkunftskosten im Rahmen einer auswärtigen beruflichen Tätigkeit erfordert, dass noch eine andere Wohnung besteht, an der der Arbeitnehmer seinen Lebensmittelpunkt hat, ohne dass dort jedoch ein eigener Hausstand vorliegen muss. Für die Berücksichtigung von Unterkunftskosten anlässlich einer Auswärtstätigkeit wird somit – **anders als bei der doppelten Haushaltsführung** – nicht vorausgesetzt, dass der Arbeitnehmer eine Wohnung aus eigenem Recht oder als Mieter innehat und eine finanzielle Beteiligung an den Kosten der Lebensführung leistet. Es genügt, wenn

der Arbeitnehmer z.B. im Haushalt der Eltern ein Zimmer bewohnt. Ist die Unterkunft am auswärtigen Tätigkeitsort die einzige Wohnung/Unterkunft des Arbeitnehmers, liegt kein beruflich veranlasster Mehraufwand vor.

Soweit höhere Übernachtungskosten anfallen, weil der Arbeitnehmer eine Unterkunft gemeinsam mit Personen nutzt, die in keinem Dienstverhältnis zum selben Arbeitgeber stehen, sind nur diejenigen Aufwendungen anzusetzen, die bei alleiniger Nutzung durch den Arbeitnehmer angefallen wären. Nicht abziehbar sind somit Mehrkosten, die aufgrund der Mitnutzung der Übernachtungsmöglichkeit durch eine Begleitperson entstehen, insbesondere wenn die Begleitung privat und nicht beruflich veranlasst ist. Bei Mitnutzung eines Mehrbettzimmers (z.B. Doppelzimmer) können die Aufwendungen angesetzt werden, die bei Inanspruchnahme eines Einzelzimmers im selben Haus entstanden wären.

Bei einer **längerfristigen beruflichen Tätigkeit** an derselben Tätigkeitsstätte im Inland, die nicht erste Tätigkeitsstätte ist, können **nach Ablauf von 48 Monaten** die tatsächlich entstehenden Unterkunftskosten höchstens noch bis zur Höhe von **1.000 € im Monat** als Werbungskosten abgezogen oder vom Arbeitgeber steuerfrei erstattet werden. Das gilt auch für Hotelübernachtungen.

Bei Übernachtungen **im Ausland** im Rahmen einer längerfristigen Auswärtstätigkeit gelten die bisherigen Grundsätze zur beruflichen Veranlassung und Notwendigkeit der entstandenen Aufwendungen unverändert weiter. Die Höchstgrenze von 1.000 € gilt hier nicht. Eine berufliche Tätigkeit an derselben Tätigkeitsstätte liegt nur vor, wenn der Arbeitnehmer an dieser **mindestens an drei Tagen wöchentlich** tätig wird. **Die 48-Monatsfrist beginnt daher** nicht, solange die auswärtige Tätigkeitsstätte nur an zwei Tagen wöchentlich aufgesucht wird. Eine Unterbrechung von weniger als sechs Monaten, z.B. wegen Urlaub, Krankheit, beruflicher Tätigkeit an einer anderen Tätigkeitsstätte führt nicht zu einem Neubeginn der 48-Monatsfrist. Die Prüfung des Unterbrechungszeitraums und des Ablaufs der 48-Monatsfrist erfolgt stets im Nachhinein mit Blick auf die zurückliegende Zeit.

12.1.12 Doppelte Haushaltsführung (Zeilen 91–117)
Berufliche Veranlassung

Eine doppelte Haushaltsführung liegt gem. § 9 Abs. 1 Nr. 5 S. 2 EStG nur vor, wenn der Arbeitnehmer außerhalb des Ortes seiner ersten Tätigkeitsstätte einen **eigenen Haushalt unterhält** und auch am Ort der ersten Tätigkeitsstätte wohnt. Die Anzahl der Übernachtungen ist unerheblich. Das Vorliegen eines eigenen Hausstandes setzt neben dem Innehaben einer Wohnung aus eigenem Recht als Eigentümer oder Mieter bzw. aus gemeinsamen oder abgeleitetem Recht als Ehegatte, Lebenspartner oder Lebensgefährte sowie Mitbewohner gemäß § 9 Abs. 1 Satz 3 Nr. 5 Satz 3 EStG auch eine **finanzielle Beteiligung an den Kosten der Lebensführung** (laufende Kosten der Haushaltsführung) voraus. Es genügt nicht, wenn der Arbeitnehmer z.B. im Haushalt der Eltern lediglich ein oder mehrere Zimmer unentgeltlich bewohnt oder wenn dem Arbeitnehmer eine Wohnung im Haus der Eltern unentgeltlich zur Nutzung überlassen wird. Die finanzielle Beteiligung an den Kosten der Haushaltsführung ist darzulegen und kann auch bei volljährigen Kindern, die bei ihren Eltern oder einem Elternteil wohnen, nicht generell unterstellt werden. Eine finanzielle Beteiligung an den Kosten der Haushaltsführung mit Bagatellbeträgen ist nicht ausreichend. Betragen die Barleistungen des Arbeitnehmers mehr als 10 % der monatlich regelmäßig anfallenden laufenden Kosten der Haushaltsführung (z.B. Miete, Mietnebenkosten, Kosten für Lebensmittel und andere Dinge des täglichen Bedarfs), ist von einer finanziellen Beteiligung oberhalb der Bagatellgrenze auszugehen. Liegen die Barleistungen darunter, kann der Arbeitnehmer eine hinreichende finanzielle Beteiligung auch auf andere Art und Weise darlegen. Bei Ehegatten oder Lebenspartnern mit den Steuerklassen III, IV oder V kann eine finanzielle Beteiligung an den Kosten der Haushaltsführung ohne entsprechenden Nachweis unterstellt werden.

Zur Bedeutung des Umfangs der finanziellen Beteiligung ist beim BFH das Revisionsverfahren VI R 39/19 anhängig.

Das Beziehen einer Zweitwohnung oder -unterkunft muss aus beruflichen Gründen erforderlich sein. Eine Zweitwohnung oder -unterkunft in der Nähe des Beschäftigungsorts steht einer Zweitwohnung am Ort der ersten Tätigkeitsstätte gleich. Aus Vereinfachungsgründen kann von einer Zweitunterkunft oder -wohnung am Ort der ersten Tätigkeitsstätte dann noch ausgegangen werden, wenn der Weg von der Zweitunterkunft oder -wohnung zur ersten Tätigkeitsstätte weniger als die Hälfte der Entfernung der kürzesten Straßenverbindung zwischen der Hauptwohnung (Mittelpunkt der Lebensinteressen) und der ersten Tätigkeitsstätte beträgt.

Keine doppelte Haushaltsführung bei Wegezeiten von nur etwa einer Stunde

Das FG Baden-Württemberg hat mit Urteil vom 16.06.2016 (1 K 3229/14) entschieden, dass eine doppelte Haushaltsführung steuerlich nicht anerkannt wird, wenn die regelmäßigen Fahrzeiten zwischen dem eigenen Hausstand des Steuerpflichtigen und seinem Arbeitsplatz etwa eine Stunde betragen. In diesem Fall wohne der Steuerpflichtige bereits am Beschäftigungsort und könne die Kosten für eine näher am Arbeitsplatz liegende Zweitwohnung nicht absetzen.

Der Arbeitnehmer hatte im Streitjahr Mietaufwendungen für eine Zwei-Zimmer-Wohnung als beruflich veranlasste Werbungskosten geltend gemacht, weil er von dieser Wohnung zu seiner 6 km entfernten Arbeitsstätte in der Großstadt S pendelte. Ansonsten lebte der Kläger mit seiner Ehefrau in einer vom Arbeitsort 37 km entfernten Drei-Zimmer-Wohnung.

Die Mietaufwendungen für die Zwei-Zimmer-Wohnung wurden nicht anerkannt, weil die vom Kläger mit seiner Ehefrau bewohnte Drei-Zimmer-Wohnung (eigener Hausstand) **im Einzugsgebiet seiner Arbeitsstätte liege und er daher bereits an seinem Beschäftigungsort wohne**.

Eine doppelte Haushaltsführung setze voraus, dass der Ort des eigenen Hausstandes und des Beschäftigungsortes auseinanderfallen. Ein Arbeitnehmer wohne bereits dann am Beschäftigungsort, wenn er von seinem Hausstand ungeachtet von Gemeinde- und Landesgrenzen seine Arbeitsstätte in zumutbarer Weise täglich aufsuchen könne. Unter Beschäftigungsort sei nicht die jeweilige politische Gemeinde zu verstehen, sondern der Bereich, der zu der konkreten Anschrift der Arbeitsstätte noch als Einzugsgebiet anzusehen sei. Ausschlaggebend sei dabei nicht allein die Entfernung zwischen Wohnung und Arbeitsstätte.

Eine Wohnung am Beschäftigungsort liege regelmäßig vor, wenn sie in einem Bereich liege, von dem aus der Arbeitnehmer üblicherweise täglich zu diesem Ort fahren könne. Dabei würden Fahrzeiten von etwa einer Stunde für die einfache Strecke noch in einem zeitlichen Rahmen liegen, in dem es einem Arbeitnehmer zugemutet werden könne, von seinem Hausstand die Arbeitsstätte aufzusuchen.

Gegen das Urteil wurde Revision beim BFH eingelegt (Az. VI R 31/16).

Fahrtkosten (Zeilen 100–108)

Während bei den Fahrten zwischen Wohnung und erster Tätigkeitsstätte eine Entfernungspauschale (erhöht ab dem 21. km) anzusetzen ist, müssen bei Familienheimfahrten i.S.d. doppelten Haushaltsführung nach § 9 Abs. 1 Nr. 5 S. 6 EStG tatsächlich Aufwendungen entstanden sein, die abgegolten werden. Eine Erhöhung ab dem 21. km entfällt damit.

Der Unterschied ist bei Eintragung in der Zeile 100 festzumachen. Wurden die Familienheimfahrten mit dem Firmenwagen durchgeführt, ist nach § 9 Abs. 1 Nr. 5 S. 8 EStG kein Ansatz von Werbungskosten möglich!

Abzugsfähigkeit von Aufwendungen für Familienheimfahrten mit teilentgeltlich vom Arbeitgeber überlassenen Firmenwagen
FG Niedersachsen Urteil vom 08.07.2020, 9 K 78/19 (nrkr. – BFH-Az.: VI R 35/20)

Ist ein Abzug von Aufwendungen für wöchentliche Familienheimfahrten auch dann aufgrund der Vorschrift des § 9 Abs. 1 Satz 3 Nr. 5 Satz 8 EStG ausgeschlossen, wenn dem Arbeitnehmer für die Überlassung eines Firmenwagen tatsächlich Kosten entstehen (im Streitfall: pauschaler monatlicher Zuzahlungsbetrag zzgl. einer kilometerabhängigen Tankkostenzuzahlung)? Zuvor hatte der **BFH** bereits mit Urteil vom 28.02.2013 (VI R 33/11, BFHE 240, 342, BStBl II 2013, 629) entschieden, dass ein **Werbungskostenabzug bei unentgeltlicher Überlassung eines Firmenwagens mangels eigenen Aufwands ausgeschlossen ist**.

Im Streitfall hatte ein Arbeitgeber dem Kläger (Arbeitnehmer) im Rahmen eines Arbeitsverhältnisses – auch für die Durchführung von Privatfahrten – einen Firmenwagen überlassen. Die vertraglich vereinbarte pauschale monatliche Zuzahlung in Höhe vom 0,5 % des Bruttolistenpreises und die monatlich einbehaltenen Beträge für die Nutzung der Tankkarte zu Privatfahrten (0,10 € bzw. 0,09 € pro gefahrenen Kilometer) berücksichtigte der Arbeitgeber bereits bei den monatlichen Lohnabrechnungen in Form der Minderung des zu versteuernden geldwerten Vorteils bis auf max. 0 €. Zuzahlungsüberhänge in einzelnen Monaten wurden jedoch aus technischen Gründen nicht auf andere Monate des Streitjahres, in denen geldwerte Vorteile verblieben, übertragen. Der Kläger nutzte den ihm überlassenen Pkw auch für wöchentliche Familienheimfahrten im Rahmen einer beruflich veranlassten doppelten Haushaltsführung.

Das FG lehnt den Werbungskostenabzug ab. Führt der Arbeitnehmer mit einem vom Arbeitgeber überlassenen Kfz wöchentliche Familienheimfahrten im Rahmen einer beruflich veranlassten doppelten Haushaltsführung durch, verbleibt es nach Überzeugung des 9. Senats **auch dann** bei dem Werbungskostenabzugsverbot gemäß § 9 Abs. 1 Satz 3 Nr. 5 Satz 8 EStG, **wenn die Überlassung teilentgeltlich erfolgt** und dem Arbeitnehmer damit tatsächliche Aufwendungen für die Durchführung der Fahrten entstehen.

Der Gesetzgeber unterscheide nicht zwischen unentgeltlicher und teilentgeltlicher Überlassung mit der Folge, dass alle Arten von Überlassung von dem Abzugsverbot erfasst werden (so auch die Auffassung der Finanzverwaltung in R 9.10 Abs. 2 LStR).

Höhe der abzugsfähigen Unterkunftskosten (Zeile 109 + 110)

Als Unterkunftskosten für eine doppelte Haushaltsführung **im Inland** werden die dem Arbeitnehmer **tatsächlich** entstandenen Aufwendungen für die Nutzung der Wohnung oder Unterkunft höchstens bis zu einem nachgewiesenen Betrag von **1.000 € im Monat** anerkannt. Die Prüfung der Notwendigkeit und Angemessenheit (60 m²) ist für das Inland entfallen. Nur bei Unterkünften im Ausland gelten die betragsmäßigen Begrenzungen nicht. Hier verbleibt es bei der Angemessenheit von 60m².

Der Höchstbetrag umfasst nach Rz. 104 des Reisekostenerlasses sämtliche entstehenden Aufwendungen wie Miete, Betriebskosten, Kosten der laufenden Reinigung und Pflege der Zweitwohnung oder -unterkunft, AfA für notwendige Einrichtungsgegenstände (ohne Arbeitsmittel), Zweitwohnungsteuer, Rundfunkbeitrag, Miet- oder Pachtgebühren für Kfz-Stellplätze, Aufwendungen für Sondernutzung (wie Garten), die vom Arbeitnehmer selbst getragen werden.

Kosten für Einrichtungsgegenstände voll abziehbar
BFH-Urteil vom 04.04.2019, VI R 18/17

Aufwendungen für Einrichtungsgegenstände und Hausrat für eine im Rahmen einer doppelten Haushaltsführung genutzten Wohnung fallen nicht unter die Höchstbetragsbegrenzung von 1.000 € und sind daher grundsätzlich in vollem Umfang als Werbungskosten abziehbar.

Im Streitfall hatte der Kläger eine beruflich veranlasste doppelte Haushaltsführung begründet. Aufwendungen für die Miete nebst Nebenkosten sowie Anschaffungskosten für die Einrichtung machte er als Werbungskosten geltend. Das Finanzamt erkannte die Aufwendungen nur in Höhe von 1.000 € je Monat an, da die Abzugsfähigkeit der Kosten für die Unterkunft nach der Neufassung des § 9 Abs. 1 Satz 3 Nr. 5 EStG ab dem Veranlagungszeitraum 2014 auf diesen Höchstbetrag begrenzt sei. Dem widersprach das Finanzgericht. Die Kosten der Einrichtung (Absetzung für Abnutzung auf angeschaffte Einrichtungsgegenstände und Aufwendungen für geringwertige Wirtschaftsgüter) seien keine Kosten der Unterkunft und seien daher nicht mit dem Höchstbetrag abgegolten. Da die übrigen Kosten den Höchstbetrag nicht überschritten hätten, seien die Aufwendungen in voller Höhe abzugsfähig.

Der BFH bestätigte die FG-Entscheidung. Gemäß § 9 Abs. 1 Satz 3 Nr. 5 EStG sind nur die Kosten der Unterkunft auf den Höchstabzugsbetrag von 1.000 € gedeckelt. Davon sind aber Aufwendungen für Haushaltsartikel und Einrichtungsgegenstände nicht umfasst, da diese nur für deren Nutzung und nicht für die Nutzung der Unterkunft getätigt werden. Die Nutzung der Einrichtungsgegenstände ist nicht mit der Nutzung der Unterkunft als solcher gleichzusetzen. Derartige Aufwendungen sind daher – soweit sie notwendig sind – ohne Begrenzung der Höhe nach abzugsfähig.

BFH vom 03.04.2019, VI R 15/17 Vorfälligkeitsentschädigung im Zusammenhang mit dem Verkauf der Zweitwohnung

Wird die Wohnung am Beschäftigungsort anlässlich der Beendigung einer aus beruflichem Anlass begründeten doppelten Haushaltsführung veräußert, ist eine dabei anfallende Vorfälligkeitsentschädigung nicht als Werbungskosten bei den Einkünften aus nichtselbständiger Arbeit zu berücksichtigen.

Bei der Anwendung des Höchstbetrags ist grundsätzlich § 11 EStG zu beachten. Soweit der monatliche Höchstbetrag von 1.000 € nicht ausgeschöpft wird, **ist eine Übertra-**

gung des nicht ausgeschöpften Volumens in andere Monate des Bestehens der doppelten Haushaltsführung im selben Kalenderjahr **möglich**. Erhält der Arbeitnehmer Erstattungen z.B. für Nebenkosten, mindern diese Erstattungen im Zeitpunkt des Zuflusses die Unterkunftskosten der doppelten Haushaltsführung.

Ein häusliches Arbeitszimmer in der Zweitwohnung am Ort der ersten Tätigkeitsstätte ist bei der Ermittlung der anzuerkennenden Unterkunftskosten wie bisher nicht einzubeziehen; der Abzug der hierauf entfallenden Aufwendungen richtet sich weiterhin nach § 4 Abs. 5 Satz 1 Nr. 6b EStG.

Der Höchstbetrag nach § 9 Abs. 1 Satz 3 Nr. 5 Satz 4 EStG in Höhe von 1.000 € ist ein Monatsbetrag, der nicht auf einen Kalendertag umzurechnen ist und grundsätzlich für jede doppelte Haushaltsführung des Arbeitnehmers gesondert gilt. Beziehen mehrere berufstätige Arbeitnehmer (z.B. beiderseits berufstätige Ehegatten, Lebenspartner, Lebensgefährten, Mitglieder einer Wohngemeinschaft) am gemeinsamen Beschäftigungsort eine gemeinsame Zweitwohnung, handelt es sich jeweils um eine doppelte Haushaltsführung, sodass jeder Arbeitnehmer den Höchstbetrag für die tatsächlich von ihm getragenen Aufwendungen jeweils für sich beanspruchen kann.

Pauschbeträge für Mehraufwendungen für Verpflegung (Zeilen 111–114)

Die für die Dienstreisen dargelegten Mehrverpflegungspauschalen gelten auch für die doppelte Haushaltsführung; § 9 Abs. 4a S. 12 EStG.

BFH-Urteil vom 01.10.2019, VIII R 29/16
Voraussetzungen einer doppelten Haushaltsführung für beiderseits beruflich tätige Ehegatten, die mit den Kindern am Beschäftigungsort leben

Für beiderseits berufstätige Ehegatten, die mit ihren Kindern am Beschäftigungsort in einer familiengerechten Wohnung leben, ist der Mittelpunkt der Lebensinteressen im Rahmen einer Gesamtwürdigung der Umstände des Einzelfalls nach den in der höchstrichterlichen Rechtsprechung entwickelten Kriterien zu bestimmen.

Danach gilt die Vermutung, dass sich der Mittelpunkt der Lebensinteressen unter diesen Umständen in der Regel an den Beschäftigungsort verlagert, auch wenn die frühere Familienwohnung beibehalten und zeitweise noch genutzt wird. Der Steuerpflichtige kann Umstände des Einzelfalls darlegen, die entgegen der Regelvermutung auf Grundlage der erforderlichen Gesamtwürdigung für einen Lebensmittelpunkt außerhalb des Beschäftigungsorts sprechen.

12.1.13 Abbildungen zu Kapitel 12.1

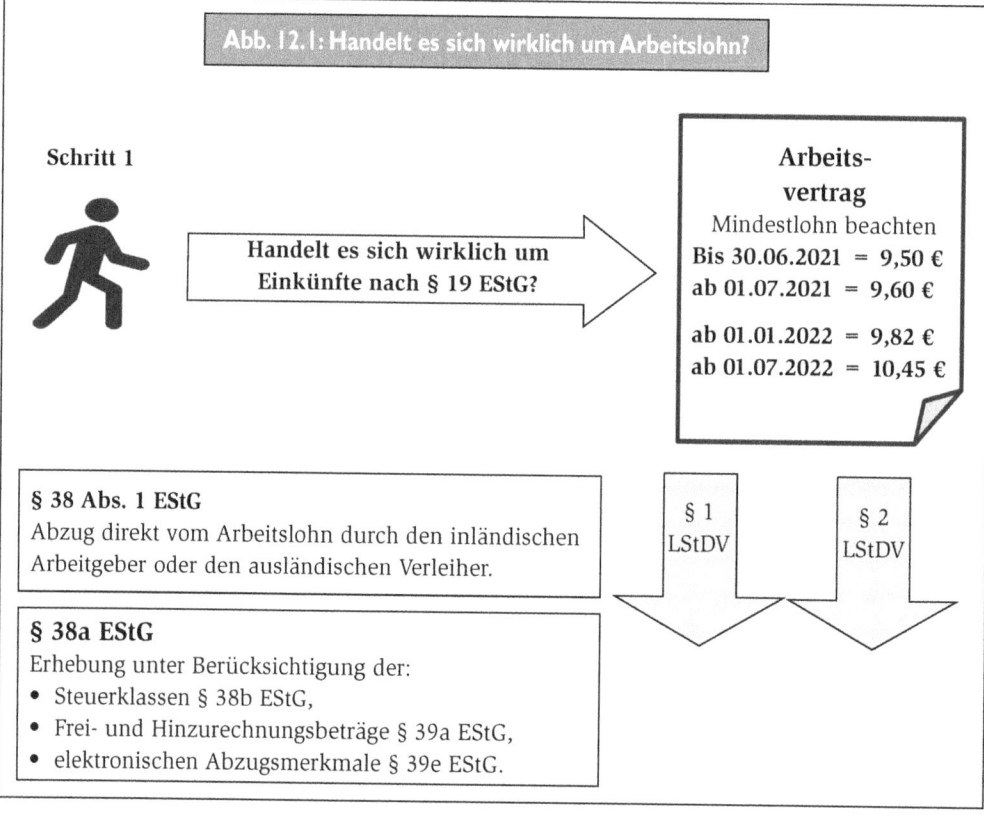

Abb. 12.1: Handelt es sich wirklich um Arbeitslohn?

Schritt 1

Handelt es sich wirklich um Einkünfte nach § 19 EStG?

Arbeitsvertrag
Mindestlohn beachten
Bis 30.06.2021 = 9,50 €
ab 01.07.2021 = 9,60 €
ab 01.01.2022 = 9,82 €
ab 01.07.2022 = 10,45 €

§ 38 Abs. 1 EStG
Abzug direkt vom Arbeitslohn durch den inländischen Arbeitgeber oder den ausländischen Verleiher.

§ 1 LStDV

§ 2 LStDV

§ 38a EStG
Erhebung unter Berücksichtigung der:
- Steuerklassen § 38b EStG,
- Frei- und Hinzurechnungsbeträge § 39a EStG,
- elektronischen Abzugsmerkmale § 39e EStG.

Abb. 12.2: Formale Anforderungen an Ehegattenarbeitsverhältnisse
BFH-Urteil vom 18.11.2020, VI R 28/18

1. Lohnzahlungen an einen **im Beruf des Steuerpflichtigen mitarbeitenden** Angehörigen **sind** als Werbungskosten **abziehbar**,
   - wenn der Angehörige aufgrund eines wirksamen,
   - inhaltlich dem zwischen Fremden Üblichen entsprechenden Arbeitsvertrags beschäftigt wird,
   - die vertraglich geschuldete Arbeitsleistung erbringt
   - und der Steuerpflichtige seinerseits die Arbeitgeberpflichten, insbesondere die der Lohnzahlung, erfüllt (Bestätigung der ständigen Rechtsprechung).

2. Bei der nicht vollzeitigen Beschäftigung Angehöriger sind Unklarheiten bei der Wochenarbeitszeit für die steuerliche Anerkennung des Arbeitsverhältnisses **unschädlich**, wenn die konkrete Arbeitszeit des Angehörigen von den beruflichen Erfordernissen des Steuerpflichtigen abhängt und Unklarheiten deshalb auf die Eigenart des Arbeitsverhältnisses und nicht auf eine unübliche Gestaltung zurückzuführen sind.

3. **A**ufzeichnungen betreffend Arbeitszeit, z.B. Stundenzettel, dienen lediglich Beweiszwecken. Sie sind für die steuerliche Anerkennung eines Arbeitsverhältnisses zwischen nahen Angehörigen daher **nicht zwingend erforderlich**.

Abb. 12.3: „Selbständigkeit versus Scheinselbständigkeit" Abgrenzung anhand der Rechtsprechung des Bundessozialgerichts

Die Bundesrechtsanwaltskammer hat mit Stand März 2021 mit einem 14 seitigen Beitrag die Entscheidungen der obersten Gerichte ausgewertet.

Unter 5.1 des Beitrags werden auch die Kriterien des BSG für die Einordnung als selbständige Tätigkeit aufgeführt.

Unter 5.2 werden dann die Kriterien für abhängige Beschäftigungsverhältnisse ausführlich dargestellt.

Unter 5.3 erfolgt dann eine Auflistung, anhand welcher Kriterien die Abgrenzung erfolgen sollte.

Abb. 12.4: Pauschalen für die Fahrten zwischen Wohnung und erster Tätigkeitsstätte – BFH-Urteil vom 12.06.2018, VIII R 14/15 und BMF vom 04.04.2018, Beck StE 20 § 8/2 Rz. 10

Der Arbeitnehmer kann dem Arbeitgeber kalendermonatlich schriftlich erklären, an welchen Tagen er den Pkw genutzt hat – mit Datumsangabe! ... oder **in der Einkommensteuererklärung korrigieren**!

Grundsätzlich:
Pkw Bruttolistenpreis 60.000 €
0,03 % × 20 km × 12 Monate = 4.320 €
Entfernungspauschale

Corona!

Einzelnachweis durch den Arbeitnehmer:
Pkw Bruttolistenpreis 60.000 €
0,002 % × 20 km × 60 Fahrten = 1.440 €
Entfernungspauschale

Es sind 2.880 € weniger Arbeitslohn zu versteuern

Erst bei **180 Fahrten** sind die 0,03 % ausgeglichen

Wechsel der Bewertungsmethode für das gesamte Kalenderjahr ist zulässig; FinMin. Schleswig-Holstein, Kurzinfo vom 21.05.2021 ESt

Abb. 12.5 Zuzahlungen des Arbeitnehmers mindern den geldwerten Vorteil
BMF vom 04.04.2018, IV C 5 – S 2334/18/1000

Neu! BFH vom 16.12.2020, VI R 19/18

Vom Arbeitgeber an den Arbeitnehmer überlassen:
- Listenneupreis bei Erstzulassung 60.000 €.
- Entfernung Wohnung : erste Tätigkeitsstätte = 20 km.

Einnahmen
§ 8 Abs. 2 S. 2–4 EStR =
1 % von 60.000 € je Monat (× 12) =   7.200 €   Kein „Stromi" sondern „Benzina"
0,03 % von 60.000 € je Monat (× 12)
× 20 km Entfernung =   4.320 €   !!! Auch in den weiteren fünf
im Bruttolohn enthalten   11.520 €   Folgejahren nicht vergessen

Nachgewiesene – vom Arbeitnehmer   1.000 €   In der Anlage N
getragene – Fahrzeugkosten   ./. 6.000 € → korrigierte Einnahmen
                                                          = 10.520 €
Das sind keine Werbungskosten!   (statt 11.520 €)

Sind zeitanteilig zu berücksichtigen!

Abb. 12.6: Corona Beihilfen und Unterstützungen für Arbeitnehmer, § 3 Nr. 11a EStG
BMF-Schreiben vom 09.04.2020, Beck StE 20 § 3/6

Bisher noch keine Änderung im § 32b EStG, damit kein Progressionsvorbehalt!

Corona-Steuerhilfegesetz neuer **§ 3 Nr. 11a EStG**:
- „zusätzlich zum ohnehin geschuldeten Arbeitslohn vom Arbeitgeber
- in der Zeit vom 1. März bis zum 31. März 2022
- auf Grund der Corona-Krise an seine Arbeitnehmer
- in Form von Zuschüssen und Sachbezügen gewährte Beihilfen und Unterstützungen
- bis zu einem Betrag von **1.500 €**".

Wurde bis zum 31. März 2022 verlängert
(AbzStEntModG)

1.500 € werden nicht erhöht

Abb. 12.7: Nachweis zum Corona Bonus von 1.500 € – § 3 Nr. 11a EStG

Im FAQ „Corona" Steuern (Stand v. 06.07.2021) wird zum Nachweis der Voraussetzungen u.a. wie folgt formuliert:

„Für die Steuerfreiheit der Leistungen **ist es erforderlich**, dass aus den vertraglichen Vereinbarungen zwischen Arbeitgeber und Arbeitnehmer oder anderen Vereinbarungen bzw. Erklärungen **erkennbar ist, dass es sich um steuerfreie Beihilfen und Unterstützungen zur Abmilderung der zusätzlichen Belastung durch die Corona-Krise handelt und die übrigen Voraussetzungen des § 3 Nummer 11a EStG eingehalten werden.**" Neu ist die Formulierung „oder anderen Vereinbarungen bzw. Erklärungen".

Die steuerfreien Leistungen **sind im Lohnkonto aufzuzeichnen (§ 4 Abs. 2 Nr. 4 LStDV)**, so dass sie bei der Lohnsteuer-Außenprüfung als solche erkennbar sind und die Rechtsgrundlage für die Zahlung bei Bedarf geprüft werden kann.

Der Zusammenhang der Beihilfen und Unterstützungen mit der Corona-Krise kann sich aus einzelvertraglichen Vereinbarungen zwischen Arbeitgeber und Arbeitnehmer, aus ähnlichen Vereinbarungen oder aus Erklärungen des Arbeitgebers ergeben. Ähnliche Vereinbarungen zwischen Arbeitgeber und Arbeitnehmer können zum Beispiel Tarifverträge oder gesonderte Betriebsvereinbarungen sein.

Als Erklärungen des Arbeitgebers werden zum Beispiel individuelle Lohnabrechnungen **oder Überweisungsbelege anerkannt, in denen die Corona-Sonderzahlungen als solche ausgewiesen sind.**

Abb. 12.8: § 3 Nr. 34 EStG Steuerbefreiung für arbeitgebergeförderte Präventions- und betriebliche Gesundheitsförderung
OFD Karlsruhe, Vfg. vom 21.07.2020, S 2342/135-St 142

Leistungen, die **nicht nach § 3 Nr. 34 EStG steuerbefreit** sind, werden in Rz. 34 der OFD Vfg. aufgezählt. Dazu zählen insbesondere

- Mitgliedsbeiträge in Sportvereinen,
- Trainingsprogramme mit einseitigen körperlichen Belastungen
- Physiotherapeutische Behandlung
- Massagen und Aufwendung für Arbeitsmittel, Sport- und Übungsgeräte.

BMF vom 20.04.2021

Völlig losgelöst von der Regelung des § 3 Nr. 34 EStG sind **Leistungen des Arbeitgebers zur betrieblichen Gesundheitsförderung steuerfrei**, wenn sie ganz überwiegend eigenbetrieblichen Interesse erfolgen und daher nicht als Arbeitslohn anzusehen sind.
In Rz. 37 der OFD Vfg. werden einige derartige Leistungen aufgezählt.
Dazu zählen z.B.:
- Betriebseigene Fitnessräume,
- Duschanlagen,
- Förderungen der Betriebssportgemeinschaft,
- Schutzimpfungen etc.

Abb. 12.9: Bewertungsabschlag für Mitarbeiterwohnungen

Mitarbeiterwohnungen § 8 Abs. 2 S. 12 EStG ab 01.01.2020

Der Ansatz eines **Sachbezugs** für eine dem Arbeitnehmer vom Arbeitgeber zu eigenen Wohnzwecken überlassene Wohnung **unterbleibt**:
- soweit das vom Arbeitnehmer gezahlte Entgelt mindestens zwei Drittel des ortsüblichen Mietwerts
- und dieser nicht mehr als 25 € je Quadratmeter
- ohne umlagefähige Kosten im Sinne der Verordnung über die Aufstellung von Betriebskosten beträgt.

Ein Drittel der ortsüblichen Miete (Mietspiegel zuzüglich der umlagefähigen Kosten) kann danach bei der Bewertung des Sachwertes abgerechnet werden. Beträgt die ortsübliche Miete mehr als 25 €/m², ist kein Bewertungsabschlag möglich.

Abb. 12.10: Neuer § 8 Abs. 4 EStG gilt klarstellend für das gesamte Einkommensteuergesetz (somit auch für die § 3 Nr. 11a, 15, 33,34, 34a, 37, 46 und § 8 Abs. 2 S. 11 und § 37b Abs. 2 und § 40 Abs. 2 S. 1 Nr. 5 + 6 + 7 und § 100 Abs. 3 Nr. 2 EStG)

Im Sinne des Einkommensteuergesetzes werden Leistungen des Arbeitgebers oder auf seine Veranlassung eines Dritten (Sachbezüge oder Zuschüsse) für eine Beschäftigung nur dann „**zusätzlich** zum ohnehin geschuldeten Arbeitslohn" erbracht, wenn:
1. die Leistung nicht auf den Anspruch auf Arbeitslohn angerechnet,
2. der Anspruch auf Arbeitslohn nicht zugunsten der Leistung herabgesetzt,
3. die verwendungs- oder zweckgebundene Leistung nicht anstelle einer bereits vereinbarten **künftigen** Erhöhung des Arbeitslohns gewährt und
4. bei Wegfall der Leistung der Arbeitslohn nicht erhöht wird.

Dies gilt im Hinblick auf den Grundsatz der Gleichmäßigkeit der Besteuerung unabhängig davon, ob der Arbeitslohn tarifgebunden ist.

Es sind somit im gesamten Lohn-und Einkommensteuerrecht **nur echte Zusatzleistungen** des Arbeitgebers **steuerbegünstigt**.

Gehaltsumwandlungen erfüllen nicht die Voraussetzung der „Zusätzlichkeit"!

Abb. 12.11: Gutscheine/Geldkarten: Nichtbeanstandungsregelung bis Ende 2021 beschlossen!

Nichtbeanstandungsregelung für die Jahre 2020 und 2021 beschlossen, FinMin Sachsen-Anhalt vom 26.02.2021, 45-S 2334-331/4/13848/2021, NWB HAAAH-73135.

Es wird danach für die Einordnung als Sachlohn nicht beanstandet, wenn Gutscheine und Geldkarten ausschließlich zum Bezug von Waren oder Dienstleistungen berechtigen, jedoch (noch) nicht die Kriterien des § 2 Abs. 1 Nr. 10 Zahlungsdiensteaufsichtsgesetzes erfüllen.

BMF vom 13.04.2021
- 30 Rz. die grundsätzlich ab 01.01.2020 anzuwenden sind.
- Abgrenzung zwischen Geldleistung und Sachbezug;
- Anwendung der Regelungen des § 8 Abs. 1 Satz 2 und 3 und Abs. 2 Satz 11 zweiter Halbsatz EStG.

§ 8 Abs. 2 S. 11 EStG: Ab 01.01.2022 Anhebung der 44 € auf dann 50 €

Abb. 12.12: Neues von Spendit, Stand Oktober 2021

Ihre Mitarbeiter und Sie können **in Zukunft** zwischen **verschiedenen Kategorien wählen**. Folgende Kategorien wurden im BMF Schreiben bereits explizit genannt:
- Personennah- und Fernverkehr,
- Kraftstoff & Ladestrom,
- Fitnessleistungen,
- Streamingdienste,
- Zeitungen und Zeitschriften, Bücher,
- „Behandlung der Person" in Form von Hautpflege, Makeup, Frisur, Bekleidung, Düfte.

Für die Anpassung auf diese Kategorien liegt uns bereits eine positive Finanzamts-Anrufungsauskunft vor. Darüber hinaus haben wir zahlreiche Anrufungsauskünfte zu weiteren, über die im BMF-Schreiben hinausgehende, Kategorien eingereicht und sind dazu in Abstimmung mit den Finanzämtern.

Abb. 12.13: Neues von Spendit, Stand Oktober 2021

Das Sachbezugs-Guthaben auf der SpenditCard kann dann **künftig**:
- weltweit online und offline
- für Einkäufe bei Händlern **einer bestimmten Kategorie,**
- für die sich Ihre Mitarbeiter individuell entschieden haben, verwendet werden.

Zum 1. Januar 2022 bedeutet dies konkret folgende Änderung:
Auswahl von Kategorien (Händlerkategorien)
In Kürze werden wir Ihnen die Möglichkeit anbieten, die SpenditCard einer bestimmten Kategorie (Händlerkategorie) zuzuordnen.
Ihre Mitarbeiter können dann selbst bestimmen, welche Kategorie (z.B. Mobilität oder Fitness) sie für ihre persönliche SpenditCard bevorzugen.
Optional können Sie als Arbeitgeber eine Vorselektion der auswählbaren Kategorien für alle SpenditCards auf Unternehmensebene durchführen.

- Erhöhung auf bis zu 50 Euro
- Nutzung der SpenditCard im Ausland

Mit dem BMF-Schreiben wurde grünes Licht für den Einsatz des steuerfreien Sachbezugs im Ausland gegeben. Die SpenditCard wird deshalb zukünftig keine Einschränkung mehr auf Deutsche Händler haben.

Abb. 12.14: Steuerfreie Nutzung betrieblicher Fahrräder, § 6 Abs. 1 Nr. 4 Satz 6 und § 3 Nr. 37 EStG

... wenn nicht zusätzlich zum Arbeitslohn ...
FinMin Baden-Württemberg vom 09.01.2020

Ab 2019! Bis Ende 2030 verlängert.

Muss nicht in 2019 angeschafft worden sein

Kein Fahrzeug i.S.d. § 6 Abs. 1 Nr. 4 S. 2 EStG

Die private Nutzung des betrieblichen Fahrrades bleibt außer Ansatz!

Keine Anrechnung auf die Entfernungspauschale

Wird das Fahrrad **unentgeltlich oder verbilligt übereignet**, kann der Arbeitgeber nach § 40 Abs. 2 EStG pauschal versteuern.

Abb. 12.15: Steuerbefreiungen für Arbeitnehmer

- § 3 Nr. 37 EStG → ... Überlassung eines betrieblichen Fahrrades
- § 3 Nr. 44 EStG → ... dort genannte Stipendien
- § 3 Nr. 45 EStG → private Nutzung der AG EDV Anlagen ... „Homeoffice"
- § 3 Nr. 46 EStG → kostenlose Aufladen der Elektrofahrzeuge beim AG ...
- § 3 Nr. 51 EStG → Trinkgelder
- § 3 Nr. 55 ff. EStG → Altersvorsorge

Abb. 12.16: Betriebsveranstaltungen – Freibetrag nach § 19 Abs. 1 Nr. 1a S. 3 EStG – Beck StE 20 § 19/6

Beispiel:
Anlässlich einer Betriebsveranstaltung mit 75 teilnehmenden Arbeitnehmern und 25 begleitenden Ehegatten oder Freunden fallen folgende Kosten an:

	Betrag
Catering (Speisen und Getränke)	9.000
~~Externes Eventmanagement~~ BFH vom 15.10.2020, VI R 13/18	~~2.000~~
Miete Veranstaltungsraum	1.000
Summe	10.000
Kosten je Teilnehmer	**100**

§ 19 Abs. 1 S. 1 Nr. 1a EStG:
Freibetrag 110 € für zwei Veranstaltungen, aber einschließlich Begleitpersonen.

50 Arbeitnehmer haben einen geldwerten Vorteil von 100 € erhalten. Unterhalb des Freibetrages = nicht steuerpflichtig.

25 Arbeitnehmer haben einen geldwerten Vorteil von 200 € erhalten, weil der Anteil der Begleitperson zugerechnet wird.
90 € oberhalb des Freibetrages sind jeweils steuerpflichtig.
Pauschalbesteuerung nach § 40 Abs. 2 EStG möglich.

Abb. 12.17: Betriebsveranstaltungen – Freibetrag nach § 19 Abs. 1 Nr. 1a S. 3 EStG

Absagen zur Feier gehen steuerlich zu Lasten der feiernden Kollegen; BFH-Urteil vom 29.04.2021, VI R 31/18; BMF vom 12.05.2014 (BStBl I 2014, 860)

Für 20 Personen wird die Weihnachtsfeier vorbereitet und die Kosten belaufen sich auf 2.200 € (20 Personen × 110 €).
2 Personen sagen krankheitsbedingt ab.
Sind die 2.200 € nun auf 18 Personen (= 122,22 €) zu verteilen? **Jaa!**

12 € oberhalb des Freibetrages sind jeweils steuerpflichtig. Pauschalbesteuerung nach § 40 Abs. 2 EStG möglich.

Abb. 12.18: Versorgungsfreibetrag nach § 19 Abs. 2 EStG

1. Bemessungsgrundlage ist das **Zwölffache** des Versorgungsbezugs für den ersten vollen Monat. § 19 Abs. 2 S. 4 EStG
2. Bei mehreren Versorgungsbezügen mit unterschiedlichem Bezugsbeginn ist der Höchstbetrag **des ersten** Versorgungsbezugs maßgeblich. § 19 Abs. 2 S. 6 EStG
3. Der Versorgungsfreibetrag und der Zuschlag gilt für **die gesamte Laufzeit**. § 19 Abs. 2 S. 8 EStG
4. **Regelmäßige Anpassungen** führen zu keiner Veränderung und sind damit zu 100 % zu versteuern. § 19 Abs. 2 S. 9 EStG
5. Eine **Neuberechnung** des Versorgungsfreibetrages erfolgt **nur** bei Änderungen der Versorgung aufgrund von Anrechnungs-, Ruhens-, Erhöhungs- oder Kürzungsregelungen (z.B. bei Witwenpensionen mit anderen Einkünften ...) § 19 Abs. 2 S. 10 EStG
6. Für jeden vollen Kalendermonat, für den keine Versorgungsbezüge gezahlt werden, **vermindert sich der Freibetrag** um ein Zwölftel. § 19 Abs. 2 S. 12 EStG

Abb. 12.19: Versorgungsfreibetrag nach § 19 Abs. 2 EStG

Voraussetzungen:

1. Ruhegehalt, Witwen- oder Waisengeld, Unterhaltsbeitrag aufgrund von beamtenrechtlichen oder entsprechenden gesetzlichen Vorschriften (Beamtenpension)

2. **In anderen** Fällen wegen:
   - Erreichens einer Altersgrenze,
   - verminderter Erwerbsfähigkeit oder
   - Hinterbliebenenversorgung

   gelten als Versorgungsbezüge, wenn 63. Lebensjahr vollendet oder 50 % Schwerbehinderung + 60. Lebensjahr vollendet (Betriebspensionen)

Berechnung:

			Beginn in 2021
Versorgungsbezüge x 40 % höchstens 3.000 €	gestaffelt abnehmend bis 2040		15,2 % höchstens 1.140 €
+ Zuschlag 900 €	gestaffelt abnehmend bis 2040		342 €
= 3.900 €	**Versorgungsfreibetrag und Zuschlag**		1.482 €

Der Arbeitnehmerpauschbetrag ist entfallen. Stattdessen gibt es jetzt einen Pauschbetrag nach § 9a S. 1 Nr. 1b EStG von nur noch **102 €**.

Abb. 12.20: Kurzarbeitergeld (KUG) in Zeiten der Corona-Krise

Lohnsteuer:

- Das gezahlte Kurzarbeitergeld ist gemäß § 3 Nr. 2 Buchst. a) EStG **steuerfrei**, unterliegt jedoch dem sog. Progressionsvorbehalt.
- **Vom Arbeitgeber gezahlte Zuschüsse** zum Kurzarbeitergeld sind dagegen grundsätzlich steuerpflichtig.
- Eine Ausnahme gilt nach **§ 3 Nr. 28a EStG** jedoch für Lohnzahlungszeiträume **nach dem 29.02.2020 und vor dem 01.01.2022**.
- Geleistete **Zuschüsse des Arbeitgebers** zum Kurzarbeitergeld und Saison-Kurzarbeitergeld sind in diesem Zeitraum **steuerfrei, soweit sie zusammen mit dem Kurzarbeitergeld 80 % des ausgefallenen Arbeitsentgelts nicht übersteigen**.
- Zuschüsse zum Kurzarbeitergeld sind grundsätzlich nach § 1 Abs. 1 Satz 1 Nr. 8 SvEV beitragsfrei, soweit sie zusammen mit dem Kurzarbeitergeld 80 % des ausgefallenen Arbeitsentgelts nicht übersteigen.

Abb. 12.21: Entfernungspauschale (§ 9 Abs. 1 S. 1 Nr. 4 EStG) zur ersten Tätigkeitsstätte (BMF vom 31.10.2013, IV C 5 – S 2351/09/10002 :002 + BMF vom 24.10.2014, IV C 5 – S 2353/14/10002)

von der Wohnung — Verkehrsmittelunabhängig (zu Fuß, Fahrrad, Auto, Boot, Taxi, BVG ...) → erste Tätigkeitsstätte

Verfassungsgemäß: BFH vom 15.11.2016, VI R 4/15
Kein Ansatz der tatsächlichen Kosten

Arbeitstage × Entfernung × 0,30 €
Maximal 4.500 €

BFH 12.02.2020, VI R 42/17
Die Entfernungspauschale für Wege zwischen Wohnung und erster Tätigkeitsstätte gilt arbeitstäglich zwei Wege (einen Hin- und einen Rückweg) ab. Legt ein Arbeitnehmer nur einen Weg zurück, so ist nur die Hälfte der Entfernungspauschale je Entfernungskilometer und Arbeitstag als Werbungskosten zu berücksichtigen.

Abb. 12.22: Erhöhte Entfernungspauschale ab 2021 – § 9 Abs. 1 S. 1 Nr. 4 S. 8 EStG

0,30 € je volle erste 20 Entfernungskilometer
0,35 € ab dem 21. vollen Kilometer

ab 2024 = 0,38 €

Verkehrsmittelunabhängig
(zu Fuß, Fahrrad, Auto, Boot, Taxi, BVG ...)

von der Wohnung → erste Tätigkeitsstätte

Beispiel:
Der Arbeitnehmer fährt an **210 Arbeitstagen** von seiner Wohnung zur **30 km** entfernten ersten Tätigkeitsstätte.

Verkehrsmittelunabhängig × 210 Arbeitstage × Entfernung 20 km × 0,30 € = 1.260 €
+ Verkehrsmittelunabhängig × 210 Arbeitstage × Entfernung 10 km × 0,35 € =   735 €
                                                                           1.995 €

Bis einschließlich 2020 noch **1.890 €**

12.1 Anlage N

Abb. 12.23: Erste Tätigkeitsstätte, § 9 Abs. 4 EStG zur Ersten Tätigkeitsstätte, BMF vom 25.11.2020, Beck StE 20 § 9/10; Rz. 2–35

Neuer Reisekostenerlass 2020

→ Es wird nur pauschal ein Betrag von **0,30 €** je 20 km Entfernung gewährt. **Ab dem 21. km** für jeden voll weiteren km **0,35 €**.

→ Es werden **keine Verpflegungspauschalen** gewährt.

→ Es kann **nur eine oder keine** erste Tätigkeitsstätte geben. Das häusliche Arbeitszimmer ist keine erste Tätigkeitsstätte.

Abb. 12.24: Erste Tätigkeitsstätte, § 9 Abs. 4 EStG zur Ersten Tätigkeitsstätte, BMF vom 25.11.2020

Neuer Reisekostenerlass 2020

1

Eine von der Wohnung getrennte, **ortsfeste betriebliche Einrichtung**, die räumlich zusammengefasste Sachmittel umfasst, die der Tätigkeit des Arbeitgebers, eines verbundenen Unternehmens oder eines vom Arbeitgeber bestimmten Dritten dienen und mit dem Erdboden verbunden oder dazu bestimmt sind überwiegend standortgebunden genutzt zu werden (z.B. auch Baucontainer); Reisekostenerlass vom 25.11.2020 Rz. 3

2

Dauerhafte Zuordnung durch den Arbeitgeber geht der **quantitativen Ermittlung** des § 9 Abs. 4 S. 4 EStG vor. Reisekostenerlass vom 25.11.2020 **Rz. 9**

Abb. 12.25: Erste Tätigkeitsstätte bei einer vollzeitigen Bildungsmaßnahme BFH Urteil vom 14.05.2020, VI R 24/18

Nach der Neuregelung des steuerlichen Reisekostenrechts zum Veranlagungszeitraum 2014 gilt auch eine Bildungseinrichtung, die außerhalb eines Dienstverhältnisses zum **Zwecke eines Vollzeitstudiums** oder einer **vollzeitigen Bildungsmaßnahme** aufgesucht wird, als erste Tätigkeitsstätte. Dies gilt auch dann, wenn die Bildungseinrichtung lediglich im Rahmen einer kurzzeitigen Bildungsmaßnahme besucht wird.

Seit dem Veranlagungszeitraum 2014 werden Auszubildende und Studierende, die eine Bildungseinrichtung dauerhaft aufsuchen, im Gegensatz zur früheren Rechtslage einem Arbeitnehmer steuerlich gleichgestellt, der eine erste Tätigkeitsstätte dauerhaft aufsucht. In diesen Fällen kann der Auszubildende/Studierende Aufwendungen für die Fahrten zur Bildungseinrichtung **nur noch mit der Entfernungspauschale** und nicht mehr in tatsächlicher Höhe als Werbungskosten ansetzen.

Auch der Abzug von **Übernachtungskosten und Verpflegungsmehraufwendungen kommt nicht mehr** nach Dienstreisegrundsätzen, sondern nur noch in Betracht, wenn der Steuerpflichtige am Lehrgangsort einen durch die Bildungsmaßnahme veranlassten doppelten Haushalt führt.

Abb. 12.26: Nur Ansatz der Entfernungspauschale bei Fahrten zum Sammelpunkt, BFH Urteil vom 19.04.2021, VI R 6/19

Die entsprechende Anwendung der Entfernungspauschale setzt gem. § 9 Abs. 1 Satz 3 Nr. 4a Satz 3 EStG voraus,
- dass der Arbeitnehmer den Ort oder das weiträumige Gebiet zur Aufnahme der Arbeit
- aufgrund **einer Weisung des Arbeitgebers** zum einen typischerweise arbeitstäglich und zum anderen auch dauerhaft aufzusuchen hat.

Für die Frage,
- ob der Arbeitnehmer denselben Ort oder dasselbe weiträumige Tätigkeitsgebiet
- aufgrund der Weisung des Arbeitgebers „dauerhaft" aufzusuchen hat,
- ist die Legaldefinition in § 9 Abs. 4 Satz 3 EStG entsprechend heranzuziehen.

12.1 Anlage N

> **Abb. 12.27: Bücher als Arbeitsmittel des Lehrers können Werbungskosten sein (das gilt natürlich nicht nur für Lehrer!)**

BFH vom 20.05.2010, VI R 53/09

„Arbeitsmittel sind Wirtschaftsgüter, die unmittelbar zur Erledigung der dienstlichen Aufgaben dienen. Hierzu können auch Zeitschriften und Bücher zählen, wenn die Literatur ausschließlich oder zumindest weitaus überwiegend beruflich genutzt wird."

Buchtitel und Betrag	Wann wurde das Buch genutzt?	In welcher Klasse wurde das Buch genutzt?	In welchem Fach wurde das Buch genutzt?	Zu welchem Thema wurde das Buch genutzt?	In welchem Umfang wurde das Buch genutzt?
Feuchtgebiete 50 €	Unterrichtstage	3c und 4a	Sport und Musik	Moral und …	jede Unterrichtsstunde

Für Geringwertige Wirtschaftsgüter 800 € Begrenzung beachten!

> **Abb. 12.28: Aufwendungen eines Arbeitnehmers für die Feier eines Dienstjubiläums**
> **BFH vom 20.01.2016, VI R 24/15**

Aufwendungen für eine betriebsinterne Feier anlässlich eines Dienstjubiläums können (nahezu) ausschließlich beruflich veranlasst und damit Werbungskosten sein, wenn der Arbeitnehmer die Gäste nach abstrakten berufsbezogenen Kriterien einlädt.
BFH vom 20.01.2016, VI R 24/15, DStRE 2016, 1025

BFH vom 10.11.2016, VI R 7/16 **Geburtstagsfeier** im Betrieb
(wenn betrieblicher Bezug: kollegiales Miteinander, Pflege des Betriebsklimas, betriebliche Gepflogenheit, rustikale Feierlichkeit, während der Arbeitszeit mit Billigung des Arbeitgebers …)

- Was ist das auslösende Moment für die Feierlichkeit?
- Was ist der Anlass der Feierlichkeit?
- Wer ist als Gastgeber aufgetreten?
- Wer hat die Gästeliste bestimmt?
- An welchem Ort findet die Feierlichkeit statt?
- Haben die Kosten den Charakter einer privaten Veranstaltung?

Abb. 12.29: Umwidmung von Wirtschaftsgütern – H 9.12 „Absetzung für Abnutzung" LStH

Kosten für Arbeitsmittel des Arbeitnehmers können z.B. sein:
- Schreibtisch,
- Bürostuhl,
- PC, Laptop, Notebook, Tablet
- Drucker, Scanner
- Aktenregal, Schreibtischcontainer
- Web-Cam ...

Wurden diese zuvor privat genutzt und nun in der Corona Krise **umgewidmet (beruflich genutzt)**, ist der Buchwert bei Einlage als Werbungskosten zu berücksichtigen.

Die ursprünglichen Anschaffungskosten sind auf die gesamte Nutzungsdauer zu verteilen. Der Wert bei Umwidmung ist dann als Werbungskosten (bis 800 € sofort) zu berücksichtigen.

Abb. 12.30: NEU! Nutzungsdauer für digitale Wirtschaftsgüter nur ein Jahr (sofortige Betriebsausgaben)

Ab dem VZ 2021 ist für bestimmte digitale Wirtschaftsgüter eine neue „Sofortabschreibungsmöglichkeit" eingeführt worden, um mehr Unternehmen und Arbeitnehmer bei der Verlagerung der Arbeit ins Homeoffice zu unterstützen.

BMF vom 26.02.2021, IV C 3 – S 2190/21/10002 :013

Die Anschaffungs- oder Herstellungskosten (AK/HK) für Computerhardware (z.B. Laptops, Drucker, Scanner, zusätzliche Bildschirme) und Betriebs- und Anwender-Software können danach im Jahr der Anschaffung oder Herstellung vollständig steuerlich berücksichtigt werden.

Was wird gefördert:
Abgrenzung:
Anwendung nur für die „digitalen Wirtschaftsgüter" Computerhardware und Software zur Dateneingabe und -verarbeitung ab dem 01.01.2021.
Die Restbuchwerte dieser in 2020 angeschafften Gegenstände/Software können in 2021 voll abgeschrieben werden.

12.1 Anlage N

Abb. 12.31: Nutzungsdauer für digitale Wirtschaftsgüter nur ein Jahr

Wie wird das umgesetzt?

Da die betriebsgewöhnliche Nutzungsdauer für solche Wirtschaftsgüter dann nur noch ein Jahr betragen soll, sind die Abschreibungsregelungen mit der Verteilung der AK/HK über die betriebsgewöhnliche Nutzungsdauer nicht anzuwenden.

> BMF vom 26.02.2021, IV C 3 – S 2190/21/10002 :013

Die Verteilung der AK/HK kommt nämlich nur für Wirtschaftsgüter in Betracht, deren betriebsgewöhnliche Nutzungsdauer länger als ein Jahr beträgt, § 7 Abs. 1 S. 1 EStG.

Die Regelung soll sowohl für Unternehmen als auch für Arbeitnehmer, die im Homeoffice arbeiten, gelten.

1. Beispiel: Anschaffung einer PC-Anlage im Februar 2021 für **3.000 € netto** durch ein vorsteuerabzugsberechtigtes **Unternehmen**. Die gesamten AK von 3.000 € stellen in 2021 Betriebsausgaben dar.

2. Beispiel: Anschaffung einer PC-Anlage im Februar 2021 für 3.000 € durch einen **Arbeitnehmer für die Arbeit im Homeoffice**. Die gesamten **AK von 3.000 €** stellen in 2021 Werbungskosten dar.

> Da kein § 7 Abs. 1 EStG erfüllt, sofortige Betriebsausgabe. „Wie" GWGs? In ein Verzeichnis aufnehmen (§ 5 Abs. 1 S. 2 EStG)? HANDESLBILANZ PASSIVE LATENTE Steuern abgrenzen!

Bisher ohne zeitliche Begrenzung, also ab 01.01.2021 bis ..."

Abb. 12.32: Aufwendungen für Schulhund eines Lehrers können Werbungskosten sein
BFH vom 14.01.2021, VI R 15/19 + VI R 52/18

Aufwendungen für einen sog. Schulhund können **bis zu 50 % als Werbungskosten** bei den Einkünften einer Lehrerin aus nichtselbständiger Arbeit abgezogen werden.

Ein hälftiger Werbungskostenabzug ist nicht zu beanstanden, wenn der Hund innerhalb einer regelmäßig fünftägigen Unterrichtswoche arbeitstäglich in der Schule eingesetzt wird.

Die Aufwendungen für die Ausbildung eines Schulhundes zum Therapiehund sind regelmäßig in voller Höhe beruflich veranlasst und damit als Werbungskosten abziehbar.

Abb. 12.33: Voraussetzungen für ein häusliches Arbeitszimmer § 9 Abs. 5 i.V.m. § 4 Abs. 5 S. 1 Nr. 6b S. 1 EStG + BMF vom 06.10.2017, Beck StE 1 § 4/9

Quarantäne Anordnung des Arbeitgebers

Es steht kein anderer Arbeitsplatz zur Verfügung

Das gilt auch, wenn der Arbeitsplatz aus Gründen des Gesundheitsschutzes nicht genutzt werden kann. Siehe Anleitung zur Anlage N 2021

Begrenzt auf maximal **1.250 €**. Jahresbetrag – nicht zeitanteilig

BMF vom 06.10.2017, BStBl I 2017, 1320 Beck StE 1 § 4/9 Rz. **14–18 + 22**

Ein anderer Arbeitsplatz ist jeder Arbeitsplatz, der zur Erledigung büromäßiger Arbeiten geeignet ist.

Quarantäne Anordnung des Arbeitgebers

Mittelpunkt der gesamten betrieblichen und beruflichen Betätigung

Keine Beschränkung der Höhe nach.

BMF vom 06.10.2017, BStBl I 2017, 1320 Beck StE 1 § 4/9 Rz. **9–13**

Nach der Würdigung des Gesamtbildes werden dort die Handlungen und Tätigkeiten erbracht, die wesentlich und prägend sind. Der zeitliche Umfang bildet nur ein Indiz.

Abb. 12.34: Pauschale für das „Homeoffice" nach § 4 Abs. 5 S. 1 Nr. 6b S. 4 EStG

BMF vom 09.07.2021, IV C 6 - S 2145/19/10006 :013

zusätzlich Arbeitsmittel ggf. Umwidmung

5 € je Tag, höchstens 600 € im Jahr

Keine Fahrten zur ersten Tätigkeitsstätte möglich!

Problem:
Es entfallen die Entfernungs-Pauschaltage.
1 Tag × 17 km × 0,30 € = 5,10 €
1 Tag Homeoffice = 5,00 €

Wird der Arbeitnehmer-Pauschbetrag von 1.000 € überschritten?

Problem:
Nachweis/Glaubhaftigkeit der Angaben zur „Verteilung" der Arbeitstage auf Homeoffice und erste Tätigkeitsstätte.

[4]Liegt kein häusliches Arbeitszimmer vor oder wird auf einen Abzug der Aufwendungen für ein häusliches Arbeitszimmer nach den Sätzen 2 und 3 verzichtet, kann der Steuerpflichtige für jeden Kalendertag, an dem er seine betriebliche oder berufliche Tätigkeit **ausschließlich in der häuslichen Wohnung ausübt** und **keine außerhalb der häuslichen Wohnung belegene Betätigungsstätte aufsucht**, für seine **gesamte** betriebliche und berufliche Betätigung einen Betrag von 5 Euro abziehen, höchstens 600 Euro im Wirtschafts- oder Kalenderjahr;

Abb. 12.35: Pauschale für das „Homeoffice" nach § 4 Abs. 5 S. 1 Nr. 6b S. 4 EStG
BMF vom 09.07.2021, IV C 6 – S 2145/19/10006 :013 – Zweifelsfragen

1. Der zeitliche Ablauf (Anzahl) der Nutzung des Homeoffice/Arbeitszimmer muss nur durch schlüssige Angaben des Arbeitnehmers belegt werden.
2. Aufwendungen für Telefon/Internet und sonstige Arbeitsmittel sind nicht durch die Pauschale abgedeckt.
3. Monats/Jahrestickets/Zeitfahrkarten sind neben der Pauschale für Homeoffice zu berücksichtigen.
4. „Kein anderer Arbeitsplatz" liegt auch dann vor, wenn der Arbeitnehmer aus Gründen des Gesundheitsschutzes zu Hause arbeitet.
5. Es bedarf keiner ausdrücklichen schriftlichen Anweisung des Arbeitgebers.
6. Das Arbeitszimmer bildet in diesen Fällen den Mittelpunkt der gesamten betrieblichen und beruflichen Betätigung.

Abb. 12.36: Berücksichtigung von Aufwendungen für ein häusliches Arbeitszimmer bei Ehegatten/Lebenspartner

BFH, Urteil vom 06.12.2017, VI R 41/15, BStBl II 2018, 355; BFH, Urteil vom 15.12.2016, VI R 86/13, BStBl II 2017, 941, OFD Frankfurt, Verfügung vom 05.12.2019, S 2145 A — 16 — St 516; **FinMin Schleswig-Holstein, ESt-Kurzinformation Nr. 2020/1 vom 08.01.2020**

Beide Ehegatten haben die Immobilie **gemeinsam** erworben bzw. einen **gemeinsamen** Mietvertrag abgeschlossen.

Grundstücksorientierte Aufwendungen
AfA-Kaltmiete
Schuldzinsen
Grundsteuer
Hausversicherung

Darf immer nur der Eigentümer geltend machen.

Entsprechend seinem Miteigentumsanteil, auch wenn er die Kosten alleine trägt.

Demjenigen zugerechnet, von dessen Konto bezahlt wurde. Gemeinsames Konto ist unschädlich.

Nutzungsorientierte Aufwendungen
Energie
Reinigung
Renovierung des Arbeitszimmers

> **Abb. 12.37: Kein privates Veräußerungsgeschäft für häusliche Arbeitszimmer bei Verkauf des Einfamilienhauses im Privatvermögen**
> **BFH vom 01.03.2021, IX R 27/19**
>
> **Beispiel:**
> Ein Lehrerehepaar verkauft das sonst selbstgenutzte Einfamilienhaus mit zwei häuslichen Arbeitszimmern innerhalb der 10 Jahresfrist des § 23 Abs. 1 EStG.
>
> Der selbstgenutzte Teil bleibt ohnehin nicht steuerbar. Die Arbeitszimmer werden aber eben gerade nicht zu eigenen Wohnzwecken genutzt. Deswegen wollte die Verwaltung hierfür eine anteilige Besteuerung.
>
> Wird eine zu eigenen Wohnzwecken genutzte Eigentumswohnung innerhalb der zehnjährigen Haltefrist veräußert, ist der Veräußerungsgewinn **auch insoweit** gemäß § 23 Abs. 1 Satz 1 Nr. 1 Satz 3 EStG von der Besteuerung **ausgenommen**, als er auf ein zur Erzielung von Überschusseinkünften genutztes häusliches Arbeitszimmer entfällt.
> Der BFH hat sich hiermit gegen die anderslautende Regelung im BMF-Schreiben vom 05.10.2000, BStBl I 2000, 1383, Rz. 21 gestellt.

> **Abb. 12.38: Aufgabegewinn eines Selbständigen und das häusliche Arbeitszimmer**
> **BFH vom 16.06.2020, VIII R 15/17, DStR 2020, 2413**
>
> Der sich nach Abzug der AfA ergebende Buchwert des häuslichen Arbeitszimmers ist **ungeachtet der Abzugsbeschränkung** gem. § 4 Abs. 5 Satz 1 Nr. 6b Satz 3 EStG für die Berechnung des Aufgabegewinns maßgebend (§ 18 Abs. 3 Satz 2 i.V.m. § 16 Abs. 2 Satz 2 EStG).
>
> Die infolge der Abzugsbeschränkung (teilweise) nicht abziehbare AfA kann auch nicht auf andere Weise gewinnmindernd bei der Ermittlung des Aufgabegewinns berücksichtigt werden.
>
> Die Besteuerung des Aufgabegewinns **unter Berücksichtigung des um die nicht abziehbare AfA geminderten Buchwerts des häuslichen Arbeitszimmers**
> - verstößt nicht gegen Art. 3 Abs. 1 GG,
> - insbesondere nicht gegen den Grundsatz der Besteuerung nach der wirtschaftlichen Leistungsfähigkeit.

12.1 Anlage N

> **Abb. 12.39: BMF vom 21.07.2021, IV C 5 – S 2353/20/10004 :002 DOK 2021/0281734**
> **Steuerliche Anerkennung von Umzugskosten nach R 9.9 Abs. 2 LStR**

1. Der Höchstbetrag nach § 9 Abs. 2 BUKG, der für die Anerkennung von Auslagen für den durch den Umzug bedingten **zusätzlichen Unterricht für ein Kind** des Berechtigten (nach § 6 Abs. 3 Satz 2 BUKG) maßgebend ist, beträgt ab
   - 01.04.2021 1.160 €
   - 01.04.2022 1.181 €.

2. Der Pauschbetrag für **sonstige Umzugsauslagen** beträgt:
a) Für Berechtigte (§ 10 Abs. 1 Satz 2 Nr. 1 BUKG)
   - **ab 01.04.2021 870 €**
   - ab 01.04.2022 886 €.
b) Für **jede andere Person** (Ehegatte, der Lebenspartner sowie die ledigen Kinder, Stief und Pflegekinder, die auch nach dem Umzug mit dem Berechtigten in häuslicher Gemeinschaft leben (§ 10 Abs. 1 Satz 2 Nr. 2 BUKG)
   - **ab 01.04.2021 580 €**
   - ab 01.04.2022 590 €.

3. Für Berechtigte, die am Tage vor dem Einladen des Umzugsgutes **keine Wohnung hatten** oder nach dem Umzug keine eigene Wohnung eingerichtet haben, beträgt die Pauschvergütung nach § 10 Abs. 2 BUKG:
   - **ab 01.04.2021 174 €**
   - ab 01.04.2022 177 €.

> **Abb. 12.40: Verpflegungsmehraufwendungen § 9 Abs. 4a EStG BMF**
> **vom 25.11.2020, IV C 5 – S 2353/19/10011 :006**

Neuer Reisekostenerlass 2020

- Für **eintägige**
- **auswärtige** Tätigkeiten ohne Übernachtung kann
- ab einer Abwesenheit von **mehr als 8 Stunden**
- von der Wohnung und
- der ersten Tätigkeitsstätte
- eine Pauschale von 14,00 € berücksichtigt werden **Rz. 47**

Bei **mehrfacher Abwesenheit je Tag** sind die Abwesenheitszeiten zusammenzuzählen. Z.B.: Morgens direkt Fahrt zum Kunden **4h**, dann 2h am Ort der ersten Tätigkeitsstätte (Büro) – dann zu einer Tagung **4,5h** um noch abschließend 1h im Büro zu arbeiten =
eintägige Auswärtstätigkeit mit Verpflegungspauschale von 14 €.
Beisp.: 29 Rz. 47

Abb. 12.41: Verpflegungsmehraufwand bei Dienstreisen § 9 Abs. 4a S. 3 EStG ab 01.01.2020

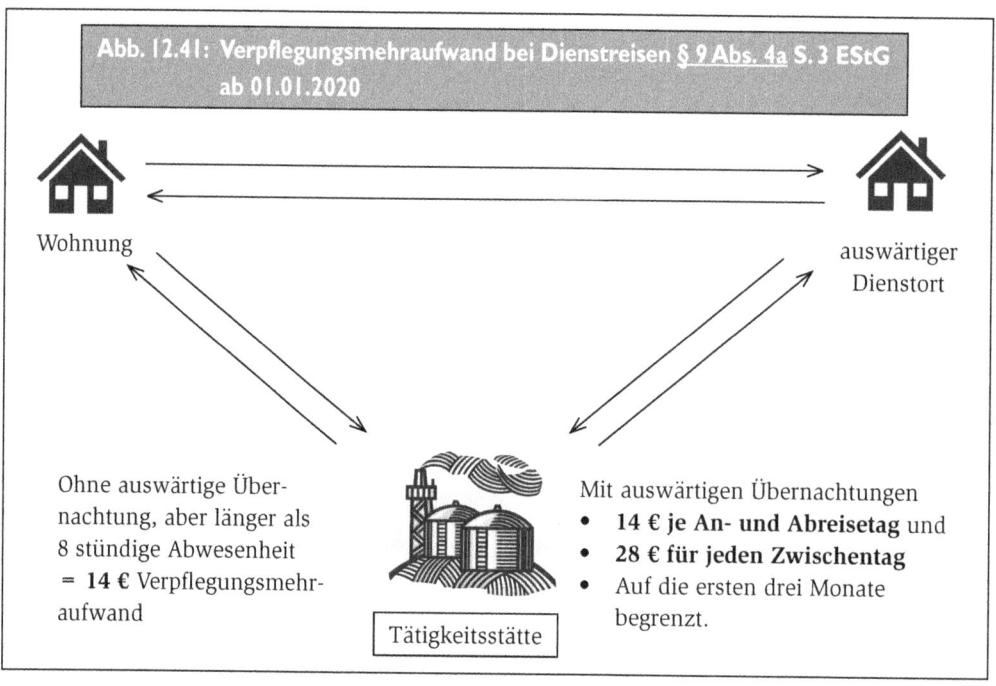

Wohnung — auswärtiger Dienstort

Ohne auswärtige Übernachtung, aber länger als 8 stündige Abwesenheit
= **14 €** Verpflegungsmehraufwand

Tätigkeitsstätte

Mit auswärtigen Übernachtungen
- **14 €** je An- und Abreisetag und
- **28 €** für jeden Zwischentag
- Auf die ersten drei Monate begrenzt.

Abb. 12.42: Mahlzeitengestellung (BMF vom 25.11.2020, IV C 5 – S 2353/19/10011 :006, Rz. 73–90 mit 14 Beispielen); § 8 Abs. 2 S. 8 + 9, § 9 Abs. 4a S. 8–10 und § 40 Abs. 2 Nr. 1a EStG ab 01.01.2020

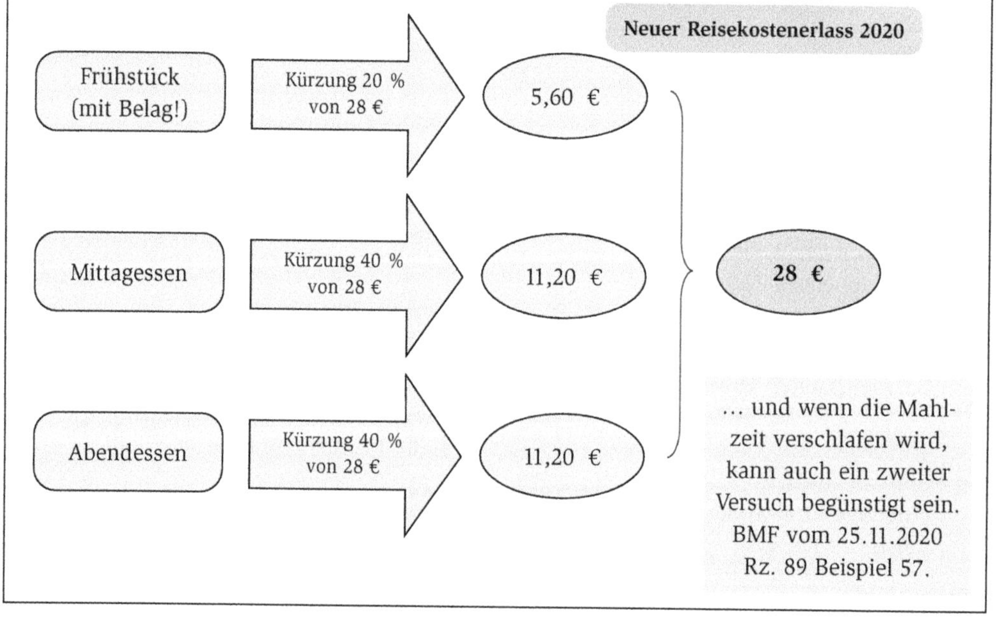

Neuer Reisekostenerlass 2020

Frühstück (mit Belag!)	Kürzung 20 % von 28 €	5,60 €
Mittagessen	Kürzung 40 % von 28 €	11,20 €
Abendessen	Kürzung 40 % von 28 €	11,20 €

Summe: **28 €**

… und wenn die Mahlzeit verschlafen wird, kann auch ein zweiter Versuch begünstigt sein. BMF vom 25.11.2020 Rz. 89 Beispiel 57.

Abb. 12.43: Unterkunftskosten bei Dienstreisen (§ 9 Abs. 1 S. 3 Nr. 5 + 5a EStG) (BMF vom 25.11.2020, IV C 5 – S 2353/19/ 10011 :006, Rz. 100–133 mit 8 Beispielen)

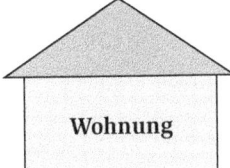
Wohnung

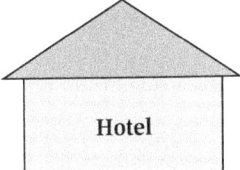
Hotel

Beruflich veranlasste Unterkunftskosten im Rahmen von Auswärtstätigkeiten können **in der Höhe unbegrenzt** übernommen werden.

Bei längerfristigen Auswärtstätigkeiten mit Übernachtungen an derselben Tätigkeitsstätte dürfen **ab dem 49. Monat nur maximal 1.000 € monatlich** steuerfrei erstattet werden.

Abb. 12.44: „Übernachtungs"mehraufwand für Berufskraftfahrer § 9 Abs. 1 S. 3 Nr. 5b EStG ab 01.01.2020 BMF vom 25.11.2020, IV C 5 – S 2353/19/ 10011 :006 Rz. 131

Neuer Reisekostenerlass 2020

- 8 € pauschal für jeden Kalendertag **mit Verpflegungspauschale nach § 9 Abs. 4a S. 3 EStG**.
- Für An-, Abreise- und Zwischentag **neben** den Verpflegungsmehraufwendungen.
- Werden höhere Aufwendungen nachgewiesen, sind diese zu berücksichtigen.

Aufwendungen, die mit dieser Pauschale abgedeckt sind, könnten sein:
- Gebühren für die sanitären Einrichtungen auf Raststätten und Autohöfen,
- Park- und Abstellgebühren auf Raststätten und Autohöfen,
- Aufwendungen für die Reinigung der eigenen Schlafkabine

Abb. 12.45: Welche Kosten sind bei doppelter Haushaltsführung zu berücksichtigen?

1. **Erste und letzte Fahrt** vom eigenen Hausstand zur ersten Tätigkeitsstätte. Nachweis oder 0,30 € für Pkw oder 0,20 € für andere motorbetriebene Fahrzeuge.
2. Eine **Familienheimfahrt wöchentlich**; maximal Entfernungspauschale zu berücksichtigen. Keine Berücksichtigung, wenn Heimfahrten mit Firmenwagen durchgeführt wurden (also Nachweise besorgen!).
3. Nachgewiesene **Kosten der Unterkunft** an der ersten Tätigkeitsstätte; einschließlich der Nebenkosten. Für Auslandsunterkünfte wird die Angemessenheit weiterhin an maximal 60m² festgemacht; keine Begrenzung der Höhe nach.
4. Für die ersten drei Monate 28 € je Tag für **Verpflegungsmehraufwendungen**.
5. **Sonstige Aufwendungen**, z.B. für Einrichtung und Ausstattung (bis 5.000 € – Rz. 108) den Umzug zur ersten Tätigkeitsstätte.

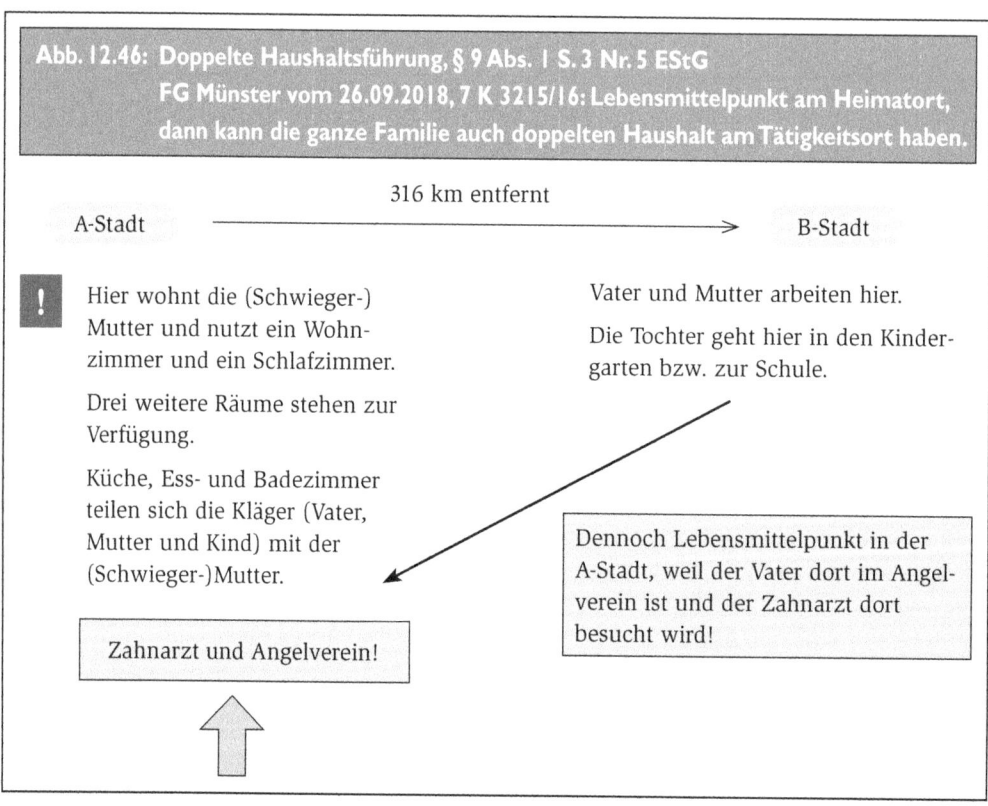

Abb. 12.46: Doppelte Haushaltsführung, § 9 Abs. 1 S. 3 Nr. 5 EStG
FG Münster vom 26.09.2018, 7 K 3215/16: Lebensmittelpunkt am Heimatort, dann kann die ganze Familie auch doppelten Haushalt am Tätigkeitsort haben.

Abb. 12.47: Familienheimfahrten

Wohnung ⇌ 2. = doppelter Haushalt

Eine Familienheimfahrt mit 0,30 € je Entfernungskilometer wöchentlich

Pauschaler Wertansatz 0,30 € (ab 21. Km 0,35 €); dennoch sind Nachweise erforderlich!
- Ist die Anzahl der Heimfahrten glaubhaft (jede Woche)?
- Beruflich veranlasste doppelte Haushaltsführung?
  BMF Rz. 101
- Wie erfolgten die Fahrten? Wenn der Firmenwagen eingesetzt werden kann, kein Ansatz der Kosten möglich!
  § 9 Abs. 1 Nr. 5 S. 8 EStG.
- Bahn- oder Busfahrten, Mitfahrergelegenheiten … (Tickets)

auswärtige Tätigkeitsstätte, keine 1. Tätigkeitsstätte

Bei doppelter Haushaltsführung sind die „umgekehrten" Familienheimfahrten (Besuchsfahrten durch/vom Ehegatten) **nicht** zu berücksichtigen.
BFH vom 12.07.2017, VI R 42/1

Abb. 12.48: Doppelte Haushaltsführung, § 9 Abs. 1 S. 3 Nr. 5 EStG, Unterkunftskosten
BMF vom 25.11.2020, IV C 5 – S 2353/19/10011 :006, Rz. 100–114
mit 3 Beispielen

Junge Arbeitnehmer im Haushalt der Eltern haben keinen eigenen Hausstand!
FG Münster vom 07.10.2020, 13 K 1756/18 E

Eigener Hausstand
Lebensmittelpunkt

Miete = Kosten der Lebensführung

Einschließlich Betriebskosten, Reinigung etc.

Hausstand an der **1. Tätigkeitsstätte**

Miete = höchstens 1.000 € monatlich = Werbungskosten

Nicht ausgeschöpfte Anteile von den **1.000 €** können in andere Monate desselben Kalenderjahres übertragen werden, soweit die sonstigen Bedingungen erfüllt sind

Miete im Ausland = tatsächlicher Aufwand für 60 m²

Abb. 12.49: Keine doppelte Haushaltsführung § 9 Abs. 1 S. 3 Nr. 5 EStG junger Arbeitnehmer im Haushalt der Eltern, FG Münster vom 07.10.2020, 13 K 1756/18 E

- Es widerspräche dem gesetzlichen Bild der doppelten Haushaltsführung,
- wenn bei jungen Steuerpflichtigen,
- die sich zu keinem früheren Zeitpunkt vollständig aus dem elterlichen Haushalt gelöst hatten
- und denen – wie dies oftmals der Fall sein dürfte – bei ihren Eltern noch ihr altes Kinder-/Jugendzimmer zur Verfügung steht,
- im Regelfall von einer doppelten Haushaltsführung auszugehen sein sollte.

Die vom BFH formulierte Regelvermutung begründet auch keine unangemessene Benachteiligung junger Steuerpflichtiger.

Auch dass die Klägerin eine Kostenbeteiligung an ihre Eltern gezahlt hat, kann die Vermutung der Eingliederung in den Haushalt ihrer Eltern nicht erschüttern.
Nach der bisherigen BFH-Rechtsprechung handelt es sich bei der Vereinbarung einer Kostenbeteiligung zwar um ein durchaus gewichtiges, jedoch nicht um ein zwingendes Indiz für das Unterhalten eines eigenen, gemeinsam Hausstands (BFH, Urteil vom 16.01.2013, VI R 46/12, BFH, Urteil vom 28.03.2012, VI R 87/10). Die Revision wurde nicht zugelassen.

Abb. 12.50: Doppelte Haushaltsführung, § 9 Abs. 1 S. 3 Nr. 5 EStG Unterkunftskosten Kosten der Einrichtung können neben den max. 1.000 € angesetzt werden

BFH vom 04.04.2019, VI R 18/17
Kosten für Einrichtung und Hausrat sind **nicht** in den monatlichen Höchstbetrag von 1.000 € einzurechnen.

Diese sonstigen Mehraufwendungen der doppelten Haushaltsführung sind unter den Voraussetzungen des § 9 Abs. 1 S. 1 Nr. 5 EStG zu berücksichtigen.

§ 9 Abs. 1 S. 3 Nr. 7 EStG ist im Hinblick auf den Ansatz der GWGs (bis 800 € sofortiger Aufwand) und der AfA Nutzungsdauer zu beachten.

Bei möblierter Vermietung ist ggf. anteilig zu schätzen.

Bis 5.000 € einschließlich USt aus Vereinfachungsgründen als **notwendig** anzusehen; BMF vom 25.11.2020 Rz. 108.

Neuer Reisekostenerlass 2020

Hausstand an der **1. Tätigkeitsstätte**

Miete = höchstens 1.000 € monatlich = Werbungskosten

Miete im Ausland = tatsächlicher Aufwand für 60 m²

12.2 Anlage N-AUS

Was ist zu beachten – neu und wichtig – Checkliste

Konsultationsvereinbarungen mit einigen Ländern in Zeiten der Corona beachten	Arbeitstage im Homeoffice
Stand der **DBA** zum 01.01.2021	BMF vom 18.02.2021, IV B 2 – S 1301/07/10017-12 DOK 2021/0026720
Steuerliche Behandlung des **Arbeitslohns** nach den **Doppelbesteuerungsabkommen**	BMF vom 03.05.2018, IV B 2 – S 1300/08/10027 DOK 2018/0353235
Steuerliche Vorrechte und Befreiungen auf Grund **zwischenstaatlicher Vereinbarungen**	BMF vom 08.03.2013, IV B 4 – S 1311/07/10039 DOK 2013/0234331
Steuerliche Behandlung von Arbeitnehmereinkünften bei Auslandstätigkeiten (**Auslandstätigkeitserlass**)	BMF vom 31.10.1983, IV B 6 – S 2293 – 50/83, BStBl I 1983, 470

Anlage N-AUS 2021

Anleitung vorhanden

stpfl. Person / Ehemann / Person A
Ehefrau / Person B

1 Name
2 Vorname
3 Steuernummer — lfd. Nr. der Anlage

Ausländische Einkünfte aus nichtselbständiger Arbeit

4 in _____ (Staat) (Für jeden Staat ist eine gesonderte Anlage N-AUS abzugeben.)

Steuerentlastung für die Auslandstätigkeit

Im Kalenderjahr 2021 habe ich steuerfreien Arbeitslohn bezogen

5 nach dem Doppelbesteuerungsabkommen (DBA) — aufgrund eines sonstigen zwischenstaatlichen Übereinkommens (ZÜ)

6 nach dem Auslandstätigkeitserlass (ATE)

Allgemeine Angaben

7 Bestand neben dem Wohnsitz im Inland ein Wohnsitz im Ausland?   Nein   Ja, bitte die Zeilen 8 bis 11 ausfüllen

8 Straße und Hausnummer

9 Postleitzahl, Ort

10 Staat

11 Haben Sie zu diesem Staat die engeren persönlichen und wirtschaftlichen Beziehungen (Mittelpunkt der Lebensinteressen)?   Nein   Ja, lt. gesonderter Aufstellung

Name und Anschrift des Arbeitgebers / Sitz der Geschäftsleitung

12 Name (Bezeichnung)

13 Straße und Hausnummer

14 Postleitzahl, Ort

15 Staat

16 Wirtschaftszweig des Arbeitgebers (nur bei ATE)

17 Art des begünstigten Vorhabens des Arbeitgebers (nur bei ATE)

Im ausländischen Staat ausgeübte Tätigkeit

18 Art der Auslandstätigkeit des Arbeitnehmers — vom — bis

19

20 Anzahl der Kalendertage im ausländischen Staat (siehe Anleitung)   Tage

Unterbrechung der Tätigkeit

21 Grund — vom — bis

22

Die Tätigkeit erfolgte

23 im Rahmen eines Werkvertrags / einer Werkleistungsverpflichtung des Arbeitgebers.

24 im Rahmen einer gewerblichen Arbeitnehmerüberlassung.

25 bei einem mit dem Arbeitgeber verbundenen Unternehmen.

26 für eine Betriebsstätte des Arbeitgebers i. S. d. DBA.

27 für einen ausländischen Arbeitgeber, mit dem ein Dienstverhältnis besteht / bestand.

28

2021AnlN-AUS261 — Juli 2021 — 2021AnlN-AUS261

12.2 Anlage N-AUS

Angaben zum aufnehmenden Unternehmen (z. B. verbundenes Unternehmen / Betriebsstätte / Entleiher)

31 Name (Bezeichnung)

32 Straße und Hausnummer

33 Postleitzahl, Ort

34 Staat

Angaben zum Arbeitslohn
– Ohne besondere Lohnbestandteile lt. Zeile 77 –

EUR

35 Bruttoarbeitslohn lt. Nr. 3 der Lohnsteuerbescheinigung(en)

36 Bruttoarbeitslohn, von dem kein inländischer Steuerabzug vorgenommen worden ist (z. B. Bruttoarbeitslohn von einem ausländischen Arbeitgeber oder einer ausländischen Betriebsstätte) +

37 Steuerfreier Bruttoarbeitslohn lt. Nr. 16 a / b der Lohnsteuerbescheinigung(en) +

38 Zwischensumme

39 abzüglich darin enthaltener nach ausländischem Recht steuerpflichtiger und nach deutschem Recht steuerfreier Arbeitslohn (ohne nach DBA oder ATE steuerfreien Arbeitslohn)
Bezeichnung
−

40 zuzüglich nicht enthaltener nach ausländischem Recht steuerfreier und nach deutschem Recht steuerpflichtiger Arbeitslohn (ohne nach DBA oder ATE steuerpflichtigen Arbeitslohn)
Bezeichnung
+

41 Summe in- und ausländischer Arbeitslohn

Aufteilung des Arbeitslohns lt. Zeile 41

42 abzüglich direkt zuzuordnender Arbeitslohn im Inland (siehe Anleitung)
Bezeichnung
−

43 abzüglich direkt zuzuordnender Arbeitslohn, der auf den ausländischen Staat lt. Zeile 4 entfällt (siehe Anleitung)
Bezeichnung
−

44 abzüglich direkt zuzuordnender Arbeitslohn lt. Zeile 43 der übrigen Anlage(n) N-AUS
Bezeichnung
−

45 **Verbleibender Arbeitslohn**

Ermittlung des nach DBA steuerfreien Arbeitslohns

46 Tatsächliche Arbeitstage im Kalenderjahr im In- und Ausland   Tage

47 davon entfallen auf die Tätigkeit, für die der ausländische Staat das Besteuerungsrecht hat   Tage

EUR

48 $\dfrac{\text{verbleibender Arbeitslohn (Zeile 45)} \times \text{Auslandsarbeitstage (Zeile 47)}}{\text{tatsächliche Arbeitstage (Zeile 46)}}$ = verbleibender ausländischer Arbeitslohn

49 direkt zuzuordnender Arbeitslohn lt. Zeile 43   +

50 Summe steuerfrei zu stellender ausländischer Arbeitslohn (Summe Zeile 48 und 49)

51 **nur in der ersten Anlage N-AUS:** Übertrag von Zeile 50 aus weiteren Anlagen N-AUS   +

52 **Gesamtsumme** des steuerfrei zu stellenden ausländischen Arbeitslohns
(nur in der ersten Anlage N-AUS: Betrag übertragen in Zeile 22 der Anlage N)

Hinweis: Der steuerpflichtige Arbeitslohn (Ergebnis aus Zeile 45 zuzüglich Zeile 42 abzüglich Zeile 48 sämtlicher Anlagen N-AUS) ist – ggf. abweichend von dem Wert lt. Nr. 3 der Lohnsteuerbescheinigung(en) – in Zeile 6 der Anlage N einzutragen.

Hinweis bei Freistellung nach einem DBA:
Eine Freistellung der ausländischen Einkünfte nach einem DBA ist davon abhängig, dass Sie nachweisen, dass der Staat, dem nach dem Abkommen das Besteuerungsrecht zusteht, auf dieses Besteuerungsrecht verzichtet hat oder dass die in diesem Staat auf die Einkünfte festgesetzten Steuern entrichtet wurden. Zum Nachweis dieser Voraussetzungen reichen Sie bitte geeignete Unterlagen ein. Sind Sie verpflichtet, im Ausland eine Steuererklärung abzugeben, reichen Sie bitte den ausländischen Steuerbescheid und den entsprechenden Zahlungsbeleg ein. Sofern der andere Staat ein Selbstveranlagungsverfahren vorsieht und daher keinen Steuerbescheid erteilt, reicht die Vorlage des Zahlungsbelegs und einer Kopie der Steuererklärung aus. Besteht im Ausland keine Verpflichtung zur Abgabe einer Steuererklärung, reichen Sie bitte eine Bescheinigung Ihres Arbeitgebers ein, aus der sich die Dauer der Tätigkeit im Ausland, die darauf entfallenden Vergütungen und die Höhe der im Ausland abgeführten Steuerbeträge ergeben.

Unter bestimmten Voraussetzungen wird dem anderen Staat die Höhe des in Deutschland steuerfrei erklärten Arbeitslohns mitgeteilt. Einwände gegen eine Weitergabe machen Sie bitte auf einem besonderen Blatt geltend.

Ermittlung des nach ATE steuerfreien Arbeitslohns

61 Tatsächliche Arbeitstage im Kalenderjahr im In- und Ausland — Tage

62 davon entfallen auf die Tätigkeit, für die der ausländische Staat das Besteuerungsrecht hat — Tage

63 $\dfrac{\text{verbleibender Arbeitslohn (Zeile 45)} \times \text{Auslandsarbeitstage (Zeile 62)}}{\text{tatsächliche Arbeitstage (Zeile 61)}}$ = verbleibender ausländischer Arbeitslohn — EUR

64 direkt zuzuordnender Arbeitslohn lt. Zeile 43 +

65 Summe steuerfrei zu stellender ausländischer Arbeitslohn (Summe Zeile 63 und 64)

66 **nur in der ersten Anlage N-AUS:** Übertrag von Zeile 65 aus weiteren Anlagen N-AUS +

67 **Gesamtsumme** des steuerfrei zu stellenden ausländischen Arbeitslohns
(nur in der ersten Anlage N-AUS: Betrag übertragen in Zeile 23 der Anlage N)

Hinweis: Der steuerpflichtige Arbeitslohn (Ergebnis aus Zeile 45 zuzüglich Zeile 42 abzüglich Zeile 63 sämtlicher Anlagen N-AUS) ist – ggf. abweichend von dem Wert lt. Nr. 3 der Lohnsteuerbescheinigung(en) – in Zeile 6 der Anlage N einzutragen.

Steuerbefreiung aufgrund eines sonstigen zwischenstaatlichen Übereinkommens (ZÜ)

68 Auf welchem sonstigen zwischenstaatlichen Übereinkommen beruht die Tätigkeit?

69 Für welche Organisation erfolgt die Tätigkeit (genaue Bezeichnung)?

70 Art der ausgeübten Tätigkeit

71 Höhe des Arbeitslohns (Betrag übertragen in Zeile 22 der Anlage N, sofern das ZÜ den Progressionsvorbehalt vorsieht). — EUR

Werbungskosten zu steuerfreiem Arbeitslohn nach DBA / ATE / ZÜ
– Nur soweit vom Arbeitgeber nicht steuerfrei erstattet –

72 Werbungskosten, die dem steuerfreien Arbeitslohn direkt zugeordnet werden können — EUR

73 Werbungskosten, die dem steuerfreien Arbeitslohn nicht direkt zugeordnet werden können; diese sind im Verhältnis der steuerfreien Einnahmen zu den Gesamteinnahmen aufzuteilen +

74 Summe

75 **nur in der ersten Anlage N-AUS:** Übertrag von Zeile 74 aller weiteren Anlagen N-AUS +

76 **Gesamtsumme** der Werbungskosten, die dem steuerfreien Arbeitslohn zuzuordnen sind
(Betrag übertragen in Zeile 76 der Anlage N)

Besondere Lohnbestandteile (mit Anwendung der sog. Fünftel-Regelung)

77 Entschädigungen, Vergütungen für mehrjährige Tätigkeiten (lt. gesonderter Aufstellung)
– nicht in Zeile 41 enthalten – — EUR

78 Werbungskosten zu Zeile 77 –

79 Verbleibender Betrag

80 **nur in der ersten Anlage N-AUS:** Übertrag von Zeile 79 aller weiteren Anlagen N-AUS +

81 **Gesamtsumme** der steuerfrei zu stellenden Einkünfte
(Betrag übertragen in Zeile 24 der Anlage N)

Hinweis: Sofern sich aufgrund DBA-Regelung die Steuerfreiheit im Inland ergibt, werden die Einkünfte i. S. d. § 34 EStG mit der sog. Fünftel-Regelung im Rahmen des Progressionsvorbehalts berücksichtigt. Aufgrund von DBA-Regelungen im Inland steuerpflichtige besondere Lohnbestandteile sind in Zeile 17 und / oder 18 der Anlage N einzutragen.
Werbungskosten lt. Zeile 78 dürfen **nicht** in der Anlage N eingetragen werden.

Steuerfreier Arbeitslohn nach DBA in Sonderfällen (z. B. aus ausländischen öffentlichen Kassen)

82 Höhe des Arbeitslohns (Betrag übertragen in Zeile 22 der Anlage N) — EUR

83 Werbungskosten zu Zeile 82 (Betrag übertragen in Zeile 76 der Anlage N)

84 Staatsangehörigkeit(en)

Hinweis: Die Angaben zum Arbeitslohn lt. den Zeilen 35 bis 81 sind nicht erforderlich.

12.2 Anlage N-AUS

Verständigungsvereinbarungen zwischen den Ländern betreffend der steuerlichen Behandlung des Arbeitslohns von im Homeoffice tätigen Grenzpendlern und im öffentlichen Dienst Beschäftigten

Z.B. BMF vom 07.10.2021, IV B 3 – S 1301-AUT/20/10001 :002 DOK 2021/1062064: Konsultationsvereinbarungen zwischen der Bundesrepublik Deutschland und der Republik Österreich vom 29.09.2021; Steuerliche Behandlung des Arbeitslohns von Arbeitnehmern sowie von im öffentlichen Dienst Beschäftigten im Homeoffice, Kurzarbeitergeld und Kurzarbeitsunterstützung sowie Homeoffice-Betriebsstätten

Auszug

1. Anwendung des Artikels 15 Absatz 1 des Abkommens in Bezug auf Arbeitstage im Homeoffice

(1) Im Hinblick auf die Anwendung des Artikels 15 Absatz 1 **können Arbeitstage**, für die Arbeitslohn bezogen wird und an denen Arbeitnehmer nur aufgrund der Maßnahmen zur Bekämpfung der COVID-19-Pandemie ihre Tätigkeit im Homeoffice ausüben, **als in dem Vertragsstaat verbrachte Arbeitstage gelten, in dem die Arbeitnehmer ihre Tätigkeit ohne die Maßnahmen zur Bekämpfung der COVID-19-Pandemie ausgeübt hätten**. Dies gilt nicht für Arbeitstage, die unabhängig von diesen Maßnahmen im Homeoffice verbracht worden wären (z.B. aufgrund arbeitsvertraglicher Regelungen).

(2) Macht der Arbeitnehmer durch Mitteilung an den Arbeitgeber und das zuständige Finanzamt des Ansässigkeitsstaats **Gebrauch von dieser Regelung**, sind die Umstände (insbesondere die **Anzahl der Arbeitstage**, an denen der Arbeitnehmer seine Tätigkeit aufgrund der COVID-19-Pandemie im Homeoffice ausgeübt hat) anhand von Aufzeichnungen der Arbeitnehmer **unter Beibringung von Bestätigungen der Arbeitgeber offenzulegen**. Der Arbeitnehmer erklärt sich im Wege dieser Mitteilungen automatisch damit einverstanden, dass der jeweilige Arbeitslohn in dem Vertragsstaat, in dem die Tätigkeit ohne die Maßnahmen zur Bekämpfung der COVID-19-Pandemie ausgeübt worden wäre, tatsächlich besteuert wird. Sollten aufgrund dieser Aufzeichnungen oder anderer amtlicher Ermittlungen Umstände hervorkommen, welche die Voraussetzungen dieser Vereinbarung als nicht mehr erfüllt erscheinen lassen und somit das Besteuerungsrecht des Ansässigkeitsstaats auslösen könnten, so wird der andere Vertragsstaat den Ansässigkeitsstaat darüber im Wege des spontanen Informationsaustausches gemäß Artikel 26 des Abkommens in Kenntnis setzen. Die in Textziffer 1 dieser Vereinbarung vorgesehenen Rechtsfolgen **treten nur ein, soweit der jeweilige Arbeitslohn, der auf die Arbeitstage im Homeoffice entfällt, von dem Vertragsstaat, in dem die Arbeitnehmer ihre Tätigkeit ohne die Maßnahmen zur Bekämpfung der COVID-19-Pandemie ausgeübt hätten, tatsächlich besteuert wird**. Die Einkünfte gelten als „tatsächlich besteuert", wenn sie in die Bemessungsgrundlage einbezogen werden, anhand derer die Steuer berechnet wird.

2. Anwendung des Artikels 15 Absatz 6 des Abkommens (Grenzgängerregelung) in Bezug auf Arbeitstage im Homeoffice

(3) Im Hinblick auf die Auslegung des Artikels 15 Absatz 6 wird Randziffer 9 der Konsultationsvereinbarung vom 4./9. April 2019 zu Zweifelsfragen hinsichtlich der Auslegung der Grenzgängerregelung nach Artikel 15 Absatz 6 des deutsch-österreichischen Doppelbesteuerungsabkommens vom 24. August 2000 für den Zeitraum, in dem diese Vereinbarung in Kraft ist, folgendermaßen erweitert: „Abweichend davon **gelten Arbeits-**

tage, für die Arbeitslohn bezogen wird und **an denen Grenzgänger nur aufgrund der Maßnahmen zur Bekämpfung der COVID-19-Pandemie ihre Tätigkeit im Homeoffice ausüben, nicht als Tage der Nichtrückkehr, sofern diese Arbeitstage nicht unabhängig von diesen Maßnahmen im Homeoffice verbracht worden wären** (beispielsweise, weil Grenzgänger bereits lt. arbeitsvertraglicher Regelungen grundsätzlich im Homeoffice tätig sind)."

3. Anwendung des Artikels 18 Absatz 2 des Abkommens auf Kurzarbeitergeld und Kurzarbeitsunterstützung

(4) Im Hinblick auf die Auslegung des Artikels 18 Absatz 2 besteht über diese Vereinbarung hinaus Einvernehmen darüber, dass auch das **in Deutschland ausgezahlte Kurzarbeitergeld** und die in Österreich ausgezahlte Kurzarbeitsunterstützung für entfallene Arbeitsstunden sowie ähnliche Zahlungen, die aufgrund der Maßnahmen zur Bekämpfung der COVID-19-Pandemie vom Arbeitgeber ausgezahlt und von staatlicher Seite eines der Vertragsstaaten erstattet werden, **als Bezüge aus der gesetzlichen Sozialversicherung des jeweiligen Staates** im Sinne von Artikel 18 Absatz 2 des Abkommens zu qualifizieren sind.

4. Anwendung des Artikels 19 Absatz 1 des Abkommens in Bezug auf Arbeitstage im Homeoffice

(5) Die in Textziffer 1 dieser Vereinbarung beschriebene Fiktion gilt entsprechend für Vergütungen nach Artikel 19 Absatz 1 des Abkommens. Die in Textziffer 2 enthaltenen Ausführungen gelten entsprechend.

5. Auslegung des Artikels 5 Absatz 1 des Abkommens in Bezug auf Tätigkeiten im Homeoffice

(6) Im Hinblick auf die Auslegung des Artikels 5 Absatz 1 des Abkommens besteht Einvernehmen darüber, dass ein Arbeitnehmer, der nur aufgrund der Maßnahmen zur Bekämpfung der COVID-19-Pandemie Tätigkeiten im Homeoffice ausübt, für den Arbeitgeber regelmäßig **keine Betriebsstätte im Sinne von Artikel 5 begründet**. Dies kann sich bereits – unabhängig von Maßnahmen aufgrund der COVID-19-Pandemie – aus den allgemeinen Voraussetzungen zur Begründung einer Betriebsstätte ergeben, wenn es sich beispielsweise um bloß vorbereitende Tätigkeiten oder Hilfstätigkeiten im Sinne von Artikel 5 Absatz 4 des Abkommens handelt oder es an der Verfügungsmacht des Arbeitgebers über die für das Homeoffice genutzten Räumlichkeiten fehlt. Ungeachtet dessen begründet ein Arbeitnehmer jedenfalls dann keine Betriebsstätte für den Arbeitgeber, wenn es sich um eine nur pandemiebedingt veranlasste Homeoffice-Tätigkeit handelt. Denn dann fehlt es bereits an dem für die Annahme einer Betriebsstätte erforderlichen Maß an Dauerhaftigkeit der Aktivität oder der Verfügungsmacht des Unternehmens, da die Tätigkeit des Arbeitnehmers aufgrund höherer Gewalt im Homeoffice ausgeübt wird.

12.2.1 Nachweis- und Mitwirkungspflichten

Die erweiterte Mitwirkungspflicht des Steuerpflichtigen bei Auslandssachverhalten ergibt sich aus § 90 Abs. 2 AO. Die mit der Anlage N-AUS angeforderten Unterlagen sind daher vollständig der Erklärung beizufügen. Hier ist das Zeitalter der elektronischen Steuererklärung noch nicht weiter fortgeschritten.

12.2.2 Allgemeine Angaben

In den Zeilen 5 und 6 ist anzugeben, nach welchem Verfahren eine Steuerentlastung für die Auslandstätigkeit beantragt wird. Neben den DBA und dem Auslandstätigkeitserlass ist hier auch auf die weiteren zwischenstaatlichen Übereinkommen (ZÜ) hinzuweisen.

In den Zeilen 7 bis 34 werden die vermeintlich harmlosen Fragen zum Wohnsitz, zur Anschrift des Arbeitgebers, der Art der Auslandstätigkeit, der Anzahl der im Ausland verbrachten Tage und nach den vertraglichen Vereinbarungen gestellt. Letztendlich ist auch die Adresse des verbundenen Unternehmens, der Betriebsstätte bzw. des Entleihers im Ausland anzugeben.

Mit der Abfrage dieser Daten kann die Finanzverwaltung eine genaue steuerliche Zuordnung und Abgrenzung des Sachverhalts vornehmen. Ob es sich überhaupt um eine Betriebsstätte handelt, welche Tage im Einzelnen mitzuzählen sind und weitere steuerliche Einzelheiten und die sich daraus ergebenden Folgen müssen für jeden Einzelfall geprüft werden. Die Oberfinanzdirektion Frankfurt am Main hat mit Rundverfügung vom 17.10.2012, S 1310 A – 5 – St 56 zur Steuerbefreiung nach § 3 Nr. 29 EStG der Gehälter und Bezüge ausländischer Diplomaten und Berufskonsuln Stellung genommen. Darin werden die Grundvoraussetzungen für die Steuerbefreiung, den Begriff der „ständigen Ansässigkeit" und zum Nachweis des privilegierten Status beschrieben.

Sollte der Auslandstätigkeitserlass anzuwenden sein, oder ein DBA lässt ausnahmsweise die Steueranrechnung zu, sind Arbeitslohn und Werbungskosten in der Anlage N und die ausländische Steuer in Anlage AUS Zeile 12 einzutragen.

Die Abgrenzung des Lebensmittelpunktes ist für die Fälle bedeutsam, in denen mehrere Wohnsitze vorliegen. In Zeile 11 der Anlage N-AUS ist der Staat mit den engeren persönlichen und wirtschaftlichen Interessen anzugeben.

12.2.3 Aufenthaltstage

Während in Zeilen 18 + 19 nur die Art der Auslandstätigkeit (z.B. Berufskraftfahrer, Organ einer Kapitalgesellschaft ...) und der Zeitraum (von ... bis) anzugeben ist, ist in Zeile 20 die genaue Anzahl der Auslandskalendertage einzutragen.

Dabei ist zu beachten, dass jeder Aufenthaltstag in dem jeweiligen Land zählt; auch kurzfristige Anwesenheiten sind mit zu berücksichtigen.

Für Zeiten in Belgien und Dänemark sind jedoch davon abweichend nur die Tage der Arbeitsausübung einzutragen.

Der Nachweis der Kalendertage ist durch Reisekostenabrechnungen oder vergleichbare Aufzeichnungen zu erbringen.

12.2.4 Angaben zum Arbeitslohn

In den Zeilen 35–42 erfolgen die Angaben über den inländischen und den ausländischen Arbeitslohn.

Die Ermittlung des ausländischen Arbeitslohns erfolgt dann in zwei Berechnungsschritten. Einmal sind die direkt zuzuordnenden Gehaltsbestandteile zu berücksichtigen und ein weiteres Mal dann die rechnerisch aufzuteilenden Teile des Arbeitslohns. Hierfür sind die Einzelangaben in den Zeilen 35–84 erforderlich, weil gleichzeitig auch die Zuordnung der entsprechenden Werbungskosten abgefragt wird.

> **Beispiel 12.2.1:** In der Lohnsteuerbescheinigung des Arbeitnehmers sind in der Nr. 3 ein Bruttoarbeitslohn von 60.000 € und unter der laufenden Nr. 16 ein steuerfreier ausländischer Arbeitslohn von 20.000 € eingetragen.
>
> **Achtung!**
> Wenn Sie nun in der Anlage N-AUS 2021 in der Zeile 20, 46 + 47 die Anzahl der Arbeitstage eintragen, sollten Sie das BMF-Schreiben vom 03.05.2018, IV B 2 – S 1300/08/10027 zurate ziehen. Dort ist aufgeführt, welche Tage welchem Staat zuzurechnen sind. Beispielsfälle erhellen dann die Anwendung. Wenn Sie nun als vertraglich vereinbarte Arbeitstage im Kalenderjahr in der Zeile 46 = „200" eintragen und die Zeile 47 mit „100" Arbeitstage im ausländischen Staat angeben, ergibt sich automatisch und ggf. abweichend von der Lohnbescheinigung folgende Berechnung: Bruttoarbeitslohn = 60.000 € : Gesamtarbeitstage 200 × Auslandsarbeitstage 100 ergibt einen steuerfrei zu stellenden Arbeitslohn von 30.000 € (laut Lohnbescheinigung waren es nur 20.000 €!).
> Sollte also der Arbeitslohn für den Auslandseinsatz direkt zugerechnet worden sein, müssen die Zeilen 42 und 43 ausgefüllt werden.
> In jedem Fall sollten die entsprechenden Vertragsunterlagen der Anlage N-AUS 2021 beigefügt werden.

Zur **Zeile 5** und der **steuerlichen Behandlung des Arbeitslohns nach den Doppelbesteuerungsabkommen** ist das BMF Schreiben vom 03.05.2018, IV B 2 – S 1300/08/10027 DOK 2018/0353235 zu beachten.

Ebenfalls noch Zeile 5 befragt nach Steuerentlastung für Auslandstätigkeiten nach **zwischenstaatlichen Übereinkommen**.

Die steuerlichen Vorrechte und Befreiungen aufgrund zwischenstaatlicher Vereinbarungen werden in dem BMF Schreiben vom 18.03.2013, IV B 4 – S 1311/07/10039 DOK 2013/0234331 auf 91 Seiten zusammengefasst.

„Z u s a m m e n s t e l l u n g der Fundstellen der zwischenstaatlichen Vereinbarungen, Zustimmungsgesetze und Rechtsverordnungen, aufgrund derer Personen, Personenvereinigungen, Körperschaften, internationalen Organisationen oder ausländischen Staaten Befreiungen von deutschen Steuern vom Einkommen und vom Vermögen gewährt werden (ausgenommen Abkommen zur Vermeidung der Doppelbesteuerung) (Stand: 1. Januar 2013)".

In der Anleitung zur Anlage N-AUS 2021 wird weiterhin auf diese Zusammenstellung verwiesen.

Der Auslandstätigkeitserlass ist für die dann noch verbleibenden Fälle (z.B. ohne DBA) zu berücksichtigen. Einzelheiten im BMF Schreiben vom BMF vom 31.10.1983, IV B 6 – S 2293 – 50/83, BStBl I 1983, 470.

12.2.5 Abbildungen zu Kapitel 12.2

Abb. 12.58: Arbeiten mit den Doppelbesteuerungsabkommen

Stand der Doppelbesteuerungsabkommen zum 01.01.2021
Liste über die geltenden Abkommen
Liste über **künftige** Abkommen und laufende Verhandlungen

1. Ein Steuerpflichtiger (Identität beachten)
2. der von zwei Staaten
3. für denselben Besteuerungszeitraum
4. für dasselbe Besteuerungssubjekt
5. mit der gleichen Art Steuer belegt wird.

Lösung des Konflikts durch **zwei Methoden:**
1. Freistellung unter Progressionsvorbehalt
oder
2. Anrechnung auf die deutsche Einkommen-/Körperschaftsteuer

Der Ansässigkeitsstaat berücksichtigt die subjektive Leistungsfähigkeit (Grundfreibetrag, Sonderausgaben, außergewöhnliche Belastungen). Er vermeidet die Doppelbesteuerung.

Abb. 12.59: Prüfungsreihenfolge

Art. 1–5
1. persönliche
2. sachliche und räumliche (z.B. Definition des Staatsgebietes Großbritannien ohne die Kanalinseln) Abkommensberechtigung
3. Ansässigkeit
Begriffsbestimmungen

Spezialität der Einkunftsarten auf Abkommensebene beachten

Art. 6–20
Art. 21
4. „Verteilung" der Einkünfte, Vermögen

Art. 22
5. Methoden zur Vermeidung der doppelten Besteuerung

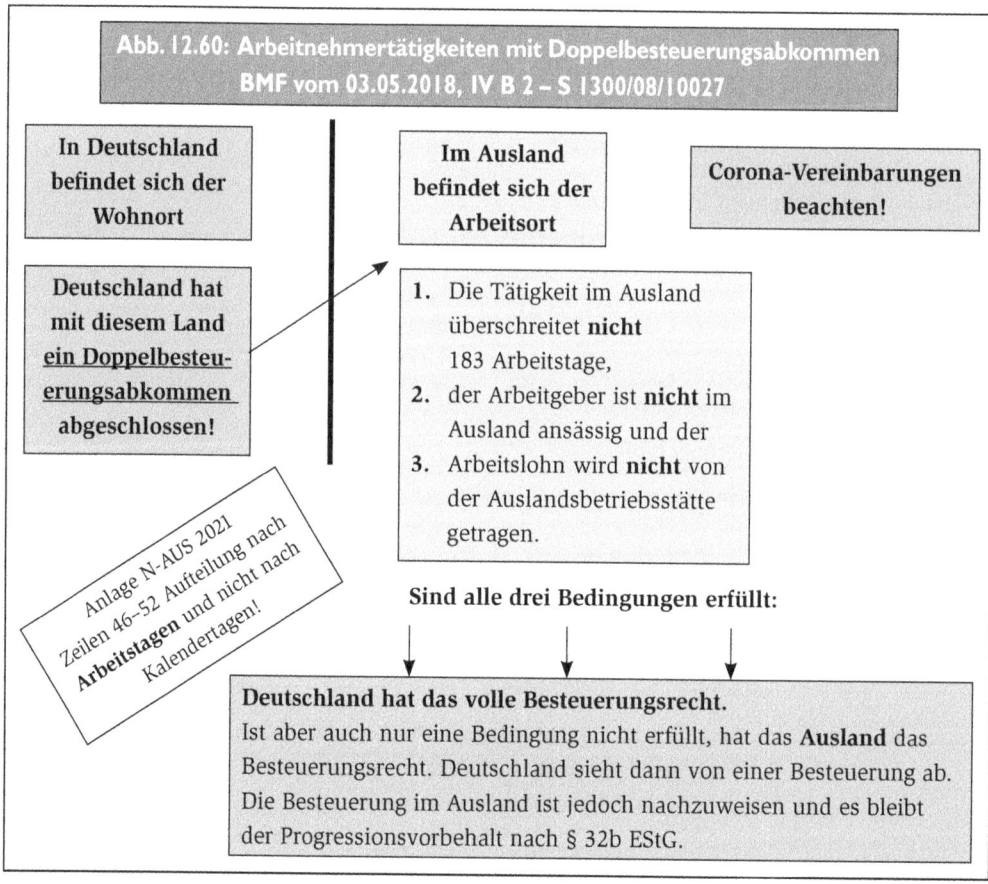

Abb. 12.60: Arbeitnehmertätigkeiten mit Doppelbesteuerungsabkommen BMF vom 03.05.2018, IV B 2 – S 1300/08/10027

In Deutschland befindet sich der Wohnort

Im Ausland befindet sich der Arbeitsort

Corona-Vereinbarungen beachten!

Deutschland hat mit diesem Land ein Doppelbesteuerungsabkommen abgeschlossen!

1. Die Tätigkeit im Ausland überschreitet **nicht** 183 Arbeitstage,
2. der Arbeitgeber ist **nicht** im Ausland ansässig und der
3. Arbeitslohn wird **nicht** von der Auslandsbetriebsstätte getragen.

*Anlage N-AUS 2021 Zeilen 46–52 Aufteilung nach **Arbeitstagen** und nicht nach Kalendertagen!*

Sind alle drei Bedingungen erfüllt:

Deutschland hat das volle Besteuerungsrecht.
Ist aber auch nur eine Bedingung nicht erfüllt, hat das **Ausland** das Besteuerungsrecht. Deutschland sieht dann von einer Besteuerung ab. Die Besteuerung im Ausland ist jedoch nachzuweisen und es bleibt der Progressionsvorbehalt nach § 32b EStG.

Abb. 12.61: Verständigungsvereinbarungen zwischen den jeweiligen Ländern betreffend der steuerlichen Behandlung des Arbeitslohns von im Homeoffice tätigen Grenzpendlern und im öffentlichen Dienst Beschäftigten beachten

Beispiel:

Arbeitstage, für die Arbeitslohn bezogen wird und an denen Arbeitnehmer*innen nur aufgrund der Maßnahmen zur Bekämpfung der Covid-19-Pandemie ihre Tätigkeit im Homeoffice ausüben, **können** als in dem Vertragsstaat verbrachte Arbeitstage gelten, in dem die Arbeitnehmer*innen ihre Tätigkeit ohne die Maßnahmen zur Bekämpfung der Covid-19-Pandemie ausgeübt hätten.

Für Arbeitstage, die unabhängig von diesen Maßnahmen im Homeoffice oder in einem Drittstaat verbracht worden wären, gilt diese Tatsachenfiktion nicht. Insbesondere gilt sie nicht, wenn Arbeitnehmer*innen lt. arbeitsvertraglicher Regelungen grundsätzlich im Homeoffice tätig sind.

Die Arbeitnehmer*innen, die Gebrauch von dieser Tatsachenfiktion machen, sind **verpflichtet, geeignete Aufzeichnungen** zu führen (d.h. eine Bescheinigung des Arbeitgebers über die Arbeitstage, in denen die Arbeitnehmer*innen ihre Tätigkeit aufgrund der Covid-19-Pandemie im Homeoffice ausgeübt haben).

12.2 Anlage N-AUS

Abb. 12.62: Ausländische Arbeitnehmereinkünfte – ohne DBA – Auslandstätigkeitserlass – § 34c Abs. 5 EStG, BMF vom 31.10.1983, BStBl I 1983, 470

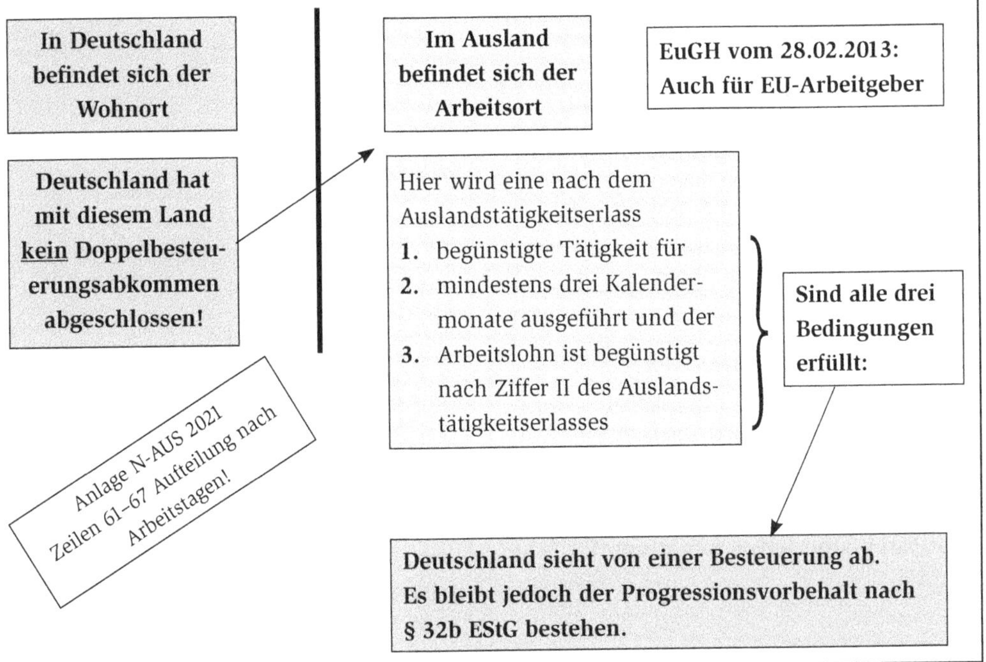

- In Deutschland befindet sich der Wohnort
- Im Ausland befindet sich der Arbeitsort
- EuGH vom 28.02.2013: Auch für EU-Arbeitgeber

Deutschland hat mit diesem Land **kein** Doppelbesteuerungsabkommen abgeschlossen!

Hier wird eine nach dem Auslandstätigkeitserlass
1. begünstigte Tätigkeit für
2. mindestens drei Kalendermonate ausgeführt und der
3. Arbeitslohn ist begünstigt nach Ziffer II des Auslandstätigkeitserlasses

Sind alle drei Bedingungen erfüllt:

Anlage N-AUS 2021 Zeilen 61–67 Aufteilung nach Arbeitstagen!

Deutschland sieht von einer Besteuerung ab. Es bleibt jedoch der Progressionsvorbehalt nach § 32b EStG bestehen.

13. Anlagen KAP und KAP-INV
13.1 Anlage KAP

Was ist zu beachten – neu und wichtig – Checkliste

Kapitalertragsteuer; Ausstellung von **Steuerbescheinigungen** für Kapitalerträge nach § 45a Abs. 2 und 3 EStG	BMF vom 11.11.2020, IV C 1 – S 2401/19/10003 :001 DOK 2020/1162395 Ergänzung des BMF-Schreibens vom 15.12.2017 (BStBl I 2018, 13)
Regelanfrage beim BZSt zum **Kirchensteuerabzug** durch Banken und **Kapitalgesellschaften** einmal jährlich in der Zeit 01.09.–31.10.	§ 51a Abs. 2c S. 1 Nr. 3 EStG Insbesondere bei KapG wird diese Pflicht nicht immer beachtet!
Sämtliche **inländischen Steuerbescheinigungen** und für die **im Ausland** verwahrten Gelder die **Erträgnis-Aufstellungen** fordern	Nur so kann die Besserrechnung und mögliche Korrekturen, Verlustausgleich, Sparer-Pauschbetrag durchgeführt werden
Negative Einlagezinsen von Bankinstituten sind keine negativen Kapitalerträge	Keine (negativen) Zinsen nach § 20 Abs. 1 Nr. 7 EStG, **sondern Gebühren**, die mit dem Sparer-Pauschbetrag abgegolten sind; siehe auch Rz. 129a des BMF Schreibens vom 18.01.2016; BStBl I 2016, 85
Steuererstattungszinsen sind steuerbar und steuerpflichtig	BFH vom 24.06.2014, VIII R 29/12
Zinsen für Rentennachzahlungen sind Kapitalerträge	BFH vom 09.06.2015, VIII R 18/12 – bestätigt durch BMF vom 04.07.2016, IV C 3 – S 2255/15/10001 DOK 2016/0460833
Zinsen aus der Anlage für **Instandhaltungsrücklagen** sind Kapitalerträge	R 21.2 Abs. 2 EStR
Prozesszinsen auf erstattete Einkommensteuer sind Einnahmen nach § 20 Abs. 1 Nr. 7 EStG	BFH Beschluss vom 17.05.2021, VIII B 88/20
Ausschüttungen an beherrschenden Gesellschafter **im Zeitpunkt der Beschlussfassung**	BFH vom 02.12.2014, VIII R 2/12
Schon **versteuerte Kapitalerträge** sind **zu korrigieren**	**Transaktionskosten** und Korrekturen der **Ersatzbemessungsgrundlagen** sind die häufigsten Fälle

13.1 Anlage KAP

Neufassung des BMF-Schreibens vom 17.07.2017 (BStBl I 2017, 986) zur steuerlichen Behandlung von „**Cum/Cum-Transaktionen**"	BMF Schreiben vom **09.07.2021**, IV C 1 – S 2252/19/10035 :014 DOK 2021/0726914
Zeile 10 für Gewinne aus der Veräußerung **bestandsgeschützter Alt-Anteile. Der Freibetrag** wird von Amts wegen festgestellt	BMF vom 27.06.2018, IV C 1 – S 2401/0810001:019
Verfassungsmäßigkeit der Verlustverrechnungsbeschränkung für Aktienveräußerungsverluste nach § 20 Abs. 6 Satz 5 EStG (jetzt § 20 Abs. 6 Satz 4 EStG) in Frage gestellt	**Vorlagebeschluss des BFH** vom 17.11.2020, VIII R 11/18 veröffentlicht am 04.06.2021. Alle Verlusteinschränkungen anfechten?
Verlustbescheinigungen von Banken bis zum 15.12.2021 anfordern. Sonstige Nachweise (**privater Verkauf von Forderungen** ...)	§ 43a Abs. 3 S. 5 EStG Vertragsunterlagen ...
Insolvenzbedingter Ausfall einer privaten Darlehensforderung als Verlust bei den Einkünften aus Kapitalvermögen	BFH vom 01.07.2021, VIII R 28/18
Verlustausgleich bei abgeltend besteuerten negativen Einkünften aus Kapitalvermögen **im Wege der Günstigerprüfung** (mit tariflichen KapErträgen)	**BFH-Urteil vom 30.11.2016, VIII R 11/14**
Für tariflich zu versteuernde Kapitalerträge nach § 32d Abs. 2 Nr. 1 + 3 EStG **müssen vor Eintragung noch die Werbungskosten abgezogen werden**	Der Sparer-Pauschbetrag nach § 20 Abs. 9 EStG ist für diese Einkünfte nicht zu berücksichtigen.
Nahestehende Personen – Klärung des „Näheverhältnisses" BMF-Schreiben vom 18.01.2016, BStBl I 2016, 85 Beck StE I § 43/1 Rz. 136	BFH vom 29.04.2014, VIII R 23/13; vom 14.05.2014, VIII R 31/11 und vom 29.04.2014, VIII R 9/13, VIII R 44/13 und VIII R 35/13
Antrag auf Besteuerung nach § 32d Abs. 2 Nr. 3 EStG – Anleitung zur Anlage KAP muss gelesen werden	BFH vom 28.07.2015, VIII R 50/14. Berufliche Tätigkeit mit maßgeblichem unternehmerischem Einfluss erforderlich
Fünftel-Besteuerung nach § 34 Abs. 1 EStG auch bei Kapitalerträgen	Zinszahlungen, die für einen längeren Zeitraum nachgezahlt werden
Nachweis über das Vorliegen der Voraussetzungen für die **Anrechnung fiktiver Quellensteuern** bei ausländischen Zinseinkünften nach den Doppelbesteuerungsabkommen	Bundeszentralamt für Steuern, Referat St II 10, Redaktionsschluss April 2021

2021 Anlage KAP

zur Einkommensteuererklärung
zur Erklärung zur Festsetzung der Kirchensteuer auf Kapitalerträge

Anleitung vorhanden

Zeile				
1	Name			stpfl. Person / Ehemann / Person A
2	Vorname			Ehefrau / Person B
3	Steuernummer			

Einkünfte aus Kapitalvermögen / Anrechnung von Steuern

Anträge

				54
4	Ich beantrage die Günstigerprüfung für sämtliche Kapitalerträge. (Bei Zusammenveranlagung: Die Anlage KAP meines Ehegatten / Lebenspartners ist beigefügt.)	201/401	1 = Ja	
5	Ich beantrage eine Überprüfung des Steuereinbehalts für bestimmte Kapitalerträge.	202/402	1 = Ja	

Erklärung zur Kirchensteuerpflicht

6	Ich bin kirchensteuerpflichtig und habe Kapitalerträge erzielt, von denen Kapitalertragsteuer, aber keine Kirchensteuer einbehalten wurde.	203/403	1 = Ja

Kapitalerträge, die dem inländischen Steuerabzug unterlegen haben

		Beträge lt. Steuerbescheinigung(en) EUR	korrigierte Beträge (lt. gesonderter Aufstellung) EUR
7	Kapitalerträge	210/410	220/420
8	In Zeile 7 enthaltene Gewinne aus Aktienveräußerungen	212/412	222/422
9	In Zeile 7 enthaltene Einkünfte aus Stillhalterprämien und Gewinne aus Termingeschäften	611/811	621/821
10	In Zeile 7 enthaltene Gewinne aus der Veräußerung bestandsgeschützter Alt-Anteile i. S. d. § 56 Abs. 6 Satz 1 Nr. 2 InvStG	219/419	229/429
11	In Zeile 7 enthaltene Ersatzbemessungsgrundlage	214/414	224/424
12	Nicht ausgeglichene Verluste **ohne** Verluste aus der Veräußerung von Aktien	215/415	225/425
13	Nicht ausgeglichene Verluste aus der Veräußerung von Aktien	216/416	226/426
14	Verluste aus Termingeschäften	615/815	625/825
15	Verluste aus der ganzen oder teilweisen Uneinbringlichkeit einer Kapitalforderung, Ausbuchung, Übertragung wertlos gewordener Wirtschaftsgüter i. S. d. § 20 Abs. 1 EStG oder aus einem sonstigen Ausfall von Wirtschaftsgütern i. S. d. § 20 Abs. 1 EStG	616/816	626/826

Sparer-Pauschbetrag

			EUR
16	In Anspruch genommener Sparer-Pauschbetrag, der auf die in den Zeilen 7 bis 15, 30 und 33 erklärten Kapitalerträge entfällt (ggf. „0")	217/417	
17	Bei Eintragungen in den Zeilen 7 bis 15, 18 bis 27, 30, 33, 47 und 49 dieser Anlage, in den Zeilen 6 bis 27, 30 und 31 der Anlage KAP-BET sowie in der Anlage KAP-INV: In Anspruch genommener Sparer-Pauschbetrag, der auf die in der Anlage KAP **nicht** erklärten Kapitalerträge entfällt (ggf. „0")	218/418	

Kapitalerträge, die nicht dem inländischen Steuerabzug unterlegen haben

– ohne Investmenterträge lt. Anlage KAP-INV –

			EUR
18	Inländische Kapitalerträge (ohne Betrag lt. Zeile 26)	230/430	
19	Ausländische Kapitalerträge (ohne Betrag lt. Zeile 47)	234/434	
20	In den Zeilen 18 und 19 enthaltene Gewinne aus Aktienveräußerungen i. S. d. § 20 Abs. 2 Satz 1 Nr. 1 EStG	232/432	
21	In den Zeilen 18 und 19 enthaltene Einkünfte aus Stillhalterprämien und Gewinne aus Termingeschäften	631/831	
22	In den Zeilen 18 und 19 enthaltene Verluste **ohne** Verluste aus der Veräußerung von Aktien	235/435	
23	In den Zeilen 18 und 19 enthaltene Verluste aus der Veräußerung von Aktien i. S. d. § 20 Abs. 2 Satz 1 Nr. 1 EStG	236/436	
24	Verluste aus Termingeschäften	635/835	
25	Verluste aus der ganzen oder teilweisen Uneinbringlichkeit einer Kapitalforderung, Ausbuchung, Übertragung wertlos gewordener Wirtschaftsgüter i. S. d. § 20 Abs. 1 EStG oder aus einem sonstigen Ausfall von Wirtschaftsgütern i. S. d. § 20 Abs. 1 EStG	636/836	
26	Zinsen, die vom Finanzamt für Steuererstattungen gezahlt wurden	260/460	

2021AnlKAP051 – Juli 2021 –

13.1 Anlage KAP

Kapitalerträge, die der tariflichen Einkommensteuer unterliegen

(nicht in den Zeilen 7, 18 und 19 der Anlage KAP sowie in den Zeilen 6 und 14 der Anlage KAP-BET enthalten)

Zeile	Bezeichnung	Kennziffer	EUR
27	Hinzurechnungsbetrag nach § 10 AStG	275/475	
28	Laufende Einkünfte aus sonstigen Kapitalforderungen jeder Art, aus stiller Gesellschaft und partiarischen Darlehen (ohne Betrag lt. Zeile 49)	270/470	
29	Gewinne aus der Veräußerung oder Einlösung von Kapitalanlagen aus sonstigen Kapitalforderungen jeder Art, aus stiller Gesellschaft und partiarischen Darlehen, Verluste aus der ganzen oder teilweisen Uneinbringlichkeit der Kapitalforderungen	271/471	
30	Kapitalerträge aus Lebensversicherungen i. S. d. § 20 Abs. 1 Nr. 6 Satz 2 EStG	268/468	
31	Ich beantrage für die Einkünfte lt. Zeile 32 die Anwendung der tariflichen Einkommensteuer. – bitte Anleitung beachten –	1 = Ja	
32	Laufende Einkünfte aus einer unternehmerischen Beteiligung an einer Kapitalgesellschaft Gesellschaft, Finanzamt und Steuernummer	272/472	
33	Bezüge und Einnahmen i. S. d. § 32d Abs. 2 Nr. 4 EStG (ohne Betrag lt. Zeile 49) – Korrespondenzprinzip –	277/477	
34	Ich habe Einkünfte aus Spezial-Investmentanteilen i. S. d. § 20 Abs. 1 Nr. 3a EStG erzielt. (lt. gesonderter Aufstellung)	209/409	1 = Ja

Kapitalerträge, für die die ermäßigte Besteuerung nach § 34 Abs. 1 EStG anzuwenden ist

| 35 | In den Zeilen 7, 18 und / oder 19 der Anlage KAP sowie in den Zeilen 6 und / oder 14 der Anlage KAP-BET enthaltene Erträge | 265/465 | |
| 36 | In den Zeilen 27 bis 30, 32, 33 und / oder 49 der Anlage KAP sowie in den Zeilen 27 bis 31 der Anlage KAP-BET enthaltene Erträge | 279/479 | |

Steuerabzugsbeträge zu Erträgen in den Zeilen 7 bis 25 und zu Investmenterträgen lt. Anlage KAP-INV

lt. Bescheinigung(en)

37	Kapitalertragsteuer	280/480
38	Solidaritätszuschlag	281/481
39	Kirchensteuer zur Kapitalertragsteuer	282/482
40	Angerechnete ausländische Steuern	283/483
41	Anrechenbare noch nicht angerechnete ausländische Steuern	284/484
42	Fiktive ausländische Quellensteuer (nicht in den Zeilen 40 und / oder 41 enthalten)	285/485

Anzurechnende Steuern zu Erträgen in den Zeilen 28 bis 34 sowie aus anderen Einkunftsarten

43	Kapitalertragsteuer	286/486
44	Solidaritätszuschlag	287/487
45	Kirchensteuer zur Kapitalertragsteuer	288/488

Beschränkung der Anrechenbarkeit der Kapitalertragsteuer nach § 36a EStG und / oder § 31 Abs. 3 InvStG

| 46 | Ich habe Kapitalerträge erzielt, bei denen die Voraussetzungen für eine volle Anrechnung der Kapitalertragsteuer nach § 36a EStG und / oder § 31 Abs. 3 InvStG nicht erfüllt sind. | 206/406 | 1 = Ja |

Familienstiftungen nach § 15 AStG (lt. Feststellung)

47	Einkünfte einer ausländischen Familienstiftung, die **nicht** der tariflichen Einkommensteuer unterliegen Bezeichnung, Finanzamt und Steuernummer	238/438	
48	Anzurechnende ausländische Steuern (zu Zeile 47)	208/408	
49	Einkünfte einer ausländischen Familienstiftung, die der tariflichen Einkommensteuer unterliegen (siehe Zeile 18 der Anlage AUS)	278/478	

Steuerstundungsmodelle

| 50 | Einkünfte aus Gesellschaften / Gemeinschaften / ähnlichen Modellen i. S. d. § 15b EStG (lt. gesonderter Aufstellung) | | |

Anlage KAP-BET 2021

zur Einkommensteuererklärung
zur Erklärung zur Festsetzung der Kirchensteuer auf Kapitalerträge

1	Name	stpfl. Person / Ehemann / Person A
2	Vorname	Ehefrau / Person B
3	Steuernummer	

Einkünfte aus Kapitalvermögen / Anrechnung von Steuern
lt. gesonderter und einheitlicher Feststellung (Beteiligungen)

Erträge — 54

		EUR
4	1. Beteiligung — Gemeinschaft, Finanzamt und Steuernummer	
5	2. Beteiligung — Gemeinschaft, Finanzamt und Steuernummer	

— mit inländischem Steuerabzug

6	Kapitalerträge	240/440
7	In Zeile 6 enthaltene Gewinne aus Aktienveräußerungen	242/442
8	In Zeile 6 enthaltene Einkünfte aus Stillhalterprämien und Gewinne aus Termingeschäften	641/841
9	In Zeile 6 enthaltene Gewinne aus der Veräußerung bestandsgeschützter Alt-Anteile i. S. d. § 56 Abs. 6 Satz 1 Nr. 2 InvStG	249/449
10	Nicht ausgeglichene Verluste **ohne** Verluste aus der Veräußerung von Aktien	245/445
11	Nicht ausgeglichene Verluste aus der Veräußerung von Aktien	246/446
12	Verluste aus Termingeschäften	645/845
13	Verluste aus der ganzen oder teilweisen Uneinbringlichkeit einer Kapitalforderung, Ausbuchung, Übertragung wertlos gewordener Wirtschaftsgüter i. S. d. § 20 Abs. 1 EStG oder aus einem sonstigen Ausfall von Wirtschaftsgütern i. S. d. § 20 Abs. 1 EStG	646/846

— ohne inländischen Steuerabzug

14	Kapitalerträge (ohne Beträge lt. Zeile 22 der Anlage KAP-BET sowie ohne Beträge der Zeile 47 der Anlage KAP)	250/450
15	In Zeile 14 enthaltene Gewinne aus Aktienveräußerungen	252/452
16	In Zeile 14 enthaltene Einkünfte aus Stillhalterprämien und Gewinne aus Termingeschäften	651/851
17	In Zeile 14 enthaltene Gewinne aus der Veräußerung bestandsgeschützter Alt-Anteile i. S. d. § 56 Abs. 6 Satz 1 Nr. 2 InvStG	259/459
18	In Zeile 14 enthaltene Verluste **ohne** Verluste aus der Veräußerung von Aktien	255/455
19	In Zeile 14 enthaltene Verluste aus der Veräußerung von Aktien	256/456
20	Verluste aus Termingeschäften	655/855
21	Verluste aus der ganzen oder teilweisen Uneinbringlichkeit einer Kapitalforderung, Ausbuchung, Übertragung wertlos gewordener Wirtschaftsgüter i. S. d. § 20 Abs. 1 EStG oder aus einem sonstigen Ausfall von Wirtschaftsgütern i. S. d. § 20 Abs. 1 EStG	656/856
22	Gewinn / Verlust aus der Veräußerung anteiliger Wirtschaftsgüter bei Veräußerung einer unmittelbaren oder mittelbaren Beteiligung an einer Personengesellschaft	261/461
23	In Zeile 22 enthaltene Gewinne / Verluste aus Aktienveräußerungen	262/462
24	In Zeile 22 enthaltene Einkünfte aus Stillhalterprämien und Gewinne aus Termingeschäften	661/861
25	In Zeile 22 enthaltene Verluste aus Termingeschäften	662/862
26	In Zeile 22 enthaltene Verluste aus der ganzen oder teilweisen Uneinbringlichkeit einer Kapitalforderung, Ausbuchung, Übertragung wertlos gewordener Wirtschaftsgüter i. S. d. § 20 Abs. 1 EStG oder aus einem sonstigen Ausfall von Wirtschaftsgütern i. S. d. § 20 Abs. 1 EStG	663/863

— die der tariflichen Einkommensteuer unterliegen

27	Hinzurechnungsbetrag nach § 10 AStG	276/476
28	Laufende Einkünfte aus sonstigen Kapitalforderungen jeder Art, aus stiller Gesellschaft und partiarischen Darlehen (ohne Betrag lt. Zeile 49 der Anlage KAP)	273/473
29	Gewinne aus der Veräußerung oder Einlösung von Kapitalanlagen aus sonstigen Kapitalforderungen jeder Art, aus stiller Gesellschaft und partiarischen Darlehen, Verluste aus der ganzen oder teilweisen Uneinbringlichkeit der Kapitalforderungen	274/474
30	Kapitalerträge aus Lebensversicherungen i. S. d. § 20 Abs. 1 Nr. 6 Satz 2 EStG	269/469
31	Bezüge und Einnahmen i. S. d. § 32d Abs. 2 Nr. 4 EStG (ohne Betrag lt. Zeile 49 der Anlage KAP) — Korrespondenzprinzip —	266/466

2021AnlKAP-BET351 — Juli 2021 —

13.1 Anlage KAP

Steuerabzugsbeträge zu Erträgen in den Zeilen 6 bis 26

			EUR	Ct
32	Kapitalertragsteuer	290/490		,
33	Solidaritätszuschlag	291/491		,
34	Kirchensteuer zur Kapitalertragsteuer	292/492		,
35	Angerechnete ausländische Steuern	293/493		,
36	Anrechenbare noch nicht angerechnete ausländische Steuern	294/494		,
37	Fiktive ausländische Quellensteuern (nicht in den Zeilen 35 und / oder 36 enthalten)	295/495		,

Anzurechnende Steuern zu Erträgen in den Zeilen 28 bis 31 sowie aus anderen Einkunftsarten

			EUR	Ct
38	Kapitalertragsteuer	296/496		,
39	Solidaritätszuschlag	297/497		,
40	Kirchensteuer zur Kapitalertragsteuer	298/498		,

Anlage KAP

Anlage KAP-INV 2021

Anleitung vorhanden

stpfl. Person / Ehemann / Person A
Ehefrau / Person B

1 Name
2 Vorname
3 Steuernummer | lfd. Nr. der Anlage

Investmenterträge, die nicht dem inländischen Steuerabzug unterlegen haben

Laufende Erträge aus Investmentanteilen, die nicht dem inländischen Steuerabzug unterlegen haben (z. B. bei im Ausland verwahrten Investmentanteilen) | 54

Ausschüttungen nach § 2 Abs. 11 InvStG
(einschließlich des ausländischen Steuerabzugs auf den Kapitalertrag) aus — EUR

Zeile	Position	Kennzahl
4	– Aktienfonds i. S. d. § 2 Abs. 6 InvStG (vor Teilfreistellung)	310/510
5	– Mischfonds i. S. d. § 2 Abs. 7 InvStG (vor Teilfreistellung)	311/511
6	– Immobilienfonds i. S. d. § 2 Abs. 9 Satz 1 InvStG (vor Teilfreistellung und ohne Beträge lt. Zeile 7)	312/512
7	– Auslands-Immobilienfonds i. S. d. § 2 Abs. 9 Satz 2 InvStG (vor Teilfreistellung)	313/513
8	– sonstigen Investmentfonds	314/514

Vorabpauschalen nach § 18 InvStG aus
– ggf. Übertrag aus Zeile 46 oder lt. Aufstellung des ausländischen Kreditinstituts –

9	– Aktienfonds i. S. d. § 2 Abs. 6 InvStG (vor Teilfreistellung)	320/520
10	– Mischfonds i. S. d. § 2 Abs. 7 InvStG (vor Teilfreistellung)	321/521
11	– Immobilienfonds i. S. d. § 2 Abs. 9 Satz 1 InvStG (vor Teilfreistellung und ohne Beträge lt. Zeile 12)	322/522
12	– Auslands-Immobilienfonds i. S. d. § 2 Abs. 9 Satz 2 InvStG (vor Teilfreistellung)	323/523
13	– sonstigen Investmentfonds	324/524

Gewinne und Verluste aus der Veräußerung von Investmentanteilen, die nicht dem inländischen Steuerabzug unterlegen haben (z. B. bei im Ausland verwahrten Investmentanteilen)

– ggf. Übertrag aus Zeile 55, 56 und / oder 57 oder lt. Aufstellung des ausländischen Kreditinstituts – EUR

14	**Aktienfonds** i. S. d. § 2 Abs. 6 InvStG (vor Teilfreistellung)	330/530
15	In Zeile 14 enthaltene Gewinne aus der Veräußerung bestandsgeschützter Alt-Anteile i. S. d. § 56 Abs. 6 Satz 1 Nr. 2 InvStG (vor Teilfreistellung)	331/531
16	Gewinne und Verluste aus der fiktiven Veräußerung von nicht bestandsgeschützten Alt-Anteilen i. S. d. § 56 Abs. 2 i. V. m. Abs. 3 Satz 1 InvStG (nicht in Zeile 14 enthalten)	332/532
17	**Mischfonds** i. S. d. § 2 Abs. 7 InvStG (vor Teilfreistellung)	340/540
18	In Zeile 17 enthaltene Gewinne aus der Veräußerung bestandsgeschützter Alt-Anteile i. S. d. § 56 Abs. 6 Satz 1 Nr. 2 InvStG (vor Teilfreistellung)	341/541
19	Gewinne und Verluste aus der fiktiven Veräußerung von nicht bestandsgeschützten Alt-Anteilen i. S. d. § 56 Abs. 2 i. V. m. Abs. 3 Satz 1 InvStG (nicht in Zeile 17 enthalten)	342/542
20	**Immobilienfonds** i. S. d. § 2 Abs. 9 Satz 1 InvStG (vor Teilfreistellung und ohne Beträge lt. Zeile 23)	350/550
21	In Zeile 20 enthaltene Gewinne aus der Veräußerung bestandsgeschützter Alt-Anteile i. S. d. § 56 Abs. 6 Satz 1 Nr. 2 InvStG (vor Teilfreistellung)	351/551
22	Gewinne und Verluste aus der fiktiven Veräußerung von nicht bestandsgeschützten Alt-Anteilen i. S. d. § 56 Abs. 2 i. V. m. Abs. 3 Satz 1 InvStG (nicht in Zeile 20 enthalten)	352/552
23	**Auslands-Immobilienfonds** i. S. d. § 2 Abs. 9 Satz 2 InvStG (vor Teilfreistellung)	360/560
24	In Zeile 23 enthaltene Gewinne aus der Veräußerung bestandsgeschützter Alt-Anteile i. S. d. § 56 Abs. 6 Satz 1 Nr. 2 InvStG (vor Teilfreistellung)	361/561
25	Gewinne und Verluste aus der fiktiven Veräußerung von nicht bestandsgeschützten Alt-Anteilen i. S. d. § 56 Abs. 2 i. V. m. Abs. 3 Satz 1 InvStG (nicht in Zeile 23 enthalten)	362/562
26	**Sonstige Investmentfonds**	370/570
27	In Zeile 26 enthaltene Gewinne aus der Veräußerung bestandsgeschützter Alt-Anteile i. S. d. § 56 Abs. 6 Satz 1 Nr. 2 InvStG	371/571
28	Gewinne und Verluste aus der fiktiven Veräußerung von nicht bestandsgeschützten Alt-Anteilen i. S. d. § 56 Abs. 2 i. V. m. Abs. 3 Satz 1 InvStG (nicht in Zeile 26 enthalten)	372/572

Zwischengewinne nach dem Investmentsteuergesetz 2004

Bei Veräußerung von vor dem 1.1.2018 angeschafften Investmentanteilen: EUR

| 29 | Zwischengewinne aus fiktiven Veräußerungen zum 31.12.2017 nach § 56 Abs. 2 i. V. m. Abs. 3 InvStG | 380/580 |

13.1 Anlage KAP

Ermittlung der Vorabpauschalen zu Zeile 9 bis 13

– Investmentanteile, die im Jahr 2020 in unterschiedlichen Monaten angeschafft wurden, sind jeweils in einer eigenen Spalte zu erfassen. Für Investmentanteile, die bis zum 31.12.2020 veräußert wurden, ist keine Vorabpauschale zu berechnen. –

		1. Investmentfonds	2. Investmentfonds
31	ISIN		
32	Fondsbezeichnung		
33	Art des Investmentfonds 1 = Aktienfonds 4 = Auslands-Immobilienfonds 2 = Mischfonds 5 = sonstiger Investmentfonds 3 = Immobilienfonds	EUR Ct	EUR Ct
34	Rücknahme-, Börsen- oder Marktpreis für einen Investmentanteil zu Beginn des Kj. 2020	,	,
35	Basisertrag (Zeile 34 × 0,049 %)	,	,
	Mehrbetrag je Investmentanteil nach § 18 Abs. 1 Satz 3 InvStG		
36	Letzter Rücknahmepreis 2020	,	,
37	abzgl. erster Rücknahmepreis 2020 (lt. Zeile 34)	,	,
38	zzgl. Ausschüttungen 2020	,	,
39	Mehrbetrag	,	,
40	Niedrigerer Wert aus Zeile 35 oder 39 (wenn Wert negativ, in Zeile 44 „0" eintragen)	,	,
41	abzgl. Ausschüttungen 2020	,	,
42	Zwischenergebnis Zeile 40 abzgl. Zeile 41 (wenn Wert negativ, in Zeile 44 „0" eintragen)	,	,
43	bei unterjährigem Erwerb im Jahr 2020: Kürzung Wert lt. Zeile 42 um 1/12 für jeden vollen Monat vor Erwerb	,	,
44	Zwischenergebnis (Zeile 42 abzgl. Zeile 43)	,	,
45	Anzahl der Anteile (mit Nachkommastellen)	EUR	EUR
46	Vorabpauschale (Zeile 44 × Zeile 45)	,	,

Summe der Eintragungen in Zeile 46 für jede Fondsart bilden und in die Zeilen 9, 10, 11, 12 und / oder 13 der ersten Anlage KAP-INV übertragen.

Ermittlung der Gewinne und Verluste aus der Veräußerung von Investmentanteilen zu Zeile 14 bis 28

– Investmentanteile mit unterschiedlichen Anschaffungszeitpunkten sind jeweils in einer eigenen Spalte zu erfassen. –

		1. Investmentfonds	2. Investmentfonds
47	ISIN		
48	Fondsbezeichnung		
49	Art des Investmentfonds 1 = Aktienfonds 4 = Auslands-Immobilienfonds 2 = Mischfonds 5 = sonstiger Investmentfonds 3 = Immobilienfonds		
50	Anzahl der veräußerten Anteile (mit Nachkommastellen)	EUR	EUR
51	Veräußerungspreis	,	,
52	abzgl. Anschaffungskosten (bei Anschaffung vor dem 1.1.2018: fiktive Anschaffungskosten i. S. d. § 56 Abs. 2 InvStG)	,	,
53	abzgl. Veräußerungskosten	,	,
54	abzgl. während Besitzzeit angesetzter Vorabpauschalen (vor Teilfreistellung)	,	,
55	Veräußerungsgewinn / -verlust (Zeile 51 abzgl. Zeile 52 bis 54)	,	,

Summe der Eintragungen in Zeile 55 für jede Fondsart bilden und in die Zeilen 14, 17, 20, 23 und / oder 26 der ersten Anlage KAP-INV übertragen.

Veräußerung von vor dem 1.1.2018 angeschafften Investmentanteilen

		EUR	EUR
56	bei Anschaffung vor dem 1.1.2009: Wert lt. Zeile 55	,	,

Summe der Gewinne in Zeile 56 für jede Fondsart bilden und in die Zeilen 15, 18, 21, 24 und / oder 27 der ersten Anlage KAP-INV übertragen.

| 57 | bei Anschaffung nach dem 31.12.2008 und vor dem 1.1.2018: fiktiver Veräußerungsgewinn zum 31.12.2017 | , | , |

Summe der Eintragungen in Zeile 57 für jede Fondsart bilden und in die Zeilen 16, 19, 22, 25 und / oder 28 der ersten Anlage KAP-INV übertragen.

Anlage KAP

Zeile 7 der Anlage KAP 2021 = „der Wäschekorb"
Die Einkünfte aus Kapitalvermögen werden jährlich unübersichtlicher.

Nicht nur die geringen Zinsen und die dadurch neu geschaffenen Anlageformen, sondern insbesondere deren steuerliche Erfassung bereitet zunehmend Sorge.

Sowohl der Steuerpflichtige, als auch sein Berater können sich aber hierfür auf die von den Bankinstituten zu erstellenden Steuerbescheinigungen verlassen. Die Sicherstellung der Besteuerung der Kapitalerträge ist für die inländisch verwahrten Kapitalerträge fast vollständig auf die Bankinstitute übertragen worden. Dort besteht die Pflicht zur Einbehaltung der entsprechenden Kapitalertragsteuern und Kirchensteuern.

Zunächst muss immer abgegrenzt werden, ob die Kapitalerträge auch wirklich im Privatvermögen erzielt worden sind. Ob es sich dabei um die Erträge aus einer Anlageform handelt § 20 Abs. 1 EStG (Zinsen, Dividenden, Erträge InvFonds …) oder aus dem Verkauf der Kapitalanlage nach § 20 Abs. 2 EStG ist für die Eintragung in der Zeile 7 der Anlage KAP unerheblich.

Wie in einem „**Wäschekorb**" werden sämtlich Kapitalerträge in der Zeile 7 als Summe erfasst. Nur für den Verlustausgleich und für mögliche Freibeträge bestandsgeschützter Alt-Anteile erfolgen dann in den folgenden Zeilen 8–15 weitere Eintragungen.

Diese dort eingetragenen Erträge haben bereits dem Steuerabzug unterlegen und sollen nun **zum Vorteil des Steuerpflichtigen korrigiert**, mit Verlusten ausgeglichen oder dem Sparer-Pauschbetrag begünstigt werden.

> **Hinweis!** Gem. § 43 Abs. 5 S. 4 EStG unterliegen jedoch auch Einkünfte aus Kapitalerträgen der **Vorläufigkeit**, die mangels einer der vorgenannten Gründe nicht erklärt werden müssen (abgegolten sind). „Eine vorläufige Festsetzung der Einkommensteuer im Sinne des § 165 Abs. 1 Satz 2 Nr. 2 bis 4 der Abgabenordnung umfasst auch Einkünfte im Sinne des Satzes 1, für die der Antrag nach Satz 3 nicht gestellt worden ist." **Damit müssen diese Kapitalerträge nicht nur wegen einer möglichen Vorläufigkeit erklärt werden.**

13.1.1 Antrag auf Günstigerprüfung nach § 32d Abs. 6 EStG (Zeile 4)

Dieser Antrag ist jedem zu empfehlen, der mit seinen anderen Einkünften nicht bereits mit dem Spitzensteuersatz besteuert wird. Eine klare Vorgabe, für wen dieser Antrag von Vorteil ist, kann – wie so häufig – nur im jeweiligen Einzelfall bestimmt werden.

Für Rentner bietet sich diese Besser-Rechnung nicht nur wegen des möglicherweise geringeren Steuersatzes an, sondern auch wegen der durch die Kapitaleinkünfte erstmals zu gewährenden Altersentlastungsbeträge nach § 24a EStG und die dadurch auch verminderte zumutbare Belastung des § 33 EStG.

Beachtet werden muss, dass neben dem Kreuz in der Zeile 4 sämtliche Kapitalerträge **beider** Ehegatten/Lebenspartner (soweit Ehegattenveranlagung zutrifft) zu erklären sind, also **zwei Anlagen KAP** erforderlich sind. Damit unnötige Nachfragen des Finanzamts entbehrlich sind, sollten die Steuerbescheinigungen vollständig beigefügt sein.

Der kleine Nachteil dieses Antrags ist, dass sämtliche weiteren Kennziffern der Anlage KAP zu beachten und ggf. auszufüllen sind.

13.1.2 Antrag auf Überprüfung des Steuereinbehalts – keine tarifliche Besteuerung – nach § 32d Abs. 4 EStG (Zeile 5 und 7–11)

Für diesen Bereich ist zu beachten, dass es sich immer um Kapitalerträge handelt, für die eine Steuerbescheinigung vorliegt und die tarifliche Besteuerung nicht greift. Es sind also genau die Kapitalerträge, die eigentlich nicht erklärt werden müssten, weil sie abgegolten sind (Abgeltungsteuer wurde einbehalten).

Dieser Antrag sollte aber immer dann gestellt werden, wenn **mindestens einer der folgenden acht Punkte** vorliegt:

1. **Zinserträge aus Bausparvertrag**

   Werden Guthabenzinsen aus Bausparverträgen, die mit sog. Auffüllkrediten bzw. Vorfinanzierungsdarlehen aus Bausparverträgen gekoppelt sind, zur Finanzierung **einer selbst genutzten Immobilie** eingesetzt, sind die Guthabenzinsen aus Billigkeitsgründen einkommensteuerrechtlich unbeachtlich, sofern die Finanzierungsverträge bis zum 30.06.2010 abgeschlossen worden sind.

   In diesen Fällen wurde dennoch ein Kapitalertragsteuerabzug vorgenommen, da bei dem Abschluss der entsprechenden Verträge nicht von vornherein ausgeschlossen werden konnte, dass eine Immobilie zur Fremdnutzung eingesetzt wird. Diese in den oben genannten Fällen zu viel einbehaltene Kapitalertragsteuer auf Guthabenzinsen aus Bausparverträgen kann gemäß BMF-Schreiben vom 18.01.2016 Rz. 126–128 nach § 32d Abs. 4 EStG durch das Veranlagungsfinanzamt auf die festgesetzte Einkommensteuer angerechnet werden.

2. **Beschränkung der Anrechenbarkeit der Kapitalertragsteuer nach § 36a EStG („Cum-Cum")**

   Neufassung des BMF-Schreiben vom 03.04.2017, IV C 1 – S 2299/16/10002 durch das BMF-Schreiben vom 09.07.2021, IV C 1 – S 2252/19/10035 :014 DOK 2021/0726914

   Mit 40 Rz. versucht das BMF die Begriffe, die steuerliche Berücksichtigung und die Berichtigung von Erklärungen zu erläutern.

   Bei Kapitalerträgen i.S.d. § 43 Abs. 1 S. 1 Nr. 1a EStG (z.B. bei Dividenden aus girosammelverwahrten inländischen Aktien) müssen für die volle Anrechnung der Kapitalertragsteuer folgende Voraussetzungen vorliegen:

   - Mindesthaltedauer wurde eingehalten. Die Mindesthaltedauer umfasst 45 Tage und muss innerhalb eines Zeitraums von 45 Tagen vor und 45 Tagen nach Fälligkeit der Kapitalerträge erreicht werden.
   - Mindestwertänderungsrisiko liegt beim Gläubiger. Der Gläubiger der Kapitalerträge hat während der Mindesthaltedauer ein Risiko des Wertverlusts von mindestens 70 % des gemeinen Werts der Wertpapiere getragen.
   - Keine Vergütungsverpflichtung an andere Personen. Es besteht keine Verpflichtung, die Kapitalerträge ganz oder überwiegend an andere Personen zu vergüten.
   - Sofern eine dieser Voraussetzungen nicht erfüllt wurde, kann die Kapitalertragsteuer nicht voll angerechnet werden. In diesen Fällen sind ⅗ der Kapitalertragsteuer nicht anrechenbar (§ 36a Abs. 1 S. 2 EStG).
   - Nach § 36a Abs. 1 S. 3 EStG ist die nicht anrechenbare Kapitalertragsteuer auf Antrag bei Ermittlung der Einkünfte abzuziehen. Die jeweilige Ermittlung ist in einer gesonderten Aufstellung zu erläutern.

- Die Regelungen des § 36a Abs. 1 bis 4 EStG sind nicht anzuwenden, wenn bestimmte Kapitalerträge im Veranlagungszeitraum nicht mehr als 20.000 € betragen, oder
- der Steuerpflichtige beim Zufluss der Kapitalerträge seit mindestens einem Jahr ununterbrochener wirtschaftlicher Eigentümer der Aktien oder Genussscheine ist. Diese Ausnahmetatbestände sind in § 36a Abs. 5 EStG geregelt und werden in Rz. 89–102 des BMF-Schreibens vom 18.01.2016 näher erläutert.
- Der **Solidaritätszuschlag** ist weiterhin in voller Höhe anzusetzen, da die Anwendung des § 36a EStG im SolzG ausdrücklich ausgenommen wurde (§ 1 Abs. 2 SolzG).
- Nach aktueller Rechtslage ist davon auszugehen, dass die Kirchensteuer in Fällen des § 36a EStG analog zur Kapitalertragsteuer nur beschränkt abzugsfähig ist. Folglich dürften ⅗ der Kirchensteuer nicht angerechnet werden. Ggf. kann bei Bedarf ein Antrag auf volle Anrechnung der Kirchensteuer bei den zuständigen Kirchenverwaltungen bzw. den Landeskirchen gestellt werden.

> In Fällen der „CumCum"-Besteuerung ist in Zeile 46 der Anlage KAP eine 1 einzutragen und die Kapitalertragsteuer in Zeile 4 auf ⅗ zu kürzen. Die nicht berücksichtigte Steuer mindert dann die Einkünfte in Zeile 7.

3. Korrektur der Ersatzbemessungsgrundlage

Sind die ursprünglichen Anschaffungskosten beim Verkauf aus einem Aktiendepot der Bank nicht bekannt, wird für den Abzug der Kapitalertragsteuer die Ersatzbemessungsgrundlage herangezogen. Der Steuerabzug beträgt **30 % der Einnahmen aus der Veräußerung** oder Einlösung der Wirtschaftsgüter (§ 43a Abs. 2 S. 7 EStG). Weist der Steuerpflichtige die tatsächlichen (und hoffentlich höheren) Anschaffungskosten nach, wird die Ersatzbemessungsgrundlage korrigiert. Der Steuerpflichtige trägt die Nachweispflicht.

4. Veräußerung/Rückgabe von Anteilen aus ausländischen thesaurierenden Investmentfonds

Bei Veräußerung/Rückgabe von Anteilen aus ausländischen thesaurierenden Investmentfonds wird die Summe der als zugeflossen geltenden, noch nicht dem Steuerabzug unterworfenen Erträge aus Anteilen an ausländischen Investmentfonds auf der Steuerbescheinigung für Privatkonten und/oder Depots ausgewiesen.

Für diese Erträge wird im Zeitpunkt der Veräußerung/Rückgabe der Anteile ein Steuerabzug vorgenommen (nachholender Kapitalertragsteuerabzug, § 7 Abs. 1 S. 1 Nr. 3 InvStG 2004).

Bemessungsgrundlage sind die thesaurierten Erträge, die während der Besitzzeit erzielt wurden, oder wenn die Besitzzeit nicht bekannt ist, die seit 1994 thesaurierten ausschüttungsgleichen Erträge des ausländischen Investmentfonds.

Wurden die thesaurierten Erträge bereits in früheren Veranlagungszeiträumen versteuert, ergibt sich im Zeitpunkt der Veräußerung/Rückgabe eine Doppelbelastung. Um diese zu verhindern, ist die oben erwähnte Summe bei Veräußerung/Rückgabe betreffender Anteile von der Höhe der bescheinigten Kapitalerträge abzuziehen. Die Bemessungsgrundlage für die Abgeltungsteuer der zu besteuernden Kapitalerträge wird gekürzt und die zu viel bezahlte Kapitalertragsteuer kann verrechnet werden.

5. Berücksichtigung von Transaktionskosten/Transaktionskostenanteil der all-in-fee

Im Rahmen der Abgeltungsteuer sind Depot- und Vermögensverwaltungsgebühren grundsätzlich nicht mehr als Werbungskosten abziehbar.

Transaktionskosten bei der Veräußerung (d.h. Aufwendungen, die in unmittelbarem Zusammenhang mit dem Veräußerungsgeschäft entstehen) sind steuerlich zu berücksichtigen und mindern den Veräußerungsgewinn. Die Ermittlung des Veräußerungsgewinns ist in § 20 Abs. 4 S. 1, 1. HS EStG geregelt. Die Einnahmen aus der Veräußerung abzüglich der damit in Zusammenhang stehenden Veräußerungskosten (z.B. Bankgebühren für die Durchführung der Veräußerung, Provisionen, Courtagen) und abzüglich der Anschaffungskosten (inklusive der Anschaffungsnebenkosten) stellen den Veräußerungsgewinn dar. Bei nicht in Euro getätigten Geschäften sind die Einnahmen und Anschaffungskosten jeweils in Euro anzusetzen. Damit werden auch Gewinne, die sich aus Währungsschwankungen ergeben, einkommensteuerrechtlich erfasst bzw. versteuert. Das gilt z.B. bei Wertpapieren oder ausländischen Anleihen, die in fremder Währung erworben werden (§ 20 Abs. 4 S. 1, 2. HS EStG).

Transaktionskosten **beim Erwerb** sind den Anschaffungsnebenkosten zuzuordnen und mindern im Falle der Veräußerung den steuerpflichtigen Veräußerungsgewinn. Das gilt z.B. bei Wertpapieren oder ausländischen Anleihen, die in fremder Währung erworben werden (§ 20 Abs. 4 S. 1, 2. HS EStG).

Wird vom Kreditinstitut ein pauschales Entgelt erhoben, das auch Transaktionskosten mit einschließt (sog. all-in-fee), so kann der Transaktionskostenanteil der all-in-fee ggf. steuerlich angesetzt werden. Voraussetzung hierfür ist, dass im Vermögensverwaltungsvertrag die Höhe des Transaktionskostenanteils festgehalten ist.

Sofern die Transaktionskostenpauschale 50 % der gesamten all-in-fee nicht überschreitet, ist sie im Rahmen des Kapitalertragsteuerabzugs in den Verlustverrechnungstopf einzustellen. Voraussetzung hierfür ist jedoch, dass die in der all-in-fee enthaltene Transaktionskostenpauschale auf einer sachgerechten und nachprüfbaren Berechnung beruht. Einzelveräußerungskosten dürfen bei Ansatz der Pauschale nicht zusätzlich berücksichtigt werden, es sei denn, es handelt sich um weiterberechnete Spesen von Dritter Seite.

Weitere Informationen zum Transaktionskostenanteil des Vermögensverwaltungsentgelts/all-in-fee bei Kreditinstituten finden Sie im BMF-Schreiben vom 18.01.2016 Rz. 93–96 mit zwei Beispielen.

6. Erhaltene Bestandsprovision/Kontinuitätsprovision

Investmentgesellschaften zahlen Vermittlungsentgelte an Kreditinstitute für den Vertrieb von Fondsanteilen in Form von sog. Kontinuitätsprovisionen (Bestandsprovisionen). Die Provisionen werden regelmäßig gezahlt und bemessen sich nach dem beim Kreditinstitut verwahrten Bestand an Fondsanteilen.

Werden dem Steuerpflichtigen diese Bestandsprovisionen ganz oder teilweise vom Kreditinstitut erstattet, stellen diese Rückvergütungen wirtschaftlich betrachtet einen teilweisen Rückfluss früherer Aufwendungen dar. Es handelt sich daher gemäß BMF-Schreiben vom 18.01.2016 Rz. 84 um Kapitalerträge i.S.d. § 20 Abs. 1 Nr. 1 EStG, bei denen die Kapitalertragsteuer nach § 7 Abs. 1 InvStG 2004 einbehalten wird.

7. **Schadenersatz/Kulanzerstattungen**

Entschädigungszahlungen für Verluste, die aufgrund von Beratungsfehlern im Zusammenhang mit einer Wertpapier-Kapitalanlage geleistet werden, stellen gemäß BMF-Schreiben vom 18.01.2016 Rz. 83 besondere Entgelte und Vorteile i.S.d. § 20 Abs. 3 i.V.m. § 20 Abs. 1 oder 2 EStG dar, wenn ein unmittelbarer Zusammenhang zu einer konkreten einzelnen Transaktion besteht, bei der ein konkreter Verlust entstanden ist oder ein steuerpflichtiger Gewinn vermindert wird. Das gilt auch dann, wenn die Zahlung ohne eine rechtliche Verpflichtung erfolgt.

8. **Keine Korrektur der Bemessungsgrundlage aus Billigkeitsgründen (Betragsgrenze: 500 €)**

Wenn die Kapitalertragsteuer nicht oder zu gering einbehalten wurde, dann muss eine Korrektur der Kapitalertragsteuer im Rahmen der Veranlagung aus Billigkeitsgründen nicht erfolgen, wenn sich die Bemessungsgrundlage um nicht mehr als 500 € je Veranlagungszeitraum erhöht und keine weiteren Gründe für eine Veranlagung nach § 32d Abs. 3 EStG vorliegen (BMF-Schreiben vom 18.01.2016 Rz. 183).

13.1.2.1 Ausschüttungen, Vorabpauschalen und Veräußerungsgewinne aus Investmentfonds sind Einnahmen nach § 20 Abs. 1 Nr. 3 EStG und für inländisch verwahrte Anlagen in Zeile 7 erfasst

§ 20 Abs. 1 Nr. 3 EStG ist ab 01.01.2018 neu gefasst. Zu den steuerpflichtigen Kapitalerträgen des Anlegers gehören auch die Investmenterträge nach § 16 InvStG. Dabei handelt es sich um:

- Ausschüttungen des Investmentfonds nach § 2 Abs. 11 InvStG,
- Vorabpauschalen nach § 18 InvStG,
- Gewinne aus der Veräußerung von Investmentanteilen nach § 19 InvStG.

Die Vorabpauschale gilt erst am ersten Werktag des Folgejahres als zugeflossen. Für den Veranlagungszeitraum 2021 ist damit die Vorabpauschale des Jahres 2020 zu berücksichtigen.

Die gute Nachricht

Die steuerpflichtigen Erträge aus den Investmentfonds unterliegen dem Kapitalertragsteuerabzug und sind sämtlich in Zeile 7 der Anlage Kap einzutragen (von der Steuerbescheinigung abzuschreiben). Gesetzliche Grundlagen dafür sind wie immer etwas schwer nachvollziehbar:

§ 43 Abs. 1 Nr. 5 i.V.m. § 20 Abs. 1 Nr. 3 EStG und § 16 InvStG 2018.

Die schlechte Nachricht

Das gilt natürlich nur für die im Inland verwahrten Fonds. Für die **ausländischen Fonds** gibt es die Anlage **KAP INV**.

Da bestimmte inländische Erträge bereits auf Ebene des Fonds der Körperschaftsteuer unterliegen, soll eine typisierende Teilfreistellung diese steuerliche Vorbelastung ausgleichen. Investmenterträge aus:

- Aktienfonds,
- Mischfonds und
- Immobilienfonds

werden daher zu einem bestimmten Prozentsatz von der Steuer freigestellt.

In Zeile 10 der Anlage KAP ist der Gewinn aus der Veräußerung von **bestandsgeschützten** Altanteilen einzutragen. Voraussetzung hierfür ist, dass diese Altanteile seit der Anschaffung nicht im Betriebsvermögen gehalten wurden.

Für diese Gewinne (die ja eigentlich nach § 23 EStG steuerfrei waren!) ist ein Freibetrag von 100.000 € zu gewähren, der von Amts wegen ermittelt und berücksichtigt wird.

Im nachrichtlichen Teil der Steuerbescheinigung werden hierzu jeweils die Summe der Gewinne aus bestandsgeschützten Alt-Anteilen und die Summe der Verluste aus bestandsgeschützten Alt-Anteilen gesondert ausgewiesen.

Der am Schluss des Veranlagungszeitraums verbleibende Freibetrag ist bis zu seinem vollständigen Verbrauch jährlich gesondert festzustellen. In Zeile 10 der neuen Anlage Sonstiges ist ein möglicher, in 2020 erstmals festgestellter Freibetrag zu erklären.

13.1.3 Antrag auf erstmalige Besteuerung der Kapitalerträge mit Kirchensteuern nach § 51a Abs. 2d EStG (Zeile 6)

Die **Besteuerung der Kapitalerträge mit Kirchensteuer** konnte bisher mangels erforderlicher Abfragemöglichkeiten der Banken bzw. der nicht erklärten Konfessionszugehörigkeit durch die Bankkunden selbst nur sehr selten erfolgen.

Für Mitglieder einer kirchensteuerhebeberechtigten Religionsgemeinschaft war es daher erforderlich, die nicht mit Kirchensteuer belasteten Kapitalerträge erstmals zu erklären und der Besteuerung zuzuführen. Dabei kommt der positive Effekt zum Tragen, dass die einbehaltene Kapitalertragsteuer um den „Sonderausgabeneffekt" gekürzt wird. Es erfolgt also eine (kleine) Kapitalertragsteuerminderung und eine erstmalige Festsetzung von Kirchensteuern. Diese dann erstmals zu leistenden Kirchensteuern dürfen dann aber nicht noch zusätzlich als Sonderausgabe im Jahr der Bezahlung erklärt werden.

„[1]Die Einkommensteuer für Einkünfte aus Kapitalvermögen, die nicht unter § 20 Absatz 8 fallen, beträgt 25 Prozent. [2]Die Steuer nach Satz 1 vermindert sich um die nach Maßgabe des Absatzes 5 anrechenbaren ausländischen Steuern. [3]**Im Fall der Kirchensteuerpflicht** ermäßigt sich die Steuer nach den Sätzen 1 und 2 um 25 Prozent der auf die Kapitalerträge entfallenden Kirchensteuer. [4]Die Einkommensteuer beträgt damit:

$$\frac{e - 4q}{4 + k}$$

[5]Dabei sind „e" die nach den Vorschriften des § 20 ermittelten Einkünfte, „q" die nach Maßgabe des Absatzes 5 anrechenbare ausländische Steuer und „k" der für die Kirchensteuer erhebende Religionsgesellschaft (Religionsgemeinschaft) geltende Kirchensteuersatz."

Seit dem Veranlagungszeitraum 2014 gelten die neuen Vorschriften des § 51a Abs. 2c EStG. Ab 01.01.2016 haben Banken und Kapitalgesellschaften eine Regelabfrage an das Bundeszentralamt für Steuern bezüglich der Kirchensteuermerkmale zu richten. Neben der ID-Nr. ist dann zusätzlich auch das Geburtsdatum des Steuerpflichtigen anzugeben.

Die Regelabfrage zur Kirchensteuerpflicht hat die Bank, aber auch jede Kapitalgesellschaft, die zur Vornahme des Steuerabzugs der Kapitalerträge verpflichtet ist (z.B. GmbH), dann jeweils im Zeitraum vom 01.09. bis 31.10. des betreffenden Jahres vorzunehmen.

13.1.4 Nachweise und Besonderheiten für Kapitalerträge, die in den Zeilen 7–15 einzutragen sind (Zeilen 7–15)

Die OFD Frankfurt/Main hat mit der Rundverfügung vom 26.06.2012, DStR 2012, 1293 darauf hingewiesen, dass auch bei Zinserträgen auf Spareinlagen die alleinige **Vorlage des Sparbuchs** nicht ausreicht, um die einbehaltene Kapitalertragsteuer anzurechnen. Auch hier ist die Vorlage einer **Steuerbescheinigung** erforderlich.

Besteuerung der Stückzinsen, BFH vom 07.05.2019, VIII R 31/15, DStR 2019, 911 ff.
Stückzinsen unterliegen nach der Einführung der Abgeltungsteuer bei Zufluss nach dem 31.12.2008 der Besteuerung nach § 20 Abs. 1 S. 1 Nr. 7 EStG.

Es handelt sich bei Stückzinsen um das vom Erwerber an den Veräußerer der Kapitalforderung gezahlte Entgelt für die auf den Zeitraum bis zur Veräußerung entfallenden Zinsen des laufenden Zinszahlungszeitraums (siehe zu § 20 Abs. 2 S. 1 Nr. 3 EStG JStG 2007 vom 13.12.2006, BGBl I 2006, 2878). Die Besteuerung erfolgte bis zum Systemwechsel nach § 20 Abs. 2 S. 1 Nr. 3 EStG.

Da die Stückzinsen auch vor dem Systemwechsel zur Abgeltungsteuer besteuert wurden, ergibt sich dadurch keine Änderung.

- Die **Zurechnung der Zinsen im Erbfall** ist mit der Kurzinformation LSF Sachsen vom 16.04.2013, S 2252-110/1-211 dargestellt worden. Danach sind Zinsen, die im Rahmen der Gesamtrechtsnachfolge auf einen Erben übergehen, in vollem Umfang beim Erwerber zu versteuern. Es ist danach keine zeitanteilige Zurechnung bis und ab Erbfall vorzunehmen. Auch für die mögliche Steuerermäßigung nach § 35b EStG bei Belastung dieser Kapitalerträge mit Erbschaftsteuer wird darauf hingewiesen, dass § 35b EStG nur für Fälle der tariflichen Besteuerung (z.B. nach § 32d Abs. 2 EStG) anzuwenden ist. Für Kapitalerträge, die der Abgeltungsbesteuerung unterliegen, ist § 35b EStG nicht anzuwenden.

- **Besteuerung von Zinsen auf Rentennachzahlungen**
  BMF vom 04.07.2016, IV C 3 – S 2255/15/10001 DOK 2016/0460833
  „Zu den Leistungen i.S.d. § 22 Nummer 1 Satz 3 Buchstabe a Doppelbuchstabe aa EStG gehören auch Zusatzleistungen und andere Leistungen. Dazu zählen nicht Zinsen auf Rentennachzahlungen. Diese gehören gemäß § 20 Abs. 1 Nr. 7 EStG zu den Einkünften aus Kapitalvermögen (BFH vom 9.6.2015, VIII R 18/12)."

Gewinne aus der **Veräußerung von Wertpapieren**, die der Besteuerung nach § 20 Abs. 2 EStG unterliegen, sind **zusätzlich in Zeile 8** einzutragen. **Grundvoraussetzung** ist jedoch, dass die Beteiligung **nach** dem 31.12.2008 erworben wurde.

Kursgewinne aus Wertpapierveräußerungsgeschäften, die noch kurz vor dem 01.01.2009 erworben wurden, unterliegen nach Ablauf der Behaltefrist von einem Jahr **nicht der Besteuerung**. Diese Erträge dürfen nicht in die Anlage KAP eingetragen werden. Dies gilt jedoch nicht für die zuvor beschriebenen Investmentanteile.

Die Ersatzbemessungsgrundlage nach § 43a Abs. 2 S. 7, 10, 13 + 14 EStG ist in **Zeile 11** einzutragen.

In Zeile 10 sind die bestandsgeschützten Gewinne aus Alt-Anteilen einzutragen, damit ein Freibetrag von Amts wegen festgestellt werden kann.

13.1.5 Nicht ausgeglichene Verluste (Zeilen 12–15)

Verluste aus Kapitalvermögen dürfen nicht mit Einkünften aus anderen Einkunftsarten ausgeglichen, sondern lediglich untereinander verrechnet werden, wobei nicht verrechnete Verluste nur vorgetragen werden können; **vgl. § 20 Abs. 6 S. 3 EStG**. Die Verrechenbarkeit innerhalb der Einkünfte aus Kapitalvermögen wird durch **§ 20 Abs. 6 S. 5 EStG** weiter eingeschränkt, wonach Verluste aus der Veräußerung von Aktien nur mit Gewinnen aus der Veräußerung von Aktien verrechenbar sind. Gewinne aus der Veräußerung von Aktien sind hingegen uneingeschränkt verrechenbar mit den sonstigen negativen Einnahmen aus Kapitalvermögen.

Die auszahlenden Stellen haben bei der Bemessung des Kapitalertragsteuer-Abzugs gem. **§ 43a Abs. 3 EStG** unter Berücksichtigung der nur eingeschränkten Verrechnung von Aktienveräußerungsverlusten negative Kapitalerträge einschließlich gezahlter Stückzinsen mit positiven Kapitalerträgen zu verrechnen. Hierbei ist zu berücksichtigen, dass das Kreditinstitut bzw. die auszahlende Stelle die Erträge allerdings nur in der Reihenfolge ihres Zuflusses abarbeiten kann.

Dies kann zu einem unterschiedlichen Kapitalertragsteuer-Abzug führen, je nach Reihenfolge von positiven und negativen Erträgen. Erfolgt z.B. zunächst ein positiver Ertrag, auf den die Abgeltungsteuer einbehalten wird, und entsteht erst anschließend ein negativer Ertrag, wäre dieser Verlust in den **Verlustverrechnungstopf** einzustellen und würde dort auf einen positiven Ertrag „warten". Umgekehrt, wenn zunächst ein Verlust entsteht und anschließend ein positiver Ertrag zufließt, könnte sofort eine Verrechnung über den Verlustverrechnungstopf erfolgen, sodass insoweit keine Kapitalertragsteuer anfällt.

Verlustbescheinigung (§ 43a Abs. 3 S. 6 EStG)

Verbleibt am Ende eines Kalenderjahrs ein nicht ausgeglichener Verlust aus Kapitalanlagen, wird dieser bei der auszahlenden Stelle auf das Folgejahr vorgetragen (§ 43a Abs. 3 S. 3 EStG). Der vorgetragene Verlust wird dann mit zukünftigen positiven Kapitalerträgen verrechnet. Alternativ kann der Kunde **bis zum 15.12. des laufenden Kalenderjahrs** bei der auszahlenden Stelle eine Verlustbescheinigung über den zum Ende des Kalenderjahrs verbleibenden Verlust beantragen (§ 43a Abs. 3 S. 4 EStG). In diesem Fall beginnt der Verlusttopf bei der auszahlenden Stelle im Folgejahr mit „0 €". Die Verlustbescheinigung ist Bestandteil des amtlichen Musters einer Steuerbescheinigung nach § 45a EStG. Der Antrag kann vom Kontoinhaber oder einem Bevollmächtigten gestellt werden. Bei einem Gemeinschaftskonto kann jeder Verfügungsberechtigte den Antrag stellen.

Einzelfragen sind dem BMF-Schreiben vom 18.01.2016, zuletzt geändert am 17.01.2019, BStBl I 2019, 51 zu entnehmen. Rz. 118 ist neu gefasst und stellt die Reihenfolge der Verlustverrechnung dar.

Ausgleich abgegoltener mit tariflich besteuerten Einnahmen

Der BFH hat mit Urteil vom 30.11.2016, VIII R 11/14 entschieden, dass negative Einkünfte aus solchem Kapitalvermögen, das eigentlich dem gesonderten Tarif des § 32d Abs. 1 des EStG („Abgeltungsteuer") unterliegt, mit positiven Einkünften aus solchem Kapitalvermögen, das nach dem progressiven Regeltarif zu besteuern ist, verrechnet werden können. Hierzu ist allerdings erforderlich, dass vom Steuerpflichtigen die sog. Günstigerprüfung beantragt wird.

Nach Einführung der Abgeltungsteuer fallen Kapitaleinkünfte grundsätzlich unter den gesonderten Steuertarif in Höhe von 25 % (§ 32d Abs. 1 EStG). Verluste aus Kapitalvermögen dürfen nicht mit anderen Einkunftsarten ausgeglichen werden (§ 20 Abs. 6 EStG).

Nach dem BFH-Urteil steht diese Vorschrift aber einer Verrechnung negativer Kapitaleinkünfte, die unter die Abgeltungsteuer fallen, mit solchen positiven Kapitaleinkünften, die gemäß § 32d Abs. 2 EStG dem Regeltarif des § 32a EStG unterliegen, nicht entgegen. Voraussetzung ist jedoch, dass der Steuerpflichtige einen Antrag auf Günstigerprüfung (§ 32d Abs. 6 EStG) stellt. Dieser hat zur Folge, dass die der Abgeltungsteuer unterliegenden negativen Kapitaleinkünfte der tariflichen Einkommensteuer unterworfen werden, sodass eine Verlustverrechnung möglich wird. Der Abzug des **Sparer-Pauschbetrags** (§ 20 Abs. 9 EStG: 801 €) ist in diesem Fall jedoch **ausgeschlossen** – denn bei regelbesteuerten Einkünften aus Kapitalvermögen können nur die tatsächlich angefallenen und nicht fiktiven Werbungskosten in Höhe des Pauschbetrags abgezogen werden (§ 32d Abs. 2 Nr. 1 Satz 2 EStG).

Im Streitfall hatte der Kläger unter anderem Zinsen aus einem privaten Darlehen erzielt. Dieses ordnete das Finanzamt als „Darlehen zwischen nahestehenden Personen" ein, sodass die Zinsen nach dem progressiven Regeltarif zu besteuern waren (§ 32d Abs. 2 Nr. 1 Buchst. a EStG). Daneben erzielte der Kläger negative Einkünfte aus Kapitalvermögen, die dem gesonderten Steuertarif gemäß § 32d Abs. 1 EStG unterlagen. Er beantragte im Wege der Günstigerprüfung die Verrechnung dieser Kapitaleinkünfte. Finanzamt und Finanzgericht lehnten diese Verrechnung ab.

Der BFH gab dem Kläger nun insoweit Recht, als er eine Saldierung der Kapitaleinkünfte aufgrund des Antrags auf Günstigerprüfung für zulässig erachtet.

Den von dem Kläger geltend gemachten Abzug des Sparer-Pauschbetrags von den regelbesteuerten positiven Einkünften aus Kapitalvermögen lehnte er jedoch ab.

Verfassungsmäßigkeit der Verlustverrechnungsbeschränkung für Aktienveräußerungsverluste nach § 20 Abs. 6 Satz 5 EStG (jetzt § 20 Abs. 6 Satz 4 EStG) Vorlagebeschluss des BFH vom 17.11.2020, VIII R 11/18 veröffentlicht am 04.06.2021

Leitsatz
Es wird eine Entscheidung des BVerfG darüber eingeholt, ob § 20 Abs. 6 Satz 5 EStG i.d.F. des UntStRefG 2008 vom 14.08.2007 (BGBl I 2007, 1912) insoweit mit Art. 3 Abs. 1 GG vereinbar ist, als Verluste aus der Veräußerung von Aktien nur mit Gewinnen aus der Veräußerung von Aktien verrechnet werden dürfen. Nach Überzeugung des vorlegenden Senats verstößt § 20 Abs. 6 Satz 5 EStG insoweit gegen den allgemeinen Gleichheitssatz des Art. 3 Abs. 1 GG, als im Rahmen einer Steuerfestsetzung gemäß § 32d Abs. 4 i.V.m. Abs. 3 Satz 2 EStG Verluste aus der Veräußerung von Aktien nur mit Gewinnen aus der Veräußerung von Aktien und nicht mit anderen positiven Kapitaleinkünften verrechnet werden dürfen.

Insolvenzbedingter Ausfall einer privaten Darlehensforderung als Verlust bei den Einkünften aus Kapitalvermögen, BFH vom 01.07.2021, VIII R 28/18
Von einem endgültigen Ausfall einer privaten Kapitalforderung i.S.d. § 20 Abs. 1 Nr. 7 EStG ist jedenfalls dann auszugehen, wenn über das Vermögen des Schuldners das Insolvenzverfahren eröffnet wurde und der Insolvenzverwalter gegenüber dem Insolvenzgericht die Masseunzulänglichkeit gemäß § 208 Abs. 1 Satz 1 InsO angezeigt hat.

Verlustausgleichsbeschränkung ab 2020 für Kapitalforderungen und ausgebuchter Wirtschaftsgüter (Zeilen 15 + 25)
§ 20 Abs. 6 S. 5 EStG:
Verluste aus Kapitalvermögen aus der ganzen oder teilweisen Uneinbringlichkeit einer Kapitalforderung, aus der Ausbuchung wertloser Wirtschaftsgüter im Sinne des Absatzes 1, aus der Übertragung wertloser Wirtschaftsgüter im Sinne des Absatzes 1 auf einen Dritten oder aus einem sonstigen Ausfall von Wirtschaftsgütern im Sinne des Absatzes 1 dürfen nur in Höhe von 10.000 € mit Einkünften aus Kapitalvermögen ausgeglichen werden; die Sätze 2 und 3 gelten sinngemäß mit der Maßgabe, dass nicht verrechnete Verluste je Folgejahr nur bis zur Höhe von 10.000 € mit Einkünften aus Kapitalvermögen verrechnet werden dürfen.

Der wissenschaftliche Dienst des Deutschen Bundestages hat zur Gesetzesbegründung und deren verfassungsrechtlichen Zulässigkeit am 26.06.2020 mit dem Az.: WD 4 – 3000 – 066/20 Stellung genommen.

Danach beschränkt sich die Gesetzesbegründung für § 20 Abs. 6 S. 6 EStG darauf, wieso die Wertlosigkeit im Sinne der Vorschrift als Verlust anzuerkennen ist, aber nicht auf die Beschränkung der Höhe nach. Insofern beschränkt sich die gesetzgeberische Erwägung wohl auf den Schutz des öffentlichen Haushaltes vor fehlenden Steuereinkünften. Ob dies als sachlicher Grund genügt, erscheint fraglich. Dass finanzielle Erwägungen grundsätzlich rechtfertigend für eine Ungleichbehandlung wirken können, ist im Grundsatz durch das Bundesverfassungsgericht bejaht worden, allerdings seien regelmäßig rein fiskalische Erwägungen nicht ausreichend.

§ 20 Abs. 6 S. 6 EStG führt außerdem zu einer qualitativen Unterscheidung von Forderungen und Anteilen, die bei Realisierung völlig wertlos sind und solchen, die noch einen Restwert haben. Diese Unterscheidung erscheint bei wirtschaftlicher Betrachtung wenig tragfähig. Im Extremfall ist der Verlust durch die Realisierung einer Kapitalforderung, die zu 99 % an Wert verloren hat, voll abziehbar, weil die Beschränkung von § 20 Abs. 6 S. 6 EStG keine Anwendung findet. Diese Ungleichbehandlung von Forderungsinhabern, deren Kapitalforderungen aus wirtschaftlicher Sicht nahezu gleichstehen, erscheint ungerechtfertigt.

Es bleibt also spannend, ob diese Vorschrift Bestand haben wird. Beschränkungen des Verlustausgleichs sollten unter Hinweis auf diese Ausführungen angefochten werden.

13.1.6 Sparer-Pauschbetrag (Zeilen 16–17)

Auch in der Anlage KAP 2021 bleiben diese Eintragungen mit einer angemessenen Fettüberschrift versehen. Denn in der Tat sind hier die häufigsten Eintragungen und Korrekturen vorzunehmen. Unabhängig aus welchem Grund die Anlage KAP abgegeben wird, diese beiden Zeilen 16 + 17 bedürfen der besonderen Aufmerksamkeit.

Wurden Kapitalerträge in den Zeilen 7–15 erklärt, müssen die dafür beanspruchten Teile der Sparer-Pauschbeträge **in der Zeile 16** eingetragen werden.

Zusätzlich ist in der **Zeile 17** der Teil der Sparer-Pauschbeträge einzutragen, der auf Kapitalerträge entfällt, die hier in der Anlage KAP **nicht erklärt werden; hier ist ggf. eine 0 einzutragen**. Damit soll sichergestellt werden, dass diese Eintragung bewusst vorgenommen worden ist und nicht nur versehentlich vergessen wurde, sie auszufüllen.

§ 20 Abs. 9 EStG
Bei der Ermittlung der Einkünfte aus Kapitalvermögen ist als Werbungskosten ein Betrag von 801 € abzuziehen (Sparer-Pauschbetrag); der Abzug der tatsächlichen Werbungskosten ist ausgeschlossen. Ehegatten, die zusammen veranlagt werden, wird ein gemeinsamer Sparer-Pauschbetrag von 1.602 € gewährt. Der gemeinsame Sparer-Pauschbetrag ist bei der Einkunftsermittlung bei jedem Ehegatten je zur Hälfte abzuziehen; sind die Kapitalerträge eines Ehegatten niedriger als 801 €, so ist der anteilige Sparer-Pauschbetrag insoweit, als er die Kapitalerträge dieses Ehegatten übersteigt, bei dem anderen Ehegatten abzuziehen. Der Sparer-Pauschbetrag und der gemeinsame Sparer-Pauschbetrag dürfen nicht höher sein als die nach Maßgabe des Absatzes 6 verrechneten Kapitalerträge.

13.1.7 Welche Kapitalerträge wurden bisher nicht besteuert und unterliegen der Abgeltungsbesteuerung? (Zeilen 18–26)

Hier sind die Kapitalerträge einzutragen, die bisher nicht der Besteuerung unterworfen worden und nicht der tariflichen Besteuerung zuzurechnen sind. Da diese Erträge nicht mit einer Steuerbescheinigung versehen worden sind, bedarf es der besonderen Aufmerksamkeit bei der Bearbeitung dieser Kapitalerträge. Dabei handelt es sich insbesondere um:

- **Zeile 18: Zinsen aus Privatdarlehen, Instandhaltungsrücklagen, Mietkautionen.**
- **Zeile 19: Ausschüttungen und Vorabpauschalen aus Investmentfonds sind ausschließlich in der Anlage KAP-INV einzutragen.**
- **Zeile 26:** Hier wird die Eintragung der vom Finanzamt erhaltenen **Zinsen für Steuererstattungen** verlangt. Erstattungszinsen i.S.d. § 233a AO gehören nach § 20 Abs. 1 Nr. 7 S. 3 EStG zu den steuerpflichtigen Kapitalerträgen. Ein Kapitalertragsteuerabzug durch die Finanzverwaltung und damit eine Möglichkeit der Abgeltung ist auch weiterhin nicht vorgesehen. Vom Steuerpflichtigen auf Steuernachzahlungen zu leistende Zinsen sind dagegen nicht zu berücksichtigen; BFH vom 12.11.2013, VIII R 36/10. Mit Urteil vom 24.06.2014, VIII R 29/12 hat der BFH seine Rechtsprechung zur Steuerbarkeit der Erstattungszinsen bestätigt. Auch die rückwirkende Inkraftsetzung sei nicht verfassungswidrig.

Für bisher nicht besteuerte Investmenterträge ist die Anlage KAP-INV zu beachten.

13.1.8 Welche Kapitalerträge unterliegen der tariflichen Einkommensteuer? (Zeilen 27–34)

In diesen Zeilen sind nur Einkünfte aus Kapitalvermögen einzutragen, die der tariflichen Einkommensteuer unterliegen. Einkünfte aus den anderen Einkunftsarten sind hier **nicht einzutragen**, sondern in den Anlagen G, S oder V.

Der in der **Zeile 27** abgefragte und einzutragende Hinzurechnungsbetrag nach **§ 10 AStG** ist ein Wert im Sinne des § 20 Abs. 1 Nr. 1 EStG. Da für diesen Wert, anders als beim § 32d Abs. 2 Nr. 1 und Nr. 3 dort jeweils der Satz 2 EStG, die Anwendung des § 20 Abs. 9 EStG nicht ausgeschlossen wird, sind hier keine tatsächlichen Werbungskosten, sondern **nur der Sparer-Pauschbetrag** zu berücksichtigen. **Insoweit unterscheidet sich Zeile 27 von den folgenden Zeilen 28 und 29.**

13.1 Anlage KAP

> § 10 Abs. 2 AStG: „Der Hinzurechnungsbetrag gehört zu den Einkünften im Sinne des § 20 Abs. 1 Nr. 1 des Einkommensteuergesetzes und gilt unmittelbar nach Ablauf des maßgebenden Wirtschaftsjahrs der ausländischen Gesellschaft als zugeflossen. … Auf den Hinzurechnungsbetrag sind § 3 Nr. 40 Satz 1 Buchstabe d, § 32d des Einkommensteuergesetzes und § 8b Abs. 1 des Körperschaftsteuergesetzes **nicht** anzuwenden. § 3c Abs. 2 des Einkommensteuergesetzes gilt entsprechend."

Die Vorschriften der Hinzurechnungsbesteuerung der §§ 7 ff. AStG sind für den Anwendungsbereich innerhalb der EU so umstritten, dass hier eine Anwendung wohl nur in Ausnahmefällen greifen kann. Dies gilt jedoch nicht für den Rest der Welt! Der BFH hat mit Urteil vom 13.10.2010, I R 61/09 zur Reichweite der sogenannten Hinzurechnungsbesteuerung nach den §§ 7 ff. AStG Stellung genommen.

Von dieser Form der Besteuerung werden im Inland ansässige Steuerpflichtige getroffen, die sich:

- in einem sogenannten **Niedrigsteuerland** als Gesellschafter,
- an einer **ausländischen Kapitalgesellschaft** beteiligen,
- welche als **„Zwischengesellschaft"**,
- keine oder nur „passive" eigene Aktivität entwickelt und nicht „wirklich" am wirtschaftlichen Geschäftsverkehr teilnimmt.

Die Folgen daraus sind:
1. Fiktive Vollausschüttung bei der ausländischen Gesellschaft,
2. §§ 3 Nr. 40d, 32d EStG sowie 8b Abs. 1 KStG sind nicht anwendbar,
3. Anrechnung der ausländischen Steuer auf Antrag möglich (§ 12 AStG),
4. kein Ansatz der tatsächlichen Werbungskosten, sondern nur der Sparer-Pauschbetrag,
5. zu erklären in Zeile 27 Anlage KAP 2021 und Zeilen 15–17 Anlage AUS 2021.

Nach **§ 32d Abs. 2 EStG** sollen mögliche Vorteile, die durch Gestaltungen der Steuersatzspreizung entstehen könnten, verhindert werden.

> **Beispiel 13.1.1:** A gewährt seinem Freund ein Darlehen, das zu 10 % verzinst wird.
>
> **Lösung:** A erhält die Zinsen und versteuert davon nur 25 %. Sein Freund hingegen, der bei seinem Steuersatz von 42 % diese Aufwendungen geltend macht, spart 17 % Steuern mehr als A zahlt.

Diese und weitere Gestaltungsmöglichkeiten sollen durch den § 32d Abs. 2 S. 1 **Nr. 1** Buchstabe a–c EStG verhindert werden. Unter „Nahestehenden" ist § 32d Abs. 1 EStG, der den gesonderten Steuersatz von 25 % ermöglicht, nicht anzuwenden. Es verbleibt dann bei der ganz normalen tariflichen Einkommensteuer.

> **Beispiel 13.1.2:** A ist (zu mindestens 10 %) Gesellschafter einer Kapitalgesellschaft. Er gewährt dieser Kapitalgesellschaft ein Gesellschafterdarlehen. Die angemessenen Zinsen fließen A zu.

> **Lösung:** Gem. § 32d Abs. 2 S. 1 Nr. 1 Buchst. b EStG ist auch hier die Anwendung des § 32d Abs. 1 EStG ausgeschlossen. Die Zinsen sind **nach Abzug der tatsächlichen Werbungskosten** in Zeile 28 einzutragen und unterliegen der tariflichen Einkommensteuer.

Neuer § 32d Abs. 2 Nr. 1 Buchst. b S. 1 EStG ab 2021
In § 32d Abs. 2 Nr. 1 Buchst. b Satz 1 wird der Punkt am Ende durch die Wörter „, soweit die den Kapitalerträgen entsprechenden Aufwendungen beim Schuldner Betriebsausgaben oder Werbungskosten im Zusammenhang mit Einkünften sind, die der inländischen Besteuerung unterliegen und § 20 Absatz 9 Satz 1 zweiter Halbsatz keine Anwendung findet." ersetzt.

In der Gesetzesbegründung wird ausgeführt, dass die Regelungen in § 32d Abs. 2 EStG dazu dienen, die Ausnutzung von Steuersatzspreizungen zu verhindern. Wesentlicher Regelungsgehalt ist, dass Einkünfte des Gläubigers von Kapitalerträgen nicht dem Abgeltungsteuertarif unterliegen sollen, wenn die betreffenden Zahlungen auf Seiten des Schuldners der Kapitalerträge Werbungskosten oder Betriebsausgaben darstellen, die zur Minderung von Einkünften führen, die der tariflichen Besteuerung unterliegen.

Die bisherige Regelung des § 32d Abs. 2 Nr. 1 Buchstabe b EStG setzt diese Intention jedoch nicht zielgenau um. Zwar werden laufende Kapitalerträge des Gesellschafters, die bei der Gesellschaft als Zinszahlungen zu Betriebsausgaben führen, zutreffender Weise der tariflichen Besteuerung nach § 32a EStG zugeführt. Hinsichtlich der Verluste oder Gewinne aus der Veräußerung einer Darlehensforderung des Gesellschafters gegenüber seiner Gesellschaft ist der Ausschluss des Abgeltungsteuertarifs insoweit nicht gerechtfertigt, als den betreffenden Einkünften des Gesellschafters auf Seiten der Gesellschaft keine Betriebsausgaben gegenüberstehen.

Durch die Neuregelung wird sichergestellt, dass nur solche Einkünfte des Gesellschafters aus dieser Forderung gegenüber der Gesellschaft nach § 32a EStG tariflich besteuert werden, die auf Seiten der Gesellschaft Betriebsausgaben darstellen. Eine vergleichbare Regelung befindet sich bereits in § 32d Abs. 2 Nr. 1 Buchstabe a EStG. Mit der Einschränkung der Steuerwirkung bei den Erträgen i.S.d. § 20 Abs. 2 Satz 1 Nr. 7 EStG soll auch in der Praxis bekannt gewordenen Gestaltungen begegnet werden. Die Ausnahmeregelung des § 32d Abs. 2 Nr. 1 Buchstabe b EStG wird derzeit vermehrt dazu genutzt, künstlich erzeugte Verluste i.S.d. § 20 Abs. 2 Satz 1 Nr. 7 EStG in voller Höhe mit tariflich versteuerten Einkünften zu verrechnen. Den Verlusten liegen meist korrespondierende positive Kapitalerträge zu Grunde, die jedoch nicht unter die Ausnahmeregelung des § 32d Abs. 2 EStG fallen, sondern dem günstigen Abgeltungsteuertarif unterliegen. Die Realisierung dieser Verluste durch den Verkauf der Wirtschaftsgüter an eine Gesellschaft oder Genossenschaft unterliegt zukünftig dem Abgeltungsteuertarif.

Der Anwendungsbereich des § 32d Abs. 2 Nr. 1 Buchstabe b EStG ist unabhängig von der Frage, ob eine missbräuchliche Gestaltung vorliegt, nicht eröffnet, da die Veräußerung von Wirtschaftsgütern an die Gesellschaft oder Genossenschaft bei dieser nicht zu Werbungskosten oder Betriebsausgaben führt.

Kein Abgeltungsteuersatz bei Gesellschafterfremdfinanzierung
BFH-Urteil vom 29.04.2014, VIII R 23/13

Der VIII. Senat des Bundesfinanzhofs hat mit seinem Urteil vom 29.04.2014, VIII R 23/13 entschieden, dass die Anwendung des gesonderten Steuertarifs für Einkünfte aus Kapitalvermögen gemäß § 32d Abs. 1 EStG in Höhe von 25 % (sog. Abgeltungsteuersatz) ausgeschlossen ist bei der Besteuerung von Kapitalerträgen, die ein zu mindestens 10 % beteiligter Anteilseigner für die Gewährung eines verzinslichen Darlehens an die Gesellschaft erzielt.

Der Kläger war Alleingesellschafter und Geschäftsführer einer GmbH. Er gewährte dieser ein festverzinsliches Darlehen. Das Finanzamt besteuerte die hieraus erzielten Kapitalerträge mit der tariflichen Einkommensteuer: Der niedrigere Abgeltungsteuersatz nach § 32d Abs. 2 Satz 1 Nr. 1 Buchst. b EStG sei nicht anzuwenden, weil der Kläger zu mehr als 10 % an der GmbH beteiligt war. Das Finanzgericht hat die dagegen erhobene Klage abgewiesen.

Der BFH bestätigte die Auffassung des FG. Der Ausschluss des Abgeltungsteuersatzes nach § 32d Abs. 2 Satz 1 Nr. 1 Buchst. b EStG bei Gesellschafterfremdfinanzierungen verstößt nicht gegen den Gleichheitsgrundsatz (Art. 3 Abs. 1 GG). Die Ungleichbehandlung des Klägers im Vergleich zu den durch den Abgeltungsteuersatz begünstigten Steuerpflichtigen findet ihre Rechtfertigung darin, dass bei der Finanzierung einer im Inland ansässigen GmbH keine Gefahr besteht, dass Kapital in das niedrig besteuerte Ausland verlagert wird.

Da durch die Einführung des Abgeltungsteuersatzes gerade solche Verlagerungen verhindert werden sollten, würde durch eine Privilegierung der (inländischen) Gesellschafterfremdfinanzierung das gesetzgeberische Ziel verfehlt. Die Anwendung des allgemeinen (höheren) Steuertarifs führt nicht zu einer Ungleichheit, sondern stellt im Hinblick auf die Besteuerung nach der Leistungsfähigkeit eine größere Gleichheit her. Die von dem Kläger erhobenen verfassungsrechtlichen Bedenken gegen die Höhe der Beteiligungsgrenze von 10 % teilte der BFH nicht.

Abgeltungsteuersatz bei der Gewährung eines Darlehens an eine GmbH durch eine dem Anteilseigner nahestehenden Person
BFH-Urteil vom 14.05.2014, VIII R 31/11

Der VIII. Senat des Bundesfinanzhofs hat mit seinem Urteil vom 14.05.2014, VIII R 31/11 entschieden, dass die Anwendung des gesonderten Steuertarifs für Einkünfte aus Kapitalvermögen gemäß § 32d Abs. 1 EStG in Höhe von 25 % (sog. Abgeltungsteuersatz) **nicht schon deshalb** nach § 32d Abs. 2 Satz 1 Nr. 1 Buchst. b Satz 2 EStG ausgeschlossen ist, weil der Gläubiger der Kapitalerträge ein Darlehen an eine GmbH gewährt hat, bei der ein **Angehöriger i.S.d. § 15 der Abgabenordnung** zu mehr als 10 % beteiligt ist.

Die Klägerin des Ausgangsverfahrens gewährte einer GmbH, an der ihre Tochter und ihre Enkelkinder zu mehr als jeweils 10 % beteiligt waren, ein festverzinsliches Darlehen. Das Finanzamt besteuerte die hieraus erzielten Kapitalerträge mit der tariflichen Einkommensteuer: Der niedrigere Abgeltungsteuersatz nach § 32d Abs. 2 Satz 1 Nr. 1 Buchst. b Satz 2 EStG sei nicht anzuwenden, weil der Gläubiger der Kapitalerträge eine den Anteilseignern „nahestehende Person" sei. Das Finanzgericht hat sich dieser Auffassung angeschlossen und die Klage abgewiesen.

Der BFH hat das Urteil des FG aufgehoben und entschieden, dass die Kapitalerträge der Klägerin gemäß § 32d Abs. 1 EStG **nach dem günstigeren Abgeltungsteuersatz besteuert** werden, da nach dem Willen des Gesetzgebers auch bei der Regelung des § 32d Abs. 2 Satz 1 Nr. 1 Buchst. b Satz 2 EStG ein lediglich aus der Familienangehörigkeit abgeleitetes persönliches Interesse nicht ausreicht, um ein Näheverhältnis zu begründen.

Erforderlich ist vielmehr, dass eine der Vertragsparteien einen beherrschenden oder außerhalb der Geschäftsbeziehung begründeten Einfluss ausüben kann oder ein eigenes wirtschaftliches Interesse an der Erzielung der Einkünfte des anderen hat. Dies war vorliegend nicht der Fall, sodass eine missbräuchliche Gestaltung zur Ausnutzung des gesonderten Steuertarifs für Einkünfte aus Kapitalvermögen nicht gegeben war.

Abgeltungsteuersatz bei Darlehen zwischen Angehörigen
BFH-Urteile vom 29.04.2014, VIII R 9/13, VIII R 44/13 und VIII R 35/13
Der VIII. Senat des BFH hat mit drei Urteilen jeweils vom 29.04.2014, VIII R 9/13, VIII R 44/13 und VIII R 35/13 entschieden, dass die Anwendung des gesonderten Steuertarifs für Einkünfte aus Kapitalvermögen gemäß § 32d Abs. 1 EStG in Höhe von 25 % (sog. Abgeltungsteuersatz) nicht schon deshalb nach § 32d Abs. 2 Satz 1 Nr. 1 Buchst. a EStG ausgeschlossen ist, weil Gläubiger und Schuldner der Kapitalerträge **Angehörige i.S.d. § 15 AO** sind.

Der gesetzliche Tatbestand ist nach dem Willen des Gesetzgebers jedoch dahingehend einschränkend auszulegen, dass ein solches Näheverhältnis nur dann vorliegt, **wenn auf eine der Vertragsparteien ein beherrschender oder außerhalb der Geschäftsbeziehung liegender Einfluss ausgeübt werden kann oder ein eigenes wirtschaftliches Interesse an der Erzielung der Einkünfte des anderen besteht.**

Danach ist ein lediglich aus der Familienangehörigkeit abgeleitetes persönliches Interesse nicht ausreichend, um ein Näheverhältnis i.S.d. § 32d Abs. 2 Satz 1 Nr. 1 Buchst. a EStG zu begründen. Eine enge Auslegung des Ausschlusstatbestandes ist auch aus verfassungsrechtlichen Gründen geboten. Hält der Darlehensvertrag einem Fremdvergleich stand, kann nicht bereits aufgrund des Fehlens einer Besicherung oder einer Regelung über eine Vorfälligkeitsentschädigung auf eine missbräuchliche Gestaltung zur Ausnutzung des Abgeltungsteuersatzes geschlossen werden. Dies gilt auch dann, wenn aufgrund des Steuersatzgefälles ein Gesamtbelastungsvorteil entsteht, da Ehe und Familie bei der Einkünfteermittlung keine Vermögensgemeinschaft begründen.

Darlehen zwischen Ehegatten
Mit der Pressemitteilung vom 11.03.2015 teilt der BFH mit, dass der VIII. Senat des BFH mit Urteil vom 28.01.2015, VIII R 8/14 erstmals entschieden hat, dass die Anwendung des gesonderten Steuertarifs für Einkünfte aus Kapitalvermögen gemäß § 32d Abs. 1 EStG i.H.v. 25 % (sog. Abgeltungsteuersatz) nach § 32d Abs. 2 Satz 1 Nr. 1 Buchst. a EStG bei der Gewährung von Darlehen zwischen Ehegatten aufgrund eines finanziellen Abhängigkeitsverhältnisses **ausgeschlossen** ist.

Der Kläger gewährte seiner Ehefrau fest verzinsliche Darlehen zur Anschaffung und Renovierung einer fremd vermieteten Immobilie. **Die Besonderheit des Falles lag darin, dass die Ehefrau weder über eigene finanzielle Mittel verfügte noch eine Bank den Erwerb und die Renovierung des Objekts zu 100 % finanziert hätte und sie daher auf die Darlehensgewährung durch den Kläger angewiesen war.** Das Finanzamt besteuerte die hieraus erzielten Kapitalerträge des Klägers mit der tariflichen Einkommensteuer: Der niedrigere Abgeltungsteuersatz sei nach § 32d Abs. 2 Satz 1 Nr. 1 Buchst. a EStG nicht anzuwenden, weil Gläubiger und Schuldner der Kapitalerträge „einander nahestehende Personen" im Sinne des Gesetzes seien.

Der BFH bestätigte diese Auffassung: Zwar sei bei verfassungskonformer Auslegung des § 32d Abs. 2 Satz 1 Nr. 1 Buchst. a EStG ein lediglich aus der Ehe abgeleitetes persönliches Interesse **nicht ausreichend, um ein Näheverhältnis** i.S.d. § 32d Abs. 2 Satz 1 Nr. 1 Buchst. a EStG zu begründen (vgl. Urteile des VIII. Senats vom 29.04.2014, VIII R 9/13, VIII R 35/13 und VIII R 44/13, PM Nr. 59/14).

Jedoch sei **die Ehefrau bei der Aufnahme der Darlehen von dem Kläger als Darlehensgeber (absolut) finanziell abhängig gewesen**, sodass ein **Beherrschungsverhältnis** vorliege, das gemäß § 32d Abs. 2 Satz 1 Buchst. a EStG zum Ausschluss der Anwendung des gesonderten Tarifs für Kapitaleinkünfte führe.

Der Ausschluss des Abgeltungsteuersatzes verstößt nach Auffassung des BFH in diesem Fall weder gegen Art. 6 Abs. 1 des GG noch gegen Art. 3 Abs. 1 GG, da er nicht an das persönliche Näheverhältnis der Ehegatten anknüpft, sondern auf der finanziellen Abhängigkeit des Darlehensnehmers vom Darlehensgeber beruht. Die Anwendung des allgemeinen Steuertarifs führt hier zu keiner Ungleichheit, sondern stellt im Hinblick auf die Besteuerung nach der Leistungsfähigkeit durch den Ausschluss von Mitnahmeeffekten eine größere Gleichheit her.

§ 32d Abs. 2 Nr. 2 EStG findet erstmalig für den Veranlagungszeitraum 2017 Anwendung

Kapitallebensversicherungen, die nach dem 31.12.2004 abgeschlossen wurden und nun nach Ablauf von mindestens 12 Jahren ausgezahlt werden, unterliegen nach § 20 Abs. 1 Nr. 6 EStG nur zur Hälfte der Besteuerung. Weitere Voraussetzung ist, dass der Steuerpflichtige das 60. Lebensjahr (bei Vertragsabschlüssen nach 31.12.2011 das 62. Lebensjahr) vollendet hat.

Der gesamte Ertrag (Unterschied zwischen eingezahlten Beiträgen und ausgezahltem Betrag) unterliegt gem. § 43 Abs. 1 S. 1 Nr. 4 EStG der Kapitalertragsteuer.

In Zeile 30 ist der gesamte Betrag einzutragen; das Finanzamt berücksichtigt dann davon 50 % als Ertrag. Da die Kapitalertragsteuer auf den gesamten Unterschiedsbetrag erhoben wird (der aber nur zur Hälfte versteuert wird), ist mit Steuererstattungen zu rechnen.

Werbungskosten sind wegen des § 20 Abs. 9 EStG nicht zu berücksichtigen. Eine Ausnahme, wie bei den Nr. 1 und 3 des § 32d Abs. 2 EStG, ist hier nicht gegeben.

Das BMF hat schon mit dem Schreiben vom 01.10.2009 (BStBl I 2009, 1172) zur Besteuerung dieser Erträge Stellung genommen. Nunmehr ist mit dem Schreiben vom 29.09.2017, IV C 1 – S 2252/15/10008:011 der ursprüngliche Erlass ergänzt worden.

Danach sind nunmehr bestimmte Anlageformen ab 01.01.2018 von der Besteuerung ausgenommen.

Problemzone: Ausschlussfrist für den Antrag nach § 32d Abs. 2 Nr. 3 EStG

§ 32d Abs. 2 **Nr. 3** EStG schließt die Anwendung der Abgeltungswirkung für Erträge nach § 20 Abs. 1 Nr. 1 + 2 EStG („Dividenden") **auf Antrag** aus, **wenn**:

a) eine Beteiligung zu mindestens 25 % an der Kapitalgesellschaft besteht, oder

b) eine Beteiligung zu mindestens 1 % an der Kapitalgesellschaft besteht und der Steuerpflichtige für die Gesellschaft durch eine berufliche Tätigkeit mit maßgeblichem unternehmerischem Einfluss tätig ist (**neu ab 2017**).

In Zeile 32 Anlage KAP sind die Unternehmensdaten einzutragen.

Die Anwendung dieser Vorschrift setzt einen Antrag voraus. Dieser Antrag ist in der Ausschlussfrist – zusammen mit der Einkommensteuererklärung – zu stellen (§ 32d Abs. 2 Nr. 3 S. 4 EStG). Ein entsprechender Antrag – nach der tariflichen Einkommensteuer besteuert zu werden – ist immer dann sinnvoll, wenn hohe Werbungskosten, die im Rahmen der Abgeltungsbesteuerung nicht berücksichtigt werden, vorliegen; z.B. Fremdfinanzierungsaufwendungen für die Anschaffung dieser Beteiligungen.

Zu beachten ist, dass diese Antragsfrist eine **Ausschlussfrist** ist. Der Pressemitteilung des BFH Nr. 66 vom 30.09.2015 ist zu entnehmen, dass der VIII. Senat des BFH mit Urteil vom 28.07.2015, VIII R 50/14 die Frage entschieden hat, bis zu welchem Zeitpunkt ein Antrag auf sog. Regelbesteuerung für Ausschüttungen aus Beteiligungen an Kapitalgesellschaften gestellt werden kann.

Die Klägerin war an einer GmbH beteiligt und erzielte aus dieser Beteiligung Einkünfte aus Kapitalvermögen in Form sog. verdeckter Gewinnausschüttungen. Diese waren nach § 32d Abs. 1 EStG mit der Abgeltungsteuer i.H.v. 25 % besteuert worden. In ihrer – von einem Steuerberater erstellten – Steuererklärung stellte die Klägerin zwar u.a. einen Antrag auf sog. Günstigerprüfung, nicht jedoch einen Antrag auf Regelbesteuerung nach § 32d Abs. 2 Satz 1 Nr. 2 Satz 1 Buchst a EStG für diese Kapitalerträge. Eine Regelbesteuerung der Kapitalerträge hätte zu einer geringeren Steuer geführt. Diesen Antrag stellte die Klägerin erst, nachdem sie die von ihr unterschriebene Einkommensteuererklärung beim Finanzamt abgegeben hatte, allerdings noch vor dem Abschluss der Einkommensteuerveranlagung. Das Finanzamt und ihm folgend das Finanzgericht lehnten eine Berücksichtigung des Antrags bei der Einkommensteuerfestsetzung als verspätet ab.

Der BFH hat sich dem angeschlossen und die Revision der Klägerin als unbegründet zurückgewiesen. **Nach der eindeutigen gesetzlichen Regelung des § 32d Abs. 2 Satz 1 Nr. 3 Satz 4 EStG ist der Antrag auf Regelbesteuerung der Kapitaleinkünfte aus einer Beteiligung an einer Kapitalgesellschaft spätestens zusammen mit der Einkommensteuererklärung zu stellen.** Abzustellen ist insoweit auf den Eingangsstempel des Finanzamtes auf der in Papierform abgegeben Einkommensteuererklärung. Gegen diese Befristung des Antragsrechts bestehen nach Auffassung des BFH keine verfassungsrechtlichen Bedenken.

Der Klägerin kam auch nicht zugute, dass sie in der Einkommensteuererklärung einen davon unabhängigen anderen Antrag (hier: auf Günstigerprüfung nach § 32d Abs. 6 EStG) gestellt hatte. Dieser Antrag kann den gebotenen Antrag auf Regelbesteuerung für Erträge aus Beteiligungen an Kapitalgesellschaften nicht ersetzen. Eine entsprechende konkludente Antragstellung hat der BFH jedenfalls bei einem fachkundig beratenen Steuerpflichtigen abgelehnt. Die mangelnde Kenntnis des Steuerberaters über verfahrensrechtliche Fristen begründet grundsätzlich einen Verschuldensvorwurf, sodass auch die Voraussetzungen für eine Wiedereinsetzung in den vorigen Stand nicht vorlagen.

In der Anlage KAP 2021 wird zur Zeile 31 der Hinweis auf die Anleitung fett (in Schriftgröße 2) hervorgehoben. Im Text der Anleitung geht dieser Hinweis jedoch in klein gedruckten Zeilen völlig unter. Folgender Satz sollte daher nicht überlesen werden:

„Eine Nachholung des Antrags nach erstmaliger Abgabe der Einkommensteuererklärung (z.B. im Einspruchsverfahren) ist für das betreffende Kalenderjahr nicht möglich!"

Wer berechtigt ist, entsprechende Anträge zu stellen, ist durch eine Entscheidung des BFH vom 25.08.2015, VIII R 3/14 entschieden worden. Ausschüttungen aus Beteiligungen an Kapitalgesellschaften können auf Antrag nach der tariflichen Einkommensteuer besteuert werden, auch wenn der Steuerpflichtige als Anteilseigner einer Kapitalgesellschaft (mindestens zu 1 %) **aufgrund seiner beruflichen Tätigkeit für die Kapitalgesellschaft keinen maßgeblichen Einfluss auf die Geschäftsführung derselben ausüben kann**.

Die Klägerin war zu 5 % an einer GmbH beteiligt und dort als Assistentin der Geschäftsleitung sowie im Bereich der Lohn- und Finanzbuchhaltung beruflich tätig. Aus ihrer Beteiligung an der GmbH erzielte sie Kapitalerträge, die mit dem Abgeltungsteuersatz i.H.v. 25 % besteuert wurden. In ihrer Einkommensteuererklärung stellte sie den Antrag auf Besteuerung nach der niedrigeren tariflichen Einkommensteuer (§ 32d Abs. 2 Satz 1 Nr. 3 Satz 1 Buchst. b EStG), da sie an der GmbH mindestens zu 1 % beteiligt und für diese beruflich tätig war. Das Finanzamt lehnte dies ab: Für diese Option sei ein maßgeblicher Einfluss des Anteilseigners auf die Kapitalgesellschaft erforderlich.

Der BFH gab, wie zuvor schon das Finanzgericht, der Klägerin Recht. Aus dem Wortlaut der gesetzlichen Regelung ergeben sich weder qualitative noch quantitative Anforderungen an die berufliche Tätigkeit des Anteilseigners für die Kapitalgesellschaft. Ein maßgeblicher Einfluss des Anteilseigners auf die Kapitalgesellschaft sei dem Gesetz nicht zu entnehmen. Der BFH hält weiter auch die von der Finanzverwaltung vertretene Auffassung, dass eine nur untergeordnete berufliche Tätigkeit nicht für das Antragsrecht ausreiche, für rechtlich zweifelhaft. Im Urteilsfall kam es darauf allerdings nicht an, weil die berufliche Tätigkeit der Klägerin für die GmbH nicht von untergeordneter Bedeutung war.

13.1.9 Kapitalerträge, für die eine Steuerermäßigung nach § 34 Abs. 1 EStG gilt (Zeilen 35 + 36)

Werden z.B. im Rahmen einer gerichtlichen oder außergerichtlichen Vergleichsvereinbarung nicht konkretisierte Zahlungen für einen längeren Zeitraum nachgezahlt, sind diese Zahlungen für entgehende Zinsen als Entschädigung nach § 34 Abs. 1 EStG zu behandeln. Hierfür sind die Zeilen 35 + 36 zu beachten.

13.1.10 Kapitalerträge aus Beteiligungen sind in die neue Anlage KAP-BET einzutragen

In den Zeilen 4 + 5 ist anzugeben, welchem Finanzamt und welcher Steuernummer die Erträge aus den Beteiligungen zuzuordnen sind. Dies unterstellt natürlich immer, dass eine entsprechende Mitteilung vorliegt.

Wie in Zeile 7 der Anlage KAP, ist hier für **sämtliche Erträge** die **Zeile 6** vorgesehen. Die anteiligen Verluste sind in den Zeilen 10 und 11 zu vermerken.

Die **Zeilen 14–24** verlangen weitere Eintragungen, wenn die Erträge aus den Beteiligungen **nicht dem inländischen Steuerabzug unterlegen** haben.

Auch für diesen Bereich muss beachtet werden, dass laufende Erträge aus sonstigen Kapitalforderungen jeder Art, aus stiller Gesellschaft und partiarischen Darlehen der **tariflichen Einkommensteuer** unterliegen. Diese Werte sind in die **Zeilen 25–29** einzutragen.

13.1.11 Anzurechnende Steuern

In den Zeilen 37–42 der Anlage KAP und 30–35 der Anlage KAP-BET sind die nachgewiesenen Steuerabzugsbeträge einzutragen. Neben der händischen Kürzung durch § 36a EStG (auf $2/5$ der Steuer) muss hier die **fiktive ausländische Steuer** eingetragen werden. **Ein häufiger Haftungsfall, weil zwar die Erträge in den Zeilen 19 oder 28 (hoffentlich!) erklärt werden, aber keine Steuerbescheinigung vorliegt.**

Ob eine fiktive, also nicht gezahlte, Kapitalertragsteuer anzurechnen ist, ergibt sich nur aus den jeweiligen DBA.

Grundsätzlich muss jedoch gelten, dass auch im Ausland auf Kapitalerträge Steuern gezahlt werden. Immer wenn also im Ausland keine Steuern auf erklärte Kapitalerträge gezahlt werden, ist Vorsicht geboten.

Zahlreiche deutsche DBA sehen bei Zinseinkünften, die in der Bundesrepublik Deutschland ansässige Steuerpflichtige aus den betroffenen Vertragsstaaten beziehen, auch dann eine Anrechnung ausländischer Quellensteuern vor, wenn diese effektiv – ganz oder zum Teil – nicht erhoben worden sind (Anrechnung fiktiver Quellensteuern). Die **Voraussetzungen für die Anrechnung** fiktiver Quellensteuern sind in den einzelnen DBA unterschiedlich geregelt.

Das BZSt bietet auf der Internetseite eine Zusammenstellung aller Staaten mit Stand 01.01.2021 zur Anrechnung der Quellensteuer an (Stand April 2021 – 24 Seiten).

13.1.12 Abbildungen zu Kapitel 13.1

Abb. 13.1: Wann liegen Einkünfte aus Kapitalvermögen vor?			
„Kapitaleinkünfte"	„Kapitaleinkünfte"	„Kapitaleinkünfte"	Kapitaleinkünfte
Keine Kapitaleinkünfte im steuerlichen Sinn, da sie per Gesetzesdefinition gewerbliche Einkünfte sind; §§ 15, 17 EStG (z.B. Verkauf von 1 % der Aktien einer AG)	**Keine** Kapitaleinkünfte im steuerlichen Sinn, da sie einer anderen Einkunftsart zuzurechnen sind = Subsidiaritätsprinzip; § 20 Abs. 8 EStG (z.B. Dividenden aus Beteiligungen im BV)	**Keine** Kapitaleinkünfte im steuerlichen Sinn, da sie unter die **Altregelung** des § 23 EStG fallen (z.B. Verkauf von vor dem 01.01.2009 angeschafften Forderungen)	**Tatsächliche** Kapitaleinkünfte, die unter die Regelung des § 20 EStG fallen (z.B. Zinsen auf dem Sparbuch, Verkauf von Aktien, die nach dem 31.12.2008 angeschafft wurden)
Korrekte Einkünftebestimmung ist unabdingbar, da ansonsten die falschen Konsequenzen gezogen werden!			

Abb. 13.2: Was sind Einkünfte aus Kapitalvermögen?

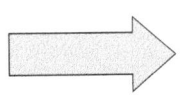

§ 20 **Abs. 1** EStG = **Erträge** = Früchte aus dem überlassenen Stamm; die „Äpfel" (Ertrag) fallen vom „Baum" (Stamm). Zu versteuern ist der Wert der Äpfel.

Ausnahme = § 16 InvStG: Ausschüttungen, Vorabpauschalen und Veräußerungsgewinne sind § 20 Abs. 1 Nr. 3 EStG zuzuordnen!

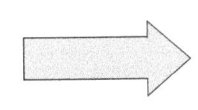

§ 20 **Abs. 2** EStG = **Gewinn aus der Veräußerung** der Kapitalanlage (nun wird der „Baum" verkauft). Bis 31.12.2008 angeschaffte Wertpapiere (Stamm = „Baum") unterliegen noch der Besteuerung nach § 23 EStG; § 52 Abs. 31 S. 2 EStG.

§ 20 **Abs. 3** EStG = **Entgelt und Vorteile**, die neben oder an Stelle der Einnahmen nach Abs. 1 + 2 gewährt werden. Soll mögliche Gestaltungen, welche die Abs. 1 + 2 umgehen, verhindern.

Abb. 13.3: Was sind Einkünfte aus Kapitalvermögen nach § 20 Abs. 3 EStG?

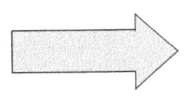

§ 20 Abs. **3** EStG = **Entgelt und Vorteile**, die neben oder an Stelle der Einnahmen nach Abs. 1 + 2 gewährt werden. Soll mögliche Gestaltungen, welche die Abs. 1 + 2 umgehen, verhindern.

Beispiel:
Investmentgesellschaften zahlen Vermittlungsentgelte an Kredit- oder Finanzdienstleistungsinstitute für den Vertrieb von Fondsanteilen in Form von sog. Kontinuitätsprovisionen (**Bestandsprovisionen**). Die Provisionen werden regelmäßig gezahlt und bemessen sich nach dem beim Kredit- oder Finanzdienstleistungsinstitut verwahrten Bestand an Fondsanteilen.

Werden dem Steuerpflichtigen diese Bestandsprovisionen ganz oder teilweise vom Kredit- oder Finanzdienstleistungsinstitut erstattet, stellen diese Rückvergütungen wirtschaftlich betrachtet einen teilweisen Rückfluss früherer Aufwendungen dar. Es handelt sich daher um **Kapitalerträge i.S.d. § 20 Abs. 3 i.V.m. § 20 Abs. 1 Nr. 3 EStG**, bei denen die Kapitalertragsteuer unter Anwendung der im Rückvergütungszeitpunkt der Bestandsprovisionen gültigen Teilfreistellungssätzen einbehalten wird;
BMF vom 17.01.2019, BStBl I 2019, 51 – Beck StE I § 43/1 Rz. 84.

Abb. 13.4: Welche Kapitalerträge unterliegen dem 25 %igen Kapitalertragsteuerabzug?

§ 43 Abs. 1 EStG
Aufzählung der Kapitalerträge
- des § 20 Abs. 1 EStG und
- des § 20 Abs. 2 EStG

z.B.
- Dividenden,
- verdeckte Gewinnausschüttungen,
- Investmenterträge des § 16 InvStG,
- Zinsen,
- Lebensversicherungserträge,
- **NEU: Zinsen aus Forderungen, die über eine Internetplattform erworben werden**, § 43 Abs. 1 Nr. 7 Buchst. c EStG. § 44 Abs. 1 S. 4 Nr. 2a EStG

Die Einkommensteuer ist damit für diese Erträge abgegolten. <u>Diese Erträge müssen damit (grundsätzlich!) nicht mehr erklärt werden.</u>

Abb. 13.5: <u>Welche</u> Kapitalerträge unterliegen <u>nicht</u> dem Kapitalertragsteuerabzug?

BMF vom 16.03.2021: Aus Billigkeitsgründen können Zinsen auf Steuernachforderungen mit Zinsen auf Steuererstattungen verrechnet werden.

z.B.
- Steuererstattungszinsen,
- Zinsen privater Darlehen,
- Ausländische Kapitalerträge,
- ...

§ 43 Abs. 1 EStG
<u>Ausnahmen</u> in der Aufzählung der Kapitalerträge des § 20 **Abs. 1** EStG und des § 20 **Abs. 2** EStG

<u>Diese</u> Erträge müssen damit <u>immer</u> erklärt werden.

Gem. § 32d Abs. 3 S. 3 EStG besteht nun auch für Arbeitnehmer die Pflicht zur Abgabe einer Steuererklärung, wenn kein Steuerabzug vorgenommen wurde. (§ 46 Abs. 2 EStG enthält **dafür** keine eigene Veranlagungspflicht für Arbeitnehmer.)

Abb. 13.6: Ertragsteuerliche Erfassung der Zinsen auf Steuernachforderungen und Steuererstattungen gem. § 233a AO; Billigkeitsregelung; BMF vom 16.03.2021, IV C I – S 2252/19/10012 :011

Beispiel 1 (sachliche Unbilligkeit liegt vor):
Eine Betriebsprüfung in 09 umfasst die Veranlagungszeiträume bis einschließlich 04.

Veranlagungszeitraum 04	
Erhöhung des Warenbestandes = Gewinnerhöhung um	100
Einkommensteuer 04	+ 50
Nachzahlungszinsen	
Zinslauf 01.04.06 bis 31.12.09 (45 volle Monate × 0,5 % = 22,5 %)	1,25
Veranlagungszeitraum 05	
Erhöhung des Wareneinsatzes = Gewinnminderung um	100
Einkommensteuer 05	– 50
Erstattungszinsen	
Zinslauf 01.04.07 bis 31.12.09 (33 volle Monate × 0,5 % = 16,5 %)	8,25

Die Erstattungszinsen in Höhe von 8,25 € sind auf Antrag <u>nicht</u> zu versteuern, weil ihnen nicht abziehbare Nachzahlungszinsen gegenüberstehen, die auf ein und demselben Ereignis beruhen (Warenbestandsveränderung).

Ein **Verzicht** auf die Versteuerung der Erstattungszinsen kommt jedoch **nicht in Betracht**, wenn Nachzahlungs- und Erstattungszinsen auf unterschiedlichen Ereignissen beruhen.

Abb. 13.7: Antrag auf Günstigerprüfung (Tarif ist günstiger als („25 %") Abgeltung) nach § 32d Abs. 6 EStG

Persönlicher Steuersatz bis 25 %? Berufsanfänger, Rentner ...

→ Günstigerprüfung kann entfallen, weil mit Einbeziehung der Kapitalerträge für diese Erträge kein Steuersatz <u>unter 25 %</u> erreicht werden kann.

Das zu versteuernde Einkommen ist so gering, dass der Steuersatz von 25 % in der Spitze <u>nicht</u> erreicht werden kann.

→ Sämtliche Kapitalerträge i.S.d. § 20 EStG sind zu erklären (bei Ehegattenveranlagung die Kapitalerträge beider Ehegatten).

Die Finanzverwaltung prüft nun, ob unter Berücksichtigung der Kapitalerträge im Rahmen der tariflichen Besteuerung eine **insgesamt** günstigere Steuerbelastung für den Antragsteller erreicht wird.
- Es kann somit zu keinem schlechteren Ergebnis führen.
- Die Werbungskosten werden aber auch hier nicht berücksichtigt (§ 20 Abs. 9 EStG).

Abb. 13.8: Werbungskostenabzugsbeschränkung, § 20 Abs. 9 EStG

1. Bei der Ermittlung der Einkünfte aus Kapitalvermögen ist als Werbungskosten ein Betrag von 801 € abzuziehen (Sparerpauschbetrag).
2. Verdopplung auf 1.602 € bei zusammenveranlagten Ehegatten oder eingetragenen Lebenspartnern.

Der Abzug der tatsächlichen Werbungskosten ist ausgeschlossen!

„Rechtfertigung" der Beschränkung des Werbungskostenabzugs auf den Sparerpauschbetrag:

Besteuerung erfolgt ja „nur" mit dem Abgeltungssteuersatz (25 %) und hat auch keine Progressionswirkung für übrige Einkünfte

Abb. 13.9: Negative Einlagezinsen und § 20 EStG?

Behält ein Kreditinstitut negative Einlagezinsen für die Überlassung von Kapital ein, stellen diese negativen Einlagezinsen keine Zinsen i.S.d. § 20 Abs. 1 Nr. 7 EStG dar.

Begründung des BMF in Rz. 129a des BMF Schreibens vom 18.01.2016:

- Diese Zinsen sind nicht vom Kapitalnehmer an den Kapitalgeber für die Überlassung von Kapital gezahlt worden.
- Wirtschaftlich handelt es sich um ein Art Verwahr- und Einlagegebühr,
- die Werbungskosten i.S.d. § 20 Abs. 9 S. 1 EStG darstellen
- und damit mit dem Sparer-Pauschbetrag erfasst sind und keine Auswirkung finden (außer in den Fällen des § 32d Abs. 2 EStG).

Abb. 13.10: Erforderliche Korrekturen der versteuerten Kapitalerträge

1. Zinserträge aus **Bausparverträgen**, wenn die Finanzierungsverträge bis zum 30.06.2010 abgeschlossen wurden.
2. Kapitalerträge wurden im Rahmen eines **Cum-Cum-Geschäfts** erzielt, die volle Anrechnung der Kapitalertragsteuer ist nicht zulässig. Die nicht anrechenbare Kapitalertragsteuer kann auf Antrag nach § 36a Abs. 1 S. 3 EStG bei der Ermittlung der Einkünfte abgezogen werden.
3. Die ursprünglichen Anschaffungskosten sind der Bank nicht bekannt, sodass für den Abzug der Kapitalertragsteuer die **Ersatzbemessungsgrundlage** herangezogen wurde. Demnach bemisst sich der Steuerabzug nach 30 % der Einnahmen aus der Veräußerung oder Einlösung der Wirtschaftsgüter (§ 43a Abs. 2 S. 7 EStG).
4. Die **Transaktionskosten** bei der Veräußerung sind steuerlich zu berücksichtigen und mindern den Veräußerungsgewinn; § 20 Abs. 4 S. 1 EStG.
5. Leistungen **aus dem Einlagekonto** (§ 27 Abs. 1 bis 7 KStG), die in den versteuerten Kapitalerträgen (lt. Zeile 7 Steuerbescheinigung) enthalten sind. verdeckte Einlage in Kapitalgesellschaft: gemeiner Wert gilt als Veräußerungspreis, § 20 Abs. 4 S. 2 EStG.
6. Bei **unentgeltlichem Erwerb** → Fußstapfen-Theorie, § 20 Abs. 4 S. 6 EStG und bei Wertpapieren in **Sammelverwahrung** – FiFo-Verfahren beachten, § 20 Abs. 4 S. 7 EStG.

Abb. 13.11: Verfassungsmäßigkeit der Verlustverrechnungsbeschränkung für Aktienveräußerungsverluste nach § 20 Abs. 6 Satz 5 EStG (jetzt § 20 Abs. 6 Satz 4 EStG)

Vorlagebeschluss des BFH vom 17.11.2020, VIII R 11/18

Leitsatz
Es wird eine Entscheidung des BVerfG darüber eingeholt:
- ob § 20 Abs. 6 Satz 5 EStG i.d.F. des UntStRefG 2008 vom 14.08.2007 (BGBl I 2007, 1912)
- insoweit mit Art. 3 Abs. 1 GG vereinbar ist,
- als Verluste aus der Veräußerung von Aktien **nur mit Gewinnen aus der Veräußerung von Aktien** verrechnet werden dürfen.

Nach Überzeugung des vorlegenden Senats **verstößt** § 20 Abs. 6 Satz 5 EStG insoweit **gegen den allgemeinen Gleichheitssatz des Art. 3 Abs. 1 GG**, als im Rahmen einer Steuerfestsetzung gemäß § 32d Abs. 4 i.V.m. Abs. 3 Satz 2 EStG Verluste aus der Veräußerung von Aktien **nur** mit Gewinnen aus der Veräußerung von Aktien und nicht mit anderen positiven Kapitaleinkünften verrechnet werden dürfen.

Damit müssen alle nun folgenden Verlustbeschränkungen angefochten werden!

Abb. 13.12: Verlustverrechnungsregelungen, § 20 Abs. 6 EStG

Besonders zu beachten:

- Grundsätzlich wird eine **Einkunftserzielungsabsicht** unterstellt.
  Nur wenn das Finanzamt den Nachweis führen könnte, dass diese Kapitalanlage keinen Gewinn erzielen könnte, besteht die Möglichkeit der Liebhaberei (Versagung der Verluste).
- **Depotführende Stellen** haben gem. § 43a Abs. 3 EStG im Rahmen des Steuerabzugs auch Verlustverrechnungen durchzuführen.
- Die Verlustverrechnung erfolgt immer **vor** Berücksichtigung des Sparerpauschbetrages; BMF-Schreiben vom 18.01.2016 (Beck StE 1 § 43/1) dort Rz. 119b.
- Eine depotübergreifende Verrechnung ist auch im Rahmen des § 32d Abs. 4 EStG möglich. Ob dies gelingt, ist von der zu beantragenden Verlustbescheinigung bis zum 15. Dezember (§ 43a Abs. 3 S. 5 EStG) eines jeden Jahres abhängig.
- Verbleibende Verluste nach § 20 Abs. 6 EStG können nur mit künftigen Kapitalerträgen verrechnet werden.

Abb. 13.13: Unterschiedliche Verluste bei Kapitalerträgen

1. Grundsätzlicher Ausgleich mit anderen Kapitalerträgen § 20 Abs. 6 S. 1 + 2 EStG.

2. Verluste aus **Aktienveräußerungen** dürfen nur mit Aktiengewinnen verrechnet werden § 20 Abs. 6 S. 4 EStG. Zeilen 8 + 13 Anlage KAP

3. Ab 01.01.2021: Verluste aus **Termingeschäften** dürfen nur bis zu **jährlich 20.000 €** mit Gewinnen aus Termingeschäften verrechnet werden § 20 Abs. 6 S. 5 EStG.

4. Ab 01.01.2020: Verluste aus **uneinbringlichen Kapitalforderungen** und ausgebuchten Wirtschaftsgütern etc. dürfen nur **bis zu jährlich 20.000 €** mit allen anderen Kapitalerträgen verrechnet werden § 20 Abs. 6 S. 6 EStG. Diese Verluste sind auch ohne Antrag zu bescheinigen und nur im Rahmen der Veranlagung auszugleichen. **Zeile 15 Anlage KAP**

5. Negative Unterschiedsbeträge **aus Lebensversicherungen** sind nach möglicher Teilfreistellung in Zeile **12 Anlage KAP** einzutragen. **Positive in Zeilen 30 + 43, 44 Anlage KAP**

13.1 Anlage KAP

Abb. 13.14: Ausfall einer _privaten_ Darlehensforderung als Verlust bei den Einkünften aus Kapitalvermögen

Neu in Anlage KAP Zeile 14

§ 20 Abs. 6 S. 5 EStG
Verluste aus Termingeschäften

Gem. § 52 Abs. 28 auf Verluste anzuwenden, die nach dem 31.12.2020 entstehen.

nur **20.000 €** jährlich → in den Folgejahren nur **20.000 €** jährlich

„Rettung" durch Zuordnung zum Betriebsvermögen

↓

Gewinne aus Termingeschäften

§ 20 Abs. 6 S. 6 EStG
Verluste aus Kapitalforderungen

Gem. § 52 Abs. 28 auf Verluste anzuwenden, die nach dem 31.12.2019 entstehen.

Neu in Anlage KAP Zeile 15

nur **20.000 €** jährlich → in den Folgejahren nur **20.000 €** jährlich

↓

Gewinne aus Kapitalvermögen

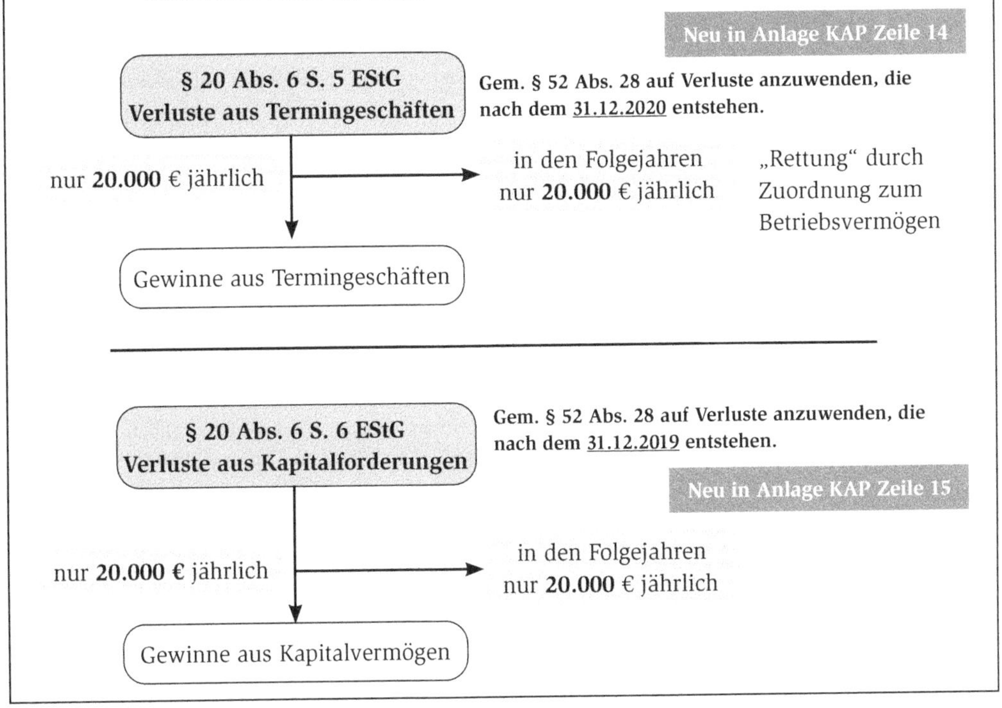

Abb. 13.15: Verlustverrechnungen bei den Einkünften aus Kapitalvermögen

Verluste aus Kapitalvermögen dürfen nicht mit Einkünften aus anderen Einkunftsarten ausgeglichen werden (mit Ausnahme der tariflichen nach § 32d Abs. 2 Nr. 1–3 EStG).

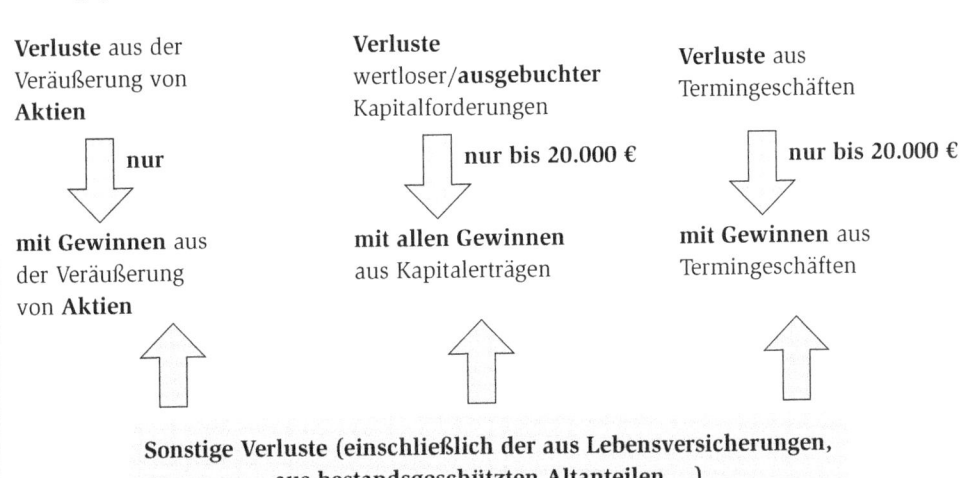

Verluste aus der Veräußerung von **Aktien**

⬇ nur

mit Gewinnen aus der Veräußerung von **Aktien**

Verluste wertloser/**ausgebuchter** Kapitalforderungen

⬇ nur bis 20.000 €

mit allen Gewinnen aus Kapitalerträgen

Verluste aus Termingeschäften

⬇ nur bis 20.000 €

mit **Gewinnen** aus Termingeschäften

⬆ ⬆ ⬆

Sonstige Verluste (einschließlich der aus Lebensversicherungen, aus bestandsgeschützten Altanteilen ...)

Abb. 13.16: BMF vom 03.06.2021, IV C I – S 2252/19/10003 :002 DOK 2021/0005928 Einzelfragen zur Abgeltungsteuer

Der Verlustausgleich nach § 20 Abs. 6 Satz 5 und 6 EStG findet nur im Rahmen der Veranlagung statt.

Für die Verlustverrechnung in den Verlustverrechnungskreisen ist in der Veranlagung **nachfolgende Reihenfolge zu berücksichtigen**:

1. Aktienveräußerungsgewinne/-verluste im Sinne des § 20 Abs. 6 Satz **4** EStG aus dem aktuellen Jahr; **Aktienveräußerungsverluste** im Sinne des § 20 Abs. 6 Satz 4 EStG aus dem aktuellen Jahr dürfen nur mit Aktienveräußerungsgewinnen verrechnet werden.
2. Gewinne/Verluste aus **Termingeschäften** aus dem aktuellen Jahr (die nach dem 31.12.2020 entstanden sind); Verluste aus Termingeschäften im Sinne des § 20 Abs. 6 Satz **5** EStG aus dem aktuellen Jahr (die nach dem 31.12.2020 entstanden sind) dürfen bis zur Höhe von 20.000 € und nur mit Gewinnen aus Termingeschäften und Einkünften aus Stillhalterprämien verrechnet werden.
3. Verluste im Sinne des § 20 Abs. 6 **Satz 6** EStG aus dem aktuellen Jahr (die nach dem 31.12.2019 entstanden sind) dürfen **bis zur Höhe von 20.000 €** mit Einkünften aus Kapitalvermögen verrechnet werden.
4. **Sonstige Kapitalerträge/Verluste** aus dem aktuellen Jahr; sonstige negative Einkünfte aus dem aktuellen Jahr im Sinne des § 20 EStG dürfen mit positiven Einkünften i.S.d. § 20 EStG verrechnet werden.
5. **Verlustvorträge** im Sinne des § 20 Abs. 6 Satz 3 EStG **aus Aktienveräußerungen** im Sinne des § 20 Abs. 6 Satz 4 EStG dürfen nur mit nach Verrechnung verbleibenden Aktienveräußerungsgewinnen verrechnet werden.
6. **Verlustvorträge** im Sinne des § 20 Abs. 6 Satz 3 EStG **aus Termingeschäften** i.S.d. § 20 Abs. 6 Satz 5 EStG (die nach dem 31.12.2020 entstanden sind) dürfen nur mit nach Verrechnung gemäß Ziffer 2 bis 4 verbleibenden Gewinnen aus Termingeschäften und mit Einkünften aus Stillhalterprämien nur **bis zur Höhe von 20.000 €** verrechnet werden.
7. **Verlustvorträge** i.S.d. § 20 Abs. 6 Satz 3 EStG aus Verlusten im Sinne des § 20 Abs. 6 **Satz 6** EStG (die nach dem 31.12.2019 entstanden sind) dürfen nur mit nach Verrechnung gemäß Ziffer 1 bis 6 verbleibenden Einkünften aus Kapitalvermögen und nur **bis zur Höhe von 20.000 €** verrechnet werden.
8. sonstige **Verlustvorträge** i.S.d. § 20 Abs. 6 Satz 3 EStG dürfen mit positiven Einkünften nach Verrechnung gemäß Ziffer 1 bis 7 i.S.d. § 20 EStG verrechnet werden.

Die Verlustverrechnung kann nicht auf Teilbeträge beschränkt werden.

Abb. 13.17: Wie weise ich meine Verluste aus privaten Forderungen nach, die in Zeile 15 der Anlage KAP 2021 zu erfassen sind?

Die **auf 20.000 € jährlich begrenzte** Verlustberücksichtigung privater Kapitalforderungen:
- sind durch eine Bescheinigung der Kreditinstitute,
- aus den Abrechnungsunterlagen des Kreditinstituts/Depotbank
- oder durch sonstige Bescheinigungen und Abrechnungsunterlagen nachzuweisen.

Auch der **Verkauf an einen Dritten** sollte (als Nachweis des Verlustes aus dieser Forderung) nicht vergessen werden.

13.1 Anlage KAP

> **Abb. 13.18:** **Wie** weise ich meine Verluste aus privaten Forderungen nach, die in Zeile 15 der Anlage KAP 2021 zu erfassen sind?
>
> **Insolvenzbedingter Ausfall einer privaten Darlehensforderung als Verlust bei den Einkünften aus Kapitalvermögen**
> BFH vom 01.07.2021, VIII R 28/18
>
> Von einem endgültigen Ausfall einer privaten Kapitalforderung i.S.d. § 20 Abs. 1 Nr. 7 EStG ist jedenfalls dann auszugehen:
> - wenn über das Vermögen des Schuldners das Insolvenzverfahren eröffnet wurde
> - und der Insolvenzverwalter gegenüber dem Insolvenzgericht die Masseunzulänglichkeit gemäß § 208 Abs. 1 Satz 1 InsO angezeigt hat.

> **Abb. 13.19:** **Wie** weise ich meine Verluste aus privaten Forderungen nach, die in Zeile 15 der Anlage KAP 2021 zu erfassen sind?
>
> **Delisting von Aktien** führt **nicht** zu negativen Einkünften nach § 20 Abs. 2 S. 1 + 2 EStG, weil diese von der Börse genommenen Aktien als „OTC-Geschäft" (Over the Counter, außerbörslich verkauft werden können.
>
> FBeh Hamburg, Fachinfo vom 02.11.2020 – S 2252 – 2020 – 2020/016-52.
>
> > Erst wenn feststeht, dass der Schuldner keine Zahlungen mehr leisten wird, ist der Verlust zu berücksichtigen.
> > Dies ist bei insolvenzfreier Auflösung einer Kapitalgesellschaft
> > **regelmäßig erst bei Abschluss der Liquidation.**
> > BFH vom 27.10.2020, IX R 5/20.

Abb. 13.20: Keine Abgeltung möglich – es liegen tarifliche Erträge nach § 32d Abs. 2 EStG vor

Nr. 1: Zinsen und stille Beteiligungen an **nahestehende Personen**, wenn der Schuldner diese Erträge (der die Zinsen zahlt) als Betriebsausgaben oder Werbungskosten im Inland berücksichtigen kann.

Nr. 2: Kapitalerträge aus begünstigt besteuerten **Lebensversicherungsverträgen**, die nach 2004 abgeschlossen wurden, nach dem 60./62. Lebensjahr ausgezahlt werden und mindestens 12 Jahre Laufzeit hatten.

Nr. 3: Nur hier: auf **Antrag** für **Dividenden**, wenn eine 25 %ige Beteiligung vorliegt oder nur zu 1 % beteiligt und eine berufliche Tätigkeit für die Gesellschaft („mit maßgeblichem unternehmerischen Einfluss") vorliegt.

Nr. 4: Für **verdeckte Gewinnausschüttungen**, die bei der Besteuerung der Kapitalgesellschaft dort nicht gewinnmindernd berücksichtigt wurden, aber im Rahmen der Besteuerung des Anteilseigners erkannt werden.

Abb. 13.21: Kapitalerträge aus Lebensversicherungen, die nach 2004 abgeschlossen wurden – BMF vom 01.10.2009 und vom 29.09.2017

Nach dem 31.12.2004 abgeschlossene Lebensversicherung (§ 20 Abs. 1 Nr. 6 EStG),
BMF 01.10.2009 (BStBl I S. 1172 – Beck StE § 20/12)

Ausgezahlt nach dem 60./62. Lebensjahr und **nach** Ablauf von 12 Jahren
(Vertragsabschluss nach 2011 = 62. Lebensjahr)

Kapitalertrag ist der Unterschiedswert zwischen Versicherungsleistung und eingezahlter Beträge (Beiträge).

Der gesamte Unterschiedsbetrag unterliegt der Kapitalertragsteuer § 43 Abs. 1 S. 1 Nr. 4 EStG.

In Zeile 30 eintragen

Gezahlte Beiträge	100.000 €
Auszahlungsbetrag	120.000 €
Unterschiedsbetrag	20.000 €
Keine Werbungskosten möglich, § 20 Abs. 9 EStG	
darauf 25 % =	**5.000 €**

Die enthaltene Kapitalertragsteuer und Soli sind in Zeilen 54–56 einzutragen

Tarifliche Einkünfte	10.000 €
Steuersatz 42 % =	**4.200 €**

Es „droht" eine Erstattung!

15 % bleiben davon steuerfrei, soweit der Unterschiedsbetrag auf fondsgebundene Lebensversicherungen entfällt; § 20 Abs. 1 Nr. 6 S. 9 EStG. (ist in der Steuerbescheinigung schon enthalten)

Abb. 13.22: Frist für Antrag auf Regelbesteuerung (Tarif) nach § 32d Abs. 2 Nr. 3 S. 4 EStG

BFH vom 14.05.2019, VIII R 20/16 zu § 32d Abs. 2 Nr. 3 Satz 4 EStG:

- Die Antragsfrist **gilt auch**, wenn sich das Vorliegen von Kapitalerträgen erst durch die Annahme einer verdeckten Gewinnausschüttung im Rahmen einer Außenprüfung ergibt.
- Hat der Steuerpflichtige keinen vorsorglichen Antrag auf Regelbesteuerung gestellt, besteht dann auch **nicht** die Möglichkeit einer Wiedereinsetzung gem. **§ 110 AO**.
- Der Steuerpflichtige könne sein Antragsrecht auch **vorsorglich ausüben**. Verzichte er auf einen solchen vorsorglichen Antrag, trage er das Risiko einer unzutreffenden Beurteilung von Einkünften im Rahmen seiner Steuererklärung.

> **Vorsicht Falle:**
> Bei tariflicher Besteuerung entfällt der Sparer-Pauschbetrag!
> Lohnt bei hohen Werbungskosten; aber TEV = 60 % bedenken!

Ohne Antrag: 25 % von 100 € = 25 € Steuer, aber Sparer-Pauschbetrag möglich
Mit Antrag: 42 % von 60 € = 25 € Steuer, aber „nur" tatsächliche Werbungskosten abzugsfähig.

Abb. 13.23: Ausländische Kapitalerträge

Ausland

Die hier erzielten Kapitalerträge unterliegen nicht der deutschen Kapitalertragsteuer

Unbeschränkt steuerpflichtige Personen haben in Deutschland ihr Welteinkommen zu versteuern

Folgen:

Nach § 32d Abs. 3 EStG sind die ausländischen Kapitalerträge zu erklären und der Besteuerung nach § 32d Abs. 1 EStG mit 25 % zu unterwerfen.

Die ausländischen Steuern können gem. § 32d Abs. 5 EStG bis zu 25 % auf die deutsche Einkommensteuer angerechnet werden (soweit sie der deutschen Einkommensteuer entsprechen); ein Abzug von den Einkünften (wie nach § 34c Abs. 2 EStG zulässig) ist hier nicht möglich.

Abb. 13.24: Anzurechnende „Kapitalerträge mit DBA"

- Ausländische Steuern sind gem. § 43a Abs. 3 S. 1 EStG auf Kapitalerträge – nach Maßgabe des § 32d Abs. 5 EStG – anzurechnen. → **Einkünfte sind in Zeile 19 einzutragen**

- Anrechnungsregeln möglicher DBA sind dabei zu beachten – fiktive Steuern Zeile 42 Anlage KAP. → **Stand per 01.01.2021**

- Eine Anrechnung erfolgt maximal bis zur Höhe der Abgeltungsteuer = 25 %. → **Zeile 37-42 Anlage KAP**

- § 34c Abs. 1 S. 1 EStG schließt die Anwendung für Einkünfte nach § 32d Abs. 1 + 3-6 EStG aus. → **Damit auch keine Anlage AUS auszufüllen!**

- Entlastung der ausländischen Quellensteuer im Ausland durch Antrag und Ansässigkeitsbescheinigung (Formulare unter bzst Quellensteuer)

Abb. 13.25: Fiktive Quellensteuern

Anrechenbarkeit der Quellensteuer auf Dividenden und Zinsen von Staaten, mit denen Deutschland ein Doppelbesteuerungsabkommen abgeschlossen hat

Stand: 1. Januar 2016

DBA-Staat	a) nationale Quellensteuer b) nach DBA höchstens anrechenbare Quellensteuer c) fiktive anrechenbare Quellensteuer nach DBA		Ergebnis: anrechenbar sind ...		Hinweise zur nationalen Quellensteuererhebung (Buchstabe a in Spalten A und B)	Hinweise zu DBA-Regelungen, auch Sonderregelungen im DBA (Buchstabe b in Spalten A und B)	Nationale Bezeichnung der Einkommen- oder Quellensteuer
	Dividenden (in %) A	Zinsen (in %) B	Dividenden (in %) C	Zinsen (in %) D	E	F	G
Ägypten	a) 0 / 5 /10 b) 15	a) 20 b) 15	10, jedoch max. nat. Satz	15	Dividenden: Der Steuersatz für Dividenden reduziert sich auf 5 %, wenn der Anteil an der ausschüttenden Gesellschaft 25 % überschreitet oder dem Empfänger Stimmrechte in gleicher Höhe zustehen, vorausgesetzt er besitzt diese Anteile/Stimmrechte seit mindestens 2 Jahren	Recht des Quellenstaates nach Art. 10 Abs. 3 DBA, Dividenden alternativ der vom Gesamtnettoeinkommen erhobenen allgemeinen Einkommensteuer zu unterwerfen. Die allgemeine Einkommensteuer darf jedoch im Durchschnitt keinesfalls 20 % des Nettobetrags der gezahlten Dividenden übersteigen	
Albanien	a) 15 b) 15	a) 15 b) 5	15	5		volles Besteuerungsrecht des Quellenstaats auf Dividenden und Zinsen aus Rechten oder Forderungen mit Gewinnbeteiligung, wenn diese bei der Ermittlung der Gewinne des Schuldners der Dividenden oder Zinsen abzugsfähig sind (Protokoll zum DBA, Ziff. 4 zu den Artikeln 10 und 11)	
Algerien	a) 15 b) 15	a) 10 / 50 b) 10	15	10		volles Besteuerungsrecht des Quellenstaats auf Dividenden und Zinsen aus Rechten oder Forderungen mit Gewinnbeteiligung, wenn diese bei der Ermittlung der Gewinne des Schuldners der Dividenden oder Zinsen abzugsfähig sind (Protokoll zum DBA, Ziff. 2 zu den Artikeln 10 und 11)	l'impôt sur le revenu global
Argentinien	a) 10 b) 15 c) 20	a) 0 / 15,05 / 35 b) 15 c) 15	20	15			impuesto a las ganancias

13.2 Anlage KAP-INV
13.2.1 Allgemeines

Zum 01.01.2018 wurde eine Besteuerung der Investmentfonds auf Fondsebene eingeführt. Weil damit die Gewinne bereits einmal besteuert wurden, unterliegen die Ausschüttungen einer Teilfreistellung.

Gleichzeitig sollen die Erträge des Fonds immer besteuert werden, unabhängig davon, ob sie ausgeschüttet worden oder nicht. Hierfür ist die Vorabpauschale eingeführt worden. Veräußerungen unterliegen ab dem 01.01.2018 auch der Besteuerung. Für vor dem 01.01.2009 angeschaffte Fondsanteile ist ein Freibetrag von 100.000 € je Person vorgesehen.

Da diese Form der Besteuerung sehr aufwendig und schwer nachprüfbar ist, obliegt es den Instituten, die entsprechende Abrechnung bereitzustellen.

Im Inland verwahrte Fonds unterliegen der Abzugsbesteuerung nach § 43 Abs. 1 Nr. 5 EStG. Diese Werte sind daher den Steuerbescheinigungen zu entnehmen.

> **Probleme ergeben sich damit nur aus den im Ausland verwahrten Fondsanteilen, weil diese nicht dem Steuerabzug unterliegen und damit auch keine Steuerbescheinigung erteilt wird. Hier gilt es, die erforderlichen Auskünfte und Nachweise zu erhalten.**

In den Jahren 2019 und 2020 waren die Dienstleistungen der ausländischen Bankinstitute diesbezüglich deutlich verbesserungsbedürftig. Nunmehr, nach einer doch schon längeren „Gewöhnungsphase", sollten alle ausländischen Bankinstitute in der Lage sein, die erforderlichen Nachweise zu erbringen. Sollte dies aber nun noch immer nicht möglich sein, muss sich jeder Kunde fragen, ob das noch das richtige Bankinstitut für ihn ist. Denn die Nachweispflicht im Rahmen der Steuererklärung hat der Steuerpflichtige, der Kunde dieses Bankinstituts.

Es gibt 5 unterschiedliche Bereiche in der Anlage KAP-INV.

1. Laufende Erträge, die nicht dem Steuerabzug unterlegen haben (Zeilen 4–13)
Getrennt nach den unterschiedlichen Fondsarten (wichtig für unterschiedliche Teilfreistellungen, die von Amts wegen vorgenommen werden) sind hier die tatsächlichen und gutgeschriebenen Beträge (**Ausschüttungen**) in den Zeilen 4–8 einzutragen.

In den Zeilen 9–13 sind die **Vorabpauschalen**, die auf der Rückseite in den Zeilen 31–46 ermittelt (oder von der Bank gleich mitgeteilt) werden, einzutragen.

> **Was wird also benötigt? Fondsart und Höhe der Ausschüttung und Vorabpauschale (sollte das Bankinstitut liefern!).**

2. Gewinne und Verluste aus der Veräußerung von diesen Investmentanteilen, die nicht dem Steuerabzug unterlegen haben (Zeilen 14–28)
Wie bereits bei den laufenden Erträgen, muss auch hier die richtige Fondsart beachtet werden, denn auch hier ist die unterschiedliche Teilfreistellung zu beachten.

Hier sind nun jedoch je Fondsart drei mögliche Eintragungen zu beachten. In der jeweils ersten Zeile jeder Fondsart (z.B. Aktienfonds Zeile 14) ist der Gewinn oder Verlust aus der Veräußerung einzutragen.

In den (jeweils) nächsten beiden Zeilen muss dann genau unterschieden werden, ob ein bestandsgeschützter Alt-Fonds (vor 01.01.2009 angeschafft), oder ein nicht bestandsgeschützter Alt-Fonds (nach 2008, aber vor 2018 angeschafft) veräußert wurde.

> **Was wird also benötigt? Fondsart, Höhe des Gewinns/Verlustes und die Unterscheidung in bestandgeschützter – nicht bestandsgeschützter, aber Alt-Fonds und Neu-Fonds (ab 01.01.2018 angeschafft) (sollte das Bankinstitut liefern!).**

3. Zwischengewinne nach dem Investmentsteuergesetz 2004

Hier sind nur dann Eintragungen vorzunehmen, wenn der Fonds vor 2017 (Alt-Anteile) erworben wurde. Für diese Fonds ist der Zwischengewinn erst im Zeitpunkt der Veräußerung zu versteuern. Diese Werte mussten die Fonds ermitteln und veröffentlichen.

> **Was wird also benötigt? Lagen Zwischengewinne bis zum 31.12.2017 vor (sollte das Bankinstitut liefern!).**

Sollten nun die ausländischen Bankinstitute nun diese gewünschten Werte nicht in einer Summe mitteilen, können die:
4. Vorabpauschale (Zeilen 31–46) und
5. die Veräußerungsgewinne (Zeilen 47–57)

auch durch Zusammenrechnung der Einzelangaben ermittelt werden.

Je Anlage KAP-INV sind in den Zeilen 31–57 nur Ermittlungen für zwei unterschiedliche Investmentfonds möglich. Es bietet sich daher an, diese Werte gesondert von den Bankinstituten abzufragen oder zu ermitteln und dann in einer Summe in den Zeilen 4–28 einzutragen.

13.2.2 Abbildungen zu Kapitel 13.2

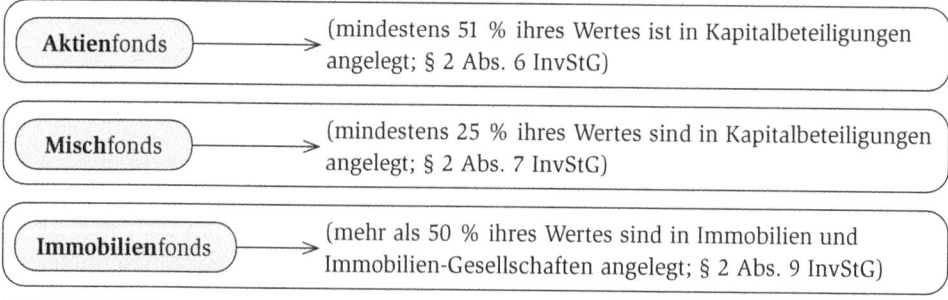

Abb. 13.26: Teilfreistellung der Erträge aus den Fonds nach § 20 InvStG

Die Teilfreistellung soll eine wirtschaftliche Doppelbelastung durch die Besteuerung des gleichen Ertrags sowohl auf der Fonds-, als auch auf der Anlegerseite ausgleichen. Vergleichbar mit dem Teileinkünfteverfahren bleiben daher bestimmte Teile bei der Besteuerung auf der Anlegerseite steuerfrei.

§ 20 InvStG unterscheidet dabei in **drei unterschiedliche Fondsarten**:

- **Aktien**fonds → (mindestens 51 % ihres Wertes ist in Kapitalbeteiligungen angelegt; § 2 Abs. 6 InvStG)
- **Misch**fonds → (mindestens 25 % ihres Wertes sind in Kapitalbeteiligungen angelegt; § 2 Abs. 7 InvStG)
- **Immobilien**fonds → (mehr als 50 % ihres Wertes sind in Immobilien und Immobilien-Gesellschaften angelegt; § 2 Abs. 9 InvStG)

Abb. 13.27: Teilfreistellung der Erträge aus den Fonds nach § 20 InvStG

	Aktienfonds	Mischfonds	Immobilienfonds	
			mit überwiegend inländischen Immobilien	mit überwiegend ausländischen Immobilien
Privatanleger	30 %	15 %	60 %	80 %
Körperschaften	80 %	40 %	60 %	80 %
Natürliche Personen im BV	60 %	30 %	60 %	80 %

bleiben steuerfrei

Beispiel:	Bemessungs-grundlage	Bemessungs-grundlage	Bemessungs-grundlage	Bemessungs-grundlage
ausgeschüttet	700 €	850 €	400 €	200 €
1.000 €	200 €	600 €	400 €	200 €
darauf 25 % Kapitalertrag-steuer gem. § 43a Abs. 2 EStG	400 €	700 €	400 €	200 €

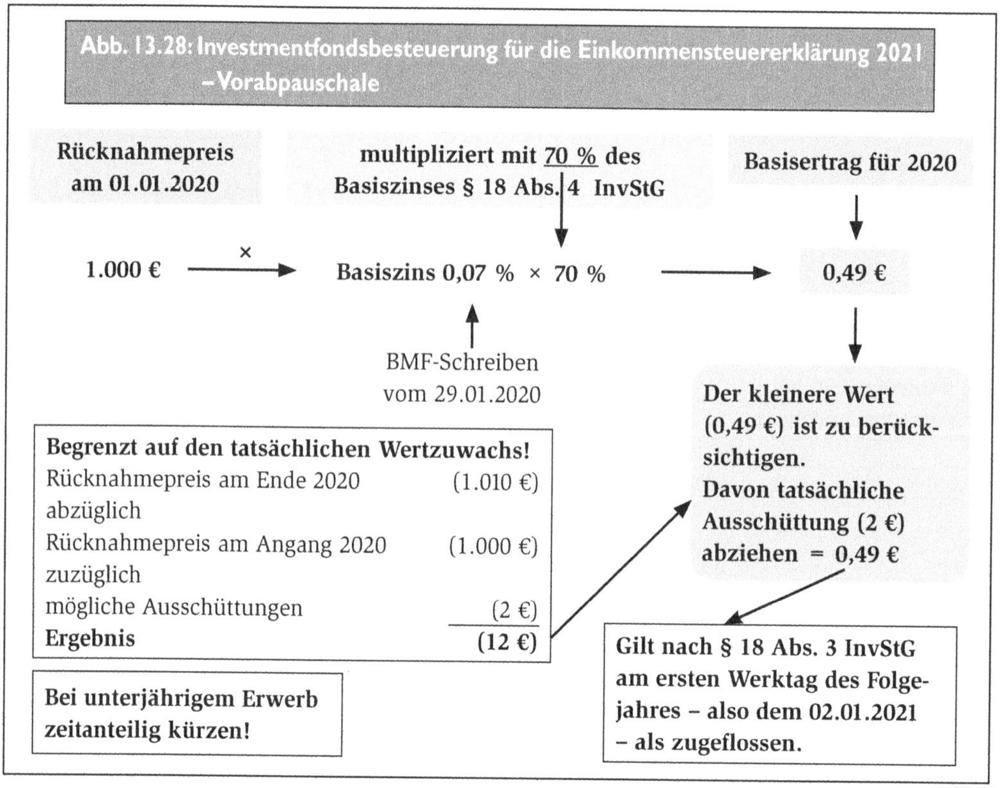

Abb. 13.28: Investmentfondsbesteuerung für die Einkommensteuererklärung 2021 – Vorabpauschale

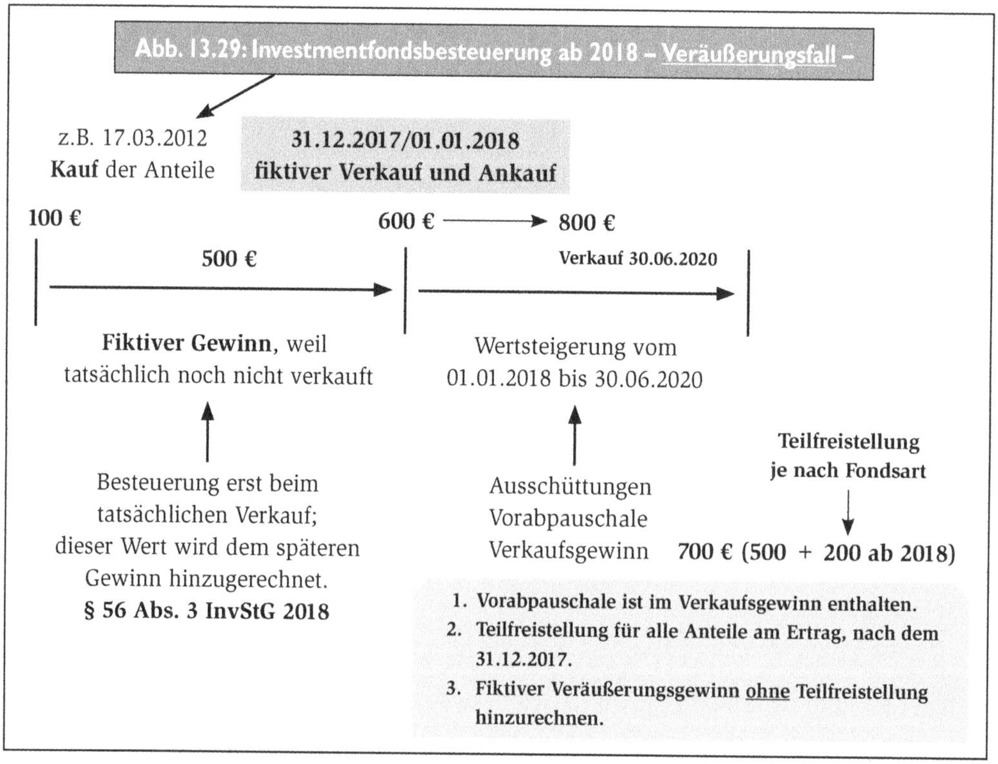

Rücknahmepreis am 01.01.2020 — multipliziert mit **70 %** des Basiszinses § 18 Abs. 4 InvStG — **Basisertrag für 2020**

1.000 € × Basiszins 0,07 % × 70 % → 0,49 €

↑ BMF-Schreiben vom 29.01.2020

Begrenzt auf den tatsächlichen Wertzuwachs!

Rücknahmepreis am Ende 2020	(1.010 €)
abzüglich	
Rücknahmepreis am Anfang 2020	(1.000 €)
zuzüglich	
mögliche Ausschüttungen	(2 €)
Ergebnis	**(12 €)**

Bei unterjährigem Erwerb zeitanteilig kürzen!

Der kleinere Wert (0,49 €) ist zu berücksichtigen. Davon tatsächliche Ausschüttung (2 €) abziehen = 0,49 €

Gilt nach § 18 Abs. 3 InvStG am ersten Werktag des Folgejahres – also dem 02.01.2021 – als zugeflossen.

Abb. 13.29: Investmentfondsbesteuerung ab 2018 – Veräußerungsfall –

z.B. 17.03.2012 **Kauf** der Anteile | **31.12.2017/01.01.2018 fiktiver Verkauf und Ankauf**

100 € ——— 500 € ——→ 600 € ——→ 800 €

Verkauf 30.06.2020

Fiktiver Gewinn, weil tatsächlich noch nicht verkauft

Besteuerung erst beim tatsächlichen Verkauf; dieser Wert wird dem späteren Gewinn hinzugerechnet.
§ 56 Abs. 3 InvStG 2018

Wertsteigerung vom 01.01.2018 bis 30.06.2020

Ausschüttungen
Vorabpauschale
Verkaufsgewinn   700 € (500 + 200 ab 2018)

Teilfreistellung je nach Fondsart

1. Vorabpauschale ist im Verkaufsgewinn enthalten.
2. Teilfreistellung für alle Anteile am Ertrag, nach dem 31.12.2017.
3. Fiktiver Veräußerungsgewinn <u>ohne</u> Teilfreistellung hinzurechnen.

13.2 Anlage KAP-INV

Abb. 13.30: Investmentfondsbesteuerung ab 2018 – Veräußerungsfall –
Besteuerung bestandsgeschützter Anteile (vor 01.01.2009 erworben)

Kauf der Anteile vor 01.01.2009   31.12.2017/01.01.2018 fiktiver Verkauf und Ankauf

100 €   600 € → 800 €

Verkauf 30.06.2020

Wertsteigerung bleibt unversteuert; bestandsgeschützt; **kein** fiktiver Gewinn § 56 Abs. 6 S. 1 Nr. 1 InvStG 2018

Wertsteigerung vom 01.01.2018

Werden erfasst, aber mit einem Freibetrag von 100.000 € verschont § 56 Abs. 6 S. 1 Nr. 2 InvStG 2018
100.000 € ./. 200 € = Rest 99.800 €

Hierfür Teilfreistellung beachten!

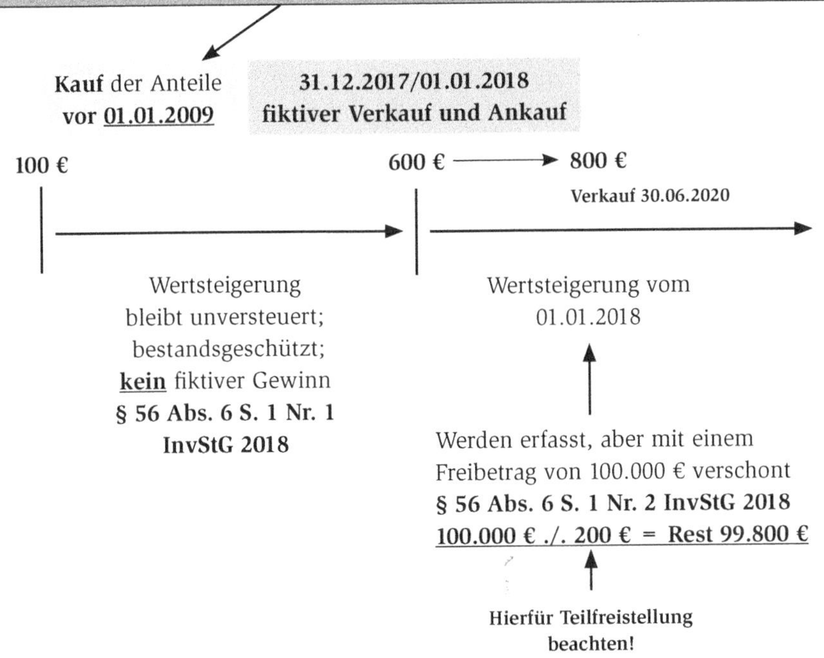

Abb. 13.31: Investmentfondsbesteuerung ab 2018 – Freibetrag und Erbschaft –
Besteuerung bestandsgeschützter Anteile (vor 01.01.2009 erworben)

BMF vom 21.05.2019 Rz. 56.98 Seite 140

- Eine Erbschaft oder eine Schenkung begründen steuerrechtlich beim Erben oder Beschenkten keinen Anschaffungstatbestand.
- Der Erbe/Beschenkte tritt als (Gesamt-)Rechtsnachfolger in die Rechtsstellung des Erblassers/Schenkers ein, so dass insbesondere der Status der Investmentanteile als bestandsgeschützte Alt-Anteile übergeht.
- …
- Der durch den Rechtsvorgänger **nicht ausgeschöpfte Freibetrag** nach § 56 Abs. 6 Satz 1 Nr. 2 InvStG geht **nicht** auf den Erben/Beschenkten über.
- Der Erbe/Beschenkte kann jedoch seinen (eigenen) Freibetrag geltend machen, soweit er diesen noch nicht anderweitig verbraucht hat.

Abb. 13.32: Investmentfondsbesteuerung ab 2018 – Veräußerungsfall mit Verlusten – Besteuerung bestandsgeschützter Anteile (vor 01.01.2009 erworben)

BMF vom 21.05.2019 Rz. 56.103 Seite 141

Die Verluste aus der Veräußerung von bestandsgeschützten Alt-Anteilen sind mit positiven anderen Kapitaleinkünften zu verrechnen.

Bei einem **Verlustüberhang** erhöhen die Verluste aus der Veräußerung von bestandsgeschützten Alt-Anteilen die Verluste aus Kapitalvermögen, die nach § 20 Abs. 6 Satz 2 EStG auf folgende Veranlagungszeiträume übertragen werden und nach § 20 Abs. 6 Satz 3 i.V.m. § 10d Abs. 4 EStG gesondert festzustellen sind.

die ab 01.01.2018 entstandenen Verluste

Keine Veränderung des Freibetrages durch diese Verluste! („Atmen des Freibetrages" = regelmäßige Anpassung war ursprünglich angedacht.)

Abb. 13.33: Wichtige Begriffe des InvStG 2018

Teilfreistellung → Ab 01.01.2018 werden die Fonds auf Fondsebene besteuert. Die Erträge werden daher (erst) ab 01.01.2018 (**nicht die Zeiten davor!**) je nach Fondsart unterschiedlich teilfreigestellt.

Vorabpauschale → Ab 01.01.2018 werden (fiktive) Ausschüttungen vorgegeben und versteuert. Tatsächlich hat der Anteilseigner diese „Ausschüttung" nicht erhalten! Daher muss dann bei einem Verkauf (auch viele Jahre später!) dieser Wert vom Erlös abgezogen werden.

Bestandsgeschützt → Für vor dem 01.01.2009 angeschaffte Fonds bleibt der Veräußerungsgewinn **immer** steuerfrei. Ab 01.01.2018 ermittelte Gewinne sind durch den **Freibetrag** auszugleichen. Vorabpauschalen und Ausschüttungen bleiben steuerpflichtig.

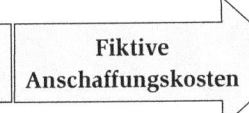

Abb. 13.34: Wichtige Begriffe des InvStG 2018

Fiktive Anschaffungskosten: Zum 01.01.2018 wurden für alle Fonds die Rücknahmepreise ermittelt. Diese – und nicht die tatsächlichen – Werte gelten nun immer für jede weitere Berechnung als (fiktive) Anschaffungskosten.

Fiktiver Veräußerungsgewinn: Der Unterschied zwischen den tatsächlichen Anschaffungskosten (vor 01.01.2018, aber nach 31.12.2008!) und den fiktiven Anschaffungskosten ist der fiktive Gewinn. Dieser erhöht bei späteren Verkäufen den mit den fiktiven Anschaffungskosten ermittelten Veräußerungsgewinn.

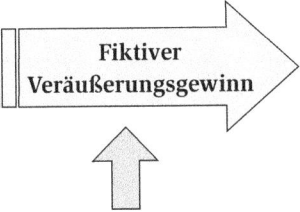

Diesen Wert unbedingt merken, weil er später (auch viele Jahre später!) den Gewinn erhöht!

14. Anlage Vermietung und Verpachtung
Was ist zu beachten – neu und wichtig – Checkliste

Überschreitet die Tätigkeit eines Vermieters nach dem Gesamtbild der Verhältnisse den Rahmen einer Vermögensverwaltung?	Finanzbehörde Hamburg, Fachinformation vom 30.01.2018, DStR 2018, 1821 **Gewerbliche Einkünfte?**
Dauerhafte **Vermietungsabsicht** auch bei vorbehaltener Eigenbedarfskündigung	FG Hamburg vom 12.09.2018, 2 K 151/17
Bei **Leerstand** muss sich der Vermieter ernsthaft und nachhaltig um Nachmieter bemühen, sonst keine Einkunftserzielungsabsicht	BFH-Urteil vom 09.07.2013, IX R 21/12
Ortsüblicher Miete = Kaltmiete zuzüglich der nach der Betriebskostenverordnung umlagefähigen Kosten	BFH-Urteil vom 10.05.2016, IX R 44/15
Minderung der Werbungskosten nur, wenn Miete weniger als 50 % der ortsüblichen Marktmiete	§ 21 Abs. 2 EStG ab 2021 **Bei Verlusten** Überschussprognose, wenn nicht mehr als 66 % der ortsüblichen Miete
Mietverträge unter **nahestehenden Personen** nur bei Drittvergleich anzuerkennen	BFH-Urteil vom 16.02.2016, IX R 28/15
Gewerblichkeit der Ferienwohnung prüfen. Ausführlich in H 15.7 Abs. 2 EStH.	voll eingerichtet, in einem reinen Feriengebiet im Verband mit gleichartigen Wohnungen, in einheitlicher Wohnanlage?
Ortsüblichen Vermietungszeit für eine Ferienwohnung – **Einnahmen** werden überprüft	BFH-Urteil vom 26.05.2020, IX R 33/19
Untervermietung und unbebaute Grundstücke in Zeilen 31 + 32 erklären	**Airbnb** – Werbungskostenabzug beachten
Vertragliche Kaufpreisaufteilung für Gebäudewertanteil wichtig	BFH-Urteil vom 16.09.2015, IX R 12/14
Neue Arbeitshilfe der Verwaltung 2.0 zur Berechnung des Bodenwertanteils	Höchst umstritten; Geiling und Dr. Jacoby, DStR 32/2021 Seite 1855
Sonderabschreibung für Mietwohnungsneubau. Bauantrag bis 31.12.2021 möglich	§ 7b EStG und BMF vom 07.07.2020, IV C 3 – S 2197/19/10009:008
Erhöhte Absetzungen nach § 7h und/oder § 7i EStG	**Sanierungsgebiete und Baudenkmale.** Nur HK und EA, nicht die Anschaffungskosten sind begünstigt

14. Anlage V

Nießbrauch und die Zuordnung der Einkünfte beachten	Nießbraucherlass vom 30.09.2013, BStBl I 2013, 1184
Verteilte **Erhaltungsaufwendungen** nach § 82b EStDV können nicht auf Erben übertragen werden	BFH-Urteil vom 10.11.2020, IX R 31/19
Schuldzinsen: Darlehensverträge und Herkunft der Gelder prüfen.	Geldwäscheprüfung – Aufvalutierung den Einkünften zutreffend zuordnen.
Erhaltungsaufwendungen auf Antrag bis **4.000 € netto** anzuerkennen	R 21.1 Abs. 2 S. 2 EStR
Keine Anwendung des § 6 Abs. 1 Nr. 1a EStG für **vor der Anschaffung getätigte Aufwendungen**	BFH-Beschluss vom 28.04.2020, IX B 121/19 – nicht veröffentlicht
Zweifelsfragen zu **anschaffungsnahen Herstellungskosten**	BFH-Urteile vom 14.06.2016, IX R 25/14, IX R 15/15 und IX R 22/15
Sonstige Werbungskosten beachten	Fahrtkosten zur Immobilie, Eigentümerversammlungen, Bewirtung, Arbeitszimmer …
Zahlungen zum **Verzicht des Wohnrechts** sind sofort abziehbare Werbungskosten	BFH-Urteil vom 11.12.2012, IX R 28/12

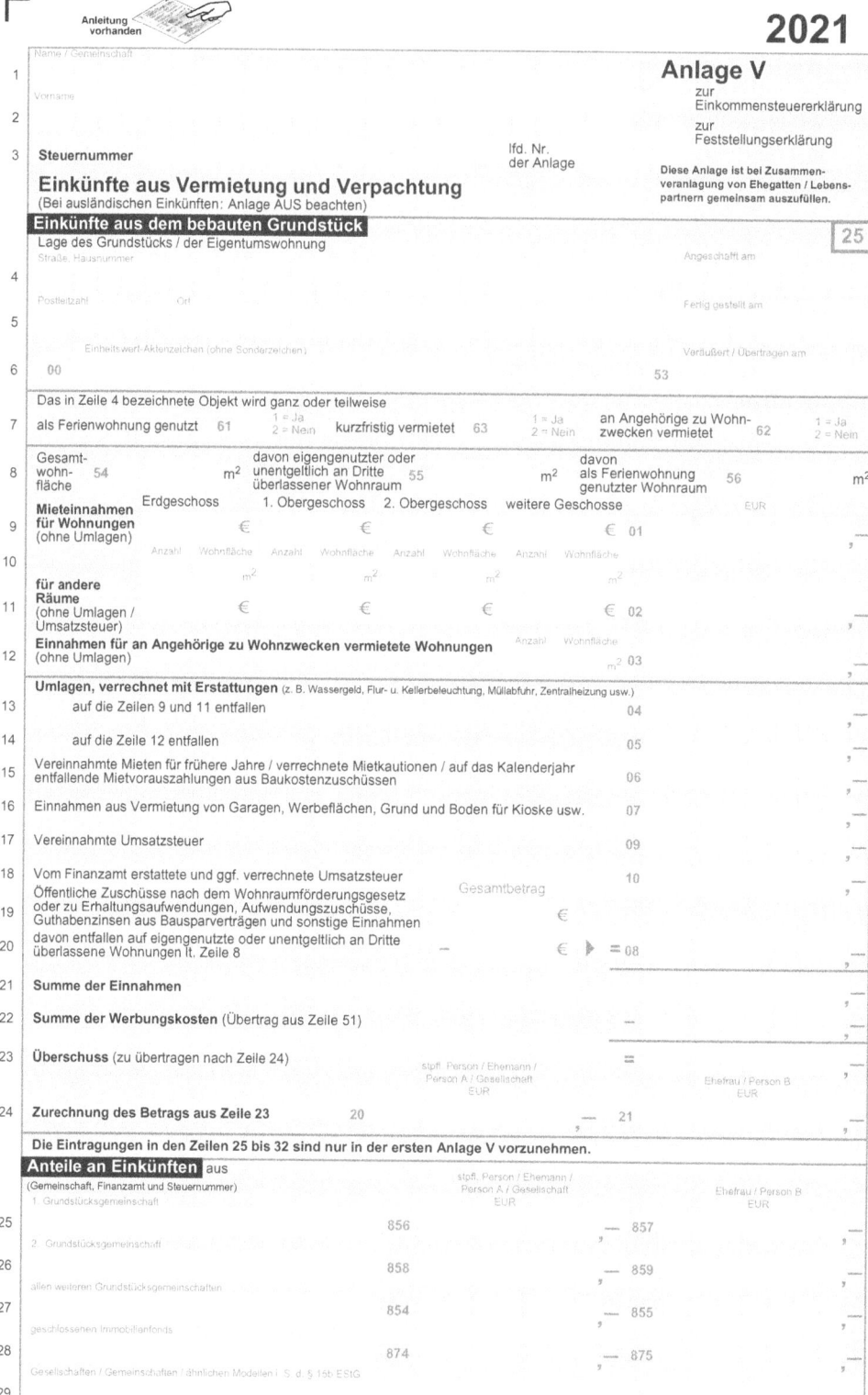

14. Anlage V

Andere Einkünfte

Zeile		stpfl. Person / Ehemann / Person A / Gesellschaft EUR	Ehefrau / Person B EUR
31	Einkünfte aus **Untervermietung** von gemieteten Räumen	866 — ,	867 — ,
32	Einkünfte aus Vermietung und Verpachtung **unbebauter Grundstücke,** von anderem **unbeweglichem Vermögen,** von **Sachinbegriffen** sowie aus **Überlassung von Rechten**	852 — ,	853 — ,

Werbungskosten
aus dem bebauten Grundstück in den Zeilen 4 und 5

		Gesamtbetrag EUR 1	Nur ausfüllen, wenn die Aufwendungen für das Gebäude nur teilweise Werbungskosten sind (siehe Anleitung zu den Zeilen 33 bis 52)		Abzugsfähige Werbungskosten EUR 4
			Ausgaben, die **nicht** mit Vermietungseinkünften zusammenhängen, wurden		
			durch direkte Zuordnung ermittelt 2	verhältnis- mäßig ermittelt 3 %	
33	Absetzung für Abnutzung für Gebäude (ohne Beträge in den Zeilen 34 und 35) linear % degressiv wie 2020 lt.ges. Erftg.			30	,
34	Sonderabschreibung für Mietwohnungsneubau nach § 7b EStG wie 2020 lt.ges. Erftg.			70	,
35	Erhöhte Absetzungen nach den §§ 7h, 7i EStG, Schutzbaugesetz wie 2020 lt.ges. Erftg.			31	,
36	Absetzung für Abnutzung für bewegliche Wirtschaftsgüter wie 2020 lt.ges. Erftg.			60	,
37	Schuldzinsen (ohne Tilgungsbeträge)			33	,
38	Geldbeschaffungskosten (z. B. Schätz-, Notar-, Grundbuchgebühren)			34	,
39	Renten, dauernde Lasten			35	,
40	2021 voll abzuziehende Erhaltungsaufwendungen, die direkt zugeordnet werden können		✗	36	,
41	verhältnismäßig zugeordnet werden			37	,
42	Auf bis zu 5 Jahre zu verteilende Erhaltungsaufwendungen (§§ 11a, 11b EStG, § 82b EStDV) Gesamtaufwand 2021 EUR 57 — , davon 2021 ab- zuziehen			38	,
43	zu berücksichtigender Anteil aus 2017			39	,
44	aus 2018			40	,
45	aus 2019			41	,
46	aus 2020			42	,
47	Grundsteuer, Straßenreinigung, Müllabfuhr, Wasserversorgung, Entwässerung, Hausbeleuchtung, Heizung, Warmwasser, Schornsteinreinigung, Hausversicherungen, Hauswart, Treppenreinigung, Fahrstuhl			52	,
48	Verwaltungskosten			48	,
49	Nur bei umsatzsteuerpflichtiger Vermietung: an das Finanzamt gezahlte und ggf. verrechnete Umsatzsteuer		✗	58	,
50	Sonstiges			49	,
51	**Summe der Werbungskosten** (zu übertragen nach Zeile 22)				,
52	Nur bei umsatzsteuerpflichtiger Vermietung: in Zeile 51 enthaltene abziehbare Vorsteuerbeträge			59	,

Zusätzliche Angaben

Zeile		stpfl. Person / Ehemann / Person A €	Ehefrau / Person B €
53	2021 vereinnahmte oder bewilligte Zuschüsse aus öffentlichen Mitteln zu den Anschaffungs- / Herstellungskosten (lt. gesonderter Aufstellung)		

Anlage V

Angaben zur Inanspruchnahme einer Sonderabschreibung nach § 7b EStG

für den **Veranlagungszeitraum** (VZ)
bzw. das vom **Kalenderjahr abweichende Wirtschaftsjahr** (WJ) ⬚ / ⬚

Hinweis: Zur inhaltlichen Erläuterung siehe BMF-Schreiben vom 7. Juli 2020

lfd. Nr. ⬚

Zeile	Allgemeine Angaben
1	Name, ggf. Bezeichnung der Firma / Gesellschaft / Gemeinschaft
2	Vorname
3	Steuernummer _____ Identifikationsnummer _____

Allgemeine Angaben zum Förderobjekt

4	Straße, Hausnummer
5	Postleitzahl ____ Ort ____
6	Einheitswert-Aktenzeichen _____
7	Bauantrag gestellt / Bauanzeige getätigt am ⬚ — Fertigstellung am ⬚ — Im Fall der Anschaffung **zusätzlich**: angeschafft am ⬚
8	⬚ Wohnung(en) ist / sind durch die Baumaßnahme entstanden / wurde(n) angeschafft
9	davon wird / werden ⬚ Wohnung(en) entgeltlich zu fremden Wohnzwecken überlassen
10	⬚ Wohnung(en) selbstgenutzt
11	Es wurden auch Flächen für andere Nutzungen hergestellt / angeschafft (z. B. für gewerbliche Vermietung) ⬚ 1 = Ja / 2 = Nein

Erklärung zu den Nutzungsvoraussetzungen

Die Wohnung(en), für die die Sonderabschreibung nach § 7b EStG in Anspruch genommen wird / wurde,

12	☐ dient / dienen seit ihrer Fertigstellung / Anschaffung der entgeltlichen Überlassung zu fremden Wohnzwecken.
13	☐ dient / dienen seit dem ⬚ nicht mehr der entgeltlichen Überlassung zu fremden Wohnzwecken. (Soweit nur anteilig: Erläuterungen zum Umfang der Nutzungsänderung bitte gesondert vorlegen.)
14	☐ wurde / wurden am ⬚ veräußert. (Soweit nur anteilig: Erläuterungen zum Umfang der Nutzungsänderung bitte gesondert vorlegen.)
15	Der Veräußerungsgewinn unterliegt der Ertragsbesteuerung. ⬚ 1 = Ja / 2 = Nein

Hinweis: Die bereits in den Vorjahren in Anspruch genommene Sonderabschreibung nach § 7b EStG wird verzinslich rückgängig gemacht, wenn die neue(n) Wohnung(en) im Jahr der Anschaffung oder Herstellung und in den folgenden neun Jahren nicht der entgeltlichen Überlassung zu Wohnzwecken dient / dienen oder die begünstigte(n) Wohnung(en) im folgenden Jahr der Anschaffung oder der Herstellung oder in den folgenden neun Jahren veräußert wird / werden und der Veräußerungsgewinn nicht der Ertragsbesteuerung unterliegt. Ein Nachweis, dass die begünstigte(n) Wohnung(en) innerhalb des zehnjährigen Nutzungszeitraums auch beim Erwerber weiterhin der entgeltlichen Überlassung zu fremden Wohnzwecken gedient hat / haben, ist vom Veräußerer im Rahmen der Steuererklärung des Veranlagungszeitraums, in den der Ablauf des zehnjährigen Nutzungszeitraums fällt, in geeigneter Art und Weise zu erbringen. Ausreichend ist eine Bestätigung des Erwerbers über die Einhaltung der Nutzungsvoraussetzung.

Nur auszufüllen bei Folgeantrag

16	erstes Jahr der Inanspruchnahme ☐ ja – weiter bei Zeile 36.
17	Es haben sich keine Änderungen zu den Angaben des VZ bzw. WJ ⬚ / ⬚ ergeben. ☐ nein – bitte die Angaben in den Zeilen 18 bis 35 entsprechend eintragen.

Angaben zur Nutzfläche

Zeile		Neubau Gebäude	Aufstockung / Aus-, Um-, An- oder Aufbauten	Anschaffung Eigentumswohnung / Gebäude
18				
19	Nutzfläche des Gebäudes / der Eigentumswohnung insgesamt	m²		m²
20	Nutzfläche, die durch die Baumaßnahme neu geschaffen wurde, insgesamt		m²	
	Davon entfällt			
21	auf die neue(n) Mietwohnung(en) (inkl. zu dieser / diesen gehörende(n) Nebenräume und anteilig gemeinsam genutzte Räume)	m²	m²	m²
22	auf andere Nutzungen	m²	m²	m²

Alternativ zur Berechnung der Baukostenobergrenze:
Verwendung der Brutto-Grundfläche (BGF) nach DIN 277

Zeile		Neubau Gebäude	Aufstockung / Aus-, Um-, An- oder Aufbauten	Anschaffung Eigentumswohnung / Gebäude
24	BGF des Gebäudes / der Eigentumswohnung insgesamt	m²		m²
25	BGF, die durch die Baumaßnahme neu geschaffen wurde, insgesamt		m²	

Angaben zur Inanspruchnahme § 7b EStG – Juli 2020 –

14. Anlage V

– 2 –

	Angaben zu den Anschaffungs- oder Herstellungskosten	EUR
26	Anschaffungs- oder Herstellungskosten – ohne Anteil Grund und Boden – (ohne Aufwendungen für Sonderausstattung für andere Nutzungen)	
27	nachträgliche Anschaffungs- oder Herstellungskosten – Kalenderjahr der Fertigstellung + 1 –	+
28	nachträgliche Anschaffungs- oder Herstellungskosten – Kalenderjahr der Fertigstellung + 2 –	+
29	nachträgliche Anschaffungs- oder Herstellungskosten – Kalenderjahr der Fertigstellung + 3 –	+
30	Summe	=

Prüfung der Baukostenobergrenze

31 Summe der Anschaffungs- oder Herstellungskosten der neuen Wohnung(en) _(Übernahme aus Zeile 30)_ _____ EUR = _____ EUR

32 Gesamte Nutzfläche **oder** BGF _____ m² _(Übernahme aus Zeile 19 bzw. 20 oder aus Zeile 24 bzw. 25)_

Hinweis: Ist das Ergebnis der Zeile 31 dividiert durch Zeile 32 größer als 3.000 EUR darf die Sonderabschreibung nach § 7b EStG nicht in Anspruch genommen werden. Die bereits in den Vorjahren in Anspruch genommene Sonderabschreibung nach § 7b EStG wird verzinslich rückgängig gemacht, wenn der Betrag von 3.000 EUR innerhalb von drei Kalenderjahren nach Ablauf des Jahres der Anschaffung oder Herstellung überschritten wird.

Ermittlung der Sonderabschreibung nach § 7b EStG

33 Summe der Anschaffungs- oder Herstellungskosten der neuen Wohnung(en) _(Übernahme aus Zeile 30)_ _____ EUR × Wohnfläche der neuen Mietwohnung(en) inkl. Nebenräume _(Übernahme aus Zeile 21)_ _____ m² / Nutzfläche insgesamt _(Übernahme aus Zeile 19 bzw. 20)_ _____ m² = _____ EUR

34 höchstens Wohnfläche der neuen Mietwohnung(en) inkl. Nebenräume _____ m² _(Übernahme aus Zeile 21)_ × **2.000 EUR** = _____ EUR

35 Übernahme kleinerer Betrag aus Zeile 33 oder 34 _____ EUR × Prozentsatz der Sonderabschreibung nach § 7b EStG **max. 5 %** _____ % ☐ wie Vorjahr = _____ EUR

Das Ergebnis der Zeile 35 ist – vorbehaltlich der Prüfung der Zeilen 36 ff. – in die Anlage V / die Anlage EÜR / die E-Bilanz zu übernehmen (bei mehreren Objekten ist für die Anlage EÜR / die E-Bilanz die Summe aller Sonderabschreibungen nach § 7b EStG zu übernehmen).

De-minimis-Verordnung

Erklärung:
Hiermit erkläre ich (sofern gegeben als gesetzlicher Vertreter der Steuerpflichtigen lt. Zeile 1),

36 Name _____

dass im laufenden Kalenderjahr sowie in den beiden vorangegangenen Kalenderjahren

37 ☐ keine ☐ folgende Beihilfen im Sinne der Verordnung (EU) Nr. 1407/2013 der Kommission vom 18. Dezember 2013 über die Anwendung der Artikel 107 und 108 des Vertrags über die Arbeitsweise der Europäischen Union auf De-minimis-Beihilfen (ABl. L 352 vom 24. Dezember 2013, S. 1) (De-minimis-Verordnung) oder der Verordnung (EU) Nr. 360/2012 der Kommission vom 25. April 2012 über die Anwendung der Artikel 107 und 108 des Vertrags über die Arbeitsweise der Europäischen Union auf De-minimis-Beihilfen an Unternehmen, die Dienstleistungen von allgemeinem wirtschaftlichem Interesse erbringen (ABl. L 114 vom 26. April 2012, S. 8) (sog. DAWI-de-minimis-Verordnung) bezogen wurden.

De-minimis-Beihilfen

	Datum des Bewilligungsbescheids / der Zusage	Beihilfegeber De-minimis-Beihilfen	Beihilfewert EUR
38			
39			
40			
41			
42		Summe	

Ist das Ergebnis in Zeile 42 größer als 200.000 EUR darf die Sonderabschreibung nach § 7b EStG nicht in Anspruch genommen werden.

DAWI-de-minimis-Beihilfen

	Datum des Bewilligungsbescheids / der Zusage	Beihilfegeber DAWI-de-minimis-Beihilfen	Beihilfewert EUR
43			
44			
45		Summe	

Ist das Ergebnis in Zeile 42 zzgl. des Ergebnisses in Zeile 45 größer als 500.000 EUR darf die Sonderabschreibung nach § 7b EStG nicht in Anspruch genommen werden.

Beihilfewert der Sonderabschreibung nach § 7b EStG:
(Ermittlung unter Verwendung des online unter
„https://www.bundesfinanzministerium.de/Content/DE/Standardartikel/Themen/Steuern/Steuerarten/
Einkommensteuer/2020-07-07-berechnungsschema-sonderabschreibung-7b-estg"
bereitgestellten Berechnungsschemas)

Zeile		Beihilfewert EUR
46	Erstes Jahr des Begünstigungszeitraums	
47	Zweites Jahr des Begünstigungszeitraums	
48	Drittes Jahr des Begünstigungszeitraums	
49	Viertes Jahr des Begünstigungszeitraums	

Die Sonderabschreibung nach § 7b EStG ist nur in der Höhe zulässig, wie der Beihilfewert im ersten Jahr des Begünstigungszeitraums (Zeile 46) bzw. bei Folgeanträgen die Summe aus dem Beihilfewert des aktuellen Jahres des Begünstigungszeitraums usw. zzgl. der Beihilfewerte aus max. zwei dem aktuellen Jahr des Begünstigungszeitraums vorangegangenen Jahren zusammen mit dem Ergebnis aus Zeile 42 den Betrag von 200.000 EUR und zusammen mit den Ergebnissen aus Zeile 42 und Zeile 45 den Betrag von 500.000 EUR nicht überschreitet.

50 ☐ Ich erkläre, dass ich die vorstehenden Angaben wahrheitsgemäß nach bestem Wissen und Gewissen gemacht habe und sie durch entsprechende Unterlagen belegen kann. Mir ist bekannt, dass die Angabe falscher Tatsachen, sowie das Unterlassen einer Anzeige strafrechtliche Folgen nach sich ziehen können (§§ 370, 153 Abgabenordnung – AO).

Ich erkläre ferner, dass ich die Anwendung der Verordnung (EG) Nr. 1407/2013 der Kommission vom 18. Dezember 2013 als Rechtsgrundlage anerkenne und dass mir bekannt ist, dass die vorstehenden Angaben steuerlich erhebliche Tatsachen im Sinne von § 370 AO sind. Außerdem ist mir bekannt, dass zu den steuerlich erheblichen Tatsachen insbesondere etwaige Sachverhalte gehören, die durch Scheingeschäfte und Scheinhandlungen verdeckt werden, sowie Rechtsgeschäfte oder Handlungen unter Missbrauch von Gestaltungsmöglichkeiten im Zusammenhang mit der in Anspruch genommenen Sonderabschreibung nach § 7b EStG. Das gilt auch für nachträgliche Änderungen von Vereinbarungen oder Rechtshandlungen, die mit dem Ziel vorgenommen werden, den Zeitpunkt des Beginns des Investitionsvorhabens oder des Investitionsabschlusses in eine Zeit, die eine Sonderabschreibung nach § 7b EStG bewirkt, zu verlegen, um dadurch eine Sonderabschreibung nach § 7b EStG in Anspruch zu nehmen.

Unterschrift

Datenschutzhinweis:

Informationen über die Verarbeitung personenbezogener Daten in der Steuerverwaltung und über Ihre Rechte nach der Datenschutz-Grundverordnung sowie über Ihre Ansprechpartner in Datenschutzfragen entnehmen Sie bitte dem allgemeinen Informationsschreiben der Finanzverwaltung. Dieses Informationsschreiben finden Sie unter www.finanzamt.de (unter der Rubrik „Datenschutz") oder erhalten Sie bei Ihrem Finanzamt.

_____
Datum, Unterschrift(en) (ggf. vom gesetzlichen Vertreter)

Bei der Anfertigung hat mitgewirkt: (Name, Anschrift, Telefonnummer)

Vermögensverwaltende oder gewerbliche Vermietung

Einkünfte aus Vermietung und Verpachtung liegen nach § 21 EStG immer nur dann vor, wenn diese Immobilie dem **Privatvermögen** zugeordnet ist und eine **Einnahmenüberschusserzielungsabsicht** vorliegt. Jede Immobilie, die dem Betriebsvermögen einer Landwirtschaft, eines Gewerbebetriebes oder selbstständigen Tätigkeit zuzuordnen ist, wird nicht in der Anlage V aufgeführt.

Finanzbehörde Hamburg, Fachinformation vom 30.01.2018, DStR 2018, 1821

Auf Bund-Länder-Ebene wurde abgestimmt, dass die Tätigkeit eines Vermieters nach dem Gesamtbild der Verhältnisse den Rahmen einer Vermögensverwaltung überschreiten und **gewerblichen Charakter annehmen** kann, wenn der Vermieter die Vermietung seiner Immobilie für private Wohnzwecke im Rahmen eines von ihm vorgegebenen und durch entsprechende vertragliche und tatsächliche Gestaltungen auch kontrollierten, auf eine bestimmte Zielgruppe (wie z.B.: Studenten, Berufsanfänger, Pendler) zugeschnittenen Gesamtkonzepts anbietet, zu dem auch standardisierte, gesondert vergütete Leistungsangebote externer, rechtlich selbständiger Dienstleister an die Mieter gehören, die über übliche Nebenleistungen zur Vermietung hinausgehen. Solche Leistungsangebote können beispielsweise sein: der Verkauf von Einrichtungsgegenständen, Büroutensilien, Gegenständen des täglichen Bedarfs oder Kochgeschirr an die Mieter; das Vorhalten von Getränke- und Snackautomaten, Fitnessgeräten und/oder Kopiergeräten in der Wohnanlage; das Angebot eines Brötchendienstes; ein hotelähnlicher Service wie beispielsweise die Zimmerreinigung, der Austausch von Bettwäsche und Handtüchern oder auch ein kompletter Kleider- und Wäschereinigungsservice. Handelt es sich bei dem Vermieter um einen Investmentfonds, so überschreitet er damit möglicherweise die Grenze zur aktiven unternehmerischen Bewirtschaftung.

Bei jeder auf Dauer angelegten Vermietungstätigkeit für eine Immobilie des Privatvermögens wird eine **Einkunftserzielungsabsicht grundsätzlich unterstellt**. Nur wenn besondere Beweisanzeichen gegen eine dauerhafte Vermietung vorliegen, muss eine Prognose erstellt werden, mit der ein Überschuss der Einnahmen über die Werbungskosten im Vermietungszeitraum glaubhaft gemacht wird.

> Eine positive Überschussprognose wird bei fremdfinanzierten Immobilien kaum möglich sein, weil nach der BFH-Rechtsprechung aus dem Jahre 2003 immer ein Prognosezeitraum von nur 30 Jahren unterstellt werden soll (siehe hierzu auch **BMF-Schreiben vom 08.10.2004, BStBl I 2004, 933 Rz. 34**). Bei zeitlich befristeten Vermietungen gilt sogar nur der dieser Frist entsprechende kürzere Zeitraum.

Es ist daher bei negativen Einkünften aus Vermietung und Verpachtung darauf zu achten, dass keine der auffälligen Beweisanzeichen vorliegen. Die Finanzverwaltung wird eine **Überschussprognose** immer dann verlangen, wenn ersichtlich ist, dass:

- nur zeitlich befristete Mietverträge vorliegen,
- kurzfristige Finanzierungen abgeschlossen wurden,
- Rückkaufsangebote vorliegen, insbesondere von Bauträgern und Banken,
- der Verkauf der Immobilie in einem Zeitraum von fünf Jahren nach der Anschaffung erfolgte,
- oder sonstige Hinweise auf eine nicht dauerhaft geplante Vermietung vorliegen.

> Der **BFH hat mit Beschluss vom 21.06.2019, IX B 27/19** dargelegt, dass die Voraussetzungen für eine Überschusserzielungsabsicht höchstrichterlich geklärt sind und verweist auf die dazu ergangenen diversen Entscheidungen des BFH.

Dauerhafte Vermietungsabsicht auch bei vorbehaltener Eigenbedarfskündigung FG Hamburg vom 12.09.2018, 2 K 151/17

Auch bei befristeten Mietverhältnissen kann eine Überschusserzielungsabsicht vorliegen. Im entschiedenen Fall lag ein Mietvertrag mit einer Befristung wegen Eigenbedarf vor. In der Zeit der Vermietung wurden nur negative Einkünfte erzielt. Zum Zeitpunkt des Auszugs der Mieterin habe aber die Nichte, für die der Eigenbedarf vorbehalten war, das Interesse an der Wohnung verloren und an ihrem Freund gewonnen, mit dem sie dann zusammengezogen ist. Daraufhin veräußerte der Kläger die Wohnung.

Da die Wohnung an die Nichte **vermietet werden sollte**, lag eine **unbefristete Laufzeit** vor, mit der die Dauervermietungsabsicht bestätigt wird. Die negativen Einkünfte sind zu berücksichtigen.

Mit dem BFH-Urteil vom 12.06.2013, IX R 38/12 wurde zur „teilweisen" Aufgabe der Vermietungsabsicht bei langjährigem Leerstand einer Wohnung entschieden.

Aufwendungen für eine leerstehende Wohnung sind danach nicht (mehr) in vollem Umfang als Werbungskosten bei den Einkünften aus Vermietung und Verpachtung abziehbar, wenn der Steuerpflichtige den Entschluss zu vermieten hinsichtlich einzelner Teile der Wohnung aufgegeben hat. Von einer („teilweisen") Aufgabe der Vermietungsabsicht ist auch dann auszugehen, wenn der Steuerpflichtige einzelne Räume der Wohnung nicht mehr zur Vermietung bereithält, sondern in einen neuen Nutzungs- und Funktionszusammenhang stellt, selbst wenn es sich dabei um einen steuerrechtlich bedeutsamen Zusammenhang handelt.

Es bleibt also immer dem Steuerpflichtigen überlassen, den Nachweis der Vermietungsabsicht belastbar nachzuweisen.

Auch ein besonders lang andauernder, strukturell bedingter Leerstand einer Wohnimmobilie kann – auch nach vorheriger, auf Dauer angelegter Vermietung – dazu führen, dass die vom Steuerpflichtigen aufgenommene Einkünfteerzielungsabsicht ohne sein Zutun oder Verschulden wegfällt.

Der BFH hat mit Urteil vom **09.07.2013, IX R 48/12** entschieden, dass auch ein besonders lang andauernder Leerstand nach vorheriger, auf Dauer angelegter Vermietung dazu führen kann, dass eine vom Steuerpflichtigen aufgenommene Einkünfteerzielungsabsicht **ohne sein Zutun oder Verschulden wegfällt**; davon kann im Einzelfall aber nur ausgegangen werden, wenn absehbar ist, dass das maßgebliche (dem Grunde nach betriebsbereite) Objekt entweder wegen fehlender – und unter zumutbaren Umständen auch nicht herbeizuführender – Marktgängigkeit oder aufgrund anderweitiger struktureller Vermietungshindernisse **in absehbarer Zeit nicht wieder vermietet werden kann** (grundlegend Urteil des Bundesfinanzhofs vom 11.12.2012, IX R 14/12, BFHE 239, 453, BStBl II 2013, 279, m.w.N.). Für die Feststellung des Bestehens oder der Aufgabe der Einkünfteerzielungsabsicht als innere Tatsache können äußere Umstände als Indizien herangezogen werden; im Rahmen der Gesamtbeurteilung sind überdies spätere Tatsachen und Ereignisse zu berücksichtigen. Der Steuerpflichtige trägt aber immer die Feststellungslast für das Vorliegen der Einkünfteerzielungsabsicht.

Auch mit dem Urteil vom **09.07.2013, IX R 21/12 hat der BFH bestätigt**, dass die Einzelfallumstände, aus denen sich der endgültige Entschluss zu vermieten ergibt, **in erster Linie ernsthafte und nachhaltige Vermietungsbemühungen des Steuerpflichtigen sind** (BFH-Urteil vom 11.12.2012, IX R 14/12, BFHE 239, 453, BStBl II 2013, 279, m.w.N.). Für die Ernsthaftigkeit und Nachhaltigkeit von Vermietungsbemühungen als Voraussetzung einer (fort-)bestehenden Einkünfteerzielungsabsicht trägt der Steuerpflichtige die Feststellungslast.

Der BFH hat mit Urteil vom 09.05.2017, IX R 24/16 zum Ansatz der Werbungskosten bei einem gescheiterten Anschaffungsgeschäft entschieden.
Einem betrügerischen Grundstücksmakler wurde Bargeld in der Annahme übergeben, der Makler werde damit den Kaufpreis für ein bebautes Grundstück bezahlen. Kommt es nicht zu diesem Anschaffungsgeschäft, kann der Verlust bei den Werbungskosten aus Vermietung und Verpachtung abgesetzt werden. Dies setzt allerdings voraus, dass er bei Hingabe des Geldes zum Erwerb und zur Vermietung des Grundstücks entschlossen war.

Steuerrechtlich sind die anteilig auf ein zur Fremdvermietung bestimmtes Gebäude entfallenden Anschaffungs- oder Herstellungskosten bei den Einkünften aus Vermietung und Verpachtung als Werbungskosten abziehbar. Sie können im Regelfall aber nicht sofort, sondern nur zeitanteilig in Form der Absetzungen für Abnutzung geltend gemacht werden. Anders ist dies, wenn die Gegenleistung nicht erbracht wird, wenn es also entweder nicht zur Herstellung des Gebäudes oder nicht zur Anschaffung kommt. In diesem Fall sind die vergeblich aufgewandten Beträge sofort in voller Höhe als vorab entstandene Werbungskosten abziehbar. Das gilt nicht nur, wenn für die Hingabe des Geldes (wie üblich) eine vertragliche Verpflichtung bestand, sondern auch, wenn es hieran fehlt.

Im Streitfall beabsichtigte der Kläger den Erwerb eines Villengrundstücks. Die Villa wollte er teilweise vermieten. Der Kläger vertraute dem Makler X den Kaufpreis in bar an, nachdem dieser ihm versichert hatte, das Geschäft bei Barzahlung zum Abschluss zu bringen. Tatsächlich verwendete der Makler das Geld jedoch für sich.

Die einzige Voraussetzung für die Anerkennung vorab entstandener (vergeblicher) Aufwendungen ist die Erwerbs- und Vermietungsabsicht. Daran bestanden keine Zweifel, denn der Kläger hatte das Grundstück später erworben und tatsächlich vermietet.

Der BFH hat die Sache gleichwohl an das FG zurückverwiesen. Das FG muss noch prüfen, in welchem Zeitpunkt der Kläger davon ausgehen musste und durfte, dass er sein Geld von X nicht mehr zurückbekommen würde. Hierauf kommt es für die Abziehbarkeit als Werbungskosten entscheidend an.

14.1 Warum das Einheitswert-Aktenzeichen, die Nutzung als Ferienwohnung, kurzfristige Vermietung oder Vermietung an Angehörige angegeben werden soll (Zeilen 6 + 7)

Für die Einkünfte aus Vermietung und Verpachtung sollen im Rahmen eines **maschinellen** Risikomanagements der Verwaltung möglichst viele untypische oder widersprüchliche Sachverhalte erkannt werden. Hierfür ist es nicht nur erforderlich, mit dem Einheitswert-Aktenzeichen eine genaue Zuordnung des jeweiligen Grundstücks zu treffen.

Es ist darüber hinaus auch erforderlich, dass die Eintragungen den jeweiligen Zeilen des Formulars Anlage V zugeordnet werden. Als Rechtsgrundlage wird von der Verwaltung vorgetragen, dass Steuererklärungen auf amtlich vorgeschriebenem Vordruck abzugeben sind (§ 150 Abs. 1 S. 1 AO und § 25 Abs. 3 EStG i.V.m. § 51 Abs. 4 Nr. 1b EStG).

Die zusammengefasste Ermittlung der Einkünfte in einem Betrag in Zeile 23 einzutragen, läuft natürlich jeder Verprobung der Einkünfteermittlung zuwider. Die Daten, die im Rahmen der jeweiligen Grundsteuerfestsetzung erhoben wurden, können über das Einheitswert-Aktenzeichen maschinell oder elektronisch mit den Angaben in der Anlage V verglichen werden.

So hat das Finanzamt natürlich auch schon ohne vollständig ausgefüllte Anlage V Kenntnis über das Anschaffungsdatum, das mögliche Veräußerungsdatum und über den Umfang der vermietbaren Wohnfläche. Bei guter Vernetzung könnte die Verwaltung auch für jedes Grundstück die Werte des Mietspiegels als Verprobungsgrundlage einspielen.

Im Rahmen der Bearbeitung bietet sich zugleich die Überprüfung der Nettokaltmiete für die jeweils vermieteten Wohnungen an. Vielleicht ergibt sich daraus durch eine mögliche Mieterhöhung ein positiver Nutzen. In jedem Fall sollte aber bei Leerstand oder verbilligter Vermietung mit Nachfragen der Verwaltung gerechnet werden. Insbesondere bei erklärten negativen Einkünften werden von der Finanzverwaltung zunehmend die Mietverträge angefordert. Auch hier gilt es vor der Weiterleitung an das Finanzamt die erklärten Werte mit den vertraglichen Werten abzustimmen!

Das verbilligte Vermieten einer Wohnung führt nach § 21 Abs. 2 EStG nur dann zu einer entsprechenden Kürzung der Werbungskosten, wenn die Miete weniger als 50 % der ortsüblichen Marktmiete beträgt. Beträgt das Entgelt mehr als 50 %, jedoch weniger als 66 % der ortsüblichen Miete einschließlich der umlagefähigen Kosten, muss bei (voraussichtlichen) Verlusten eine Überschussprognose erstellt werden.

Bei jeder Bearbeitung derartiger Vorgänge sollte der aktuelle ortsübliche Mietwert und die angesetzte Mieteinnahme neu überprüft werden.

14.2 Einzelheiten zu den Einnahmen (Zeilen 9–21)

In den **Zeilen 9–12** sind nur die reinen **Netto**mieten **ohne Umlagen** einzutragen.

In den **Zeilen 13–20** sind dann **zusätzlich** die Einnahmen aus Umlagen, Mieten für vergangene Jahre, Einnahmen aus der Vermietung von Garagen, Werbeflächen, Mobilfunkanlagen, Windkraftanlagen etc. einzutragen.

Insbesondere die **Nebenkostenabrechnungen** mit den Mietern sind in den Zeilen **13 + 14** (unterschieden für an Angehörige vermietete Wohnungen) **in Summe der laufenden und der Nachzahlungen/Erstattungen** zu erfassen.

Die vereinnahmte Umsatzsteuer und die vom Finanzamt erstattete Umsatzsteuer sind weiterhin getrennt in den Zeilen 17 und 18 einzutragen.

> **Beispiel 14.1:** A erklärt in Zeile 8 eine Gesamtwohnfläche von 500 m² und gleichzeitig noch Mieteinnahmen von 30.000 €.

> **Lösung:** Der Mietspiegel unterstellt für diese Wohnimmobilie eine durchschnittliche Mieteinnahme von 7 € je m². Für 12 Monate und 500 m² ergäbe dies jedoch eine mögliche Einnahme von 42.000 €. Das Finanzamt wird nach Gründen für diese Abweichung fragen.

Je nach Lage der Immobilie, Zeitpunkt des abgeschlossenen Mietvertrages (insbesondere „Altverträge") und individueller Abweichungen vom „Plan" (Mietspiegel), sind jedoch die unterschiedlichsten Gründe für eine Abweichung möglich. Zunehmend besteht die Verwaltung auf der Aufteilung der Mieteinnahmen auf die einzelnen Geschosse (Erdgeschoss, Obergeschoss …) in den Zeilen 9–11.

Deutlich muss in den Angaben der Anlage V werden, welche Bereiche der Gesamtwohnfläche eigengenutzt, unentgeltlich überlassen oder als Ferienwohnung genutzt werden. Hierzu ist die Angabe der m² in der Zeile 8 erforderlich. Eine entsprechende Kürzung der Werbungskosten wird die Folge sein.

14.2.1 Ortsübliche Miete

Der BFH hat mit Urteil vom 10.05.2016, IX R 44/15 entschieden:

Unter ortsüblicher Miete für Wohnungen vergleichbarer Art, Lage und Ausstattung ist die ortsübliche Bruttomiete – d.h. die Kaltmiete **zuzüglich der nach der Betriebskostenverordnung umlagefähigen Kosten** – zu verstehen.

Dem vorangegangen war das Urteil des FG, das rechtsfehlerhaft im Rahmen des § 21 Abs. 2 EStG für die Berechnung der Entgeltlichkeitsquote die ortsübliche Kalt- anstelle der Warmmiete zugrunde gelegt hatte.

Die ortsübliche Kaltmiete für Wohnungen vergleichbarer Art, Lage und Ausstattung ist unter Einbeziehung der Spannen des örtlichen Mietspiegels zuzüglich der nach der BetrKV umlagefähigen Kosten festzustellen. Auf dieser Grundlage ist die Entgeltlichkeitsquote und damit die Höhe des Werbungskostenabzugs im Rahmen der Einkünfte aus Vermietung und Verpachtung zu ermitteln (vgl. BFH-Urteil vom 05.11.2002, (gesicherter Bereich) IX R 48/01, (gesicherter Bereich) BFHE 201, 46, (gesicherter Bereich) BStBl II 2003, 646).

Ortsübliche Marktmiete bei der Überlassung möblierter Wohnungen

Bei der Vermietung möblierter oder teilmöblierter Wohnungen kann es zur Ermittlung der ortsüblichen Marktmiete erforderlich sein, **einen Zuschlag für die Möblierung zu berücksichtigen**. Ein solcher Möblierungszuschlag ist nach dem Urteil des BFH vom 06.02.2018, IX R 14/17 dann zu berücksichtigen, wenn er sich aus einem örtlichen Mietspiegel oder aus am Markt realisierbaren Zuschlägen ermitteln lässt. Eine Ermittlung in anderer Weise kommt nicht in Betracht.

Nach § 21 Abs. 2 EStG war die Nutzungsüberlassung in einen entgeltlichen und einen unentgeltlichen Teil aufzuteilen, wenn das Entgelt für die Überlassung einer Wohnung zu Wohnzwecken weniger als 56 % (jetzt 50 %) der ortsüblichen Marktmiete beträgt.

Im Streitfall vermieteten die Kläger ihrem Sohn eine 80 qm große Wohnung. Die Wohnung war mit einer neuen Einbauküche ausgestattet; zudem wurden eine Waschmaschine und ein Trockner zur Nutzung überlassen. Die Kläger machten in ihren Einkommensteuererklärungen Werbungskostenüberschüsse aus Vermietung und Verpachtung geltend.

Sie unterließen es, für die mitvermieteten Geräte die ortsübliche Vergleichsmiete gesondert zu erhöhen, berücksichtigten die überlassenen Gegenstände jedoch nach dem Punktesystem des Mietspiegels. Das Finanzamt erkannte die Werbungskostenüberschüsse teilweise nicht an, weil es von einer verbilligten Vermietung ausging.

Nach dem Urteil des BFH ist für die Überlassung von möblierten oder teilmöblierten Wohnungen grundsätzlich ein Möblierungszuschlag anzusetzen, da derartige Überlassungen regelmäßig mit einem gesteigerten Nutzungswert verbunden sind, die sich häufig auch in einer höheren ortsüblichen Miete niederschlagen. Zur Ermittlung der ortsüblichen Miete ist der örtliche Mietspiegel heranzuziehen. Sieht der Mietspiegel z.B. für eine überlassene Einbauküche einen prozentualen Zuschlag oder eine Erhöhung des Ausstattungsfaktors über ein Punktesystem vor, ist diese Erhöhung als marktüblich anzusehen.

Lässt sich dem Mietspiegel hierzu nichts entnehmen, ist ein am örtlichen Mietmarkt realisierbarer Möblierungszuschlag zu berücksichtigen. Kann auch dieser nicht ermittelt werden, ist auf die ortsübliche Marktmiete ohne Möblierung abzustellen. Es kommt insbesondere nicht in Betracht, einen Möblierungszuschlag aus dem Monatsbetrag der linearen Absetzung für Abnutzung für die überlassenen Möbel und Einrichtungsgegenstände abzuleiten. Auch der Ansatz eines prozentualen Mietrenditeaufschlags ist nicht zulässig.

Im Streitfall verwies der BFH die Sache an das FG zurück, damit es feststellt, ob die Überlassung einer Einbauküche zu den Ausstattungsmerkmalen des städtischen Mietspiegels gehört.

14.2.2 Vermietung an Angehörige

Wohnraum für **studierende Kinder** anzumieten stellt sich gerade in den jetzigen Zeiten der knappen Wohnraumangebote als äußerst schwierig dar. Dort wo möglich, kaufen daher Eltern für die Kinder eine Wohnung.

Anschließend stellen sich dann mehrere steuerliche Probleme:
1. Soll die Wohnung an das Kind vermietet werden?
2. Wenn ja, welche steuerlichen Folgen ergeben sich daraus?
3. Was geschieht bei einer späteren (nach Abschluss des Studiums) Veräußerung der Wohnung?

Zu 1.:
Der BFH hat mit dem Urteil vom 16.02.2016, IX R 28/15 entschieden, dass zunächst der Mietvertrag einem Dritt-/Fremdvergleich standhalten muss.

Mietverträge unter nahestehenden Personen sind in der Regel der Besteuerung nicht zu Grunde zu legen, **wenn** die Gestaltung oder die tatsächliche Durchführung **nicht dem zwischen Fremden Üblichen** entspricht (ständige Rechtsprechung, vgl. BFH-Urteil vom 07.05.1996, IX R 69/94, BStBl II 1997, 196):

- Sie sind daraufhin zu überprüfen, ob sie durch die Einkünfteerzielung (§ 21 Abs. 1 Satz 1 Nr. 1 EStG) oder den steuerrechtlich unbeachtlichen privaten Bereich (§ 12 EStG) veranlasst sind.
- Die höchstrichterliche Rechtsprechung zu Mietverhältnissen unter nahe stehenden Personen verletzt nicht den Schutzbereich des Art. 6 GG; denn nach den Grundsätzen dieser Rechtsprechung werden Mietverträge unter Nahestehenden nicht von der

steuerrechtlichen Anerkennung ausgeschlossen, sondern es werden lediglich besondere Anforderungen an den Nachweis gestellt, dass es sich hierbei nicht um Leistungen im privaten oder familiären Bereich handelt (BFH-Urteil vom 26.06.2001, IX R 68/97, BFH/NV 2001, 1551).

> Es sollte ein dem Drittvergleich standhaltender Mietvertrag abgeschlossen werden, der auch wie vereinbart durchgeführt wird. Außerdem ist zu beachten, dass nicht zugleich eine Verrechnung des Unterhaltsanspruchs mit der Mietzahlung erfolgen sollte.
> Für eine rechtssichere Gestaltung sollte dem Kind zunächst der Unterhalt überwiesen werden und dann – wie bei fremden Dritten üblich – sollte die Miete auf das Konto der Eltern überwiesen werden.
> Die in EStH 21.4 „Vermietung an Unterhaltsberechtigte" aufgeführten Urteile müssen zum „Naturalunterhalt" abgegrenzt werden!

Zu 2.:
Wenn eine Wohnung steuerrechtlich anzuerkennend vermietet wird und positive Überschüsse erwirtschaftet (häufig bei Eigenfinanzierung – keine Schuldzinsen und geringe AfA), sind diese positiven Einkünfte zu versteuern.

Wenn also der Vater die Unterhaltskosten für sein Kind trägt und das Kind davon die Miete entrichtet, kann dies im Einzelfall dazu führen, dass der Vater „sein eigenes Geld" versteuert.

Entstehen negative Einkünfte, kann ein Mietverhältnis ratsam sein; bei positiven Einkünften sollte eine Eigennutzung (Vorsicht vor Zweitwohnungssteuer) geprüft werden.

Zu 3.:
Bei einer späteren Veräußerung – innerhalb des 10-Jahreszeitraums des § 23 Abs. 1 Nr. 1 EStG – führt eine Vermietung zu einem steuerlichen Gewinn nach § 23 EStG.

Würde die Wohnung hingegen von Beginn an zu eigenen Wohnzwecken genutzt werden (keine Einkünfte – weder positive noch negative), verbleibt der mögliche Veräußerungsgewinn auch innerhalb des 10-Jahreszeitraums steuerfrei. Die Nutzung der Wohnung durch ein Kind, für das ein Kinderfreibetrag gewährt wird (Vorsicht: nur bis zum 25. Lebensjahr des Kindes!), gilt als Nutzung zu eigenen Wohnzwecken.

14.2.3 BFH-Urteil vom 11.07.2017, IX R 42/15 zur steuerlichen Anerkennung eines Mietverhältnisses zwischen nahen Angehörigen

Im entschiedenen Sachverhalt hatte der Sohn seit 17 Jahren ein Haus an seine Eltern vermietet. Die Eltern zogen anschließend – im November des Streitjahres – in ein Pflegeheim. Seit der Unterbringung in das Pflegeheim leisteten die Eltern keine Mietzahlung mehr. Nach den Angaben des Klägers wurde das Mietverhältnis in der Vergangenheit mehrfach überprüft und im Ergebnis bis zum Streitjahr als unter Fremden üblich anerkannt. Der Kläger kündigte das Mietverhältnis mit Telefax vom 01.06.2009 fristlos und forderte die Betreuerin auf, das Haus bis zum 30.06.2009 zu räumen. Das Haus wurde schließlich bis Ende Juli 2009 geräumt.

Der BFH bestätigte nun mit vorgenanntem Urteil, dass typisierend anzunehmen ist, dass auf die Vermietungszeit entfallende Aufwendungen der Einkünfteerzielung dienen.

Hierunter fallen auch Aufwendungen für Abwicklungsmaßnahmen, die die negativen Einkünfte unter Umständen sogar erhöhen (BFH-Urteil in BFH/NV 2003, 1043). Dabei ist davon auszugehen, dass die Vermietungstätigkeit solange andauert, als der Vermieter dem Mieter die Nutzung der Mietsache entgeltlich überlässt, also in der Regel bis zum Ende des Mietverhältnisses (§ 542 BGB; BFH-Urteil in BFH/NV 2003, 1043). Mit dem – gegebenenfalls vorzeitigen, konkludent vereinbarten – Wegfall des Nutzungsrechts des Mieters endet die Vermietungszeit.

Steht die Wohnung sodann nach vorheriger auf Dauer angelegter Vermietung leer, sind die hierauf getätigten Aufwendungen solange noch als Werbungskosten abziehbar, als der Steuerpflichtige den ursprünglichen Entschluss zur Einkünfteerzielung im Zusammenhang mit dem Leerstand der Wohnung nicht endgültig aufgegeben hat (BFH-Urteil in BFHE 203, 86, BStBl II 2003, 940). Daran fehlt es, solange sich der Steuerpflichtige ernsthaft und nachhaltig um eine Vermietung bemüht, selbst wenn er das Vermietungsobjekt daneben – z.B. wegen der Schwierigkeiten einer Vermietung – auch zum Erwerb anbietet.

Im Rahmen der Prüfung, ob ein Mietverhältnis unter nahestehenden Personen dem steuerlich bedeutsamen (§ 9 Abs. 1 EStG) oder dem privaten Bereich (§ 12 EStG) zuzuordnen ist, ist maßgeblich zu berücksichtigen, ob ein den Gleichklang wirtschaftlicher Interessen indizierendes, den Einzelfall bestimmendes Näheverhältnis angenommen werden kann. Maßgebend ist hierbei die Gesamtheit der objektiven Gegebenheiten (BFH-Urteil in BFH/NV 2016, 1006).

> Maßgebliche Beweisanzeichen für die Prüfung, ob die streitigen Aufwendungen in einem sachlichen Zusammenhang mit der Erzielung von Einkünften stehen oder dem nicht steuerbaren privaten Bereich zugehörig sind, bilden insbesondere die Beachtung der zivilrechtlichen Formerfordernisse bei Vertragsabschluss und die Kriterien des Fremdvergleichs (BFH-Urteil in BFH/NV 2014, 529). Voraussetzung ist dabei grundsätzlich, dass die Hauptpflichten der Vertragsparteien wie die Überlassung der Mietsache zum Gebrauch sowie die Entrichtung der vereinbarten Miete klar und eindeutig vereinbart sowie entsprechend dem Vereinbarten durchgeführt worden sind (BFH-Urteile vom 24.08.2006, IX R 40/05, BFH/NV 2006, 2236, und in BFH/NV 2014, 529).

Der BFH führte weiter aus, dass es sich aufgrund der eingetretenen Pflegebedürftigkeit der Mieter um eine für beide Vertragsparteien besondere Situation gehandelt hat. In dieser Situation ist dem Vermieter – insbesondere eines langjährigen beanstandungsfreien Mietverhältnisses – hinsichtlich der Abwicklung ein gewisser Entscheidungsspielraum zuzubilligen, ob er das Mietverhältnis einvernehmlich und kooperativ oder durch Kündigung und etwaige Räumungsklage einseitig beendet. In diesem Zusammenhang hätte das FG in seine Würdigung einbeziehen müssen, dass der Kläger das Mietverhältnis im Ergebnis innerhalb von etwa einem halben Jahr und damit zeitnah zur Unterbringung der Mieter im Pflegeheim beendet und abgewickelt hat. Vor dem Hintergrund, dass sich aufgrund der Pflegebedürftigkeit der Mieter deren Auszug aus dem Haus ohnehin abzeichnete, hätte auch berücksichtigt werden müssen, dass ein gerichtliches Verfahren im Zweifel – wie der Kläger zu Recht eingewandt hat – mehr Zeit in Anspruch genommen hätte.

Danach sind jedenfalls **die bis zur Beendigung des Mietverhältnisses und Räumung des Hauses** Ende Juli 2009 durch die Vermietungstätigkeit angefallenen Aufwendungen dem Grunde nach als **Werbungskosten** bei den Einkünften aus Vermietung und Verpachtung steuerlich zu berücksichtigen.

Zusammenfassen ist auch hier festzustellen, dass der Fremdvergleich als Maßstab für die Berücksichtigung auch nachlaufender Werbungskosten bei Vermietungen an nahe Angehörige anzuwenden ist.

FG Baden-Württemberg: Mietvertrag zwischen Lebensgefährten über gemeinsame Wohnung ist steuerlich nicht anzuerkennen; Beiträge zur gemeinsamen Haushaltsführung

Ein Mietvertrag zwischen Lebensgefährten über die hälftige Nutzung der gemeinsam bewohnten Wohnung ist steuerlich nicht anzuerkennen, da ein solches Vertragsverhältnis einem Fremdvergleich nicht standhält. Dies hat das Finanzgericht Baden-Württemberg mit Urteil vom 06.06.2019, 1 K 699/19 entschieden. Eine nichteheliche Lebensgemeinschaft stelle keine Wirtschaftsgemeinschaft dar, bei der die persönliche Beziehung der Partner die Grundlage des gemeinsamen Wohnens bilde. Die Klägerin ist Eigentümerin einer Immobilie mit mehreren Wohnungen. Während sich im Erdgeschoss ihr Büro befindet und das Dachgeschoss an einen fremden Dritten vermietet ist, bewohnt sie mit ihrem Lebensgefährten die Wohnung im Obergeschoss. Dieser zahlt mit Blick auf die hälftige Nutzung aufgrund eines Mietvertrags 350 € und ein Haushaltsgeld in Höhe von 150 €. In ihrer Einkommensteuererklärung erklärte die Klägerin Verluste aus Vermietung und Verpachtung des Ober- und des Dachgeschosses. Die zunächst vorläufig anerkannten Abzüge wurden nach einer Außenprüfung nicht mehr berücksichtigt. Hiergegen klagte die „Vermieterin".

Das Finanzgericht hat die Klage abgewiesen. Das Mietverhältnis sei steuerrechtlich nicht anzuerkennen, da es mit Blick darauf, dass die Klägerin **die zur Hälfte vermietete Wohnung gemeinsam mit ihrem Lebensgefährten bewohne, einem Fremdvergleich nicht standhalte**. Ein fremder Dritter lasse sich nicht auf eine bloße Berechtigung zur Mitnutzung einer Wohnung ohne Privatsphäre, ohne ihm individuell und abgrenzbar zugewiesene Wohnräume ein. **Der Vortrag, jeder habe jeweils ein Schlafzimmer zur ausschließlichen individuellen Nutzung, könne nicht überprüft werden und widerspreche dem Mietvertrag.**

Die nichteheliche Lebensgemeinschaft stelle letztlich eine Wirtschaftsgemeinschaft dar, deren wesentlicher Bestandteil das gemeinsame Wohnen sei, so das FG weiter. **Daher sei kein zivilrechtlicher Vertrag, sondern die persönliche Beziehung („innere Bindung") der Partner die Grundlage des gemeinsamen Wohnens.** Beide Partner würden nach ihren Kräften finanziell zur gemeinsamen Lebensführung beitragen, wozu auch das Wohnen gehöre. Die erklärten Mieteinnahmen seien steuerlich nicht berücksichtigungsfähige „**Beiträge zur gemeinsamen Haushaltsführung**" und Aufwendungen für diese Wohnung nicht abzugsfähig.

14.2.4 Ferienwohnungen

Seit der Abgabe der Einkommensteuererklärung für den Veranlagungszeitraum 2012 ist es zwingend erforderlich, in Zeile 7 der Anlage V anzugeben, ob es sich bei dem vermieteten Objekt um eine Ferienwohnung handelt. Die steuerliche Einordnung der Ferienwohnungen zum Bereich der Einkünfte aus Vermietung und Verpachtung ist zunächst von der gewerblichen Vermietung abzugrenzen. Nach H 15.7 Abs. 2 EStH liegt eine gewerbliche Tätigkeit vor, wenn die Ferienwohnung voll eingerichtet ist und in einem reinen Feriengebiet im Verband mit gleichartigen Wohnungen, die eine einheitliche Wohnanlage bilden, vermietet wird.

Des Weiteren müssen Werbung und Verwaltung von einer für die einheitliche Wohnanlage bestehenden Feriendienstorganisation durchgeführt werden und vor Ort muss eine Art Rezeption, die Mietverträge abschließt und die Reinigung von Wohnungen organisiert, bestehen. Liegen diese Bedingungen vor (was recht häufig der Fall sein wird!), handelt es sich um die gewerbliche Vermietung von Ferienwohnungen und das Grundstück ist dem Betriebsvermögen zuzuordnen.

Während der Vermietungsphase wird dem Steuerpflichtigen der gravierende Unterschied noch nicht auffällig erscheinen. Denn ob die Einkünfte nun Einkünfte aus Gewerbebetrieb oder Einkünfte aus Vermietung und Verpachtung heißen, ist für die jährliche steuerliche Belastung mit Einkommensteuern in den meisten Fällen unerheblich. Sollten die Erträge zu einer Gewerbesteuerpflicht führen, bliebe noch die Anrechnung der Gewerbesteuer nach § 35 EStG zu prüfen.

Das Hauptproblem ist jedoch, dass Immobilien, die dem **Betriebsvermögen** zugeordnet worden sind, bei einem Verkauf in jedem Fall zu einer steuerlichen Belastung führen werden. Während Immobilien, die dem Privatvermögen zugeordnet sind, nach einer Ablauffrist von 10 Jahren gemäß § 23 Abs. 1 Nr. 1 EStG keiner Verkaufsbesteuerung unterliegen, ist dies beim Betriebsvermögen nicht gegeben. Einmal dem Betriebsvermögen zugeordnete Immobilien müssen bei späterem Verkauf immer der Besteuerung zugeführt werden. Es ist also zwingend zu prüfen, ob diese Ferienwohnung dem **Betriebsvermögen oder dem Privatvermögen** zuzuordnen ist.

Ist die Ferienwohnung dem Privatvermögen zuzuordnen, ist ein zweites grundsätzliches Problem zu lösen. Durch die jeweils zeitliche Befristung der Vermietung dieser Ferienwohnung werden sich unterjährig **Leerstandszeiten** ergeben. Es ist nun zu prüfen, ob die Aufwendungen für die Ferienwohnung, die in diesen Leerstandszeiten entstehen, dem Werbungskostenbereich zuzurechnen sind oder einem möglichen Selbstnutzungsbereich. Ist die Selbstnutzung dieser Ferienwohnung ausgeschlossen, sind auch die Aufwendungen, die in den Leerstandszeiten entstehen, den Vermietungseinkünften zuzurechnen.

Hierzu sind die Kriterien des BMF-Schreibens vom 08.10.2004, BStBl I 2004, 933 Rz. 16–23 zu beachten. Bereits mit Urteil vom 18.01.2013, IX B 143/12 hat der BFH entschieden, dass die ortsüblichen Vermietungszeiten zu beachten sind. Hierbei greift die Finanzverwaltung zunehmend auf Internet-Eintragungen für die entsprechenden Ferienwohnungen zurück. Für jeden Veranlagungszeitraum ist daher intensiv zu überprüfen und nachzufragen, ob es sich um ortsübliche Vermietungszeiten handelt. Im Zweifel sind längere Leerstandszeiten der Ferienwohnung zu begründen.

Zur Beurteilung der Überschusserzielungsabsicht bei Ferienwohnungen hat das FinMin Niedersachsen mit Erlass vom 18.06.2010, S 2254–52-St 233/St 234, DStR 2010, 1842 Stellung genommen. Danach kann nur dann von einer Überprüfung der Überschussabsicht abgesehen werden, wenn eine dauerhafte und nicht nur auf einzelne Veranlagungszeiträume begrenzte Vermietung anzunehmen ist.

In dem Erlass werden die Nachweisanforderungen bei ausschließlicher Vermietung und kurzfristigen Aufenthaltszeiten des Steuerpflichtigen in der Ferienwohnung aufgeführt. Es wird auch erneut darauf hingewiesen, dass bei erheblicher Unterschreitung (mindestens 25 %) der ortsüblichen Vermietungszeit stets eine Überschussprognose zu erstellen ist.

Hat sich der Steuerpflichtige die Nutzung der Ferienwohnung für eine bestimmte oder aber für eine unbestimmte Anzahl von Tagen zur Selbstnutzung vorbehalten, ist in jedem Fall die Einkunftserzielungsabsicht zu prüfen. Entstehen aus der Vermietung der Ferienwohnung negative Einkünfte und die Selbstnutzung der Ferienwohnung durch den Steuerpflichtigen kann nicht ausgeschlossen werden, so muss zwingend eine Totalüberschussprognose für diese vermietete Ferienwohnung erstellt werden. Das BMF hatte bereits mit Schreiben vom 08.10.2004, BStBl I 2004, 933 Rz. 21 darauf hingewiesen, dass in diesen Fällen eine Totalüberschussprognose zwingend zu erstellen ist. Der BFH hat mit Urteil vom 16.04.2013, IX R 26/11 diese Rechtsauffassung bestätigt.

Der Prognosezeitraum beginnt mit der Anschaffung oder Herstellung des Gebäudes oder durch die Beendigung der Selbstnutzung oder Veränderung sonstiger Verhältnisse. Nach der gefestigten BFH-Rechtsprechung und dem BMF-Schreiben vom 08.10.2004 umfasst der Prognosezeitraum 30 Jahre, wenn nicht sogar eine kürzere zeitliche Befristung vorliegt. Für diesen Prognosezeitraum sind Werbungskosten nur für die Zeiten der Vermietung zu berücksichtigen. Künftige Einnahmen und auch Werbungskosten können allerdings unter Berücksichtigung von Preissteigerungen geschätzt werden. Auch das BMF lässt Sicherheitszuschläge bei den geschätzten Werten von bis zu 10 % zu. Zu beachten ist jedoch, dass mögliche private Veräußerungsgewinne nach § 23 EStG in diese Überschussprognosen nicht einzubeziehen sind.

Weitere aktuelle Entscheidungen zum Bereich der Vermietung von Ferienwohnungen
BFH-Urteil vom 26.05.2020, IX R 33/19 zur ortsüblichen Vermietungszeit für eine Ferienwohnung
Zur Prüfung der Auslastung einer Ferienwohnung müssen die individuellen Vermietungszeiten des jeweiligen Objekts an Feriengäste mit denen verglichen werden, die bezogen auf den gesamten Ort im Durchschnitt erzielt werden. Dabei kann auf Vergleichsdaten eines Statistikamtes auch dann zurückgegriffen werden, wenn diese Werte für den betreffenden Ort nicht allgemein veröffentlicht, sondern nur auf Nachfrage zugänglich gemacht werden. Die Bettenauslastung kann Rückschlüsse auf die ortsübliche Vermietungszeit zulassen.

BFH-Urteil vom 28.05.2020, IV R 10/18 Vermietung von Ferienwohnungen; hotelmäßige Nutzung
Der Vermieter einer Ferienwohnung erzielt **keine Einkünfte aus Gewerbebetrieb**, wenn der von ihm mit der treuhänderischen Vermietung beauftragte Vermittler diese hotelmäßig anbietet, aber ein eigenes wirtschaftliches Interesse an der Treuhandstellung hat, insbesondere weil er hoteltypische Zusatzleistungen auf eigene Rechnung oder für Rechnung Dritter erbringt.

Die Ferienwohnungen wurden hotelmäßig angeboten. Aber die Klägerin hat die Wohnungen nicht selbst gewerblich vermietet, da ihr die gewerblichen Tätigkeiten der Vermittlungsgesellschaften nicht als eigene zugerechnet werden können.

Eine Zurechnung der Handlungen der Vermittlungsgesellschaften bei der Klägerin kommt jedenfalls deshalb nicht in Betracht, weil die Vermittlungsgesellschaften ein erhebliches eigenes wirtschaftliches Interesse an der Treuhandstellung hatten. Denn durch das hotelmäßige Angebot der Wohnungen erhielten sie die Möglichkeit, den Gästen weitere Leistungen anzubieten und abzurechnen, wie z.B. die Bereitstellung von Wäsche, die Endreinigung oder die Gestellung von Frühstück, Halb- oder Vollpension. Dabei kann dahinstehen, ob die Vermittlungsgesellschaften den Mietern die entsprechenden Leistungen im eigenen Namen und auf eigene Rechnung oder aber im Interesse eines Dritten angeboten haben. Entscheidend ist, dass sie insoweit jedenfalls nicht im wirtschaftlichen Interesse der Klägerin gehandelt haben. Denn zum einen haben die Vermittlungsgesellschaften diese Leistungen gegenüber den Mietern nicht auf Rechnung der Klägerin erbracht, zum anderen sind bei der Abrechnung gegenüber der Klägerin lediglich die um den „Anteil Wäsche", den „Anteil Endreinigung/Hotelservice" und „Anteil F&B" bereinigten Beträge abzüglich Provision ausgekehrt worden. Insoweit konnte die Klägerin in den Streitjahren gegenüber den Vermittlungsgesellschaften als Treuhändern keine beherrschende Stellung in dem o.g. Sinne einnehmen.

Zusammenfassend kann damit festgestellt werden, dass bei negativen Einkünften aus der Vermietung von Ferienwohnungen, bei denen eine Selbstnutzung nicht ausgeschlossen werden kann, stets eine Einkunftserzielungsabsicht nachzuweisen ist. Insbesondere bei fremdfinanzierten Ferienwohnungen wird eine positive Überschussprognose in einem Zeitraum von nur 30 Jahren schwer möglich sein. Die Möglichkeit der Versagung der steuerlichen Berücksichtigung der negativen Einkünfte aus Vermietung und Verpachtung bei Ferienwohnungen sollte somit in jedem Beratungsgespräch berücksichtigt werden.

14.2.5 Mietkautionen

Mietkautionen, die bei Auszug des Mieters an diesen nicht oder nicht in voller Höhe zurückgezahlt werden, sondern mit ausstehenden Mieten, abzurechnenden Nebenkosten oder Beschädigungen des Mieters verrechnet werden, gehören zu den in Zeile 15 einzutragenden Mieteinnahmen. Zeile 15 Anlage V 2021 ist entsprechend zu beachten.

> **Beispiel 14.2:** Für die 100 m² große Ferienwohnung wird eine Einnahme von 12.000 € erklärt. Ortsüblich ist eine Vermietungsdauer von 200 Tagen jährlich und eine durchschnittliche Einnahme von 100 € je Tag (entspricht 20.000 €).
>
> **Lösung:** Hier wird dem Finanzamt zu erklären sein, ob und wenn ja warum kürzere Auslastungen vorlagen (schlechtes Wetter, Renovierungsarbeiten, Krankheit, Robbensterben am Strand …), oder geringere Tageseinnahmen vorlagen (Konkurrenzdruck, Werbemaßnahme, schlechte Einzellage der Immobilie …). Diese Angaben werden vom Finanzamt natürlich überprüft. Nachweise und Unterlagen sollten rechtzeitig beschafft bzw. aufbewahrt werden.

> **Beispiel 14.3:** Neben der Vermietung der Ferienwohnung werden noch folgende Leistungen vom Vermieter angeboten: Tägliche Zimmerreinigung, Frühstück, Kinderbetreuung, Ausflüge, Wäschereinigung.

> **Lösung:** Hier wird das Tätigkeitsmerkmal der bloßen Vermietung überschritten. Es liegen gewerbliche Einkünfte vor, die das Grundstück zum Betriebsvermögen qualifizieren. Neben der möglichen Gewerbesteuer für die Mietüberschüsse ist insbesondere der Gewinn aus dem Verkauf des Grundstücks sehr schwerwiegend. Selbst wenn bisher die Gewerblichkeit vom Finanzamt nicht erkannt wurde, kann spätestens der Verkauf dieses Grundstücks die Zuordnungsüberprüfung auslösen und zur Steuerpflicht führen.

14.3 Anteile an Einkünften und andere Einkünfte aus Vermietung und Verpachtung (Zeilen 25–29)

Häufig werden diese Werte bei der Erstellung der Einkommensteuererklärung noch nicht vorliegen. Es sollten daher die mitgeteilten Prognosewerte der Gesellschaften oder die Vorjahreswerte eingetragen werden.

Bei den **Vermietungen von Grundstücksgemeinschaften** ist zu beachten, dass eine Vermietung an sich selbst nicht steuerlich anerkannt wird. Auch die Vermietung der selbst genutzten Wohnung an den jeweils anderen Ehegatten ist steuerlich nicht berücksichtigungsfähig.

> **Beispiel 14.4:** Eine nicht eheliche Lebensgemeinschaft kauft sich eine Eigentumswohnung. Der eine Lebensgefährte „vermietet" seinen Anteil an der gemeinschaftlich erworbenen Wohnung an den anderen. Beide erklären Einkünfte (negative) aus Vermietung und Verpachtung.
>
> **Lösung:** Das Mietverhältnis zwischen Partnern einer nicht ehelichen Lebensgemeinschaft über eine gemeinsam bewohnte Wohnung wird steuerlich nicht anerkannt (siehe hierzu auch R 21.4 EStR).
> Dem steht natürlich nicht entgegen, dass Teile der Wohnung an fremde Dritte untervermietet werden.

Die Zuordnung der Einkünfte im Rahmen einer Gemeinschaft oder Gesellschaft stellt immer dann ein Problem dar, wenn nur einer der Beteiligten Teile der Immobilie zu eigenen Wohnzwecken nutzt. Nur dieser Teil ist dann, für den Anteil des nutzenden Gesellschafters, von der Einkunftserzielung ausgenommen. Die weiteren Grundstücksteile unterliegen den Einkünften aus Vermietung und Verpachtung. Hierzu sind auch die Ausführungen in R 21.6 EStR zu beachten.

14.4 Andere Einkünfte aus Vermietung und Verpachtung (Zeilen 31 + 32)

Einkünfte aus untervermieteten, selbst angemieteten Räumen und aus unbebauten Grundstücken sind getrennt von den anderen Einkünften aus Vermietung und Verpachtung an dieser Stelle des Formulars einzutragen.

Insbesondere in Zeiten von **Airbnb** hat diese Zeile ihre Berechtigung. Zu beachten ist, dass hier die Einkünfte, also Einnahmen abzüglich der Werbungskosten, einzutragen sind.

Aber auch die Einkünfte aus der Verpachtung **unbebauter Flächen** sind hier zu erfassen, weil durch Kontrollmitteilungen hier der Abgleich erfolgt.

14.5 Abschreibungen; linear, degressiv, erhöhte und Sonderabschreibungen (Zeilen 33–36)

Für die nun folgenden Werbungskosten waren die Angaben auf Seite 1 der Anlage V entscheidend. Liegt eine Eigennutzung oder eine steuerlich nicht relevante (Liebhaberei) Nutzung vor, werden die Werbungskosten auch nur entsprechend anteilig oder überhaupt nicht berücksichtigt. Hierzu sind in Zeile 33 Spalte 1 der Gesamtbetrag der Aufwendungen und **in den Spalten 2 + 3 die nicht abzugsfähigen Anteile** einzutragen. Damit kann entweder durch direkte oder durch prozentuale Zuordnung der Ansatz der Aufwendungen begrenzt werden.

Abschreibungen bemessen sich von den jeweiligen Anschaffungs- oder Herstellungskosten des Gebäudewertanteils. In den meisten Fällen wird hier wohl der Vorjahreswert eingetragen/übernommen werden. Ist der Wertansatz des Vorjahres nicht nachvollziehbar, ist eine Anfrage an das Finanzamt zu richten, das die Grundlagen für diese Abschreibungswerte hat.

Nur in Fällen der Neuanschaffung oder Herstellung in 2021 müssen die **Bemessungsgrundlagen** erstmalig ermittelt werden. Dabei sollte darauf geachtet werden, dass der Bodenwertanteil nicht in die Bemessungsgrundlage für die Abschreibungen hineingehört. Wie die Höhe dieses Bodenwertes jedoch ermittelt wird, ist von entscheidender Bedeutung. Es ist zu beachten, dass dieser Wert vermutlich 50 Jahre lang angesetzt wird und damit jede noch so kleine Abweichung ihre Auswirkung hat. Auch die Nebenkosten der Anschaffung (Notar, Makler, Ämter, Grunderwerbsteuer, …) müssen anteilig Berücksichtigung finden. Das BMF hat mit einem Schreiben Anfang 2020 eine **Arbeitshilfe zur Berechnung des Bodenwertanteils** bekanntgegeben. Der beigefügten Anlage (direkt hinter Anlage V abgedruckt) ist diese umstrittene Berechnung zu entnehmen.

Vertragliche Kaufpreisaufteilung, BFH-Urteil vom 16.09.2015, IX R 12/14

Eine vertragliche Kaufpreisaufteilung von Grundstück und Gebäude **ist der Berechnung der AfA auf das Gebäude zugrunde zu legen**, sofern sie zum einen nicht nur zum Schein getroffen wurde sowie keinen Gestaltungsmissbrauch darstellt und zum anderen das FG auf der Grundlage einer Gesamtwürdigung von den das Grundstück und das Gebäude betreffenden Einzelumständen nicht zu dem Ergebnis gelangt, dass die vertragliche Kaufpreisaufteilung die realen Wertverhältnisse in grundsätzlicher Weise verfehlt und wirtschaftlich nicht haltbar erscheint.

Kaufpreisaufteilung auf Grund und Boden und Gebäude
BFH Urteil vom 21.07.2020, IX R 26/19

Die vertragliche Kaufpreisaufteilung darf nicht durch die mittels der Arbeitshilfe des BMF ermittelte Aufteilung ersetzt werden.

Das Finanzgericht darf eine vertragliche Kaufpreisaufteilung auf Grund und Gebäude, die die realen Wertverhältnisse in grundsätzlicher Weise verfehlt und wirtschaftlich nicht haltbar erscheint, nicht durch die Verwendung der Arbeitshilfe des BMF ermittelten Aufteilung ersetzen.

Die Arbeitshilfe gewährleistet die von der Rechtsprechung geforderte Aufteilung nach den realen Verkehrswerten von Grund und Gebäude im Hinblick auf die Verengung der zur Verfügung stehenden Bewertungsverfahren auf das (vereinfachte) Sachwertverfahren und die Nichtberücksichtigung eines so genannten Orts- und Regionalisierungsfaktors bei der Ermittlung des Gebäudewertes nicht.

Im Falle einer streitigen Grundstücksbewertung ist das Finanzgericht in der Regel gehalten, gemäß § 81 Abs.1 FGO das Gutachten eines öffentlich bestellten und vereidigten Sachverständigen für die Bewertung von Grundstücken einzuholen, wenn es nicht ausnahmsweise selbst über die nötige Sachkunde verfügt und diese in den Entscheidungsgründen darlegt.

Zunächst sind Boden- und Gebäudewert gesondert zu ermitteln. Für die Schätzung kann die ImmoWertV herangezogen werden.

Danach ist der Verkehrswert mit Hilfe:
- des Vergleichswertverfahrens,
- des Ertragswertverfahrens oder
- mehrerer dieser Verfahren zu ermitteln (§ 8 Abs. 1 S. 1 ImmoWertV)

unter Berücksichtigung der im gewöhnlichen Geschäftsverkehr bestehenden Gepflogenheiten und der sonstigen Umstände des Einzelfalls, insbesondere der zur Verfügung stehenden Daten, zu wählen; die Wahl ist zu begründen.

Das Ergebnis klingt nicht besonders anwenderfreundlich. Das in jedem der tausenden Immobiliengeschäfte ein amtlich vereidigter Gutachter hinzugezogen wird, kann doch wohl nur ein Wunschtraum sein.

Das vom BMF als „Arbeitshilfe 2.0" nun vorgestellte Modell einer Berechnungsmöglichkeit bietet keine Sicherheit. Siehe hierzu auch Geiling und Dr. Jacoby, DStR 32/2021, S. 1855.

Bei Gebäudewertanteilen unter 65 % sollte daher weiter Einspruch eingelegt werden.

Der Autor führt das zum FG Berlin-Brandenburg zurückverwiesene Verfahren BFH Urteil vom 21.07.2020, IX R 26/19 dort weiter und bestreitet die neue Berechnung des BMF.

Lineare AfA = 2,5 % des Gebäudeanschaffungswerts, wenn das Gebäude vor dem 01.01.1925 fertiggestellt wurde.

Degressive AfA von 1,5 % bis 7 % des Gebäudewerts, je nachdem, wann das Jahr der Anschaffung oder des Bauantrags war.

Sonderabschreibungen nach § 7b EStG – Steuerliche Förderung des Mietwohnungsneubaus, BMF vom 07.07.2020, IV C 3 – S 2197/19/10009:008
Unter den folgenden Bedingungen kann neben den normalen Abschreibungen nach § 7 Abs. 4 EStG eine Sonderabschreibung für 4 Jahre beansprucht werden:
1. Der **Bauantrag** muss nach dem 31.08.2018 und vor dem 01.01.2022 gestellt werden. Belegenheit innerhalb der EU/EWR.
2. Anschaffung oder Herstellung. Aber **bei Anschaffung muss bis zum Ende des Jahres der Fertigstellung angeschafft werden**. Fertigstellung Dezember und Anschaffung Januar des Folgejahres wäre nicht begünstigt.
3. Mindestens **10 Jahre entgeltlich zu Wohnzwecken überlassen**, sonst (rückwirkend mit Verzinsung) wird die Sonderabschreibung versagt.
4. Eine **betriebliche** oder **Eigennutzung** ist **ausgeschlossen**. Vermietung **zur vorübergehenden Beherbergung ist schädlich**. Bei Verkauf der Immobilie innerhalb der 10 Jahre ist die Vermietung vom Käufer fortzusetzen.

5. Tatsächliche Fertigstellung ist nur maßgeblich für die erstmalige Inanspruchnahme der Sonderabschreibung. Letztmaliger Ansatz im Jahr 2026. Deshalb muss die Immobilie **spätestens 2023 fertiggestellt** sein.
6. 4 Jahre lang 5 % der AK/HK als Sonderabschreibung, also **neben der Normalabschreibung nach § 7 Abs. 4 EStG von 2 %**.
7. Obergrenze für die Sonderabschreibung sind **2.000 €/qm Wohnfläche**. Bedingung ist jedoch, dass 3.000 €/qm Wohnfläche nicht überschritten werden.
8. Der Gesamtbetrag der Förderung darf in einem Zeitraum von drei Veranlagungszeiträumen 200.000 € nicht übersteigen.
9. 4 Jahre × **5 %** = 20 % + 4 Jahre × **2 %** = 8 %. Somit werden 28 % in 4 Jahren abgeschrieben. Der Restbuchwert ist auf die Restnutzungsdauer von 50 Jahren – 4 Jahre = 46 Jahren zu verteilen. Ab dem 5. Jahr somit nur noch **1,5652 % AfA** (72 %/46 Jahre).

> Dem BMF-Schreiben vom 07.07.2020, IV C 3 – S 2197/19/10009:008 ist eine **3-seitige Anlage** beigefügt (im Buch hinter der Anlage V abgedruckt), mit der die erforderlichen Angaben abgefragt werden.

Erhöhte Absetzungen nach § 7h und/oder § 7i EStG bei Beginn der Modernisierungs-, Instandsetzungs- oder sonstiger begünstigter Baumaßnahmen vor dem 01.01.2004 **10 Jahre lang jeweils 10 %**. Bei späterem Beginn der Maßnahmen nur noch **8 Jahre lang jeweils 9 % und vier Jahre jeweils 7 %**.

Objektbezogenheit der Bescheinigung i.S.d. § 7h Abs. 2 Satz 1 EStG – BFH-Urteile vom 06.05.2014, IX R 15/13 und IX R 16/13
Der BFH hat mit den vorgenannten Urteilen die erhöhten Absetzungen nach § 7h EStG von der Vorlage einer Bescheinigung der Gemeindebehörde für das selbständige Wirtschaftsgut „Eigentumswohnung" abhängig gemacht und die Bescheinigung der Gemeindebehörde für das Gebäude als Ganzes als nicht ausreichend bezeichnet.

„Bei einem im Inland belegenen Gebäude in einem förmlich festgelegten Sanierungsgebiet oder städtebaulichen Entwicklungsbereich kann der Steuerpflichtige nach Maßgabe des § 7h Abs. 1 Satz 1 EStG – abweichend von § 7 Abs. 4 und 5 EStG – im Jahr der Herstellung und in den folgenden neun Jahren jeweils bis zu 10 % der Herstellungskosten für Modernisierungs- und Instandsetzungsmaßnahmen i.S.d. § 177 des Baugesetzbuchs absetzen.

§ 7h Abs. 1 Satz 1 EStG ist entsprechend anzuwenden auf Herstellungskosten für Maßnahmen, die der Erhaltung, Erneuerung und funktionsgerechten Verwendung eines Gebäudes im Sinne des Satzes 1 dienen, das wegen seiner geschichtlichen, künstlerischen oder städtebaulichen Bedeutung erhalten bleiben soll, und zu deren Durchführung sich der Eigentümer neben bestimmten Modernisierungsmaßnahmen gegenüber der Gemeinde verpflichtet hat (§ 7h Abs. 1 Satz 2 EStG).

Der Steuerpflichtige kann die erhöhten Absetzungen im Jahr des Abschlusses der Maßnahme und in den folgenden neun Jahren auch für Anschaffungskosten in Anspruch nehmen, die auf Maßnahmen im Sinne der Sätze 1 und 2 entfallen, soweit diese nach dem rechtswirksamen Abschluss eines obligatorischen Erwerbsvertrags oder eines gleichstehenden Rechtsakts durchgeführt worden sind (§ 7h Abs. 1 Satz 3 EStG).

Gemäß § 7h Abs. 2 Satz 1 EStG kann der Steuerpflichtige die erhöhten Absetzungen jedoch nur in Anspruch nehmen, wenn er durch eine Bescheinigung der zuständigen Gemeindebehörde die Voraussetzungen des Abs. 1 für das Gebäude und die Maßnahmen nachweist.

Die Bescheinigung ist materiell-rechtliche Abzugsvoraussetzung für die Begünstigung des § 7h EStG (Urteil des BFH vom 22.09.2005, IX R 13/04, BStBl II 2007, 373, mit zahlreichen Nachweisen) und Grundlagenbescheid i.S.d. § 171 Abs. 10, § 175 Abs. 1 Nr. 1 AO (BFH-Urteil vom 23.09.2015, BStBl II 2007, 373, m.w.N.).

Dies folgt aus dem Zweck des § 7h Abs. 2 EStG. Denn mangels eigener Sachkunde ist es den Finanzbehörden nicht möglich zu überprüfen, ob Maßnahmen i.S.d. § 7h Abs. 1 EStG durchgeführt worden sind. Die Finanzverwaltung selbst erkennt an, dass die Bescheinigung der Gemeindebehörde keiner Nachprüfung unterliegt (vgl. R 7h Abs. 4 Satz 2 EStR 2012).

Die Bindungswirkung der Bescheinigung erstreckt sich auf die in § 7h Abs. 1 EStG benannten Tatbestandsmerkmale, nämlich auf die Feststellung, ob das Gebäude in einem Sanierungsgebiet belegen ist, ob Modernisierungs- und Instandsetzungsmaßnahmen i.S.d. § 177 BauGB bzw. Maßnahmen i.S.d. § 7h Abs. 1 Satz 2 EStG durchgeführt, und ob Zuschüsse aus Sanierungs- oder Entwicklungsfördermitteln gewährt worden sind.

Nach § 7h Abs. 3 EStG sind die Absätze 1 und 2 auf Gebäudeteile, die selbständige unbewegliche Wirtschaftsgüter sind, sowie auf Eigentumswohnungen und auf im Teileigentum stehende Räume entsprechend anzuwenden.

Das Gesetz verlangt nach Wortlaut und Systematik ein bestimmtes Objekt (Gebäude, Gebäudeteile, die selbständige unbewegliche Wirtschaftsgüter sind, Eigentumswohnungen oder im Teileigentum stehende Räume), auf das sich die Maßnahmen i.S.d. § 7h Abs. 1 Sätze 1 und 2 EStG beziehen müssen.

Die nach § 7h Abs. 1 EStG steuerrechtlich begünstigten Maßnahmen sind daher stets objektbezogen. Der Differenzierung im objektiven Tatbestand der Steuernorm entsprechen die gemäß § 7h Abs. 2 Satz 1 EStG von der zuständigen Gemeindebehörde zu bescheinigenden objekt- und maßnahmebezogenen Nachweiserfordernisse."

Sonderabschreibungen nach § 4 Fördergebietsgesetz sind nur noch mit dem anteiligen Wert des nicht schon berücksichtigten Abschreibungsvolumens für die Restnutzungsdauer zu berücksichtigen. **Beispiel:** Festgestellter Restwert am 31.12.2002 = 100.000 €, verteilt auf 45 Jahre Restnutzungsdauer ergibt einen Jahreswert von 2.223 €. Für die genaue Ermittlung des Restwertes ist ggf. Rücksprache mit dem Finanzamt zu halten.

> **Beispiel 14.6:** Das am 01.01.2021 angeschaffte Mehrfamilienhaus (Baujahr 1960) kostete einschließlich Notargebühren, Grunderwerbsteuer, Makler und sonstigen Nebenkosten 1.000.000 €. Der Bodenwertanteil wird mit 200.000 € ermittelt.
>
> **Lösung:** Die Bemessungsgrundlage für die Abschreibungen beträgt 800.000 €. Es ist nur eine Abschreibung mit jährlich 2 % (**linear**) = 1.600 € möglich.
> Die **degressive** Abschreibung nach § 7 Abs. 5 EStG scheidet aus, weil der Bauantrag nicht vor dem 01.01.2006 gestellt wurde, bzw. kein Herstellungsfall vorliegt (Neubau).

> **Erhöhte Absetzungen** nach den §§ 7h und/oder 7i EStG können ebenfalls nicht beansprucht werden, weil es sich für die Inanspruchnahme derartiger Abschreibungen immer um Herstellungskosten („Neubau") handeln muss. Die Anschaffung ist auch in entsprechenden Gebieten oder bei entsprechend eingeordneten Gebäuden (Denkmalschutz) nicht begünstigt.

Anschaffungsnebenkosten bei unentgeltlichem Erwerb, BFH-Urteil vom 09.07.2013, IX R 43/11

Kosten für die Auseinandersetzung eines Nachlasses können bei zum Nachlass gehörenden vermieteten Grundstücken zu Anschaffungsnebenkosten führen, die im Rahmen von Absetzungen für Abnutzung (AfA) abziehbar sind.

Die Klägerin und ihr Bruder hatten von ihren Eltern mehrere Grundstücke geerbt. Den Nachlass teilten sie in der Weise auf, dass die Klägerin zwei mit Wohngebäuden bebaute, vermietete Grundstücke als Alleineigentümerin erhielt. Die Kosten hierfür (u.a. Notar- und Grundbuchkosten) machte sie bei den Einkünften aus Vermietung und Verpachtung geltend. Das Finanzamt lehnte dies ab, da Kosten, die mit einem unentgeltlichen Erwerb (hier: Erbfall) zusammenhängen, generell nicht abziehbar seien. Dies entsprach der langjährigen, durch ein Schreiben des BMF geregelten Rechtspraxis. Das Finanzgericht hat der Klage stattgegeben.

Der BFH hat die Rechtsauffassung des FG bestätigt und die gegenteilige Rechtsansicht der Finanzverwaltung verworfen. Die **Kosten für die Auseinandersetzung des Nachlasses** dienten dem Erwerb des Alleineigentums an dem Vermietungsobjekt. Sie seien deshalb wie bei einem teilentgeltlichen Erwerb **in voller Höhe als Anschaffungsnebenkosten** abziehbar. Dass der unentgeltliche Erwerber im Übrigen die Anschaffungs- und Herstellungskosten seines Rechtsvorgängers fortschreiben muss (vgl. § 11d Abs. 1 Satz 1 EStDV), steht dem nicht entgegen, denn die Vorschrift betrifft nur die Verhältnisse des Rechtsvorgängers und schließt eigene Anschaffungskosten des Rechtsnachfolgers nicht aus.

Die Anschaffungsnebenkosten erhöhen die Bemessungsgrundlage für die AfA. AfA kann nur für abnutzbare Wirtschaftsgüter in Anspruch genommen werden; bei den Einkünften aus Vermietung und Verpachtung nur für das Gebäude, nicht aber für den anteiligen Wert des Grundstücks. Der auf den Bodenwert entfallende Anteil ist daher herauszurechnen.

Einkommensteuerliche Behandlung des Nießbrauchs bei Vermietungseinkünften

Der Nießbraucherlass vom 30.09.2013 tritt an die Stelle des BMF-Schreibens vom 24.07.1998, BStBl I 1998, 914 und ist grundsätzlich in allen noch offenen Fällen anzuwenden.

Im allgemeinen Teil des Erlasses wird in den Rz. 1–9 auf die grundsätzliche Zuordnung der Einkünfte und die Bestellung eines dinglichen Nutzungsrechts zugunsten naher Angehöriger eingegangen. Auch die Folgen fehlgeschlagener Vereinbarungen und der Sicherungsnießbrauch werden kurz dargestellt.

Der **Zuwendungsnießbrauch** ist in den Rz. 10–38 dargestellt und regelt insbesondere die Abgrenzung und Wirkung des unentgeltlichen, des teilentgeltlich sowie des entgeltlich bestellten Nießbrauchs. Dabei ist für den entgeltlich bestellten Zuwendungsnießbrauch besonders die Rz. 26 hervorzuheben. Danach sind im Falle der Nutzung durch

Vermietung **Einmalzahlungen für die Einräumung eines Nießbrauchs** als **Werbungskosten** im Zeitpunkt der Zahlung abzuziehen, sofern die Vorauszahlung für einen Zeitraum von bis zu fünf Jahren geleistet wird.

Auf die Vorausleistung des **für mehr als fünf Jahre** geltenden Nießbrauchrechts ist § 11 Abs. 2 Satz 3 EStG anzuwenden und mithin auf den Zeitraum gleichmäßig zu verteilen, für den sie geleistet wird. Ist der Nießbrauch für die Lebenszeit des Berechtigten oder einer anderen Person eingeräumt, sind die Aufwendungen für den Erwerb des Nießbrauchs nach § 11 Abs. 2 Satz 3 EStG auf die mutmaßliche Lebenszeit der betreffenden Person zu verteilen, sofern diese mehr als fünf Jahre beträgt (zur Lebenserwartung ist auf die jeweils aktuelle Sterbetafel des Statistischen Bundesamtes abzustellen, § 14 Abs. 1 BewG, ab dem 1. Januar 2013 siehe BMF-Schreiben vom 26.10.2012, BStBl I 2012, 950). Leistet der Nießbraucher als Gegenleistung für die Einräumung des Nießbrauchs **ausschließlich gleichmäßige laufende Zahlungen**, sind die laufend gezahlten Beträge für das Kalenderjahr als Werbungskosten abzusetzen, **in dem sie geleistet worden sind**.

Zum **Vorbehaltsnießbrauch** nimmt der Erlass in den **Rz. 39–54** Stellung. Der Vorbehaltsnießbraucher darf nach Rz. 42 – wie bisher auch schon – im Falle der Nutzung durch Vermietung weiterhin die AfA für das Gebäude wie zuvor als Eigentümer in Anspruch nehmen.

In den Rz. 49–50 werden die Folgen der Übertragung eines Grundstücks gegen Einräumung eines **vorbehaltenen dinglichen Wohnrechts** erörtert. Mit zwei ausführlichen Beispielen wird die Ermittlung der AfA-Bemessungsgrundlage dargestellt.

Abschließend werden in den Rz. 55–67 die Ablösungen und deren Folgen für die Nutzungsrechte bearbeitet.

Einmalige Zahlungen zur Ablösung des **Vorbehaltsnießbrauchs** sind Abstandszahlungen an den Vermögensübergeber und erhöhen nach Rz. 57 des Nießbraucherlasses die Bemessungsgrundlage für die AfA des Grundstückseigentümers. Die Ablösung des Vorbehaltsnießbrauchs gegen Einmalzahlung ist hingegen beim Nießbraucher eine nicht steuerbare Vermögensumschichtung.

Für die Ablösung eines **unentgeltlich** bestellten **Zuwendungsnießbrauchs** sind Zahlungen grundsätzlich als Zuwendungen i.S.d. § 12 Nr. 2 EStG zu beurteilen. Sie gehören nach Rz. 61 des Erlasses daher beim Nießbraucher nicht zu den Einkünften aus Vermietung und Verpachtung. Der Eigentümer kann sie nicht als Werbungskosten abziehen; sie erhöhen auch nicht seine Anschaffungskosten für das Grundstück. Ein anstelle des bisherigen Nießbrauchs eingeräumter Ersatznießbrauch ist als neu bestellter unentgeltlicher Zuwendungsnießbrauch zu behandeln.

Zahlungen zur Ablösung eines **entgeltlich bestellten Zuwendungsnießbrauchs** sind nach Rz. 63 des Erlasses beim Eigentümer im Jahr der Zahlung als negative Einnahmen bei den Einkünften aus Vermietung und Verpachtung zu erfassen. Ist das für die Bestellung des Nießbrauchs gezahlte Entgelt nach § 11 Abs. 1 Satz 3 EStG auf mehrere Jahre verteilt worden, ist der noch nicht versteuerte Restbetrag beim Eigentümer als Einnahme aus Vermietung und Verpachtung zu erfassen.

Besteht die Abfindung in wiederkehrenden Leistungen, sind diese jeweils im Jahr der Zahlung als negative Einnahmen anzusetzen. Nach Rz. 64 des Erlasses sind die Ablösungszahlungen beim Nießbraucher grundsätzlich der privaten Vermögensebene zuzuordnen.

Übertragung von Erhaltungsaufwendungen
Kann nichtverbrauchter Erhaltungsaufwand nach Ende des Nießbrauchs vom Einzelrechtsnachfolger genutzt werden?

BFH Urteil vom 10.11.2020, IX R 31/19
Hat der Steuerpflichtige größere Erhaltungsaufwendungen nach § 82b EStDV auf mehrere Jahre verteilt und verstirbt er innerhalb des Verteilungszeitraums:
- ist der noch nicht berücksichtigte Teil der Erhaltungsaufwendungen
- im Veranlagungsjahr des Versterbens als Werbungskosten
- im Rahmen seiner Einkünfte aus Vermietung und Verpachtung abzusetzen (entgegen R 21.1 Abs. 6 Sätze 2 und 3 EStR 2012).

Aber: Beschluss des BFH vom 25.09.2017, IX S 17/17
Kein Abzug der von dem Nießbraucher getragenen Erhaltungsaufwendungen i.S.d. § 82b EStDV nach dessen Tod durch den Eigentümer – Beendigung des Nießbrauchs – Keine entsprechende Anwendung des § 11d EStDV – Gesamtrechtsnachfolge

Ein interpersoneller Übergang der von der Nießbrauchberechtigten getragenen, aber nicht verbrauchten Erhaltungsaufwendungen i.S.v. § 82b EStDV auf den Kläger als Eigentümer der vermieteten Objekte scheidet nach dem vorgenannten Beschluss aus. Für den Abzug dieser Erhaltungsaufwendungen bei den Einkünften des Klägers aus Vermietung und Verpachtung fehlt die hierfür erforderliche Rechtsgrundlage.

Diese Entscheidung ist zum Gesamtrechtsnachfolger ergangen. Für die Einzelrechtsnachfolge scheint aber die Begründung des BFH ebenfalls schlüssig.

Somit immer beim Veranlasser (Verstorbener oder Übertragender) der Aufwendungen diese auch im letzten Jahr erklären und geltend machen.

Bewegliche Wirtschaftsgüter des Privatvermögens
Die ab dem 01.01.2020 geltende Abschreibungsvorschrift des § 7 Abs. 2 EStG ist nicht anzuwenden, weil diese Vorschrift nur für das Anlagevermögen und damit für Betriebsvermögen gilt.

Hier bleibt also die Abschreibung über die Nutzungsdauer nach § 7 Abs. 1 EStG.

14.6 Schuldzinsen und Geldbeschaffungskosten (Zeilen 37 + 38)
Die in der Zeile 37 einzutragenden Zinsaufwendungen stellten in der Vergangenheit den größten Abzugsposten dar. Mit entsprechender Sorgfalt sollten hier nun dennoch die – aufgrund der Senkung der Zinssätze bis unter 1 % – deutlich geringeren Schuldzinsen, die für diese Immobilie im Kalenderjahr 2021 gezahlt wurden, zusammengetragen werden.

Gleichzeitig wird auch die Finanzverwaltung hier mit dem „Risikomanagement" verproben können, ob die erklärten Schuldzinsen auch tatsächlich mit der Finanzierung für **diese** Immobilien zusammenhängen.

> **Beispiel 14.7:** Die Immobilie wurde für 1.000.000 € einschließlich sämtlicher Nebenkosten erworben. Die Finanzierung erfolgte zu 100 % (ungewöhnlich!). Es werden Schuldzinsen von 150.000 € erklärt.

> **Lösung:** 100.000 € entsprechen 5 % der gesamten Anschaffungskosten. Ein derartiger Zinssatz ist ungewöhnlich hoch und wird nachzuweisen sein (Darlehensverträge etc.).
> Grundsätzlich erfolgt eine ratierliche Tilgung des Darlehensbetrags und damit natürlich auch eine Minderung des Zinsaufwandes.
> Der Zinsaufwand müsste bei gleichbleibenden Ratenzahlungen an die Bank im Laufe der Jahre also geringer werden.
> Ausnahmen (Tilgung bei Endfälligkeit) sind natürlich möglich und nachzuweisen.

Disagioregeln durch den BFH vom 08.03.2016, IX R 38/14 geregelt

Der BFH hat mit dem vorgenannten Urteil nicht nur die grundsätzlichen Bedingungen und Begründungen für ein Disagio beschrieben. Es werden vielmehr die Vorgaben für einen sofortigen Werbungskostenabzug klar umrissen.

Disagio ist der Unterschiedsbetrag zwischen Nenn- und Verfügungsbetrag einer Schuld. Es fungiert im Ergebnis als Ausgleich für einen niedrigeren Nominalzinssatz und ist damit als Vorauszahlung eines Teils der Zinsen anzusehen (Urteil des BFH vom 20.10.1999, X R 69/96, BStBl II 2000, 259).

Gemäß § 11 Abs. 2 Satz 1 EStG sind Ausgaben für das Kalenderjahr abzusetzen, in dem sie geleistet worden sind. Werden Ausgaben für eine Nutzungsüberlassung von mehr als fünf Jahren im Voraus geleistet, so sind sie gemäß § 11 Abs. 2 Satz 3 EStG insgesamt auf den Zeitraum gleichmäßig zu verteilen, für den die Vorauszahlung geleistet wird.

Nach **§ 11 Abs. 2 Satz 4 EStG** ist diese Regelung (gleichmäßige Verteilung nach Satz 3) aber gerade **nicht auf ein Disagio anzuwenden**, soweit dieses marktüblich ist. Danach ist auch ein marktübliches Disagio, das für einen Kredit über eine Laufzeit von mehr als fünf Jahren gezahlt wird, nicht auf die Laufzeit zu verteilen, sondern kann im Jahr der Leistung, d.h. des Abflusses, voll zum Abzug gebracht werden.

Bei einer festen Zinsbindung von 10 Jahren wurde ein Zinssatz von 2,85 % jährlich vereinbart. Bei der Berechnung des Nominalzinssatzes war ein Disagio von 10 % der Darlehenssumme berücksichtigt. Das Finanzamt berücksichtigte nur 5 % des Disagios als sofort abziehbare Werbungskosten. Der über 5 % hinausgehende Disagiobetrag sollte auf den Zinsfestschreibungszeitraum von zehn Jahren verteilt und im Streitjahr nur anteilig berücksichtigt werden.

Der von den Ehegatten vereinbarte Darlehensnominalzins von 2,85 % sei deutlich niedriger als der Marktzins. Dies belegten die Berechnung des Finanzamts und die von den Ehegatten selbst vorgelegte Übersicht über Effektivzinsen für Immobilienkredite nach der Zinsstatistik für Juli 2009 der Deutschen Bundesbank (diese betragen bei Wohnungsbaukrediten an private Haushalte mit Ursprungslaufzeit von über einem Jahr bis fünf Jahre ca. 4,6 % und von über fünf Jahren ca. 5 %). Das vereinbarte Disagio sei dementsprechend ungewöhnlich hoch. Damit hätte sich die Ehegatten die niedrigen Nominalzinsen für die Laufzeit des Darlehens „erkauft".

Da das Disagio bei dem aufgenommenen Darlehen höher sei als 5 %, greife die Vereinfachungsregelung nach dem Schreiben des BMF vom 20.10.2003, BStBl I 2003, 546 – sogenannter „Fondserlass" Rz. 15 und der Gesetzesbegründung (BT-Drs. 16/2712 vom 25.09.2006 zum Entwurf eines Jahressteuergesetzes 2007 – JStG 2007 –) nicht ein.

Der BFH folgt dieser Bewertung nicht. Der in § 11 Abs. 2 Satz 4 EStG verwendete Begriff „marktüblich" bezieht sich auf das jeweils konkret betroffene Disagio. Bezogen auf die dargelegte Funktion eines Disagios ergibt sich die Marktüblichkeit aus der Höhe des Disagios im Verhältnis zur Höhe und Laufzeit des Kredits, dies in Relation zu den aktuellen Verhältnissen auf dem Kreditmarkt (HHR/Kister, § 11 EStG Rz. 128, Stichwort „Marktüblichkeit"):

- Was marktüblich ist, ist nach den aktuellen Verhältnissen auf dem Kreditmarkt bezogen auf das konkrete finanzierte Objekt zu entscheiden. Die Marktüblichkeit an einen festen Zinssatz zu koppeln, kommt insoweit nicht in Betracht.
- Die Verwaltungsregelung im BMF-Schreiben in BStBl I 2003, 546, wonach von einer Marktüblichkeit ausgegangen werden kann, wenn für ein Darlehen mit einem Zinsfestschreibungszeitraum von mindestens fünf Jahren ein Disagio in Höhe von bis zu 5 % vereinbart worden ist, hat nach der Gesetzesbegründung zum JStG 2007 (BT-Drs. 16/2712 vom 25.09.2006, 44) ohne materiell-rechtliche Änderung Eingang in § 11 Abs. 2 EStG gefunden.

Hinweis! Wird eine Zins- und Disagiovereinbarung mit einer Geschäftsbank wie unter fremden Dritten geschlossen, indiziert dies die Marktüblichkeit. Angesichts der üblichen Pflicht von Geschäftsbanken zur Risikokontrolle sind mit einer Geschäftsbank vereinbarte Zinsgestaltungen regelmäßig als im Rahmen des am Kreditmarkt Üblichen zu betrachten.
Diese Vermutung kann widerlegt werden, wenn besondere Umstände vorliegen, die dafür sprechen, dass der Rahmen des am Kreditmarkt Üblichen verlassen wird. Solche Umstände können etwa:
- In einer besonderen Kreditunwürdigkeit des Darlehensnehmers,
- besonderen persönlichen Beziehungen der Beteiligten zueinander oder
- ganz atypischen Vertragsgestaltungen liegen.

Wird eine Immobilie erworben, um damit langfristig Mieteinnahmen zu erzielen, so ist die Einkunftsart Einkünfte aus Vermietung und Verpachtung i.S.d. § 21 EStG anzuwenden. Stellt sich nun nach einigen Jahren heraus, dass dauerhaft kein Überschuss in dieser Einkunftsart erzielt werden kann, droht die steuerliche Versagung der negativen Einkünfte, insbesondere wenn Leerstand vorliegt.

Sollte nun der Steuerpflichtige diese Immobilie verkaufen und der Verkaufspreis deutlich geringer sein als die Anschaffungskosten, können häufig auf der Immobilie lastende Hypotheken nicht durch den Verkaufserlös getilgt werden. Diese Hypothek muss dann später getilgt werden, obwohl nunmehr keine Einkünfte aus Vermietung und Verpachtung erzielt werden. Der BFH hat mit Urteil vom 08.04.2014, IX R 45/13 zum Sachverhalt des Verkaufs **außerhalb der Spekulationsfrist** entschieden. Danach sind Schuldzinsen auch dann als nachträgliche Werbungskosten abzugsfähig, wenn der Verkaufspreis **zur Tilgung nicht ausreicht**.

Zuordnung der Schuldzinsen
Wird eine Immobilie erworben, die sowohl zu eigenen Wohnzwecken genutzt als auch vermietet wird, sind die Finanzierungskosten nur für den vermieteten Teil als Werbungskosten abzugsfähig. Hier bietet es sich dann also an, den Eigenanteil der Finanzierung in voller Höhe dem selbst genutzten Teil der Immobilie zuzuordnen. Für den vermieteten

Teil verbleibt so ein höherer Werbungskostenanteil. Das diesbezügliche BMF-Schreiben vom 16.04.2004, BStBl I 2004, 464 wurde durch die BFH-Rechtsprechung (BFH vom 01.04.2009, IX R 35/08, DStR 2009, 1193) bestätigt.

> **Beispiel 14.8:** Ein Zweifamilienhaus wurde für 800.000 € einschließlich sämtlicher Nebenkosten erworben. Beide Wohnungen sind gleich groß und gleichwertig. 200.000 € wurden durch Eigenkapital erbracht; 600.000 € fremdfinanziert.
>
> **Lösung:** Wird das eingesetzte Eigenkapital der eigengenutzten Wohnung zugeordnet, verbleiben für die vermietete Wohnung 400.000 €, deren Schuldzinsen dann als Werbungskosten anzusetzen sind.
> Erfolgt keine Zuordnung, werden die Schuldzinsen anteilig, hier dann nur auf einen Darlehensanteil von 300.000 € als Werbungskosten berücksichtigt, weil dann ein Anteil des Eigenkapitals i.H.v. 100.000 € der vermieteten Wohnung zugerechnet wird.

Vorfälligkeitsentschädigung bei Immobilienverkauf sind keine Werbungskosten BFH-Urteil vom 11.02.2014, IX R 42/13
Mit Urteil vom 11.02.2014, IX R 42/13 hat der Bundesfinanzhof entschieden, dass eine Vorfälligkeitsentschädigung grundsätzlich nicht als Werbungskosten bei den Einkünften aus Vermietung und Verpachtung abziehbar ist.

Das im Jahre 1999 erworbene und seitdem vermietete Immobilienobjekt wurde im Jahr 2010 veräußert. Im Veräußerungsvertrag hatte sich die Klägerin zur **lastenfreien Übertragung** des Grundstückes verpflichtet.

Im Zuge der Ablösung einer Restschuld aus den zur Finanzierung der Anschaffungskosten des Objekts aufgenommenen Darlehen waren Vorfälligkeitsentschädigungen zu leisten, die als Werbungskosten bei den Einkünften aus Vermietung und Verpachtung geltend gemacht wurden. Das Finanzamt berücksichtigte die Vorfälligkeitsentschädigungen nicht. Klage und Revision der Klägerin hatten keinen Erfolg.

Schuldzinsen, die mit Einkünften in einem wirtschaftlichen Zusammenhang stehen, zählen nach § 9 Abs. 1 Satz 3 Nr. 1 EStG zu den Werbungskosten. Der Begriff der Schuldzinsen umfasst auch eine zur vorzeitigen Ablösung eines Darlehens gezahlte Vorfälligkeitsentschädigung; denn diese ist Nutzungsentgelt für das auf die verkürzte Laufzeit in Anspruch genommene Fremdkapital.

Im Streitfall konnte die Klägerin die geleisteten Vorfälligkeitsentschädigungen gleichwohl nicht bei ihren Einkünften aus Vermietung und Verpachtung geltend machen; es fehlte insoweit an einem wirtschaftlichen Zusammenhang (sog. Veranlassungszusammenhang) mit steuerbaren Einkünften.

Zwar beruht eine Vorfälligkeitsentschädigung auf dem ursprünglichen Darlehen, das mit Blick auf die Finanzierung der Anschaffungskosten einer fremdvermieteten Immobilie aufgenommen wurde. Jedoch ist das für die Annahme eines Veranlassungszusammenhangs **maßgebliche „auslösende Moment"** nicht der seinerzeitige Abschluss des Darlehensvertrags, sondern gerade dessen vorzeitige Ablösung.

Diese mit der Darlehensgläubigerin vereinbarte Vertragsanpassung hat die Klägerin aber nur vorgenommen, weil sie sich zur lastenfreien Veräußerung des Grundstücks verpflichtet hatte. Ein wirtschaftlicher Zusammenhang besteht daher gerade nicht zwischen der Vorfälligkeitsentschädigung und der vormaligen Vermietung der Immobilie, sondern zwischen der Vorfälligkeitsentschädigung und der Veräußerung der Immobilie.

Der BFH hat betont, dass auch seine aktuelle Rechtsprechung zum Abzug nachträglicher Schuldzinsen (BFH-Urteil vom 20.06.2012, IX R 67/10, BFHE 237, 368, BStBl II 2013, 275; siehe auch BFH-Urteil vom 08.04.2014, IX R 45/13, www.bundesfinanzhof.de, Pressemitteilung Nr. 37/14 vom 14.05.2014) an diesem Ergebnis nichts zu ändern vermochte. Denn die Klägerin konnte die im Veräußerungszeitpunkt noch bestehenden Darlehensverbindlichkeiten vollständig durch den aus der Veräußerung der Immobilie erzielten Erlös tilgen.

„Auf-Valutierung" von Hypothekendarlehen
Der BFH hat mit Urteil vom 24.10.2012, IX R 35/11 entschieden, dass ein Werbungskostenabzug für Schuldzinsen aus privaten Darlehensforderungen nicht möglich ist. Damit wurde auf ein gängiges Modell bei Ablauf der Zinsbindungsfrist und Hypothekendarlehen reagiert. In Zeiten fallender Zinssätze für Hypothekendarlehen bieten die finanzierenden Banken häufig eine Erhöhung des gewährten, aber nun schon teilweise getilgten Hypothekendarlehens an.

Wurde beispielsweise eine Immobilie anfänglich mit 400.000 € finanziert, bei einem Zinssatz von 6 % und einer Zinsbindung von 10 Jahren, betrug der Zinsanteil 24.000 €. Nach Ende der Zinsbindung sollen in diesem Beispiel bereits 50.000 € getilgt worden sein. Für die nun nur noch 350.000 € konnte für die nächsten 10 Jahre ein Zinssatz von jetzt nur noch 3 % vereinbart werden. Es ergibt sich ein damit eindeutig geringerer Zins von nunmehr nur noch 10.500 €.

Wenn die Bank nun weitere 50.000 € (neu – zusätzlich!) finanziert, entsteht die sogenannte Auf-Valutierung auf 400.000 €. Es sind wieder 400.000 € zu tilgen, der Steuerpflichtige kann aber über den Einsatz der nunmehr auf-valutierten 50.000 € frei entscheiden. Die Zinsbelastung ist insgesamt deutlich geringer, da der Zinssatz auf nunmehr, in unserem Beispiel, 3 % reduziert wurde. Zu beachten ist, dass für Zinsen, die auf die neuen „50.000 €" entfallen, eine steuerliche Abzugsmöglichkeit nur dann gegeben ist, wenn diese 50.000 € auch für eine Einkunftsart eingesetzt werden. Ohne Nachweis der Verwendung der aufvalutierten 50.000 € für eine steuerliche Einkunftsart sind die Zinsen, die auf diese nachvalutierten Beträge entfallen, nicht abzugsfähig.

Mit dem BMF-Schreiben vom 27.07.2015, IV C 1 – S2211/11/10001 DOK 2015/0644430 werden die vorgenannten Grundsätze der BFH-Entscheidungen übernommen.

Neben dem Grundsatz der Schuldentilgung durch den Kaufpreis wurden auch der Ansatz der verbleibenden Schuldzinsen für verkaufte Vermietungsobjekte außerhalb der Spekulationsfrist als Werbungskosten und die Zuordnung der Vorfälligkeitsentschädigungen bestätigt.

Grundsatz der Schuldentilgung durch den Verkaufserlös; auch bei geplanter Reinvestition möglich. Bestätigt mit BFH-Urteil vom 06.12.2017, IX R 4/17, BStBl II 2018, 268.

Nach Verkauf des Mietobjekts können Schuldzinsen weiterhin abzugsfähig sein, wenn mit dem Veräußerungserlös eine neue Einkunftsquelle, z.B. Immobilie, angeschafft wird.

Wenn im Veranlagungszeitraum der Veräußerung eine Reinvestition zunächst nur geplant, aber später auch tatsächlich angeschafft wird, sind die Schuldzinsen ebenfalls weiterhin als Werbungskosten abzugsfähig.

Voraussetzung für eine steuerlich anzuerkennende geplante Reinvestition ist, dass:
- eine neue, gleichfalls durch kreditfinanzierte Anlageentscheidung getroffen wird,
- durch die das Objekt des Kreditbedarfs ausgewechselt wird und
- die Änderung der Zweckbestimmung des Darlehens nach außen hin, an objektiven Beweisanzeichen feststellbar, in Erscheinung tritt.

BFH-Urteil vom 19.02.2019, IX R 20/17 vorab entstandene Werbungskosten in Nießbrauchfällen

Der Eigentümer kann Aufwendungen für sein mit einem lebenslänglichen Nutzungsrecht eines Dritten belastetes Grundstück regelmäßig **nicht als vorab entstandene Werbungskosten** bei den Einkünften aus Vermietung und Verpachtung abziehen, solange ein Ende der Nutzung durch den Dritten nicht absehbar ist. Gründe, die eine unterschiedliche Behandlung von Erhaltungsaufwand und Schuldzinsen im Rahmen des Werbungskostenabzugs rechtfertigen könnten, bestehen insoweit nicht (Bestätigung der Rechtsprechung).

Der Mutter und der Tante des Klägers standen im Streitjahr ein lebenslänglicher Nießbrauch je zur Hälfte an dem bebauten Grundstück in X zu; beide haben das Grundstück im Streitjahr auch gemeinschaftlich vermietet. Damit war vorliegend der notwendige wirtschaftliche Zusammenhang zwischen den geltend gemachten Schuldzinsen und zukünftigen Einnahmen nicht gegeben, da ein Ende der Nutzung nicht absehbar war und der Kläger somit auch nicht in absehbarer Zeit mit Einnahmen aus Vermietung und Verpachtung rechnen konnte.

14.7 Erhaltungsaufwendungen (Zeilen 40–46)

Erhaltungsaufwand liegt nach den R 21.1 Abs. 1 S. 1 EStR immer dann vor, wenn Aufwendungen für die Erneuerung bereits vorhandener Teile entstehen. Es wird nicht Neues geschaffen und auch keine über den ursprünglichen Zustand hinausgehende wesentliche Verbesserung des Gebäudes durchgeführt.

Hiervon soll im Regelfall – und nach R 21.1 Abs. 2 S. 2 EStR ggf. auf Antrag – **immer** dann ausgegangen werden, wenn die einzelne Baumaßnahme nicht mehr als **netto 4.000 €** betragen hat. Für Grundstücke, deren Anschaffung schon länger als drei Jahre zurückliegt, sollten daher Instandhaltungs- und sonstige Reparaturmaßnahmen problemlos den sofort abzugsfähigen Erhaltungsaufwendungen zuzuordnen sein.

Zweifelsfragen zur Anwendung der anschaffungsnahen Herstellungskosten i.S.d. § 6 Abs. 1 Nr. 1a EStG

Nach § 6 Abs. 1 Nr. 1a EStG sind anschaffungsnahe Aufwendungen zwingend als Herstellungskosten zu behandeln, wenn sie in einem Zeitraum von drei Jahren nach der Anschaffung 15 % der Gebäudeanschaffungskosten übersteigen. Es kommt somit nicht auf eine wesentliche Wertverbesserung an. Auch Erhaltungsaufwand wird also bei Überschreiten der 15 %-Grenze in Herstellungsaufwand umqualifiziert.

Keine Anwendung des § 6 Abs. 1 Nr. 1a EStG für vor der Anschaffung getätigte Aufwendungen
BFH Beschluss vom 28.04.2020, IX B 121/19 (bisher nicht veröffentlicht)

Es ging um die Regelung in § 6 Abs. 1 Nr. 1a EStG, nach der zu den Herstellungskosten eines Gebäudes auch Aufwendungen für Instandsetzungs- und Modernisierungsmaßnahmen zählen, die innerhalb von drei Jahren nach der Anschaffung des Gebäudes durchgeführt werden. Strittig war in der Vorinstanz, ob die Regelung auch auf Aufwendungen anzuwenden ist, die vor der Anschaffung anfallen.

Im Urteilsfall hatten die Kläger mit den Voreigentümern des erworbenen Gebäudes im notariellen Kaufvertrag u.a. vereinbart, dass mit Umbau- bzw. Renovierungsmaßnahmen in Eigenregie bereits vor der Kaufpreiszahlung begonnen werden durfte. Den Aufwand (größer 15 % der Anschaffungskosten) machten sie als Erhaltungsaufwendungen geltend, was das Finanzamt mit Verweis auf § 6 Abs. 1 Nr. 1a EStG ablehnte.

Bereits die Vorinstanz (FG Rheinland-Pfalz vom 13.11.2019, 2 K 2304/17) hatte die Aufwendungen für die Baumaßnahmen **nicht als anschaffungsnahe Herstellungskosten** i.S.v. § 6 Abs. 1 Nr. 1a Satz 1 EStG qualifiziert, da sie bereits vor der Anschaffung des Gebäudes vorgenommen worden sind.

Nach dem BFH ist die Rechtsfrage nicht klärungsbedürftig; sie sei eindeutig anhand des Gesetzeswortlautes zu beantworten. Vor der Anschaffung eines Grundstücks vom Steuerpflichtigen getätigte Aufwendungen seien nach den allgemeinen handelsrechtlichen Abgrenzungskriterien als Anschaffungs-, Herstellungs- oder Erhaltungsaufwand steuerlich zu berücksichtigen.

Im Rahmen der vorweggenommenen Erbfolge übertragene Immobilien können immer dann zu Problemen für spätere Erhaltungsaufwendungen werden, wenn bei der Übertragung Anschaffungskosten entstanden sind.

Typische Anschaffungskosten für den künftigen Erben (und nun Eigentümer der elterlichen Immobilie) sind die (von den Eltern) übernommenen Hypotheken. Ist das Grundstück belastet übertragen worden, liegen insoweit **anteilig Anschaffungskosten** (für Grund und Boden und Gebäude) vor. Aber auch Gleichstellungsgelder und sonstige Zahlungen an die Übergeber sind Anschaffungskosten.

Für die dann künftige Berechnung der Abschreibungen ist im Privatvermögen die **Trennungstheorie** zu beachten. Für den unentgeltlich übertragenen Anteil sind gem. § 11d EStDV die Werte vom Rechtsvorgänger zu übernehmen; Bemessungsgrundlage, AfA-Satz und das AfA-Volumen. Für den entgeltlichen Anteil sind aber eigene – neue Werte – zu bilden. Während dies für die Berechnung der Abschreibungen leicht erkennbar und einleuchtend ist, wird diese Trennung für anschließend durchgeführte Erhaltungsaufwendungen aber leicht übersehen.

Nur für den entgeltlichen Anteil an den Gebäudekosten ist die nach § 6 Abs. 1 Nr. 1a EStG geltende 15 % Grenze zu beachten. Nicht zu vergessen ist die für den entgeltlichen Anteil neu beginnende Frist des § 23 Abs. 1 Nr. 1 EStG. Ein möglicher späterer Verkauf der Immobilie sollte diese Überlegungen mit einbeziehen.

Die OFD NRW nimmt mit Verfügung vom 14.03.2017 zu noch offenen Zweifelsfragen hinsichtlich der Behandlung sog. anschaffungsnaher Aufwendungen (§ 6 Abs. 1 Nr. 1a EStG) Stellung.

Gemäß § 6 Abs. 1 Nr. 1a S. 1 EStG gehören Aufwendungen für Instandsetzungs- und Modernisierungsmaßnahmen zu den Herstellungskosten eines Gebäudes, wenn diese innerhalb von drei Jahren nach dessen Anschaffung durchgeführt werden und die Nettokosten 15 % der Anschaffungskosten des Gebäudes übersteigen (anschaffungsnahe Herstellungskosten).

Diese Aufwendungen erhöhen die AfA-Bemessungsgrundlage (§ 9 Abs. 1 S. 3 Nr. 7 EStG) und sind nicht als Werbungskosten sofort abziehbar. Nicht zu diesen Aufwendungen gehören nach § 6 Abs. 1 Nr. 1a S. 2 EStG die Aufwendungen für Erweiterungen i.S.d. § 255 Abs. 2 S. 1 HGB sowie Aufwendungen für Erhaltungsarbeiten, die jährlich üblicherweise anfallen.

Verwaltungsanweisung
Die OFD Nordrhein-Westfalen hat in ihrer Verfügung vom 14.03.2017 zu noch offenen Zweifelsfragen hinsichtlich der Behandlung sog. anschaffungsnaher Aufwendungen Stellung genommen.

1. In die Prüfung der 15 %-Grenze des § 6 Abs. 1 Nr. 1a EStG sind auch Aufwendungen zur Beseitigung der Funktionsuntüchtigkeit oder zur Hebung des Standards und auch Schönheitsreparaturen einzubeziehen (vgl. BFH-Urteile vom 14.06.2016).
2. Jährlich üblicherweise anfallende Erhaltungsarbeiten sind nicht sofort abziehbar, wenn sie im Rahmen einheitlich zu würdigender Instandsetzungs- und Modernisierungsmaßnahmen i.S.d. § 6 Abs. 1 Nr. 1a S. 1 EStG anfallen.
3. Die 15 %-Grenze des § 6 Abs. 1 Nr. 1a EStG ist auf die einzelnen Gebäudeteile und nicht auf das Gebäude insgesamt zu beziehen, wenn das Gebäude unterschiedlich genutzt wird (z.B. Wohnhaus mit vermieteten und einer selbstgenutzten Wohnung) (vgl. BFH-Urteil vom 14.06.2016) bzw. wenn die Wohnungen durch Einzelvertrag erworben werden.
4. In den Dreijahreszeitraum sind sämtliche Baumaßnahmen nach § 6 Abs. 1 Nr. 1a EStG einzubeziehen, die innerhalb dieses Zeitraums ausgeführt wurden.
5. Die Baumaßnahmen müssen zum Ende des Dreijahreszeitraums weder abgeschlossen, abgerechnet noch bezahlt werden.

Laut der o.g. Verfügung wird derzeit auf Bund-/Länderebene erörtert, ob im Hinblick auf die für den Steuerpflichtigen nachteilige BFH-Rechtsprechung zu Schönheitsreparaturen und zur wirtschaftsgutbezogenen Prüfung (vgl. BFH-Urteile vom 14.06.2016, IX R 25/14) aus Vertrauensschutzgründen eine Übergangsregelung vorzusehen ist. Einsprüche sind von der Bearbeitung zurückzustellen.

Der BFH hat mit **drei Urteilen vom 14.06.2016, IX R 25/14, IX R 15/15 und IX R 22/15** den Begriff der „Instandsetzungs- und Modernisierungsmaßnahmen" in § 6 Abs. 1 Nr. 1a des EStG für die Fälle **konkretisiert**, in denen in zeitlicher Nähe zur Anschaffung neben sonstigen Sanierungsmaßnahmen reine Schönheitsreparaturen durchgeführt werden. **Der BFH bezieht auch diese Aufwendungen in die anschaffungsnahen Herstellungskosten ein, sodass insoweit kein sofortiger Werbungskostenabzug möglich ist.**

In den Streitfällen hatten die Kläger Immobilienobjekte erworben und in zeitlicher Nähe zur Anschaffung umgestaltet, renoviert und instandgesetzt, um sie anschließend zu vermieten. Dabei wurden z.B. Wände eingezogen, Bäder erneuert, Fenster ausgetauscht und energetische Verbesserungsmaßnahmen sowie Schönheitsreparaturen durchgeführt. Die Kläger machten sofort abziehbare Werbungskosten geltend. Da die gesamten Nettokosten der Renovierungen jeweils 15 % der Anschaffungskosten des Gebäudes überstiegen, ging das Finanzamt gemäß § 6 Abs. 1 Nr. 1a EStG von sog. „anschaffungsnahen" Herstellungskosten aus, die nur im Wege der Absetzungen für Abnutzung über die Nutzungsdauer des Gebäudes verteilt steuerlich geltend gemacht werden können. Nach dieser Vorschrift gehören die Aufwendungen für Instandsetzungs- und Modernisierungsmaßnahmen zu den Herstellungskosten eines Gebäudes, wenn diese innerhalb von drei

Jahren nach dessen Anschaffung durchgeführt werden und wenn die Nettokosten (ohne Umsatzsteuer) 15 % der Anschaffungskosten des Gebäudes übersteigen.

Die Steuerpflichtigen machten in den finanzgerichtlichen Verfahren geltend, dass jedenfalls die Aufwendungen für reine Schönheitsreparaturen (wie etwa für das Tapezieren und das Streichen von Wänden, Böden, Heizkörpern, Innen- und Außentüren sowie der Fenster) nicht unter den Begriff der „Instandsetzungs- und Modernisierungsmaßnahmen" fallen könnten, sondern isoliert betrachtet werden müssten. Kosten für Schönheitsreparaturen seien mithin auch nicht – zusammen mit anderen Kosten der Sanierung – als „anschaffungsnahe" Herstellungskosten anzusehen, sondern dürften als Werbungskosten bei den Einkünften aus Vermietung und Verpachtung abgezogen werden.

Dem widerspricht der BFH in seinen neuen Urteilen. Danach gehören auch reine Schönheitsreparaturen sowie Maßnahmen, die das Gebäude erst betriebsbereit (d.h. vermietbar) machen oder die es über den ursprünglichen Zustand hinaus wesentlich verbessern (Luxussanierung) zu den „Instandsetzungs- und Modernisierungsmaßnahmen" i.S.d. § 6 Abs. 1 Nr. 1a Satz 1 EStG. Dies begründet er mit dem vom Gesetzgeber mit der Regelung verfolgten Zweck, aus Gründen der Rechtsvereinfachung und -sicherheit eine typisierende Regelung zu schaffen.

> **Hinweis!** Nach dieser Rechtsprechung müssen nunmehr grundsätzlich sämtliche Kosten für bauliche Maßnahmen, die im Rahmen einer im Zusammenhang mit der Anschaffung des Gebäudes vorgenommenen Sanierung anfallen, zusammengerechnet werden; eine Segmentierung der Gesamtkosten ist nicht zulässig. Übersteigt die Gesamtsumme der innerhalb von drei Jahren angefallenen Renovierungskosten sodann 15 % der Anschaffungskosten des Gebäudes, kann der Aufwand nur nach den AfA-Regelungen abgeschrieben werden.

Davon abzugrenzen sind die <u>nach Erwerb</u> der Immobilie entstandenen Erhaltungsaufwendungen.

Einhellig vertreten wird die Auffassung, dass Aufwendungen für die Beseitigung verdeckter Mängel, die auch erst nach Anschaffung des Gebäudes entstehen, den anschaffungsnahen Herstellungskosten zuzurechnen sind (FG Münster vom 20.01.2010, 10 K 526/08 E, rkr. und Ausführungen in diversen führenden Kommentaren).

Offen blieb bisher die Frage, wie weit die sofortige Berücksichtigung von Werbungskosten für „jährlich üblicherweise" anfallende Aufwendungen auszulegen ist.

Unstrittig sind Aufwendungen für den Ersatz von Kleinreparaturen (Glühbirne ersetzen, kleine Farbausbesserungen etc.) sofort als Aufwand zu berücksichtigen. Der Ersatz von ganzen Fenstern oder Türen hingegen ist schon strittig. Üblicherweise werden derartige Aufwendungen wohl nicht jährlich anfallen.

Aufwendungen zur Beseitigung eines Substanzschadens, der **nach Anschaffung** einer vermieteten Immobilie durch das schuldhafte Handeln des Mieters verursacht worden ist, können als Werbungskosten sofort abziehbar sein. In diesen Fällen handelt es sich nicht um sog. „anschaffungsnahe Herstellungskosten" (§ 6 Abs. 1 Nr. 1a Satz 1 EStG), wie der BFH mit Urteil vom 09.05.2017, IX R 6/16 entschieden hat.

In dem vom BFH entschiedenen Streitfall hatte die Klägerin im Jahr 2007 eine vermietete Eigentumswohnung erworben, die sich im Zeitpunkt des Übergangs von Nutzen und Lasten in einem betriebsbereiten und mangelfreien Zustand befand. Im Folgejahr kam es

14.7 Erhaltungsaufwendungen

im Rahmen des – nach § 566 des BGB auf die Klägerin übergegangenen – Mietverhältnisses zu Leistungsstörungen, da die Mieterin die Leistung fälliger Nebenkostenzahlungen verweigerte; vor diesem Hintergrund kündigte die Klägerin das Mietverhältnis. Im Zuge der Rückgabe der Mietsache stellte die Klägerin umfangreiche, von der Mieterin jüngst verursachte Schäden wie eingeschlagene Scheiben an Türen, Schimmelbefall an Wänden und zerstörte Bodenfliesen an der Eigentumswohnung fest. Darüber hinaus hatte die Mieterin einen Rohrbruch im Badezimmer nicht gemeldet; dadurch war es zu Folgeschäden gekommen. Zur Beseitigung dieser Schäden machte die Klägerin in ihrer Einkommensteuererklärung für 2008 Kosten in Höhe von rund 20.000 € als sofort abzugsfähigen Erhaltungsaufwand geltend. Mangels Zahlungsfähigkeit der Mieterin könnte die Klägerin keine Ersatzansprüche gegen die Mieterin durchsetzen.

Das Finanzamt versagte den Sofortabzug der Kosten, da es sich um sog. „anschaffungsnahe Herstellungskosten" (§ 9 Abs. 5 Satz 2 i.V.m. § 6 Abs. 1 Nr. 1a EStG) handele; der zur Schadenbeseitigung aufgewendete Betrag überschreite 15 % der Anschaffungskosten für das Immobilienobjekt. Daher könnten die Kosten nur im Rahmen der AfA anteilig mit 2 % über einen Zeitraum von 50 Jahren geltend gemacht werden.

Demgegenüber gab der BFH der Klägerin Recht. Zwar gehörten zu den als Herstellungskosten der AfA unterliegenden Aufwendungen nach dem Wortlaut von § 6 Abs. 1 Nr. 1a Satz 1 EStG sämtliche Aufwendungen für bauliche Maßnahmen, die im Rahmen einer im Zusammenhang mit der Anschaffung des Gebäudes vorgenommenen Instandsetzung und Modernisierung anfallen, wie etwa sog. Schönheitsreparaturen oder auch Kosten für die Herstellung der Betriebsbereitschaft. Selbst die Beseitigung verdeckter – im Zeitpunkt der Anschaffung des Gebäudes jedoch bereits vorhandener – Mängel oder die Beseitigung von bei Anschaffung des Gebäudes „angelegter", aber erst nach dem Erwerb auftretender altersüblicher Mängel und Defekte fällt hierunter.

Demgegenüber seien Kosten für Instandsetzungsmaßnahmen zur Beseitigung eines Schadens, der im Zeitpunkt der Anschaffung nicht vorhanden und auch nicht in dem oben genannten Sinne „angelegt" war, sondern nachweislich erst zu einem späteren Zeitpunkt durch das schuldhafte Handeln des Mieters am Gebäude verursacht worden ist, nicht den anschaffungsnahen Herstellungskosten zuzuordnen. Solche Aufwendungen können als sog. „Erhaltungsaufwand" und damit als Werbungskosten sofort abgezogen werden.

Für größere Erhaltungsaufwendungen innerhalb der Drei-Jahresfrist des § 6 Abs. 1 Nr. 1a EStG ist es daher ratsam, den Nachweis der Entstehung der Schäden nach Erwerb des Gebäudes zu erbringen. Hierfür bestehen derzeit gute Chancen, derartige Aufwendungen als sofort abzugsfähige Erhaltungsaufwendungen zu berücksichtigen.
Diese Aufwendungen verbrauchen dann auch nicht das „Aufwandsvolumen" von 15 % des Gebäudewertanteils.

FinBeh Hamburg, Fachinformation vom 30.05.2018, DStR 39/2018, 2028
§ 6 Abs. 1 Nr. 1a EStG – Auch unerwartete Aufwendungen für Renovierungsmaßnahmen gehören zu den anschaffungsnahen Herstellungskosten

Mit Urteil des BFH vom 13.03.2018 (Az. IX R 41/17) wird die Verwaltungsauffassung bestätigt:

Unvermutete Aufwendungen für Renovierungsmaßnahmen, um Schäden zu beseitigen, die durch normale Abnutzung des Objekts durch den Mieter entstanden sind, zählen zu den anschaffungsnahen Herstellungskosten i.S.d. § 6 Abs. 1 Nr. 1a EStG. Dies gilt auch dann, wenn im Rahmen einer solchen Renovierung „verdeckte", d.h. dem Steuerpflichtigen bei Erwerb verborgen gebliebene, jedoch zu diesem Zeitpunkt bereits vorhandene Mängel behoben werden. Als anschaffungsnahe Aufwendungen erhöhen sie die AfA-Bemessungsgrundlage und sind nicht als Werbungskosten/Betriebsausgaben sofort abziehbar.

Der BFH führt in seinem o.g. Urteil aus, dass es sich im Allgemeinen um anschaffungsnahe Herstellungskosten i.S.d. § 6 Abs. 1 Nr. 1a Satz 1 EStG handelt, wenn Aufwendungen für bauliche Maßnahmen innerhalb von 3 Jahren nach Gebäudeanschaffung (ohne Umsatzsteuer) 15 % der Anschaffungskosten des Gebäudes übersteigen. Zu diesen baulichen Maßnahmen zählen Schönheitsaufwendungen und Maßnahmen zur Betriebsbereitschaft sowie zur deutlichen Verbesserung des Gebäudes (vgl. auch BFH-Urteil vom 14.06.2016, BStBl II 2016, 996). Eine isolierte Betrachtung einzelner Kosten ist nicht vorzunehmen.

Fensteraustausch nicht jährlich üblicher Erhaltungsaufwand; Rev. BFH IX R 15/15

Das FG München hat bereits mit Entscheidung vom 03.02.2015, 11 K 1886/12 zu Sanierungsaufwendungen einschließlich Fensteraustausch entschieden.

Die Aufwendungen, die innerhalb der ersten drei Jahre nach Anschaffung netto 15 % des Gebäudewertanteils überschritten, wurden den anschaffungsnahen Herstellungskosten zugerechnet. Auch in dieser Entscheidung wurde sehr ausführlich auf die Entstehungsgeschichte und den Zweck des § 6 Abs. 1 Nr. 1a EStG eingegangen.

Vorsicht ist auch dann geboten, wenn eine zunächst vermietete Wohnung anschließend zu eigenen Wohnzwecken genutzt werden soll. Hier hat der BFH bereits im Jahr 2000 entschieden, dass Erhaltungsaufwendungen nach Beendigung der Vermietung und vor Beginn der Selbstnutzung grundsätzlich keine Werbungskosten sind.

Davon abweichend sollen aber immer dann doch abzugsfähige Erhaltungsaufwendungen vorliegen, wenn mutwillig vom Mieter verursachter Schaden beseitigt werden muss. Gleiches gilt natürlich auch für den Einsatz der einbehaltenen Kaution für Reparaturarbeiten. Hier darf allerdings dann auch nicht vergessen werden, die Kaution als Einnahme zu berücksichtigen.

Ohne jeden Zweifel liegen immer abzugsfähige Erhaltungsaufwendungen vor, wenn während der Vermietungszeit renoviert wird. Hier sollte, insbesondere bei Leerstand, darauf geachtet werden, dass die Kosten für die Suche nach einem Mieter durch geeignete Unterlagen nachgewiesen werden können (Inserate, Internetaufträge etc.). Wenn dann aber kein Mieter gefunden werden kann und der Eigentümer selbst einzieht, liegt kein Zusammenhang zwischen der Eigennutzung und der Renovierung vor.

Übertreibungen werden hier – wie immer und überall – schnell zu einer Intensivprüfung der Finanzverwaltung führen. Der Einbau einer Küche im Wert von 50.000 € für den noch zu findenden Mieter, der Whirlpool und die hochwertige Parkettverlegung bei Leerstand und späterer Eigennutzung und ähnliche Gestaltungen werden zwangsläufig Prüfungen und Nachfragen auslösen.

In den Zeilen 41–45 sind die Erhaltungsaufwendungen einzutragen, die gleichmäßig auf mehrere Jahre verteilt werden/wurden. Sollte ein hoher Erhaltungsaufwand im Jahr der Bezahlung keine ausreichende steuerliche Berücksichtigung finden, ist nach § 82b EStDV eine gleichmäßige Verteilung dieser Aufwendungen auf 2–5 Jahre möglich. Gleiches gilt für Erhaltungsaufwand bei Baudenkmalen oder bei Gebäuden in Sanierungsgebieten oder städtebaulichen Entwicklungsbereichen nach den §§ 11a und 11b EStG.

Die Aufwendungen für die **komplette Erneuerung einer Einbauküche** (Spüle, Herd, Einbaumöbel und Elektrogeräte) in einem vermieteten Immobilienobjekt sind nicht sofort als Werbungskosten bei den Einkünften aus Vermietung und Verpachtung abziehbar. Der BFH hat mit Urteil vom 03.08.2016, IX R 14/15 entschieden, dass sie vielmehr über einen Zeitraum von zehn Jahren im Wege der AfA abgeschrieben werden. Der BFH begründet dies mit der geänderten Ausstattungspraxis. Danach sind die einzelnen Elemente einer Einbauküche ein eigenständiges und zudem einheitliches Wirtschaftsgut mit einer Nutzungsdauer von zehn Jahren. Die Anschaffungs- und Herstellungskosten sind daher nur im Wege der AfA steuerlich zu berücksichtigen. Mit dem BMF-Schreiben vom 16.05.2017, IV C 1 – S 2211/07/10005: 001 wurde auf Antrag für 2016 noch der sofortige Abzug zugelassen. Für den Veranlagungszeitraum 2017 sind die Kosten über 10 Jahre abzuschreiben.

Die Anhebung der „GWG-Grenze" auf 800 € ist ab 2018 zu beachten. § 9 Abs. 1 Nr. 7 S. 2 EStG.

> **Beispiel 14.9:** Der Gebäudewertanteil eines im Februar 2011 angeschafften Gebäudes beträgt 500.000 €. Die Fassadenrenovierung im Kalenderjahr 2021 kostete 50.000 €.
>
> **Lösung:** Bei den 50.000 € handelt es sich um sofort abzugsfähige Erhaltungsaufwendungen. Wenn nun aber der persönliche Steuersatz nur mit den letzten 10.000 € des jährlichen zu versteuernden Einkommens belegt ist, oder das zu versteuernde Einkommen nur 20.000 € beträgt, bietet sich eine **Verteilung** auf die nächsten Jahre an. So könnten in Zeile 42 die 50.000 € Gesamtaufwand und für das Jahr 2021 entsprechend nur 10.000 € beantragt werden. In den Folgejahren 2022, 2023, 2024 und 2025 werden dann jeweils 10.000 € als Werbungskosten berücksichtigt.
> Die Zeilen 42 bis 46 sind für verteilte Erhaltungsaufwendungen der Vorjahre zu beachten.
> Die Vorschrift des § 82b EStDV gilt jedoch nur für überwiegend für Wohnzwecke vermietete Objekte. Wird aber für eine gewerbliche Nutzung vermietet, greift diese Verteilungsvorschrift nicht.

14.8 Sonstige Werbungskosten (Zeilen 47–51)

Die sonstigen Werbungskosten sind in Zeile 47 schon beispielhaft benannt. Neben diesen Aufwendungen sind die Telefongebühren für die diversen **Telefonate und die Fahrtkosten** zum Haus und zu den sonstigen vermietungsbedingten Orten mit 0,30 € je gefahrenen Kilometer zu berücksichtigen.

Die **Instandhaltungsrücklage** ist, weil noch kein Aufwand entstanden ist, hier nicht einzutragen. Bei der Instandhaltungsrücklage stellen die Zinsen Einnahmen aus Kapitalvermögen – Abgeltungsteuer! – dar. Erst wenn Aufwendungen bezahlt werden, entsteht Aufwand, der dann zu berücksichtigen ist.

Sollte für die Vermietung zur **Umsatzsteuer optiert** worden sein, sind die an das Finanzamt gezahlten Umsatzsteuern in der Zeile 49 als Werbungskosten einzutragen. Gleiches gilt für weitere Kosten wie Kabelanschluss, Rasenmäher und andere immobilienbezogene Aufwendungen. Aufwendungen für Werkzeuge und dergleichen sind ebenfalls als Werbungskosten zu berücksichtigen.

Die Vorschriften der Absetzung für Abnutzung sind auch für bewegliche Wirtschaftsgüter zu berücksichtigen. Hier hilft aber noch immer § 6 Abs. 2 EStG, wonach Anschaffungskosten bis zu 800 € (ohne Umsatzsteuer) sofort als Werbungskosten berücksichtigt werden können (§ 9 Abs. 1 S. 3 Nr. 7 EStG).

Vom Finanzamt erstattete Umsatzsteuern sind hingegen bei den Einnahmen in Zeile 18 einzutragen.

Fahrtkosten bei Vermietung und Verpachtung

Vermieter können Fahrtkosten zu ihren Vermietungsobjekten im Regelfall mit einer Pauschale von 0,30 € für jeden gefahrenen Kilometer als Werbungskosten geltend machen.

Grundlage hierfür ist die in den EStR 21.2 Abs. 4 vertretene Auffassung, dass die Verwaltung von nicht umfangreichem Grundbesitz keine besonderen Einrichtungen (Büro) erfordert. Regelmäßige Tätigkeitsstätte ist dann immer die Wohnung des Steuerpflichtigen.

Die ungünstigere Entfernungspauschale (0,30 € nur für jeden Entfernungskilometer) ist aber dann anzuwenden, wenn das Vermietungsobjekt ausnahmsweise die regelmäßige Tätigkeitsstätte des Vermieters ist. Dies hat der BFH bereits mit Urteil vom 01.12.2015, IX R 18/15 klargestellt.

Im Streitfall sanierte der Steuerpflichtige mehrere Wohnungen und ein Mehrfamilienhaus und suchte die hierfür eingerichteten Baustellen 165-mal bzw. 215-mal im Jahr auf. Aufgrund der Vielzahl der Fahrten zu den beiden Objekten kam das Finanzamt zu dem Ergebnis, dass der Steuerpflichtige nun am Ort der Vermietungsobjekte seine regelmäßige Tätigkeitsstätte habe. Die Fahrtkosten waren daher nach Ansicht des Finanzamts nur in Höhe der Entfernungspauschale abziehbar.

Der BFH gab dem Finanzamt Recht. Denn auch bei den Einkünften aus Vermietung und Verpachtung kann ein Vermieter – vergleichbar einem Arbeitnehmer – am Vermietungsobjekt eine regelmäßige Tätigkeitsstätte haben, wenn er sein Vermietungsobjekt nicht nur gelegentlich, sondern mit einer gewissen Nachhaltigkeit fortdauernd und immer wieder aufsucht.

Dies war aufgrund der ungewöhnlich hohen Zahl an Fahrten und der damit praktisch arbeitstäglichen Anwesenheit hier der Fall. Der Steuerpflichtige konnte daher seine Fahrtkosten nur in Höhe der Entfernungspauschale abziehen.

Im Regelfall sucht ein Steuerpflichtiger ein Vermietungsobjekt allerdings nicht arbeitstäglich auf, sondern in größerem oder kleinerem zeitlichen Abstand, z.B.:
- zu Kontrollzwecken,
- bei Mieterwechseln oder
- zur Ablesung von Zählerständen.

Zudem erfordert bei nicht umfangreichem Grundbesitz die Verwaltung eines Mietobjekts in der Regel keine besonderen Einrichtungen, wie z.B. ein Büro, sondern erfolgt regelmäßig von der Wohnung des Steuerpflichtigen aus.

In einem solchen Fall ist das Vermietungsobjekt nicht der ortsgebundene Mittelpunkt der Vermietungstätigkeit. Die Fahrtkosten können dann entsprechend den lohnsteuerlichen Grundsätzen mit 0,30 € je gefahrenen Kilometer geltend gemacht werden.

Die Ausführungen in EStR 21.2 Abs. 4 werden damit bestätigt.

Berechnung der Entfernungspauschale bei Vermietungseinkünften FG Köln (Urteil vom 19.02.2020, 1 K 1209/18)

Nach § 9 Abs. 3 EStG gelten die Regelungen zur Entfernungspauschale bei den Einkünften aus Vermietung und Verpachtung entsprechend. Wie ist zu rechnen, wenn der Vermieter bei zwei Objekten jeweils eine erste Tätigkeitsstätte hat und gelegentlich von der einen ersten zur anderen ersten Tätigkeitsstätte (und wieder nach Hause) fährt?

Die Entfernungspauschale (0,30 € für jeden Entfernungskilometer) nach § 9 Abs. 1 Satz 3 Nr. 4 EStG ist nach der Rechtsprechung des BFH nur dann anzuwenden, wenn das Vermietungsobjekt ausnahmsweise die regelmäßige Tätigkeitsstätte des Vermieters ist (BFH-Urteil vom 01.12.2015, IX R 18/15)

Ein Vermieter kann – vergleichbar einem Arbeitnehmer – am Belegenheitsort des Vermietungsobjekts eine regelmäßige Tätigkeitsstätte haben, wenn er seine Immobilie nicht nur gelegentlich, sondern mit einer gewissen Nachhaltigkeit fortdauernd und immer wieder aufsucht, weil er dort schwerpunktmäßig tätig wird. Fährt ein Steuerpflichtiger als Vermieter einer Immobilie dagegen nur gelegentlich, z.B. einmal monatlich, zu seinem Mietobjekt, kann er die Fahrtkosten nach den Regeln für Dienstreisen als Werbungskosten bei seinen Einkünften aus Vermietung und Verpachtung abziehen.

FG Köln: Bei zwei Objekten regelmäßige/erste Tätigkeitsstätte

Die Rechtsprechung des BFH ist noch für einen Zeitraum vor 2014 (bis 2013 regelmäßige Arbeitsstätte bei Arbeitnehmern) ergangen. Im Arbeitnehmerbereich kommt es ab 2014 für die Bestimmung der ersten Tätigkeitsstätte bei fehlender dienst- oder arbeitsrechtlicher Festlegung durch den Arbeitgeber alleine auf quantitative Zuordnungskriterien an. Nicht mehr entscheidend ist, wo der qualitative Schwerpunkt der Tätigkeit des Arbeitnehmers liegt oder liegen soll.

So bestimmt § 9 Abs. 4 Satz 4 EStG, dass eine erste Tätigkeitsstätte die betriebliche Einrichtung ist, an der der Arbeitnehmer typischerweise arbeitstäglich oder zwei volle Arbeitstage oder mindestens ein Drittel seiner vereinbarten regelmäßigen Arbeitszeit tätig werden soll.

Im Rahmen eines Klageverfahrens vor dem FG Köln (Urteil vom 19.02.2020, 1 K 1209/18) hat das FG aufgrund der quantitativen Kriterien bei zwei Objekten eine erste Tätigkeitsstätte hinsichtlich der Einkünfte aus dem jeweiligen Objekt (ein Arbeitnehmer kann auch mehrere erste Tätigkeitsstätten haben, wenn er mehrere Arbeitsverhältnisse hat) angenommen. Der Kläger unternahm aber auch Fahrten zwischen den zwei Objekten.

> **Beispiel: 14.10:** Die Entfernung von der Wohnung zum Vermietungsobjekt in X beträgt für A 30 km und zum Vermietungsobjekt in Y 50 km. Die Entfernung zwischen den beiden Objekten beträgt 40 km. A fährt morgens von zu Hause nach X, von dort nach Y und von dort wieder nach Hause.
>
> **Lösung: Reisekosten bei Fahrten zwischen den Objekten**
> Das FG Köln hat die Kosten der Fahrten zwischen den Objekten in X und Y nach § 9 Abs. 3, § 9 Abs. 1 Satz 3 Nr. 4a mit den tatsächlichen Kosten angesetzt. Es handele sich insoweit nämlich nicht um Fahrten zwischen Wohnung und der ersten Tätigkeitsstätte, sondern um Fahrten zwischen zwei ersten Tätigkeitsstätten.
> Dies würde hier zu folgender Kostenberechnung führen:
>
> | | |
> |---|---:|
> | Entfernung von zu Hause nach X 30 km × 0,15 € | 4,50 € |
> | Entfernung von X nach Y 40 km × 0,30 € | 12,00 € |
> | Entfernung von Y nach zu Hause 50 km × 0,15 € | 7,50 € |
> | **Gesamt (12 € Reisekosten, 12 € Entfernungspauschale)** | **24,00 €** |

Beiträge für Risikolebensversicherungen
Beiträge für Risikolebensversicherungen, welche der Absicherung von Darlehen dienen, die zur Finanzierung der Anschaffungskosten eines der Einkünfteerzielung dienenden Immobilienobjekts aufgenommen werden, sind auch dann **nicht als Werbungskosten** bei den Einkünften aus Vermietung und Verpachtung zu berücksichtigen, wenn der Versicherungsvertragsabschluss durch das finanzierende Kreditinstitut vorgegeben war.

Eine Aufteilung von Beiträgen in einen abziehbaren und einen nicht abziehbaren Teil kommt nicht in Betracht, wenn sich die durch die Einkünfteerzielung veranlassten Beitragsanteile nicht feststellen lassen und dem Darlehenssicherungszweck gegenüber der Absicherung des Todesfallrisikos eine untergeordnete Bedeutung zukommt (BFH-Urteil vom 13.10.2015, IX R 35/14).

Drittaufwand
Der BFH hat am 15.01.2008 entschieden (BStBl II 2008, 572), dass ein Werbungskostenabzug auch bei Zahlung eines Dritten im abgekürzten Vertragsweg möglich ist. Es handelt sich dabei immer um die im typischen Geschäftsleben vorkommenden Sachverhalte, dass der Ehegatte des Eigentümers eine Rechnung für die Immobilie bezahlt. Diese Entscheidung folgte der Entscheidung zum abgekürzten Zahlungsweg, die bereits zuvor ergangen war.

Zahlungen zum Verzicht des Wohnrechts sind sofort abziehbare Werbungskosten – BFH vom 11.12.2012, IX R 28/12
Die Mutter hatte ihrem Sohn im Rahmen der vorweggenommenen Erbfolge ein mit einem Zweifamilienhaus bebautes Grundstück unentgeltlich übertragen. Zugunsten der Mutter bestand ein Wohnrecht als beschränkt persönliche Dienstbarkeit. Die steuerrechtlichen Folgen aus dieser unentgeltlichen Übertragung im Rahmen der vorweggenommenen Erbfolge sind § 11d EStDV zu entnehmen. Danach hat der Rechtsnachfolger die Werte seines Rechtsvorgängers zu übernehmen. Im vorliegenden Fall könnte also der Sohn nur die Abschreibungswerte der Mutter, für die nun in seinem Eigentum befindliche

Wohnung, fortführen. Für die von der Mutter genutzte, mit einem Wohnrecht belastete Wohnung, würde der Sohn keine Einkünfte erzielen. Eine steuerliche Berücksichtigung der Abschreibungswerte für diesen Gebäudeteil ist daher nicht möglich.

Wenn nun die Mutter auf das eingetragene Wohnrecht verzichtet und in eine andere Mietwohnung verzieht, ergeben sich mehrere steuerrechtliche Folgen. Zunächst sind die Renovierungskosten für die bis dahin von der Mutter bewohnten Wohnung in vollem Umfang als Erhaltungsaufwand abzugsfähig. Eine Begrenzung auf 15 % des Gebäudewertanteils wird wegen des abgelaufenen 3-Jahres-Zeitraums i.S.d. § 6 Abs. 1 Nr. 1a EStG in der Besitzzeit der Mutter nicht mehr vorliegen.

Die aus dieser Wohnung erzielten Einnahmen sind bei den Einkünften aus Vermietung und Verpachtung des Sohnes zu erklären und zugleich sind die Abschreibungswerte der Rechtsvorgängerin für diesen Gebäudeteil als Werbungskosten anzusetzen.

Die Mietzahlungen des Sohnes für die neue Mietwohnung der Mutter stellen nach dem BFH-Urteil ebenfalls sofort abzugsfähige Werbungskosten bei dem Sohn dar. Hierbei ist jedoch zu beachten, dass die Verträge zwischen Mutter und Sohn dem sogenannten Drittvergleich standhalten müssen. Dies ist nach dem BFH-Urteil immer dann gegeben, wenn die Miete der neuen Wohnung der Mutter dem Verzicht auf das Wohnrecht entspricht und somit Leistung und Gegenleistung angemessen zueinanderstehen. Des Weiteren ist zu beachten, dass sowohl die Zahlungen als auch die Nutzungen entsprechend dem Vereinbarten durchgeführt werden müssen.

Durch die Aufgabe des Wohnrechts und gleichzeitige Übernahme der Mietaufwendungen für die Mutter ist ein erheblicher steuerlicher Vorteil entstanden. Hätte die Mutter den Gebäudeteil nicht mit einem Wohnrecht belastet, sondern an den Sohn verkauft, um mit dem Verkaufserlös eine eigene neue Wohnung zu erwerben, könnte der Sohn lediglich die Abschreibungen für den Gebäudeteil verteilt über 50 Jahre steuerrechtlich mindernd geltend machen. Durch die unentgeltliche Übertragung (belastet mit einem Wohnrecht) hat der Sohn jedoch zum einen die restlichen Abschreibungswerte der Mutter für den entsprechenden Gebäudeteil als Werbungskosten zu berücksichtigen und kann des Weiteren die vollen monatlichen Mietzahlungen für die Wohnung der Mutter als Werbungskosten berücksichtigen.

14.9 Abbildungen zu Kapitel 14

Abb. 14.1: Einkünfte aus Vermietung und Verpachtung

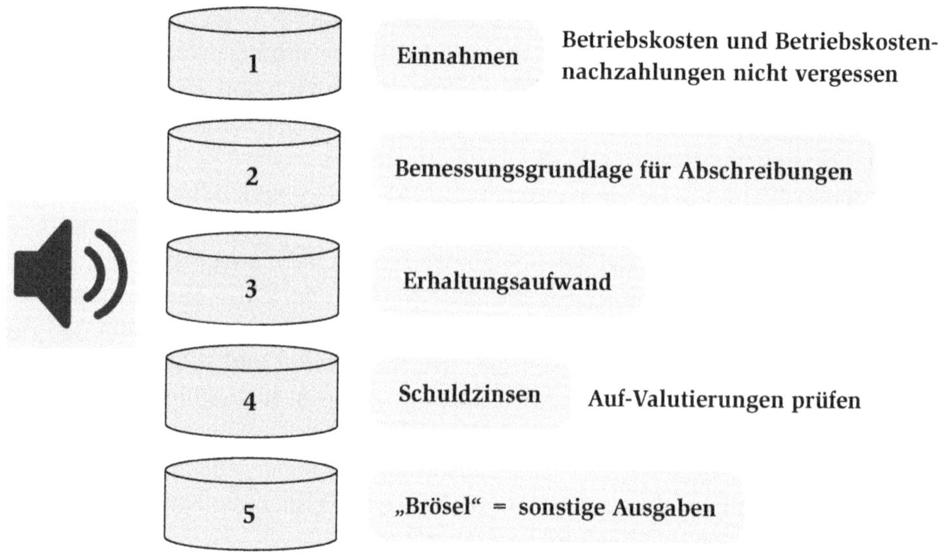

1. Einnahmen — Betriebskosten und Betriebskostennachzahlungen nicht vergessen
2. Bemessungsgrundlage für Abschreibungen
3. Erhaltungsaufwand
4. Schuldzinsen — Auf-Valutierungen prüfen
5. „Brösel" = sonstige Ausgaben

Abb. 14.2: Vermietung möblierter Wohnungen mit Angebot von Zusatzleistungen

Airbnb = Einnahmen, die zu versteuern sind. Mögliche Bettensteuer nicht vergessen!

FBeh Hamburg vom 30.01.2018, S 1980 – 2017/003 – 52, DStR 2018, 1821

Überschreiten der Vermögensverwaltung und damit **Gewerblichkeit** kann vorliegen, wenn der Vermieter Leistungen im Rahmen eines Gesamtkonzepts anbietet; insbesondere bei Ausrichtung auf bestimmte Zielgruppen (wie z.B. Studenten, Berufsanfänger, Pendler).

Beispiele für solche Leistungsangebote:
- Verkauf von Einrichtungsgegenständen
- Büroutensilien
- Gegenstände des täglichen Bedarfs
- Kochgeschirr
- Vorhalten von Getränke- und Snackautomaten
- Fitnessgeräte
- Brötchendienst
- Wäschereinigungsservice
- Zimmerreinigung

Keine gewerbliche Vermietung von Ferienwohnungen bei Zwischenschaltung eines gewerblichen Vermittlers BFH vom 28.05.2020, IV R 10/18

14.9 Abbildungen zu Kapitel 14

Abb. 14.3: Überschussprognose bei Ferienwohnungen – BFH vom 16.04.2013, IX R 26/11

Coronahilfen sind Einnahmen. In Zeile 19 eintragen.
Keine Angaben in der Anlage Corona!

Ferienwohnung

teilweise vermietet
(ortsübliche Vermietungstage)
und teilweise selbst genutzt

- Der Prognosezeitraum beginnt mit der Anschaffung/Herstellung des Gebäudes, Beendigung der Selbstnutzung oder Veränderung der Verhältnisse.
- Er umfasst einen Zeitraum von 30 Jahren, wenn nicht eine kürzere zeitliche Befristung vorliegt.
- Werbungskosten sind nur für die Zeiten der Vermietung zu berücksichtigen.
- Künftige Einnahmen und Werbungskosten können unter Berücksichtigung von Preissteigerungen geschätzt werden.
- Sicherheitszuschläge bei den geschätzten Werten sind bis zu 10 % möglich.
- Private Veräußerungsgewinne nach § 23 EStG sind nicht einzubeziehen.

Ortsübliche Vermietungszeiten objektbezogen mit Vergleichsdaten des Statistikamtes abgleichen, BFH vom 26.05.2020, IX R 33/19

Abb. 14.4: Verbilligte Überlassung von Wohnraum – Minderung der Werbungskosten

§ 21 Absatz 2 EStG ist zu beachten:
„Beträgt das Entgelt bei langfristiger Wohnungsvermietung nicht weniger als **50 Prozent** der ortsüblichen Miete (ggf. durch Sachverständigen zu ermitteln, BFH vom 10.10.2018, IX R 14/17), gilt die Wohnungsvermietung als entgeltlich."
Ortsüblich ist ein Zuschlag für möbliert überlassene Wohnungen zu berücksichtigen, BFH vom 06.02.2018, IX R 14/17.
Dann sind auch die gesamten Werbungskosten zu berücksichtigen. Anderenfalls erfolgt eine entsprechende Kürzung der Werbungskosten.
Z.B.: 49 % der ortsüblichen Miete führt zur Kürzung der Werbungskosten auf nur 49 %.

Ab 2021 wieder 50 %, aber bis 66 % Überschuss Prognose bei Verlusten

Nicht nur die Mietverträge sind entsprechend zu prüfen: Auch die monatlichen Mietzahlungen müssen dem Vereinbarten entsprechen.
Weit überwiegend wird es wohl Verträge unter Angehörigen/Freunde etc. betreffen, die auch formell durch die Verwaltung geprüft werden; Zeile 7 der Anlage V.

Anlage V

Abb. 14.5: Verbilligte Überlassung von Wohnraum – Minderung der Werbungskosten
Wie wird die ortsübliche Miete ermittelt? BFH vom 22.02.2021, IX R 7/20

1.
Die ortsübliche Marktmiete ist grundsätzlich auf der Basis des Mietspiegels zu bestimmen.

2.
Kann ein Mietspiegel nicht zugrunde gelegt werden oder ist er nicht vorhanden, kann die ortsübliche Marktmiete z.B.:
- mit Hilfe eines mit Gründen versehenen Gutachtens eines öffentlich bestellten und **vereidigten Sachverständigen** i.S.d. § 558a Abs. 2 Nr. 3 BGB,
- durch die **Auskunft aus einer Mietdatenbank** i.S.d. § 558a Abs. 2 Nr. 2 BGB i.V.m. § 558e BGB oder
- unter Zugrundelegung der Entgelte für zumindest **drei vergleichbare Wohnungen** i.S.d. § 558a Abs. 2 Nr. 4 BGB ermittelt werden;

jeder dieser Ermittlungswege ist grundsätzlich gleichrangig.

Abb. 14.6: Mietausfälle in Zeiten der Corona-Pandemie führen grundsätzlich nicht zu einer Minderung der Werbungskosten

Variante 1.:
der Mieter zahlt einfach nicht oder weniger, dann bleibt der Vertrag und damit auch die Forderung bestehen. Ein Verzicht auf diese Außenstände stellt keinen Fall des § 21 Abs. 2 EStG dar.

OFD Nordrhein-Westfalen, Kurzinfo vom 02.12.2020, DStR Heft 5/2021, S. 292

Variante 2.:
der Vermieter senkt die Miete auf das dem Mieter noch mögliche Maß. Dann handelt es sich um die ortsübliche Miete, weil ein anderer Mieter auch nicht mehr zahlen könnte.

Für vermietete Wohnung = kein Fall des § 21 Abs. 2 EStG
Für vermietete Gewerberäume = kein Wegfall der Einkunftserzielungsabsicht.

14.9 Abbildungen zu Kapitel 14

Abb. 14.7: Kauf einer vermieteten Eigentumswohnung – Vertragliche Aufteilung BFH vom 21.07.2020, IX R 26/19

Laufendes Verfahren
FG Berlin-Brandenburg 3 K 3137/19
kurz vor mündlicher Verhandlung
Stand Oktober 2021

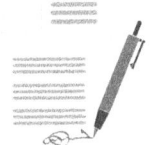

Immobilienkaufvertrag

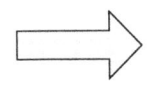

Neues Berechnungstool BMF ab Mai 2021

Gesamtkaufpreis **aufteilen und begründen**:
1. Bodenwertanteil
2. Gebäudewertanteil
3. Instandhaltungsrücklage

Die Berechnungshilfe der Verwaltung zur Ermittlung des Bodenwertanteils vom 02.04.2020 ist <u>nicht</u> zu berücksichtigen. Auch die <u>neue Arbeitshilfe</u> des BMF aus dem Mai 2021 stellt nur mögliche Berechnungsvarianten dar, die weder Gesetz noch Verwaltungsanweisung darstellen.
Rechtliche Grundlage für die Anwendung der neuen „Arbeitshilfe" wird (auch noch immer im laufenden Gerichtsverfahren) „verheimlicht". Offenkundige absurde Ergebnisse (Gebäudewertanteil unter 20 %).

Abb. 14.8: Kaufpreisaufteilung auf Grund und Boden und Gebäude: Die vertragliche Kaufpreisaufteilung darf nicht durch die Arbeitshilfe des BMF ersetzt werden. BFH Urteil vom 21.07.2020 IX R 26/19

Die neue Arbeitshilfe des BMF 2.0 ist wohl ebenfalls untauglich.

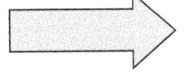 Selbst wenn die vertragliche Kaufpreisaufteilung in grundsätzlicher Weise verfehlt und wirtschaftlich nicht haltbar erscheint, **ist die Arbeitshilfe des BMF nicht zu berücksichtigen**.

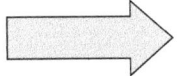 Weichen die kaufvertragliche Aufteilungen und der Bodenrichtwert um mehr als 10 % voneinander ab, liegen nennenswerte Zweifel vor.

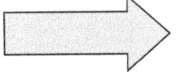 Es ist das Gutachten eines öffentlich bestellten und vereidigten Sachverständigen für die Bewertung von Grundstücken einzuholen.

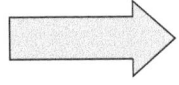 Ein Gutachten des Bausachverständigen der Finanzverwaltung ist im finanzgerichtlichen Verfahren lediglich als Privatgutachten zu bewerten.

Anlage V

Abb. 14.9: Wie die Boden- und Gebäudewertanteile laut BFH ermittelt werden können: BFH Urteil vom 21.07.2020, IX R 26/19

Die neue Arbeitshilfe des BMF 2.0 ist wohl ebenfalls untauglich.

- Zunächst sind Boden- und Gebäudewert gesondert zu ermitteln.
- Für die Schätzung kann die **ImmoWertV** herangezogen werden.
- Danach ist der Verkehrswert mit Hilfe:
  - des Vergleichswertverfahrens,
  - des Ertragswertverfahrens oder
  - mehrerer dieser Verfahren zu ermitteln (§ 8 Abs. 1 S. 1 ImmoWertV).

unter Berücksichtigung der im gewöhnlichen Geschäftsverkehr bestehenden Gepflogenheiten und der sonstigen Umstände des Einzelfalls, insbesondere der zur Verfügung stehenden Daten, zu wählen; die Wahl ist zu begründen.

Klingt nicht besonders anwenderfreundlich. Nach der Breitseite gegen das BMF ist auf eine klarstellende, gesetzliche Lösung zu hoffen.

Abb. 14.10: Vertragliche Kaufpreisaufteilung und die Arbeitshilfe 2.0 aus 2021 Einspruchsbegründung

Überarbeitete Arbeitshilfe des BMF 2.0 aus 2021

Herr Wolfgang Kleiber weist in GuG aktuell 2021, 33–34/Heft 5 auf den eklatanten Systembruch zur Kaufpreisaufteilung unter Anwendung des Vergleichs- und Ertragswertverfahren hin.

Auch die in der Arbeitshilfe 2.0 verwendeten Regionalfaktoren variieren zwischen 0,75 bis 1,7 und führen damit zu unzutreffenden Ergebnissen.

Die Arbeitshilfe kann danach nur als nicht tauglich eingeordnet werden.

Deshalb bitten wir Sie, hinsichtlich der Bemessungsgrundlagen für die Abschreibungen die Verfahren weiterhin ruhen zu lassen.

Das entsprechende Verfahren zur Arbeitshilfe 2.0 wird derzeit vor dem Finanzgericht Berlin-Brandenburg unter dem Az.: 3 K 3137/19 geführt.

Abb. 14.11: Mietwohnungsneubau – der neue § 7b EStG

1. **Bauantrag** muss zwischen 01.09.2018 und 31.12.2021 gestellt werden. Belegenheit **innerhalb der EU/EWR**. In Polen, Spanien ...
2. Anschaffung oder Herstellung. Aber **bei Anschaffung muss bis zum Ende des Jahres der Fertigstellung angeschafft werden**. Fertigstellung Dezember und Anschaffung Januar des Folgejahres wäre nicht begünstigt.
3. Mindestens **10 Jahre entgeltlich zu Wohnzwecken überlassen**, sonst (rückwirkend mit Verzinsung) wird die Sonderabschreibung versagt.
4. Die Wohnung muss **mindestens 23m² groß** sein (§ 7b Abs. 2 Nr. 1 EStG + § 181 Abs. 9 BewG)
5. Eine **betriebliche oder Eigennutzung ist ausgeschlossen**. Vermietung **zur vorübergehenden Beherbergung ist schädlich**. Bei Verkauf der Immobilie innerhalb der 10 Jahre ist die Vermietung vom Käufer fortzusetzen.
6. Tatsächliche Fertigstellung ist nur maßgeblich für die erstmalige Inanspruchnahme der Sonderabschreibung. Letztmaliger Ansatz im Jahr 2026. Deshalb muss die Immobilie **spätestens 2023 fertiggestellt sein.**
7. 4 Jahre lang 5 % der Anschaffungskosten/Herstellungskosten als Sonderabschreibung, also **neben der Normalabschreibung nach § 7 Abs. 4 EStG von 2 %**.
8. Obergrenze für die Sonderabschreibung sind **2.000 €/qm Wohnfläche**. Bedingung ist jedoch, dass 3.000 €/qm Wohnfläche nicht überschritten werden.
9. Der Gesamtbetrag der Förderung darf in einem Zeitraum von drei Veranlagungszeiträumen 200.000 € nicht übersteigen.
10. 4 Jahre × **5 %** = 20 % + 4 Jahre × **2 %** = 8 %.
    Somit werden 28 % in 4 Jahren abgeschrieben.
    Der Restbuchwert ist auf die Restnutzungsdauer von 50 Jahre – 4 Jahre = 46 Jahre zu verteilen.

Ab dem 5. Jahr somit nur noch **1,5652 % AfA** (72 %/46 Jahre).

Abb. 14.12: Größerer Erhaltungsaufwand kann auf zwei bis fünf Jahre verteilt werden § 82b EStDV

BFH Urteil vom 10.11.2020, IX R 31/19

Hat der Steuerpflichtige größere Erhaltungsaufwendungen nach § 82b EStDV auf mehrere Jahre verteilt **und verstirbt er** innerhalb des Verteilungszeitraums:

- ist der noch nicht berücksichtigte Teil der Erhaltungsaufwendungen
- im Veranlagungsjahr des Versterbens als Werbungskosten
- im Rahmen **seiner Einkünfte** aus Vermietung und Verpachtung abzusetzen (entgegen R 21.1 Abs. 6 Sätze 2 und 3 EStR 2012).

Abb. 14.13: „Auf-Valutierung" BFH-Urteil vom 24.10.2012, IX R 35/11
Zuordnung zum Privatbereich – kein Werbungskostenabzug möglich

Langfristig vermietet und finanziert

Ursprüngliche Hypothek 400.000 €

100.000 € getilgt; Darlehensvaluta 300.000 €

- Die finanzierende Bank gewährt Ihnen jedoch zusätzliche 100.000 €. Es erfolgt damit eine **Auf-Valutierung auf wieder 400.000 €**.
- Sie haben 400.000 € Schulden, können aber 100.000 € frei einsetzen!
- Die Zinsbelastung ist dennoch – durch den nun geringeren Zinssatz –(z.B. von 6 % auf 1 % von 400.000 €) reduziert.

Der auf die „neuen" 100.000 € entfallende Zinsanteil ist nur dann steuerlich abzugsfähig, wenn die 100.000 € auch für eine Einkunftsart eingesetzt werden!

Ohne Nachweis der Verwendung der 100.000 € für eine Einkunftsart sind 1 % auf 100.000 € nicht abzugsfähig.

15. Anlagen R + R-AV/bAV + R-AUS + SO + FW + AUS + Mobilitätsprämie

15.1 Anlage R + R-AV/bAV + R-AUS

Was ist zu beachten – neu und wichtig – Checkliste

Besteuerung von Leibrenten und anderen Leistungen aus der Basisversorgung nach § 22 Nr. 1 Satz 3 Buchstabe a Doppelbuchstabe aa EStG **ergehen vorläufig**	BMF vom 30.08.2021, IV A 3 – S 0338/19/10006 :001 DOK 2021/0814165
Der **Besteuerungsanteil** der Rente **steigt** ab 2021 bei Rentenbeginn nur noch um 1 % jährlich (zuvor 2 %)	§ 22 Nr. 1 S. 3 Buchst a, Doppelbuchstabe a EStG
Jährliche Neuberechnung des steuerfreien Teils der Rente, bei Änderung des Jahresrentenbetrags aufgrund Anrechnung von Erwerbsersatzeinkommen	FG Köln vom 07.04.2017, 8 K 1489/15
Öffnungsklausel muss erfragt werden – keine elektronische Übermittlung	Wurden Versicherungsbeiträge oberhalb der Beitragsbemessungsgrundlage gezahlt?
Elektronischer Datenabruf nun auch für private Rentenversicherungen möglich	Siehe Zeile 13, 14 + 17, 18 der Anlage R
Abfindungen für Kleinstbetragsrenten – **Nachzahlungen nach Klagen**	Nach § 34 Abs. 1 EStG ermäßigt besteuert Rz. 36 Anlage R beachten
Auch Rentenzahlungen aus Kapitallebensversicherungen bleiben steuerfrei	**BFH-Urteil vom 01.07.2021, XIII R 4/18**
Zeitlich **befristete Privatrenten** führen zu abweichenden Ertragsanteilen	Insbesondere im Todesjahr § 55 EStDV beachten
Leibrenten aus **Veräußerungsgeschäften**	Keine elektronische Abfrage möglich; Daten jährlich prüfen
Leistungen aus Altersvorsorgeverträgen und aus der betrieblichen Altersversorgung	§ 22 Nr. 5 EStG Anlegerbescheinigung prüfen – elektronisch übermittelte Daten
Ausländische Renten in Anlage R-AUS	Zuordnung nach DBA prüfen

Anlage R 2021

Jeder Ehegatte / Lebenspartner mit Renten und Leistungen hat eine eigene Anlage R abzugeben.

stpfl. Person / Ehemann / Person A

Ehefrau / Person B

1 Name
2 Vorname
3 Steuernummer — lfd. Nr. der Anlage

Daten für die mit (e) gekennzeichneten Zeilen liegen im Regelfall vor und müssen nicht eingetragen werden – Bitte Infoblatt eDaten / Anleitung beachten –

Renten und andere Leistungen aus dem Inland
– Ohne Leistungen aus Altersvorsorgeverträgen und aus der betrieblichen Altersversorgung –

Leibrenten / Leistungen aus gesetzlichen Rentenversicherungen, landwirtschaftlicher Alterskasse, berufsständischen Versorgungseinrichtungen, eigenen zertifizierten Basisrentenverträgen

	1. Rente (EUR)	2. Rente (EUR)
4 Rentenbetrag (einschließlich Einmalzahlung und Leistungen)	101	151
5 Rentenanpassungsbetrag (in Zeile 4 enthalten)	102	152
6 Beginn der Rente	103	153
Vorhergehende Rente:		
7 Beginn der Rente	105	155
8 Ende der Rente	106	156
9 Nachzahlungen für mehrere vorangegangene Jahre / Kapitalauszahlung (in Zeile 4 enthalten)	111	161
Öffnungsklausel:		
10 Prozentsatz (lt. Bescheinigung Ihres Versorgungsträgers)	112 , %	162 , %
11 die Rente erlischt / wird umgewandelt spätestens am	113	163
12 bei Einmalzahlung: Betrag	114	164

Leibrenten aus privaten Rentenversicherungen (auf Lebenszeit / mit zeitlich befristeter Laufzeit)
(ohne Renten lt. Zeile 4 bis 12)

	1. Rente (EUR)	2. Rente (EUR)
13 Rentenbetrag	131	181
14 Beginn der Rente	132	182
15 Geburtsdatum des Erblassers bei Garantiezeitrenten	136	186
16 Die Rente erlischt mit dem Tod von		
17 Die Rente erlischt / wird umgewandelt spätestens am	133	183
18 Nachzahlungen für mehrere vorangegangene Jahre (in Zeile 13 enthalten)	134	184

15.1 Anlage R + R-AV/bAV + R-AUS

Leibrenten aus sonstigen Verpflichtungsgründen (z. B. Renten aus Veräußerungsgeschäften)
(ohne Renten lt. Zeile 4 bis 18)

		1. Rente (EUR)	2. Rente (EUR)
31	Rentenbetrag	141	191
32	Beginn der Rente	142	192
33	Geburtsdatum des Erblassers bei Garantiezeitrenten	146	196
34	Die Rente erlischt mit dem Tod von		
35	Die Rente erlischt / wird umgewandelt spätestens am	143	193
36	Nachzahlungen für mehrere vorangegangene Jahre (in Zeile 31 enthalten)	144	194

Werbungskosten
Die Eintragungen in den Zeilen 37 und 38 sind nur in der ersten Anlage R vorzunehmen.

		EUR
37	– zu den Zeilen 4, 13 und 31 – ohne Werbungskosten lt. Zeile 38 – (Art der Aufwendungen)	800
38	– zu den Zeilen 9, 18 und 36 (Art der Aufwendungen)	801

Steuerstundungsmodelle

		EUR
39	Einkünfte aus Gesellschaften / Gemeinschaften / ähnlichen Modellen i. S. d. § 15b EStG (lt. gesonderter Aufstellung)	

Anlage R + R-AV/bAV + R-AUS

Mit dem BMF-Schreiben vom 30.08.2021, IV A 3 – S 0338/19/10006 :001 DOK 2021/0814165 setzt die Verwaltung die Rechtsprechung des Bundesverfassungsgerichts um. Bis zu einer Neuregelung der Besteuerung der Alterseinkünfte verbleiben die Festsetzungen vorläufig.

15.1.1 Besteuerung der Alterseinkünfte

Die mitteilungspflichtigen inländischen Rentenkassen etc. haben gem. § 22a Abs. 1 S. 1 EStG i.V.m. § 93c Abs. 1 S. 1 Nr. 1 AO jährlich bis zum letzten Tag des Februars des auf die Leistung folgenden Jahres **Rentenbezugsmitteilungen** an eine zentrale Stelle der Finanzverwaltung (Zentrale Zulagenstelle für Altersvermögen – ZfA) auf elektronischem Wege zu übermitteln. Hier ist die seit dem Veranlagungszeitraum 2013 eingeführte VaSt – vorausgefüllte Steuererklärung – ein echter Segen! Die dem Finanzamt von der ZfA übermittelten Daten können so abgerufen werden und die sehr umständliche Ermittlung der jährlich abweichenden Rentenanpassungsbeträge entfällt für diese Fälle. Anderenfalls bleibt es auch für den Veranlagungszeitraum 2021 dabei, die zutreffenden regelmäßigen Rentenanpassungsbeträge abzufragen. Den Mitteilungen zur Vorlage beim Finanzamt wird auf Anfrage auch eine **Ausfüllhilfe** beigefügt.

Schon im Veranlagungszeitraum 2018 haben die Bundesländer Brandenburg, Bremen, Sachsen und Mecklenburg-Vorpommern die Möglichkeit einer verkürzten Erklärung ermöglicht. Danach mussten die Rentner nur noch die nicht elektronisch dem Finanzamt bereits vorliegenden Daten einreichen. Gleiches gilt für 2021.

Auf der Anlage R, die für jeden Ehegatten/Lebenspartner getrennt abzugeben ist, können maximal jeweils zwei unterschiedliche gesetzliche und private Leibrenten eingetragen werden.

Eine Vielzahl von Renten verbleibt auch weiterhin **steuerfrei**. Dem BMF-Schreiben vom 19.08.2013 Rz. 197 ist in 11 Spiegelstrichen eine Übersicht der steuerfreien Renten (§ 3 Nr. 1, 3, 6, 8, 8a, 14 und 55e EStG) zu entnehmen. Dazu gehören insbesondere:
- Leistungen aus der gesetzlichen Unfallversicherung (Berufsgenossenschaft),
- Schadensersatzrenten,
- Schmerzensgeldrenten,
- Wiedergutmachungs- und Entschädigungsrenten.

Diese Renten müssen grundsätzlich nicht erklärt, aber im Zweifelsfall mit dem Finanzamt abgestimmt werden. Insbesondere die Vielzahl unterschiedlicher Wiedergutmachungsleistungen ist dem § 3 EStG nur schwer zu entnehmen.

15.1.2 Gesetzliche Leibrenten
(§ 22 Nr. 1 S. 3 Buchstabe a Doppelbuchstabe aa EStG)

Die folgenden Rentenarten gehören zu den gesetzlichen Leibrenten und sind in **Zeile 4** mit den Ziffern 1–4 zu unterscheiden:
1. Leibrenten aus **gesetzlichen Rentenversicherungen**. Dazu gehören insbesondere die Altersrenten, die Witwen-/Witwerrenten, die Erwerbsminderungsrenten.
2. Leistungen aus **landwirtschaftlichen Alterskassen** wegen Alters, Erwerbsminderung oder wegen Todes.
3. Leistungen aus **berufsständischen Versorgungswerken** (Pflichtversorgungssysteme für bestimmte Berufsgruppen wie Ärzte, Anwälte, Notare, …).

15.1 Anlage R + R-AV/bAV + R-AUS

4. Leistungen aus eigenen **kapitalgedeckten Rentenversicherungen**, deren Laufzeit nach dem 31.12.2004 begonnen hat und die seit dem 01.01.2010 als sogenannte „Rürup-Versicherungen" auch zertifiziert sind.

Die Berechnung für diese vier Leibrentenarten erfolgt in der Weise, dass von dem Rentenbetrag ein Freibetrag abgezogen wird. Dieser Freibetrag ermittelt sich nach einem Prozentsatz bei Rentenbeginn. Je später der Rentenbeginn ist, desto kleiner wird dieser Rentenfreibetrag und ist bei Rentenbeginn im Jahre 2040 bei 0 %/€.

Je später der Renteneintritt, desto höher der Besteuerungsanteil. Da der Renteneintritt nicht immer am 01.01. eines Jahres erfolgt, aber für die Berechnung des Freibetrages ein Jahresgesamtwert angesetzt werden soll, wird immer der Rentenbetrag des dem Renteneintrittsjahr folgenden Jahres als Rechengröße für den Freibetrag herangezogen.

> **Beispiel 15.1.1:** Rentenbeginn sei der 01.05.2005, monatliche Rente 1.000 € ergeben für 2005 = 8.000 €.
>
> **Lösung:** Der Rentenfreibetrag ist mit 50 % anzusetzen, da der Rentenbeginn im Jahr 2005 (oder früher) war. Der Besteuerungsanteil von den 8.000 € Rentenbetrag ist somit nur 4.000 €.
> Im Jahr 2006 erhält der Rentner nun für 12 Monate jeweils 1.000 € = 12.000 €. Auch hier werden die 50 % = 6.000 € als Freibetrag abgezogen, sodass nur 6.000 € als Rentenbetrag zu versteuern sind.
> Würde der Rentner aufgrund **regelmäßiger** Erhöhungen jetzt im Jahr 2007 monatlich ab 01.01.2007 1.200 € beziehen, wäre der Rentenbetrag 2007 = 14.400 €. Da es eine regelmäßige Erhöhung ist, bleibt der in 2006 ermittelte Freibetrag unverändert mit 6.000 € (also nicht 50 % von 14.400 €!).

Damit diese Berechnung auch im Jahr 2021 durchgeführt werden kann:
- muss in **Zeile 4** der Jahresrentenbetrag eingetragen werden. Das ist nicht der überwiesene Wert, also nicht der Wert vom Bankauszug, sondern der Wert **vor Abzug der Krankenkassenbeiträge**. Nach Überprüfung der Angaben im Rentenbescheid ist hier der Bruttowert einzutragen.
- In **Zeile 5** muss der **Rentenanpassungsbetrag** eingetragen werden. Dieser Wert ist wichtig, weil damit der Rentenfreibetrag ermittelt wird. Der Rentenbetrag aus Zeile 4 abzüglich dieses Wertes aus Zeile 5 ergibt den Wert, der für die Ermittlung des Freibetrages zu berücksichtigen war. Auf Nachfrage des Steuerpflichtigen hin wird die Rentenversicherungsanstalt diese Werte jedes Jahr mitteilen und bei gesonderter Nachfrage auch eine Ausfüllhilfe beifügen.
- Kombiniert mit der Eintragung in **Zeile 6**, dem Tag des Rentenbeginns (je früher, desto höher der Freibetrag), wird dann der steuerpflichtige Teil der Rente ermittelt.

Diese Daten sind sogenannte eDaten und müssen nur noch eingetragen werden, wenn abweichende Angaben vorliegen.

> **Beispiel 15.1.2:** Der Sachverhalt entspricht dem Beispiel 15.1.1.
> Rentenbeginn sei der 01.05.2005, monatliche Rente 1.000 € ergeben für 2005 = 8.000 €.

> **Im Jahr 2021 ist einzutragen:**
> Zeile 4 (12 × 1.200 €) = 14.400 €
> Zeile 5 = 2.400 € (der Rentenanpassungsbetrag – bleibt für den Freibetrag unberücksichtigt)
> Zeile 6 = Beginn der Rente 01.05.2005
>
> **Lösung:** Alles wie im Beispiel 15.1.1.
> Der Rentenfreibetrag ist mit 50 % anzusetzen, da der Rentenbeginn im Jahr 2005 (oder früher) war. Der Besteuerungsanteil von den 8.000 € Rentenbetrag ist somit nur 4.000 €.
> Im Jahr 2006 erhält der Rentner nun für 12 Monate jeweils 1.000 € = 12.000 €. Auch hier werden die 50 % = 6.000 € als Freibetrag abgezogen, sodass nur 6.000 € als Rentenbetrag zu versteuern sind.
> Würde der Rentner aufgrund regelmäßiger Erhöhungen im Jahr 2007 monatlich ab 01.01.2007 1.200 € bekommen haben, wäre der Rentenbetrag 2007 = 14.400 €. Da es eine regelmäßige Erhöhung ist, bleibt der in **2006** ermittelte Freibetrag unverändert mit **6.000 €** (also nicht 50 % von 14.400 €!).
> Dieser Freibetrag von 6.000 € wird nun auch im Jahr 2021 vom Rentenbetrag abgezogen.

Änderung des Freibetrags

Eine Neuberechnung des Freibetrages erfolgt immer nur dann, wenn der Jahresbetrag der Rente aufgrund einer Gesetzesänderung (**Mütterrente**), wegen Anrechnung anderer Einkünfte oder wegen Umwandlung in eine andere Rente erhöht oder vermindert wird. Dabei bleibt der ursprünglich ermittelte Prozentsatz auch für künftige Berechnungen unverändert.

> **Beispiel 15.1.3:** A erhält seit dem 01.10.2004 eine Witwenrente; jährlich 12.000 €. Der Rentenfreibetrag beträgt demgemäß 6.000 €.
> Ab dem 01.01.2021 wird die Rente wegen anderer Einkünfte (A hat jetzt einen Nebenjob) gekürzt. Die jährliche Zahlung **vermindert** sich auf 10.000 €.
>
> **Lösung:** Der ursprünglich ermittelte **Prozentsatz** nach § 22 Nr. 1 S. 3 Buchst. a Doppelbuchstabe aa S. 3 und S. 6 EStG **bleibt unverändert**. Da die Rente erstmalig vor Beginn des Kalenderjahres 2005 geleistet wurde, bleibt der damals ermittelte Prozentsatz von 50 % unverändert. Für das Jahr 2021 kommt es daher zu einem steuerfreien Teil der Rente (Rentenfreibetrag) von 5.000 € (50 % von 10.000 €). Dieser verbleibt dann solange bestehen, bis eine weitere Änderung aufgrund anderer Einkünfte und Bezüge erfolgt.

> **Beispiel 15.1.4:** Der Sachverhalt entspricht dem aus Beispiel 15.1.3 (jährliche Witwenrentenleistung von 10.000 €). A beendet seine Nebentätigkeit und erhält deshalb ab 01.01.2021 wieder seine „alte" Rentenleistung von jährlich 12.000 €.
>
> **Lösung:** Auch hier wird der ursprünglich ermittelte Prozentsatz nach § 22 Nr. 1 S. 3 Buchst. a Doppelbuchstabe aa S. 3 und S. 6 EStG berücksichtigt (50 %). Für das Jahr 2021 kommt es daher zu einem steuerfreien Teil der Rente (Rentenfreibetrag) von 6.000 € (50 % von 12.000 €). Dieser bleibt dann wieder solange bestehen, bis eine weitere Änderung aufgrund anderer Einkünfte und Bezüge erfolgt.

Derartige Änderungen der Freibeträge waren bisher eher die Ausnahme als die Regel. Ein weiteres Problem bei derartigen Änderungen der Freibeträge ist die Berücksichtigung der regelmäßigen Rentenanpassungen. Denn diese regelmäßigen Rentenanpassungen haben keinen Einfluss auf die Rentenfreibeträge.

Sind also regelmäßige Anpassungen der Rentenleistungen erfolgt und anschließend erfolgt eine Erhöhung oder Minderung (wie in den Beispielen 14.1.3 und 14.1.4), müssen diese regelmäßigen Anpassungen unberücksichtigt bleiben. Deshalb müssen die regelmäßigen Rentenanpassungen immer in die **Zeile 5** eingetragen werden.

Das Beispiel in dem BMF-Schreiben vom 19.08.2013, BStBl I 2013, 1087 dort Rz. 234, zeigt die „komplexe" Berechnung des Freibetrages nach einer Rentenkürzung.

Änderungen des Freibetrages durch die „Mütterrente"

Die Mütterrente ist als Teil der Altersrente steuerpflichtig. Es handelt sich um eine außerordentliche Rentenanpassung, sodass der sogenannte **Rentenfreibetrag neu zu berechnen** ist. Der Rentenfreibetrag ist der Teil der Rente, der nicht besteuert wird.

- Die Erhöhung des Rentenfreibetrags beruht auf den Wertverhältnissen im Jahr der erstmaligen Festschreibung des Rentenfreibetrags der Altersrente.
- Der Wert der Mütterrente wird anhand der in diesem Jahr gültigen Rentenentgeltpunkte errechnet.
- Auf diesen Wert ist der Besteuerungsanteil anzuwenden, der im Jahr des Rentenbeginns der Altersrente gilt, um den steuerfreien Teil der Rente zu ermitteln (bei Rentenbeginn vor 2005 gilt als Anfangsjahr 2005).
- Er bildet – zusammen mit dem bisher steuerfreien Betrag der gesetzlichen Rente – den festzustellenden Rentenfreibetrag.
- Die enthaltenen regelmäßigen Rentenanpassungen unterliegen vollständig der Besteuerung.

> **Beispiel 15.1.5, BMF vom 23.07.2015:** Eine Steuerpflichtige, die bereits vor 2005 in Rente gegangen ist, erhält ab dem 01.07.2014 eine Mütterrente für ein Kind (1 Entgeltpunkt × aktueller Rentenwert (West) = 28,61 €). Ihre Rente erhöht sich somit **in 2014** um insgesamt 171,66 € (6 × **28,61 €**).
>
> Bezogen auf die Ermittlung des Rentenfreibetrags geht der Gesetzgeber von einem Rentenbeginn im Jahr 2005 aus, sodass ein Besteuerungsanteil von **50 %** gilt und die verbleibenden 50 % steuerfrei bleiben.

> Da 2005 der aktuelle Rentenwert (West) bei **26,13 €** lag, führt dies zu einer Erhöhung des **Rentenfreibetrages um 78,39 €** ([6 × 26,13 €] × 50 % steuerfreier Anteil).

Der Rentenbeitrag wird nicht um 85,83 € ([6 × 28,61 €] × 50 % steuerfreier Anteil), **sondern um 78,39 €** erhöht.

Ob sich der Gesetzgeber tatsächlich diese Rückbeziehung ausgedacht hat, wird richterlich zu klären sein.

Wenn es aber tatsächlich bei dieser Berechnungsform bleibt, ist die Frage der Verfassungsmäßigkeit dieser Regelung offen. Schon zu der im Vergleich einfachen Berechnung der Mindestbesteuerung des § 2 Abs. 3 EStG haben die Gerichte ihre Zweifel dargetan und die Regelung musste „nachvollziehbar" geändert werden.

> **Beispiel 15.1.6, BMF vom 23.07.2015:** Eine Steuerpflichtige, die 2007 in Rente gegangen ist, erhält ab dem 01.07.2014 eine Mütterrente für ein Kind (1 Entgeltpunkt × aktueller Rentenwert (West) = **28,61 €**). Ihre Rente erhöht sich somit in 2014 um insgesamt 171,66 € (6 × 28,61 €).
> Bezogen auf den Besteuerungsanteil sind das Jahr 2007 und auf den Rentenfreibetrag die Wertverhältnisse des Jahres 2008 maßgebend, sodass ein Besteuerungsanteil von 54 % gilt und die verbleibenden 46 % steuerfrei bleiben.
> 2008 lag der Rentenwert (West) bis zum 30.06. bei **26,27 €** und ab 01.07. bei **26,56 €**, im Durchschnitt also aufgerundet bei 26,42 €.
> Da 2008 der durchschnittliche Rentenwert (West) bei 26,42 € lag, führt dies zu einer Erhöhung des Rentenfreibetrages um 72,92 € ([6 × **26,42 €**] × 46 % steuerfreier Anteil).

Jährliche Neuberechnung des steuerfreien Teils der Rente
FG Köln vom 07.04.2017, 8 K 1489/15

Bei der Anpassung der (Hinterbliebenen-)Rente aufgrund der Anrechnung von übrigen Einkünften handelt es sich nicht um eine regelmäßige Anpassung im Sinne von § 22 Nr. 1 Satz 3 Buchst. a Doppelbuchst. a Satz 7 EStG. Der steuerfreie Teil der Witwenrente ist daher gemäß § 22 Nr. 1 Satz 3 Buchst. a Doppelbuchst. a Satz 6 EStG neu zu berechnen.

Bei der Neuberechnung des steuerfreien Anteils der Witwenrente sind dann die auf regelmäßigen Anpassungen beruhenden Teile des Jahresbetrages der Rente gemäß § 22 Nr. 1 Satz 3 Buchst. a Doppelbuchst. a Satz 7 EStG außer Betracht zu lassen.

Das FG Düsseldorf hatte schon mit Urteil vom 22.06.2016, 15 K 1989/13 **zur Neuberechnung des steuerfreien Teils der Witwenrente wegen Anrechnung von Erwerbsersatzeinkommen** entschieden.

Die Klägerin bezieht seit Oktober 2000 eine Hinterbliebenenrente in Form der großen Witwenrente aus der gesetzlichen Rentenversicherung. Die Höhe dieser Rente ist variabel. Sie wird jährlich unter Berücksichtigung des Erwerbsersatzeinkommens – im Streitfall: Versorgungsbezüge der Klägerin – neu berechnet.

Das beklagte Finanzamt ermittelte den steuerfreien Teil der Rente aus der Differenz zwischen dem Jahresrentenbetrag und dem Rentenanpassungsbetrag; davon setzte es die Hälfte an. Demgegenüber machte die Klägerin geltend, dass **nicht der Prozentsatz** des steuerfreien Teils der Rente, **sondern dessen Betrag** für die gesamte Laufzeit des Rentenbezugs festgeschrieben sei. Die Anrechnung von Erwerbsersatzeinkommen sei kein die Neuberechnung des steuerfreien Teils der Rente auslösendes Ereignis.

Dem ist das FG Düsseldorf nicht gefolgt. Zwar werde der steuerfreie Teil der Rente grundsätzlich in einem lebenslang geltenden und regelmäßig gleichbleibenden Freibetrag festgeschrieben. Bei einer Veränderung des Jahresrentenbetrags sei der steuerfreie Teil der Rente allerdings in dem Verhältnis anzupassen, in dem der veränderte Jahresrentenbetrag zum Jahresrentenbetrag stehe, welcher der Ermittlung des steuerfreien Teils der Rente zugrunde liege. Dabei blieben allein regelmäßige Anpassungen des Jahresrentenbetrags außer Betracht.

Im Streitfall sei der steuerfreie Teil der Rente **in jedem Jahr neu zu berechnen** gewesen, da sich die Höhe des Jahresrentenbetrags aufgrund der Anrechnung von Versorgungsbezügen jeweils verändert habe. Zwar handele es sich bei wortlautgetreuer Auslegung um eine regelmäßige Anpassung. Nach Sinn und Zweck der Norm und aus Gründen der Gleichbehandlung mit Versorgungsbezügen müssten Anpassungen des Jahresbetrags aufgrund von Einkommensanrechnungen aber zu einer Neuberechnung führen. Aus der ausdrücklichen Regelung für Versorgungsbezüge ergebe sich nichts anderes. Das FG Düsseldorf folgt damit einer Entscheidung des FG Köln und der Verwaltungsauffassung sowie der (einheitlichen) Literaturauffassung. Das FG hat die Revision zum BFH zugelassen.

Vorhergehende Renten (Zeile 7 + 8)

§ 22 Nr. 1 S. 3 Buchstabe a Doppelbuchstabe aa S. 8 EStG regelt, dass der Besteuerungsanteil der Rente um den Wert gemindert werden kann, der sich aus vorhergehenden Renten der gleichen Art ergibt. Bedingung hierfür ist, dass diese vorhergehende Rente auch schon **nach** dem 31.12.2004 geleistet wurde. Renten, die vor dem 31.12.2004 endeten, bleiben für die Ermittlung des Prozentsatzes unberücksichtigt.

> **Beispiel 15.1.7:** A hat für die Zeit vom 01.10.2003 bis einschließlich 31.03.2006 eine Rente wegen Erwerbsminderung erhalten. Nach vollständiger Genesung erhält A in der folgenden Zeit keine Rente mehr.
> Erst ab dem 01.04.2021 erhält A wegen Erreichens der Altersgrenze seine Altersrente. Es werden monatlich 1.000 € geleistet.
> **Lösung:** Der Freibetrag ermittelt sich nach § 22 Nr. 1 S. 3 Buchstabe a Doppelbuchstabe aa S. 3 EStG und der dortigen Tabelle. Danach wäre bei Rentenbeginn im Kalenderjahr 2021 ein Besteuerungsanteil von **81 %** (Rentenfreibetrag 19 %) anzusetzen.
> Durch die Anrechnung der vorherigen Rentenzeiten – hier 2 Jahre und 6 Monate – (die Altersrente folgt in derselben Versicherung der Erwerbsminderungsrente nach), ändert sich das Jahr des Rentenbeginns vom 01.04.2021 auf den 01.11.2018. Das Jahr des Rentenbeginns ist damit das Jahr 2018 und der Besteuerungsanteil beträgt nur 76 %.
> Geleistete Rentenbeträge im Kalenderjahr 2021 = 9 Monate × 1.000 € = 9.000 €. Besteuerungsanteil 76 % = 6.840 € (Freibetrag 2.160 €).

Das Beispiel in dem BMF-Schreiben vom 19.08.2013, BStBl I 2013, 1087 dort Rz. 226–228 ist zu beachten.

Nachzahlungen

Nachzahlungen für mehrere Jahre sind **zusätzlich** zur Zeile 4 auch noch in die **Zeile 9** einzutragen. Hier wird von Amts wegen geprüft, ob durch die sogenannte „Fünftelregelung" des § 34 Abs. 1 EStG ein günstigeres Ergebnis errechnet werden kann.

Wenn ein Steuerpflichtiger z.B. nach vielen Jahren seinen Prozess vor dem Bundessozialgericht gewonnen hat und Nachzahlungen ab dem Jahr 2003 erhält, erfolgt dennoch eine Besteuerung nach dem Rechtssystem ab 2005.

Die günstige Besteuerung mit dem geringeren Ertragsanteil der Jahre bis einschließlich 2004 geht verloren, weil das Zuflussprinzip des § 11 Abs. 1 EStG greift. Da auch die Beträge für 2003 und 2004 erst **in 2021 zugeflossen** sind, sind diese Werte in 2021 nach dem hier gültigen Recht (kein Ertragsanteil, nur Freibetrag) zu versteuern.

Weil diese nun aber zusammengeballt in einem Jahr zufließen, wird eine Begünstigung nach § 34 Abs. 1 EStG geprüft.

Öffnungsklausel

In der Anlage R ist nun ein hellerer Hintergrund, der verdeutlicht, dass diese Daten keine eDaten sind und unbedingt manuell eingetragen werden müssen.

Hier handelt es sich um Rentenbeträge für Rentenbeitragszahlungen, die den Höchstbeitrag der Rentenversicherung bis zum 31.12.2004 mindestens zehn Jahre lang überschritten haben.

Dieser Anteil der Rentenzahlungen, der jetzt als Teil der gesamten Rentenzahlung zufließt, wird nicht mit dem Rentenfreibetrag bedacht, sondern darf die nachfolgend beschriebene Ertragsanteilsbesteuerung (die viel günstiger ist!) nutzen. Man bezeichnet diesen Bereich als **„Öffnungsklausel"**.

Problem: Diese Form der Besteuerung muss durch die Eintragungen in den **Zeilen 10–12 beantragt werden! Diese Daten werden nicht elektronisch eingespielt!**

Der Rz. 240 des BMF-Schreibens vom 19.08.2013, BStBl I 2013, 1087 ist zu entnehmen, dass die **BFH-Rechtsprechung vom 19.01.2010**, X R 53/08 **und vom 04.02.2010**, X R 58/08 berücksichtigt wird.

„Die **Anwendung der Öffnungsklausel** setzt voraus, dass **bis zum 31.12.2004** über einen Zeitraum von mindestens zehn Jahren Beiträge oberhalb des Betrags des Höchstbeitrags zur gesetzlichen Rentenversicherung gezahlt wurden. Dabei ist jedes Kalenderjahr getrennt zu betrachten. **Die Jahre müssen nicht unmittelbar aufeinanderfolgen.** Dabei sind Beiträge grundsätzlich dem Jahr zuzurechnen, in dem sie gezahlt oder für das sie bescheinigt werden. Sofern Beiträge jedoch rentenrechtlich (als Nachzahlung) in einem anderen Jahr wirksam werden, sind diese dem Jahr zuzurechnen, in dem sie rentenrechtlich wirksam werden. Für die Prüfung, ob die 10-Jahres-Grenze erfüllt ist, sind nur Zahlungen zu berücksichtigen, die bis zum 31.12.2004 geleistet wurden (BFH vom 19.01.2010, X R 53/08 Rz. 85). Sie müssen außerdem „für" Beitragsjahre vor dem 01.01.2005 gezahlt worden sein. Der jährliche Höchstbeitrag ist auch dann maßgebend, wenn nur für einen Teil des Jahres Versicherungspflicht bestand oder nicht während des ganzen Jahres Beiträge geleistet wurden (BFH vom 04.02.2010, X R 58/08 Rz. 83)."

Für den **Nachweis der gezahlten Beträge** ist Rz. 247 des BMF-Schreibens zu beachten:
„Der Steuerpflichtige muss einmalig nachweisen, dass er für einen Zeitraum von mindestens zehn Jahren **vor dem 01.01.2005** Beiträge oberhalb des Betrags des Höchstbeitrags gezahlt hat. Der Nachweis ist durch Bescheinigungen der Versorgungsträger, an die die Beiträge geleistet wurden – bzw. von deren Rechtsnachfolgern – zu erbringen. Aus der Bescheinigung muss sich ergeben, dass die Beiträge vor dem 01.01.2005 geleistet wurden und welchem Jahr sie zugerechnet wurden. Soweit der Versorgungsträger für Beiträge eine Zahlung vor dem 01.01.2005 nicht bescheinigen kann, hat er in der Bescheinigung ausdrücklich darauf hinzuweisen. In diesen Fällen obliegt es dem Steuerpflichtigen, den Zahlungszeitpunkt vor dem 01.01.2005 nachzuweisen. Wird der Nachweis nicht geführt, sind diese Beträge nicht in die Berechnung einzubeziehen, Pflichtbeiträge gelten hierbei als in dem Jahr gezahlt, für das sie bescheinigt werden. Beiträge oberhalb des Höchstbeitrags, die nach dem 31.12.2004 geleistet worden sind, bleiben für die Anwendung der Öffnungsklausel auch dann außer Betracht, wenn im Übrigen vor dem 01.01.2005 für einen Zeitraum von mindestens zehn Jahren Beiträge oberhalb des Betrags des Höchstbeitrags zur gesetzlichen Rentenversicherung geleistet worden sind."

15.1.3 Andere Leibrenten (§ 22 Nr. 1 S. 3 Buchstabe a Doppelbuchstabe bb EStG) (Zeilen 13–18)

Die folgenden Rentenarten sind in **Zeile 14** einzutragen:
- Leibrenten aus **privaten Rentenversicherungen**. Dazu gehören insbesondere die privat abgeschlossenen Lebens- und Rentenversicherungsverträge.
- Leistungen aus **privaten Rentenversicherungen, die aber nur zeitlich befristet sind**.

Die Berechnung für diese privaten Leibrentenarten erfolgt nach § 22 Nr. 1 S. 3 Buchst. a Doppelbuchstabe bb S. 8 EStG in der Weise, dass ein **Ertragsanteil** für diese Leistungen zu ermitteln ist. Hierbei handelt es sich um die Besteuerungsform der Renten, die schon bis einschließlich 2004 eingesetzt wurde.

Das Lebensalter bei Rentenbeginn und damit die Dauer der Rentenzahlungen werden ins Verhältnis zu den eingezahlten Rentenbeiträgen und den nun auszuzahlenden Leistungen gesetzt. Nur der „Ertrag" aus den eingezahlten Rentenbeiträgen wird damit versteuert. Die „Rückzahlung" der (aus versteuerten Einnahmen) eingezahlten Beiträge wird hier nicht erneut versteuert.

> **Beispiel 15.1.8:** C hat in eine private Kapitallebensversicherung mit Rentenwahlrecht ein Leben lang Beiträge eingezahlt. Aus dieser Versicherung werden ab Vollendung des 65. Lebensjahres monatlich 800 € gezahlt.
>
> **Lösung:** Der Besteuerungsanteil für die Einnahmen beträgt 18 %. Die Rentenleistungen sind in Zeile 13 und der Beginn der Rente in Zeile 15 einzutragen. Das Rechenprogramm ermittelt dann so – durch Abgleich mit dem Geburtsjahr aus den Angaben im Mantelbogen – den Ertragsanteil.
> Erhält C für 12 Monate jeweils 800 € = 9.600 € Jahresbetrag, sind davon 18 % (weil die Rente erstmalig nach Vollendung Ihres 65. Lebensjahres geleistet wird) = 1.728 € als steuerpflichtiger Ertragsanteil zu berücksichtigen.

> Im Ergebnis also **eine deutlich günstigere Besteuerung**, als die im ersten Abschnitt behandelte Form der Besteuerung für gesetzliche Leibrenten.

Zeitlich befristete Leibrenten Rz. 15–19

Ist die Rentenleistung zeitlich befristet oder auf die Lebenszeit einer anderen Person begrenzt, sieht § 22 Nr. 1 S. 3 Buchstabe a Doppelbuchstabe bb S. 5 EStG vor, dass durch Rechtsverordnung ein abweichender Ertragsanteil bestimmt werden kann. § 55 EStDV ist diese Rechtsverordnung, mit der diese vom § 22 Nr. 1 S. 3 Buchstabe a Doppelbuchstabe bb EStG abweichende Ermittlung des Ertragsanteils vorgenommen wird.

Im ersten Absatz des § 55 EStDV wird in Nr. 3 bestimmt, dass die Ertragsanteilstabelle des Gesetzes (nicht die gleich anschließend zu besprechende Tabelle der EStDV!) gilt. Im Fall der Begrenzung der Dauer der Rente auf den Todestag des zuerst versterbenden Ehegatten soll danach der Ertragsanteil des älteren Ehegatten angewandt werden.

> **Beispiel 15.1.9:** Die Ehegatten Anna und Anton haben eine private Leibrentenversicherung (Kapitallebensversicherung mit Rentenwahlrecht) abgeschlossen, aus der sie nun jährlich 24.000 € an Leistungen beziehen. Anna ist bei Beginn der Rente 40 Jahre alt und Anton hat das 60. Lebensjahr vollendet. Die Rente wird aber **nur solange geleistet, bis einer der beiden Ehegatten verstirbt.**
>
> **Lösung:** Die Rentenleistung ist zeitlich befristet und in der Zeile 18 mit Angabe des Namens, bzw. in unserem Fall mit der Angabe des Erstversterbenden zu kennzeichnen. Die Besteuerung erfolgt auch hier nach § 22 Nr. 1 S. 3 Buchstabe a Doppelbuchstabe bb EStG und dem aus der dort aufgeführten Tabelle zu entnehmenden Ertragsanteil. Maßgebend ist das **Lebensalter der älteren Person**; hier also das Lebensalter des Antons bei Renteneintritt (60. Lebensjahr vollendet). Der Besteuerungsanteil beträgt 22 %, somit **5.280 €**.

Etwas komplizierter wird der Sachverhalt, wenn die Rentenleistung nach dem Tod des Erstversterbenden nicht entfällt, sondern nur herabgesetzt wird. Hier ist nach § 55 Abs. 1 Nr. 3 EStDV die Berechnung aufzuteilen. Der Teil, den der zuletzt lebende Ehegatte erhält, ist mit dem Lebensalter und Ertragsanteil der jüngeren Person zu belegen. Für den verbleibenden Teil ist dann der Ertragsanteil der älteren Person maßgebend. Siehe hierzu auch H 22.4 EStH.

> **Beispiel 15.1.10:** Der Sachverhalt entspricht Beispiel 15.1.9. Die Ehegatten Anna und Anton haben wieder eine private Leibrentenversicherung (Kapitallebensversicherung mit Rentenwahlrecht) abgeschlossen. Die jährliche Rente von 24.000 € wird hier aber nur mit der Maßgabe geleistet, dass diese Rente beim Ableben des zuerst Sterbenden auf 16.000 € jährlich ermäßigt wird.
>
> **Lösung:** Hier ist nun der „Sockelbetrag" (der auch dem Überlebenden gezahlt wird) mit dem Ertragsanteil für die jüngere Person, hier also der Ertragsanteil der Ehefrau, zugrunde zu legen. Für den restlichen Leistungsanteil ist dann der Ertragsanteil der älteren Person zu berücksichtigen.

Sockelbetrag 16.000 € × Ertragsanteil Ehefrau 38 %	= 6.080 €
Restbetrag 8.000 € × Ertragsanteil Ehemann 22 %	= 1.760 €
Besteuerungsanteil	**= 7.840 €**

Abweichend von diesen Fallgestaltungen ist eine Besteuerung nach der Ertragsanteilstabelle des § 55 Abs. 2 EStDV vorzunehmen, wenn die Laufzeit der Leibrente auf eine bestimmte Zeit befristet ist.

15.1.4 Leistungen aus sonstigen Verpflichtungsgründen, z.B. Veräußerungsleibrenten nach Verkauf des Betriebes gegen lebenslange Rentenzahlungen (Zeilen 31–36)

Beispiel 15.1.11: Der Fleischermeister Harri Hack verkaufte seinen Betrieb gegen Zahlung einer lebenslangen Rente von kalenderjährlich 24.000 €. Bei Vertragsabschluss hatte Harri das **65. Lebensjahr** vollendet. Der Käufer begrenzte allerdings vertraglich die Rentenzahlungen auf maximal 20 Jahre. Er hatte Bedenken, dass Harri das statistisch erwartete Lebensalter für Männer deutlich überschreiten könnte.

Lösung: Diese Leibrente ist auf eine Laufzeit von 20 Jahren begrenzt. Grundsätzlich ist daher nach § 55 Abs. 2 EStDV die dort aufgeführte Tabelle anzuwenden. Der Ertragsanteil beträgt nach dieser Tabelle für 20 Jahre 22 %.
Es sollte aber immer die Spalte 3 dieser Tabelle beachtet werden. Ist der Begünstigte (wie in unserem Fall) schon in fortgeschrittenem Alter und ist die Dauer der Laufzeit der Rente über sein „statistisches Ableben" hinaus gültig, ist der (geringere) Ertragsanteil des § 22 Nr. 1 S. 3 Buchstabe a Doppelbuchstabe bb EStG anzusetzen. Es wird dann unterstellt, dass die Laufzeit der Rente (hier 20 Jahre) nicht vollständig erreicht werden wird.

Ertragsanteil EStDV	22 %
Ertragsanteil EStG	18 %
Zu berücksichtigen sind **18 %** von jährlich 24.000 € =	**4.320 €**

Beispiel 15.1.12: Der Sachverhalt entspricht Beispiel 15.1.11, aber Harri Hack ist nun bei Vertragsabschluss erst 50 Jahre alt.

Lösung:

Ertragsanteil EStDV	21 %
Ertragsanteil EStG	30 %
Zu berücksichtigen sind 21 % von jährlich 24.000 € =	**5.040 €**

Nachzahlungen Rz. 9 – 18 – 36 Anlage R
Auch für die sonstigen Einkünfte zählt das Zuflussprinzip des § 11 Abs. 1 EStG. Damit sind Nachzahlungen für Vorjahre auch dann im laufenden Veranlagungszeitraum zu versteuern, wenn sie noch auf Zeiten vor der Änderung der Rentenbesteuerung, also vor 2005, entfallen. Entfallen diese Nachzahlungen auf mehrere Kalenderjahre, wird eine begünstigte Besteuerung nach § 34 Abs. 1 EStG erfolgen.

15.1.5 Leistungen aus Altersvorsorgeverträgen und aus der betrieblichen Altersversorgung (§ 22 Nr. 5 EStG) Anlage R-AV/bAV

Die Eintragungen in den Zeilen 4–26 sind durch Übertragung der Werte aus der Anlegerbescheinigung zu übertragen. Je nachdem für welche Anlageform der betrieblichen Altersvorsorge sich der Steuerpflichtige entschieden hat oder aus den sogenannten „Riesterverträgen" Leistungen erhält, ist eine unterschiedliche Besteuerung vorgesehen.

Grundsätzlich ist hier eine Besteuerung zu 100 % (nachgelagerte Besteuerung) vorgesehen, weil die eingezahlten Beträge aus freigestellten (unversteuerten) Einnahmen erfolgten. Da jedoch in vielen Anlageformen der betrieblichen Altersversorgung über die freigestellten Beiträge hinaus auch nicht begünstigte Beiträge eingezahlt werden können, muss in der Auszahlungsphase unterteilt werden.

Der Teil, der in der Einzahlungsphase von der Besteuerung freigestellt war, ist zu 100 % zu versteuern. Der Rest der Leistung ist je nach Anlageform der Besteuerung zuzuführen. Da diese Aufteilung ausschließlich der Anbieter des Altersvorsorgevertrags vornehmen kann, ist er auch nach § 22 Nr. 5 S. 7 EStG verpflichtet, eine Bescheinigung nach amtlichem Vordruck zu erteilen, in der diese Aufteilung erfolgt.

Mit dem BMF-Schreiben vom 10.04.2018 ist der Vordruck veröffentlicht worden. **Die in diesem Vordruck vorgesehene Nr. ist zugleich die in den Zeilen 31–53 der Anlage R abgefragte Nummer.** Wird also in der Bescheinigung jeweils ein Betrag in den Nummern 2 und 4 eingetragen, sind diese Werte in die Zeilen 5 (für die 2) und Zeilen 10–16 (für die 4) der Anlage R einzutragen.

Wurden die eingezahlten Beträge schädlich verwendet, ergibt sich auch dies aus den Bescheinigungen.

Grundsätzlich dürfte die neue Anlage fast ausschließlich mit eDaten bestückt werden. Zu beachten sind mögliche Werbungskosten, die auf der Rückseite der Anlage in den Kz. 31–37 einzutragen sind.

Auszahlungen zur Abfindung von Leistungen aus einem Altersvorsorgevertrag (Abfindung Kleinbetragsrente) gelten gem. § 93 Abs. 3 EStG zu Beginn der Auszahlungsphase oder im darauffolgenden Jahr nicht als schädliche Verwendung. Eine Kleinbetragsrente nach § 93 Abs. 3 S. 2-4 EStG liegt vor, wenn sich bei gleichmäßiger Verrentung des gesamten zu Beginn der Auszahlungsphase zur Verfügung stehenden Kapitals eine monatliche Rente ergibt, die 1 Prozent der monatlichen Bezugsgröße nach § 18 des Vierten Buches Sozialgesetzbuch nicht übersteigt. Bei der Berechnung dieses Betrags sind alle bei einem Anbieter bestehenden Verträge des Zulageberechtigten insgesamt zu berücksichtigen, auf die nach diesem Abschnitt geförderte Altersvorsorgebeiträge geleistet wurden. Die Sätze 1 bis 3 gelten entsprechend, wenn:
1. nach dem Beginn der Auszahlungsphase ein Versorgungsausgleich durchgeführt wird und
2. sich dadurch die Rente verringert.

Diese in Zeile 37 einzutragenden Werte werden gem. § 34 Abs. 1 EStG ermäßigt besteuert.

15.1 Anlage R + R-AV/bAV + R-AUS

2021

Anlage R-AV / bAV

Jeder Ehegatte / Lebenspartner mit Leistungen hat eine eigene Anlage R-AV / bAV abzugeben.

stpfl. Person / Ehemann / Person A

Ehefrau / Person B

1 Name
2 Vorname
3 Steuernummer — lfd. Nr. der Anlage

Leistungen aus zertifizierten Altersvorsorgeverträgen und aus der inländischen betrieblichen Altersversorgung

Leistungen

		1. Rente	2. Rente
		EUR	EUR
4	Leistungen aus einem Altersvorsorgevertrag, einem Pensionsfonds, einer Pensionskasse oder aus einer Direktversicherung lt. Nummer 1 der Leistungsmitteilung	500	550
5	Leistungen aus einem Pensionsfonds lt. Nummer 2 der Leistungsmitteilung	501	551
6	Bemessungsgrundlage für den Versorgungsfreibetrag	502	552
7	Maßgebendes Kalenderjahr des Versorgungsbeginns	524	574
8	Bei unterjähriger Zahlung: Erster und letzter Monat, für den Versorgungsbezüge gezahlt wurden	522 — 523	572 — 573
9	Leistungen zur Abfindung einer Kleinbetragsrente lt. Nummer 3 der Leistungsmitteilung	525	575
10	Leistungen aus einer betrieblichen Altersversorgung lt. Nummer 4 der Leistungsmitteilung	505	555
11	in Zeile 10 enthaltener Rentenanpassungsbetrag	526	576
12	Beginn der Leistung	506	556
13	Beginn der vorhergehenden Leistung	518	568
14	Ende der vorhergehenden Leistung	519	569
15	Leibrente aus einem Altersvorsorgevertrag oder aus einer betrieblichen Altersversorgung lt. Nummer 5 oder Leistungen wegen schädlicher Verwendung lt. Nummer 9a der Leistungsmitteilung	507	557
16	Beginn der Rente	508	558
17	Geburtsdatum des Erblassers bei Rentengarantiezeit	530	580
18	Abgekürzte Leibrente aus einem Altersvorsorgevertrag oder aus einer betrieblichen Altersversorgung lt. Nummer 6 oder Leistungen wegen schädlicher Verwendung lt. Nummer 9b der Leistungsmitteilung	509	559
19	Beginn der Rente	510	560
20	Die Rente erlischt / wird umgewandelt spätestens am	511	561
21	Andere Leistungen lt. den Nummern 7, 8 und 10 oder Leistungen wegen schädlicher Verwendung lt. den Nummern 9c und 9d der Leistungsmitteilung oder Auflösungsbetrag bei Aufgabe der Selbstnutzung oder der Reinvestitionsabsicht vor dem Beginn der Auszahlungsphase oder der Verminderungsbetrag lt. Bescheid der Zentralen Zulagenstelle für Altersvermögen	512	562
22	Auflösungsbetrag bei Wahl der Einmalbesteuerung des Wohnförderkontos lt. Bescheid der Zentralen Zulagenstelle für Altersvermögen	535	585
23	Auflösungsbetrag bei Aufgabe der Selbstnutzung oder der Reinvestitionsabsicht nach dem Beginn der Auszahlungsphase lt. Bescheid der Zentralen Zulagenstelle für Altersvermögen	536	586
24	Beginn der Auszahlungsphase	537	587
25	Zeitpunkt der Aufgabe der Selbstnutzung oder Reinvestitionsabsicht	538	588
26	Nachzahlungen für mehrere vorangegangene Jahre (lt. Nummer 11 der Leistungsmitteilung)	516	566

2021AnlR-AVbAV341 – Juli 2021 – 2021AnlR-AVbAV341

Anlage R + R-AV/ bAV + R-AUS

Werbungskosten Die Eintragungen in den Zeilen 31 bis 37 sind nur in der ersten Anlage R-AV / bAV vorzunehmen.

Zeile	Beschreibung	Kennziffer	Betrag
31	– zu den Zeilen 4 und 21 (Art der Aufwendungen)	802	, –
32	– zu Zeile 5 (Art der Aufwendungen)	803	, –
33	– zu den Zeilen 10, 15 und 18 (Art der Aufwendungen)	806	, –
34	– zu Zeile 22 (Art der Aufwendungen)	808	, –
35	– zu Zeile 23 (Art der Aufwendungen)	809	, –
36	– zu Zeile 9 sowie zu Nachzahlungen (Zeile 20), die in den Einnahmen der Zeile 4 enthalten sind (Art der Aufwendungen)	805	, –
37	– zu Nachzahlungen (Zeile 26), die in den Einnahmen der Zeilen 5, 10, 15 und 18 enthalten sind (Art der Aufwendungen)	811	, –

15.1 Anlage R + R-AV/bAV + R-AUS

(Bezeichnung und Anschrift des Anbieters)	Datum der Absendung

(Bekanntgabeadressat)

Wichtiger Hinweis:
Diese Mitteilung informiert Sie über die Höhe der steuerpflichtigen Leistungen aus Ihrem Altersvorsorgevertrag oder aus Ihrer inländischen betrieblichen Altersversorgung. Die Daten werden **elektronisch** an Ihr Finanzamt **übermittelt** und **automatisch berücksichtigt**. Bitte füllen Sie die Anlage R-AV/ bAV zur Einkommensteuererklärung nur aus, wenn Sie von den hier bescheinigten Daten abweichen oder Ergänzungen vornehmen möchten.

Mitteilung

über steuerpflichtige Leistungen aus einem Altersvorsorgevertrag oder aus einer betrieblichen Altersversorgung (§ 22 Nummer 5 Satz 7 Einkommensteuergesetz - EStG)

für das Kalenderjahr _____

Name, Vorname	Geburtsdatum (soweit bekannt)
Straße, Hausnummer	
Postleitzahl, Wohnort	
Vertragsnummer (soweit vorhanden)	**Sozialversicherungsnummer/ Zulagenummer** (soweit vorhanden)
Anbieternummer (soweit vorhanden)	**Zertifizierungsnummer** (soweit vorhanden)

Grund für die Mitteilung:

☐ erstmalige regelmäßige Leistungen im Sinne des § 22 Nummer 5 EStG
☐ Änderung des Leistungsbetrags gegenüber dem Vorjahr
☐ ausschließlich einmalige Leistungen im Sinne des § 22 Nummer 5 EStG
☐ Berichtigung der für dieses Kalenderjahr erstellten Mitteilung vom _____

BMF Schreiben vom 09.11.2020, IV C 3 – S 2257-b/19/10005 :002

- 2 -

Folgende Leistungen aus Ihrem Altersvorsorgevertrag oder aus Ihrer betrieblichen Altersversorgung im Kalenderjahr _____ unterliegen der Besteuerung nach § 22 Nummer 5 EStG:

Nummer	Besteuerung nach	Betrag in Euro/ Cent
1	§ 22 Nummer 5 Satz 1 EStG [1]	
2	§ 22 Nummer 5 Satz 1 in Verbindung mit Satz 11 EStG (in Nummer 1 nicht enthalten) [2] **Freiwillige Angaben:** Bemessungsgrundlage für den Versorgungsfreibetrag ☐ Maßgebendes Kalenderjahr des Versorgungsbeginns ☐ Bei unterjähriger Zahlung: Erster und letzter Monat, für den Versorgungsbezüge gezahlt wurden ☐	
3	§ 22 Nummer 5 Satz 1 in Verbindung mit § 22 Nummer 5 Satz 13 EStG (in Nummer 1 nicht enthalten) [3]	
4	§ 22 Nummer 5 Satz 2 Buchstabe a in Verbindung mit § 22 Nummer 1 Satz 3 Buchstabe a Doppelbuchstabe aa EStG [4] darin enthaltener Rentenanpassungsbetrag ☐	
5	§ 22 Nummer 5 Satz 2 Buchstabe a in Verbindung mit § 22 Nummer 1 Satz 3 Buchstabe a Doppelbuchstabe bb EStG ggf. in Verbindung mit § 55 Absatz 1 Nummer 1 EStDV [5]	
6	§ 22 Nummer 5 Satz 2 Buchstabe a in Verbindung mit § 22 Nummer 1 Satz 3 Buchstabe a Doppelbuchstabe bb Satz 5 EStG in Verbindung mit § 55 Absatz 2 EStDV ggf. in Verbindung mit § 55 Absatz 1 Nummer 1 EStDV [6]	
7	§ 22 Nummer 5 Satz 2 Buchstabe b in Verbindung mit § 20 Absatz 1 Nummer 6 EStG [7]	
8	§ 22 Nummer 5 Satz 2 Buchstabe c EStG [8]	

BMF Schreiben vom 09.11.2020, IV C 3 – S 2257-b/19/10005 :002

9a	§ 22 Nummer 5 Satz 3 in Verbindung mit Satz 2 Buchstabe a in Verbindung mit § 22 Nummer 1 Satz 3 Buchstabe a Doppelbuchstabe bb EStG in Verbindung mit § 55 Absatz 1 Nummer 1 EStDV [9]	
9b	§ 22 Nummer 5 Satz 3 in Verbindung mit Satz 2 Buchstabe a in Verbindung mit § 22 Nummer 1 Satz 3 Buchstabe a Doppelbuchstabe bb Satz 5 EStG in Verbindung mit § 55 Absatz 2 EStDV ggf. in Verbindung mit § 55 Absatz 1 Nummer 1 EStDV [9]	
9c	§ 22 Nummer 5 Satz 3 in Verbindung mit Satz 2 Buchstabe b in Verbindung mit § 20 Absatz 1 Nummer 6 EStG [9]	
9d	§ 22 Nummer 5 Satz 3 in Verbindung mit Satz 2 Buchstabe c EStG [9]	
10	§ 22 Nummer 5 Satz 8 EStG [10]	
11	In der Nummer ____ enthaltene Nachzahlungen für mehrere vorangegangene Jahre [11]	

Bei den Leistungen der Nummer(n) _____ handelt es sich um Leistungen an den Rechtsnachfolger bei vereinbarter Rentengarantiezeit. [12]

Diese Bescheinigung ist maschinell erstellt und daher nicht unterschrieben. Die bescheinigten Leistungen werden gemäß § 22a EStG auch der zentralen Stelle (§ 81 EStG) zur Übermittlung an die Landesfinanzbehörden mitgeteilt (Rentenbezugsmitteilungsverfahren).

Hinweise

Geförderte Beträge im Sinne des § 22 Nummer 5 EStG sind
- Beiträge, auf die § 3 Nummer 63, § 3 Nummer 63a, § 10a, Abschnitt XI oder Abschnitt XII EStG angewendet wurde,
- steuerfreie Leistungen nach § 3 Nummer 55b Satz 1, § 3 Nummer 55c oder § 3 Nummer 66 EStG oder
- steuerfreie Zuwendungen nach § 3 Nummer 56 EStG.

Gefördertes Kapital ist Kapital, das auf geförderten Beträgen und Zulagen im Sinne des Abschnitts XI EStG beruht.

[1] Es handelt sich um Leistungen aus einem Altersvorsorgevertrag im Sinne des § 82 EStG, einem Pensionsfonds, einer Pensionskasse oder aus einer Direktversicherung, soweit die Leistungen auf

gefördertem Kapital beruhen. **Die bescheinigten Leistungen unterliegen in vollem Umfang der Besteuerung.**

2   Es handelt sich um Leistungen aus einem Pensionsfonds, wenn laufende Versorgungsleistungen auf Grund einer Versorgungszusage in Form einer Direktzusage oder aus einer Unterstützungskasse bezogen wurden und die Ansprüche steuerfrei nach § 3 Nummer 66 EStG auf einen Pensionsfonds übertragen wurden. **Die bescheinigten Leistungen unterliegen in vollem Umfang der Besteuerung. Das Finanzamt gewährt jedoch einen Pauschbetrag für Werbungskosten nach § 9a Satz 1 Nummer 1 EStG sowie den Versorgungsfreibetrag und den Zuschlag zum Versorgungsfreibetrag nach § 19 Absatz 2 EStG, wenn die entsprechenden Voraussetzungen vorliegen; die Abzugsbeträge werden einkunftsübergreifend im Verhältnis der Einnahmen berücksichtigt.**
Der Anbieter kann auf freiwilliger Basis zusätzlich die Bemessungsgrundlage für den Versorgungsfreibetrag, das maßgebende Kalenderjahr des Versorgungsbeginns und den Beginn und das Ende einer unterjährigen Zahlung angeben. Unterbleibt eine solche Angabe durch den Anbieter, hat der Rentenempfänger die dem Finanzamt elektronisch übermittelten Daten dieser Mitteilung um die Bemessungsgrundlage des Versorgungsfreibetrags, um das maßgebende Kalenderjahr des Versorgungsbeginns und um den Beginn und das Ende einer unterjährigen Zahlung in der Anlage R-AV/ bAV der Einkommensteuererklärung zu ergänzen.

3   Es handelt sich um Leistungen zur Abfindung einer Kleinbetragsrente aus zertifizierten Altersvorsorgeverträgen nach § 93 Absatz 3 EStG. Auf die bescheinigte Leistung wird das Finanzamt § 34 Absatz 1 EStG entsprechend anwenden.

4   Es handelt sich um Leistungen aus einem Pensionsfonds, einer Pensionskasse (inkl. Versorgungsausgleichskasse) oder einer Direktversicherung, soweit sie auf nicht gefördertem Kapital beruhen und für die die Voraussetzungen der Basisrente gemäß § 10 Absatz 1 Nummer 2 Buchstabe b EStG erfüllt sind (zertifiziert nach § 5a AltZertG). Die der Leistung zu Grunde liegende Versorgungszusage wurde nach dem 31. Dezember 2004 erteilt (Neuzusage). **Die Besteuerung erfolgt nach § 22 Nummer 5 Satz 2 Buchstabe a EStG in Verbindung mit § 22 Nummer 1 Satz 3 Buchstabe a Doppelbuchstabe aa EStG (Kohorte).**

5   Es handelt sich um eine lebenslange Leibrente aus einem Altersvorsorgevertrag im Sinne des § 82 EStG, einem Pensionsfonds, einer Pensionskasse oder einer Direktversicherung, soweit sie auf nicht gefördertem Kapital beruht. Bei der betrieblichen Altersversorgung wurde die der Leibrente zu Grunde liegende Versorgungszusage vor dem 1. Januar 2005 erteilt (Altzusage; § 10 Absatz 1 Nummer 3a EStG) oder die Voraussetzungen des § 10 Absatz 1 Nummer 2 Buchstabe b EStG werden **nicht** erfüllt. **Die Rente unterliegt der Besteuerung mit dem Ertragsanteil (§ 22 Nummer 5 Satz 2 Buchstabe a EStG in Verbindung mit § 22 Nummer 1 Satz 3 Buchstabe a Doppelbuchstabe bb EStG, bei einem Rentenbeginn vor dem 1. Januar 1955 in Verbindung mit § 55 Absatz 1 Nummer 1 EStDV).**

6   Es handelt sich um eine abgekürzte Leibrente (Berufsunfähigkeits-, Erwerbsminderungs- oder nicht lebenslang gezahlte Hinterbliebenenrente) aus einem Altersvorsorgevertrag im Sinne des § 82 EStG,

einem Pensionsfonds, einer Pensionskasse oder einer Direktversicherung, soweit sie auf nicht gefördertem Kapital beruht. Bei der betrieblichen Altersversorgung wurde die der abgekürzten Leibrente zu Grunde liegende Versorgungszusage vor dem 1. Januar 2005 erteilt (Altzusage; § 10 Absatz 1 Nummer 3a EStG) oder die Voraussetzungen des § 10 Absatz 1 Nummer 2 Buchstabe b EStG werden **nicht** erfüllt. **Die abgekürzte Leibrente unterliegt der Besteuerung mit dem Ertragsanteil (§ 22 Nummer 5 Satz 2 Buchstabe a EStG in Verbindung mit § 22 Nummer 1 Satz 3 Buchstabe a Doppelbuchstabe bb EStG, bei einem Rentenbeginn vor dem 1. Januar 1955 in Verbindung mit § 55 Absatz 1 Nummer 1 EStDV). Der Ertragsanteil ergibt sich aus der Tabelle in § 55 Absatz 2 EStDV (bei einem Rentenbeginn vor dem 1. Januar 1955 in Verbindung mit § 55 Absatz 1 Nummer 1 EStDV).**

7 Es handelt sich um andere Leistungen (insbesondere Kapitalauszahlungen) aus einem versicherungsförmigen Altersvorsorgevertrag im Sinne des § 82 EStG, einem Pensionsfonds, einer Pensionskasse oder einer Direktversicherung (Versicherungsvertrag), soweit sie auf nicht gefördertem Kapital beruhen. Wenn der Versicherungsvertrag, der die Voraussetzungen des § 10 Absatz 1 Nummer 2 Buchstabe b EStG in der am 31. Dezember 2004 geltenden Fassung erfüllt, vor dem 1. Januar 2005 abgeschlossen wurde und die Auszahlung vor Ablauf von 12 Jahren seit Vertragsabschluss erfolgt, werden die rechnungsmäßigen und außerrechnungsmäßigen Zinsen bescheinigt. Wenn der Versicherungsvertrag nach dem 31. Dezember 2004 abgeschlossen wurde, enthält die Mitteilung den positiven oder negativen Unterschiedsbetrag zwischen der Versicherungsleistung und der Summe der auf sie entrichteten Beiträge oder - wenn die Auszahlung erst nach Vollendung des 60. Lebensjahrs (bei Vertragsabschlüssen nach dem 31. Dezember 2011: nach Vollendung des 62. Lebensjahrs) erfolgt und der Vertrag im Zeitpunkt der Auszahlung mindestens 12 Jahre bestanden hat - die Hälfte dieses Unterschiedsbetrags. Soweit gemäß § 22 Nummer 5 Satz 15 EStG § 20 Absatz 1 Nummer 6 Satz 9 EStG Anwendung findet, ist der nach Teilfreistellung steuerpflichtige Unterschiedsbetrag angegeben. **Der bescheinigte Betrag unterliegt in diesem Umfang der Besteuerung.**

8 Bescheinigt werden die auf nicht gefördertem Kapital beruhenden Leistungen, die nicht bereits nach § 22 Nummer 5 Satz 2 Buchstabe a oder b EStG erfasst werden (z. B. Leistungen, die auf ungefördertem Kapital beruhen, aus zertifizierten Bank- oder Investmentfondssparplänen). Hierbei ist der Unterschiedsbetrag zwischen den Leistungen und der Summe der auf sie entrichteten Beiträge anzusetzen. Wenn die Auszahlung erst nach Vollendung des 60. Lebensjahrs (bei Vertragsabschlüssen nach dem 31. Dezember 2011: nach Vollendung des 62. Lebensjahrs) erfolgt und der Vertrag im Zeitpunkt der Auszahlung mindestens 12 Jahre bestanden hat, ist die Hälfte des Unterschiedsbetrags anzusetzen. **Die bescheinigten Leistungen unterliegen in diesem Umfang der Besteuerung.**

9 Das ausgezahlte geförderte Altersvorsorgevermögen (= Kapital, das auf nach § 10a oder Abschnitt XI EStG geförderten Altersvorsorgebeiträgen und den gewährten Altersvorsorgezulagen beruht) wurde steuerschädlich im Sinne des § 93 Absatz 1 Satz 1 und 2 EStG verwendet. In welchem Umfang eine Besteuerung erfolgt, richtet sich in Anwendung des § 22 Nummer 5 Satz 2 EStG nach der Art der ausgezahlten Leistung. Hierbei ist der Hinweis 5 für Nummer 9a, der Hinweis 6 für Nummer 9b, der Hinweis 7 für Nummer 9c und der Hinweis 8 für Nummer 9d zu beachten. Als Leistung im Sinne

des § 22 Nummer 5 Satz 2 EStG gilt das ausgezahlte geförderte Altersvorsorgevermögen nach Abzug der Zulagen im Sinne des Abschnitts XI EStG.

¹⁰ Es handelt sich um Provisionserstattungen bei geförderten Altersvorsorgeverträgen. Als Leistung sind vom Anbieter die Abschluss- und Vertriebskosten eines Altersvorsorgevertrages zu bescheinigen, die dem Steuerpflichtigen erstattet werden, unabhängig davon, ob der Erstattungsbetrag auf den Altersvorsorgevertrag eingezahlt oder an den Steuerpflichtigen ausgezahlt wurde. **Der bescheinigte Betrag unterliegt in diesem Umfang der Besteuerung.**

¹¹ Nachzahlungen von Leistungen nach § 22 Nummer 5 EStG sind ggf. als außerordentliche Einkünfte nach § 34 EStG ermäßigt zu besteuern. **Die Entscheidung über die Anwendung des § 34 EStG trifft das Finanzamt.** Die bescheinigten Nachzahlungen müssen in dem bescheinigten Betrag der bezeichneten Zeile enthalten sein.

¹² Es handelt sich um eine Rentenzahlung, die für die Dauer einer Rentengarantiezeit unabhängig vom Überleben des Rentenempfängers gezahlt wird. **Die Besteuerung dieser Leistung erfolgt bei dem Rechtsnachfolger mit dem für die versicherte Person maßgebenden Ertragsanteil.** <u>Hierfür muss der Rentenempfänger die dem Finanzamt elektronisch übermittelten Daten dieser Mitteilung stets um die Angabe des Geburtsdatums der versicherten Person und den Beginn der Rente an die versicherte Person in der Anlage R-AV/ bAV zur Einkommensteuererklärung ergänzen.</u>

15.1 Anlage R + R-AV/bAV + R-AUS

Anlage R-AUS 2021

Jeder Ehegatte / Lebenspartner mit Renten und Leistungen hat eine eigene Anlage R-AUS abzugeben.

1	Name	
2	Vorname	
3	Steuernummer	lfd. Nr. der Anlage — stpfl. Person / Ehemann / Person A — Ehefrau / Person B

Renten und andere Leistungen aus ausländischen Versicherungen / ausländischen Rentenverträgen / ausländischen betrieblichen Versorgungseinrichtungen

Ausländische Leibrenten und Leistungen, die mit Leistungen eines inländischen Versorgungsträgers (gesetzliche Rentenversicherungen, landwirtschaftliche Alterskasse und berufsständische Versorgungseinrichtungen) vergleichbar sind

		1. Rente	2. Rente
4	Staat des Leistungsbezugs	EUR	EUR
5	Rentenbetrag (einschließlich Einmalzahlung und Leistungen)	351	401
6	Rentenanpassungsbetrag (in Zeile 5 enthalten)	352	402
7	Beginn der Rente	353	403
	Vorhergehende Rente:		
8	Beginn der Rente	355	405
9	Ende der Rente	356	406
10	Nachzahlungen für mehrere vorangegangene Jahre / Kapitalauszahlung (in Zeile 5 enthalten)	361	411
	Öffnungsklausel:		
11	Prozentsatz (lt. Bescheinigung Ihres ausländischen Versorgungsträgers / lt. gesonderter Ermittlung)	362 %	412 %
12	die Rente erlischt / wird umgewandelt spätestens am	363	413
13	bei Einmalzahlung: Betrag	364	414

Leibrenten aus privaten Rentenversicherungen (auf Lebenszeit / mit zeitlich befristeter Laufzeit), sonstigen Verpflichtungsgründen (z. B. Renten aus Veräußerungsgeschäften)

(ohne Renten lt. Zeile 4 bis 13)

		1. Rente	2. Rente
14	Staat des Leistungsbezugs	EUR	EUR
15	Rentenbetrag	381	431
16	Beginn der Rente	382	432
17	Geburtsdatum des Erblassers bei Garantiezeitrenten	386	436
18	Die Rente erlischt mit dem Tod von		
19	Die Rente erlischt / wird umgewandelt spätestens am	383	433
20	Nachzahlungen für mehrere vorangegangene Jahre (in Zeile 15 enthalten)	384	434

Anlage R + R-AV/bAV + R-AUS

Leistungen aus ausländischen betrieblichen Altersversorgungseinrichtungen, die mit inländischen betrieblichen Altersversorgungseinrichtungen vergleichbar sind

		1. Rente	2. Rente
31	Staat des Leistungsbezugs		
32	Leistungen aus einer ausländischen betrieblichen Altersversorgungseinrichtung, soweit auf im Inland geförderten Beiträgen beruhen	721 EUR	741 EUR
33	Lebenslange Leibrente aus einer ausländischen betrieblichen Altersversorgungseinrichtung, soweit diese auf im Inland nicht geförderten Beiträgen beruht	722	742
34	Beginn der Rente	723	743
35	Geburtsdatum des Erblassers bei Garantiezeitrenten	724	744
36	Abgekürzte Leibrente aus einer ausländischen betrieblichen Altersversorgungseinrichtung, soweit diese auf im Inland nicht geförderten Beiträgen beruht	725	745
37	Beginn der Rente	726	746
38	Die Rente erlischt / wird umgewandelt spätestens am	727	747
39	Einmalleistungen aus einer ausländischen betrieblichen Altersversorgungseinrichtung, soweit diese auf im Inland nicht geförderten Beiträgen beruhen	728	748
40	Datum des Vertragsabschlusses	729	749
41	Nachzahlungen für mehrere vorangegangene Jahre (in den Zeilen 32, 33 und / oder 36 enthalten)	792	793

Werbungskosten

Die Eintragungen in den Zeilen 42 bis 45 sind nur in der ersten Anlage R-AUS vorzunehmen.

		EUR
42	– zu den Zeilen 5 und 15 – ohne Werbungskosten lt. Zeile 43 – (Art der Aufwendungen)	812
43	– zu den Zeilen 10, 20 und 41 (Art der Aufwendungen)	813
44	– zu den Zeilen 32 und 39 (Art der Aufwendungen)	814
45	– zu den Zeilen 33 und 36 (Art der Aufwendungen)	815

Steuerstundungsmodelle

		EUR
46	Einkünfte aus Gesellschaften / Gemeinschaften / ähnlichen Modellen i. S. d. § 15b EStG (lt. gesonderter Aufstellung)	

Renten von ausländischen Versorgungsträgern
Zunehmend sind Sachverhalte zu bearbeiten, bei denen der inländische Rentenempfänger von seinem ausländischen Versorgungsträger Leistungen erhält (für Tätigkeiten und Einzahlungen im Ausland). Diese ausländischen Einkünfte sind zunächst immer nach deutschem Recht zu qualifizieren. Es muss also eine Zuordnung nach § 19 oder § 22 aa oder bb oder Nr. 5 EStG erfolgen.

Welchem Land dann jedoch aufgrund eines DBA das Besteuerungsrecht zusteht, muss im Einzelfall dem DBA entnommen werden. Für die **Dänische Altersrente** s. BFH vom 14.07.2010, X R 37/08. Für die **Schweizer Pensionskasse** siehe aber BFH vom 08.12.2010, I R 92/09 doch „nur" Renteneinkünfte und keine Pension (§ 19 EStG).

Aus diesen Urteilen ist zu entnehmen, dass eine exakte Zuordnung im Einzelfall schwierig ist. Es muss zunächst immer, wie oben ausgeführt, eine Qualifizierung der Leistungen nach deutschem Recht erfolgen. Nur dann kann mit dem jeweiligen DBA ermittelt werden, welches Land das Besteuerungsrecht hat. Wurde eine Leistung beispielsweise zu Unrecht im Ausland versteuert und erfolgt dann die zutreffende Besteuerung im Inland, liegt kein Fall der Doppelbesteuerung vor und die Änderungsmöglichkeit im Ausland muss beachtet werden (soweit es dann noch eine gibt!).

Der Mitteilung des Deutschen Bundestages vom 05.10.2020 war zu entnehmen, dass Deutschland bei Abkommensverhandlungen mit anderen Ländern regelmäßig die Absicherung der deutschen nachgelagerten Besteuerung von Alterseinkünften anstrebt.

Dies erklärt die Bundesregierung in ihrer Antwort (19/22409) auf eine Kleine Anfrage der FDP-Fraktion (19/21974), die sich nach der **Abwerbung von steuerpflichtigen Rentnern durch andere Staaten erkundigt** und darauf hingewiesen hatte, dass nach Angaben der Deutschen Rentenversicherung im Jahr 2018 fast 1,8 Millionen Renten ins Ausland überwiesen worden seien.

Wie es in der Antwort heißt, müssten in der konkreten Verhandlungssituation mit einem anderen Staat regelmäßig Abwägungen mit anderen deutschen Verhandlungszielen getroffen werden, die je nach Art und Umfang der bilateralen Wirtschaftsbeziehungen zu unterschiedlichen Prioritäten führen würden. **Dann sei auch zu berücksichtigen, dass das OECD-Musterabkommen für Ruhegehälter eine Besteuerung ausschließlich im Ansässigkeitsstaat des Empfängers empfiehlt.** Dies werde damit begründet, dass der Ansässigkeitsstaat den mit der alternden Bevölkerung verbundenen Infrastruktur- und Versorgungsaufwand zu tragen habe.

Aus dieser Mitteilung ist klar zu erkennen, dass grundsätzlich jeder in Deutschland unbeschränkt Steuerpflichtige zunächst **seine Renten hier zu versteuern hat**, auch wenn diese aus dem Ausland bezogen werden (Umkehrschluss zu den von uns „abgeworbenen Rentnern").

Dem hellen Hintergrund der Anlage ist natürlich sofort zu entnehmen, dass hier keine eDaten eingespielt werden und sämtliche Daten händisch zugeordnet werden müssen. Dabei ist zu beachten, dass immer deutsches Steuerrecht anzuwenden ist.

Es muss daher ermittelt werden, ob die ausländische Rente eine:

- **(Zeile 4–13)** gesetzliche Rentenversicherung, aus einer landwirtschaftlichen Alterskasse, einem berufsständischen Versorgungswerk oder dem „Rürup" vergleichbar ist. oder eine
- **(Zeile 14–20)** private Rentenversicherung, eine zeitlich befristete Rente oder Renten aus privaten oder betrieblichen Veräußerungsgeschäften ist, oder eine

- **(Zeile 31–40)** den Altersvorsorgeverträgen (Riester), Pensionsfonds, Pensionskassen oder vergleichbaren Direktversicherungen ist.

15.1.6 Abbildungen zu Kapitel 15.1

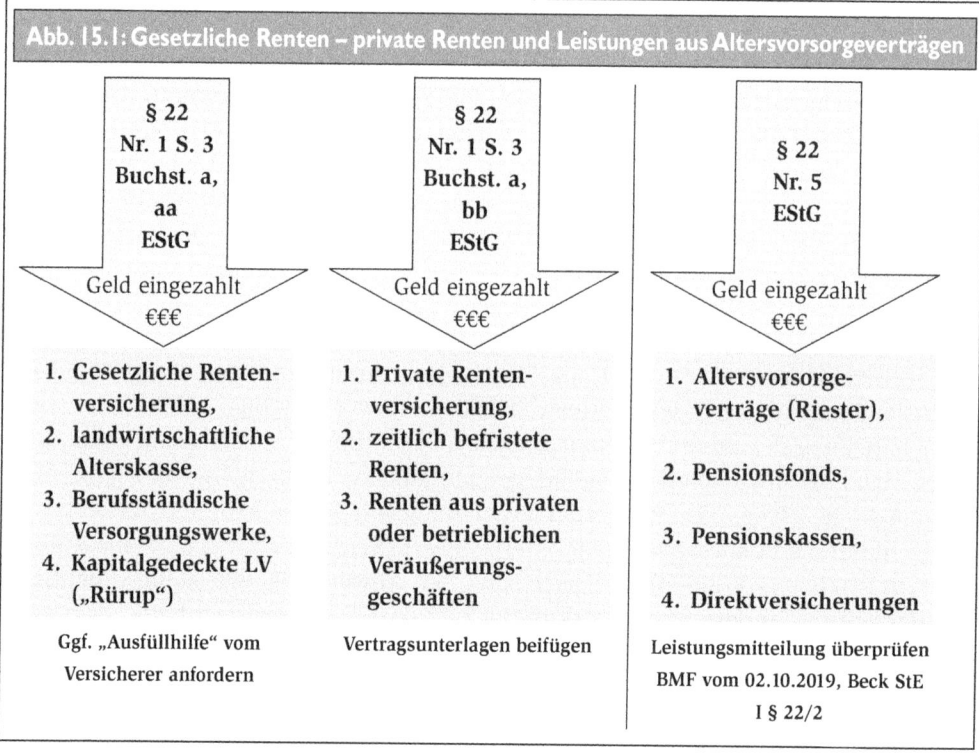

Abb. 15.1: Gesetzliche Renten – private Renten und Leistungen aus Altersvorsorgeverträgen

Abb. 15.2: Beispiel aus Rz. 226 BMF vom 19.08.2013

A bezieht von Mai 2015 bis April 2016 (= **12 Monate**) eine Erwerbsminderungsrente i.H.v. 1.000 €. Anschließend ist er wieder erwerbstätig.

Ab **Oktober 2021** erhält er seine Altersrente (Besteuerungsanteil eigentlich 81 %) i.H.v. **2.000 €**.
Der der Besteuerung unterliegende Teil für die **ab Oktober 2021** gewährte Altersrente ermittelt sich wie folgt:

Renten**beginn** der Altersrente	Oktober **2021**
abzgl. der Laufzeit der Erwerbsminderungsrente	
(12 Monate) = fiktiver Rentenbeginn	Oktober **2020**
Besteuerungsanteil **lt. Tabelle für 2020**	80 % (statt 81 %)
Jahresbetrag der Rente in 2021: 3 × 2.000 €	6.000 €
Betragsmäßiger Besteuerungsanteil (80 % von 6.000 €)	**4.800 €**

Abb. 15.3: Besteuerungsanteil nach § 22 Nr. 1 Satz 3 Buchstabe a Doppelbuchstabe a EStG

1. Bemessungsgrundlage ist der Jahresbetrag der Rente, § 22 Nr. 1 S. 3 Buchst. a, aa S. 2 EStG,
2. Der der Besteuerung unterliegende Anteil ist der Tabelle zu entnehmen, § 22 Nr. 1 S. 3 Buchst. a, aa S. 3 EStG.
3. Der steuerfreie Teil der Rente ist der Unterschied zwischen dem Jahresbetrag der Rente und dem steuerpflichtigen Teil, § 22 Nr. 1 S. 3 Buchst. a, aa S. 4 EStG.
4. Dieser gilt ab dem Jahr, das dem Jahr des Rentenbeginns folgt, für die gesamte Laufzeit, § 22 Nr. 1 S. 3 Buchst. a, aa S. 5 EStG.
5. Eine Neuberechnung des Versorgungsfreibetrages erfolgt nur bei Änderungen der Jahresbetrags der Rente aufgrund von Anrechnungs-, Ruhens-, Erhöhungs- oder Kürzungsregelungen (z.B. bei Witwenrenten mit anderen Einkünften …), § 22 Nr. 1 S. 3 Buchst. a, aa S. 6 EStG.
6. Folgen Renten aus derselben Versicherung nach (vormals EU/BU-Rente und jetzt Altersrente), vermindert sich der Einstiegsmonat für die spätere Rente (Altersrente) um die Laufzeit der vorhergehenden Rente, § 22 Nr. 1 S. 3 Buchst. a, aa S. 8 EStG.

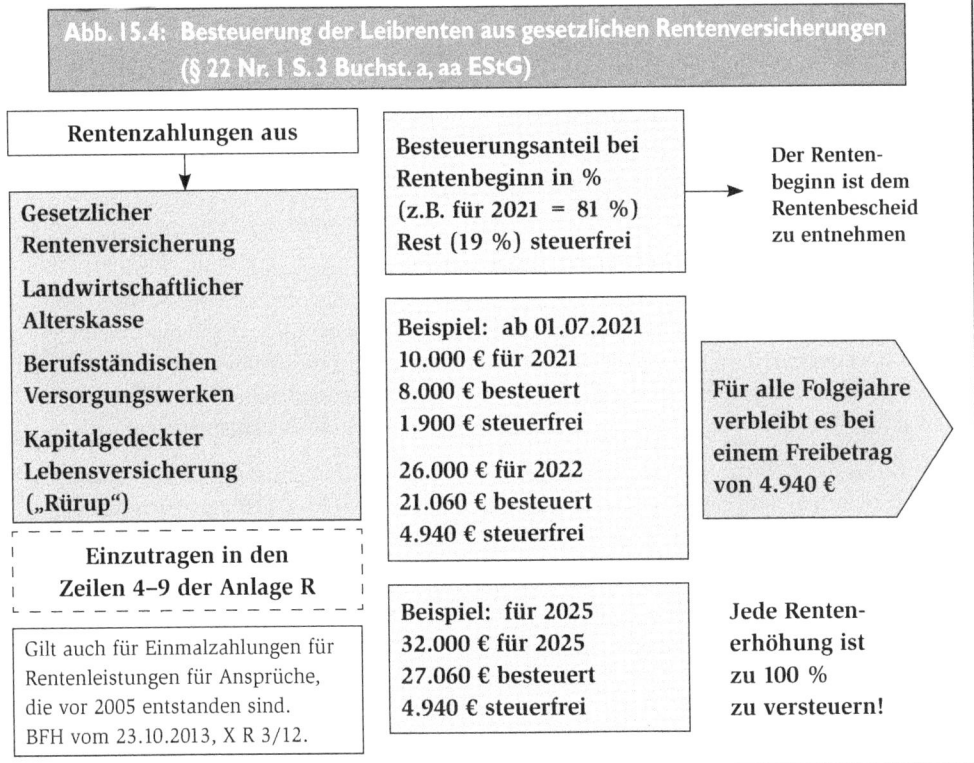

Abb. 15.4: Besteuerung der Leibrenten aus gesetzlichen Rentenversicherungen (§ 22 Nr. 1 S. 3 Buchst. a, aa EStG)

Abb. 15.5: BFH-Urteile vom 19.05.2021, X R 33/19 + 20/19
Derzeit keine doppelte Besteuerung von Altersvorsorgeaufwendungen

Der X. Senat des BFH hat in den beiden Urteilen konkrete Berechnungsschritte für die Ermittlung einer etwaigen doppelten Besteuerung von Rentenversicherungsbeiträgen festgelegt.

Eine doppelte Besteuerung wird danach vermieden, wenn

- die Summe der voraussichtlich steuerfrei bleibenden Rentenzuflüsse mindestens ebenso hoch ist (Rentenfreibetrag × Restlebensdauer)
- wie die Summe der aus dem bereits versteuerten Einkommen aufgebrachten Rentenversicherungsbeiträge.

(vom Steuerpflichtgen nachzuweisen)

Der **Vorläufigkeitsvermerk** zur Besteuerung von Leibrenten und anderen Leistungen aus der Basisversorgung **bleibt bestehen**, BMF vom 30.08.2021, IV A 3 – S 0338/19/10006:001. Klarstellend wird der Hinweis hinzugefügt, dass – sollte nach einer künftigen Entscheidung des BVerfG oder des BFH der Steuerbescheid nach der Auffassung des Steuerpflichtigen hinsichtlich der Besteuerung von Leibrenten oder anderen Leistungen aus der Basisversorgung zu Gunsten des Steuerpflichtigen zu ändern sein – **der Steuerpflichtige weitere Unterlagen dem Finanzamt einzureichen hat.**

Abb. 15.6: Besteuerungsanteil nach § 22 Nr. 1 Satz 3 Buchstabe a Doppelbuchstaben a und b EStG

… die **nicht** solche im Sinne des Doppelbuchstaben **aa** sind **und** bei denen in den einzelnen Bezügen Einkünfte aus Erträgen des Rentenrechts enthalten sind.

²Dies gilt **auf Antrag** auch für Leibrenten und andere Leistungen, soweit diese auf bis zum 31. Dezember 2004 geleisteten Beiträgen beruhen, welche oberhalb des Betrags des Höchstbetrags zur gesetzlichen Rentenversicherung gezahlt wurden; der Steuerpflichtige muss nachweisen, dass der Betrag des Höchstbetrags mindestens zehn Jahre überschritten wurde; soweit hiervon im Versorgungsausgleich übertragene Rentenanwartschaften betroffen sind, gilt § 4 Absatz 1 und 2 des Versorgungsausgleichsgesetzes entsprechend.

³Als Ertrag des Rentenrechts gilt für die gesamte Dauer des Rentenbezugs der Unterschiedsbetrag zwischen dem Jahresbetrag der Rente und dem Betrag, der sich bei gleichmäßiger Verteilung des Kapitalwerts der Rente auf ihre voraussichtliche Laufzeit ergibt; dabei ist der Kapitalwert nach dieser Laufzeit zu berechnen.

⁴**Der Ertrag des Rentenrechts** (Ertragsanteil) ist aus der **nachstehenden Tabelle** (nach Doppelbuchstaben b!) zu entnehmen:

Abb. 15.7: „Öffnungsklausel" nach § 22 Nr. 1 S. 3 a) bb) S. 2 EStG
Formularzeilen 11–13

Hier handelt es sich um Rentenbeträge für Rentenbeitragszahlungen, die den Höchstbetrag der Rentenversicherung **bis zum 31.12.2004** mindestens zehn Jahre lang überschritten haben. **Dieser Anteil** der Rentenzahlungen, der jetzt als Teil der gesamten Rentenzahlung zufließt, wird nicht mit dem Rentenfreibetrag bedacht, sondern unterliegt der Ertragsanteilsbesteuerung (die viel günstiger ist!). Man bezeichnet diesen Bereich als „**Öffnungsklausel**".

> Jährliche (gesetzliche Alters-)Rentenzahlung ab 01.01.2021 für einen 65-Jährigen = 35.000 €. Davon 5.250 € (15 %) nach „Öffnungsklausel".

Ohne „Öffnungsklausel"
= 81 % von 35.000 € =

28.350 € steuerpflichtige Einnahmen

29.750 € nach ... aa)
= 81 % zu versteuern
= 24.097 €

5.250 € nach ... bb)
= 18 % zu versteuern
= 945 €

25.042 € steuerpflichtige Einnahmen

Abb. 15.8: BFH Urteil vom 01.07.2021, XIII R 4/18
Auch Rentenzahlungen aus Kapitallebensversicherungen bleiben steuerfrei

Auf einem begünstigten Versorgungsvertrag nach § 10 Abs. 1 Nr. 2 Buchst. b EStG 2004 („alte" Kapitallebensversicherungen mit Rentenwahlrecht) beruhende Rentenzahlungen, sind insgesamt den Einkünften aus Kapitalvermögen zuzuordnen!

- Sie bleiben unter den Bedingungen des § 20 Abs. 1 Nr. 6 EStG **steuerfrei**.
- Allerdings nur, **soweit** die Summe der ausgezahlten Rentenbeiträge das in der Ansparzeit angesammelte Kapitalguthaben einschließlich der Überschussanteile nicht übersteigt.
- Vergleichbare Renten **müssen nunmehr neu geprüft werden**. Die Verwaltung hat diese Renten bislang als sonstige Einkünfte versteuert.

Abb. 15.9: Leistungen aus Altersvorsorgeverträgen oder betrieblicher Altersversorgung § 22 Nr. 5 EStG

§ 22 Nr. 5 EStG ist anzuwenden auf Leistungen aus:

Altersvorsorgeverträge § 82 Abs. 1 EStG

Pensionsfonds – Pensionskassen

Direktversicherungen

Während der Ansparphase erfolgte keine Besteuerung

Spezialvorschrift und damit vorrangig zu behandeln.
Die Abgeltungsteuer findet daher keine Anwendung.

Abb. 15.10: Besteuerungsanteil nach § 22 Nr. 5 EStG

1. Leistungen aus Altersvorsorgeverträgen, Pensionsfonds, Pensionskassen und Direktversicherungen unterliegen **in vollem Umfang der Besteuerung**. § 22 Nr. 5 S. 1 EStG

2. Soweit die Leistungen *(in der Einzahlungsphase **nicht** begünstigt!)* **nicht** auf Beiträgen, auf die § 3 Nr. ..., **nicht** auf Zulagen ..., **nicht** auf Zahlungen im Sinne des § 92a ..., **nicht** auf steuerfreien Leistungen ... wurden, **sind die Leistungen für die Besteuerung aufzuteilen**:

    a) ist bei lebenslangen Renten sowie bei Berufsunfähigkeits-, Erwerbsminderungs- und Hinterbliebenenrenten Nr. 1 Satz 3 Buchstabe a entsprechend anzuwenden,

    b) ist bei Leistungen aus Versicherungsverträgen, Pensionsfonds, Pensionskassen und Direktversicherungen, die nicht solche nach Buchstabe a sind, § 20 Abs. 1 Nr. 6 in der jeweils für den Vertrag geltenden Fassung entsprechend **anzuwenden**,

    c) unterliegt bei anderen Leistungen der Unterschiedsbetrag zwischen der Leistung und der Summe der auf sie entrichteten Beiträge der Besteuerung; § 20 Abs. 1 Nr. 6 Satz 2 gilt entsprechend.

15.1 Anlage R + R-AV/bAV + R-AUS

> **Abb. 15.11: Besteuerung von Einmalzahlungen aus Direktversicherungen FG Münster vom 29.10.2019, 15 K 1271/16 E**

Die Klägerin vertrat die Auffassung, dass die Besteuerung verfassungswidrig sei. Ihrer Ansicht nach lag hier eine Ungleichbehandlung vor, denn die **Steuerbelastung wäre geringer gewesen, wenn sie sich statt der Einmalzahlung eine monatliche Rente** hätte auszahlen lassen.
Zudem argumentierte die Klägerin, dass die auf die Auszahlung entfallenden **Krankenversicherungsbeiträge nicht in einer Summe anfielen, sondern würden auf zehn Jahre verteilt.**
Nach Abzug der Steuern und Krankenversicherungsbeiträge verblieben der Klägerin lediglich **ca. 12.700 € von der Versicherungsleistung i.H.v. 23.000 €.**

> Die Einmalzahlung ist nach Auffassung des FG Münster unstreitig nach § 22 Nr. 5 S. 1 EStG als Leistung aus einer Direktversicherung zu versteuern ist.
> Das FG führte außerdem aus, dass die volle Versteuerung auch verfassungsgemäß sei. So liege keine Ungleichbehandlung im Verhältnis zur laufenden Auszahlung einer Rente vor, da sich dies aus dem verfassungsrechtlich nicht zu beanstandenden **Grundsatz der Abschnittsbesteuerung** ergebe.

> **Abb. 15.12: Besteuerung von Einkünften aus ausländischen Altersvorsorgesystemen. Nachgelagerte Besteuerung**

BFH, Urteil vom 28.10.2020 X R 29/18

Leitsatz
- Leistungen aus einem US-amerikanischen Altersvorsorgeplan „401(k) pension plan" sind sonstige Einkünfte gemäß § 22 Nr. 5 Satz 1 EStG.
- Die Einkünfte sind nach § 22 Nr. 5 Satz 2 EStG in Höhe des Unterschiedsbetrags zwischen Kapitalauszahlung und Einzahlungen zu besteuern, sofern der Steuerpflichtige während der Ansparphase nicht der inländischen Besteuerung unterlag, sodass die in dieser Vorschrift abschließend aufgezählten steuerrechtlichen Freistellungen oder sonstigen Förderungen von Beiträgen nicht gewährt werden konnten.
- Die Regelungen in § 22 Nr. 5 Sätze 1 und 2 EStG ermöglichen weder nach ihrem Wortlaut noch im Wege rechtsfortbildender Analogie, die nach US-amerikanischem Steuerrecht während der Ansparphase tatsächlich gewährte Freistellung der Beiträge in den „401(k) pension plan" zum Anlass zu nehmen, die Leistungen hieraus im Inland nachgelagert zu besteuern.

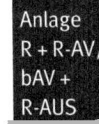

15.2 Anlage SO

Was ist zu beachten – neu und wichtig – Checkliste

Erhaltene Unterhaltsleistungen nach Anlage U	Prüfen ob der Ansatz noch immer erfolgen soll; sonst Rücknahme der Anlage U vor Beginn des Kalenderjahres
Sonstige Leistungen sind Einnahmen für jegliches Tun, Dulden oder Unterlassen	H 22.8 EStH beachten. Dort sind diverse BFH Entscheidungen zu finden.
Kurzzeitige Vermietung im Veräußerungsjahr begründet **keine Steuerpflicht** des Verkaufs der selbstgenutzten Wohnung	BFH vom 03.09.2019, IX R 10/19
Häusliches Arbeitszimmer infiziert nicht die steuerfreie Selbstnutzung	BFH-Urteil vom 01.03.2021, IX R 27/19
Der Verkauf eines Mobilheims auf einem Campingplatz stellt **kein privates Veräußerungsgeschäft** dar	FG Niedersachsen, Urteil vom 28.07.2021, 9 K 234/17
Wohnmobilveräußerung führt zu sonstigen Einkünften	§ 22 Nr. 3 EStG; siehe R 15.7 Abs. 3 EStR und H 15.7 „Abgrenzung" EStH
Mitverkaufte Inventar unterliegt nicht der Besteuerung als privates Veräußerungsgeschäft	FG Münster mit Urteil vom 03.08.2020, 5 K 2493/18 E
Einzelfragen zur ertragsteuerrechtlichen Behandlung **von virtuellen Währungen und von Token**	Geplantes BMF Schreiben mit 81 Rz. wird nur schwer umzusetzen sein

15.2 Anlage SO

2021

Anleitung vorhanden

1	Name / Gemeinschaft	**Anlage SO**
2	Vorname	zur Einkommensteuererklärung
3	Steuernummer — Diese Anlage ist bei Zusammenveranlagung von Ehegatten / Lebenspartnern gemeinsam auszufüllen.	zur Feststellungserklärung

Sonstige Einkünfte (ohne Renten und ohne Leistungen aus Altersvorsorgeverträgen) | 55

Wiederkehrende Bezüge

stpfl. Person / Ehemann / Person A / Gemeinschaft — EUR | Ehefrau / Person B — EUR

4 | Einnahmen aus | 158 ,— | 159 ,—

Ausgleichsleistungen zur Vermeidung des Versorgungsausgleichs

5 | soweit sie vom Geber als Sonderausgaben abgezogen werden können | 144 ,— | 145 ,—

Unterhaltsleistungen

6 | soweit sie vom Geber als Sonderausgaben abgezogen werden können | 146 ,— | 147 ,—

Werbungskosten

7 | zu den Zeilen 4 bis 6 | 160 ,— | 161 ,—

Andere wiederkehrende Bezüge / Unterhaltsleistungen (Teileinkünfteverfahren)

8 | Bezüge i. S. d. § 22 Nr. 1 Satz 2 EStG | 180 ,— | 181 ,—
9 | Werbungskosten zu Zeile 8 | 182 ,— | 183 ,—

Leistungen

10 | Einnahmen aus | ,— | ,—
11 | Einnahmen aus | + ,— | + ,—
12 | Summe der Zeilen 10 und 11 | 164 ,— | 165 ,—
13 | Werbungskosten zu den Zeilen 10 und 11 | 176 – ,— | 177 – ,—
14 | Einkünfte | = ,— | = ,—
15 | Die 2020 nach Maßgabe des § 10d Abs. 1 EStG vorzunehmende Verrechnung nicht ausgeglichener negativer Einkünfte 2021 aus Leistungen (Zeile 14) soll wie folgt begrenzt werden | 800 ,— | 801 ,—

Abgeordnetenbezüge

16 | Steuerpflichtige Einnahmen ohne Vergütung für mehrere Jahre | 200 ,— | 201 ,—
17 | In Zeile 16 enthaltene Versorgungsbezüge | 202 ,— | 203 ,—
18 | Bemessungsgrundlage für den Versorgungsfreibetrag | 204 ,— | 205 ,—
19 | Maßgebendes Kalenderjahr des Versorgungsbeginns | 216 | 217
20 | Bei unterjähriger Zahlung: Erster und letzter Monat, für den Versorgungsbezüge gezahlt wurden | Monat 206 — Monat 208 | Monat 207 — Monat 209
21 | Sterbegeld, Kapitalauszahlungen / Abfindungen und Nachzahlungen von Versorgungsbezügen (in Zeile 16 enthalten) | 210 ,— | 211 ,—
22 | In Zeile 16 **nicht** enthaltene Vergütungen für mehrere Jahre (lt. gesonderter Aufstellung) | 212 ,— | 213 ,—
23 | In Zeile 22 enthaltene Versorgungsbezüge | 214 ,— | 215 ,—
24 | Aufgrund der vorgenannten Tätigkeit als Abgeordnete(r) bestand eine Anwartschaft auf Altersversorgung ganz oder teilweise ohne eigene Beitragsleistung | 242 1 = Ja 2 = Nein | 243 1 = Ja 2 = Nein

Steuerstundungsmodelle

25 | Einkünfte aus Gesellschaften / Gemeinschaften / ähnlichen Modellen i. S. d. § 15b EStG (lt. gesonderter Aufstellung) | ,— | ,—

2021AnlSO131 — Juli 2021 — 2021AnlSO131

Private Veräußerungsgeschäfte

Grundstücke und grundstücksgleiche Rechte (z. B. Erbbaurecht) In den Zeilen 35 bis 41 bitte nur den steuerpflichtigen Anteil erklären.

31 | Bezeichnung des Grundstücks (Lage) / des Rechts

32 | Zeitpunkt der Anschaffung (z. B. Datum des Kaufvertrags, Zeitpunkt der Entnahme aus dem Betriebsvermögen) | Zeitpunkt der Veräußerung (z. B. Datum des Kaufvertrags, auch nach vorheriger Einlage ins Betriebsvermögen)

Nutzung des Grundstücks bis zur Veräußerung

33 | zu eigenen Wohnzwecken | vom | bis | m²

34 | zu anderen Zwecken (z. B. als Arbeitszimmer, Vermietung) | vom | bis | m²

EUR

35 | Veräußerungspreis oder an dessen Stelle tretender Wert (z. B. Teilwert, gemeiner Wert)

36 | Anschaffungs- / Herstellungskosten oder an deren Stelle tretender Wert (z. B. Teilwert, gemeiner Wert) ggf. zzgl. nachträglicher Anschaffungs- / Herstellungskosten | −

37 | Absetzungen für Abnutzung / Erhöhte Absetzungen / Sonderabschreibungen | +

38 | Werbungskosten im Zusammenhang mit dem Veräußerungsgeschäft | −

39 | Gewinn / Verlust (zu übertragen nach Zeile 40) | =

	stpfl. Person / Ehemann / Person A / Gemeinschaft EUR	Ehefrau / Person B EUR
40	**Zurechnung des Betrags aus Zeile 39**	110	111
41	Gewinne / Verluste aus weiteren Veräußerungen von Grundstücken und grundstücksgleichen Rechten (lt. gesonderter Aufstellung)	112	113

Andere Wirtschaftsgüter (Veräußerungen von Gegenständen des täglichen Gebrauchs sind ausgenommen)

42 | Art des Wirtschaftsguts

43 | Zeitpunkt der Anschaffung (z. B. Datum des Kaufvertrags) | Zeitpunkt der Veräußerung (z. B. Datum des Kaufvertrags)

EUR

44 | Veräußerungspreis oder an dessen Stelle tretender Wert (z. B. gemeiner Wert)

45 | Anschaffungskosten (ggf. gemindert um Absetzung für Abnutzung) oder an deren Stelle tretender Wert (z. B. Teilwert, gemeiner Wert) | −

46 | Werbungskosten im Zusammenhang mit dem Veräußerungsgeschäft | −

47 | Gewinn / Verlust (zu übertragen nach Zeile 48) | =

	stpfl. Person / Ehemann / Person A / Gemeinschaft EUR	Ehefrau / Person B EUR
48	**Zurechnung des Betrags aus Zeile 47**	114	115
49	Gewinne / Verluste aus weiteren Veräußerungen von anderen Wirtschaftsgütern (lt. gesonderter Aufstellung)	116	117

Anteile an Einkünften

50 | Gemeinschaft, Finanzamt und Steuernummer

	EUR	EUR
51	Anteil am Gewinn / Verlust	134	135
52	Die 2020 nach Maßgabe des § 10d Abs. 1 EStG vorzunehmende Verrechnung nicht ausgeglichener negativer Einkünfte 2021 aus privaten Veräußerungsgeschäften soll wie folgt begrenzt werden	802	803

2021AnlSO132

15.2.1 Was fällt unter diese Einkunftsart (§ 22 Nr. 1–5 EStG)? (Zeile 4)

Neben den wiederkehrenden Bezügen – im weitesten Sinne die „Rentenbesteuerung" – sind in dieser Einkunftsart „Spezialvorschriften", wie die Besteuerung der Unterhaltsleistungen, des Versorgungsausgleichs und die Besteuerung der Amtszulagen und die Versorgung der Abgeordneten geregelt.

Die Besteuerung der privaten Veräußerungsgeschäfte wird in § 22 Nr. 2 EStG nur dahingehend erwähnt, dass die genauen Regeln im § 23 EStG zu finden sind.

Wann immer jedoch ein Steuerbürger eine Leistung „entlohnt" bekommt und keine der anderen sechs Einkunftsarten greift, ist § 22 Nr. 3 EStG zu beachten, der die Besteuerung eben dieser Leistungen vorsieht.

In der Anlage SO sind die **Renteneinkünfte nicht** zu erfassen, weil hierfür die eigene Anlage R vorgesehen ist.

Problemzone: § 22 Nr. 1a EStG Versorgungsleistungen (Zeilen 4–6)

Ab dem Veranlagungszeitraum 2015 sind sämtliche Leistungen und Zahlungen nach § 10 Abs. 1a EStG, soweit für diese der Sonderausgabenabzug erfolgte, in § 22 Nr. 1a EStG erfasst. Darunter fallen somit:
1. Unterhaltsleistungen nach § 10 Abs. 1a Nr. 1 EStG,
2. Bestimmte Versorgungsleistungen nach § 10 Abs. 1a Nr. 2 EStG,
3. Ausgleichsleistungen zur Vermeidung des Versorgungsausgleichs,
4. Ausgleichszahlungen im Rahmen des schuldrechtlichen Versorgungsausgleichs.

Die unter 3. aufgezählten Leistungen zur Vermeidung des schuldrechtlichen Versorgungsausgleichs sind erstmalig ab 2015 als Sonderausgaben zu berücksichtigen und damit nach § 22 Nr. 1a EStG auch in diesem Umfang (unbegrenzt) als sonstige Einkünfte zu versteuern. Zu beachten ist für diesen besonderen Bereich, dass die notarielle Beurkundung dieser Vereinbarung angefordert werden kann.

Versorgungsleistungen, die im Rahmen einer **vorweggenommenen Erbfolge** gewährt werden, sind unter den Bedingungen des § 10 Abs. 1a Nr. 2 EStG beim Leistenden als Sonderausgaben abzugsfähig. Soweit dieser Leistende einen Sonderausgabenabzug erhalten hat, sind die Zahlungen hier beim Empfänger der Leistungen als Einkünfte zu versteuern.

Auch die im Rahmen eines **schuldrechtlichen Versorgungsausgleichs** zu leistenden Zahlungen, die der Leistende als Sonderausgaben abziehen kann, sind hier als steuerpflichtige Einkünfte nach § 22 Nr. 1a EStG zu erfassen. Die entsprechenden Ausführungen sind ebenfalls bereits im Bereich des Mantelbogens für den Ansatz der Sonderausgaben erfolgt.

Die Höhe des Sonderausgabenabzugs und somit hier die Höhe der steuerpflichtigen Einnahmen gem. § 22 Nr. 1a EStG ist, abweichend von den Unterhaltszahlungen nach § 10 Abs. 1a Nr. 1 EStG, unbegrenzt. Es ist jedoch in jedem Fall zu beachten, dass nur die Werte als Einkünfte in den Zeilen 4–6 erfasst werden, die auch tatsächlich als Sonderausgaben beim Leistenden berücksichtigt wurden. Es bietet sich hier eine jährliche Kontrolle der entsprechenden steuerlichen Auswirkungen an.

Das BMF hat mit Schreiben vom 09.04.2010, BStBl I 2010, 323 den Bereich der steuerlichen Behandlung dieser Ausgleichszahlungen im Rahmen des Versorgungsausgleichs nach § 22 Nr. 1c EStG behandelt.

Ausgleichszahlungen im Rahmen des schuldrechtlichen Versorgungsausgleichs nach § 10 Abs. 1a Nr. 4 EStG sind als Sonderausgaben abzugsfähig. Bei diesen schuldrechtlichen Vereinbarungen können Ausgleichszahlungen für Rentenleistungen, Versorgungsleistungen oder sonstige Kapitalrenten betroffen sein.

Der Sonderausgabenabzug ist auf den Wert beschränkt, den der Ausgleichsverpflichtete im Rahmen seiner Besteuerung versteuert hat. Erhält der Verpflichtete z.B. eine Rente von jährlich 24.000 € und unterliegen davon nur 12.000 € der Besteuerung (Rentenfreibetrag 50 %), ist auch nur der Teil als Sonderausgabe abzuziehen, der aus dem besteuerten Anteil an den Ausgleichsberechtigten übertragen wird.

Dieser muss dann den Wert **als Einnahme nach § 22 Nr. 1a EStG** der Besteuerung unterwerfen.

> **Beispiel 15.2.1: 1. Beispiel im BMF-Schreiben vom 09.04.2010, BStBl I 2010, 323 § 22 Nr. 1 S. 3 Buchstabe a, aa EStG:**
> Die Ausgleichverpflichtete A bezieht seit dem Jahr 2009 eine Leibrente aus der gesetzlichen Rentenversicherung. Laut Rentenbezugsmitteilung für das Jahr 2021 beträgt der Leistungsbetrag 10.000 € und der darin enthaltene Anpassungsbetrag 1.000 €. Als Ausgleichsrente zahlt A 50 % ihrer Leibrente – und somit insgesamt im Jahr 2021 einen Betrag von 5.000 € – an den Ausgleichberechtigten B.
>
> **Aufgabe:** Welche steuerlichen Auswirkungen ergeben sich für A und B im Jahr 2021?
>
> **Lösung:** Die Leibrente unterliegt für das Jahr 2021 bei der Ausgleichsverpflichteten A nach § 22 Nr. 1 S. 3 Buchstabe a Doppelbuchstabe **aa** EStG in Höhe von 6.220 € der Besteuerung **(58 % – weil Rentenbeginn 2009 – von 9.000 € = 5.220 € zuzüglich Anpassungsbetrag von 1.000 €).**
> Nach § 10 Abs. 1a Nr. 4 EStG kann A von den an B geleisteten 5.000 € einen Betrag in Höhe von 3.110 € (50 % von 6.220 €, da die Ausgleichsrente 50 % der Leibrente beträgt) als Sonderausgaben geltend machen.
> **B muss** korrespondierend hierzu **3.008 €** (= 3.110 € ./. 102 € Werbungskostenpauschbetrag bzw. ggf. abzüglich tatsächlicher Werbungskosten) nach § 22 Nr. 1a EStG **versteuern.**

> **Beispiel 15.2.2: 3. Beispiel im BMF-Schreiben vom 09.04.2010, BStBl I 2010, 323 § 22 Nr. 1 S. 3 Buchstabe a, bb EStG:**
> Der Ausgleichsverpflichtete A bezieht seit Vollendung des 63. Lebensjahres eine nach § 22 Nr. 1 S. 3 Buchstabe a Doppelbuchstabe bb EStG nur mit dem Ertragsanteil zu versteuernde Leibrente. Laut Rentenbezugsmitteilung für das Jahr 2021 beträgt der Leistungsbetrag 10.000 €. Im Rahmen des Versorgungsausgleichs leistet A als Ausgleichsrente 50 % seiner Leibrente an die Ausgleichsberechtigte B. A zahlt im Jahr 2021 dementsprechend an B eine Ausgleichsrente in Höhe von 5.000 €.
>
> **Lösung:** Die Leibrente unterliegt beim Ausgleichsverpflichteten A nach § 22 Nr. 1 S. 3 Buchstabe a Doppelbuchstabe **bb** EStG in Höhe von 2.000 € (Ertragsanteil: 20 %/Jahresrente 10.000 €) der Besteuerung. Als Sonderausgaben nach § 10 Abs. 1 Nr. 1b EStG kann A 50 % von 2.000 €, somit einen Betrag in Höhe von 1.000 €,

geltend machen. **B muss** korrespondierend hierzu einen Betrag in Höhe von **898 €** (= 1.000 € ./. 102 € Werbungskostenpauschbetrag bzw. ggf. abzüglich tatsächlicher Werbungskosten) nach § 22 Nr. 1a EStG **versteuern.**

Beispiel 15.2.3: 4. Beispiel im BMF-Schreiben vom 09.04.2010, BStBl I 2010, 323 § 22 Nr. 5 S. 2 Buchstabe c EStG:
Der Ausgleichsverpflichtete A erhält nach Vollendung des 60. Lebensjahres aus dem Auszahlungsplan seines Riester-Vertrags eine monatliche Leistung in Höhe von 600 € bzw. eine jährliche Leistung in Höhe von 7.200 €. Bei der erstmaligen Auszahlung der Leistung waren bereits mehr als 12 Jahre seit dem Vertragsabschluss vergangen. Die Leistung beruht zu 70 % auf geförderten und zu 30 % auf ungeförderten Beiträgen; die ungeförderten Beiträge betragen 2.000 €. A hat die auf geförderten Beiträgen beruhende anteilige Leistung von 70 % nach § 22 Nr. 5 S. 1 EStG in Höhe von 5.040 € im Rahmen der sonstigen Einkünfte zu versteuern. Die auf ungeförderten Beiträgen beruhende anteilige Leistung von 30 % hat er nach § 22 Nr. 5 S. 2 Buchstabe c EStG mit der Hälfte des Unterschiedsbetrags zwischen der Leistung und der Summe der auf sie entrichteten Beiträge zu versteuern. Der Unterschiedsbetrag zwischen der Leistung in Höhe von 2.160 € und der Summe der auf sie entrichteten ungeförderten Beiträge in Höhe von 2.000 € beträgt 160 €.
Die ausgezahlte Leistung hat A in Höhe von 80 € (Hälfte des Unterschiedsbetrags, § 22 Nr. 5 S. 2 Buchstabe c EStG) zu versteuern. Im Rahmen des Versorgungsausgleichs zahlt A 50 % seiner (gesamten) Leistungen aus dem Riester-Vertrag an den Ausgleichsberechtigten B.

Lösung: Beim Ausgleichsverpflichteten A unterliegt die Leistung aus dem Auszahlungsplan zunächst in Höhe von 5.120 € (= 5.040 € + 80 €) der Besteuerung. Als Sonderausgaben nach § 10 Abs. 1a Nr. 4 EStG kann A einen Betrag in Höhe von 2.560 € geltend machen, da er 50 % der von ihm bezogenen Leistungen als Ausgleichsrente an B zahlt. B muss korrespondierend hierzu 2.458 € (= 2.560 € ./. 102 € Werbungskostenpauschbetrag bzw. ggf. abzüglich tatsächlicher Werbungskosten) nach § 22 Nr. 1a EStG versteuern.

15.2.2 Unterhaltsleistungen (Zeile 6)

Die Ausführungen **zur Anlage U** (s. Kapitel 2.2) sind hier zu beachten. Insbesondere die Rücknahme der Zustimmung zur Besteuerung ist an die Frist des § 10 Abs. 1 Nr. 1 EStG gebunden. Danach muss der Widerruf vor Beginn des Kalenderjahres erfolgen, für den die Zustimmung erstmals nicht gelten soll. Ein Widerruf bis zum 31.12.2020 ermöglicht noch einen Ausstieg aus der Besteuerung für den Veranlagungszeitraum 2021, nicht jedoch für den Veranlagungszeitraum 2020!

Sollte der zahlende Ehegatte die Beträge für die Basis-Krankenversicherung ebenfalls geleistet haben, sind hier seit 2010 höhere Einnahmen (13.805 € + Basis-Krankenversicherungsbeiträge) als Einnahme zu versteuern. Die Werte der Basis-Krankenversicherungsbeiträge sollten hier unbedingt überprüft werden und entsprechend als eigene Sonderausgaben berücksichtigt werden.

> **Beispiel 15.2.4:** Die unbeschränkt einkommensteuerpflichtige Frau Maier erhält von ihrem geschiedenen Ehegatten ab dem 01.01.2021 monatliche Unterhaltsleistungen von insgesamt 1.500 €. 300 € dienen davon der Grundsicherung der Krankenversicherung der Frau Maier.
>
> **Lösung:** Frau Maier muss die erhaltenen monatlichen 300 € = 3.600 € jährlich und weitere 13.805 € als Einnahmen i.S.d. § 22 Nr. 1a EStG versteuern. Davon abzuziehen ist der Pauschbetrag nach § 9a S. 1 Nr. 3 EStG, soweit nicht höhere Werbungskosten geltend gemacht werden.
> Es ist dabei allerdings zu beachten, dass die als Einnahmen versteuerten 3.600 € Krankenversicherungsbeiträge zugleich als Sonderausgaben bei Frau Maier i.S.d. § 10 Abs. 1 Nr. 3 S. 3 EStG zu berücksichtigen sind.

Problemzone: Werbungskostenpauschbetrag nach § 9a Nr. 3 EStG (Zeile 7)

In der Zeile 7 werden die Werbungskosten zu den zuvor bezeichneten Einkünften berücksichtigt. Hier wird es allgemein schwer sein, geeignete Kosten glaubhaft zu machen. Die nach der Anlage U oder dem schuldrechtlichen Versorgungsausgleich zu überweisenden Beträge lösen allgemein keine Kosten aus. Sollten dennoch Aufwendungen entstehen – z.B. für die steuerliche Beratung –, wären diese hier einzutragen.

Für Einkünfte nach § 22 Nr. 1, 1a und 5 EStG ist der Werbungskostenpauschbetrag von 102 € zu berücksichtigen.

15.2.3 Leistungen (Zeilen 10–15)

Eine sonstige Leistung i.S.d. § 22 Nr. 3 EStG ist jedes Tun, Dulden oder Unterlassen, das Gegenstand eines entgeltlichen Vertrags sein kann und eine Gegenleistung auslöst. Es kommt dabei entscheidend darauf an, dass das Entgelt durch das Verhalten des Empfängers des Entgelts ausgelöst wird. So im BFH-Urteil vom 08.05.2008, BStBl II 2008, 868 mit weiteren Verweisen (Hofübergabe und eingeklagte Entschädigung). Auch die Aufwandsentschädigungen nach § 1835a BGB gehören zu den sonstigen Einkünften. Da diese jedoch im Rahmen des § 3 Nr. 26b EStG steuerfrei bleiben, ist dies **gesondert** mitzuteilen. Keine Beträge eintragen!

Bereits der BFH mit Urteil vom 28.11.2007, BStBl II 2008, 469 hatte zur steuerlichen Beurteilung von Preisgeldern für die Teilnahme als Kandidat an einer Fernsehshow zu entscheiden. Auch hier („mein hässlicher Verlobter") wurde aus dem Verhalten der Teilnehmer eine Gegenleistung abgeleitet. Dabei wurde bereits verdeutlicht, dass es dabei keinesfalls auf die Größe der Gewinnchance ankommt.

Das BMF hat mit Schreiben vom 30.05.2008, BStBl I 2008, 469 Anhaltspunkte für das mögliche Leistungsverhältnis vorgegeben. Danach liegen immer dann Leistungen vor, wenn:
- den Kandidaten ein Verhaltensmuster vorgegeben wird,
- den Kandidaten neben der Gewinnchance noch ein Antritts- oder Tagegeld gezahlt wird,
- die Kandidaten Urlaub oder Freistellung von der Arbeit nehmen müssen,
- den Kandidaten ein Erfolgshonorar gezahlt wird.

15.2 Anlage SO

Keine steuerbaren Einnahmen sollen nur dann vorliegen, wenn **keiner** der vorgenannten Anhaltspunkte zutrifft.

Weitere **typische sonstige Leistungen** nach § 22 Nr. 3 EStG **sind**:
- Entgelte für die regelmäßige Mitnahme von Arbeitskollegen auf der Fahrt zur Arbeitsstätte,
- Bestechungsgelder, die einem Arbeitnehmer von Dritten gezahlt worden sind,
- **Entgelt für die zeitweise Vermietung des Wohnmobils**,
- Ringweise Vermittlung von Lebensversicherungen unter Weitergabe der Provision.

Aufsehen erregten im Jahr 2012 die beiden folgenden Verfahren:
- Zunächst entschied der BFH mit Urteil vom 24.04.2012, IX R 6/10, zum ausgezahlten Preisgeld an den Gewinner der Fernsehshow „Big Brother". Das aktive wie passive Verhalten während des Aufenthalts im „Big-Brother-Haus" wurde als vertragliche Gegenleistung eingestuft und damit dem § 22 Nr. 3 EStG zugeordnet.
- Nachdem ein deutscher Student die Poker-Weltmeisterschaft gewonnen hatte und damit auch ein Preisgeld von 8,7 Mio. US $, war die Frage nach der Steuerbarkeit dieser Einnahmen Thema in allen Gazetten. Hierzu ist anzumerken, dass noch keine klare Rechtsprechung für derartige Glücksspiele (oder doch kein Glück?) zu erkennen ist. Deutlich wird jedoch, dass die Teilnahme an diversen Turnieren und die entsprechende Vorbereitung das Feld für eine gewerbliche Tätigkeit bestellen. Die einmalige Teilnahme an einem Pokerspiel führt nicht dazu, dass dieser Gewinn (häufiger wohl der Verlust!) der Besteuerung zu unterwerfen ist.

> **Beispiel 15.2.5:** Die drei Schwestern A, B und C schließen jeweils Lebensversicherungen mit einer Versicherungsgesellschaft ab. Dabei kamen die Schwestern überein, dass die Versicherungen untereinander vermittelt werden und die dafür erhaltene Vermittlungsprovision jeweils an die entsprechende Versicherungsnehmerin (Schwester) weitergeleitet wird.
>
> **Lösung:** Auch hier hat der BFH mit Urteil vom 20.01.2009, BStBl II 2009, 532 entschieden, dass diese Provisionen als Leistungen bei der jeweils begünstigten Schwester zu versteuern sind. Jede Schwester muss danach die erhaltene Provision als Einnahme versteuern.
> Die weitergeleitete Provision ist hingegen nicht als Werbungskosten anzusetzen, weil es sich bei der Weiterleitung um Einkommensverwendung und nicht um Aufwand zur Erzielung einer Einnahme handelt. Unabhängig davon sei diese weitergeleitete Zahlung eine freiwillige Zuwendung nach § 12 Nr. 2 EStG.

Problemzone: Werbungskosten zu den sonstigen Leistungen (Zeile 11)

Werbungskosten sind grundsätzlich nach § 11 Abs. 2 EStG in dem Kalenderjahr abzuziehen, in dem sie geleistet werden. Für die Vorschrift des § 22 Nr. 3 EStG wird hiervon abgewichen. Der BFH hat bereits mit Urteil vom 03.06.1992, BStBl II 1992, 1017 entschieden, dass die Werbungskosten auch dann im Jahr des Zuflusses der Einnahmen anzusetzen sind, wenn sie vor diesem Jahr angefallen sind oder nach diesem Jahr geleistet werden.

Hintergrund hierfür ist die Einschränkung im § 22 Nr. 3 S. 3 EStG. Danach dürfen Werbungskosten, die die Einnahmen übersteigen, nicht bei der Ermittlung des Einkommens ausgeglichen werden. Diese Kosten dürfen nur mit Leistungen nach § 22 Nr. 3 S. 1 EStG ausgeglichen werden.

> **Beispiel 15.2.6:** A erhält und versteuert im Kalenderjahr 2021 die Belohnung für einen einmaligen, aber werthaltigen Tipp (BFH-Urteil vom 20.04.2004, BStBl II 2005, 167). Erst im Kalenderjahr 2022 müssen die dafür (unstrittig) entstandenen Anwaltskosten beglichen werden.
>
> **Lösung:** Würde hier die Ausgabe des Jahres 2022 – die Anwaltskosten – nicht in das Jahr 2021 vorgezogen werden, könnten diese Kosten womöglich nie berücksichtigt werden; wenn nämlich nie wieder Einnahmen aus § 22 Nr. 3 S. 1 EStG erzielt würden. Insoweit ist die Einschränkung des § 11 Abs. 2 EStG hier vorteilhaft.

Anders entschied der BFH mit Urteil vom 16.06.2015, IX R 26/14 zum Erhalt von **Bestechungsgeldern** und deren Rückzahlung an den Arbeitgeber.

Die in den Jahren 2000 bis 2005 zugeflossenen Bestechungsgelder sind danach in diesen Jahren als Einkünfte nach § 22 Nr. 3 EStG zu versteuern. Klargestellt wurde mit dem Urteil auch, dass die an den Arbeitgeber zurückgezahlten Bestechungsgelder als Werbungskosten zu berücksichtigen sind.

Für die im Jahr 2006 aufgrund der hohen Zurückzahlung übersteigenden Werbungskosten besteht aber keine Möglichkeit des Ausgleichs.

Zunächst ist festzuhalten, dass negative Einkünfte nach § 22 Nr. 3 EStG einem Ausgleichsverbot mit anderen Einkünften unterliegen; § 22 Nr. 3 S. 3 EStG. Im vorliegenden Fall hält der BFH die Versagung des Verlustausgleichs auch für verfassungsgemäß. Durch den im § 22 Nr. 3 S. 4 EStG ermöglichten Verlustausgleich in späteren Jahren mit Einkünften nach § 22 Nr. 3 EStG läge kein Verstoß gegen das Nettoprinzip vor. Es genüge danach dem Leistungsfähigkeitsprinzip, wenn der Verlustausgleich nicht vollständig ausgeschlossen, sondern nur zeitlich gestreckt wird.

> **Problemzone: Begrenzung der Verrechnung der negativen Einkünfte mit positiven Einkünften (Zeile 15)**

Sollten im Kalenderjahr 2021 negative Einkünfte aus sonstigen Leistungen entstanden sein, werden diese nicht mit den anderen Einkünften ausgeglichen. Diese negativen Einkünfte können jedoch nach Maßgabe – das heißt in den Grenzen – des § 10d EStG zurück nach 2020 getragen werden. Dieser Rücktrag ist begrenzbar. Es müssen also nicht alle Verluste zurückgetragen werden, sondern der Rücktrag kann – wie beim § 10d EStG – hier in Zeile 15 begrenzt werden.

15.2.4 Private Veräußerungsgeschäfte (Zeilen 31–52)

In diesem Bereich sind Veräußerungsgeschäfte des **Privatvermögens** zu erklären. Veräußerungsgeschäfte, die dem Betriebsvermögen zugeordnet wurden, sind hier nicht zu erfassen. Die Abgrenzung zum gewerblichen Grundstückshandel ist in dem BMF-Schreiben vom 26.03.2004, BStBl I 2004, 434 nachzulesen. Dem dort als Anlage beigefügten vereinfachten Prüfschema ist zu entnehmen, dass Grundstücke, die zehn Jahre dem

Privatvermögen zugeordnet waren, nicht in die „Drei-Objekt-Grenze" einzubeziehen – und damit auch nicht steuerbar – sind.

Das BMF hat mit Schreiben vom 01.04.2009, BStBl I 2009, 515 erneut zur Abgrenzung der vermögensverwaltenden und der gewerblichen Tätigkeit Stellung genommen. Danach liegt schon dann eine gewerbliche Tätigkeit vor, wenn die Vermietungstätigkeit mit dem An- und Verkauf aufgrund eines einheitlichen Geschäftskonzepts verbunden ist.

Ein solches Konzept liegt vor, wenn von vornherein ein Verkauf des vermieteten Wirtschaftsguts vor Ablauf von dessen gewöhnlicher Nutzungsdauer geplant ist und die Erzielung eines Totalgewinns diesen Verkauf notwendig macht. Für diesen Fall handelt es sich vollumfänglich um laufende gewerbliche Einkünfte, die keine Begünstigung nach §§ 16, 34 EStG erhalten.

Grundstücke und grundstücksgleiche Rechte (Zeilen 31–41)

Maßgebend für den Zeitpunkt der Anschaffung und Veräußerung ist der Abschluss des obligatorischen Vertrags durch den bürgerlich-rechtlichen Vertrag (z.B. Kaufvertrag).

> **Beispiel 15.2.7:** A hat ein Grundstück mit obligatorischem Kaufvertrag am 01.02.2011 erworben und mit Vertrag vom 01.03.2021 verkauft.
>
> **Lösung:** Die im § 23 Abs. 1 Nr. 1 S. 1 EStG vorgegebene Veräußerungsfrist von zehn Jahren ist überschritten. Es handelt sich um keinen steuerbaren Vorgang. Der Grundstücksverkauf ist **nicht** in der Anlage SO aufzuführen.

Zu beachten ist für diesen Bereich, dass **keine Besteuerung** erfolgt, wenn das Grundstück seit Anschaffung zu eigenen Wohnzwecken genutzt wurde. Gleiches gilt auch, wenn das Grundstück im Jahr der Veräußerung und in den beiden vorangegangenen Jahren zu eigenen Wohnzwecken genutzt wurde.

> **Beispiel 15.2.8:** B hat ein Grundstück mit obligatorischem Kaufvertrag am 01.02.2011 erworben und zunächst vermietet. Ab dem 30.12.2019 nutzt er das Grundstück aber wieder zu eigenen Wohnzwecken. Mit Vertrag vom 10.01.2021 wird das Grundstück verkauft.
>
> **Lösung:** B hat das Grundstück im Jahr der Veräußerung (2021) und in den beiden vorangegangenen Jahren (das gesamte Jahr 2020 und im Dezember 2019) zu eigenen Wohnzwecken genutzt. Der Verkauf ist nicht steuerbar.

Der BFH hat mit Urteil vom 27.06.2017, IX R 37/16 diesen Sachverhalt bestätigt.

Ein Gebäude wird danach auch dann zu eigenen Wohnzwecken genutzt, wenn es der Steuerpflichtige nur zeitweilig bewohnt, sofern es ihm in der übrigen Zeit als Wohnung zur Verfügung steht. Unter § 23 Abs. 1 Satz 1 Nr. 1 Satz 3 EStG können deshalb auch Zweitwohnungen, nicht zur Vermietung bestimmte Ferienwohnungen und Wohnungen, die im Rahmen einer doppelten Haushaltsführung genutzt werden, fallen.

Eine Nutzung zu eigenen Wohnzwecken „im Jahr der Veräußerung und in den beiden vorangegangenen Jahren" (§ 23 Abs. 1 Satz 1 Nr. 1 Satz 3 2. Alternative EStG) liegt vor, wenn das Gebäude in einem zusammenhängenden Zeitraum genutzt wird, der sich über drei Kalenderjahre erstreckt, ohne sie – mit Ausnahme des mittleren Kalenderjahrs – voll auszufüllen.

Weitere Einzelheiten und Ausnahmen zur Besteuerung oder zur Ausnahme von der Besteuerung sind dem BMF-Schreiben vom 05.10.2000, BStBl I 2000, 1383 zu entnehmen.

Kurzzeitige Vermietung im Veräußerungsjahr begründet keine Steuerpflicht des Verkaufs der selbstgenutzten Wohnung, BFH vom 03.09.2019, IX R 10/19

Verkauft der Steuerpflichtige eine Immobilie, die er vor weniger als zehn Jahren entgeltlich erworben und seitdem zu eigenen Wohnzwecken genutzt hat, muss er den Veräußerungsgewinn auch dann nicht versteuern, wenn er die Wohnung im Jahr der Veräußerung kurzzeitig vermietet hatte. Dies hat der IX. Senat des BFH in seinem Urteil vom 03.09.2019 entschieden.

Im Streitfall hatte der Kläger 2006 eine Eigentumswohnung erworben, die er bis zu seinem Auszug im April 2014 durchgehend zu eigenen Wohnzwecken nutzte und im Dezember 2014 verkaufte. Von Mai 2014 bis zur Veräußerung im Dezember 2014 vermietete er die Wohnung. Das Finanzamt ermittelte aus der Veräußerung einen steuerpflichtigen Gewinn i.S.d. § 23 Abs. 1 Satz 1 Nr. 1 EStG.

Der BFH sah dies anders und gab dem Kläger Recht. Ein steuerbares Veräußerungsgeschäft liege nicht vor. Da der Kläger die Wohnung in den Jahren 2012 und 2013 sowie im Zeitraum von Januar bis einschließlich April 2014 durchgehend zu eigenen Wohnzwecken genutzt habe, seien die Voraussetzungen für die Anwendung der Ausnahmevorschrift des § 23 Abs. 1 Satz 1 Nr. 1 Satz 3 2. Alternative EStG erfüllt. Die „**Zwischenvermietung**" von Mai 2014 bis Dezember 2014 sei **unschädlich**.

Zu den einkommensteuerbaren sonstigen Einkünften zählen u.a. solche aus der Veräußerung von Wohnimmobilien, bei denen der Zeitraum zwischen Anschaffung und Veräußerung nicht mehr als zehn Jahre beträgt (§§ 22 Nr. 2, 23 Abs. 1 Satz 1 Nr. 1 EStG). Von der Besteuerung ausgenommen sind nach § 23 Abs. 1 Satz 1 Nr. 1 Satz 3 EStG Wohnungen, die im Zeitraum zwischen Anschaffung oder Fertigstellung und Veräußerung entweder ausschließlich zu eigenen Wohnzwecken (1. Alternative) oder im Jahr der Veräußerung und in den beiden vorangegangenen Jahren zu eigenen Wohnzwecken (2. Alternative) genutzt wurden. Die Steuerfreiheit tritt daher u.a. schon dann ein, wenn – wie in der 2. Alternative – vor der Veräußerung eine zusammenhängende Nutzung zu eigenen Wohnzwecken von einem Jahr und zwei Tagen liegt; dabei muss sich die Nutzung zu eigenen Wohnzwecken auf das gesamte mittlere Kalenderjahr erstrecken, während die Wohnnutzung im zweiten Jahr vor der Veräußerung und im Veräußerungsjahr nur jeweils einen Tag zu umfassen braucht.

Der Verkauf eines Mobilheims auf einem Campingplatz stellt kein privates Veräußerungsgeschäft dar
FG Niedersachsen, Urteil vom 28.07.2021, 9 K 234/17

Der Verkauf eines Mobilheims auf einem Campingplatz stellt kein privates Veräußerungsgeschäft dar. Dies gilt auch dann, wenn der Zeitraum zwischen Erwerb und Veräußerung weniger als zehn Jahre beträgt. Gebäude können insoweit nicht losgelöst vom Grundstück steuerpflichtig erfasst werden.

Das Finanzgericht Niedersachsen hat mit Urteil vom 28.07.2021 (9 K 234/17) entschieden, dass die Veräußerung eines Mobilheims, welches auf einem Campingplatz aufgestellt wurde, nicht gem. § 22 Nr. 2 i.V.m. § 23 Abs. 1 Satz 1 Nr. 1 EStG als privates

Veräußerungsgeschäft zu werten ist, auch wenn es bewertungsrechtlich als Gebäude auf fremdem Grund und Boden gilt.

Sachlage im Streitfall

Der Kläger hatte sich im Jahr 2011 ein Mobilheim als gebrauchtes Fahrzeug angeschafft. Gleichzeitig schloss er mit dem Campingplatz einen Pachtvertrag über die Anmietung einer Parzelle, auf welcher das Mobilheim aufgestellt werden konnte.

Das Mobilheim wurde an einen Mieter für 500 € monatlich überlassen. Der Kläger erzielte daraus Einkünfte aus Vermietung und Verpachtung gem. § 21 Abs. 1 Satz 1 Nr. 1 EStG.

Im Jahr 2015 veräußerte der Kläger das Mobilheim an einen Dritten. Das Finanzamt setzte daraufhin einen Veräußerungsgewinn aus privaten Veräußerungsgeschäften gem. § 22 Nr. 2 i.V.m. § 23 Abs. 1 Satz 1 Nr. 1 EStG an, da es sich dabei um unbewegliches Vermögen handelt.

Hiergegen legte der Kläger zunächst Einspruch ein, da das Mobilheim eine bewegliche Sache und somit einen Scheinbestandteil des Grundstücks darstellt.

Nach Auffassung des FA stellt das Mobilheim jedoch ein Gebäude auf fremdem Grund und Boden dar, was dementsprechend auch dazu führt, dass das Mobilheim den Tatbestand des § 23 Abs. 1 Nr. 1 EStG erfüllt. Es lehnte den Einspruch dementsprechend in einer Einspruchsentscheidung ab. Das FG sah jedoch die Klage als begründet an.

Gebäude auf fremdem Grund und Boden

Das FG ist der Auffassung, dass der bewertungsrechtliche Gebäudebegriff und der Gebäudebegriff gem. § 22 Nr. 2 i.V.m. § 23 Abs. 1 Satz 1 Nr. 1 EStG zu trennen ist.

Nach st. Rspr. des BFH muss bewertungsrechtlich ein Gebäude folgende Merkmale aufweisen: Es muss fest mit dem Grund und Boden verbunden sein, den nicht nur vorübergehenden Aufenthalt von Menschen gestatten und durch räumliche Umschließung Schutz gegen äußere Einflüsse bieten.

Gemäß § 22 Nr. 2 i.V.m. § 23 Abs. 1 Satz 1 Nr. 1 EStG werden Einkünfte aus der Veräußerung von Grundstücken und Rechten erfasst, die den Vorschriften des bürgerlichen Rechts über Grundstücke unterliegen (z.B. Erbbaurecht, Mineralgewinnungsrecht), bei denen der Zeitraum zwischen Anschaffung und Veräußerung jeweils nicht mehr als zehn Jahre beträgt.

Dazu gehören gem. § 23 Abs. 1 Satz 1 Nr. 1 Satz 2 EStG auch Gebäude und Außenanlagen, soweit diese innerhalb des Zehnjahreszeitraums errichtet, ausgebaut oder erweitert wurden, sowie Gebäudeteile, die selbständige unbewegliche Wirtschaftsgüter sind.

Da nach dem Wortlaut des § 23 Abs. 1 Satz 1 Nr. 1 EStG Gebäude nicht separat erfasst werden, sondern nur in Zusammenhang mit einem Grundstück steuerpflichtig veräußert werden können, kann die einzelne Veräußerung des Mobilheims nicht zu einem privaten Veräußerungsgeschäft führen.

Problemzone: Andere Wirtschaftsgüter, insbesondere Wertpapiere (Zeilen 42–49)

In diesem Bereich sind **Veräußerungen von Wirtschaftsgütern zu erklären, die keine Grundstücke sind** und bei denen der Zeitraum zwischen Anschaffung und Veräußerung nicht mehr als ein Jahr beträgt.

Die **Verlängerung der Behaltefrist bei Wirtschaftsgütern,** aus deren Nutzung als Einkunftsquelle zumindest in einem Kalenderjahr Einkünfte erzielt werden, ist bereits seit 2009 von einem auf zehn Jahre verlängert worden. Hierzu gehören auch Wirtschaftsgüter des täglichen Gebrauchs, die nach § 22 Nr. 3 EStG zu besteuern waren.

> **Beispiel 15.2.9:** D hat im laufenden Kalenderjahr sein Wohnmobil für einen Monat für 1.000 € vermietet und anschließend an den Mieter verkauft.
>
> **Lösung:** Hier ist die Änderung des § 23 Abs. 1 Nr. 2 S. 2 EStG zu beachten. Da nunmehr Einkünfte aus der gelegentlichen Vermietung des Wohnmobils nach § 22 Nr. 3 EStG erzielt wurden, ist die Behaltefrist von ursprünglich einem Jahr auf nunmehr zehn Jahre zu beachten.
>
> Wurde das Wohnmobil innerhalb dieser Zehnjahresfrist veräußert, ist der Veräußerungsvorgang nunmehr steuerpflichtig und in den Zeilen 42–48 der Anlage SO einzutragen.

Gewinn aus der Veräußerung oder Einlösung von Xetra-Gold Inhaberschuldverschreibungen die dem Inhaber ein Recht auf Auslieferung von Gold gewähren.

Nach den BFH-Urteilen vom 12.05.2015, VIII R 4/15 und VIII R 35/14 ist der Verkauf von Xetra-Gold Inhaberschuldverschreibungen nach Ablauf der Veräußerungsfrist von einem Jahr zwischen Anschaffung und Veräußerung der Wertpapiere **nicht steuerbar**.

Bei Xetra-Gold Inhaberschuldverschreibungen handelt es sich um börsenfähige Wertpapiere. Diese gewähren dem Inhaber das Recht auf Auslieferung eines Gramms Gold, das jederzeit unter Einhaltung einer Lieferfrist von zehn Tagen gegenüber der Bank geltend gemacht werden kann. Daneben besteht die Möglichkeit, die Wertpapiere an der Börse zu handeln. Zur Besicherung und Erfüllbarkeit der Auslieferungsansprüche war die Inhaberschuldverschreibung jederzeit durch physisch eingelagertes Gold zu mindestens 95 % gedeckt.

Ein Kläger (VIII R 35/14) veräußerte seine Xetra-Gold Inhaberschuldverschreibungen über ein Jahr nach der Anschaffung mit Gewinn und der andere Kläger (VIII R 4/15) ließ sich dagegen das verbriefte Gold physisch aushändigen.

Der von den Klägern erzielte Gewinn aus der Veräußerung oder Einlösung von Xetra-Gold Inhaberschuldverschreibungen führt nach den Entscheidungen des BFH nicht zu steuerbaren Einkünften aus Kapitalvermögen, da die Schuldverschreibung keine Kapitalforderung verbrieft, sondern einen Anspruch auf eine Sachleistung, die Lieferung **physischen Goldes**. Der Anspruch auf Lieferung von Gold wird auch nicht dadurch zu einer Kapitalforderung, dass eine Vielzahl von Anlegern Xetra-Gold Inhaberschuldverschreibungen auf dem Sekundärmarkt gehandelt haben.

> **Hinweis!** Im Ergebnis stellt der BFH den Erwerb sowie die Einlösung oder den Verkauf der Inhaberschuldverschreibungen dem unmittelbaren Erwerb oder Verkauf **physischen Goldes** gleich.

Derartige Goldgeschäfte hat der BFH aber stets als private Veräußerungsgeschäfte i.S.v. § 22 Nr. 2, § 23 Abs. 1 Satz 1 Nr. 2 des EStG angesehen, mit der Folge, dass der Gewinn nach Ablauf eines Jahres zwischen Anschaffung und Veräußerung bzw. Einlösung nicht steuerbar ist.

Steuerbarkeit von Gewinnen aus der Veräußerung von „Gold Bullion Securities" Inhaberschuldverschreibungen, BFH-Urteil vom 16.06.2020, VIII R 7/17

Bei der Veräußerung an der Börse gehandelter Inhaberschuldverschreibungen, die einen Anspruch gegen die Emittentin auf Lieferung physischen Goldes verbriefen und den aktuellen Goldpreis abbilden, handelt es sich nicht um die steuerpflichtige Veräußerung einer **Kapitalforderung**.

Im Streitfall veräußerte der Steuerpflichtige seine „Gold Bullion Securities" Inhaberschuldverschreibungen über ein Jahr nach der Anschaffung mit Gewinn. Bei den „Gold Bullion Securities" handelte es sich um durch physisches Gold besicherte, unbefristete Schuldverschreibungen ohne Verzinsung und ohne Endfälligkeit. Dabei verbriefte jede einzelne „Gold Bullion Security" Schuldverschreibung einen effektiven Anspruch auf Gold. Das den Wertpapieren zugewiesene physische Gold wurde als identifizierbare Goldbarren hinterlegt. Der Inhaber der Schuldverschreibung hatte das Recht, nach einer jederzeitig möglichen Kündigung die Auslieferung des Goldes zu verlangen. Alternativ hatte er die Möglichkeit, das Gold von der Emittentin veräußern und sich den dabei erzielten Veräußerungserlös auszahlen zu lassen.

Das Finanzamt besteuerte den erzielten Gewinn als Einkünfte aus Kapitalvermögen. Im Klageverfahren gab das FG dem Klagebegehren statt und sah den Gewinn als nicht steuerbar an. Auch der BFH folgte dieser Auffassung und wies die Revision des Finanzamtes zurück.

Nach Auffassung des BFH führte der vom Steuerpflichtigen aus der Veräußerung der „Gold Bullion Securities" Inhaberschuldverschreibungen erzielte Gewinn nicht zu steuerbaren Einkünften aus Kapitalvermögen i.S.d. § 20 Abs. 2 Satz 1 Nr. 7 EStG, da die Schuldverschreibungen nicht als sonstige Kapitalforderungen i.S.d. § 20 Abs. 1 Nr. 7 EStG zu qualifizieren sind.

Unter den Begriff der Kapitalforderungen fallen keine Ansprüche auf Sachleistung. Danach sind die „Gold Bullion Securities" keine sonstigen Kapitalforderungen, da sie keinen Anspruch auf Geld, sondern auf eine Sachleistung in Form des hinterlegten Goldes verkörpern.

Entgegen der von der Finanzverwaltung vertretenen Auffassung (BMF-Schreiben vom 18.01.2016, IV C 1-S 2252/08/10004:017, BStBl I 2016, 85, Rz. 57) gilt dies auch dann, wenn nach den Emissionsbedingungen statt der Lieferung des verbrieften Goldes die Auszahlung des Erlöses aus dem Verkauf des hinterlegten Goldes verlangt werden kann. Grund hierfür ist, dass auch in diesem Fall primär eine Sachleistung geschuldet wird, sodass der Gewinn nur zu versteuern ist, wenn zwischen Anschaffung und Veräußerung der Schuldverschreibung die Jahresfrist nach § 22 Nr. 2, § 23 Abs. 1 Satz 1 Nr. 2 EStG überschritten wird.

Gegenstände des täglichen Gebrauchs

Rechtsprechungsbrechend ist hier mit dem Jahressteuergesetz 2010 der § 23 Abs. 1 S. 1 Nr. 2 EStG dahin gehend geändert worden, dass **Gegenstände des täglichen Gebrauchs** nicht mehr unter diese Vorschrift fallen. Die Anwendung erfolgt ab Verkündung des Jahressteuergesetzes 2010, somit schon seit Dezember 2010.

Beim Verkauf einer Ferienwohnung ist das mitverkaufte Inventar nicht der Besteuerung als privates Veräußerungsgeschäft zu unterwerfen, FG Münster mit Urteil vom 03.08.2020 (5 K 2493/18 E)

Im vorliegenden Fall erwarb der Kläger im Jahr 2013 eine Ferienwohnung, die er ab 2014 über eine Agentur vermietete. Im Streitjahr 2016 veräußerte er die Ferienwohnung, wobei im Kaufvertrag **ein Anteil von 45.000 € für das Zubehör** veranschlagt wurde.

Das Finanzamt erfasste für 2016 einen steuerpflichtigen Veräußerungsgewinn nach § 23 EStG, in den es den Teilbetrag von 45.000 € einbezog. Auch insoweit sei gemäß § 23 Abs. 1 Satz 1 Nr. 2 Satz 4 EStG eine zehnjährige Frist anzusetzen, weil mit dem Inventar Einkünfte aus Vermietung und Verpachtung erzielt worden seien. Hiergegen wandte der Kläger ein, dass es sich bei dem Inventar um Gegenstände des täglichen Gebrauchs handele, die nach § 23 Abs. 1 Satz 1 Nr. 2 Satz 2 EStG nicht der Besteuerung unterlägen.

Die hiergegen erhobene Klage hatte in Bezug auf das Inventar Erfolg.

Das FG hat ausgeführt, dass hinsichtlich des Inventars insgesamt keine Steuerpflicht vorliege:

- § 23 Abs. 1 Satz 1 Nr. 2 Satz 4 schaffe keinen eigenständigen Besteuerungstatbestand, sondern bewirke nur eine Verlängerung der Spekulationsfrist von bestimmten Wirtschaftsgütern von einem Jahr auf zehn Jahre.
- Satz 2 der Norm nehme allerdings **Gegenstände des täglichen Gebrauchs** insgesamt von der Besteuerung aus. Um solche Gegenstände handele es sich bei Wohnungseinrichtungsgegenständen, **weil diese typischerweise kein Wertsteigerungspotenzial hätten**.

§ 23 Abs. 1 Satz 1 Nr. 3 EStG Zeile 42–49 „Leerverkäufe"

Bis einschließlich zum Veranlagungszeitraum 2008 regelte § 23 Abs. 1 Satz 1 Nr. 3 EStG a.F., dass auch private Veräußerungsgeschäfte zu erfassen sind, bei denen die Veräußerung des Wirtschaftsgutes früher erfolgt als dessen Erwerb. Mit der Einführung der Abgeltungsteuer ab dem Veranlagungszeitraum 2009 wurde § 23 Abs. 1 Satz 1 Nr. 3 EStG abgeschafft, da vorgesehen war, dass „die Besteuerung nach § 20 EStG erfolge". Fremdwährungsgeschäfte unterliegen jedoch grundsätzlich weiterhin der privaten Veräußerungsgewinnbesteuerung nach § 23 EStG und nicht dem § 20 Abs. 2 Satz 1 Nr. 3 Buchst. a EStG.

Fremdwährungsgeschäfte, bei denen die Veräußerung früher erfolgt als der Erwerb (**Leerverkäufe**), wurden dadurch steuerlich nicht erfasst. Gleiches galt auch bei anderen Wirtschaftsgütern, die dem Grunde nach unter § 23 EStG fallen, z.B. bei Leerverkäufen mit Gold oder anderen Edelmetallen. Mit der Wiederaufnahme der Regelung des § 23 Abs. 1 Satz 1 Nr. 3 EStG wurde diese Besteuerungslücke geschlossen.

Weiterveräußerung von Tickets für das Finale der UEFA Champions League steuerpflichtig; BFH-Urteil vom 29.10.2019, IX R 10/18

Veräußert der Steuerpflichtige ein kurz zuvor entgeltlich erworbenes Ticket für ein Spiel der UEFA Champions League, unterliegt ein daraus erzielter Veräußerungsgewinn der Einkommensteuer. Dies hat der IX. Senat des BFH in seinem Urteil vom 29.10.2019 entschieden.

Im Streitfall hatten die Kläger im April 2015 über die offizielle UEFA-Webseite zwei Tickets für das Finale der UEFA Champions League in Berlin zugelost bekommen (Anschaffungskosten: 330 €) und diese im Mai 2015 über eine Ticketplattform wieder veräußert (Veräußerungserlös abzüglich Gebühren 2.907 €). Entgegen der Auffassung der Kläger, die von der Steuerfreiheit des Veräußerungsgeschäfts ausgingen, erfasste das Finanzamt den Gewinn in Höhe von 2.577 € bei deren Einkommensteuerfestsetzung. Das Finanzgericht gab den Klägern Recht. Der BFH folgte dem nicht; er entschied, dass die Kläger mit der Veräußerung der beiden Tickets ein privates Veräußerungsgeschäft im Sinne des § 23 Abs. 1 Satz 1 Nr. 2 EStG verwirklicht haben.

Einkünfte aus solchen privaten Veräußerungsgeschäften unterliegen der Einkommensteuer. Zu ihnen gehören u.a. Veräußerungen von sog. „anderen Wirtschaftsgütern" des Privatvermögens, bei denen der Zeitraum zwischen Anschaffung und Veräußerung nicht mehr als ein Jahr beträgt (§§ 22 Nr. 2, 23 Abs. 1 Satz 1 Nr. 2 EStG); von der Besteuerung ausgenommen sind nach § 23 Abs. 1 Satz 1 Nr. 2 Satz 2 EStG Veräußerungen von Gegenständen des täglichen Gebrauchs.

> „Andere Wirtschaftsgüter" in diesem Sinne sind sämtliche vermögenswerten Vorteile, deren Erlangung sich der Steuerpflichtige etwas kosten lässt und die einer selbständigen Bewertung zugänglich sind. Hierzu zählen auch UEFA Champions League-Tickets, mit denen der Karteninhaber das verbriefte Recht auf Zutritt zum Fußballstadion und Besuch des Fußballspiels an dem auf dem Ticket angegebenen Tag erwirbt.
> Die Tickets stellen nach Auffassung des BFH insbesondere keine sog. „Gegenstände des täglichen Gebrauchs" dar, so dass sie nicht von der Besteuerung ausgenommen sind.

Einzelfragen zur ertragsteuerrechtlichen Behandlung von virtuellen Währungen und von Token

Das BMF will mit einem Schreiben die drängendsten Fragen zu diesem Bereich klären.

Dazu ist bereits ein Entwurf eines 24-seitigen BMF Schreibens ergangen. Das Inhaltsverzeichnis des Entwurfs geht auf folgende Sachverhalte ein:

Inhaltsverzeichnis
Rz.
I. Erläuterungen
1. Virtuelle Währungen 1
2. Token 2–5
3. Blockchain 6
4. Erwerb von Einheiten einer virtuellen Währung durch Mining 7
    a) Proof of Work 8–10
    b) Proof of Stake 11
5. Erwerb von Einheiten einer virtuellen Währung durch Tausch 12
6. Wallet 13–16
7. Initial Coin Offering (ICO) 17
8. Staking 18–19
9. Fork 20
10. Lending 21
11. Airdrop 22

II. Ertragsteuerrechtliche Einordnung 23
1. Mining 24
   a) Einkünfte aus Gewerbebetrieb im Sinne des § 15 EStG 25-30
      aa) Betriebsvermögensvergleich
         aaa) Wirtschaftsgut 31
         bbb) Zugangsbewertung 32
         ccc) Folgebewertung 33
      bb) Einnahmenüberschussrechnung 34
   b) Einkünfte aus (sonstigen) Leistungen im Sinne des § 22 Nummer 3 EStG 35-36
2. Einkünfte aus der Veräußerung von Einheiten einer virtuellen Währung
   a) Ertragsteuerrechtliche Behandlung im Betriebsvermögen 37-38
   b) Ertragsteuerrechtliche Behandlung im Privatvermögen 39-40
      aa) Ermittlung des Veräußerungsgewinns 41-43
      bb) Verwendungsreihenfolge 44-46
      cc) Verlängerung der Veräußerungsfrist auf zehn Jahre 47-50
   c) Mitwirkungs- und Aufzeichnungspflichten 51-53
3. Ertragsteuerrechtliche Behandlung von im Wege eines Forks erhaltener Einheiten einer virtuellen Währung
   a) Ertragsteuerrechtliche Behandlung im Betriebsvermögen 54
   b) Ertragsteuerrechtliche Behandlung im Privatvermögen 55-57
4. Initial Coin Offering
   a) Ertragsteuerrechtliche Behandlung im Betriebsvermögen
      aa) beim Emittenten von Token 58
      bb) beim Erwerber von Token 59
   b) Ertragsteuerrechtliche Behandlung im Privatvermögen 60
      aa) Utility Token 61-62
      bb) Equity/Security/Debt Token 63-69
   c) Token als Einnahmen aus nichtselbständiger Arbeit 70-71
5. Staking
   a) Ertragsteuerrechtliche Behandlung im Betriebsvermögen 72
   b) Ertragsteuerrechtliche Behandlung im Privatvermögen 73-75
6. Lending
   a) Ertragsteuerrechtliche Behandlung im Betriebsvermögen 76
   b) Ertragsteuerrechtliche Behandlung im Privatvermögen 77
7. Airdrop
   a) Ertragsteuerrechtliche Behandlung im Betriebsvermögen 78
   b) Ertragsteuerrechtliche Behandlung im Privatvermögen
      aa) Einkünfte aus (sonstiger) Leistung gemäß § 22 Nummer 3 EStG 79-80
      bb) Einkünfte aus privaten Veräußerungsgeschäften gemäß § 22 Nummer 2 in Verbindung mit § 23 Absatz 1 Satz 1 Nummer 2 EStG 81

Allein die Zuordnung der Begrifflichkeiten wird in den nächsten Jahren erhebliche Probleme bereiten.

Wahlkampfkosten sind steuerlich nicht abziehbar, BFH-Urteil vom 10.12.2019, IX R 32/17

Mit Urteil vom 10.12.2019, IX R 32/17 hat der BFH entschieden, dass erfolglose Bewerber um ein Mandat im Europäischen Parlament ihre Wahlkampfkosten steuerlich nicht abziehen können.

Die Klägerin nahm als Kandidatin auf der Liste ihrer Partei zur Europawahl teil. Da der Listenplatz nach dem Wahlergebnis nicht für ein Mandat im Parlament ausreichte, erhielt sie die Position eines Nachrückers für den Fall des Ausscheidens eines der gewählten Abgeordneten ihrer Partei.

Im Rahmen ihrer Einkommensteuererklärung machte die Klägerin **im Zusammenhang mit ihrer Kandidatur entstandene Kosten für Fahrten mit dem eigenen PKW, Übernachtungen, Verpflegungsmehraufwand, Arbeitsmittel, Umzugskosten sowie Aufwendungen für doppelte Haushaltsführung, Telefon und Internet als Werbungskosten** bei den sonstigen Einkünften geltend. Das Finanzamt und nachfolgend auch das Finanzgericht lehnten eine Berücksichtigung als Werbungskosten ab.

Der **BFH** hat die von der Klägerin aufgewandten Kosten als Wahlkampfkosten eingeordnet und den Abzug als Werbungskosten ebenfalls abgelehnt. Nach der einschlägigen Regelung im Einkommensteuergesetz (§ 22 Nr. 4 Satz 3 EStG) **dürfen Wahlkampfkosten** zur Erlangung eines Mandats im Bundestag, im Europäischen Parlament oder im Parlament eines Landes **nicht als Werbungskosten** abgezogen werden. Dies gilt unabhängig davon, ob die Kandidatur erfolgreich war oder nicht. Zu den Wahlkampfkosten zählen alle Aufwendungen, die zur Erlangung oder Wiedererlangung eines Mandats getätigt werden. Dies gilt auch für die Kosten zur Erlangung des Kandidatenstatus, die organisatorische Vorbereitung als Kandidatin sowie die Aufwendungen im Zusammenhang mit dem Nachrückerstatus.

Der Gesetzgeber hat von der steuerlichen Berücksichtigung der Wahlkampfkosten u.a. deshalb abgesehen, weil der Steuervorteil je nach Höhe des individuellen Einkommens unterschiedlich hoch ausfallen würde und dadurch der Grundsatz der Chancengleichheit aller Wahlbewerber beeinträchtigt wäre. Den Parteien wird stattdessen bei Erreichen bestimmter Stimmenanteile pauschal eine steuerfreie Wahlkampfkostenerstattung gezahlt. Diese Erstattung kommt auch den Wahlbewerbern der Parteien zugute.

Begrenzung des Verlustrücktrags (Zeile 52)

Auch hier gilt die Begrenzung des Verlustausgleichs. Die im Rahmen des § 10d EStG möglichen Grenzen des Verlustrücktrags in das Kalenderjahr 2020 können auch hier genutzt werden. Für den dann verbleibenden Vortrag der Verluste aus § 23 EStG ist keine Begrenzung möglich.

15.2.5 Abbildungen zu Kapitel 15.2

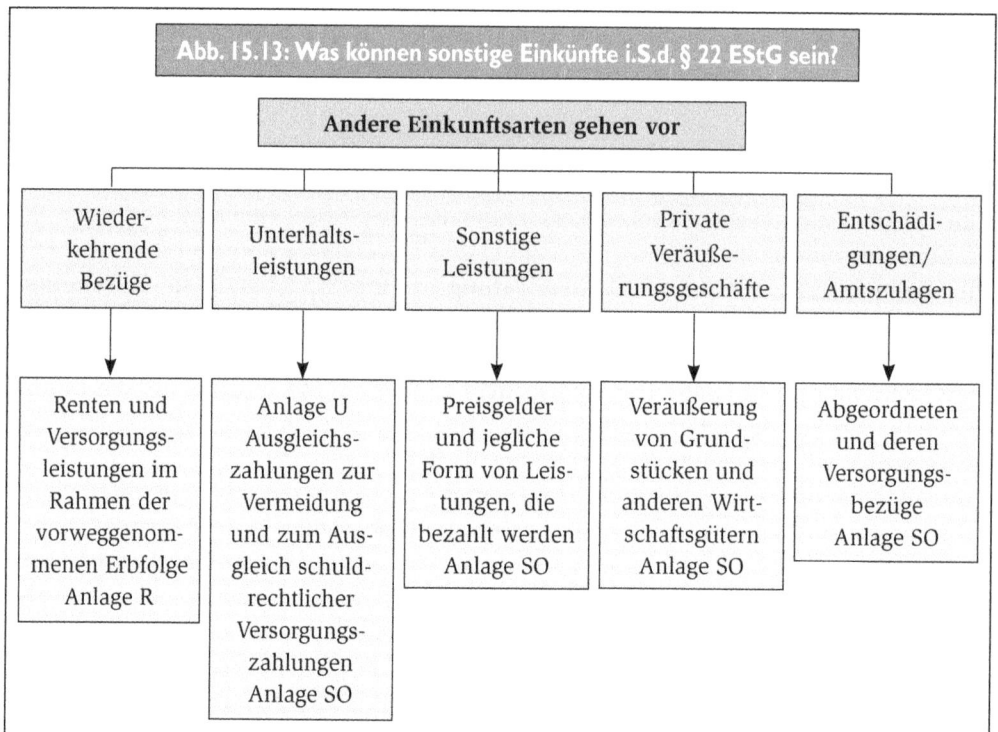

Abb. 15.13: Was können sonstige Einkünfte i.S.d. § 22 EStG sein?

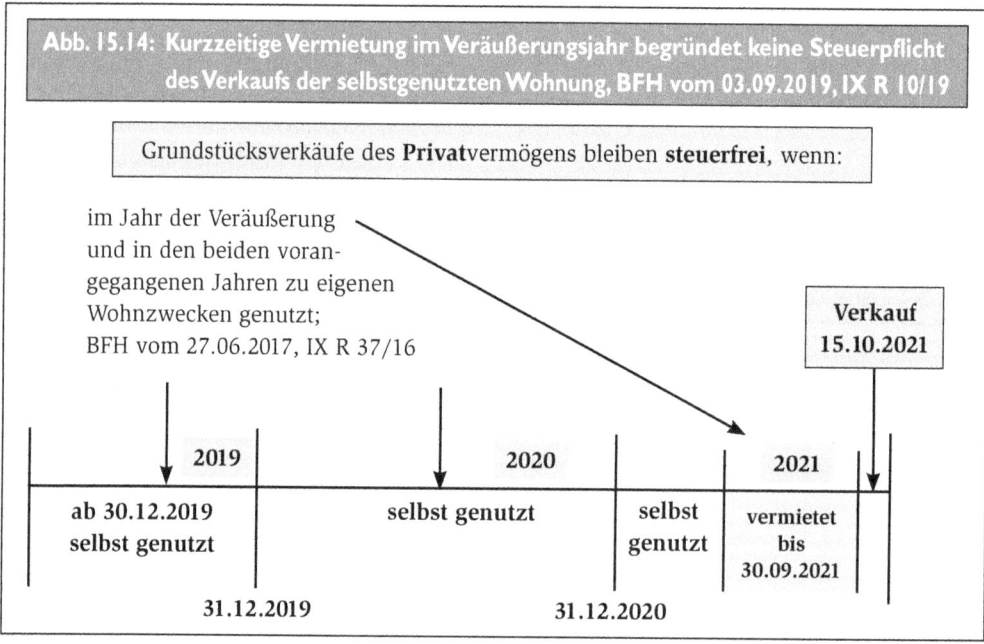

Abb. 15.14: Kurzzeitige Vermietung im Veräußerungsjahr begründet keine Steuerpflicht des Verkaufs der selbstgenutzten Wohnung, BFH vom 03.09.2019, IX R 10/19

> **Abb. 15.15: Kein privates Veräußerungsgeschäft für häusliche Arbeitszimmer bei Verkauf des Einfamilienhauses im Privatvermögen**
> **BFH vom 01.03.2021, IX R 27/19**

Beispiel:
Ein Lehrerehepaar verkauft das sonst selbstgenutzte Einfamilienhaus mit zwei häuslichen Arbeitszimmern innerhalb der 10-Jahresfrist des § 23 Abs. 1 EStG.

Der selbstgenutzte Teil bleibt ohnehin nicht steuerbar.

Die Arbeitszimmer werden aber eben gerade nicht zu eigenen Wohnzwecken genutzt. Deswegen wollte die Verwaltung hierfür eine anteilige Besteuerung.

> Wird eine zu eigenen Wohnzwecken genutzte Eigentumswohnung innerhalb der zehnjährigen Haltefrist veräußert, ist der Veräußerungsgewinn **auch insoweit** gemäß § 23 Abs. 1 Satz 1 Nr. 1 Satz 3 EStG von der Besteuerung **ausgenommen**, als er auf ein zur Erzielung von Überschusseinkünften genutztes häusliches Arbeitszimmer entfällt.
>
> Der BFH hat sich hiermit gegen die anderslautende Regelung im BMF-Schreiben vom 05.10.2000, BStBl I 2000, 1383, Rz. 21 gestellt.

> **Abb. 15.16: Mitverkauftes Inventar unterliegt nicht der Besteuerung als privates Veräußerungsgeschäft – FG Münster Urteil vom 03.08.2020, 5 K 2493/18 E**

Eine vermietete Ferienwohnung wurde innerhalb der Frist von 10 Jahren (steuerpflichtig) verkauft. Das Finanzamt versteuerte auch die im Kaufvertrag gesondert ausgewiesenen 45.000 € für das mitverkaufte Zubehör.

> **Dem folgte das Finanzgericht nicht.**
> - § 23 Abs. 1 Satz 1 Nr. 2 Satz 4 EStG schaffe keinen eigenständigen Besteuerungstatbestand, sondern bewirke nur eine Verlängerung der Spekulationsfrist von bestimmten Wirtschaftsgütern von einem Jahr auf zehn Jahre.
> - Satz 2 der Norm nehme allerdings **Gegenstände des täglichen Gebrauchs** insgesamt von der Besteuerung aus. Um solche Gegenstände handele es sich bei Wohnungseinrichtungsgegenständen, weil diese typischerweise kein Wertsteigerungspotenzial hätten.

Abb. 15.17: Steuerfreiheit der Erstattung von Rentenversicherungsbeiträgen BFH vom 07.07.2020 X R 35/18

Die Beitragserstattungen der DRV sind als Einkünfte i.S.d. § 22 Nr. 1 Satz 3 EStG steuerbar und gemäß § 3 Nr. 3 Buchst. b EStG steuerfrei.

Sie sind nicht mit den Altersvorsorgeaufwendungen der Kläger im Streitjahr zu verrechnen.

- ✓ Die Beitragserstattungen der DRV sind als Einnahmen i.S.d. § 22 Nr. 1 Satz 3 Buchst. a Doppelbuchst. aa EStG anzusehen. Es handelt sich um eine „andere Leistung aus den gesetzlichen Rentenversicherungen", die hier von der DRV erbracht wird.
- ✓ Ausdrücklich ist seitdem Jahressteuergesetz 2007 die Erstattung von Versichertenbeiträgen, in denen das mit der Einbeziehung in die Rentenversicherung verfolgte Ziel eines Rentenanspruchs nicht oder voraussichtlich nicht erreicht oder nicht vollständig erreicht werden kann, steuerfrei (BT-Drucks 16/3368, S. 16).

Abb. 15.18: Besteuerung des Gewinns aus der Veräußerung von Krypto-Bitcoins

„Andere Wirtschaftsgüter" im Sinne des § 23 Abs. 1 Satz 1 Nr. 2 Satz 2 EStG

Die Zuordnung der „Krypto-Währung" (Bitcoins) zu den sonstigen Einkünften i.S.d. § 23 Abs. 1 Satz 1 Nr. 2 EStG kann bisher nur aus der Entscheidung des BFH zu den Verkaufserlösen von Eintrittskarten ins Fußballstadion abgeleitet werden;

BFH Urteil vom 29.10.2019, IX R 10/18.

Andere Wirtschaftsgüter im Sinne § 23 Abs. 1 Satz 1 Nr. 2 Satz 1 EStG sind danach:
- sind sämtliche vermögenswerten Vorteile,
- deren Erlangung sich der Steuerpflichtige etwas kosten lässt
- und die einer selbständigen Bewertung zugänglich sind.

Diese Voraussetzungen sind im Zusammenhang mit dem An- und Verkauf von Krypto-Währungen (Bitcoins) wohl erfüllt.

Viel Spaß bei der Ermittlung der Überschüsse! ☺

Abzugrenzen davon ist das „Schürfen" von Bitcoins. Hierbei handelt es sich um gewerbliche Einkünfte, wenn tatsächlich Überschüsse erzielt werden sollten.

- **Jahresfrist** des § 23 Abs. 1 S. 1 Nr. 2 S. 1 EStG und die
- **Freigrenze** des § 23 Abs. 3 EStG von 600 € beachten.

15.2 Anlage SO

Abb. 15.19: Entwurf eines BMF Schreibens zur ertragsteuerrechtlichen Behandlung von virtuellen Währungen und von Token

1. Virtuelle Währungen

In Anlehnung an die Richtlinie (EU) 2018/843 vom 30.05.2018 zur Änderung der Richtlinie (EU) 2015/948 zur Verhinderung der Nutzung des Finanzsystems zum Zwecke der Geldwäsche und der Terrorismusfinanzierung und zur Änderung der Richtlinien 2009/138/EG und 2013/36/EU (ABl. L 156 vom 19.06.2018, S. 43–74) **sind virtuelle Währungen** im Sinne dieses Schreibens **digital dargestellte Werteinheiten von Währungen**,

- die von keiner Zentralbank oder öffentlichen Stelle emittiert oder garantiert werden
- und nicht den gesetzlichen Status einer Währung oder von Geld besitzen,
- akzeptiert werden und auf elektronischem Wege übertragen, gespeichert und gehandelt werden können.

Erfasst sind hiervon auch die als Token bezeichneten digitalen Werteinheiten mit Zahlungsfunktion (Currency oder Payment Token).

Zu den bekanntesten virtuellen Währungen gehören beispielsweise Bitcoin, Ether, Litecoin und Ripple. Eine Liste virtueller Währungen kann auf der Internetseite http://coinmarketcap.com/de/ eingesehen werden.

2. Token

Token sind digitale Werteinheiten.
Sie können Ansprüche oder Rechte verkörpern, deren Funktionen variieren.
Token können als Entgelt für erbrachte Dienstleistungen im Netzwerk dienen (beispielsweise aufgrund erbrachter Rechnerleistung im Netzwerk)
oder unabhängig von der Zurverfügungstellung von Rechnerleistung zentral von einem Projektinitiator zugeteilt werden.
Eine solche Zuteilung kann auf einem Token-Verkauf im Rahmen eines „Initial Coin Offering" (ICO) beruhen. Die Ausgabe von Token stellt insbesondere für Startups eine alternative Finanzierungsmethode dar.
Die Bezeichnung „Token" ist ein Oberbegriff für virtuelle Werteinheiten. Folgende Kategorien von Token lassen sich unterscheiden: ...

Mit insgesamt **81 Rz.** werden wir in die Welt der virtuellen Währungen eingeführt.

Abb. 15.20: Entwurf eines BMF-Schreibens vom 17.06.2021: Einzelfragen zur ertragsteuerrechtlichen Behandlung von virtuellen Währungen und von Token mit 81 Rz.

Rz. 23 des Entwurfs

Einkünfte aus Tätigkeiten im Zusammenhang mit Einheiten einer virtuellen Währung **können**

- je nach den Umständen des Einzelfalls
- und unter Berücksichtigung der nachfolgenden Ausführungen

Einkünfte aus **Gewerbebetrieb** im Sinne des § 15 EStG, **(Mining Rz. 25–34)**
Einkünfte aus **nichtselbständiger Tätigkeit** im Sinne des § 19 EStG, (Rz. 70–71)
Einkünfte aus **Kapitalvermögen** im Sinne des § 20 EStG,
Einkünfte aus **privaten Veräußerungsgeschäften** im Sinne des § 22 Nr. 2 EStG in Verbindung mit § 23 EStG
oder sonstige Einkünfte im Sinne des § 22 Nr. 3 EStG sein **(Rz. 35)**.

> **Abb. 15.21: Prozesskosten bei Realsplitting als Werbungskosten**
>
> Prozesskosten zur Erlangung nachehelichen Unterhalts sind als Werbungskosten abzugsfähig, wenn der Unterhaltsempfänger die Unterhaltsleistungen als sonstige Einkünfte versteuert. Dies hat der 1. Senat des **Finanzgerichts Münster** mit Urteil vom **03.12.2019** entschieden (Az. 1 K 494/18 E).

- Bei der Klägerin als Unterhaltsempfängerin seien die Prozessführungskosten als Werbungskosten zu berücksichtigen, weil sie den Unterhalt ihres geschiedenen Ehemannes nach § 22 Nr. 1a EStG versteuere.
- **Die Klägerin habe die Prozessführungskosten aufgewendet, um zukünftig (höhere) steuerbare Einkünfte in Form von Unterhaltsleistungen zu erhalten.**
- Die Unterhaltszahlungen seien gemäß § 22 Nr. 1a EStG als steuerbare Einkünfte zu behandeln, weil der geschiedene Ehemann als Zahlungsverpflichteter die Möglichkeit gehabt habe, seine Unterhaltszahlungen als Sonderausgaben gemäß § 10 Abs. 1a EStG abzuziehen, sog. Realsplitting.
- Die Unterhaltszahlungen würden den übrigen Einkünften insoweit vollständig gleichgestellt. Daraus folge, dass auch ein Werbungskostenabzug vollumfänglich möglich sein müsse.

> **Abb. 15.22: Ertragsteuerrechtliche Beurteilung der Veräußerung von im Privatvermögen gehaltenen Wirtschaftsgütern über eine Internetplattform**
> **BFH Urteil vom 17.06.2020, X R 18/19**
>
> Werden privat und ohne Veräußerungsabsicht angeschaffte bewegliche Wirtschaftsgüter veräußert, kann dies auch dann der letzte Akt der privaten Vermögensverwaltung sein, wenn die Veräußerung über einen langen Zeitraum und in zahlreichen Einzelakten ausgeführt wird. Allein die Verwendung einer auch von gewerblichen Händlern genutzten Internetplattform führt zu keinem anderen Ergebnis.

ABER!

- Sollten die über eBay verkauften Modelleisenbahnen für den gewerblichen Internet-Shop des Klägers angeschafft worden sein, wären die hieraus erzielten Einnahmen den Einkünften **aus Gewerbebetrieb**.
- Wären die Modelleisenbahnen zu keiner Zeit dem Betriebsvermögen des Gewerbebetriebs „Internet-Shop" zuzuordnen gewesen, schlösse sich hieran die Frage an, ob die eBay-Verkaufstätigkeit des Klägers für sich isoliert betrachtet als **gewerblich** – mit Einlage der WG – anzusehen wäre.
- Sollte die isolierte eBay-Verkaufstätigkeit des Klägers schließlich nicht als gewerblich qualifiziert werden, wäre sie **ertragsteuerlich irrelevant**.

Abb. 15.23: Wohnmobil im Betriebsvermögen
FG Münster vom 18.02.2020, 6 K 46/17 rkr. DStR 40/2020 Kompakt VI

Die Vermietung von Wohnmobilen führt grundsätzlich zu sonstigen Einkünften i.S.d. § 22 Nr. 3 EStG; siehe R 15.7 Abs. 3 EStR und H 15.7 „Abgrenzung" EStH.
Durch die Zuordnung zum **Privatvermögen** scheidet jedoch ein Investitionsabzugsbetrag nach § 7g EStG aus.

Nur wenn die Vermietung **und die Veräußerung** des Wohnmobils als einheitlicher Vorgang angesehen werden kann, liegen auch hier schon **gewerbliche Einkünfte** vor.

Wird nun – insbesondere in Zeiten Covid 19 – ein Wohnmobil angeschafft, kann auch die **direkte Zuordnung zum Betriebsvermögen** gegeben sein. Hierfür ist eine betriebliche Nutzung (längere Fahrten über Land, Vermeidung von Hotelaufenthalt …) erforderlich. Eine ausschließlich betriebliche Nutzung ist ohne Fahrtenbuch jedoch nicht glaubhaft. Anderenfalls ist die 1 %-Regelung des § 6 Abs. 1 Nr. 4 S. 2 EStG anzuwenden.

15.3 Anlage FW

Was ist zu beachten – neu und wichtig – Checkliste

Bindungswirkung der Bescheinigungen nach §§ 7h und 7i EStG durch die zuständigen Gemeinde- und Denkmalbehörden	BMF-Schreiben vom 16.05.2007, BStBl I 2007, 475
Objektbezogenheit der Bescheinigung i.S.d. § 7h Abs. 2 Satz 1 EStG	BFH-Urteile vom 06.05.2014, IX R 15/13 und IX R 16/13
Steuerbegünstigung der zu eigenen Wohnzwecken genutzten Wohnung im eigenen Haus nach § 10e EStG	BMF-Schreiben vom 31.12.1994, BStBl I 1994, 887, ber. BStBl I 1995, 175

15.3 Anlage FW

2021

Anlage FW

Diese Anlage ist bei Zusammenveranlagung von Ehegatten / Lebenspartnern gemeinsam auszufüllen.

1 Name
2 Vorname
3 Steuernummer

Förderung des Wohneigentums

4 Lage der Wohnung (Ort, Straße, Hausnummer) — Im Ferien- oder Wochenendgebiet belegen
5 Eigentümer (Namen, ggf. Miteigentumsanteile) — Zum Dauerwohnen baurechtlich zugelassen
6 Einfamilienhaus / Eigentumswohnung — Anderes Haus mit — Wohnungen Anzahl — davon eigengenutzt: — Ausbau / Erweiterung einer eigengenutzten Wohnung
7 Kaufvertrag vom — Bauantrag gestellt am — Baubeginn am — Angeschafft am — Fertig gestellt am
8 Eigengenutzt ab — Nutzfläche des Hauses — m²
9 Der Abzugsbetrag wird für ein Folgeobjekt beansprucht. — Fläche der Wohnung / Erweiterung / des Anbaus — m² — davon eigenbetrieblich / berufl. genutzt od. vermietet — m²
10 Für das Objekt lt. Zeile 4 wurde ein Antrag auf Eigenheimzulage gestellt. — Für folgende Objekte wurden bereits Abzugsbeträge / erhöhte Absetzungen beansprucht:

Abzugsbetrag nach § 10f EStG

46 EUR

11 Bei Bauantrag / Einreichung der Bauunterlagen vor dem 1.1.2004: Aufwendungen — wie Vorjahr — Fertig gestellt 2021 — € — Abzugsbetrag bis zu 10 % = 71
12 Bei Bauantrag / Einreichung der Bauunterlagen nach dem 31.12.2003: Aufwendungen — wie Vorjahr — Fertig gestellt 2021 — € — Abzugsbetrag bis zu 9 % = 69

Abzugsbetrag nach § 10e EStG

bei Kaufvertrag / Bauantrag / Herstellungsbeginn vor dem 1.1.1996, wenn kein Antrag auf Eigenheimzulage gestellt wird

13 Abzugsbetrag wie 2020 — Abzugsbetrag nach besonderer Berechnung — 20
14 Nachholung von Abzugsbeträgen nach besonderer Berechnung (nachträgliche Anschaffungs- / Herstellungskosten, noch nicht in Anspruch genommene Abzugsbeträge) — € — 2021 werden in Anspruch genommen 29

Steuerermäßigung für Kinder bei Inanspruchnahme eines Abzugsbetrags nach § 10e Abs. 1 bis 5 EStG

15 Antrag auf Steuerermäßigung nach § 34f Abs. 2 und 3 EStG: — Im Begünstigungszeitraum gehörte(n) — Anzahl — Kind(er) auf Dauer zum Haushalt (vgl. „Anlage[n] Kind").

Zusätzliche Angaben

16 2021 vereinnahmte oder bewilligte Zuschüsse aus öffentlichen Mitteln zu den Anschaffungs- / Herstellungskosten (lt. gesonderter Erläuterung)

15.3.1 Steuerbegünstigung für bestimmte Baumaßnahmen

Die Langzeitwirkung der deutschen Steuergesetze ist an dieser Anlage deutlich zu spüren.

Die Förderungen nach den §§ 10e und 10h EStG, den Vorgängern des ebenfalls schon längst beendeten Eigenheimzulagengesetzes, sind noch immer zu beachten.

Grundsätzlich ist diese Anlage für steuerliche Fördermaßnahmen im Rahmen des Einkommensteuergesetzes gedacht und auf die zu eigenen Wohnzwecken genutzten Wohnungen und Häuser begrenzt. Hinzu kommen Förderungen für unentgeltlich überlassene Wohnungen im eigenen Haus.

Problemzone: Allgemeine Daten zum Objekt (Zeile 4–10)

Für diesen Bereich ist auf die Werte der in den Vorjahren zusammengetragenen Vertrags- und Baudaten und die Flächenangaben zur Nutzung des Objekts zurückzugreifen. Sorgfalt ist auch hier von Bedeutung, weil sich aus diesen Angaben die jeweilige Förderart und der Förderzeitraum ergeben. Auch eine mögliche (ungewollte?) Zuordnung von Grundstücksteilen zum Betriebsvermögen kann durch leichtfertige Angaben in der Zeile 9 nachteilige Folgen auslösen.

Baudenkmale/Sanierungs- und Entwicklungsgebiete (Zeilen 11+12)

Nur diese zwei Zeilen der Anlage FW können auch Maßnahmen betreffen, die **erstmals im Kalenderjahr 2018 durchgeführt** wurden. Alle anderen Begünstigungen der Anlage FW setzen Baumaßnahmen in früheren Jahren voraus.

Wenn also im Kalenderjahr 2021 erstmals ein Baudenkmal erworben wurde und dieses zu eigenen Wohnzwecken genutzt wird, können die nachfolgenden Begünstigungen gewährt werden. Die Anschaffungskosten sind dabei nicht begünstigt. Gefördert werden erst die Baumaßnahmen, die nach der Anschaffung durchgeführt werden.

Herstellungskosten und Erhaltungsaufwendungen
- an einem zu eigenen Wohnzwecken genutzten Gebäude,
- die nicht in die Begünstigung nach § 10e EStG oder dem Eigenheimzulagengesetz einbezogen wurden und
- die Voraussetzungen der §§ 7h, 7i bzw. 11a oder 11b EStG erfüllen (Vorlage einer Bescheinigung der jeweils zuständigen Behörde über die begünstigten Baumaßnahmen im Sanierungsgebiet oder am Baudenkmal ist erforderlich)

können je nach Datum des Bauantrages
- Bauantrag wurde vor dem 01.01.2004 gestellt   10 Jahre mal 10 %
- Bauantrag wurde nach dem 31.12.2003 gestellt   10 Jahre mal 9 %

wie Sonderausgaben berücksichtigt werden. Hier ist keine Begrenzung auf die neuen Bundesländer vorgesehen.

> **Beispiel 15.3.1:** A erwarb ein Baudenkmal am 01.02.2005 für 400.000 €, das er zu **eigenen Wohnzwecken** nutzt. Nach dem Bauantrag am 01.10.2005 werden unstrittige Herstellungskosten von weiteren 100.000 € und Erhaltungsaufwendungen von 20.000 € investiert. Bauabnahme war der 01.05.2011. Die erforderlichen Nachweise und Bescheinigungen liegen vor.

> **Lösung:** Die Anschaffungskosten für das Baudenkmal (400.000 €) sind nicht besonders begünstigt. Hier wären bei Vermietung (keine Nutzung zu eigenen Wohnzwecken) auch nur die Normalabschreibungen nach § 7 Abs. 4 EStG mit 2 bzw. 2,5 % vorzunehmen. Im Sonderausgabenbereich erfolgt hierfür keine Berücksichtigung. Nur die Herstellungskosten (100.000 €) sind nach § 10f Abs. 1 EStG und die Erhaltungsaufwendungen (20.000 €) nach § 10f Abs. 2 EStG mit jährlich 9 % begünstigt. Für die Jahre 2011 bis einschließlich 2021 sind damit jährlich **10.800 €** wie Sonderausgaben abzuziehen.

Objektbezogenheit der Bescheinigung i.S.d. § 7h Abs. 2 Satz 1 EStG
BFH-Urteile vom 06.05.2014, IX R 15/13 und IX R 16/13
Auch für den zu eigenen Wohnzwecken genutzten Bereich sind Sonderausgaben nur dann berücksichtigungsfähig, wenn die Bescheinigung der Gemeindebehörde für das selbständige Wirtschaftsgut „Eigentumswohnung" ausgestellt worden ist. Das Gesetz verlangt nach Wortlaut und Systematik ein bestimmtes Objekt (Gebäude, Gebäudeteile, die selbständige unbewegliche Wirtschaftsgüter sind, Eigentumswohnungen oder im Teileigentum stehende Räume), auf das sich die Maßnahmen i.S.d. § 7h Abs. 1 Sätze 1 und 2 EStG beziehen müssen.

Eine Bescheinigung, die noch für das Gesamtgebäude erteilt wurde, ist für später in Eigentumswohnungen umgewandelte Gebäudeteile nicht ausreichend.

Problemzone: Abzugsbeträge nach §§ 10e/10h EStG (Zeilen 13–16)

Für die hier aufgeführten Begünstigungen sind Kaufverträge oder Bauanträge **vor dem 01.01.1996 Bedingung**. Wurde diese Bedingung erfüllt, können die Begünstigungen:
- für die zu eigenen Wohnzwecken genutzte Wohnung im eigenen Haus nach § 10e EStG (kein Antrag auf Eigenheimzulage gestellt) und
- für die unentgeltlich zu Wohnzwecken überlassene Wohnung im eigenen Haus nach § 10h EStG

gewährt werden.

Die Abzugsbeträge sind den Vorjahresunterlagen zu entnehmen. Der Begünstigungszeitraum endet hier jedoch bereits nach insgesamt **acht** Jahren.

> **Beispiel 15.3.2:** Für das zu eigenen Wohnzwecken genutzte Einfamilienhaus wurde der Kaufvertrag am 30.12.1995 abgeschlossen.
>
> **Lösung:** Die Begünstigung endete bereits im Kalenderjahr 2003.

> **Beispiel 15.3.3:** Für das zu eigenen Wohnzwecken genutzte Einfamilienhaus wurde der Bauantrag am 30.12.1995 abgegeben. Die Fertigstellung des Hauses erfolgte aber – nach Konkurs der Baufirma, Zahlungsproblemen etc. – erst am 10.02.2013 (ein schon sehr seltener Vorgang).
>
> **Lösung:** Die Begünstigung begann nach Fertigstellung und Beginn der Eigennutzung im Kalenderjahr 2013. Bis einschließlich 2021 läuft der achtjährige Begünstigungszeitraum.

Wegen der sehr begrenzten Anwendungsmöglichkeiten im Kalenderjahr 2021 werden die Einzelheiten zum Objektverbrauch, zur Höhe der Abzugsbeträge sowie die Übertragungs- und Nachholungsmöglichkeiten nicht erörtert. Hier ist auf das BMF-Schreiben vom 31.12.1994 (BStBl I 1994, 887) zu verweisen, das mit Rz. 119 die wesentlichen Konfliktpunkte dieser alten Vorschriften behandelt.

15.4 Anlage AUS

Was ist zu beachten – neu und wichtig – Checkliste

Stand der DBA und anderer Abkommen im Steuerbereich sowie der Abkommensverhandlungen am 01.01.2021	BMF vom 18.02.2021 GZ IV B 2 – S 1301/07/10017-12 DOK 2021/0026720
Glossar Verrechnungspreise als verwaltungsinterne Arbeitshilfe	BMF vom 19.05.2014, IV B 5 – S 1341/07/10006-01

Anlage AUS 2021

Ausländische Einkünfte und Steuern

Steuerpflichtige ausländische Einkünfte, die in den Anlagen zur Einkommensteuererklärung enthalten sind und die im Quellenstaat nach dortigem Recht besteuert werden oder für die fiktive ausländische Steuern nach DBA anzurechnen sind
– Anrechnung und Abzug ausländischer Steuern –

Zeile	Bezeichnung	Kennz.	1. Staat / Spezial-Investmentfonds (10)	2. Staat / Spezial-Investmentfonds (30)	3. Staat / Spezial-Investmentfonds (50)
4					
	Einkünfte		Einkunftsquellen	Einkunftsquellen	Einkunftsquellen
5	(einschließlich der Einkünfte nach § 20 Abs. 2 AStG) – bei mehreren Einkunftsarten: Einzelangaben bitte lt. gesonderter Aufstellung –				
6	Enthalten in Anlage(n) und Zeile(n)				
			EUR	EUR	EUR
7	Einkünfte (einschließlich der gemäß § 3 Nr. 40 und § 3c Abs. 2 EStG steuerfreien Teile sowie Teilfreistellungsbeträge i. S. d. §§ 20, 21 InvStG)	07	27,	47,	,
8	In Zeile 7 enthaltene Einkünfte, für die § 3 Nr. 40 und § 3c Abs. 2 EStG Anwendung finden	08	28,	48,	,
9	In Zeile 7 enthaltene zu berücksichtigende Teilfreistellungsbeträge i. S. d. §§ 20, 21 InvStG	15	35,	55,	,
10	In Zeile 7 abgezogene ausländische Steuern nach § 34c Abs. 2 EStG	13	33,	53,	,
11	In Zeile 7 abgezogene ausländische Steuern nach § 34c Abs. 3 EStG		,	,	,
	Anzurechnende ausländische Steuern		EUR	EUR	EUR
12	für alle Einkunftsarten	09	29,	49,	,
13	In Zeile 12 enthaltene fiktive ausländische Steuern nach DBA		,	,	,

Die Eintragungen in den Zeilen 14 bis 22 sind nur in der ersten Anlage AUS vorzunehmen.

Pauschal zu besteuernde Einkünfte i. S. d. § 34c Abs. 5 EStG

Zeile		Kennz.	EUR
14	In Zeile 7 nicht enthaltene Einkünfte, für die die Pauschalierung beantragt wird	800	,

Hinzurechnungsbesteuerung nach den §§ 7 bis 12, 14 AStG (in den Anlagen G, KAP, KAP-BET, L, S enthalten)

Hinzurechnungsbetrag lt. Feststellung des Finanzamts (zuzüglich der anzurechnenden ausländischen Steuern lt. Zeile 16)

Zeile		Kennz.	EUR
15	Finanzamt und Steuernummer / Staat	801	,
16	Auf Antrag nach § 12 Abs. 1 AStG anzurechnende ausländische Steuern lt. Feststellung	802	,
17	Nach § 12 Abs. 3 AStG anzurechnende ausländische Steuern lt. Feststellung	803	,

Familienstiftungen nach § 15 AStG (in den Anlagen G, KAP [Zeile 49], L, S, V enthalten)

Einkünfte einer ausländischen Familienstiftung, die der tariflichen Einkommensteuer unterliegen

Zeile		Kennz.	EUR
18	Bezeichnung, Finanzamt und Steuernummer	818	,
19	Auf Antrag nach § 15 Abs. 5 Satz 1 i. V. m. § 12 Abs. 1 AStG anzurechnende ausländische Steuern lt. Feststellung	819	,
20	Nach § 15 Abs. 5 Satz 2 i. V. m. § 12 Abs. 3 AStG anzurechnende ausländische Steuern auf Zuwendungen einer ausländischen Familienstiftung lt. Feststellung	820	,

Anrechnung ausländischer Steuer nach § 50d Abs. 10 Satz 5 EStG (in den Anlagen G, S enthalten)

Zeile		Kennz.	EUR
21	Inländische Einkünfte i. S. d. § 50d Abs. 10 EStG	824	,
22	Anrechenbare ausländische Steuer nach § 50d Abs. 10 Satz 5 EStG	825	,

15.4 Anlage AUS

Nicht nach DBA steuerfreie negative Einkünfte i. S. d. § 2a Abs. 1 EStG zu den Zeilen 4 bis 17

	aus dem Staat	nach § 2a Abs. 1 Satz 1	noch nicht verrechnete Verluste 1985 bis 2020	nicht ausgleichsfähige Verluste / Gewinnminderungen 2021	enthalten in Anlage und Zeile	positive Einkünfte 2021	enthalten in Anlage und Zeile	Summe der Spalten 3, 4 und 6
	1	2	3	4	5	6	7	8
			EUR	EUR		EUR		EUR
31	1	Nr. EStG						
32	2	Nr. EStG						
33	3	Nr. EStG						
34	4	Nr. EStG						
35	5	Nr. EStG						

Nach DBA steuerfreie Einkünfte / Progressionsvorbehalt

Einkünfte i. S. d. § 32b EStG ohne steuerfreien Arbeitslohn lt. Anlage N Zeile 22 und / oder 24 sowie ohne Einkünfte lt. Zeile 45

	aus dem Staat	aus der Einkunftsquelle	Einkunftsart	Einkünfte EUR	
36	1			810	,
37	2			811	,
38	3			812	,
39	4			813	,
40	5			814	,
41	Summe der ausländischen Kapitalerträge, die im Inland dem gesonderten Steuertarif nach § 32d Abs. 1 EStG unterlägen			817	,

In den Zeilen 36 bis 40 enthaltene

		EUR	
42	Gewinne aus gewerblichen Betriebsstätten, für die die Hinzurechnung nach § 2a Abs. 3 Satz 3 und Abs. 4 i. V. m. § 52 Abs. 2 Satz 3 und 4 EStG, § 2 Abs. 1 Satz 3 und Abs. 2 AuslInvG vorzunehmen ist	815	,
43	außerordentliche Einkünfte i. S. d. §§ 34, 34b EStG, soweit nicht in Zeile 42 enthalten	816	,
44	Bei den in den Zeilen 36 bis 40 erklärten Einkünften handelt es sich in Zeile _____ um ein Steuerstundungsmodell i. S. d. § 15b EStG.		

Hinweis zu den Zeilen 36 bis 40:
Unter bestimmten Voraussetzungen erfolgt eine Mitteilung über die Höhe der in Deutschland steuerfreien Einkünfte an den anderen Staat. Einwendungen gegen eine solche Weitergabe bitte als Anlage einreichen.

Einkünfte i. S. d. § 32b EStG i. V. m. privaten Veräußerungsgeschäften nach § 23 EStG

	aus dem Staat	aus der Einkunftsquelle	Einkünfte EUR	
45			826	,
46	Es wurden verbleibende negative Einkünfte nach § 10d EStG zum 31.12.2020 festgestellt.			
47	Die 2020 nach Maßgabe des § 10d Abs. 1 EStG vorzunehmende Verrechnung nicht ausgeglichener negativer Einkünfte 2021 aus Zeile 45 soll wie folgt begrenzt werden:			,

Nach DBA steuerfreie negative Einkünfte i. S. d. § 2a Abs. 1 EStG

	aus dem Staat	nach § 2a Abs. 1 Satz 1	noch nicht verrechnete Verluste 1985 bis 2020	nicht ausgleichsfähige Verluste / Gewinnminderungen 2021	positive Einkünfte 2021	Summe der Spalten 3 bis 5	positive Summe lt. Spalt. 6 enthalten in Zeile
	1	2	3	4	5	6	7
			EUR	EUR	EUR	EUR	
48	1	Nr. EStG					
49	2	Nr. EStG					
50	3	Nr. EStG					
51	4	Nr. EStG					
52	5	Nr. EStG					

Stand der Doppelbesteuerungsabkommen und anderer Abkommen im Steuerbereich
1. Januar 2021
I. Geltende Abkommen

Abkommen mit	vom	Fundstelle BGBl. II Jg.	S.	Fundstelle BStBl I Jg.	S.	Inkrafttreten BGBl. II Jg.	S.	Inkrafttreten BStBl I Jg.	S.	Anwendung grundsätzlich ab
1. Abkommen auf dem Gebiet der Steuern vom Einkommen und vom Vermögen										
Ägypten	08.12.1987	1990	278	1990	280	1991	1 042	1992	7	01.01.1992
Albanien	06.04.2010	2011	1 186	2012	292	2012	145	2012	305	01.01.2012
Algerien	12.11.2007	2008	1 188	2009	382	2009	136	2009	396	01.01.2009
Argentinien	13.07.1978/	1979	585	1979	326	1979	1 332	1980	51	01.01.1976
	16.09.1996	1998	18	1998	187	2001	694	2001	540	01.01.1996
Armenien	24.11.1981	1983	2	1983	90	1983	427	1983	352	01.01.1980
(DBA mit UdSSR gilt fort, BGBl. 1993 II S. 169)	29.06.2016	2017	1 077	2018	222	2017	1560	2018	238	01.01.2018
Aserbaidschan	25.08.2004	2005	1 146	2006	291	2006	120	2006	304:1	01.01.2006
Australien	24.11.1972	1974	337	1974	423	1975	216	1975	386	01.01.1971
	12.11.2015	2016	1.114	2017	121	2017	48	2017	139	01.01.2017
Bangladesch[1]	29.05.1990	1991	1 410	1992	34	1993	847	1993	466	01.01.1990
Belarus (Weißrussland)	30.09.2005	2006	1 042	2007	276	2007	287	2007	290	01.01.2007
Belgien	11.04.1967/	1969	17	1969	38	1969	1 465	1969	468	01.01.1966
	05.11.2002	2003	1 615	2003	346	2003	1 744	2005	348	01.01.2004
Bolivien	30.09.1992	1994	1 086	1994	575	1995	907	1995	758	01.01.1991
Bosnien und Herzegowina	26.03.1987	1988	744	1988	372	1988	1 179	1989	35	01.01.1989
(DBA mit SFR Jugoslawien gilt fort, BGBl. 1992 II S. 1 196)										
Bulgarien	25.01.2010	2010	1 286	2011	543	2011	584	2011	558	01.01.2011
China	10.06.1985	1986	446	1986	329	1986	731	1986	339	01.01.1985
(ohne Hongkong und Macau)	28.03.2014	2015	1 647	2016	1 130	2016	1 005	2016	1 144	01.01.2017
Costa Rica	13.02.2014	2014	917	2016	1 169	2016	1 159	2016	1 182	01.01.2017
Côte d'Ivoire	03.07.1979	1982	153	1982	357	1982	637	1982	628	01.01.1982
Dänemark	22.11.1995	1996	2 565	1996	1 219	1997	728	1997	624	01.01.1997
Ecuador	07.12.1982	1984	466	1984	339	1986	781	1986	358	01.01.1987
Estland	29.11.1996	1998	547	1998	543	1999	84	1999	269	01.01.1994
Finnland	05.07.1979	1981	1 164	1982	201	1982	577	1982	587	01.01.1981
	19.02.2016	2017	466	2017	1 527	2017	1 369	2017	1 539	01.01.2018
Frankreich	21.07.1959/	1961	397	1961	342	1961	1 659	1961	712	01.01.1957
	09.06.1969/	1970	717	1970	900	1970	1 189	1970	1 072	01.01.1968
	28.09.1989/	1990	770	1990	413	1991	387	1991	93	01.01.1990
	20.12.2001/	2002	2 370	2002	891	2003	542	2003	383	01.01.2002
	31.03.2015	2015	1 332	2016	515	2016	227	2016	526	01.01.2016
Georgien	01.06.2006/	2007	1 034	2008	482	2008	521	2008	494	01.01.2008
	11.03.2014	2014	940	2015	177, 178	2015	62	2015	181	01.01.2015
Ghana	12.08.2004	2006	1 018	2008	467	2008	51	2008	481	01.01.2008
Griechenland	18.04.1966	1967	852	1967	50	1968	30	1968	296	01.01.1964
Indien	19.06.1995	1996	706	1996	599	1997	751	1997	363	01.01.1997
Indonesien	30.10.1990	1991	1 086	1991	1 001	1991	1 401	1992	186	01.01.1992
Iran, Islamische Republik	20.12.1968	1969	2 133	1970	768	1969	2 288	1970	777	01.01.1970
		1970	282							
Irland	30.03.2011/	2011	1 042	2013	471	2013	332	2013	487	01.01.2013
	03.12.2014	2015	1 322	2016	196	2016	135	2016	199	01.01.2016
Island	18.03.1971	1973	357	1973	504	1973	1 567	1973	730	01.01.1968
Israel	21.08.2014	2015	1 301	2016	1 116	2016	1 160	2016	1 129	01.01.2017
Italien	18.10.1989	1990	742	1990	396	1993	59	1993	172	01.01.1993
Jamaika	08.10.1974	1976	1 194	1976	407	1976	1 703	1976	632	01.01.1973
Japan	22.04.1966/	1967	871	1967	58	1967	2 028	1967	336	01.01.1967
	17.04.1979/	1980	1 182	1980	649	1980	1 426	1980	772	01.01.1977
	17.02.1983	1984	194	1984	216	1984	567	1984	388	01.01.1981
	17.12.2015	2016	956	2016	1 306	2016	1 230	2016	1 323	01.01.2017
Jersey	04.07.2008	2009	589	2010	174	2010	38	2010	178	01.01.2010
	07.05.2015	2015	1 326	2016	272	2016	227	2016	276	29.08.2014
Kanada	19.04.2001	2002	671	2002	505	2002	962	2002	521	01.01.2001
Kasachstan	26.11.1997	1998	1 592	1998	1 029	1999	86	1999	269	01.01.1996
Kenia	17.05.1977	1979	606	1979	337	1980	1 357	1980	792	01.01.1980
Kirgisistan	01.12.2005	2006	1 066	2007	233	2007	214	2007	246	01.01.2007
Korea, Republik	10.03.2000	2002	1 630	2003	24	2002	2 855	2003	36	01.01.2003
Kosovo	26.03.1987	1988	744	1988	372	1988	1 179	1989	35	01.01.1989
(DBA mit SFR Jugoslawien gilt fort, BGBl. 2011 II S. 748)										
Kroatien	06.02.2006	2006	1 112	2007	247	2007	213	2007	260	01.01.2007
Kuwait	04.12.1987/	1989	354	1989	150	1989	637	1989	268	01.01.84–31.12.97
	18.05.1999	2000	390	2000	439	2000	1 156	2000	1 383	01.01.1998
Lettland	21.02.1997	1998	330	1998	531	1998	2 630	1999	1 219	01.01.1996
Liberia	25.11.1970	1973	1 285	1973	615	1975	916	1975	943	01.01.1970
Liechtenstein	17.11.2011	2012	1 462	2013	488	2013	332	2013	507	01.01.2013
Litauen	22.07.1997	1998	1 571	1998	1 016	1998	2 962	1999	121	01.01.1995

Änderungen sind durch seitliche Striche gekennzeichnet

Fortsetzung siehe nächste Seite

[1] Gilt nicht für die VSt

15.4 Anlage AUS

Abkommen		Fundstelle				Inkrafttreten				Anwendung grundsätzlich ab
		BGBl. II		BStBl I		BGBl. II		BStBl I		
mit	vom	Jg.	S.	Jg.	S.	Jg.	S.	Jg.	S.	
(noch 1. Abkommen auf dem Gebiet der Steuern vom Einkommen und vom Vermögen)										
Luxemburg	23.04.2012	2012	1 403	2015	7	2014	728	2015	21	01.01.2014
Malaysia	23.02.2010	2010	1 310	2011	329	2011	464	2011	344	01.01.2011
Malta	08.03.2001/	2001	1 297	2002	76	2002	320	2002	240	01.01.2002
	17.06.2010	2011	275	2011	742	2011	640	2011	745	01.01.2002
Marokko	07.06.1972	1974	21	1974	59	1974	1 325	1974	1 009	01.01.1974
Mauritius	07.10.2011	2012	1 050	2013	388	2013	331	2013	402	01.01.2013
Mazedonien	13.07.2006/	2010	1 153	2011	313	2011	462	2011	327	01.01.2011
	14.11.2016	2017	814	2018	710	2018	230	2018	713	01.01.2019
Mexiko	09.07.2008	2009	746	2014	1.223	2010	62	2014	1 238	01.01.2010
Moldau, Republik	24.11.1981	1983	2	1983	90	1983	427	1983	352	01.01.1980
(DBA mit UdSSR gilt fort, BGBl. 1996 II S. 768)										
Mongolei	22.08.1994	1995	818	1995	607	1996	1 220	1996	1 135	01.01.1997
Montenegro	26.03.1987	1988	744	1988	372	1988	1 179	1989	35	01.01.1989
(DBA mit SFR Jugoslawien gilt fort, BGBl. 2011 II S. 745)										
Namibia	02.12.1993	1994	1 262	1994	673	1995	770	1995	678	01.01.1993
Neuseeland	20.10.1978	1980	1 222	1980	654	1980	1 485	1980	787	01.01.1978
Niederlande	12.04.2012/	2012	1 414	2016	47	2015	1 674	2016	75	01.01.2016
	11.01.2016	2016	866	2017	69	2017	1 352	2017	72	01.01.2017
Norwegen	04.10.1991/	1993	970	1993	655	1993	1 895	1993	926	01.01.1991
	24.06.2013	2014	906	2015	245	2015	346	2015	252	01.01.2015
Österreich	24.08.2000/	2002	734	2002	584	2002	2 435	2002	958	01.01.2003
	29.12.2010	2011	1 209	2012	366	2012	146	2012	369	01.01.2011
Pakistan[2]	14.07.1994	1995	836	1995	617	1996	467	1996	445	01.01.1995
Philippinen	09.09.2013	2014	822	2016	252	2016	262	2016	266	01.01.2016
Polen	14.05.2003	2004	1 304	2005	349	2005	55	2005	363	01.01.2005
Portugal	15.07.1980	1982	129	1982	347	1982	861	1982	763	01.01.1983
Rumänien	04.07.2001	2003	1 594	2004	273	2004	102	2004	286	01.01.2004
Russische Föderation	29.05.1996/	1996	2 710	1996	1 490	1997	752	1997	363	01.01.1997
	15.10.2007	2008	1 398	2009	831	2009	820	2009	834	01.01.2010
Sambia	30.05.1973	1975	661	1975	688	1975	2 204	1976	7	01.01.1971
Schweden	14.07.1992	1994	686	1994	422	1995	29	1995	88	01.01.1995
Schweiz	11.08.1971/	1972	1 021	1972	518	1973	74	1973	61	01.01.1972
	30.11.1978/	1980	751	1980	398	1980	1 281	1980	678	01.01.1977
	17.10.1989/	1990	766	1990	409	1990	1 698	1991	93	01.01.1990
	21.12.1992/	1993	1 886	1993	927	1994	21	1994	110	01.01.1994
	12.03.2002/	2003	67	2003	165	2003	436	2003	329	01.01.02/01.01.04
	27.10.2010	2011	1 090	2012	512	2012	279	2012	516	01.01.11/01.01.12
Serbien	26.03.1987	1988	744	1988	372	1988	1 179	1989	35	01.01.1989
(Namensänderung; ehem. Bundesrepublik Jugoslawien); (DBA mit SFR Jugoslawien gilt fort, BGBl. 1997 II S. 961)										
Simbabwe	22.04.1988	1989	713	1989	310	1990	244	1990	178	01.01.1987
Singapur	28.06.2004/	2006	930	2007	157	2007	24	2007	171	01.01.2007
	09.12.2019	2020	1 187							
Slowakei	19.12.1980	1982	1 022	1982	904	1983	692	1983	486	01.01.1984
(DBA mit Tschechoslowakei gilt fort, BGBl. 1993 II S. 762)										
Slowenien	03.05.2006/	2006	1 091	2007	171	2007	213	2007	183	01.01.2007
	17.05.2011	2012	154	2013	369	2013	330	2013	372	30.07.2012
Spanien	03.02.2011	2012	18	2013	349	2013	329	2013	363	01.01.2013
Sri Lanka	13.09.1979	1981	630	1981	610	1982	185	1982	373	01.01.1983
Südafrika	25.01.1973	1974	1 185	1974	850	1975	440	1975	640	01.01.1965
Syrien	17.02.2010	2010	1 359	2011	345	2011	463	2011	358	01.01.2011
Tadschikistan	27.03.2003	2004	1 034	2005	15	2005	1 565	2005	27	01.01.2005
Thailand	10.07.1967	1968	589	1968	1 046	1968	1 104	1969	18	01.01.1967
Trinidad und Tobago	04.04.1973	1975	679	1975	697	1977	263	1977	192	01.01.1972
Tschechien	19.12.1980	1982	1 022	1982	904	1983	692	1983	486	01.01.1984
(DBA mit Tschechoslowakei gilt fort, BGBl. 1993 II S. 762)										
Tunesien	23.12.1975	1976	1 653	1976	498	1976	1 927	1977	4	01.01.1976
	08.02.2018	2018	710	2020	264	2020	154	2020	279	01.01.2020
Türkei	16.04.1985	1989	866	1989	471	1989	1 066	1989	482	01.01.1990
	19.09.2011	2012	526	2013	373	2013	329	2013	387	01.01.2011

Änderungen sind durch seitliche Striche gekennzeichnet

Fortsetzung siehe nächste Seite

[2] Gilt nicht für die VSt

Abkommen mit	vom	Fundstelle BGBl. II		BStBl I		Inkrafttreten BGBl. II		BStBl I		Anwendung grundsätzlich ab
		Jg.	S.	Jg.	S.	Jg.	S.	Jg.	S.	
(noch 1. Abkommen auf dem Gebiet der Steuern vom Einkommen und vom Vermögen)										
Turkmenistan	24.11.1981	1983	2	1983	90	1983	427	1983	352	01.01.1980
(DBA mit UdSSR gilt fort, Bericht der Botschaft Aschgabat vom 11. August 1999 – Nr. 377/99)										
	25.08.2016	2017	573	2018	206	2017	1 559	2018	221	01.01.2018
Ukraine	03.07.1995	1996	498	1996	675	1996	2 609	1996	1 421	01.01.1997
Ungarn	28.02.2011	2011	919	2012	155	2012	47	2012	168	01.01.2012
Uruguay	09.03.2010	2011	954	2012	350	2012	131	2012	365	01.01.2012
Usbekistan	07.09.1999/	2001	978	2001	765	2002	269	2002	239	01.01.2002
	14.10.2014	2015	1 198	2016	267	2016	263	2016	271	01.01.2016
Venezuela	08.02.1995	1996	727	1996	611	1997	1 809	1997	938	01.01.1997
Vereinigte Arab. Emirate	01.07.2010	2011	538	2011	942	2011	873	2011	955	01.01.2009
Vereinigtes Königreich	30.03.2010/	2010	1 333	2011	469	2011	536	2011	485	01.01.2011
	17.03.2014	2015	1 297	2016	192	2016	136	2016	195	01.01.2016
Vereinigte Staaten	29.08.1989	1991	354	1991	94	1992	235	1992	262	01.01.1990
	01.06.2006	2006	1 184	2008	766	2008	117	2008	782	01.01.07/01.01.08
(Bekanntmachung der Neufassung 04.06.2008)		2008	611/851	2008	783					
Vietnam	16.11.1995	1996	2 622	1996	1 422	1997	752	1997	364	01.01.1997
Zypern	18.02.2011	2011	1 068	2012	222	2012	117	2012	235	01.01.2012

Änderungen sind durch seitliche Striche gekennzeichnet

Fortsetzung siehe nächste Seite

15.4 Anlage AUS

Abkommen mit	vom	Fundstelle BGBl. II Jg.	S.	BStBl I Jg.	S.	Inkrafttreten BGBl. II Jg.	S.	BStBl I Jg.	S.	Anwendung grundsätzlich ab
2. Abkommen auf dem Gebiet der Erbschaft- und Schenkungsteuern										
Dänemark[3]	22.11.1995	1996	2 565	1996	1 219	1997	728	1997	624	01.01.1997
Frankreich	12.10.2006	2007	1 402	2009	1 258	2009	596	2009	1 266	03.04.2009
Griechenland	18.11.1910/ 01.12.1910	1912	173[4]			1953	525	1953	377	01.01.1953
Schweden[3]	14.07.1992	1994	686	1994	422	1995	29	1995	88	01.01.1995
Schweiz	30.11.1978	1980	594	1980	243	1980	1 341	1980	786	28.09.1980
Vereinigte Staaten	03.12.1980/ 14.12.1998	1982	847	1982	765	1986	860	1986	478	01.01.1979
(Bekanntmachung der Neufassung 21.12.2000)		2000 2001	1 170 65	2001 2001	110 114	2001	62	2001	114	15.12.2000
3. Sonderabkommen betreffend Einkünfte und Vermögen von Schifffahrt (S)- und Luftfahrt (L)-Unternehmen[5]										
Brasilien (S) (Protokoll)	17.08.1950	1951	11			1952	604			10.05.1952
Chile (S) (Handelsvertrag)	02.02.1951	1952	325			1953	128			08.01.1952
Hongkong (L)	08.05.1997	1998	2 064	1998	1 156	1999	26	2000	1 554	01.01.1998
Hongkong (S)	13.01.2003	2004	34	2005	610	2005	332	2005	613	01.01.1998
Insel Man (S)	02.03.2009	2010	968	2011	510	2011	534	2011	511	01.01.2010
Jemen (L)	02.03.2005	2006	538	2006	229	2007	214	2007	231	01.01.1982
Kamerun (L)	24.08.2017	2018	466	2021	219	2021	85	2021	221	01.01.2021
Kolumbien (S, L)	10.09.1965	1967	762	1967	24	1971	855	1971	340	01.01.1962
Panama (S,L)	21.11.2016	2017	1 072	2018	8	2017	1 511	2018	12	01.01.2017
Paraguay (L)	27.01.1983	1984	644	1984	456	1985	623	1985	222	01.01.1979
Saudi-Arabien (L)	08.11.2007	2008	782	2009	866	2009	1 027	2009	869	01.01.1967
Venezuela (S, L)	23.11.1987	1989	373	1989	161	1989	1 065	1990	2	01.01.1990
4. Abkommen auf dem Gebiet der Rechts- und Amtshilfe und des Informationsaustauschs										
Andorra	25.11.2010	2011	1 223	2017	81	2012	146	2017	88	01.01.2013
Anguilla	19.03.2010	2010	1 381	2012	100	2011	948	2012	107	01.01.2012
Antigua und Barbuda	19.10.2010	2011	1 212	2017	388	2012	737	2017	395	01.01.2013
Bahamas	09.04.2010	2011	642	2012	267	2012	63	2012	274	01.01.2012
Bermuda	03.07.2009	2012	1 306	2013	692	2013	330	2013	702	01.01.2012
Britische Jungferninseln	05.10.2010	2011	895	2012	283	2012	53	2012	291	01.01.2012
Cookinseln	03.04.2012	2013	665	2017	289	2014	102	2017	296	01.01.2014
Dänemark[3]	22.11.1995	1996	2 565	1996	1 219	1997	728	1997	624	01.01.1997
Gibraltar	13.08.2009	2010	984	2011	521	2011	535	2011	527	01.01.2011
Grenada	03.02.2011	2013	654	2017	405	2013	1 649	2017	412	01.01.2014
Guernsey	26.03.2009	2010	973	2011	514	2011	535	2011	520	01.01.2011
Insel Man	02.03.2009	2010	957	2011	504	2011	534	2011	509	01.01.2011
Italien	09.06.1938	1939	124[4]	1939	377[4]	1956	2 154	1957	142	23.01.1939
Jersey	04.07.2008	2009	578	2010	166	2010	38	2010	177	01.01.2010
Kaimaninseln	27.05.2010	2011	664	2011	841	2011	823	2011	848	01.01.2012
Liechtenstein	02.09.2009	2010	950	2011	286	2011	326	2011	292	01.01.2010
Monaco	27.07.2010	2011	653	2017	73	2012	92	2017	80	01.01.2012
Montserrat	28.10.2011	2012	1 321	2017	396	2014	517	2017	404	01.01.2015
Niederlande	21.05.1999	2001	2	2001	66	2001	691	2001	539	23.06.2001
Österreich	04.10.1954	1955	833	1955	434	1955	926	1955	743	26.11.1955
San Marino	21.06.2010	2011	908	2013	684	2012	147	2013	691	01.01.2012
Schweden[3]	14.07.1992	1994	686	1994	422	1995	29	1995	88	01.01.1995
St. Kitts und Nevis	19.10.2010	2015	1 286	2017	297	2016	1 242	2017	304	01.01.2017
St. Lucia	07.06.2010	2011	264	2013	760	2013	559	2013	767	01.01.2014
St. Vincent und Grenadinen	29.03.2010	2011	253	2011	777	2011	696	2011	784	01.01.2012
Turks und Caicos Inseln	04.06.2010	2011	882	2012	275	2012	116	2012	282	01.01.2012
Vereinigte Staaten	31.05.2013	2013	1 362	2014	242	2014	111	2014	264	11.12.2013

Änderungen sind durch seitliche Striche gekennzeichnet

Fortsetzung siehe nächste Seite

Die Erbschaftsteuer bzw. Vorschriften zur Rechts- und Amtshilfe sind in den unter I.1. bzw. II.1 aufgeführten Abkommen enthalten.
Angabe bezieht sich auf RGBl bzw. RStBl.
Siehe auch Bekanntmachungen über die Steuerbefreiungen nach § 49 Abs. 4 EStG (und § 2 Abs. 3 VStG):

Äthiopien L (BStBl 1962 I S. 536),
Afghanistan L (BStBl 1964 I S. 411),
Brasilien S, L (BStBl 2006 I S. 216),
Chile L (BStBl 1977 I S. 350),
Fidschi S (BStBl 2015 I S. 1087),
Irak S, L (BStBl 1972 I S. 490),
Jordanien L (BStBl 1976 I S. 278),
Katar L (BStBl 2006 I S. 3),
Libanon S, L (BStBl 1959 I S. 198),
Malediven L (BStBl 2015 I S. 675),
Oman S, L (BStBl 2018, 1036),
Papua-Neuguinea L (BStBl 1989 I S. 115)
Seychellen L (BStBl 1998 I S. 582),
Sudan L (BStBl 1983 I S. 370) und
Zaire S, L (BStBl 1990 I S. 178).

II. Künftige Abkommen und laufende Verhandlungen

Abkommen mit	Art des Abkommens[6]	Sachstand[7]		Geltung für Veranlagungssteuern[8] ab	Abzugsteuern[9] ab	Bemerkungen
1. Abkommen auf dem Gebiet der Steuern vom Einkommen und vom Vermögen						
Ägypten	R-A	P:	09.11.2012	KR	KR	
Angola	A	V:				
Äthiopien	A	V:				
Argentinien	R-P	P:	25.10.2019	KR	KR	
Bangladesch	R-A	V:				
Belgien	R-A	P:	15.03.2018	KR	KR	
Benin	A	V:				
Botsuana	A	V:				
Bulgarien	R-P	P:	29.07.2019	KR	KR	
Burkina Faso	A	V:				
Chile	A	V:				
China	R-P	V:				
Costa Rica	R-P	V:				
Dänemark	R-P	U:	01.10.2020	KR	KR	
Ecuador	R-A	P:	19.10.2012	KR	KR	
Estland	R-P	U:	15.12.2020	KR	KR	
Finnland	R-P	U:	18.11.2019	KR	KR	
Griechenland	R-A	V:		KR	KR	
Hongkong	A	V:				
Indien	R-P	V:				
Iran	R-A	P:	12.12.2018	KR	KR	
Irland	R-P	P:	28.02.2018	KR	KR	
Island	R-A	V:				
Israel	R-P	P:	24.05.2019	KR	KR	
Jersey	R-P	V:				
Jordanien	A	V:				
Kanada	R-P	V:				
Katar	A	V:				
Kirgisistan	R-P	V:				
Kolumbien	A	V:				
Korea, Republik	R-P	P:	18.04.2018	KR	KR	
Kosovo	A	V:				
Kroatien	R-P	P:	11.06.2013	KR	KR	
Kuwait	R-P	V:				
Lettland	R-P	P:	18.06.2018	KR	KR	
Libanon	A	V:				
Liberia	R-P	V:				
Liechtenstein	R-P	U:	27.10.2020	KR	KR	
Litauen	R-P	P:	14.04.2020	KR	KR	
Malta	R-P	V:				
Mauritius	R-P	P:	23.06.2020	KR	KR	
Mexico	R-P	P:	06.02.2018	KR	KR	
Namibia	R-P	V:				
Neuseeland	R-P	V:				
Niederlande	R-P	P:	30.07.2020	KR	KR	
Nigeria	A	V:				
Norwegen	R-P	P:	26.04.2018	KR	KR	
Oman	A	U:	15.08.2012	KR	KR	ab 1985 für int. Verkehr
	R-P	V:				
Polen	R-P	P:	27.11.2017	KR	KR	
Portugal	R-A	P:	26.10.2017	KR	KR	
Ruanda	A	V:				
Rumänien	R-P	V:				
Russische Föderation	R-P	P:	08.10.2019	KR	KR	
San Marino	A	V:				
Schweden	R-P	P:	25.05.2018	KR	KR	
Schweiz	R-P	P:	03.12.2020	KR	KR	
Senegal	A	V:				
Serbien	A	V:				
Slowakei	R-A	V:				
Slowenien	R-P	V:				
Sri Lanka	R-A	P:	24.08.2012	KR	KR	

Änderungen sind durch seitliche Striche gekennzeichnet   Fortsetzung siehe nächste Seite

[6] A   Erstmaliges Abkommen
R-A Revisionsabkommen als Ersatz eines bestehenden Abkommens
R-P Revisionsprotokoll zu einem bestehenden Abkommen
E-P Ergänzungsprotokoll zu einem bestehenden Abkommen

[7] V: Verhandlung
P: Paraphierung
U: Unterzeichnung hat stattgefunden, Gesetzgebungs- oder Ratifikationsverfahren noch nicht abgeschlossen

[8] Einkommen-, Körperschaft-, Gewerbe- und Vermögensteuer   KR: Keine Rückwirkung vorgesehen

[9] Abzugsteuern von Dividenden, Zinsen und Lizenzgebühren   KR: Keine Rückwirkung vorgesehen

15.4 Anlage AUS

Abkommen mit	Art des Abkommens[10]	Sachstand[11]	Geltung für Veranlagungssteuern[12] ab	Geltung für Abzugsteuern[13] ab	Bemerkungen
noch 1. Abkommen auf dem Gebiet der Steuern vom Einkommen und vom Vermögen					
Südafrika	R-A	U: 09.09.2008	KR	KR	
	R-P	P: 16.09.2019	KR	KR	
Tadschikistan	R-P	V:			
Trinidad und Tobago	R-A	P: 16.01.2015	KR	KR	
Tschechien	R-A	V:			
Ukraine	R-A	V:	KR	KR	
Vereinigtes Königreich	R-P	P: 25.07.2018	KR	KR	
Zypern	R-P	P: 22.03.2019	KR	KR	
2. Abkommen auf dem Gebiet der Erbschaft- und Schenkungsteuern					
3. Sonderabkommen betreffend Einkünfte und Vermögen von Schifffahrt (S)- und Luftfahrt (L)-Unternehmen					
4. Abkommen auf dem Gebiet der Amtshilfe und des Informationsaustauschs					
Aruba	A	U: 29.06.2017	KR	KR	
Bahamas	E-P	V:			
Barbados	A	P: 30.11.2011	KR	KR	
Brasilien	A	V:			
Brunei	A	V:			
Dominica	A	U: 21.09.2010	KR	KR	
Panama	A	P: 13.05.2013	KR	KR	
Vereinigte Staaten	A	U: 14.08.2020	KR	KR	

Änderungen sind durch seitliche Striche gekennzeichnet

[10] A   Erstmaliges Abkommen
R-A: Revisionsabkommen als Ersatz eines bestehenden Abkommens
R-P: Revisionsprotokoll zu einem bestehenden Abkommen
E-P: Ergänzungsprotokoll zu einem bestehenden Abkommen

[11] V: Verhandlung
P: Paraphierung
U: Unterzeichnung hat stattgefunden, Gesetzgebungs- oder Ratifikationsverfahren noch nicht abgeschlossen

[12] Einkommen-, Körperschaft-, Gewerbe- und Vermögensteuer   KR: Keine Rückwirkung vorgesehen

[13] Abzugsteuern von Dividenden, Zinsen und Lizenzgebühren   KR: Keine Rückwirkung vorgesehen

Anrechenbarkeit der Quellensteuer auf Dividenden und Zinsen von Staaten, mit denen Deutschland ein Doppelbesteuerungsabkommen abgeschlossen hat

Stand: 1. Januar 2021

DBA-Staat	a) nationale Quellensteuer b) nach DBA höchstens anrechenbare Quellensteuer c) fiktive anrechenbare Quellensteuer nach DBA		Ergebnis: anrechenbar sind ...		Hinweise zur nationalen Quellensteuererhebung (Buchstabe a in Spalten A und B)	Hinweise zu DBA-Regelungen, auch Sonderregelungen im DBA (Buchstabe b in Spalten A und B)	Nationale Bezeichnung der Einkommen- oder Quellensteuer
	Dividenden (in %)	Zinsen (in %)	Dividenden (in %)	Zinsen (in %)			
	A	B	C	D	E	F	G
Ägypten	a) 0 / 5 / 10 b) 15	a) 20 b) 15	10, jedoch max. nationaler Satz	15	**Dividenden:** 5 % Quellensteuer auf Ausschüttungen börsennotierter Gesellschaften	Recht des Quellenstaates nach Art. 10 Abs. 3 DBA. Dividenden alternativ der vom Gesamtnettoeinkommen erhobenen allgemeinen Einkommensteuer zu unterwerfen. Die allgemeine Einkommensteuer darf jedoch im Durchschnitt keinesfalls 20 % des Nettobetrags der gezahlten Dividenden übersteigen	
Albanien	a) 8 b) 15	a) 15 b) 5	8	5		volles Besteuerungsrecht des Quellenstaats auf Dividenden und Zinsen aus Rechten oder Forderungen mit Gewinnbeteiligung, wenn diese bei der Ermittlung der Gewinne des Schuldners der Dividenden oder Zinsen abzugsfähig sind (Protokoll zum DBA, Ziff. 4 zu den Artikeln 10 und 11)	taksa individuale e të ardhurave
Algerien	a) 15 b) 15	a) 10 / 50 b) 10	15	10		volles Besteuerungsrecht des Quellenstaats auf Dividenden und Zinsen aus Rechten oder Forderungen mit Gewinnbeteiligung, wenn diese bei der Ermittlung der Gewinne des Schuldners der Dividenden oder Zinsen abzugsfähig sind (Protokoll zum DBA, Ziff. 2 zu den Artikeln 10 und 11)	l'impôt sur le revenue global
Argentinien	a) 13 b) 15 c) 20	a) 0 / 15,05 / 35 b) 15 c) 15	20	15			impuesto a las ganancias

15.4 Anlage AUS

Anrechenbarkeit ausländischer Quellensteuer

DBA-Staat	a) nationale Quellensteuer b) nach DBA höchstens anrechenbare Quellensteuer c) fiktive anrechenbare Quellensteuer nach DBA		Ergebnis: anrechenbar sind …		Hinweise zur **nationalen** Quellensteuererhebung (Buchstabe a in Spalten A und B)	Hinweise zu **DBA-Regelungen**, auch Sonderregelungen im DBA (Buchstabe b in Spalten A und B)	Nationale Bezeichnung der Einkommen- oder Quellensteuer
	Dividenden (in %)	Zinsen (in %)	Dividenden (in %)	Zinsen (in %)			
	A	B	C	D	E	F	G
Armenien	a) 0 / 5 b) 10	a) 10 b) 5	0	5	**Dividenden:** Anteilseignern, die erhaltene Dividenden in das Kapital der ausschüttenden Gesellschaft reinvestieren, wird die einbehaltene Quellensteuer auf Antrag erstattet	volles Besteuerungsrecht des Quellenstaats auf Dividenden und Zinsen aus Rechten oder Forderungen mit Gewinnbeteiligung, wenn diese bei der Ermittlung der Gewinne des Schuldners der Dividenden und Zinsen abgezogen werden können (Protokoll zum DBA, Ziff. 8 zu den Artikeln 10 und 11)	
Aserbaidschan	a) 0 / 10 b) 15	a) 0 / 10 b) 10	10, falls keine Befreiung	10, falls keine Befreiung	**Dividenden und Zinsen:** keine Quellensteuer auf Dividenden und Zinsen aus Anlagepapieren		
Australien	a) 0 / 30 b) 15	a) 0 / 10 b) 10	15, falls keine Befreiung	10, falls keine Befreiung	**Dividenden:** bestimmte Dividenden (z. B. sog. "franked dividends" und "conduit income") unterliegen nicht der Quellenbesteuerung **Zinsen:** bestimmte Zinszahlungen (z. B. Zinsen aus bestimmten öffentlichen Schuldverschreibungen) unterliegen nicht der Quellenbesteuerung	volles Besteuerungsrecht des Quellenstaats auf Dividenden und Zinsen aus Rechten oder Forderungen mit Gewinnbeteiligung, wenn diese bei der Ermittlung der Gewinne des Schuldners dieser Einkünfte abgezogen werden können (Protokoll zum DBA, Ziff. 6 zu den Artikeln 10 und 11)	Income tax
Bangladesch	a) 30 b) 15 c) 15	a) 0 / 20 b) 10 c) 15	15	15		volles Besteuerungsrecht des Quellenstaats auf Dividenden und Zinsen aus Rechten oder Forderungen mit Gewinnbeteiligung, wenn diese bei der Ermittlung der Gewinne des Schuldners dieser Einkünfte abgezogen werden können (Protokoll zum DBA, Ziff. 2 zu den Artikeln 10 und 11)	

DBA-Staat	a) nationale Quellensteuer b) nach DBA höchstens anrechenbare Quellensteuer c) fiktive anrechenbare Quellensteuer nach DBA		Ergebnis: anrechenbar sind …		Hinweise zur nationalen Quellensteuererhebung (Buchstabe a in Spalten A und B)	Hinweise zu DBA-Regelungen, auch Sonderregelungen im DBA (Buchstabe b in Spalten A und B)	Nationale Bezeichnung der Einkommen- oder Quellensteuer
	Dividenden (in %)	Zinsen (in %)	Dividenden (in %)	Zinsen (in %)			
	A	B	C	D	E	F	G
Belarus (Weißrussland)	a) 9 / 13 b) 15	a) 0 / 13 b) 5	13, jedoch max. nationaler Satz	5, falls keine Befreiung	**Dividenden:** 9 % Quellensteuer auf Dividenden von Gesellschaften der Sonderwirtschaftszone "High Technologies Park" **Zinsen:** Zinsen auf Staats-, Gemeinde- oder Bankanleihen und auf Schuldverschreibungen, die von anderen belarussischen Unternehmen nach dem 1.4.2008 ausgegeben werden, sind steuerfrei	volles Besteuerungsrecht des Quellenstaats auf Einkünfte aus Rechten oder Forderungen mit Gewinnbeteiligung, wenn diese bei der Ermittlung des Gewinns des Schuldners abzugsfähig sind (DBA Art. 10 Ziff. 3)	
Belgien	a) 5 / 20 / 30 b) 15	a) 0 / 15 / 30 b) 15	15, jedoch max. nationaler Satz	15, falls keine Befreiung	**Dividenden:** 20 % Quellensteuer auf Ausschüttungen aus einer Liquiditätsreserve innerhalb von 5 Jahren nach Bildung, danach 5 % **Zinsen:** 0 % auf Zinsen aus bestimmten Schuldverschreibungen und Anleihen; 15 % auf Zinsen aus Staatsanleihen, die zwischen dem 24.11.2011 und dem 2.12.2011 gezeichnet wurden		
Bolivien	a) 12,5 b) 15	a) 12,5 b) 15 c) 20	12,5	20	**Dividenden und Zinsen:** die Quellensteuer von 25 % wird nur auf 50 % der empfangenen Dividenden und Zinsen erhoben, so dass effektiv eine Quellensteuer von 12,5 % anfällt		Impôt des personnes physiques / personenbelasting (Einkommensteuer)
Bosnien - Herzegowina	a) 0 / 10 b) 0	a) 0 / 10 b) 0	0	0		Fortgeltung des Abkommens mit Jugoslawien	Impuesto sobre la renta

15.4 Anlage AUS

Anrechenbarkeit ausländischer Quellensteuer

DBA-Staat	a) nationale Quellensteuer b) nach DBA höchstens anrechenbare Quellensteuer c) fiktive anrechenbare Quellensteuer nach DBA		Ergebnis: anrechenbar sind ...		Hinweise zur nationalen Quellensteuererhebung (Buchstabe a in Spalten A und B)	Hinweise zu DBA-Regelungen, auch Sonderregelungen im DBA (Buchstabe b in Spalten A und B)	Nationale Bezeichnung der Einkommen- oder Quellensteuer
	Dividenden (in %) A	Zinsen (in %) B	Dividenden (in %) C	Zinsen (in %) D	E	F	G
Bulgarien	a) 0 / 5 b) 15	a) 0 / 10 b) 5	0	0	**Dividenden und Zinsen:** zur Berücksichtigung von Werbungskosten kann eine Steuerveranlagung und eine Erstattung von Quellensteuer beantragt werden	volles Besteuerungsrecht des Quellenstaats auf Dividenden und Zinsen aus Rechten oder Forderungen mit Gewinnbeteiligung, wenn diese bei der Ermittlung der Gewinne des Schuldners der Dividenden oder Zinsen abzugsfähig sind (Protokoll zum DBA, Ziff. 4 zu den Artikeln 10 und 11)	Данък върху дивидентите и доходите на чуждестранни лица (Quellensteuer); Закон за данъците върху доходите на физическите лица (Einkommensteuer)
China (Volksrepublik ohne Hongkong und Macau)	a) 0 / 20 b) 10	a) 0 / 20 b) 10	10, falls keine Befreiung	10, falls keine Befreiung	**Dividenden:** keine Quellensteuer auf bestimmte Dividenden **Zinsen:** keine Quellensteuer auf Zinsen aus Staatsanleihen	volles Besteuerungsrecht des Quellenstaats auf Rechten oder Forderungen mit Gewinnbeteiligung, wenn diese bei der Gewinnermittlung des Schuldners der Dividenden oder Zinsen abzugsfähig sind (Protokoll zum DBA, Ziff. 4 zu den Artikeln 10 und 11)	
Costa Rica	a) 15 b) 15	a) 15 b) 5	15	5		volles Besteuerungsrecht des Quellenstaats auf Rechten oder Forderungen mit Gewinnbeteiligung, wenn diese bei der Gewinnermittlung des Schuldners der Dividenden oder Zinsen abzugsfähig sind (Protokoll zum DBA, Ziff. 2 zu den Artikeln 10 und 11)	El impuesto sobre la renta
Cote d'Ivoire (Elfenbeinküste)	a) 10 / 15 b) 15 / 18	a) 0 / 2 / 18 b) 15	15, jedoch max. nationaler Satz	15, jedoch max. nationaler Satz	**Dividenden:** die Quellensteuer beträgt für Ausschüttungen börsennotierter Gesellschaften 10 %, ansonsten 15 % **Zinsen:** keine Quellensteuer für Zinsen aus Schatzanleihen 2 % Quellensteuer für Zinsen aus langfristigen Staatsanleihen	ein erhöhter Satz von 18 % gilt für die Quellensteuer, die in der Elfenbeinküste auf Dividenden steuerbefreiter oder ermäßigt besteuerter Gesellschaften erhoben wird (Protokoll zum DBA, Ziff. 1 zu Art. 10)	Impôt général sur le revenu

Anrechenbarkeit ausländischer Quellensteuer

DBA-Staat	a) nationale Quellensteuer b) nach DBA höchstens anrechenbare Quellensteuer c) fiktive anrechenbare Quellensteuer nach DBA		Ergebnis: anrechenbar sind …		Hinweise zur nationalen Quellensteuererhebung (Buchstabe a in Spalten A und B)	Hinweise zu DBA-Regelungen, auch Sonderregelungen im DBA (Buchstabe b in Spalten A und B)	Nationale Bezeichnung der Einkommen- oder Quellensteuer
	Dividenden (in %)	Zinsen (in %)	Dividenden (in %)	Zinsen (in %)			
	A	B	C	D	E	F	G
Dänemark	a) 15 / 27 b) 15	a) 0 b) 0	15	0	**Dividenden:** 15 % Quellensteuer, wenn der Empfänger seinen Sitz in einem Land hat, mit dem ein Abkommen über zwischenstaatlichen Informationsaustausch besteht, und weniger als 10 % des Stammkapitals der ausschüttenden Gesellschaft hält	Besteuerungsrecht des Quellenstaats auf Dividenden aus Rechten oder Forderungen mit Gewinnbeteiligung bis maximal 25 % des Bruttobetrags der Einkünfte, wenn sie dort bei der Ermittlung des Gewinns des Schuldners abzugsfähig sind (DBA Art. 10 Abs. 5)	Indkomstskat til staten
Ecuador	a) 10 b) unbeschränkt	a) 25 b) 15 c) 20	10	20	**Dividenden:** 25 % Quellensteuer auf 40 % der ausgeschütteten Dividenden (d. h. effektiver Steuersatz von 10 %)		Impuesto sobre la renta
Estland	a) 0 / 7 b) 15	a) 0 b) 10	7, falls keine Befreiung	0	**Dividenden:** die Körperschaftsteuer wird nicht bereits auf thesaurierte Gewinne erhoben, sondern erst im Zeitpunkt der Gewinnausschüttung (i.H.v. 20 % bzw. 14 %). Diese „Gewinnausschüttungssteuer" stellt die Körperschaftsteuer der ausschüttenden Gesellschaft dar; sie ist **keine** beim Anteilseigner anrechenbare Quellensteuer. 7 % Quellensteuer fallen nur auf Dividenden an, die der Ausschüttungsteuer von 14 % unterliegen	volles Besteuerungsrecht des Quellenstaats auf Dividenden und Zinsen aus Rechten oder Forderungen mit Gewinnbeteiligung, wenn diese bei der Ermittlung der Gewinne des Schuldners der Dividenden oder Zinsen abzugsfähig sind (Protokoll zum DBA, Ziff. 5 zu den Artikeln 10 und 11)	Tulumaks

15.4 Anlage AUS

Anrechenbarkeit ausländischer Quellensteuer

DBA-Staat	a) nationale Quellensteuer b) nach DBA höchstens anrechenbare Quellensteuer c) fiktive anrechenbare Quellensteuer nach DBA		Ergebnis: anrechenbar sind ...		Hinweise zur nationalen Quellensteuererhebung (Buchstabe a in Spalten A und B)	Hinweise zu DBA-Regelungen, auch Sonderregelungen im DBA (Buchstabe b in Spalten A und B)	Nationale Bezeichnung der Einkommen- oder Quellensteuer
	Dividenden (in %)	Zinsen (in %)	Dividenden (in %)	Zinsen (in %)			
	A	B	C	D	E	F	G
Finnland	a) 30 / 35 b) 15	a) 0 b) 0	15	0	**Dividenden:** 35 % Quellensteuer für Dividenden aus „nominee-registered shares", wenn die ausländische Depotbank nicht bei der finnischen Steuerverwaltung registriert ist oder sie Angaben zum wirtschaftlichen Eigentümer nicht meldet **Zinsen:** grundsätzlich keine Quellensteuer, lediglich Zinsen aus Unterkapitalisierung (d. h. Zinsen auf ein langfristiges Darlehen, das anstelle einer Kapitalbeteiligung gewährt wird) unterliegen einer Quellensteuer von 30 %	volles Besteuerungsrecht des Quellenstaats auf Dividenden und Zinsen aus Rechten oder Forderungen mit Gewinnbeteiligung, wenn diese bei der Ermittlung der Gewinne des Schuldners der Dividenden oder Zinsen abzugsfähig sind (Protokoll zum DBA, Ziff. 1 zu den Artikeln 10 und 11)	valtion tulovero/statlig inkomstskatt
Frankreich	a) 12,8 b) 15	a) 0 b) 0	12,8	0		volles Besteuerungsrecht des Quellenstaats auf Einkünfte aus Rechten oder Anteilen mit Gewinnbeteiligung, wenn diese bei der Ermittlung des Gewinns des Schuldners abzugsfähig sind (Art. 9 Abs. 9 DBA)	Impôt sur le revenu des personnes physiques (IRPP)
Georgien	a) 5 b) 10	a) 5 b) 0	5	0		volles Besteuerungsrecht des Quellenstaats auf Dividenden und Zinsen aus Rechten oder Forderungen mit Gewinnbeteiligung, wenn diese bei der Ermittlung der Gewinne des Schuldners der Dividenden oder Zinsen abzugsfähig sind (Protokoll zum DBA, Ziff. 3 zu den Artikeln 10 und 11)	
Ghana	a) 0 / 8 b) 15	a) 0 / 8 b) 10	8, falls keine Befreiung	8, falls keine Befreiung	**Dividenden:** keine Quellensteuer auf Dividenden von Gesellschaften aus Freihandelszonen **Zinsen:** keine Quellensteuer auf Zinsen aus Staatsanleihen		Income tax

Anrechenbarkeit ausländischer Quellensteuer

DBA-Staat	a) nationale Quellensteuer b) nach DBA höchstens anrechenbare Quellensteuer c) fiktive anrechenbare Quellensteuer nach DBA		Ergebnis: anrechenbar sind ...		Hinweise zur nationalen Quellensteuererhebung (Buchstabe a in Spalten A und B)	Hinweise zu DBA-Regelungen, auch Sonderregelungen im DBA (Buchstabe b in Spalten A und B)	Nationale Bezeichnung der Einkommen- oder Quellensteuer
	Dividenden (in %)	Zinsen (in %)	Dividenden (in %)	Zinsen (in %)			
	A	B	C	D	E	F	G
Griechenland	a) 5 b) 25	a) 0 / 15 b) 10	5	10, falls keine Befreiung	**Zinsen:** Quellensteuerbefreiung für Zinsen aus Staatsanleihen, bestimmten börsennotierte Unternehmensanleihen		Φόρος εισοδήματος φυσικών προσώπων (in lat. Schrift: Foros Eisodimatos Fysikon Prosopon)
Indien	a) 10 / 20 b) 10	a) 0 / 4 / 5 / 10 / 20 b) 10	10	10, jedoch max. nationaler Satz	**Zinsen:** keine Quellensteuer auf Zinsen aus bestimmten Staatsanleihen, 4 % bzw. 5 % Quellensteuer auf Zinsen aus bestimmten Anleihen **Zinsen/Dividenden:** Erträge aus sog. „Global Depository Receipts" unabhängig von der Qualifikation als Zinsen, Dividenden oder Veräußerungsgewinne unterliegen einer Quellensteuer von 10 %	volles Besteuerungsrecht des Quellenstaats auf Dividenden und Zinsen aus Rechten oder Forderungen mit Gewinnbeteiligung, wenn diese bei der Ermittlung der Gewinne des Schuldners der Dividenden oder Zinsen abzugsfähig sind (Protokoll zum DBA, Ziff. 4 zu den Artikeln 10 und 11)	Income tax
Indonesien	a) 10 / 20 b) 15	a) 20 b) 10 c) 10	15, jedoch max. nationaler Satz	10	**Dividenden:** 10 % Quellensteuer auf Dividenden von Gesellschaften, die in bestimmten Regionen oder Wirtschaftssektoren investieren	volles Besteuerungsrecht des Quellenstaats auf Dividenden und Zinsen aus Rechten oder Forderungen mit Gewinnbeteiligung, wenn diese bei der Ermittlung der Gewinne des Schuldners der Dividenden oder Zinsen abzugsfähig sind (Protokoll zum DBA, Ziff. 3 zum Artikeln 10 und 11)	Pajak Penghasilan
Iran (Islamische Republik)	a) 0 b) 20	a) 0 b) 15	0	0			Mozoué ghanouné maleiat bar daramad (Einkommensteuer einschl. Zusatzsteuern)
Irland	a) 0 b) 15	a) 0 / 20 b) 0	0	0	**Dividenden:** keine Quellensteuer für EU-Bürger und für Ansässige in DBA-Staaten	volles Besteuerungsrecht des Quellenstaats auf Dividenden und Zinsen aus Rechten oder Forderungen mit Gewinnbeteiligung, wenn diese bei der Ermittlung der Gewinne des Schuldners der Dividenden oder Zinsen abzugsfähig sind (Protokoll zum DBA, Ziff. 3 zu den Artikeln 10 und 11)	Income tax
Island	a) 22 b) 15	a) 0 / 12 b) 0	15	0			Tekjuskattur til rikisins

15.4 Anlage AUS

Anrechenbarkeit ausländischer Quellensteuer

DBA-Staat	a) nationale Quellensteuer b) nach DBA höchstens anrechenbare Quellensteuer c) fiktive anrechenbare Quellensteuer nach DBA		Ergebnis: anrechenbar sind ...		Hinweise zur nationalen Quellensteuererhebung (Buchstabe a in Spalten A und B)	Hinweise zu DBA-Regelungen, auch Sonderregelungen im DBA (Buchstabe b in Spalten A und B)	Nationale Bezeichnung der Einkommen- oder Quellensteuer
	Dividenden (in %) A	Zinsen (in %) B	Dividenden (in %) C	Zinsen (in %) D	E	F	G
Israel	a) 15 / 20 / 25 / 30 b) 10	a) 0 / 15 / 25 b) 5	10	5, falls keine Befreiung	**Zinsen:** keine Quellensteuer für Zinsen aus Staatsanleihen	volles Besteuerungsrecht des Quellenstaats auf Dividenden und Zinsen aus Rechten oder Forderungen mit Gewinnbeteiligung, wenn diese bei der Ermittlung der Gewinne des Schuldners der Dividenden oder Zinsen abzugsfähig sind (Protokoll zum DBA, Ziff. 5 zu den Artikeln 10 und 11)	
Italien	a) 26 b) 15	a) 0 / 26 b) 10	15	10, falls keine Befreiung	**Zinsen:** Steuerfreiheit bei Zinsen aus – öffentlichen Anleihen, – Schuldverschreibungen italienischer Banken und börsennotierter Gesellschaften aufgrund des zwischen Deutschland und Italien bestehenden Abkommens über Informationsaustausch	volles Besteuerungsrecht des Quellenstaats auf Dividenden und Zinsen aus Rechten oder Forderungen mit Gewinnbeteiligung, wenn diese bei der Gewinnermittlung der Dividenden oder Zinsen abzugsfähig sind (Protokoll zum DBA, Ziff. 8 zu den Artikeln 10 und 11)	Imposta sul reddito delle persone fisiche
Jamaika	a) 25 b) 15	a) 0 / 25 b) 12,5	15	0	**Zinsen:** zur Berücksichtigung von Werbungskosten kann eine Steuerveranlagung und eine Erstattung von Quellensteuer beantragt werden		Income tax
Japan	a) 15 / 20 b) 15	a) 0 / 15 b) 0	15	0	**Dividenden:** 15 % auf qualifizierte Dividenden aus börsennotierten Gesellschaften **Zinsen:** keine Quellensteuer auf Zinsen aus bestimmten festverzinslichen Wertpapieren		Gensenbun (Quellensteuer) Shotokuzei (Einkommensteuer)
Kanada	a) 25 b) 15	a) 0 / 25 b) 10	15	10, falls keine Befreiung	**Zinsen:** 25 % Quellensteuer lediglich bei Zinsen aus bestimmten nicht festverzinslichen Gewinnobligationen	volles Besteuerungsrecht des Quellenstaats auf Einkünfte aus Rechten oder Forderungen mit Gewinnbeteiligung, wenn diese bei der Ermittlung des Gewinns des Schuldners abzugsfähig sind (Protokoll zum DBA, Ziff. 3 zu Artikel 10)	Income tax

DBA-Staat	a) nationale Quellensteuer b) nach DBA höchstens anrechenbare Quellensteuer c) fiktive anrechenbare Quellensteuer nach DBA		Ergebnis: anrechenbar sind ...		Hinweise zur nationalen Quellensteuererhebung (Buchstabe a in Spalten A und B)	Hinweise zu DBA-Regelungen, auch Sonderregelungen im DBA (Buchstabe b in Spalten A und B)	Nationale Bezeichnung der Einkommen- oder Quellensteuer
	Dividenden (in %)	Zinsen (in %)	Dividenden (in %)	Zinsen (in %)			
	A	B	C	D	E	F	G
Kasachstan	a) 0 / 15 b) 15	a) 0 / 15 b) 10	15, falls keine Befreiung	10, falls keine Befreiung	**Dividenden:** keine Quellensteuer auf Dividenden von börsennotierten Gesellschaften **Zinsen:** keine Quellensteuer auf Zinsen aus Staatsanleihen und aus börsennotierten Wertpapieren	volles Besteuerungsrecht des Quellenstaats auf Einkünfte aus Rechten oder Forderungen mit Gewinnbeteiligung, wenn diese bei der Ermittlung des Gewinns des Schuldners abzugsfähig sind (Art. 10 Abs. 3 DBA)	
Kenia	a) 15 b) 15	a) 5 / 15 / 25 b) 15	15	15, jedoch max. nationaler Satz	**Zinsen:** 5 % Quellensteuer auf Zinsen von Gesellschaften aus Sonderwirtschaftszonen		Income tax
Kirgisistan	a) 0 / 10 b) 15	a) 10 b) 5	10, falls keine Befreiung	5	**Dividenden:** keine Quellensteuer auf Dividenden - von bestimmten Unternehmen, die größere Investitionen getätigt haben - aus Gewinnen, die keiner Körperschaftsteuer unterliegen		
Korea, Republik	a) 20 b) 15	a) 14 / 20 b) 10	15	10		Besteuerungsrecht des Quellenstaats auf Einkünfte aus Rechten oder Forderungen mit Gewinnbeteiligung bis maximal 25 % des Bruttobetrags der Einkünfte, wenn diese bei der Ermittlung des Gewinns des Schuldners abzugsfähig sind (Art. 10 Abs. 4 DBA)	
Kosovo	a) 0 b) 0	a) 0 / 10 b) 0	0	0		Fortgeltung des Abkommens mit Jugoslawien	Porez iz dohotka
Kroatien	a) 10 b) 15	a) 0 / 10 b) 0	10	0		volles Besteuerungsrecht des Quellenstaats auf Dividenden und Zinsen aus Rechten oder Forderungen mit Gewinnbeteiligung, wenn diese bei der Ermittlung des Gewinns des Schuldners der Dividenden oder Zinsen abzugsfähig sind (Protokoll zum DBA, Ziff. 3 zu den Artikeln 10 und 11)	Porez iz dohotka

15.4 Anlage AUS

Anrechenbarkeit ausländischer Quellensteuer

DBA-Staat	a) nationale Quellensteuer b) nach DBA höchstens anrechenbare Quellensteuer c) fiktive anrechenbare Quellensteuer nach DBA		Ergebnis: anrechenbar sind …		Hinweise zur nationalen Quellensteuererhebung (Buchstabe a in Spalten A und B)	Hinweise zu DBA-Regelungen, auch Sonderregelungen im DBA (Buchstabe b in Spalten A und B)	Nationale Bezeichnung der Einkommen- oder Quellensteuer
	Dividenden (in %) A	Zinsen (in %) B	Dividenden (in %) C	Zinsen (in %) D	E	F	G
Kuwait	a) 0 b) 15	a) 0 b) 0	0	0	keine Einkommensteuer / Quellensteuer bei natürlichen Personen	volles Besteuerungsrecht des Quellenstaats auf Dividenden und Zinsen aus Rechten oder Forderungen mit Gewinnbeteiligung, wenn diese bei der Ermittlung der Gewinne des Schuldners dieser Einkünfte abzugsfähig sind (Protokoll zum DBA, Ziff. 5 zu den Artikeln 10 und 11)	
Lettland	a) 0 / 20 b) 15	a) 0 / 20 b) 10	15, falls keine Befreiung	10, falls keine Befreiung	**Dividenden:** keine Quellensteuer auf Dividenden, die bereits der 20 %igen Körperschaftsteuer unterliegen, 20 % Quellensteuer auf Ausschüttungen von Gewinnen, die vor dem 1.1.2018 entstanden sind **Zinsen:** keine Quellensteuer auf Zinsen aus Anleihen, die in Lettland oder einem Staat des EWR von der Regierung oder einer Gemeinde ausgegeben werden, sowie aus börsennotierten Finanzinstrumenten	volles Besteuerungsrecht des Quellenstaats auf Dividenden und Zinsen aus Rechten oder Forderungen mit Gewinnbeteiligung, wenn diese bei der Ermittlung der Gewinne des Schuldners der Dividenden oder Zinsen abzugsfähig sind (Protokoll zum DBA, Ziff. 5 zu den Artikeln 10 und 11)	iedzivotaju ienakuma nodoklis
Liberia	a) 5 / 15 b) 15	a) 0 / 5 / 15 b) 20	15, jedoch max. nationaler Satz	15, jedoch max. nationaler Satz	**Dividenden und Zinsen:** 5 % Quellensteuer auf Dividenden und Zinsen bestimmter Unternehmen (z. B. Bergbau) **Zinsen:** keine Quellensteuer bei Zinsen aus Staatsobligationen		Income tax
Liechtenstein	a) 0 b) 15	a) 0 b) 0	0	0		volles Besteuerungsrecht des Quellenstaats auf Einkünfte aus Rechten oder Forderungen mit Gewinnbeteiligung einschließlich Einkünfte eines stillen Gesellschafters oder aus partiarischen Darlehen und Gewinnobligationen (Art. 11 Abs. 2 DBA)	

DBA-Staat	a) nationale Quellensteuer b) nach DBA höchstens anrechenbare Quellensteuer c) fiktive anrechenbare Quellensteuer nach DBA		Ergebnis: anrechenbar sind ...		Hinweise zur nationalen Quellensteuererhebung (Buchstabe a in Spalten A und B)	Hinweise zu DBA-Regelungen, auch Sonderregelungen im DBA (Buchstabe b in Spalten A und B)	Nationale Bezeichnung der Einkommen- oder Quellensteuer
	Dividenden (in %)	Zinsen (in %)	Dividenden (in %)	Zinsen (in %)			
	A	B	C	D	E	F	G
Litauen	a) 15 b) 15	a) 0 / 15 / 20 b) 10	15	10, falls keine Befreiung	**Zinsen:** zahlreiche Befreiungsvorschriften für Zinsen aus bestimmten Quellen	volles Besteuerungsrecht des Quellenstaats auf Dividenden und Zinsen aus Rechten oder Forderungen mit Gewinnbeteiligung, wenn diese bei der Ermittlung der Gewinne des Schuldners der Dividenden oder Zinsen abzugsfähig sind (Protokoll zum DBA, Ziff. 5 zu den Artikeln 10 und 11)	Fiziniu asmenu pajamu mokestis
Luxemburg	a) 0 / 15 b) 15	a) 0 / 15 b) 0	15, falls keine Befreiung	0	**Dividenden:** keine Quellensteuer auf Dividenden aus bestimmten Quellen		Impôt sur le revenu des personnes physiques
Malaysia	a) 0 b) 15	a) 0 / 15 b) 10	0	10, falls keine Befreiung	**Zinsen:** zahlreiche Befreiungsvorschriften für Zinsen aus bestimmten Quellen	volles Besteuerungsrecht des Quellenstaats auf Dividenden und Zinsen aus Rechten oder Forderungen mit Gewinnbeteiligung, wenn diese bei der Ermittlung der Gewinne des Schuldners abzugsfähig sind (Protokoll zum DBA, Ziff. 5 zu den Artikeln 10 und 11)	
Malta	a) 0 b) 35	a) 0 b) 0	0	0		zu Spalte A Buchstabe b) vgl. Art. 10 Abs. 3 DBA und das maltesische Steuerrecht	taxxa fuq l-income
Marokko	a) 0 / 15 b) 15	a) 0 / 10 b) 10	15, falls keine Befreiung	10, falls keine Befreiung	**Dividenden:** keine Quellensteuer auf Ausschüttungen von Gesellschaften aus Freihandelszonen **Zinsen:** keine Quellensteuer auf Zinsen aus Staatsanleihen		
Mauritius	a) 0 b) 15	a) 0 / 15 b) 0	0	0		volles Besteuerungsrecht des Quellenstaats auf Dividenden und Zinsen aus Rechten oder Forderungen mit Gewinnbeteiligung, wenn diese bei der Ermittlung der Gewinne des Schuldners dieser Einkünfte abzugsfähig sind (Protokoll zum DBA, Ziff. 5 zu den Artikeln 10 und 11)	Income tax

15.4 Anlage AUS

Anrechenbarkeit ausländischer Quellensteuer

DBA-Staat	a) nationale Quellensteuer b) nach DBA höchstens anrechenbare Quellensteuer c) fiktive anrechenbare Quellensteuer nach DBA		Ergebnis: anrechenbar sind …		Hinweise zur nationalen Quellensteuererhebung (Buchstabe a in Spalten A und B)	Hinweise zu DBA-Regelungen, auch Sonderregelungen im DBA (Buchstabe b in Spalten A und B)	Nationale Bezeichnung der Einkommen- oder Quellensteuer
	Dividenden (in %) A	Zinsen (in %) B	Dividenden (in %) C	Zinsen (in %) D	E	F	G
Mexiko	a) 10 b) 15	a) 0 / 4,9 / 10 / 21 / 35 b) 5 / 10	10	10, jedoch max. nationaler Satz	Zinsen: 4,9 % auf Zinsen aus bestimmten börsengehandelten Schuldverschreibungen keine Quellensteuer auf Zinsen aus Anleihen	volles Besteuerungsrecht des Quellenstaats auf Dividenden und Zinsen aus Rechten oder Forderungen mit Gewinnbeteiligung, wenn diese bei der Ermittlung der Gewinne des Schuldners der Dividenden oder Zinsen abzugsfähig sind (Protokoll zum DBA, Ziff. 6 zu den Artikeln 10 und 11) 5 % bei Zinsen aus Bankdarlehen	Impuesto sobre la renta
Moldau / Moldawien	a) 6 b) 15	a) 12 b) 5 / 0	6	0		Fortgeltung des DBA mit der UdSSR vom 24.11.1981; soweit in Deutschland auf Zinsen an Nichtansässige keine Quellensteuer erhoben wird, unterliegen sie auch in Moldawien keiner Steuer (Gegenseitigkeitsprinzip)	
Mongolei	a) 20 b) 10 c) 10	a) 20 b) 10 c) 10	10	10		volles Besteuerungsrecht des Quellenstaats auf Dividenden und Zinsen aus Rechten oder Forderungen mit Gewinnbeteiligung, wenn diese bei der Gewinnermittlung des Schuldners der Dividenden oder Zinsen abzugsfähig sind (Protokoll zum DBA, Ziff. 2 zu den Artikeln 10 und 11)	
Montenegro	a) 9 b) 0	a) 5 b) 0	0	0		Fortgeltung des Abkommens mit Jugoslawien	Porez iz dohotka
Namibia	a) 0 / 20 b) 15	a) 0 / 10 b) 0	15, falls keine Befreiung	0	Dividenden: in Einzelfällen können nationale Befreiungsvorschriften einschlägig sein	volles Besteuerungsrecht des Quellenstaats auf Dividenden und Zinsen aus Rechten oder Forderungen mit Gewinnbeteiligung, wenn diese bei der Ermittlung der Gewinne des Schuldners der Dividenden oder Zinsen abzugsfähig sind (Protokoll zum DBA, Ziff. 3 zu den Artikeln 10 und 11)	Normal Tax und Non-resident shareholders' tax

DBA-Staat	nationale Quellensteuer / nach DBA höchstens anrechenbare Quellensteuer / fiktive anrechenbare Quellensteuer nach DBA		Ergebnis: anrechenbar sind ...		Hinweise zur nationalen Quellensteuererhebung (Buchstabe a in Spalten A und B)	Hinweise zu DBA-Regelungen, auch Sonderregelungen im DBA (Buchstabe b in Spalten A und B)	Nationale Bezeichnung der Einkommen- oder Quellensteuer
	Dividenden (in %) A	Zinsen (in %) B	Dividenden (in %) C	Zinsen (in %) D	E	F	G
Neuseeland	a) 15 / 30 b) 15	a) 0 / 15 b) 10	15	10, falls keine Befreiung	Zinsen: keine Quellensteuer auf Zinsen aus Anleihen, die am AIL-Programm (Approved Issuer Levy) teilnehmen	volles Besteuerungsrecht des Quellenstaats auf Einkünfte aus Rechten oder Forderungen mit Gewinnbeteiligung, wenn diese bei der Ermittlung der Gewinne des Schuldners der Einkünfte abzugsfähig sind (Protokoll zum DBA, Ziff. 4b zu den Artikeln 10 und 11)	Income tax
Niederlande	a) 15 b) 15	a) 0 / 15 b) 0	15	0			Inkomstenbelasting Dividendbelasting
Nord-mazedonien	a) 10 b) 15	a) 0 b) 5	10	0		volles Besteuerungsrecht des Quellenstaats auf Dividenden und Zinsen aus Rechten oder Forderungen mit Gewinnbeteiligung, wenn diese bei der Ermittlung der Gewinne des Schuldners der Einkünfte abzugsfähig sind (Protokoll zum DBA, Ziff. 3 zu den Artikeln 10 und 11)	Personalen danok na dohot
Norwegen	a) 0 / 25 b) 15	a) 0 b) 0	0	0	Dividenden: Anteilseignern mit Wohnsitz im EWR wird die einbehaltene Quellensteuer auf Antrag ganz oder teilweise erstattet ("shielding deduction"), vgl. BMF-Schreiben vom 15.11.2011 (BStBl I S. 1113)	volles Besteuerungsrecht des Quellenstaats auf Einkünfte aus Rechten oder Forderungen mit Gewinnbeteiligung, wenn diese bei der Ermittlung der Gewinne des Schuldners der Einkünfte abzugsfähig sind (Protokoll zum DBA, Ziff. 3b zu Artikel 10)	Inntektsskatt til staten
Österreich	a) 27,5 b) 15	a) 0 b) 0	15	0		volles Besteuerungsrecht des Quellenstaats auf Einkünfte aus Rechten oder Forderungen mit Gewinnbeteiligung einschließlich Einkünfte eines stillen Gesellschafters oder aus partiarischen Darlehen und Gewinnobligationen (Art. 11 Abs. 2 DBA)	Einkommensteuer

Anrechenbarkeit ausländischer Quellensteuer

15.4 Anlage AUS

Anrechenbarkeit ausländischer Quellensteuer

DBA-Staat	a) nationale Quellensteuer b) nach DBA höchstens anrechenbare Quellensteuer c) fiktive anrechenbare Quellensteuer nach DBA		Ergebnis: anrechenbar sind ...		Hinweise zur nationalen Quellensteuererhebung (Buchstabe a in Spalten A und B)	Hinweise zu DBA-Regelungen, auch Sonderregelungen im DBA (Buchstabe b in Spalten A und B)	Nationale Bezeichnung der Einkommen- oder Quellensteuer
	Dividenden (in %)	Zinsen (in %)	Dividenden (in %)	Zinsen (in %)			
	A	B	C	D	E	F	G
Pakistan	a) 7,5 / 15 / 25 b) 15	a) 0 / 10 b) 20	15, jedoch max. nationaler Satz	0	**Dividenden:** 7,5 % auf Dividenden von unabhängigen Stromerzeugern unter bestimmten Bedingungen **Zinsen:** Einkommensteuerveranlagung mit Möglichkeit der Quellensteuererstattung	volles Besteuerungsrecht des Quellenstaats auf Dividenden und Zinsen aus Rechten oder Forderungen mit Gewinnbeteiligung, wenn diese bei der Ermittlung der Gewinne des Schuldners der Dividenden oder Zinsen abzugsfähig sind (Protokoll zum DBA, Ziff. 4 zu den Artikeln 10 und 11)	Income tax
Philippinen	a) 25 b) 15	a) 0 / 25 b) 10	15	10, falls keine Befreiung	**Zinsen:** keine Quellensteuer auf Zinsen aus Auslands- und Fremdwährungsanlagen	volles Besteuerungsrecht des Quellenstaats auf Dividenden und Zinsen aus Rechten oder Forderungen mit Gewinnbeteiligung, wenn diese bei der Ermittlung der Gewinne des Schuldners dieser Einkünfte abgezogen werden können (Protokoll zum DBA, Ziff. 4 zu den Artikeln 10 und 11)	Income tax
Polen	a) 19 b) 15	a) 0 / 20 b) 5	15	5, falls keine Befreiung	**Zinsen:** keine Quellensteuer auf Zinsen aus bestimmten Staats- und Unternehmensanleihen	volles Besteuerungsrecht des Quellenstaats auf Dividenden und Zinsen aus Rechten oder Forderungen mit Gewinnbeteiligung, wenn diese bei der Ermittlung der Gewinne des Schuldners dieser Einkünfte abzugsfähig sind (Protokoll zum DBA, Ziff. 2 zu den Artikeln 10 und 11)	Podatek dochodowy od osób fizycznych
Portugal	a) 0 / 28 b) 15 c) 15	a) 0 / 28 b) 15 c) 15	15	15		volles Besteuerungsrecht des Quellenstaats auf Einkünfte aus Rechten oder Forderungen mit Gewinnbeteiligung, wenn diese Einkünfte bei der Ermittlung der Gewinne des Schuldners abgezogen werden können (Protokoll zum DBA, Ziff. 4 zu den Artikeln 10 und 11)	Imposto sobre o Rendimento das Pessoas Singulares

DBA-Staat	a) nationale Quellensteuer b) nach DBA höchstens anrechenbare Quellensteuer c) fiktive anrechenbare Quellensteuer nach DBA		Ergebnis: anrechenbar sind ...		Hinweise zur nationalen Quellensteuererhebung (Buchstabe a in Spalten A und B)	Hinweise zu DBA-Regelungen auch Sonderregelungen im DBA (Buchstabe b in Spalten A und B)	Nationale Bezeichnung der Einkommen- oder Quellensteuer
	Dividenden (in %)	Zinsen (in %)	Dividenden (in %)	Zinsen (in %)			
	A	B	C	D	E	F	G
Rumänien	a) 5 b) 15	a) 0 / 10 b) 0 / 3	5	0	**Zinsen:** keine Quellensteuer auf Zinsen aus Staats- und Kommunalanleihen	der Quellensteuerhöchstsatz ist nach Art. 11 Abs. 4 auf 0 % reduziert, soweit in Deutschland auf Zinsen an Nichtansässige keine Quellensteuer erhoben wird	Impozitul pe venitul obtinut de persoanele fizice Impozitul pe dividende
Russische Föderation (Russland)	a) 15 b) 15	a) 0 / 30 b) 0	15	0		volles Besteuerungsrecht des Quellenstaats auf Dividenden und Zinsen aus Rechten oder Forderungen mit Gewinnbeteiligung, wenn diese bei der Ermittlung der Gewinne des Schuldners der Dividenden oder Zinsen abzugsfähig sind (Protokoll zum DBA, Ziff. 2 zu den Artikeln 10 und 11) volles Besteuerungsrecht des Quellenstaats auf Einkünfte aus Rechten oder Forderungen mit Gewinnbeteiligung, wenn diese bei der Gewinnermittlung des Schuldners dieser Einkünfte abzugsfähig sind (Protokoll zum DBA, Ziff. 5 zu den Artikeln 10 und 11)	
Sambia	a) 0 / 20 b) 15	a) 15 / 20 b) 10	15, falls keine Befreiung	10	**Dividenden:** keine Quellensteuer auf Dividenden von bestimmten Gesellschaften, z. B. börsennotierten Gesellschaften (Börse von Lusaka), PKW-Herstellung **Zinsen:** 15 % Quellensteuer auf Zinsen aus Staatsanleihen und Schuldverschreibungen		Income tax
Schweden	a) 30 b) 15	a) 0 b) 0	15	0		volles Besteuerungsrecht des Quellenstaats auf Einkünfte aus Rechten oder Forderungen mit Gewinnbeteiligung, wenn diese bei der Ermittlung des Gewinns des Schuldners abzugsfähig sind (Art. 10 Abs. 5 DBA)	Statlig inkomstskatt

15.4 Anlage AUS

Anrechenbarkeit ausländischer Quellensteuer

DBA-Staat	a) nationale Quellensteuer b) nach DBA höchstens anrechenbare Quellensteuer c) fiktive anrechenbare Quellensteuer nach DBA		Ergebnis: anrechenbar sind ...		Hinweise zur nationalen Quellensteuererhebung (Buchstabe a in Spalten A und B)	Hinweise zu DBA-Regelungen, auch Sonderregelungen im DBA (Buchstabe b in Spalten A und B)	Nationale Bezeichnung der Einkommen- oder Quellensteuer
	Dividenden (in %) A	Zinsen (in %) B	Dividenden (in %) C	Zinsen (in %) D	E	F	G
Schweiz	a) 35 b) 15 / 5 / 30	a) 0 / 35 b) 0	15	0		Dividenden, die von einer Gesellschaft gezahlt werden, die in einem Grenzkraftwerk zwischen dem Bodensee und Basel betrieben, werden mit max. 5 % belastet (Art. 10 Abs. 2 a DBA); Besteuerungsrecht des Quellenstaats auf Einnahmen aus Genussrechten, aus Gewinnobligationen oder partiarischen Darlehen bis maximal 30 % des Bruttobetrags der Dividenden, wenn diese Beträge bei der Gewinnermittlung des Schuldners abzugsfähig sind (Art. 10 Abs. 2 b DBA)	Verrechnungssteuer
Serbien	a) 15 b) 0	a) 0 / 15 b) 0	0	0	Zinsen: keine Quellensteuer auf Zinsen aus in Dinar geführten Sparguthaben und Staatsanleihen	Fortgeltung des Abkommens mit Jugoslawien	Porez iz dohotka
Simbabwe	a) 10 / 15 b) 20	a) 0 b) 10	15, jedoch max. nationaler Satz	0	Dividenden: 10 % Quellensteuer auf Dividenden aus Wertpapieren, die an der inländischen Börse ("Zimbabwe Stock Exchange") gehandelt werden	volles Besteuerungsrecht des Quellenstaats auf Dividenden und Zinsen aus Rechten oder Forderungen mit Gewinnbeteiligung, wenn diese bei der Gewinnermittlung des Schuldners der Dividenden oder Zinsen abzugsfähig sind (Protokoll zum DBA, Ziff. 3 zu den Artikeln 10 und 11)	
Singapur	a) 0 b) 15	a) 0 / 15 b) 8	0	8, falls keine Befreiung	Zinsen: zahlreiche Befreiungsvorschriften für Zinsen aus bestimmten Quellen		Income tax; Non-resident sharholders' tax; Non-residents' tax on interest
Slowakei	a) 7 b) 15	a) 0 / 19 b) 0	7	0	Zinsen: keine Quellensteuer auf Zinsen aus Anleihen	Fortgeltung des Abkommens mit der Tschechoslowakei	Income tax
Slowenien	a) 27,5 b) 15	a) 0 b) 5	15	0	Zinsen: Zinszahlungen an Ansässige in EU-Mitgliedstaaten sind steuerfrei	volles Besteuerungsrecht des Quellenstaats auf Dividenden und Zinsen aus Rechten oder Forderungen mit Gewinnbeteiligung, wenn diese bei der Ermittlung der Gewinne des Schuldners der Dividenden oder Zinsen abzugsfähig sind (Protokoll zum DBA, Ziff. 3 zu den Artikeln 10 und 11)	dan z prijmov
							Dohodnina

Anlage AUS

Anrechenbarkeit ausländischer Quellensteuer

DBA-Staat	a) nationale Quellensteuer b) nach DBA höchstens anrechenbare Quellensteuer c) fiktive anrechenbare Quellensteuer nach DBA		Ergebnis: anrechenbar sind ...		Hinweise zur nationalen Quellensteuererhebung (Buchstabe a in Spalten A und B)	Hinweise zu DBA-Regelungen, auch Sonderregelungen im DBA (Buchstabe b in Spalten A und B)	Nationale Bezeichnung der Einkommen- oder Quellensteuer
	Dividenden (in %)	Zinsen (in %)	Dividenden (in %)	Zinsen (in %)			
	A	B	C	D	E	F	G
Spanien	a) 19 b) 15	a) 0 b) 0	15	0		Besteuerungsrecht des Quellenstaats auf Dividenden und Zinsen aus Rechten oder Forderungen mit Gewinnbeteiligung bis maximal 15 % des Bruttobetrags der Zinsen und Dividenden, wenn sie bei der Ermittlung der Gewinne des Schuldners der Einkünfte abzugsfähig sind (Protokoll zum DBA, Ziff. V. zu den Artikeln 10 und 11)	Impuesto general sobre la renta de las personas físicas; Impuesto sobre las Rentas del Capital
Sri Lanka	a) 0 b) 15 c) 0	a) 0 / 5 b) 10 c) 0 / 5	0	5, falls keine Befreiung	**Zinsen:** keine Quellensteuer auf Zinsen aus bestimmten Anleihen	**Dividenden/Zinsen:** die nach dem DBA vorgesehene fiktive Anrechnung ist begrenzt auf die Steuer, die Sri Lanka nach nationalem Recht erhebt (statt der im DBA grundsätzlich vorgesehenen 20 % bzw. 15 %)	Income tax
Südafrika	a) 0 - 20 b) 15	a) 0 / 15 b) 10	15, falls Ausschüttung eines ansässigen Unternehmens u. falls keine Befreiung	10, falls keine Befreiung	**Dividenden:** Dividenden eines nicht ansässigen Unternehmens, dessen Aktien auch an der Johannesburger Börse (JSE) notiert sind, unterliegen zusätzlich zu einer ausländischen Quellensteuer der südafrikanischen Quellensteuer, soweit der Standardsatz der ausländischen Quellensteuer unter dem Standardsatz der südafrikanischen Quellensteuer (20 %) liegt. Nicht ansässige Empfänger können auf Antrag eine Erstattung oder Befreiung von der zusätzlichen südafrikanischen Quellensteuer erhalten keine Quellensteuer auf Dividenden von bestimmten Kleinunternehmen **Zinsen:** keine Quellensteuer für börsengehandelte Schuldverschreibungen		Dividends tax

15.4 Anlage AUS

Anrechenbarkeit ausländischer Quellensteuer

DBA-Staat	a) nationale Quellensteuer b) nach DBA höchstens anrechenbare Quellensteuer c) fiktive anrechenbare Quellensteuer nach DBA		Ergebnis: anrechenbar sind ...		Hinweise zur nationalen Quellensteuererhebung (Buchstabe a in Spalten A und B)	Hinweise zu DBA-Regelungen, auch Sonderregelungen im DBA (Buchstabe b in Spalten A und B)	Nationale Bezeichnung der Einkommen- oder Quellensteuer
	Dividenden (in %)	Zinsen (in %)	Dividenden (in %)	Zinsen (in %)			
	A	B	C	D	E	F	G
Syrien	a) 0 b) 10	a) 7,5 b) 10	0	7,5		volles Besteuerungsrecht des Quellenstaats auf Dividenden und Zinsen aus Rechten oder Forderungen mit Gewinnbeteiligung, wenn diese bei der Ermittlung der Gewinne des Schuldners der Einkünfte abzugsfähig sind (Protokoll zum DBA, Ziff. 5 zu den Artikeln 10 und 11)	
Tadschikistan	a) 12 b) 15	a) 12 b) 0	12	0		volles Besteuerungsrecht des Quellenstaats auf Dividenden und Zinsen aus Rechten oder Forderungen mit Gewinnbeteiligung, wenn diese bei der Ermittlung der Gewinne des Schuldners der Dividenden oder Zinsen abzugsfähig sind (Protokoll zum DBA, Ziff. 2 zu den Artikeln 10 und 11)	
Taiwan	a) 21 b) 10	a) 15 / 20 b) 10 / 15	10	10		volles Besteuerungsrecht des Quellenstaats auf Dividenden und Zinsen aus Rechten oder Forderungen mit Gewinnbeteiligung, wenn diese bei der Ermittlung der Gewinne des Schuldners der Einkünfte abzugsfähig sind (Protokoll zum DBA, Ziff. 3 zu den Artikeln 10 und 11) **Zinsen:** 15 %, wenn es sich um ausgeschüttete Einkünfte eines Real Estate Investment Trust oder eines Real Estate Asset Trust handelt, auf die die Vorschriften des Real Estate Securitization Act Anwendung finden und deren Gewinne vollständig oder teilweise von der Steuer befreit sind oder die die Ausschüttungen bei der Ermittlung ihrer Gewinne abziehen können (Art. 11 Abs. 4)	

DBA-Staat	a) nationale Quellensteuer b) nach DBA höchstens anrechenbare Quellensteuer c) fiktive anrechenbare Quellensteuer nach DBA		Ergebnis: anrechenbar sind …		Hinweise zur nationalen Quellensteuererhebung (Buchstabe a in Spalten A und B)	Hinweise zu DBA-Regelungen, auch Sonderregelungen im DBA (Buchstabe b in Spalten A und B)	Nationale Bezeichnung der Einkommen- oder Quellensteuer
	Dividenden (in %)	Zinsen (in %)	Dividenden (in %)	Zinsen (in %)			
	A	B	C	D	E	F	G
Thailand	a) 10 b) 20	a) 0 / 15 b) 0 / 25	10	15, falls keine Befreiung	**Zinsen:** Befreiung bestimmter Zinsen z. B. aus Vorsorgefonds	**Dividenden:** Voraussetzung für die Anwendung des Satzes von 20 % ist, dass die zahlende Gesellschaft ein „industrielles Unternehmen" im Sinne von Art. 10 Abs. 4 Buchstabe b betreibt **Zinsen:** Befreiung der Zinsen aus Schuldverschreibungen der thailändischen Regierung	
Trinidad und Tobago	a) 10 b) 20	a) 15 b) 15	10	15			Income tax
Tschechische Republik	a) 15 b) 15	a) 15 b) 0	15	0		Fortgeltung des Abkommens mit der Tschechoslowakei	daň z příjmů fyzických osob
Türkei	a) 15 b) 15	a) 0 / 3 / 7 / 10 / 15 b) 10	15	10, jedoch max. nationaler Satz	**Zinsen:** keine Quellensteuer auf Zinsen aus türkischen Staatsanleihen und anderen Schuldverschreibungen, die vor dem 1.1.2006 ausgegeben wurden für Zinsen aus Schuldverschreibungen von ansässigen Unternehmen, bzw. für islamische Anleihen (sog. sukuk) von ansässigen Unternehmen, die im Ausland ausgegeben werden, gelten folgende Steuersätze: – 0 % bei Laufzeit von mindestens 3 Jahren, – 3 % bei Laufzeit zwischen 1 und 3 Jahren, – 7 % bei Laufzeit bis zu einem Jahr	volles Besteuerungsrecht des Quellenstaats auf Dividenden und Zinsen aus Forderungen mit Gewinnbeteiligung, wenn diese bei der Ermittlung der Gewinne des Schuldners der Dividenden oder Zinsen abzugsfähig sind (Protokoll zum DBA, Ziff. 3 zu den Artikeln 10 und 11)	Gelir Vergisi

15.4 Anlage AUS

Anrechenbarkeit ausländischer Quellensteuer

DBA-Staat	a) nationale Quellensteuer b) nach DBA höchstens anrechenbare Quellensteuer c) fiktive anrechenbare Quellensteuer nach DBA		Ergebnis: anrechenbar sind ...		Hinweise zur nationalen Quellensteuererhebung (Buchstabe a in Spalten A und B)	Hinweise zu DBA-Regelungen, auch Sonderregelungen im DBA (Buchstabe b in Spalten A und B)	Nationale Bezeichnung der Einkommen- oder Quellensteuer
	Dividenden (in %) A	Zinsen (in %) B	Dividenden (in %) C	Zinsen (in %) D	E	F	G
Tunesien	a) 0 / 10 b) 15	a) 0 / 20 b) 10	0	10, falls keine Befreiung	**Dividenden:** Steuerbefreiung für Dividenden bis zu 10.000 TND, zunächst Quellensteuerabzug und anschließendes Erstattungsverfahren **Zinsen:** keine Quellensteuer auf Zinsen aus Bankguthaben oder aus Wertpapieren in harter Währung		Impôt sur le revenu des créances, dépôts, cautionnements et comptes courants (I.R.C.)
Turkmenistan	a) 10 b) 15	a) 10 b) 10	10	10		volles Besteuerungsrecht des Quellenstaats auf Dividenden und Zinsen aus Einkünften aus Rechten oder Forderungen mit Gewinnbeteiligung, wenn diese bei der Ermittlung der Gewinne des Schuldners abzugsfähig sind (Protokoll zum DBA, Ziff. 3 zu den Artikeln 10 und 11)	
Ukraine	a) 5 b) 10	a) 0 / 18 b) 5	5	5, falls keine Befreiung	**Zinsen:** keine Quellensteuer auf Zinsen aus Staatsanleihen	volles Besteuerungsrecht des Quellenstaats auf Dividenden und Zinsen aus Rechten oder Forderungen mit Gewinnbeteiligung, wenn diese bei der Ermittlung der Gewinne des Schuldners der Dividenden oder Zinsen abzugsfähig sind (Protokoll zum DBA, Ziff. 2 zu den Artikeln 10 und 11)	
Ungarn	a) 15 b) 15	a) 0 / 10 / 15 b) 0	15	0		volles Besteuerungsrecht des Quellenstaats auf Dividenden und Zinsen aus Rechten oder Forderungen mit Gewinnbeteiligung, wenn diese bei der Ermittlung der Gewinne des Schuldners der Einkünfte abzugsfähig sind oder die ausschüttende Gesellschaft ein Real Estate Investment Trust oder ein ähnlicher Rechtsträger ist, der von der Körperschaftsteuer befreit ist (Protokoll zum DBA, Ziff. 4 zu den Artikeln 10 und 11)	Személyi jövedelemadó

Anrechenbarkeit ausländischer Quellensteuer

DBA-Staat	a) nationale Quellensteuer b) nach DBA höchstens anrechenbare Quellensteuer c) fiktive anrechenbare Quellensteuer nach DBA		Ergebnis: anrechenbar sind ...		Hinweise zur nationalen Quellensteuererhebung (Buchstabe a in Spalten A und B)	Hinweise zu DBA-Regelungen, auch Sonderregelungen im DBA (Buchstabe b in Spalten A und B)	Nationale Bezeichnung der Einkommen- oder Quellensteuer
	Dividenden (in %)	Zinsen (in %)	Dividenden (in %)	Zinsen (in %)			
	A	B	C	D	E	F	G
Uruguay	a) 7 b) 15	a) 7 / 12 b) 10	7	10, jedoch max. nationaler Satz	**Zinsen:** 7 % Quellensteuer auf Zinsen aus börsennotierten Anleihen mit einer Laufzeit von mehr als drei Jahren, die durch ein öffentliches Angebot ausgegeben werden	volles Besteuerungsrecht des Quellenstaats auf Dividenden und Zinsen aus Rechten oder Forderungen mit Gewinnbeteiligung, wenn diese bei der Ermittlung der Gewinne des Schuldners der Dividenden oder Zinsen abzugsfähig sind (Protokoll zum DBA, Ziff. 2 zu den Artikeln 10 und 11)	
Usbekistan	a) 10 b) 15	a) 10 b) 5	10	5		volles Besteuerungsrecht des Quellenstaats auf Einkünfte aus Rechten oder Forderungen mit Gewinnbeteiligung, wenn diese bei der Gewinnermittlung des Schuldners dieser Einkünfte abzugsfähig sind (Protokoll zum DBA, Ziff. 4 zu den Artikeln 10 und 11)	
Venezuela	a) 0 / 34 b) 15	a) 34 b) 5	15, falls keine Befreiung	5	**Dividenden:** keine Quellensteuer, wenn die ausschüttende Gesellschaft mit ihren Gewinnen bereits der Besteuerung unterlag **Zinsen:** nur 95 % der Erträge sind steuerpflichtig, wenn das Darlehen der Erzielung von Einkommen in Venezuela dient	volles Besteuerungsrecht des Quellenstaats auf Dividenden und Zinsen aus Rechten oder Forderungen mit Gewinnbeteiligung, wenn diese bei der Ermittlung der Gewinne des Schuldners der Dividenden oder Zinsen abzugsfähig sind (Protokoll zum DBA, Ziff. 3 zu den Artikeln 10 und 11)	Impuesto a las rentas a los no residentes (IRNR)
Vereinigte Arabische Emirate	a) 0 b) 10 / 15	a) 0 b) 0	0	0	keine Einkommensteuer / Quellensteuer bei natürlichen Personen	volles Besteuerungsrecht des Quellenstaats auf Dividenden und Zinsen aus Rechten oder Forderungen mit Gewinnbeteiligung, wenn diese bei der Ermittlung der Gewinne des Schuldners der Dividenden oder Zinsen abzugsfähig sind (Protokoll zum DBA, Ziff. 4 zu den Artikeln 10 und 11)	Impuesto sobre la renta

15.4 Anlage AUS

Anrechenbarkeit ausländischer Quellensteuer

DBA-Staat	a) nationale Quellensteuer b) nach DBA höchstens anrechenbare Quellensteuer c) fiktive anrechenbare Quellensteuer nach DBA		Ergebnis: anrechenbar sind ...		Hinweise zur nationalen Quellensteuererhebung (Buchstabe a in Spalten A und B)	Hinweise zu DBA-Regelungen, auch Sonderregelungen im DBA (Buchstabe b in Spalten A und B)	Nationale Bezeichnung der Einkommen- oder Quellensteuer
	Dividenden (in %)	Zinsen (in %)	Dividenden (in %)	Zinsen (in %)			
	A	B	C	D	E	F	G
Vereinigtes Königreich	a) 0 b) 15	a) 0 / 20 b) 0	0	0		volles Besteuerungsrecht des Quellenstaats auf Dividenden und Zinsen aus Rechten oder Forderungen mit Gewinnbeteiligung, wenn diese bei der Ermittlung der Gewinne des Schuldners der Dividenden oder Zinsen abzugsfähig sind (Protokoll zum DBA, Ziff. 2 zu den Artikeln 10 und 11)	Income tax
Vereinigte Staaten	a) 0 / 30 b) 15	a) 0 / 30 b) 0	15, falls keine Befreiung	0	**Dividenden:** Steuerbefreiung für bestimmte Dividenden von regulierten Kapitalanlagegesellschaften	volles Besteuerungsrecht des Quellenstaats auf Einkünfte aus Rechtsbeziehungen, die ein Recht auf Gewinnbeteiligung verleihen (in den USA einschließlich Zinsen, deren Höhe sich nicht in einem Bruchteil des Kapitals bemisst und die keine Portfoliozinsen sind „contingent interest"), wenn die Einkünfte bei der Ermittlung des Gewinns der zahlenden Person als Betriebsausgaben abzugsfähig sind (Art. 10 Abs. 6)	Federal income tax
Vietnam	a) 5 b) 15	a) 0 / 5 b) 10	5	5, falls keine Befreiung	**Zinsen:** Steuerbefreiung für Zinsen aus Staatsanleihen	volles Besteuerungsrecht des Quellenstaats auf Dividenden und Zinsen aus Rechten oder Forderungen mit Gewinnbeteiligung, wenn diese bei der Ermittlung der Gewinne des Schuldners der Dividenden oder Zinsen abzugsfähig sind (Protokoll zum DBA, Ziff. 4 zu den Artikeln 10 und 11)	Thuế thu nhập cá nhân
Zypern	a) 0 b) 15	a) 0 b) 0	0	0			Φόρος Εισοδήματος (in lat. Schrift: Foros Eisodimatos)

> Die unbeschränkte Einkommensteuerpflicht des § 1 Abs. 1 EStG führt dazu, dass sämtliche Einkünfte, die ein Steuerpflichtiger weltweit erzielt („unbeschränkt"), in Deutschland zu erklären und nach deutschem Recht zu ermitteln und zu versteuern sind.
>
> Dazu sind diese ausländischen Einkünfte den deutschen Einkunftsarten zuzuordnen und somit grundsätzlich in den Anlagen G, S, N, R, SO, V zu erfassen. Ausgenommen sind hier die nach Doppelbesteuerungsabkommen im Inland (Deutschland) steuerfreien Einkünfte. Diese sind nur für den dann immer noch möglichen Progressionsvorbehalt in Anlage AUS Zeilen 36–41 einzutragen.
>
> Mit der Anlage AUS soll (vereinfacht ausgedrückt) eine mögliche Doppelbesteuerung – unter Anrechnung der ausländischen Steuern oder Einbeziehung in den Progressionsvorbehalt – ausgeglichen werden.

Für **ausländische Kapitalerträge** ist dabei zu bedenken, dass die Anlage AUS nur für tarifliche (die Ausnahmen nach § 32d Abs. 2 EStG) Einkünfte aus Kapitalvermögen gilt.

Ausländische Einkünfte aus nichtselbständiger Tätigkeit sind nur in der Anlage N-AUS einzutragen. Nur in den seltenen Ausnahmefällen der Anrechnung der ausländischen Steuer kann auch in Anlage AUS Zeile 12 auszufüllen sein.

Positive ausländische Einkünfte, die im Quellenstaat nach dortigem Recht besteuert wurden, sind auf der Vorderseite der Anlage AUS zu erfassen. Hierbei handelt es sich insbesondere um Fälle mit anzurechnender ausländischer Steuer, pauschalbesteuerte Sachverhalte, Fälle des AStG und die Familienstiftungen.

Negative ausländische Einkünfte sind sowohl für den Fall des Ausgleichs nach § 2a EStG, als auch für die Fälle des Progressionsvorbehalts auf der Rückseite der Anlage AUS zu erfassen. Ob ein DBA vorliegt oder nicht, bleibt für die Eintragungen unerheblich.

Das BMF hat mit Schreiben vom 22.08.2013, IV B 2 – S 1301/13/10009 zur **Verhandlungsgrundlage für Doppelbesteuerungsabkommen** im Bereich der Steuern vom Einkommen und Vermögen Stellung genommen.

Deutschland hat mit sehr vielen Staaten auch neue Doppelbesteuerungsabkommen ausgehandelt. Auch wenn durch die OECD ein Verhandlungsgerüst vorgegeben wird, an das sich auch fast alle Staaten grundsätzlich halten, gibt es zu jedem Abkommen individuelle Vereinbarungen, die von anderen DBAs abweichen. Die zuvor genannte Verhandlungsgrundlage gibt nur die deutschen Ziele der Verhandlungen, nicht jedoch das tatsächliche Ergebnis wieder. Es verbleibt daher bei der altbekannten Übung, dass jedes DBA für sich gesondert und aufmerksam studiert werden muss.

Anwendung von Subject-to-tax-, Remittance-base- und Switch-over-Klauseln nach den Doppelbesteuerungsabkommen unter Berücksichtigung des Urteils des BFH vom 17.10.2007, I R 96/06, BStBl II 2008, 953

Doppelbesteuerungsabkommen können unterschiedliche Regelungen enthalten, um zu verhindern, dass die Abkommensanwendung zur **Nichtbesteuerung** von Einkünften bzw. zur ungerechtfertigten Inanspruchnahme von Abkommensvorteilen führt. Je nach Ausgestaltung dieser Bestimmungen unterscheidet man hauptsächlich zwischen:

- Rückfall- bzw. Subject-to-tax-Klauseln (Besteuerungsvorbehalten),

15.4 Anlage AUS

- Remittance-base-Klauseln (Überweisungsklauseln) und
- Switch-over-Klauseln (Umschaltklauseln).

Diese Klauseln sind vorrangig vor den nationalen Vorschriften (u.a. § 50d Abs. 8 und 9 EStG) anzuwenden.

Die nähere Anwendung ist dem **BMF-Schreiben vom 20.06.2013, IV B 2 – S 1300/09/10006 – 2013/0539717** zu entnehmen.

15.4.1 Ausländische Einkünfte und Steuern (Zeilen 4–13)

Die Eintragungen auf der Anlage AUS stellen immer nur eine abrundende Ergänzung der Eintragungen in den Anlagen L, G, S, V, R und SO dar.

> **Für jeden Herkunftsstaat der Einkünfte eine gesonderte Spalte (Zeile 4)**
> **Kapitalerträge und Spezial-Investmentfonds nur unter der Bedingung des**
> **§ 32d Abs. 2 EStG**

Ausländische Steuern werden unter den Bedingungen des jeweiligen DBA nur dann auf die deutsche Einkommensteuer angerechnet, wenn diese Steuer der deutschen Einkommensteuer entspricht. In Anlage 6 zu den EStR ist eine Zusammenstellung dieser Länder zu finden. Eine weitere Einschränkung erfolgt durch die maximale Höhe der anzurechnenden ausländischen Steuer.

Diese Steuer wird nur insoweit angerechnet, als deutsche Einkommensteuer auf diese ausländischen Einkünfte entfällt. Ist die ausländische Steuer für diese Einkünfte höher, wird nur der nach deutschem Recht ermittelte Betrag berücksichtigt.

> **Beispiel 15.4.1:** Die im Ausland erzielten Einkünfte betragen im Staat A und im Staat B jeweils 50.000 €. Die Besteuerung im **Staat A** hat zu dortigen Steuern von **15.000 €** und im **Staat B** von **25.000 €** geführt. Der unter Berücksichtigung der weiteren inländischen Einkünfte ermittelte deutsche Steuersatz beträgt 40 %.
>
> **Lösung:**
> Einkünfte im **Staat A** = 50.000 € Einkünfte im **Staat B** = 50.000 €
> deutsche Steuer darauf 40 % = 20.000 € deutsche Steuer darauf 40 % = 20.000 €
> tatsächlich gezahlte Steuern = 15.000 € tatsächlich gezahlte Steuern = 25.000 €
> **höchstens anrechenbar** = **15.000 €** **höchstens anrechenbar** = **20.000 €**

Die ausländischen Einkünfte sind immer nach deutschem Recht zu ermitteln und daher ggf. anzupassen. Die Berechnungen hierfür sind der Steuererklärung ebenso beizufügen, wie die jeweils maßgeblichen Umrechnungskurse zu den ausländischen Währungen.

Anrechnung ausländischer Steuern (§ 34c EStG)
Die Begrenzung der anzurechnenden ausländischen Steuer ist § 34c Abs. 1 S. 2 + 3 EStG zu entnehmen.

> **Teileinkünfteverfahren (§§ 3 Nr. 40 und 3c Abs. 2 EStG) (Zeile 7–9)**

Für Einkünfte im Betriebsvermögen gelten die Vorschriften des **Teileinkünfteverfahrens** des § 3 Nr. 40 EStG. Daher sind die Unterscheidungen in den Zeilen 7 und 8 der Anlage

AUS zu beachten. Zunächst ist in Zeile 7 der volle (100 %) Wert der ausländischen Einkünfte einzutragen und dann zusätzlich in der Zeile 8 der Teil der Einkünfte, auf den § 3 Nr. 40 EStG greift. In Zeile 9 käme dann der Wert des Spezial-Investmentfonds.

Die Begrenzung der **abzugsfähigen** ausländischen Steuern auf 60 % nach § 3c Abs. 2 EStG erfolgt dann programmgesteuert. Der Unterschied der abzugsfähigen Steuern zu den anrechenbaren Steuern besteht darin, dass im ersten Fall die Steuern von den **Einnahmen** abgezogen werden. Anzurechnende Steuern werden dagegen von der deutschen **Steuer** abgezogen.

> **Beispiel 15.4.2:** Die im Ausland erzielten **Einkünfte** betragen **50.000 €** und die darauf entrichtete Steuer **15.000 €**. Die anrechenbare Steuer soll, wie im Beispiel 15.4.1 ermittelt, auch 15.000 € betragen. Der unter Berücksichtigung der weiteren inländischen Einkünfte ermittelte deutsche Steuersatz beträgt jetzt allerdings 0 % (z.B. durch andere negative Einkünfte aus Gewerbebetrieb oder Vermietung und Verpachtung).
>
> **Lösung:**
>
> | | | | |
> |---|---|---|---|
> | Einkünfte im **Staat A** = | 50.000 € | Einkünfte im **Staat A** = | 50.000 € |
> | deutsche Steuer darauf 0 % = | 0 € | abzüglich ausländische Steuer = | ./. 15.000 € |
> | tatsächlich gezahlte Steuern = | 15.000 € | **Einkünfte** = | **35.000 €** |
> | **höchstens anrechenbar** = | 0 € | | |

Abzuziehende ausländische Steuer (Zeile 10 + 11)

Bevor es in den Zeilen 12–13 zur **Anrechnung** der ausländischen Steuer auf die deutsche Einkommensteuer kommt, kann auch mit einer Eintragung in der Zeile 10 oder 11 ein Abzug der Steuer bei den jeweiligen Einkünften beantragt werden (§ 34c Abs. 2 oder 3 EStG). Die Steuer wird dann wie Betriebsausgaben oder Werbungskosten von den jeweiligen ausländischen Einkünften abgezogen.

Ein derartiger Antrag kann dann sinnvoll sein, wenn eine Anrechnung der ausländischen Steuer wegen der geringen inländischen Einkommensteuer begrenzt oder versagt wird.

Anzurechnende ausländische Steuer (Zeilen 12–13)

In diesen Zeilen sind die tatsächlich gezahlten und die fiktiven ausländischen Steuern einzutragen. Für diese Werte sind die jeweiligen Steuerbescheinigungen beizufügen. Dabei ist zu beachten, dass die fiktiven ausländischen Steuern häufig in zusätzlichen Bereichen der Bescheinigungen zu finden und damit leicht zu übersehen sind.

Eine Übersicht über die Anrechenbarkeit ausländischer Quellensteuern auf Dividenden und Zinsen ist auf der Internetseite des bzst mit dem Stand per 01.01.2021 zu finden. Eine Zusammenfassung (25 Seiten) der fiktiven Quellensteuern ist dort ebenfalls abzurufen: www.bzst.de.

> **Beispiel 15.4.3:** Aufgrund einer gewerblichen Tätigkeit im Ausland erzielt A dort 20.000 € gewerbliche Einkünfte, die nach dem DBA in Deutschland zu versteuern sein sollen. Nach dem ausländischen Recht musste A im Ausland jedoch keine Steuern zahlen (z.B. besonders geförderte ausländische Investitionen).
>
> **Lösung:** Diese Einkünfte gehören nach dem Welteinkommensprinzip auch zu den in Deutschland steuerpflichtigen Einkünften. Da im Ausland keine Steuern gezahlt und damit auch nicht anzurechnen sind, würde es immer zu einer „Nachversteuerung" dieser Einkünfte in Deutschland kommen.
> Damit diese „Nachversteuerung" abgefedert wird und die – gewünschte – ausländische Investition auch erfolgt, wird in einigen DBA die sogenannte fiktive Steuer vereinbart. Die nach diesem jeweiligen Abkommen bestimmte „fiktive" ausländische Steuer kann dann auf die deutsche Einkommensteuer angerechnet werden.
> Der häufigste Fall dieser „fiktiven" ausländischen Steuer ist, durch die Einführung der Abgeltungsteuer und Einbeziehung der ausländischen Kapitalerträge, entfallen.

15.4.2 Pauschalierungen – Hinzurechnungen – Familienstiftungen (Zeilen 14–20)

Die deutsche Einkommensteuer kann nach § 34c Abs. 5 EStG ganz oder zum Teil erlassen oder **pauschaliert** festgesetzt werden. Gründe hierfür können volkswirtschaftliche Erwägungen oder besonders schwierige Berechnungen sein.

Das BMF hat hierzu bereits mit Schreiben vom 10.04.1984, BStBl I 1984, 252 ausführlich Stellung genommen. Danach werden, unter den in dem Schreiben angegebenen Erfordernissen, die ausländischen Einkünfte nur mit **25 %** pauschal besteuert. Da für diese pauschalierten ausländischen Einkünfte eine Steueranrechnung nicht gewährt wird, dürfen diese Einkünfte **nicht** in den Zeilen 5 bis 14 enthalten sein.

Der **Antrag** auf diese pauschalierte Besteuerung erfolgt durch Eintragung der entsprechenden ausländischen Einkünfte in der **Zeile 14 der Anlage AUS**. Die Darstellung der in dem vorgenannten BMF-Schreiben vom 10.04.1984 erforderlichen Bedingungen und Berechnungen ist auf einem gesonderten Blatt der Einkommensteuererklärung beizufügen.

Der **Hinzurechnungsbetrag** nach den §§ 7–12 und 14 AStG für ausländische Zwischengesellschaften wird grundsätzlich vom zuständigen Finanzamt festgestellt und mitgeteilt.

Diese Werte sind in die Zeilen 15–17 zu übertragen. Auf die Besonderheiten der Hinzurechnungsbesteuerung nach dem AStG wird im BMF-Schreiben vom 14.05.2004, BStBl I 2004, 3 eingegangen. Auch hier sind diese Eintragungen nur Ergänzungen zu den schon vorgenommenen Eintragungen in den Anlagen G, L, S und KAP.

Wegen der ausländischen Familienstiftungen hat Deutschland hier bereits vor einigen Jahren den § 15 AStG eingeführt, der regelt, dass die aus einer derartigen Stiftung entstehenden Einkommen dem unbeschränkt steuerpflichtigen Steuerzahler zugerechnet werden.

Diese Werte erhöhen das Einkommen (nach dem Gesamtbetrag der Einkünfte zuzurechnen) und führen damit immer zu einer Besteuerung in Deutschland. Auf Antrag und Nachweis können mögliche Steuern auf dieses ausländische Stiftungseinkommen angerechnet werden.

Auf Druck des EuGH musste Deutschland einlenken und hat mit BMF-Schreiben vom 14.05.2008, BStBl I 2008, 638 reagiert. Nunmehr sind derartige Familienstiftungen im Bereich der EU/EWR dahingehend von der deutschen Besteuerung ausgenommen, wenn der Nachweis erbracht wird, dass das Stiftungsvermögen der Verfügungsmacht der bezugs- oder anfallsberechtigten Person rechtlich und tatsächlich entzogen worden ist. Die Berechnungen und Nachweise sind gesondert der Einkommensteuererklärung beizufügen. Hierfür ist der Vordruck ASt 1 C zu verwenden.

15.4.3 Anrechnung ausländischer Steuer nach § 50d Abs. 10 S. 5 EStG

„Sind Einkünfte im Sinne der Sätze 1 bis 4 einer Person zuzurechnen, die nach einem Abkommen zur Vermeidung der Doppelbesteuerung als im anderen Staat ansässig gilt, und weist der Steuerpflichtige nach, dass der andere Staat die Einkünfte besteuert, ohne die darauf entfallende deutsche Steuer anzurechnen, ist die in diesem Staat nachweislich auf diese Einkünfte festgesetzte und gezahlte und um einen entstandenen Ermäßigungsanspruch gekürzte, der deutschen Einkommensteuer entsprechende, anteilige ausländische Steuer bis zur Höhe der anteilig auf diese Einkünfte entfallenden deutschen Einkommensteuer anzurechnen."

Es **betrifft Fälle**, in denen sich **für Sondervergütungen** aufgrund des DBA-Betriebsstättenvorbehaltes kein deutsches Besteuerungsrecht ergibt, die Doppelbesteuerung dadurch zu beseitigen ist, dass eine anteilig auf die betreffenden Einkünfte entfallende ausländische Steuer bis zur Höhe der anteiligen, auf die Sondervergütungen entfallenden inländischen Einkommen- oder Körperschaftsteuer angerechnet wird. Die erforderlichen Nachweise in Form des ausländischen Steuerbescheids und der Zahlungsnachweis sind der Erklärung beizufügen.

15.4.4 Negative und steuerfreie ausländische Einkünfte mit und ohne DBA (Zeilen 31–52)

Die Seite 2 der Anlage AUS ist in **vier** Bereiche eingeteilt:
1. Im ersten Bereich (Zeilen 31–35) sind nur die **negativen** ausländischen Einkünfte i.S.d. § 2a Abs. 1 EStG - somit **nur aus Drittstaaten!** (keine EU-/EWR-Staaten) – einzutragen, die <u>nicht</u> nach einem **Doppelbesteuerungsabkommen** in Deutschland **steuerfrei** gestellt werden.
2. Im zweiten Teil (Zeilen 36–44) sind die **nach den Doppelbesteuerungsabkommen steuerfrei** gestellten <u>positiven</u> **Einkünfte** einzutragen, die dann dem Progressionsvorbehalt unterliegen.
3. **Private Veräußerungsgeschäfte i.S.d. § 23 EStG mit ausländischem unbeweglichem Vermögen**, die dem Progressionsvorbehalt unterliegen, sind im dritten Teil zu erfassen (Zeilen 45–47).
4. Erst im vierten Teil (Zeilen 48–52) sind die nach den **Doppelbesteuerungsabkommen** steuerfrei gestellten <u>negativen</u> Einkünfte i.S.d. § 2a Abs. 1 EStG einzutragen.

Negative Einkünfte aus Drittstaaten ohne DBA (Zeilen 31–35)

Die begrenzte Abzugsfähigkeit der negativen ausländischen Einkünfte hat Deutschland mit § 2a EStG auf Einkünfte aus Drittstaaten begrenzt.

Drittstaaten sind nach § 2a Abs. 2a EStG Staaten, die nicht Mitgliedsstaat der EU sind. EWR-Staaten sind den EU-Staaten gleichgestellt, wenn mit diesen Staaten eine Vereinbarung über das Amtshilfeersuchen abgeschlossen worden ist. Also auch diese Staaten sind dann keine Drittstaaten.

Negative Einkünfte, die im § 2a Abs. 1 Nr. 1–7 EStG aufgeführt sind, dürfen nur mit positiven Einkünften derselben Art aus demselben Staat ausgeglichen werden. Nicht ausgeglichene negative ausländische Einkünfte aus Drittstaaten werden festgestellt und sind in den folgenden Jahren mit positiven Einkünften dieser Art aus diesem Staat auszugleichen.

> **Beispiel 15.4.4:** Verluste aus einem Drittstaat (**ohne DBA**) wurden per 31.12.2020 festgestellt (z.B. 5.000 €). In 2021 werden nun in diesem Staat zu dieser Einkunftsart positive Einkünfte (z.B. 8.000 €) erzielt.
>
> **Lösung:** In Zeile 31 der Anlage AUS sind nun die Daten zu diesem Vorgang einzutragen. Neben dem Staat (Spalte 1) und der Einkunftsart (Spalte 2) ist in Spalte 3 der festgestellte, nicht ausgleichsfähige Verlust per 31.12.2020 (hier 5.000 €) einzutragen. Dieser Wert wird mit den positiven Einkünften im Kalenderjahr 2021 (Spalte 6) verrechnet und mindert damit die Einkünfte 2021. Im Ergebnis dürfen nunmehr nur 3.000 € als steuerpflichtige Einkünfte berücksichtigt werden.

Sofort ausgleichsfähig bleiben jedoch ausländische negative Einkünfte aus allen Staaten (also auch aus Drittstaaten), wenn diese Einkünfte aus **aktiver gewerblicher Tätigkeit** resultieren. Vorrangig ist natürlich auch hier die Gewinnerzielungsabsicht/Liebhaberei zu prüfen. Kommt diese Prüfung zu dem Ergebnis, dass aktive gewerbliche Einkünfte vorliegen, sind diese **nicht in der Anlage AUS**, sondern nur in der Anlage G einzutragen.

> **Beispiel 15.4.5:** Es werden Verluste in einem Drittstaat (**ohne DBA**) aus der Produktion von Gummistrümpfen erzielt.
>
> **Lösung:** Da Gummistrümpfe keine Waffenproduktion und auch keine Förderung des Fremdenverkehrs darstellen, sind die Voraussetzungen der Verlustberücksichtigung nach § 2a Abs. 2 EStG erfüllt. Die negativen Einkünfte sind nur in der Anlage G einzutragen. Es ist keine Eintragung in der Anlage AUS erforderlich.

Steuerfreie negative und positive Einkünfte/Progressionsvorbehalt (Zeilen 36–44)

Hier sind die **negativen und die positiven** ausländischen Einkünfte einzutragen, die nach einem DBA in Deutschland steuerfrei gestellt werden. Gem. § 32b Abs. 1 Nr. 3 EStG unterliegen diese Einkünfte dem Progressionsvorbehalt. Der Hinweis im Formular, dass die positiven Einkünfte aus nichtselbständiger Tätigkeit und aus privaten Veräußerungsgeschäften hier **nicht** einzutragen sind, ist zu beachten. Diese Einkünfte sind ausschließlich in der Anlage N Zeile 21 und in der Anlage N-AUS Zeilen 52, 70, 81 oder in der Zeile 45 zu vermerken.

> Problem bei diesen Eintragungen ist, dass der Progressionsvorbehalt für positive wie negative Einkünfte aus Staaten, die keine Drittstaaten sind, nach § 32b Abs. 1 S. 2 EStG ausgenommen ist. Das bedeutet **für die EU/EWR-Staaten**, dass es keinen **Progressionsvorbehalt** für **diese** positiven und negativen Einkünfte gibt.

Ausnahme davon sind die negativen gewerblichen Einkünfte aus aktiver Tätigkeit (die keine Waffenproduktion und keine Förderung des Fremdenverkehrs darstellen). Hier ist ein Ansatz des negativen Progressionsvorbehalts nach § 32b Abs. 1 S. 2 Nr. 2 EStG, ebenso wie für die Drittstaaten, weiterhin zugelassen.

> **Beispiel 15.4.6:** Der Steuerpflichtige erzielt jeweils positive Einkünfte aus Vermietung und Verpachtung aus einem Drittstaat und aus einem EU-/EWR-Staat, mit denen jeweils ein DBA vorliegt. Das Besteuerungsrecht ist danach immer den Tätigkeitsstaaten, also nicht Deutschland, zugeordnet.
>
> **Lösung:** Deutschland hat für beide Betriebe Anspruch auf den Progressionsvorbehalt und wird damit die anderen inländischen Einkünfte mit dem erhöhten Steuersatz belegen. Ein **Unterschied zwischen den EU-/EWR-Staaten und den Drittstaaten** besteht darin, dass dieser **Progressionsvorbehalt nur für Drittstaaten gilt**.

Aber auch Renten aus anderen Staaten können dem Progressionsvorbehalt nach § 32b Abs. 1 Nr. 3 EStG unterliegen. Hier gilt es zunächst das jeweilige DBA zu prüfen, damit keine Mehrfachbesteuerung erfolgt (Besteuerung im Quellenstaat und in Deutschland). Hat Deutschland das Besteuerungsrecht, erfolgt nur die Eintragung in der Anlage R-AUS. Hat der Quellenstaat das Besteuerungsrecht, hat Deutschland häufig (fast immer) den Progressionsvorbehalt. Hierfür wäre die Anlage AUS auszufüllen. Für den Fall der unbeschränkten Steuerpflicht in Deutschland ist jedoch zu beachten, dass in fast allen Fällen mit DBA das Besteuerungsrecht in Deutschland (dem Ansässigkeitsstaat) liegt und im Quellenstaat keine Besteuerung erfolgt. Sollten dennoch im Quellenstaat Steuern gezahlt werden, sind diese nachzuweisen und entsprechend dem dann greifenden DBA in Deutschland anzurechnen (Zeilen 4–13) oder freizustellen (Zeilen 36–40).

Private Veräußerungsgeschäfte und § 32b EStG (Zeilen 45–47)
Ausländische unbewegliche Vermögen, die unter § 23 EStG fallen, sind nach den DBA steuerfrei. Negative Veräußerungsgeschäfte dürfen jedoch nur mit positiven Einkünften aus privaten Veräußerungsgeschäften verrechnet werden. Daher hier die gesonderte Eintragung.

Negative Einkünfte aus Drittstaaten mit DBA (Zeilen 47–51)

Einkünfte aus Drittstaaten dürften der häufigste Fall für **negative ausländische Einkünfte** sein. Mit den meisten Staaten der Welt hat Deutschland bereits ein DBA oder bemüht sich um den Abschluss eines solchen.

Es erfolgt ein gleicher Ansatz wie bei den Drittstaaten, mit denen kein DBA abgeschlossen wurde. Hier ist aber zusätzlich zu erklären, welche Einkünfte der Zeilen 36–40 betroffen sind. Der Unterschied besteht für diese Einkünfte darin, dass bereits in den DBA geregelt wird, welcher Staat das Besteuerungsrecht hat.

Wenn Deutschland aufgrund des DBA kein Besteuerungsrecht hat, sind die negativen Einkünfte hier natürlich auch nicht zu berücksichtigen. Der negative Progressionsvorbehalt für Drittstaaten ist aber ebenfalls nach § 2a EStG eingeschränkt (s. BFH-Urteil vom 17.11.1999, BStBl II 2000, 605).

Ein **negativer Progressionsvorbehalt** ist hingegen anzuwenden, wenn es sich um aktive gewerbliche Einkünfte handelt, die nicht der Waffenproduktion oder dem Fremdenverkehr dienen. Diese negativen Einkünfte dürfen dann **nicht** in den Zeilen 48–52, sondern nur in den Zeilen 36–40 eingetragen werden.

> **Beispiel 15.4.7:** Es werden Verluste in einem Drittstaat **(mit DBA)** aus Vermietung und Verpachtung eines Mehrfamilienhauses erzielt. Das Besteuerungsrecht liegt im Belegenheitsstaat (also nicht in Deutschland).
>
> **Lösung:** Die Einkünfte sind nach dem DBA steuerfrei und daher in den Zeilen 48–52 einzutragen. Zusätzlich muss die Spalte 7 ausgefüllt werden, wenn aus diesem Staat und dieser Art auch positive Einkünfte (Zeilen 36–40) vorliegen.

> **Beispiel 15.4.8:** Es werden Verluste in einem Drittstaat **(mit DBA)** aus der Produktion von Gummistrümpfen erzielt.
>
> **Lösung:** Da Gummistrümpfe keine Waffenproduktion und auch keine Förderung des Fremdenverkehrs darstellen, sind die Voraussetzungen der Verlustberücksichtigung nach § 2a Abs. 2 EStG erfüllt. Die negativen Einkünfte sind nur in den Zeilen 48–52 einzutragen.

Für Eintragungen in der Anlage AUS ist – wie auch für die Eintragungen in den anderen Anlagen – abseits der Formulare zu prüfen und ermitteln, welches Ergebnis erreicht werden soll. Hier eine falsche Kennziffer auszufüllen und damit ein falsches Ergebnis zu erzielen, ist mühelos möglich.

15.4.5 Abbildungen zu Kapitel 15.4

Abb. 15.24: Einstiegsprüfung bei internationalen Sachverhalten

Unbeschränkte Steuerpflicht	oder	Beschränkte Steuerpflicht
1. Natürliche oder juristische Person im In- und Ausland abgrenzen (RTV). 2. Das Welteinkommen ist zu versteuern; §§ 1 EStG und KStG. 3. Doppelbesteuerungsabkommen oder § 34c + d EStG beachten. 4. Einschränkungen bei Verlusten aus Drittstaaten beachten; § 2a EStG. 5. Entnahmebesteuerung; §§ 4 Abs. 1 S. 3 + 4; 4g EStG; 12 Abs. 1 KStG. 6. Wegzugsbesteuerung § 6 AStG/§ 17 EStG. § 16 Abs. 3a EStG 7. Berichtigung von Einkünften bei Auslandsbeteiligungen § 1 AStG. 8. Hinzurechnungsbesteuerung nach §§ 7–12 AStG		1. Natürliche oder juristische Person im In- und Ausland abgrenzen (RTV). 2. Nur die inländischen Einkünfte sind zu versteuern; §§ 1 Abs. 4, 49 EStG und § 2 KStG. 3. Doppelbesteuerungsabkommen sind zu beachten. 4. Erweiterte beschränkte Steuerpflicht für deutsche Staatsangehörige; § 2 AStG. 5. Kein Grundfreibetrag und Ausschluss diverser Begünstigungen nach § 50 Abs. 1 EStG. 6. Steuerabzugsverpflichtung nach § 50a EStG.

Abb. 15.25: Unbeschränkte Steuerpflicht und ausländische Einkünfte (§§ 34c + 34d EStG)

Anrechnungsmethode: § 34c Abs. 1 EStG

Unbeschränkte Steuerpflicht – Ausländische Einkünfte i.S.d. § 34d EStG.
Der deutschen Einkommensteuer vergleichbare Steuer – Anlage 6 EStR zu R 34c EStR beachten (Berechnung der anzurechnenden Steuer). Die ausländische Steuer wird auf die deutsche Einkommensteuer angerechnet.

Abzugsmethode: § 34c Abs. 2 EStG

Unbeschränkte Steuerpflicht – Ausländische Einkünfte i.S.d. § 34d EStG.
Entgegen § 12 Nr. 3 EStG wird die ausländische Steuer bei der Ermittlung der Einkünfte abgezogen; es erfolgt keine Anrechnung der ausländischen Steuer.

Pauschalierungsmethode: § 34c Abs. 5 EStG

Unbeschränkte Steuerpflicht – Aktive gewerbliche Betriebsstättengewinne können mit 25 % pauschaliert werden, BMF vom 10.04.1984, BStBl I 1984, 252 gilt nicht (mehr) für juristische Personen.

Auslandstätigkeitserlass: § 34c Abs. 5 EStG

Für Arbeitnehmer ist der Auslandstätigkeitserlass (Beck StE 20 § 34c/1) zu beachten; Freistellung der Einkünfte unter Progressionsvorbehalt.

15.4 Anlage AUS

Abb. 15.26: Arbeiten mit den Doppelbesteuerungsabkommen

Stand der Doppelbesteuerungsabkommen zum 01.01.2021
Liste über die geltenden Abkommen
Liste über **künftige** Abkommen und laufende Verhandlungen

1. Ein Steuerpflichtiger (Identität beachten)
2. der von zwei Staaten
3. für denselben Besteuerungszeitraum
4. für dasselbe Besteuerungssubjekt
5. mit der gleichen Art Steuer belegt wird.

Lösung des Konflikts durch **zwei Methoden**:
1. Freistellung unter Progressionsvorbehalt

oder

2. Anrechnung auf die deutsche Einkommen-/Körperschaftsteuer

Der Ansässigkeitsstaat berücksichtigt die subjektive Leistungsfähigkeit (Grundfreibetrag, Sonderausgaben, außergewöhnliche Belastungen). Er vermeidet die Doppelbesteuerung.

Abb. 15.27: Prüfungsreihenfolge

Deutschlands DBAs sind an das OECD-Musterabkommen angelehnt. Sie unterliegen nicht der Überprüfung durch den EuGH. Neue Verhandlungsgrundlage für deutsche DBA durch **BMF vom 22.08.2013, IV B 2 – S 1301/13/10009**.

Prüfung, ob dieses DBA (z.B. Spanien) überhaupt zutreffend ist. In einem der beiden Länder muss die **Ansässigkeit** und im anderen Staat die **Quelle** bestehen. Das „eine Land" und das „andere Land" immer mit Ländernamen ausfüllen. „**Tie-breaker-rule**" zur Bestimmung der Ansässigkeit beachten **(Art. 4)**.

Die **Einkunftsart** bestimmen, die abweichend vom § 2 Abs. 1 EStG in diverse Einzeleinkünfte aufgeteilt sind. Begriffsbestimmungen sind immer im vorderen Teil des DBAs zu finden (was ist eine Betriebsstätte?).

Abb. 15.28: Prüfungsreihenfolge

- **Unternehmensgewinne** nach Art. 7 gehen anderen Einkünften **nach**! Die spezielleren Einkünfte wie Zinsen und Dividenden gehen vor.
- Genaue Definition der Betriebsstätte beachten (Vorrang DBA siehe AEAO zu § 12 Nr. 4). Der Begriff „Betriebsstätte" ist – z.B. – in Art 5 DBA Spanien geregelt.
Nach Art. 5 Abs. 5 DBA Spanien: Ständiger Vertreter gilt als Betriebsstätte, unabhängiger Vertreter nicht.

Die Regeln der DBAs für

- **Dividenden** und **Zinsen** sind wegen der Häufigkeit der Anwendung besonders zu beachten. Achtung! Abgeltungsteuer seit 2009!
- Die Regelung zur **Vermeidung der Doppelbesteuerung** ist am Ende der DBAs (DBA Spanien Art. 22) zu finden.

Progressionsvorbehalt oder Anrechnungsmethode einschließlich Rückfallklausel, um Treaty override nach § 50d EStG zu vermeiden.

Abb. 15.29: Unbeschränkte Steuerpflicht mit DBA

Gibt es überhaupt ein DBA?

Erster Prüfungsschritt (immer!):

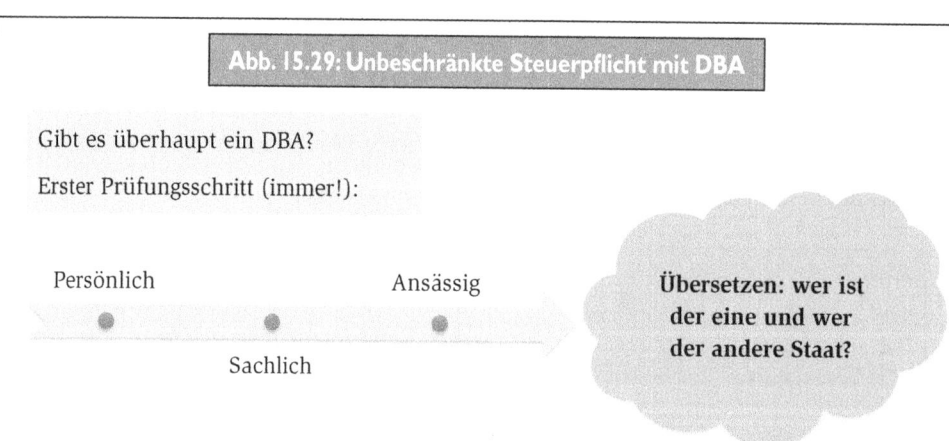

Die (richtige) internationale Einkunftsart ermitteln; Begriffe in Art. 5 beachten (was ist eine Betriebsstätte?), immer bis zum Schluss lesen; ....

Als Ergebnis in den Schlussartikeln (Art. 22 ff.) suchen:
- ob freigestellt (dann § 32b Abs. 1 Nr. 3 EStG beachten!),
- oder Anrechnungsverfahren nach § 34c Abs. 1 EStG.

Abb. 15.30: Problemzone „Negative Einkünfte in Drittstaaten", § 2a EStG

Ohne DBA sofort § 2a EStG prüfen:
Keine Liebhaberei oder Verlustzuweisungsgesellschaft
1. Drittstaat? = § 2a Abs. 2a EStG.
2. Einkunftsart in § 2a Abs. 1 EStG erfasst?
3. Ausnahme nach § 2a Abs. 2 EStG? Aktive Tätigkeit? (**gewerbliche** + **§ 17**)
4. Nicht ausgeglichene Verluste sind festzustellen.

Mit DBA:
Keine Liebhaberei oder Verlustzuweisungsgesellschaft
1. Welchem Land wird das Besteuerungsrecht zugewiesen?
2. **Bei Freistellung Progressionsvorbehalt beachten.**
3. Drittstaat? = § 2a Abs. 2a EStG.
4. Einkunftsart in § 2a Abs. 1 EStG erfasst?
5. Ausnahme nach § 2a Abs. 2 EStG? Aktive Tätigkeit? (**gewerbliche** + **§ 17**)
6. Ausnahme des § 32b Abs. 1 S. 2 EStG beachten (**nicht** für Drittstaaten!).
7. Nicht ausgeglichene Verluste sind festzustellen.

15.5 Anlage Mobilitätsprämie

Was ist zu beachten – neu und wichtig – Checkliste

Ein Antrag ist nur für Pendlerinnen und Pendler erforderlich, die ein zu versteuerndes Einkommen bis zur Höhe des Grundfreibetrags von 9.744 € (bei Zusammenveranlagung 19.488 €) haben und die mindestens 21 Kilometer zur ersten Tätigkeitsstätte/ersten Betriebsstätte zurücklegen	Der Anteil der Antragsteller wird wohl sehr überschaubar bleiben. Die Kosten der Steuerberatung können leicht die Mobilitätsprämie übersteigen

15.5 Anlage Mobilitätsprämie

Anlage Mobilitätsprämie

Diese Anlage ist bei Zusammenveranlagung von Ehegatten / Lebenspartnern gemeinsam auszufüllen.

1 Name
2 Vorname
3 Steuernummer | lfd. Nr. der Anlage | 18

Angaben zum Antrag auf Mobilitätsprämie
– Die Eintragungen in den Zeilen 4 bis 6 sind nur in der ersten Anlage Mobilitätsprämie vorzunehmen. –

Antrag auf Festsetzung der Mobilitätsprämie
– Ein Antrag ist nur für Pendlerinnen und Pendler erforderlich, die ein zu versteuerndes Einkommen bis zur Höhe des Grundfreibetrags von 9.744 € (bei Zusammenveranlagung 19.488 €) haben und die mindestens 21 Kilometer zur ersten Tätigkeitsstätte / ersten Betriebsstätte zurücklegen. –

4 Ich beantrage / Wir beantragen die Festsetzung der Mobilitätsprämie. | 240 | 1 = Ja

Angaben zur Mobilitätsprämie

		stpfl. Person / Ehemann / Person A	Ehefrau / Person B
5	Der Antrag auf Mobilitätsprämie bezieht sich auf Einkünfte aus nichtselbständiger Arbeit. – Falls „Ja", füllen Sie bitte die Anlage N aus. Liegen darüber hinaus weitere Einkünfte vor, füllen Sie bitte die folgenden Zeilen aus. –	1 = Ja 2 = Nein	1 = Ja 2 = Nein
6	Der Antrag auf Mobilitätsprämie bezieht sich auf andere Einkünfte (ohne Einkünfte aus nichtselbständiger Arbeit, siehe Einkunftsarten lt. Zeile 8 und / oder 14). – Falls „Ja", füllen Sie bitte die folgenden Zeilen aus. –	241 1 = Ja 2 = Nein	242 1 = Ja 2 = Nein

Stpfl. Person / Ehemann / Person A

7 Bezeichnung des Betriebs / der Tätigkeit / des Vermietungsobjekts / ggf. Betriebsteuernummer

8 Einkunftsart
  1 = Land- und Forstwirtschaft
  2 = Gewerbebetrieb
  3 = Selbständige Arbeit
  4 = Vermietung und Verpachtung
  5 = sonstige Einkünfte

Wege zwischen Wohnung und erster Betriebsstätte / erster Tätigkeitsstätte (Entfernungspauschale)
– sofern bei Behinderung keine tatsächlichen Fahrtkosten erklärt wurden –

9 erste Betriebsstätte / erste Tätigkeitsstätte (PLZ, Ort und Straße)

10 aufgesucht an Tagen | einfache Entfernung (auf volle Kilometer abgerundet) km

Wöchentliche Familienheimfahrten bei doppelter Haushaltsführung
– sofern bei Behinderung keine tatsächlichen Fahrtkosten erklärt wurden –

11 Beschäftigungsort (PLZ, Ort und Straße)

12 Anzahl der Familienheimfahrten | einfache Entfernung (auf volle Kilometer abgerundet) km

Ehefrau / Person B

13 Bezeichnung des Betriebs / der Tätigkeit / des Vermietungsobjekts / ggf. Betriebsteuernummer

14 Einkunftsart
  1 = Land- und Forstwirtschaft
  2 = Gewerbebetrieb
  3 = Selbständige Arbeit
  4 = Vermietung und Verpachtung
  5 = sonstige Einkünfte

Wege zwischen Wohnung und erster Betriebsstätte / erster Tätigkeitsstätte (Entfernungspauschale)
– sofern bei Behinderung keine tatsächlichen Fahrtkosten erklärt wurden –

15 erste Betriebsstätte / erste Tätigkeitsstätte (PLZ, Ort und Straße)

16 aufgesucht an Tagen | einfache Entfernung (auf volle Kilometer abgerundet) km

Wöchentliche Familienheimfahrten bei doppelter Haushaltsführung
– sofern bei Behinderung keine tatsächlichen Fahrtkosten erklärt wurden –

17 Beschäftigungsort (PLZ, Ort und Straße)

18 Anzahl der Familienheimfahrten | einfache Entfernung (auf volle Kilometer abgerundet) km

2021AnI-Mob451 — Juli 2021 — 2021AnI-Mob451

Anlage Mobilitätsprämie

Bei der Anlage Mobilitätsprämie handelt es sich um eine – erstmalig für den Veranlagungszeitraum 2021 aufgelegte – neue Anlage zur Einkommensteuererklärung. Der Antrag auf Festsetzung der Mobilitätsprämie wird in der Zeile 4 der Anlage Mobilitätsprämie gestellt.

Ein Antrag ist nur für Pendlerinnen und Pendler erforderlich, die ein zu versteuerndes Einkommen bis zur Höhe des Grundfreibetrags von 9.744 € (bei Zusammenveranlagung 19.488 €) haben und die mindestens 21 Kilometer zur ersten Tätigkeitsstätte/ersten Betriebsstätte zurücklegen.

In den Erläuterungen zur Mobilitätsprämie führt das BMF aus, das durch das Gesetz zur Umsetzung der Klimaschutzprogramms 2030 im Steuerrecht vom 21.12.2019 (BGBl I 2019, Nr. 52, 2886) unter anderem neben der befristeten Anhebung der Entfernungspauschale (ab 2021: 35 Cent ab dem 21. Entfernungskilometer – § 9 Abs. 1 Satz 4 EStG) auch die Einführung einer Mobilitätsprämie ab dem Veranlagungszeitraum 2021 beschlossen wurde.

Damit soll Pendlerinnen und Pendlern, die mit ihrem zu versteuernden Einkommen innerhalb des Grundfreibetrags liegen, die Möglichkeit eingeräumt werden, alternativ zu den erhöhten Entfernungspauschalen ab dem 21. Entfernungskilometer eine Mobilitätsprämie in Höhe von 14 % dieser erhöhten Pauschalen zu wählen (§ 101 Satz 1 EStG).

Dabei entspricht der Prozentsatz von 14 % dem Eingangssteuersatz im Einkommensteuertarif. Damit soll eine Entlastung derjenigen Steuerpflichtigen erreicht werden, bei denen ein höherer Werbungskosten- oder Betriebsausgabenabzug zu keiner entsprechenden steuerlichen Entlastung führt.

Die Mobilitätsprämie wird auf Antrag gewährt. Bei Einführung der Mobilitätsprämie wurde gesetzlich geregelt, dass die Mobilitätsprämie nach Ablauf des Kalenderjahres in einem Prämienbescheid festzusetzen ist (§ 105 EStG). Durch das Jahressteuergesetz 2020 wurde § 105 EStG dahingehend geändert, dass die Mobilitätsprämie nach Ablauf des Kalenderjahres im Rahmen einer Einkommensteuerveranlagung festzusetzen ist.

In den **Zeilen 5 bis 18** werden die für die Berechnung und Festsetzung der Mobilitätsprämie erforderlichen Angaben abgefragt. Die Abfragen können für Ehegatten/Lebenspartner getrennt vorgenommen werden. Bezieht sich der Antrag auf Mobilitätsprämie auf Einkünfte aus nichtselbständiger Arbeit, so reicht es aus, dass in der Zeile 5 eine „1" eingetragen und die Anlage N ausgefüllt wird.

Liegen darüber hinaus noch weitere Einkünfte vor, sind die Zeilen 7 ff. auszufüllen.

Bezieht sich der Antrag auf Mobilitätsprämie **auf andere Einkünfte** (ohne Einkünfte aus nichtselbständiger Arbeit), so ist eine Eintragung in Zeile 6 vorzunehmen und zusätzlich sind die Zeilen 7 bis 12 (bei einem Antrag der stpfl. Person, des Ehemanns, der Person A) und die Zeilen 13 bis 18 (für die Ehefrau, die Person B) auszufüllen.

Besteht das Einkommen ganz oder teilweise aus Einkünften aus nichtselbständiger Arbeit, die dem Steuerabzug unterlegen haben, gilt der Antrag auf Mobilitätsprämie zugleich als ein Antrag auf Einkommensteuerveranlagung.

Besteht jedoch keine Pflicht zur Abgabe einer Einkommensteuererklärung und wird auch keine Veranlagung beantragt, wird die Einkommensteuer bei der Festsetzung der Mobilitätsprämie mit 0 € angesetzt.

15.5 Anlage Mobilitätsprämie

15.5.1 Abbildungen zu Kapitel 15.5

Abb. 15.31: Mobilitätsprämie ab 2021 §§ 101 ff. EStG

- Soweit sich die erhöhte Entfernungspauschale im Rahmen der Werbungskosten nicht ausgewirkt hat, besteht ein Anspruch auf die Mobilitätsprämie.
- Die erhöhte Entfernungspauschale gilt auch bei Fahrten zur doppelten Haushaltsführung.
- Die Mobilitätsprämie beträgt 14 % des Betrages, um den die erhöhte Entfernungspauschale den Grundfreibetrag unterschreitet.
- Der Anspruch auf Mobilitätsprämie entsteht mit Ablauf des Kalenderjahres und ist auf amtlich vorgeschriebenen Vordruck beim für die Einkommensteuer zuständigen Finanzamt zu stellen.
- Die Prämie muss mindestens 10 € betragen und ist selbst keine steuerpflichtige Einnahme. Die Auszahlung soll binnen eines Monats erfolgen.
- Wird das alles (Antrag, Erstellung der Einkommensteuererklärung zur Berechnung des zu versteuernden Einkommens …) ohne bezahlten Steuerberater möglich sein? ☺☺☺ Dafür reicht dann aber die maximale Prämie nicht aus!

Abb. 15.32: Mobilitätsprämie ab 2021 §§ 101 ff. EStG in den Jahren 2021–2023

Beispiel:
Der Arbeitnehmer fährt an **220 Arbeitstagen** von seiner Wohnung zur **30** km entfernten ersten Tätigkeitsstätte.

Verkehrsmittelunabhängig × 220 Arbeitstage × Entfernung **20** km mal **0,30** € = 1.320 € +
Verkehrsmittelunabhängig × 220 Arbeitstage × Entfernung **10** km mal **0,35** € =   770 € =
                                                                              2.090 €
Weitere Werbungskosten (Kontoführung/Arbeitsmittel)   216 €
Die Werbungskosten von   2.306 €
übersteigen den Arbeitnehmer-Pauschbetrag von 1.000 € um   1.306 €
Die erhöhte Entfernungspauschale ist mit **770 €** in voller Höhe darin enthalten.

Wenn nun der Grundfreibetrag für 2021 = 9.744 € unterschritten wird und damit keine Einkommensteuerfestsetzung wird, wird der Teil der erhöhten Entfernungspauschale, der diesen Grundfreibetrag unterschreitet mit 14 % prämiert.
- Grundfreibetrag 9.744 € das z.v.E. nur **9.000** € = Prämie 14 % auf 744 € = **105 €**
- Grundfreibetrag 9.744 € das z.v.E. nur **8.000** € = Prämie 14 % auf 770 € = **108 €**.

> **Abb. 15.33: Mobilitätsprämie ab 2021 §§ 101 ff. EStG in den Jahren 2024–2026**

Beispiel:
Der Arbeitnehmer fährt an **220** Arbeits**tagen** von seiner Wohnung zur **30** km entfernten ersten Tätigkeitsstätte.
Verkehrsmittelunabhängig × **220** Arbeitstage × Entfernung **20** km mal 0,**30** € = 1.320 € +
Verkehrsmittelunabhängig × **220** Arbeitstage × Entfernung **10** km mal 0,**38** € = 836 € =
                                                                                       2.156 €
Weitere Werbungskosten (Kontoführung/Arbeitsmittel)   216 €
Die Werbungskosten von   2.372 €
übersteigen den Arbeitnehmer-Pauschbetrag von 1.000 € um   1.372 €
Die erhöhte Entfernungspauschale ist mit 836 € in voller Höhe darin enthalten.

Wenn nun der Grundfreibetrag für 2024 = 9.984 € unterschritten wird und damit keine Einkommensteuerfestgesetzt wird, wird der Teil der erhöhten Entfernungspauschale, der diesen Grundfreibetrag unterschreitet mit 14 % prämiert.
- Grundfreibetrag 9.984 € das z.v.E. nur 9.500 € = Prämie 14 % auf 484 € = **68 €**
- Grundfreibetrag 9.984 € das z.v.E. nur 8.000 € = Prämie 14 % auf 836 € = **118 €**.

Stichwortverzeichnis

1 %-Regel 224, 348
10-Tages-Regelung, Fälligkeit 304

A

Abfärberegelung des § 15 Abs. 3 Nr. 1 EStG für Personengesellschaften 269
Abfärbetheorie für Freiberufler GbR 269
Abfindung Kleinbetragsrente 536
Abgabepflichten 5
Abgeltungsteuer 5
- Kirchensteuer 25
- -satz 450

Abgrenzung
- der Arzneimittel von Diätverpflegung 63
- der gewerblichen Einkünfte von anderen Einkünften 266
- zwischen Erst- und Zweitausbildung 178

Ablösung eines unentgeltlich bestellten Zuwendungsnießbrauchs 499
Absagen zur Weihnachtsfeier 352
Abschreibungen 494
Abwehr von Wasserschäden 63
Abwerbung von steuerpflichtigen Rentnern durch andere Staaten 547
Adoptionskosten 65
AfA, Wiedereinführung der degressiven 214
Aktienveräußerungsverluste 444

Altersteilzeit 357
- Besteuerung der Bezüge während der Freistellungsphase 357

Altersvorsorge
- -vertrag, Auszahlungen zur Abfindung von Leistungen aus einem 536
- -zulagen, Rückforderung vom Zulageempfänger 164

Andere Leibrenten 533
Angaben zum Kind 171

Anlage § 34a EStG
- Antrag auf die Begünstigung der nicht entnommenen Gewinne 256
- Antragsberechtigung 254
- Einbringung in eine Kapitalgesellschaft 256
- Einziehung der Steuer mit erheblichen Härten 255
- Ermittlung des Nachversteuerungsbetrags 255
- Ermittlung des nicht entnommenen Gewinns 254
- Gesamtsaldo aller Einlagen und Entnahmen des Gesellschafters 254
- Gesellschafter einer Personengesellschaft 254
- negative Einkünfte 256
- Rechtsnachfolge 256
- spätere Entnahme der begünstigt besteuerten Gewinne 253
- Übertragung des nachversteuerungspflichtigen Betrags 255
- Veräußerung oder Aufgabe eines Betriebs oder Mitunternehmeranteils 256
- Verfahrensfragen 257
- Verlustausgleich und Verlustabzug 256
- Voraussetzungen für die Inanspruchnahme des § 34a EStG 253
- Zielsetzung von § 34a EStG 253
- zwingende Nachversteuerung in den Fällen des § 34a Abs. 6 EStG 255

Anlage AUS 583
- Abzug der Steuer bei den jeweiligen Einkünften 616
- abzuziehende ausländische Steuer 616
- allgemeine Angaben 423
- Anrechnung ausländischer Steuern 615
- Anrechnung der ausländischen Steuer auf die deutsche Einkommensteuer 616
- ausländische Einkünfte und Steuern 615
- Begrenzung der abzugsfähigen ausländischen Steuern 616
- Einkünfte im Betriebsvermögen 615
- Hinzurechnungsbetrag 617
- negative ausländische Einkünfte 614, 620
- negativer Progressionsvorbehalt 621
- positive ausländische Einkünfte 614
- Progressionsvorbehalt nach § 32b Abs. 1 Nr. 3 EStG 620
- Teileinkünfteverfahren 615

Anlage Außergewöhnliche Belastungen 54, 57
Anlage AV 140, 160
Anlage Energetische Maßnahmen 84

Anlage EÜR 295
- Behandlung der geringwertigen Wirtschaftsgüter 305
- elektronische Übertragung 302
- ergänzende Angaben 309
- Geringwertige Wirtschaftsgüter und Sammelposten 305
- Überentnahmen 312

Anlage FW 578
- Abzugsbeträge nach §§ 10e/10h EStG 581
- Baudenkmal 580

- Objektbezogenheit der Bescheinigung i.S.d. § 7h Abs. 2 Satz 1 EStG 581

Anlage G 193
- Betriebsaufspaltung 198
- Eintragungen zur Berechnung der Steuerermäßigung nach § 35 EStG 217
- Gewerbebetrieb, Aufgabe 220
- kein Halbabzugsverbot bei Aufgabeverlust aus einer ertragslosen Kapitalgesellschaftsbeteiligung 221
- Veräußerungsgewinne und Teileinkünfteverfahren 218
- Veräußerung von Anteilen an Kapitalgesellschaften 220
- Voraussetzung für die Annahme einer Betriebsaufspaltung 198

Anlage KAP 428
- Antrag auf erstmalige Besteuerung der Kapitalerträge mit Kirchensteuern nach § 51a Abs. 2d EStG 441
- Antrag auf Günstigerprüfung 444
- Antrag auf Günstigerprüfung nach § 32d Abs. 6 EStG 436
- anzurechnende Steuern 454
- Bemessungsgrundlage aus Billigkeitsgründen, keine Korrektur 440
- Beschränkung der Anrechenbarkeit der Kapitalertragsteuer nach § 36a EStG 437
- Bestandsprovision 439
- Gewinne aus der Veräußerung von Wertpapieren 442
- Kapitalerträge, die dem inländischen Steuerabzug unterlegen haben 442
- Kapitallebensversicherungen, nach dem 31.12.2004 abgeschlossene und nach 12 Jahren ausgezahlte 451
- Kontinuitätsprovision 439
- Korrektur der Ersatzbemessungsgrundlage 438
- Kulanzerstattungen 440
- Kursgewinne aus Wertpapierveräußerungsgeschäften 442
- Schadenersatz 440
- Sparer-Pauschbetrag 445
- Transaktionskosten 439
- Veräußerung/Rückgabe von Anteilen aus ausländischen thesaurierenden Investmentfonds 438
- Verlustbescheinigung 443
- Verluste aus Kapitalvermögen 443
- Zinsen aus einem privaten Darlehen 444
- Zinsen aus Privatdarlehen 446
- Zinsen für Steuererstattungen 446
- Zinserträge aus Bausparvertrag 437

Anlage KAP-BET 453

Anlage KAP-INV 467
- Allgemeines 467
- Gewinne und Verluste aus der Veräußerung von diesen Investmentanteilen, die nicht dem Steuerabzug unterlegen haben 467
- laufende Erträge, die nicht dem Steuerabzug unterlegen haben 467
- Veräußerungsgewinne 468
- Vorabpauschale 468
- Zwischengewinne nach dem Investmentsteuergesetz 2004 468

Anlage Kind 167
- 21. Lebensjahr noch nicht vollendet 174
- 25. Lebensjahr noch nicht vollendet 175
- Ausbildungsfreibetrag für volljährige, auswärtig untergebrachte Kinder 183
- Berufsausbildung 175
- Eintragen der persönlichen Daten des Kindes 171
- Entlastungsbetrag 183
- Freibeträge für Kinder 172
- Identifikationsnummer 171
- Kinderbetreuungskosten 185
- Kinder, die das 18. Lebensjahr noch nicht vollendet haben 171
- Kind ist behindert 176
- Kind wohnt im Ausland 172
- volljährige Kinder 174

Anlage Mobilitätsprämie 626

Anlage N 330
- Arbeitslohn für mehrere Kalenderjahre 357
- Arbeitsmittel 367
- Arbeitszimmer 370
- Aufwendungen für einen Sprachkurs im Ausland 382
- außerhäusliches Arbeitszimmer 370
- Beiträge zu Berufsverbänden 367
- beruflich bedingte Auswärtstätigkeiten 383
- Dienstreisen 383
- Doppelte Haushaltsführung 387
- Eintragungen in der Lohnbescheinigung 345
- Entfernungspauschale 361
- Entschädigungen 357
- Fahrtenbuch 365

- Fahrtkosten 384
- Fünftel-Methode 346
- häusliches Arbeitszimmer 370
- Lohnersatzleistungen und Progressionsvorbehalt 359
- Mehraufwendungen für Verpflegung 384
- negativer Progressionsvorbehalt 346, 360
- Sterbegelder und Abfindungen 356
- Versorgungsbezüge 355
- Versorgungsfreibetrag 356
- Zeitwertkonten-Modelle 346

Anlage N-AUS
- Allgemeine Angaben 423
- Angaben zum Arbeitslohn 423
- Aufenthaltstage 423
- Nachweis- und Mitwirkungspflichten 422

Anlage R 523
- Änderung des Freibetrags 528
- Anwendung der Öffnungsklausel 532
- Andere Leibrenten 533
- dänische Altersrente 547
- gesetzliche Leibrenten 526
- Leibrenten aus gesetzlichen Rentenversicherungen 526
- Leistungen aus berufsständischen Versorgungswerken 526
- Leistungen aus eigenen kapitalgedeckten Rentenversicherungen 527
- Leistungen aus landwirtschaftlichen Alterskassen 526
- Nachweis der gezahlten Beträge 533
- Nachzahlungen 532, 535
- Nachzahlungen für Vorjahre 535
- Öffnungsklausel 532
- Rentenbezugsmitteilungen 526
- Renten von ausländischen Versorgungsträgern 545
- Schadensersatzrenten 526
- Schmerzensgeldrenten 526
- Schweizer Pensionskasse 547
- steuerfreie Renten 526
- vorhergehende Renten 531
- Wiedergutmachungs- und Entschädigungsrenten 526

Anlage R-AV/bAV 536

Anlage S 263
- Altenpfleger 272
- ärztliche Laborleistungen 271
- Beteiligung am allgemeinen wirtschaftlichen Verkehr 266
- Einkünfte aus Gewerbebetrieb 266
- Einnahmen aus einer Praxisausfallversicherung 272
- Einnahmen aus nebenberuflicher Tätigkeit 282
- formlose Gewinnermittlung 278
- gewerbliche Tätigkeit 266
- Gewinn 278
- Gewinnerzielungsabsicht 266
- Heil- und Heilhilfsberufe 271
- keine Land- und Forstwirtschaft oder selbständige Arbeit 266
- keine reine vermögensverwaltende Tätigkeit 266
- künstlerische Tätigkeit 267
- Leistungsvergütung als Beteiligter aus einer Wagniskapitalgesellschaft 278
- Nachhaltigkeit 266
- Nichtbeanstandungsgrenze der Finanzverwaltung 278
- Pflegegelder nach § 39 SGB VIII 272
- Praxisübernahmevertrag 280
- Selbständigkeit 266
- Tätigkeit als Übungsleiter, Ausbilder, Erzieher, Betreuer oder aus vergleichbaren Tätigkeiten 282
- Tätigkeit im gemeinnützigen Bereich 282
- Übertragung von Vertragsarztpraxen 279
- Veräußerungsgewinne 279
- Zuordnung zu den freiberuflichen Einkünften 269

Anlage SO 554
- andere Wirtschaftsgüter, insbesondere Wertpapiere 565
- Ausgleichszahlungen im Rahmen des schuldrechtlichen Versorgungsausgleichs 558
- Begrenzung der Verrechnung der negativen Einkünfte 562
- Bestechungsgelder 561
- Einkunftsarten 557
- Entgelt für die regelmäßige Mitnahme von Arbeitskollegen auf der Fahrt zur Arbeitsstätte 561
- Entgelt für die zeitweise Vermietung eines Wohnmobils 561
- Fremdwährungsgeschäfte 568
- Gegenstände des täglichen Gebrauchs 567
- Leistungen 560
- Poker-Weltmeisterschaft 561
- Preisgeld für Gewinner von Fernsehshows 561

- private Veräußerungsgeschäfte 562
- ringweise Vermittlung von Lebensversicherungen unter Weitergabe der Provision 561
- schuldrechtlicher Versorgungsausgleich 557
- Unterhaltsleistungen 559
- Veräußerungen von Wirtschaftsgütern, die keine Grundstücke sind 565
- Veräußerungsgeschäfte des Privatvermögens 562
- Verlängerung der Behaltefrist bei Wirtschaftsgütern 566
- Versorgungsleistungen 557
- Werbungskostenpauschbetrag 560
- Werbungskosten zu den sonstigen Leistungen 561

Anlage Sonderausgaben 23

Anlage U 23, 46
- Gültigkeitsdauer 47

Anlage Unterhalt 117
- Einkünfte und Bezüge 132
- geringes Vermögen 132
- Nachweis der geleisteten Aufwendungen 127

Anlage V 475, 477, 479, 481
- Abschreibungen 494
- andere Einkünfte aus Vermietung und Verpachtung 493
- auf Dauer angelegte Vermietungstätigkeit 481
- Aufwendungen für Werkzeuge 512
- degressive AfA 495
- Einheitswert-Aktenzeichen 483
- Einkünfte aus Vermietung und Verpachtung 481
- Einnahmenüberschusserzielungsabsicht 481
- Einzelheiten zu den Einnahmen 484
- Erhaltungsaufwand bei Baudenkmalen 511
- Erhaltungsaufwendungen 505
- erhöhte Absetzungen nach § 7h EStG 496
- erklärte negative Einkünfte 484
- Instandhaltungsrücklage 512
- lineare AfA 495
- negative Einkünfte aus Vermietung und Verpachtung 481
- Schuldzinsen und Geldbeschaffungskosten 500
- Sonderabschreibungen nach § 4 Fördergebietsgesetz 497
- sonstige Werbungskosten 511
- Überschussprognose 481
- vereinnahmte Umsatzsteuer und die vom Finanzamt erstattete Umsatzsteuer 484
- Vermietungen von Grundstücksgemeinschaften 493
- zusammengefasste Ermittlung der Einkünfte 484

Anlage Vorsorgeaufwand 140
- Abgeordnete des Europaparlaments 144
- beherrschende Gesellschafter-Geschäftsführer einer GmbH oder Vorstandsmitglieder einer Aktiengesellschaft 144
- Beiträge zur Basis-Krankenversicherung und zur Pflegeversicherung 148
- Bundestagsabgeordnete 144
- Höchstbetragsberechnung 145
- Landtagsabgeordnete 144
- Vorstandsmitglieder einer Aktiengesellschaft 144

Anlage Zinsschranke 261

Anrechnung
- ausländischer Steuern 615
- fiktiver Quellensteuern 454

Anschaffungsnahe Aufwendungen 506, 507

Anschaffungsnahe Herstellungskosten 509
- Zweifelsfragen 505

Anschaffungsnebenkosten 498
- bei unentgeltlichem Erwerb 498

Ansprüche auf einen Aufwendungsersatz oder auf eine Vergütung 32

Antrag
- auf die Begünstigung nach § 34a EStG 254
- auf erstmalige Besteuerung der Kapitalerträge mit Kirchensteuern nach § 51a Abs. 2d EStG 441
- auf Festsetzung der Arbeitnehmer-Sparzulage 10
- auf Günstigerprüfung nach § 32d Abs. 6 EStG 436
- auf Regelbesteuerung für Ausschüttungen aus Beteiligungen an Kapitalgesellschaften 452

Arbeitgeber, Corona-Zuschuss 11

Arbeitnehmer
- -begriff 341
- -Elektrofahrzeuge, steuerbefreites Auftanken 349
- Lohndaten 343

Arbeitsleistung, Stempel der Persönlichkeit 283

Arbeitslohn
- bei Teilnahme an Betriebsveranstaltungen 351
- für mehrere Kalenderjahre 357
- steuerliche Behandlung von im Homeoffice tätigen Grenzpendlern und im öffentlichen Dienst Beschäftigten 421

Arbeitsmittel 367
Arbeitsverträge zwischen Angehörigen mit Arbeitszeitnachweis 223

Arbeitszimmer 370
- Aufwendungen für ein häusliches 281
- Hochschuldozent 372
- Klavierstudio 374
- Kosten bei Eigentum/Anmietung von Räumlichkeiten durch Ehegatten 375
- Labor 372
- und Nutzung der Nebenräume 371
- von beiden Ehegatten genutztes 372

Arzneimittel i.S.d. § 2 AMG 64
Aufgabegewinn eines Selbständigen und das häusliche Arbeitszimmer 282
Aufstockerbeiträge der Minijobber 143
Auf-Valutierung von Hypothekendarlehen 504

Aufwendungen
- für die Bewirtung von Personen aus geschäftlichem Anlass, steuerliche Anerkennung als Betriebsausgaben 307
- für die Müllabfuhr 76
- für eine leerstehende Wohnung 482
- für einen Sprachkurs im Ausland 382
- für eine Tomatis-Therapie 66
- für ein häusliches Arbeitszimmer 281
- für Familienheimfahrten mit teilentgeltlich vom Arbeitgeber überlassenen Firmenwagen 389
- für Handwerkerleistungen im Haushalt 74
- für Instandsetzungs- und Modernisierungsmaßnahmen 506
- für öffentliche Verkehrsmittel 362
- für Pflege- und Betreuungsleistungen 74
- für unerwartete Renovierungsmaßnahmen 510
- zum Erwerb von (Atem-)Schutzmasken und Antigen-Schnelltests 61
- zur Beseitigung eines Substanzschadens 508

Aufwendungsersatz als Vormund i.S.d. § 1835a BGB 282

Ausbildung
- Abgrenzung Erst-/Zweit- 178
- Freibetrag für volljährige, auswärtig untergebrachte Kinder 183
- und Verkauf von Blindenführhunden 267

Ausgleichszahlungen
- im Rahmen des schuldrechtlichen Versorgungsausgleichs 37, 558
- zur Vermeidung eines Versorgungsausgleichs 50

Ausländische Steuer, Anrechnung 618
Auslandsadoption 65

Außergewöhnliche Belastungen 126
- Abzug 60
- Adoptionskosten 65
- andere 59
- andere Aufwendungen 59
- Bedingungen für das Vorliegen von 59
- Beerdigungskosten 62
- behindertengerechter Wohnungsumbau 64
- blinde und oder ständig hilflose Personen 57
- Kosten für krankheitsbedingte Heimunterbringung 62
- künstliche Befruchtung 61, 67
- Marderbefall 65
- Schmerzensgeld 62
- Tomatis-Therapie 66
- Umbaukosten einer Motoryacht 65

Außerhäusliches Arbeitszimmer 370
Außerordentliche Einkünfte, mehrjährige Tätigkeit 278
Auszahlungen zur Abfindung von Leistungen aus einem Altersvorsorgevertrag 536

B

Barunterhaltsverpflichtung 180
Baukostenzuschuss für öffentliche Mischwasserleitung 76
Baumängel 63
Bausparvertrag, Zinserträge 437
Beendigung des Nießbrauchs 500
Beerdigungskosten 62
Befristete Mietverhältnisse, Überschusserzielungsabsicht 482

Begrenzung
- der anzurechnenden ausländischen Steuer 615
- der Verrechnung der negativen Einkünfte 562

Begriff der wesentlichen Betriebsgrundlage eines Betriebs 198

Begünstigung
- der nicht entnommenen Gewinne 253
- -sbetrag nach § 34a Abs. 3 EStG 98

Behindertengerechter Wohnungsumbau, Kosten 64
Behinderungsbedingte Fahrtkosten 58

Beiträge
- an Kapitallebensversicherungen und Rentenversicherungen mit Kapitalwahlrecht 153
- an Religionsgemeinschaften 25
- für Risikolebensversicherungen 514
- zur gesetzlichen Rentenversicherung oder vergleichbarer Einrichtungen 143

Beitragsrückerstattung 151
- selbst getragene Krankheitskosten 151

Beitreibungsrichtlinie-Umsetzungsgesetz 33
Beleglose elektronische Steuererklärung 5
Baudenkmale 580
Behinderten-Pauschbetrag 57
Beruflich bedingte Auswärtstätigkeiten 383

Berufsausbildung 33
- Abschluss einer erstmaligen 179
- Kosten 33

Berufskraftfahrer, Übernachtungspauschbetrag 383
Beschränkt Steuerpflichtige 112
Bestechungsgelder 561, 562

Besteuerung
- der privaten Veräußerungsgeschäfte 557
- Stückzinsen 442
- -svorbehalte 614
- von Zinsen auf Rentennachzahlungen 442

Betrieb
- -sausgaben 303
- -sausgabenpauschale 304
- -sausgaben, Zufluss und Abfluss nach § 11 EStG 303
- -sstätte, erste 213
- -sveranstaltungen 351
- -svermögen, Pkw 206
- -svermögensmehrungen aus einem Schuldenerlass zum Zwecke der Sanierung 226

Betriebliche Fahrräder 209

Betriebsaufspaltung 198
- Anteile am Betriebsunternehmen 200
- Beispiele für das Vorliegen einer wesentlichen Betriebsgrundlage 199
- personelle Verflechtung 202
- Rechtsfolgen 200
- sachliche Verflechtung 198
- und minderjährige Kinder 199
- zwei getrennt zu behandelnde Gewerbebetriebe 200

Bewertungsabschlag für Mitarbeiterwohnungen 347
Bewirtungsrechnungen, Inhalt 308
Bezüge wegen Erreichens einer Altersgrenze 356
Blindenführhunde 267
Blockmodell 357
Bonuszahlungen der Krankenkassen 149, 150
Bürgerentlastungsgesetz Krankenversicherung 143
Burnout 369

C

Carried Interest 253

Corona
- -Beihilfen und Unterstützungen für Arbeitnehmer 346
- -Hilfe, steuerfreie – der Arbeitgeber an deren Arbeitnehmer 292
- -Soforthilfe, Rückzahlung 291

Corona-Krise
- Kinderbonus 171
- Kurzarbeitergeld 360

Country-by-Country Reporting 113
Covid-19-Pandemie 109

D

Darlehen zwischen Ehegatten 450
Dauermietvermietungsabsicht 482
Dauernde Lasten 34
Degressive AfA 214, 495
Dienstleistung im Haushalt im Sinne des § 35a EStG 79
Dienstverhältnis mit einem Arbeitnehmer 341
Disability Manager 271
Disagioregeln 501
DJ als Künstler und nicht Gewerbetreibender 274
Doppelbesteuerungsabkommen 109, 614

Doppelte Haushaltsführung 387, 388
- Voraussetzungen für beiderseits beruflich tätige Ehegatten 391

E

Ehegatte
- Darlehen 450
- -narbeitsverhältnisse, formale Anforderungen 342
- -nbetrieb, Firmenwagennutzung 224

Stichwortverzeichnis

- stellt einen Antrag auf Einzelveranlagung ohne Einkünfte 9

Ehrenamtspauschale 283
Eigenkapitalersetzende Finanzierungshilfen, Rechtsprechungsänderung 222
Eigentumswohnung, Kauf einer vermieteten 494
Eingetragene Lebenspartnerschaften 7
Einheitlicher Sozialversicherungsbeitrag, Aufteilung 145
Einheitswert-Aktenzeichen 483
Einkommensersatzleistungen 11
- Progressionsvorbehalt 11

Einkommensteuer
- -erklärung, keine Pflicht zur elektronischen Übermittlung bei wirtschaftlicher Unzumutbarkeit 4

Einkünfte
- als angestellter Geschäftsführer 201
- als Steuerberater 201
- aus Kapitalvermögen, Steuerermäßigungen nach § 35a EStG bei Anwendung des gesonderten Steuertarifs 78
- aus Vermietung und Verpachtung 481
- aus Vermietung und Verpachtung, andere 493
- mit Bezug zu Drittstaaten 100
- -qualifikation, Disability Manager 271

Einmalige Zahlungen zur Ablösung des Vorbehaltsnießbrauchs 499
Einmalzahlungen für die Einräumung eines Nießbrauchs 499

Einnahmen
- aus der Vermietung von Garagen 484
- aus Umlagen 484
- der Interviewer 271
- -Überschuss-Rechnung, Liebhaberei 275
- -überschussrechnung, Wechsel zur Bilanzierung 314

Einräumung eines vorbehaltenen dinglichen Wohnrechts 499
Eintragungen zur Berechnung begünstigten Gewinns nach § 34a EStG 257

Einzelveranlagung
- Antrag eines Ehegatten ohne Einkünfte 9
- i.S.d. § 26a EStG 7

Elektrofahrzeuge, Förderung 208
Elektronisches Fahrtenbuch 366
- zeitnahe Führung 210

Elektronutzfahrzeuge, Sonderabschreibung 214
Elterngeld 11
Energetische Maßnahmen 84

Entbindungsnotfalltasche 172
Entfernungspauschale 361
- bei Hin- und Rückweg an unterschiedlichen Arbeitstagen 362
- bei Vermietungseinkünften, Berechnung 513

Entgelte
- für die regelmäßige Mitnahme von Arbeitskollegen auf der Fahrt zur Arbeitsstätte 561
- für die zeitweise Vermietung eines Wohnmobils 561

Entlassungsentschädigungen 358
Entlastungsbetrag für Alleinerziehende 182
Entschädigungen 357
Erhaltungsaufwendungen 505
- bei Baudenkmalen 511
- Übertragung 500

Erhöhte Absetzungen nach § 7h EStG 496
Erleichterter Spendennachweis 31
Ermittlung
- des Aufgabegewinns, Berücksichtigung von beschränkt abziehbaren Aufwendungen für ein häusliches Arbeitszimmer 281
- des Gewinns 309

Erstattungsüberhang
- aus zurückgezahlter Kirchensteuer 26
- nach § 10 Abs. 4b EStG 40

Erstausbildung 178
- Kosten, steuerliche Behandlung 33

Erste Berufsausbildung 33
Erste Tätigkeitsstätte bei einer vollzeitigen Bildungsmaßnahme 363
Erst- und Zweitausbildung, Abgrenzung 178
Ertragsteuerliche Behandlung von Heil- und Heilhilfsberufen 267
Erwerbsobliegenheit 133
Erwerbstätigkeit eines volljährigen Kindes 176
Eventagentur, Aufwendungen für die Inanspruchnahme 353

F

Fahrräder
- betriebliche 209
- (Elektro-) 349

Fahrtenbuch 209
- Mindestanforderungen 365
- ordnungsgemäßes 210
- Ordnungsmäßigkeit 212

Fahrten zwischen Wohnung und Betrieb mit dem betrieblichen oder dem privaten Kfz 212

Fahrtkosten 384
- behinderungsbedingte 58
- bei Vermietung und Verpachtung 512
- -pauschale, Übertragung behindertenbedingter 185

Familienleistungsausgleich beim Eingreifen von Steuerermäßigungsvorschriften 181
Fehlgeschlagene Vereinbarungen geschiedener Ehegatten 48
Fensteraustausch 510
Ferienwohnung 489
- Betriebsvermögen 490
- fremdfinanzierte 492
- Leerstandszeiten 490
- negative Einkünfte 492
- Privatvermögen 490
- Totalüberschussprognose 491
- Überschusserzielungsabsicht 490
- Versagung der steuerlichen Berücksichtigung der negativen Einkünfte aus Vermietung und Verpachtung 492

Firmenwagennutzung bei Minijob im Ehegattenbetrieb 224
Förderungen für unentgeltlich überlassene Wohnungen im eigenen Haus 580
Fortbildungskosten 382
Freiberuflerpraxis, gewerbliche Einkünfte 270
Freiberufliche Praxis, tarifbegünstigte Veräußerung 280
Freitextfeld in Steuererklärungen 12
Fremdübersetzungen, Zukauf 268
Fremdwährungsgeschäfte 568
Frist zur Abgabe der Einkommensteuererklärung 4
Fünftel-Methode 346, 357

G

Geburtstagsfeier im Betrieb 369
Gegenstände des täglichen Gebrauchs 567
Gemischt genutzte Räume, kein Abzug 370
Gesamtrechtsnachfolge 500
Gesetzliche Leibrenten 526
Gesetzlich zum Unterhalt berechtigte Personen 131
Gesonderte Höchstbetragsberechnung des § 10 Abs. 3 EStG 144
Gewerbebetrieb, Aufgabe 220
Gewinn
- aus der Veräußerung oder Einlösung von Xetra-Gold Inhaberschuldverschreibungen 566
- -erzielungsabsicht bei kleinen Photovoltaikanlagen und vergleichbaren Blockheizkraftwerken 198

Gleichgestellte Personen im Sinne des § 33a Abs. 1 S. 3 EStG 138
Gold Bullion Securities 567
Grundstücksgleiche Rechte 563
Gruppenähnlichkeit 272
Gültigkeit von Freibeträgen im Lohnsteuer-Ermäßigungsverfahren 343

H

Hauptvordruck 1
Hausanschlusskosten an die Ver- und Entsorgungsnetze 76
Haushalt
- -sgemeinschaft von Vater und volljährigem Sohn 183
- -snahe Aufwendungen 2021 71, 84
- -snahe Beschäftigungsverhältnisse 73

Häusliches Arbeitszimmer 370
- Aufwendungen auch in Zeiten der Nichtbeschäftigung 372
- im Rahmen mehrerer Einkunftsarten 372

Heil- und Heilhilfsberufe, ertragsteuerliche Behandlung 267
Heimunterbringung aus Altersgründen 63
Herstellungskosten, anschaffungsnahe 510
Hinterbliebenen-Pauschbetrag 57
Hinzurechnungsbetrag nach § 10 AStG 446
Hochschuldozent 372
Höchstbetragsberechnung 10
Homeoffice
- Pauschale 379
- steuerliche Behandlung des Arbeitslohns von Grenzpendlern und im öffentlichen Dienst Beschäftigte 421
- -Tätigkeit 109

I

Identifikationsnummer der unterstützten Person 131
Impfzentren, nichtselbständige Tätigkeit 342
Influencer 275
Insolvenzbedingter Ausfall einer privaten Darlehensforderung als Verlust bei den Einkünften aus Kapitalvermögen 444
Instandhaltungsrücklage 512
Investition
- -sabzugsbetrag 215
- -sdarlehen, Zinseszinsen 313

Stichwortverzeichnis

Investmentfonds
- Ausschüttungen 440
- Spezial- 615
- Veräußerungsgewinne 440
- Vorabpauschalen 440

K

Kapitalerträge
- die dem inländischen Steuerabzug unterlegen haben 442
- die der tariflichen Einkommensteuer unterliegen 446

Kapitalforderungen, Verlustausgleichsbeschränkung 445
Katalogberufe 272
Kauf einer vermieteten Eigentumswohnung 494
Kaufpreisaufteilung 494
- auf Grund und Boden und Gebäude 494

Kein Halbabzugsverbot bei Aufgabeverlust aus einer ertragslosen Kapitalgesellschaftsbeteiligung 221
Kein Verlustausgleich mit Kirchensteuer-Erstattungsüberhang 26
Kinder
- Angabe der Familienkasse 172
- -betreuungskosten, nachzuweisende Aufwendungen 185
- -bonus, Corona-Krise 171

Kindergeld
- Aufenthalt während eines mehrjährigen Studiums außerhalb der Europäischen Union und des Europäischen Wirtschaftsraums 173
- Meldung eines Kindes in der Wohnung eines Alleinerziehenden 183
- Zahlung 175
- Zeitpunkt des Beginns und der Beendigung des Hochschulstudiums 177

Kindschaftsverhältnisse 174
Kirchensteuer 25
- Erstattungsüberhang 25, 26

Korrespondenzprinzip 34
Kosten
- -deckel und Fahrtenbuch 209
- für Geburtstags- und Jubiläumsfeiern 369
- für krankheitsbedingte Heimunterbringung 62

Kraftfahrzeuge, an den Arbeitnehmer überlassene betriebliche 350
Krankenkassen, Prämienzahlungen 150
Kranken- und Pflegeversicherung 179
Krankenversicherungsbeiträge, erstattete 151

Krankheitskosten aufgrund eines Wegeunfalls 366
Kredite im Privatbereich 5
Künstlerische Tätigkeit 267
Künstliche Befruchtung
- einer alleinstehenden Frau 67
- nach ICSI-Methode 61

Kurzarbeitergeld
- Corona-Krise 360
- Dauer und Höhe 360

Kurzzeitige Vermietung im Veräußerungsjahr 564

L

Leasingerlass 349
Lebenslange Versorgungsleistungen 34
Leerstand einer Wohnimmobilie 482
Leistungen 560
- aus berufsständischen Versorgungswerken 526
- aus eigenen kapitalgedeckten Rentenversicherungen 527
- aus landwirtschaftlichen Alterskassen 526
- aus privaten Rentenversicherungen 533

Leistungsfähigkeitsprinzip 562
Lineare AfA 495
Lohn
- -daten des Arbeitnehmers 343
- -ersatzleistungen und Progressionsvorbehalt 359
- -nachzahlungen 357

M

Maler- und Tapezierarbeiten 74
Marderbefall als außergewöhnliche Belastung 65
Mehraufwendungen für Verpflegung 384
Mehrjährige Tätigkeiten bei Rechtsanwälten, Ingenieuren und anderen Freiberuflern 278
Merkmal der personellen Verflechtung 199
Mietkautionen 492
Mietvertrag zwischen Lebensgefährten über gemeinsame Wohnung 489
Mitarbeiterwohnungen, Bewertungsabschlag 347
Mitgliedsbeiträge an unabhängige Wählervereinigungen 29
Mitunternehmerische Betriebsaufspaltung 200
Mobilheim, Verkauf 564
Mütterrente 528, 529
- Änderungen des Freibetrages 529

N

Nach der Scheidung vereinbarte
  Ausgleichszahlungen 37
Nachträgliche Anschaffungskosten der
  Beteiligung 222
Nachversteuerung 255
Nachweis
  – der Übergabe von Barbeträgen im
    Ausland 130
  – der Unterhaltsleistungen im Ausland 129
Näheverhältnis i.S.d. § 32d Abs. 2 EStG 451
Nebenberuflichkeit 283
Negative Einkünfte
  – aus Vermietung und Verpachtung 481
  – mit Bezug zu Drittstaaten 100
Negativer Progressionsvorbehalt 346, 360, 621
Neuberechnung des Versorgungsfreibetrages 356
Nichtselbständige Tätigkeit in Impfzentren 342
Nießbrauchfälle, vorab entstandene
  Werbungskosten 505
Notrufsystem 76
Notwendiges Betriebsvermögen, Kfz 204
Nutzungsdauer
  – für digitale Wirtschaftsgüter 368
  – von Computerhardware und Software zur
    Dateneingabe und -verarbeitung 307
Nutzungswertmethode 350

O

OECD-Musterabkommen für Ruhegehälter 547
Öffnungsklausel 532
Opfergrenze 130, 131
Ordnungsgemäßes Fahrtenbuch 210
Ortsübliche Marktmiete bei der Überlassung
  möblierter Wohnungen 485

P

Pauschbetrag, Hinterbliebenen 57
Pfarrdienstwohnungen 379
Pflege
  – -grade 58
  – -Pauschbetrag 58
Pflicht
  – und Wahl zur Abgabe der Steuererklärung
    für Arbeitnehmer (§ 46 EStG) 17
  – zur Abgabe elektronischer
    Steuererklärungen 13, 14
Photovoltaikanlagen, Gewinn-
  erzielungsabsicht 198
Pkw, Betriebsvermögen 206
Positive ausländische Einkünfte 619
Prämien 357

  – -zahlungen der gesetzlichen
    Krankenkassen 150
Preisgeld
  – für Gewinner von Fernsehshows 561
  – Poker-Weltmeisterschaft 561
Private Nutzung betrieblicher
  Elektrofahrzeuge 208
Private Veräußerungsgeschäfte 562
  – § 32b EStG 620
  – bei Grundstücken 565
Progressionsvorbehalt 11, 620
Prozesskosten, Umgangsrechtsstreit 68
Prüfingenieure, freiberufliche Tätigkeit 273
Prüfung der ordnungsgemäßen Funktion einer
  Anlage 76

R

Reihenfolge der Bearbeitung von Verlustvorträgen
  nach besonderen Verrechnungskreisen 99
Reinigung der Fahrbahn einer öffentlichen
  Straße 79
Reinvestitionsfristen
  – des § 6b EStG, pandemiebedingte
    Verlängerung 203
  – Verlängerung 311
Reisekosten 213
  – Steuerliche Behandlung von
    Arbeitnehmern 363
Remittance-base-Klausel 614
Rente 34
  – Berater 272, 273
  – Besteuerung 557
  – Nachzahlungen, Besteuerung von
    Zinsen 442
  – steuerfreier Teil – Berechnung 530
  – von ausländischen
    Versorgungsträgern 545
Risikolebensversicherungen, Beiträge 514
Rückforderung von Altersvorsorgezulagen vom
  Zulageempfänger 164
Rürup 144

S

Sammelposten 305
Sanierung
  – -sabsicht 226
  – -sbedürftigkeit 226
  – -seignung 226
  – -sfähigkeit 226
  – -sgewinn, Steuerbefreiung 226
  – -smaßnahmen, energetische 88
  – -splan 226

Stichwortverzeichnis

- -s- und Entwicklungsgebiete 580
- Schadensersatzrenten 526
- Schecks, Zu- und Abfluss 303
- Scheidungskosten 61
- Scheingesellschafter 270
- Schein-Mitunternehmer 270
- Schmerzensgeldrenten 526
- Schuldentilgung durch den Verkaufserlös 504
- Schuldrechtlicher Versorgungsausgleich 557

Schuldzinsen
- aus privaten Darlehensforderungen 504
- nicht abziehbare 314
- und Geldbeschaffungskosten 500
- Verluste 314

Selbst getragene Krankheitskosten 152

Sonderabschreibungen
- für Elektronutzfahrzeuge 214
- nach § 4 Fördergebietsgesetz 497
- nach § 7b EStG 495

Sonderausgaben
- -abzug von Versorgungsleistungen 34
- Aufteilung 10
- selbst getragene Krankheitskosten 152

Sparer-Pauschbetrag 445
Sparzulage, Voraussetzung für die Gewährung 11

Spenden
- an kommunale Wählervereinigungen 28
- an unabhängige Wählervereinigungen 29
- in das EU-/EWR-Ausland 32
- in den Vermögensstock einer Stiftung 29
- oder Mitgliedsbeiträge an politische Parteien 28
- und Mitgliedsbeiträge 27, 28
- und Mitgliedsbeiträge an unabhängige Wählervereinigungen 29
- -vortrag nach § 10b EStG 97

Splittingtarif 8
Sponsoringaufwendungen eines Freiberuflers als Betriebsausgaben 281
Sterbegelder und Abfindungen 356

Steuer
- -befreiung, Sanierungsgewinn 226
- -beratungskosten 80
- -stundung bei aufgedeckten stillen Reserven 202
- -stundungsmodell 217

Steuerbegünstigung
- für bestimmte Baumaßnahmen 580
- für Handwerkerleistungen 74
- für schutzwürdige Kulturgüter 97

Steuerermäßigung
- für Ingenieurleistungen 80
- nach § 35a EStG 73
- nach § 35a EStG bei Anwendung des gesonderten Steuertarifs für Einkünfte aus Kapitalvermögen 78

Steuerfreier Arbeitslohn für Tätigkeiten im Ausland 359

Steuerliche Behandlung
- der Reisekosten von Arbeitnehmern 363
- des Arbeitslohns von Arbeitnehmern sowie von im öffentlichen Dienst Beschäftigten im Homeoffice 421

Steuerliche Gleichbehandlung eingetragener Lebenspartnerschaften 7
Stiftung, zu erhaltendes Vermögen 30
Stille Reserven, nachträgliche Steuerstundung 202
Strafverteidigungskosten als Werbungskosten oder außergewöhnliche Belastungen 63

Strukturwandel
- Liebhaberei 276
- von der Einnahmen-Überschuss-Rechnung zur Liebhaberei 275

Stückzinsen, Besteuerung 442
Studiengebühren, Hochschulen 184
Studierende Kinder 486
Studium, Bestandteil einer einheitlichen Erstausbildung 177
Subject-to-tax-Klausel 614
Switch-over-Klausel 614

T

Tantiemen 357
Tarifermäßigung gemäß § 34 Abs. 2 Nr. 4 EStG 278
Telearbeit 373
Thesaurierungsbegünstigung 254
Token, ertragsteuerrechtliche Behandlung 569
Tomatis-Therapie 66
Totalüberschussprognose 491
Transaktionskostenanteil der all-in-fee 439
Translation Memory System 268

U

Überentnahmen 312
Übergabeverträge 34
Überlassene Fahrräder 348

Überlassung
- von (Elektro-)Fahrrädern an Arbeitnehmer, Leasingerlass 349
- von Fahrrädern 348

Übernachtungspauschbetrag für Berufskraftfahrer 383

Übertragung
- der behindertenbedingten Fahrtkostenpauschale 185
- der Freibeträge auf einen Stief- oder Großelternteil 180
- der Freibeträge für Kinder 180
- des Behinderten- oder Hinterbliebenen-Pauschbetrags 185
- eines Betriebs vom Vater auf die Kinder im Rahmen der vorweggenommenen Erbfolge 34
- kindbedingter Freibeträge 181

Überweisungsklauseln 615
Übungsleiterpauschale 283
Umbaukosten einer Motoryacht 65
Umschaltklauseln 615
Umzugskosten, Wegezeitverkürzung 383
Unbeschränkte Steuerpflicht 110

Unterhalt
- -serklärung, zweisprachige 131
- -shöchstbetrag, Kürzung 127
- -szahlungen an Ehegatten 127

Unterhaltsleistungen 37, 47, 559
- an im Ausland lebende Personen 129
- an mehrere Exehegatten 47
- auch bei mehrjähriger Steuernachzahlung 130
- übersteigende Beträge 48
- Versteuerung 48

Unterscheidung Leibrente und dauernde Last 34

V

Veräußerung
- einer freiberuflichen Praxis 280
- i.S.d. § 17 EStG 225
- oder Einlösung von Xetra-Gold Inhaberschuldverschreibungen, Gewinn 566
- von im Privatvermögen gehaltenen Wirtschaftsgütern über eine Internetplattform 274

Verbilligte Veräußerung eines Hausgrundstücks im Wege der vorweggenommenen Erbfolge gegen Rentenzahlungen 35
Vereinnahmung eines berufsüblichen Honorars für die mehrere Jahre andauernde Betreuung eines Mandats bei einem Rechtsanwalt 278
Verhandlungsgrundlage für Doppelbesteuerungsabkommen 614
Verkauf eines Mobilheims auf einem Campingplatz 564
Verlängerung der Behaltefrist bei Wirtschaftsgütern 566

Verlust
- aus einer Übungsleitertätigkeit, negative Einkünfte 283
- aus sog. Steuerstundungsmodellen 216
- -bescheinigung 443
- -verrechnungsbeschränkung für Aktienveräußerungsverluste 444
- -verrechnungstopf 443
- -vortrag, nach § 10d EStG 97
- -zuweisungsgesellschaften 97

Vermietung
- an Angehörige 486
- -sabsicht, dauerhafte, bei vorbehaltener Eigenbedarfskündigung 482
- -sabsicht, teilweise Aufgabe 482
- -seinkünfte, Berechnung der Entfernungspauschale 513
- -stätigkeit, auf Dauer angelegte 481
- und Verpachtung, Fahrtkosten 512
- von Grundstücksgemeinschaften 493
- von Wohnmobilen 205

Vermittlung von Lebensversicherungen unter Weitergabe der Provision 561

Verpachtung
- des Mandantenstamms eines Steuerberaters 200
- eines Mandantenstamms von einem Freiberufler an eine von ihm beherrschte GmbH 271

Verpflegung
- -smehraufwendungen 384
- -spauschalen, Kürzung bei Nichteinnahme zur Verfügung gestellter Mahlzeiten 385

Verpflichtung
- zur Abgabe der Anlage EÜR 302
- zur unbaren Zahlung 75

Verrechnung
- von Aktienveräußerungsverlusten 443
- von Altverlusten nach § 23 EStG 562

Versicherungsbeiträge
- der privaten Kranken- und Pflegeversicherung 148
- im Rahmen der Unterhaltsleistungen 151

Versorgung
- -sanstalt der Bezirksschornsteinfeger 144
- -sbezüge 355
- -sfreibetrag 356
- -sleistungen 34, 557
- -snetz 77

- und Betreuung eines im Haushalt des Steuerpflichtigen aufgenommenen Haustieres 75

Versorgungsausgleich
- Durchführung 37
- Leistungen zur Vermeidung des schuldrechtlichen 557
- Vermeidung des 37

Versteuerung der Unterhaltsleistungen 48
Vertragliche Kaufpreisaufteilung 494
Vertragsarztpraxen, Übertragung 279
Virtuelle Währungen, ertragsteuerrechtliche Behandlung 569
Vollmachtsdatenbank 4

Vorauszahlung
- auf Zahnbehandlungskosten 65
- -smodell 152

Vorbehaltsnießbrauch 499
Vor der Anschaffung getätigte Aufwendungen für Baumaßnahmen 505
Vorfälligkeitsentschädigungen bei Immobilienverkauf 503

W

Wahl der Veranlagungsart 7
Wahlkampfkosten 570
Wanderbuch 276
Wegeunfall, Krankheitskosten 366
Wegzugsbesteuerung, Bedingungen 111
Weihnachtsfeier, Absagen 352
Weiterveräußerung von Tickets für das Finale der UEFA Champions League 568

Werbungskosten
- bei einem gescheiterten Anschaffungsgeschäft 483
- Pauschbetrag 560
- weitere 382

Werkstattwagen 207
Wiedergutmachungs- und Entschädigungsrenten 526
Wiederkehrende Bezüge 557
Wiesbadener Modell 199
Wirtschaftliche Unzumutbarkeit 4

Wirtschaftsgüter
- andere 569
- Nutzungsdauer für digitale 368
- Umwidmung 367
- Verlustausgleichbeschränkung ausbuchen 445

Wohnmobil im Betriebsvermögen 205

Z

Zahlungen
- zum Verzicht des Wohnrechts 514
- zur Ablösung eines entgeltlich bestellten Zuwendungsnießbrauchs 499

Zeitanteilige Kürzungen der geleisteten Aufwendungen 128
Zeitwertkonten-Modelle 346

Zinsen
- aus Privatdarlehen 446
- für Steuererstattungen 446

Zinserträge
- aus Bausparguthaben 437
- aus Bausparvertrag 437
- bei verbilligter Veräußerung eines Hausgrundstücks im Wege der vorweggenommenen Erbfolge gegen Rentenzahlungen 35

Zufluss-/Abflussprinzip des § 11 EStG 60, 152
Zukauf von Fremdübersetzungen 268
Zumutbare Belastung, Ermittlung 60
Zuordnung der Kinder in eingetragenen Lebenspartnerschaften 171
Zurechnung der Zinsen im Erbfall 442
Zusammenveranlagung nach § 26b EStG 7

Zuwendung 27
- Betriebsveranstaltung 351
- -sbestätigung nach amtlich vorgeschriebenem Datensatz 27
- -snachweise 31
- -snießbrauch 498
- von Ehegatten/Lebenspartnern 30

Zweitausbildung 178
Zwischenvermietung 564